浙江省民族乡（镇）志

第七卷

司前畲族镇志

《浙江省民族乡（镇）志》编纂委员会 编
莫幸福 主编　　施 强 执行主编

方志出版社
Publishing House of Local Records

图书在版编目（CIP）数据

司前畲族镇志 / 《浙江省民族乡(镇)志》编纂委员会编 ; 莫幸福主编 ; 施强执行主编. —北京 : 方志出版社, 2023.10

（浙江省民族乡（镇）志 ; 第七卷）

ISBN 978-7-5144-5786-5

Ⅰ. ①司… Ⅱ. ①浙… ②莫… ③施… Ⅲ. ①乡镇—地方志—泰顺县 Ⅳ. ①K295.55

中国国家版本馆CIP数据核字(2023)第212323号

责任编辑：刘方圆
责任校对：张玉霞
责任印制：梅中英
出 版 者：方志出版社
地　　址：北京市朝阳区潘家园东里9号（国家方志馆4层）
邮　　编：100021
网　　址：http://www.zgfzcb.cn
发　　行：方志出版社图书营销中心（010-67110500）
印　　刷：丽水市旺盛印刷有限公司
开　　本：787毫米×1092毫米　1/16
印　　张：49.75
字　　数：872千字
版　　次：2023年10月第1版
印　　次：2023年10月第1次印刷
定　　价：458.00元

《浙江省民族乡(镇)志》编纂委员会

《浙江省民族乡（镇）志·司前畲族镇志》编纂委员会

主　　　任： 林　伟（2016.9—2019.7）
苏志利（2019.7—2020.5）
刘言素（2021.1—2022.7）
杨　璀（2022.7—　　　）

常务副主任： 钟圣选（2016.1—2018.7）
蓝传德（2018.8—2021.10）
蓝永慧（2021.10—　　　）

副　主　任： 陈文跃　陶国相　夏向颖　夏兆雪　杜家进　陶晓晓
董文豪　董斌贵　包长喷

委　　　员：（排名不分先后）
毛方贵　毛克总　包旭恩　卢晓平　朱建生　吴族清
沈黎军　严小海　陈倩倩　陈志东　陆勇军　来四春
李永奇　林永赣　林　华　林建波　胡荣俊　夏康敏
唐晓林　黄　建　蓝彦湖　雷晓华　雷晓慧　廖晓红

主　　　编： 包才德

编　　　辑： 严永光　陶国庆　张倩倩　郑苏瑾　叶剑晖　朱培培
梅丽丽

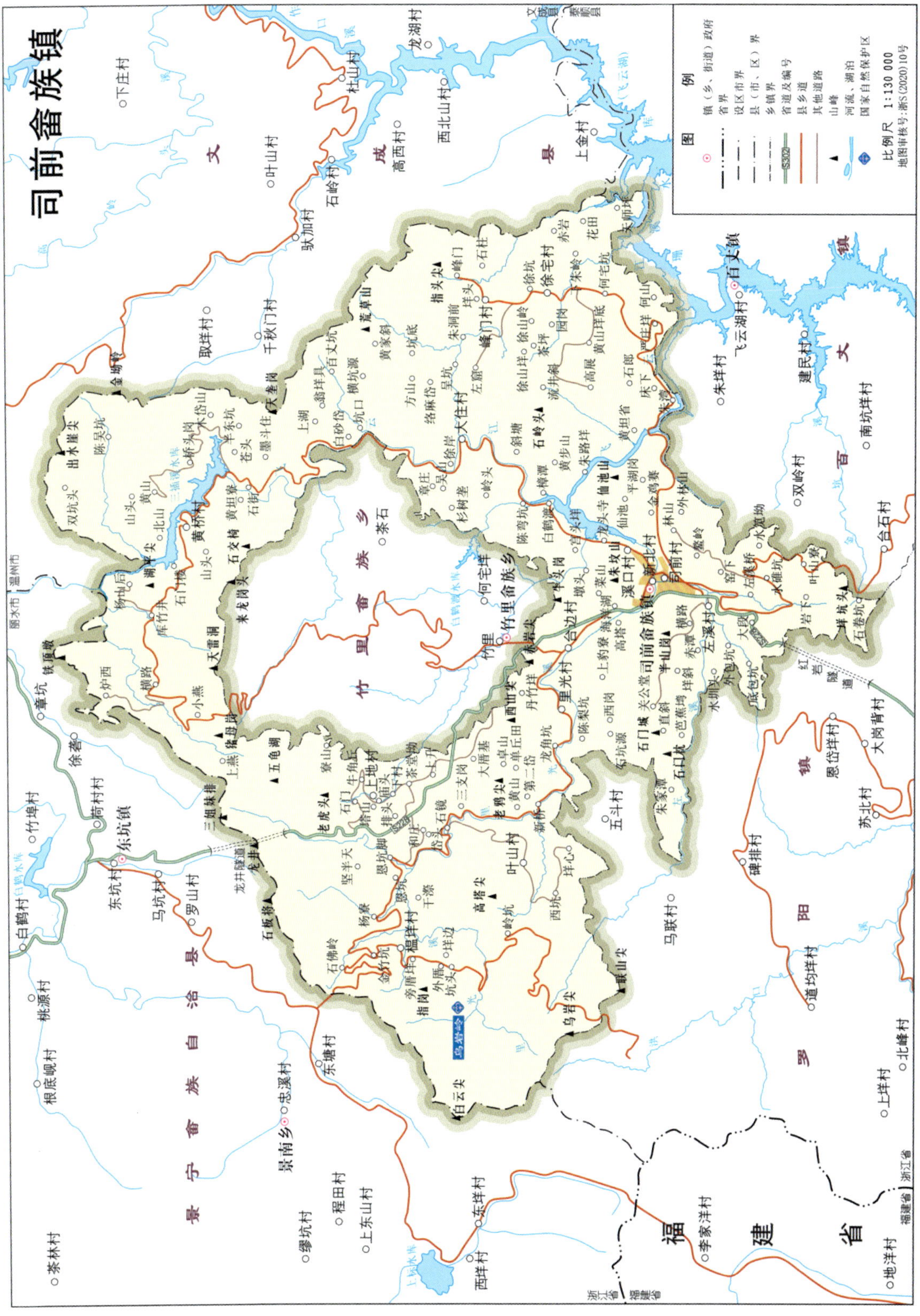

图版 7-01-1 2015年司前畲族镇政区图（《浙江省民族乡（镇）志》编辑部提供）

图版7-02-1 司前畲族镇全景（司前畲族镇政府办公室提供，李永在 2015年摄）

图版7-03-1 潭边战斗公园（司前畲族镇政府办公室提供，2021年12月摄）

图版7-03-2 中共司前畲族镇第十二届代表大会第五次会议现场（司前畲族镇政府办公室提供，2015年2月19日摄）

图版7-03-3 中共司前畲族镇第十二届代表大会第五次会议代表咨询现场（司前畲族镇政府办公室提供，2015年2月19日摄）

图版7-03-4 1944年营救美国飞行员旧址（司前畲族镇政府办公室提供，2022年6月摄）

图版7-04-1 乌岩岭自然保护区（司前畲族镇政府办公室提供，2013年摄）

图版7-04-2 白云尖瞭望台（司前畲族镇政府办公室提供，2013年摄）

图版7-04-3 峰门村左窟自然村花旦侧脸（司前畲族镇政府办公室提供，2015年摄）

图版7-04-4 白鹤山庄（司前畲族镇政府办公室提供，2011年摄）

图版7-05-1 里光荷塘（司前畲族镇政府办公室提供，2015年摄）

图版7-05-2 榅垟梯田（司前畲族镇政府办公室提供，2015年摄）

图版 7-05-3 红岩双瀑（司前畲族镇政府办公室提供，2015年摄）

图版 7-05-4 峰门村峰门桥头黄坦寮猴脸石群（司前畲族镇政府办公室提供，2015年摄）

图版7-06-1 国家一级重点保护野生动物黄腹角雉(雌鸟)（乌岩岭保护区包其敏提供，2015年摄）

图版7-06-2 国家一级重点保护野生动物白颈长尾雉（乌岩岭自然保护区包其敏提供，2015年摄）

图版7-06-3 白鹇（乌岩岭自然保护区提供，2015年摄）

图版7-06-4 勺鸡（乌岩岭自然保护区提供，2015年摄）

图版7-06-5 国家一级重点保护野生动物黑麂（乌岩岭自然保护区包其敏提供，2013年7月摄）

图版7-06-6 国家二级重点保护野生动物鬣羚（司前畲族镇政府办公室提供，2012年12月摄）

图版7-06-7 国家一级重点保护野生动物金斑喙凤蝶（乌岩岭自然保护区包其敏提供，2015年摄）

图版7-06-8 彩臂金龟（乌岩岭自然保护区包其敏提供，2015年摄）

图版 7-07-1 黄桥黄山厝边南方红豆杉，树龄600年，一级保护（一）（黄桥乡政府办公室提供，2009年9月摄）

图版 7-07-2 黄桥黄山厝边南方红豆杉，树龄600年，一级保护（二）（黄桥乡政府办公室提供，2009年9月摄）

图版7-07-3 榅垟坑头银杏，树龄515年，一级保护（司前畲族镇政府办公室提供，2015年摄）

图版7-07-4 位于大住村樟树，树龄300年（司前畲族镇政府办公室提供，2015年摄）

图版7-07-5 位于园桥村苦槠树，树龄300年（司前畲族镇政府办公室提供，2007年摄）

图版 7-07-6 国家二级重点保护野生植物伯乐树（乌岩岭自然保护区提供，2015年摄）

图版7-08-1　司前畲族镇新北村狮子岗3000年前新石器时期文化遗址（陶汉心提供，2022年6月摄）

图版7-08-2　司前狮子岗新石器文化遗址出土的几何印纹陶片（陶汉心提供，2015年摄）

图版7-08-3　司前狮子岗出土的双孔石斧（陶汉心提供，2015年摄）

图版7-08-4　司前溪口金钟覆地出土的单孔石钺（陶汉心提供，2015年摄）

图版7-08-5　司前溪口金钟覆地出土的石矛（陶汉心提供，2015年摄）

图版7-09-1 司前畲族镇夜景（司前畲族镇政府办公室提供，2015年摄）

图版7-09-2 司前畲族镇驻地（司前畲族镇政府办公室提供，2015年摄）

图版7-09-3 叶山古村落（司前畲族镇政府办公室提供，2015年摄）

图版7-09-4 园洲古民居（司前畲族镇政府办公室提供，2015年摄）

图版7-09-5 大住古村（司前畲族镇政府办公室提供）

图版7-09-6 司前筱条古村落（司前畲族镇政府办公室提供，2015年摄）

图版7-09-7 里光水尾亭（包才德2015年摄）

图版7-09-8 司前亲水碇步（司前畲族镇政府办公室提供，2015年摄）

图版7-10-1 甜柿丰收（司前畲族镇政府办公室提供，2015年摄）

图版7-10-2 葡萄采摘（司前畲族镇政府办公室提供，2015年摄）

图版7-10-3 左溪茶园（司前畲族镇政府办公室提供，2015年摄）

图版7-10-4 猕猴桃（司前畲族镇政府办公室提供，2015年摄）

图版7-10-5 司前大棚（司前畲族镇政府办公室提供，2015年摄）

图版7-10-6 司前畲族镇杨梅产业（司前畲族镇政府办公室提供，2015年摄）

图版7-10-7 蜜蜂养殖场（1）（严公垟 2015年摄）

图版7-10-8 蜜蜂养殖场（2）（严公垟 2015年摄）

图版 7-11-1　**浙江利众竹木有限公司**（司前畲族镇政府办公室提供，2015年摄）

图版7-11-2　**利众竹木产品(1)**（司前畲族镇政府办公室提供，2015年摄）

图版7-11-3　**利众竹木产品(2)**（司前畲族镇政府办公室提供，2015年摄）

图版7-11-4　**2006年11月，泰顺县喜来福竹木制品有限公司在司前畲族镇新北村成立**（司前畲族镇政府办公室提供，2022年摄）

图版 7-11-5　**来料加工场**（司前畲族镇政府办公室提供，2015年摄）

图版7-11-6　**万村商超**（司前畲族镇政府办公室提供，2021年摄）

图版7-12-1　建于清咸丰五年（1855年）的司前村回澜桥（司前畲族镇政府办公室提供，2015年摄）

图版7-12-2　左溪大桥（司前畲族镇政府办公室提供，2013年摄）

图版7-12-3　钢索大桥（司前畲族镇政府办公室提供，2015年摄）

图版7-12-4　飞云湖（司前畲族镇政府办公室提供，2015年摄）

图版7-12-5　司前河道整治（司前畲族镇政府办公室提供，2015年摄）

图版7-12-6　三插溪水库（司前畲族镇政府办公室提供，胡昌新2014年摄）

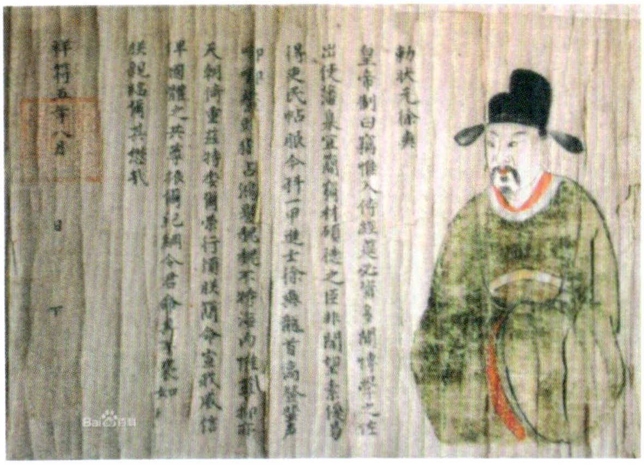

图版 7-13-1 温州首位，泰顺唯一的北宋状元徐奭画像（司前畲族镇政府办公室提供）

图版7-13-3 国立英士大学纪念馆全貌（司前畲族镇政府办公室提供，2015年摄）

图版7-13-2 国立英士大学纪念馆在司前村原校址开馆（司前畲族镇政府办公室提供，2014年摄）

图版7-13-4 国立英士大学纪念馆内景（司前畲族镇政府办公室提供，2015年摄）

图版7-13-5 国立英士大学纪念馆内景（司前畲族镇政府办公室提供，2015年摄）

图版7-13-6 1946年国立英士大学法学院第八届毕业生留念（司前畲族镇政府办公室提供）

图版7-13-7 1947年国立英士大学农业经济系全体师生留影（司前畲族镇政府办公室提供）

图版7-14-1 司前畲族镇幼儿园（司前畲族镇政府办公室提供，2014年摄）

图版7-14-2 司前畲族镇中心小学（司前畲族镇政府办公室提供，2015年摄）

图版7-14-3 位于司前畲族镇的泰顺县民族中学（司前畲族镇政府办公室提供，2015年摄）

图版7-14-4 薛驹题写泰顺县民族中学校名（司前畲族镇政府办公室提供，2015年摄）

图版7-14-5 泰顺县民族中学传统教育展示厅（司前畲族镇政府办公室提供，2015年摄）

图版7-14-6 社区学校（司前畲族镇政府办公室提供，2015年摄）

图版7-15-1 溪口村文化礼堂（司前畲族镇政府办公室提供，2015年摄）

图版7-15-2 黄桥村文化礼堂（司前畲族镇政府办公室提供，2015年摄）

图版7-15-3 民族广场（司前畲族镇政府办公室提供，2015年摄）

图版7-15-4 司前畲族镇文化中心（司前畲族镇政府办公室提供，2015年摄）

图版7-15-5 畲族风情园（司前畲族镇政府办公室提供，2016年摄）

图版7-16-1 2014年“三月三”畲族风情节（司前畲族镇政府办公室提供，2014年摄）

图版7-16-2 2015年1月26日，司前畲族镇畲歌队伍培育基地畲歌专辑发布会（司前畲族镇政府办公室提供，2015年摄）

图版7-16-3 2015年畲族“三月三”对歌（司前畲族镇政府办公室提供，2015年摄）

图版7-16-4 畲族婚嫁习俗表演 （胡昌新 2015年摄）

图版7-16-5 2015年，司前畲族“三月三”竹竿舞（司前畲族镇政府办公室提供，2015年摄）

图版7-16-6 畲族婚嫁习俗（胡昌新 2015年摄）

图版 7-17-1　三月三畲族风情节乌饭宴（司前畲族镇政府办公室提供，2015年摄）

图版7-17-2　木偶戏（司前畲族镇政府办公室提供，2015年摄）

图版 7-17-3　曲酒文化节（司前畲族镇政府办公室提供，2015年摄）

图版7-18-1　畲族村寨（司前畲族镇政府办公室提供，2015年摄）

图版7-18-2　左溪老村全景（司前畲族镇政府办公室提供，2015年摄）

图版7-18-3　左溪民族新村（司前畲族镇左溪村委会提供，2015年摄）

图版7-18-4　黄桥新村（李永在 2015年摄）

图版7-18-5　农家乐（司前畲族镇政府办公室提供，2015年摄）

图版7-18-6　畲寨农庄（司前畲族镇政府办公室提供，2015年摄）

图版7-19-1　民族体育项目采柿子（泰顺县民族中学提供，2015年摄）

图版7-19-2　民族体育项目高脚马（泰顺县民族中学提供，2015年摄）

图版7-19-3　民族体育项目龙接凤（泰顺县民族中学提供，2015年摄）

图版7-19-5　民族体育项目抄杠（泰顺县民族中学提供，2015年摄）

图版 7-19-4　民族体育项目摇锅（司前畲族镇中心小学提供，2015年摄）

图版7-19-6　民族体育项目铁人三项赛（胡昌新，2012年摄）

图版7-20-1　下库广场（司前畲族镇政府办公室提供，2015年摄）

图版7-20-2　顺安新村（司前畲族镇政府办公室提供，2015年摄）

图版7-20-3　峰门移民村（司前畲族镇政府办公室提供，2015年摄）

图版7-20-4　滨江小区（钱德琪　2015年摄）

图版7-20-5　大平山移民小区（钱德琪　2015年摄）

图版7-20-6　司前畲族镇街景（钱德琪　2015年摄）

序 一

中国是一个统一的多民族国家。在中华民族历史演进过程中，各民族在分布上交错杂居、文化上兼收并蓄、经济上相互依存、情感上相互亲近，形成了多元一体格局。生活在浙江大地的56个民族，就是这种多元一体格局的具体体现。

2015年3月，省民宗委决定编纂《浙江省民族乡（镇）志》，目的是通过编纂“一方之史”的18个民族乡（镇）的志书，客观记述一乡一镇区域范围内自然和社会诸方面的历史和现状，达到“资政、存史、育人”之功效，发挥其繁荣乡镇经济、促进社会和谐发展的作用。历届民宗委领导高度重视，各民族乡（镇）党委政府尽心尽责。《浙江省民族乡（镇）志》是少数民族地方经济、政治、社会、文化、生活的全方位、多角度呈现，更是民族团结的重要成果，也是全体编纂人员无私奉献与辛勤耕耘的结晶。

浙江属少数民族散杂居省份。世居少数民族有畲族、回族和满族，其他少数民族大多是中华人民共和国成立后，特别是改革开放以来因工作、经商或婚嫁而落户浙江的。2010年，浙江省56个民族成分齐全，少数民族人口总数1214697人，其中畲族人口为166276人。

1956年12月，经平阳县委、县府批准建立的凤阳畲族乡，是浙江省最早成立的畲族乡。几经撤建，至1992年5月，全省有18个民族乡（镇），其中14个是革命老区。2015年，18个民族乡（镇）行政区划面积为1068.30平方千米，耕地面积9138.67公顷，人口19.61万人，其中少数民族人口4.41万人，辖245个行政村，其中80个民族村。18个民族乡（镇）分布在杭州、温州、金华、衢州和丽水的13个县（市、区），已经全部实现通公路、通自来水、通电与通邮。

进入21世纪，省民宗委根据省委、省政府对民族工作的部署，牢牢把握铸牢中华民族共同体意识及各民族“共同团结奋斗，共同繁荣发展”的主题，深入实施“八八战略”。通过目标引领，强化区域特色，推进全省民族地区经济社会的发展；通过深化民族事务的依法治理工作，推进民族地区治理体系现代化；通过强化帮扶机制，提升浙江民族地区小康社会建设的“加速度”。

中国特色社会主义文化，源自中华民族五千多年文明历史所孕育的中华优秀传统文化，熔铸于党领导人民在革命、建设、改革中创造的革命文化和社会主义先进文化，植根于中国特色社会主义伟大实践。《浙江省民族乡（镇）志》的编纂出版，体现了民族文化的传承与创新，是推动浙江畲族文化研究工作向广度拓展、向深度推进的重要实践。通过民族文化的创新性发展，将浙江畲族源远流长的灿烂文化转化为现实经济优势，对提高浙江畲族文化软实力，增强浙江畲族文化的竞争力，扩大浙江畲族文化的影响力，加快地方经济社会发展和促进社会和谐，推动民族地区政治文明、精神文明、物质文明、社会文明和生态文明的协调发展，都具有重大的现实和深远的历史意义。

《浙江省民族乡（镇）志》在篇章布局上既体现乡（镇）志编纂要求，又体现畲族文化特色。这样，有裨于贯彻党和政府的民族政策，进一步推动民族平等、民族团结、各民族共同繁荣；有裨于民族间的学习交流与文化互动；有裨于畲族民众更加了解自己民族的发展历史，提高民族凝聚力；有裨于畲族教育文化工作者更加深入全面了解浙江畲族文化内涵和现代畲族文化现象；有裨于广大民众了解民族地区社会、经济与文化发展情况，具有丰富的资料性与较高的学术价值。

“修史之难，无出于志。”值此本志出版之际，谨对承担项目的丽水学院与参加编写的全体编纂人员，以及对志书编纂工作提供帮助和付出艰辛劳动的社会各界人士、专家学者及相关人员，致以衷心感谢与崇高的敬意！

浙江省民族宗教事务委员会主任 [signature]

2020 年 11 月

序 二

司前畲族镇是泰顺县西北方的边远乡镇。全镇地处飞云江上游，闽、浙交界的群山峻岭中。长期以来，学界普遍认为司前的历史始于唐代。唐宝历元年(825年)徐姓始祖徐相定居木棉村；咸通三年(862年)建高塔西峰禅院；唐末有李姓迁居里光。因此学者林鹗在《泰顺分疆录》中就记载："唐以前，(泰顺)僻在荒服中，多老林，供郡国材用而已，实闽、括间瓯脱也。至唐始有山民烧畲辟壤，渐兴赋役。"

20世纪80年代，司前境内发现狮子岗等多个古文化遗址。学者陶汉新在《泰顺新石器时代文明探究》一文中指出："泰顺境内有人类活动的历史，始于新石器时代中晚期。距今三千多年前或者更早的时候，瓯越先民已在飞云江中上游地区生息繁衍，进行早期生产开发。"

陶汉新还研究发现，三千年前后，生活在泰顺境内的原始先民，属于南方百越民族的一部分。在当时，这一带区域可能有闽越国(部族)和东瓯国(部族)分别影响或控制的不同地方。由于这种不同的控制与影响，泰顺南部、北部在文化、习俗、方言方面差异大概在这时候就开始萌生。他的研究，符合当今泰顺两大方言体系的现状。吴语系与闽语系以罗阳为分界线，北片为吴语系丽水话的司前话与罗阳话区域，往南是闽语系区域。

时至明末清初，畲族蓝、雷、钟、李四姓陆续迁入司前，分居20多个山村，与汉族劳动人民筚路蓝缕，共启山林，度过了漫长的艰难困苦岁月，终于迎来新生活。中华人民共和国成立后，国家正式命名畲族。国家实行民族平等政策，司前民族乡、司前畲族镇相继建立，畲族汉族民众团结奋进，共同建设家乡，走共同富裕道路。

回顾历史，道路是曲折的，经历是艰辛的，成就是喜人的，前途一片光明。中华人民共和国成立之后六十多年来，司前境内社会安定，经济逐步发展。人民群众遵循靠山、养山理念，从山区实际出发，大力发展林业生产，使全镇成为林业资源丰富、环境优美的绿水青山型乡镇。中共十一届三中全会以来，实行改革开放，多种经济形式的乡镇企业开办，增加了镇内经济活力。进入21世纪之后，镇内群众依托山区资源优势，以竹木为主体的加工业蓬勃兴起，以山水资源为依托的旅游业开发，镇内经济更得到长足发展，人民的收入迅速增加，生活水平进一步提高。特别是随着乡镇撤并，以扶贫脱贫为主攻方向的“一镇带三乡”举措，山区群众纷纷集聚司前村，依托不断发展的乡村企业，扩大就业，增加收入，提高生活水平。至2015年，全镇畲族人口2971人，占全镇总人口的15.87%。绝大多数畲族民众已经从偏僻的小山村搬迁下山至大村庄居住，部分人还住进畲族风情园、左溪畲乡小院等现代化住宅。

司前境内的历史源远流长。境内畲族人民与汉族人民战天斗地的智慧结晶丰富多彩，积淀丰厚。今适逢盛世，借全省修编畲族乡镇志契机，克服重重困难，《司前畲族镇志》终于能出版问世。这是本镇文化建设的一件大事，也是全镇社会主义精神文明建设的一项丰硕成果。

《司前畲族镇志》是部地方志，属地方性文献。以典籍的形式，翔实地记载了司前的历史变迁、人口迁徙、文化传承、经济社会发展等进程，具有鲜明的时代性和地方特色。一志在手，可以明古详今。以史为鉴，可以知兴替，鉴往昭来，温故知新，更好地为当代经济社会建设服务。它的出版，既为后代留下一部宝贵的资料文献，也为进一步提高全镇干部群众热爱中国共产党、热爱中华人民共和国、热爱社会主义的政治思想觉悟提供重要的乡土素材，激励后人继承革命传统，在新时期里再创辉煌。

解读司前，始于志书。要认真研究乡情，汲取前人的经验教训，发挥志书“存史、资政、教化”作用，坚持修用结合，不断改革创新，为把司前建成畲族风情小镇，全面进入小康社会而努力奋斗！

是为序。

中共司前畲族镇委员会书记

司前畲族镇人民政府　镇 长

2022年8月

凡　例

一、指导思想

本志以马克思列宁主义、毛泽东思想、邓小平理论、“三个代表”重要思想、科学发展观、习近平新时代中国特色社会主义思想为指导，坚持辩证唯物主义和历史唯物主义的立场、观点和方法，全面、客观、系统记述浙江省民族乡（镇）自然、政治、经济、文化和社会的历史。服务当代，垂鉴后世。

二、起讫时间

上溯事物发端，下限为 2015 年 12 月 31 日，必要时以注释等形式作适当下延。

三、地域范围

以下限时浙江省民族地区的行政区域为界，原则上越境不书。

四、体裁

采用述、记、志、传、图、表、录等体裁，以志体为主，图照辅之，表随文设置。全志首列序言、凡例、概述、大事记。

五、结构

以卷章结构为主。设章、节、目、子目 4 个层次，横排门类，纵述史实，力求充分体现地方特色和时代特点。

六、文体

使用规范的现代语体文。直接引用资料使用原文文体。

七、文字

以经中华人民共和国国务院批准、1986 年 10 月 10 日国家语言文字工作委员会重新发布的《简化字总表》，1955 年 12 月 22 日中华人民共和国文化部、中国文字改革委员会发布的《第一批异体字整理表》，以及 2013 年 6 月 5 日中华人民共和国国务院公布的《通用规范汉字表》为准；异形词以 2001 年 12 月 19 日中华人民共和国教育部、国家语言文字工作委员会发布的《第一批异形词整理表》为准。

人名、地名、书名、文章篇名及引录的原著文句，凡可能引起歧义、误解者，仍用原繁体字或异体字。

八、标点符号用法

采用 2011 年 12 月 30 日中华人民共和国国家质量监督检验检疫总局、中国国家标准化管理委员会发布的《标点符号用法》(GB/T 15834—2011)。

九、称谓

中华人民共和国成立前的国家、民族、地名、组织、机构、职官等名称，除明显带有歧视、污蔑含义者加以适当处理外，原则上仍用文献记载的原名称。

志书下限时的地名使用各级政府审定的标准地名，必要时括注俗称地名。地名古今不同者，各章首次出现时在其后括注志书下限时的标准地名；隶属地域变化者，注明志书下限时所属地域。

外国的国名、地名、人名、民族名，以及政府机构、党派团体、报刊等名称，主要依照《辞海(第六版)》译名及新华通讯社译名室常用译名。

生物名称使用学名，记述自然资源涉及有关生物名称的，各章首次出现时采用二名法，必要时加注当地俗名。

十、简称

各种较复杂的名称重复出现时，各章首次出现时使用全称并括注简称，其后出现直接使用简称；简称均以《有关机构、单位全称与规范化简称对照表》为准；有关机构单位 2015 年前的简称及其他简称采用社会上通行、不产生歧义者，且全卷保持一致。

十一、纪年

干支纪年、年号纪年及其他非公历纪年等，以汉字书写，括注公历纪年；非公历纪年后有月日的，同时括注经换算后公历纪年的月日。

民国纪年以阿拉伯数字书写，括注公历纪年。

同一自然段中同一纪年多次出现时，只在首次括注公历纪年，其后不再括注。

括注公历纪年于年份后加“年”字；括注某一时间段，则只在后一个公历纪年后加“年”字。

括注公元前年份，年份前冠“前”字；括注公元元年后年份直接书写年份，不冠“公元”。

自 1949 年 10 月 1 日起，采用公历纪年。

公历纪年及公历的世纪、年代、月、日和时分，均以阿拉伯数字书写。

十二、数字用法

采用2011年7月29日中华人民共和国国家质量监督检验检疫总局、中国国家标准化管理委员会发布的《出版物上数字用法》(GB/T 15835—2011)，凡一个数字与“以上”“以下”“以内”等连用的，均含该数字。

十三、数据

中华人民共和国成立前的数据按文献记载入志。

中华人民共和国成立后的数据以统计部门公布数据为准。统计部门缺失者，则采用相关部门经过核实的数据，并以注释形式说明资料来源。同一内容数据有不同者，也以注释形式加以说明。重要地理信息数据采用测绘部门公布的法定数据。

十四、计量单位

采用国家技术监督局1993年12月发布的《量和单位》系列国家标准规定。

中华人民共和国成立前的计量单位根据需要沿用旧制。

十五、货币

中华人民共和国成立前的货币币值均按文献记载入志。

中华人民共和国成立后，货币币值均指人民币币值。1953年3月1日前后人民币各按当时币值记载，不作换算。

外国货币按文献记载入志，币值不作换算。

十六、地图

执行2015年11月26日中华人民共和国国务院公布的《地图管理条例》和浙江省人民政府2014年11月11日公布、2015年12月28日修正的《浙江省地图管理办法》规定，采用经浙江省测绘行政主管部门审核的地图。

十七、注释

直接引用(引文)、地图、图片、表格及有关重要内容，均注明资料来源，其他需要说明者亦酌情加以注释。

引用清代及清代以前编纂的志书，注明朝代、纪年、志书名称及卷次(或卷次与篇名)；引用民国时期编纂的志书，注明“民国”两字和志书名称、卷次(或卷次与篇名)；引用1949年10月1日(含)以后编纂、出版的志书，注明志书名称、出版单位、出版时间及页码。志书名称与篇名均用书名号。引用私修志书除上述各项内容外，于志书名称前注明作者姓名。

十八、资料

取于档案、书籍、报刊、网络及社会调查等,均经考订、核实。凡记载不一者,正文采用其中一说,其余说法以注释形式记述。

十九、人物

以“生不立传”为原则,专设“人物传略”“人物名录”予以记载;所涉人物按“以事系人”“人随事出”加以记述。

目 录

概 述

司前畲族镇位于泰顺县域北疆，地处北纬 27°36′57.974″—27°48′42.965″、东经 119°40′1.003″—119°53′1.723″，东邻文成县西坑畲族镇，东南界百丈镇，西南依罗阳镇，西、北与景宁畲族自治县的景南乡、东坑镇接壤，中心与竹里畲族乡四周相邻。全镇总面积 208.84 平方千米，司前车站至县城北站公路里程 18.20 千米。全镇户籍总人口 18716 人，其中畲族 2971 人。

泰顺县司前畲族镇由司前、里光、黄桥、峰门四个乡相继撤并而成。司前乡，驻地司前村。原名池村。明宣德八年(1433 年)设巡检司，故改名司前。建县前司前、里光为瑞安义翔乡 60 都，黄桥为 59 都，峰门为 56 都，建县后均划为一都。清代峰门划属三都。民国 24 年(1935 年)设乡，在当今司前畲族镇范围(包括今罗阳镇的马联村地和竹里乡地)设司前、里五、潭竹、河溪、东成、晓园 6 个乡。民国 27 年合并为司前、里光、燕溪、晓园 4 个乡。民国 35 年再并为司前、晓溪 2 个乡(今峰门、徐坑 2 个村划归百丈)。均隶属泰顺县第一区。

1949 年 5 月，泰顺全境解放。9 月，今罗阳镇的马联村地划归碑排，合并为司前、晓园、燕溪 3 个乡(包括峰门、徐坑)，属百丈区。1952 年分设里光、上榅、司前、左溪、黄桥、燕石、竹垟、何宅、峰门 9 个乡，属第二区(百丈)。1956 年何宅并入竹垟乡，峰门再划归百丈乡，撤并为司前、里光、黄桥 3 个乡。1958 年 4 月建立司前民族乡。10 月改为司前、里光、黄桥大队，属司前大公社，峰门大队属百丈大公社。1959 年 2 月改为司前、里光、黄桥、峰门管理区。1962 年 1 月，撤销大公社建制，改为司前、里光、黄桥人民公社，属百丈区。1983 年 2 月析置峰门人民公社。1984 年 5 月，取消人民公社建制，恢复司前畲族乡、里光乡、黄桥乡、峰门乡，隶属司前区，峰门乡隶属百丈区。1992 年 5 月撤司前区，里光乡并入，建立司前畲族镇，直属泰顺县人民政府。2011 年，黄桥、峰门 2 个乡并入司前畲族镇。2015 年，全镇辖 13 个行政村，160 个自然村，269 个村民小组。

至2015年，全镇工农业总产值37575.22万元，比1992年司前畲族镇、黄桥乡、峰门乡之和1253万元增长28.99倍，年均增长16.72%。其中，农业总产值5417万元，比1992年司前畲族镇、黄桥乡、峰门乡之和985万元增长4.50倍，年均增长8.06%；工业总产值32158.22万元(按现行价计算)，占全镇工农业总产值的85.58%，占全县工业总产值的7.80%，比1992年3个乡之和的268万元增长119倍，年均增长24.31%。农民人均纯收入从1992年司前畲族镇、黄桥乡、峰门乡的年平均255元增加到2015年的平均13513元。

司前畲族镇为革命老区，先后获全国民族团结工作先进集体、全国扶贫工作先进集体、国家级生态镇、浙江省人民满意公务员集体、浙江十大春意小镇等称号。

一

司前畲族镇属纯山区，四面环山，西部和北部山峰耸立，海拔千米以上高峰50余座。西北部白云尖，位于县城西北方，距离县城约18千米，与景宁畲族自治县交界，东坡较陡，属乌岩岭自然保护区，西坡较缓，属景宁畲族自治县上标林场白云林区，北向针金湖，南连南麂岗。主峰海拔1611.3米，为温州市最高峰。东部峰门尖海拔1062.6米，与百丈口相对高差近千米。有3个峰峦挺拔如指，称“指头尖”，行船至飞云江中游即可眺见，昔人误为泰顺最高峰。西、北部海拔500—1000米中山有60余处。东南稍低，中间低凹，为溪谷、山谷地与山坡地，有全县最大条带状洪积谷地，长8千米、宽300多米。500米以上的低山有27处，天垄岗为最高，海拔900米，最低处溪口村海拔145米。

镇境内气候温暖湿润，四季分明。地处中亚热带季风气候区。因地形相对高差千余米，从低海拔到高海拔地区，年平均温度垂直递减0.523℃/100米。低海拔150米的溪谷，年平均温度18.1℃，无霜期287天，气温>10℃平均持续天数265天。高海拔(900米)无霜期222天。海拔1040米乌岩岭自然保护区，年平均温度14.1℃，无霜期214天，平均积温4207.5，气温>10℃平均持续天数222天。黄桥乡平均海拔600米，无霜期250天。1991—2010年，年均日照时数1626.1小时。降水量年差较大，最低1350.8毫米/年，最高2580.1毫米/年。

镇境内生物资源丰富。森林覆盖率84.40%，森林绿化率91.90%。西北部乌岩岭自然保护区大片原始次生林，自然植被保存完整，植物种类资源丰富。

全区共有维管植物1377种，蕨类植物179种。目前被确认的珍稀植物有36种。定名的真菌有119种，隶属17目39科。目前共记录有陆生脊椎动物303种，昆虫2133种。属国家一级重点保护野生动物8种，国家二级重点保护野生动物37种。

镇境西北部山高林密，雨量充沛，是飞云江水系的主要发源地。其主干道和多支支流发源于白云尖山坡。其主干流系仙霞岭洞宫山脉南支河流，发源于景宁畲族自治县与泰顺县边界白云尖西北坡海拔1450米处，漈坑为流程起点，向西北下行至东塘，名东塘溪。主流至白鹤纳敕木山的北溪水，至里唐口出境。干流在景宁段的流域面积224.44平方千米，河长39.9千米，自然落差920米，平均降坡23.06‰。年地表径流量3.04亿立方米，占飞云江全流域的6.54%。干流进入泰顺县境黄桥乡杨山后村0.6千米处，由北向南流，出大住，再下行至溪口村篙笕处与里光溪水汇合，注入飞云湖。此段主流称三插溪。流域面积103.96平方千米，河长29.60千米，降坡16.20‰，森林覆盖率94.96%。飞云江一级支流里光溪，也叫司前溪，源出白云尖东南坡，海拔1200米处，汇合北部与西部小溪形成里光溪，东南行至司前村回澜桥附近与左溪交汇后，至溪口纳竹里溪，在白鹤渡与三插溪交汇，注入飞云湖。里光溪河长25.3千米，河道自然落差1079米，平均降坡42.60‰，流域面积154.08平方千米，森林覆盖率94.96%。年地表径流量2.16亿立方米，占飞云江全流域的4.65%。

二级支流有2条：左溪，发源于乌岩尖东北坡，乌岩岭自然保护区交界处，海拔1000米。向东南流至司前村入里光溪。竹里溪，发源于上地白水际1010.9米处，至溪口入司前溪。主干流三插溪段和一级支流里光溪合计流域面积258.04平方千米。合计年地表径流量5.20亿立方米，占飞云江全流域的11.19%。

镇境内人类活动历史悠久。早在新石器时代，司前境内就已有人类从事狩猎和农耕活动。史书记载，三国时期，境内曾生存过瓯越人的后裔，他们属于山越人的一部分。两晋南北朝时期，已有境外先民，因伐木、避税、避难，陆续迁入境内山区，进行早期开发。

唐宝历元年(825年)，徐姓始祖徐相定居木棉村。咸通三年(862年)建的高塔西峰禅院，是先人用于附祭灵牌的地方，证明境内的开发程度已达到较高水平。唐末有李姓迁居里光。宋代，池姓定居池村，方姓、吴姓、苏姓相继迁入峰门、黄桥定居。宋末元初，陈姓迁入叶山。明末清初，畲族的李、蓝、雷、钟姓，里光的罗姓、林姓、园洲的黄姓、司前的陶姓、黄桥的梅姓等相继迁入。民国时期，又有平阳、文成等地的手工业者、经商贸易者迁入。

镇境内人口呈波浪式增长。民国29年(1940年)境内的司前乡3473人、里光乡4801人、燕溪乡2576人、晓园乡1529人，合计12379人。1952年，上述4个乡人口合计3180户11151人。其间，因战乱、荒歉等原因，10余年间人口减少1228人。中华人民共和国成立后，社会安定，生活水平逐步提高，生育无节制，人口增长速度迅猛。1969年达到高峰，人口自然增长率：司前人民公社29.51‰、里光人民公社25.01‰。1980年人口自然增长率回落。1987年人口自然增长率：司前乡2.90‰、里光乡2.30‰。之后，人口自然增长率都在5‰—7‰，趋向低生育率时期。2015年司前畲族镇人口自然增长率6.27‰。其中，畲族人口从1985年的1810人，增加到2015年的2971人，30年间增加1161人，年均增长17.24‰，高于全镇人口平均增长水平。畲族人口主要分布在左溪、新北、里光3个民族村。其间，还有近年移民、婚嫁等迁入的属14个少数民族118人。镇境内合计少数民族人口3089人。汉族有71姓15627人。

二

在中华人民共和国成立之前的漫长历史长河中，人民群众受压迫、受剥削，司前境内的人民群众也曾参加过许多反抗斗争，终无果。民国24年(1935年)中国工农红军挺进师挥师进入境内，组织、发动人民群众开展第二次国内革命战争。镇境内成为中共青景丽县委活动区域。自民国34年开始，境内在中共青景丽县委领导下，广泛建立乡村中共党支部和农会组织。人民群众积极参加中共地方武装，推翻国民党反动统治，建立人民政权。1992年，温州市委认定司前畲族镇、黄桥乡、峰门乡为革命根据地乡镇。

中华人民共和国成立后，人民当家作主。人民群众广泛参与中国共产党领导的各种政治活动，清匪、反霸、土地改革运动，选举乡村人民政权等。畲族正式定名后，民众以畲族身份参加各种政治活动，享受中国共产党和人民政府民族平等的各种待遇。畲族代表被邀请到北京，受到党和国家领导人接见；被推荐和选举参加各级人民代表大会、政治协商会议；进入人民政权的领导岗位；畲族乡、镇成立后，人民政府颁布一系列优惠政策，扶持、鼓励民族地区的社会进步和经济发展，给予畲族民众各种照顾；畲族青少年享受教育优先；畲族优秀文化传统得以传承和发扬光大。

境内各族人民精诚团结。2008年，司前畲族镇获得“全国民族团结进步模范集体”荣誉称号，左溪民族村也获得全省民族团结进步小康村荣誉称号。

在漫长的旧社会，境内人民生活凄苦。境内多高山，居民在山地上种植旱粮，广种薄收；山上梯田，山高水冷，且水稻品种低劣，风灾、虫灾危害严重，收成难以果腹。明末清初引进番薯、马铃薯。初种缺乏经验，频告失败。经长期总结经验，勉强过上“火篾作灯照，火笼当棉袄，番薯丝吃不饱”的贫困生活。

镇境处浙闽交界，居万山之巅，历史上曾屡遭战乱。元末，青田黄坦（今属文成）人吴德祥义军进入镇境内，官兵追击进逼达四五年之久，境内民众屡被骚扰；明末，银矿工人多次起义，义军多为泰顺以北人，多过境司前，官军入境镇压，致境内居民损伤惨重，人丁逐减；清顺治十七年（1660 年），农民义军马云龙、黄廖天开拔司前一带，官兵四集“会剿”，追至杨寮，境内民众又一次惨遭骚扰；民国初，北伐军挥师入闽，败兵周荫人残部曾先后三批窜入泰顺避风，大肆派捐抽税，掠夺绑架，祸及泰顺全县，民无安日，司前亦受其害；民国后期，国民党屡次清乡“剿共”，战火频繁。如此等等，那段时期可谓兵灾匪祸不断，百姓少有休养生息机会，仅有的微薄积蓄接连被掠夺，大大抑制了境内社会和经济的发展。直至民国末，司前依然是街市冷落、人口稀疏。

历史的积贫积弱，百姓习惯生活于封闭式的地理环境，思想保守，对新事物接受迟缓，懈怠于固有事物的改革。与近邻的沿海或平原乡镇相比，司前的国民经济和社会发展的速度仍属滞后，与发达地区的差距越来越大。

中华人民共和国成立后，在中国共产党和人民政府领导下，劳动人民展现出很高的生产积极性，但其间因“大跃进”运动、“五风”的运动和“文化大革命”的影响，生产力发展的速度虽然与旧时代相比有所提高，但 1971 年人均口粮仅 189 千克，年人均经济收入仅 42.7 元。1978 年，中共十一届三中全会后，农村推行联产承包责任制，发展多种经营，农民收入增加，告别番薯丝吃不饱的苦难日子。1985 年，司前、黄桥、峰门 3 个乡人均年收入也仅分别为 230 元、195 元、198 元。

1985 年泰顺县为全省 5 个贫困县之一，1986 年为全国贫困县之一。1994 年国家调整贫困线标准，泰顺县再次被确定为全国 592 个贫困县之一。是年 3 月，国务院制定实施“八七”（1994—2000 年）扶贫攻坚计划，黄桥、峰门 2 个乡被列为贫困乡。1997 年，全县贯彻中共中央、国务院《关于尽快解决农村贫困人口温饱问题的决定》，开展“思想大解放、观念大转变、经济大发展、社会大整治”活动，继续采取政策、财政、金融、结对、挂钩、救助、下山、产业、社会、人才等扶贫手段，全县农民年均纯收入达 1303 元，提前 3 年摘掉国家级贫困县“帽子”。黄桥、峰门两乡也提前3年实现脱贫。

1998年始，司前畲族镇筹划打破地域界限（包括黄桥、峰门、竹里3个乡），开展扶贫异地搬迁，将镇域范围周边人口规模少，发展条件差的上升、和庄、新桥3个村实行整体搬迁，即实施“一镇带三乡”初始扶贫计划。1999年，砌筑里光溪滨滩地的防洪堤，扩展建设用地16000多平方米，建成新北移民村。至2000年底，基本完成以上3个村19个自然村900多人的异地搬迁。2000年司前畲族镇、黄桥乡、峰门乡人均收入超过千元，分别比1992年刚成立畲族镇时增长7.32倍、6.00倍、6.25倍。

2000年始，针对脱贫基础脆弱、返贫现象严重等情况，启动“百乡”扶贫攻坚计划（2000—2002年）。2002年，镇内下山移民力度进一步加大，对镇域范围居住偏僻、交通闭塞的行政村实施大规模下山搬迁。2003年始，实施欠发达乡镇奔小康工程（2003—2007年）。是年，镇内正式启动“一镇带三乡”农民异地搬迁模式。其间，在省委组织部、省交通厅的支持下，黄桥、峰门两乡启动整乡搬迁工程，先后在滨江、狮子岗、大坪山、留田垟、下库、西村、炮台岗及52省道两侧建设下山移民点11处。2008年，中共浙江省委、省人民政府部署实施“全面小康六大行动计划”，其中一项是“低收入群众增收行动计划”。通过帮扶仍未超过贫困线的贫困户将其列入低保对象，政府发放补助金。之后每年调整标准、对象。

2011年实施“三年特扶”行动。镇内投入5775万元完成狮子岗农房集聚小区（一期）、202间（套）房屋工程建设。是年，司前畲族镇人民政府荣获国务院扶贫开发领导小组办公室授予的“全国扶贫开发先进集体”称号。

至2015年，共新建移民小区11处，投资15亿元，新建房屋520600.48平方米，建成区拓展1.5平方千米。常住人口1.425万人，城镇化率高达75%。同时，全面完成镇建成区排污工程建设和9个村的农村生活污水治理，完成镇内3条溪流的综合治理，加固堤防设施，建成生态河道、滨水文化公园、沿溪景观改造等项目。

全面完成配套设施建设，完善和美化人居环境，镇建成区初具规模。

2003年，时任浙江省委书记习近平到泰顺峰门乡考察，听取峰门乡党委关于要求下山脱贫的汇报后指出，要使农民下得山、稳得住、富得起。司前畲族镇党委、人民政府认真学习理解、落实行动。建立工业园区，扶持当地竹木加工龙头企业和来料加工业，引进外地企业，培育效益农业，发展旅游业等服务业，提高农民就业率，增加农民收入。2015年全镇农民人均收入达到13513

元，比 2000 年一镇两乡人均收入（1970 元）增加 5.86 倍；比 1949 年全县人均收入（30 元）增加 449.43 倍。

镇境内农村社会保障制度全面建立。2010 年，接纳竹里畲族乡五保户供养对象 11 人。至 2015 年，境内五保户集中供养 32 人。全镇农村低保 383 户 628 人，全年支付低保补助 221775 元。农村居民社会养老保险和新型农村合作医疗制度（简称新农合）全面建立，参保人员实现全覆盖。

镇境内经济发展，农民收入增多。泰顺农商银行司前营业所 2010 年末存款余额 1.31 亿元，比 1991 年末的 24.29 万元，增长 538.32 倍，年均增长 39.21%；2015 年达到 3.92 亿元，比 2010 年增长 1.99 倍，年均增长 31.52%。

镇境内市场繁荣，货源充足，价格稳定，群众生活安定。据全县农村住户抽样调查（其中含司前畲族镇 10 户）表明：2015 年农村居民人均消费品支出 11031 元；农村居民每百户拥有摩托车 10.20 辆，家用汽车 15.60 辆，洗衣机 96.90 台，电冰箱 90.60 台，彩色电视机 162.50 台，计算机 31.30 台，空调器 25.50 台，淋浴热水器 84.40 台，移动电话 258.00 部。

三

司前境内经济历来以种植业、养殖业、林业为主。现有统计意义上的耕地（2015 年耕地保护补贴面积）525.84 公顷，占镇域总面积 208.84 平方千米的 2.52%，人均 0.4 亩。但据统计，镇境内 2010 年耕地面积仅 413 公顷，比 1992 年的 512 公顷减少 99 公顷，其中水库淹没 73 公顷。实际上这些所谓的耕地，是包括坡度 25 度以下的山坡园地。经过历年兴修水利才能确保有效灌溉的粮田不足 60%，其中 90%以上是梯田。有的 1 亩几十块，有的小到几平方米，多数无法机耕。普遍在中、高山上，水温低，积温少。镇境内农民，除低山的司前、台边、里光、溪口 4 个村稍好以外，其他村仅在 20 世纪 80 年代杂交稻普遍种植以后，粮食才能勉强自给。而耕地少的叶山、黄桥等几个村仍然缺粮。因此，境内农民历来为口粮、蔬菜终日劳作，争取养头猪过个年，养几只鸡、鸭、兔等补充营养。21 世纪始，种粮成本增高，青壮年劳动力纷纷外出发展，老少搬迁下山，粮食生产萎缩。2015 年粮食播种面积 473 公顷，粮食总产量 2549 吨，人均 136 千克。总面积、总产量分别比 1992 年减少 214 公顷、384 吨。但实际产量还少于统计意义上的数字。为保护珊溪水库水质，2012 年始，镇境内禁养家禽、家畜。2015 年镇境内生猪饲养量仅 363 头，出栏仅 222 头，比 1992 年的

5898 头和 3044 头，分别减少 93.84%和 92.70%。镇境内的种植业、养殖业呈下降趋势不可逆转。

21 世纪初，兴起的退耕还林、培育大毛竹基地、扩大瓜果种植面积、发展观光农业及无公害农业等效益农业势头向好。但需要高投入、见效慢，非常需要外界扶持和乡、村两级领导的共同持久坚持。

司前境内工业受制于珊溪水源保护现状，被圈以资源型工业范畴，竹木加工业为首选。1991 年刚起步，年产值 212 万元。2015 年，全镇工业产值 32168 万元，其中竹木加工企业产值 23107 万元，占 71.83%，25 年间增长 108 倍，年均增长 21.59%。

司前境内集体土地面积 19829 公顷，占全镇域面积的 94.95%。林业用地 17691 公顷，其中有林地 17157 公顷，占镇境内集体土地面积的 86.52%。乔木面积 13820 公顷，占有林地的 78.12%，其中松木林占 43.58%，杉木、柳杉林占 14.49%，其他阔叶林占 17.78%；乔木总蓄积 595458 立方米。竹林 3337 公顷，占 24.15%。毛竹立竹量 691.96 万枝。历来为温州毛竹之乡，占全县毛竹林总面积的 25.54%，人均 2.80 亩。全镇年可砍伐商品竹 100 万枝以上。

林业，历来是境内农民从事的主要商品生产经济来源，是农民的根，是境内林木加工业的原材料来源，也是镇内经济的根。自然保护区，珊溪水源保护地，由于生态环境保护需要，1999 年始司前畲族镇内全面实施国家重点生态公益林保护，划定并严守生态保护红线，加大生态补偿力度。至 2015 年生态林公益林 10517 公顷，占镇域总面积的 50.37%，占镇境内有林地面积的 61.30%。国家拨付生态效益补偿金 26 元/亩•年。

为突破环境限制，中共十一届三中全会以后，境内许多有能力者在境内创办企业，引领境内经济发展。有的还纷纷外出创业。其中，不乏能人志士，在迅速完成原始积累的基础上，企业越办越大，成为致富的带头人。有的还厚报故乡，回乡置业，带领乡民脱贫致富。

司前境内山清水秀，空气清新。特别是丰富的竹林资源，调节空气能力极强，竹林的负氧离子每立方厘米高达 15 万—20 万个，一般森林为每立方厘米 10 万—15 万个，是养生休闲的风水宝地。境内旅游资源非常丰富，文化底蕴丰厚，并有两大国家级名胜风景区。

乌岩岭国家级自然保护区，拥有“中国黄腹角雉之乡”称号。2015 年被评为国家 AAAA 级旅游景区。境内有独特的自然景观和珍禽异兽、古树名木，负氧离子含量高达每立方厘米 19 万个以上。由乌岩岭(双坑口)、黄桥等 3 个景区组成，总面积 188.62 平方千米。乌岩岭景区有游步道、白云尖、八戒巡山、卧虎洞、飞云江源、九折瀑等幽谷、奇洞、美湖、秀溪自然景观 20 多处。黄桥景区有万亩竹海、高山湿地、古树群、乌龟石、双坑瀑、三插溪大峡谷、狮子峰、仙人击鼓等自然景观 10 余处。

飞云湖风景区，以秀湖幽谷为特色，由南浦风景名胜区和百丈飞云、三插溪、白鹤飞渡 4 个景区组成。飞云湖，水域面积 54.8 平方千米，泰顺境内水域面积 35.4 平方千米，2004 年 3 月成为百丈漈—飞云湖国家级风景名胜区的重要组成部分。该景区由瞿门峡、飞云岛、桃花岛、三十六洞等 30 余处景点组成；三插溪景区有双烛红峰、西天将军、三插溪峡谷、石鼓奇观、双坑瀑布、九曲河湾等 20 多个景点；白鹤飞渡景区有司前湖、白鹤岛、三级瀑、红岩双漈等景观。还有长 358 米、宽 1.4 米、高 48 米的钢索桥；3000 多年前新石器时代古文化遗址 3处；唐代古寺院遗址 2 处；宋代状元村、徐履古墓葬，叶山古村落；清代回澜桥、园洲古民居、里光水尾亭等古建筑和英士大学校址、纪念馆等。

司前境内有独特的风土人情和浓厚的畲族古文化氛围。畲族民歌传承基地、一年一度的“三月三”畲族风情节、酿酒节、乌饭宴、畲族婚庆表演、山歌对唱等活动吸引数万游客踊跃参与，热闹非凡。有畲族人民用以招待贵客的糯米糍、健身药膳、豆腐酿、薄饼等风味小吃 10 多种，丰富多彩。

司前境内硬件配套设施齐全。历史上大小溪坑数十条，由于濑滩多，峻石多，水浅，仅台边赤岩亭可通排筏，村民开门见山，出门跨涧，举步跋涉，鸟道盘桓，备受艰辛。20 世纪 60 年代中期才通公路至县城。此后在上级人民政府、挂钩扶贫单位和热心人士的帮扶、资助下，至 2015 年云寿线过境公路 36 千米，县道公路 5 条，总长 170 余千米，通村康庄道路 30 余条，总长 100 余千米，多数自然村可通简易公路，均为水泥路面，可四通八达。境内设有 35 千伏安变电站 1 所，变压器 2 台，容量各 8000 千伏安，域内高压线路 5 条，总长 33.08 千米。供电充足，一户一表，城乡同价。移动电话、宽带网络全覆盖。农家乐餐饮、乡村住宿等服务设施 20 余家，其中具有三星级农家乐 6 家。游步道畅通，瓜果自采基地多种，水上漂流可自由尽兴。境内山清水秀，空气清新，社会安定，畲族风情、乡土气息浓厚，适宜居家和旅游。

2015 年，编制完成《泰顺县北部特色旅游产业环发展规划》《镇游总体规划》《特色小镇规划》及部分村庄旅游规划等；完成云湖天地养老养生园、畲族风情园、国立英士大学文化园、徐氏状元故里文化园、园洲古建大观网、狮子岗新石器遗址公园、司前竹文化博览网等旅游项目建设；提升白鹤山庄景区品质形象,建成左溪民族特色村寨,引进文礼书院,构建“山水乐园、养生天堂、文化名镇”的旅游发展模式。全年接待游客30余万人次。

四

司前境内重视教育事业。自唐代官宦人家入迁,设馆蒙童、耕读传家,至宋代,名人辈出,教育曾兴盛一时。先后走出温州首位、泰顺唯一的状元徐奭和敢于面斥奸相秦桧的徐履。清代陶家设立陶家学馆,组织本家子弟习文练武。里光林家创办隆文书塾,还有魏洋小学、小岘小学、杨辽书塾等。民国时期有台边洋望私塾、里光马仙宫私塾、上地小学,黄桥等规模稍大的村都设有小学。前人兴教育之风,一直延续不断。

中华人民共和国成立后,畲族民众求翻身的首选就是创办学校,培养子弟。畲族聚居地先后创办阳斜小学、左溪小学、筱条小学。之后和庄也积极办起小学。

自1952年始,司前片设立小学辅导区,1960年撤并百丈辅导区。之后村村办小学,一直办到家门口。1958年司前开办初中班,几撤几兴。1970年司前、台边、黄桥都开办“五七学校”,小学附设初中班。1978年司前“五七学校”开办二期高中,每届2个班,学制2年,毕业高中学生近180人。其间,群众办学热情高涨,多数小学为民办,公办学校也有民办教师。民办教师待遇由国家补贴15—25元不等,教师口粮由大队负责,还补足教师相应工资。许多大队还“砸锅卖铁”建校舍,每所小学都有校舍。这时群众的办学热情,达到历史巅峰。至1990年,镇境内4个乡有小学46所,79个班,教师109人。小学教师与学生比,4个乡平均1:16,台边小学1:8.6,最少的1:5。

1992年,司前乡中心小学改名司前畲族镇中心小学。周边的村校先后撤并。至2006年,竹里乡、峰门乡小学先后撤并入司前畲族镇中心小学。2012年黄桥小学并入,成为一镇一小学。2015年,司前畲族镇中心小学占地10320平方米,建筑面积4958平方米,共22个班级,在校学生958人,其中少数民族学生272人,占28.3%,在岗教职员工65人,其中畲族教师17人,占教师总数的26.2%。学校先后获得温州市示范小学、市绿色学校、市教育信息化工作先进单位、市青少年思想道德教育先进集体等30多项荣誉称号。

1986年秋,改司前初级中学为泰顺县民族中学。2015年,泰顺县民族中学占地面积7805平方米,建筑面积7058平方米,拥有教学楼3幢,行政办公楼、学生生活综合楼、教师宿舍楼各 1 幢，还有 4 条跑道 150 米环形塑胶运动场，拥有校园网络中心和电脑、音乐、舞蹈、美术、多媒体等专用教室和科学实验室、民族文化馆、校史室、美术室、多功能会议室等。设 12 个教学班，在校学生 418 人，其中畲族学生占 27%。学校先后被评为省民族教育先进集体、温州市标准化学校、市示范初中、民族团结进步模范集体、市行规达标学校、市首批寄宿制达标学校等。

2008 年，司前畲族镇成为全县首个中、小学校均达到市级示范性学校的教育强镇。

人民政府非常重视少数民族教育。1999 年，县人民政府减免少数民族小学生学杂费，每生 70 元。2003 年，少数民族小学生学杂费全额减免。2004 年，少数民族小学生每生补助 70 元，其中司前畲族镇小学补助对象 290 人，补助金额 20300 元，黄桥乡小学补助对象 1 人 70 元。2001 年，司前畲族镇党委、镇人民政府倡议全镇党员干部和广大群众“省吃一口饭，支持办教育”。镇领导和学校领导带头捐出 1 个月工资，其他干部和教师捐出 10 天以上工资，共筹资 10 多万元，用于修建校舍。2003 年，民族中学设立民族班，招收少数民族学生 50 人，每名学生每学年补助学杂费 500 元。2004 年少数民族初中学生每生补助 100 元，其中民族中学补助对象 168 人，补助金额 20160 元。2005 年少数民族初中学生每生补助 120 元。

2010 年，司前民族中学举办 40 周年校庆。其间，严立妙、高立存等企业界知名人士合计捐资 430 万元，设立司前畲族镇教育基金会。

据不完全统计，镇境内民国时期大中专毕业生仅 4 人。中华人民共和国成立至 2015 年，境内大中专毕业生 903 人，占全镇总人口的 4.82%；大中专毕业生中，畲族 200 人，占 22.15%，占畲族人口的 6.73%。境内担任副团、副县级以上领导干部和获得副高级以上职称的 42 人，其中畲族 5 人；担任正、副科级领导干部和获得中级职称的 185 人，其中畲族 22 人。

司前境内历史上村落分散，信息闭塞。常用“千年不听锣鼓响，万年不见戏上台”来形容文化生活的枯燥。经过长期的生活积累，人们还是想方设法发明各种娱乐方式。如讲故事、编神话、唱山歌等。畲族喜欢对歌，婚嫁喜庆对歌祝贺，丧事以歌代哭。各种形式，适合各种不同场合。一些艺人则学会拉二胡、弹奏七弦琴，边奏边说唱，叫“鼓词”，走村过户，有众多听众。较常见的形式是唱戏与木偶戏。五六人各持锣、鼓、琴、笛、唢呐，演唱戏曲，各村都有班子。家境较宽裕人家，红白喜事均请戏班闹场，称弹唱班，搭小舞台加木偶就是木偶戏。

唱戏与木偶戏堪称农村“文艺轻骑兵”,活动于小山村,很受群众欢迎。中华人民共和国成立之初,农村扭秧歌、组建农村俱乐部,搞文艺演出,很时兴。20世纪60年代开始,农村也有县电影队下乡放映。1966—1976年“文化大革命”期间,禁演“封资修”,组织演唱“革命京剧样板戏”,唱革命歌曲。70年代始有公社电影队。90年代始,部分山村建立电视差转台,逐渐普及电视。旧的文艺形式逐渐被淡忘,唯木偶戏还受老年人青睐。

司前境内历史悠久,文化积淀丰厚。21世纪始,开展非物质文化遗产保护,畲族文化传统得以弘扬光大,畲歌传承、“三月三”畲族文化节等重新大规模组织活动。至2015年,畲族民歌被列入国家级非物质文化遗产保护名录,“三月三”畲族文化节、泰顺木偶戏、木偶头雕刻被列入省级非物质文化遗产保护名录,还有一些民间传说、故事等被列入市、县级非物质文化遗产保护名录。

司前境内居民自古利用丰富的草药资源防病、治病、疗伤,并有智者钻研中医文献,系统地进行中医治病。中医、草药医历史悠久。早在明万历二十五年(1597年),徐坑人徐彬就办起“徐益寿”中药店。后裔相沿12世,历时400余年。其七世孙徐道备(1853—1934),博览众家医书,精研药材炮制,自制“退膜散”“拨云丹”眼药名闻遐迩。境内各村研习中医、草药者能人辈出。左溪的雷如俊开设“益生堂”,经营中草药,也很有名气。20世纪60年代,提倡中医、中药,培养农村“赤脚医生”,境内相继涌现不少中医、中草药方面医生,遍布各村落。

1958年始,相继建立人民公社医院,兼有中西医、妇幼保健、助产医生,逐步实行新法接生。司前大公社还设立卫生院,1961年随大公社建制撤销而改为司前卫生站,1984年设立区卫生院。1992年随畲族镇建立,改为中心卫生院,1998年原镇卫生院并入中心卫生院。2008年,司前中心卫生院获得市50强卫生院称号。至2015年,中心卫生院已有较齐全的检查检验设施、设备及医疗、护理专业人员,方便群众看病、治病。

旧社会司前境内天花、麻疹等多种传染病和丝虫病等地方病曾在境内流行。中华人民共和国成立后,省、市、县5次派出医疗队进入梅毒发病率较高的司前一带,进行普查、治疗。县防疫部门逐步采取注射疫苗、接种痘苗等10余种预防措施,并给儿童服用脊髓灰质炎糖丸。1971年始,接种破伤风类疫苗。1978年注射7种菌(疫)苗。80年代初对14岁以下儿童建卡造册,推广计划免疫,麻疹基本得到控制。1984年,县内调查多个乡镇,小学生结核病自然感染率降为9.46%。1985年,省卫生厅确认泰顺为“基本消灭丝虫病县”。是年,开展儿童18月龄的基础免疫工作,实行按月接种。1987年后县内未见白喉、百日咳、脊髓灰质炎与破伤风病例。1990年,省确认泰顺为“基本消灭疟疾县”。1998年,设立司前中心预防保健站,牌子挂在司前中心卫生院。

司前畲族镇中心小学、泰顺民族中学重视畲族传统教育。编写乡土教材,弘扬民族优秀文化;设置民族传统体育课程,编排民族传统体育节目。至2015年,全镇组建业余文体队伍15支,完成省级体育强镇创建。

竞技体育捷报频传。2015年8月,在内蒙古鄂尔多斯市举办第十届全国少数民族传统体育运动会,司前畲族镇左溪村团支部书记钟宇秀代表浙江团参加了本次运动会,并在珍珠球项目中取得团体二等奖的佳绩;2014年,在中国大学生体育协会、国家体育总局摔跤运动管理中心主办的“体彩杯”全国大学生举重锦标赛上,浙江泰顺司前籍运动员林祖福夺得56公斤级举重比赛冠军,并被授予优秀运动员称号。

司前是一个生态环境优美、风光绮丽、文化底蕴深厚、充满创新活力的特色小镇。在全面建成小康社会决胜阶段,司前的经济发展方式加快改变,新的增长动力正在孕育形成,经济长期向好基本面没有改变。在新的起点上,司前将积极抢抓机遇,主动迎接挑战,紧密结合当地实际,正确把握政策机遇、生态资源和城镇化发展三大优势,整合资源,凝聚力量,不断创新发展模式,突出特色发展,全力建设畲族风情小镇,加快进入小康社会,司前的明天更美好。

大事记

一、清代及清代前

唐

宝历元年(825 年)

徐氏始祖徐相定居木棉村(今司前宫头垟)。

咸通二年(861 年)

西峰禅院建于司前高塔山下。

中和元年(881 年)

朝廷复召陶乔,他称病不往。携父母率家属,避居温州鹿城。又因城市纷繁杂扰,不便居住,便往安固沿飞云江入山,隐居安固义翔乡六十都(今司前溪口)。唐光启三年(887 年),转迁仙居。

北宋

开宝元年(968 年)

崇寿寺(又名龙头寺)始建木棉村葫芦峰右麓(今溪口村);开宝四年扩建;清康熙年间僧法照重建;清光绪五年(1879 年)僧广哲重建大殿,五间二进,占地约 300 平方米。20 世纪 70 年代倒塌。

咸平三年(1000 年)

陈吴坑吴姓始祖吴恒从泰顺库村迁入,是黄桥境内现有史料记载中,最早迁入的一支。现约为 150 人。

大中祥符五年(1012 年)

瑞安睦源(今司前畲族镇)人徐奭殿试作《铸鼎象物赋》,举进士第一。

南宋

淳熙十年(1183年)

黄桥苏姓始祖苏成一从青田塘头(今文成黄坛)迁入黄桥苍头。

淳熙十二年(1185年)

榅垟坑头畲姓始祖金百世于南宋乾道四年(1168年)从处州(今丽水市)遂昌县前来瑞安县五十八都小温洋坑头(今司前畲族镇榅垟村)经营货殖,淳熙十二年定居于此。

叶山陈姓始祖百一、百四十、百五十分别从百丈陈庄迁入。

咸淳二年(1266年)

方十五为避乱,由方村(莒江地)举族迁居方山(今属峰门村),子孙散居左窟等地(今属峰门村)。

元

至正十四年(1354年)

青田黄坛人吴德祥率众起义,势力遍及浙南,后在官兵分道进逼下退守百丈林(今司前、里光等地),据险守固四五年,后败缢死林中。

明

洪武三十一年(1398年)

榅垟外厝陈氏始祖陈七,自景宁县东坑迁入,后裔分居垟边、犁头厝等自然村。

永乐元年(1403年)

严孟昂自百丈东岸迁居峰门严庄垟,为严庄垟始祖。后裔分居黄山垟底、朱塆、荷宅等地。

宣德八年(1433年)

设池村(今司前)巡检司,清乾隆元年(1736年)撤移永嘉。后池村改名司前。

景泰二年(1451年)

畲族蓝姓洪岩际支系始祖蓝启昌于二月初十由景宁驮马庵迁入左溪洪岩际定居,是畲族迁入司前最早的一支,迄今已有550多年历史。

景泰三年(1452年)

泰顺建县。司前原属瑞安义翔乡六十都,建县后编入泰顺一都。

清

顺治十八年(1661 年)

因连年荒歉,邑民唯向邻邑贵籴解饥,民间器物用于易食几尽。

康熙年间(1662—1722 年)

畲族蓝、雷、钟三姓十个支系迁入司前境内。

里光始祖罗元统、元绥、元寿、元森、元植、千四郎从闽连城县郭坑上村迁入里光定居。

康熙二年(1663 年)

实行海禁,废盐灶,温属皆食杭盐,境内每银 1 钱易盐 1.5 斤,持续 3 年。

康熙九年(1670 年)

秋,稻已结实,而虫灾猛发,岁歉,知府姚时亮奉命勘荒发赈。

乾隆九年(1744 年)

夏秋干旱,持续 5 个月,稻禾断收。

乾隆十七年(1752 年)

七月十五日,大雨水,境内各乡田地受灾。是夜初更,白鹤渡旁倪姓一村尽被漂没,仅余一童,年十六,因屋浮至崖下,攀树得活。

乾隆二十一年(1756 年)

分设东北、东南、西北三路驿道,通瑞安、平阳、景宁等县。

乾隆四十八年(1783 年)

大饥荒,米、盐价极贵,民多采食树叶充饥。

道光十三年(1833 年)

秋,早寒,大风坏禾,高山尤甚。十二月至次年正月,大雪连旬,林木被折,牛羊及野兽多冻死。

咸丰三年(1853 年)

三月,地屡震,近闽尤甚。六月十二日至二十四日,大风雨经旬,境内上地及七都魏坑山崩,压死人畜。

咸丰五年(1855 年)

陶化龙独家兴建回澜桥,费银 8000 余两。桥长 85 米、宽 5.55 米、高 12.8 米,4 孔,每孔跨径 12.5 米。竣工数月即遭水毁。

咸丰八年(1858 年)

四月,太平天国翼王石达开部占云和、景宁,官兵退避泰顺。境内一片惊慌，县绅林用霖倡筑景宁界上燕蚊虫垒（今属黄桥乡）隘口，率团丁上隘防守。

同治十一年（1872年）

陶鹤年遵先祖化龙遗嘱独资重建司前回澜桥。

光绪二年（1876年）

回澜桥竣工，耗资14500多贯。桥长85.4米、宽5.5米、高13米，3墩4孔。全桥用规石干砌，加工精细，桥墩迎水面附设分水尖，桥面两侧石栏杆柱头分刻狮子、荷花、蟠桃等饰物，为泰顺县著名石拱桥。

光绪三年（1877年）

秋，虫食稻，晚稻歉收。年终连月阴雨少晴，番薯失收，麦不能种。是年，大荒，升米价45文，县开常平仓谷3000余石，碾米出粜。

光绪七年（1881年）

司前防洪堤建成，堤长970米、高4.5米。

二、中华民国

民国元年（1912年）

8月15日前后，连日暴雨，山洪暴发，水涨至离回澜桥桥墩的水鹅石只剩下7块石头，一根粗木材横亘二桥墩之间，引起桥身晃荡，桥即有冲垮的危险。一水性好的村民冒险在激流中将木材搬开，大桥化险为夷，但田园损失惨重。

民国6年（1917年）

司前村陶荣先创办司前初级小学，地址设原陶氏宗祠。办学经费来源陶氏族田400担田租，学生大部分是陶族子弟。民国12年，小学易名为司前普育初级小学，学制4年，学生70余人。

民国22年（1933年）

12月，泰顺县城经司前至景宁县城电话线架通，次年1月正式与景宁通话。

民国24年（1935年）

境内设司前、里五、潭竹、河溪、东成、晓园乡。

4月20日，中国工农红军挺进师从景宁县上标乡进入泰顺县司前乡台边村，开展进入泰顺的首次战事。

民国 27 年(1938 年)

潭竹乡之竹垟村与河溪、东成乡合并为燕溪乡。潭竹乡之台边等村并入里光乡。

5 月,中共青泰区委设立,归属中共青景丽中心县委领导。民国 28 年 5 月,归属中共青景丽县委领导。在今泰顺境内共有 5 个党支部,35 名党员。其活动区域为今泰顺县的黄桥乡、百丈镇、莒江乡一带和今文成县的西坑区、黄坦区。

民国 30 年(1941 年)

夏,由于上年歉收及县政府强购稻谷,造成大饥荒。

民国 31 年(1942 年)

1 月,国民党泰顺县政府将全县划为 8 个警备区,编成 341 个保队,对境内中共党组织及其武装力量进行大规模"清剿",历时 9 个月。

7 月,泰顺电报局成立。

是年,省立英士大学(农、医学院)迁驻司前复课。

民国 33 年(1944 年)

1 月 11 日,中共青景丽县委书记赵传彬叛变并加入国民党泰顺县特别行动工作队,司前境内中共组织遭受严重破坏。

3 月,一架抗日同盟军轰炸机在司前芭蕉湾坠毁,美籍飞行员跳伞遇救。

是年,西村发生火灾。这是司前村近百年历史最大的一次灾害。

民国 35 年(1946 年)

里光乡并入司前乡,晓园、燕溪乡合并为晓溪乡。

10 月,中共泰北区委设立。归属中共青景丽县委领导。民国 38 年(1949 年 9 月 30 日止)4 月划归中共大南县委领导。至 1949 年 8 月,该区委领导 56 个党支部、648 名党员(今文成县境内的党支部未统计在内)。在今泰顺境内的活动区域为峰门、百丈、黄坑、司前、里光、竹里、黄桥等乡(镇)。1949 年 9 月,中共泰北区委被撤销,其在泰顺境内的党支部划归新设立的中共泰顺县百丈区委领导。

民国 38 年(1949 年 9 月 30 日止)

5 月 1 日,泰顺县城解放。

9 月,恢复晓园、燕溪乡。

三、中华人民共和国成立后

1949 年

10 月 1 日，司前境内民众与全县人民共同庆祝中华人民共和国成立。

1950 年

台湾当局委派特务杜谋平潜入泰顺山区，纠集土匪、国民党残余兵力及地方势力，成立所谓“东南人民反共救国军浙闽边区挺进军”，又称“白蓝军”。

3 月，匪徒朱铁民在浙江舟山受训后，被国民党任命为“东南人民反共救国军温区总队突击支队队长兼泰顺县县长”。朱铁民凭借山区复杂的地理环境，趁人民政权刚刚建立、地方局势尚未稳定，打出各种旗号，组织土匪武装，进行各种破坏活动。

4 月，朱铁民潜入晓园乡，组织土匪进行破坏活动。

6 月，朱铁民率匪徒 60 余人，煽动 200 余名群众包围司前粮库，准备抢粮，被县人民武装大队驻守战士击退。

8 月 4 日夜，朱铁民率匪徒 30 余人袭击司前、溪口、燕溪等地，杀害中共司前村党支书夏云库、燕溪乡乡长等干部及家属 7 人，抢走乡政府的枪支 11 支。是月，朱铁民还杀害群众 5 人。

9 月初，晓园乡人民政府乡长陈存飞、通讯员陈志荣遭匪徒杀害。之后，中国人民解放军浙江省第五军分区警备旅第三团一个连及泰顺、瑞安两县地方武装进驻匪患最严重的司前一带，开展剿匪。

10 月，复置里光乡。

12 月，匪首朱铁民在泰平边区被击毙。

是年前后，板岱垟自然村曹顺秀、严德等户人家发生火灾。

1951 年

是年，匪支队长高世凯、副队长陈尚发在榅垟村山中被击毙；要匪潘士元、土匪大队长潘荣化装成乞丐到黄桥一带活动，被捕获；匪秘书章文锦逃匿山中时被燕溪乡民兵击毙；匪副队长林鹤自缢于黄桥林中。

年底，泰顺县境内大规模的剿匪斗争宣告结束。

1952 年

2 月 22 日，土改队进驻司前开始工作，4 月 7 日结束，历时 46 天。司前等各乡农民分得土地、家具等。

4月,析置左溪、上榅乡,燕溪乡分设竹垟、峰门、何宅三乡。

9月,泰顺畲族干部雷必隆进京参加国庆观礼,受到毛泽东等中共中央领导接见,是温州第一位进京观礼的少数民族干部。

1953年

春,司前境内全面展开以除“四害”(蝇、蚊、鼠、麻雀)为中心内容的爱国卫生运动。

2月28日,司前乡各界人民代表选举乡长、副乡长会议召开。其中,副乡长为畲族。

3月,乡人民政府开始宣传贯彻《中华人民共和国婚姻法》。

7月1日,进行第一次全国人口普查。

11月,司前实行粮食统购统销。

12月,进行手工业社会主义改造,截至1956年底,各村先后建立手工业生产合作社。

是年,春寒烂秧,入夏连旱四十多天,全县20%的田园减产,政府拨款救济并减免农业税。

是年,县成立选举委员会,首次开展基层普选工作。

1954年

4月,设立燕石乡党支部、左溪乡党支部、里光乡党支部、上榅乡党支部,恢复司前乡党支部。

1955年

1月,设立峰门乡党支部。

4月,贯彻执行粮食定产、定购、定销“三定”政策。

1956年

3月,左溪乡并入司前乡,上榅乡并入里光乡,峰门乡并入百丈镇。同时撤销燕石乡党支部、峰门乡党支部、上榅乡党支部、左溪乡党支部、司前乡党支部。设立黄桥乡党支部、里光乡党总支、司前乡党总支。

10月15—20日,温州畲族代表雷必隆等赴杭州参加浙江省人民委员会民族事务处召开的“畲族族称确定座谈会”。

12月,中共中央统战部发文确认畲族为中国一个单一的少数民族。

12月,泰顺召开第二届人民代表大会,雷必隆当选副县长,成为继遂昌、丽水后全省第三位少数民族副县长。

是年,县第二届选举举行,司前乡到会人民代表31人,选出乡人民委员会委员 9 名；里光乡到会人民代表 35 人，选出乡人民委员会委员 13 名；黄桥乡到会人民代表 23 人，选出乡人民委员会委员 9 名。

1957 年

春，省卫生厅派出防治队到司前、百丈调查畲族性病、梅毒等地方病情况，查出患者 50 多人。

夏，泰顺县林业局组成工作组，深入里光乡上榅高级农业生产合作社，进行山林入社政策处理工作试点。

1958 年

4 月 28 日，省人民政府批准泰顺县司前乡建立畲族乡。

5 月，析置峰门乡，并设立中共峰门乡党总支。

5 月，雷训贤（畲族）出任司前畲族乡第一任乡长。

7 月，全县掀起“大炼钢铁”热潮，大量砍伐林木。

9 月 27 日，司前人民公社（相当区级的大公社）建立。各村或自然村办起公共食堂，农村居民统一用膳，实行“吃饭不要钱”。

9 月，大办教育，以公社为单位实行大并校，师生吃住在学校。

11 月，司前人民公社党委设立，领导黄桥、竹垟、里光、司前、黄坑等 5 个生产大队党总支。驻地司前村。

11 月，司前人民公社管理委员会设立，管辖原属百丈区公所的部分行政区域，领导黄桥、竹垟、里光、司前、黄坑等 5 个生产大队。驻地司前村。

12 月，实行政社合一，撤销原区、乡建制，建立相当乡规模的生产大队。

是年，“大跃进”时期大办教育，司前小学附设初中班，招生 50 人。1959 年 9 月司前初中班并入莒江中学；1960 年司前初中班复办；1961 年贯彻调整方针，司前初中班再次并入莒江中学。

1959 年

2 月，生产大队改称管理区。司前生产大队党总支改称司前管理区党总支；里光生产大队党总支改称里光管理区党总支；黄桥生产大队党总支改称黄桥管理区党总支；峰门生产大队党总支改称峰门管理区党总支。

1960 年

是年前后，左溪底包坑自然村村民钟宗挺、钟德操等户人家发生火灾。大火烧毁他们家中全部的农具、家具和衣服。

是年，生活资料供应紧缺。猪肉按计划平价定量供应，每市斤（1 市斤=0.5 千克）0.96 元，集市贸易价则为每市斤 7 元。

1961 年

3 月 2—16 日，贯彻中共中央《关于农村人民公社当前政策问题的紧急指示信》，70%的农民自发实行以包产到户为主要形式的生产责任制。

7 月，撤销司前人民公社(大公社)。

9 月，撤销司前人民公社(大公社)党委。其所属管理区党总支划归中共百丈区委领导。

1962 年

1 月，管理区改称人民公社，撤销司前管理区党总支，设立司前人民公社党委；撤销里光管理区党总支，设立里光人民公社党委；撤销黄桥管理区党总支，设立黄桥人民公社党委。各人民公社成立管理委员会。

1963 年

3 月，进行全民社会主义教育运动。翌年 4 月组成若干工作队进驻基层。

冬，省军区派出武装工作队进驻里光公社执行战备防控任务。

是年，开展人民公社管理委员会选举。司前人民公社到会社员代表 85 人，选出公社管理委员会委员 24 名；黄桥人民公社到会社员代表 42 人，选出公社管理委员会委员 9 名；里光人民公社数据失考。

1964 年

10 月 25 日，叛徒、中共青景丽县委原书记赵传彬在泰顺被人民政府处决。

1966 年

6 月，“文化大革命”开始。

1967 年

1 月，掀起“造反夺权”风，地方党组织陷于瘫痪，大批老干部被揪斗。

1968 年

8 月，开始续修云寿线(云和县至寿宁县)泰顺县黄坑乡花坪(今属百丈镇)至童岭头(景宁畲族县东塘村与泰顺县司前畲族镇榅垟村交界)44. 72 千米公路。

12 月，泰顺造反派联合温州、丽水造反派组织，在司前叶山寮展开炮击。

1969 年

6 月，撤销司前人民公社党委、里光人民公社党委、黄桥人民公社党委。

9 月 22—26 日，召开全县“清队”工作会议，全面掀起清理阶级队伍为重点的“斗、批、改”高潮。

9 月，县革委会宣布解散两大派群众组织，号召学生“复课闹革命”。

1970 年

春，设立司前、台边、黄桥“五七学校”，小学附设初中班。大批小学骨干教师抽调到中学任教，小学师资力量削弱。

4 月，因云寿线司前村至童岭头公路 28 千米遭水毁，重修完成。路基宽 6.5 米、路面宽 5.5 米，泥结碎石路面，最大纵坡 8%，最小平曲线半径 18 米，按国防公路标准修建。投工 126 万个。

5 月，设立司前人民公社党的核心小组、里光人民公社党的核心小组、黄桥人民公社党的核心小组。

是年，中小学建立贫下中农管理学校委员会，工农兵管理学校，广大教师接受贫下中农再教育。

1971 年

6 月，撤销里光人民公社党的核心小组，恢复里光人民公社党委；撤销黄桥人民公社党的核心小组，恢复黄桥人民公社党委。

8 月，撤销司前人民公社党的核心小组，恢复司前人民公社党委。

10 月，台黄（台边—黄桥）公路开工，全长 36 千米，1983 年 12 月竣工。国家投资 106 万元。

是年，左溪阳斜村钟维设家一座房屋遭火灾。

1973 年

冬，开展林业基地建设。至 1976 年，司前、里光、黄桥三公社共建林业基地 567 公顷，其中司前公社 53 公顷、里光公社 474 公顷、黄桥公社 40 公顷。面上造林 90 公顷，其中司前公社 7 公顷、里光公社 67 公顷、黄桥公社 16 公顷。创建罗溪源、鸡荒山林场。

1974 年

春，开展“批林批孔”运动。

1975 年

春，乌岩岭自然保护区建立。

1976 年

1 月 8 日，广大干部和群众集会沉痛悼念中共中央政治局常委、国务院总理周恩来逝世。

9 月 9 日，举行追悼中共中央主席毛泽东逝世大会。

9 月 18 日下午，组织收听首都追悼会实况。

10 月,组织集会游行,庆祝一举粉碎江青反革命集团。

冬,开展清查与江青反革命集团有联系的人和事。

是年,杂交水稻在农场试种成功,翌年向全县推广。

1977 年

里光公社继续大规模开展造林、抚育林业基地。建立罗溪源林场。

1978 年

8 月,泰顺人民政府设立民族事务科,具体负责民族事务工作。泰顺县委任命蓝永德(畲族,司前人)为县民族科科长。

1980 年

春,左溪村桥头路边发生重大火灾。烧毁村民蓝细发、曹云德、雷光万、兰宝臣、蓝细吕、蓝细远、蓝细旺等 7 户房屋 3 座 15 榴,受灾 20 余人。家具、农具、粮食、衣物等损失共计 5 万余元。

1981 年

春,温州地委、泰顺县委组成山林定权发证工作组,在里光公社开展试点工作。

是年,开始实行新《中华人民共和国婚姻法》,司前人民公社设婚姻登记机构。

1982 年

2 月,全县召开三级干部大会,要求完善、稳定农业生产责任制。大会还宣告泰顺人民最终告别以番薯丝为主粮的历史。

7 月 1 日,开展第三次全国人口普查。

9 月,泰顺县司前垟斜小学教师李柽(畲族),因辛劳在讲台上与世长辞。《浙南大众报》头版头条刊登长篇通讯报道《不息的烛光》,介绍李柽忠诚教育事业的优秀事迹,温州市人民政府发文,号召全市教师向李柽学习。

12 月,开始清查县内文物古迹,司前境内陆续发现新石器时代晚期遗址多处。

1984 年

3 月,峰门乡党委设立,原属百丈人民公社党委的部分党支部划归该公社党委领导。

5 月,人民公社改为乡镇建制,恢复司前畲族乡。司前人民公社党委改称司前畲族乡党委;里光人民公社党委改称里光乡党委;黄桥人民公社党委改称黄桥乡党委。

9 月，恢复中共司前区委。该区委领导原属中共百丈区委领导的黄桥、竹垟、里光、司前等 4 个乡党委和原属中共罗阳区委领导的碑排乡党委。区委驻地司前村。

9 月，恢复司前区公所。领导原属百丈区公所领导的黄桥、竹垟、里光、司前等 4 个乡人民政府（司前乡为畲族乡）和原属罗阳区公所领导的碑排乡人民政府。竹垟乡后改称竹里畲族乡。司前区公所驻地司前村。

是年，泰顺被列为国家级贫困县之一。

1986 年

10 月 23 日，泰顺县人民政府颁发文件（泰政〔1986〕284 号），同意将司前中学改为司前民族中学。

10 月，开始颁发居民身份证。

1987 年

10 月 16—18 日，温州、丽水两地水利、科协、地方志的负责人和科技人员 18 人，实地踏勘、调查确定飞云江源头在泰顺、景宁交界接合部白云尖西北坡潦坑，属景宁县景南乡境，白云尖海拔 1611 米。

12 月，县规划局完成司前乡总体规划编制：总用地 8.1 公顷，居住人口 3500 人。开始在“垟头阉”开发建房，同时设立“八七路”作为司前开始开发的纪念。

1988 年

7 月，日本鳞翅学专家访华团和昆虫生态专家高仓忠博等，接连 3 批 12 人进入乌岩岭自然保护区，对世界珍稀名碟黑大紫蛱蝶生态进行实地考察研究。

1989 年

6 月 30 日，县人民政府颁发文件（泰政〔1989〕119 号），同意建立乌岩岭林场黄桥乡联营林场。

7 月 20 日，强台风侵袭司前，降水量达 185 毫米，洪水成灾。主要损失：冲走 24 岁的下库村民方某平，尸骨未还；冲毁东村溪边司前乡政府的红曲加工厂及民房 25 间，860 平方米；冲走下库村即将采摘的柑橘 1200 株，淹没稻田 13.33 公顷；雷电击毁村里变压器。共计损失 80 余万元。

1990 年

1 月，中共司前区纪律检查组更名为中共司前区纪律检查委员会。

3 月 18 日，中共峰门乡第三次代表大会召开。

3 月 20 日，峰门乡第三届人民代表大会第一次会议召开。

3 月 23 日，中共司前乡第六次代表大会、中共里光乡第六次代表大会同日召开。

3 月 26 日，中共黄桥乡第六次代表大会召开。

4 月 2 日，黄桥乡第十届人民代表大会第一次会议、里光乡第十届人民代表大会第一次会议同日召开。

4 月 3 日，司前畲族乡第十届人民代表大会第一次会议召开。

5 月 30 日，县文物考古工作人员在司前左溪瓦窑陇发现一处宋至明时期的古窑址群。

7 月 1 日，进行第四次全国人口普查。

8 月 20 日，全县遭受水灾，属百年一遇。司前的主要损失：冲毁连接东西村的新建桥梁永庆桥，冲毁袭庆桥石板平桥；冲毁村民吴仲旺、毛学超、雷必武等的房屋，计 800 多平方米；冲垮西村、留田洋、高塔等防洪大堤近 1000 米，稻田淤塞，机耕路被毁，全村损失达 250 万元。

9 月 9 日，日本动物学专家代表团团长、教授立源太良一行 20 余人，到乌岩岭自然保护区对森林、土壤、动物等进行考察。

是年，按照《浙江省乡镇人民代表大会主席团组织条例》，把乡镇人民代表大会主席团在会议期间的职权延伸到闭会期间，并设常务主席主持主席团的日常工作。乡镇人民代表大会会议由乡镇人大主席团召集。

1991 年

1 月 9 日，泰顺首座自动调压标准化变电所——司前变电所投入运行。

5 月 10 日，县人民政府批复(泰政〔1991〕81 号)，同意司前集镇规划分乡域总体规划与司前集镇建设规划两部分实施。

7 月，司前乡章庄小学并入大住小学；垟斜小学并入左溪小学；里光乡恩坑小学、徐半天小学并入杨辽小学；黄桥乡陈吴坑小学、石章坑小学并入乡中心校。

农历七月，左溪包坑自然村钟忠福、钟忠尧、钟德厚等户发生严重火灾。

1992 年

5 月 22 日，温州市人民政府发文撤销司前区，建立司前畲族镇，里光乡并入。随行政区域调整，撤销中共司前区委。同时撤销中共司前区纪律检查委员会。

5 月，撤销司前、里光乡党委，建立中共司前畲族镇委员会。届次以原司前畲族乡党代会届次排列。同时成立中共司前畲族镇纪律检查委员会、中共黄桥乡纪律检查委员会、中共峰门乡纪律检查委员会。

5 月，建立司前畲族镇人民政府工作领导小组，钟宗华为组长，翁士根为副组长、林邦易、陈尚珠为成员。

8 月，司前畲族镇第十届人民代表大会第四次会议召开。

1993 年

2 月 17 日，中共黄桥乡第七次代表大会召开。

2 月 18 日，中共司前畲族镇第七次代表大会、中共峰门乡第四次代表大会同时召开。

3 月 7 日，峰门乡第四届人民代表大会第一次会议召开。

3 月 8 日，司前畲族镇第十一届人民代表大会第一次会议召开。

3 月 9 日，黄桥乡第十一届人民代表大会第一次会议召开。

12 月 28 日，三插溪水电站破土动工。电站设计坝高 88.8 米，总库容 4662 万立方米，装机 4 万千瓦，工程总概算 2 亿元。

12 月，左溪桥头自然村雷昌文、杨崇约、陶德法等户房屋不幸失火。烧毁房屋 2 座 10 榴，损失计 5 万余元，受灾 5 户 20 人。

1994 年

4 月 5 日，乌岩岭自然保护区经国务院批准，被定为国家级森林生态系统和野生动植物类型自然保护区。

1995 年

4 月 30 日，左溪籍的县人民医院医师曹吴芬被国务院评为“全国先进工作者”。

5 月 30 日，经省人民政府批准，乌岩岭国家级自然保护区管理局成立。同时撤销原保护区管理处。

6 月 18—21 日，云寿公路泰景段（全长 126 千米，途经司前）改造工程评审会议在景宁召开。会议原则同意该工程按山岭重丘二级公路标准兴建，工程总投资 1.8 亿元，工期 6 年。

11 月 10 日，中共司前畲族镇第八次代表大会召开。

12 月 11 日，司前畲族镇第十二届代表大会第一次会议召开。

1996 年

1 月 18 日，中共黄桥乡第八次代表大会召开。

2 月 2 日，中共峰门乡第五次代表大会召开。

2 月 17 日，峰门乡第五届代表大会第一次会议召开。

3月26日，云寿线泰景公路泰顺段(途经司前20千米)改建工程设计方案经省、市有关专家会审通过，按二级山岭重丘公路技术标准改造。

3月，黄桥乡第十二届代表大会第一次会议召开。

6月18日，全县实现乡乡通程控电话。

7月1日，泰顺左溪畲族村党支部书记蓝玉聪获浙江省百名“优秀党员”称号。

1997年

10月，珊溪水利枢纽泰顺淹没区考古发掘工作正式进点，历时2个月，对龙珠山遗址、山头垟遗址、宫头垟遗址、柴林岗遗址、窑背古窑遗址、吴坑底古窑址、蕃茄厂古窑址7个县文物保护单位进行抢救性发掘，共挖掘3100平方米，发现文物标本5000余件，筛选出200件文物藏品。

是年，省委组织部挂钩黄桥乡，派劳泓挂职副书记。

1998年

8月19日，司前境内的泰顺县三插溪水电站建设工程通过验收。工程于1992年12月8日获批立项，1993年12月28日破土动工，总装机4.4万千瓦，总投资2.9亿元。

8月，司前畲族镇被评为浙江省旅游城镇。

夏，省委组织部副部长叶洪芳到黄桥乡调研扶贫。

1999年

1月27日，中共黄桥乡第九次代表大会召开。

2月7日，黄桥乡第十三届人民代表大会第一次会议召开。

2月8日，司前畲族镇第十三届人民代表大会第一次会议召开。

2月28日，中共司前镇第九次代表大会召开。中共峰门乡第六次代表大会召开。

夏，省委常委、组织部部长沈跃跃到黄桥乡调研。

7月20日，全县首座招商引资的股份制水电站——三插溪二级电站在司前镇大住村破土动工。该电站装机容量8000千瓦，总投资5500万元。电站主体工程大坝高15米，隧洞长2830米，110千米输电线路2千米，建设工期为2年，设计发电量2250万千瓦时。

9月26日，司前竹制餐具厂投资110万元，引进技术设备“剧热转化印刷”制作的新型竹筷100多种花色问世。

10月1日，县文博馆推出《泰顺文物》一书，该书采用180多幅照片和简明文字，全面系统地介绍泰顺从新石器晚期至近代革命时期的文物古迹。

是年，司前中心卫生院与镇卫生院合并。

是年，泰顺县被省林业厅确定为全省十个生态公益林试点县之一，属一类试点县。

2000 年

3 月 28 日，司前镇林山村村民雷顺英违章用火烧田坎引发森林火灾，为中华人民共和国成立后司前畲族镇最大一起森林火灾，过火面积 738 余公顷。造成 1 人死亡，5 人重伤，2 人轻伤。该村村民雷宗竹（男，41 岁）为保护绿色家园，在救火中献出了自己宝贵的生命。镇驻村干部陶钟棉受重伤。

4 月，根据《关于进一步加强扶贫开发工作加快欠发达地区经济社会发展的意见》（浙委〔2000〕12 号），峰门、黄桥乡被列入浙江省“百乡扶贫攻坚计划”，实施重点结对帮扶。

7 月 15 日，三插溪水电站 1 号机组运行成功，该机组单机容量 2.2 万千瓦，是当年温州地区水电单机容量最大的机组。

是月，黄桥竹雕刻工艺厂制成全市最长的竹简工艺品。该竹简长 10.8 米、宽 0.5 米，由 360 片竹片串联而成，竹简背刻元代书法家“赵孟頫书老子《道德经》”，包括 5600 多字、42 个印章和老子像。

8 月 29 日，云寿线红岩隧道竣工通车。

12 月 6 日，三插溪水电站通过省、市、县有关部门和专家组成的验收委员会验收。该站总装机容量 4.4 万千瓦，年发电量 1.057 亿千瓦时，工程总造价 2.896 亿元，是泰顺有史以来规模最大、投资最多的基础设施。

2001 年

1 月 11 日，民政部授予救火英雄雷宗竹“革命烈士”称号，雷宗竹是泰顺县扑救森林火灾壮烈牺牲被授予革命烈士称号的第一人。县民政部门发给一次性抚恤金 17720 元。参与救火的镇驻村干部陶钟棉因严重毁容被定为二级伤残。

1 月 20 日，52 省道云寿线改建工程泰顺段三期工程（司前村至景宁畲族自治县东坑段）开工仪式在司前畲族镇举行。该工程全长 17.5 千米，总投资 1.168 亿元。

1 月 28 日，温州市春季绿化造林现场会在司前镇白鹤山庄举行。

4 月 12 日，省委常委、组织部部长沈跃跃考察黄桥现代农业（毛竹）示范园区。

5 月 15 日，广东发展银行杭州支行副行长吴晓庭率毛竹专家一行 16 人到黄桥乡扶贫，落实养殖业及集体经济发展资金 10 万元。

11 月，乌岩岭国家级自然保护区的黄腹角雉等珍稀动物被列入全国十五个野生动植物拯救工程目录。

是年，县内第一家私人投资的休闲型度假山庄——白鹤山庄建成。山庄占地面积 310 亩，总投资 800 万元，集旅游、餐饮、住宿、娱乐、会务多功能于一体。其中，白鹤山庄钢索桥总长 358 米，为目前中国较长人行悬索桥之一。

2002 年

1 月 13 日，中共黄桥乡第十次代表大会召开。

1 月 30 日，中共司前镇第十次代表大会召开。

2 月 4 日，司前畲族镇第十四届人民代表大会第一次会议、黄桥乡第十四届人民代表大会第一次会议同日召开。

2 月，中共峰门乡第七次代表大会召开。

3 月 1 日，温州市旧城改造指挥部纪委书记林叶顺一行到司前畲族镇叶山村开展扶贫慰问活动，此行还为叶山村通村公路建设解决了 14 万元的缺口资金。

3 月 13 日，溪口村白鹤山庄内金钟覆地遗址，在山庄建设时出土一件具有商周时期特征的石器——钺，同时还发现多件印纹陶片和石器。

3 月 15 日，位于泰顺、景宁交界的云寿公路控制性工程——龙井隧道全线贯通。隧道全长 1910 米，其中 875 米在泰顺境内。

4 月 23 日，省委副书记乔传秀到左溪村下山脱贫点、白鹤山庄等地考察调研。

4 月 28 日，由司前畲族镇瑞龙生态旅游有限公司投资 50 余万元兴建的白鹤山庄铁索桥建成竣工。钢索桥由上海同济大学桥梁专家设计，面宽 1.41米、高 58 米，全长 358 米，为全省之最。

5 月 9—10 日，温州市副市长林培云率有关单位深入司前开展挂钩扶贫调研活动，为和庄、林山两村各落实资金 5 万元。

8 月 7 日，全省首家专业合作社联合社——司前专业合作社联合社正式挂牌成立。

8 月 22 日，省委组织部常务副部长王培民、市委组织部部长马以一行到黄桥乡开展扶贫调研。省委组织部为黄桥乡捐赠了 1 台电脑和 3 台空调。

9 月 18 日，峰门整乡迁移下山脱贫住宅区规划通过会审。峰门整乡迁移下山脱贫点、司前峰门住宅区位于司前畲族镇南侧，南临左溪村，东至左溪溪流，北接原有建成区，占地约 27 公顷，建筑面积约 20 万平方米，可居住 1000 户，容纳常住人口 3500 人。

12 月 13 日，35 千伏司前输变电工程通过温州电业局、浙西电力技校输配电工程勘察设计室和有关部门会审。

12 月 23—24 日，温州市副市长林培云率温州市雁荡山风景旅游管理局、市民族宗教事务局、市工商局等有关单位负责人到司前畲族镇和竹里畲族乡开展扶贫慰问活动。共为司前、竹里、碑排 3 个乡镇落实扶贫资金 27 万元。

是年，黄桥乡人民政府获评省级百乡扶贫攻坚先进单位、省级双学双比生产示范基地先进单位；乡人大副主席雷顺横获评省司法厅人民调解先进工作者。

2003 年

5 月 20 日，乌岩岭国家级自然保护区总体规划通过国家林业局审批。依据国家林业局的规划批复，乌岩岭以森林生态系统为保护类型，保护区核心区面积为 4469 公顷，缓冲区面积为 2053 公顷，实验区面积为 12339.5 公顷，规划期限为 15 年。

6 月 11 日，省委组织部副部长王培民，省水利厅厅长张金如，市委副书记、组织部部长马以一行到泰顺县调研基层党组织建设，为黄桥乡落实扶贫资金 70 万元。

8 月 22 日，乌岩岭国家级自然保护区管理局，被确定为温州市环境教育基地。

10 月，云寿公路泰顺段改建工程全线完工通车，公路全长 36.86 千米，总投资 2.1 亿元。

11 月，司前畲族镇开展行政村规模调整试点工作，17 个行政村调整为 10 个行政村。

12 月 7 日，《乌岩岭国家级自然保护区工程建设总体设计》在杭州通过专家评审。

12 月，司前经济区域专业合作社被评为省级示范性农村专业合作社、市十佳农村专业合作社。

12 月，黄桥乡联盟村 2000 亩现代竹类示范基地被评为浙江省双学双比生产示范基地。

12 月，浙江林学院教师、博士、挂职黄桥乡科技特派员邵志鹏因车祸殉职。

是年，在湖北咸宁举行的第四届国际竹文化节上，泰顺县黄桥乡飞龙竹雕工艺厂参展的竹雕工艺品《五百罗汉》与竹餐具分获金奖；在浙江安吉举行的全国竹文化博览会上，泰顺县竹雕工艺品《五百罗汉》荣获银奖。

2004 年

2 月 4 日，县抽水蓄能电站项目开发协议签约仪式在县府七楼举行，县委常委、副县长谢作雄代表县人民政府与神力集团有限公司、浙江正明水电集团有限公司签订项目开发协议书。计划建设的温州(泰顺)抽水蓄能电站位于峰门乡，项目静态投资约需 30 亿元。电站利用珊溪水库为下水库，平均毛水头 445.5 米，可装机 130 万千瓦，日蓄能量 780 万千瓦时。

3 月 17 日，广东发展银行杭州分行副行长任清尧到黄桥乡挂钩扶贫，落实扶贫资金 28 万元。

4 月28 日，省民族宗教事务委员会副主任陈智慧到司前畲族镇详细了解少数民族工作以及少数民族人口的生产生活、医疗卫生、教育等方面情况。

7 月，泰顺飞龙雕刻工艺厂历时两年，雕刻完成竹简浮雕《五百罗汉图卷》，作品长 2200 厘米、宽 35 厘米，由 700 多片竹简构成。

2005 年

1 月 29 日，广东发展银行杭州分行韩兴总经理率温州支行行长等为黄桥乡落实扶贫资金 25 万元。

2 月 5 日，市人民政府确认司前镇经济区域专业合作社联合社、农民果蔬专业合作社、惠民畜禽专业合作社、民友茶叶专业合作社等 4 家专业合作社为“温州市首批示范性农村专业合作经济组织”，并予以通报表彰。

3 月 8—9 日，省委副书记、政法委书记夏宝龙，市委书记王建满，市委副书记陈艾华等到峰门整乡搬迁扶脱贫点、司前专业合作社、珊溪水库、利众竹制餐具厂等地考察调研。

8 月 10 日，全县首家毛竹专业合作社——“泰顺县林恩毛竹合作社”在司前畲族镇挂牌成立。

8 月 20 日，省农科院蔬菜研究所研究员何圣米到泰顺县为司前镇、峰门乡等乡镇作“蔬菜病虫害发病规律及其无公害防治技术”讲座。

9 月 1—2 日，因第 13 号台风“泰利”影响，全县 36 个乡镇受灾严重，造成经济损失约 11.23 亿元。

9 月，泰顺县司前竹制餐具厂的“利众牌竹制餐具”被评为 2005 年浙江名牌产品。

10月27日，境内云寿线路段发生一起重大交通事故，一辆由丽水市大港头镇27岁驾驶员徐某驾驶的重型自卸货车途经52省道排头路段时，与对向行驶的福建省蕉城区阮某驾驶的大货车发生碰撞。事故造成6人死亡、1人受伤。

10月，司前畲族镇总体规划修编工作完成并通过上级有关部门会审。规划人口2.5万人，建成区面积拓展至3平方千米。

11月9日，省林业厅确定泰顺县司前竹制餐具厂为省级“林业重点龙头企业”。

12月23日，省交通厅副厅长杨瑞丰率扶贫慰问团到峰门乡，为整乡搬迁落实扶贫资金22万元。

2006年

1月15日，广东发展银行杭州分行为黄桥乡送来26万元扶贫慰问资金，该资金作为黄桥教育专项基金。

2月4日，凌晨4时47分始，县内包垟、新浦、联云等珊溪水库库周乡镇连续发生地震。司前畲族镇境内有影响。

3月3日，市人民政府公布第一批市级生态乡镇名单，黄桥乡榜上有名。

4月，在司前畲族镇和竹里畲族乡举办泰顺首届畲族风情节。

5月9日，司前泰顺民族中学举办围绕畲乡民俗进行的畲语演讲比赛，参加这次比赛的畲族选手共13名，演讲的内容主要包括封龙节、狩猎习俗、蓝陈契畲族歌王、雷达党平凡的山客人等。

9月7日，浙江省马寅初人口福利基金会到司前泰顺民族中学开展“春苗计划”助学活动，帮助40名品学兼优的计划生育家庭的贫困生完成初中阶段学业。

9月29日，中共司前畲族镇第十一次代表大会召开。

9月30日，中共黄桥乡第十一次代表大会召开。

10月12日，中共峰门乡第八次代表大会召开。

10月，利众竹制餐具厂工艺筷、飞龙竹类工艺研究所竹雕工艺品《兰亭序》获中国第五届竹文化节金奖。

12月7日，经温州市农家乐休闲旅游联席会议认定，司前白鹤渡休闲旅游观光园为市级农家乐休闲旅游示范点。

12月26日，黄桥乡第十五届人民代表大会第一次会议召开。

12月28日，峰门乡第八届人民代表大会第一次会议召开。

12月29日，司前畲族镇第十五届人民代表大会第一次会议召开。

2007年

1月9日，受省农村能源办的委托，市农村能源项目验收组对司前畲族镇左溪村等村“百万农户生活污水净化沼气工程”实施情况进行全面考评，并通过验收考核。

2月8日，广东发展银行杭州分行副行长吴晓庭在县委常委、统战部部长卢嫦的陪同下到黄桥乡开展扶贫慰问活动，并为黄桥乡落实扶贫资金25万元。

3月13日，省林业厅副厅长祁宏先后到司前、黄桥等林区实地了解山林延包工作进度和生态公益林补偿资金发放情况。

5月10日，司前畲族镇获“浙江省民政工作先进乡镇”称号。

5月，乌岩岭自然保护区科研人员在昆虫生物多样性调查科研活动中，发现一种极为罕见的蝴蝶——金斑喙凤蝶。金斑喙凤蝶是世界上最名贵的蝴蝶，也是中国的特有珍品，被誉为中国的“国蝶”，有“梦幻中的蝴蝶”和“世界动物活化石”的美誉，位居世界八大国蝶之首。

7月，司前利众竹木有限公司成功签下2008北京奥运会“竹筷”生产订单。

7月，乌岩岭国家级自然保护区入选“温州十大避暑胜地”。

10月30日，司前畲族镇农村公路管理养护站揭牌，负责辖区内38千米农村公路管理养护工作。

11月8日，温州市政协副主席夏克栋率浙江金瑞五金锁具有限公司和温州腾旭服饰有限公司有关负责人到峰门乡开展扶贫调研活动，并为峰门乡落实扶贫资金10万元。

12月13日，省交通厅厅长郭剑彪在省公路局副局长杨才古的陪同下到峰门乡下山移民小区扶贫调研，并落实扶贫资金60万元。

12月14日，广东发展银行杭州分行组织人员到黄桥乡开展结对帮扶活动，为黄桥乡落实25万元帮扶资金，并与黄桥乡的10名困难学生结成助学对子。

2008年

3月，由杨树鹏执导的电影《苦竹林》在司前园洲古村落正式开拍。

5月，省委书记、省人大常委会主任赵洪祝考察司前畲族镇，就欠发达地区的产业支撑、教育及公共卫生服务设施建设、旅游开发、人口集聚等方面进行调研。

7 月，司前畲族镇党委被评为“浙江省先进基层党组织”。

8 月，司前至筱村班车投入营运。

2009 年

7 月 1 日，乌岩岭景区基础设施建设工程通过省级有关部门验收，开始对外试营业。

9 月 29 日，司前畲族镇被国务院授予“全国民族团结进步模范集体”荣誉称号。

11 月 5 日，在司前台边园洲古村落和筱村镇徐岙底古村落取景拍摄的《我的唐朝兄弟》（原名《苦竹林》）在北京举行首映式。

11 月 8 日，由县人民政府与市体育局等承办的“首届生态之旅自行车赛”在司前畲族镇举行，共有来自厦门、宁波、丽水、义乌等地共 23 支参赛队伍 202 人参加比赛。

12 月，黄桥乡笋竹两用林基地内的春笋和冬笋获得国家有机转换产品认证。

2010 年

2 月 28 日，司前民族工艺厂、司前竹木日用品厂被列入 2009 年度浙江省小企业“创业新星”100 佳名单。

3 月 17 日，县信用联社首张丰收小额贷款卡在司前信用社成功发行。

3 月 23 日，省委书记、省人大常委会主任赵洪祝，省委常委、省委秘书长李强，省委常委、副省长葛慧君，到司前畲族镇左溪畲族村、峰门下山移民迁建点、司前畲族镇“一镇带三乡”展示厅、利众竹木有限公司等地，就欠发达地区的生态建设、公共卫生服务设施建设、产业支撑、农户收入、人口集聚等方面进行调研。

4 月 16 日，农历三月初三，首届瓯越“三月三”畲族风情节在司前畲族镇开幕，省民宗委副主席陈智慧，温州市委常委、统战部部长陈作荣，市人大常委会副主任钱成良，市政协副主席戴祝水等出席开幕仪式。此次活动是泰顺历年来规模最大的一次畲族风情节活动。来自文成、平阳、苍南等地的畲族同胞和游客 2 万多人，摆出“乌饭宴”1900 多桌。开幕式结束后，还与文成举行了风情节承办交接仪式。

5 月 4 日，在第十一届温州市“十大杰出青年”颁奖典礼上，司前畲族镇蓝学许当选为温州市十大杰出青年。

10 月 23—24 日，环境保护部安排中国科学院生态环境研究中心副主任、研究员欧阳志云专程到泰顺县，实地调查乌岩岭国家级自然保护区功能区调整工作。

10月30日，副省长、市委书记陈德荣，温州市政协主席包哲东等领导带领考察团到司前畲族镇，现场察看司前“一镇带三乡”等项目。

11月16—19日，国家环保部组织的2010年国家级自然保护区评审会议在北京召开，乌岩岭国家级自然保护区功能区调整方案顺利通过专家的评审。功能区调整后乌岩岭保护区总面积不变，为18861.5公顷；核心区由原来的4469公顷调整为4593.9公顷，增加124.9公顷；缓冲区由原来的2053公顷调整为2007.1公顷，减少45.9公顷。由核心区和缓冲区组成的保护区域面积共达6601公顷，占保护区总面积的35.00%，比调整前提高0.42百分点，更有利于主要保护对象黄腹角雉的保护以及保护区的规范化管理。

2011年

1月11日，黄桥至文成铜岭山公路开工建设。该公路起点位于三插溪水库大坝旁，终点位于文成县石驼公路K22处，公路设计标准为三级公路。全长5.285千米，工程概算总投资12758.10万元，计划于2013年完工。

3月12—13日，国务院扶贫办国际合作和社会扶贫司司长李春光一行在省农办(扶贫办)副主任邵峰、市农办(扶贫办)主任江海滨等人的陪同下到司前等地调研扶贫开发工作，并就泰顺县今后一个时期的扶贫开发工作提出要求。

3月29日，泰顺县《乡镇行政区划调整方案》经县十四届人大常委会第42次会议审议通过。泰顺县将现有36个乡镇调整为“九镇一乡”。由司前畲族镇、黄桥乡、峰门乡合并调整为司前畲族镇；调整后的司前畲族镇行政区域面积208.84平方千米，总人口18326人，下辖12个村、1个居委会。

4月25日，省政府批复同意泰顺县乡镇行政区划调整方案。

5月，撤销峰门乡。

5月14日，浙江省“中国·乌岩岭”温州之巅山地竞速赛在乌岩岭自然保护区举行，国家体育总局登山运动管理中心户外部主任张志坚、省体育局副局长应祖明、温州市副市长任玉明以及运动员、裁判员、志愿者、工作人员和媒体记者共500多人参加开幕式。来自全国各地的29个户外运动俱乐部及大专院校代表队145人参赛，本次赛程全长13.4千米。贵州省贵阳市兄弟户外俱乐部、重庆登山协会等八支代表队分别获得团体赛前八名。来自游记中国户外运动俱乐部的朱家利和贵州省贵阳市兄弟户外俱乐部的东丽，分别获得男女组冠军。

5月23日，国务院公布第三批国家级非物质文化遗产名录，泰顺县申报的畲族民歌、碇步龙、泰顺提线木偶戏入选。

5月31日，泰顺县公布第一批县级非物质文化遗产传承基地和非物质文化遗产名录代表性传承人。共有司前、竹里等10个乡镇被列入县级非物质文化遗产传承基地，74人被列入县级非物质文化遗产名录项目代表性传承人。

6月1日，乌岩岭国家级自然保护区的工作人员在野外巡护中发现被誉为“国蝶”的金斑喙凤蝶。这是时隔4年后泰顺县再次发现金斑喙凤蝶。

6月1日，省环保厅副巡视员王以淼率农村环境连片整治工作督查组，对泰顺县农村环境连片整治示范工作情况进行专题督查调研。督查组一行深入司前镇实地考察污水管网建设及污水处理厂运行情况，并听取泰顺县农村环境连片整治工作情况汇报。

6月16日，中共司前畲族镇第十二次代表大会召开。

7月1日，左溪村党支部被评为省级“先进基层党组织”。

7月13日，司前畲族镇第十六届人民代表大会第一次会议召开。

8月2日，“中国乌岩岭生物多样性研究基地”启动仪式在乌岩岭管理局举行，台湾东海大学教授孙义方、浙江大学生命科学学院院长管敏鑫、温州市科技局局长徐顺东，为中国乌岩岭生物多样性研究基地揭牌。该基地由浙江乌岩岭国家级自然保护区管理局、浙江大学、浙南——台湾生物与生态工程研究中心联合创办，计划在5—10年内建成总面积达到25—35公顷的森林动态样地。长期研究亚热带常绿阔叶林等森林类型的物种多样性。

8月25日，法国法华工商联合会名誉会长林光武一行到司前畲族镇开展帮扶活动，并为左溪葡萄专业合作社送上了10万元科技扶贫资金。

8月31日，司前畲族镇举行泰顺县司前竹木产业园委员会和泰顺县司前竹木产业园管理委员会挂牌仪式。

8月，泰顺县民营企业中第一个民兵排——浙江利众竹木有限公司民兵排正式成立。民兵排的主要职责就是在干好本职工作之余，负责公司的保安业务，按照人武部和企业领导的安排参加民兵业务训练，参与保护企业、群众安全的应急抢险等。

9月27日，浙江利众竹木有限公司被认定为国家级高新技术企业，标志着泰顺县在该领域实现了零的突破。

9月，温州市第二次民族团结进步表彰大会召开，司前畲族镇、竹里畲族乡等5个单位荣获“民族团结进步模范集体”称号。

11月1日，泰顺县被文化部命名为2011—2013年度“中国民间文化艺术(木偶戏)”之乡。

11月4日，环保部办公厅复函国家林业局办公室，同意浙江乌岩岭国家级自然保护区进行功能区调整。调整后的乌岩岭国家级自然保护区范围不变，总面积18861.5公顷，核心区面积4593.9公顷，缓冲区面积2007.1公顷，实验区面积12260.5公顷。

11月4日，由国家林业局、省人民政府主办的第二届中国国际林业产业博览会暨第四届中国义乌国际森林产品博览会，在义乌国际博览中心落下帷幕，泰顺县参展的21家企业，获得1700多万元订单。泰顺县展团的利众竹筷、司前竹木日用品获得金奖。

11月25—29日，泰顺县组织浙江利众竹木有限公司等7家农产品企业参加浙江农业博览会，其中浙江利众竹木有限公司的“利众”木筷获得本次农博会优质奖。

11月，撤销黄桥乡。

2012年

1月，中共司前畲族镇第十二次代表大会第二次会议和司前畲族镇第十六届人民代表大会第二次会议召开。

1月，乌岩岭白云岙至白云尖巡护步道(游步道)铺设完成，全长4.5千米，附属工程同时全面完成，工程建设历时4年。

1月8日，司前畲族镇被命名为全省“第一批民族团结进步创建活动示范单位”。

1月29日，司前畲族镇获得“浙江省森林城镇”荣誉称号，这也是泰顺县首个获得这一荣誉的镇。

3月9日，县人民政府召开会议，决定从2011年起，全省省级以上森林类自然保护区核心区、缓冲区集体林实施国家租赁，乌岩岭自然保护区核心区、缓冲区集体林5238.67公顷，涉及罗阳镇、司前畲族镇、三魁镇的8个行政村及3个乡村(联营)林场，年租赁价33.2元/亩。

5月15日，省发改委、省能源局、水电水利规划设计总院组织省抽水蓄能电站选点规划专家组到泰顺，对泰顺蓄水储能电站项目进行现场勘察。

6月25日，省政府公布第四批省级非遗名录，泰顺县畲族三月三(民俗)、车木玩具制作技艺(传统技艺)、乌衣红曲传统制作技艺(传统技艺)等6个项目入选。

8月6日，由中国科学院生态环境研究中心书记欧阳志云、国家林业局经济发展研究中心处长武立磊、北京林业大学教授崔国发、中国林业科学研究院研究员李迪强、国家林业局自然保护区研究中心主任杜华等组成的国家林业局专家组一行到乌岩岭国家级自然保护区现场调研评审保护区总体规划与旅游规划。专家组一行先后到黄桥保护站、双坑口保护站、芳香坪保护点现场考察乌岩岭国家级自然保护区总体规划和生态旅游规划情况。

9月21日，首届中国浙江自行车系列公开赛泰顺“生态杯”山地车爬坡赛在司前畲族镇开幕，来自省内外的22支车队，近100名运动员参加比赛。赛会从6月启动到10月结束，由绍兴等9个分站赛和1个总决赛组成。

9月22日，温州市委副书记、市长陈金彪到泰顺县开展新一轮挂钩帮扶工作，市人大常委会副主任黄德康、市政府秘书长詹永枢等市领导，鹿城区委副书记、区长朱崇敏参加调研。陈金彪一行先后查看司前畲族镇左溪小桥垦造耕地项目和左溪民族村、葡萄种植基地以及狮子岗农房集聚点建设，召开工作汇报会，并举行捐助仪式；市长陈金彪等为司前畲族镇落实挂钩帮扶资金172万元。

9月29日，乌岩岭国家级自然保护区生态旅游景区开始试运营。

9月，乌岩岭自然保护区发现一条体长84厘米、体重3.5千克的娃娃鱼，这是乌岩岭发现的最大的野生娃娃鱼。

12月31日，乌岩岭景区被评为国家级AAA级旅游景区，成为泰顺县首家国家AAA级旅游景区。

12月，建成泰顺县公共图书馆司前畲族镇分馆。

2013年

1月21日，由浙江乌岩岭国家级自然保护区管理局雷祖培撰写的论文《泰顺乌岩岭发现植物新物种浙南茜草》正式入编国际权威的植物学学术杂志荷兰《植物学》，意味着其首次发现并命名的新物种浙南茜草被国内外植物界承认。

1月，中共司前畲族镇第十二次代表大会第三次会议和司前畲族镇第十六届人民代表大会第三次会议召开。

2月，司前畲族镇便民服务中心等8个社区服务中心被命名为“省级示范便民服务中心”。

4月7日，温州市政协组织专家对温州历史上第一位状元——徐奭的生平事迹进行实地考察研究,采集素材。徐奭于北宋雍熙二年(985年)生在瑞安百丈木棉村(今司前畲族镇溪口村),在泰顺度过幼年和少年时代,后来跟随其父游学到福建,并在福建建瓯开始走上仕途,28岁状元及第,成为温州历史上第一位状元。在徐奭出生地司前畲族镇溪口村,专家组对徐奭故居、画像、族谱、墓地遗址等进行了实地考察研究,并向徐奭后人了解他在泰顺的生平事迹。

4月15—16日,省委常委、常务副省长龚正一行到泰顺县调研指导少数民族工作,温州市委常委、常务副市长葛益平等陪同,到司前畲族镇左溪村等地了解经济社会发展情况。

4月18日,由温州市人民政府、泰顺县人民政府、温州市林业局、温州市体育局、泰顺县体育局、浙江乌岩岭国家级自然保护区管理区联合主办的2013年中国(温州)森林旅游节系列活动——中国乌岩岭·温州之巅山地竞速赛在乌岩岭国家级自然保护区内的榅垟村开赛。来自温州各地30支代表队111名运动员参赛。此次比赛赛程总长6.5千米,海拔最低点680米,落差930多米。最终,来自瑞安市健身跑协会的杨万里和乐清市长跑协会一队的王小红,分别以50分25秒和1小时2分17秒的成绩分获男、女组冠军。瓯海区登山协会二队以2小时51分的总成绩获得团体组冠军。

4月24日,司前畲族镇司前社区妇女维权服务站被温州市妇联认定为市首批“社区妇女维权服务站标准化建设示范点”。

7月20日,2013中国浙江自行车系列公开赛——泰顺“生态杯”山地车爬坡赛在司前畲族镇开幕,来自全国各地的160多名选手参赛。4月6日在台州三门县举办首场比赛,先后在8个城市举办8场比赛,11月下旬进行总决赛。泰顺县举办的“生态杯”山地车爬坡赛是系列公开赛的第三站。此次比赛设山地车男子、女子公开组和男子体验组三个组别,男子赛程28千米,女子17千米。经过比赛,泰顺县的女选手蔡春华、男选手张昌旺以优异的成绩进入总决赛。

7月28日,温州市民族经济工作座谈会在司前畲族镇召开,会议交流民族经济工作经验,部署全市民族经济工作任务。

8月1日,省工商局副局长马剑平到浙江利众竹木有限公司开展“走亲连心”走访活动。

8月,泰顺县司前畲族镇左溪畲族村党支部书记蓝学许获省委宣传部、省委统战部、省民宗委授予的“2013年度十佳最美基层民族干部”称号。

11月15日,司前、竹里等4个乡镇通过新农村电气化乡镇验收,至此,全县达到“镇镇电气化”。

2014年

1月5日，泰顺县召开“纪念邵志鹏同志因公殉职十周年暨科技特派员创业孵化园创建工作座谈会”，省科技厅、市科技局、浙江农林大学等有关人员及驻泰顺县的省、市科技特派员等参加会议。

1月13日，浙江利众竹木有限公司的“利众”商号被省工商行政管理局认定为2013年度浙江省知名商号，有效期6年。

1月15日，中共司前畲族镇第十二次代表大会第四次会议召开。

3月5日，泰顺县社会科学界联合会召开部门单位、乡镇协调会，对英士大学历史文化挖掘工作总体方案进行讨论，落实各职能单位工作分工，共同统筹推进国立英士大学文化研究。

3月13日，省林科院专家到乌岩岭景区，对景区的负氧离子状况进行监测研究。经两次移动监测，乌岩岭景区负氧离子含量高达每立方厘米1.9万个以上。

3月21日，省民宗委党组副书记、副主任吴彩星率调研组到司前畲族镇和竹里畲族乡调研“三月三”风情旅游节活动筹备情况。先后参观司前畲族风情园和左溪畲族村，实地了解畲寨文化建设情况以及“三月三”风情旅游节活动筹备情况。

3月26日，司前畲族镇第十六届人民代表大会第四次会议召开。

3月，县民族宗教事务局编辑出版《畲乡画册》，集中展示全县畲族群众民情风俗、文化特色、生产生活、产业发展等情况。

4月2日，浙江省首届畲族风情旅游文化节暨温州市第五届瓯越“三月三”畲族风情旅游节在司前畲族镇开幕，国家民委文化宣传司巡视员李建辉，省民宗委党组副书记、副主任吴彩星，省旅游局副局长许澎，市委常委、统战部部长陈浩，副市长郑朝阳，市政协副主席戴祝水参加。开幕式结束后，来自乐清、苍南、泰顺等地的艺术团体，表演以“中国梦、山哈情”为主题的展现畲族风情文化的节目，有《最美畲乡韵》《更浓山哈情》两个篇章。来自全国各地的游客2万多人。

4月9日，省委书记夏宝龙、温州市委书记陈一新到司前畲族镇考察。

5月6日，市委常委、宣传部部长胡剑谨到司前畲族镇溪口村开展蹲点调研活动，面对面听取群众意见，确保党的群众路线教育实践活动“病根找准、脉搏号准”。

5月12—13日，省地税局副局长王俭率队到司前畲族镇开展结对帮扶工作。

5月20日，省政协副主席陈小平到司前畲族镇里光溪实地查看并听取“五水共治”工作情况汇报。

5月24日，由新华网、经济日报、科技日报、中国科学报等组成的中央媒体采访团到黄桥村，挖掘因公殉职科技特派员邵志鹏的先进事迹。采访团一行还到竹里乡参观县科技特派员创业孵化园。

6月19日，司前畲族镇获评全国“民族团结进步创建活动示范单位”。

7月21—28日，由团县委、县总工会、县体育事业发展局、县青年联合会等4家单位联合举办的“奋斗的青春最美丽”2014年浙江省第二届全民体育节“泰顺县青年篮球赛”在县体育中心举行，20支队伍200余人参赛。经过8天52场比拼，兄弟篮球俱乐部代表队摘得桂冠，彭溪代表队荣获亚军，司前代表队荣获季军。

8月7—8日，副省长黄旭明率省农办(扶贫办)、省地税局等有关部门到泰顺调研扶贫开发工作。先后考察司前左溪畲族特色村，并听取工作情况汇报。

8月26日，司前畲族镇首个畲歌队伍培育基地成立，并举行成立仪式。

9月15日，在温州市公示的第八批非物质文化遗产名录(135项)中，泰顺入选传统技艺类的项目有竹纸制作、铁器打造、红酒酿制、弹棉花、畲族乌米饭烧制等。

9月，省林业厅厅长林云举到司前浙江利众竹木有限公司，了解近年来林业工作情况。

9月18日，泰顺县首批星级幸福社区评审结果揭晓，司前畲族镇司前社区等4个社区被评为第一批“三星级幸福社区”。

9月30日，县人民政府发文，撤销司前畲族镇新北居委会建制，改设为村民委员会。

9月，温州市首次少数民族经济现场会在泰顺司前畲族镇召开，市、县(市、区)民宗局及7个民族乡镇的领导，少数民族企业主，种植养殖业重点户代表60多人参会。

10月1日，司前畲族镇左溪村党支部书记蓝学许作为全国民族团结进步先进个人之一和56个民族中畲族的唯一代表，参加中华人民共和国成立65周年天安门广场的升旗仪式及国宴，受到习近平总书记等国家领导人接见并合影。

10 月 24 日，浙江省 2014 年度新农村建设带头人“金牛奖”在司前畲族镇左溪村举行进行投票，司前畲族镇 13 个村的 4000 名群众为他们心目中最信赖的新农村建设带头人蓝学许等 20 位金牛奖候选人投上一票。

10 月 25 日 18 时 42 分，泰顺文成交界处发生 M4.2 级地震，震源深度7000 米，司前、竹里等地震感强烈。省委副书记、省长李强，副省长黄旭明相继做出批示，要求温州市委、市政府高度重视，切实做好抗震救灾工作。

10 月 29 日，司前畲族镇隆重举办首届红曲酒酿制节，溪口村和峰门村共 200 多缸红曲酒同时酿制，现场还有畲族风情表演及“糯米饭宴”等特色活动，吸引众多游客前来参观品尝。

11 月 11 日，“泰顺县木偶头雕刻”入选第四批国家级非物质文化遗产项目。

12 月 2 日，黄桥至文成铜铃山公路工程泰顺段通过竣工验收。泰顺黄桥至文成铜铃山公路全长为 5.267 千米，其中泰顺段全长 3.872 千米，公路按三级公路标准建设，设计时速 30 千米，路基宽 7.5 米，隧道净宽 9.0 米。路线起点位于三插溪水库大坝旁，与司黄线连接。

12 月 24 日，司前畲族镇卫生院通过乙等乡镇卫生院评审。

2015 年

1 月 8 日，司前畲族镇左溪村党支部书记蓝学许获 2014 年第九届浙江省十大新农村建设带头人“金牛奖”。

2 月 2—3 日，省委常委、温州市委书记陈一新到泰顺调研，先后察看司前畲族镇左溪村“红色细胞工程”及民族特色村寨、溪口村村民中心和文化礼堂等建设情况。

2 月 3 日，上午，康奈集团公司总经理郑莱毅随温州市委副书记、市长陈金彪一行，前往司前畲族镇开展挂钩帮扶活动，并代表企业捐赠善款 10 万元。

2 月 9 日，中共司前畲族镇第十二次代表大会第五次会议召开。

2 月 26 日，司前畲族镇司前社区被评为“温州市四星级幸福社区”。

3 月 31 日，温州市发改委公布温州市首批政府和社会资本合作项目即 PPP 项目 52 个，计划总投资 1645.1 亿元，面向全社会募集股东。境内的县抽水蓄能电站项目名列其中。

3 月 26 日，司前畲族镇第十六届人民代表大会第五次会议召开，选举钟圣选为镇长。

4 月 2 日，泰顺县首届集体树葬活动在司前畲族镇鸡芳山生态公墓举行。

4 月 13 日，省政府下达 2015 年度计划投资 5.4 亿元。司前境内的抽水蓄能电站建设工程项目入选省重点建设项目预安排名单。

4月17日,景宁畲族自治县、泰顺县民政局联合对温丽线景宁泰顺段的1枚界桩进行实地踏勘检查,涂上红漆,摄像摄影,并填写分段联建记录表。

4月20日,华东勘测设计研究院的抽水蓄能院院长胡万飞率专家组一行到泰顺实地勘察抽水蓄能项目。

6月15日,省人大常委会副主任毛光烈一行到泰顺调研民族工作。先后考察竹里文理书院,司前竹木产业基地、畲族风情园、左溪畲寨,了解畲族乡镇建设发展情况,并听取相关情况介绍。

7月27日,中共温州市委表彰100名"温州市优秀村(居)党组织书记"。泰顺左溪村蓝学许等7名少数民族村支书名列其中。

7月31日,省、市委农办扶贫开发工作督查组一行到泰顺竹里畲族乡、司前畲族镇等特别扶持项目开发现场, 了解项目实施以及扶贫资金互助联合会运行情况,检查项目台账。

7月,为纪念抗日战争胜利70周年,一部反映抗日战争时期国民政府艰难办学经历的纪录片《英士大学》在泰顺开拍。

8月15日,县首届畲乡葡萄品鉴会在司前畲族镇园洲古民居老厝举行。

8月22日,县"英士大学纪念馆概念设计讨论会"召开,县有关专家考察司前、里光村的英士大学课堂、宿舍等旧址,并针对修复遗迹及建设纪念馆等提出建议方案。

8月29日,美国商务部前助理部长黄建南到泰顺考察调研,先后深入竹里文化礼堂、利众竹木有限公司等地,了解竹文化产业及非公有制经济发展情况,并与部分企业家代表进行座谈。

9月3日,为纪念中国人民抗日战争暨世界反法西斯战争胜利70周年,北京举行隆重的阅兵仪式。司前畲族镇左溪村党支部书记蓝学许以少数民族代表的身份赴京观礼阅兵。

9月10日,位于镇境内的泰顺县丰润农民专业合作社联合社的猕猴桃园正式开园,并与浙江一鸣食品股份有限公司签订营销合作协议。

9月21日,省发改委副主任、省能源局局长吴胜丰率队到泰顺调研,实地察看温州(泰顺)抽水蓄能电站项目,并听取小水电、抽水蓄能、风能、太阳能、地热能等可再生能源开发利用情况。

9月25日,温州市民宗局、市少年宫、市少数民族联谊会共同主办的"科技助航梦想同行"流动少年宫在泰顺司前畲族镇中心小学举办,1000多名师生参加。

11 月 8 日，泰顺方介堪方去疾美术馆在县科技文化中心开馆。方介堪峰门人。

11 月 12 日，由中共中央宣传部、中央统战部和国家民委联合举办的全国民族团结进步模范事迹报告巡讲活动走进高校，左溪村蓝学许是全国民族团结进步模范事迹报告团成员。

11 月 20 日，司前畲族镇第二届红曲酒文化节在溪口村举行，150 余户村民同时酿制红曲酒，展示传统红曲酒酿制工艺。现场组织“畲乡红”即时摄影创作比赛及畲族风情的开幕式演出。

12 月 9—10 日，农业部调研组一行到泰顺调研农村农业信息化管理工作，实地考察司前畲族镇绿翠园家庭农场、丰润农业专业合作社等，了解各企业的生产和经营情况。

12 月 15—16 日，省人大常委会副主任毛光烈率队到泰顺调研年收入 4600 元以下贫困人口脱贫情况，先后到司前畲族镇左溪、溪口村低收入农户家中，了解他们的经济收入、生活状况，并听取关于年收入 4600 元以下贫困人口脱贫工作情况汇报。

第一章　环境与建置沿革

司前畲族镇，位于泰顺县西北角，地处北纬 27°36′57.974″—27°48′42.965″，东经 119°40′1.003″—119°53′1.723″。洞宫山支脉自西北向东南延伸至境内，形成崇山峻岭。中亚热带季风气候，温暖湿润，四季分明，严寒酷暑时间较短。优越的自然条件孕育着丰富的生物资源。从乌岩岭自然保护区到黄桥、峰门，大片的原始次生林和人工林，生物群落保存比较完好。

1992 年 5 月，司前畲族镇成立，隶属泰顺县。镇驻地司前村，距县城公路里程 18.2 千米。至 2015 年，辖 13 个行政村，267 个村民小组。

第一节　自然环境

司前畲族镇北高南低，最高白云尖，海拔 1611.3 米，是温州市最高峰；最低白鹤渡，海拔 145 米，相对高差 1400 余米。高山峻岭间森林茂密，珍禽奇兽、古树名木繁多；奇峰沟壑间水流湍急，深潭瀑布遍布其间，优美的原生态资源，构筑了天成的旅游环境；地下水蕴藏量和地表水径流量巨大，水力资源丰富，水库电站星罗棋布；几百条涓流小溪汇合成飞云江之源，为温州地区的大水缸——珊溪水库提供可靠的水源保障。

一、地　质

(一)构　造

泰顺位于华夏系构造一级隆起带上，构造以断裂为主，褶皱不发育，是温州地区地质构造基底组成部分，由上古生界鹤溪群和侏罗纪系下统枫坪组的变岩系组成。总体存在华夏系和华夏式、新华夏系、泰顺山字形构造、北西向 4 个构造体系及南北向、东西向 2 个断裂带。其中，山字形构造分布最为广泛，涉及罗阳、司前、百丈、黄桥等 22 个乡镇。

司前畲族镇地质构造与断裂带分布情况一览表

表 7-1-1-1

地质构造与断裂带	分布情况
北西向构造	筱村—洪口—黄坑—司前—里光、峰门—大住—白岩坑、千积山—炉西断裂
南北向断裂带	里光上地石门、西旸、老鹰岩等断裂带

(二)地层岩石

由于新华夏系地质活动次数多、强度大,岩浆活动频繁,对岩体分布起控制作用。司前镇境内出露地层岩石,以中生代侏罗纪(J3)火山岩为主,分布面积约占全县总面积 3/5,其厚度 5000 多米,为一套巨厚的以酸性火山岩为主的火山杂岩,主要山峰多发育在这类岩石上。风化后地形上表现为高大山岭、尖棱状山脊、深切沟谷,呈侵蚀中低山地形。

下白垩纪(K1)陆相碎屑沉积岩,分布面积仅次于侏罗纪火山岩。以筱村剖面为代表,厚度为 500—2100 米;洪口桃树湾、包垟陈八岗、竹垟白岩等地出露,厚度 400—1000 米;莒江、罗阳、司前盆地随处可见,厚度 800—1000 米。

燕山运动晚期侵入岩十分发育,其主要岩石,第一次为石英闪长岩,第二次为花岗闪长岩,第三次为钾长花岗岩或花岗岩,第四次为钾长花岗斑岩。主要分布在岭北、白溪、里光、黄桥等地。

(三)矿 藏

镇境内矿点少且矿藏储量少,没有开采价值。

司前畲族镇内矿藏分布一览表

表 7-1-1-2

矿床(点)名称	规模	坐落地	资源保有量
上地、坑头、爱坑镜铁矿	矿点	司前镇	
坑头闪锌矿	矿化点	司前镇	
园桥花岗岩矿	小型	司前镇	估算 10 万立方米
上地二长花岗岩	小型	司前镇	估算 726 万立方米
大住高岭土	矿点	司前镇	

附:

1. 地震记录

(1) 明正德九年(1514 年)八月初一日食,星现,鸡栖,过一时辰复光,不久地震。

(2)清咸丰三年(1853 年)三月,地屡震,近闽界尤甚。六月十二日至二十四日大风雨,一都上地山崩,压人畜。是年饥。

2. 山体断裂滑坡

(1)山体断裂　2001 年 5 月 19 日,司前畲族镇林山村下库钟姓房屋后坡山体出现裂缝,威胁下方民房 3 座,6 户 28 人。

(2)山体滑坡　2002 年 6 月 16 日,童东线 K56+300 路段,因连续降雨发生山体滑坡,影响交通安全。2006 年 6 月 7 日,司前畲族镇回澜南路炮台岗山体滑坡约 800 立方米,威胁下方民房 11.5 间,涉及居民 8 户 32 人。

(四)土 地

1. 面　积

司前镇境域山多田少,据 1993 年第一次土地资源利用现状调查(简称土地详查),境内土地总面积为 19588.93 公顷(含黄桥、峰门 2 个乡,不包含乌岩岭林场,下同)。其中,耕地 1522.09 公顷,占 7.78%;园地 121.01 公顷,占0.61%;林业用地 16455.78 公顷,占 84.01%;其他用地 579.01 公顷,占 2.97%;未利用地 911.54 公顷,占 4.63%。95%以上属宜农、宜林、宜草(畜)类。

2004 年土地利用现状更新调查时,境内土地总面积为 19603.59 公顷,比 1993 年土地现状调查时增加 14.66 公顷(计算方法不同)。其中,耕地面积比 1993 年土地现状调查时减少 388.82 公顷;园地面积增加 79.94 公顷;林地面积增加 535.97 公顷;居民工矿用地面积减少 37.86 公顷;交通用地面积增加 12.50公顷;水利面积增加 17.15 公顷;未利用地面积减少 204.22 公顷。

1993 年、2004 年司前畲族镇土地面积一览表

表 7-1-1-3　　　单位:公顷

项目	土地总面积		耕地		园地		林地		居民工矿		交通用地		水利		未利用地	
年度	1993	2004	1993	2004	1993	2004	1993	2004	1993	2004	1993	2004	1993	2004	1993	2004
司前	11704.21	11696.63	1099.17	818.69	102.23	168.15	9598.68	9834.27	206.03	170.20	69.60	78.94	144.34	148.38	484.16	478.00
黄桥	4068.35	4080.11	218.81	164.07	13.75	1.34	3541.65	3654.89	21.21	22.96	12.57	12.69	63.15	81.50	197.21	142.66
峰门	3816.37	3826.85	204.11	150.51	5.03	31.46	3315.45	3502.59	22.19	18.41	5.37	8.41	34.05	28.81	230.17	86.66
合计	19588.93	19603.59	1522.09	1133.27	121.01	200.95	16455.78	16991.75	249.43	211.57	87.54	100.04	241.54	258.69	911.54	707.32
乌岩岭	1442.33	1436.47	1.61	0.50	2.99	0.75	1433.03	1432.58	1.12	0.68	4.77	3.91	4.93	—	1.17	—

2. 地　价

1995 年 5 月,泰顺县内开展建制镇土地估价工作,1996 年 6 月完成,1997 年 3 月,经省、市验收并实施。根据社会发展与市场需求,2000 年 12 月 31

日，再次开展乡镇土地评估，并明确各类用地出让土地使用权的法定最高年限，即商业 40 年，住宅 70 年，工业 50 年。2001 年以后，各类用地地价均按土地现状条件与基础设施状态评估定价，乡镇为“三通一平”(通路、电、水，道路平整)。2010 年 10 月，全县通过基准地价评估更新验收，评估日期为 2009 年 12 月 31 日。

1997、2001、2010 年司前畲族镇标准地价一览表

表 7-1-1-4　　单位：元/平方米

年度	商业			住宅			工业		
	一级	二级	三级	一级	二级	三级	一级	二级	三级
1997	500			319			198		
2001	1750	970	310	1100	700	180	240	—	—
2010	2490	1530	530	750	580	350	285	230	145

3. 基本农田保护

1991 年 9 月，基本农田保护工作在全县范围内展开。通过埋设保护桩、保护牌，制订农田保护公约，并通过总体规划，实行指标控制建设用地，保护基本农田。1993 年 3 月，经省、市、县领导和专家验收，全县成绩优秀。1994 年 2 月，《泰顺县基本农田保护区规划》通过省、市检查验收。司前畲族镇的司前至台边公路左侧，划为一级农保区。

2015 年司前畲族镇分村耕地保护补贴面积汇总表①

表 7-1-1-5

序号	行政村	户数(户)	面积(亩)	序号	行政村	户数(户)	面积(亩)
1	司前	368	831.25	8	上地	192	470.79
2	左溪	483	982.74	9	叶山	154	294.65
3	大住	134	165.63	10	榅垟	298	304.08
4	溪口	133	259.15	11	黄桥	331	1205.00
5	新北	275	537.82	12	峰门	319	788.77
6	台边	263	530.49	13	徐宅	381	1031.69
7	里光	286	485.54	合　计		3617	7887.60

① 耕地面积数据，历来各部门之间存在差异。该农田保护面积为历来农业部门习惯统计数据。以上 1993 年、2004 年国土资源局组织的土地调查中统计的耕地面积等于统计部门传统统计数据 2.16 倍。所以此数据一直没有得到统计和农业部门的认可。

4. 土　壤

据1982—1985年第二次土壤普查，泰顺全县土壤划分5个土类、9个亚类、24个土属、50个土种。

红壤土类　红壤土类面积占土壤总面积39. 76%，分布在各地海拔700米以下丘陵山地。全土层较深厚，一般达80厘米左右，土壤颜色呈淡黄或淡棕黄，质地中壤至轻黏土，酸碱度(pH)4.9—6.2，酸性至微酸性。表土层有机质含量平均2.88%，中等偏高；全氮含量平均0.107%，中等水平；全磷含量平均0.025%，低等水平；全钾含量平均1.554%，中等水平。部分平缓坡地垦为旱地和茶园，大部分山地营造松、杉、榅用材林和毛竹林、油茶，陡峻山地封山育林为薪炭林，部分仍是荒山或疏林地。

黄壤土类　黄壤土类面积占土壤总面积的33. 58%，分布在各地海拔600米以上低、中山区山地。全土层厚达70厘米左右，土壤颜色呈淡黄棕、灰黄棕或淡黄，质地中壤至轻黏土，酸碱度(pH)4.6—6.3，酸性至微酸性。表土层有机质含量3.12%—3.31%，平均6.09%，极高水平；全氮含量平均0.229%，高级水平；全磷含量平均0.035%，低级水平；全钾含量平均2. 05%，高级水平。近村庄缓坡垦为旱地或茶园，部分山地营造杉、榅林，其余大部分为松树林、常绿阔叶林、薪炭林或草山。

紫色土类　紫色土土类面积占土壤总面积的14.24%，在县内呈两条南北走向平行带状，分布于海拔100米低山丘陵到800米以上缓坡山地。母岩为下白垩纪陆相沉积非石灰性紫红色凝灰质粉砂岩、砂页岩，因岩性松脆，易受热胀冷缩，物理风化强烈，风化物被雨水淋洗冲刷，成土母质不断更新，土壤发育处于相对幼年阶段。全土层厚薄不一，一般厚度在60厘米左右。土壤色泽和性质同母岩相似，质地中壤至轻黏土，酸碱度(pH)5.0—6.4，酸性至微酸性。表土层有机质含量平均3.79%，高等水平；全氮含量平均0.124%，中等水平；全磷含量平均0.014%，极低水平；全钾含量平均2.95%，极高水平。目前平缓坡地垦为旱地或茶园，其余为疏林地或荒山。

潮土类　潮土土类面积占土壤总面积的0.06%，主要分布在飞云江上游较开阔谷地段沿溪两侧小片滩地，母质是近代溪流洪冲积物。土壤质地轻砾石土至重砾石土，保水保肥性差。表土层有机质含量1.39%，中等偏低；全氮含量0.085%，中等偏低；全磷含量0.027%，低等水平；全钾含量3.56%，高等水平。距溪流较远处垦为旱作或桑、果园。靠近溪床地段受洪水淹没冲积，大小卵石、石砾和砂粒夹杂，有些为荒芜秃滩。

水稻土类 水稻土土类面积占土壤总面积的 12. 36%。由各种母质或各种类别土壤经人类开垦种植水稻，长期进行水耕熟化，土体经历不断交替的氧化还原作用发育而成，具有独特的土体构型。从海拔 100 米溪谷丘陵、低山区到海拔 900 米以上高山台地、坡地都有分布。因地形部位差异，母质类型不同，土壤水分运行状况有别，发生、发育特征各异。

渗育型水稻土 分布于各地中山、低山、丘陵、岗背坡地的山垄梯田。水源不足，全年淹水时间短，土体不受地下水影响，降水和灌溉水参与渗育过程，心土层出现上铁下锰分层淀积现象。全土层一般在 60 厘米以上。耕作厚度 12—22 厘米，平均厚度 14.6 厘米。土壤颜色呈灰黄或紫灰，质地砂壤至轻黏土，酸碱度（pH）5.7—6.6，微酸性。耕作层有机质含量平均 2.40%，中等水平；全氮含量平均 0.121%，中等水平；全磷含量 0.033%，低等水平；全钾含量平均 2.39%，高等水平。低海拔农区部分水田种植连作稻，低、中山农区种植单季稻。

潴育型水稻土 分布于中、低山丘陵溪谷和缓坡山垄平畈处。水源条件较好，地下水位在 60 厘米以下，土体受地表水和地下水双重影响，由于氧化还原与淋溶淀积交替作用，心土层潴育层段发育，铁锰聚积斑纹明显，土壤通透性好，属爽水型水稻土。全土层深达 60 厘米左右，耕作层厚度 13—18 厘米，平均厚度 15 厘米。土壤颜色呈灰白、淡灰或暗灰至暗黄棕，质地砂壤至轻黏土，酸碱度（pH）5.6—6.5，微酸性。耕作层有机质含量平均 2.73%，中等水平；全氮含量平均 0.139%，中等水平；全磷含量平均 0.030%，低等水平；全钾含量平均 2.394%，高等水平。低海拔农区小部分水田种植连作稻，低、中山农区种植单季稻。

潜育型水稻土 零星小片分布于中、低山丘陵及溪谷低洼地、山垄低洼处。因受侧渗水、冷泉水及人为冬灌浸烂影响，潜育水位较高或接近地表，终年渍水时间长，属高潜水型水稻土，耕作层土软烂糊，还原性强，亚铁反应明显，轻度潜育的土体干燥时即氧化变灰黄或淡棕黄色，土壤质地中壤至轻黏土，酸碱度（pH）5.8—6.2，微酸性。耕作层有机质含量平均 3.56%，高等水平；全氮含量平均 0.176%，高等水平；全磷含量平均 0.028%，低等水平；全钾含量平均 2.28%，高等水平。中、低山农区种植单季稻，低海拔农区小部分水田种植连作稻。

司前畲族镇境内土壤分类一览表

表 7-1-1-6

土壤	亚类	土属	土种	主要分布地
红 壤	黄红壤	黄泥土	黄泥土 黄砾土 黄泥地	海拔700米以下低山丘陵山地
		黄泥砂土	黄泥砂土 乌黄泥砂土 黄泥砂地	黄桥等地
	侵蚀型	石砂土	石砂土	里光等地
	红 壤	岩秃	岩秃	山坡陡地
黄壤	黄壤	山地黄泥土	山地黄泥土 山地黄砾土 山地香灰土 山地砾土香灰土 山地黄泥地	里光、黄桥等地
		山地黄泥砂土	山地黄泥砂土 山地黄泥砂地 山地香灰黄泥砂土	里光、黄桥等地
紫色土	酸性紫色土	酸性紫色土	酸性紫泥土 酸性紫泥土	里光、司前等地
潮土	潮土	洪积泥砂土	卵石滩 洪积泥砂地	飞云江上游较开阔溪谷地段两岸
水稻土	潴育型水稻土	洪积泥砂土	洪积泥砂土 峡谷洪积泥砂土	里光
		泥砂土	泥砂土	司前

5.植 被

植被是加速土壤肥力发展的重要因素。境内植被属中亚热带常绿针阔叶林北部亚地带，浙闽山丘，甜槠、木荷林区。在人类长期生产活动影响下，绝大部分山地的自然植被已经被消灭，仅少数地方还有零散的分布。在中低山山地上生长的是次生自然林与人造林混合分布。次生自然林具有明显的垂直分布特性，海拔 1000 米以上山地，第一层属于高大常绿或落叶针阔混交林；第二层是灌木林；第三层是蕨类、芒萁骨等；第四层是地衣、苔藓类等。人造林有马尾松、杉木、柳杉、毛竹、油茶、油桐等，海拔 1000 米以上山地，生长稀疏的小灌木丛与茅草类。近村庄较平缓山坡地，种茶叶、杨梅、柑橘、梨、桑、棕等。次生自然林被人为过度砍伐，多数为人造林，森林覆盖率 84.40%，森林绿化率 91.90%。

西北部乌岩岭自然保护区是自然植被保存比较完整的一块地方，生长着原始次生林，植物区系组成比较复杂，植物群落类型多样，植物种类资源丰富。据考察，全区共有维管属植物1377种，隶属168科655属，其中裸子植物19种16属，隶7科，被子植物约有1135种，564个属，隶属124个科。蕨类植物179种，l0变种2变型，隶33科75属。珍稀植物有36种，其中国家重点保护野生植物福建柏、油杉、钟萼木、香果树等12种，省级重点保护野生植物华南樟、竹节人参、深山含笑、浙江红花油茶等24种。由于独特的自然地理条件，植物群落类型在沟谷与岗坡上呈交错带状分布，按其生态外貌和区系成分可划分为：

中亚热带常绿阔叶林，分布于海拔450—1250米的山坡和溪谷。

中亚热带山地常绿—落叶阔叶混交林，分布在海拔1330米上下。

中亚热带山地常绿针叶—常绿阔叶混交林，分布于海拔1000米以上的山脊坡地。

中亚热带山地灌草丛，分布在主峰白云尖山脊和山坡地带。

毛竹林，分布在海拔1000米以下的山坡与谷地，均系人工栽培。

中亚热带山地针叶林，分布在海拔800米以上的山岗坡地。

人造杉木、柳杉林，分布在海拔1000米左右。

不同植被类型对土壤腐殖质层发育影响很大。生长较好的常绿阔叶林山地，土壤腐殖质层发育厚度大，多形成香灰土；植被生长较差的针叶林或蕨类、芒萁类山地，土壤腐殖质层发育厚度薄，形成黄泥土、山地黄泥土。已被开垦利用的农地，栽培水稻、小麦、油菜、番薯等，作物受人为耕作影响，土壤熟化过程加快，肥力演变明显，发育成肥沃的农业土壤。

二、地　貌

(一)山峦

司前畲族镇海拔千米以上山峰40余座，山顶较陡峻，大都由火山喷发的熔凝岩和侵入白花岗岩组成。延伸的山岗山坡较平缓，偶有陡壁，山脚沟谷地段也偏陡峻。山头呈圆顶状，连绵起伏的山脊稍缓，小滑坡时有发生。

镇境西部临近分界线上有海拔千米以上高峰20多座。白云尖向东北沿县界延伸至罗山(海拔1477.2米)一带有10余座，向南顺南麂岗(主峰海拔1541米)沿县界延伸过安基岗顶(海拔1375米)至白溪羊脑山(海拔1082米)，有20多座。西北段是飞云江、瓯江发源地分水岭。连绵不断的高山脊，组成西部的天然屏障。千米以上高峰主要分布在榅垟、上地、黄桥、峰门各村。乌岩岭自然保护区境内有17座。

1.山　体

乌门下　位于黄桥村南1.5千米与竹里乡交界处。

五龟湖　位于上地村东北与黄桥交界处。

指头尖　位于峰门村北面0.8千米处。

乌皮山　在里光村高塔尖东北0.8千米处。

胡孙斗　在白鹤渡电站东面1千米处。

2.山　峰(海拔1000米以上的部分山峰)

出水岩尖　位于黄桥双坑头之东与文成县交界处。海拔1077米。

葫芦岗　别名三姐妹排，位于上地村北部与景宁畲族县交界处。海拔1278米。

来龙岗头　在黄桥村南部与竹里乡交界处。海拔1160.4米。

龙　井　别名干龙井，又名罗山。在上地三姐妹排之南与景宁畲族县交界处。海拔1213米。

石板将　别名罗山尖，位于罗溪源、五龟湖北面22.1千米处。在榅垟、上地村北部。主峰1476.9米。东北西南走向，山体东北连接干龙井、葫芦岗，西南伸展至白云尖。为泰顺县、景宁畲族自治县分水岭。山势西北面较陡，东南面较平坦。

白水漈头　位于上地村北部五龟湖之南。海拔1330.9米。

老虎头　别名豣猫头。位于上地村石门的北部1千米处。海拔1077米。

峰门尖　位于县城东北22.95千米处。在峰门村北部。主峰海拔1062.2米。南北走向，山体南向延伸至指头尖抵峰门村。自山顶向下伸200米内很陡，200米以下西到董家斜略陡，东到豣头塆和石谷庵较缓。

金针湖　在榅垟村西部。海拔1254米。古代山上有湖，湖边生产金针(黄花菜)。

白云尖　位于县城北面榅垟村西部。海拔1611.3米[①]，是温州市最高峰。主峰东北伸向金针湖，南连南麂岗，为泰顺、景宁畲族自治县分水岭和防火线。东段较陡，属乌岩岭林场，西段较缓，属景宁白云林场。北距白云“飞云江源碑”1.3千米。

大龙尖　在榅垟村西北与景宁畲族自治县交界处。海拔1483米。

① 温州市2015年第一次地理国情普查，查明白云尖海拔1610.02米。消息载于《温州都市报》2020年12月10日05版头条。

高塔尖　位于县城北面 16.35 千米处。在原里光乡中部。主峰 1057.5 米。山体北向伸展至干潦，西南连接五叶莲花，临芳香坪。北面较陡，南面至丹丘一段稍平缓。

南麂岗　位于县城北面 16.8 千米处。在榅垟村西部。主峰海拔 1541 米。山体由西北向东南延伸 0.6 千米，又折向西南 1.4 千米，为泰顺，景宁分水岭，山势北面较陡，南面较平缓，四周都是林区。

乌岩尖　在原里光乡西与碑排乡交界处。北坡属乌岩岭林场。海拔 1405.7 米。

联山尖　里光与碑排[①]交界处，海拔 1254 米。

旗顶尖　黄桥晓燕，海拔 1180 米。

反峰坳　黄桥炉西，海拔 1150 米。

石交椅尖　黄桥，海拔 1210 米。

(二)盆　地

境内山间小盆地多，属第四纪积水洼地，沉积泥炭土。山间盆地呈多角状，盆地中大都有圆顶小山丘，平坦地狭长，主要为洪积形成，堆积层不厚。司前村盆地较大。

(三)溪谷　洪积谷地

境内溪道蜿蜒曲折，河床由基岩组成，侵蚀作用强烈，堆积作用微弱。支流湍急多瀑布。落差一般为几米至十几米，少数为数十米，个别达百米或百米以上。主流水流平缓，溪面开阔，宽者数十米。溪边有河漫滩和阶地，山麓有洪积扇。干旱期溪水淙淙，涧泉潺潺，清澈见底；雨季，特别是台风季节，山涧支流瀑布飞泻，滔滔浊浪，夹泥转石咆哮前行。雨过天晴，流速减慢，泥沙在溪湾、谷口较开阔地带淤积。

自喜马拉雅构造运动开始，镇境地壳基本稳定。岩层多断裂、节理，溪流侵蚀，溪道多河曲，溪谷狭窄。河曲以三插溪为典型，从园桥至白鹤渡，深切的峡谷呈 V 形嵌入，尤其是石街至坑口段，溪流迂回弯曲，伴生鬃岗等地貌。

司前溪谷地从台边到溪口形成洪积条带状地段，长 8000 米、宽 300 多米，海拔高程 150 米左右(包括沙洲、河漫滩、阶地)。受龟降山相隔和林山坚硬流纹岩阻挡，未形成较大的冲积扇。

---

① 碑排：原名称“碑牌”。

三、气　候

(一)四季特征

镇境属中亚热带季风气候区,气候温暖湿润,四季分明,虽处浙南山区,距海洋较远,仍具海洋性气候特点,严寒酷暑时间较短。

春　季　春季气候属冷空气活动频繁季节,时冷时热,气候多变,特别是3月上、中旬,常出现寒潮、低温天气,少数年份4月出现倒春寒,多阴雨或强对流天气,春季雨量占全年总雨量的30.8%。

1990年前,春季始于3月26日,终于6月14日,历时81天。1991年始,春季初日最早出现在2002年的2月21日,最晚出现在2010年的4月17日,平均入春时间为3月28日。春季终日,最早出现在1999年的5月31日,最晚出现在1992年的7月9日,平均终日时间为6月18日。平均历时83天。

夏　季　平均气温稳定在22℃时为夏季开始。冷空气逐渐减弱,副热带高压逐渐加强,从梅雨期快速进入台汛期,台风活动比较频繁,雨量最为集中,占全年总雨量的38.9%,部分年份出现短时晴热高温少雨的干旱天气。

1990年前,夏季始于6月15日,终于9月16日,历时94天。1991年始,夏季初日最早出现在1999年的5月31日,最晚出现在1992年的7月9日,平均入夏时间为6月19日。夏季终日,最早出现在1998年8月28日,最晚出现在2005年10月4日,平均终日时间为9月13日。平均历时87天。

秋　季　平均气温从22℃降到10℃为秋季。入秋后,副热带高压逐渐减弱,进入阶段性少雨天气,秋季雨量占全年总雨量的19.3%,少数年份的10月份仍有台风活动或影响。

1990年前,秋季始于9月17日,终于11月21日,长66天。1991年始,秋季初日最早出现在1998年8月28日,最晚出现在2005年10月4日,平均入秋时间为9月14日。秋季终日,最早出现在1992年的11月8日,最晚出现在1994和1998年的12月2日,平均终日时间为11月21日。平均历时69天。

冬　季　平均气温稳定在10℃时为冬季开始。其间,降雨量少,冷空气活动逐渐频繁。1990年前,冬季11月22日至翌年3月25日,历时125天,季平均气温7.7℃。1991年始,冬季初日最早出现在1992年的11月8日,最晚出现在1994和1998年的12月2日,平均入冬时间为11月22日。冬季终日,最早出现在2002年的2月21日,最晚出现在2010年的4月17日,平均终日为3月27日。平均历时126天。

镇境地形复杂，低海拔150米的溪谷，年平均温度18.1℃，7月均温28.0℃，极端最高温度40.0℃，1月均温8.1℃，极端最低温度-5.1℃。气温>10℃平均持续天数265天。11月30日初霜，2月16日终霜，无霜期287天。高海拔（900米）11月9日初霜，4月1日终霜，无霜期222天。

黄桥乡平均海拔600米，无霜期平均250天，最长达269天（1963年），最短为208天（1970年）。

海拔1040米乌岩岭自然保护区，年平均温度14.1℃，7月均温24.9℃，极端最高温度33.4℃，1月均温4.2℃，极端最低温度-13.8℃，无霜期214天，气温>10℃平均积温4207.5℃，气温>10℃平均持续天数222天。从低海拔到高海拔地区，年平均温度垂直递减率为0.523℃/100米。

（二）降水量

司前镇境处在温暖湿润气候带，又受季风影响和海洋性气候的调节，雨量充沛。西北部洞宫山脉东南侧杨寮（榅垟村），年降水量在2100毫米左右。降水量年差较大，杨寮站1962年2850毫米，2003年1555.8毫米；司前溪2003年1350.8毫米，2007年2580.1毫米。

各月间雨量分配不均匀，全年有两个明显的雨季，一个是5月、6月的梅雨期，降水量570.2毫米，占全年总降水量的28.8%，一个是8月、9月的台风雨或秋雨（秋淋），降水量485.6毫米，占全年总降水量的24.5%。各测站统计，4—9月降水量占全年总降水量的73.13%—82.22%。山区降水量受地形、植被影响较大，但随着海拔升高，降水量亦有增加趋势。1990年8月20日一天降雨235.5毫米。

年平均雾日29.9天，最多年有42天，最少年20天，尤以8月雾日最多。总云量年均值7.3成，大于8.0成总云量有202.3天，小于2.0成总云量为43.2天。低海拔的司前村，晴日早晨有雾。高海拔地区晴日无雾，雨天有雾。

1991—2010年司前畲族镇各雨量站平均月降水量一览表

表7-1-1-7　　单位：毫米

月份/站点	1月	2月	3月	4月	5月	6月	7月	8月	9月	10月	11月	12月	年合计
黄桥	64.8	90.3	168.4	169.2	222.7	331.8	263.7	333.6	163.1	71.3	64.0	54.3	1997.2
司前	68.2	92.3	175.1	167.9	240.1	316.9	255.0	301.8	162.6	70.8	63.4	57.4	1971.5
泰顺	80.1	106.2	189.8	178.1	252.9	328.4	235.8	324.3	172.2	79.2	65.6	66.0	2078.6
全县平均	73.0	98.6	177.9	166.6	232.9	313.2	264.1	355.9	191.3	85.9	67.8	61.3	2088.5

1991—2010年司前畲族镇各雨量站时段最大降水量一览表

表7-1-1-8　　　　单位:毫米

站名	三日	一日	24小时	12小时	6小时	3小时	1小时
杨寮	425.20	358.00	364.00	236.00	129.30	109.00	89.00
黄桥	422.50	353.00	358.70	252.70	170.80	109.70	67.00
司前	433.00	328.00	344.00	251.00	207.10	151.00	104.70
泰顺	313.50	215.70	234.20	208.30	207.30	174.10	107.30

1991—2010年司前畲族镇各雨量站年降水量一览表

表7-1-1-9　　　　单位:毫米

站名	溪流名称	多年平均降水量	最大降水量		最小降水量	
			年降水量	年份	年降水量	年份
百丈口	飞云江	1784.2	2200.1	1990	1361.7	1991
杨寮	里光溪	2190.6	2568.1	1992	1555.8	2003
黄桥	三插溪	1997.0	2399.7	2005	1436.9	1991
司前	飞云江	1971.5	2580.1	2007	1350.8	2003

(三)日　照

1990年,全年日照总时数1759.2小时,年日照百分率40%,太阳年总辐射量101. 96千卡/平方厘米,有效辐射量49.96千卡/平方厘米。各月间日照差异较大,2月最小,日照总时数100.7小时,占全年日照总时数的5.72%,日照百分率32%,太阳月总辐射量5.79千卡/平方厘米,7月最大,日照总时数232.3小时,占全年日照总时数的13.2%,日照百分率55%,太阳月总辐射量13.22千卡/平方厘米。

1991—2010年,年均日照时数1626.1小时,比历年偏多0.3小时。年日照时数最多出现在2003年为1978小时;最少出现在1997年为1409.5小时。春季平均日照时数354.4小时,同比历年偏多28.1小时。夏季平均日照时数513.9小时,同比历年偏少14.5小时。秋季平均日照时数433.2小时,同比历年偏多8.0小时。冬季日照时数324.7小时,同比历年偏少18.0小时。

(四)雪、霜

主要是大雪和倒春寒。1960—1990年,出现大雪冰冻9次,倒春寒5次,司前畲族镇的大部分山区处较高海拔地区,大雪冰冻影响最大。

1991—2010年，年均降雪日5.4天，1996年和2005年为最多，均是13天；2007年未出现降雪日。年均积雪日2.2天，1993和2005年为最多，均是7天；1995年、1997—1999年、2001年和2006—2008年，未出现积雪日。年均出现霜日28.4天，1995年为最多，49天；2006年为最少，14天。年均结冰日24.8天，1996年为最多，42天；1998年为最少，10天。

(五)冰雹　雷暴

多出现在春末夏初的下午，降雹时间短，常伴有大风。旧县志中有多次降雹记载。1961—1989年，降雹8次，小的如豆粒，大的似鸡蛋，平均3—4年一遇。冰雹移动途径主要在县境西北部，经洲岭、罗阳、百丈、里光、黄桥等乡镇北上，受灾范围宽1—2千米，长10多千米，降雹地带集中，有“雹打一条线”之说。

1991—2010年，年均降雹日0.4天，1991年和2009年为最多，均是2天；1993年、1994年、1997—2004年、2006—2008年和2010年未出现冰雹。年均出现雷暴日53.4天，2010年最多，69天；2003为最少，35天。

(六)湿　度

1961—1990年，年均相对湿度83%，最大的1985年和1990年为85%，最小的是1963年，仅78%。月平均相对湿度在81%—84%之间。月最大相对湿度是1964年10月、1969年1月、1977年1月、1988年2月，达到90%。

1991—2010年，年均相对湿度81.4%，1991年、1997年、1998年和2000—2002年为最大，相对湿度84%；2004年、2008年为最小，相对湿度77%。年均蒸发量1339.57毫米，2003年为最多，1682.4毫米；1999为最少，1120.1毫米。

(七)灾害记录

天气灾害采于旧志、档案及口碑资料。旧志中只记荒歉、未明灾情的，此处不录。中华人民共和国成立后发生的灾害，因有翔实的资料，予以详录。

1.台风暴雨

明成化十九年(1483年)六月十九日，大水。

明正德十三年(1518年)十一月十八日，大水，坏民居百余，淹田地2830余亩。

明嘉靖十一年(1532年)七月二十四日，雨雹大如拳。二十七日，大风雨。

明嘉靖二十七年(1548年)七月初一，大水，坏庐舍。

明隆庆二年(1568年)七月二十六日，大雨一昼夜，漂民居、田园。

清康熙三十八年(1699年)九月，一都(司前一带)大水，漂民居。

清康熙四十五、四十六年(1676年、1677年),夏秋旱,米腾贵。

清乾隆十七年(1752年)七月十五日,大雨水,境内各乡田地受灾,是夜初更,白鹤渡旁倪姓一村尽被漂没,仅遗一童,年十六,因屋浮至崖下,攀树得活。

清嘉庆二年(1797年)三月,雨雹大得如碗,东南乡秧苗尽伤,人畜有被击死,是年大饥。

清嘉庆十四年(1809年)七月,飓风坏稼;十月,淫雨,山种歉收,腊月饥。

清嘉庆二十四年(1819年)夏,大雨雹,县城瓦沟皆满,墙边积至没踝。

清嘉庆二十五年(1820年)四月,地震又大雨雹。

清咸丰十一年(1861年),大水,近城及境内,田多被淹。

清同治十二年(1873年)六月,雨雹,一都山乡有的重至余两。

清同治十三年(1874年)三四月间,雨雹,色黑,大的如绿豆,小的如芥子。

清光绪二年(1876年)春夏,淫雨。六月十一日,大水,一、二都田地多被塌没。天气极凉,是冬大歉。

清光绪三年(1877年)年终连月阴雨,忽暖忽寒,罕见晴明,番薯不能成收,麦不能下种。

清光绪四年(1878年)正月,多雨,一月仅晴六日。

民国元年(1912年)8月15日前后,连日暴雨,山洪暴发,司前水涨至离回澜桥桥墩的水鹅石只剩下3块石头,一根粗木材横亘二桥墩之间,引起桥身晃荡,桥即有冲垮的危险。一名水性较好的村民在激流中冒险将木材搬开,大桥化险为夷。但田园损失惨重。

民国24年(1935年)8月,台风暴雨,4—8日降雨346.3毫米。

民国28年(1939年)7月,台风暴雨,14—16日降雨301.8毫米。

民国29年(1940年)夏,虫蝬成灾,飓风、洪水大作,是年严重歉收。

民国32年(1943年)7月,大水,月降雨949毫米。

1956年6月18日至9月2日,旱72天。9月3日,受第12号台风影响,降雨67.4毫米;23日,受第27号台风影响,降雨193.1毫米。是年,稻飞虱、螟虫为害严重,百丈、大安、泗溪等地,稻田受灾10余万亩,害虫每亩达20万—30万只,枯心苗严重。莒江连作稻螟害率53.8%,单产不到100千克。

1958年9月4日,受第22号台风影响,降雨185毫米。

1960年7月28日至8月14日,受两次台风影响,暴雨成灾,罗阳过程降雨量达772.2毫米。

1961 年 5 月 19—20 日，台风雨，百丈区损失毛竹 1000 多根、木材 4000 余条、木筏 1500 只。

1962 年 9 月 5—6 日，台风暴雨，全县损失粮食 183 万千克、木材 658 立方米，毁水利工程 800 多处，塌坏房 1765 间，重、轻伤各 2 人，油茶、油桐损失严重。

1973 年 3 月 29 日至 7 月 26 日，连续阴雨 113 天，水土流失严重，全县 20%早稻不结实。 10 月 15—21 日，强台风暴雨。

1975 年 4 月 23 日至 5 月 29 日，连续阴雨，37 天降雨 453. 2 毫米。

1989 年 1 月 11—13 日，大雪冰冻，交通中断，树木被毁 6000 多立方米。4月 19 日、6 月 18 日，大暴雨，日降雨量超 100 毫米，山洪暴发，淹田毁路直接经济损失 30 余万元。7 月 20 日，强台风侵袭司前，降水量达 185 毫米，洪水成灾。主要损失：冲走 24 岁的下库村民方某平，尸骨未还；冲毁东村溪边司前乡政府的红曲加工厂及民房 25 间，860 平方米； 冲走下库村即将采摘的柑橘 1200 株，淹没稻田 13.33 公顷；雷电击毁村里变压器。共计损失 80 余万元。同日，强台风侵袭左溪一带。降水量达 185 米。凶猛的洪水冲毁村中渠道防洪堤 5 处，稻田被淹 13.33 公顷。

1990 年 8 月 17—22 日，受 12 号台风影响，发生百年未遇特大洪灾。8 月 20 日，司前村被冲毁连接东西村的新建桥梁永庆桥，冲毁袭庆石板平桥；冲毁村民房屋 800 多平方米； 冲垮西村、留田垟、高塔等防洪大堤近 1000 米，稻田淤塞，机耕路被毁，全村损失达 250 万元。同日，左溪村包坑自然村村民钟德尧被屋后坎塌方压死；冲毁余坑岭脚桥，左溪村平板桥；冲垮三大岭脚一带的防洪大堤近 600 米；赤潭村对面山体严重崩塌，大量竹园、树木被毁。左溪全村损失 68 万元。9 月 7—10 日，受 18 号台风影响，全县普降大暴雨。

1991 年 4 月下旬，连续 6 天日降水量大于 200 毫米，旬雨量为常年的 4 倍，溪水河流猛涨，部分农田被淹没。7 月 5—7 日连续 3 天大雨、暴雨，7 月上旬降水量是常年同期 3 倍，多处山洪暴发，农作物被淹没。

1992 年 7 月 31 日，受 16 号热带风暴影响，局部出现大暴雨，造成农田受损，部分交通中断。

1996 年 7 月 31 日至 8 月 2 日，受 8 号台风外围影响，出现大风大暴雨，局部有特大暴雨。

1997 年 6 月 29 日 18—20 时，降水量达 130.6 毫米。

2000 年 8 月 20—23 日，受 10 号台风“碧利斯”影响，全县普降暴雨。9 月

11日,因14号台风“桑美”影响,黄桥等乡镇出现大风,晚稻受灾28公顷。

2003年8月4日,受9号台风“莫拉克”影响,罗阳、司前两处电站厂房倒塌。

2005年5月5日,泰顺全县出现暴雨。7月18—20日,受5号超强台风“海棠”影响,全县出现大风、普降大暴雨,局部特大暴雨。8月31日至9月2日,受13号热带风暴“泰利”影响,全县出现特大暴雨。

2006年6月5—6日,泰顺全县普降暴雨。8月10日,受台风“桑美”影响,大部分乡镇出现大风、台风,泰顺全县普降大暴雨。

2007年9月18—19日,受13号台风“韦帕”影响,全县普降暴雨,并出现11级大风。10月7—8日,受16号台风“罗莎”影响,泰顺全县普降暴雨。

2008年7月16日,受7号台风“海鸥”影响,司前境内出现8级大风,普降大雨、暴雨。7月28日,受8号台风“凤凰”影响,全县普遍出现9—11级大风,普降大暴雨、特大暴雨。9月14日夜至15日早上,受13号强台风“森拉克”影响,全县过程平均雨量110.6毫米。

2009年8月6—10日,因8号热带风暴“莫拉克”,出现暴风、台风和大暴雨。

2. 雪 冻 寒

明嘉靖十年(1531年)九月初九,降霜害稼,岁大饥。

清道光十三年(1833年)秋又早寒,大风坏禾,高乡尤甚,十二月至次年正月,大雪连旬,高山林木尽折,牛羊野兽冻死很多。

1955年1月,严寒,多处最低温度打破历史纪录。

1957年2月中旬,严寒。

1960年1月23—26日,大雪冰冻,最低温度-8℃,猪、羊冻死60多头。3月31日至4月4日,倒春寒,马铃薯冻死,烂秧烂苗严重。

1964年2月21—26日,大雪冰冻,电话线杆被压断453根,竹木折断无数,交通中断9天。

1968年2月1—10日,大雪冰冻,压断竹木无数。

1971年1月29日,大雪,罗阳积雪深度达22厘米,超过1971年前有记录的最深一次。

1972年2月7—9日,大冰冻,死1人,断电力线杆120多根,折竹木无数。

1974年4月1—3日,倒春寒,烂秧烂苗严重,马铃薯冻死。

1983年12月29—31日,大雪冰冻,交通中断,竹木折断甚多。

1984年1月下旬至2月上旬,冰冻,交通中断,自来水管冻裂,树木压折。

1985年2月17日至3月6日，低温阴雨，泰顺全县马铃薯下种、春茶开采推迟，大、小麦，春花作物生长缓慢。3月30—31日，春雪，积雪深度2厘米，为历年罕见。

1987年3月25—26日，春雪冻害，司前中、高山地区首轮春茶冻萎，低海拔地区烂秧严重，马铃薯冻烂无收。4月中旬，倒春寒，早稻播种、春茶产量受严重影响。

1991年3月12—17日和28—30日，司前出现春寒，日平均气温低于10℃，主要受灾农作物有马铃薯、油菜、茶叶、苗木。3月31日至4月3日，出现倒春寒，茶叶、树苗受冻，致使农业产量下降约6%。12月26—30日，出现寒潮，降温幅度15℃、最低气温-7.7℃，室外水管水表冻裂，农作物受灾严重。

1992年3月17—31日，司前连续出现低温阴雨寡照，致使小麦穗小、穗少，结实率低，并影响早稻播种期和茶叶采摘期。

1993年1月15—16日和20—24日，司前出现降雪、冰冻，造成大部分自来水管冻裂，居民断水。

1996年2月20日、22日和23日，泰顺全县普降雨雪，22日泰顺至杭州全部班车停运，23日泰顺至温州有8个班次停运。

1998年3月19—21日，出现寒潮，降温幅度13.3℃，最低气温1.9℃，全县春茶遭到影响，部分茶芽受冻严重。

1999年3月7—12日、20—22日和27—29日，司前出现春寒，降温幅度分别为12.5℃、11.4℃和15.6℃。晚稻播种、移栽、发芽遭到严重影响。4月28—30日，再次出现春寒，降温幅度5.2℃，最低气温8.2℃，晚稻发芽受害，九峰乡出现烂秧。12月21—25日，连日低温天气，最低气温-6℃以下，全县大棚蔬菜冻害80.4公顷，县城水表冻裂2000只，经济损失384万元。

2000年2月1日、28日和29日，出现积雪天气，最大雪深5厘米，蔬菜、春茶、林苗造成不同程度损失。

2002年2月27—28日，泰顺全县降雪，积雪最深50多毫米，最低气温-2.6℃，全县公路交通中断，30%农作物受害（大部分是大棚蔬菜）。

2003年1月7日，泰顺全县降雪，受灾人口约9万人，农作物受灾约1000公顷，房屋倒塌19间，公路交通全部中断，部分乡镇停电1天，直接经济损失2986万元。

2004年2月8—9日，泰顺全县降雪，部分客车停运、供电线路中断2小时，仅新浦乡大棚蔬菜受灾约40公顷，涉及菜农128户。12月29日，全县降雪，部分乡镇出现大雪、暴雪，公路交通中断，蔬菜大棚倒塌353个，面积约34.67公顷，部分牲畜窝棚倒塌造成牲畜死亡，农业经济损失230万元。

2005年1月12—15日，泰顺全县普降暴雪，受灾人口25.3万人，被困0.4万人，农作物受灾2500公顷，大牲畜死亡17头，房屋损坏921间，县城至各乡镇公路交通中断，长途汽车停运50余班次，直接经济损失4267万元。3月12日受强冷空气影响，24小时降温幅度达12.5℃，并出现降雪和积雪天气过程，14日最低气温为-4.2℃，马铃薯受损严重，大棚茄子和已结水果全部受冻，畜禽冻死7215头，农业经济损失3000多万元。

2006年3月12—14日，出现雨夹雪和冰冻。农作物受灾约2668公顷，直接经济损失达3000万元。

2007年3月4—6日，受强冷空气影响，48小时降温幅度11.6℃，部分乡镇出现雨夹雪，农作物受灾面积约13.3公顷，直接经济损失200多万元。

2008年1月30日至2月1日，出现雨凇，日平均气温从1.2℃下降至-0.8℃，日最低温度从0.5℃下降至-1.8℃，形成电线、路面、树枝结冰，泰顺全县直接经济损失4105万元。

2009年1月9—17日，连续低温天气，最低气温-8.1℃，泰顺全县蔬菜减产12%，城关在册水表冻坏244只。

2010年12月15日夜至16日，泰顺全县普降大雪，并积雪，农作物受灾3150公顷，其中蔬菜受灾66.67公顷，翁山、新浦乡蔬菜全部受冻，10千伏线路中断9条，变电台区停电150个，12个乡镇86个建制村停电，客车班车停运，部分自来水表和管道冻裂，直接经济损失2854万元。

3. 干　旱

明正德三年(1508年)五至九月，大旱、岁饥。

明正德五年(1510年)，大旱、饥。

明嘉靖五年(1526年)五至八月，旱，无禾。

明嘉靖六年(1527年)，大旱，无禾，旱情比上年更重。

清乾隆十六年(1751年)六至七月，大旱。

清嘉庆十六年(1811年)夏，旱，禾多枯槁。

清道光十三年(1833 年),旱。

清光绪四年(1878 年)六月,旱。

民国 18 年(1929 年)8 月 29 日至 11 月 5 日,旱。

民国 22 年(1933 年)9 月 20 日至次年 1 月 31 日,秋冬连旱。

民国 33 年(1944 年)6 月 17 日至 11 月 5 日,旱,全年降雨仅 1079 毫米。

1950 年 8 月 2 9 日至 11 月 5 日,旱 65 天。

1953 年 6 月 8 日至 8 月 15 日,晴热少雨,夏旱严重。

1954 年 9 月 1 1 日至 11 月 4 日,干旱少雨,45 天仅降雨 53.6 毫米。

1957 年 7 月 9 日至 8 月 21 日,旱。

1960 年 1 月 26 日至 3 月 1 日, 旱,35 天降雨仅 5 毫米。9 月 30 日至 11 月 14 日,旱,46 天降雨 7.9 毫米。

1961 年 6 月中旬至 8 月初,旱,泰顺全县 2.4 万余亩水稻受灾。

1962 年 11 月底至次年 2 月,71 天干旱少雨。

1964 年 10 月至次年 1 月 23 日,旱,83 天降雨 24.1 毫米。

1967 年 7 月 11 日至 11 月 2 日,干旱少雨。

1971 年 6 月 25 日至 8 月 28 日,旱,64 天降水仅 67 毫米,蒸发量 285 毫米,泰顺全县水稻受灾达 2.74 万亩,人工降雨两次。

1979 年 9 月 26 日至 11 月 2 日,干旱无雨。

1983 年 7 月 19 日至 8 月 20 日,旱 33 天降雨 26.1 毫米,泰顺全县农作物受旱 8 万多亩,水电停发,县城自来水停供。8 月 21 日,人工降雨。10 月 29 日至 12 月 15 日,秋冬旱,48 天无雨。

1986 年 7 月 21 日至 8 月 20 日,旱,31 天降雨 51.6 毫米,水库无水,水电停发,二季晚稻无法播种。11 月 20 日至次年 2 月 11 日,旱,84 天降雨 35.0 毫米,同期蒸发量 206.4 毫米,水电停发,森林火灾频繁。

1988 年 9 月 30 日至 12 月 29 日,旱,3 个月降雨 33.7 毫米,泰顺全县冬种计划仅完成 66.1%。

1991 年 5—6 月,少雨干旱,秧苗发黄枯死严重。

1992 年 10 月 6 日至 12 月 5 日,少雨干旱,小水电缺水严重,居民用水紧张。

1998 年 6 月 29 日至 8 月中旬,雨量仅常年 1/3,泰顺全县农作物受旱 3546.67 公顷,其中水田 2600 多公顷。

2000 年 5 月,雨量仅为历年的 1/4,水埂干裂,早稻移栽严重缺水。

2003年7月，降水量27.1毫米，比历年平均偏少191.9毫米，日照时数320.1小时，比历年偏多112.6小时，高温日数34天，泰顺全县各村均有不同程度的干旱灾害，造成12.6万人饮水困难，5.2万头牲畜饮水困难，农作物受灾1.34万公顷，其中干枯2180多公顷，特别是水田受旱6633.33公顷，药材枯死330多公顷，中、高山蔬菜绝收233.33公顷，猕猴桃干枯280多公顷，直接经济损失8750万元。

四、水　系

(一)主干流

飞云江水系，源出泰顺、景宁畲族自治县两县交界的白云尖西北坡，主河道长198.7千米，流经景宁、泰顺，横贯文成、瑞安。泰顺县境中部、西北部溪流属该水系。白云尖西北坡海拔1450米处汇合小溪水，流经景宁畲族自治县景南乡东塘溪,至白鹤纳敕木山的北溪水，至泰顺县黄桥乡杨山后村0.6千米处入司前畲族镇境。纳深坑、陈路坑水，沿三插溪曲折南行，再纳石角坑、呈坑水，过司前白鹤渡，汇里光溪、左溪、竹里溪之水，注入飞云湖。干流在景宁段的流域面积224.44平方千米，河长39.9千米，河道自然落差920米，平均降坡23.06‰。干流在泰顺段的流域面积103.96平方千米，河长29.6千米。合计司前上段主干流域面积328.40平方千米，年地表径流量3.04亿立方米。

(二)支流

里光溪　又名司前溪，一级支流，源发白云尖东南坡(乌岩岭自然保护区境内)，始东流，至薯岭坑北0.6千米处折北而行，至旁厝垟东侧转回东向，至恩坑纳白水漈头方向来水，东南行至司前村回澜桥附近与左溪交汇。至溪口纳竹里溪，在白鹤渡与三插溪交汇，入飞云江干流。溪流河长25.3千米，流域面积154.08平方千米，河道自然落差1079米，平均坡降达42‰，森林覆盖率94.96%。年地表径流量2.16亿立方米，占飞云江全流域总量的4.65%。

左　溪　发源于乌岩尖东北坡，与乌岩岭自然保护区交界。源头海拔1000米，溪流向东南下行，经过高岱、联山，至左溪桥头，纳张山排坑水，至左溪村纳筱条坑来水，东流司前村口，入里光溪。河长14.65千米，河道自然落差986米，平均降坡67.30‰，森林覆盖率78.21%，流域面积41.30平方千米。

竹里溪　位于竹里乡，发源于里光白水际头东北山麓，海拔 1010.9 米处，流经夏田岭向东南流，至溪口村入司前溪。全长 13 千米。河道落差 884.5 米，平均降坡 68.04‰，森林覆盖率 92.30%，流域面积 30.10 平方千米。

飞云江流域地表年径流量一览表

表 7-1-1-10

河段	河名	集雨面积（平方千米）	多年平均径流深（毫米）	地表径流量（亿立方米）	占总量（%）
百丈口以上	景宁县境内	224.44	1354	3.04	6.54
	里光溪	154.08	1400	2.16	4.65
	洪口溪	358.31	1423	5.10	10.97
	区间	111.32	1428	1.59	3.42
	小计	848.15	1401.25	11.89	25.58

飞云江水系主要数据一览表

表 7-1-1-11

水系	溪流名称		分水岭	溪长（千米）	流域面积（平方千米）	坡降（‰）	森林覆盖率（%）
	一级支流	二级支流					
飞云江	三插溪	（主流）	白云尖	69.50	328.40	16.20	94.96
	里光溪	（主流）	白云尖	25.30	154.08	42	94.96
		左　溪	乌岩尖	14.65	41.30	67.30	78.21
		竹里溪	白水漈头	13.00	30.10	68.04	92.30

五、生　物

（一）野生植物

1. 种　类

种子植物　21 世纪初叶，乌岩岭自然保护区种子植物共有 1863 种，隶属 158 科、775 属，占浙江省种子植物种数的 55%，是保护区整个自然生态系统的主要组成部分。

蕨类植物　蕨类共 167 种，10 个变种，2 个变形，隶属 33 科、75 属，占全国蕨类植物科数的 52%，占属数的 34%。

苔 藓 苔类13科14属15种;藓类21科39属44种。

2. 珍稀濒危植物

乌岩岭保护区保留着丰富的古老植物和珍稀植物。浙江省1—3类的115种保护植物中,乌岩岭保护区即有42种,占36.5%。其中,浙江省内的国家级珍稀濒危保护植物56种中,乌岩岭保护区有16种,占28.57%。属国家一级重点保护植物的有5种,属国家二级重点保护植物的有20多种。

南方红豆杉 红豆杉科,乔木,高达20米,胸径1.5米。树皮赤褐色或灰褐色,浅纵裂叶通常较宽较长,多呈镰状。树干挺直,叶色深绿,入秋假种皮鲜红色,格外雅观,是优良的园林绿化树种;心材橘红色,边材淡黄褐色,纹理直、结构细,是优良的家具用材。白垩纪孑遗树种,国家一级重点保护植物。乌岩岭保护区内海拔450—1500米的常绿阔叶林或混交林内有零星分布。

伯乐树(钟萼木) 伯乐树科,落叶乔木。特产于中国的古老孑遗种,又系中国特有种和少型属种,被列为国家二级重点保护野生植物。本种对研究植物进化方面也具有较高学术价值。垂直分布于海拔600—1300米的山谷山坡针阔叶混交林内。乌岩岭保护区内海拔800米以下的山谷阔叶林内或林缘有零星散生。

莼 菜 睡莲科,多年生宿根水生草本植物,具匍匐根茎,茎细长,多分枝,嫩茎、叶及花梗被有黏液,时漂浮水面,叶片盾状着生,椭圆状长圆形,全缘,上面绿色,下面带紫色,花期5—7月,果期9—11月。本种富胶质、嫩茎叶做蔬菜食用,鲜美滑嫩,为珍贵蔬菜之一。乌岩岭保护区内的水田、池塘和湖沼有零星分布。

香果树 茜草科,落叶乔木。中国特有的单型属种,古老孑遗植物,被列为国家二级重点保护野生植物。其材质优良,树姿壮丽,花型奇特,是良好的庭院树种。生于山谷或阳山坡于溪沟旁混交林内或林缘。乌岩岭保护区分布少,大部分长于溪谷旁。

福建柏 柏科,常绿针叶乔木。中国特产树种,有很高经济价值,被列为国家二级重点保护野生植物。本种树干通直,材质优良,适宜作为建筑与细木工等用材。又因树姿优美,也可作为庭院绿化树种。垂直分布于海拔900—1500米,乌岩岭保护区分布于海拔1000—1200米的温暖湿润的山坡山谷混交林内,多系零星散生。

沉水樟 樟科,常绿阔叶乔木。树高达20米,胸径75厘米,冠幅14米×16

米。材质洁白、芳香，纹理通直，易加工、耐腐，为造船、家具等优良用材。被列为国家三级重点保护野生植物。1983 年，乌岩岭保护区仅见叶山岭凉亭上、下各 1 株。

乐东拟单性木莲　木兰科，常绿乔木。树干通直，材质优良，是建筑家具良材。其花器官存在多种形态结构的渐变演化现象，对研究木兰科植物的演化趋向，搞清木兰科种植物在被子植物中的分类地位等均有重要的学术意义，被列为国家二级重点保护野生植物。本种最初见于海南省乐东县，后在湖南莽山等地发现。为浙江近年来的新发现种，分布在乌岩岭保护区等地海拔 600—1200 米的山坡常绿阔叶林内。

闽　楠　樟科，常绿阔叶乔木。木材纹理直、结构细、质坚硬，可作为建筑、家具、造船等用材。被列为国家二级重点保护野生植物。本种是浙江省重要的稀有珍贵树种，产于乌岩岭保护区海拔 450—900 米的山坡与溪谷常绿阔叶林内。各分布点的植株稀少。

银钟花　安息香科，落叶阔叶乔木，中国特有的古老孑遗种。本属植物又间断分布于中、美两大陆，对研究中国与北美植物区系联系上获得一个论证。本种的花洁白有芳香，树姿优美，又是优良的庭院绿化树种。被列为国家三级重点保护野生植物。乌岩岭保护区内零星散生于海拔 600—900 米的山坡与溪谷的阔叶林内。

凹叶厚朴　木兰科，落叶阔叶乔木。系中国特有的珍贵药用植物，以前多被砍伐利用，现存自然生长的大树不多，已被列为国家二级重点保护野生植物。在乌岩岭保护区生于海拔 800—1000 米的山坡、沟谷混交林内或常绿阔叶林内。

银鹊树　省沽油科，落叶阔叶乔木，是中国特有的单型属种。被列为国家三级重点保护野生植物。垂直分布于海拔 1200—1400 米的山坡溪谷丛林内。是乌岩岭保护区 20 世纪 80 年代发现的新记录种，零星散生。

紫　茎　山茶科，中国特有的少型属种，又是古老孑遗植物。其花色美丽，是珍贵的野生园林植物种质资源。被列为国家三级重点保护野生植物。泰顺垂直分布于海拔 800—1000 米的混交林下。是 20 世纪 80 年代发现的新记录种，呈零星散生状态。乌岩岭保护区海拔 880 米西北坡林下阴湿的万斤窑有小片状分布，他处罕见。

八角莲　小檗科，多年生草本。著名药用植物，根状茎及根含多种化学成分，有行气活血、祛瘀解毒的功能，是伤科用药，对关节酸痛、毒蛇咬伤以及疗疮也有显著疗效,被列为国家二级重点保护野生植物。本种在泰顺分布于山坡阔叶林或竹林下,或沟谷边草丛中。

短萼黄连　毛茛科,多年生草本,中国特有属种,珍贵药用植物。被列为国家二级重点保护野生植物。浙江东、西、南部均有分布,生于海拔700—1600米的溪谷林下阴湿处,尤以滴水岩石旁成小片生长。由于连年采挖利用,资源渐趋枯竭。

胡豆莲　豆科,蔓性常绿灌木,高40—70厘米。日本利用本种的根提取抗癌药物,临床效果较好。乌岩岭保护区海拔880米西北坡林下阴湿的万斤窑有小片状分布,它处罕见。

黄山木兰　木兰科,落叶阔叶乔木。早春先生叶后开花,花乳一色,基部淡红色,有芳香,是珍贵园林植物。被列为国家三级重点保护野生植物。本种系中国东部和中部特有种,泰顺等地多垂直分布于海拔750—1600米的混交林内。

大叶三七　五加科,多年生草本。地下有竹节状根茎,含竹节皂等化学成分,有滋补强壮、散瘀止血功能,是稀有珍贵药用植物。生于低山坡阔叶林内。各分布点的植株稀少。

深山含笑　木兰科,常绿阔叶乔木。其叶和花均有芳香,树姿优美,是珍贵的观赏植物。生于乌岩岭保护区海拔800米上下的常绿阔叶林内,特别是在沟谷两旁分布较多。

乳源木莲　木兰科,常绿阔叶乔木。树姿优美,树叶茂密,花形似莲,是一种珍贵园林植物。乌岩岭保护区在海拔900—1200米阔叶林内有零星分布。

江南油杉　松科,常绿针叶乔木。为中国特有的珍稀孑遗树种,并有较高的经济价值。在浙江分布于龙泉、庆元、云和、遂昌、莲都、武义和泰顺等县(市、区)。生于低山坡阔叶林或竹林内。乌岩岭保护区内有零星散生。

青钱柳　胡桃科,落叶阔叶乔木,为中国特有的古老孑遗种,有较高的经济价值。垂直分布于海拔800—1300米的山坡与溪谷的阔叶林内,乌岩岭保护区的本种分布海拔上限达1000米。

凤凰楠　樟科,常绿阔叶乔木。树姿壮丽,材质较优,在泰顺分布于低山坡阔叶林内。各分布点的植株稀少。

野含笑　木兰科,常绿阔叶乔木。花有芳香,是栽培种含笑的野生种质,并可作为园林观花植物用于庭院绿化。乌岩岭保护区内生于海拔450米以下的沟谷旁常绿阔叶林内或林缘，稀疏散生。

巴山水青冈　壳斗科，在浙江省是20世纪80年代发现的新记录种，泰顺乌岩岭自然保护区垂直分布于海拔1000—1300米落叶常绿阔叶混交林内，21世纪初尚保存有三片天然林。

浙江雪胆　葫芦科，草质藤本，有肥大的块根。同属植物有雪胆和大籽雪胆两种，均以"罗锅底"命名入药。其块根含四环三萜苦味素、雪胆皂苷等化学成分，对多种杆菌有抑制作用，有清热解毒与健胃止痛功能，并对慢性支气管炎、溃疡病有良好的疗效。

蓝果树　蓝果树科，落叶阔叶乔木。入秋叶色发紫，颇美丽，宜选作园林绿化树种。生长于山坡阔叶林内或林缘。保护区多呈零星分布。蓝果树分布于中国与北美大陆。属于古老成分，21世纪初各分布点现存大树已不多。

二色五味子　木兰科，本种于20世纪30年代首次发现于临安西天目山。由于植株稀少，加之连年采摘，作为本种模式标本产地，已濒临灭绝境地。在乌岩岭保护区分布也呈零星散生状态。

樟　樟科，常绿阔叶乔木。华南特有种。树姿壮丽，枝叶茂密，有较高观赏价值，可供园林绿化之用。零星散生于乌岩岭保护区海拔800—1000米的常绿阔叶林内。各分布点植株稀少，大树更罕见。

浙江红山茶　山茶科，生于海拔600—1000米的阔叶林内或林缘。也分布于江西、福建、湖南等省。21世纪初，各分布点植株稀少。

金毛狗　蚌壳蕨科，大型蕨类植物。属于古老的热带区系成分，国家二级保护植物，分布中国南方各省区，浙江仅产于平阳和泰顺两县，生于海拔450米以下的低山常绿阔叶林下或林缘。乌岩岭保护区为其分布的北界。本种是传统的中药"扶筋"的原植物，具祛风湿、补肝肾、壮筋骨功能，根状茎上的毛对外伤性出血特具止血功效。21世纪初，产于浙江的本种植株稀少。

藤石松　石松科，蔓性常绿蕨类植物。本种属于古老的热带区系成分。分布于中国南方各省（自治区）。浙江仅产于龙泉、泰顺等县（市）。乌岩岭保护区内生于海拔400米以下的阔叶林内或林缘树干上。乌岩岭保护区是其分布的北界。

肾蕨　肾蕨科，多年生常绿中型蕨类植物。肾蕨科属古老的热带区系成分，羽叶簇生，常绿而秀丽，北方各地常作温室盆栽植物而供欣赏。地下块茎呈圆形，可入药，具清热利湿、补气固表之功能。乌岩岭保护区是本种分布之北界。

珍稀种物　三尖杉、蕈树、黄杨、中华水韭、瓜馥木、华南毛蕨、倒叶瘤足蕨。

3. 中草药资源

司前地处浙南沿海山区，气候温和湿润，四季分明，雨量充沛，植被发达。中药资源丰富，品种繁多，分布区域广，蕴藏量大。

据明崇祯六年(1633年)县志记载，全县家种野生药材有100多种，而且不少品种是大宗、名贵药材，如白术、芍药、半夏、良姜、前胡、茯苓、山药、枳壳、巴戟、乌药、首乌、山栀、菊花、槐花等。

中华人民共和国成立后，泰顺县人民政府先后组织3次中药资源普查。其中，据1958年、1959年先后两次普查统计，全县野生药材有300多种。1986年，全国性中药资源普查，泰顺被列为省重点县之一。通过采集鉴定标本，核对文献，参考历史资料，查清全县共有药用动植物资源1288种。其中，药用植物1221种，隶属于185科666属。

经营的药材品种中，产自泰顺的有416种，其中，植物药379种，来源于112科243属378种药用植物。

按资源特点分，地道药材有山药、米仁2种；大宗药材有太子参、中栀(原植物为重瓣栀子)、厚朴、前胡、白术、桔梗、伸筋草、乌药、葛根、海金沙、络石藤、大血藤、路路通、鹿衔草等19种；常用药材有贯众、石韦、侧柏叶、鱼腥草、淫羊藿、独活、藁本、钩藤、半夏、天冬、乌梢蛇等239种；珍贵、稀有、濒危药材有穿山甲、牛黄、黄连、绞股蓝、木莲果、五加皮、竹节人参、杜仲、厚朴、罗锅底、鹿茸、灵芝、八角金盘、蕲蛇14种；习惯用药有鲤鱼胆1种。按资源生长方式分：家种家养药材有薏米、山药、太子参、中栀、厚朴、茯苓、银耳、桔梗、白术、桑白皮、蜂蜜、鹿茸、牛黄等28种；野生药材有乌药、骨碎补、络石藤、海金沙、威灵仙、粉防己、仙鹤草、覆盆子、天南星、黄精、玉竹、仙茅、穿山甲、蕲蛇、蜈蚣等388种。据专家考证，乌岩岭自然保护区蕴藏有竹节人参、刺加皮、日本山豆根、羽叶三七、罗锅底、黄连、木莲果、绞股蓝等稀有名贵中药材。

境内山域广阔，宜林山地19600多公顷。植物资源非常丰富。在众多的动植物品种中，绝大部分是颇具疗效的草药。农家还常在屋前舍后的园圃、砌墙、塘沿栽种大车前、堇菜、阔叶十大功劳、筋骨草，红花酢浆草、马蹄金、三白草、长叶牛膝、活血丹、景天、蜂斗菜、菖蒲、回回苏、美人蕉、芭蕉、建兰、仙人掌、仙人球、蟹爪等，更丰富了药物资源种类。

(二)野生动物

境内共记录有陆生脊椎动物303种，昆虫2133种。属国家一级重点保护动物8种，国家二级重点保护动物37种。

1. 兽 类

兽类共8目20科53种，其中有国家一级重点保护兽类3种，即云豹、金钱豹和黑麂；国家二级重点保护野生动物12种。被列入CITES(濒临绝种野生动植物国际贸易公约)附录Ⅰ物种7种，即黑熊、水獭、金猫、云豹、豹、鬣羚和斑羚；被列入CITES附录Ⅱ物种6种。被列入IUCN(世界自然保护联盟濒危物种红色名录)受胁动物名录濒危(EN)等级的有2种，即穿山甲和豺；易危(VU)等级有5种，即黑熊、黑麂、云豹、鬣羚和斑羚；被列为近危(NT)的有5种，即藏酋猴、水獭、大灵猫、金猫、金钱豹。

2. 夏季鸟类

乌岩岭保护区的鸟类资源十分丰富，特别有相当数量的典型亚热带种类以及中国特产珍禽黄腹角雉和白颈长尾雉。目前发现鸟类10目42科174种，有国家Ⅰ级重点保护野生动物3种，即黄腹角雉、白颈长尾雉、金雕；国家Ⅱ级重点保护野生动物25种。被列入CITES附录Ⅰ物种3种，即黄腹角雉、白颈长尾雉、游隼；被列入CITES附录Ⅱ物种25种。被列入IUCN易危(VU)等级有2种，即黄腹角雉和白颈长尾雉。

3. 两栖类

乌岩岭有两栖动物19种，分隶于2目7科8属。近几年补充调查中发现乌岩岭两栖类2目8科30种，其中大鲵(娃娃鱼)属国家二级重点保护野生动物。

4. 爬行类

乌岩岭有爬行动物46种，隶属于3目10科26属。其中剧毒蛇6种，轻毒蛇3种，其他为无毒的种类。蕲蛇(五步蛇)和竹叶青是乌岩岭保护区的优势毒蛇种群。

5. 昆 虫

乌岩岭自然保护区昆虫种类繁多，资源丰富，而且有比较丰富的特有昆虫和珍稀昆虫。

(1)种类组成

2005—2008 年,项目组发现乌岩岭昆虫有 2 纲 20 目 202 科 1299 属 2133 种,约占浙江省昆虫种数的 22.2%。其中,弹尾纲昆虫 3 目 9 科 14 属共 21 种,昆虫纲 17 目 193 科 1285 属 2112 种。

乌岩岭昆虫各类群按科级排列依次为鳞翅目>同翅目>膜翅目>双翅目>鞘翅目>蜻蜓目、直翅目>半翅目>原尾纲 3 目>蚤目>毛翅目>脉翅目、等翅目、革翅目>缨翅目>蜚蠊目、长翅目、螳螂目。

以各目的种数比较,以鳞翅目、鞘翅目、双翅目、同翅目为优势目。

乌岩岭昆虫有 202 科,其中 20 种以上的科有 23 个,这些科是优势科。40 种以上的科有 9 个,分别是:瓢虫科(43 种)、天牛科(69 种)、象甲科(48 种)、步甲科(54 种)、蚊科(42 种)、尺蛾科(76 种)、天蛾科(66 种)、夜蛾科(236 种)、姬蜂科(50 种)。

从属一级考察,有 1299 属,其中 5 种以上的有 70 属,是优势属。10 种以上的属有:细颚姬蜂属(25 种)、小蠹属(18 种)、库蠓属(13 种)、按蚊属(12 种)、小瓢虫属(11 种)和凤蝶属(10 种)。

(2)特有昆虫和珍稀昆虫

特有昆虫是指仅发现或分布于乌岩岭及其邻近地区的昆虫。珍稀昆虫是个体稀少、珍奇或有特殊价值的,处于濒危状态的昆虫种类。

2005—2008 年项目组发现 22 个新种,26 个中国新纪录种,涉及 10 目 19 科。除少数模式产地同时分布于国内其他地区的种以外,其余均被暂视为特有昆虫。除此之外,还有一批模式产地为乌岩岭的种类,其他地区至今未有记录的种,也应视为特有种。

保护区珍稀昆虫比较丰富,包括两大类:一类是 2005—2008 年"项目组"研究发现的新种以及以乌岩岭为模式标本产地发表的老种,多数个体稀少,形态各异,应视为珍稀昆虫。另一类是国务院批准公布的《国家重点保护野生动物名录》、国家林业局 2000 年 8 月发布的《国家保护的有益的或者有重要经济、科学研究价值的陆生野生动物名录》以及《中国生物多样性保护行动计划》和《中国珍稀昆虫图鉴》中所包括的重点保护昆虫种类。乌岩岭主要有阳彩臂金龟、丽叩甲、金斑喙凤蝶、金裳凤蝶、箭环蝶等。

(3)天敌昆虫

乌岩岭保护区具有丰富的天敌昆虫资源,常见种类为东方巨齿蛉、黄脊蝶角蛉、四瘤蜂螳蛉、松毛虫黑点瘤姬蜂、蓑蛾瘤姬蜂、广大腿小蜂、稻螟小腹茧蜂、蚕饰腹寄蝇、虎斑食虫虻以及蜻蜓、虎甲、步甲、瓢虫、蝽类等捕食性昆虫。当时收集的1259种昆虫中，已定名的天敌昆虫为159种，隶属11目50科。

6. 蜘　蛛

蜘蛛是节肢动物门蛛形纲的蜘蛛目及盲蛛目动物的通称。1985年7—8月，杭州大学教师董富贵在乌岩岭采集到蜘蛛标本500余号。杭州师范学院教师陈樟福、杭州大学教师张贞华对这批标本作了鉴定，计12科47种。

（三）野生真菌

生态分布　定名的真菌有119种，隶属17目39科。乌岩岭保护区内真菌种类随海拔高度、气候、植被类型的变化而表现出一定的相关性。

在常绿阔叶林类型中，中型及少量大型真菌种类为多。其中，分布有菱红菇、绿菇、绒盖牛肝菌、冠锁瑚菌、暗绿肉齿菌等种类。

在针阔混交林类型中，主要有铜绿菇、黑菇、角鳞毒伞、紫蜡蘑、美味牛肝菌等中型真菌。

在常绿落叶阔叶混交林类型中，主要的真菌种类有黄褐牛肝菌、松塔牛肝菌、黄炳盏芝、多瓣革菌、红皮丽口包等。

海拔1450米的白云尖陡坡地段灌草丛，大中型真菌种类很少见，偶有几种牛肝菌。因营养方式不同而分的真菌类型：

寄生性类型：竹黄、围小绿壳、柳杉尾孢、山茶小煤炱等。属林木寄生类型的病原真菌有13种。寄生性的昆虫病原真菌4种。

腐生性类型：共37种，如香栓菌、朱红密孔菌等。

经济价值　乌岩岭丰富的真菌资源中，食用真菌计有49种，如香菇、竹荪、口蘑、木耳、银耳等。这些食用真菌不仅味美，而且营养价值高。竹荪是驰名中外的食用真菌。药用真菌24种，如灵芝、竹黄、银耳、亚黑管菌等，其中有的还含有抗癌物质。

第二节　人文环境

3000多年前，司前就有人类在此繁衍生息，遗留扑朔迷离、丰富多彩的文化信息。唐代始，大姓官宦人家入迁，带动境内文化兴盛，诗书传家，人才辈出，达到境内文化的高峰。清初始，更有畲族人民迁入，与各族人民共同创建境内灿烂的文化，至今遗存甚丰。

一、遗 迹

(一)古遗址

1997年10月,浙江省考古研究所、温州市考古研究所、泰顺县博物馆联合组织的考古工作队,对百丈下革牛洪岗遗址、司前狮子岗遗址进行考古发掘,其余各处仅采集石器和陶片标本。经专家鉴定分析,这些古文化遗址具有新石器中晚期特征,在古文化分期上,属于新石器中晚期向商周过渡时期。

泰顺县已发现的10处遗址可分为3种类型,司前境内有两种类型:

第一类,以司前狮子岗及莒江山头垟等遗址为代表。主要特征是普遍出现精制的石箭镞和有孔石矛、石刀、石斧、石钺等。陶器以泥质陶为主,并出现彩陶;彩陶为黑彩,纹饰上出现几何印纹,有平直条纹、交叉直条纹、圆点纹等,器物种类有釜、罐、壶、钵等。另外在器物口沿画有YYY、YYYY形符号,这在浙南尚属首见。这些特征可以表明先民已脱离"原始拓荒生存"阶段,过渡到以种植、狩猎为主的定居生活,特别是石器打制精磨和穿孔等特征的出现,标志着瓯越先民的生产力已达到相当高的水平,已进入新石器时代的鼎盛阶段。从时代划分上应属于新石器晚期。

第二类,以司前柴林岗遗址和溪口宫头垟为代表。从采集到的陶片标本看,几何印纹陶占80%以上。这些陶片质地细腻坚硬,以灰胎和红黄胎居多,火候较高,制坯工艺以轮制为主。几何印纹图案是陶坯未干前,用印模拍印纹饰,主要纹饰有篮纹、绳纹。器型有罐、钵等。相当于商周时期的产物。

1. 狮子岗遗址

狮子岗遗址位于司前村,1986年发现,面积约8000平方米。出土石器有锛、刀、箭镞。石锛横剖面呈三角形;石刀有椭圆形、半月形,宽背薄刃。出土陶器有夹砂红陶、彩绘陶、泥质灰硬陶等。彩绘陶为泥质黄陶胎,外表绘以褐色平行条纹、圆点纹等。灰硬陶质地坚硬,内外壁呈灰黑色,素面,其中一件折腹釜和一件罐,口沿处画有Y形符号。

《飞云江志》(1998年出版)记载:专家考证(司前狮子岗出土的石刀、石锛等)认为是商代遗物。即约公元前16世纪至前11世纪遗物。狮子岗遗址是迄今为止所发现的飞云江流域上最古老的文化遗迹。泰顺远离海,但在距今5000—6000年前,由于海侵严重,山脚不远仍是一片汪洋。因为第四纪大海侵,飞云江与河口都类似今天的杭州湾,属于溺谷型海湾,此次海侵在4000—3000年前退去,于1500年前退到今天海岸线,并由河沙与海沙积淀成温州平原，而使泰顺成为远海山区。面对洪水、台风等威胁，瓯越先民会选择离海，高程达五六十米的孤丘定栖，溪流边的岗顶平缓坡地，提供给他们较好的生存条件，其中，泰顺境内的司前狮子岗遗址是飞云江流域中较为原始的。

遗址的出土除陶器外，以石镞、石斧、石锛与半圆形石刀等为主，从出土石器主要用于狩猎剥皮、挖掘块茎植物和割取穗实看来，先民以渔猎采集为主、农耕为辅，犁耨工具的缺乏，无法成为以农耕为主的文明，故亟须溪流茂密环境提供的食物来源。如此，他们仍有一定迁徙性，具有大分散、小聚落、短时间、少堆积的特点。狮子岗遗址，即位于司前镇北面狮子岗岗坡顶尾部，地势较高而山坡平缓的二级台地，三面环溪，虽近水而仍能防水，合乎了人类体察自然以经营生存条件的千古道理。

岗顶上聚落大体是坐北朝南以迎接阳光的，而诸多陶器中也曾特别采用着黑陶技术，并施加以蓝纹、弦纹、席纹、网纹、方格纹、云雷纹与水波纹等有意味形式，既透露了先民在日常自然经验中积淀的社会内容，也显现了对于质朴美感的追求。

2. 柴林岗遗址

柴林岗遗址位于司前溪和竹里溪交汇处，遗址南北长约 200 米，东西宽 50 米。采集标本有石器和陶片，石器有石锛、石刀，岩质为页岩、泥岩、辉绿岩，石器系打制后精磨而成。陶器有夹沙黄陶、泥质灰硬陶、泥质灰黄陶，较多为印纹硬陶，质地坚硬，内外壁涂灰黑色浆液。其中，一件束颈鼓腹罐，胎外灰黄，内壁灰黑，胎质较薄，纹饰有云雷纹、条纹、网纹。几何印纹硬陶片胎质灰黄，质地坚硬，饰纹有篮纹、方格纹、云雷纹等。1988 年 5 月温州市文物专题调查时发现，遗址已淹没于水库底。

3. 金钟覆地遗址

白鹤山庄位于司前镇溪口村金钟覆地山顶，2001 年 11 月 13 日，白鹤山庄修建钢索桥时，在山顶发掘出土 6 件石器。其中，石钺 1 件，由辉绿岩磨制而成，高 8.3 厘米，上径 7.2 厘米，底径 7.9 厘米；有孔，孔径 1.95 厘米。石矛 3件，由青石磨制而成，分别长 16.3 厘米，12.8 厘米，10.5 厘米。石锄 1 件，青石质，长 10.5 厘米。石锛 1 件，高 4.9 厘米，宽 4.6 厘米，辉绿岩磨制而成。实地未采集到陶片标本。

宫头垟遗址与柴林岗遗址隔溪距离 200 米，遗址东北长 200 米，东西宽 50 米，已被垦为耕作地，地表遗物较少。采集剁石器 2 件，其中石刀 1 件、石锛 1件，由泥岩磨制而成。陶器分泥质夹沙黄陶、灰硬陶两种。夹沙黄陶质地疏松，表面粗糙无纹饰。无光亮泥质灰硬陶质地坚硬，纹饰有云雷纹、蓝纹、条纹等。可辨器物有罐、钵等。1988 年 5 月温州文物专题调查时，发现遗址已淹没于水库底。

飞云江水系仅泰顺境内支流就有百余条，目前仅发现了其中一部分古文化遗址。这些已发现的古文化遗址（遗存）可以证明，远古时代泰顺境内已有人类活动。这些遗址基本分布在沿江两岸的溪谷地，或支流汇合处坡度平缓的小山坡上，山高在 15—100 米不等，大都背山面水，视野开阔，朝向以东南向居多；遗址所在地土质疏松，一般是黏性较重的香灰土和红（黄）土壤，气候温和，宜于人类生产生活。

司前畲族镇古遗址一览表

表 7-1-2-1

名称	年代	地址	类型
狮子岗遗址	新石器时期	司前畲族镇司前村	古文化遗址
柴林岗遗址	商周时期	司前溪与竹里溪交界处	古文化遗址
宫头垟遗址	商周时期	司前畲族镇宫头垟	古文化遗址
金钟覆地遗址	商周时期	司前畲族镇白鹤山庄	古文化遗址

4. 古寺院遗址

西峰禅院遗址　建于唐咸通二年(861 年)，在高塔山下。20 世纪 70 年代倒塌。

崇寿寺遗址　位于木棉村葫芦峰右麓，始建北宋开宝元年（968 年），开宝四年扩建，清康熙年间（1662—1722 年）僧法照重建。清光绪五年（1879 年）僧广哲重建大殿。五间二进，占地约 300 平方米。20 世纪 70 年代倒塌。地基被水淹没。

香林寺遗址　位于三都石柱峰旁深谷中，俗名石角庵。清代董永孚有《和香林寺让庵和尚韵诗》。让庵和尚为明遗老林增志，明朝灭亡后隐此，圆寂后葬寺前山。

池村观音阁遗址　位于回澜桥北畔，清光绪初陶鸿年兄弟建。

黄桥深坑庵寺院遗址　坐落于炉西与苦竹井交界的深坑庵。约建于清道光年间（1821—1850 年）。寺院四周高山峻岭，面朝苦竹井至龙井的悬崖峭壁和城门洞岭。寺前是源于上燕的小溪，途经十几处高达数十米的瀑布，落差 600 多米。形成寺外的平坦绿洲，水质清澈透凉，清幽宁静，气候温和。城门洞岭古枫遮阳，三望岭古松参天，是环境优美的佛门圣地。寺院历史悠久，确切年代无考。地处泰顺、文成、景宁三县交界，占地1000多平方米，四周筑有坚固的围墙，山门朝城门洞岭，山门外的小溪边植有芭蕉，翠绿的蕉叶迎来送往香客；进入山门通往天井的道路，两边各有一丘方形水田，为原来的放生池；上天井的台阶七级，天井由小石块铺就，20多平方米。天井上是寺院的主建筑，共五间，小青瓦盖面。正堂为大雄宝殿，天顶天花板绘有麒麟腾龙图案的漆画，殿内塑有三宝如来、布袋佛、弥勒佛、大脚仙、财神和土地爷等佛像，采用金黄色裱。正中三宝如来高约1.6米。寺院设计合理，结构坚固，是当年一处佛教文化的瑰宝。中华人民共和国成立前，寺内还有陆续不断来往的“斋公”，为神佛供奉，掌管收寺田租等事务，并一度成为晓园乡的国民学堂。1966年“文化大革命”中被毁。1998年，黄桥乡政府在此建电站，寺院消失在水下。

5. 国立英士大学办学遗址

英士大学于民国28年（1939年）创办于丽水县，浙赣战役爆发后，学校先后南迁至云和小顺和泰顺司前一带；抗日战争胜利后又迁至温州和金华等地。学校办学前后10年，最初只有100多名学生的省立大学，迁离泰顺时，学校已发展成为一所拥有4个学院、5个专修科，学生数十倍于初建之规模的国立大学，且名师众多，实力接近浙江大学，与中山、中正大学齐名。据不完全统计，10年间英士大学共有师生员工2500余人，经由英士大学校友会联系的1200多名校友中，具有教授、研究员和高级工程师等职称的近400人。中华人民共和国成立后，从英士大学毕业的学生成为祖国建设难得的人才。

英士大学办学10年，不但保存和培植了大批教育与科技人才，还有力地推动迁入地人才培养和基础教育的进步，促进当地经济的发展，与浙南人民结下深厚情谊。

在泰顺办学期间，国立英士大学医学院、农学院驻司前，法学院驻里光3年多。现存司前、里光等旧址遗址6处，均为清代古民居。工学院后来独立成立北洋工学院，迁往百丈东岸。2014年在司前畲族镇英士大学旧址设立纪念馆。

6. 巡检司遗迹

明代，在关隘要地及荒远地区置巡检司，管理当地治安。明、清皆沿置巡检官一员，吏一员。清代，巡检官属从九品衔。池村巡检司（在今司前村），设于明建文元年（1399年），初编弓兵100名，渐减至38名。清乾隆元年（1736年）移设永嘉西溪。巡检司在池村历时近300年。

7. 瓯西第一关

清咸丰八年(1858年)四月,太平天国翼王石达开部占领云和、景宁,官兵退避泰顺。一都、罗阳一片惊慌,邑内生员陶鹤年、吴镜涵劝一都各族捐资筑隘,遗址尚存(今为黄桥上燕长毛亭遗址)。

(二)古建筑

1. 桥

回澜桥　为司前村陶化龙祖孙四代独家兴建。桥长85米,宽5.55米,高12.8米。4孔,每孔跨径12.5米。初建于清咸丰五年(1855年),费银8000余两,竣工数月即遭水毁。清同治十一年(1872年)重建,清光绪二年(1876年)竣工,耗资14500多贯。全桥用规定石头干砌,加工较细,桥墩迎水面附设分水尖,桥面两侧石栏杆柱头分刻狮子、荷花、蟠桃等饰物。是泰顺县文物保护单位。

2. 堤　坝

昔有溪口堰、里庄堰、潭边堰、池村堰、左溪堰,围溪灌田。

司前防洪堤　位于里光溪下游司前村北侧,清光绪七年(1881年)由村民陶鸿年和王氏家族合资兴建。全堤采用毛块石干砌,长970米、底宽5米、顶宽2米、高4.5米,保护司前至溪口350亩农田和中华人民共和国成立后新建的司前造纸厂。

3. 凉　亭

里光水尾亭　位于司前镇里光村水尾,初建于清咸丰九年(1859年),同治十一年(1872年)重修。亭高9.42米,楼阁式,六角三层三重檐。亭中设圆柱六根,经形柱础,亭身不设斗拱,用叠涩法机出远檐,檐间收缩成“崇”字形,每层檐尾翼出部分,均用鸟翼造型。亭内顶有花鸟浮雕图案。翘檐和亭身浑然一体,风格独特,对研究浙南山区古代亭阁建筑有一定的历史和艺术价值。1988年被列为县第三批文物保护单位。1990年,泰顺县政府拨款重修。

4. 牌　坊

境内建有贞节牌坊多处,纯辉绿岩构建。曾在“文化大革命”破“四旧”运动中被拆毁。近年,有的又重新修复。司前陶蓉贞节牌坊,原建址在西村,现区医院前门小溪边上;严氏孺人贞节牌坊,原建址在西村,现司前竹编工艺厂边上;林氏孺人贞节牌坊,建址在东村,原蔡万征的房屋边。里光重修节孝牌坊2座。

5. 旗杆夹

民国以前的科举时代，凡被举荐为贡生者皆立旗杆夹，司前、里光村均有，今已被拆除。榅垟村杨寮自然村和徐半天自然村各存一对。徐半天一对在贡生吴明鉴古宅前。

6. 古　道

古驿道　清代以前，司前经纺车岭，过上地、上燕，到达景宁东坑的山路，历为泰顺往北交通要道。清乾隆二十一年（1756 年）分设东北、东南、西北三路驿道，通瑞安、平阳、景宁等。西北通景宁驿道经茅垟亭、三滩、垟坑头，过司前、台边、赤岩亭、纺车岭、水窟、上地、鸡方岗、上燕，达景宁东坑。全程 100 里（50 千米）。其中，司前至东坑 60 里（30 千米）。原路面石砌，历为民间资助，其中有司前陶家相助。1958 年设计"泰景公路"失误，纺车岭古道遭破坏。今遗迹尚存。北段已成上地村林场，森林茂密。

古岭道　境内多高山，爬山岭是一大特色。具有 500 年以上历史、长 5 千米以上的还有纺车岭、叶山岭、九曲岭 、石佛岭 、筱条岭、板岱岭、大住岭、馒头石岭 8 条。

7. 古墓葬

徐履墓　徐履，字子云，司前墩头人，南宋绍兴十八年（1148 年）进士。历官安溪主簿、国子博士、信州通判、沿海制置司参议。著有《徐子云集》。南宋庆元四年（1198 年）徐履去世，墓葬墩头。后误传皇帝赐银头陪葬，墓被盗掘。清同治十一年（1872 年）徐氏后裔将其改葬司前村高塔。高塔徐履墓为县级文物保护单位。

王氏家族古墓群　王氏家族古墓群位于司前镇司前村朱坟山。由三座不同时代的墓葬组成王氏家族墓：上面有王友本与妻李氏、包氏合葬墓，时间为明嘉靖三十八年（1559 年）；下右侧为王则商与妻胡氏合葬墓，建于清乾隆年间（1736—1795 年）；下左侧是座空墓。均以青石结构，扶椅式，由墓坦、墓台、墓室组成。总长 25.69 米，宽 9.4 米，墓壁浮雕各类花草瑞兽，形象逼真，具有较强的时代特色。1988 年被列为县第三批文物保护单位。保护范围和建设控制地带：以王友本墓中心为基准，四周各向外延伸 10 米为界。

8. 古村落①

现存的古村落有园洲古村落、叶山古村落、里光坑底古村落。司前村仅存

---

① 详见第五章第一节基础设施的集镇建设。

园门楼古民宅。

(三)文 物

司前畲族镇是泰顺县北部旅游中心，具有独特的自然景观和深厚文化底蕴的人文景观。镇域内园洲自然村和里光村坑底自然村为县级历史文化名村。至2006年,全镇登记在册的县级以上文物保护单位6家。

1988年、2003年泰顺县第三、五批文物保护单位一览表

表7-1-2-2

批次	类别	名称	年代	地址
1988年第三批	古遗址	狮子岗古文化遗址	新石器时期	司前畲族镇司前村
1988年第三批		里光水尾亭	清咸丰	司前畲族镇里光村
1988年第三批		回澜桥	清	司前畲族镇司前村
2003年第五批		金钟覆地古文化遗址	商周时期	司前畲族镇白鹤山庄
1988年第三批	古墓葬	徐履墓	南宋	司前畲族镇司前村
		王氏家族墓葬群	明、清	司前畲族镇司前村

二、景 观

(一)白鹤景区

白鹤景区主要以白鹤山庄为依托,包括白鹤飞渡、白鹤古渡等景点。白鹤山庄坐落飞云湖源头三插溪西岸,三面碧水环绕,地势平坦。山庄建设以优越的自然人文景观为基础,兼顾休闲观光时尚,突出生态特色、民族特色、地方特色。

白鹤山庄　位于飞云湖西段白鹤渡。山庄总占地面积18.4公顷,山庄主体处飞云湖“十里画廊百鹤峡”谷口的金钟覆地半岛,一面傍山,三面环水,自然景观兼具。山庄内有综合楼、迎宾楼、民俗厅、金钟楼、飞云轩、别墅以及全国最长的钢索桥、横跨白鹤峡口的仿古廊桥等。2003年正式营业,接待游客。

钢索桥　位于白鹤山庄内。桥长358米,宽1.4米,离水面高48米,为全国同类桥之最。该桥以两山之巅为桥台,两端用桥塔固定;桥身由17条不等的钢索和若干钢丝网、角铁、螺丝帽构成;桥面拉力530吨,承压力87吨,桥身自重41.6吨;桥面采用钢丝网,可以直观桥下湖面。正常气候条件下可容纳100人同时通行。钢索桥由上海同济大学桥梁系教授、高级工程师林长川设计,县瑞龙生态旅游有限公司董事长张仰瑞投资建造，投资 53 万元，2002 年 5 月建成。

红岩瀑布 位于 52 省道红岩隧道北出口，双瀑布落差 60 米，丰水期下部瀑布合成水帘，猛烈冲击悬崖，云雾缭绕，十分壮观。下方建有连理桥。红岩隧道南出口有红岩峰、彩虹瀑、佛教石、求子观音寺等大小景点 10 个。

（二）峰门景区

峰门景区主要以峰门尖为主体，包括石笋峰、乌龟爬壁、南坑崖谷、石柱峰、徐氏宗祠、夏氏宗祠等景点。峰门尖海拔 1062.6 米，号称“泰顺北山之祖”，有石笋峰及另两峰并峙，因呼“指头尖”，是典型凸峰地貌。南坑崖谷为典型峡谷段落，相对高度 100 米以上，相对距离 150 米左右。峰门村原有一座夏氏宗祠，为纪念夏姓先祖夏文豪而建。首建于明万历年间（1573—1620 年），后几经修缮。2003 年集资建了一个小殿，因文豪当年谥号护国公而取名护国宫。峰门景区是户外运动旅游的理想胜地。

（三）三插溪景区

三插溪景区以三插溪峡谷和三插溪水库为主体，有将军峡、狮子岩、石龟拱璧、石鼓奇观、晓燕梨花村、万亩竹海、高山湿地、玉乳峰、高狭平湖等景点。三插溪峡谷深度在 150—400 米，底宽 5—20 米。千折百拐、九曲回环为飞云江主流，两岸青峰插云，壁立千仞，奇石嶙峋，溶洞深幽。其间，有黄腹角雉、金钱豹、灵猫、毛冠鹿、野山羊、猿猴和红豆杉、香榧、古银杏等珍稀动植物。逆流而上，可达飞云江源头，峡谷中段有长 10 千米的人工湖，湖水澄如明镜，绿似翡翠，青山倒影，日月沉底，入境流连忘返。景区内峡谷两侧山势陡峭，形成垂直丰富的森林植被类型，为学者、游客等提供了良好的科研、探险条件。景观以三插溪漂流、民居观赏和登山为主。

（四）双坑口保护区

双坑口保护区包括竹林、峡谷漂流、榅垟旅游服务拓展基地、双坑口滑草场、小龙潭、乌岩岭水电站、原始林区、黄腹角雉半野生饲养场、动植物标本和资源馆、猴王潭、豹跳峡、野猪林、角稚林、白云瀑、彩虹瀑、半庭揽绿、猕猴观光区、卧虎洞、福滕桥、龙井潭、珍稀濒危植物保育园、上芳香坪森林氧吧、青少年活动营地、有机农场、古树群、银杏、中亚热带垂直森林带、芳香坪林场等景观和设施。

（五）畲族风情园

畲族风情园位于镇区南部，彰显畲族特有的民族文化，是司前民族文化名片和南部门户,以"三月三广场"和民俗风情街建设为主。设畲族历史文化、山地农耕文化、茶文化、宗教文化、民间文化等,让游人对畲族历史传统、民族风格、民情习惯、人文环境等有基本了解。

第三节 建置沿革

司前畲族镇历史悠久,各村庄名称历有变化和传承。历代建置沿革纷繁复杂。明清时期,都以下称图、村;民国时期实行街村制,后改为乡保甲制。中华人民共和国成立后,乡村历经撤、并,实行乡、村制。1958 年 4 月成立司前民族乡,以下为村。9 月成立大公社①,乡改为生产大队,1962 年改生产大队为人民公社,下设生产大队。1984 年恢复乡、村制,司前恢复为民族乡。1992 年里光乡并入成立司前畲族镇。2011 年黄桥、峰门乡并入,成为新规模的司前畲族镇。至 2015 年,司前畲族镇辖 13 个行政村。

一、政区沿革

(一)政 区

1. 明清时期

明景泰三年(1452 年)设泰顺县,今司前、里光、峰门、黄桥区域全部编为泰顺一都。清代,今峰门乡地编为三都。一都各辖 2 图 100 保。清康熙四十年(1701 年)重划,一都辖 2 图 55 村,三都辖 2 图 39 村。

2. 民国时期

民国初,区划沿清旧制。民国 18 年(1929 年),实行街村制,旋改街为里,10 户为邻,5 邻为闾,5 闾为村或里,村里之上为区。全县划为 4 区 135 村 2 里(村、里名失考),民国 20 年改村里为乡镇。

民国 24 年(1935 年)6 月始设司前、里五、潭竹、河溪、东成、晓园 6 乡。改闾邻制为保甲制,10 户设甲,10 甲设保,10 保设乡或镇。其时司前乡 9 保,里五乡 7 保,潭竹乡 6 保,河溪乡 7 保,东成乡 3 保,晓园乡 3 保。民国 27 年 7 月调整为司前、里光、燕溪、晓园 4 乡。其中司前乡 9 保,里光乡 15 保,燕溪乡 11 保,晓园乡 3 保。民国 35 年扩大乡保幅员,旧东成乡辖地划归百丈乡,改设司前、晓溪 2 乡,司前乡辖 17 保,晓溪乡辖 9 保。

① 相当于区级行政单位。

3. 中华人民共和国成立后

（1）乡

1949年5月，泰顺县境解放，设司前（驻地司前村）、晓园（驻地园桥）、燕溪3个乡（驻地溪口）。1950年析设里光乡（驻地里光），境内共有司前、里光、晓园、燕溪4个乡。司前乡辖司前、左溪、林山、筱条4个行政村；里光乡辖榅垟、叶山、上地、里光、台边、岱头、水窟、叶山桥8个行政村；燕溪乡辖竹里、溪口、大住、何宅垟、峰门、徐坑6个行政村；晓园乡辖晓西、仓桥、黄岗、石角坑、茶坪、后坑6个行政村。

1952年4月土地改革完成以后，司前乡析出左溪、林山、筱条3个行政村，设立左溪乡（驻地左溪村）。燕溪乡大住、溪口2个行政村划入司前乡。里光乡析出榅垟、上地、岱头、水窟4个行政村，设立上榅乡（驻地上地村）。晓园乡改称黄桥乡，下辖晓西、仓桥、黄岗3个行政村。是年6月，黄桥乡析出炉西、晓燕、横路3个自然村与相邻的石角坑、茶坪村（今属竹里乡）合并设立燕石乡（驻地茶坪村）。设立竹垟乡（驻地竹里村），辖竹里、上岱、后坑3个行政村。设立何宅乡（驻地何宅垟），辖何宅垟、张家山、大发垟3个行政村。设立峰门乡（驻地外垟村），辖峰门、徐坑、何宅、朱塆4个行政村。

1956年春，上榅乡并入里光乡。左溪乡并入司前乡。撤销燕石乡，石角坑、茶坪、后坑村并入竹垟乡，何宅乡并入竹垟乡。炉西、晓燕、横路3个自然村复归黄桥乡管辖。峰门乡并入百丈镇。现司前畲族镇、竹里乡范围就形成司前、里光、竹垟、黄桥4乡和原峰门乡的4个行政村。是年3月始，乡人民政府改设乡人民委员会。各行政村陆续建立许多高级社，翌年逐步合并为一村一社。岱头村改为和庄社，水窟村改为上升社，炉西、晓燕、横路3村建立联盟社，苍头村建立苍展社，黄山村建立新增社，筱条村建立筱垟社等。1958年4月成立司前畲族乡。

（2）人民公社

1958年9月，实行大公社（相当区级）体制，司前、里光、黄桥3个乡改为生产大队。1959年2月改为管理区，下辖各高级社改为生产大队。1962年1月，撤销大公社，管理区改为人民公社，下辖生产大队，生产大队下辖生产队：司前人民公社辖司前、左溪、林山、筱垟、大住、溪口6个生产大队；里光人民公社辖榅垟、叶山、上地、里光、台边、和庄、上升、新桥8个生产大队；黄桥人民公社辖联盟、园桥、新增、苍展4个生产大队。1959年2月，调整公社规模以后，峰门是百丈人民公社的管理区，1962年1月后，是百丈人民公社下辖的峰门、徐坑、何宅、朱塆4个生产大队。

(3)畲族镇

1984 年始,司前恢复为司前畲族乡,里光、黄桥复设乡。司前畲族乡辖司前、左溪、林山、筱条、大住、溪口 6 个行政村;里光乡辖榅垟、叶山、上地、里光、台边、和庄、上升、新桥 8 个行政村;黄桥乡辖联盟、园桥、新增、苍展 4 个行政村;峰门设乡,辖峰门、徐坑、朱塆、何宅 4 个行政村。

1992 年,司前畲族乡改设畲族镇,里光乡并入。1997 年,原属百丈镇的叶垟村并入司前畲族镇。2004 年小村并大村,设新北居民委员会,上升、和庄、新桥 3 个村并入;同年筱条、叶垟村并入左溪村,林山村并入司前村;黄桥乡 4 个行政村合并为黄桥村;峰门乡的朱塆村并入峰门村,徐坑、何宅 2 个村合并为徐宅村。2010 年,司前畲族镇辖司前、左溪、溪口、大住、上地、榅垟、叶山、里光、台边 9 个行政村和新北居民委员会。

2011 年 5 月,撤销黄桥乡、峰门乡。至 2013 年,司前畲族镇辖司前、左溪、溪口、大住、上地、榅垟、叶山、里光、台边、黄桥、峰门、徐宅 12 个行政村和新北居委会。2014 年新北居委会改为行政村。2015 年司前畲族镇辖 13 个行政村。

1964—2015 年司前畲族镇区划分布情况表

表 7-1-3-1　　单位:个

序号	村名	1964 年	1992 年	2004 年	2015 年	序号	村名	1964 年	1992 年	2004 年	2015 年
		大队	村	村	村			大队	村	村	村
1	司前	1	1	1	司前村	13	里光	1	1	1	里光村
2	林山	1	1			14	榅垟	1	1	1	榅垟村
3	溪口	1	1	1	溪口村	15	上地	1	1	1	上地村
4	筱垟	1	1	1	左溪村	16	台边	1	1	1	台边村
5	左溪	1	1			17	新北	—	—	新北居民区	新北村
6	叶垟	1	1			18	新桥	1	1		
7	大住	1	1	1	大住村	19	和庄	1	1		
8	园桥	1	1	1	黄桥村	20	上升	1	1		
9	苍展	1	1			21	峰门	1	1	1	峰门村
10	联盟	1	1			22	朱塆	1	1		
11	新增	1	1			23	徐坑	1	1	1	徐宅村
12	叶山	1	1	1	叶山村	24	何宅	1	1		
司前畲族镇											行政村 13

（二）隶　属

1. 民国及以前朝代

明代建县前，原司前、里光、黄桥、峰门四乡地域全部隶瑞安县义翔乡。分别为 60 都、59 都、56 都。建县后四乡地域全部编入泰顺县一都，隶泰顺县。清康熙四十年（1701 年），今峰门乡地域划为三都。

民国初相沿旧制。民国 18 年（1929 年）全县划为 4 个区，原司前、里光、黄桥、峰门 4 个乡地域隶第一区罗阳。民国 35 年 4 个乡地域改隶百丈区。

民国时期司前乡组织演变一览表

表 7-1-3-2　　单位：个

<table>
<tr><th colspan="3">民国 24 年（1935 年）</th><th colspan="3">民国 27 年（1938 年）</th><th colspan="3">民国 35 年（1946 年）</th><th rowspan="2">所辖地名</th><th rowspan="2">备注</th></tr>
<tr><th>区别</th><th>乡镇</th><th>保数</th><th>区别</th><th>乡镇</th><th>保数</th><th>区别</th><th>乡镇</th><th>保数</th></tr>
<tr><td rowspan="7">第一区</td><td>司前</td><td>9</td><td rowspan="7">第一区</td><td>司前</td><td>9</td><td rowspan="7">第一区</td><td rowspan="3">司前</td><td rowspan="3">17</td><td>司前、蔡山、左溪、岩下、筱条、垟坑头，板岱头、碑排、连山、马子坑</td><td rowspan="7">民国 35 年（1946 年）旧东成乡辖地划归百丈乡</td></tr>
<tr><td>里五</td><td>7</td><td rowspan="2">里光</td><td rowspan="2">15</td><td>里光、五斗、叶山、榅垟、杨寮、石牛、所垟、恩坑、竖半天</td></tr>
<tr><td rowspan="2">潭竹</td><td rowspan="2">6</td><td>潭边、上地、岱头、冷水窟、白岩、上燕</td></tr>
<tr><td rowspan="3">燕溪</td><td rowspan="3">11</td><td rowspan="4">晓溪</td><td rowspan="4">9</td><td>竹垟</td></tr>
<tr><td>河溪</td><td>7</td><td>溪口、大住、宫头垟、河垟、后坑、石角坑</td></tr>
<tr><td>东成</td><td>3</td><td>峰门、徐坑</td></tr>
<tr><td>晓园</td><td>3</td><td>晓园</td><td>3</td><td>园桥、库竹境、炉西、北山、晓燕、石阶、雷竹坑</td></tr>
</table>

2. 中华人民共和国成立后

1950 年原司前、里光、黄桥 3 个乡改属罗阳区。1951 年 6 月改属司前区。1952 年 6 月改属第二区（百丈）。1958 年 11 月，属司前人民公社（相当区级）。1962 年 1 月，撤销大公社建制，复隶百丈区。1984 年 5 月，恢复乡建置，隶司前区。1992 年 5 月撤司前区，建立司前畲族镇，直属泰顺县人民政府。

1952 年始析置峰门乡，属百丈区。1956 年并入百丈镇。1959 年 2 月改称管理区，属百丈人民公社（大公社）。1962 年 1 月并入百丈人民公社。1983 年 2 月，复置峰门人民公社。翌年 5 月复称乡，隶百丈区。2011 年并入司前畲族镇。

中华人民共和国成立后司前各乡组织演变一览表

表 7-1-3-3

<table>
<tr><th colspan="2">1949 年</th><th colspan="2">1950 年</th><th colspan="2">1951 年</th><th colspan="2">1952 年</th><th colspan="2">1956 年</th><th colspan="2">1958 年</th><th>1959 年</th><th>1961 年</th><th>1962 年</th><th>1964 年</th><th>1983 年</th><th colspan="2">1984 年</th><th>1985 年</th></tr>
<tr><th>区</th><th>乡镇</th><th>区</th><th>乡镇</th><th>区</th><th>乡镇</th><th>区</th><th>乡镇</th><th>区</th><th>乡镇</th><th>人民公社(区级)</th><th>大队(相当乡级)</th><th>管理区(乡级)</th><th>人民公社改区</th><th>管理区改人民公社</th><th>人民公社相当乡级</th><th>人民公社相当乡级</th><th>区</th><th>人民公社改为乡</th><th>乡镇</th></tr>
<tr><td colspan="8">罗阳</td><td rowspan="2">罗阳</td><td rowspan="2">碑排</td><td rowspan="2">罗阳</td><td rowspan="2">碑排</td><td rowspan="2">碑排</td><td rowspan="2">罗阳</td><td rowspan="2">碑排</td><td rowspan="2">碑排</td><td rowspan="2">碑排</td><td rowspan="2"></td><td rowspan="2">碑排</td><td rowspan="2">碑排</td></tr>
<tr><td rowspan="10">百丈</td><td colspan="6">原司前里光乡属地</td><td>碑排</td></tr>
<tr><td rowspan="4">司前</td><td rowspan="9">罗阳</td><td rowspan="2">里光</td><td rowspan="9">司前</td><td rowspan="2">里光</td><td rowspan="9">第二区（百丈）</td><td>里光</td><td rowspan="9">百丈区</td><td rowspan="2">里光</td><td rowspan="8">司前</td><td rowspan="2">里光</td><td rowspan="2">里光</td><td rowspan="9">百丈</td><td rowspan="2">里光</td><td rowspan="2">里光</td><td rowspan="2">里光</td><td rowspan="8">司前</td><td rowspan="2">里光</td><td rowspan="2">里光</td></tr>
<tr><td>上榅</td></tr>
<tr><td rowspan="2">司前</td><td rowspan="2">司前</td><td>司前</td><td rowspan="2">司前</td><td rowspan="2">司前</td><td rowspan="2">司前</td><td rowspan="2">司前</td><td rowspan="2">司前</td><td rowspan="2">司前</td><td rowspan="2">司前</td><td rowspan="2">司前</td></tr>
<tr><td>左溪</td></tr>
<tr><td rowspan="2">晓园</td><td rowspan="2">晓园</td><td rowspan="2">晓园</td><td>黄桥</td><td rowspan="2">黄桥</td><td rowspan="2">黄桥</td><td rowspan="2">黄桥</td><td rowspan="2">黄桥</td><td rowspan="2">黄桥</td><td rowspan="2">黄桥</td><td rowspan="2">黄桥</td><td rowspan="2">黄桥</td></tr>
<tr><td>燕石</td></tr>
<tr><td rowspan="2">燕溪</td><td rowspan="2">燕溪</td><td rowspan="2">燕溪</td><td>竹垟</td><td rowspan="2">竹垟</td><td rowspan="2">竹垟</td><td rowspan="2">竹垟</td><td rowspan="2">竹垟</td><td rowspan="2">竹垟</td><td rowspan="2">竹垟</td><td rowspan="2">竹垟</td><td rowspan="2">竹垟</td></tr>
<tr><td>何宅</td></tr>
<tr><td></td><td></td><td></td><td>峰门</td><td>百丈</td><td>百丈</td><td>峰门</td><td>峰门</td><td>百丈</td><td>百丈</td><td>峰门</td><td>百丈</td><td>峰门</td><td>峰门</td></tr>
</table>

清康熙四十年（1701 年）泰顺县重编四隅八都示意图（摘自《泰顺县志》，浙江人民出版社，1998 年 12 月版，第 7 页）

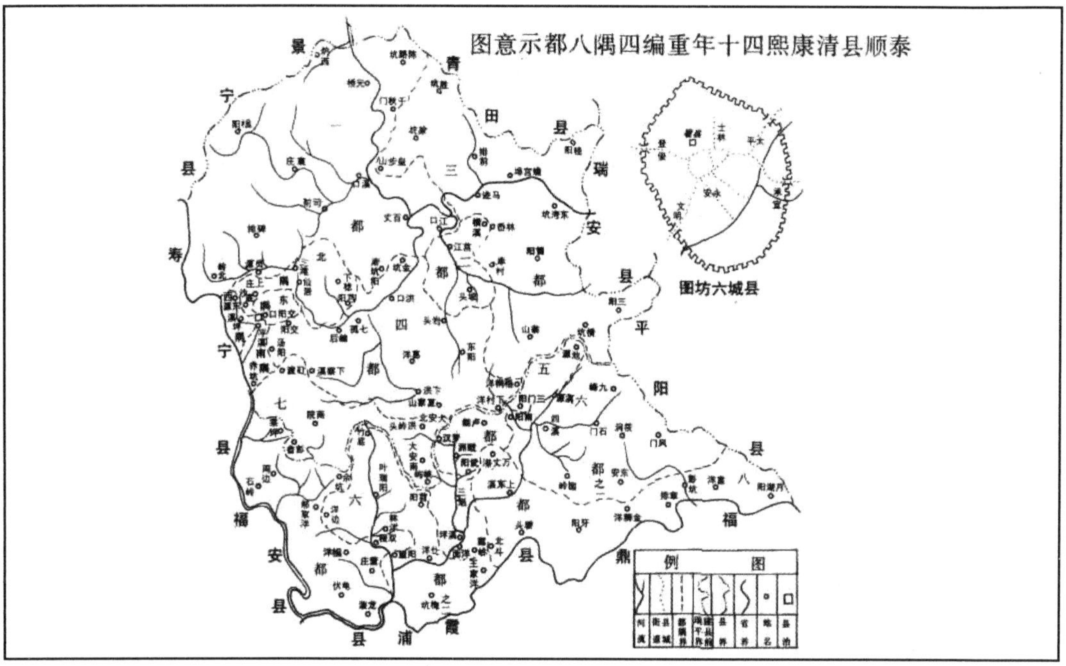

民国 27 年（1938 年）泰顺县 38 个乡镇方位示意图（摘自《泰顺县志》，浙江人民出版社，1988 年 12 月版，第 9 页）

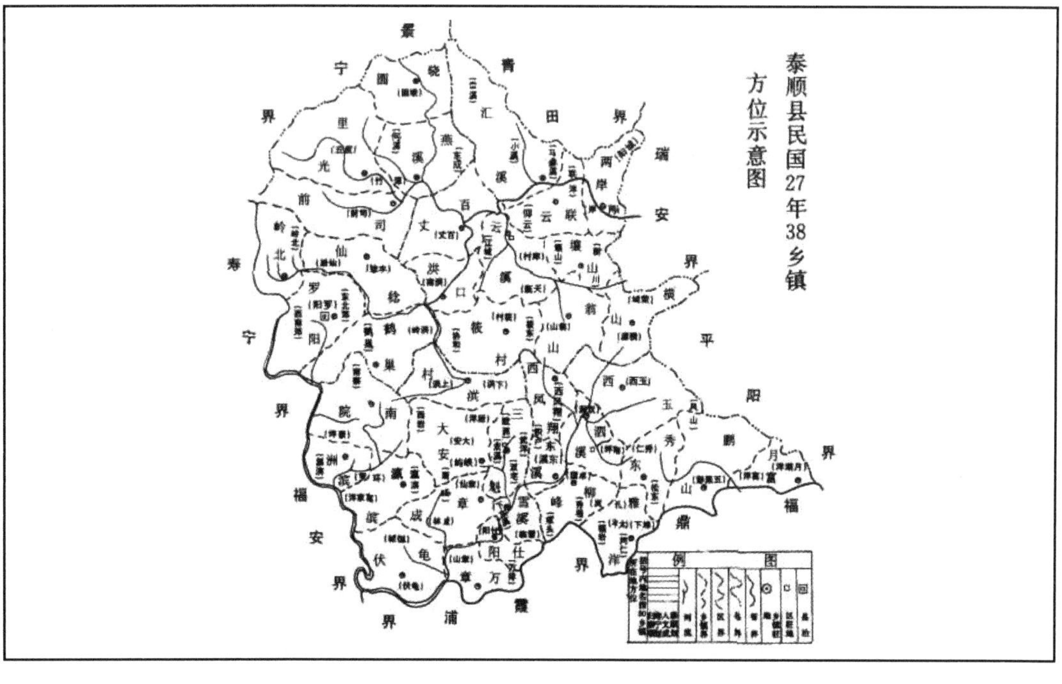

二、辖区村落

村落，是居民聚集的单元。明清及民国时期均将几个自然村组合成一个保。中华人民共和国成立后，于1952年划定行政村，即经过省人民政府批准建立的建制村，俗称行政村，简称村，下辖若干个自然村，是中华人民共和国行政区划体系中最基层一级。1958—1983年人民公社化期间称生产队、生产大队。1984年恢复称行政村。2015年，全镇辖13个行政村160个自然村。21世纪始，人口逐步下山居住，许多自然村已无人常住，只是季节性回村整理土地、山林和收获农林产品。

行政村、自然村都有各具特色的村名。有的以人居起名，有的因山得名，有的以所处环境定名，有的以意念取名，丰富多彩，给村民留下美好的记忆。

2015年司前畲族镇各村基本情况一览表

表7-1-3-4

村名	面积（平方千米）	居民		村民小组（个）	自然村数（个）	耕地面积（公顷）	林地面积	
		户数（户）	户籍人口（人）				总面积（公顷）	生态林（公顷）
新北	10.25	705	1881	38	24	35.85	819	143
司前	10.83	970	3160	31	12	54.42	835	470
大住	13.54	210	571	11	7	11.04	1360	991
溪口	12.11	149	552	5	6	17.28	908	562
左溪	17.88	573	1971	41	24	52.18	1884	498
黄桥	40.80	779	2447	29	18	80.33	3539	3437
里光	7.34	380	1125	18	7	32.37	634	223
上地	10.02	296	830	11	9	31.37	879	258
榅垟	21.70	398	1240	17	9	20.27	1831	873
叶山	8.94	250	622	9	4	19.64	817	276
台边	4.35	371	1231	20	6	35.37	301	105
徐宅	16.78	393	1790	22	20	68.78	3418	263
峰门	19.74	322	1296	17	14	52.58		1300
合计	194.28	5796	18716	269	160	511.48	17225	9399

说明：①辖区面积不含乌岩岭林场14.42平方千米；②表中分村耕地面积为农田保护补贴面积；③公益林合计中含乡、村林场383.6公顷；④林地面积为2007年镇统计数；⑤生态林面积为发放公益林补助金的林地面积；⑥徐宅村的公益林属朱垮村。

2007 年司前畲族镇山林面积一览表

表 7-1-3-5　　　　单位：公顷

村　名	林地总面积	统管山面积	责任山面积	自留山面积
榅垟村	1831	353	647	831
上地村	879	300	233	346
叶山村	817	224	109	483
里光村	634	100	100	434
台边村	301	20	27	254
新北村	819	87	80	652
司前村	835	467	0	368
左溪村	1884	267	533	1084
溪口村	907	100	233	574
大住村	1361	267	267	827
罗溪源林场	336	336	0	0
鸡方山林场	85	105	0	0
溪口联营场	54	54	0	0
合　计	10743	2680	2229	5853
黄桥村	3539	生态林　2877	商品林　662	—
峰门乡	3417	生态林　818	商品林　2599	—
总　计	17699	6375	5490	—

(一)司前村

司前行政村　原名池村，明时设巡检司，故改名司前。位于司前畲族镇南部。村委会驻地司前东村。该村东至百丈镇朱垟村，南接左溪村，北至新北村和溪口村。司前畲族镇驻地。村居溪谷地，呈三角形。云寿公路(228 省道)经过。原水路可放竹木筏直达瑞安。今紧邻飞云湖。

1958 年 10 月称司前生产队，1959 年 2 月起称司前生产大队，1984 年 5 月复称司前村。辖 4 个自然村，297 户 1306 人。全村总面积 536.73 公顷，耕地 40.06 公顷，茶园 13.13 公顷，年产茶叶约 5000 千克。1989 年辖 15 个村民小组，292 户 1101 人，外出劳动力 41 人。2004 年，林山村、顺安村并入。2015 年，面积 10.83 平方千米，居民 970 户 3160 人，其中畲族 824 人。辖 31 个村民小组，有司前东村、司前西村、高塔、朱文山、金钟山、下库、牛牯岭、底林山、外林山、仙池、金鸡赛、平湖岗等 12 个自然村。林地 835 公顷。其中，统管山 466.67

公顷，自留山 368 公顷(原顺安村居民山林未计入)。

司前村，房舍处于左溪东西两侧，俗称东村、西村。民国时，司前村的房子，在泰顺全县有“司前厝，筱村曲”的美称，即司前村房子较好。其实，明末清初，司前村民的住房也和其他乡村一样，以泥木结构为主。房子四周泥墙，只在正面开一扇门，称之为泥仓，有的盖瓦片，贫困者则盖稻草。稍好的人家是三面泥墙，正屋 2 排或 3 排、5 排木柱，左、右两侧连泥墙，称“三花墙”(司前话，“花”即面)，一层或 2 层。清晚期，村民陶廷范在西村新建了七榴二层木瓦结构的房子(即原老震丰店铺)。两侧厢房三榴，工艺精细，用料粗大，四周另高筑围墙，气派壮观。之后又相继建造了园门楼、洋头厝、柏树脑底厝、柏树脑外厝、林厝、王宅、严宅、新第三房厝等 10 余座结构大致相同的房子，取代了原来低矮、破旧的泥仓和平房。至民国时，司前古村落就已形成较好的规模。至今，园门楼还在，已很破旧。20 世纪 60 年代通公路以后，都在东村公路沿线建房。受耕地指标限制，70 年代，在司前车站边的公路下砌高坎建房。80 年代中期始，特别是 1987 年后，才开始大规模地产开发。

司前村民热心公益事业。特别是陶家，热心修桥铺路。清代，村民陶化龙，就积极参与修桥铺路等公益事业。独资修筑了司前至百丈 30 华里(15 千米)、司前至上地 40 华里(20 千米)、司前至三滩 30 华里(15 千米)等几条石头路面的大路，便利了通商和民间交往。民国 27 年(1938 年)村民陶家柱会同永嘉柯姓商人耗资千余银两，疏通司前至百丈河道，使司前的竹、木排筏可直通瑞安等地。

除了回澜桥，清至民国时，陶鸿年、陶鹤年、陶鹄年兄弟及其堂兄陶廷范捐资在各地兴建的桥梁路亭有 10 余处：长庆桥(石拱桥)，建在洪口村东渡口；威安桥，建在左溪村余坑；水定桥(石拱桥)，建在左溪村边；左溪洞桥(石拱桥)，原建在左溪村观边，1990 年被洪水冲毁；石角背桥，建在竹里乡石角坑行政村的石角背；瓯西第一关(关隘门)：清咸丰八年(1858 年)，为防外患，建于景宁县交界处山坡上；垟坑头亭，建在筱条岭头垟坑头自然村；双岭亭，建在百丈镇双岭村；叶学亭，建在原黄坑乡；珠岭亭，建在百丈镇朱岭村；馒头石亭，建在司前至百丈路大路上的馒头石自然村路边；回澜桥头观音阁亭，百念渡茶亭；回澜桥头八角亭等。

袭庆桥，石板平桥，清人陶琳建于清道光三十年(1850 年)。桥长 30 米，宽 2 米，高 2.3 米，耗银 800 两。该桥初为运输回澜桥桥石而建，同时成为连接东西村通道。该桥已于 1990 年 8 月 20 日被特大洪水冲毁，现无存。

故有民间传说，包垟林岙村财主来司前陶家作年婿，嫌在陶家猪蹄吃不够，派长工回家挑来一担。故有“林岙财主为口债（喜欢吃），司前财主为公界（公益事业）”传说。

中华人民共和国成立后，特别是20世纪80年代以来，司前村民继承热心公益事业传统，在村干部带领下，修桥铺路不遗余力。

永庆桥，石拱桥，二墩三孔，原址于现司前水泥平板桥处，1988年春，以司前村委会为首，在区、乡政府支持下兴建。因桥身矮，桥头欠坚实，1990年8月与袭庆桥同时被特大洪水冲毁。

1990年秋，以村委会陶汉光、陶瑜珂、裴世龙等人为首集资，在上级政府、有关部门的支持下在永庆桥原址重建长80米，宽6米，高8.5米，总造价8万元的水泥平板桥，于1992年春竣工。

西北大桥，位于西村村尾，连接北村的重要通道。由司前畲族镇人民政府牵头，民办公助兴建。1994年开工，1996年春竣工。桥长105米、宽10米、高4米，7墩8孔，总造价80万元，是司前全镇范围内最大最长的水泥平板桥。

简易钢丝桥。位于西北大桥上侧30米外。连接西村与北村的桥梁。1992年由村民企业家张仰瑞出资8000元兴建。桥长88米，宽1.2米，高3米。系用铁管做脚，4支粗钢丝上编竹棒而成。桥虽简易，但在西北大桥未建时，方便两岸来往。

司前村民间的助学重教之风甚盛，有识之士乐于捐资办学，古时以陶化龙最著名。清道光初，县城考举无试院，他即出资在文庙旧址（现县实验小学）建“教士馆”，方便县城试举。尔后又于道光六年（1826年），在司前东村建陶氏宗祠。该祠的第三进，专门设计用作办学。为解决办学经费，带头捐出租田设立“学田”“养贤田”，收取租谷作学校开支和资助困难学生。同时上学者一概免交学费，还发给他们书、笔、簿册；对于外出读高年级的学生（初中以上），还每年给租谷1600斤补助，以此支持学生完成学业。这一些慈善义举，使司前一带文风极盛，人才辈出，村民文化素质高。

中华人民共和国成立后，司前的中心小学仍设陶氏宗祠内。1972年，陶氏宗祠要新办司前初级中学，中小学要搬至西村，后继续迁至陶家第三房老厝继续办。1990年建平房教室2个，1992年新建三层15个教室的教学大楼，村里热心助教的企业家张仰如捐资2万元建1个教室。1994年，村委会出资4.5万元，在西村购置地基1180平方米；出资3万元承担一个教室建筑费用；还动员群众每人捐资20元，全村合计捐资10万元，资助学校建设。

为把民族中学办好，1995年冬，在村主要领导的带领下，陶姓村民高风亮节,毅然把古老的戏台搬迁,把地基让给民族中学,加宽了中学操场,便于教学。

21世纪始,司前村积极配合镇政府"一镇带三乡"的下山移民脱贫攻坚行动,全力以赴,毫不保留。至2015年,作为镇政府所在地,常住人口14000多人,已经成为配套设施较为齐全的现代化小城镇。

林　山　原为行政村,2004年并入司前村。古系林姓人居住,故称林山。后林姓迁出,畲族聚居,仍沿用旧名。村居山坡地,呈长条形,房舍散列。1958年曾称林山生产队,1959年2月改称林山大队,1984年5月复称林山村。辖7个自然村,70户331人,总面积452.93公顷。其中耕地24.73公顷,茶园8公顷。农林并重。至2015年,大多数居民迁至司前居住,仅10多人在原村常住。

顺　安　1996年黄桥乡建三插溪水库移民,组建顺安村,司前村洋头阉地块成为顺安村新址。2004年并入司前村。

下　库　自然村,位于村委会驻地东北0.2千米处,据传,村前溪滩潭中鱼多,被喻为鱼库,因处司前溪下游,得名"下库"。房舍沿溪呈块状分布,2015年,居民31户104人。蓝姓清中叶从大坪山迁此,今多蓝姓。

牛牯岭　自然村,位于村委会驻地东南1.3千米处。该地山岭形似鳌鱼,原名"鳌岭"。传说人过岭会生病,能顺利过岭的健壮者被喻为牛牯,改称"牛牯岭"。房舍沿山坡呈点状分布,2015年,居民101户326人。

高　塔　自然村,位于村委会驻地西北1.7千米处,因村旁高山似塔得名,房舍依山呈点状分布。村西南有西峰寺遗址。西峰寺始建于唐咸通二年(861年),是泰顺境内最古老的古寺院之一。裴姓上祖裴章弼清前叶从平阳迁此。

1984年和2015年司前村各自然村常住人口一览表

表7-1-3-6

自然村名	1984年		2015年			自然村名	1984年		2015年		
	户数(户)	人数(人)	户籍人口		常住人口(人)		户数(户)	人数(人)	户籍人口		常住人口(人)
			户数(户)	人数(人)					户数(户)	人数(人)	
朱文山	2	7	—	—	0	平湖岗	4	14	—	—	0
高　塔	24	99	27	87	约30	金鸡赛	8	51	—	—	0
金钟山	5	23	—	—	0	馒头石	9	45	—	—	0
林　山	18	86	5	8	约10	外林山	8	33	—	—	0
仙　池	5	34	—	—	0	牛牯岭	18	68	101	326	约10
下　库	—	—	31	104	约200						

（二）左溪村

左溪行政村，为民族村。位于司前畲族镇南部，村委会驻地左溪，处镇人民政府驻地南 1.5 千米。以村委会驻地左溪命名。东南至百丈镇双岭村，西邻罗阳镇碑排村，南接百丈镇台石村，北连司前村。全村辖区总面积 17.88 平方千米。

原左溪、筱条 2 个村均属司前乡，1952 年属左溪乡，1956 属司前乡。1958 年 10 月分别建立左溪、小垟生产队，属司前公社司前生产大队；1959 年 2 月起为左溪、小垟生产大队，属司前大公社司前管理区。1962 年 1 月起属规模调整后的司前公社。1981 年 10 月小垟生产大队更名筱条生产大队。1984 年 5 月分别改为左溪、筱条行政村，属司前畲族乡，2 个村均为畲族居住地，2003 年左溪村被定为民族村。

原叶垟村中华人民共和国成立初属洪口乡，1952 年属黄坑乡。1958 年建立叶垟生产队，属司前公社黄坑生产大队；1959 年 2 月起为叶垟生产大队，属司前大公社黄坑管理区。1962 年 1 月起，属新建的黄坑人民公社，1984 年 5 月改为叶垟行政村，属黄坑乡。1992 年黄坑乡撤销，并入百丈镇，1998 年叶垟村划入司前畲族镇。2004 年，左溪、筱条、叶垟村合并为新的左溪村。

2015 年左溪村户籍人口 1971 人，其中畲族 1271 人，占 64.49%。畲族人口中雷、蓝姓各 500 人，钟姓 260 人，李姓 11 人。全村分居 24 个自然村。全村耕地面积 52.18 公顷，山林面积 1884 公顷，其中统管山 266.67 公顷，责任山 533.33 公顷，自留山 1084.13 公顷；茶园 33.33 公顷；果园 33.33 公顷（桃、杨梅、猕猴桃各 9.3 公顷，葡萄 5.3 公顷）。是年，全村经济收入有杨梅、猕猴桃 20 公顷，收入 200 多万元，提子 13.33 公顷，收入 80 多万元。还开办农家乐 5 家。村民年收入与全镇人均收入持平。

是年左溪村集体经济有茶园 10 公顷，承包经营，年承包费 13500 元。村集体统管山林 266.67 公顷，原与县营林公司联营，2010 年县营林公司解散，联营协议中止，统管山仍归村集体经营。

明末清初，畲族蓝、雷、钟、李四姓多个支系陆续从外乡、外县迁入，分居左溪 20 多个自然村。汉族有陶、孙、曹、吴、陈等 20 余姓。左溪村是全县第一大的畲族聚居村。纯畲族自然村或畲族人口占 80%以上的村有左溪 250 余人、筱条 400 余人、大段110 余人、赤坦 120 余人、垟斜 140 余人、余坑 60 余人、水圳头 70 余人、包坑 60 余人、芭蕉湾 10 余人。

左溪地处山乡，穷山恶水，道路泥泞，生存十分艰难。据史料记载，直至泰顺解放（1949 年 5 月）前，左溪村仍有 35 户 105 人无棉被过夜；100 户 350 人无棉衣过冬；7 户 28 人无住处；3 户 20 人靠乞讨度日。

中华人民共和国成立之初，经过土地改革，穷人分得土地，经过合作化，走集体化道路。在中共左溪村党支部领导下，畲、汉群众共同努力，生活逐步得到改善。人民政府对畲族群众多方照顾，畲汉群众克服等、靠、要思想，自强不息。从 20 世纪 60 年代起，村民们就在中共左溪村党支部的倡导下，开始垦山造林。历届畲族乡党政领导，也对左溪的造林工作予以关心重视。1976 年中共司前人民公社党委领导、公社机关干部带领群众到左溪源头，开垦林业基地 1000 余亩。通过不断的林木抚育，左溪山头变绿了。1990 年，该村妇女主任蓝玉聪带领妇女在左溪公路边的山头上营造“三八妇女林”800 余亩。1991 年县林业局与左溪创办联营林场。以投资合股形式，村里出荒山、劳力，在左溪源头一带又造林 3000 余亩。并任命责任心强的村民为联营场场长，负责组织抚育山林。至 1995 年，全村有村集体山林 258 公顷，木材蓄积量 7600 余立方米，森林覆盖率 65%。

曾经，村民都用松明、火篾灯照明。1975 年始，在县机关畲族干部和有关部门的支持下，村里开始拉电灯。实现了“点灯不用油”愿望。在县民族科等有关单位支持下，克服了村落分散、线路长、造价高的困难，至 1995 年，全村 17 个自然村都拉上电，结束了“火篾当灯照”的历史。兴办垟畲、芭蕉湾、大段等 6 个村大米加工厂，解决了群众大米加工困难的问题。

1986 年以来，村里发动群众，投工献料，开山修路。在县民族科等有关部门支持下，畲、汉民众吃苦耐劳，至 1995 年修通左溪至芭蕉湾、大段等 6 条机耕路，总长 15.8 千米，总投资 33 万元；建桥 4 座，总投资 13 万元。至 2015 年，全村各自然村均修通简易公路，并硬化路面。

中华人民共和国成立后，左溪少数民族地区民众即开始重视教育，1951 年左溪、垟斜、筱条村群众自备课桌凳，自聘教师开办小学。这 3 所小学，在 1961 年精简期间，仍保留公办编制。畲族好教师李桂，1982 年秋，身患重病，在垟斜小学不下讲台，直至倒在讲台上，把生命献给教育事业。《浙南大众》报派记者赴垟斜采访，并在该报发表长篇通讯报道《不熄的烛光》，介绍了他的优秀事迹，高度评价他为发展民族教育事业的无私奉献精神，赞誉他是畲乡教育事业的“红烛”。翌年春，温州市人民政府发出通知，号召全市教师向李柽学习。

据不完全统计，至2015年，左溪村大中专毕业生（含在校）90余人（其中汉族10人），正县级领导1人，副县级领导1人，副科级干部11人，具有副高级职称2人，中级职称8人。

1993年始，村委会就开始安排村民下山脱贫，用6万元垫底，修筑防洪堤。到1994年6月，完成2米宽、4米高的防洪大堤180米，围填溪滩5亩，安排地基42榴，供38户，200余村民建房。

21世纪始，左溪村加快安排村民下山脱贫工作的步伐。至2015年，获得上级补助资金1700余万元，投入900万元实行房屋外立面改造，投入800万元实行下山移民补助、生态农业开发等。完成新建160套别墅式排房，每间占地40多平方米（2榴），建筑面积105平方米，将桥头与原左溪连成一片，完成下山移民160多户，1000余人，占全村人口的60%；建成文化礼堂1100平方米、村民中心350平方米。

左　溪　自然村，左溪村村委会驻地，古时村前之溪弯曲，后将溪道做直，得名“做溪”，村以溪名，又因方言谐音改称“左溪”。村居溪谷，房舍沿溪谷块状分布，距镇驻地1.5千米。为畲族聚居地，故为畲族村。1984年，辖17个自然村：左溪、关公堂、直斜、朱家潭、垟斜、芭蕉湾、横路、赤坦、三亩、桥头、水圳头、朱家田、关边、余坑、包坑、大段、底包坑。是年，210户1066人，总面积1176.33公顷。其中，耕地40公顷、茶园16.87公顷。农林并重，主要特产茶叶，年产6450千克。1989年21个村民小组，253户1096人。外出劳动力52人。1995年，全村总人口1116人，其中畲族人口982人，占88%。2015年左溪至桥头连成片，户籍人口1330多人，村内常住人口1000余人。

国公堂　自然村，国公堂位于村委会驻地西北3.3千米处。旧有供奉关公的宫庙，得名“关公堂”，后以音转为“国公堂”。房舍沿溪谷块状分布。

雷姓上祖从景宁迁此，今居畲族雷、蓝姓19人。

直　斜　自然村，直斜位于村委会驻地西北3.5千米处，村西山岗东延，形若长蛇，“蛇”与“斜”方言谐音，得名“直斜”，又作“直畲”。周围峰峦起伏，房舍沿山坡点状分布。

雷姓上祖雷春茂清康熙初从景宁县殿源迁此，今多畲族雷姓16人。

朱家潭　自然村，朱家潭位于村委会驻地西北5.2处。古代朱姓居此，因村前之潭得名朱家潭，村以潭名。房舍沿峡谷呈点状分布。

朱姓居此年久无考，后陶姓从司前迁此。今多陶姓，畲族蓝姓7人。

垟　斜　自然村，垟斜位于村委会驻地西北2.1千米处，因畲胞开垦田垟得名“垟畲”。后以方言音转成“垟斜”。房舍沿山坡呈点状分布。

钟姓上祖钟国彬(斌)、钟国庆兄弟清雍正三年(1725年)从青田培头(今文成富岙培头)迁仙稔村下稔暂住，后转迁于此，今畲族钟姓58人。

芭蕉湾　自然村，芭蕉湾位于村委会驻地西北3.3千米处，因山湾旧多野芭蕉得名。房舍沿峡谷呈点状分布。蓝姓从溪口迁此，今居均畲族蓝姓10人。

横　路　自然村，横路位于村委会驻地西北0.7千米处，村中横绕一条长约1千米的山路，故名，房舍沿山坡呈点状分布。

蓝姓上祖蓝玉清嘉庆初从景宁驮马庵迁此，今多畲族蓝姓15人。

赤　潭　自然村，赤潭位于村委会驻地西1.4千米处，该地左溪中有潭，多赤沙，得名“赤潭”，村因潭名。村居峡谷，房舍沿左溪北岸呈带状分布。

雷姓上祖雷可远兄弟3人清中叶从筱条迁此，今畲族雷姓39人。

关　边　自然村，关边位于村委会驻地东0.3千米处，相传古时民间纠纷村内即可调解息事，村民敬称为“官边”，后以音转为“关边”，房舍沿童东公路东侧呈带状分布。

余　坑　自然村，余坑位于村委会驻地西南0.9千米处。因两条小溪围绕得名“围坑”，后以音转为“余坑”。村居溪旁，房舍沿溪两岸呈带状分布。

包　坑　自然村，包坑位于村委会驻地西南1.2千米处，因附近小溪包坑得名。村居山坡，仅有2幢房屋。

钟姓上祖钟起昌、起成、起贤兄弟从大安南田岗迁此，又有雷姓从景宁迁此。今畲族雷姓10人。

大　段　自然村，大段位于村委会驻地西南1.3千米处，因处凸出的山墩得名“大凸”，后雅化为“大段”。房舍沿山坡呈点状分布。

筱　条　自然村，原为筱条村委会驻地，位于左溪村委会驻地南1.9千米处。初因萧氏逃难居此，得名“萧逃”，后以音转为“筱条”，村居山坡地，呈梯形，房舍较集中。1984年，筱条行政村有113户539人。总面积353.53公顷，其中耕地20.47公顷，茶园约10公顷，以农为主，兼营林业。为畲族聚居点。辖7

个自然村，1989 年 12 个村民小组，131 户 520 人。畲族占大多数。外出劳动力 32 人。2004 年并入左溪村。

初居萧姓，柳姓明中叶迁此，雷姓上祖雷光久清康熙十三年（1674 年）从平阳县十一都章山（今属平阳县青街乡）迁此。今多雷姓。

窑　下　自然村，窑下位于村委会驻地东南 1.1 千米处，先民垦田时发现古窑，满窑泥碗，得名“窑下”。房舍沿山坡至点状分布。

梨树丘　自然村，梨树丘位于村委会驻地东南 1.5 千米处。该地山峰是池村山峰一部分，古时称“池峰”；清道光《池村陶氏谱》记载，原称“棣峰”。后陶姓迁此植梨，得名“梨树丘”，房舍沿山坳呈点状分布。

陶姓上祖陶伯俸明景泰五年（1454 年）从连山迁此。今多陶姓。

左溪桥　自然村，左溪桥位于村委会驻地 1.1 千米处，因村前石拱桥左溪桥得名，房舍沿溪谷呈点状分布，

雷姓清中叶筱条分居于此，今畲族雷姓 15 人。

水笕坳　自然村，水笕坳位于村委会驻地东南 2.6 千米处，地处山坳，旧以水笕引水，故名。房舍沿山坡呈点状分布。

雷姓清代从司前筱条迁此，今畲族雷姓 10 人。

水碓坑　自然村，水碓坑位于村委会驻地东南 1.7 千米处，原称“半岭坑”，陶姓在溪涧设水碓后改名“水碓坑”。房舍沿山坡呈点状分布。

陶姓上祖陶兴钦清中叶从梨树丘迁此，今多陶姓，畲族 20 人。

石竹垄　自然村，石竹垄位于村委会驻地东南 2.2 千米处。村后山垄多石竹，故名。房舍沿山坡呈点状分布。

陶姓上祖陶廷岩清中叶从梨树丘迁此。今多陶姓，畲族 5 人，蓝姓。

垟坑头　自然村，垟坑头原为叶垟村委会驻地，位于左溪村委会驻地 3.6 千米处，村旁山形似羊，山边小溪得名“羊坑”，后以音转为“垟坑”，村处其上游，故称。房舍沿山坡呈点状分布。取辖境叶山寮和垟坑头两自然村名首字组成叶垟村。1984 年，叶垟村 79 户，334 人。总面积 339.07 公顷，其中耕地 14.6 公顷，以种水稻为主。茶园 6.87 公顷。辖 4 个自然村。1998 年，并入司前畲族镇。

岩　下　自然村，岩下位于村委会驻地南 2.6 千米处。村后原有巨石从岩壁外伸覆盖路面，人走其下，因名。房舍沿山坡呈带状分布。陶姓上祖陶圣哲清中叶从司前迁此，今多陶姓。

叶山寮　自然村，叶山寮位于村委会驻地东南 2.8 千米处，因叶姓在此山

坡搭草寮肇基得名。房舍沿童东公路两侧呈带状分布。

厝 基 自然村，位于村会驻地西南 1.1 千米处。村有两块石头形似龟，得名“龟基”，后以音转为“厝基”。房舍沿山坡呈点状分布。旧时泰顺县城去杭州、温州的大道在此分叉，清代于此设“杨坑头汛”。

1984 年和 2015 年左溪村各自然村常住人口一览表

表 7-1-3-7

自然村名	1984 年		2015 年			自然村名	1984 年		2015 年		
	户数（户）	人数（人）	户籍人口		常住人口（人）		户数（户）	人数（人）	户籍人口		常住人口（人）
			户数（户）	人数（人）					户数（户）	人数（人）	
左 溪	41	190	334	1333	约 1000	大 段	20	103	21	53	20 余人
桥 头	4	29				三 亩	3	10	—	—	0
国公堂	7	40	4	19	0	水圳头	12	63	—	—	0
直 斜	7	38	5	16	4	朱家田	2	6	—	—	0
朱家潭	6	44	6	20	0	关 边	2	7	8	27	2
垟 斜	26	133	23	58	约 20	余 坑	17	78	9	28	5
芭蕉塆	11	68	3	10	0	包 坑	13	55	6	22	0
横 路	7	37	4	15	0	底包坑	8	39	—	—	0
赤 潭	24	126	12	39	约 20	梨树丘	28	113	18	43	约 10
筱 条	6	200	62	130	约 60	水筧坳	7	38	4	15	约 10
窑 下	7	23	4	14	3	水碓坑	24	112	13	42	约 10
左溪桥	4	23	5	15	0	石竹垄	7	30	6	17	2
垟坑头	14	64	5	12	0	岩 下	24	105	8	21	0
叶山寮	23	104	10	35	约 20	厝 基	18	61	2	5	0

（三）溪口村

溪口行政村。位于司前畲族镇南部，村委会驻地大坪山，在镇人民政府驻地东 0.8 千米处。以村委会建立时驻地溪口得名，西邻新北居委会，西南接司前村，西北连台边村。面积 12.11 平方千米。有大坪山、黄山头、白鹤渡、溪口、黄步山、龙头寺 6 个自然村。经济以农业为主。

溪口村，该村宋代称瑞安县义翔乡六十都睦源、木棉村，泰顺徐氏始祖徐相定居于此，耕读传家，文风兴盛。北宋大中祥符五年（1012 年）裔孙徐奭举进士第一，成为温州第一、泰顺唯一的状元；其四世孙徐暹 20 多岁出任文渊阁大学士；徐履，南宋绍兴十八年（1148 年）中省试第一，及殿试，敢于藐视奸相严嵩，被置进士榜末，时人敬重，视为天下贤士；南宋绍兴三十年（1160 年）徐宏中举武科进士。该村曾人才辈出，荣耀乡里，闻名于世。

该村中华人民共和国成立之后属司前乡。1958 年 12 月建立溪口生产队，属司前人民公社司前生产大队；1959 年 2 月起为溪口生产大队，属司前人民公社司前管理区。1962 年 1 月起，属规模调整后的司前人民公社。1984 年 5 月改为溪口村，属司前畲族乡。1992 年 5 月属司前畲族镇。1999 年，三插溪水库移民后，村民及村委会迁至司前大坪山移民安置点。

溪　口　位于村委会驻地东北 1.8 千米处，因处司前、竹里二溪汇合之出口得名。房舍沿溪呈点状分布，1999 年建珊溪水库，居民迁往大坪山和温州各县。村西有崇寿寺门楼，该寺建于北宋开宝元年（968 年），20 世纪 50 年代废。

该村是全镇海拔最低村，仅 150 米左右。司前溪沿岸原有一片“溪口垟”，是泥沙淤积的河漫滩，地势平缓，土质肥沃，灌溉方便，是主要粮仓。据传说，古有仙人经过此处说“溪口好条垟，一年只种半年粮，还要种点大麦凑过年”，说明此处每年可种三熟，但因靠近大溪，易受洪水灾害而歉收。民国时期政府提倡养蚕，该村曾发展蚕桑种植。直至 20 世纪 70 年代仍有农户种桑养蚕，是该村农户的重要副业。至 2015 年，该村较平坦土地均被珊溪水库淹没。

大坪山　溪口村村委会驻地。该地山上有块大坪，得名“大坪山”，村以山名。房舍沿山坪呈点状分布。1999 年建珊溪水库，溪口村 200 人安置于此，并成为溪口村委会驻地，山坡上还居有司前村村民。

黄山头　位于村委会驻地北 1.3 千米处，因周围山头多黄土得名。房舍沿山坡呈块状分布。

白鹤渡　位于村委会驻地东北 3.0 千米处，近三插溪与司前溪交汇处，旧有渡口“白鹤渡”，故名。房舍沿溪呈点状分布。该地原为罗阳、司前去文成西北部通津要地。

黄步山　位于村委会驻地东 3.6 千米处，相传黄姓肇基得名，今仅居 1 人。

龙头寺　位于村委会东北 1.2 千米处。因古有龙头寺得名。房舍沿山坡呈点状分布。

1984 年和 2015 年原溪口村各自然村常住人口一览表

表 7-1-3-8

自然村名	1984 年		2015 年			自然村名	1984 年		2015 年		
	户数(户)	人数(人)	户籍人口		常住人口(人)		户数(户)	人数(人)	户籍人口		常住人口(人)
			户数(户)	人数(人)					户数(户)	人数(人)	
溪　口	105	386	—	—	迁大坪山	坑　栋	13	66	—	—	水库移民
岭　头	3	8	—	—	迁大坪山	宫头垟	35	130	—	—	水库移民
斜　塘	1	11	—	—	6—7 人	墩　头	21	87	—	—	水库移民
樟　潭	7	26	—	—	水库移民	朱路垟	2	14	—	—	水库移民
白鹤渡	15	62	1	6	0	垟头山	3	15	—	—	水库移民
黄步山	33	135	—	—	1	黄山头	13	51	20	78	15
龙头寺	13	49	—	—	水库移民	大坪山	—	—	162	468	468

(四)大住村

大住行政村。位于司前畲族镇东部，村委会驻地大住，在镇人民政府驻地东北 6.4 千米处。以村委会驻地大住得名。东至峰门村，西邻竹里畲族乡何宅垟村，南接百丈镇朱垟村，北连黄桥村。面积 13.54 平方千米，辖 11 个村民小组，有大住、坑口，上湖、翁垟具、徐岸、章庄、吴山 7 个自然村。

中华人民共和国成立初，大住村属燕溪乡，1952 年属司前乡；1958 年建立大住生产队，属司前人民公社司前生产大队；1959 年 2 月起为大住生产大队，属司前人民公社司前管理区。1962 年 1 月属规模调整后的司前人民公社。1984 年 5 月改为大住村，属司前畲族乡。1992 年重新认定革命老区，大住村被认定为革命根据地村。

该村森林资源丰富，人均林地面积 2.38 公顷，乔木类以用材林为主。且近三插溪水路，出运方便，经济效益较好。故大住村民大多从事撑排(竹木水上运输)。1958 年大炼钢铁时，烧木炭森林遭破坏严重。20 世纪落实生产责任制后，80%林地划为责任山、自留山，森林资源得以恢复。21 世纪始，大部分森林划为生态林，森林得以更好保护。但是全村耕地少，多数为梯田，耕作困难。21 世纪始，大部分农民迁往司前等地从事务工经商，只有部分农民抽空回村进行山林管理和收益。

大　住　大住村村委会驻地。该地系大水冲来的沙石堆积而成，得名“涨岸”；相传有一支农民军途经该村，住了 3 天，较其他地方为久，乃改名“大住”。

村处三插溪西岸，房舍沿三插溪呈点状分布。

坑　口　位于村委会驻地北偏东 2.7 千米处，因在百丈坑汇入三插溪处得名。房舍沿溪呈点状分布。

上　湖　位于大住村委会驻地北偏东 3.9 千米处。村居山顶，冷泉水终年不断，其形若湖，故名。现住 1 户 5 人，畲族，钟姓。

翁垟具　位于村委会驻地北偏东 3.8 千米处。相传古代翁姓肇基，得名“翁垟住”，后以方言音转为“翁垟具”。房舍沿山坡呈点状分布。

徐　岸　位于村委会驻地西北 0.7 千米处。一说因齐姓初居于此得名“齐岸”；另一说地处三插溪边，屋基几与岸高齐平，故称“齐岸”，后以音转为“徐岸”，村处三插溪东岸，房舍沿溪呈块状分布。

章　庄　位于村委会驻地西北 1.4 千米处。张姓在此开基，原称张庄，后以音转成“章庄”。房舍沿山坡呈点状分布。

吴　山　位于村委会驻地两北 1.3 千米处，因吴姓肇基得名，房舍沿山呈点状分布。

1984 年和 2015 年大住村各自然村常住人口一览表

表 7-1-3-9

自然村名	1984 年		2015 年			自然村名	1984 年		2015 年		
	户数（户）	人数（人）	户籍人口		常住人口（人）		户数（户）	人数（人）	户籍人口		常住人口（人）
			户数（户）	人数（人）					户数（户）	人数（人）	
大　住	41	164	92	273	约 30	坑　口	10	38	11	41	0
上　湖	1	6	1	5	0	章　庄	24	93	40	172	4
翁垟具	1	6	4	5	0	吴　山	9	43	5	18	约 10
百丈坑	8	36	—	—	0	徐　岸	21	92	21	70	约 10
白沙岱	1	9	—	—	0	杉树垄	8	26	9	30	约 10
横坑源	5	21	—	—	0						

（五）黄桥村

中华人民共和国成立始至 1952 年 3 月，晓园乡辖晓园、苍桥、黄岗 3 个行政村。1952 年 4 月，晓园乡改称黄桥乡，辖原 3 个行政村。直至 1956 年冬，成立联盟、园桥、新增、苍展 4 个高级农业生产合作社。1958 年 10 月，人民公社化，黄桥乡改为司前人民公社黄桥生产大队，行政村改称生产队，仍归黄桥生产大队管辖。1959 年 2 月，改称生产大队，属司前大公社黄桥管理区。1962

年1月，管理区改为人民公社。1984年5月，撤销黄桥人民公社，设立黄桥乡。所辖各生产大队改为行政村。2004年6月，黄桥乡所辖4个行政村合并为1个行政村，统称黄桥行政村。村委会驻地司前东村留田垟小区，在镇人民政府驻地东南0.4千米处。2011年5月，撤销黄桥乡，设立黄桥便民服务中心，保留黄桥行政村建置。2015年，黄桥便民服务中心改称黄桥社区，继续保留黄桥行政村建置。1992年园桥、联盟、新增、苍展4个村被认定为革命根据地村。

1. 园 桥

园桥自然村背靠海拔1000多米的来龙岗脚(旧称元桥山)。村居山坡，坐西北朝东南，地势西北高东南低，小溪流经村中央，注入三插溪，海拔421米。距村委会所在地12.4千米处。房舍沿东西方向呈块状分布，村民以务农为主。

民国时为苍桥村，属晓园乡第二保。中华人民共和国成立初沿称苍桥行政村，合作化时期改称园桥高级社，公社化后改称生产大队，1984年后复称行政村。地处黄桥乡中心。

民国24年(1935年)建乡以后，该村为乡公所驻地。中华人民共和国成立后，历为乡人民政府驻地，是全乡政治、经济、文化中心。下辖苦竹井、杨山后、山头、西沙派、石门楼、平滩、水坑、朱步庵、朱步、黄坦10个自然村，10个生产队。1984年，园桥行政村户籍人口706人，耕地23.2公顷、山林1020公顷、茶园4.73公顷。

据《何氏家谱》载，何氏先祖何八公于南宋淳熙八年(1181年)迁入园桥。现保存的何氏家谱亦有清康熙园桥村地形图，显示何氏为园桥村鼻祖。此后，苏氏于南宋宝庆元年(1225年)迁入园桥，现园桥村以苏姓居多。

该村花岗岩资源约10万立方米，属浆侵入型肉红色中细粒花岗岩。开采成块石断面平整，是建筑的上好材料，且运输方便。村内土壤疏松，属乌沙土，少黏性，较贫瘠，适宜种植番薯、花牛、马铃薯等。山林多竹林，次为松、杉。阔叶林次生林约占20%，面积40多公顷。

淡水溪鱼是园桥村的特产。三插溪流经该村，三插溪水库未建之前，沿溪老百姓采用鱼笼、放钩、布网等方法捕鱼。1998年，三插溪水库蓄水后，逐年放养大量鱼苗，2010年采取网箱养鱼。由于三插溪水库上游植被好，没有污染，这里的鱼不仅个头大，味道特别鲜美，品尝者赞不绝口，而且还品种多样，销路广阔，经济收入可观。

民国时期，园桥村为民国政府晓园乡的政治文化中心，但由于老百姓大多过着缺衣少食的生活，很少有人外出读书求学。绝大多数人为文盲、半文盲。中华人民共和国成立后，虽然学校设在家门口，大部分人因生活贫困，仍然没有读书的机会。直至20世纪80年代始，开始重视子女教育。2013年12月统计，全村共有大专以上毕业生36人。至2015年，该村村民大多数迁往司前等外地居住，常住该村的仅有30多人。

原园桥村辖区内较大的自然村有石门楼、苦竹井自然村。

石门楼　石门楼自然村距离原村委会所在地园桥村约1千米，海拔396米。分石门楼、独自砻、渡船亭3个点。传说古时该地有一宫庙，周围块石砌筑，中间有石门楼，故该村沿称石门楼。该村地处三插溪右岸，村中有一湖泊，面积1000多平方米，名为黄潭湖，终年不涸。民间传说，历史上此处曾有一座大屋，地面突然沉降而形成该湖，该屋沉降3年后，还听到湖底有公鸡啼鸣。该湖有鱼、鳖、鳗等多种淡水野生鱼类。由于湖水终年浑浊，湖底淤泥深不可测，故无人在此冒险捕鱼。

该村属低海拔区，日照充足，土地肥沃，较适宜农作物生长，山林资源却十分有限。百姓历来生活清苦，几乎全村都是文盲。20世纪90年代后期，全村掀起一股读书热潮，在校大专生和毕业生21人，其中有清华大学、南京大学、同济大学等国内著名院校毕业生。

1998年，三插溪水库蓄水后，石门楼整村淹没，全村迁往司前村。

苦竹井　苦竹井位于文(成)、景(宁)、泰(顺)三县交界，是山涧小盆地。距原村委会所在地园桥村3千米，海拔559米，四面环山，竹木茂盛。村居盆地，坐南朝北，房舍呈点状散布道路两侧。古时因该地盛产苦竹(学名箭竹)，且村尾小溪有小水窟名曰龙井，故村名苦竹井。台黄公路未通之前，是黄桥一带往返泰顺、景宁、文成必经之地。

村民吴姓居多，清末迁徙自庆元。亦有少数谢姓、叶姓与林姓。耕地面积少，主要经济收入来自山林资源。该村一处林地名苦竹井源，由于土地肥沃，十分适宜松、杉、榅木及阔叶林生长，森林茂密，是全村的聚宝盆。此外，毛竹也是收入的主要来源。村民生活向来比较稳定。

民国时期，这里很早就有中共地下组织活动。20世纪40年代，中共青景丽中心县委所属泰东北区委就委派陈存飞(原籍文成)到该村以烧炭为掩护，发展中共地下党员，以配合中共青景丽中心县委在这一带开展工作。1949年5月泰顺全境解放，陈存飞被任命为晓园乡乡长。

至2015年,该村村民大多数迁往司前等外地居住,村中仅有10多人常住。

2. 联 盟

联盟,原为行政村,由炉西、晓燕、横路3个自然村组成。民国时期为晓园乡第一保。中华人民共和国成立后为晓西行政村,仍为晓园乡所辖。1952年全行政村划入燕石乡,1956年复归黄桥乡。1955年,组织初级农业生产合作社(以下简称初级社),炉西初级社取名为联盟社,晓燕初级社取名为新华社,横路初级社取名为有利社。1956年3月,初级社过渡为高级农业生产合作社(以下简称高级社),3个村合并为1个高级社,取名联盟高级农业生产合作社,寓意为3个村联合,共同发展。1958年人民公社化,沿称联盟生产大队。1984年,撤社建乡后改称联盟行政村。根据1984年人口统计,全村户籍人口140户657人,共有耕地21.2公顷。

联盟地处司前畲族镇西北部边缘,毗邻景宁畲族自治县东坑镇。该村西至上燕(岘)五龟湖,东至炉西猪槽坑,边界线长达7.5千米。辖地以连绵起伏的山岗分水为泰顺、景宁畲族自治县两县的分界线。

炉 西 炉西自然村位于村委会所在地14.7千米处。驻地西北10.3千米。海拔约670米,坐落黄桥乡西北角,与景宁畲族自治县东坑镇徐耆、章坑两村毗邻。村东古有炼铁炉,村居其西,故称"炉西"。村居山坡地,坐西北朝东南,西北高、东南低。房舍沿坡地弧形分布,与横路村相望。

炉西由新厝、老厝、外厝、下厝、仓后、旁山,水芋田等古村落组成。村中央有馒头状小山一座,称为金钟墩。四周群山环绕。村内的门前岗、阆后山,西面的旁山、岙头门、祠堂岗等为茂密的松、竹林,春夏季节杜鹃花、夜来香等山花烂漫。南侧的宫岗有数人才能合抱的五顶松,北边有300多年的大杉树与红叶古枫合抱组合,南向水口湾有百年大柳杉挺立。

炉西内多梅姓,始祖梅正福于清顺治十六年(1659年)从景宁县黄桐迁入,至2015年已357年。初迁时在该村坑底垟寮后岗结庐而居。

该村历史较悠久。2012年村民在基建挖土时,曾出土古瓦窑,发现比现时标准大且较黑的烧制砖块,据此推测,该村可能早在宋时即有人类活动。

该村原是全乡人均耕地面积最多的村,土层深厚,灌溉便利,且坐北朝南,日照充足,粮食单产比其他村高出30%—50%,粮食充裕。1986年,建成通村公路,全线长3.3千米。2004年通村公路进行硬化。

炉西居民十分重视读书识字。民国时期就有高等小学毕业生15人。其中，梅姓4人属晓园乡“4支笔”(文化程度较高)。梅作师书法在乡域内堪称一流。中华人民共和国成立后，1956年扫除了文盲，成为当时浙江省第一个无盲村。受上辈人影响，后代都学习勤奋。至2015年，全村共有大专以上学历的在校生及毕业生56人，占该村总人口的17.39%，为全乡各村之最。其中，进入全国重点高校(211)3人，硕士研究生1人。至2015年，该村村民大多数迁往司前等外地居住，常住该村的仅有30多人。

晓　燕　晓燕自然村位于村委会所在地12.6千米处。该地形似燕窝，旧称“晓岘”，20世纪50年代后简化为“晓燕”或“小燕”。村周三面竹林，村居山坡，坐西北朝东南，西北高东南低。地处海拔1128米的猪母崖脚，海拔813米，是乡域内海拔最高的村。即使在夏日，夜里也要盖棉被。由于地处高山，无论从哪个方向走路、行车，都要爬山岭、绕盘山公路。晓燕村民风淳朴、村民热情好客，进村的外乡人每走进木屋，主人都会热情地邀你“到堂前[①]坐”。

该村200多人口，70%为叶姓。明永乐年间(1403—1424年)，吴显六从景宁上标吴家洞迁入繁衍。

该村人均耕地面积约0.8亩，但多数属高山冷水田，产量不高，亩均产量仅150—200千克。该村毛竹林2000余亩，人均10亩，是全县毛竹林最多的5个村之一。村民主要经济收入靠毛竹。但公路未通之前，山路太远，毛竹无法外运，仅能加工成雨伞骨、筷子之类外运。20世纪70年代末，台(边)黄(桥)公路经过全村，交通方便，毛竹原条可外运，林业收入提高。

晓燕村在清末时期一度文风兴盛，其中较有名气的有清从九品官叶秀涵，生于清道光十七年(1837年)；景邑庠生叶笃甫，生于光绪十一年(1885年)；叶其菜，民国时期毕业于景宁师范讲习所。

中华人民共和国成立后，尤其是20世纪80年代以来，培养出不少人才，至2015年，全村250多人口中，共有大专院校在校生及毕业生36人，占该村总人口的14.4%。至2015年，该村村民大多数迁往司前等外地居住，常住该村的仅有10多人。

横　路　横路自然村位于距村委会所在地13.4千米处。黄桥乡政府驻地西北4.4千米处，海拔680米。有大路自南北横穿，故称横路。四面环山，小溪经村南东流。村居山坡，坐西南朝东北，地势西南高东北低。房舍沿山坡呈点状分布。

① 堂前，即堂屋，秋冬季节屋内生火炉，备热茶，随时可招待客人。

该村建村约350年。多数为叶姓,清咸丰二年(1852年)从景宁石梯迁入,次为吴姓,清咸丰三年从龙泉后乔迁入,还有梅姓、林姓、陈姓等。

该村地处海拔1078米的旗顶尖山下。1975年后,随着台黄公路的开通、过境,村内房屋全部搬迁到公路两侧。全村共有3.33公顷耕地,人均仅0.3亩,且大部分处在光照及水源不足的山坡地,土质浅薄,产量不高。村中人均毛竹林7亩,是主要经济收入来源。全村虽然处在竹林中,但属于横路村所有的仅占30%左右。21世纪始,在中共浙江省委组织部及广州发展银行杭州支行的帮扶下,该村建立了毛竹低改示范基地及竹笋加工基地。提高了毛竹的附加值,增加了村民经济收入。至2015年,修建许多林间道路并硬化,方便林间生产作业。

该村在叶、吴等姓迁入之前,明代曾有人居住。从旗顶山至深坑庵溪的处基坑,仍较完整保留古代用不规则大石块砌成的防洪墙,有几处高达5米,均用大石块构砌,至今仍完好无损。该古屋基由民国25年(1936年)从龙泉迁徙过来的吴氏后裔建,至今仍在居住。据晓燕吴氏宗谱资料考证,是吴氏人。

横路由于地处偏僻,村民祖辈的生活都比较艰苦。20世纪80年代后,村民们把重视教育作为改变子女命运的一件大事来对待。至2015年,全村145人,大专在校生及毕业生42人,占28.97%。其中学士3人、硕士1人。至2015年,该村村民大多数迁往司前等外地居住,村内无人常住。

3. 新 增

新增,原为行政村,包括黄山、陈吴坑、桥头岗、双坑头等自然村。民国时期新增属晓园乡第三保。中华人民共和国成立初期改称黄岗行政村。1956年合作化时,陈吴坑等4个低级社组成新增高级社,意为新社成立,增产增收,共同富裕。1958年人民公社化后称新增生产大队,1984年始称新增行政村。下辖黄山、北山、北住、山头、陈吴坑、双坑头、桥头岗、占排、石章坑等村。1984年,新增行政村有户籍人口172户736人。耕地面积20.33公顷、山林面积1245公顷,是全乡人口最多和土地面积最大的行政村。黄山、陈吴坑、桥头岗3个村是该行政村较大的自然村。

黄　山　三插溪将黄桥乡分成南北两片。黄山村是北片最大村庄,是民国时期黄岗保及中华人民共和国成立后新增(黄岗)村委会驻地。

黄山坐落三插溪北岸的半山腰,面朝乡域最高峰——来龙岗头,下临深溪,与园桥村隔岸相望,海拔659米。相传,仙人黄州公的香炉飞至此处,故称黄山。并且村庄四周均为黄土，遂命名。明清及民国时皆称旺山，为苏氏始祖到此肇基时祈求丁财两旺，自命别名。据苏氏宗谱载，其祖苏通十二于明宣德年间从苍头迁至黄山，至2011年已繁衍19代。2015年全村户籍人口88户286人，分4个村民小组，除2户严姓外，余均为苏姓。

村庄呈扇形展开，房舍沿山梯级而建，密集紧凑，错落有致。村间有古树名木红豆杉、银杏、香枫、毛栗等30余株，树龄达400年以上。

黄山距村委会所在地13.3千米处。乡政府驻地直线约0.5千米，步行里程2.5千米，公路里程10千米。历史上黄山外出古道有三条。右道经北山岭至黄漂口，通景宁畲族自治县。左道经黄山岭通百丈、司前至泰顺县城，亦可中途转向，直下岗梁，经祠堂三插溪渡口到达园桥。沿途俱崇山峻岭，极难行走。吴国乾回忆录《好�黄山岭》写的就是此古道。村后道经陈吴坑通青田县境(现为文成县辖地)。三道均系阔约1米之石径，为黄山苏族建造。据传，苏姓建石道至村后场头，陈吴坑吴族亦不顾村小人少，奋力砌筑黄山增头至胜坑坳头的十里石径，留下二族合力开路的佳话。

民国24年(1935年)，晓园乡建立，实行保甲制，其北片设黄岗保，下辖双坑头、陈关坑、北山、山头、北具、桥头岗、尖排、被狄源、木岱山、半冬坑、木岱山冈诸村。国民政府督令乡、保修筑炮台(实为上绸堡)“防匪”。民国25年，黄岗保在黄山村后山岗筑炮台，平整1亩多平地作为训练场(现称吞坪)，由保队附苏成良负责训练壮丁。民国26年，一支从潭竹乡(现竹里乡)石鼓背出发的红军，经本乡黄坦，涉溪至黄山老唐大院驻扎，被对面园桥村警备队发现，双方均用机枪对射。国民党军从北山岭、祠堂岭潜至黄山村居高临下包抄红军，红军失利。一位年仅16岁的小红军被俘，国民党军将其押至晓园乡公所剖心煮酒而食。

中华人民共和国成立后，20世纪80年代，为缩短与乡所在地园桥的距离，该村自筹资金，在三插溪杨梅坑段最窄处建造石拱桥，另辟小径直达园桥。虽缩短距离，但仍崎岖难行。三插溪水库蓄水之后，桥淹水下。相关部门出资，在村前杨梅坑砌石道，经库区渡口通向乡驻地。为确保小学生过渡安全，乡中心校教师长年在渡口接送学生。黄山籍教师苏德连因十数年如一日接送学生，被评为2008年度“感动泰顺十佳人物”。为彻底改变交通局面，黄山与邻村桥头岗勒紧裤带，采用人均摊派1000元及外出筹资，并得到三插溪水力发电有限公司支持，耗资200多万元，建造了三插溪大坝头途经木岱山冈、桥头岗的7千米长通村公路。不仅解决了交通困难，也为沿线村庄经济发展创造良好条件。

黄山地处北坡，日光充足，土壤肥沃。其坑底洋片百亩梯田，旱涝保收。油茶亦是该村特产之一。在乡域内，称得上是农业条件较好之村落。中华人民共和国成立后随着人口的大增，人均耕地面积逐年减少。集体化期间，成为缺粮村。该村地处高山，饮水困难。大旱岁月，村民需起早到里许外山涧挑水。虽为山区，烧火做饭的薪柴，需到五里之外山梁肩挑背扛。竹木林业资源有限，且大部分在十里之外的深山幽谷之中，很难产生直接经济效益，村中大部分人生活清苦。改革开放以来，由于落实生产责任制，推广新品种作物栽培，粮食基本能自给。为增加收入，年轻村民纷纷走出山门，到外地务工经商，以期增加收入，生活水平有所提高。留守的村民，曾成立一家甜柿专业合作社，种植甜柿3.33公顷。甜柿虽年年挂果，然无销路，故无收益。近年，村民纷纷外迁，已呈十屋九空之状。

黄山村办学历史悠久，早年设有私塾，民国36年(1947年)，创办国民小学。该村徐高、苏文标2人旧时是乡内文化人，徐高曾任乡长，苏文标书法较有造诣。黄山小学，直至中华人民共和国成立后的20世纪60年代中期，一直是周边北山、北其、山头、桥头岗、陈吴坑学童的走读校，曾一度成为完全小学。1995年，黄桥实行一乡一校制，黄山小学停办。该村籍人中出了硕士1人、处级干部1人。

陈吴坑　陈吴坑地处全县最北角。东西北三面均与文成县西坑畲族镇接壤，与铜铃山风景区仅一山之隔。南通黄山村，距村委会所在地15.4千米处。海拔575米。至2015年年底，全村户籍人口53户176人，单一吴姓。《吴氏宗谱》记载，北宋咸平四年(1001年)，库村始祖吴畦八世裔孙吴恒从库村迁至陈吴坑，至2015年已1015年。据考，之前该村曾有陈、胡、何、徐等姓在此定居。故该村原名陈胡坑，后称陈路坑，20世纪50年代改为陈吴坑。吴姓迁此已繁衍30代，也有族人在不同年代外迁至景宁县梅岐乡高山、沙湾，东坑镇大仰、杨斜，文成县石垟乡吴寮等地及该行政村山头、双坑头。

该村坐落文、泰交界千米高山出水崖尖山麓，四周群山环绕，峭壁屏列，茂林修竹，隐天蔽日。5条小溪涧从深山中流出，在村中汇成宽约6米，清澈见底的小溪。由北向南流入三插溪。20栋木屋就建在溪峡两岸。村中长着4株胸围6米以上的香枫，2株30多米高的红豆杉，7株粗榧组成的古树群。这些古树树龄均达500年，仍枝繁叶茂。

《吴氏宗谱》曾记述村景之水为“五龙落井”。古曾有诗曰：“五龙落井在中央，双凤上山立西边。神宫一座门前闸，骑马出朝屋后眠。恒公昔日爱居此，儿孙于今得繁昌。诸景有诗蟠鳌起，平步青云踏九天。”

陈吴坑地处深山冷岙，耕地稀缺，日照短少，粮食不能自给。然林地广阔，竹木资源十分丰富。据民国15年（1926年）修订的吴氏家谱载，其山场范围西至蕉湾（现属文成县），南至筱驮源坑，直下至木岱山岗，东至金坳头横过至筱驮源坑头，北至青田县境（现文成县），纵横10多千米。经人民公社化之后，划出三分之一林地给他村。今尚存松杂木阔叶林近700公顷、毛竹林100公顷，人均拥有量全县之首。清至民国时期，该村造纸业发达，有纸厂作坊4处，纸塘21个，外来工匠及挑工50多人。20世纪50年代之后，土纸淡出市场，制纸作坊被废弃，村内留存千余捆土纸，1964年才由收购站运走。70年代，平阳、文成二县纸伞厂在此设立加工点，用毛竹制作竹伞柄及伞骨。一些外县人也常来此买竹，制作竹片、竹簟，削筏竹。60年代至70年代集体化时期，生产队也自砍毛竹，肩背到5千米之外的黄山岭脚溪边，由百丈收购站收购，成为集体经济收入的主要来源。

该村拥有大量的阔叶林，1958年被确定为木炭生产基地。不仅黄桥当地人筑窑烧炭，瑞安、温州的市民亦进入该村伐木烧炭，支援大炼钢铁。当时筑窑百余口，满山冒烟，夜以继日，滥伐原始阔叶林数千亩，烧炭数万担。除大部分运走外，剩余尚有木炭千多篓，全部储存在废弃的造纸厂内，被村民用作冬天烤火取暖。20世纪70年代，新增大队也在该村办竹木加工厂，生产竹制品和铁锨柄、门方料等木制品，大批阔叶林被砍伐。尽管如此破坏，该村及双坑头（原属陈吴坑生产队）仍拥有原始阔叶林500多公顷，是全县保护最好的天然阔叶林。1993年被确定为乌岩岭国家级自然保护区的核心区。

“文化大革命”期间，该村地处三县交界，监管失控，境内经常砍伐松杉木材、毛竹外运。当时被称为搞资本主义及投机倒把的典型村。尽管公社组织数次整顿都无果。六七月农闲之际，外地挑工、匠人云集该村，将竹木原材料及半成品运往邻县。因而该村集体分红较好，一般年份，10个工分可分约1元以上，最高时达3元多，这在当时是全公社乃至全县都是最高的分红。

20世纪80年代落实农业生产责任制后，大面积推种杂交稻，粮食亦可自给，村民充分利用竹木资源优势，购买机器，生产竹木制品、半成品外销，还用杂木粉种植香菇，收入丰厚。90年代末，全面禁止采伐阔叶林、针叶林以及竹木制品市场萎缩，该村竹木加工业全部下马。21世纪初，大部分村民外迁罗阳、司前等地。2005年9月3日,"泰利"台风形成特大暴雨,致村头出水崖尖顶部大面积塌方,形成数万立方米的泥石流。晚9时许,山洪挟泥石流倾泻而下,整村被毁,2人失踪。政府及时启动整村搬迁工程,在司前石门洞、炮台岗两处落实建房地基37间。经数年努力,基本完成整村搬迁计划。

之后在省港航局及县乡各级支持下,该村村民多方筹资,于2014年建成陈吴坑至北山的准四级通村公路。

陈吴坑村不仅特产丰富,更是地灵人杰,家家户户以培养子女成才为荣。20世纪80年代始,该村开始重视教育。至2015年,该村有大专以上文化46人,占全村总人口的26.14%。大多在党政机关、教育、卫生、金融诸部门工作。其中,高级职称3人、中级职称11人,硕士1人,科、股级干部9人。

桥头岗 桥头岗位于距村委会所在地12.6千米处。原黄桥乡驻地隔溪对面1.9千米山腰陡坡,背倚天秤山,面向三插溪,海拔507米。古时,村前浯溪(今称三插溪)有连接两岸的木拱桥,桥头岗因之得名。该村由底桥头岗、外桥头岗与水圳头3个居住点组成。外桥头岗居民为汤姓、胡姓。汤氏来自景宁县东坑镇罗山村。2011年,已无胡氏居民,水圳头系李姓居住,来自邻村石章坑。底桥头岗系林氏世居。始祖林天彩于清乾隆年间(1736—1795年)从平阳县山门镇水门头迁此,已繁衍10代,历230余年。其后裔还散居黄桥乡石章坑、桥头坑、北山、晓燕以及景宁县杉树岙、底堡、徐蓉和文成县胜坑等地。其祖籍平阳县山门一带历史上民风强悍,有习武传统,故林姓定居桥头岗后,亦沿袭其祖上好武之俗,男丁习练拳棍,拳师棍师辈出,在乡里较有名气。其中,一高手曾在村旁山湾射杀老虎一只,至今其地仍称打虎湾。民国初,还在村后天秤山筑隘,抵抗县衙官军。故天秤山又称天寨。因骁勇好斗,周边大户遇讼争或民间宗族械斗,均延请林族拳师充当护院或出头人(当时称请老师)。因林氏为习武世家,至今族内男女身材仍显彪悍。

林氏定居黄桥较晚,只能栖居于生存条件较差的桥头岗。该村周围峭峰陡立、地无三尺平,村中无一块水田。故林氏只能向周边北山及离村300余米的石章坑、桥头坑等处散居。此外,桥头岗的林业资源也较稀缺。山林为松、杉及其他一些原始次生林和阔叶混合林。由于耕地稀缺,资源贫乏,村民生活艰辛。20世纪50年代土地改革时,全村20余户几乎都是佃农、贫农和贫下中农。之后村民生活虽有改善,但生存环境较差,只能通过外出务工、经营小本买卖等方式来增加收入。2003年,随着三插溪坝头至黄山公路的建成,该村交通条件得以改善,收入有所增加。90年代后期,随着乡域内读书热的兴起，村民们开始重视下一代的教育，纷纷把子女读书当成走出大山的唯一出路。先后有 16 人通过各种形式获得大专文凭，走上工作岗位。21 世纪始，随着黄桥整乡搬迁工程的实施，大部分村民已搬迁到司前、罗阳，原村庄基本无人居住。

双坑头　双坑头自然村是老革命根据地，是司前畲族镇北端最偏远的小山村。位于双岩坑之源头，故名双坑头。该村坐北朝南，海拔 775 米。四周群峰插云，古木参天。通往该村的是一条长满荆棘的羊肠小道。东伸陈吴坑村，西通文成底塘及景宁县境，南北均无通道。一座木屋处于丛林包围之中，晴日少见太阳，雨天烟雾缭绕，周围十里没有村落。

双坑头吴氏与陈吴坑吴氏同宗。其祖吴永昱于清咸丰时期（1851—1861 年）从陈吴坑迁此，历 8 代。中华人民共和国成立初，为文成县石垟乡所辖，1956 年复归泰顺县。原属陈吴坑村第 8 生产队，后因距离生产队 5 千米之遥，黄桥公社批准其分设新增大队第 11 生产队，1984 年有 5 户 24 人。

由于地处泰顺、文成、景宁三县交界，史上为“三不管”之地，人迹罕至，乡人称此为“山寮厂”。民国 25 年（1936 年）始，中共地下组织利用此处地形复杂，便于隐蔽，国民党政府鞭长莫及的有利条件，在此建立革命根据地。民国 27 年后，长期成为中共青景丽中心县委及中共浙南特委的长驻地。龙跃、郑丹甫、郑嘉顺、林志东等中共浙南地下组织领导人曾长驻于此。故国民党军队数次到此“剿共”，二次放火烧毁其房。民国 29 年，该村建立中共地下支部，全村 10 人，6 人为中共地下党员。

深山中的双坑头，耕地稀缺，仅水田数亩，坐落在十里之外的陈吴坑。由于产量低，后弃种。依靠烧畲垦荒，刀耕火种，种植番薯、玉米、烟草，长年以番薯丝为主食。密林之中，多野兽，庄稼成熟之季，需在地边搭棚，点燃篝火，敲锣击盆，鸣放土铳，当地人称“守野猪”，日夜守护，生计十分艰难。中华人民共和国成立后，地方政府对该村给予多方照顾，先后为其安装电灯，也曾办过小学。该村山场辽阔，林木资源十分丰富，阔叶林 200 多公顷，占陈吴坑片林区三分之一。受交通制约，无法产生经济效益。1988 年，经县人民政府牵线，与乌岩岭林场联办林场，并按月给村民发放工资，之后乌岩岭林场改制，又于 1994 年将其林地划作乌岩岭自然保护区的核心区，按亩发放生态补偿公益金。2000 年后，每年人均可分成 5000 元，村民有了一笔固定收入。

1998 年，已举村外迁。现其祖屋已倒塌，中华人民共和国成立后所建的 3 座木屋也濒临倒塌，仅一座可勉强住人，尚有 1 人在此常住。

4. 苍 展

苍展,原为行政村,包括苍头、墨斗住等自然村。民国时期属晓园乡第一保,中华人民共和国成立初期名苍桥村。合作化时期取名为苍展高级社,寓意“百里苍山展美景”。人民公社化时分别为生产队、生产大队。1984年复称苍展行政村,辖苍头、墨斗住、石街、半东坑、木岱山、筱状源、木岱山岗等村。根据1984年统计,全行政村有户籍人口86户395人,耕地9.33公顷,林地546.67公顷,是乡域内规模最小的行政村,其中最大的自然村苍头也仅120余人,是原苍展村民委员会驻地。

苍 头 苍头位于村委会所在地11.5千米处,海拔约517米,村居山顶,四周苍松翠柏环绕,俗称“山顶”为“山头”,故称“苍头”。村居坐东朝西,地势东高西低。1984年,有户籍人口30户130人。苏氏上祖苏万一于南宋淳熙十年(1183年)从青田迁此。苏氏迁走后为郑氏居此,建村约815年。

该村虽地处偏僻,但坡度相对平缓,村民房屋由西向东一字排列。中间为郑氏古屋,已历100余年。原屋由七间正屋加两厢横轩构成,后裔在屋前加盖5间瓦房,形成四合院式构造,鼎盛时期,全村近半数村民居此屋。

该村地处山巅,交通不便,三插溪水库未建之前,乡政府驻地通往该村约5千米。20世纪90年代后期,三插溪水库蓄水,原苍展村建造的大桥被淹,村里利用赔偿款及其他办法筹资,建造一条由石街通往苍头的公路,2007年进行了硬化。

该村人均0.3亩耕地,大部分散落在距离5千米外的园桥村一带,耕作十分困难。山林资源也非常稀少,且相当部分处在离村较远的山场。因此,群众的生活比较清苦。1952年土地改革时,全村仅1户破产地主。2015年全部迁往司前,无人常住。

墨斗住 墨斗住自然村距离苍展约3.5千米,距村委会所在地10千米处。海拔502米,与司前畲族镇的坑口、上湖、翁垟住毗邻。该地形似木匠用的“墨斗”,故称墨斗住。四面环山,村居山坡,坐东北朝西南,地势东北高西南低。房舍沿山坡呈点状分布。2015年有户籍人口35户109人。

该村是原园桥往返司前、百丈一带的必经之处。虽地处偏僻,但开基较早。据该村《陈氏宗谱》记载,早在清乾隆四十七年(1782年),陈氏裔孙陈贵生举家从乡域内平滩自然村迁此肇基,至2011年已繁衍13代,建村约300年。

该村山多地少,历以番薯丝为主食。山林是以阔叶林为主的混合林,其中古树名木较多,用材林、毛竹面积不多。1995年司前至三插溪水库大坝公路修通后，村民们经多方集资和义务投劳，修建了一条2000米长的通村公路，并于2005年进行了硬化，出行十分方便。

为解决村民子女入学难问题，该村于20世纪70年代初开办了一所民办小学，使许多农家子女获得接受教育的机会。虽地处深山，仍培养出不少人才。

1984年和2015年黄桥村各自然村常住人口一览表

表7-1-3-10

自然村名	1984年		2015年			自然村名	1984年		2015年		
	户数（户）	人数（人）	户籍人口		常住人口（人）		户数（户）	人数（人）	户籍人口		常住人口（人）
			户数（户）	人数（人）					户数（户）	人数（人）	
园　桥	53	203	90	244	约30	炉　西	59	276	63	296	约30
杨山后	17	71	22	71	0	横　路	28	123	25	145	0
苦竹井	17	98	36	111	约10	小　燕	53	258	54	254	约10
石门楼	26	111	水库淹没			苍　头	30	130	45	121	0
西沙派	2	12	—	—	0	筱驮源	3	17	—	—	0
周埠庵	4	13	水库淹没			木岱山岗	7	34	11	30	0
祠　堂	4	32	水库淹没			木岱山	10	52	26	72	0
水碓坑	5	33	水库淹没			松树脚	1	9	水库淹没		
平　滩	14	54	水库淹没			半东坑	5	23	7	15	0
山　头	15	68	33	95	0	石　街	10	43	15	53	约10
黄坦寮	1	11	—	—	0	墨斗住	20	87	35	109	5—6
黄　山	63	256	88	286	0	北　山	20	78	25	81	0
双坑头	5	24	—	—	1	占　排	2	6	—	—	0
陈吴坑	32	137	53	176	0	桥头岗	23	113	38	118	0
山　头	4	21	5	20	0	石章坑	15	71	水库淹没		
北　住	1	6	1	5	0	桥头坑	7	24	水库淹没		

（六）榅垟村

榅垟行政村位于司前畲族镇西北部，村委会驻地杨寮，在镇人民政府驻地西北11.6千米处。因该村榅树（柳杉）多而得名。东北至上地村，东南接叶山村，西、北连景宁畲族自治县。面积21.70平方千米。全村平均海拔600米。居民398户1240人，其中畲族53人，辖17个村民小组，有杨寮、竖半天、恩坑、旁厝垟、外厝、坑头、垟边、梨头厝、金竹坑9个自然村及榅垟林场。

1949年为榅垟村，属司前乡，1950年属里光乡，1952年属上榅乡，1956年属里光乡。1958年12月建立榅垟生产队，属司前大公社里光生产大队；1959年2月起为榅垟生产大队，属司前大公社里光管理区。1962年1月起，属里光人民公社。1984年5月改为行政村，属里光乡。1992年里光被撤销，并入司前畲族镇。1987年该村被认定为第二次国内革命战争时期革命老根据地村，1992年重新认定革命老区，榅垟村被认定为革命根据地村。

榅垟村有个特点，民国时期，有许多文成、平阳县人口因作花笺纸等原因入迁，其中榅垟底村（外厝、坑头、垟边）的柳姓，犁头厝的郭姓，恩坑的郑姓，杨寮的方姓，竖半天的胡姓等，他们入迁时的第一代，语言持迁出地的母语，当地人称他们为“下路话”；第二代始，有部分也仿照父母口音，但产生变调；第三代就全部讲榅垟当地话了。

榅垟村经济以林业为主，竹木为其特产。是全县毛竹林最多的村之一，拥有毛竹林497公顷，立竹量134万支。该村是全镇最偏远的山区，未通公路以前，须过九曲岭，经上地，过纺车岭，行程50华里才能到达台边村。因路途遥远，毛竹背不出山。清代至民国时期，山民靠制作“花笺纸”出售，赚取经济收入。其时村内设腌纸、做纸工场10余处。20世纪50年代后，台边设土产站，村民可以将毛竹制成半成品，如雨伞骨、竹筷等，挑至台边土产站收购。1970年泰景公路通车后，毛竹原条也可以出运，节省工时，增加收入。

1973年始，区、人民公社组织大办林业，该村积极响应，村干部发动群众投工、投劳，开发荒山。至1977年，全村完成200多公顷的荒山造林。通过20余年的抚育，自20世纪90年代开始，该村林场年收入几十万元，全部分配村民。

同年，榅垟村还在罗溪源划出荒山100多公顷，供里光公社建立林场。并与公社签订合同，约定收入按比例分成。

1981年，全县在该村开展山林落实生产责任制试点工作。之后村民积极栽树，绿化荒山，经营和管护山林。至2015年，该村林地面积1830.87公顷，其中统管山353.33公顷，责任山646.67公顷，自留山830.87公顷，山上活立木蓄积达7.47万立方米。

该村村民非常重视教育事业。清代，竖半天吴姓、杨寮林姓都曾出过贡生。1958年后，除杨寮有公办小学外，还在榅垟（坑头、垟边、外厝三自然村合称）、竖半天、犁头厝、恩坑开设4所民办小学，村民自负教师工资，自建校舍。

杨　寮　榅垟村村委会驻地，据传因杨氏在此建草寮肇基得名。房舍沿溪谷呈点状分布。

竖半天　位于村委会驻地东北 2.0 千米处。因徐姓肇基得名“徐半天”，后以音写作“竖半天”。房舍沿山坡呈块状分布。

恩　坑　位于村委会驻地东 1.3 千米处，古时该地森林茂盛，光线阴暗，村边小溪得名“暗坑”，村以坑名，后以音雅称“恩坑”，房舍沿山坡呈点状分布。

旁厝垟　位于村委会驻地西南 0.9 千米处，因处犁头厝村庄对面田垟边得名。房舍沿山谷呈点状分布。

外　厝　位于村委驻地西内 1.5 千米处，因处坑头村庄外得名。房舍沿山坡呈点状分布。

坑　头　位于村委驻地西南 1.7 千米处，因处小坑源头得名。房舍沿金竹坑至上芳香公路呈点状分布。

垟　边　位于村委驻地南偏西 1.4 千米处，因长有粗壮茂盛的榅树，原称“榅垟”，陈姓迁此建屋于田垟南、北，改称“垟边”。房舍沿田垟呈点状分布。

犁头厝　位于村委会驻地西 0.7 千米处。地处榅垟中心地段，是来往于多个村庄的路头，原称“路头处”，后以音改为“犁头厝”。房舍沿山坡呈点状分布。

金竹坑　位于村委会驻地西北 1.1 千米处，原该地小溪边多金竹得名“金竹坑”，村以坑名。房舍沿山坡呈点状分布。

榅垟林场　位于村委会驻地西南 1 千米处。故名。房舍沿山坡块状分布。

1984 年和 2015 年榅垟村各自然村常住人口一览表

表 7-1-3-11

自然村名	1984 年		2015 年			自然村名	1984 年		2015 年		
	户数（户）	人数（人）	户籍人口		常住人口（人）		户数（户）	人数（人）	户籍人口		常住人口（人）
			户数（户）	人数（人）					户数（户）	人数（人）	
犁头厝	31	162	71	218	约 10	旁厝垟	21	84	34	110	6
竖半天	27	132	47	162	约 10	干　潦	5	9	—	—	0
石佛岭	3	12	—	—	0	外　厝	17	88	32	108	约 60
金竹坑	3	12	6	22	2	垟　边	31	131	2	8	—
杨　寮	45	183	82	270	约 30	坑　头	30	136	87	254	0
恩　坑	29	116	30	100	2	垟岭坑	2	7	—	—	—

(七)叶山村

叶山行政村，位于司前畲族镇西部，村委会驻地叶山，在镇人民政府驻地西北8.6千米处。以村委会驻地叶山得名，东北至上地村，东南接罗阳镇五斗村，西北靠高塔尖(海拔1057.5米)，连榅垟村。面积8.94平方千米，海拔600米。居民250户622人，其中畲族28人。辖9个村民小组，有叶山、垟头、垟心、西坑4个自然村。

中华人民共和国成立初属司前乡，1952年属里光乡；1956年建富强农业生产合作社。1958年12月建立生产队，属司前大公社里光生产大队；1959年2月起为生产大队，属司前大公社里光管理区。1962年1月起属里光人民公社。1984年5月改为叶山行政村，属里光乡。1992年5月里光乡撤销，并入司前畲族镇。

1987年叶山村被认定为第二次国内革命战争时期革命老根据地村。1992年重新认定革命老区，叶山村被认定为革命根据地村。

全村乔木林面积370公顷，活立木蓄积8000立方米，年采伐量400立方米；毛竹林面积447公顷，立竹量100余万株，年采伐量30万株。是全县毛竹林最多的4个村之一，有“竹乡”之称。村民历来以出产毛竹为主要经济收入来源。但因叶山岭、垟心岭长达3千米，从山上竹园背毛竹开始，全程长达7至8千米，再背至台边下水出运，劳动付出大，收益率低。因此，清代至民国时期，山上办了许多花笺纸加工场，靠出售花笺纸收入。20世纪花笺纸滞销之后，从20世纪50年代后期开始，村民加工毛竹半成品，如雨伞骨、竹筷等，可节约运费，增加收入。所以，全村居民大多数为剖雨伞骨、削竹筷能手。1970年泰景公路通车以后，可从叶山桥直接装车，节约了劳动强度，提高了收益率。90年代之后，修通至村公路，更是方便毛竹运输。但从21世纪始，多数村民下山居住，从事务工经商，很少直接上山砍毛竹。有的直接在山上就把毛竹折价卖给其他打工者。

叶　山　叶山村委会驻地，因叶姓肇基得名。初居叶姓，陈姓上祖陈启一明中叶从百丈陈庄迁此。是镇境内较早迁入定居的移民，房舍沿山坡呈点状分布，形成较古老的村落。今多陈姓。

垟　头　位于村委会驻地西南0.2千米处，因处田上端得名。房舍沿山坡呈块状分布。

垟　心　位于村委会驻地东南1.2千米处，因处田垟中心得名。房舍沿山脚呈点状分布。陈姓晚清从叶山分迁于此，村民多陈、饶姓。

西　坑　位于村委会驻地西南 1.2 千米处，因处叶山村西小溪“西坑”旁，村以坑名。

1984 年和 2015 年叶山村各自然村常住人口一览表

表 7-1-3-12

<table>
<tr><td rowspan="3">自然村名</td><td colspan="2">1984 年</td><td colspan="3">2015 年</td><td rowspan="3">自然村名</td><td colspan="2">1984 年</td><td colspan="3">2015 年</td></tr>
<tr><td rowspan="2">户数（户）</td><td rowspan="2">人数（人）</td><td colspan="2">户籍人口</td><td rowspan="2">常住人口（人）</td><td rowspan="2">户数（户）</td><td rowspan="2">人数（人）</td><td colspan="2">户籍人口</td><td rowspan="2">常住人口（人）</td></tr>
<tr><td>户数（户）</td><td>人数（人）</td><td>户数（户）</td><td>人数（人）</td></tr>
<tr><td>叶　山</td><td>88</td><td>377</td><td>88</td><td>312</td><td>5</td><td>垟　心</td><td>48</td><td>253</td><td>48</td><td>172</td><td>10 多人</td></tr>
<tr><td>垟　头</td><td>—</td><td>—</td><td>39</td><td>120</td><td>5</td><td>西　坑</td><td>5</td><td>25</td><td>5</td><td>18</td><td>0</td></tr>
</table>

（八）里光村

里光行政村，为民族村。位于司前畲族镇西部，村委会驻地里光，在镇人民政府驻地西北 3.9 千米处。以村委会驻地里光命名。东至台边村，西邻叶山村，东南接新北居委会地域，北连竹里畲族乡。面积 7.34 平方千米，海拔 170 米。居民 380 户约 1125 人，其中畲族 195 人。辖 18 个村民小组，有里光、丹竹垟、上八寮、石坑源、坑底、龙角坑、纺车岭 7 个自然村。童东线过村，交通方便。

民国 27 年（1938 年）至民国 34 年为里光乡公所驻地。中华人民共和国成立初属司前乡，1950 年起属里光乡，至 1992 年均为里光乡人民政府驻地。1958 年建立里光生产队，属司前大公社里光生产大队。1959 年 2 月起为里光生产大队，属司前大公社里光管理区。1962 年 1 月起，属新建的里光人民公社。1984 年 5 月改为里光行政村，为民族村，属里光乡，1992 年里光乡被撤销，并入司前畲族镇。1992 年重新认定革命老区，里光村被认定为革命根据地村。

里　光　里光村村委会驻地，因李姓肇基得名李庄，后以音改作“里光”，村处里光溪溪谷，房舍沿童（岭头）东（溪头）线南北密集分布，北侧居多。2015 年居民 240 户 805 人。

相传李姓唐末于此肇基。泰顺泗溪林建九世孙林和宋代迁罗阳上庄，清初林绍昌自罗阳上庄迁里光；罗姓始祖罗元森于清初从福建连城角坑迁此；陈姓自五斗迁此，与叶山陈姓同宗。

林姓迁此利用附近山坡种靛发家。同时继承其祖上诗礼传家之传统，培养人才。泰顺私人编纂的县志《分疆录》的修编人林鹗(1793—1874年，后迁罗阳南院)，就是里光林氏子孙。其未完稿，其子林用霖子承父志，续编成书。

罗姓始祖罗元森游历至此，发现该地毛竹较多，后携家眷迁此，发展花笺纸制作。清至民国时期，该产业成为司前一带大产业，人称"一都纸"，远销温州、苏杭。

抗日战争时期，国立英士大学南迁，法学院住里光3年多。该时期为里光的经济带来生机，仅杀猪卖肉的就有6—7家，后来成为地主。林、罗家几座大院当时都成为校舍，今都被列为英士大学纪念馆。连同21世纪新开辟的荷花塘，成为司前畲族镇风景的一大亮点。

丹竹垟　位于村委会驻地北偏东1.2千米处，旧时村人肩背毛竹出运为生，得名"担竹垟"，后以音改为"丹竹垟"。房舍沿山谷呈块状分布。

上八寮　位于村委会驻地东南1.2千米处，先民建草寮于小溪上边，得名"上边寮"。后因附近山丘状似卧豹，改称"上豹寮"，又以音转为"上八寮"。房舍沿山坡呈点状分布，居民大多为畲族。

石坑源　位于村委会驻地西南1.2千米处。古人于此小溪源头开采青石，得名"石坑源"。房舍沿山坡呈点状分布。居民多为畲族。

坑　底　位上村委会驻地北偏西0.5千米处，因处小溪源头里边得名，房舍沿山坡呈块状分布。

龙角坑　位于村委会驻地西偏北1.2千米处，村尾山岭有似龙角，附近小溪得名"龙角坑"，村以坑名。房舍沿童东公路两边分布。

纺车岭　位于村委会偏西2.2千米处，因村旁山岭纺车岭得名。另有陈坑、陈梨坑、西岗，居民早已下山居住，房子坍塌，自然村已恢复为山野。

1984年和2015年里光村各自然村常住人口一览表

表7-1-3-13

自然村名	1984年		2015年			自然村名	1984年		2015年		
	户数(户)	人数(人)	户籍人口		常住人口(人)		户数(户)	人数(人)	户籍人口		常住人口(人)
			户数(户)	人数(人)					户数(户)	人数(人)	
里　光	173	654	240	805	700多人	陈梨坑	1	6	—	—	0
纺车岭	1	5	2	3	0	上豹寮	12	63	30	108	0
丹竹垟	35	246	35	120	10多人	石坑源	16	43	55	158	0
陈　坑	13	50	—	—	0	西　岗	1	8	—	—	0

（九）上地村

上地行政村，位于司前畲族镇西北部，因地处高山僻处得名。也有说，村内牛角丘西边有块地形如象鼻，故明清时也写作“象地”，后以语音得名上地。村委会驻地学堂。在镇人民政府驻地西北 9.3 千米处。东至竹里畲族乡，西邻榅垟村，西南接叶山村，面积 10.02 平方千米，海拔 600 米。居民 296 户 830 人。辖 11 个村民小组，有上地、石门、陈柏树、牛角丘、寮山、茶堂坳、下村、庙头岗、塔山 9 个自然村。主要从事林业兼农业。竹木为特产，亦产茶叶。

中华人民共和国成立初属司前乡，1952 年设立上榅乡，驻地上地村。1956 年属里光乡。1958 年建立上地生产队，属司前大公社里光生产大队。1959 年 2 月起为上地生产大队，属司前大公社里光管理区。1962 年 1 月起，属里光人民公社。1984 年 5 月改为上地行政村，属里光乡。1992 年 5 月里光乡被撤销，并入司前畲族镇。1987 年上地村被认定为第二次国内革命战争时期革命老根据地村，1992 年重新认定革命老区，上地村被认定为革命根据地村。

宋代骨灰瓶

上地总人口有 1000 余人，有部分户籍迁往司前、新北等村，属上地户籍的仅 830 人，而计算村内集体分红的人口是 1000 余人。据传说，上地先有洪姓住洪坑珑。在陈柏树学寮屋下，有厝基丘、仓楼基、牛栏丘等，据传是雷圣公的住处，有相当规模。上地有人类居住的历史可能非常悠久。有村民回忆，之前山坡上常有陶罐出土，有粗陶，也有紫色釉的，腹部直径 10 多厘米，高 10 多厘米，像骨灰瓶，也有的像生活用具。有一村民在深山巨石下发现一对粗釉陶瓶，高 30 多厘米，腹部直径 20 多厘米，经专家辨认，属宋代骨灰瓶。这种瓶子在泰顺多地发现。据此推断，上地村起码在宋代就有人居住。但这些都无史籍可考。有历史记载的是金、徐、何三姓最早入住。金、何姓现各有 100 余人，徐姓仅 10 余人。上地 80%的其他姓氏都是清末民国时期从文成及平阳各地迁入。故上地也与榅垟村一样，他们迁入的第一代操原籍语言，人称“下路话”，第二、三代则说上地方言。上地方言有少部分词语与司前方言有差异，如“我”字与景宁话相似。寮山的郑姓、庙头的梅姓，迁入时先种靛，后发家。

中华人民共和国成立后的1952年，上地、榅垟、岱头(后称和庄村)、水窟(后为上升村)4个村设立上榅乡，驻上地村。故在上地村设立中心小学，在4个村交通要冲茶堂坳设立医院、供销社。直至1970年泰景公路通车，才逐步撤销。

上地山高路远，从台边的赤岩亭开始一直往上爬岭，纺车岭陡峭、盘旋如纺车，故名，岭脚至岭头3千米，海拔高差400多米。而自古是泰顺往北必经之路。清代定为驿道。20世纪50年代，泰顺未通公路前，南北传递邮件从上地经过，至上燕与景宁邮差交换。民国时的电话线路也从上地经过。中华人民共和国成立后，电话线路一直保持。村民出产的毛竹、木材须肩扛至赤岩亭或台边，路程15千米，一天一趟。1958年，县里计划泰景公路从景宁东坑途经上地，已经设计并在纺车岭开挖路基。但施工中发现道路设计出错，此处无法施工，于是放弃。但把纺车岭开挖得面目全非，连行路都困难了。为解此事，上地村于90年代，变卖山上木材，修通竹里畲族乡的竹岭坳至上地的10千米、3米宽的简易公路。2003年云寿线修通之后，上地才能从排头接通至村中3千米的三级公路。

上地村民吃苦耐劳，1973年响应上级号召，在罗溪源划出部分山地，与榅垟的划出地连成片，供里光人民公社建林场。并且积极投工投劳，参与公社林场建设。当年冬冒大雪上山开挖水平带，之后几年又进行栽树、抚育。同时，村民还投入村林场绿化荒山建设。整个20世纪70年代，村民每年投工投劳付出的工日都在100天以上，几乎每2人就需1人全部付出投工投劳工日。至1980年，上地300公顷荒山全部绿化，至1995年荒山全部成林。2015年将258公顷森林租赁给乌岩岭自然保护区。

寮　山　位于村委会驻地东北2.5千米处。最初仅山中建一草寮，故名。房舍沿山坡呈块状分布。郑姓始祖晚清从平阳水头迁此种靛，发家建屋。今郑姓一家70多人。

石　门　位于村委会驻地北2千米处。村西山顶岩石陡峭，形似大门，故名。房舍沿山坡呈点状分布。

陈柏树　位于村委会驻地东北1.5千米处。旧有一棵古老粗壮的柏树，“古老”为“陈”，故名。房舍沿山谷呈块状分布。

牛角丘　位于村委会驻地东北1千米处，因有田丘形似牛得名。房舍沿山坡呈点状分布。

深　丘　当地有丘烂湖田，插秧时须脚垫横木，别名“深丘”，民居沿山谷呈点状分布。

庙头岗　位于村委会驻地南偏东0.5千米处。该地旧有庙，村处庙对面山上，故名。房舍沿山坡呈块状分布。

塔　山　位于村委会驻地对面0.3千米处。村西山形似塔，得名“塔山”，村以山名。房舍沿山线呈块状分布。

学　堂　位于村中央，村委会驻地。上地村北海拔1100米处高山上有处洼地名“五龟湖”，村中是小盆地，有五个小山墩，古称“五龟下垟”，在最下面的小山墩处，风水好，古建马仙庙，民国时扩建成马仙庙兼小学。后称此地为学堂。20世纪80年代，村里在学校前的草场边建大会堂兼村委会办公室。2009年，有一村民将该庙兼学校原地按原样重建。

下　村　位于村委驻地南偏东0.5千米处，因处上地村下方得名。房舍沿溪呈点状分布。

茶堂坳　位于村委会驻地东南1.5千米处。该村是旧时泰顺县城去省城必经之地，据传因有户人家常年备茶供路人饮用，被赞为茶堂，得名“茶堂坳”。房舍沿山场呈点状分布。

1984年和2015年上地村各自然村常住人口一览表

表7-1-3-14

自然村名	1984年		2015年			自然村名	1984年		2015年		
	户数（户）	人数（人）	户籍人口 户数（户）	户籍人口 人数（人）	常住人口（人）		户数（户）	人数（人）	户籍人口 户数（户）	户籍人口 人数（人）	常住人口（人）
寮　山	7	35	15	35	0	庙头岗	17	81	17	85	7—8
陈柏树	26	119	25	111	6—7	吴坑垄	8	42	—	—	0
石　门	20	74	20	101	10多人	塔　山	12	68	19	91	6—7
牛角丘	18	96	25	92	5—6	下　村	16	79	46	160	10多人
深　丘	16	76	28	104	2—3	茶堂坳	16	84	23	98	2—3

（十）台边村

台边行政村位于司前畲族镇中部，村委会驻地台边，在镇人民政府驻地西北2.9千米处。以村委会驻地台边命名，东南至新北居民区，西邻里光村，北连竹里畲族乡竹里村，面积4.35平方千米，海拔160米。居民371户1131人，其中畲族35人。辖20个村民小组,有台边、园洲、赤岩亭、下弄、翠山、坑央湖6个自然村。经济以农业为主,兼产茶叶。该村风景秀丽,里光溪经此流往司前,进入飞云湖。

中华人民共和国成立初属司前乡,1950年后属里光乡,1958年建立台边生产队,属司前大公社里光生产大队。1959年2月起为台边生产大队,属司前大公社里光管理区。1962年1月起,属里光人民公社。1984年5月改为台边行政村,属里光乡。1992年5月里光乡被撤销,并入司前畲族镇。

1992年重新认定革命老区,台边村被认定为革命根据地村。

台 边 台边村委会驻地。因处紫花潭边得名"潭边"。后为书写方便,以方言近音字写成"台边",里光溪经村南流向司前村,房舍沿童东线呈带状分布,路北民居较多。

台边地处司前畲族镇西北方向的埠头,里光溪的航道通至赤岩亭,公路未通之前,景宁县东塘、榅垟、上地、叶山一带的木材都背至赤岩亭下水出运。因民工来往频繁,台边就成为商业地。清光绪年间已形成较大的村落,称为"潭边街",往水尾相距300米称街尾。民国24年(1935年)曾为里五乡公所驻地。故外地一些经商、手工业者就在台边定居,形成台边较多姓氏。也像榅垟、上地村,清代至民国时期,一些文成、平阳方向移民,第一代仍保持原迁出地方言,第二代发生变调,第三代完全说台边本地话。

中华人民共和国成立后,供销社、土产站、医院相继在台边建立,1970年之后,台边小学附设初中,里光公社中心校转移至台边,学生达到200多人。因此里光乡人民政府虽然在里光,但经济、文化中心在台边。20世纪80年代始,市场流通放活,台边土产站、台边供销社相继退出。21世纪始,台边医院、台边学校相继撤并至司前。

台边辖地面积较少,耕地也不多,但土质肥沃,海拔低,灌溉便利,适宜农耕。20世纪60—70年代普遍种双季稻。

赤岩亭 位于村委会驻地西北0.8千米处,村北有赤岩山,村边原有路亭,以山名"赤岩亭",村以亭名,村南里光溪向东南流往司前。房舍沿童(岭头)东(溪头)公路呈块状分布。

园 洲 位于村委会驻地西偏南0.4千米处,地处溪滩,里光溪呈半圆形绕村,故名。习惯写作"园洲",实为"圆洲"。房舍沿山麓带状分布。村庄中古民居保存较完好。

下 弄 位于村委会驻地东南1.1千米处。因处溪谷狭长地带,得名"河弄”，方言音又称“何弄”“下弄”。另一说明代有何姓居此，得名“何弄”，后以音转为“下弄”。21 世纪始，下山移民在下弄建房，房舍沿 228 省道两侧呈带状分布，形成比台边还大的村落。

翠　山　位于村委会驻地东南 1.4 千米处，该地山上多茅草，得名“草山”。后因种菜更名“菜山”，开荒耕作后山头青翠，改为“翠山”，村因山名，房舍沿山谷呈块状分布。21 世纪始，翠山村民基本下山至下弄村。

坑央湖　位于村委会驻地东南 1.6 千米处。相传该地古有湖，村以湖名，曾写作“海央湖”。房舍沿溪谷呈带状分布。

1984 年和 2015 年台边村各自然村常住人口一览表

表 7-1-3-15

自然村名	1984 年		2015 年			自然村名	1984 年		2015 年		
	户数（户）	人数（人）	户籍人口		常住人口（人）		户数（户）	人数（人）	户籍人口		常住人口（人）
			户数（户）	人数（人）					户数（户）	人数（人）	
台　边	113	520	205	606	200 人	下　弄	31	107	43	130	约 300
雨伞顶	2	10			0	翠　山	32	98	31	97	0
赤岩亭	19	82	23	68	1—2	坑央湖	10	33	12	43	约 10
园　洲	57	238	57	172	约 10						

（十一）新北村

新北行政村是畲族村。面积 10.25 平方千米，居民 705 户 1881 人，其中畲族 460 人。辖 38 个村民小组，有新北、水窟、五斗桥、窑背、新桥、上升、木家丘、和庄、排头、白箬丘等 24 个自然村，经济以林业、商业、企业为主，农业亦占相当比重。

新　北　村委会驻地，镇人民政府亦驻此，地处司前村北，又是新建立的居民点，故名。新北居民区建于 1996 年 4 月。1987 年始，司前村在垟头阉开发建设，镇内及邻村村民来司前经商、办企业，在司前镇北面建房建厂，后将户籍关系迁此定居，形成居民区。2004 年小村并大村，上升、和庄、新桥村并入。2014 年改为新北村，设村民委员会。房舍沿 228 省道呈块状分布。

1.和　庄

原名岱头村。1952 年至 1956 年属上榅乡。1956 年成立农业生产合作社，取名和庄社，意为畲族、汉族“和平团结”。1958 年曾称和庄生产队，1959 年 2

月改称生产大队，属里光人民公社。1984 年 5 月复称和庄村。是年 67 户 332 人(内 6 户 33 人住上地茶堂坳)。辖 7 个自然村。总面积 250.33 公顷，其中耕地 11.67 公顷，茶园 1.73 公顷。以林为主，兼营农业。

和庄全村辖地面积少，且土地贫瘠。公路未通之前，交通不便，是特困山村。村民多以番薯丝充饥。

1970 年泰景公路通车，经过和庄山脚，村内交通有所好转。2003 年云寿公路通车，从村内经过，交通基本改善。2015 年，村民基本下山居住。仅排头村因交通方便，还有 50 多人常住。

1984 年辖 7 个自然村：

刘　庄　自然村，原村委会驻地。位于新北村委会驻地北 8.3 千米处。刘姓最早迁基建村，称刘庄。村居山坡地，房舍点散分布。2015 年无人常住。

排　头　自然村，原有道路称“上地排”，上地排尽头故称。云寿公路通车后，在排头隧道东出口设立移民点。2015 年 50 多人常住。

白箬丘　自然村，位于新北村委会驻地西北 9.1 千米处。村前共有田 120 丘，原称“百廿丘”，后以音改名“白箬丘”。村属垟边，房舍沿田丘呈块状分布。

木家丘　自然村，木家丘位于新北村委会驻地西北 8 千米处。因马姓肇基垦田，原称“马家丘”，后以音转为“木家丘”。房舍沿山坡呈点状分布。

岱　头　自然村，因山下有山塆，当地话称“岱”，岱之头故称。

葛藤岭　自然村，岭上多葛藤(藤本植物)故称。

石　镜　自然村，因对面有石壁如镜故称。

2.上 升

距村委会所在地 7.4 千米处，原为水窟村，1952 年至 1956 年属上榅乡。1956 年建立初级农业生产合作社，取意集体化生活步步上升。1958 年 12 月曾称生产队，1959 年 2 月称上升生产大队。1984 年 5 月改称上升村。辖 9 个自然村。112 户 496 人。总面积 463.33 公顷，其中耕地 18.60 公顷，茶园 8.07 公顷。以林为主，兼营农业。1989 年全村 9 个村民小组，134 户 537 人。2004 年并入新北居委会。

坟　林　自然村，原村委会驻地。位于新北村委会驻地西北 7.4 千米处。地居山顶，交通不便。村内小山有古坟一座，坟前林木茂盛，古称坟林。村居山坡地，房舍散列。2015 年有 10 多人常住。

水　窟　水窟位于新北村委会驻地西北 6 千米处，因村东处纺车岭岭头有水井很有名气，故名。房舍沿山谷呈块状分布。

窑　背　窑背位于新北村委会驻地西北 5.7 千米处，因处古瓦窑西侧上方得名。房舍沿山坡呈块状分布。

3.新　桥

以驻地新桥得名。1984 年 64 户 257 人。1958 年 12 月曾称生产队，1959 年 2 月称新桥生产大队，1984 年 5 月改称新桥村。辖 7 个自然村。总面积 345.33 公顷，其中耕地 11.40 公顷。特产林木，杉、榅、毛竹林等，其中毛竹林 52.73 公顷，杉、榅木林 166 公顷，其他为杂木林。1984 年辖 7 个自然村，1989 年 6 个村民小组，79 户 288 人。2004 年并入新北居委会。

叶山桥　自然村，1984 年有居民 10 户 44 人。位于新北村委会驻地西 6.5 千米处，境内有木拱桥，是通叶山村必经之路，古称叶山桥。1957 年桥毁，另建一座单跨 19 米的石拱桥，称新桥，村以桥名。村居峡谷地，房舍沿东山麓点散分布。泰景公路（童东线）由南向北过境。2015 年居民 9 户 25 人，常住 7—8 人。还有黄山、单丘田、第二岱 、瓦厂坪、龙角坑 、长岗尾等自然村。

1984 年和 2015 年新北村各自然村常住人口一览表

表 7-1-3-16

自然村名	1984 年		2015 年			自然村名	1984 年		2015 年		
	户数（户）	人数（人）	户籍人口		常住人口（人）		户数（户）	人数（人）	户籍人口		常住人口（人）
			户数（户）	人数（人）					户数（户）	人数（人）	
新　北	—	—	380	711	千余人	水　窟	16	58	15	70	约 10
刘　庄	17	67	18	80	0	坟　林	17	73	5	20	约 10
排　头	7	22	8	30	约 50	辽　基	10	40	12	43	约 10
白箬丘	11	63	10	45	约 2	单丘田	8	39	8	41	0
岱　头	9	39	10	43	0	横　石	6	30	5	25	3—4
葛藤岭	9	54	11	55	5—6	三支岗	17	86	19	81	0
木家丘	6	45	20	65	3—4	石　镜	2	6	—	—	0
叶山桥	10	44	9	25	7—8	大厝基	6	27	6	30	4—5
黄　山	11	42	12	16	0	窑　背	16	83	10	35	1
瓦厂坪	6	24	—	—	1—2	卓　山	16	80	—	—	0
龙角坑	4	23	—	—	3—4	五斗桥	—	—	—	20	0
第二岱	24	82	—	—	0	长岗尾	10	47	—	—	0

(十二)徐宅村

徐宅行政村。位于司前畲族镇东部,村委会驻地外垟,在镇人民政府驻地东 8.9 千米处。由原徐坑、何宅两村合并组建,从原两村名称各取一字,命名“徐宅”。东至文成县上坪村,西北邻大住村,南接百丈镇,北连峰门村。面积 16.78 平方千米。居民 393 户 1790 人。辖 22 个村民小组,有外垟、徐坑、下朱岭、天师坪、何宅坑、何山、黄山垟底、严庄垟、高展、大垟等 20 个自然村。经济以农业、林业为主,茶叶亦为重要产业。

中华人民共和国成立初,原徐坑村属燕溪乡,1952 年属峰门乡,1956 年并入百丈镇;原何宅村至 1958 年均属百文镇,1958 年建立徐坑、何宅生产队,属百丈公社峰门生产大队,何宅属百丈生产大队。1959 年 2 月起为徐坑、何宅生产大队,属百丈公社峰门管理区。1962 年 1 月起,属规模调整后的百丈公社。1983 年属新建的峰门公社。1984 年 5 月改为徐坑、何宅行政村,属峰门乡。1992 年重新认定革命老区,原徐坑、何宅 2 个村被认定为革命根据地村。

2004 年原徐坑、何宅 2 个村合并组建徐宅村,属峰门乡。2011 年 4 月峰门乡撤销,并入司前畲族镇。

外 垟　徐宅村村委会驻地,因处徐坑村外侧得名,房舍沿山脚呈块状分布。

徐 坑　位于村委会驻地北 0.5 千米处,徐姓肇基,附近小溪得名“徐坑”,村以坑名,村居溪谷,房舍沿山呈块状分布。

下朱岭　位于村委会驻地东南 1.3 千米处。村旁石岭有岩似龟,得名“龟岭”,“龟”“朱”方言音近,村居岭之下侧,乃称“下朱岭”,房舍沿山块状分布。

天师坪　位于村委会驻地东南 2.8 千米处。据传古有过路道士逝于此得名。房舍沿山坡呈块状分布。

何宅坑　位于村委会驻地南 1.5 千米处。该地小溪涧因何姓居此得名“何宅坑”,村以坑名。房舍沿山呈点状分布。

何 山　位于村委会驻地南 2.8 千米处,因何姓肇基得名。房舍沿山坡呈块状分布。

黄山垟底　位于村委会驻地西南 1.7 千米处。地处山坡低处,黄姓肇基,故名。房舍沿山坡呈点状分布。

严庄垟　位于村委会驻地南偏西 2.9 千米处,因严氏肇基得名,房舍沿田垟呈点状分布。

高 展 位于徐宅村委会驻地西南2.7千米处。旧有引木溉田的水笕，得名“高笕”，后以音改称“高展”。房舍沿山坡呈点状分布。

1984年和2015年徐宅村各自然村常住人口一览表

表7-1-3-17

自然村名	1984年		2015年		
	户数（户）	人数（人）	户籍人口		常住人口（人）
			户数（户）	人数（人）	
严庄垟	63	260	64	372	约30
何宅坑	39	138	51	186	约20
流井斜	2	10	3	11	0
黄山垟底	37	128	49	146	约20
上 垟	8	29	10	38	0
高 展	15	72	52	108	2
何宅亭	1	6	1	6	0
何 山	10	41	19	57	4
天师坪	9	37	16	54	0
小湾口	10	40	—	—	水库移民
徐 坑	58	219	103	350	约10
徐山垟	4	13	5	18	1
徐山岭	1	7	1	8	0
茶 坪	8	37	9	45	0
园 岗	4	10	5	17	2
外 垟	44	210	94	320	约30
赤 岩	2	11	3	15	9
下朱岭	33	124	62	136	2
花 田	27	93	30	103	2

（十三）峰门村

峰门行政村。位于司前畲族镇人民政府驻地东北9.1千米处。村委会驻地垟头，以当地高山内峰门尖（海拔10622米）命名。东至文成县上坪村，西邻大住村，南接徐宅村，面积19.74平方千米，居民322户1296人，辖17个村民小组，有垟头、峰门、石柱、左窟、石郎、床下、朱湾、朱洞前、呈坑、坑底、络麻岱、方山、黄家斜等14个自然村。经济主要为农业、林业,茶叶亦为重要产业。

中华人民共和国成立之初,原峰门、朱湾2村均属燕溪乡,1952年属峰门乡,1956年并入百丈镇。1958年分别建立峰门、朱湾生产队,属百丈人民公社百丈生产大队。1959年2月起为峰门、朱塆生产大队,属百丈公社百丈管理区。1961年9月起属规模调整后的百丈人民公社。1983年属峰门人民公社。1984年5月改为峰门、朱湾行政村,属峰门乡。1992年重新认定革命老区,原峰门、朱湾2个村被认定为革命根据地村。

2004年原峰门、朱湾2个村合并组建新的峰门村,属峰门乡;2011年4月峰门乡撤销,并入司前畲族镇。

垟头　峰门村村委会驻地。原名"半路洋",后以地处田垟上侧改称"垟头"。房舍沿山脚呈块状分布。

峰门　位于村委会驻地东北1千米处。附近山峰峻秀,阙处如门,故名。房舍沿山脚呈点状分布。

石柱　位于村委会驻地东0.9千米处。村口古有巨岩,形似木船,中有石柱高竖,故名。房舍沿山脚呈点状分布。

左窟　位于村委会驻地西1.9千米处,因村左下凹山垮"左窟"得名。房舍沿山脚呈点状分布。

石郎　位于村委会驻地西4.5千米处,旁有石山天龙岗,得名"石龙",后以方言音转成"石郎"。房舍沿山脚呈块状分布。

床下　位于村委会驻地西5.1千米处,原称"从下",后以音转为"床下"。房舍沿山脚呈块状分布。

朱湾　位于峰门村委会驻地西南5.7千米处,当地九座山形似九条龙,龙头朝向一圆形巨石,俗称"九龙抢珠",村店溪湾,得名"珠湾",后以音转成"朱湾"。房舍沿山势呈块状分布。

朱洞前　位于村委会驻地西北1.2千米处,相传因朱姓于此岩洞前肇基得名。房舍沿山脚呈块状分布。

呈坑　位于村委会驻地西北1.8千米处。因郑姓在小溪旁肇基,溪名"郑坑",村因坑名,后以方言音转为"呈坑"。房舍沿山脚呈块状分布。

坑底　位于村委会驻地西北2.4千米处,因处小溪里侧而得名。房舍沿山坡呈块状分布。

络麻岱　位于村委会驻地西北2.5千米处,该地绿树盖山,伐木沿山坡滑运，日久划痕呈袋形，得名“绿木袋”，后以方言音转为“络麻岱”。房舍沿山坡呈点状分布。

方　山　位于村委会驻地西北 2.7 千米处，因方姓垦山肇基得名。房舍沿山脚呈块状分布。

黄家斜　位于村委会驻地西北 2.9 千米处，村旁山岗形似黄狗斜卧，得名“黄狗斜”，后以音雅化为“黄家斜”。房舍沿山脚呈块状分布。

1984 年和 2015 年峰门村各自然村常住人口一览表

表 7-1-3-18

自然村名	1984 年		2015 年			自然村名	1984 年		2015 年		
	户数（户）	人数（人）	户籍人口		常住人口（人）		户数（户）	人数（人）	户籍人口		常住人口（人）
			户数（户）	人数（人）					户数（户）	人数（人）	
垟　头	37	152	68	250	15 人	左　窟	41	169	54	240	10 多人
峰　门	43	175	73	250	0	络麻岱	12	49	27	87	0
黄家斜	3	23	2	17	0	呈　坑	13	62	20	78	4 人
坑　底	6	27	9	35	0	朱洞前	19	61	19	73	3 人
方　山	8	37	19	76	4 人	石　柱	40	186	61	280	10 多人
樟树塆	1	6	—	—	0	床　下	2	13	5	25	2 人
石　郎	25	153	29	81	8 人	朱　湾	10	43	32	120	0
黄坦省	2	7	—	—	0						

第二章 人 口

据狮子岗考古发现,3000多年前就有人类在司前境内从事生产活动。有明确记载的是,从唐宝历元年(825年)徐氏先祖定居宫头垟开始,直至民国时期,境内曾出现过3次人口入迁潮。明景泰二年(1451年)始祖蓝启昌从景宁驮马庵迁入红岩际定居,是畲族入迁最早的支系。清代有畲族20个支系入迁,是畲族入迁的高潮。至2015年,司前畲族镇有16个民族,共有户籍人口7658户18716人,其中畲族2971人,包括蓝、雷、钟、李等4个姓2924人和夏、白等28姓47人;还有近年移民、婚嫁等迁入的苗族、壮族、土家族、布依族、蒙古族、黎族、侗族、彝族、拉祜族、哈尼族、满族、瑶族、回族、朝鲜族等14个少数民族118人。镇境内合计少数民族人口3089人。汉族有徐、陈、吴、林、陶、苏、王、梅、郑、徐、张、罗姓等71个姓,15627人。

第一节 迁 徙

司前畲族镇境内有新石器中晚期古文物出土。距今3000年至2000年,瓯越先民已在飞云江中上游地区生存繁衍,并创造了泰顺境内的史前文明。汉武帝年间,东瓯国、东越国军民相继北迁,境内留有先民,但缺乏记载。据史书载,三国时期,境内处浙闽交界山区,曾生存过瓯越人的后裔,他们属于山越人的一部分。两晋南北朝时期,已有境外先民,因伐木、避税、避难,陆续迁入境内山区,进行早期移民开发。

唐中期,徐姓始祖徐相从婺州迁居安固上革(今属百丈镇),唐宝历元年(825年)定居木棉村。司前高塔建有西峰禅院,建于唐咸通二年(861年),是先人用于附祭于灵牌的地方。唐末有李姓迁居里光。唐朝政府为了加强行政管理,始在本境设置基层行政区划单位"处仁里"(今竹里溪一带)。

宋代,池姓定居池村,方姓、吴姓、苏姓相继迁入峰门、黄桥定居。宋末元初,陈姓迁入叶山。

明末清初,在长期战乱过后,境内人口丧失严重,荒地较多,加上靛青、香菇、番薯、玉米、烟草、棉花等山地农作物引入广泛种植。清政府实行一些激励农业生产的举措,吸引大规模的移民入迁,促使境内人口剧增。畲族的李、蓝、雷、钟姓,里光的罗姓、林姓,园洲的黄姓、司前的陶姓、梅姓等都是这个时期迁入的。民国时期,有平阳、文成等地的手工业者和经商贸易者入迁。

一、入 迁

(一)古代先民的早期开发

司前境域属飞云江上游地区,移民历史源远流长。据研究,泰顺的建县时间虽在明代,但自远古以来,就有飞云江下游居民溯江而上,进入司前境域垦殖开发。据考古发现,距今 3000 年前,瓯越先民已在飞云江中上游地区生存繁衍,并创造了司前境域的史前文明。

1988 年、1990 年、1997 年,考古工作者 3 次对飞云江流域泰顺境内开展考古活动,相继发现了一批东瓯或东越古文化遗址。这些古文化遗址遍布于除乌岩岭原始森林以外的各河流沿岸,共有 10 处,其中司前境内有司前狮子岗遗址、溪口宫头垟遗址、溪口柴林岗遗址、白鹤山庄金钟覆地遗址 4 处。经考古专家鉴定,这些古文化遗址具有新石器时代中晚期特征,在时间断代上,属于新石器时代中晚期向商周时期过渡的文化遗址。按文化归类来看,它们不同于浙江的河姆渡文化遗址、马家浜文化遗址,而是接近于东瓯古文化和福建省闽江流域早期昙石山古文化。

司前狮子岗遗址发现,石器打磨精致,使用穿孔技术;陶器器物口沿画有符号,与福建昙石山古文化遗址中刻画示意文字相似。这些遗址属新石器时代晚期。溪口柴林岗遗址和宫头垟遗址采集到的陶片标本中,几何印纹陶占 80%以上。陶片质地细腻坚硬,烧制火候较高,其制坯工艺以轮制为主,相当于商周时期的产物。

这些古文化遗址的发现填补了泰顺司前境内史前文化的空白,把司前境内的历史往前起码推进了 2000 多年。早在 3000 多年前或者更早的时候,已有原始先民在飞云江中上游地区生息繁衍。先民在积累了比较丰富的生存技能之后,于是不断向飞云江上游(支流)或下游拓展生存空间。他们打磨并钻孔的精制石器,说明他们的生产能力已提高。在遗址中还发现了装饰用的玉器,这说明他们的生活条件开始改善,美的意识已形成。司前狮子岗、溪口柴林岗和宫头垟遗址发现所造的陶器质地更细腻坚实,烧制的火候工艺明显提高,纹饰亦精美多样。陶器吻部清晰地刻出“〰、‖ ‖ ”等符号，一些学者认为这些符号就是中国“南方地区古民族的文字”，是“文字的原始阶段”。这说明当时司前境内的原始先民已经具备相对发达的抽象意识，距离文明时代的“门槛”很接近了；同时表明当时物质条件已相对充裕，人们开始过上以种植、狩猎为生的定居生活。

据史书记载，周元王三年(前 473 年)，越国灭掉了浙北苏南一带的吴国，成为“春秋五霸”最后一霸。越国除了北上争霸，还向南方的“百越”地区开拓疆土，相继将王族子弟分封到新开拓的南方各地。其中，在浙南瓯江和飞云江一带分封建国的是东瓯国。周赧王九年(前 306 年)，楚国征服了越国。东瓯、闽越二国归附楚国。秦朝统一中国，废国为郡，在闽越古地设立闽中郡，原东瓯国辖地大体上划入闽中郡。秦亡以后，西汉政府重新分封东瓯、闽越二国。其时，东瓯与闽越虽属西汉中央政府的分封国，但实质是处于半独立状态的部落政权，而且二者互为依存，互争族长。

西汉建元三年(前 138 年)，闽越国发兵攻打东瓯国，东瓯国被围，弹尽粮绝，于是派人告急汉朝天子。汉武帝派兵救东瓯，闽越国撤兵而去。之后，东瓯国迫于闽越国的威胁，向汉朝请求举国北迁。汉朝中央政府表示同意，东瓯王率领部属 4 万余人北迁，被安置在庐江郡，即今江淮一带。不久，在闽越国北部与东瓯国旧地产生了一个新的封国——东越国。西汉元封元年(前 110 年)，汉朝政府打败反复无常的东越国，又将其国内军民迁往江淮地区安置。

东瓯国地域辽阔，人口 50 多万人，移民仅 4 万人，还有大量人口滞留偏远山区。另据史书记载，三国时期(3 世纪中叶)的浙闽山区，包括今泰顺司前一带，生存着瓯越人的一些后裔，经过东吴政权的屡次“征蛮”行动，山越人最终被同化。三国之后的两晋南北朝时期，已有少量境外先民，因伐木、避税、避难，陆续迁入司前山区，进行早期移民开发。

东汉之后，温州南部地区加快开发，被纳入有效的行政管辖。三国东吴赤乌二年(239 年)，析出永宁县南部区域，设置罗阳县，隶属临海郡。泰顺地域属罗阳县(安固县)管辖。

设立罗阳县的当年，东吴政权在今平阳县仙口一带设立大型造船工场和水师驻军基地，史称“横屿船屯”。东吴政权将罪徒和工匠集中在这里，并委派典船校尉、典船部尉等名目的官员，监督建造各种船舰。

三国时的飞云江出海口较现在要偏南一些，那时，横屿船屯东面大海，西接飞云江，巨大的河口海湾“日泊万船”，成为中国南部三大造船基地之一。东吴政权强迫大批罪徒砍伐山区的古木大树，建造各式各样的兵船。横屿船屯设立期间，飞云江下游地区开发速度加快，雇民数量逐渐增多。这时期，飞云江下游地区的人口进入泰顺山区是必然的。比如，为了采运木料，横屿船屯的“罪徒”以及平原地区的少数先民陆续进入飞云江中上游，对泰顺山区进行早期开发，包括伐木取道、疏通河道、建立水上航运设施、辟建临时据点。泰顺境内一些主要河口地带，如莒江江口、百丈口、白鹤渡河口、司前溪口，是早期先民较早到达的地方。他们利用这些河口地带作为据点，不断地试探着向更上游的地方推进开发。

（二）三次入迁潮

1.第一次人口入迁潮

唐代前期，浙北、浙中人口纷纷南来。7世纪初至7世纪上半期的50多年间，浙江南部地区的居民户数大约增加了11倍，浙南沿海平原地区人口分布相对饱和。为适应土地开发的扩张需求，北来人口除了南下开发福建地区外，另一部分则转向开发河流上游的山区地带。在这种历史背景下，一些早期先民又陆续迁入泰顺司前山区。

中唐著名诗人顾况，在出任温州“粜盐官”期间，曾以浙闽山区社会现状为题材，写过《仙游记》《英墟赋》等文章，讲的是温州人李庭入山伐木在瓯闽交界地奇遇世外村落的故事。从记载的世外村落位置以及文章取材来分析，顾况文章反映的正是泰顺唐代前移民开发的某些情形。比如，下游居民纷纷进入上游深山伐木，泰顺山区人口较少，没有苛税繁役，社会相对稳定。因此到了唐朝后期和五代十国时期，移民泰顺人口逐渐增多，直至出现“闽越有志士挈家入山”“流亡入山者愈多”的盛况。这种背景下，泰顺历史上有记载的第一个移民高峰到来。

唐及五代时期，先民入山，基业初创，尚无能力建造本宗族的祠堂，先人的灵牌都附祭于佛殿的庑厢。据记载，境内建于唐代的佛寺有竹里无相寺（758—760年间建）和司前西峰禅院（861年建）。寺院所在的地方往往就是人口集中的地方，说明司前境域的开发程度已达到较高水平。

移民泰顺的人口有相当一部分是官宦士族。他们的入迁，带来先进文化。安史之乱以后，尤其是黄巢起义前后，迁入泰顺的多是官僚世家。像迁入百丈下革的陶乔，唐长庆元年（821年）进士，官升至中军都督，封上柱国、开国公。上柱国，在唐宋时期是武官勋爵中的最高级别。广明元年（880年），宦官田令孜掌管朝政。陶乔与田令孜政见不和，上疏请求辞职，田令孜加以陷害，将他削爵，夺职追诰，勒令还乡。中和元年（881年），朝廷复召陶乔，他称病不往。携父母率家属，避居温州鹿城。又因城市纷繁杂扰，不便居住，便往安固沿飞云江入山，隐居安固义翔乡六十都（今司前溪口）。光启三年（887年），转迁仙居。又因土瘠薄收，再迁居百丈下革村，辟地造屋，长久定居。迁入木棉村的徐姓始祖徐相……他们入迁本境之前，或曾在朝廷供职或在地方任官。这些官宦家族相继迁入本境，他们耕读传家、开馆蒙童、培养子弟。因此，诗礼传家的风气与科举文脉一直赓续不断。木棉村（在今司前溪口、竹里头发垟一带）人徐暹，五代后周年间担任文渊阁大学士，等等。先进文化的引进、耕读持家的风气代代相袭，至宋代，尤其南宋时期，随着政治中心、文化中心南移，泰顺境域人才辈出，科举文运兴盛辉煌，达到登峰造极的地步。

唐及五代之际，由于移民大量涌入泰顺境域，也促进泰顺方言形成与发展。大约在隋唐时期，中原人口陆续迁移至浙南，莒江话与司前话形成。

2.第二次人口入迁潮

宋代，是泰顺难得的和平安定局面，许多家族纷纷进入司前山区经商或开垦土地，发展生产。这是第二个人口入迁潮。吴姓从库村迁入黄桥陈吴坑；金姓从处州遂昌进入榅垟经商，后定居；陈姓从百丈陈庄迁入叶山；苏姓从青田唐头（今文成黄坦）迁入黄桥苍头；方姓从莒江迁入峰门方山。

3.第三次人口入迁潮

清代中期是司前境内人口增长最快和移民入迁最频繁的高峰期。畲族蓝、雷、钟、李4个姓21个支族，基本在这个时期入迁司前境内，主要分布在左溪、里光和现属新北村的和庄、上升等村。这主要有三方面原因吸引人口大批入迁。

（1）清初的税收优惠政策

明末清初，泰顺时断时续的大动乱持续了30多年。长年的烽火战乱，各种武装派别与官府强征豪夺，造成民众苦难深重、经济凋敝、人口锐减。在这种背景下，清政府实行减轻赋税，休养生息举措。清康熙年间泰顺两次大幅度减轻田赋负担。第一次是康熙五年（1666年），第二次是康熙八年。两次共蠲免田赋白银2349两，免征大米295.8石。这两次减免田赋，一定程度上减轻了泰顺农民的负担，为泰顺经济复苏起到积极作用。

康熙朝后期，财富增长，国库充裕，个别年份实行了蠲免钱粮的做法，这也一定程度上减轻了泰顺农民的负担。清康熙五十年（1711年），泰顺全年正项钱粮（田赋正税部分）全部蠲免。雍正六年（1728年），经浙江巡抚李卫的同意，泰顺实行“摊丁入亩”政策，改变了按照人丁征收丁银（丁米）的老办法，将需征收的丁银（丁米）总额分摊，按每户占有田亩数量予以征收，田多的农户多征收，田少的农户少征收。“摊丁入亩”制度简化了税收原则和征收手续，方便地方官府，基本解决了税负不均问题，受到无地少地农民的热烈欢迎。据志书记载，该政策推行后，泰顺“无田之民庆更生焉”。

(2)农业生产的恢复与发展

明末清初历年的战乱，给泰顺造成巨大破坏。清代康熙以前，泰顺全县额定农田共计 6264 公顷，经过康熙六年(1667 年)、康熙九年两次勘查，查出实存农田 4501.33 公顷，荒芜或基本荒芜农田有 1762.66 公顷，荒芜比例高达 28%左右。大乱之后必将大治，从康熙十九年至雍正六年将近半个世纪中，泰顺农业生产逐渐恢复，并达到相当高的水平。雍正以后，历经乾隆盛世，泰顺农业生产继续发展，并达到一个高峰。

天年比较好　清康熙年间，泰顺县水稻种植很少发生重大灾害。在经历了康熙前半期极冷天气之后，从康熙三十九年(1700 年)起，气温开始回升，天年好转。到雍正年间，进入暖冬期。天年的好转，有利于农业生产的恢复与发展。耕地复种指数有所提高。泰顺水稻种植自明末以来一直是一年一熟，转至这时期，一些地方因“地洼气暖”，已种植双季稻。双季稻的种植增加了部分粮食收入。据史书记载，由于农业连年大丰收，康熙后期以来，泰顺粮价一而再、再而三地下降，稻谷便宜到极点，甚至达到无人问津的地步。

官府实行劝农政策　明末清初战乱，尤其是“三藩之乱”致使泰顺人口大量逃亡，从而造成了“族属离散”“人户稀少”以及“田户流亡，田荒籍在，赋役繁重”等问题。“三藩之乱”平定后，清朝政府推行轻徭薄赋政策，努力恢复农业生产。到清雍正六年(1728 年)，泰顺社会相当安定，荒田陆续得到开垦，粮食实现丰收，“逃民渐归复业”。雍正七年，粮食继续丰收。鉴于此，官府作出规定，严禁农田抛荒，今后凡是因为人口外流造成抛荒的，则提高当地赋税额度，以示警戒。雍正年间，清政府还推行奖励农业生产的一些特殊政策。如雍正二年下诏各州、县、卫、所，每年推举一名“终身力田、勤劳俭朴、身无过犯者”，给予八品顶戴官衔。司前梨树丘人陶友增等 6 人“题授八品冠带”，其社会意义大于象征意义。

引种新品种农作物　至清乾隆年间(1736—1795 年)，泰顺主要粮食作物是稻、麦、粟、高粱、稷等。其中雍正至乾隆年间，麦子的种植面积逐渐扩大，小麦、大麦和一都、二都、三都(今泰顺东北部)广泛种植，成为春末夏初时段的重要粮食。另外，高粱也是这时期的辅助粮食作物。除上述传统粮食作物，清初以来，泰顺还相继引种了甘薯、玉米、花生、向日葵等新品种旱地作物。甘薯，俗称番薯，乾隆以后，农民逐步掌握种植技术和加工储存方法，番薯终被大量推广种植。乾隆四十八年，泰顺大饥荒，米价上涨数倍，饥民靠吃树皮草叶充饥，有钱的人家到福建铜山海口购运台湾稻米与番薯干，勉强度日。从此以后，番薯作为口粮，被泰顺人普遍认同，其种植得到重视，番薯逐步成为贫困农民的主要粮食。

山地种植业的全面兴起　司前境域地属山区，山体高大雄伟，适宜垦种旱地作物。清朝中期，一些山田虽然种植棉花，但属零星栽种，面积不广，产量不多，故需从外地输入棉花。最迟到清雍正年间(1723—1735年)，棉花已成为泰顺人民穿着的主要材料。因为棉布的广泛使用，葛、苎麻、桑的种植面积与产量比明朝相应减少。自雍正以后，适宜种在山地的山棱稻，又称“旱棱”“旱稻”，得到更加广泛种植。用于染布的靛青，其品种与明朝一样，仍有马兰靛、蟹壳靛两种，种植面积与产量却比明朝大幅增长。到乾隆后期，嘉庆之前，种植面积与产量达到高峰。冬季伐木种香菇的现象比明朝更加普遍。一些菇农还到林木资源丰富的外地买断青山种植香菇，俗称“判青山，放香菇”。雍正以后，大约增加荷包豆(鸡豆儿，又称御豆)、蚕豆、四季豆、粒子升等品种。能弥补春季蔬菜短缺的麦豆(又称豌豆)，大约在嘉庆初年引种到泰顺。

耕作技术的进步　大约在清代之前，泰顺农民已普遍使用兽骨肥田的办法，促进秧苗成长。清代以来，这种办法得到强化运用。据史书记载:“泰顺各处山村农人插秧，多以猪、牛骨杵为细粉，置之盅(盂)中，每插秧时必蘸其根于盅中，否则(秧苗生长)无力。”这种办法称“釉头”，是清代泰顺水稻施肥普遍采用的一种办法，一定程度上促进水稻增产。

(3)地方治理逐步改善

清道光二十四年(1844年)，因畲族人士雷阿发的呈请，泰顺官府在县衙门前树立禁碑，禁止衙门与乡保滥派畲族人民当差，不得借故向畲族人民勒索钱财。相比之下的泰顺官府，在19世纪中后期，执行比较开明的政策，泰顺畲族人民的一些基本权益受到官府的一定保护。

在这种有利的历史背景下，大量的移民入迁境内，占现有居民的大部分。如，里光的罗姓始祖罗元森，原籍福建省连城县，游历到里光，了解到当地毛竹资源丰富，于是举家入迁，开发“花笺纸”制造业，不但成就了家业，带领兴起一大产业。清中期至民国时期，“一都纸”产业声名鹊起，产业兴盛百余年;还有迁入里光的林氏、黄桥的苏氏郑氏、上地的梅氏都靠种田菁发家。上地寮山的郑氏始祖，从无到有，全靠种田菁发家。还有，民国时期，文成县入迁的大量移民，主要是工商业者和手工业者，在境内从业，然后定居。

畲族先民，在宋、元、明时期先后向浙江西南各县移入，如景宁、云和、遂昌、平阳等县山区均有畲民在垦荒，劳动生息繁衍后裔。明末到清初畲族先民被司前地区的自然条件和社会环境吸引，陆续由景宁、云和、青田、平阳等邻县乡村向司前境内入迁，在各山村开垦耕耘，劳动生息繁衍后裔。

（三）畲族入迁

1.蓝 姓

洪岩际支系　始祖蓝启昌于明景泰二年（1451 年）二月初十由景宁驮马庵迁入左溪洪岩际定居，迄今已有 559 年历史。

鳌岭支系　始祖蓝一凰于清康熙年间（1662—1722 年），由景宁驮马庵迁来竹里石盂坑暂住，不久转迁司前鳌岭定居，迄今已有 340 多年历史。派下分布于仕阳翁地、石竹后、芭蕉垅、江家山、左溪、三滩、周山等地。

司前下库支系　始祖蓝敬祝于清康熙年间（1662—1722 年），由平阳黄山头迁来泰顺仕阳沙库居住，衍至敬祝五世孙蓝子龙由沙库移住里光陈坑源，衍至蓝子龙五世孙蓝盛荀由陈坑源移司前下库定居，迄今已有 350 多年历史。

左溪横路支系　始祖蓝玉于清嘉庆年间（1796—1820 年），由景宁驮马庵迁来泰顺阳斜横路暂住，不久后移入左溪横路定居，迄今有 210 多年历史。

水圳头支系　始祖蓝月福、月生兄弟二人于清乾隆年间（1736—1795 年），由景宁驮马庵迁来泰顺太阳岙暂居，不久移左溪水圳头定居，迄今已 270 多年历史。

国公圹支系　始祖蓝起旺、起振兄弟二人于清康熙年间（1662—1722 年），由景宁四格迁来泰顺左溪余坑、小段、洪岩际等地住过。后又于乾隆年间（1736—1795 年）移到台边过路洋住，至清嘉庆五年（1800 年）二月初五，最后移入国公圹定居，迄今 210 余年历史。

上八寮支系　始祖蓝春旺于清康熙年间（1662—1722 年），由云和县温溪迁入景宁四格暂居，后移转石排西山、东坑林山住，衍至春旺七世孙蓝春金于清同治年间（1862—1874 年），由景宁林山迁泰顺里光上八寮定居，迄今 150 多年历史。

上升下丹坵（今属新北村）支系　始祖蓝进有于清康熙初年，由景宁四格迁来泰顺竹里碇步头（梅花洋）暂居，后移居金山垅岙定住。生三子，三子元进分居上升下丹坵（今属新北村），迄今有 350 多年历史。

2.雷 姓

直斜支系　始祖雷春茂于清康熙年间（1662—1722 年），由景宁五殿源迁入泰顺司前直斜定居，至今已有 340 多年历史。

林山支系　始祖雷兆高于清康熙年间（1662—1722 年），由景宁三都鹤溪迁来泰顺司前林山定居，至今已有 350 多年历史。

筱条支系　始祖雷光久于清康熙十三年(1674年),由平阳县五十一都章山迁来泰顺筱条定居,至今已有350年历史。

里光和庄葛藤岭支系(今属新北村)　始祖雷起锋于清康熙五十一年(1712年)七月初六日,由景宁叶山头迁来泰顺里光旁山洋居住,不久转迁岱头葛藤岭定居,至今已有310年历史。

司前上寮支系　始祖雷春余于清康熙年间(1662—1722年),由景宁五殿源迁入泰顺司前上寮定居,至今已350余年历史。

3.钟　姓

左溪垟斜支系　始祖钟国斌、钟国庆兄弟二人于清雍正三年(1725年),由青田培头迁来泰顺下稔洋头居住,不久转迁左溪垟斜定居,至今已有280多年历史。

左溪包坑支系　始祖钟日显由景宁山外迁来泰顺大安南田岗居住,不久转迁左溪包坑定居,至今已有380多年历史。

溪口坑东支系　始祖钟法行、法坠兄弟二人于清康熙年间(1662—1722年),由宣平县十三都张家弄迁入泰顺司前溪口坑东定居,至今已有350多年历史。

台头支系　始祖钟春昌于清康熙年间(1662—1722年),由宣平县十三都张家弄迁入泰顺百丈台头(今属新北村)居住,至今已有350多年历史。

黄桥松树脚支系　始祖钟永昌又名叶发于清嘉庆年间(1796—1820年),由景宁东坑蛤蟆洋迁入泰顺黄桥石章坑居住,不久移松树脚定居,至今已有190多年历史。

黄桥钟姓　1958年由文成黄坛培头迁入山头定居,现有人口20多人。

4.李　姓

左溪李姓　李姓先祖李廷玉于明景泰四年(1453年)迁至福州汤岭,入赘蓝色艳家,子女继承畲族语言、习俗,成为畲族李姓始祖。传至六世万十三郎,于明嘉靖十五年(1536年),配雷氏育六男。其中射房念三郎之长子七世孙李子春于清雍正年间(1723—1735年)从苍南牛角湾迁竹里石街。乾隆初年分迁司前筱条。现10余人。

台边李姓　始祖李承杨原籍平阳,清嘉庆年间(1796—1820年)迁入过路垟定居。

(四)汉族入迁

1.徐　姓

徐姓始祖徐相,祖籍婺州,初迁安固上革(今百丈镇下革上游),唐宝历元年(825年)定居木棉村(今司前溪口宫头垟)。其七世孙徐达,北宋元祐七年(1092 年)从仙居(今属罗阳镇)迁峰门乡徐坑村(今属司前畲族镇徐宅村)。

上地徐姓 始祖徐用中,于元朝元统元年(1333 年)溪口村迁入,今 17 人。

黄桥徐姓 清康熙三年(1664 年)从景宁上标鱼际村搬入。三兄弟分居于杨山后、山头及陈吴坑三处,现陈吴坑已无徐姓,其余两处仍由徐氏后人居住,其中杨山后村 40 余人,山头村 50 余人,以上徐氏亦属溪口徐氏后裔。

2.吴 姓

黄桥乡共有吴氏人口 260 多人,分别散居于陈吴坑、横路和苦竹井三个自然村。

陈吴坑吴姓 约有 150 多人,系北宋咸平四年(公元 1001 年)始祖吴恒从泰顺南浦溪镇库村迁入,是黄桥境内现有史料记载中,最早迁入的一支氏族。

苦竹井吴姓 现约 60 人,始祖吴绩简于清道光年间(1821—1850 年)由庆元合湖三堆村迁入。苦竹井吴氏属庆元祎公后裔。

横路吴姓 约有 52 人,始祖吴希详于清咸丰三年(1853 年)由龙泉县龙南后坳村迁入,初期在炉西猪槽坑结庐,以种玉米、香菇为生。清光绪庚辰在横路阒基建屋定居。源出庆元祎公派下。

台边园洲吴姓 系南浦溪镇库村吴氏。鼻祖吴畦后裔于明初从景宁上标吴家洞迁居黄桥晓燕村。清康熙十九年(1680 年),吴君岳、吴君嘉兄弟从黄桥晓燕迁罗阳,吴君岳继迁台边园洲。

榅垟徐半天 吴姓始祖吴存诚于明正德十年(1515 年)从景宁东坑迁入。

3.方 姓

方姓是迁入镇境较早的姓。始祖方敬肇,唐广明元年(880 年),由太原迁居闽福宁长溪赤岸,后裔方佛定,于五代后周广顺元年(951 年),由赤岸迁居瑞安方村(今莒江乡地)。南宋咸淳二年(1266 年),方十五为避乱,由方村举族迁居方山(今属峰门村),子孙散居左窟(属峰门村)。榅垟杨辽方姓始祖方步晓于民国 7 年(1918 年)从平阳县石柱后迁入。

4.陈 姓

叶山陈姓 始祖百一、百四十、百五十分别于南宋时从百丈陈庄迁入。至第六代陈起一同被尊为叶山陈氏始祖。陈起一四子陈子文于明初迁碑排乡五斗村(今属罗阳镇)。陈应合于清康熙年间(1662—1722 年)迁里光村。

榅垟外厝陈氏 始祖陈七,于明洪武三十一年(1398 年)自景宁县东坑迁入。分居垟边、犁头厝等自然村。

黄桥墨斗具陈姓　始祖陈斌，于清乾隆四年(1739年)由闽莆田县迁入泰顺平滩(即今园桥平滩)居住，乾隆十七年斌六子陈贵生迁墨斗具肇基，计有人口90多人。此外，炉西、北山等地尚有少数分别来自文成、平阳的陈姓人口。

横路陈姓　原籍平阳山门维新乡，民国38年(1949年9月30日止)徙居横路厝基，其祖上为做花笺纸师傅，解放后在该村分田分地，定居横路，现已繁衍4代，人口15人。

台边陈姓　始祖陈邦瀍原籍文成樟岭，清光绪年间(1875—1908年)，其三子在司前一带行医、弹棉被等，后定居开药铺、木炭行等。其兄随后迁入定居。

5.苏　姓

黄桥始祖苏成一于南宋淳熙十年(1183年)从青田塘头(今文成黄坛)迁入黄桥苍头。八世通十二徙居旺山(今黄桥黄山)，此后其余各支派亦先后徙居园桥、石楷、木台山等地，人口597人。

6.高　姓

始祖高伯海，原籍青田，明万历四十二年(1614年)迁罗阳，初居朱家山，旋转迁西门外大青垟，后裔散居司前。

7.梅　姓

黄桥炉西始祖梅正福于清顺治十六年(1659)从景宁县黄桐迁入。至2015年已357年，总人口322人。初迁时在该村坑底垟寮后岗结庐而居。

8.陶　姓

始祖陶珣居葛垟(今泰顺筱村镇)，十二世陶得正迁连山(今属罗阳镇)。16世裔孙陶伯俸(生卒年不详)于明景泰五年(1454年)从连山(今罗阳镇马连村)迁梨树丘(今属左溪村)，二十五世裔孙陶守成、同叔友嘉于清乾隆元年(1736年)自梨树丘迁居司前。

9.王　姓

溪口王姓　始祖王得瑜，祖籍括苍沐鹤(今属景宁县)，明洪武十五年(1382年)，迁居罗阳沙堤，清康熙年间(1662—1722年)，王立功迁溪口。

台边街尾王姓　始祖王焕登于清嘉庆年间(1796—1820年)自温州永强迁入。

10.严　姓

系出龙泉，初迁青田黄坦(今属文成县)，明初，严图携长子严小一继迁百丈东岸，尊严图为泰顺始祖。明初严孟昂迁居峰门严庄洋，为严庄垟始祖。后裔分居黄山垟底、朱垮、荷宅等地。

11.罗 姓

里光始祖元统、元绥、元寿、元森、元植、千四郎于清康熙年间(1662—1722年),从闽连城县郭坑上村迁入里光定居。不久,元植、千四郎迁石角坑,千四郎转迁高岱(原属碑排乡)。

12.林 姓

里光林姓 始祖林绍昌于清康熙年间(1662—1722年)从罗阳上庄迁里光。其时官任湖州候任州判。育七子,三子(林鹗祖父)迁南院。名下360多人。

杨寮林姓 始祖林敬衍于明洪武十一年(1378年)从景宁东塘迁入。

黄桥林姓 始祖林联富于清乾隆年间(1736—1795年),由平阳山门水门头迁入黄桥乡桥头岗,后由于人口渐增,遂向外扩散,先后徙居石章坑、北山等村,总人口约200人。

横路林姓 由平阳迁至青田八都一源依仁(今文成县黄坦),清同治年间(1862—1874年)林作丰由依仁分迁黄桥乡北山,后于光绪年间(1875—1908年)迁横路。

园桥林姓 包括石门楼、北具两自然村林氏。清道光年间(1821—1850年)由文成赤沙迁入,后分别徒居园桥、石门楼及北具等地,有人口近40人。

13.金 姓

榅垟坑头始祖金百世于南宋乾道四年(1168年)从处州(今丽水市)遂昌县迁来瑞安县五十八都小温洋坑头(即今司前畲族镇榅垟村)经营货殖,淳熙十二年(1185年)定居于此。第十三代金承珠于清康熙十四年(1675年)从榅垟村迁入上地村,有133人。

14.叶 姓

黄桥叶姓总人口约258人。其中晓燕叶姓始祖叶春旭于清乾隆年间(1736—1795年)由景宁石梯迁入,迄今300多年,有人口约150人。横路叶姓始祖叶茂献于清康熙年间(1662—1722年)由景宁石梯迁入横路,约有人口50人。晓燕叶氏与横路叶氏同祖同宗。

15.何 姓

上地何姓 始祖何守祯于清康熙年间(1662—1722年)从景宁雁溪迁入。

黄桥何姓 清康熙年间(1662—1722年),从景宁雁溪徙居园桥一带居住,至今200多年,有人口50多人,分别散居园桥、石门楼两村。1998年三插溪水库淹没后,石门楼何姓迁移到司前西村。

16.黄 姓

台边园洲始祖黄博十于清康熙年间(1662—1722年)从江西南昌丰城迁入。

17.郭 姓

榅垟外瘖始祖郭大显于清道光二十二年(1842年)从五十四都(今文成)迁入。

18.柳 姓

榅垟坑头始祖柳奕生清光绪元年(1875年)自五十四都叶山(今文成)迁入。

19.饶 姓

叶山垟心始祖饶肇,原籍泰顺罗阳垟心街,清咸丰年间(1851—1861年)迁入。

20.周 姓

上地塔山始祖周瑞兰于清道光二十四年(1844年)左右从文成入迁,75人。

21.朱 姓

上地陈柏树始祖朱本旺于清光绪二十五年(1899年)左右迁入,分迁恩坑、黄垟等地。

22.郑 姓

黄桥郑姓 共有三支。其中苍头郑氏约在清乾隆四十五年(1780年)由平阳水头屿边徙居苍头,计有人口130多人。石街郑氏始祖郑应瑗,系文成县李方山郑姓十五世裔孙,于清咸丰年间(1851—1861年)迁入,有人口38人。另始祖郑作余系李方山第十六世裔孙,于清光绪年间(1875—1908年)迁入,现30多人散居于桥头岗、占排。黄坦寮始祖郑绍亦为文成大岱李方山第十六代裔孙,于清同治年间(1862—1874年)迁入,约有20人。

榅垟恩坑郑姓 始祖郑善于清光绪二十四年(1898年)从李山(今属文成)迁入,分居犁头厝等地。

23.潘 姓

黄桥始祖于清咸丰年间(1851—1861年)从文成潘岙搬入,至今已繁衍六代,总人口约100人,分别聚居在平滩、水碓坑两个自然村。1995年三插溪水库建成后,两村同时安置到司前西村,现原籍两处村庄均已被淹没。

台边海燕湖潘姓 始祖潘宗乡,原籍文成五十四都正湾。其子在司前一带贩运木材等生意,于民国年间定居。

24.李 姓

黄桥始祖李孟阜(字明阜)于清嘉庆年间(1796—1820年)由文成塗渎村迁入黄桥石章坑,已繁衍7代。李氏人口分布于石章坑、水圳头、筱驮源等村落。1998年三插溪水库淹没后，石章坑、水圳头李姓已全部迁移司前库区移民新村。至2014年总人口约60人。

台边何弄李姓 始祖李世禄，原籍瑞安，于清康熙年间（1662—1722年）迁入何弄自然村。

25.胡 姓

徐半天胡姓始祖希贞，字沛亮，生于清道光二十九年（1849年），于民国初从文成玉壶迁入，其三子分迁景宁畲族自治县东塘村，共繁衍6代70余人；其弟沛宽，生于清咸丰三年（1853年），于民国初迁上地，共繁衍6代60余人。

26.包 姓

上地包姓始祖包培纯，生于清道光二十三年（1843年），卒于清光绪二十四年（1898年），清末从文成珊溪迁入，至今繁衍6代，其族弟包培锡同时迁入，至今繁衍6代，共70余人。

27.刘 姓

台边街尾 始祖刘允祯原籍闽汀州宁化，于清乾隆年间（1736—1795年）在司前一带加工烟叶，于嘉庆十一年（1806年）定居。

黄桥刘姓 民国时期从文成徙居苍头，至今五代。

28.邓 姓

台边海燕湖始祖邓光钱原籍文成县东湾坑，于清光绪年间（1875—1908年）在司前一带经营油桐籽生意，后定居。

29.夏 姓

台边村始祖夏衍仪，原籍文成珊溪花作岭，于清同治年间（1862—1874年）迁入。

30.古 姓

清咸丰元年（1851年）至同治三年（1864年）徙居园桥平滩，迁徙原籍无据可考，据该村村民古方友讲，可能为当年失散的太平军将士后裔，至今繁衍7代，人口10人。

二、分迁

（一）畲族分迁

蓝一凰于清康熙年间（1662—1722年），由景宁驮马庵迁来竹里石孟坑暂住，不久转迁司前鳌岭定居，迄今已有340多年历史。派下分布仕阳翁地、石竹后、芭蕉垅、罗阳江家山、三滩等地。

(二)汉族分迁

徐相四世孙徐暹，于北宋雍熙四年(987年)，携家带口，从睦源迁往罗阳仙居，率众开荒、筑堤造田，逐步建起前宅、后宅、东园、西园和书院(址在今仙居书院村)，将仙居开发成为一个文风颇盛的风水宝地。

峰门村方姓是迁入镇境较早的姓。至2015年派下692人，祖地方山仅130多人，其余分居温州、罗阳等地。

里光始祖林绍昌育有七子，三子(林鹗祖父)迁罗阳南院。

黄桥陈吴坑吴姓迁此已繁衍30代，也有族人在不同年代外迁至景宁县梅岐乡高山、沙湾，东坑镇大仰、杨斜，文成县石垟乡吴寮等地及黄桥村山头、双坑头。

自20世纪80年代开始，外出上学、工作或经商办企业人数增加，其中有部分在外买房定居。

三、库区移民

因温州地区的珊溪水利枢纽工程建设，影响镇境内司前峰门部分村庄；同时县内三插溪水库建设，涉及黄桥乡部分村庄，均需移民。

(一)珊溪水库移民

动迁安置　珊溪水利枢纽工程，位于浙江省温州市境内的飞云江干流中游河段，由珊溪水库和赵山渡引水工程两部分组成，具有供水、发电、灌溉、防洪等综合效益。主体工程于1997年9月开工建设，2001年12月31日全部工程完工。珊溪水库淹没区涉及司前畲族镇溪口、峰门乡小湾口等自然村。

1996年开始第一期移民动迁，动迁安置先后分四期进行，2000年4月结束。第三、四期移民动迁于1999年5月全面展开，至2000年4月15日完成。移民根据自愿原则选择分流，分自愿后靠、自谋职业、自谋出路、非农业安置等四项选择。司前大坪山安置点安置洪口乡岭脚村1户3人，新浦乡永华村2户5人，司前畲族镇溪口村65户226人，共计68户234人。司前畲族镇溪口村移民合计1032人，移民地点：龙湾区76人，瓯海区190人，苍南县351人，乐清市92人，鹿城区41人，县内282人。峰门乡小湾口村移民合计51人，全部移往乐清市。

补　偿　涉及补偿项目如房屋、杂房、附属建筑物、园地、林木、搬迁误工费、建房补助等9项。其中，司前畲族镇溪口村296户1032人，淹没耕地887亩，园地105亩，林地337亩，房屋49585平方米，赔偿金额9404169元。峰门乡小湾口村15户51人，淹没耕地28亩、园地0.22亩、林地507亩、房屋846平方米，赔偿金额716711元。

文物保护 1997年4月，成立珊溪水利枢纽工程泰顺淹没区文物考古挖掘工作领导小组，确定本县淹没区范围内地下文物的考古发掘工作由浙江省文物考古研究所具体负责实施。10月，珊溪水利枢纽泰顺淹没区考古发掘工作正式进点，历时2个月，共投入资金576069元对宫头垟遗址、柴林岗遗址等7个县级文物保护单位进行抢救性发掘，共挖掘3100平方米，发现文物标本5000余件，筛选出200件文物藏品。淹没区原8处县级文物保护单位，除莒江戏台搬迁至罗阳镇旋顶山公园外，其他7个文物保护单位均淹没。

珊溪水利枢纽工程泰顺司前畲族镇淹没区

表7-2-1-1

名称	年代	地址	文保级别	标高（米）	面积（平方米）	价 值	处理意见	工作经费（元）
宫头垟遗址	商周—战国	司前畲族镇溪口村	县级	140	50	研究当时泰顺的社会经济状况	发掘250平方米	60007.5
柴林岗遗址	商周—战国	司前畲族镇溪口村	县级	140	50	研究当时泰顺的社会经济状况	发掘250平方米	60007.5

（二）其他水库和移民

小型水库（库容1000万立方米以下） 泰顺县境域内共有涉及移民的库容量在1000万立方米以下的小型水库9个，主要分布全县8个乡镇、22个村，涉及动迁水库移民687人，淹没土地97.29公顷。

泰顺县小型水库移民基本情况一览表

表7-2-1-2

<table>
<tr><th>水库名称</th><th>淹没土地（亩）</th><th>原迁移民（人）</th><th>移民安置方式</th><th>工程竣工时间</th><th>乡（镇）名称</th><th>建制村</th><th>自然村</th></tr>
<tr><td rowspan="4">白鹤渡</td><td>20</td><td>9</td><td rowspan="4">后靠安置</td><td rowspan="4">1969年3月</td><td rowspan="2">司前畲族镇</td><td>溪口</td><td>白鹤渡</td></tr>
<tr><td>35</td><td></td><td>大住</td><td>大住</td></tr>
<tr><td>40</td><td>15</td><td rowspan="2">竹里畲族乡</td><td>茶石</td><td>后山垅</td></tr>
<tr><td>60</td><td>75</td><td>何宅垟</td><td>锦山、垟尾</td></tr>
</table>

中型水库（库容1000万立方米以上） 县境域内共有涉及移民的中型水库2个，分别为双涧溪水库和三插溪水库。三插溪水电站工程是浙江省重点工程项目之一，位于黄桥乡境内，1993年，成立泰顺县三插溪电站工程建设指挥部开始动工兴建，1994年2月启动库区移民动迁工作，至1996年底结束，共迁移黄桥乡3个行政村8个自然村的102户364人。其中就地后靠安置在园桥村、新增村的有12户36人口；外迁安置在司前畲族镇西村三插溪移民安置点的有80户293人。投亲靠友、自谋出路在罗阳安置的有10户35人，占9%。1996年，移民户的所有经济补偿包括房屋、附属物、林木竹、人户费、水田、旱地、林地、零散地等赔偿金全部完成，共支付赔偿金额7146938.22元。1998年正式投入运营。水库淹没的居民点有园桥建制村的石门楼、平滩、朱埠垟、寺堂、水碓坑；新增建制村的桥头坑、石章坑；苍展建制村的坟岭脚等自然村。水库淹没房屋86幢，建筑总面积26194平方米；淹没土地1685.519亩。

(三)后期扶持

范　围　根据《泰顺县大中型水库农村移民后期扶持人口核定登记实施细则》规定，2006年7月，对县内珊溪、三插溪等4座大中型水库后期扶持对象进行核定登记。按水库划分：核定到户人口，其中珊溪水库2509人，三插溪水库496人，外地水库61人（含2006年6月30日前自主迁入的移民5人），不核定到户人数，其中珊溪水库5750人、三插溪水库775人。

政　策　2006年，国务院下发《国务院关于完善大中型水库移民后期扶持政策的意见》，规定从2006年7月1日起对大中型水库农村户口移民每年给予600元的后期扶持补助资金，扶持年限为20年，确立了“直补到人与项目扶持相结合”的扶持方式。对已经核定到人的每年每人600元扶持资金直接发放到移民个人，不能核定到移民个人的实行项目扶持。

2008年，县政府出台《泰顺县人民政府关于完善大中型水库移民后期扶持政策的实施意见》，进一步加大珊溪水库泰顺库区移民在发展生态种植养殖业、开展来料加工、兴办企业、培育专业合作社和实用技术培训方面的后期扶持力度。

资金直补　按照省、市有关后期扶持资金管理的有关规定，在县农村信用合作联社设立“泰顺县大中型水库移民后期扶持资金专户”，实行后期扶持项目资金专户管理，专户产生的利息计入项目扶持资金本金，实行统一管理。全县移民后扶直补资金实行按季发放、一户一折的方式直接发放到个人，发放率均为100%。

项目扶持　2005年4月，县人民政府安排资金382.8万元，投入国有水电站用于扶持移民。产生的股份分红每年由县移民办落实到人，扶持年限从2005年6月至2013年5月。6月，县政府下发《泰顺县人民政府关于进一步落实珊溪水库移民安置政策的通知》，规定2003—2007年，移民在技术培训、基地建设、畜牧养殖等生产发展方面分别给予相应的资金补助；2005—2009年内，由县移民办统一补助解决移民参加的新型农村合作医疗保险等内容。

2006—2010年，县移民办共争取中央、省、市、县项目资金2409.035万元。其中，扶贫部门项目补助资金达2690.336万元，实施扶持项目229个，受益人口达131872人，库区移民生活得到改善。截至2010年底，库区移民人均收入从1997年1303元提高到2010年6101元。

第二节 繁 衍

入迁的畲族民众大多数是穷人，只能在偏远山坡上结庐开荒或当雇工维持生活。直到中华人民共和国成立前，畲族大多数还居住在上升、和庄、里光上八寮、斜坑源、林山、左溪和筱条的30多个自然村。

据史料记载，1952年，司前、里光、燕石（今晓燕、石角坑自然村）、峰门、左溪、上榅、黄桥7个乡有“苗族”（畲族未定名前作苗族统计）1597人，占总人口8694人的18.37%；1990年第4次人口普查时，司前畲族乡（已含里光乡统计）、黄桥乡、峰门乡4个乡户籍人口中畲族人口2564人，占4个乡总户籍人口16423人的15.61%。1952至1990年38年间，畲族人口增长60.55%，年均增长12.88‰，低于总人口增长率17.34‰的4.46个千分点。第四次全国人口普查是统计常住人口，畲族人口外出过多，人口增长比例就降低。畲族人口占总人口之比降低了2.76个百分点，这是因为统计范围扩大，总人口基数增大，畲族人口比例缩小。

至2015年，全镇畲族户籍人口2971人，比1990年第四次全国人口普查时增加了407人，增长15.87%。25年间，畲族人口年均增长6.16‰。低于总人口自然增长率7‰的0.84个千分点[①]。畲族人口占全镇户籍总人口18716人的15.87%，25年间占比提高了0.26个百分点。2015年与1952年相比，畲族人口从1597人增长至2971人，增长86.04%，年均增长10.06‰；其间，同范围总人口从8694人增长至18716人，增长115.27%，年均增长12.44‰。畲族人口增

① 2015年畲族人口数据，根据各村上报统计，总人口数据来自司前畲族镇派出所。

长率低于总人口增长率。

一、人口分布

(一)数 量

民国29年(1940年),司前、里光、燕溪、晓园4乡(包括现镇境和竹里畲族乡、罗阳镇马联村的一部分)已有人口12379人。1951年,原里光乡属地划出一部分(现罗阳镇马联村的一部分),4个乡有人口11042人。

中华人民共和国成立后,人民安居乐业,人口向高出生率、低死亡率转化。1958年、1959年出现生育高峰。三年困难时期有所回落。1963—1982年,受第二次生育高峰和"文化大革命"影响,司前人民公社由3149人增加到4643人,年均增长20.65‰;里光人民公社由3796人增加到5791人,年均增长22.48‰;黄桥人民公社由1593人增长到2494人,年均增长23.87‰。其中,司前人民公社1969年净增29.51‰;里光人民公社1966年净增33.83‰;黄桥人民公社1969年净增31.33‰。比全县最高水平1968年30.86‰还高。其间,1979年开始执行计划生育政策,人口自增率开始回落。司前人民公社1982年达到9.35‰。1986年后,人口自增率在7‰左右。2015年全镇人口出生率13.24‰,死亡率6.97‰,自增率6.27‰。

总人口分布在4个乡镇193个自然村208平方千米范围。1991年,司前乡100人/平方千米;里光乡95.77人/平方千米;黄桥乡66.50人/平方千米;峰门乡77.95人/平方千米。2000年始,人口逐步向司前畲族镇集中,2015年,其中户籍人口18716人,不到20%还住原户籍地,20%外出,还有1万余人住在3平方千米的镇所在地,达到3000人/平方千米。

民国29年(1940年)司前等四乡人口数量一览表

表7-2-2-1

乡名	人口(人)	保数	所 辖 地 名
司前乡	3473	9	司前、蔡山、左溪、岩下、筱条、垟坑头、板岱头、碑牌、连山、马子坑、大夷岙
里光乡	4801	15	里光、五斗、叶山、榅垟、杨寮、石牛、所垟、恩坑、竖半天、潭边、上地、岱头、冷水窟、白岩、上燕
燕溪乡	2576	11	竹垟、溪口、大住、宫头垟、河垟、后坑、石角坑、峰门、徐坑
晓园乡	1529	3	园桥、库竹境、卢西、北山、晓燕、石阶、雷竹坑

1952—1991 年若干年份司前等四乡总人口统计一览表

表 7-2-2-2

年份	司前畲族乡			里光乡			黄桥乡			峰门乡		
	户数（户）	总人口(人)	其中男(人)	户数	总人口(人)	其中男(人)	户数	总人口(人)	其中男(人)	户数	总人口(人)	其中男(人)
1952	739	2957	1689	1033	3600	2073	—	—	—	—	—	—
1960	—	—	—	1031	3587	—	—	—	—	—	—	—
1961	—	—	—	1048	3577	—	—	—	—	—	—	—
1962	—	—	—	1057	3624	—	—	—	—	—	—	—
1963	—	3149	1757	1088	3796	2206	—	1593	910	—	—	—
1964	866	3420	1791	1056	3948	2248	—	—	—	466	1774	967
1965	—	—	—	1041	4041	2298	—	—	—	—	—	—
1966	—	—	—	1064	4176	2364	—	—	—	—	—	—
1967	—	—	—	1075	4295	2455	—	—	—	—	—	—
1969	859	3628	1992	1084	4518	2593	123	1859	1040	—	—	—
1970	919	3737	2106	1115	4625	2576	449	1907	1085	—	—	—
1971	928	3721	—	1133	4788	—	437	1964	—	—	—	—
1972	957	3947	—	1143	4912	—	442	2059	—	—	—	—
1973	985	4050	—	1181	5159	—	451	2074	—	545	2278	—
1974	994	4109	—	1265	5169	—	481	2152	—	600	2096	1171
1975	1161	4430	2490	1316	5308	2953	434	2224	—	—	—	—
1976	1178	4509	2493	1345	5428	2989	479	2286	—	—	—	—
1977	1167	4565	2552	1343	5498	3054	438	2340	—	658	2484	1438
1978	1008	4474	—	1326	5510	—	544	2339	—	664	2529	—
1979	1021	4475	—	1317	5547	—	528	2406	—	—	—	—
1980	1025	4194	—	1328	5649	3058	—	—	—	—	—	—
1981	1113	4600	—	1370	5776	3114	585	2492	—	—	—	—
1982	1038	4613	—	1366	5791	3165	556	2494	—	—	—	—
1983	1068	4705	—	1379	5879	—	—	—	—	—	—	—
1984	1110	4756	—	1380	5957	—	573	2534	—	—	—	—
1985	1130	4835	—	1399	6007	—	589	2550	—	637	2585	—
1986	1134	4851	—	1411	6066	—	595	2557	—	—	—	—
1987	—	5203	2838	1438	6110	—	—	2598	1375	—	2774	1505

续表 7-2-2-2

年份	司前畲族乡			里光乡			黄桥乡			峰门乡		
	户数(户)	总人口(人)	其中男(人)	户数	总人口(人)	其中男(人)	户数	总人口(人)	其中男(人)	户数	总人口(人)	其中男(人)
1988	—	5110	2722	1578	6063	—	—	2635	1314	—	2787	1511
1989	1194	4709	—	1523	6059	—	637	2288	—	—	—	—
1990	1228	4561	—	1573	6051	—	646	2627	—	—	—	—
1991	1461	514	2746	1475	6073	—	580	2646	1375	701	2839	1602

说明:1968 年数据缺失

1992—2015 年司前畲族镇和黄桥乡、峰门乡总人口一览表

表 7-2-2-3

年份	司前畲族镇				黄桥乡				峰门乡			
	户数(户)	总人口(人)	其中(人)		户数(户)	总人口(人)	其中(人)		户数(户)	总人口(人)	其中(人)	
			男性	非农业人口			男性	非农业人口			男性	非农业人口
1992	2986	11199	6065	421	582	2647	1387	30	702	2843	1599	17
1993	2986	11243	6071	738	584	2653	1371	27	704	2830	1607	17
1994	3049	11323	6084	427	584	2639	1369	27	710	2827	1605	17
1995	3053	11341	6101	437	584	2647	1269	27	719	2822	1228	19
1996	3089	11429	6114	454	678	2656	1274	19	715	2842	1254	20
1997	3311	12169	6498	645	534	2271	1206	20	712	2839	1586	20
1998	3340	12190	6504	653	536	2292	1216	20	724	2870	1593	20
1999	3673	12223	6524	675	592	2339	1266	24	721	2879	1608	24
2000	3782	12568	6623	675	676	2274	1286	56	840	2928	1601	26
2001	3801	12334	6566	675	668	2212	1181	68	898	2969	1600	30
2002	3850	12448	6617	715	662	2184	1170	67	945	3003	1617	25
2003	3976	12131	6429	721	654	2133	1138	60	987	2933	1581	25
2004	3785	12037	6396	718	657	2114	1135	58	1004	2926	1585	31
2005	4003	12335	6518	765	702	2148	1148	60	1012	2917	1575	42
2006	4033	12407	6569	785	702	2130	1137	66	1077	2935	1592	46
2007	4011	12382	6522	804	708	2148	1149	80	1127	2935	1590	50
2008	4153	12524	6593	829	776	2178	1169	90	1168	3003	1625	57
2009	4154	12588	6587	862	784	2206	1175	103	1177	3018	1629	69

续表 7-2-2-3

年份	司前畲族镇				黄桥乡				峰门乡			
	户数（户）	总人口（人）	其中（人）		户数（户）	总人口（人）	其中（人）		户数（户）	总人口（人）	其中（人）	
			男性	非农业人口			男性	非农业人口			男性	非农业人口
2010	4280	12946	6687	908	792	2283	1211	113	1189	3097	1655	79
2011	6441	18452	9560	1142	—	—	—	—	—	—	—	—
2012	7456	18462	9515	1187	—	—	—	—	—	—	—	—
2013	7552	18481	9508	1124	—	—	—	—	—	—	—	—
2014	7642	18597	9550	1133	—	—	—	—	—	—	—	—
2015	7658	18716	9582	1278	—	—	—	—	—	—	—	—

1964—2010 年黄桥乡、峰门乡人口增长状况一览表

表 7-2-2-4

年份	黄桥乡					峰门乡				
	出生人数（人）	出生率（‰）	死亡人数（人）	死亡率（‰）	净增率（‰）	出生人数（人）	出生率（‰）	死亡人数（人）	死亡率（‰）	净增率（‰）
1964	—	—	—	—	—	52	29.31	28	15.78	13.53
1969	79	45.77	25	14.48	31.29	—	—	—	—	—
1970	63	33.46	4	2.12	31.33	—	—	—	—	—
1974	—	—	—	—	—	47	21.49	12	5.49	16.00
1976	88	39.02	15	6.65	32.37	—	—	—	—	—
1977	63	27.24	11	4.76	22.48	58	23.35	17	6.84	16.51
1987	34	13.21	15	5.83	7.38	26	9.37	13	4.69	4.69
1988	19	7.27	20	7.66	-0.38	27	9.71	12	4.31	5.39
1991	25	9.45	16	6.05	3.40	37	13.03	16	5.63	7.40
1992	27	10.20	17	6.42	3.78	41	14.43	17	5.98	8.48
1993	31	11.70	18	6.79	4.91	43	15.16	17	5.99	9.17
1994	23	8.69	14	5.29	3.40	42	16.61	14	4.06	9.90
1995	26	9.84	11	4.16	6.43	24	11.68	14	4.96	3.54
1996	41	15.46	18	6.79	8.67	41	14.48	12	4.24	10.24
1997	38	15.43	7	2.84	12.59	28	9.86	19	6.69	3.17
1998	48	21.04	17	7.45	13.59	26	9.11	12	4.20	4.93

续表 7-2-2-4

年份	黄桥乡					峰门乡				
	出生人数(人)	出生率(‰)	死亡人数(人)	死亡率(‰)	净增率(‰)	出生人数(人)	出生率(‰)	死亡人数(人)	死亡率(‰)	净增率(‰)
1999	25	10.79	21	9.21	6.04	24	8.38	12	4.17	4.17
2000	13	5.64	21	9.10	-3.47	37	12.74	13	4.48	8.26
2001	45	20.06	19	8.47	11.59	22	7.46	18	6.10	1.36
2002	22	10.01	15	6.82	3.18	23	7.70	12	4.02	3.68
2003	20	9.26	11	5.09	4.17	28	9.43	17	5.73	3.71
2004	19	8.84	16	7.45	1.40	24	8.19	16	5.46	2.73
2005	24	11.26	13	6.10	4.22	35	11.98	19	6.50	5.47
2006	27	12.62	14	6.65	6.08	47	16.06	5	1.71	14.35
2007	28	13.09	5	2.34	10.75	30	10.22	10	3.41	6.81
2008	24	11.10	10	4.62	6.47	40	13.47	16	5.39	8.08
2009	29	13.23	16	7.30	5.93	43	14.28	19	6.31	7.97
2010	25	11.14	18	8.02	5.79	38	12.43	14	4.58	7.85

1964—1991 年若干年份司前、里光乡人口增长一览表

表 7-2-2-5

年份	司前畲族乡					里光乡				
	出生人数(人)	出生率(‰)	死亡人数(人)	死亡率(‰)	净增率(‰)	出生人数(人)	出生率(‰)	死亡人数(人)	死亡率(‰)	净增率(‰)
1964	66	20.69	15	4.70	16.00	130	33.08	41	10.43	22.65
1965	—	—	—	—	—	141	35.29	32	8.01	27.28
1966	—	—	—	—	—	161	39.18	22	5.35	33.83
1967	—	—	—	—	—	147	34.70	41	9.98	25.02
1969	131	37.17	27	7.66	29.51	140	30.99	27	5.98	25.01
1970	98	26.61	19	5.15	21.45	116	25.37	15	3.28	22.09
1975	139	32.55	29	6.79	25.76	157	29.97	40	7.64	22.33
1976	107	23.94	27	6.04	17.90	168	31.30	25	4.66	26.64
1977	101	22.26	41	9.04	13.22	155	28.37	47	8.65	19.87
1980	—	—	—	—	—	121	21.42	49	8.67	12.75
1981	—	—	—	—	—	144	25.21	36	6.30	18.90

续表 7-2-2-5

年份	司前畲族乡					里光乡				
	出生人数(人)	出生率(‰)	死亡人数(人)	死亡率(‰)	净增率(‰)	出生人数(人)	出生率(‰)	死亡人数(人)	死亡率(‰)	净增率(‰)
1982	—	—	—	—	—	135	23.34	29	5.01	18.33
1987	47	9.08	32	6.18	2.90	60	9.85	46	7.55	2.30
1988	48	9.31	24	4.66	4.70	54	8.87	41	6.75	2.14
1991	52	10.11	5	0.96	9.14	48	7.91	—	—	—

1992—2015 年司前畲族镇人口增长率一览表

表 7-2-2-6

年份	出生人数(人)	出生率(‰)	死亡人数(人)	死亡率(‰)	净增率(‰)
1992	120	10.71	71	6.33	3.14
1993	142	12.65	62	5.53	5.53
1998	148	12.15	94	7.72	4.43
1999	181	14.83	196	16.06	-1.23
2001	145	11.59	86	6.88	4.72
2002	173	13.96	94	7.59	6.38
2003	163	13.26	90	7.32	5.94
2004	170	14.07	82	6.79	7.28
2005	155	12.72	80	6.57	6.16
2006	167	13.50	80	6.46	7.03
2007	152	12.26	87	7.02	5.24
2008	160	12.85	86	6.91	5.94
2009	203	16.17	115	9.16	7.01
2010	262	20.52	102	7.99	12.53
2011	261	16.63	119	7.58	9.05
2012	253	13.71	110	5.96	7.75
2013	243	13.16	112	6.06	7.09
2014	189	10.19	105	5.66	4.53
2015	247	13.24	130	6.97	6.27

(二)姓氏分布

1.畲 族

2015 年,司前畲族镇有畲族人口 2971 人。其中,蓝姓 964 人,雷姓 1383 人,钟姓 523 人,李姓 54 人。其中还有 47 人,因为父母有一方是畲族的,其子女经批准认定为畲族,但姓为对方的姓。即父亲是畲族,子女认定为畲族,跟母亲姓,或者母亲是畲族,子女认定为畲族,跟父亲姓。

雷 姓　共 1302 人,分布左溪村 500 人、司前村 372 人、新北村 220 人、里光村 105 人、榅垟 53 人、台边村 27 人、叶山村 22 人、上地 3 人。

蓝 姓　共 1119 人,分布左溪村 500 人、司前村 298 人、新北村 220 人、里光村 85 人、叶山村 16 人。

钟 姓　共 445 人,分布左溪村 260 人、司前村 131 人、新北村 20 人、里光村 5 人、台边村 3 人、黄桥 26 人。

李 姓　共 39 人,分布司前村 23 人、台边村 5 人、左溪村 11 人。

2.汉 族

2015 年,全镇有汉族人口 14341 人,71 个姓。陈姓人口最多,总计 1700 人,主要分布在叶山、里光、榅垟、台边、新北等村。人口 500 人以上的有吴、徐、林、陶、严、苏等 6 个姓,分布在黄桥、台边、徐宅、溪口、里光、新北、司前、左溪、黄桥等村。王、梅、郑等 3 个姓各有 400—500 人,主要分布在溪口、新北、里光、台边、黄桥、上地、新北、榅垟、台边等村。张、罗 2 个姓各有 300—400 人,主要分布溪口、大住、里光等村。金、叶、夏、饶、何、章、方等姓各有 200—300 人,主要分布榅垟、上地、黄桥、徐宅、叶山、台边、新北、大住、峰门等村。周、郭、刘、黄、潘、李(汉族)、纪、高、朱、包等姓各有 100—200 人,主要分布上地、新北、榅垟、台边、黄桥、峰门等村。

2015 年司前畲族镇汉族各姓人口一览表

表 7-2-2-7　　单位:人

序号	姓氏	民族	各姓小计	新北	台边	榅垟	里光	叶山	司前	上地	左溪	溪口	大住	黄桥	峰门	徐宅
1	林	汉	809	200	—	82	160	—	46	—	—	—	—	315	1	5
2	陈	汉	1700	90	136	219	265	562	90	76	—	—	—	175	53	34
3	徐	汉	1179	12	—	—	—	4	13	15	—	170	—	205	5	755
4	张	汉	545	30	43	—	—	—	28	—	—	60	245	20	102	17
5	王	汉	740	110	78	—	80	—	70	12	—	180	—	—	6	204

续表 7-2-2-7

序号	姓氏	民族	各姓小计	新北	台边	榅垟	里光	叶山	司前	上地	左溪	溪口	大住	黄桥	峰门	徐宅
6	郑	汉	515	60	35	35	—	—	10	100	—	—	—	199	43	33
7	陶	汉	860	20	—	—	—	—	570	—	270	—	—	—	—	—
8	罗	汉	315	30	—	7	259	12	7	—	—	—	—	—	—	—
9	章	汉	197	7	—	—	—	—	2	—	—	—	182	—	6	
10	夏	汉	809	50	82	—	—	58	82	3	—	—	—	12	503	19
11	何	汉	203	20	—	—	—	—	12	105	—	—	—	66	—	—
12	饶	汉	261	15	—	—	—	238	8	—	—	—	—	—	—	—
13	郭	汉	164	10	—	142	—	—	2	3	—	—	—	—	7	—
14	刘	汉	126	26	55	—	—	—	23	—	—	—	—	22	—	—
15	包	汉	99	8	—	—	—	—	10	80	—	—	—	—	—	1
16	严	汉	891	10	—	—	—	—	10	—	—	—	—	20	117	734
17	高	汉	102	7	16	—	—	23	18	37	—	—	—	—	—	1
18	金	汉	239	11	8	78	—	—	2	133	—	—	—	7	—	—
19	朱	汉	109	8	—	—	—	—	8	50	—	—	—	40	1	2
20	赵	汉	54	40	—	—	—	—	5	—	—	—	—	9	—	—
21	曹	汉	82	80	—	—	—	—	1	—	—	—	—	—	—	1
22	黄	汉	197	60	102				18	15	—					2
23	施	汉	22	10	—	7	—	—	1	—	—	—	—	—	—	4
24	吴	汉	568	50	133	23	—	—	48	—	—	—	—	283	16	15
25	纪	汉	159	35	—	—	—	—	5	—	—	—	—	9	106	4
26	游	汉	8	8	—	—	—	—	—	—	—	—	—	—	—	—
27	应	汉	12	12	—	—	—	—	—	—	—	—	—	—	—	—
28	苏	汉	623	—	—	—	—	—	26	—	—	—	—	597	—	—
29	潘	汉	225	12	35	—	—	—	33	—	—	—	—	142	3	—
30	邱	汉	43	15	16	—	—	—	4	8	—	—	—	—	—	—
31	周	汉	207	80	—	—	—	—	20	102	—	—	—	—	2	3
32	李	汉	155	7	18	—	—	—	18	15	—	—	—	85	7	5
33	邓	汉	144	40	52	—	—	—	1	45	—	—	—	—	6	—
34	方	汉	516	—	—	19	—	—	8	—	—	—	—	—	482	7
35	彭	汉	9	—	—	—	—	8	1	—	—	—	—	—	—	—
36	胡	汉	159	—	—	35	—	—	1	102	—	—	—	20	—	1

续表 7-2-2-7

序号	姓氏	民族	各姓小计	新北	台边	榅垟	里光	叶山	司前	上地	左溪	溪口	大住	黄桥	峰门	徐宅
37	钱	汉	16	—	—	16	—	—	—	—	—	—	—	—	—	—
38	董	汉	74	—	—	—	30	—	2	—	—	—	—	41	—	1
39	毛	汉	31	—	—	—	—	5	12	—	—	—	—	13	—	1
40	古	汉	10	—	—	—	—	—	2	—	—	—	—	8	—	—
41	叶	汉	274	—	—	—	—	—	5	10	—	—	—	259	—	—
42	洪	汉	77	—	—	—	—	—	1	—	—	—	—	16	—	60
43	孙	汉	116	—	—	—	—	—	8	—	100	—	—	8	—	—
44	杨	汉	32	—	—	—	—	—	6	—	—	—	—	25	—	1
45	汤	汉	20	—	—	—	—	—	2	—	—	—	—	18	—	—
46	梅	汉	432	—	—	—	—	—	8	102	—	—	—	322	—	—
47	谢	汉	24	—	—	—	—	—	—	—	—	—	—	20	4	—
48	翁	汉	12	—	—	—	—	—	4	—	—	—	—	6	1	1
49	蒋	汉	4	—	—	—	—	—	—	4	—	—	—	—	—	—
50	白	汉	30	—	—	—	—	—	—	—	—	—	—	—	—	30
51	柳	汉	41	—	—	40	—	—	1	—	—	—	—	—	—	—
52	裴	汉	28	—	—	—	—	—	28	—	—	—	—	—	—	—
53	赖	汉	14	—	—	—	—	—	14	—	—	—	—	—	—	—
54	沈	汉	5	—	—	—	—	—	5	—	—	—	—	—	—	—
55	项	汉	4	—	—	—	—	—	4	—	—	—	—	—	—	—
56	蔡	汉	9	—	—	—	—	—	9	—	—	—	—	—	—	—
57	魏	汉	5	—	—	—	—	—	5	—	—	—	—	—	—	—
58	唐	汉	4	—	—	—	—	—	4	—	—	—	—	—	—	—
59	江	汉	3	—	—	—	—	—	3	—	—	—	—	—	—	—
60	柯	汉	1	—	—	—	—	—	1	—	—	—	—	—	—	—
61	季	汉	1	—	—	—	—	—	1	—	—	—	—	—	—	—
62	程	汉	2	—	—	—	—	—	2	—	—	—	—	—	—	—
63	陆	汉	1	—	—	—	—	—	1	—	—	—	—	—	—	—
64	余	汉	1	—	—	—	—	—	1	—	—	—	—	—	—	—
65	许	汉	1	—	—	—	—	—	1	—	—	—	—	—	—	—
66	丁	汉	1	—	—	—	—	—	1	—	—	—	—	—	—	—
67	梁	汉	1	—	—	—	—	—	1	—	—	—	—	—	—	—

续表 7-2-2-7

序号	姓氏	民族	各姓小计	新北	台边	榅垟	里光	叶山	司前	上地	左溪	溪口	大住	黄桥	峰门	徐宅
68	戴	汉	1	—	—	—	—	—	1	—	—	—	—	—	—	—
69	郝	汉	1	—	—	—	—	—	1	—	—	—	—	—	—	
70	奚	汉	1	—	—	—	—	—	1	—	—	—	—	—	—	—
71	舒	汉	5	—	—	—	—		5	—	—	—	—	—	—	—
合　计			14328	1173	809	703	794	910	1341	1017	370	410	427	2962	1471	1941

二、人口构成

(一)性别构成

民国以前，社会重男轻女，男性比例向来偏高。据《泰顺县志》记载，民国17年(1928年)性别比(女=100，下同)为165.77，民国35年为141.99。

中华人民共和国成立后，人民政府贯彻执行《中华人民共和国婚姻法》，提倡男女平等，性别失调比例系数逐年下降。按户籍人口计算，里光乡人口男女性别比1952年135.76，1964年132.24，1990年122.05；黄桥乡1963年133.24，1987年113.26，2010年112.96；峰门乡1964年119.82，1991年119.82，2010年114.77；司前畲族镇1952年133.20，1964年109.94，1991年114.46，2015年104.90。

2010年第六次全国人口普查显示，2009年11月至2010年10月出生人口男女比例是：黄桥乡142.85，峰门乡66.67，司前畲族镇102.50。

(二)年龄构成

人口普查显示，司前畲族镇0—14岁少龄儿童：1990年占27.26%，2000年占19.12%，2010年占20.04%。三组年龄人数分别是3102人、2131人、2113人。2010年比1990年减少989人。

劳动年龄组：1990年、2000年、2010年男性15—64岁人口分别是7544人、7828人、7048人，分别占总人口比例为66.30%、70.24%、67.31%；女性15—59岁人口分别是7055人、7379人、6570人，分别占总人口比例为62.01%、66.21%、62.71%。

男性60周岁、女性55周岁退出劳动年龄组：1990年1305人，2000年1774人，2010年2098人，分别占总人口的比例为11.47%、15.92%、20.04%。20年间占比提高8.55个百分点。总人数增加783人。

15—49岁育龄妇女组：1990年2783人、2000年3040人、2010年2483

人。分别占总人口 24.46%、27.28%、23.71%。

20 年间,全镇人口向低出生、低死亡、低增长型构成转化。负担少年儿童系数减少,负担老人系数增加。1990 年年龄中位数 24.38 岁,2000 年 26.83 岁,2010 年达 39.68 岁,人口由年轻型转向成年型。

1990 年、2000 年、2010 年司前畲族镇三次人口普查年龄构成比例一览表

表 7-2-2-8　　单位:人

年龄	分类	1990 年第 4 次普查		2000 年第 5 次普查		2010 年第 6 次普查	
		人口数(人)	占比(%)	人口数(人)	占比(%)	人口数(人)	占比(%)
总人口		11378		11145		10471	
男 60 周岁女 55 周岁及以上	退出劳动年龄	1305	11.47	1774	15.92	2098	20.04
0—14 周岁	少龄儿童	3102	27.26	2131	19.12	2113	20.18
15—64 周岁	劳动人口	7544	66.30	7828	70.24	7048	67.31
15—59 周岁		7055	62.01	7379	66.21	6570	62.74
60 周岁以上		1221	10.73	1635	14.67	1788	17.08
65 周岁以上	老年人口	732	6.43	1186	10.64	1310	12.51
女 15—49 周	育龄妇女	2783	24.46	3040	27.28	2483	23.71
总抚养比(%)		3834	50.82	3317	42.37	3423	48.57
少年儿童抚养比(%)		3102	41.12	2131	27.22	2113	29.98
老年抚养比(%)		732	9.70	1186	15.15	1788	18.59
年龄中位数(岁)		24.38	—	26.83	—	39.68	—
老年人口比(%)		6.43	—	10.64	—	12.51	—
青少年人口比(%)		27.26	—	19.12	—	20.18	—
老少比(%)		23.60	—	55.65	—	61.98	—

(三)民族构成

境内原仅有汉族,明万历年间(1573—1620 年)至清代始有畲族蓝、雷、钟、李从景宁、平阳等邻县陆续迁入。近年又因婚嫁等原因有 14 个少数民族人口迁入。2015 年境内总人口(户籍口径)18716 人,其中少数民族 3089 人,占 16.50%。共有 16 个民族人口,分别是汉族、畲族、苗族、壮族、土家族、布依蒙古族、黎族、侗族、彝族、拉祜族、哈尼族、满族、瑶族、回族、朝鲜族等，其中汉族人口最多，畲族次之。

1952 年司前土改队统计的人口数统计一览表

表 7-2-2-9　　单位：人

乡名	总人口	汉族	苗族	乡名	总人口	汉族	苗族
司前乡	1234	890	344	左溪乡	1338	522	816
里光乡	1776	1613	163	上榅乡	1538	1307	231
燕石乡	972	940	32	黄桥乡	1303	1292	11
峰门乡	533	533	—	合　计	8694	7097	1597

1990—2010 年司前畲族镇、黄桥乡、峰门乡汉族与畲族人口统计一览表

表 7-2-2-10

年份	乡镇名称	户籍人口（人）	常住人口（人）	户籍人口中			
				汉族（人）	占比（%）	畲族（人）	占比（%）
1990	司前	11378	11160	8848	77.76	2530	22.24
	黄桥	2581	2534	2550	98.80	31	1.20
	峰门	2464	2425	2461	99.88	3	0.12
2000	司前	12958	11145	8696	78.04	2440	21.89
	黄桥	2266	1388	1372	98.85	16	1.15
	峰门	2900	1371	1365	99.56	6	0.04
2010	司前	13116	10471	7939	75.82	2490	23.78
	黄桥	2243	772	765	99.10	7	0.90
	峰门	2989	378	387	100	0	0

2010 年人口普查常住境内的其他少数民族人口一览表

表 7-2-2-11　　单位：人

司前畲族镇	合计	其中	苗族		彝族	壮族	布依族		侗族	土家族		哈尼族	回族
		女	男	女	女	女	男	女	女	男	女	女	女
	42	33	3	9	8	1	5	3	4	1	4	2	2

(四)文化程度构成

民国时期,境内虽曾兴办多所小学,但上学人数不多。中学生 2 人,大学生 2 人。各村识字人数也仅几人。

中华人民共和国成立后,人民文化程度提高较快。1982 年人口普查显示,境内应识字人口(6 岁及以上)11233 人,大学生 8 人,占总人口的 0.07%。中专、高中生 309 人,占 2.75%。初中生 1181 人,占 10.51%。不识字或很少识字的 4620 人,占 41.13%。2010 年第 6 次人口普查时,应识字人口 10617 人,大学生、大专生 256 人,占 2.41%。比 1982 年增加 2.34 个百分点。高中生 555 人,占 5.23%,比 1982 年提高 2.57 个百分点。不识字或很少识字人数 1460 人,占 13.75%,比 1982 年减少 27.38 个百分点。

司前畲族镇历次人口普查常住人口文化程度统计一览表

表 7-2-2-12

<table>
<tr><th rowspan="2">文化程度</th><th colspan="2">1982 年</th><th colspan="2">1990 年</th><th colspan="2">2000 年</th><th colspan="2">2010 年</th><th rowspan="2">2010 年比 1982 年升降</th></tr>
<tr><th>人数(人)</th><th>占比(%)</th><th>人数(人)</th><th>占比(%)</th><th>人数(人)</th><th>占比(%)</th><th>人数(人)</th><th>占比(%)</th></tr>
<tr><td>6 岁及以上</td><td>11233</td><td></td><td>15163</td><td>—</td><td>13089</td><td>—</td><td>10617</td><td>—</td><td>—</td></tr>
<tr><td>大　学</td><td rowspan="2">8</td><td rowspan="2">0.07</td><td>2</td><td>0.01</td><td>15</td><td>0.11</td><td>40</td><td>0.38</td><td rowspan="2">+2.34</td></tr>
<tr><td>大学专科</td><td>23</td><td>0.15</td><td>89</td><td>0.68</td><td>216</td><td>2.03</td></tr>
<tr><td>中　专</td><td rowspan="2">309</td><td rowspan="2">2.75</td><td>99</td><td>0.65</td><td>235</td><td>1.80</td><td>—</td><td>—</td><td rowspan="2">+2.57</td></tr>
<tr><td>高　中</td><td>402</td><td>2.65</td><td>485</td><td>3.71</td><td>555</td><td>5.23</td></tr>
<tr><td>初　中</td><td>1181</td><td>10.51</td><td>2477</td><td>16.34</td><td>3577</td><td>27.33</td><td>3079</td><td>29.00</td><td>+18.49</td></tr>
<tr><td>小　学</td><td>5115</td><td>45.54</td><td>7968</td><td>52.55</td><td>6937</td><td>53.00</td><td>5267</td><td>49.61</td><td>+3.56</td></tr>
<tr><td>不识或少</td><td>4620</td><td>41.13</td><td>4192</td><td>27.65</td><td>1751</td><td>13.38</td><td>—</td><td>—</td><td rowspan="2">-27.38</td></tr>
<tr><td>未上过学</td><td colspan="2">—</td><td>—</td><td>—</td><td>—</td><td>—</td><td>1460</td><td>13.75</td></tr>
</table>

(五)行业构成

境内乡民初以垦山耕作、肩挑背扛为主。少数从事手工业、小买卖。中华人民共和国成立始,从业门类增加,女性从业比例增大,农业人口相对减少,商业、服务业工作人员逐渐增多。1958 年,境内开办部分工厂,部分农民进厂从业。1962 年贯彻“调整、巩固、充实、提高”方针,农民工基本回村充实农业第一线。至 1983 年人民公社化制度下,农民只被允许参加生产队劳动,不准外出。手工业者，家属在生产队的，也要投入资金，折算“工分”，才可分口粮。

自 1978 年中共十一届三中全会始，贯彻“改革开放”方针，农村落实生产责任制，部分农民又从农业上转移出来，从业门类增多。

1990 年第四次全国人口普查时，境内已有 20.09%农民从事其他行业。至 2010 年，从事第二、三产业人员已为 51.51%，至 2015 年，从事二、三产业人员已远超过这个比例。

2010 年乡镇人口分行业情况表

表 7-2-2-13　　单位：人

合计	农林牧渔	工业	建筑业	交通运输	商业餐饮	卫生福利等	教育文化等	金融保险	国家机关	其他服务业
7746	6190	671	119	83	255	49	181	18	105	75

司前畲族乡 1990 年第四次全国人口普查不在业情况分析表

合计	在校学生	料理家务	待升学	市镇待业	离退休	丧失能力	其他
4111	237	2656	104	13	63	573	465

2010 年从业人员分行业统计表（《泰顺统计年鉴》口径）

乡镇	从业人员总数	其中外来从业人员	第一产业	第二产业	第三产业
司前	6400	1280	3157	2173	1070
黄桥	750	0	247	46	134
峰门	901	3	500	195	457

（六）百岁老人

吴玉柳　女，汉族，生于清光绪二十年（1894 年）农历十二月二十八日，终于 2001 年农历五月十九日，享年 107 岁。住台边下弄自然村何上垟。其心灵手巧，能纺纱织布；性情温和，热情好客；终生少量饮酒，会诵念佛经，生活节俭。其丈夫周日新，生于清光绪十七年（1891 年），卒于 1957 年，年 66 岁，是中华人民共和国成立前入党的中共党员，在当地较有威望。夫妻二人育有一子四女。

三、家　庭

家庭有广义和狭义之分，狭义是指两人结婚构成的社会单元；广义的则泛指人类进化的不同阶段上的各种家庭利益集团即家族。本节记载的是狭义家庭，指婚姻关系、血缘关系或收养关系基础上产生的，以情感为纽带，亲属之间所构成的社会生活单位。随着社会历史的变迁,家庭的规模与结构、观念与伦理都发生不同程度的变动。

司前畲族镇境内家庭规模都不大,10 人以上户仅占极少数, 未有几十人户的大家庭历史记载。自 20 世纪 80 年代始,家庭规模日趋小型化,家庭层次日趋简单化,三代户还保存一定比例。

家庭住房,是境内农户历代奋斗的目标之一。民国及以前,农户多数住泥墙草寮,有极少数农户连这个目标都不能实现。瓦房是几代努力奋斗才能实现的, 多数人家住房面积不是很宽敞。中华人民共和国成立后的 20 世纪 50 年代,经济正在恢复时期,部分农户的住房得到改造提升。三年困难时期之后,农村经济进一步发展,改造住房的农户比例进一步提升。80 年代始,农户住房质量和面积都有所提高。进入 21 世纪,速度加快。2010 年司前畲族镇、黄桥、峰门乡人均住房面积分别达 55 平方米、48 平方米、53 平方米。至 2015 年农户基本都住砖瓦房,内装修比较考究,基本达到现代化住房要求。

中华人民共和国成立后,贯彻婚姻法,消除了买卖婚姻陋习。历史上虽出生率高,但由于各种原因,人口增长率仍然不高。中华人民共和国成立后,生活水平、医疗条件改善,生育率、人口增长率提高,20 世纪 60 年代末达到高峰。80 年代初开始贯彻计划生育国策,人口自然增长率回落,家庭进入优生优育良性循环。

司前镇境内,历史上贫穷落后,农民缺衣少食。中华人民共和国成立后,经济不断发展,农民生活水平不断提高。20 世纪 70 年代末开始,全面普及杂交水稻种植,农民结束了"番薯丝吃不饱"历史,全面吃上大米饭。国家改革开放带来的经济发展,农民经济收入逐步提高。国家采取一系列的扶贫治穷措施,镇境内农民改变贫穷落后面貌,逐步走上小康生活。2015 年全镇农民人均纯收入达到 13513 元。

(一)家庭规模

根据户籍人口计算,1975 年,司前乡 3.82 人/户;里光乡 4.03 人/户;黄桥乡 5.12 人/户。1995 年司前畲族镇 3.71 人/户;黄桥乡 4.53 人/户;峰门乡 3.92 人/户。2015 年全镇 2.44 人/户。证明家庭日趋小型化。

1990 年人口普查, 司前畲族乡,2 代户占 59.70%,1 代户占 16.94%,3 代户占 16.53%,合计占 93.17%;里光乡 2 代户占 66.30%,1 代户占 15.35%,3 代户占 13.34%,合计 94.99%;黄桥乡 2 代户占 65.40%,1 代户占 14.13%,3 代户

占16.03%，合计95.56%；峰门乡2代户占64.04%，1代户占17.82%，3代户占14.04%，95.90%。2010年人口普查，司前畲族镇2代户占42.79%，1代户占38.60%，3代户占17.15%。黄桥乡2代户占26.77%，1代户占67.45%，3代户占5.77%。证明家庭层次趋简单化。

2010年人口普查，司前畲族镇有236户内有2个民族，占家庭户总数的6.55%，户内有3个民族的有5户，占总家庭户的0.04%。

第四、五、六次人口普查常住人口家庭户规模情况一览表

表7-2-2-14

名称	乡镇	1人户(%)	2人户(%)	3人户(%)	4人户(%)	5人户(%)	6人户(%)	7人户(%)	8人户(%)	9人户(%)	10人户以上(%)
第四次人口普查	司前	13.52	11.82	19.81	21.65	18.10	8.76	4.58	1.09	0.61	0.14
	黄桥	9.37	10.63	15.08	24.76	21.90	8.89	6.03	2.06	0.95	0.32
	里光	10.41	12.88	19.32	24.33	17.63	8.72	4.88	1.30	0.39	0.13
	峰门	12.46	10.09	17.82	23.82	19.72	9.62	4.10	1.26	1.10	0
第五次人口普查	司前	16.66	18.46	28.81	21.41	10.26	2.64	1.06	0.39	0.17	0.14
	黄桥	22.13	24.74	28.05	17.60	6.10	1.05	0.35	0	0	0
	峰门	26.01	19.15	21.57	16.73	6.65	5.54	2.62	1.21	0.60	0
第六次人口普查	司前	19.17	26.75	24.33	17.62	7.25	3.39	0.97	0.31	0.14	0.17
	黄桥	40.94	34.38	15.75	5.77	2.62	0.26	0.26	0	0	0
	峰门	44.71	37.02	9.62	5.29	2.88	0.48	0	0	0	0

2010年人口普查民族混合户情况一览表

表7-2-2-15

乡镇	家庭户	单一民族户		两个民族户		三个民族户	
	户数(户)	户数(户)	占家庭户比重(%)	户数(户)	占家庭户比重(%)	户数(户)	占家庭户比重(%)
全县	83457	80909	96.95	2537	3.04	11	0.01
司前	3604	3363	93.31	236	6.55	5	0.14
黄桥	381	377	98.95	4	1.05		
峰门	208	208	100.00				

第四、五、六次人口普查常住人口几代同住家庭户所占比例一览表

表 7-2-2-16　　单位:户

名称	乡镇	合计	1代户	2代户	3代户	4代户	与其他亲属及非亲属同户			
							1代	2代户	3代户	4代户
第四次人口普查	司前	1431	248	874	242	20	10	20	15	2
	黄桥	629	89	412	101	2	4	14	7	—
	里光	1520	236	1019	205	10	13	22	14	1
	峰门	632	113	406	89	2	7	10	5	—
第五次人口普查	司前	3596	1078	1904	586	28	—	—	—	—
	黄桥	574	217	283	72	2	—	—	—	—
	峰门	496	187	215	93	1	—	—	—	—
第六次人口普查	司前	3604	1391	1542	618	53	—	—	—	—
	黄桥	381	257	102	22	0	—	—	—	—
	峰门	208	156	45	6	1	—	—	—	—

(二)住 房

2000年人口普查时,司前畲族镇、黄桥乡、峰门乡平均每户住房3.69间、4.51间、3.23间;人均住房31.56平方米、26.69平方米、32.25平方米。2010年人口普查时,3个镇、乡户均住房分别是4.47间、5.46间、2.41间。人均住房分别是55.47平方米、48.55平方米、53.15平方米。

2000年人口普查家庭户住房间数和面积一览表

表 7-2-2-17

乡镇	家庭户(户)	家庭户人数(人)	平均每户住房数(间)	人均住房面积(平方)	人均住房数(间)
司前	3596	11033	3.69	31.56	—
黄桥	574	1523	4.51	26.69	—
峰门	496	1465	3.23	32.25	—

2010年人口普查家庭户住房间数和面积一览表

表 7-2-2-18

乡镇	家庭户(户)	家庭户人数(人)	平均每户住房数(间)	人均住房面积(平方)	人均住房数(间)
司前	3604	10269	4.47	55.47	1.57
黄桥	381	749	5.46	48.55	2.78
峰门	208	387	2.41	53.15	1.30

(三)婚 姻

1.婚姻制度

民国时期,大多一夫一妻,女子初婚龄一般为15—16岁,普遍存在买卖婚姻现象。贫困人家子弟单身率比例较高。直至20世纪50年代仍有童养媳、早订婚习俗存在。即穷人家将女童卖给别人家,长到十五六岁,即与其家男子结婚;女童未成年即订婚给对方男子,收礼金。长到十五六岁时出嫁。

中华人民共和国成立之初,买卖婚姻被禁止。但条件差的也难娶妻。《中华人民共和国婚姻法》规定,未到结婚年龄不准登记结婚。1966—1976年"文化大革命"期间,普遍早婚。自20世纪80年代始,贯彻新的《中华人民共和国婚姻法》,登记结婚程序走上正轨。人民政府宣传晚婚晚育,群众逐步接受。自20世纪90年代始,结婚年龄普遍超过法定年龄,少数妇女实行单身主义。1990年第四次人口普查时,境内15周岁及以上未婚率29.59%,其中女性占33.86%。丧偶的占6.67%,其中男性占47.98%。离婚者占1.62%,其中男性占96.35%。有配偶的占62.04%。

据2010年第六次全国人口普查(10%抽样调查数字),15周岁及以上人口,未婚的12.35%,其中男性占64.71%。离婚的占2.42%,其中男性占75%。丧偶的7.99%,其中男性占42.42%。有配偶的占77.24%。

2.生 育

据2010年人口普查(10%抽样调查数据),15—19岁妇女生育率52.63%。20—24岁妇女生育率117.65%。25—29岁妇女生育率83.33%。30—34岁妇女生育率66.67%。15周岁及以上妇女活产5孩以上的占2.76%。活产4孩的占6.13%。活产3孩的占15.34%。活产2孩的占32.82%。

司前畲族乡 1990 年人口普查常住人口婚姻情况表

表 7-2-2-19　　单位：人

乡镇	15 周岁及以上		未婚		有配偶		丧偶		离婚	
	合计	男	小计	男	小计	男	小计	男	小计	男
司前畲族乡	11857	6582	3514	2324	7357	3692	794	381	192	185

2010 年第六次人口普查(10%抽样)调查摘录

表 7-2-2-20

2010 年常住人口中 15 周岁及以上分性别婚姻状况(人)	乡镇名称	15 岁及以上人口		未婚		有配偶		离婚		丧偶	
		小计	男	小计	男	小计	男	小计	男	小计	男
	司前	826	437	102	66	638	328	20	15	66	28
	黄桥	86	52	5	2	68	41	3	2	10	7
	峰门	31	19	3	3	21	13	1	1	6	2

2010 年常住人口中 15 周岁及以上育龄妇女生育率及综合生育率(‰)	乡镇名称	总生育率	15—19 岁	20—24 岁	25—29 岁	30—34 岁
	司前	1601.40	52.63	117.65	83.33	66.67
	黄桥	2500.00	—	—	—	500.00
	峰门	—	—	—	—	—

2010 年常住人口中 15 周岁及以上按活产子女分的 15—64 岁妇女人数(人)	乡镇名称	总人数	活产 0 个	活产 1 个	活产 2 个	活产 3 个	活产 4 个	活产5 个及以上
	司前	326	42	98	107	50	20	9
	黄桥	27	4	8	7	6	2	—
	峰门	5	—	1	2	1	—	1

(四)计划生育

1.提倡晚婚晚育

20 世纪 60 年代开始提倡晚婚、晚育。但很少群众接受。1979 年 12 月后大力推行晚婚、晚育，制止早婚、早育。1983 年 11 月县人大常委会作出决定，男满 25 周岁，女满 23 周岁为晚婚年龄。凡是达到晚婚年龄的男女职工，均增加婚假 12 天，产假 3 个月。

2.优待独生子女

1980 年，对独生子女，入托、入学、就业、参军、分房等给予优先照顾；儿童保健费，职工子女每年 50 元，由父母所在单位发给，无职业居民和农民子女每年30元，从计划生育事业费中开支，发放时间累计10年；农村独生子女责任田、自留山、自留地加倍划给。1990年1月规定，独生子女父母每年奖励费不得低于60元，发放到子女14周岁止；医疗卫生部门对独生子女定期进行健康检查，独生子女患病，给予优先挂号就诊。

3.推行节育

1958年在县城举办避孕知识图片展览。1967—1969年，计划生育工作停顿。1971年，开始免费供应避孕药具。1983—1990年，每年开展一次计划生育宣传月活动，并强调宣传月活动要与经常性工作相结合，以经常性工作为主，取得一定效果。自20世纪80年代始，境内人口自然增长率回落到7‰左右。

(五)生 活

民国以前，畲族入迁本镇的大多数为无地和无生产资料的农民。他们的生活仅靠打短工、做长工度日。在土地改革前，短工每天工钱仅一斗米(1.25千克)。长工每年100—150千克稻谷，无法养活子女。农民租种地主土地，所收稻谷，几乎只够缴纳地租。即使略有剩余，亦不够哺养幼儿，成年人常年皆以番薯丝为主粮，辅以粗蔬、野菜充饥。居住草寮，地基也须付地租。下库蓝姓人家，刚从里光上八寮迁入司前，在大平山租地搭草寮。不久，因王、陶姓要在此建房，蓝姓人家又迁往下库租地搭建草寮。三榴地基每年地租100千克稻谷。

1.日常消费

衣　民国时期，农民穿棉质狭型粗布衣服。布的主要品种有改布(分江苏产的常熟改——也叫简布，厚实耐用；平阳产的，宜山改，价廉而质差)、土布(自己纺织)、十六磅、八丈标等。斜纹、士林蓝等阔型厂布很少穿用。一件衣服要穿十几年，七补八衲，成了鹑衣百结。衣服数量少，冬季靠火笼御寒。贫户走亲戚，常向他人借衣。

中华人民共和国成立后，群众衣着逐步改善。20世纪70年代以前，农民衣料主要有龙头细布、八丈标、工农蓝、纱卡其、卡其、灯芯绒等。高级衣料呢绒、绸缎等为富者穿用。80年代始，化纤布、毛线类兴盛，主要品种有的确良、涤纶、毕叽、华达呢、混纺毛线等。购销量1952年全县人均购销棉布2.3米，1965年3.6米，1975年4.4米。1985年后，穿用化纤布、毛线及呢绒、绸缎的比例增大，棉布的销售量相对减少。1985年和1990年，全县人均购销棉布分别为1.6米和1.4米。

鞋类，昔日农民休闲时穿自制布鞋，上山穿草鞋，下田赤足。中华人民共和国成立后，胶鞋购销量迅速增加。近几年，农民穿皮鞋已较普遍。

食 中华人民共和国成立之初，1949 年全县人均口粮仅 100 千克，经济收入 30 元。到 1957 年，人均口粮增至 158 千克，集体分配人均 33.3 元。1958 年，粮食减产，1961 年人均口粮仅 131 千克，经济收入 27. 16 元，有的乡村曾发生饥荒。1962 年，政策调整后，生产恢复发展，农民生活又逐步提高。1971 年人均口粮 189 千克，经济收入 42.7 元。1978 年中共十一届三中全会后，农村推行联产承包责任制，发展多种经营，农民收入迅速增加。1981 年人均口粮 231 千克，1989 年为 252 千克，比1949 年分别提高 1.31 倍和 1.52 倍。1990 年，虽遭特大洪灾，人均口粮仍有 182.5 千克。一向靠番薯丝度日的广大农民，除极少数偏僻山村外，均以米饭为主食。鱼、肉、蛋消费量稳步上升，1984 年肉、鱼、蛋三类人均消费量分别为 8.25 千克、1.5l 千克、3.58 千克，1990 年达到 12.8 千克、2.21 千克、5.57 千克。

住 昔日民房，部分为茅草屋，树皮或毛竹为盖顶平房，部分为纯木或土木结构，经济条件较好的为瓦顶平房或楼房，一般三五开间，中间为厅，较宽，便于放置农具和举办红白喜事活动等。但门窗矮小，光线不足，建造粗陋，且畜舍、厕所毗连。大多农户居住局促，无房者住祠庙，或以竹篱茅舍勉强栖身。

中华人民共和国成立后，部分农民在土改中分得住宅。1952—1956 年，农村新建房大部分是土木结构。1958 年“大跃进”后的三年困难时期和 1966 年开始的“文化大革命”期间，建房甚少。1978 年后，农村新房增多。初为石木或砖木结构，后以砖木、钢筋混凝土结构为多，二至五层，屋顶多为中式木架瓦檐，少数钢混平顶，可晒谷物。有阳台或挑廊，窗户大，间架高，明亮透风。20 世纪末，始有套间，少数富家还考究修饰装潢。水磨石地面，天棚吊顶吊灯，内墙贴瓷砖，外墙贴马赛克或瓷砖。但有不少农民，只能勉力营建，建成房屋，已尽资财。21 世纪始，农村建房普遍外墙面瓷砖装饰，内装修开始讲究，给排水、排污设施齐全，部分装空调。司前村内小区开发始，室内装修升级较快，普遍装空调机。

行 民众出行历来靠步行。境内多高山峻岭，曲折盘旋，徒步肩挑，既费力，又费时。仅出行瑞安、温州可至百丈乘船。1966 年泰景公路通至司前始，才有机会乘车。尔后公路、机耕路不断发展，21 世纪始村村通公路，个体运输业兴起，山区交通条件有了根本改变。农民出门，多乘机动车。乡村骑自行车、摩托车者普遍。至2015年，开小汽车的也是平常事。

用 炊具、家具等设备，日益充足。旧时民众家锅灶用粗石块、泥土砌筑、没有烟囱。自20世纪60年代始大多改成有烟囱的砖灰灶。70年代，部分装饰瓷砖。90年代少数置有电炒锅、煤气灶。进入21世纪电风扇、收录机、洗衣机、电视机等家用电器较为普遍。至2015年农民人均生活消费支出达到11031元。

2.收 支

收 入 1955年初级社时期，里光乡人均年收入54元，司前乡42元。1971年里光公社人均年收入57元，黄桥公社80元。1979年司前公社人均年收入61元，里光公社67元，黄桥公社83元。二十世纪六七十年代，每个劳动日（10个工分）0.5—0.7元。

支 出 长期的农耕生活，农民首先考虑主食。青黄不接时，也向人家借粮。穷家有时连盐都需要借。中华人民共和国成立后，生活水平逐步提高，但在低生产力时期，生活支出也有限。有些人家需要将草房盖上瓦片，也自己砍柴烧砖瓦。1978年中共十一届三中全会召开始，特别是1981年落实生产责任制后，生活水平逐步提高，支出也逐渐增大。20世纪90年代始，逐步"走出去"，务工经商，逐步积累资金，才逐步考虑改善住房条件。

司前里光乡各村1958年与中华人民共和国成立前居民生活状况对比一览表

表7-2-2-21

村名	各时期人均收入（元）				中华人民共和国成立前（1949年5月前）							
	互助组	初级社	高级社	人民公社	无棉被		无棉衣		无房屋		乞讨	
					户数（户）	人数（人）	户数（户）	人数（人）	户数（户）	人数（人）	户数（户）	人数（人）
左溪	—	—	—	—	35	105	100	350	7	28	3	20
司前	22	25	30	64	19	55	83	322	12	34	5	7
筱垟	23	40	60	96	14	50	35	157	2	5	2	7
溪口	45	60	-	70	7	31	20	50	—	—	—	—
和庄	25	29	39	58	11	49	35	123	6	25	3	7
里光	70	80	138	150	5	16	5	16	1	4	—	—
榅垟	70	85	100	140	7	16	4	8	8	10	—	—
台边	—	—	—	—	3	14	—	—	6	24	—	—

续表 7-2-2-21

村名	各时期人均收入(元)				中华人民共和国成立前(1949 年 5 月前)							
	互助组	初级社	高级社	人民公社	无棉被		无棉衣		无房屋		乞讨	
					户数(户)	人数(人)	户数(户)	人数(人)	户数(户)	人数(人)	户数(户)	人数(人)
上升	25	28	33	42	4	14	11	24	4	18	—	—
叶山	—	—	—	—	—	—	2	8	—	—	—	—

村名	1958 年												
	户数(户)	人口(人)	男(人)	党员(名)	团员(名)	棉被(床)	棉衣(件)	单衣(件)	毛线衣(件)	球鞋(双)	球衫(件)	手电筒(个)	钢笔(支)
左溪	138	578	319	7	11	230	95	5380	12	68	131	75	92
司前	102	393	226	4	7	69	94	3860	—	24	142	65	65
筱垟	82	196	111	3	1	70	45	1670	6	14	64	40	34
溪口	29	73	41	—	2	8	23	730	1	6	7	35	35
和庄	37	168	87	2	3	11	8	173	—	12	25	23	8
里光	23	86	42	3		28	86	860	—	7	23	16	9
榅垟	16	72	40	—	2	32	55	720	2	10	8	15	8
台边	6	24	17	1	—	6	14	240	—	—	6	6	16
上升	13	43	25	1	1	14	6	128	1	7	12	9	7
叶山	3	12	8	1	1	8	5	18	2	3	3	—	5

司前里光黄桥三乡粮食经济分配一览表

表 7-2-2-23

年份	经济人均分配收入(元)			人均口粮(原粮,50 千克原粮=35 千克成品粮)											
				人均(千克)			生产队总数(个)			150 千克以下的生产队(个)			300 千克以上的生产队(个)		
	司前	里光	黄桥	司前	里光	黄桥	司前	里光	黄桥	司前	里光	黄桥	司前	里光	黄桥
1971	—	57.13	80.38	—	—	—	—	—	—	—	—	—	—	—	—
1979	61.00	67.00	83.00	264	195	179	84	95	36	5	17	6	21	1	1
1983	—	—	—	305	—	—	—	—	—	—	—	—	—	—	—

1991—2015 年农村人均收入一览表

表 7-2-2-23 单位：元

年份	人均收入			年份	人均收入			年份	人均收入		
	司前	黄桥	峰门		司前	黄桥	峰门		司前	黄桥	峰门
1991	290	246	230	2000	2090	1910	1770	2008	5056	4885	5052
1992	330	273	244	2001	2330	1984	1875	2009	5557	5238	5095
1993	468	313	263	2002	2682	2112	1973	2010	6112	5850	5699
1994	515	382	362	2003	3495	2814	1516	2011	7509		
1995	632	493	433	2004	3556	2609	2938	2012	8560		
1996	1320	1226	799	2005	4300	3074	2420	2013	9416		
1997	1412	1276	1206	2006	5262	3730	2959	2014	12065		
1998	1487	1217	1298	2007	6014	4323	4373	2015	13513		

说明：1999 年数据未统计

1984—2015 年泰顺全县农村生活水平一览表

表 7-2-2-24

年份	人均纯收入（元）	人均纯收入指数上年为 100	人均消费品支出（元）	食品支出（元）	恩格尔系数	人均居住面积（平方米）
1984	273		253	152	60.08	16.70
1985	298	109.20	248	156	62.90	16.80
1986	303	101.70	316	204	64.56	16.80
1987	369	121.80	359	231	64.35	
1988	404	109.50	510	198	58.43	
1989	465	115.10	501	307	61.28	21.30
1990	526	113.10	543	355	63.38	18.40
1991	551	104.80	590	346	58.64	21.10
1992	677	122.90	628	375	59.71	20.60
1993	920	135.90	811	480	59.19	21.30
1994	1062	115.40	906	611	67.40	21.80
1995	1310	123.40	1275	715	56.08	22.00
1996	1482	113.10	1515	964	63.63	22.40
1997	1580	106.60	1674	1094	65.35	24.30
1998	1641	103.90	1760	939	63.35	25.90

续表 7-2-2-24

年份	人均纯收入(元)	人均纯收入指数上年为100	人均消费品支出(元)	食品支出(元)	恩格尔系数	人均居住面积(平方米)
1999	1824	111.20	1748	855	48.91	25.90
2000	2021	110.80	1847	938	50.79	29.20
2001	2237	110.70	2099	937	44.64	30.20
2002	2460	110.00	1954	938	48.00	36.20
2003	2561	104.10	2184	912	41.76	34.90
2004	2749	107.30	2284	968	42.38	36.10
2005	2966	107.90	2472	1101	44.54	37.00
2006	3370	113.60	2392	1155	48.29	36.50
2007	4138	122.80	2692	1351	50.19	37.00
2008	4661	112.60	3085	1770	57.40	36.50
2009	5190	111.30	3345	1966	58.77	37.00
2010	6010	115.80	4099	2289	55.84	37.70
2011	7221	120.10	5284	2486	47.04	39.00
2012	8162	113.00	5549	2884	51.97	41.10
2013	9158	112.20	6135	2906	47.40	54.10
2014	11739	111.50	9780	3879	39.70	50.60
2015	12973	110.50	11031	4351	39.40	51.20

火 篾

番薯丝

火 笼

20 世纪 50 年代以前司前山区农户生活用具和食物(包才德 2015 年摄)

第三章　政治与民族事务

民国时期，在中国共产党领导下，畲族人民与汉族人民共同积极参与革命活动，经历了艰难困苦、流血牺牲的岁月，结束了受压迫、受剥削的苦难生活，迎来了翻身解放的日子。

中华人民共和国成立后，人民政府实行民族平等政策，畲族人民进入党和人民政府各级组织，参政议政；生活上享受政府照顾，经济上得到优待，畲族民众自立自强；畲族、汉族人民团结奋进，创造着美好的生活。2015 年司前畲族镇获“全国民族团结工作先进集体”“浙江省人民满意公务员集体”等称号。

第一节　政治生活

泰顺境内党派少，仅有中国共产党和民国时期的国民党。早在民国 14 年(1925 年)，县内就有共产党人的活动。民国 25 年下半年，泰顺境内的根据地连成一片，成为浙南游击根据地的中心区域和闽东苏区的组成部分。民国 26 年 2 月，国民党军队发动“清剿”，中共地下党组织遭到严重破坏，抗日战争全面爆发后逐渐恢复。此后，国民党武装“清乡”加剧，民国 33 年 8 月后，中共地下党组织暂时停止活动。民国 35 年 10 月始，镇境内属青景丽县委活动区域，复从巩固转向发展，至民国 37 年，基本控制全部乡村政权。1949 年 5 月，县城解放。

中华人民共和国成立后，中共泰顺县委领导全县人民剿匪反霸、镇反、土改、民主建政和农业合作化等运动。畲族、汉族民众积极参与政治活动，进行社会主义建设。1966 年“文化大革命”期间，党组织受到冲击。1978 年中共十一届三中全会以后，以经济建设为中心，党领导人民集中进行经济建设，开展扶贫攻坚，短时间里，大部分群众实现温饱，社会主义物质和精神文明建设取得前所未有的进展。时至2015年，境内生活安定，经济发展，人民群众在脱贫致富奔小康的道路上努力奋斗。

一、民国时期中国共产党领导下的革命斗争

(一)土地革命时期

民国10年(1921年)，中国共产党成立后，随着革命形势的发展，革命火种传入泰顺。民国14年，泰顺籍中国共产党党员林秉权从上海返回家乡宣传时局和中国共产党的革命主张，组织“救国会”，声援五卅运动；民国16年11月，在上海就读的中国共产党党员李铭受中共浙江省委指派回洪口进行革命活动。

民国24年(1935年)2月，根据中共中央政治局的指示电令，由红军第十军团在怀玉山遭国民党军队阻击后突围出来的部分兵力组建中国工农红军挺进师，师长粟裕，政委刘英。挺进师共538人，配备445支长枪、4挺重机枪、8挺轻机枪，下辖3个支队。中共中央给挺进师的主要任务是：到浙江长期行动，发动广泛的游击战争，扩大中国共产党与苏维埃的政治影响，创立新的根据地；建立党的组织、政权组织，直到分配土地；配合红军主力部队的行动，调动和牵制住大批敌人，粉碎敌人对中央红军的“清剿”计划。挺进师成立后，于2月27日由江西上饶灵山出发，在闽北车盘坑短期休整后，3月22日翻越闽浙交界的仙霞岭进入浙江省江山县境。4月上旬，挺进师在浙闽边境的龙泉、庆元、寿宁一带迂回作战，歼灭了一部分国民党保安团和地主武装。4月20日，红军挺进师从景宁县上标进入泰顺县司前镇台边村。这是红军挺进师首次进入泰顺。由于敌情不明，挺进师派出一个便衣化装的侦察排走在队伍前面。到台边村时，突然发现国民党兵。侦察排和前卫部队立即发起进攻。经过半个小时的战斗，歼灭国民党泰顺基干连一半兵力。第二天，国民党军队残部在里光村与红军遭遇，也被红军俘虏缴械。接着，挺进师向司前开拔。在司前兵分两路：一路向泰顺县城进逼，迫使敌人龟缩县城不敢出动；另一路进攻百丈口。百丈口敌人闻风而逃。红军缴获了一些物资，并破坏了泰顺县城通往瑞安的电话线，切断泰顺敌人通往瑞安的水陆交通。这次战斗是红军挺进师进入泰顺的首次战事。11月，中共闽浙边临时省委和省军区在泰顺白柯垮正式成立。省委书记刘英决定，省委机关迁回于泰顺、苍南、福鼎、文成4个县交界地区；挺进师部队则由粟裕率领，四面出击，扩大战果，开辟和巩固根据地。12月，红军挺进师70多人、寿(宁)泰(顺)景(宁)庆(元)县游击

队 70 多人与上北区游击队 10 多人协同作战，攻打国民党泰顺县基干队里光据点。经过两小时激战，红军游击队击毙民团哨兵 2 名，俘虏 34 名，缴获步枪 36 支、子弹 1000 多发。

至民国 25 年（1936 年），泰顺境内的革命根据地面积已有 1300 多平方千米，约占全县总面积的 75%。在中国共产党领导下，根据地的人民武装与国民党反动势力展开了英勇顽强的战斗。在泰顺东部根据地部分地方成立革命委员会（苏维埃），开展分粮食、分青苗、分土地的斗争。是年冬至次年夏，国民党相继纠集大批部队"清剿"革命根据地，泰顺境内革命根据地的党组织受到严重破坏。

民国 26 年（1937 年）5 月，司前镇归属中共青景丽中心县委下属中共青泰区委领导。

民国 27 年（1938 年）5 月，司前归属中共青景丽县委领导。中共青景丽县委在今泰顺境内共有 5 个党支部 35 名党员。其活动区域为今泰顺县的黄桥乡、百丈镇、莒江乡一带和今文成县的西坑区、黄坦区。

中共青泰区委书记廖春生（1938.5—1939 年秋），郭道款（兼，1939.9—1941.6），竺柏青（1941.11—1943.8），周亮（1943.8—1946.10）。

（二）全面抗日战争时期

民国 26 年（1937 年）8 月，浙江国共双方达成合作抗日协议。中共闽浙边区委成立，边区党组织开始恢复与发展工作。

民国 27 年（1938 年）3 月，中共中央、中央军委命令粟裕率闽浙边抗日游击总队北上皖南，编入新四军。是年 5 月，根据中共东南分局指示，撤销闽浙边临时省委，成立中共浙江临时省委。同年 9 月由中共中央批准为浙江省委，刘英为省委书记。民国 28 年 5 月，省委决定撤销浙东南特委及其下属县委，建立中共青景丽中心县委（后改为中共青景丽县委），领导青景丽地区人民群众开展革命斗争。青景丽县委辖瑞安、泰顺等 7 个县周边部分区域，分 4 个区，其中青泰区为原属青田县后属文成县的两岸乡和原属泰顺县的汇溪、园桥、云溪、莒江、百丈口等地。司前一带就在中共青景丽县委领导下开展活动，建立中共组织。

民国 32 年 12 月，县委书记赵传彬擅离职守，叛变投敌，带领国民党军警捕杀中共党员，实行白色恐怖，强迫中共党员自新，中共党组织遭受严重破坏。

（三）解放战争时期

民国 35 年（1946 年）7 月后，解放战争全面展开。是年 10 月，中共青景丽县委清泰区析出，建立泰北区委。其主要工作地区在泰顺县西北部的百丈口、司前一带和福建省寿宁县的部分地区以及文成县双溪、汇溪的西部地区。以后逐步发展到离泰顺县城不远的岭北、仙居等地。民国36—37年，中共泰北区委书记郑昂(又名郑贤授1946.10—1949.4)、王仕诺(1949.4—1949.9)，委员夏伯民、包玉普，在司前一带领导并重新建立党支部16个，发展党员112名。

民国37年(1948年)下半年，国民党政权势力仅及县城一隅。大部分村庄在中共领导下，都以贫农小组为核心，扩建成村农民协会，代行民主政权。农民协会参与肃清匪特、民主反霸、减租减息、发展生产等中心工作。

1949年，中共青景丽县委广泛深入开展解放战争，解放敌人最后几个据点和县城。5月3日，县委警卫队与泰北区民兵一起，再一次解放泰顺县城，并劳师远征，一直打到福建省寿宁县坑底。5月6日，3万多名群众，把文成县城围困了两天三夜，歼敌1000多人，5月8日解放了文成县大峃镇。5月12日，景宁县委书记刘斌发发动3000多名畲族和汉族民兵，解放了景宁县城。之后，景宁县委还发动民兵，配合中国人民解放军主力，解放了福建省寿宁县城。

1949年9月，中共泰北区委被撤销，其在泰顺境内的党支部划归新设立的中共泰顺县百丈区委领导。

1986年2月，温州市民政局受市人民政府委托，根据上级有关划定革命老根据地的标准和泰顺县上报的材料，经调查审议后，划定泰顺县46个乡镇革命老根据地乡(镇)，其中峰门乡、里光乡、黄桥乡名列其中。中共泰顺县委命名峰门乡的何宅、朱垮、峰门、徐坑村，里光乡的里光、台边、叶山、新桥、榅垟、上地村，黄桥乡的苍展、园桥、新增、联盟村和大住村为革命老区村。1992年重新认定司前畲族镇、黄桥乡、峰门乡为革命老区乡镇。

二、中华人民共和国成立后的政治生活

(一)畲族民众参加各类政治活动

1.参加国庆观礼

中华人民共和国成立后，世代被压在最底层的畲族人民的代表，受邀参加国庆观礼和“五一”参观团；参与各级党和政府的工作、活动；一批畲族党员、干部和农民获国家和省级各种先进荣誉称号，享受当家做主的权利。畲族山歌道：“共产党哩恩情深，苦难畲客大翻身；过去唔敢进城内，如今行入北京城！”

1952年，畲族人雷必隆当选为左溪乡乡长，同年参加全国少数民族国庆观礼团，9月30日参加中共中央主席、中央人民政府主席毛泽东主持的国庆宴会，翌日登上天安门国庆观礼台。1953年全县开始普选，在司前乡进行第一次普选试点，就安排选举一名畲族副乡长。1957年5月，司前乡农民雷陈她参加全国少数民族“五一”参观团；1958年全县第三次普选时，县委强调建立民族乡，民族乡的乡长要由少数民族担任，还强调在民族乡选举时，乡代表中，少数民族的比例可以超过按人口数分配的比例。1966年10月，司前乡农民雷益亲参加北京国庆观礼；1979年5月，县民族科干部蓝永德参加全国少数民族“五一”参观团；1981年10月，县二轻局副局长雷训贤参加北京国庆观礼；2014年9月28日至29日，中共左溪畲族村支部书记蓝学许参加中央民族工作会议暨国务院第六次全国民族团结进步表彰大会，受到习近平等党和国家领导人的接见。

2.人大代表、政协委员

至2015年，镇内畲族有省人民代表4人次，温州市人民代表3人次，县各届人民代表38人次，温州市政协委员7人次，县政协委员16人次。

1952年11月泰顺县第二届第三次各界人民代表大会选举雷必志为常务委员；1982年3月第七届泰顺县人民代表大会选举雷必隆为县人大常委会主任；1986年雷必隆当选泰顺县第一届政协主席；1998年3月第十二届泰顺县人民代表大会选举雷顺超为县人大常委会委员。

（二）司前畲族镇籍省、市各届人民代表、政协委员名录

司前畲族镇籍省、市各届人民代表一览表

表7-3-1-1

代表名称	届别	代表姓名	民族	年度
省各界人民代表大会代表	第一届	雷必隆	畲族	
	第二届	雷必隆	畲族	
省人民代表大会代表	第六届	钟岳林	畲族	1983.1—1988.1
	第八届	钟岳林	畲族	1993.1—1998.1
	第十一届	高立存	汉族	2008.1—2012.1
温州市人民代表大会代表	第六届	雷必隆	畲族	1983.4—1986.1
	第七届	钟岳林	畲族	1987.2—1990.1
		陶育禾（女）	汉族	

续表 7-3-1-1

代表名称	届别	代表姓名	民族	年度
温州市人民代表大会代表	第八届	雷必隆	畲族	1991.1—1993.1
		曹吴芬(女)	汉族	
	第十届	高立存	汉族	1994.1—1997.1
	第十一届	高立存	汉族	1998.1—2002.1
	第十二届	苏孝锋	汉族	2003.1—2007.1

司前畲族镇籍温州市各届政协委员一览表

表 7-3-1-2

政协委员名称	届别	委员姓名	民族	年份
温州市政协委员	第四届	雷顺贤	畲族	1983
		高世悦	汉族	1983
	第五届	雷顺贤	畲族	1988
	第六届	蓝久林	畲族	1993
		翁士亮	汉族	1993
	第七届	蓝锡禹	畲族	1998
		陈志清	汉族	1998
	第九届	雷顺跃	畲族	2008
	第十届	蓝允娇(女)	畲族	2011

(三)司前畲族镇籍泰顺县各届人民代表、政协委员名录

司前畲族镇籍泰顺县各届人民代表一览表

表 7-3-1-3

代表名称	届别	代表姓名及性别、民族	时间	县人大常委会
县各界人民代表大会代表	二届一次	蓝盛根(畲)、蓝有才(畲)、雷一龙(畲)梅振尧(汉)、金永贵(汉)	1951.10	
	二届二次	雷必志(畲)、雷必五(畲)	1952.5	
	二届三次	雷必五(畲)、雷必志(畲)	1952.11	常委　雷必志
县人民代表大会代表	第一届	雷必存(畲)、李子成(汉)、陈秀礼(汉)	1954.7	
	第二届	雷必隆(畲)、雷训贤(畲)、李志成(汉)	1956.7	
	第三届	资料缺失		
	第四届	资料缺失		

续表 7-3-1-3

代表名称	届 别	代表姓名及性别、民族	时间	县人大常委会
县人民代表大会代表	第五届	雷必隆(畲)、郭定财(汉)、苏阿古(汉) 郭昌郑(汉)、高乃玉(汉)、陈尚表(汉) 孙启发(汉)	1963.12	
	第六届	雷益亲(畲)、雷必隆(畲)、苏阿古(汉) 郭昌郑(汉)、高乃玉(汉)、何陈玉(女、汉) 吴一根(汉)、郭定财(汉)、陈尚表(汉) 孙启发(汉)	1966.4	
	第七届	雷必隆(畲)、雷明义(畲)、王尤海(汉) 王定中(汉)、吴万乾(汉)、金桂菊(女、汉) 柳齐坦(汉)	1982.3	主任 雷必隆
	第八届	雷训贤(畲)、雷国超(畲)、钟宗岳(畲) 雷必隆(畲)、雷圣珠(女、畲) 徐慧香(女、汉)、裴世龙(汉) 张瑞森(汉)、吴一根(汉)、朱岳丁(汉)	1984.12	
	第九届	雷必隆(畲)、钟岳林(畲)、蓝秀斌(女、畲) 包长达(汉)、吴立辉(汉)、夏克巧(汉) 夏盛龙(汉)、周瑞早(汉)、朱岳丁(汉) 陈晓莲(女、汉)、蔡叶聪(女、汉)	1987.6	
	第十届	钟岳林(畲)、蓝中堂(畲)、蓝玉聪(女、畲) 林士鑫(汉)、郑昌鉴(汉)、陶毓奇(汉) 陈冬娥(女、汉)、赖玉莲(女、汉)	1990.5	
	第十一届	钟岳林(畲)、蓝玉聪(女、畲)、蓝久林(畲) 陈俊兴(汉)、林士鑫(汉)、金太益(汉) 金昌伟(汉)、郑昌鉴(汉)、柳齐坦(汉) 陶汉光(汉)、赖克录(汉)、叶应贤(汉) 陶小华(汉)	1993.4	
	第十二届	蓝久林(畲)、蓝玉聪(女、畲)、雷顺超(畲) 吴立辉(汉)、郑国庆(汉)、柳齐坦(汉) 陈惟利(汉)	1998.3	常委 雷顺超
	第十三届	蓝剑光(畲)、蓝家恩(畲)、王家森(汉) 叶应东(汉)、叶应贤(汉)、严汉荣(汉) 林邦沐(汉)、柳森林(汉)、陶光华(汉) 吴向红(女、汉)、陈秀珍(女、汉)	2003.3	
	第十四届	王尤林(汉)、王家森(汉)、刘行贱(汉) 严汉荣(汉)、吴明荣(汉)、林应标(汉) 柳森林(汉)、徐清雨(汉)、翁卿鸟(汉) 陶光汉(汉)、蒋少乾(汉)、胡依静(女、汉)	2007.1	

续表 7-3-1-3

代表名称	届 别	代表姓名及性别、民族	时间	县人大常委会
县人民代表大会代表	第十五届	高立存(汉)、吴立成(汉)、胡永远(汉) 苏孝峰(汉)、吴立辉(汉)、陶秀明(汉)	2011.12	

司前畲族镇籍泰顺县人大常委会主任、常委一览表

表 7-3-1-4

单位名称	届 别	常务委员会			
		主任	副主任	委员	任期
泰顺县各界人民代表大会	二届一次			金永贵(汉)	1951.10—1952.5
	二届三次			雷必志(畲)	1952.11
泰顺县人民代表大会	第七届	雷必隆(畲)			1982.3
	第十二届			雷顺超(畲)、叶应贤(汉)、陈秀珍(女、汉)	1998.3—2003.3
	第十三届			陈秀珍(女)、王家森(汉)、吴立辉(汉)	2003.3—2007.1
	第十四届			陈秀珍(女)	2007.1—2011.11
	第十五届		陈志清(汉)	吴立成(汉)、吴昌清(汉)	2011.12—2016

司前畲族镇籍泰顺县政协委员一览表

表 7-3-1-5

名称	届别	委员姓名及性别、民族	年 度	主席	常委
县政协委员	第一届	雷必隆(畲)、饶尚俊(汉)、苏泰望(汉)、张浑(汉)、夏念文(汉)	1984—1986	雷必隆	
	第二届	蓝永德(畲)、蓝锡禹(畲)、雷宗钦(畲)、饶尚俊(汉)	1987—1989		蓝永德 饶尚俊
	第三届	蓝锡禹(畲)、蓝永德(畲)、雷宗钦(畲)、雷顺超(畲)、陶育禾(女、汉)、陈国华(汉)、陈志清(汉)、饶尚俊(汉)、张仰瑞(汉)、陶秀衡(汉)	1990—1992		陶秀衡
	第四届	雷顺超(畲)、蓝锡禹(畲)、雷宗钦(畲)、雷顺竹(畲)、陶秀衡(汉)、叶应贤(汉)、张仰瑞(汉)、饶尚俊(汉)、陈志清(汉)、章宗孟(汉)、包才德(汉)、陈秀珍(女、汉)	1993—1997		饶尚俊 陶秀衡 包才德 陈秀珍
	第五届	包才德(汉)、方宣文(汉)	1998—2002		包才德

续表 7-3-1-5

名称	届别	委员姓名及性别、民族	年　度	主席	常委
县政协委员	第六届	蓝久林(畲)、张仰瑞(汉)、陈志清(汉)、张瑞森(汉)、严爱珍(女、汉)	2003—2006		陈志清 张瑞森 严爱珍
	第七届	蓝久林(畲)、蓝家恩(畲)、张瑞森(汉)、陈志清(汉)、张仰瑞(汉)、徐绍峰(汉)、吴玉芳(女、汉)	2007—2011		陈志清 张瑞森
	第八届	雷全才(畲)、蓝正宗(畲)、林思才(汉)、陈志(汉)、张瑞森(汉)	2012—2016		蓝正宗

(四)司前畲族镇籍县人大代表优秀议案、县政协委员提案等

司前畲族镇籍县人大代表优秀议案题目一览表

表 7-3-1-6

	届　别	提议案人	议　案　题　目	年份	议案等级
县人民代表大会	十五届一次	苏孝锋等	关于对地下空间资源合理开发利用建议	2012	优秀议案
	十五届二次	胡永远等	关于保护珊溪水源切实解决库周群众生产生活等困难	2013	优秀议案
	十五届三次	黄克超等	关于加快推进泰顺县科技特派员创业孵化园建设的建议	2014	优秀议案
	十五届四次	胡永远等	关于加大支持发展乡村特色民宿的建议	2015	优秀议案

司前畲族镇籍县政协委员提案目录一览表

表 7-3-1-7

届　别	提案人	民族	提　案　目　录	年份
一届二次	雷训贤	畲族	要求县教育部门解决少数民族地区缺乏师资问题	1985
	饶尚俊	汉族	要求财政部门解决南浦乡菜牛基地经费	
	苏泰望	汉族	关于增设气象哨的意见	
一届三次	雷训贤等 4 人	畲族	关于合理使用少数民族贫病减免药费问题	1986
二届一次	饶尚俊	汉族	关于修建石龟背道路的意见	1987
二届二次	饶尚俊	汉族	关于里光叶山村与碑排乡五斗村竹园纠纷案	1988
二届三次	饶尚俊	汉族	切实改变耕作制度,立足当地解决养猪饲料	1989

续表 7-3-1-7

届别	提案人	民族	提案目录	年份
三届一次	蓝永德	畲族	要求县教委加强各民族小学师资配备	1990
	雷训贤等 2 人	畲族	要求办好民族中学	
	陶育禾	汉族	要求及时兑现房产政策	
	陶育禾	汉族	要求清退人民广场小摊贩	
	陈国华	汉族	建议县政府责成有关部门解决菜市场设置问题	
	陶育禾	汉族	要求加强校门口的管理	
	陈国华	汉族	要求组织有关部门对区乡水电经费大检查	
	饶尚俊	汉族	生猪生产稳定资金要专款专用	
	蓝永德	汉族	要求政府采取措施扶持民族新村建设	
三届二次	陈国华	汉族	要求重新鉴定水电局氡泉招待所房屋质量问题	1991
	陈国华	汉族	关于要求对扶贫资金和无息贷款进行审计	
	陶育禾	汉族	要求组织政协委员开展活动	
	饶尚俊	汉族	要求充分发挥政协委员参政议政职能 5 条意见	
三届三次	陶育禾	汉族	要求建造综合实验大楼	1992
	陈国华	汉族	建议新建公共浴室	
	陈国华	汉族	关于要求加强社会治安	
	陈国华	汉族	要求加强市场管理	
	陈国华	汉族	要求县委、县政府加强审计	
	饶尚俊	汉族	要求解决占用本站土地饲料加工厂问题	
四届一次	陈秀珍	汉族	在改革开放中重视和加强妇女参政议政的作用	1993
	饶尚俊	汉族	要求给起义人员陶松平先生安葬经费	
	饶尚俊	汉族	要求增加万罗山的建设经费	
四届二次	陶秀衡	汉族	要求加快施工铺设北门垟有关路面	1994
	饶尚俊	汉族	拔尖人才不受年龄单位限制	
	饶尚俊	汉族	要求增补司前回澜桥原始碑志的建议	
四届四次	雷顺超	畲族	加大普法力度,提高乡村干部法律意识	1996
	雷顺竹	畲族	加强下山脱贫管理,加快民族新村建设建议	
	饶尚俊	汉族	建议司前镇碑排乡联合在桥头垟兴建水库办水电站	
	陶秀衡	汉族	县城的环境卫生工作要有专人负责长期抓	
四届五次	陶秀衡	汉族	要求加强对北门垟开发区的园林管理	1997
	雷顺超	畲族	加强环境保护,促进生态平衡造福人类	

续表 7-3-1-7

届 别	提案人	民族	提 案 目 录	年份
五届一次	方宣文	汉族	要求解决速生茶园贷款及利息的提案	1998
五届二次	方宣文	汉族	要求尽快出台百丈供销社被珊溪水库淹没处理赔偿政策	1999
	方宣文	汉族	关于要求归还速生茶园基地贷款代付利息建议	
	方宣文	汉族	关于退还装电话押金和取消月租费的建议	
五届三次	方宣文	汉族	重视农业地位和稳定农业的建议	2000
	张仰如	汉族	关于养殖业的建议	
	方宣文	汉族	呼吁加强价格调控保持基本稳定建议	
五届四次	张仰如	汉族	走资源之路，为民创造财富的建议	2001
	包才德	汉族	珊溪水利枢纽工程水资源保护和损失补偿问题	
	张仰如	汉族	关于要求对生态旅游开发给予优惠政策和特别支持	
	包才德	汉族	将古木拱廊桥申请世界文化遗产工作提上议事日程	
六届一次	陈志清	汉族	建议县委、县政府重视我县山区资源开发利用	2003
	陈志清	汉族	建议金融部门放宽政策降低门槛切实解决农民贷款难问题的建议	
六届三次	严爱珍	汉族	在县城农贸市场设立放心农产品专卖窗口建议	2005
	张瑞森	汉族	关于建立生态县建设工作考核机制的建议	
六届四次	张瑞森	汉族	关于县城溪流和生态用水问题的几点建议	2006
	张仰如	汉族	建议依法重新调整黄桥乡行政村设置布局	
七届一次	张瑞森	汉族	关于盘活县城存量土地，促进住房建设的建议	2007
七届二次	张仰如	汉族	关于做好飞云湖旅游规划和开发的提案	2008
	叶详富	汉族	以科学发展规划观和实事求是的态度解决黄桥行政村规模调整历史遗留问题的建议	
	陈志清	汉族	筹建中小企业贷款担保公司，破解企业融资难问题	
	蓝家恩	畲族	关于着力提升毛竹产业的建议	
七届三次	蓝正宗	畲族	关于建设畲族风情文化村的建议	2009
七届四次	蓝家恩	畲族	加快中小型企业转型升级和拓宽融资渠道的建议	2010
	蓝家恩	畲族	关于52 省道部分路段实行限速行驶的建议	
	叶详富	汉族	关于加快林间道路建设的建议	

续表 7-3-1-7

届别	提案人	民族	提案目录	年份
七届五次	蓝家恩	畲族	加强县本土企业扶持力度促进企业健康成长的建议	2011
	蓝家恩	畲族	关于民族幼儿园提升等级扶持的建议	
	蓝碎玉	畲族	关于加强乡镇一级应对突发事故应急救助的提案	
	张仰如	汉族	关于加强泰顺旅游业政策扶持力度的建议	

司前畲族镇籍政协委员大会发言目录一览表

表 7-3-1-8

届别	发言人	民族	发言题目	年份
一届三次	饶尚俊	汉族	充分发挥草原优势积极推广杂交黄牛 建立我县菜牛基地为脱贫致富努力	1986
三届一次	饶尚俊	汉族	建立泰顺母猪基地县的设想与建议	1990
	蓝永德	畲族	积极帮助少数民族发展生产实现各民族共同繁荣大业	
	蓝锡禹	畲族	同心协力 培养一代新人	
四届一次	饶尚俊	汉族	关于在雅阳经济技术开发区创办模式养猪市场的建议	1993
五届四次	包才德	汉族	珊溪水利枢纽水环境保护和损失补偿问题是全县干部群众关心的热点	2001
五届五次	包才德	汉族	要立即将古木拱廊桥申请世界文化遗产工程提上议事日程	2002

司前畲族镇籍县政协委员撰写调查报告题目一览表

表 7-3-1-9

撰稿人	民族	合作人	调查报告题目	年份
雷顺贤	畲族		关于少数民族村的情况调查报告	1986
包才德	汉族		充分发挥山区优势,努力推进农业产业化进程	1997
包才德	汉族		关于我县非公有制经济发展情况调查报告	1998
包才德	汉族	吴士右	关于我县生态旅游问题的考察报告	1999
包才德	汉族		国有企业下岗职工生活保障及再就业工作调查	1999
包才德	汉族		关于泰顺新城区建设问题调查报告	1999

续表 7-3-1-9

撰稿人	民族	合作人	调 查 报 告 题 目	年份
包才德	汉族		关于泰顺县扶贫资金管理和使用情况调查报告	1999
包才德	汉族		珊溪水利枢纽工程水环境保护问题亟待重视	2000

第二节 组 织

司前畲族镇境内的党派主要是中国共产党和中国国民党。民国 14 年(1925 年),第一次国共合作时期,泰顺在中共党员林秉权帮助下开始发展国民党员。民国 16 年,司前属泰顺县国民党第三区分部,有 18 名国民党党员。民国 23 年,国民党党员增至 21 名,分属泰顺县国民党第三区分部与第四区分部。民国 28 年,泰顺县有 31 个国民党直属区分部,司前境内有第四区分部(司前乡)、第五区分部(里光乡)、第十五区分部(燕溪乡)和第十六区分部(晓园乡)。民国 29 年,司前境内有 142 名国民党党员。民国 36 年 11 月,国民党与三青团实行党团合并,12 月 20 日开始登记。其实泰顺全县仅县城一隅尚属国民党政权控制,乡间大部分地区都是共产党游击区,参加登记的国民党党员寥寥无几。

1949 年 5 月,泰顺县全境解放后,中国共产党建立政权。尽管境内是革命老区,可政治环境还是较为恶劣,发展的中共党员没有经过严格考察,成分复杂,因此党员干部奇缺,仍需重新筹建乡级党组织。1950 年,"东南人民反共救国军浙闽边区挺进军"土匪叛乱,境内原中共地下党支部大多数被破坏。剿匪结束后,境内 16 个党支部仅 1 个二类支部,其余 15 个是三、四类支部。中共泰顺县委宣布撤销三、四类党支部和所属党员资格。派进中共党员干部重新发展党员,创造条件,逐步建立中共支部、党总支、党委。

20 世纪 50 年代始,经历了一系列政治运动,乡镇组织机构逐渐健全。1978 年中共十一届三中全会始,实行改革开放,开展以脱贫致富为中心的经济建设。在中国共产党领导下,司前畲族镇的各群众团体,积极开展各项工作,为泰顺的社会进步和经济发展作出了积极贡献。

一、中国共产党基层组织

(一)乡(镇)组织

1.司前畲族乡(镇)组织

中共司前乡支部 1950 年 9 月,原属中共百丈区委领导的司前乡党支部划归中共罗阳区委领导。10月撤销。驻地司前村。1954年4月恢复。1956年3月撤销,其所属党员划归司前乡党总支领导。

中共燕溪乡支部 1950年9月设立,10月撤销。驻地溪口。同月,原属中共百丈区委领导的燕溪乡支部划归中共罗阳区委领导。

中共左溪乡支部 1954年4月设立。1956年3月撤销,其所属党员划归司前乡党总支领导。驻地左溪。

中共司前乡党总支 1956年3月设立。原属司前、左溪两个乡党支部的党员划归该乡党总支领导。驻地司前。1958年11月,司前乡党总支撤销,其所属党员划归司前人民公社司前生产大队党总支领导。

中共司前生产大队党总支——司前管理区党总支 1958年11月,撤销司前乡党总支,设立司前生产大队党总支。1959年2月,司前生产大队党总支改称司前管理区党总支。1961年9月,划归百丈区委领导。

中共司前人民公社第一届委员会 1962年1月,撤销司前管理区党总支,设立司前人民公社委员会。

中共司前人民公社核心小组 1969年6月,撤销司前人民公社委员会。1970年5月,设立司前人民公社党的核心小组。

中共司前人民公社第二届委员会 1971年8月,撤销司前人民公社党的核心小组,恢复司前人民公社委员会。

中共司前畲族乡第三届至第五届委员会 1984年5月,司前人民公社委员会改称司前畲族乡委员会。9月,划归中共司前区委领导。

中共司前畲族乡第六届委员会 1990年3月23日,司前畲族乡召开中共司前畲族乡第六次代表大会,到会代表61人。会议审议通过第五届乡委员会所作的工作报告,选举产生了中共司前畲族乡第六届委员会,委员7人,其中书记1人、副书记2人。1992年5月随行政区域调整,乡委员会被撤销。

中共司前畲族镇第六届委员会 1992年5月,里光乡与司前畲族乡合并,建立司前畲族镇。届次以原司前畲族乡党代会届次排列。同时开始设立中共司前畲族镇纪律检查委员会。

中共司前畲族镇第七届委员会 1993年2月18日,司前畲族镇召开中共司前畲族镇第七次代表大会,到会代表87人。会议审议通过第六届镇委员会所作的工作报告和纪委工作报告,选举产生了中共司前畲族镇第七届委员会,委员7人,其中书记1人、副书记2人;选举产生纪委书记1人。

中共司前畲族镇第八届委员会 1995年11月10日,司前畲族镇召开中共司前畲族镇第八次代表大会，到会代表 80 人。会议审议通过第七届镇委员会所作的工作报告和纪委工作报告，选举产生中共司前畲族镇第八届委员会，委员 8 人，其中书记 1 人，副书记 3 人；选举产生纪委书记 1 人。

中共司前畲族镇第九届委员会 1999 年 1 月 28 日，司前畲族镇召开中共司前畲族镇第九次代表大会，到会代表 81 人。会议审议通过第八届镇委员会所作的工作报告和纪委工作报告，选举产生了中共司前畲族镇第九届委员会，委员 7 人，其中书记 1 人、副书记 3 人；选举产生纪委书记 1 人。

中共司前畲族镇第十届委员会 2002 年 1 月 30 日，司前畲族镇召开中共司前畲族镇第十次代表大会，到会代表 65 人。会议审议通过第九届镇委员会所作的工作报告和纪委工作报告，选举产生了中共司前畲族镇第十届委员会，委员 7 人，其中书记 1 人、副书记 3 人；选举产生纪委书记 1 人。2002 年前，党代会每 3 年召开一次，2002 年始，每 5 年召开一次。届中每年召开一次例会。

中共司前畲族镇第十一届委员会 2006 年 9 月 29 日，司前畲族镇召开中共司前畲族镇第十一届代表大会，到会代表 63 人。会议审议通过第十届镇委员会所作的工作报告和纪委工作报告，选举产生了中共司前畲族镇第十一届委员会，委员 7 人，其中书记 1 人、副书记 2 人；选举产生纪委书记 1 人。

中共司前畲族镇第十二届委员会 2011 年 4 月，根据《浙江省人民政府工业泰顺县行政区划调整的批复》精神，将黄桥乡、峰门乡并入司前畲族镇。中共司前畲族镇第十一届委员会组成成员进行调整。

2011 年 6 月 16 日，司前畲族镇召开中共司前畲族镇第十二届代表大会，到会代表 74 人。会议审议通过第十一届镇委员会所作的工作报告和纪委工作报告，选举产生了中共司前畲族镇第十二届委员会，委员 10 人，其中书记 1 人、副书记 3 人；选举产生纪委书记 1 人。

2011 年始，试行党代表常任制。

2.里光乡组织

中共里光乡支部 1954 年 4 月设立。驻地里光村。

中共上榅乡支部 1954 年 4 月设立。1956 年 3 月撤销，其所属党员划归里光乡党支部领导。驻地上地村。

中共里光乡党总支 1956 年 3 月设立。原属里光、竹垟、上榅等 3 个乡支部的党员和燕石乡支部的部分党员划归该乡党总支领导。驻地里光。1958 年 11 月，里光乡为党总支被撤销，其所属党员划归司前人民公社里光生产大队党总支领导。

中共里光生产大队党总支—里光管理区党总支 1958 年 11 月，撤销里光乡支部,设立里光生产大队党总支。驻地里光村。1959年2月,里光生产大队党总支改称里光管理区总支。1961年9月,划归百丈区委领导。

中共里光管理区党总支—里光人民公社委员会 1962年1月,撤销里光管理区总支,设立里光人民公社委员会。驻地里光村。

中共里光人民公社委员会—里光人民公社核心小组—里光人民公社委员会 1969年6月,撤销里光人民公社委员会。1970年5月,设立里光人民公社核心小组。1971年6月,撤销里光人民公社核心小组,恢复里光人民公社委员会。

中共里光乡委员会 1984年5月,里光人民公社委员会改称里光乡委员会。同年9月,原属中共百丈区委领导的里光乡委员会划归中共司前区委领导。

中共里光乡第六届委员会 1990年3月23日,里光乡召开中共里光乡第六次代表大会,到会代表59人。会议审议通过第五届乡委员会所作的工作报告,选举产生了中共里光乡第六届委员会,委员5人,其中书记1人、副书记1人。1992年5月随行政区域调整,里光乡委员会被撤销。

3.黄桥乡组织

中共燕石乡支部 1954年4月设立。1956年3月撤销,其所属党员分别划归司前、里光两个乡支部领导。

中共黄桥乡支部 1956年3月设立。原属燕石乡支部的部分党员划归该乡支部领导。驻地园桥。1958年11月,黄桥乡支部撤销,其所属党员划归司前人民公社黄桥生产大队党总支领导。

黄桥生产大队党总支—黄桥管理区党总支 1958年11月,撤销黄桥乡支部,设立黄桥生产大队总支。驻地园桥。1959年2月,黄桥生产大队总支改称黄桥管理区总支。1961年9月,划归百丈区委领导。

中共黄桥管理区为党总支—黄桥人民公社委员会 1962年1月,撤销黄桥管理区总支,设立黄桥人民公社委员会。驻地园桥。

中共黄桥人民公社委员会—黄桥人民公社核心小组—黄桥人民公社委员会 1969年6月,撤销黄桥人民公社委员会。1970年5月,设立黄桥人民公社党的核心小组。1971年6月,撤销黄桥人民公社党的核心小组,恢复黄桥人民公社委员会。

中共黄桥人民公社委员会—黄桥乡委员会 1984年5月,黄桥人民公社委员会改称黄桥乡委员会。9月,划归中共司前区委领导。

中共黄桥乡第五届委员会 1987年成立。

中共黄桥乡第六届党委员会　1990年3月26日，黄桥乡召开中共黄桥乡第六次代表大会，到会代表95人。会议审议通过第五届乡委员会所作的工作报告，选举产生了中共黄桥乡第六届委员会，委员3人，其中书记1人、副书记1人。1992年5月，设立中共黄桥乡纪律检查委员会。

中共黄桥乡第七届委员会、纪委　1993年2月17日，黄桥乡召开中共黄桥乡第七次代表大会，到会代表51人。会议审议通过第六届乡委员会所作的工作报告和纪委工作报告，选举产生了中共黄桥乡第七届委员会，委员4人，其中书记1人、副书记2人；选举产生纪委书记1人。

中共黄桥乡第八届委员会、纪委　1996年1月18日，黄桥乡召开中共黄桥乡第八次代表大会，到会代表65人。会议审议通过第七届乡委员会所作的工作报告和纪委工作报告，选举产生中共黄桥乡第八届委员会，委员5人，其中书记1人，副书记2人；选举产生纪委书记1人。

中共黄桥乡第九届委员会、纪委　1999年1月27日，黄桥乡召开中共黄桥乡第九次代表大会，到会代表61人。会议审议通过第八届乡委员会所作的工作报告和纪委工作报告，选举产生了中共黄桥乡第九届委员会，委员5人，其中书记1人、副书记2人；选举产生纪委书记1人。

中共黄桥乡第十届委员会、纪委　2002年1月13日，黄桥乡召开中共黄桥乡第十次代表大会，到会代表41人。会议审议通过第九届乡委员会所作的工作报告和纪委工作报告，选举产生了中共黄桥乡第十届委员会，委员4人，其中书记1人、副书记2人；选举产生纪委书记1人。

中共黄桥乡第十一届委员会、纪委　2006年9月30日，黄桥乡召开中共黄桥乡第十一次代表大会，到会代表43人。会议审议通过第十届乡党委所作的工作报告和纪委工作报告，选举产生了中共黄桥乡第十一届委员会，委员5人，其中书记1人、副书记2人；选举产生纪委书记1人。

2011年11月撤销黄桥乡，同时撤销中共黄桥乡委员会、纪律检查委员会。

4.峰门乡组织

中共峰门乡支部　1955年1月设立，1956年3月撤销，其所属党员划归百丈镇党支部领导。驻地徐坑。

中共峰门乡党总支　1958年设立。原属百丈镇党总支的部分党员划归该乡党总支领导。11月，峰门乡党总支被撤销，其所属党员划归百丈人民公社峰门生产大队党总支领导。

中共峰门生产大队党总支—峰门管理区党总支 1958年11月，撤销峰门乡总支，设立峰门生产大队总支。1959年2月，峰门生产大队总支改称峰门管理区总支。1960年2月撤销，其所属党员划归百丈管理区党总支领导。

中共峰门乡人民公社委员会—峰门乡委员会 1984年3月设立。原属百丈人民公社委员会的部分支部划归该公社委员会领导。驻地外垟。1984年5月峰门人民公社委员会改称峰门乡委员会。

中共峰门乡第二届委员会 1988年1月设立。

中共峰门乡第三届委员会 1990年3月18日，峰门乡召开中共峰门乡第三次代表大会，到会代表89人。会议审议通过第二届委员会所作的工作报告，选举产生中共峰门乡第三届委员会，委员4人，其中书记1人，副书记2人。

1992年5月，设立中共峰门乡纪律检查委员会。

中共峰门乡第四届委员会、纪委 1993年2月18日，峰门乡召开中共峰门乡第四次代表大会，到会代表51人。会议审议通过第三届乡委员会所作的工作报告和纪委工作报告，选举产生了中共峰门乡第四届委员会，委员3人，其中书记1人、副书记1人；选举产生纪委书记1人。

中共峰门乡第五届委员会、纪委 1996年2月2日，峰门乡召开中共峰门乡第五次代表大会，到会代表66人。会议审议通过第四届乡委员会所作的工作报告和纪委工作报告，选举产生中共峰门乡第五届委员会，委员3人，其中书记1人，副书记2人；选举产生纪委书记1人。

中共峰门乡第六届委员会、纪委 1999年1月31日，峰门乡召开中共峰门乡第六次代表大会，到会代表61人。会议审议通过第五届乡委员会所作的工作报告和纪委工作报告，选举产生了中共峰门乡第六届委员会，委员5人，其中书记1人、副书记2人；选举产生纪委书记1人。

中共峰门乡第七届委员会、纪委 2002年2月，峰门乡召开中共峰门乡第七次代表大会，到会代表42人。会议审议通过第六届乡委员会所作的工作报告和纪委工作报告，选举产生了中共峰门乡第七届委员会，委员5人，其中书记1人、副书记2人；选举产生纪委书记1人。

中共峰门乡第八届委员会、纪委 2006年10月12日，峰门乡召开中共峰门乡第八次代表大会，到会代表43人。会议审议通过第七届乡委员会所作的工作报告和纪委工作报告，选举产生了中共峰门乡第八届委员会，委员5人，其中书记1人、副书记2人；选举产生纪委书记1人。

2011年5月撤销峰门乡，同时撤销中共峰门乡委员会、纪律检查委员会。

中共司前畲族乡(镇)组织沿革及领导人一览表

表 7-3-2-1

组织名称	职务	姓名	性别	民族	任职时间
中共左溪乡支部	书记	蓝水洪	男	畲族	1954.4—1956.3
中共司前乡支部	书记	陶链	男	汉族	1950.9—1950.10
		徐先进	男	汉族	1954.4—1955.1
		苏阿古	男	汉族	1955.1—1955.8
	副书记	徐志荣	男	汉族	1955.12—1956.3
中共司前乡总支	书记	林元样	男	汉族	1956.4—1956.12
		苏阿古	男	汉族	1955.1—1955.8
		周士金	男	汉族	1956.12—1958.11
	副书记	吴启相	男	汉族	1956.4—1958.11
中共司前生产大队总支	书记	林良惟	男	汉族	1958.11—1959.2
	副书记	蓝贵卿	男	畲族	1958.11—1959.2
中共司前管理区总支	书记	钟掌早	男	畲族	1959.4—1960.1
		郭廷财	男	汉族	1960.1—1960.4
		林清助	男	汉族	1960.4—1961.5
		周士金	男	汉族	1961.5—1962.1
中共司前人民公社第一届委员会	书记	周士金	男	汉族	1962.1—1965.3
		许学锻	男	汉族	1965.5—1969.6
	副书记	蒋考岩	男	汉族	1962.5—1969.6
中共司前人民公社党核心小组	组长	王文卿	男	汉族	1970.5—1971.8
中共司前人民公社第二届委员会	书记	王文卿	男	汉族	1971.8—1976.10
	副书记	蒋考岩	男	汉族	1971.8—1976.10
		陶益畸	男	汉族	1971.8—1972.9
		高乃玉	男	汉族	1971.8—1976.10
中共司前人民公社第三届委员会	书记	钟掌早	男	畲族	1977.11—1979.8
		张昌慈	男	汉族	1979.11—1984.3
		张岩珠	男	汉族	1984.3—1984.5
	副书记	蒋考岩	男	汉族	1976.10—1982.8
		高乃玉	男	汉族	1976.10—1977.9
		钟孔都	男	畲族	1983.8—1984.3
		陈立增	男	汉族	1979.12—1982.11

续表 7-3-2-1

组织名称	职务	姓名	性别	民族	任职时间
中共司前畲族乡第四届委员会	书记	张岩珠	男	汉族	1984.5—1984.9
		陈其村	男	汉族	1984.9—1987.12
	副书记	钟宗华	男	畲族	1984.6—1987.12
		赖炳发	男	汉族	1987.1—1987.12
中共司前畲族乡第五届委员会	书记	陈其村	男	汉族	1988.1—1989.11
		林邦易	男	汉族	1989.11—1990.3
	副书记	钟岳林	男	畲族	1988.1—1990.1
		赖炳发	男	汉族	1988.1—1990.3
		雷光松	男	畲族	1989.11—1990.3
	委员	林圣瑞 夏克洪 陈学应 高李英(女) 纪美钗(女) 夏盛治(女)			
中共司前畲族乡第六届委员会	书记	林帮易	男	汉族	1990.1—1992.5
	副书记	雷光松	男	畲族	1990.3—1992.5
		赖炳发	男	汉族	1990.3—1992.5
		陈学应	男	汉族	1992.3—1992.5
	委员	钟掌勇(畲族) 高李英(女) 纪美钗(女)			
中共司前畲族镇第六届委员会	书记	魏为齐	男	汉族	1992.5—1992.12
		吴行祥	男	汉族	1993.1—1994.1
	副书记	钟宗华	男	畲族	1992.5—1993.1
		毛晓云	男	汉族	1992.5—1993.2
		柳齐坦	男	汉族	1992.5—1993.2
		周道盛	男	汉族	1993.1—1993.2
		钟岳林	男	畲族	1993.1—1993.2
	委员	郑明松 翁士根 郑国庆 夏盛治(女)			
中共司前畲族镇第七届委员会	书记	吴行祥	男	汉族	1994.1—1994.7
		周增德	男	汉族	1995.3—1996.12
		钟岳林	男	畲族	1994.8—1995.3
		吴立东	男	汉族	1997.1—1998.3
	副书记	钟岳林	男	畲族	1994.1—1994.8
		毛晓云	男	汉族	1994.1—1995.11
		林邦易	男	汉族	1994.3—1995.11

续表 7-3-2-1

组织名称	职　务	姓　名	性别	民族	任 职 时 间
中共司前畲族镇第七届委员会	副书记	吴伟峰	男	汉族	1994.3—1995.10
		蓝旭峰	男	畲族	1995.10—1995.11
		陈国胞	男	汉族	1995.10—1995.11
	委　员	郑国庆　翁士根　赖小明　叶崇定　潘小华 吴立东　夏克群　雷全勉(畲族) 夏盛治(女)			

中共司前大公社党委组成人员一览表

表 7-3-2-2

单　位	职　务	姓　名	性别	民族	任职时间
中共司前大公社委员会	书　记	钱方龙	男	汉族	1958.11—1959.2
		余协昌	男	汉族	1959.1—1961.9
	副书记	徐国良	男	汉族	1958.11—1961.5
		周士金	男	汉族	1958.11—1961.7
		郑朝阳	男	汉族	1958.11—1960.9
		钟掌早	男	畲族	1960.1—1962.9
		林声銮	男	汉族	1958.11—1959.4

中共司前畲族镇第八届至第十二届委员会委员一览表

表 7-3-2-3

组织名称	职　务	姓　名	性别	民族	任职时间
中共司前畲族镇第八届委员会	书　记	吴立东	男	汉族	1998.3—1998.7
		蔡亚里	男	汉族	1998.7—1999.1
	副书记	蓝旭锋	男	畲族	1998.3—1998.12
		陈国胞	男	汉族	1998.3—1999.1
		雷国金	男	畲族	1998.12—1999.1
		罗承庚	男	汉族	1998.3—1999.1
	委　员	叶崇定　陈尚珠　何齐松　钟掌勇(畲族) 雷春玲(女 畲族)			

续表 7-3-2-3

组织名称	职务	姓名	性别	民族	任职时间
中共司前畲族镇第九届委员会	书记	蔡亚里	男	汉族	1999.1—2001.11
		雷全勉	男	畲族	2001.11—2002.1
	副书记	雷国金	男	畲族	1999.1—2002.1
		罗承庚	男	汉族	1999.1—2002.1
		吴用林	男	汉族	1999.1—2000.7
		叶崇定	男	汉族	2001.4—2001.12
		张晓留	男	汉族	2001.12—2002.1
	委员	何齐松 陈常积 潘长平 李碎祥 蓝碎玲（女，畲族）			
中共司前畲族镇第十届委员会	书记	雷全勉	男	畲族	2002.1—2006.12
	副书记	雷国金	男	畲族	2002.1—2003.3
		罗承庚	男	汉族	2002.1—2003.3
		张晓留	男	汉族	2002.1—2003.3
	委员	潘长平 蓝碎玲（女，畲族）李碎祥			
中共司前畲族镇十一届委员会	书记	雷全勉	男	畲族	2007.1—2007.3
		毛晓忠	男	汉族	2007.3—2008.7
		雷子亮	男	畲族	2009.3—2011.6
	副书记	雷子亮	男	畲族	2007.1—2009.3
		钟宗格	男	畲族	2009.11—2011.5
		洪武平	男	汉族	2007.12—2010.3
		徐伟俊	男	汉族	2009.9—2011.5
		张宗普	男	汉族	2010.3—2011.5
	委员	潘少华 李碎祥 于序专 潘传梁 包剑平 黄维四 陈笑然 潘永生 吴杰 林作勇 蓝碎林（畲族，女）			
中共司前畲族镇十一届委员会（撤乡并镇以后）	书记	雷子亮	男	畲族	2011.6—2012.1
	副书记	钟宗格	男	畲族	2011.6—2012.1
		夏邦健	男	汉族	2011.6—2012.1
		张宗普	男	汉族	2011.6—2012.1
		蓝忠诚	男	畲族	2012.12—
	委员	李碎祥 于序专 陈文跃 吴国真 洪晓燕 林捷 吴杰			

续表 7-3-2-3

组织名称	职 务	姓 名	性别	民族	任职时间
中共司前畲族镇十二届委员会	书 记	雷子亮	男	畲族	2012.2—2015.5
		杨秀丽	女	汉族	2015.6—2016.9
		林 伟	男	汉族	2016.9—
	副书记	蓝忠诚	男	畲族	2012.12—2015.2
		毛剑文	男	汉族	2012.1—2015.2
		钟圣选	男	畲族	2015.3—
		蔡海波	男	汉族	2015.2—
		胡继胜	男	汉族	挂职，2015.5—
	委 员	吴国真 蓝彦湖 吴明荣 魏朝升 陈文跃 林建波 陶晓晓（女） 叶星星（女） 林永刚 林 华			

中共里光乡组织沿革及领导人一览表

表 7-3-2-4

组织名称	职 务	姓 名	性别	民族	任职时间
中共里光乡支部	书 记	吴士德	男	汉族	1954.4—1956.3
中共上榅乡支部	书 记	胡克富	男	汉族	1954.4—1956.1
中共里光乡总支	书 记	吴士德	男	汉族	1956.4—1957.2
	第一书记	林声銮	男	汉族	1957.2—1958.11
	书 记	钟掌早	男	畲族	1957.7—1958.7
中共里光生产大队总支	书 记	王尤满	男	汉族	1958.11—1959.2
		钟掌早	男	畲族	1959.2—1959.4
		陈子红	男	汉族	1959.4—1961.5
		林声銮	男	汉族	1961.5—1961.9
	副书记	吴万乾	男	汉族	1958.11—1959.2
		林清助	男	汉族	1961.5—1961.9
中共里光管理区总支	书 记	林声銮	男	汉族	1961.9—1962.1
	副书记	林清助	男	汉族	1961.9—1962.1
中共里光人民公社委员会	书 记	林声銮	男	汉族	1962.1—1969.6
	副书记	林清助	男	汉族	1962.1—1962.5
		翁学连	男	汉族	1965.2—1969.6

续表 7-3-2-4

组织名称	职　务	姓　名	性别	民族	任职时间
中共里光人民公社核心小组	组　长	陈盛记	男	汉族	1970.5—1971.1
		翁学连	男	汉族	1971.1—1971.6
中共里光人民公社委员会	书　记	翁学连	男	汉族	1971.6—1978.6
		高乃玉	男	汉族	1978.7—1983.9
		夏志笔	男	汉族	1984.3—1984.5
	副书记	吴万乾	男	汉族	1971.6—1982.4
		柳齐坦	男	汉族	1979.12—1980.9
		王善福	男	汉族	1980.9—1982.11
		孙传唐	男	汉族	1982.8—1984.3
		张瑞森	男	汉族	1984.3—1984.5
中共里光乡委员会	书　记	夏志笔	男	汉族	1984.9—1984.10
		黄安波	男	汉族	1985.11—1986.9
		李必臻	男	汉族	1986.10—1987.12
	副书记	张瑞森	男	汉族	1984.9—1987.1
		林邦易	男	汉族	1985.10—1987.1
		罗承庚	男	汉族	1987.1—1987.12
中共里光乡第五届委员会	书　记	李必臻	男	汉族	1988.1—1988.10
		吴士伟	男	汉族	1988.10—1989.11
		罗成庚	男	汉族	1989.11—1990.3
	副书记	罗成庚	男	汉族	1988.1—1989.11
		林仕鑫	男	汉族	1989.2—1989.11
	委　员	徐际建　潘少华　林圣瑞　雷顺催(畲族) 陈尚珠　蓝碎林(畲族,女)池长期			
中共里光乡第六届委员会	书　记	罗成庚	男	汉族	1990.3—1992.5
	副书记	陈尚珠	男	汉族	1990.3—1992.5
		吴国芳	男	汉族	1990.11—1992.5
		夏盛治	女	汉族	1992.3—1992.5
	委　员	陈增华 蓝碎林(畲族,女)　潘少华			

中共黄桥乡组织沿革及领导人一览表

表 7-3-2-5

组织名称	职　务	姓　名	性别	民族	任职时间
中共燕石乡支部	书　记	吴启相	男	汉族	1954.4—1956.4
中共黄桥乡支部	书　记	郑延福	男	汉族	1956.4—1956.12
		郭延财	男	汉族	1956.12—1958.8
中共黄桥生产大队总支	书　记	郑延福	男	汉族	1958.11—1959.2
	副书记	罗居法	男	汉族	1958.11—1959.2
中共黄桥管理区总支	书　记	郭廷财	男	汉族	1959.2—1960.1
		林良惟	男	汉族	1960.1—1961.1
		夏盛糟	男	汉族	1961.1—1961.5
		陈子红	男	汉族	1961.5—1962.1
	副书记	罗居法	男	汉族	1959.2—1962.1
		夏盛糟	男	汉族	1961.5—1962.1
中共黄桥人民公社委员会	书　记	陈子红	男	汉族	1962.1—1966.2
		夏盛糟	男	汉族	1966.2—1969.6（代理）
	副书记	夏盛糟	男	汉族	1962.1—1962.5
		罗居法	男	汉族	1962.1—1962.5
中共黄桥公社核心小组	组　长	陈子红	男	汉族	1970.5—1971.6
中共黄桥人民公社委员会	书　记	陈子红	男	汉族	1971.6—1980.9
		郭廷财	男	汉族	1980.9—1982.9
		郑明松	男	汉族	1982.9—1984.5
	副书记	陶汉如	男	汉族	1977.11—1980.9
		王尤海	男	汉族	1980.9—1982.8
中共黄桥乡委员会	书　记	郑明松	男	汉族	1984.5—1987.1
		林邦易	男	汉族	1987.1—1987.12
	副书记	翁士根	男	汉族	1986.1—1986.6
		梅振健	男	汉族	1987.1—1987.12
中共黄桥乡第五届委员会	书　记	林邦易	男	汉族	1988.1—1989.11
	副书记	梅振健	男	汉族	1988.1—1989.12
		罗式荣	男	汉族	1988.6—1989.12
		吴际炉	男	汉族	1989.2—1990.3
		林仕鑫	男	汉族	1989.11—1990.3

续表 7-3-2-5

组织名称	职　务	姓　名	性别	民族	任职时间
中共黄桥乡第五届委员会	副书记	夏荣盛	男	汉族	1989.12—1990.3
中共黄桥乡第六届委员会	书　记	吴际炉	男	汉族	1990.3—1992.5
		罗承庚	男	汉族	1992.5—1993.2
	副书记	林新勤	男	汉族	1990.3—1993.2
		吴际炉	男	汉族	1992.5—1993.2
	委　员	林士鑫　朱慧智　刘可发　郑贤安			
中共黄桥乡第七届委员会	书　记	罗承庚	男	汉族	1993.2—1995.12
		周道盛	男	汉族	1995.12—1996.1
	副书记	吴际炉	男	汉族	1993.2—1996.1
		林新勤	男	汉族	1993.2—1995.12
		刘可发	男	汉族	1994.1—1996.12
	委　员	朱慧智　林帮沐			
中共黄桥乡第八届委员会	书　记	周道盛	男	汉族	1996.1—1997.4
		严　华	男	汉族	1998.3—1999.1
	副书记	刘可发	男	汉族	1998.3—1999.1
		林邦沐	男	汉族	1998.3—1998.12
		齐圣阳	男	汉族	1998.7—1999.1
		吴际炉	男	汉族	1996.1—1997.2
		劳　泓	男	汉族	1997.4—1997.12
	委　员	朱慧智　吴尚洋　蓝碎玲(女,畲族)			
中共黄桥乡第九届委员会	书　记	严　华	男	汉族	1999.1—2000.7
		齐圣阳	男	汉族	2000.7—2002.1
	副书记	齐圣阳	男	汉族	1999.1—2000.7
		雷朝炮	男	畲族	1999.1—2000.11
		林美珠	女	汉族	2000.1—2002.1
		徐清雨	男	汉族	2001.12—2002.1
	委　员	毛定忠　李碎祥			
中共黄桥乡第十届委员会	书　记	齐圣阳	男	汉族	2002.1—2003.6
		毛少甫	男	汉族	2003.7—2004.10
		徐清雨	男	汉族	2004.10—2006.9

续表 7-3-2-5

组织名称	职 务	姓 名	性别	民族	任职时间
中共黄桥乡第十届委员会	副书记	林美珠	女	汉族	2002.1—2004.10
		徐清雨	男	汉族	2002.1—2006.9
		吴思妙	男	汉族	2004.2—2006.9
		严永光	男	汉族	2005.1—2006.9
	委 员	夏邦健 董海燕 林余进 陈绍庭			
中共黄桥乡第十一届委员会	书 记	徐清雨	男	汉族	2006.9—2009.3
		缪丽萍	女	汉族	2009.3—2011.5
	副书记	缪丽萍	女	汉族	2006.9—2009.3
		严永光	男	汉族	2006.9—2010.3
		潘传梁	男	汉族	2009.3—2011.5
		吴国真	男	汉族	2010.3—2011.5
	委 员	陈绍庭 陶细俊 董海燕(女) 林国旺 严小海			

中共峰门乡组织沿革及领导人一览表

表 7-3-2-6

组织名称	职 务	姓 名	性别	民族	任职时间
中共峰门乡总支	书 记	徐泰标	男	汉族	1958.5—1958.8
中共峰门生产队总支	书 记	王文卿	男	汉族	1958.11—1959.2
	副书记	郭昌郑	男	汉族	1958.11—1959.2
中共峰门管理区总支	书 记	王文卿	男	汉族	1959.2—1960.2
		陈大坤	男	汉族	1960.2—1961.5
		王文卿	男	汉族	1961.5—1961.9
中共峰门乡第一届委员会	书 记	包国仁	男	汉族	1984.3—1987.12
	副书记	夏盛糟	男	汉族	1984.3—1987.1
		夏志洪	男	汉族	1984.6—1985.5
		费增友	男	汉族	1987.1—1987.12
中共峰门乡第二届委员会	书 记	包国仁	男	汉族	1988.1—1989.8
		华道乾	男	汉族	1989.8—1990.3
	副书记	费增友	男	汉族	1988.1—1990.1
		夏剑武	男	汉族	1988.6—1989.12

续表 7-3-2-6

组织名称	职　务	姓　名	性别	民族	任职时间
中共峰门乡第二届委员会	副书记	龚学水	男	汉族	1989.12—1990.3
		叶正全	男	汉族	1989.12—1990.3
中共峰门乡第三届委员会	书　记	华道乾	男	汉族	1990.3—1993.2
	副书记	叶正全	男	汉族	1990.3—1991.7
		龚学水	男	汉族	1990.3—1993.2
		陈崇富	男	汉族	1992.5—1993.2
	委　员	华永才			
中共峰门乡第四届委员会	书　记	华道乾	男	汉族	1993.2—1995.12
		鲍寿西	男	汉族	1995.12—1996.12
	副书记	陈崇富	男	汉族	1993.2—1995.12
		雷顺横	男	畲族	1995.12—1996.2
	委　员	华永才　钟宗格(畲族)			
中共峰门乡第五届委员会	书　记	鲍寿西	男	汉族	1996.2—1998.12
		陈尚珠	男	汉族	1998.12—1999.1
	副书记	雷顺横	男	畲族	1996.2—1999.1
		叶正权	男	汉族	1997.2—1999.1
	委　员	钟宗格(畲族)			
中共峰门乡第六届委员会	书　记	陈尚珠	男	汉族	1999.1—2001.6
		胡昌迎	男	汉族	2001.7—2002.2
	副书记	叶正权	男	汉族	1999.1—2001.11
		蓝正中	男	畲族	1999.1—2001.12
		王　峰	男	汉族	2001.11—2002.2
		潘光明	男	汉族	2001.12—2002.2
	委　员	夏剑波 叶圣飞 洪武平 朱慧智			
中共峰门乡第七届委员会	书　记	胡昌迎	男	汉族	2002.2—2003.6
		王 峰	男	汉族	2003.7—2006.9
		吴思妙	男	汉族	2006.9—2006.10
	副书记	王　峰	男	汉族	2002.2—2003.7
		潘光明	男	汉族	2002.2—2005.1
		张小华	男	汉族	2005.1—2006.10
		林观诺	男	汉族	2006.9—2006.10

续表 7-3-2-6

组织名称	职 务	姓 名	性别	民族	任职时间
中共峰门乡第七届委员会	委 员	朱慧智 洪武平 徐春琦 张小华 白植卫			
中共峰门乡第八届委员会	书 记	吴思妙	男	汉族	2006.10—2008.1
		杨秀丽	女	汉族	2009.3—2011.5
	副书记	张小华	男	汉族	2006.10—2007.7
		林观诺	男	汉族	2006.10—2011.5
		蔡景祥	男	汉族	2007.7—2009.3
		蔡景祥	男	汉族	2009.3—2011.5
	委 员	朱慧智 徐春琦 胡昌富			

（二）基层党务工作

1.组织工作

土地革命战争时期，黄桥一带属中共青景庆泰县委活动地区。里光一带属寿泰景庆县上北区委活动地区，党员情况失考。民国 28 年（1939 年）5 月始，黄桥乡一带属青景丽（中心）县委的青泰区委活动地区，建立支部 5 个，党员 35 名。民国 35 年至民国 36 年，中共青景丽县委下属泰北区委领导发展党员，组建党支部。1950 年，中共党组织遭受“东南人民反共救国军浙闽边区挺进军”土匪的破坏，大部分农村中共党支部成为三、四类支部，二类支部仅存 1 个。剿匪工作结束后，开始整党，重新发展党员，组建乡、村党支部，乡总支部，乡党委。但在 1952 年至 1955 年期间的整党工作中曾错误地处理了一些党员干部。1963 年，对过去错误处理的党员干部重新甄别平反，并纠正了“大跃进”期间的一些“左”倾错误。1964 年中共温州地委始创“标兵党支部”评选、表彰制度。1966—1976 年“文化大革命”期间停止。对 1974 年 6 月在“批林批孔”运动中“突击入党”“突击提干”的人员，于 1975 年分别予以纠正。1980 年恢复“标兵党支部”评选、表彰制度，即“双争活动”（争创先进党支部、争当优秀党员），评选先进党支部和优秀共产党员，召开大会表彰先进事迹。是年，里光公社榅垟大队党支部被评为温州地区先进党支部，出席地委表彰大会，并介绍先进事迹。1986 年 7 月，在县委整党办公室领导下，设立村级整党领导小组，分层次、分阶段，清理“文化大革命”中造反起家的人、帮派思想严重的人和打砸抢分子，至次年 9 月全面完成。整党过程中发展了一些党员，并解决了地下党遗留问题和纠正、平反知识分子的冤假错案。1991—1996 年，重点在生产和工作第一线、连续多年未发展党员、无女党员、党员年龄严重老化、缺乏后备干部的支部发展党员。1997年起，突出年龄、文化、结构三个重点，注重在生产、工作第一线和青年中发展党员。2003年，将发展党员工作与村干部培养、发展农村经济相结合，着力把致富能手培养成党员、把党员培养成致富能手、把党员致富能手培养成村干部。2005年，建立和完善发展党员“三推一定”制度、公示制、票决制、责任追究制和预警制。2010年，围绕“科学推动、促进社会和谐、服务人民群众、加强基层组织”的目标，组织发动基层党组织和党员参加创先争优(创建先进基层党组织、争做优秀共产党员)活动。左溪村党支部多年被评为县级先进党支部、市级先进党支部，2010年被评为省级先进党支部。是年，推进党代表任期制，完成司前畲族镇党代会年会，建立乡级党代表信息库。开展村党支部书记队伍专项调查、村级班子满意度调查和村级财务清理、审计。推行发展党员亲属回避制度。2012年始，深入开展创先争优承诺活动，将创先争优和年度目标管理机制挂钩，党员结合年度工作目标落实和个人岗位职责，推行“一句话承诺”活动。开展“窗口岗位比学赶超”“服务标兵”评比、党员岗位示范和挂牌上岗等活动。

2015年，制定《司前畲族镇农村基层党建年度考核制度》《村干部坐班值班制度》等，安排专项奖励资金20万元。注重培育农村红色领头雁和致富带头人队伍，募集“红色基金”23万元。全年清单具体细化为120余项，列出问题清单32项，制定《司前畲族镇党风廉政建设责任书》《党风廉政建设和反腐败斗争工作责任分工》《党风廉政责任制工作考核细则》等文件，把管用措施用制度固化细化，设立整改时限。严格控制好“三公”经费的规范使用，“三公”经费同比下降34.5%。

2.宣传工作

1951年剿匪工作结束，以支援抗美援朝运动为中心，广泛发动群众发扬爱国主义精神，为购买飞机大炮踊跃捐款，声援中国人民志愿军。1952年土改队进入司前，司前区委和乡党组织配合土改队深入农村宣传《中华人民共和国土地改革法》《中华人民共和国惩治反革命条例》和《中华人民共和国婚姻法》。土改结束后，侧重宣传《党在过渡时期的总路线和总任务》《中华人民共和国宪法(草案)》。1953年结合普选，宣传人民民主政权建设。1956年7月始，组织宣传《1956年到1967年全国农业发展纲要(草案)》、农业生产先进经验和先进人物的模范事迹，传播农艺、卫生等科技知识。1958年9月，大张旗鼓宣传大炼钢铁，大办人民公社，一时办起中心俱乐部和业余宣传队。1959年采用多种形式，宣传爱国爱社、增产增收、勤俭办社、勤俭持家为主要内容的社会主义教育。总结“五风”为害的经验教训，开展《农村人民公社工作条例》宣传。1966年“文化大革命”开始，党的宣传机构为造反组织把持，并将宣传毛泽东思想置于一切工作之首，大力宣传“在无产阶级专政下继续革命”的理论，大讲阶级斗争，“大字报”铺天盖地。 1975年1月，广泛宣传“农业学大寨”活动。1977年开展揭批江青反革命集团罪行。1979年宣传党的工作重点已转移到“四化”建设上来，并逐步开展党的四项基本原则和社会主义法治的宣传教育。1981年开展以“五讲四美”为内容的文明礼貌活动。1983年1月宣传党在各时期方针政策及工农业生产知识。对农村重新泛起的迷信活动和拐卖妇女儿童等不法行为加以教育和抨击，引导农民建设精神文明。1987年7月，开展学习《中国特色的社会主义》《坚持四项基本原则反对资产阶级自由化》。1988年，围绕经济建设和深化改革，全面学习宣传中共十三大确定的基本路线方针政策，坚持四项基本原则，坚持改革开放。1991年始，每年集中一段时间突出一两个主题，开展党的基本路线教育。2000年，贯彻宣传“三个代表”重要思想以及江泽民总书记视察广东高州和江浙沪时的重要讲话精神，开展“致富思源、富而思进”教育活动。2003年，结合学习宣传贯彻中共十六大精神和市委“全国看温州，温州学习全国”大讨论活动，开展解放思想大讨论活动。2004年，以“改革与发展”为主题，深入开展解放思想大行动，抓好“走出去”“请进来”两篇文章。2005年，突出招商引资、建设“平安司前”。2008年，开展“高举旗帜、科学发展、创业创新”十七大主题教育。2009年，庆祝中华人民共和国成立60周年，开展系列宣传活动。2011年始至2015年，围绕贯彻宣传中共十八大、十九大精神，宣传发展生态经济、建设新型城镇、打造平安司前。积极配合市县两级巡查，深入开展党的群众路线教育实践活动和“三严三实”专题教育活动。

3.统一战线工作

抗日战争时期，县委团结各界人士，开展救亡工作。民国29年(1940年)中共中央“七七”指示下达后，统战工作重点转向争取国民党乡长级人员和地方开明士绅为革命工作。解放战争时期，转向做县内国民党上层人物的统战工作。民国37年，中共青景丽县委泰北区委对国民党司前乡乡长陶家武晓明大义，动员他向中共游击队递交手枪和步枪，并带领游击队到敌碉堡里，指示警备班向中共游击队交枪，还敦促县参议长陶松坪等人为中共提供军事情报、军需物资和掩护、营救共产党员。1949年5月1日，国民党县长凌九霄弃城逃跑，参议长陶松坪等星夜派人通知泰北民兵前来接收县城。

中华人民共和国成立后，重点做好民族、宗教工作，落实起义、投诚人员政策。1953年始,司前、左溪乡配备畲族干部,并在畲族人口较集中的左溪、垟斜和筱条等村开办民族小学。1956年提拔一位畲族干部担任副县长。1958年成立畲族乡。1985年为陶松坪等落实起义、投诚人员政策。1986年改司前中学为民族中学,并给畲族学生以加分待遇。

4.纪律检查

1992年始设立司前畲族镇纪律检查委员会。2011年3月,乡、镇合并始,认真落实党风廉政建设责任制"三书两报告"制度和责任制考核结果运用实施细则,完善党风廉政预警机制,加强党风廉政建设责任追究。健全村级权力运行监督机制,完成村监会的换届工作,贯彻《泰顺县村务监督委员会工作细则(试行)》,制定《村监会活动记录本》,解决村监会主任的待遇,规范村监会活动。建立基层站所、学校、卫生院纪检监察员和农村基层廉情联络员制度,进一步健全农村基层纪检监察组织网络。贯彻《泰顺县党务公开实施方案》和公开目录,建立党务公开联系点和党务公开季报告制度,加强基层党务公开工作。加大村务网上公开力度,探索公开栏、村党员和村民代表会议、互联网、手机短信等"四位一体"村务、财务公开形式。

2013年,在县委领导下,充分发挥纪检监察职能作用,加强对固定资产投资、生态环境、农房集聚改造和重点项目等工作情况的监督检查,服务保障县委、县人民政府重大决策部署的贯彻落实。深化作风建设,严格落实中央八项规定和省委"六个严禁"要求,贯彻县委深化作风效能建设实施意见,加大对作风方面突出问题的整顿力度,进一步优化发展环境。深化重点领域和关键环节改革,推进惩治预防腐败体系构建。加强干部教育监督,健全权力规范运行约束机制,党员领导干部从政行为进一步规范。

2014年,贯彻落实县委转职能、转方式、转作风要求,履行党风廉政建设监督责任,突出纪检监察主职主业,加强作风效能建设,严肃惩治和预防腐败,狠抓干部队伍建设,助推经济社会发展。11月,制定《司前畲族镇惩治和预防腐败体系建设》(2013—2017年实施细则)和《司前畲族族镇村级财务管理制度》。

2015年,学习贯彻中共中央总书记、国家主席、中央军委主席习近平,中共中央纪委书记王岐山在浙江考察指导时的重要讲话精神,落实中共中央、中央纪委、省市纪委以及县委的一系列新思路新要求。聚焦主业,强化监督执纪问责,推动"两个责任"落实和狠纠"四风"。部署开展农村基层作风巡查工作,推进基层党风廉政建设。深化"三转",狠抓纪检队伍建设。坚持监督教育并重,增强纪律意识,规范党员领导干部从政行为。

中共司前畲族镇、黄桥乡、峰门乡纪律检查委员会历届书记一览表

表 7-3-2-7

组织名称	届　别	姓　名	性别	民族	任职时间
中共司前畲族镇纪律检查委员会	第六届	郑明松	男	汉	1992.5—1993.2
		郑国庆	男	汉	1993.1—1993.12
	第七届	郑国庆	男	汉	1994.1—1995.11
	第八届	郑国庆	男	汉	1995.11—1997.2
		罗成庚	男	汉	兼，1997.2—1997.9
		叶崇定	男	汉	1997.9—1999.1
	第九届	叶崇定	男	汉	1999.1—2001.12
		潘长平	男	汉	2001.12—2003.3
	第十届	潘长平	男	汉	2003.3—2006.9
	第十一届	蓝碎林	女	畲	2006.9—2009.3
		于序专	男	汉	2009.3—2012.1
	第十二届	陈文跃	男	汉	2012.2—2015.2
		蓝彦湖	男	畲	2015.2—
中共黄桥乡纪律检查委员会	第六届	林新勤	男	汉	兼，1992.7—1993.2
	第七届	罗承庚	男	汉	兼，1993.2—1995.12
	第八届	刘可发	男	汉	兼，1996.10—1997.6
		蓝碎玲	女	畲	1997.6—1999.1
	第九届	雷朝炮	男	畲	1999.1—2000.11
		林美珠	女	汉	2000.11—2001.11
		徐清雨	男	汉	2001.12—2002.1
	第十届	徐清雨	男	汉	2002.1—2004.10
		严永光	男	汉	2005.1—2009.9
	第十一届	严永光	男	汉	2006.9—2010.3
		吴国真	男	汉	2010.3—2011.5
中共峰门乡纪律检查委员会	第三届	陈崇富	男	汉	兼，1992.7—1993.2
	第四届	陈崇富	男	汉	兼，1993.2—1995.12
	第五届	雷顺横	男	畲	兼，1996.2—1999.1
	第六届	蓝正中	男	畲	1999.1—2001.12
		潘光明	男	汉	2002.2—2003.2
	第七届	潘光明	男	汉	2003.3—2005.1

续表 7-3-2-7

组织名称	届　别	姓　名	性别	民族	任职时间
中共峰门乡 纪律检查委员会	第七届	张小华	男	汉	2005.1—2006.10
		林观诺	男	汉	2006.10—2007.1
	第八届	林观诺	男	汉	2007.1—2009.3
		黄美旺	男	汉	2009.3—2011.5

(三)中共基层党支部

1. 党支部数量和党员人数

2015 年,司前畲族镇有 30 个党支部,党员 1069 人,其中畲族党员 130 人。

2015 年司前畲族镇各中共党支部党员人数一览表

表 7-3-2-8

支部名称		党员(人)	支部名称	党员(人)	支部名称	党员(人)
镇机关	第一支部	20	大住村支部	42	杨辽三级水电站支部	5
	第二支部	18	溪口村支部	32	龙角水电有限公司支部	3
	第三支部	7	左溪村支部	96	泰森木业有限公司支部	3
	离退休支部	15	黄桥村支部	160	利众竹木有限公司支部	21
司前村支部		132	峰门村支部	83	山里人家鲜果观光园支部	3
榅垟村支部		55	徐宅村支部	86	丰润农民专业合作社支部	3
叶山村支部		17	新北村支部	77	万村电子商务有限公司支部	3
上地村支部		29	白鹤渡电站支部	3	文体联合会支部	3
里光村支部		53	民族工艺厂支部	7	盛源礼品有限公司支部	3
台边村支部		64	中宇集团支部	23	雷诺玩具厂支部	3

中华人民共和国成立后司前畲族镇各村历届中共党支部书记一览表

表 7-3-2-9

中共支部名称	书记姓名	性别	民族	出生年月	入党时间	文化程度	任职时间
司前村党支部	陈道之	男	汉	1909.3	缺资料	缺资料	1953.1—1959.1
司前大队党支部	舒方友	男	汉	1919.6	1954.1	初识字	1959.1—1966.1

续表 7-3-2-9

中共支部名称	书记姓名	性别	民族	出生年月	入党时间	文化程度	任职时间
司前村党支部	舒方友	男	汉	缺资料	1954.1	初识	1984.1—1987.1
	钟若根	男	畲	1908.7	缺资料	缺资料	1987.1—1990.1
	裴世龙	男	汉	1945.12	1985.5	小学	1990.2—1996.4
	陶瑜珂	男	汉	1949.7	1986.9	初中	1996.4—2008.4
	包国雨	男	汉	1960.4	2000.9	初中	2008.4—2011.2
	高立存	男	汉	1971.12	1996.5	大专	2011.2—2017.2
	林思平	男	汉	1963.7	2002.9	初中	2017.2—
大住村党支部	张灵乔	男	汉	1909.11	缺资料	缺资料	1950.1—1953.1
	张朝矛	男	汉	1904.5	缺资料	缺资料	1953.1—1957.1
	郑延谷	男	汉	1923.2	1959.12	文盲	1957.2—1960.3
大住大队党支部	张朝高	男	汉	1913.10	缺资料	缺资料	1960.3—1963.3
	章克昌	男	汉	1926.8	1947.3	文盲	1963.3—1966.2
	夏盛楼	男	汉	1928.12	1966.4	小学	1966.2—1969.3
	章克昌	男	汉	1926.8	1947.3	文盲	1969.3—1972.2
	夏盛楼	男	汉	1928.12	1966.4	小学	1972.2—1978.2
	章克昌	男	汉	1926.8	1947.3	文盲	1978.3—1981.2
	章克明	男	汉	1944.8	缺资料	缺资料	1981.2—1984.2
大住村党支部	张灵胡	男	汉	1943.3	1982.9	文盲	1984.2—1987.2
	夏盛楼	男	汉	1928.12	1966.4	小学	1987.2—1990.3
	章克明	男	汉	1944.8	缺资料	缺资料	1990.3—1993.2
	夏盛楼	男	汉	1928.12	1966.4	小学	1993.2—1996.3
	章克明	男	汉	1944.8	缺资料	缺资料	1996.3—1999.2
	夏盛楼	男	汉	1928.12	1966.4	小学	1999.2—2002.2
	方广余	男	汉	1962.7	1998.12	小学	2002.2—2011.1
	张日益	男	汉	1957.2	1998.12	小学	2011.1—
左溪村党支部	雷益亲	男	畲	1927.5	缺资料	不识字	1954.8—1967.10
左溪大队党支部	雷益亲	男	畲	1927.5	缺资料	不识字	1968.1—1987.0
左溪村党支部	陶明仁	男	汉	1938.5	缺资料	缺资料	1987.2—1990.1
	雷祖村	男	畲	1949.10	缺资料	初中	1990.2—1993.3
	雷志亮	男	畲	1951.8	1991.11	初中	1993.3—1999.2

续表 7-3-2-9

中共支部名称	书记姓名	性别	民族	出生年月	入党时间	文化程度	任职时间
左溪村党支部	蓝玉聪	女	畲	1950.10	1990.11	初中	1999.2—2003.3
筱条村党支部	陶秀本	男	汉	1917.9	缺资料	缺资料	1952.1—1968.1
筱条大队党支部	雷必训	男	畲	1934.6	缺资料	缺资料	1968.1—1987.1
筱条村党支部	陶育飞	男	汉	1956.8	1986.9	高中	1990.2—1993.3
	雷顺斌	男	畲	1959.2	1986.9	高中	1993.3—2003.3
叶垟大队支部	孙传枝	男	汉	缺资料	缺资料	缺资料	1968.1—1984.1
叶垟村党支部	陶碎通	男	汉	1948.12	1986.1	初中	1984.3—1993.3
	雷顺标	男	畲	1951.4	缺资料	初中	1993.3—1996.3
	陈建清	男	汉	1961.9	1996.8	高中	1996.3—2003.3
左溪村党支部	蓝松水	男	畲	1962.10	1986.1	高中	2003.3—2008.10
	蓝学许	男	畲	1975.6	2003.4	高中	2008.10—
溪口村党支部	王贻利	男	汉	1926.1	缺资料	缺资料	1956.2—1957.7
溪口大队支部	高乃东	男	汉	1929.10	1958.12	小学	1958.1—1960.1
	夏盛洪	男	汉	1931.2	缺资料	缺资料	1967.2—1993.1
溪口村党支部	王运由	男	汉	1952.6	1992.1	小学	1993.2—2004.12
	方宣春	男	汉	1965.2	1994.6	大专	2006.1—2007.12
	张周根	男	汉	1956.1	1992.12	高中	2008.1—
榅垟村党支部	陈克仁	男	汉	1927.8	缺资料	缺资料	1953.1—1956.1
	金垂良	男	汉	1923.7	缺资料	缺资料	1957.1—1959.1
榅垟大队支部	赖子明	男	汉	1919.3	缺资料	缺资料	1960.1—1962.1
	郭庭仁	男	汉	1927.2	缺资料	缺资料	1963.1—1966.1
	张友森	男	汉	1925.11	缺资料	缺资料	1967.1—1969.1
	郭庭仁	男	汉	1927.2	缺资料	缺资料	1970.1—1982.1
榅垟村党支部	陈俊兴	男	汉	1942.9	1985.7	高中	1983.2—1992.2
	金泽林	男	汉	1951.12	缺资料	缺资料	1993.1—2006.1
	张作亮	男	汉	1960.1	1995.5	高中	2006.2—2008.2
	胡绍林	男	汉	1965.3	2002.12	初中	2008.2—2010.3
	吴大荣	男	汉	1969.11	2009.12	高中	2010.3—
叶山村党支部	高扑卿	男	汉	1926.6	缺资料	缺资料	1955.1—1965.1
叶山大队支部	陈惟潘	男	汉	1924.5	缺资料	缺资料	1965.1—1968.1

续表 7-3-2-9

中共支部名称	书记姓名	性别	民族	出生年月	入党时间	文化程度	任职时间
叶山大队支部	陈惟松	男	汉	1934.9	缺资料	缺资料	1968.1—1980.1
	陈惟潘	男	汉	1924.5	缺资料	缺资料	1980.1—1986.1
叶山村党支部	陈惟董	男	汉	1959.8	1985.10	高中	1986.2—1992.3
	毛庆泽	男	汉	1947.8	1973.9	初中	1992.3—1995.2
	陈惟董	男	汉	1959.8	1985.10	高中	1995.2—1998.3
	毛庆泽	男	汉	1947.8	1973.9	初中	1998.3—2004.3
	陈惟顺	男	汉	1944.11	1985.10	高中	2004.3—2010.2
	陈尚忠	男	汉	1971.8	1992.11	高中	2011.2—
里光大队支部	王竹根	男	汉	1935.4	缺资料	缺资料	1958.7—1969.7
	王由满	男	汉	1932.1	缺资料	缺资料	1969.8—1972.6
	罗承连	男	汉	1927.9	1956.1	小学	1972.6—1986.3
里光村党支部	林宗成	男	汉	1938.4	1958.12	小学	1986.3—1988.10
	林思财	男	汉	1964.4	1986.8	大学	1988.10—1990.9
	罗祖坤	男	汉	1949.9	1986.9	初中	1990.10—1992.5
	罗祖宝	男	汉	1956.7	1985.10	初中	1992.5—1998.6
	林思雨	男	汉	1965.4	1986.1	初中	1998.7—2013.10
	罗祖友	男	汉	1968.12	1999.1	初中	2013.10—2017.2
台边村党支部	李志成	男	汉	1926.10	1949.4	不识字	1951.4—1954.5
	刘尚昌	男	汉	1933.9	1958.12	小学	1957.5—1958.5
	潘正元	男	汉	1921.5	缺资料	缺资料	1958.6—1961.5
台边大队支部	许连土	男	汉	1914.7	1958.11	不识字	1961.6—1970.6
	陈道朋	男	汉	1940.6	1962.1	小学	1970.7—1976.7
	吴长堂	男	汉	1928.11	缺资料	不识字	1976.6—1987.6
台边村党支部	夏盛凤	男	汉	1953.6	1985.10	初中	1989.3—1991.4
	柳齐满	男	汉	1933.9	1990.9	不识字	1991.9—1996.4
	叶如青	男	汉	1964.7	1993.3	初中	1996.5—1998.6
	苏德岳	男	汉	1959.12	1995.1	小学	1998.7—2010.6
	黄先德	男	汉	1971.10	2008.12	初中	2010.7—2013.9
	陈尚松	男	汉	1958.9	2003.1	高中	2013.10—
上地大队党支部	叶开元	男	汉	1917.11	1952.4	不识字	1956.1—1972.11

续表 7-3-2-9

中共支部名称	书记姓名	性别	民族	出生年月	入党时间	文化程度	任职时间
上地大队党支部	徐尚鸿	男	汉	1940.2	1960.6	小学	1972.12—1981.12
	包延法	男	汉	1938.5	1958.11	初识	1981.12—1983.6
上地村党支部	周玉钦	男	汉	1932.3	1980.3	不识字	1983.3—1986.6
	张为美	男	汉	1959.8	1985.5	小学	1986.6—1989.4
	周玉钦	男	汉	1932.3	1980.3	不识字	1989.4—1992.5
	周建明	男	汉	1952.4	1985.9	小学	1992.5—1995.7
	周成显	男	汉	1962.9	1985.12	高中	1995.7—1998.7
	周贵尔	男	汉	1943.12	1985.12	不识字	1998.10—2001.1
	张为美	男	汉	1959.8	1985.5	小学	2001.1—2004.12
	周成显	男	汉	1962.10	1985.12	高中	2004.12—2007.12
	朱加荣	男	汉	1950.12	1994.8	高中	2007.12—
和庄大队党支部	雷光钱	男	畲	1925.10	1958.11	不识字	1958.1—1969.1
	雷宝钦	男	畲	1939.5	1958.12	小学	1969.10—1980.9
	雷光芬	男	畲	1931.4	1979.2	不识字	1980.9—1986.10
和庄村党支部	雷国超	男	畲	1957.1	1985.11	初中	1986.11—1992.12
	雷明龙	男	畲	1964.1	1988.2	小学	1992.12—1995.3
	赵东中	男	汉	1955.2	1986.11	小学	1995.3—1998.2
	郑昌珍	男	汉	1959.2	1990.12	高中	1998.2—2004.2
上升大队党支部	何家宗	男	汉	1936.1	1959.12	小学	1962.12—1986.3
上升村党支部	蓝传笋	男	畲	1962.6	1985.1	小学	1986.1—1989.1
	何家楷	男	汉	1932.7	1959.10	不识字	1989.1—1993.1
	林垂总	男	汉	1950.8	1991.11	小学	1993.3—2002.2
	林声武	男	汉	1956.7	1996.9	不识字	2002.2—2004.3
新桥村党支部	王后元	男	汉	1931.10	1950.1	不识字	1950.1—1965.1
新桥大队党支部	林隆和	男	汉	1936.10	1959.12	小学	1965.2—1980.3
	陈惟竹	男	汉	1948.1	1973.9	初中	1980.4—1987.5
新桥村党支部	陈道超	男	汉	1957.6	1986.9	高中	1987.5—1995.2
	周如龙	男	汉	1955.8	1991.11	小学	1995.2—2004.2
新北居委会支部	陈永进	男	汉	1946.7	1991.12	初中	1996.5—2010.11
新北村支部	徐雪梅	女	汉	1976.11	2006.10	初中	2010.11—2017.2

续表 7-3-2-9

中共支部名称	书记姓名	性别	民族	出生年月	入党时间	文化程度	任职时间
徐坑大队党支部	陈作祥	男	汉	缺资料	缺资料	缺资料	1970.3—1973.2
	徐永凡	男	汉	缺资料	缺资料	缺资料	1973.3—1979.2
	陈作祥	男	汉	缺资料	缺资料	缺资料	1979.3—1982.2
	郑继福	男	汉	1933.9	缺资料	缺资料	1982.3—1984.2
徐坑村党支部	陈学砚	男	汉	1934.10	缺资料	缺资料	1984.3—1996.2
	徐永启	男	汉	1958.1	1992.7	小学	1996.3—2002.2
	徐克云	男	汉	1958.9	1999.5	高中	2002.3—2005.2
何宅大队党支部	严道浪	男	汉	1935.4	缺资料	缺资料	1958.3—1970.2
	黄严松	男	汉	1935.8	缺资料	缺资料	1970.3—1973.2
	严道妙	男	汉	1937.3	1959.1	小学	1973.3—1994.2
何宅村党支部	王碎华	男	汉	1957.11	1981.9	初中	1994.3—1997.2
	严道妙	男	汉	1937.3	1959.1	小学	1997.3—2000.2
	严仙华	男	汉	1952.7	1991.8	小学	2000.3—2005.2
	严仙华	男	汉	1952.7	1991.8	小学	2005.3—2008.2
	徐克云	男	汉	1958.9	缺资料	缺资料	2008.3—2010.12
	徐永总	男	汉	1974.4	2003.7	初中	2011.1—2013.9
	严立深	男	汉	1965.9	2010.1	高中	2013.10—
朱塆大队党支部	严道聪	男	汉	1932.4	缺资料	缺资料	1957.3—1971.2
	严金岩	男	汉	1942.1	1971.1	小学	1971.2—1983.2
朱塆村党支部	徐永旺	男	汉	1940.6	1959.4	小学	1983.3—1991.2
	陈学谷	男	汉	1951.9	1975.2	初中	1991.3—2002.2
	王守奕	男	汉	1952.2	1990.7	小学	2002.3—2005.8
峰门大队党支部	纪相森	男	汉	1932.5	缺资料	缺资料	1961.3—1970.2
	夏克池	男	汉	1928.10	缺资料	缺资料	1970.3—1984.2
峰门村党支部	郑明银	男	汉	1962.12	1985.5	高中	1984.3—1993.2
	夏念宗	男	汉	1955.5	1991.1	初中	1993.3—2002.2
	邓敏良	男	汉	1950.1	1995.1	小学	2002.3—2005.8
峰门村党支部	邓敏良	男	汉	1950.1	1995.1	小学	2008.8—
联盟大队党支部	叶应堂	男	汉	1941.2	1958.7	小学	1959.7—1980.4
	叶有宽	男	汉	1938.11	1960.1	小学	1980.4—1983.4

续表 7-3-2-9

中共支部名称	书记姓名	性别	民族	出生年月	入党时间	文化程度	任职时间
联盟村党支部	吴一根	男	汉	1930.11	1948.11	小学	1983.5—1986.3
	徐兴久	男	汉	1955.11	1977.11	小学	1986.4—1996.3
	叶祥富	男	汉	1954.9	1989.10	高中	1996.4—2008.4
苍展大队支部	苏宗乾	男	汉	1932.1	1958.11	不识字	1959.0—1963.0
	董寒昌	男	汉	1927.11	1958.11	小学	1964.1—1967.12
	郑昌训	男	汉	1936.10	1958.11	小学	1968.0—1986.0
苍展村党支部	郑乃成	男	汉	1946.11	1982.3	初中	1987.0—1989.0
	毛振学	男	汉	1938.4	1986.2	高中	1990.0—1992.0
	郑昌鉴	男	汉	1953.7	1995.1	小学	1993.0—1998.0
	郑昌梅	男	汉	1955.6	1997.12	小学	1999.0—2004.5
新增村党支部	严伯明	男	汉	1936.11	1958.7	小学	1959.3—1991.6
	苏敦化	男	汉	1959.2	1984.6	高中	1991.9—1997.4
	吴尚宽	男	汉	1962.12	1995.7	高中	1997.5—2005.5
园桥大队党支部	孙启发	男	汉	缺资料	缺资料	缺资料	1959.0—1966.12
	杨有义	男	汉	缺资料	缺资料	缺资料	1967.0—1983.12
园桥村党支部	朱岳丁	男	汉	缺资料	缺资料	缺资料	1984.0—1997.0
	叶应东	男	汉	1958.12	1994.12	高中	1997.8—2004.5
黄桥村党支部	叶详富	男	汉	缺资料	缺资料	缺资料	2004.9—2007.10
	叶应东	男	汉	1958.12	1994.12	高中	2007.12—2010.12
	苏德齐	男	汉	1960.8	缺资料	缺资料	2011.1—2013.11
	吴尚宽	男	汉	1962.12	缺资料	缺资料	2013.10—2017.2
林山大队党支部	蓝敏臣	男	畲	缺资料	缺资料	缺资料	1966.1—1977.1
	雷成奎	男	畲	缺资料	缺资料	缺资料	1980.1—1988.1
林山村党支部	雷成奎	男	畲	缺资料	缺资料	缺资料	1989.1—1991.1
	雷宗华	男	畲	缺资料	缺资料	缺资料	1991.1—1998.1

2.中共先进基层组织

1959—1966 年，中共温州地委组织召开 9 次标兵生产队（后称生产大队）党支部工作会议，总结交流支部工作经验，表彰先进党支部。“文化大革命”期间停止该项活动。1980 年恢复争创先进党支部、争当优秀党员，“双争”活动。之后，该活动一直延续下来。

中共浙江省委表彰的浙江省先进基层党组织一览表

表 7-3-2-10

年 度	组 织 名 称
2007	中共泰顺县司前畲族镇委员会
2000	中共黄桥乡委员会
2010	中共泰顺县司前畲族镇左溪支部

中共温州市委表彰的先进基层党组织一览表

表 7-3-2-11

年 度	组 织 名 称	
1981	中共里光公社榅垟大队支部	
1995	中共司前畲族镇左溪村支部	
1998	中共司前畲族镇委员会	
2000	中共黄桥乡委员会	
2002	中共黄桥乡委员会	中共司前竹制餐具厂支部
2004	中共司前畲族镇左溪村支部	
2011	中共泰顺县司前畲族镇委员会	

中共泰顺县委表彰的先进基层党组织一览表

表 7-3-2-12

年 度	组 织 名 称
1999	中共司前畲族镇委员会
	中共黄桥乡委员会

中共泰顺县委表彰的先进党支部一览表

表 7-3-2-13

年 度	组 织 名 称	
1980	中共里光公社榅垟大队支部	
1988	中共司前畲族乡司前村支部	中共黄桥乡联盟村支部
1989	中共司前民族中学支部	中共里光乡里光村支部
1990	中共司前畲族乡司前村支部	中共里光乡榅垟村支部
1992	中共司前粮管所支部	中共司前畲族镇榅垟村支部
	中共黄桥乡新增村支部	中共峰门乡峰门村支部
1993	中共司前畲族镇榅垟村支部	中共司前供销社支部
	中共黄桥乡中心校支部	
1994	中共司前畲族镇左溪村支部	中共司前畲族镇台边村支部
	中共黄桥乡园桥村支部	中共峰门乡何宅村支部
1995	中共司前畲族镇榅垟村支部	中共峰门乡朱湾村支部
	中共司前畲族镇财政税务所支部	
1996	中共司前畲族镇榅垟村支部	中共峰门乡何宅村党支部
	中共泰顺县民族中学支部	中共黄桥乡园桥村支部
1997	中共司前畲族镇机关第三支部	中共黄桥乡联盟村支部
	中共峰门乡何宅村支部	
1998	中共司前畲族镇左溪村支部	中共黄桥乡联盟村支部
	中共司前畲族镇机关第三支部	
1999	中共司前畲族镇左溪村支部	中共司前财税所支部
	中共黄桥乡园桥村支部	中共峰门乡机关支部
2000	中共黄桥乡圆桥村支部	中共峰门乡徐坑村支部
	中共司前畲族镇榅垟村支部	
2001	中共司前畲族镇左溪村支部	中共司前派出所支部
	中共黄桥乡苍展村支部	中共峰门乡徐坑村支部
2002	中共黄桥乡园桥村支部	中共峰门乡中心小学支部
	中共司前畲族镇里光村支部	
2003	中共司前竹制餐具厂支部	中共黄桥乡园桥村支部
	中共峰门乡徐坑村支部	
2004	中共司前竹制餐具厂支部	中共黄桥乡园桥村支部
	中共司前畲族镇榅垟村支部	

续表 7-3-2-13

年度	组织名称	
2005	中共司前畲族镇中心小学支部	中共峰门乡峰门村支部
2006	中共泰顺县民族中学支部	中共黄桥乡黄桥村新增支部
	中共峰门乡徐宅村支部	
2008	中共司前畲族镇左溪村支部	中共黄桥乡黄桥村苍展支部
2009	中共司前地税分局支部	中共黄桥中心小学支部
	中共峰门乡峰门村支部	
2010	中共司前畲族镇司前村支部	中共司前畲族镇峰门村支部
	中共司前畲族镇黄桥中心小学支部	
2011	中共司前畲族镇司前村支部	中共司前税务分局支部
	中共浙江省利众竹木有限公司支部	
2014	中共司前畲族左溪村支部	中共司前畲族镇台边村支部
	中共司前畲族镇民族工艺厂支部	
2015	中共司前畲族左溪村支部	中共司前畲族镇台边村支部
	中共司前畲族镇溪口村支部	

（四）中华人民共和国成立后镇境域重大政治活动记略

1.剿匪斗争

泰顺地处瓯括之交，南界八闽大地，与之毗邻的景宁、文成、福鼎、福安、柘荣、寿宁等县都属山区。这一带，历史上曾不乏土匪潜藏啸聚。解放之初，即有林宗远、方志彬、潘日初等多股土匪盘踞其间。1949 年 5 月，浙南全境解放。但顽匪吴宗论从福州逃回泰顺，与台湾当局委派的特务杜谋平纠集土匪、国民党残余兵力及地方反动势力，成立了所谓的“东南人民反共救国军浙闽边区挺进军”，杜谋平任总指挥长，吴宗论任副总指挥长。1950 年 3 月，匪徒朱铁民在舟山受训后，被国民党委任为“东南人民反共救国军温区总队突击支队队长兼泰顺县县长”。他们凭借山区复杂的地理环境，趁人民政权刚建立、地方局势尚未稳定，打出各种旗号，组织土匪武装，肆意进行各种破坏活动，企图颠覆人民政权。是年 4 月 26 日凌晨，杜谋平、潘日初率匪 30 多人，携枪 20 余支，袭击百丈区公所及县供销合作社。百丈区中队战士陈孔松等 2 人牺牲，1 人受伤，被劫步枪 4 支、子弹 100 发；县供销社门市部约四成物资被劫，约值 1000 元。6 月，朱铁民率匪 60 余人，煽动 200 多名落后群众，包围司前粮库，准备抢粮，被人民地方武装县大队驻守粮库战士击退。同年 8 月 4 日夜，朱铁民率匪 30 余人袭击司前、溪口、燕溪等地，杀害基层干部及家属7人，还枪杀群众积极分子5人。燕溪乡乡长及其妻儿三口全被杀害。9月初，晓园乡人民政府乡长陈存飞、通讯员陈志荣及多名群众遭匪杀害，其手段残忍至极。其间，境内共有20多名共产党员、农会干部及群众遭土匪杀害。土匪还在各地遍发“派令”，以书面形式指定干部、群众担任土匪职务，威逼群众参加土匪活动。凡不肯接受“派令”者则格杀勿论。虽然部分党员被迫胁从，接受派令，但大部分党员都躲进深山，逃避灾祸。上地村党支部书记被坐“老虎凳”，宁死不屈，幸被群众搭救逃脱。台头村支部书记叛变参加土匪活动。匪特的疯狂活动，严重危害国家和人民群众利益。

为了肃清匪患，1950年4月9日，泰顺成立剿匪指挥所，统一领导剿匪工作。9月中旬，中国人民解放军浙江省第五军分区调派警备旅第三团一个连及泰顺、瑞安两县地方人民武装，进驻匪患最严重的司前一带。9月13日，击毙匪支队参谋长高世凯、分队长陈尚发等人于景泰边境的密林中。黄桥炉西村民兵抓获土匪头目潘庆祥。

为了彻底肃清匪乱，1951年夏，泰顺县成立清匪委员会，提出“军事清剿，政治瓦解，发动群众，武装自卫”的剿匪方针，动员民兵大面积搜山。在加强军事攻势的同时，发动群众检举，争取匪徒家属提供线索，迫使土匪投案自首。

其间，多股土匪相继被浙江警备一旅和泰顺民兵歼灭或击溃，要匪潘士元、土匪大队长潘荣化装成乞丐到黄桥一带活动，被捕获；匪秘书章文锦在逃匿时被燕溪乡民兵刀毙；匪副队长林岳绝望之下，自缢于林中。剿匪部队和民兵、群众每消灭土匪一个小头目或破获一处土匪交通站，就会收到一些赃款赃物，几乎每星期都有收获，所收缴的人民币、银元、银角子、金戒指、布匹、药品等财物整担整担地被送往罗阳营部。至1951年底，全县大小12股土匪绝大部分被歼。泰顺县境内大规模的剿匪斗争宣告结束。

2.土地改革

1950年10月，中共泰顺县委制定《实行土地改革初步计划》，11月始，组织工作队进行土改试点。1951年2月，在罗阳、仙稔等5乡镇开展首批土改；同年8月，又再次开展土改基点工作。1952年1月12—19日，召开全县会师大会，土改工作加速推进。是年1月19日，省、市、县联合组成的土改工作队，深入基层，开展面上土地改革。20日县土地改革工作队第二中队到达司前，负责司前区的司前、里光、晓园、燕溪4个乡的土改工作。基本做法：召开干部会议，宣传政策，决定首先在司前、晓西、溪口、里光4个村开展，以点带面;召开群众大会,动员群众,喊出"打倒地主恶霸分田地"等口号;同时收集材料,召集地主、反革命分子进行集训,向他们宣布《华东惩治不法地主恶霸条例》,以区别对待不法与守法的不同政策;访贫问苦,启发群众觉悟,以诉苦串联斗争为基础,召开诉苦斗争大会;斗争配合开庭,整治不法地主、反革命分子。从 1952 年 1 月 20 日开始至 4 月 5 日,历时 75 天,完成 4 个乡的土改工作。同年 4 月 20 日全县第二次土改干部扩大会议宣布土改结束。同月 30 日颁发土地房产所有证。

3."大跃进"和大炼钢铁

1958 年 2 月,全县贯彻中共中央"农业发展纲要四十条",提出"征服自然,苦战一年,十年指标,一年完成,跨下山区,赶上平原"的跃进号召。自此,乡村月月召开"跃进"会。是年 5 月,开始宣传"鼓足干劲,力争上游,多快好省地建设社会主义"的总路线,乡村到处张贴标语、口号,批判所谓"泰顺落后论""山区特殊论""山头主义",开展"插红旗、拔白旗"运动。7 月,又提出今后 3 年产铁 20 万吨、钢 10 万吨的指标,要求社社建炉、人人炼钢。8 月 30 日,县委发出《关于迅速发动家家积炭,户户烧炭的通知》,要求农民每户每月产炭 100 斤。为了满足大炼钢铁燃料需求,安排大量劳动力进山烧木炭,致使境内许多天然林遭到毁灭性破坏。是年 9 月,平阳、文成、瑞安三县 1000 多人,进入乌岩岭砍树烧炭,加上先期入山的泰顺县"乌岩岭烧炭营",烧炭民工达 2000 多人。1958 年冬乌岩岭共建起炭窑 200 多座,至 1961 年初共烧木炭 5065 吨,砍伐林木 3 万多立方米。

此时,正值秋收冬种大农忙季节,大炼钢铁投入了大量的精壮劳动力,繁重的抢收抢种任务落在老弱病残社员身上。大量番薯烂在地里,即使收回也无人刨丝晾晒,任其腐烂。为了完成冬种任务,很多生产队靠多撒种子、上报数字,来敷衍上级。

4."五风"盛行

1958 年 5 月,原和庄社(现属新北村)用稻草垫底,上面铺番薯丝,浮夸余粮充足,全县在此召开现场会。此举被仕阳区将军炉村效仿,再次召开现场会,引发全县大刮浮夸风。加上"共产风"、瞎指挥风、强迫命令风、干部特殊风,称"五风",给全镇域人民带来灾难。"大跃进"中大办公共食堂,实行吃饭不要钱,大量粮食浪费。1960 年春,农村公共食堂几近断粮,陷入大饥荒,部分村庄饿、病、死相连。1961 年 1 月中共八届九中全会后,认真贯彻"十二条"紧急指示信,是年冬,农村粮食紧张缓解。

5.反“单干风”

1961年4月贯彻《农村人民公社工作条例(草案)》(即“六十条”),镇境内允许社员经营少量自留地和开垦山地种“百斤粮”后,各生产队自发实行以包产到户为主要形式的生产责任制。但是,1962年11月的县干部大会明确指出“单干破坏生产力,混乱群众思想,是资本主义死灰复燃”,遂进行持续近20年的反“单干”斗争。境内各人民公社领导和干部把反“单干”斗争作为农村社会主义与资本主义斗争的主要矛盾,天天抓,时时抓,直至1978年中共十一届三中全会召开以后才逐步停止。

二、乡镇人民代表大会

(一)职 能

按照《中华人民共和国宪法》,1954年7月始建立人民代表大会制度。按照1954年第一部《中华人民共和国地方各级人民代表大会和地方各级人民委员会组织法》规定,第一届至第六届乡镇人民代表大会,每届任期2年,每半年举行一次会议。按照1979年《中华人民共和国地方各级人民代表大会和地方各级人民政府组织法》规定,第七届至第十三届乡镇人民代表大会每届任期3年。第十四届始,每届任期5年,每年至少举行一次会议。

1989年12月,浙江省人大常委会通过了《浙江省乡镇人民代表大会主席团组织条例》,把主席团在会议期间的职权延伸到闭会期间,并设常务主席主持主席团的日常工作。1990年乡镇换届选举时,选举产生乡镇人民代表大会主席团为常设机构。乡镇人民代表大会会议由乡镇人大主席团召集。

乡镇人民代表大会会议的主要议程是:审议列入大会议程的议案和国家机关的有关报告,讨论、决定本行政区域内的重大问题。包括审查和批准国民经济和社会发展计划、预算以及执行情况的报告;讨论、决定本行政区域内的政治、经济、教育、科学、文化、卫生、环境和资源保护、民政、民族等工作的重大事项;选举产生乡镇人大主席团和人民政府机构组成人员。

人大主席团闭会期间主要职能是监督、落实镇人民代表大会上的代表议案。

(二)选 举

1952年4月,乡镇陆续开展民主选举乡镇人民代表,召开乡镇人民代表会议,选举乡镇长、副乡镇长和乡镇人民政府委员。1953年2月,县政府民政科在司前乡试点“民主建政工作”。是年5月,各乡镇开展第一届人民代表普选工作。至2015年,经历16届乡镇人民代表大会。第一至第六届乡(镇)人民代表大会代表，由选民无记名投票、等额选举产生。县人民代表大会代表选举为间接选举，由乡（镇）人民代表大会选举产生。第七届始，依照《中华人民共和国选举法》和《浙江省县、乡两级人民代表大会代表选举实施细则》规定的程序和办法，乡镇人民代表大会代表均由各选区的选民直接选举产生，由原来的无记名投票、等额选举改为无记名投票、差额选举产生。

（三）各届乡（公社）人民代表大会

1.第一届乡人民代表大会

1953年2月28日至4月2日，召开司前乡第一届人民代表大会，代表50名，其中各选区选出代表46名，工商代表1名，文教代表1名，烈军属代表1人，政府代表3名。到会代表46名。选出乡长、副乡长，其中副乡长为畲族，男性。

2.第二届乡人民代表大会

乡人大代表换届选举工作从1956年7月开始，11月结束，相继召开第二届乡人大第一次会议，选举产生乡人民委员会委员。其中：司前乡出席人民代表31名，选出人民委员会委员9名；里光乡出席人民代表35名，选出人民委员会委员13名；黄桥乡出席人民代表23名，选出人民委员会委员9名。各乡人民代表大会调整了乡基层组织，建立乡人民委员会下辖的生产合作、财粮、文教卫生、武装治安、民政、调解等6个工作委员会，并选出人民陪审员。

3.第三届乡人民代表大会

基层选举从1958年3月开始至5月结束。

4.第四届乡（公社）人民（社员）代表大会

1958年，农村人民公社化，实行"政社合一"体制，召开乡镇人民代表大会即公社社员代表大会。

5.第五届乡（公社）社员代表大会

选举工作于1963年3月开始，6月结束。其中：司前公社社员代表85名，选出公社管理委员会委员24名；黄桥公社社员代表42名，选出公社管理委员会委员9名。各选出人民陪审员1名。

6.第六届乡（公社）社员代表大会

选举工作于1965年10月开始，1966年4月完成。"文化大革命"期间，乡（公社）人民代表制度活动停止，1980年冬，重新恢复人民代表大会制度。

7.第七届乡（公社）人民代表大会

根据1979年7月全国人大重新制定的选举法规定，泰顺县人大代表原由乡镇人民代表大会间接选举，改由选民直接选举。第七届乡镇人大代表选举工作于1980年9月开始，至11月中旬结束。

8.第八届乡人民代表大会

1984年5月，根据中共中央关于实行政社分开建立乡镇政权的通知，人民公社改称乡镇人民政府。第八届乡人大代表选举于1984年6月开始，同年8月结束。

9.第九届乡人民代表大会

换届选举工作于1987年1月开始，5月结束。1989年12月，浙江省人大常委会通过了《浙江省乡镇人民代表大会主席团组织条例》，把主席团在会议期间的职权延伸到闭会期间，并设常务主席主持主席团的日常工作。1990年泰顺县乡镇换届选举时，选举产生乡镇人民代表大会主席团为常设机构。乡镇人民代表大会会议由乡镇人大主席团召集。

(四)司前乡(镇)人民代表大会

1.司前畲族乡第十届人民代表大会

1990年4月3日，司前畲族乡召开第十届人民代表大会第一次会议，到会代表52人。会议审议通过乡政府所作的工作报告，选举产生乡人大主席团常务主席1人；选举产生乡人民政府乡长1人、副乡长1人。1992年5月司前畲族乡与里光乡合并，建立司前畲族镇。

2.司前畲族镇第十届人民代表大会

1992年5月，里光乡与司前畲族乡合并，建立司前畲族镇；同时，建立司前畲族镇人民政府工作领导小组，钟宗华为组长，翁士根为副组长，林邦易、陈尚珠为成员。8月，司前畲族镇召开第十届人民代表大会第四次会议（按原司前镇畲族乡人代会届次排列），选举产生镇人大主席团常务主席1人和镇人民政府镇长1人、副镇长3人。

3.司前畲族镇第十一届人民代表大会

1993年3月8日，司前畲族镇召开第十一届人民代表大会第一次会议，到会代表63人。会议审议通过镇政府所作的工作报告，选举产生镇人大主席团常务主席1人；选举产生镇人民政府镇长1人、副镇长2人。

4.司前畲族镇第十二届人民代表大会

1995年12月11日，司前畲族镇召开第十二届人民代表大会第一次会议，到会代表46人。会上通过镇人民政府所作工作报告，选举产生镇人大主席团常务主席1名。

5.司前畲族镇第十三届人民代表大会

1999 年 2 月 8 日，司前畲族镇召开第十三届人民代表大会第一次会议，到会代表 47 人。会议通过镇政府所作的工作报告，选举产生镇人大主席团常务主席 1 人、副主席 1 人，选举产生镇人民政府镇长 1 人、副镇长 3 人。

6.司前畲族镇第十四届人民代表大会

2002 年 2 月 4 日，司前畲族镇召开第十四届人民代表大会第一次会议，到会代表 48 人。会议通过镇政府所作的工作报告，选举产生镇人大主席团常务主席 1 人、常务副主席 1 人，选举产生镇人民政府镇长 1 人、副镇长 3 人。

7.司前畲族镇第十五届人民代表大会

2006 年 12 月 29 日，司前畲族镇召开第十五届人民代表大会第一次会议，到会代表 49 人。会议通过镇政府所作的工作报告，选举产生镇人大主席团常务主席 1 人、常务副主席 1 人，选举产生镇人民政府镇长 1 人、副镇长 3 人。

2011 年 4 月，根据《浙江省人民政府关于泰顺县行政区划调整的批复》精神，将 36 个乡（镇）调整为 9 个镇人民政府、1 个乡人民政府。黄桥乡、峰门乡撤销，其原管辖范围并入司前畲族镇。

8.司前畲族镇第十六届人民代表大会

2011 年 7 月 13 日，司前畲族镇召开第十六届人民代表大会第一次会议，到会代表 52 人。会议通过镇政府所作的工作报告，选举产生镇人大主席团主席 1 人、副主席 3 人，选举产生镇人民政府镇长 1 人、副镇长 5 人。2015 年 3 月 26 日，召开司前畲族镇第十六届人民代表大会第五次会议。

9.里光乡第十届人民代表大会

1990 年 4 月 2 日，里光乡召开第十届人民代表大会第一次会议，到会代表 51 人。会议审议通过乡政府所作的工作报告，选举产生乡人大主席团（后补选常务主席 1 人），常务主席：罗承庚（1991.3—1992.5）。

司前畲族乡、镇第十届至第十六届人民代表大会
主席团常务主席、副主席一览表

表 7-3-2-14

人民代表大会届别	职　务	姓　名	性别	民族	任职时间
司前畲族乡第十届	主席团常务主席	赖炳发	男	汉族	1990.4—1992.5
司前畲族镇第十届	主席团常务主席	赖炳发	男	汉族	1992.8—1993.3
司前畲族镇第十一届	主席团常务主席	柳齐坦	男	汉族	1993.3—1995.12
司前畲族镇第十二届	主席团常务主席	柳齐坦	男	汉族	1995.12—1998.12

续表 7-3-2-14

人民代表大会届别	职　务	姓　名	性别	民族	任职时间
司前畲族镇第十三届	主席团常务主席	蔡亚里	男	汉族	1999.2—2001.11
	主席团常务副主席	郑国庆	男	汉族	1999.2—2002.2
司前畲族镇第十四届	主席团常务主席	雷全勉	男	畲族	2002.2—2006.12
	主席团常务副主席	郑国庆	男	汉族	2002.2—2006.12
司前畲族镇第十五届	主席团常务主席	罗成庚	男	汉族	2006.12—2010.5
		包剑平	男	汉族	2010.5—2011.6
	主席团常务副主席	雷顺横	男	畲族	2006.12—2011.5
司前畲族镇第十六届	主席团常务主席	包剑平	男	汉族	2011.7—2015.1
		毛剑文	男	汉族	2015.3—2016.12
	主席团常务副主席	雷顺横	男	畲族	2011.7—2012.1
		严永光	男	汉族	2011.7—2014.3
		林贵国	男	汉族	2011.7—2012.1
		吴维峰	男	汉族	2014.3—

(五)黄桥乡人民代表大会

1.黄桥乡第十届人民代表大会

1990 年 4 月 2 日,黄桥乡召开第十届人民代表大会第一次会议,到会代表 51 人。会议审议通过乡政府所作的工作报告,选举产生乡人大主席团(后补选常务主席 1 人),选举产生乡人民政府乡长 1 人、副乡长 1 人。

2.黄桥乡第十一届人民代表大会

1993 年 3 月 9 日,黄桥乡召开第十一届人民代表大会第一次会议,到会代表 43 人。会议审议通过乡政府所作的工作报告,选举产生乡人大主席团常务主席 1 人,选举产生乡人民政府乡长 1 人、副乡长 1 人。

3.黄桥乡第十二届人民代表大会

1996 年 3 月,黄桥乡召开第十二届代表大会第一次会议,到会代表 41 人。会议通过乡人民政府工作报告,选举产生乡人大主席团常务主席 1 人。

4.黄桥乡第十三届人民代表大会

1999 年 2 月 7 日,黄桥乡召开第十三届人民代表大会第一次会议,到会代表 41 人。会议通过乡政府所作的工作报告,选举产生乡人大主席团主席 1 人、副主席 1 人,选举产生乡人民政府乡长 1 人、副乡长 1 人。

5.黄桥乡第十四届人民代表大会

2002 年 2 月 4 日,黄桥乡召开第十四届人民代表大会第一次会议,到会代表 42 人。会议通过乡政府所作的工作报告,选举产生乡人大主席团主席 1 人、副主席 1 人,选举产生乡人民政府乡长 1 人、副乡长 1 人。

6.黄桥乡第十五届人民代表大会

2006 年 12 月 26 日, 黄桥乡召开第十五届人民代表大会第一次会议,到会代表 41 人。会议通过乡政府所作的工作报告,选举产生乡人大主席团主席 1 人、副主席 1 人,选举产生乡人民政府乡长 1 人、副乡长 1 人。

黄桥乡第十届至第十五届人民代表大会主席团常务主席、副主席一览表

表 7-3-2-15

人民代表大会届别	职　务	姓　名	性别	民族	任职时间
黄桥乡第十届	主席团常务主席	吴际炉	男	汉族	1991.9—1993.3
黄桥乡第十一届	主席团常务主席	林新勤	男	汉族	1993.3—1996.3
黄桥乡第十二届	主席团常务主席	吴尚洋	男	汉族	1996.3—1998.12
黄桥乡第十三届	主席团常务主席	严　华	男	汉族	1999.2—2001.2
	主席团常务副主席	雷顺横	男	畲族	2001.2—2002.2
黄桥乡第十四届	主席团常务主席	齐圣阳	男	汉族	2002.2—2003.10
		毛少普	男	汉族	2003.10—2005.3
		徐清雨	男	汉族	2005.3—2006.12
	主席团常务副主席	雷顺横	男	畲族	2002.2—2006.12
黄桥乡第十五届	主席团常务主席	徐清雨	男	汉族	2006.12—2009.4
		缪丽萍	女	汉族	2009.4—2011.5
	主席团常务副主席	蓝道奎	男	畲族	2006.12—2009.4
		严永光	男	汉族	2010.8—2011.5

(六)峰门乡人民代表大会

1.峰门乡第三届人民代表大会

1990 年 3 月 20 日,峰门乡召开第三届人民代表大会第一次会议,到会代表 45 人。会议审议通过乡政府所作的工作报告,选举产生乡人大主席团常务主席 1 人,选举产生乡人民政府乡长 1 人。

2.峰门乡召开第四届人民代表大会

1993年3月7日,峰门乡召开第四届人民代表大会第一次会议,到会代表44人。会上审议通过乡政府所作的工作报告,选举产生乡人大主席团常务主席1名,选举产生乡人民政府乡长1人。

3.峰门乡第五届人民代表大会

1996年2月17日,峰门乡召开第五届代表大会第一次会议,到会代表39人。会议通过峰门乡人民政府工作报告,选举产生乡人大主席团常务主席1人、副主席1人。

4.峰门乡第六届人民代表大会

1999年2月,峰门乡召开第六届人民代表大会第一次会议。会议通过峰门乡人民政府工作报告,选举产生乡人大主席团常务主席1人、副主席1人,选举产生乡人民政府乡长1人、副乡长1人。

5.峰门乡第七届人民代表大会

2002年2月,峰门乡召开第七届人民代表大会第一次会议。会议通过乡政府所作的工作报告,选举产生乡人大主席团主席1人、副主席1人,选举产生乡人民政府乡长1人、副乡长1人。

6.峰门乡第八届人民代表大会

2006年12月28日,峰门乡召开第八届人民代表大会第一次会议,到会41人。会议通过乡政府所作的工作报告,选举产生乡人大主席团主席1人、副主席1人,选举产生乡人民政府乡长1人、副乡长1人。

峰门乡第三届至第八届人民代表大会主席团常务主席、副主席一览表

表7-3-2-16

人民代表大会届别	职　务	姓　名	性别	民族	任职时间
峰门乡第三届	主席团常务主席	华道乾	男	汉族	1990.3—1993.3
峰门乡第四届	主席团常务主席	华道乾	男	汉族	1993.3—1996.2
峰门乡第五届	主席团常务主席	鲍寿西	男	汉族	1996.2—1999.1
	主席团常务副主席	雷顺横	男	畲族	1996.2—1999.1
峰门乡第六届	主席团常务主席	陈尚珠	男	汉族	1999.2—2001.6
	主席团常务副主席	林青松	男	汉族	1999.2—2002.2
峰门乡第七届	主席团常务主席	胡昌迎	男	汉族	2003.3—2003.6

续表 7-3-2-16

人民代表大会届别	职　务	姓　名	性别	民族	任职时间
峰门乡第七届	主席团常务副主席	何齐松	男	汉族	2003.3—2006.12
峰门乡第八届	主席团常务主席	吴思妙	男	汉族	2006.12—2009.5
		杨秀丽	女	汉族	2009.5—2011.5
	主席团常务副主席	白植卫	男	汉族	2006.12—2011.5

三、乡镇政府

（一）民国时期的基层组织

民国初期，承袭清末地方自治制度。民国 18 年（1929 年），成立区公所，置区长，区下设自治会，置委员若干人；村（里）置正、副村（里）长，设委员及监察委员若干人；村下设闾、邻长。民国 20 年 7 月，改乡制，设乡长、副乡长，下设调解委员会，办理民、刑事调解事项。民国 23 年 11 月，撤区公所。民国 24 年 6 月，改行保甲制，置保长、甲长。民国 29 年，充实乡编制，除乡公所设乡长、副乡长外，先后增设乡队附、民政主任和户籍干事、事务员、书记各 1 人，下设保长、副保长、保队附。民国 36 年，乡公所增设总干事 1 人，专任人员 4 人。

民国时期，乡政府人员较少。一般事务都是乡长负责，乡队附具体执行。乡队附养几个警备班，跟在后面催捐、收税、抓壮丁。

（二）中华人民共和国成立后乡镇人民政府机构沿革

1.燕溪乡人民政府

1949 年 9 月设立，其范围包括今竹里乡范围和峰门、溪口、大住村。驻地溪口村（今属司前畲族镇）。1951 年 6 月，原属罗阳区公所领导的燕溪乡人民政府划归司前区公所领导。1952 年 4 月撤销燕溪乡，其所属行政区域划归第二区公所（百丈）管辖。同时析设竹垟（驻地今竹里乡）、何宅、峰门（驻地左窟）三乡。1956 年，何宅乡并入竹垟乡，其原辖的大住、溪口村划归司前乡。同年撤销峰门乡，其所属行政区划归百丈镇人民委员会管辖。

燕溪乡人民政府乡长　王贻楚（1950.9—1951.6）、徐志荣（1950.9—1950.10）。

2.里光乡人民政府

1950 年 10 月设立。驻地里光。管辖原属司前乡人民政府的部分行政区域。1951 年 6 月，划归司前区公所领导。1952 年 4 月，析上地、榅垟、上升、和庄四村，置上榅乡人民政府，驻地上地。划归第二区公所(百丈)领导。1956 年 3 月上榅乡并入里光乡，并改称里光乡人民委员会。1958 年 11 月，里光乡人民委员会被撤销，改称司前人民公社里光生产大队。1959 年 2 月，里光生产大队改称里光管理区。1961 年 1 月，划归百丈区公所领导，改称里光人民公社管理委员会。1969 年 6 月撤销里光人民公社管理委员会。8 月，设立里光人民公社革命委员会。1981 年 1 月，改称里光人民公社管理委员会。1984 年 5 月，改称里光乡人民政府。9 月，划归司前区公所领导。1992 年与司前畲族乡合并成立司前畲族镇。

里光乡历届行政负责人一览表

表 7-3-2-17

单位名称	职务	姓名	性别	民族	任职时间
里光乡人民政府	乡长	徐志荣	男	汉族	1950.10—1951.8
		陶兆岩	男	汉族	1951.8—1952.4
		董从美	男	汉族	1952.4—1954.6
		吴士德	男	汉族	1954.6—1956.3
	副乡长	陶兆岩	男	汉族	1950.10—1951.8
		蓝起田	男	畲族	1952.4—1954.6
		柳日岩	男	汉族	1952.4—1954.6
		陶夏鱼	女	汉族	1954.6—1955.12
上榅乡人民政府	乡长	徐运奎	男	汉族	1952.5—1953.3
		陈秀岩	男	汉族	1954.6—1956.3
	副乡长	张友森	男	汉族	1952.4—1954.5
		郑柳梅	女	汉族	1954.6—1956.3
		郭定仁	男	汉族	1954.6—1956.3
里光乡人民委员会	乡长	吴士德	男	汉族	1956.3—1956.4
		胡克富	男	汉族	1956.4—1957.2
		王尤满	男	汉族	1957.3—1958.11
	副乡长	蒋考岩	男	汉族	1956.3—1956.10
		罗居法	男	汉族	1957.2—1958.11
里光生产大队	大队长	夏立汉	男	汉族	1958.11—1959.2
	副大队长	陈志平	男	汉族	1958.11—1959.2
		吴黄钗	女	汉族	1958.11—1959.2

续表 7-3-2-17

单位名称	职　务	姓　名	性别	民族	任职时间
里光管理区	主　任	夏立汉	男	汉族	1959.2—1961.9
		林清助	男	汉族	1961.9—1962.1
里光人民公社管理委员会	主　任	林清助	男	汉族	1962.1—1962.5
		赖志东	男	汉族	1962.5—1969.6
	副主任	吴德明	男	汉族	1962.5—1969.6
里光人民公社革命委员会	主　任	徐际健	男	汉族	1969.8—1970.5
		翁学连	男	汉族	1971.1—1977.11
		高乃玉	男	汉族	1978.7—1980.9
		吴万乾	男	汉族	1980.9—1981.1
	副主任	翁学连	男	汉族	1969.8—1971.1
		王尤满	男	汉族	1969.8—
		陈盛记	男	汉族	1970.5—1971.1
		吴道绍	男	汉族	1970.5—1979.11
		柳齐坦	男	汉族	1977.4—1980.9
		包广香	男	汉族	1979.12—1980.9
里光人民公社管理委员会	主　任	吴万乾	男	汉族	1981.1—1982.8
		孙传唐	男	汉族	1982.8—1984.3
		张瑞森	男	汉族	1984.3—1984.5
	副主任	张岩珠	男	汉族	1981.1—1982.8
		林圣瑞	男	汉族	1982.8—1984.5
里光乡人民政府	乡　长	张瑞森	男	汉族	1984.5—1984.8（代）
		张瑞森	男	汉族	1984.8—1987.1
		罗承庚	男	汉族	1987.3—1987.5（代）
		罗承庚	男	汉族	1987.5—1990.4
	副乡长	林圣瑞	男	汉族	1984.5—1984.8（代）
		林圣瑞	男	汉族	1984.8—1985.12
		陈其村	男	汉族	1984.8—1985.12
		林新勤	男	汉族	1985.12—1987.1
		陈尚珠	男	汉族	1987.5—1990.4

3.黄桥乡人民政府

1949年9月设立晓园乡，驻地园桥，属百丈区。1950年7月，改隶罗阳区。1951年6月，改隶司前区。1952年4月撤销晓园乡，设立黄桥乡、燕石(驻地茶坪，今属竹里乡)两乡。1956年3月撤销燕石乡，其所属的晓燕村并入黄桥乡，驻地园桥村，属百丈区。同时改称黄桥乡人民委员会。1958年11月，黄桥乡人民委员会被撤销，改称司前人民公社黄桥生产大队。1959年2月，改称黄桥管理区，隶司前人民公社。1962年1月改称黄桥人民公社管理委员会，隶百丈区。1969年6月撤销黄桥人民公社管理委员会。9月改称黄桥人民公社革命委员会。1981年1月，改称黄桥人民公社管理委员会。1984年5月，改称黄桥乡人民政府。9月，划归司前区公所领导。2011年5月撤销黄桥乡，并入司前畲族镇。

黄桥乡历届行政负责人一览表①

表7-3-2-18

单位名称	职务	姓名	性别	民族	任职时间
晓园乡人民政府	乡长	胡克富	男	汉族	1950.9—1952.4
	副乡长	陈巨卿	男	汉族	1950.11—1951.12
黄桥乡人民政府	乡长	苏友兴	男	汉族	1952.4—1956.3
	副乡长	潘宗曹	男	汉族	1952.4—1952.8
		苏宗标	男	汉族	1952.4—1952.8
		翁明法	男	汉族	1954.6—1955.3
		徐松林	男	汉族	1954.6—1955.3
黄桥乡人民委员会	乡长	苏友兴	男	汉族	1956.3—1956.10
		林心耀	男	汉族	1956.10—1957.4
		夏盛糟	男	汉族	1957.4—1958.11
	副乡长	夏盛糟	男	汉族	1956.4—1957.4
黄桥生产大队	大队长	夏盛糟	男	汉族	1958.11—1959.2
	副大队长	郑昌义	男	汉族	1958.11—1959.2
		吴叶杏	女	汉族	1958.11—1959.2
黄桥管理区	主任	夏盛糟	男	汉族	1959.2—1962.1
黄桥人民公社管理委员会	主任	夏盛糟	男	汉族	1962.1—1969.6

① 2011年5月撤销黄桥乡。

续表 7-3-2-18

单位名称	职务	姓名	性别	民族	任职时间
黄桥人民公社革命委员会	主任	陈子红	男	汉族	1969.8—1980.9
		王尤海	男	汉族	1980.9—1981.3
	副主任	夏盛糟	男	汉族	1972.3—1979.12
黄桥人民公社管理委员会	主任	王尤海	男	汉族	1981.3—1984.3
		翁士根	男	汉族	1984.3—1984.5
黄桥乡人民政府	乡长	翁士根	男	汉族	1984.5—1984.8(代)
		翁士根	男	汉族	1984.8—1986.6
		吴际炉	男	汉族	1987.3—1987.5(代)
		吴际炉	男	汉族	1987.5—1990.4
		林新勤	男	汉族	1990.4—1993.5
		吴际炉	男	汉族	1993.3—1996.3
		林帮沐	男	汉族	1996.3—1998.12
		齐圣阳	男	汉族	1999.2—2002.2
		林美珠	女	汉族	2002.2—2005.3
		吴思妙	男	汉族	2005.3—2006.12
		缪丽萍	女	汉族	2006.12—2009.4
		潘传梁	男	汉族	2009.4—2011.5
	副乡长	林士鑫	男	汉族	1984.8—1986.12
		林新勤	男	汉族	1988.4—1990.4
		林士鑫	男	汉族	1990.4—1993.5
		吴尚洋	男	汉族	1993.3—1996.3
		张少华	男	汉族	1999.2—2002.2
		余序专	男	汉族	2002.2—2006.12
		吴国真	男	汉族	2006.12—2010.8
		陈志东	男	汉族	2010.8—2011.5

4.峰门乡人民政府

1952 年 4 月设立，管辖原属司前区燕溪乡人民政府的部分行政区域，驻地左窟。1956 年撤销，并入百丈镇。其所属行政区划划归百丈镇人民委员会管辖。1958 年 5 月设立峰门乡人民委员会，管辖原属百丈镇人民委员会的部分行政区域。1958 年 11 月改称峰门生产大队，驻地徐坑。1959 年 2 月改称峰门管理区。1961年2月撤销,并入百丈人民公社。1983年2月,复置峰门人民公社管理委员会,管辖原属百丈人民公社管理委员会的部分行政区域,驻地外垟。1984年5月,改称峰门乡人民政府。2011年5月撤销峰门乡,并入司前畲族镇。

峰门乡历届行政负责人一览表①

表7-3-2-19

单位名称	职务	姓名	性别	民族	任职时间
峰门乡人民政府	乡长	徐世通	男	汉族	1952.4—1953.7
		夏克银	男	汉族	1954.6—1955.1
		郑继启	男	汉族	1955.1—1955.9
		夏克池	男	汉族	1955.9—1956.3
	副乡长	夏凑浪	男	汉族	1952.4—1953.2
		夏念锡	男	汉族	1954.6—1956.3
		纪孟山	男	汉族	1954.6—1956.3
峰门生产大队	大队长	陈大坤	男	汉族	1958.11—1959.2
	副大队长	严道根	男	汉族	1958.11—1959.2
		严方莲	女	汉族	1958.11—1959.2
峰门管理区	主任	陈大坤	男	汉族	1959.2—1962.2
峰门人民公社管理委员会	主任	夏盛糟	男	汉族	1984.3—1984.5
峰门乡人民政府	乡长	夏盛糟	男	汉族	1984.5—1984.8(代)
		夏盛糟	男	汉族	1984.8—1987.1
		费增友	男	汉族	1987.5—1990.6
		方宣春	男	汉族	1990.3—1991.4
		夏立献	男	汉族	1993.3—1999.2
		叶正全	男	汉族	1999.2—2001.11
		王峰	男	汉族	2002.3—2006.12
		张小华	男	汉族	2006.12—2007.9
		蔡景祥	男	汉族	2007.9—2009.5
		林观诺	男	汉族	2009.5—2011.5
	副乡长	华道乾	男	汉族	1987.5—1990.3

① 2011年5月撤销峰门乡。

续表 7-3-2-19

单位名称	职　务	姓　名	性别	民族	任职时间
峰门乡人民政府	副乡长	夏立献	男	汉族	乡长助理
		林绍松	男	汉族	乡长助理
		蓝永才	男	畲族	1996.2—1999.2
		朱昌云	男	汉族	1999.2—2002.2
		张小华	男	汉族	2002.2—2002.10
		王以倩	女	汉族	2003.10—2006.3
		夏笑红	女	汉族	2006.3—2010.8
		吴伟峰	男	汉族	2010.8—2011.5
		刘珊珊	女	汉族	2010.11—2011.5

5.司前乡人民政府

1949 年 9 月设立，属百丈区公所领导。1950 年 9 月划归罗阳区公所领导。10 月，析设里光乡。1951 年 6 月，划归司前区公所领导。1952 年 4 月，划归泰顺县第二区公所（百丈）领导。同时，析设左溪乡。1956 年 3 月改称司前乡人民委员会，左溪乡并入。1958 年 5 月，改称司前民族乡。乡长由畲族干部担任。1958 年 11 月，司前畲族乡人民委员会被撤销，改称司前人民公社司前生产大队，管辖范围相同。1959 年 2 月改称司前管理区。1962 年 1 月，撤销司前大公社、管理区，设立司前人民公社管理委员会，管辖范围相同。1969 年 6 月，撤销司前人民公社管理委员会。8 月，设立司前人民公社革命委员会。1981 年 1 月，司前人民公社革命委员会改称司前人民公社管理委员会。1984 年 5 月，司前人民公社管理委员会被撤销，恢复司前畲族乡人民政府。9 月划归司前区公所领导。之后，畲族乡、镇的乡、镇长均由畲族干部担任。

司前畲族乡历届行政负责人一览表

表 7-3-2-20

单位名称	职　务	姓　名	性别	民族	任职时间
司前乡人民政府	乡　长	林运修	男	汉族	1949.9—1950.9
		陈惟潘	男	汉族	1950.7—1951.8
		徐志荣	男	汉族	1951.8—1952.4
		陶光仁	男	汉族	1952.4—1953.3

续表 7-3-2-20

<table>
<tr><th>单位名称</th><th>职务</th><th>姓名</th><th>性别</th><th>民族</th><th>任职时间</th></tr>
<tr><td rowspan="6">司前乡人民政府</td><td rowspan="2">乡长</td><td>徐运奎</td><td>男</td><td>汉族</td><td>1953.3—1955.1</td></tr>
<tr><td>徐志荣</td><td>男</td><td>汉族</td><td>1955.1—1956.3</td></tr>
<tr><td rowspan="4">副乡长</td><td>陈惟潘</td><td>男</td><td>汉族</td><td>1949.9—1950.7</td></tr>
<tr><td>钟若根</td><td>男</td><td>畲族</td><td>1952.4—1953.3</td></tr>
<tr><td>舒方友</td><td>男</td><td>汉族</td><td>1953.3—1954.5</td></tr>
<tr><td>钟正反</td><td>男</td><td>畲族</td><td>1954.6—1956.3</td></tr>
<tr><td rowspan="4">左溪乡人民政府</td><td rowspan="3">乡长</td><td>雷必隆</td><td>男</td><td>畲族</td><td>1952.4—1952.5</td></tr>
<tr><td>蓝碎婉</td><td>男</td><td>畲族</td><td>1954.6—1955.1</td></tr>
<tr><td>陈志棉</td><td>男</td><td>汉族</td><td>1955.1—1956.3</td></tr>
<tr><td>副乡长</td><td>邱碎兮</td><td>女</td><td>汉族</td><td>1954.6—1956.3</td></tr>
<tr><td rowspan="5">司前畲族乡人民委员会</td><td rowspan="3">乡长</td><td>徐志荣</td><td>男</td><td>汉族</td><td>1956.3—1957.7</td></tr>
<tr><td>蒋考岩</td><td>男</td><td>汉族</td><td>1957.7—1958.5</td></tr>
<tr><td>雷训贤</td><td>男</td><td>畲族</td><td>1958.5—1958.11</td></tr>
<tr><td rowspan="2">副乡长</td><td>蒋考岩</td><td>男</td><td>汉族</td><td>1956.9—1957.7</td></tr>
<tr><td>邱碎兮</td><td>女</td><td>汉族</td><td>1956.3—1956.7</td></tr>
<tr><td rowspan="3">司前生产大队</td><td>大队长</td><td>雷训贤</td><td>男</td><td>畲族</td><td>1958.11—1959.2</td></tr>
<tr><td rowspan="2">副大队长</td><td>郑明选</td><td>男</td><td>汉族</td><td>1958.11—1959.2</td></tr>
<tr><td>邱碎兮</td><td>女</td><td>汉族</td><td>1958.11—1959.2</td></tr>
<tr><td rowspan="3">司前管理区</td><td rowspan="2">主任</td><td>雷训贤</td><td>男</td><td>畲族</td><td>1959.2—1959.12</td></tr>
<tr><td>蒋考岩</td><td>男</td><td>汉族</td><td>1960.1—1961.9</td></tr>
<tr><td>副主任</td><td>高乃玉</td><td>男</td><td>汉族</td><td>1961.10—1962.1</td></tr>
<tr><td rowspan="3">司前人民公社管理委员会</td><td rowspan="2">主任</td><td>夏立宽</td><td>男</td><td>汉族</td><td>1962.5—1963.11</td></tr>
<tr><td>高乃玉</td><td>男</td><td>汉族</td><td>1963.11—1969.6</td></tr>
<tr><td>副主任</td><td>高乃玉</td><td>男</td><td>汉族</td><td>1962.5—1963.11</td></tr>
<tr><td rowspan="7">司前人民公社革命委员会</td><td rowspan="4">主任</td><td>许学锻</td><td>男</td><td>汉族</td><td>1969.8—1970.4</td></tr>
<tr><td>王文卿</td><td>男</td><td>汉族</td><td>1970.4—1977.9</td></tr>
<tr><td>钟掌早</td><td>男</td><td>畲族</td><td>1977.11—1979.8</td></tr>
<tr><td>蒋考岩</td><td>男</td><td>汉族</td><td>1979.12—1981.1</td></tr>
<tr><td rowspan="3">副主任</td><td>徐泰强</td><td>男</td><td>汉族</td><td>1969.8—</td></tr>
<tr><td>蒋考岩</td><td>男</td><td>汉族</td><td>1970.5—1979.12</td></tr>
<tr><td>郑朝梓</td><td>男</td><td>汉族</td><td>1980.6—1982.3</td></tr>
</table>

续表 7-3-2-20

单位名称	职务	姓名	性别	民族	任职时间
司前人民公社管理委员会	主任	蒋考岩	男	汉族	1981.1—1982.8
		张岩珠	男	汉族	1982.8—1984.3
		钟宗华	男	畲族	1984.3—1984.5
	副主任	林圣瑞	男	汉族	1981.1—1982.8
司前畲族乡人民政府	乡长	钟宗华	男	畲族	1984.5—1984.8(代)
		钟宗华	男	畲族	1984.8—1986.12
		钟岳林	男	畲族	1987.3—1987.5(代)
		钟岳林	男	畲族	1987.5—1990.4
		雷光松	男	畲族	1990.4—1992.5
		钟宗华	男	畲族	1992.8—1993.3)
	副乡长	夏立加	男	汉族	1984.5—1984.8(代)
		夏立加	男	汉族	1984.8—1985.12
		钟岳林	男	畲族	1984.8—1985.12
		夏克洪	男	汉族	1985.12—1986.12
		钟掌勇	男	畲族	1990.4—1992.5
		邱兆云	男	汉族	1988 年度乡长助理
		夏念标	男	汉族	1988.12—1989.12
		林基周	男	汉族	1990.11—1992.5

司前大公社管理委员会主任、副主任一览表

表 7-3-2-21

单位名称	职务	姓名	性别	民族	任职时间
司前大公社管理委员会	主任	郑朝阳	男	汉族	1958.11—1960.11
		周士金	男	汉族	1960.9—1961.9
	副主任	陈志红	男	汉族	1958.11—1959.2
		郭廷财	男	汉族	1958.11—1959.2
		林声銮	男	汉族	1959.4—1960.1
		胡玉珠	女	汉族	1959.3—1961.9
		毛冬英	女	汉族	1958.11—1959.2

6.司前畲族镇人民政府

1992年5月，里光乡与司前畲族乡合并，建立司前畲族镇人民政府。镇人民政府机关设5个内设机构，即党政综合办公室、党务工作办公室、农村经济办公室、社会事务办公室、综合办公室。行政编制26名。

2005年被列为全市乡镇调控能力建设试点之一。按照“全员聘任，专职驻村”的思路，开展了乡镇人事制度改革工作。通过改革，镇机关内设机构从10多个合并成“四办一中心”，镇机关干部从62名减少至54名，并下派13名干部专职驻村，进一步强化服务功能，提高办事效率，密切干群关系。

2011年，黄桥、峰门乡并入。是年10月11日，中共泰顺县委办公室发出泰委办〔2011〕71号文件：根据温州市政府《关于泰顺县行政区划调整的批复》（温政函〔2011〕79号）、泰顺县机构编制委员会《关于行政区划调整后乡镇和功能区管委会职能及机构编制等有关问题的意见》（泰编〔2011〕69号）精神，结合司前畲族镇实际，制定司前畲族镇职能配置、机构设置和人员编制方案。对新成立的畲族镇职能、职责重新作出明确规定。

司前畲族镇第十一届至十五届镇长、副镇长一览表

表 7-3-2-22

届 别	职 务	姓 名	性别	民族	任职时间
第十一届	镇 长	钟岳林	男	畲族	1993.3—1995.12
	副 镇 长	陈尚珠	男	汉族	1992.8—1995.12
		林邦易	男	汉族	1992.8—1993.3
		翁士根	男	汉族	1992.8—1995.12
		雷朝炮	男	畲族	1995.3—1995.12
	镇长助理	林邦易	男	汉族	1993.5—1993.12
第十二届	镇 长	蓝旭峰	男	畲族	1995.12—1998.12
	副 镇 长	雷朝炮	男	畲族	1995.12—1999.1
		陶国华	男	汉族	1995.12—1999.1
		陈尚珠	男	汉族	1995.12—1998.12
第十三届	镇 长	雷国金	男	畲族	1999.2—2002.12
	副镇长	刘可发	男	汉族	1999.2—2002.12
		吴振禄	男	汉族	1999.2—2002.1
		潘少华	男	汉族	1999.2—2002.12

续表 7-3-2-22

届 别	职 务	姓 名	性别	民族	任职时间
第十四届	镇 长	雷国金	男	畲族	2002.12—2004.12
		雷春玲	女	畲族	2005.3—2006.9
	副镇长	陶拥军	男	汉族	2002.2—2004.12
		夏海滨	男	汉族	2005.3—2006.12
		刘可发	男	汉族	2002.12—2006.12
		潘少华	男	汉族	2002.12—2006.12
第十五届	镇 长	雷子亮	男	畲族	2006.12—2009.12
		钟宗格	男	畲族	2010.1—2011.5
	副镇长	潘少华	男	汉族	2006.12—2007.9
		夏海滨	男	汉族	2006.12—2007.9
		林作勇	男	汉族	2006.12—2011.5
		包剑平	男	汉族	2007.9—2010.5
		季永华	男	汉族	2007.9—2009.4
		毛显森	男	汉族	2009.4—2011.5
		陈文跃	男	汉族	2010.5—2011.5
第十六届	镇 长	钟宗格	男	畲族	2011.5—2012.12
		蓝忠诚	男	畲族	2012.12—2015.2
		钟圣选	男	畲族	2015.3—
	副镇长	李碎祥	男	汉族	2011.7—2012.1
		吴国真	男	汉族	2011.7—2015.2
		刘景森	男	汉族	2011.7—2012.1
		翁露琳	女	汉族	2011.7—2012.1
		邱智强	男	汉族	2011.7—2012.1
		陈文跃	男	汉族	2015.3—
		林建波	男	汉族	2011.5—
		蓝彦湖	男	畲族	2011.5—2015.2
		叶晓波	男	汉族	2011.5—

(三)中华人民共和国成立后乡镇人民政府职能

1.2011 年以前

1949 年 9 月,建立乡级人民政府。乡级人民政府配备乡长和副乡长、文书、农会(或称农联会)主任、农民自卫队队长(或称民兵队长)、民政干事、财粮员等脱产干部。1952 年 4 月,各乡陆续民主选举乡镇人民代表,召开乡人民代表会议,选举乡长、副乡长和乡人民政府委员。1954 年,通过普选,乡政权渐趋健全,乡人民政府设立生产合作、文教卫生、治安保卫、人民武装、民政、财粮、调解等委员会。

中华人民共和国之初,乡人民政府人员也少,有的乡还未成立党支部或党委,乡长主持召开乡干部会,传达上级文件、指示,布置任务。乡政权稳定以后,乡党组织逐步健全,书记掌舵,乡长出面工作场合较多,直接抓生产、民政事务。

1956 年 3 月,乡人民政府改为人民委员会。1958 年 1 月,人民公社化运动开始,撤销乡、村建制,实行“政社合一”的公社体制。1969 年 8 月起,人民公社建立革命委员会取代管理委员会,设主任、副主任和委员,由县革命委员会任命,办事机构有办事组、政工组、生产指挥组和治安保卫组等。生产大队亦成立革命领导小组,设组长和副组长。1981 年 1 月始,人民公社革命委员会复称管理委员会,1984 年 5 月改为乡人民政府,由乡人民代表选举产生领导人。村建立村民委员会,设主任、副主任和委员。

1958 年人民公社化以后,政社合一,管理区或人民公社人员配备增多,管委会主任主抓生产,公社干部驻村直接参与抓生产。

人民公社或后来的乡政府,每周安排几天学习、研究汇报工作。实行驻村制度,村里的征购粮、税费上缴、计划生育等事务,多数由驻村干部负责。对任务过重的村实行临时支援。

乡镇人民政府是国家行政管理机关,主要职责:贯彻实施党的路线方针政策和国家法律法规,转变政府职能,统筹城乡发展,方便群众办事,促进经济发展,加强社会管理,搞好公共服务,巩固基层政权,维护农村稳定。根据城镇化发展需要,突出中心镇在加快人口集中、产业集聚、功能集成、要素集约中的引导、服务作用;搞好发展建设规划,推动产业转型升级,营造良好的发展环境,激发社会创业创新活力。着力抓好义务教育、人口和计划生育、民政事务、救灾救助、就业和农民知识培训、劳动关系协调、农村居民养老和医疗等工作。加强对经济社会事务的统筹协调,注重城镇管理、生态环境保护、市场监管、公共服务和安全生产,强化执法监管,处置突发公共事件和社会治安综合治理,化解基层信访和矛盾纠纷。加强民主法制建设,依法行政、规范管理,加强行政管理与基层群众自治有效衔接和互动，促进农村政治文明、物质文明、精神文明和生态文明建设。

1992 年司前畲族镇成立后，镇人民政府逐步从直接主抓生产的事务中摆脱出来，有规划，有措施，按步骤组织实施，统揽大局，重点突进，逐步建立基层经济的现代管理模式。

2. 司前畲族镇人民政府职能

职能调整　2011 年合并大镇之后，行使通过县政府各职能部门授权、委托和交办的行政许可事项及非行政许可事项，承担镇区域内经济类项目核准、备案和市政设施、市容交通、社会治安、就业社保、户籍管理、人口和计划生育、安全生产等方面的经济社会管理权；掌握本辖区内的实际情况，及时与县有关行政主管部门做好信息通报，并协助、配合县部门的相关工作；对镇机关选调公务员和补充事业单位工作人员，在编制限额内，由镇党委根据岗位要求提出实施方案，报县组织人事部门审核后，由镇党委或县组织人事部门统一组织实施。对镇中层干部的任免，在核定职数限额内，由镇党委提出调整方案，报县组织部门审核后，由镇党委任免；强化基层社区公共服务，加强便民办事处（便民服务中心）窗口机构的管理和服务，方便群众办事，推行"一站式服务""全程代理制"，切实提高工作效率和服务水平。

主要管理服务职责　贯彻实施党的路线方针政策和国家法律法规，转变政府职能，统筹城乡发展，方便群众办事，促进经济发展，加强社会管理，搞好公共服务，巩固基层政权，维护农村稳定。根据城镇化发展需要，突出中心镇在加快人口集中、产业集聚、功能集成、要素集约中的引导、服务作用；搞好发展建设规划，推动产业转型升级，营造良好的发展环境，激发社会创业创新活力。着力抓好义务教育、人口和计划生育、民政事务、救灾救助、就业和农民知识化培训、劳动关系协调、农村居民养老和医疗等工作。加强对经济社会事务的统筹协调，注重城镇管理、生态环境保护、市场监管、公共服务和安全生产，强化执法监管，处置突发公共事件和社会治安综合治理，化解基层信访和矛盾纠纷。加强民主法制建设，依法行政、规范管理，加强行政管理与基层群众自治有效衔接和良性互动，促进农村政治文明、物质文明、精神文明和生态文明建设。

工作方式　2011 年 2 乡 1 镇合并以后，经济管理机构框架基本健全。镇长主抓全面，副镇长分管各战线，各部门组织实施。纪律检查委员会、人大主席团等机构依法设立,保证经济建设有序进行。

2014年始,实施镇干部联村、联户、联企、联项目制度,深入践行党的群众路线,推进基层治理体系和能力建设,推动镇干部转变作风,建设服务型党组织和服务型政府。镇班子每名成员联系到村及联系10户以上农户、一家企业、一个项目;每名干部联系到村,以驻村指导员联系农户为主,其他干部联系10户以上农户(其中联系党员3—5名)。

入户走访"三代三帮",即民意代言、帮反映诉求;事务代办,帮解决问题;利益代理,帮办具体事。引导群众积极建言献策,疏导群众不良情绪。

联村干部参加村(居)"两委"会议、党员会议、村(居)民代表会议等有关会议,提供意见或建议,帮联系村推进基层党建,落实民生实事,及时衔接上级工作。

联村干部与联系村(居)保持日常联系,建立和完善联村工作日志,形成包村联户工作档案;建立工作例会制度。建立联村干部和村(居)书记、主任定期例会制度;镇纪委将不定期开展联村制度落实情况的督查检查,通过查阅工作日志,听取基层组织和帮扶对象意见,对工作开展情况进行严格考评。对工作开展不实的联村干部进行通报批评。

要求联村干部做到"五必知""五必访"和"五必到"。"五必知":驻村的干部村情必须知道、党建情况必须知道、经济社会情况必须知道、安全隐患必须知道和社会不稳定因素必须知道;"五必访":指导员在开展村情民意调研时,必须走访所驻村的村组干部、生活困难户、党员示范户、矛盾重点户和老党员干部户;"五必到":坚持群众有问题反映必到、群众遇到特殊困难必到、群众发生纠纷必到、群众出现信访必到和田间地头必到。

四、基层军事组织

(一)民国时期及以前的驻军

明清地方武装　明代,在关隘要地及荒远地区置巡检司,管理当地治安,镇压人民反抗。明、清皆沿置巡检官一员,吏一员。清代,巡检官属从九品衔。池村巡检司(在今司前村),设于明宣德八年(1433年),知府何文渊奏设。初编弓兵100名,渐减至38名。清乾隆元年(1736年)移设永嘉西溪。巡检司在池村历时近300年。

民国武装　民国24年(1935年)至33年7月,国民党军浙保三团先后进驻司前。民国27年成立国民军事训练总队。另有36个分队分布于各乡。

(二)中华人民共和国成立后的人民武装

1950年中国人民解放军浙江省军区第五军分区(温州军分区)警备旅三团二营入境执行剿匪任务。1963年冬,浙江省军区派武工队进驻里光,执行防空战备任务。1966年撤回。1962年始,各公社设人武部。1963年改为地方编制。2010年司前畲族镇、黄桥、峰门乡各设人武部。2015年,司前畲族镇人武部设部长。

(三)民兵组织

解放战争期间,民兵组织在县内普遍建立。1952年,民兵工作被列入建军工作的一项重要任务。1958年11月1日,为响应党中央"全民皆兵"号召,成立泰顺县民兵师,县以下为营、连、排、班组织,民兵总数达人口总数的三分之一。1961年10月,根据《民兵工作条例》,民兵组织分普通、基干、武装基干民兵三类,其中武装基干民兵3人配一杆枪。

1962年始至2015年,执行毛泽东关于民兵工作要做到组织、政治、军事"三落实"指示,由乡镇人武部组织民兵进行军事训练、接受国防教育、参战、参建,维护治安、兴修水利、植树造林、抢险救灾等任务。

五、上级派出机构

(一)中共司前区委

属中共泰顺县委派出机构。1951年6月设立,领导原属中共罗阳区委领导的各乡、村党支部。区委驻地司前村。1952年4月撤销。原属中共司前区委领导的各乡、村党支部划归中共百丈区委领导。

1984年9月,恢复中共司前区委,驻地司前村。同时建立中共司前区纪律检查委员会。该区委领导原属中共百丈区委领导的黄桥、竹垟、里光、司前等4个乡党委和原属中共罗阳区委领导的碑排乡党委。1992年5月,随行政区域调整,撤销中共司前区委。同时撤销中共司前区纪律检查委员会。

中共司前区委组成人员一览表

表7-3-2-23

职 务	姓 名	性别	民族	任职时间
司前区委书记	黄孔伍	男	汉族	1951.6—1952.3
	张岩珠	男	汉族	1984.9—1989.7
	魏为齐	男	汉族	1989.7—1992.5

续表 7-3-2-23

职　务	姓　名	性别	民族	任职时间
司前区委副书记	魏为齐	男	汉族	1987.3—1987.12
	王立进	男	汉族	1987.9—1991.11
	毛晓云	男	汉族	1990.6—1992.5
	吴行祥	男	汉族	1991.11—1992.5
司前区纪律检查委员会组长	魏为齐(兼)	男	汉族	1988.1—1989.7
	张瑞森	男	汉族	1989.7—1990.11
司前区纪律检查委员会书记	毛晓云	男	汉族	1990.11—1992.5
区委委员	郑国庆　张瑞森　柳齐坦　钟宗华(畲族)　翁士根			

(二)司前区公所

属县人民政府派出机构，1950 年 7 月设立，辖晓园、司前、里光、燕溪、岭北、仙稔等 6 个乡人民政府，驻地司前村。1952 年 4 月撤销司前区公所。是月，晓园、司前、燕溪、里光等 4 个乡人民政府所属行政区域划归泰顺县第二区公所管辖(百丈)；4 个乡辖 22 个行政村、149 自然村，其中燕溪乡 7 个行政村(包括今溪口村、大住村)，28 个自然村，958 户 3279 人。

1984 年 9 月，恢复司前区公所。领导原属百丈区公所领导的黄桥、竹垟、里光、司前等 4 个乡人民政府(司前乡为畲族乡)和原属罗阳区公所领导的碑排乡人民政府。竹垟乡后改称竹里畲族乡。司前区公所驻地司前村。

司前区公所负责人一览表

表 7-3-2-24

职　务	姓　名	性别	民族	任职时间
区　长	夏伯诚	男	汉族	1950.7—1952.3
	沈纪祥	男	汉族	1984.9—1986.2
	王立进	男	汉族	1986.2—1991.11
	吴行祥	男	汉族	1991.11—1992.5
副区长	李玉香(代)	男	汉族	1951.11—1951.12
	李玉香	男	汉族	1951.12—1952.4
	王立进	男	汉族	1984.9—1986.2
	翁士根	男	汉族	1989.7—1992.5

（三）司前公安派出所

成立于1984年。管理司前畲族镇社会治安、人口户籍等。2015年干警9人，协警7人。之前，司前片的社会治安由百丈派出所管辖，人口户籍由各乡人民政府管理。

（四）司前工商行政管理所

1969年始设立百丈“打办”（打击投机倒把办公室），管理司前片。1984年设立司前工商行政管理所，负责司前片的工商行政管理工作。办公地址：东村泰景公路边。办公用房在二榴四层，180平方米。2015年办公人员9人。

（五）司前税务分局

泰顺解放（1949年5月）后，1949年6月至1950年4月，司前设财政助理员、干事。1950年5月百丈区设税务所，管理司前片税收。1958年6月，设司前财政管理所。1961年改称百丈区财政所，司前财政管理所并入。1984年12月恢复司前财税所。1994年税务局分列为国税局与地税局，先后更名为司前征管站、司前征管分局，2015年称司前税务分局。办公地址在北村（镇政府边）。办公用房：占地1亩，办公楼300平方米。2015年办公人员17人。

（六）司前土地管理所

1988年设立司前土地管理员。1990年设立司前区土地管理所，负责司前片的土地管理工作。办公地址在北村，租用民房。2015年办公人员5人。

（七）司前规划管理所

1994年12月，设司前规划管理所，负责司前片规划管理工作。地址：北村租用民房。2015年办公人员5人。

（八）司前司法所

成立于1984年，原名司前区司法办公室，1992年改为司前司法所。

六、群团组织

（一）农民协会

1952年1月土地改革开始后，首先在司前乡召开第一次农代会。继而召开全区第一次农代会。全区4个乡，到会代表120人，召开两天半会议，选举产生农民协会，各乡委员8人，土改队7人，共15人组成区农民协会。主要任务是领导发展生产、动员支援抗美援朝、发动妇女工作。1954年12月，县农民协会及下属农会组织撤销。

(二)共青团

组织沿革　民国25年(1936年)6月,中国共产主义青年团泰顺县委员会成立,在县境东北部的游击区一带活动。次年4月国民党军队"围剿"游击根据地,活动中止。1950年重新建立新民主主义青年团。1957年7月,新民主主义青年团更名共产主义青年团(简称共青团)。部分乡建团总支,部分村建团支部。1969年6月,团县委被撤销,1972年5月恢复。但基层团组织仍处在瘫痪或半瘫痪状态。1976年10月后团工作逐渐转向正常。乡(镇)建团委,设团委书记。至2015年共青团司前畲族镇委员会设书记1名、副书记4名,下辖团支部12个,团员935名。

主要工作　团的中心工作是发动青年积极配合党的中心工作。1960—1963年,开展"向雷锋学习"、创"四好"团支部等活动。中共十一届三中全会后,团委组织"新长征突击队",开展"热爱家乡、建设家乡""学科学、用科学"等活动。1981年始在团员中开展"五讲四美三热爱"和以"向张海迪"学习为重点的文明礼貌教育活动。1985年农村团组织开展"学科学、勤劳致富"活动。1995年开展"希望工程"助学工作,乐清市人民政府投资20万元,援建"台边希望小学",1997年,省交通工程建设集团投资26万元援建"黄桥交通希望小学"。

(三)妇女联合会

组织沿革　1950年12月3日成立县民主妇女联合会筹备会。1959年县民主妇女联合会易名妇女联合会(简称县妇联),1969年6月起,县妇联及其所属组织,受十年动乱冲击,活动中止。1973年5月,妇联恢复,6月召开第四次全县妇女代表大会,区、公社始建妇女联合会,各村建立妇女代表会。2015年,镇内妇联设主席1名、副主席3名、执委7名。

主要活动　1950年12月,发动妇女动员亲人参军。1951年,各级妇女组织宣传男女平等,批判封建婚姻制度。是年始,组织妇女进民校、夜校、速成识字班学习文化,动员妇女参加减租减息、剿匪反霸、土地改革等运动。"大跃进"期间,建立妇女突击队投入生产第一线。1960年,开展"三八"红旗集体、红旗手竞赛活动。1962年后,各级妇联配合当地政府开展计划生育工作,宣传《中华人民共和国婚姻法》,打击买卖、虐待、侮辱、残害妇女儿童等犯罪行为。1980年始开展"五好"家庭活动。1990年始,组织妇女参加"双学双比"竞赛,举办快速养猪(禽)、良种培育、茶叶粗制加工、刺绣等实用技术培训班。

(四)老人协会

1991年县人民政府批准成立县老人协会,与罗阳镇老人协会合设,下建司前、洪口、岭北 3 个分会。年底,全县有会员 2700 人。

老人协会成立伊始,即根据群众多年来重修万罗山公园的建议,募集 10 万余元,由协会设计、施工,协会齐心合力,于 1990 年底修复公园围墙及“抗战阵亡将士纪念碑”基座,新建石质亭榭 2 座、老人活动楼 1 座。 1990 年 1 月,设立法律调解委员会。 协会定期举办老人保健讲座,组织会员练拳、习操。老人活动楼建成后,开设图书阅览室、录像厅、电视厅等娱乐场所。会章规定:会员寿终,按会龄发给一定数额的殡仪费。

第三节 事务管理

中华人民共和国成立始,中共中央、中央人民政府组织制定了一系列关于团结少数民族的法律、法规和政策规定。地方各级党委和人民政府根据中央的规定,相应制定了一系列政策规定。泰顺县委、县人民政府认真执行中央和上级指示,制定了一系列关于民族工作的具体政策和措施,紧密团结畲族人民进行社会主义革命和社会主义建设。畲族与汉族民众团结奋进,改造生存环境,努力发展生产,提高生活质量,朝着小康社会迈进。

村级,明、清代及民国时期均将几个自然村组合成一个保,设保长负责管理保内事务。民国后期,在中国共产党领导下,村民组织农会,一切权力归农会,民主选举农会主任。中华人民共和国成立后,逐步推广村长制,取代农会。1956 年始,高级农业生产合作社代替管理村内财产和事务。1958 年始的人民公社化时期,以大队长、副大队长管理村内生产资料和社员事务,直至 1984 年恢复行政村建制,逐步推广建立村民委员会。1987 年,中华人民共和国村民委员会组织法(试行)颁布,村民委员会依法自治,依法管理行政村集体资产。

一、乡镇事务管理

(一)内设机构与岗位职数

1.内设机构

2015 年,镇机关内设机构 7 个:镇办公室(法制办公室);党群工作办公室(精神文明建设办公室);经济发展办公室(社会事务管理办公室、农业和新农村建设办公室、工业办公室、民政事务办公室);村镇规划建设办公室;综合治理办公室(信访办公室);人口和计划生育办公室;财政财务管理办公室。

镇下属事业单位 3 个:农业公共服务中心(动物卫生监督站);社会事务公

共服务中心(统计信息中心、社会困难群众救助所、劳动社会保障所、农民知识化工作办公室、新型农村合作医疗办公室、农村公路养护管理站、安全生产监督管理办公室);计划生育服务中心。

司前畲族镇人大主席团、纪委、人武部和工会、团委、妇联、残联等机构的设置与工作职能按法律、法规和有关章程确定。

2016年,县编制委员会将内设机构由7个调整为6个。财政财务管理办公室撤销,镇办公室职能增加为法制办公室、人大常委会办公室、财政财务管理办公室。

2.岗位职数

镇机关行政编制和领导职数为镇机关行政编制41名,镇机关领导总职数10名。党委班子职数6名,其中书记1名、副书记2名(含交叉任职的镇长)。政府班子职数4名,其中镇长1名、副镇长3名(含交叉任职党委委员1名);镇人大设专职主席1名、副主席1名。镇机关中层领导职数14名。镇属事业机构人员编制和负责人职数为镇属事业单位十四大员人员总编制42名,其中计划生育员5名、文化员4名、林业员8名、农技员4名、农机员1名、农经员4名、水利员4名、茶叶特产员1名、畜牧兽医员5名、统计员2名、安全生产监督管理员1名、劳动和社会保障员1名、环境保护员1名、财政员1名。镇属事业单位负责人职数6名。

(二)民族事务

2013年设立司前畲族镇宗教事务所处理日常事务,配备所长1名,干部编制2人,所长享受镇中层干部待遇。

1.建立民族乡民族村

1958年3月13日,中共泰顺县委指示建立司前民族乡,并规定在民族乡,少数民族的代表可以多于人口比例,民族乡人民委员会的正乡长应由少数民族担任。是年4月30日,成立司前民族乡。1958年5月12日,县委决定调任百丈区副区长雷顺贤(畲族)任司前民族乡乡长。是年11月人民公社化,民族乡改为生产大队,民族乡自然消失。雷顺贤转任司前管理区主任。1984年恢复民族乡。1992年成立司前畲族镇。乡长、镇长一直由畲族干部担任。

2009年12月县政府常务会议通过,批准设立新北、里光畲族村。加上原来的左溪畲族村,至2015年,全镇3个畲族村。

2.重视民族教育人才培养

1952年始,先后在垟斜、筱条等畲族村开办10所小学,1984年建立民族中学。对少数民族学生采取减免学费、发放生活补助费、奖学金等措施,帮助、鼓励少数民族接受教育。1999 年 9 月 15 日是《民族乡行政工作条例》发布五周年纪念日，县民族宗教局在司前畲族镇召开 50 余人座谈会，交流总结五年来民族乡村贯彻落实条例情况。是年，《减免全县少数民族小学生杂费》规定出台。2000 年县财政安排预算 11.7 万元，用于补助全县 1668 名少数民族小学生杂费。2002 年改善民族中学基础设施和竹里乡小学危房改造资金达 23 万元。2004 年 8 月 3 日，温州市人大代表、市少数民族联谊会副会长、温州爱迪斯鞋业有限公司总经理冯荣林和温州大地置业有限公司总经理吕砥石，分别为司前畲族镇小学捐资 3 万元和 2.8 万元，用于帮助改善该校的办学条件。是年，县人民政府在年度财政预算上安排 22 万元，用以全额减免少数民族中小学生和高中贫困生的学杂费，比 2003 年度增加了 10 万元。按重点大学 1000 元/人、本科生 500 元/人、大中专生 300 元 /人的标准，对 2003 年考取大中专院校的少数民族学生进行奖励。是年 9 月 24 日，泰顺民族中学学生综合楼落成。大楼建筑面积达 2100 平方米，总投资 200 多万元。改变了该校用房紧张的局面。2006 年县委、县政府制定出台了《关于进一步加强民族工作加快少数民族和民族地区经济社会发展的实施意见》。县委、县政府专门安排了少数民族发展专项资金和相关配套资金，设立了民族教育专项资金，落实了“两免一补政策”和少数民族学生升学优惠政策。2007 年，在社会各界的支持下，共落实民族教育资金 19.3 万元，帮助建成民族中学多媒体教室，资助少数民族学生 50 多名；争取到温州企业家捐资 4.6 万元，结对帮扶 43 名畲族学生。

2014 年修订出台《关于进一步加快少数民族和民族乡村经济社会发展的若干意见》，县财政每年按地方财政收入的 3‰预算安排少数民族发展专项资金，重点高中分数线下降 15 分和普通高中、职业高中下降 30 分录取少数民族考生，并减半收取学杂费。

1952—2015 年，司前畲族镇共培养畲族大中专毕业生 186 人，其中获得高级技术职称 3 人，中级技术职称 10 人。担任科级以上领导职务或主任科员非领导职务 12 人，其中正、副县级各 1 人。

3.为畲族排难解困

20 世纪 50 年代初，政府每年安排救济棉被、棉衣帮助最困难群众过冬，安排生产农具帮助困难群众春耕生产，并安排救济款专为少数民族农户解决生产、生活困难。70 年代始，政府每年安排一定资金，帮助少数民族地区架设供电线路、修筑机耕路、安装自来水、修建水利工程等，并帮助畲族村购买柴油机、电动机，兴办大米、农副产品加工厂。

4.开展民族乡村建设

1986—1995 年,资助左溪畲族村投入简易公路、村庄路桥、自来水等基础设施建设 89.7 万元。2000 年下发了县委〔2000〕1 号《关于进一步加强民族工作的意见》文件,该文件的出台,对全县民族工作起着重要的推动作用。在司前畲族镇的筱条村、里光民族新村进行旧村改造试点。在省、市民政部门的支持下,分别给这些村装上路灯,拓宽村庄道路,架通溪坑桥梁,浇上水泥路,极大地改善了这些民族村的基础设施建设。司前畲族镇左溪大段续建工程列入县人民政府计划,司前畲族镇的左溪垟斜村、国公堂村在市有关部门支持下建造机耕路 10 千米,受益人口达 300 多人。是年市民族宗教事务局挂钩扶贫司前畲族镇和庄村,多次派人深入该村调查摸底,召开大小会议 5 次。根据该村实际,制订出脱贫计划:抚育板栗基地 50 亩,养殖山羊 30 头,修建校舍 80 平方米,筹建机耕路 5 千米,共投入资金 20 万元,其中市民族宗教事务局发动全市各宗教团体捐资支持 11.5 万元。年底有 7 户贫困户顺利脱贫。2001 年司前畲族镇的干祭自然村实施下山脱贫。司前畲族镇的筱条村、里光民族新村进行旧村改造试点。2007 年民族发展项目 23 个,争取到省市补助资金 92 万元,扶持新修改建康庄道路 34.9 千米。2011 年,完成司前畲族风情园立项审批和土地征用等工作,完成 2 个畲族特色村一期改造工程,建成左溪特色门楼、防洪坝,开展少数民族贫困户调查。

2013 年,协助完成司前镇畲族风情园、左溪村的省特扶项目建设任务,完成左溪村民族文化广场建设的前期工作。

2014 年,完成新一轮三年特扶民族项目编制,争取特扶项目资金 500 万元,用于建设左溪、竹里和玉塔三个民族特色村寨。争取省市专项结对帮扶资金 605 万元。其中,省专项资金 310 万元,市专项资金 130 万元,“五水共治、五教同行”宗教公益慈善资金 70 万元,省市统战系统结对民族村帮扶资金 95 万元。

2009—2015 年,通过县民宗局下达司前畲族镇的各级财政补助资金 794.4 万元。其中,中央下达资金 70 万元,省级下达资金 292 万元,市级下达资金 112 万元,本县下达资金 120.4 万元,特扶资金 200 万元。其中,左溪村获得上级补助资金 1700 余万元,投入 900 万元实行房屋外立面改造,投入 800 万元实行下山移民补助、生态农业开发等。

5.发展畲村经济

20 世纪50 年代,新北、左溪畲族村开始垦山造林。1976 年建成左溪松、杉木林基地 1000 余亩。1990 年,左溪畲族村发动妇女营造“三八妇女林”800

亩。1991 年，创办与乌岩岭林场联营林场，在左溪源头一带又造林 3000 余亩。1998 年，为拓宽民族群众的致富门路，县民族宗教局又协助司前畲族镇政府在左溪、高塔等村进行大棚蔬菜种植，发展民族有偿周转金 8 万元，扶持雷成赵、蓝祖强等 15 户发展大棚蔬菜 30 亩。1999 年始，左溪、里光畲族村发展大棚蔬菜。2000 年，左溪畲族村新建茶园 100 亩，栽种优质板栗 170 亩 8000 株。是年，创办以竹木加工为主的“左溪民族福利厂”，增加村民就业。同年聘请县科协、农业局的技术员在司前畲族镇举办有全县 80 多个少数民族干部群众参加的蔬菜培训班，重点讲解种植技术和病虫害防治的科学知识，使少数民族群众掌握科学种植蔬菜的技术，走科技致富道路。2006 年帮助少数民族乡村新梳理了一批发展项目，并落实项目扶持资金 78 万元。2007 年度民族发展项目 23 个，争取到省市补助资金 92 万元，扶持新修改建康庄道路 34.9 千米，扶持开发茶叶、毛竹基地 2943 亩，帮扶实施自来水、生态村建设等基础设施项目 4 个，并扶持建设下山脱贫点 2 处，搬迁群众 160 多户。

2008 年底，各结对单位落实帮扶资金和慰问金 19.16 万元，扶持农业开发项目 3 个，自来水项目 1 个，慰问少数民族贫困户 146 户。是年特别重点扶持项目：左溪村美国红提无公害基地，投资 120 万元建成标准化美国红提子 150 亩，亩产 5800 余元，所产提子质量高，口感好，农户经济效益高。而且游客自己在架下自挑自摘，吸引游客，带动了司前一带的农业旅游业。全年共在左溪村、司前村举办 3 期农村高山蔬菜、葡萄、毛竹技改的实用技术培训班，聘请县农业、林业部门技术人员授课。培训 150 余人次。2009 年制定出台《关于加大扶持力度加快少数民族和民族乡村经济社会发展的若干意见》，加大对民族乡镇的财政、产业、教育、卫生、社保等扶持力度，县级民族专项资金从 25 万元增加至 80 万元，并争取到民族自然村康庄项目 2 个，总里程 6.9 千米。开展少数民族低收入农户抽样调查，制定《泰顺县少数民族增收帮扶行动计划实施方案》，组织非公企业、统战团体结对民族村，增强帮扶力量。落实湖州市统战系统对口帮扶泰顺七个民族村的对接工作。2009—2010 年，司前左溪、里光、台边葡萄草莓基地扩大至 315 亩。左溪畲族村建成民族新村，开办农家乐，发展旅游业。2015 年，左溪畲族村拥有山林 5000 余亩，成为全县重点林业基地村。新北畲族村山林 10050 亩，是 1977 年 3270 亩的 3 倍。畲族村农民人均收入与全镇农民人均收入持平。

6.弘扬少数民族文化

2000 年 11 月上旬召开全县民族工作座谈会，学习宣传本县“双先”个人获得者蓝玉聪的优秀事迹。在澳门回归前夕,在司前畲族镇左溪民族村召开了"全县畲族文化工作会议"。还举行了"畲族人民喜迎澳门回归山歌演唱会"。

2006年,县委宣传部、司前畲族镇、竹里畲族乡联合举办泰顺县首届畲族风情节。

2010年4月16日,举办首届瓯越"三月三"畲族风情旅游节。省民宗委副主任陈智慧,市委常委、统战部部长陈作荣,市人大常委会副主任钱成良,市政协副主席戴祝水,以及县委、县人民政府等领导参加风情节。还有来自泰顺及周边县市的畲族同胞、游客云集畲乡,共庆节日,共同感受瓯越浓郁的畲乡风情和独特的民族文化。此次瓯越"三月三"畲族风情节融入了畲族传统的婚嫁表演、竹杠舞、山歌对唱、民族工艺品展示、吃乌饭宴、篝火晚会和燃放烟花等民俗内容。此次风情节的游客达2万多人,举办1900多桌的"乌饭宴",是泰顺县历年来规模最大的一次畲族风情节活动。

2014年,承办浙江省首届畲族风情旅游文化节暨温州市第五届瓯越"三月三"畲族风情旅游节和首届畲歌大赛。

至2015年,全镇连续举办10届"三月三"畲族风情节,接待游客30多万人次。

7.促进民族团结进步

1998年,左溪村党支部书记获全国民族团结进步模范荣誉称号;2008年,司前畲族镇获全国民族团结进步模范集体荣誉称号;1987年,司前民族中学、林山村委会获得全省民族团结进步模范集体荣誉称号,林山村雷祖松获全省民族团结进步个人荣誉称号;1995年,司前畲族镇获全省民族团结进步模范集体荣誉称号;2006年,司前畲族镇获温州市民族团结进步模范集体荣誉称号,左溪村党支部书记蓝玉聪获温州市民族团结进步个人荣誉称号;2011年,左溪村委会获温州市民族团结进步模范集体荣誉称号;1990年,泰顺县民族中学、左溪村委会、林山村委会获泰顺县民族团结进步模范集体荣誉称号,司前村委会主任陶汉光、和庄村委会主任雷国超获泰顺县民族团结进步个人荣誉称号;2008年,司前畲族镇人民政府、泰顺县民族中学、左溪村委会获泰顺县民族团结进步模范集体荣誉称号,左溪村党支部书记蓝学许获泰顺县民族团结进步个人荣誉称号。

二、行政村管理

(一)组织沿革

中华人民共和国成立后,1949年9月,乡以下由几个自然村组成一个村,建立农民联合会（或称农民协会），设村长（或农会主任）、民兵队长、妇女主任等不脱产村干部。村以下根据村民居住状况组成若干小组，设组长或正副组长各 1 人。

1956 年始，各行政村逐步建立初、高级农林业生产合作社。1958 年 9 月实行人民公社化，11 月村改名生产队。1959 年 2 月，改名生产大队，设大队长、副大队长。

1984 年恢复行政村建制。1987 年 11 月 24 日经第六届全国人大常委会第二十三次会议审议通过并公布《中华人民共和国村民委员会组织法》，于 1988 年 6 月 1 日起试行。行政村设村民委员会。

（二）负责人产生

明、清及民国时期，保长都是任命制。

中华人民共和国成立后，村级农民协会由农民协会会员选举产生。1954 年 12 月始，县农民协会及下属农会组织被撤销，设立行政村。贯彻《中华人民共和国选举法》，村长由选民选举产生。选举办法用“豆选”，即候选人背后摆一个碗，选民根据应选村长、副村长名额领取“彩豆”（染色的黄豆）数，列队按次序投放彩豆。得“彩豆”多者当选。

初级社、高级社的社长也由社员选举产生。人民公社期间的大队长由上级任命。1984 年恢复行政村建制以后，村长恢复由村民代表大会选举产生。之后逐步建立村民委员会，实行村民直接民主选举制。

中华人民共和国成立后村级行政负责人一览表

表 7-3-3-1

村名	职　务	姓名	性别	民族	出生年月	入党时间	文化程度	任职时间
上地村	农会主任	梅定希	男	汉族	—	1949.1	初识	1949.1—1950.2
	农会主任	徐文标	男	汉族	—	—	不识	1951.3—1952.3
	农会主任	叶开元	男	汉族	1917.11	1952.4	不识	1952.3—1954.4
	社长	叶开元	男	汉族	1917.11	1952.4	不识	1954.4—1957.5
	大队长	张仕成	男	汉族	—	—	不识	1959—1960.12
	大队长	金　文	男	汉族	1940.4	—	不识	1961.1—1962.3
	大队长	胡克付	男	汉族	1924.8	1948.3	小学	1963.3—1966.5
	革领小组长①	徐尚洪	男	汉族	1940.1	1960.6	小学	1966.5—1972.12

① 1966—1976 年“文化大革命”期间设立的革命领导小组，简称“革领小组”。

续表 7-3-3-1

村名	职务	姓名	性别	民族	出生年月	入党时间	文化程度	任职时间
上地村	大队长	金太岳	男	汉族	1940.9	—	不识	1981.12—1983.6
	村委会主任	周建明	男	汉族	1952.4	1985.9	小学	1986.6—1989.4
	村委会主任	徐尚洪	男	汉族	1940.1	1960.6	小学	1989.4—1992.5
	村委会主任	周成显	男	汉族	1962.10	1990.6	小学	1992.5—1995.7
	村委会主任	胡绍平	男	汉族	—	—	不识	1995.7—1998.7
	村委会主任	周建平	男	汉族	1945.10	—	初中	1998.7—2001.1
	村委会主任	金景怀	男	汉族	—	—	—	2001.1—2004.12
	村委会主任	周建明	男	汉族	1952.4	1985.9	小学	2004.12—2007.12
	村委会主任	周建平	男	汉族	1945.10	—	初中	2007.12—2010.7
	村委会主任	周碎海	男	汉族	1965.10	—	初中	2010.7—2013.9
	村委会主任	邓云龙	男	汉族	1963.4	—	初中	2013.10—至今
溪口村	民主社社长	王贻楚	男	汉族	—	—	—	1956.2—1960.12
	大队长	徐运显	男	汉族	1937.12	—	—	1961.1—1973.12
	革领小组长	王尤迪	男	汉族	1964.11	1988.6	大专	1974.1—1977.12
	革领小组长	高世龙	男	汉族	—	—	—	1978.1—1981.12
	大队长	夏盛淼	男	汉族	1965.2	—	高中	1982.1—1985.12
	村委会主任	王德荣	男	汉族	1950.7	1992.12	小学	1986.1—1993.12
	村委会主任	夏盛其	男	汉族	1957.9	1999.3	初中	1996.2—2001.12
	村委会主任	王德荣	男	汉族	1951.8	1992.12	小学	2001.1—2004.12
	村委会主任	郑延灵	男	汉族	—	—	—	2005.1—2007.12
	村委会主任	王永贤	男	汉族	1971.1	2010.8	初中	2008.1—至今
大住村	农会主任	张碎减	男	汉族	—	—	—	1950—1953
	村长	张灵前	男	汉族	—	—	—	1953—1957
	社长	张灵存	男	汉族	1937.7	1982.9	小学	1957.2—1960.11
	大队长	章克昌	男	汉族	1926.8	1947.3	文盲	1960.11—1963.10
	大队长	张灵超	男	汉族	—	—	—	1963.12—1966.2
	大队长	章克昌	男	汉族	1926.8	1947.3	文盲	1966.2—1969.3
	革领小组长	张灵胡	男	汉族	1943.3	1982.9	文盲	1969.3—1972.2
	革领小组长	张灵存	男	汉族	1937.7	1982.9	小学	1972.2—1978.3
	革领小组长	张灵胡	男	汉族	1943.3	1982.9	文盲	1978.3—1984.2

续表 7-3-3-1

村名	职 务	姓名	性别	民族	出生年月	入党时间	文化程度	任职时间
大住村	村长	张灵存	男	汉族	1937.7	1982.9	小学	1984.6—1987.2
	村委会主任	张瑞庄	男	汉族	1959.1	2000.6	小学	1987.2—1990.3
	村委会主任	高世来	男	汉族	1958.7	—	—	1990.3—1993.2
	村委会主任	张春正	男	汉族	1965.3	2006.4	小学	1993.2—1996.2
	村委会主任	张日益	男	汉族	1957.2	1998.12	小学	1996.3—2002.2
	村委会主任	张春正	男	汉族	1965.3	2006.4	小学	2002.2—2005.3
	村委会主任	吴家友	男	汉族	1962.4	—	—	2005.3—2008.3
	村委会主任	张日益	男	汉族	1957.2	1998.12	小学	2008.4—2011.1
	村委会主任	章春育	男	汉族	1979.1	2006.4	初中	2011.1—2017.4
朱湾村	大队长	吴进凤	男	汉族	1933.11	1958.12	初中	1961.2—1971.2
	大队长	纪继亮	男	汉族	1963.5	1986.1	初中	1983.3—1987.2
	村委会主任	严金岩	男	汉族	1942.1	1971.1	小学	1987.2—1999.2
	村委会主任	王守奕	男	汉族	1952.2	1990.7	小学	1999.3—2002.2
	村委会主任	严光益	男	汉族	1968.1	1999.8	初中	2002.3—2005.8
峰门村	革领小组长	夏盛友	男	汉族	—	—	—	1977.3—1983.2
	村委会主任	方程算	男	汉族	—	—	—	1983.3—1986.2
	村委会主任	方朝明	男	汉族	1947.7	1994.1	小学	1987.3—1993.2
	村委会主任	方程算	男	汉族	—	—	—	1993.3—1999.2
	村委会主任	夏念旺	男	汉族	1946.11	—	小学	1999.3-2002.2
	村委会主任	夏贵岩	男	汉族	—	—	—	2002.3-2005.2
	村委会主任	方朝明	男	汉族	1947.7	1994.1	小学	2005.8—2008.2
	村委会主任	夏念旺	男	汉族	1946.11	—	小学	2008.3—2013.9
	村委会主任	陈圣海	男	汉族	1978.8	2011.12	高中	2013.10—至今
里光村	村代表负责人	罗承亦	男	汉族	—	—	—	1952.3—1954.4
	村代表负责人	林传石	男	汉族	—	—	—	1954.4—1955.5
	低级社社长	董从美	男	汉族	1924.12	—	小学	1955.5—1957.5
	高级社社长	陈尚柳	男	汉族	—	—	—	1957.6—1958.6
	大队长	董从美	男	汉族	1924.12	—	小学	1964.3—1974.6
	大队长	林永启	男	汉族	1944.1	—	小学	1974.6—1986.7
	村委会主任	罗德丰	男	汉族	1964.7	1986.9	大专	1987.3—1989.4

续表 7-3-3-1

村名	职 务	姓名	性别	民族	出生年月	入党时间	文化程度	任职时间
里光村	村委会主任	林永松	男	汉族	1956.11	—	初中	1989.4—1990.5
	村委会主任	陈道其	男	汉族	1947.1	1997.5	小学	1992.5—1998.6
	村委会主任	罗祖赞	男	汉族	1949.3	—	初中	1998.7—2001.4
	村委会主任	夏念宝	男	汉族	1966.12	—	小学	2001.4—2003.5
	村委会主任	黄思华	男	汉族	1972.4	2011.5	初中	2003.6—至今
榅垟村	村长	郭延余	男	汉族	—	—	—	1949—1952
	农会主任	陈家仁	男	汉族	—	—	—	1953—1956
	社长	赖子明	男	汉族	—	—	—	1957—1959
	社长	陈旭辉	男	汉族	—	—	—	1960—1962
	大队长	金垂良	男	汉族	—	—	—	1963—1966
	大队长	郭延仁	男	汉族	—	—	—	1967—1969
	革领小组长	张作云	男	汉族	1947.6	1971.1	初中	1970.2—1972.2
	革领小组长	张友森	男	汉族	—	—	—	1973—1976
	革领小组长	金如业	男	汉族	—	—	—	1977—1979
	大队长	张作云	男	汉族	1947.6	1971.1	初中	1980.2—1982.2
	村委会主任	张作云	男	汉族	1947.6	1971.1	初中	1987.3—1989.3
	村委会主任	柳齐元	男	汉族	1956.9	1990.12	小学	1990.2—1998.2
	村委会主任	陈俊兴	男	汉族	1942.9	1985.7	高中	2002.3—2006.1
	村委会主任	金日忠	男	汉族	1962.5	2007.1	高中	2006.2—2008.2
	村委会主任	吴大荣	男	汉族	1969.11	2009.12	高中	2008.3—2010.3
	村委会主任	胡永远	男	汉族	1971.1	2013.7	初中	2011.2—至今
徐坑村	农会主任	严道忍	男	汉族	—	—	—	1949.11—1952.2
	社长	徐家役	男	汉族	1934.7	无	小学	1952.3—1961.2
	大队长	徐永张	男	汉族	—	—	—	1961.3—1964.2
	大队长	陈作祥	男	汉族	—	—	—	1964.3—1967.2
	大队长	徐永奕	男	汉族	1935.2	1958.12	小学	1967.3—1970.2
	革领小组长	徐永良	男	汉族	—	—	—	1970.3—1973.2
	革领小组长	陈崇民	男	汉族	1950.1	—	小学	1973.3—1976.2
	革领小组长	郑继福	男	汉族	—	—	—	1976.3—1982.2
	村委会主任	徐永秀	男	汉族	1946.1	1982.8	小学	1982.3—2002.2

续表 7-3-3-1

村名	职 务	姓名	性别	民族	出生年月	入党时间	文化程度	任职时间
徐坑村	村委会主任	徐永启	男	汉族	1958.1	1992.7	小学	2002.3—2005.2
何宅村	何宅社长	严道聪	男	汉族	—	—	—	1958.3—1961.2
	大队长	严昌排	男	汉族	—	—	—	1961.3—1964.2
	大队长	黄严松	男	汉族	—	—	—	1964.3—1970.2
	革领小组长	王世根	男	汉族	1933.1	1958.12	小学	1970.3—1979.2
	大队长	严道溪	男	汉族	1925.1	1959.9	小学	1979.3—1985.2
	村委会主任	王守积	男	汉族	1930.9	1959.8	小学	1985.3—1994.2
	村委会主任	严立庭	男	汉族	1954.9	1995.12	初中	1994.3—1997.2
	村委会主任	王守积	男	汉族	1930.9	1959.8	小学	1997.3—2000.2
	村委会主任	严光荣	男	汉族	1961.12	—	小学	2000.3—2003.2
	村委会主任	严光忠	男	汉族	1957.7	—	高中	2003.3—2005.2
徐宅村	村委会主任	徐永程	男	汉族	1968.12	2001.5	初中	2005.3—2008.2
	村委会主任	严立深	男	汉族	1965.9	2010.1	高中	2008.3—2013.9
	村委会主任	徐克生	男	汉族	1978.9	—	高中	2013.10—至今
台边村	农会会长	刘际旺	男	汉族	1931.12	1985.11	小学	1949—1951.3
	村长	陶明印	男	汉族	—	—	—	1951—1952.3
	大队长	陈基位	男	汉族	1935.8	1958.12	小学	1952.3—1957.4
	大队长	黄守本	男	汉族	—	—	—	1983.6—1988.7
	村委会主任	陶英宙	男	汉族	1948.12	1985.10	小学	1988.8—1992.4
	村委会主任	林碎森	男	汉族	1954.7	1986.5	高中	1992.4—1993.5
	村委会主任	陶英宙	男	汉族	1948.12	1985.10	小学	1993.5—1995.7
	村委会主任	黄先久	男	汉族	1965.8	2000.8	初中	1998.7—2004.10
	村委会主任	夏盛龙	男	汉族	1949.9	1987.7	高中	2004.11—2013.10
	村委会主任	夏立足	男	汉族	1962.11	—	初中	2013.11—至今
和庄村	大队长	雷国超	男	畲族	1957.1	1985.11	初中	1980.11—1986.9
	村委会主任	黄柏珠	男	汉族	—	—	—	1986—1989
	村委会主任	雷明旺	男	畲族	—	—	—	1989—1992
	村委会主任	郑昌珍	男	汉族	1959.1	1990.12	高中	1992.2—1995.3
	村委会主任	雷国裕	男	畲族	1959.3	1998.12	小学	1995.3—1998.3
	村委会主任	雷国荣	男	畲族	1956.8	2006.10	小学	1998.3—2004.2

续表 7-3-3-1

村名	职 务	姓名	性别	民族	出生年月	入党时间	文化程度	任职时间
上升村	大队长	胡寿长	男	汉族	—	—	—	1949—1962
	上升社长	雷家川	男	畲族	—	—	—	1949—1962
	大队长	蓝成法	男	畲族	—	—	—	1962—1980
	村委会主任	林垂松	男	汉族	1956.12	—	小学	1986.2—1989.3
	村委会主任	夏启文	男	汉族	1940.8	—	小学	1989.3—1993.3
	村委会主任	蓝传书	男	畲族	1957.12	—	初中	1993.3—1996.3
	村委会主任	蓝成卓	男	畲族	1965.11	1997.11	初中	1996.3—2002.2
	村委会主任	曹培礼	男	汉族	1975.2	—	小学	2002.2—2004.2
新桥村	农会干部	陶尧钦	男	汉族	—	—	—	1949—1953
	大队长	林隆和	男	汉族	1936.1	1959.12	小学	1954.2—1980.3
	大队长	陈惟竹	男	汉族	1948.1	1973.9	初中	1966.10—1987.5
	村委会主任	董岩卵	男	汉族	1959.12	—	小学	1995.3—2004.2
新北村	居委会主任	张仰财	男	汉族	1952.9	—	—	1996.5—2000.2
	居委会主任	王优鹏	男	汉族	—	—	—	2000—2004
	居委会主任	陈惟董	男	汉族	1959.8	1985.10	高中	2004.10—2008.2
	居委会主任	吴际根	男	汉族	1956.9	—	—	2008.2—2010.3
	村委会主任	张仰财	男	汉族	1970.5	2011.12	初中	2010.3—2017.4
左溪村	农会主任	包绍祺	男	汉族	—	—	—	1949—1952
	村长	蓝士训	男	畲族	—	—	—	1949—1952
	高级社长	雷礼贤	男	畲族	—	—	—	1954—1959
	大队长	雷礼贤	男	畲族	—	—	—	1960—1967.10
	大队长	蓝礼贤	男	畲族	—	—	—	1960—1967.10
	革领小组长	雷必康	男	畲族	—	—	—	1969.8—1980
	大队长	蓝家长	男	畲族	—	—	—	1981—1984
	村委会主任	蓝松水	男	畲族	1962.10	1986.1	高中	1984.3—1987.2
	村委会主任	蓝玉聪	女	畲族	1950.10	1990.11	初中	1987.2—1990.2
	村委会主任	雷志亮	男	畲族	1951.8	1991.11	初中	1990.2—1993.3
	村委会主任	蓝祖明	男	畲族	1959.10	1985.6	中专	1993.3—1996.3
	村委会主任	雷朝东	男	畲族	1969.12	—	初中	1996.3—1999.2
	村委会主任	蓝祖明	男	畲族	1959.10	1985.6	中专	1999.2—2003.4

续表 7-3-3-1

村名	职　务	姓名	性别	民族	出生年月	入党时间	文化程度	任职时间
左溪村	村委会主任	陶育双	男	汉族	1971.9	—	小学	2003.3—2013.10
	村委会主任	孙传官	男	汉族	1975.4	—	初中	2013.10—2017.4
筱条村	大队长	雷必存	男	畲族	—	—	—	
	村委会主任	陶育飞	男	汉族	1956.8	1986.9	高中	1987.2—1990.2
	村委会主任	张昌乾	男	汉族	—	—	—	1990—2002
	村委会主任	陶育双	男	汉族	1971.9	—	小学	2002.2—2003.3
叶垟村	大队长	陶碎宝	男	汉族	—	—		1968—1984
	村委会主任	孙传银	男	汉族	—	—	初中	1984.3—1987.2
	村委会主任	孙传富	男	汉族	1951.7	1990.12	初中	1987.2—1990.2
	村委会主任	雷顺租	男	畲族	1953.5	2005.1	初中	1990.2—1993.3
	村委会主任	孙成超	男	汉族	—	—	初中	1993.3—1996.3
	村委会主任	孙成信	男	汉族	1977.12	2005.1	初中	1996.3—2003.3
司前村	农会长	雷相思	男	畲族	—	—	—	—
	农会长	钟若根	男	畲族	—	—	—	—
	村长	雷必安	男	畲族	—	—	—	1953—1959
	革领小组长	陶光勇	男	汉族	—	—	—	—
	革领小组长	雷必安	男	畲族	—	—	—	—
	革领小组长	舒方友	男	汉族	—	—	—	1966—1983“文化大革命”期间曾称“革命领导小组”
	革领小组长	陶光勇	男	汉族	—	—	—	
	革领小组长	雷必安	男	畲族	—	—	—	
	革领小组长	徐太强	男	汉族	—	—	—	
	革领小组长	王尤寿	男	汉族	—	—	—	
	革领小组长	钟若根	男	畲族	—	—	—	
	村委会主任	陶英横	男	汉族	1950.3	—	小学	1984.2—1987.3
	村委会主任	裴世龙	男	汉族	1945.12	1985.5	小学	1987.3—1990.3
	村委会主任	陶汉光	男	汉族	1943.7	1985.5	小学	1990.3—1993.2
	村委会主任	陶瑜珂	男	汉族	1949.7	1986.9	初中	1993.2—1996.4
	村委会主任	王尤林	男	汉族	1969.8	1998.2	初中	1996.4—2002.1
	村委会主任	包国雨	男	汉族	1960.4	2000.9	初中	2002.1—2008.4
	村委会主任	王尤林	男	汉族	1969.8	1998.2	初中	2008.4—2011.2

续表 7-3-3-1

村名	职务	姓名	性别	民族	出生年月	入党时间	文化程度	任职时间
司前村	村委会主任	包国雨	男	汉族	1960.4	2000.9	初中	2011.2—至今
联盟村	大队长	叶有宽	男	汉族	1938.11	1960.1	小学	1978.9—1984.2
	村委会主任	梅盛勤	男	汉族	1934.4	1975.8	小学	1984.3—1986.3
	村委会主任	叶祥富	男	汉族	1954.9	89.10.1	高中	1986.4—1989.5
	村委会主任	吴一根	男	汉族	1930.11	1948.11	小学	1989.5—1996.3
	村委会主任	毛献林	男	汉族	1970.3	1977.3	初中	1996.3—2002.3
	村委会主任	梅振忠	男	汉族	1965.3	1991.12	初中	2002.4—2005.4
苍展村	社长	董寒昌	男	汉族	1927.11	1958.11	小学	1957.11—1959.12
	大队长	郑昌阳	男	汉族	1941.2	—	中专	1960.1—1975.12
	大队长	郑乃成	男	汉族	1946.11	1982.3	初中	1976.1—1988.3
	村委会主任	郑昌鉴	男	汉族	1953.7	1995.1	小学	1988.4—1996.4
	村委会主任	郑昌梅	男	汉族	1955.6	1997.12	高中	1996.6—1998.12
	村委会主任	郑昌余	男	汉族	1955.12	2002.10	高中	1999.7—2001.11
	村委会主任	郑金龙	女	汉族	1959.1	1990.12	高中	2002.2—2005.3
新增村	大队长	苏德林	男	汉族	—	—	—	1959—1981
	大队长	苏敦志	男	汉族	—	—	—	1981—1984
	村委会主任	苏敦化	男	汉族	1959.2	1984.6	高中	1984.5—1996.5
	村委会主任	吴尚宽	男	汉族	1962.12	1995.7	高中	1996.6—1998.5
	村委会主任	郑昌贵	男	汉族	1960.9	1999.6	高中	1998.6—2005.3
园桥村	大队长	叶其岳	男	汉族	—	—	—	1957—1962
	村委会主任	梅盛逢	男	汉族	1943.3	1986.3	小学	1985.6—1994.5
	村委会主任	徐家长	男	汉族	1952.11	1993.7	高中	1996.6—1999.2
	村委会主任	苏志满	男	汉族	1964.9	1986.9	高中	1999.3—2001.4
	村委会主任	徐家长	男	汉族	1952.11	1993.7	高中	2001.6—2005.4
黄桥村	村委会主任	叶应东	男	汉族	1958.12	1994.12	高中	2005.6—2007.5
	村委会主任	徐家炳	男	汉族	1963.10	1992.7	初中	2008.3—2010.3
	村委会主任	叶发贤	男	汉族	1973.2	2005.12	大专	2011.7—2013.10
	村委会主任	徐家炳	男	汉族	1963.10	1992.7—	初中	2013.10—2017.4
叶山村	社长	陈惟龙	男	汉族	—	—	—	1955.5—1956.2
	大队长	陈惟潘	男	汉族	—		—	1956.2—1965.3

续表 7-3-3-1

村名	职 务	姓名	性别	民族	出生年月	入党时间	文化程度	任职时间
叶山村	大队长	陈尚表	男	汉族	1933.8	—	初中	1965.3—1975.3
	革领小组长	陈惟潘	男	汉族	—	—	—	1975—1979
	大队长、主任	陈惟隆	男	汉族	—	—	—	1979—1992
	村委会主任	雷友忠	男	畲族	1956.1	—	初中	1992.2—1994.3
	村委会主任	陈根荣	男	汉族	1967.3	—	初中	1994.3—1996.2
	村委会主任	饶尚汉	男	汉族	1957.9	1998.8	高中	1996.2—1999.2
	村委会主任	陈尚敏	男	汉族	1953.7	1977.9	初中	1999.2—2002.3
	村委会主任	陈惟利	男	汉族	192.4	—	高中	2002.3—2005.2
	村委会主任	饶尚圆	男	汉族	1937.9	—	初中	2005.2—2011.3
	村委会主任	陈道金	男	汉族	1960.3	—	小学	2011.3—2017.4

（三）村民委员会

1.民主选举

1984 年恢复行政村制以后，推行村民代表大会选举产生村长。

1988 年 6 月 1 日起试行的《中华人民共和国村民委员会组织法》规定："村民委员会是村民自我管理、自我教育、自我服务的基层群众性自治组织，实行民主选举、民主决策、民主管理、民主监督。"

村民委员会（以下简称村委会）设主任、副主任、委员。村委会由村民直接选举产生，下设村民小组、调解小组等组织。换届选举一般每三年进行一次。1997 年底，大力宣传《中华人民共和国村民委员会组织法（试行）》颁布 10 周年。1998 年，《中华人民共和国村民委员会组织法》颁布实施。1999 年，颁发《泰顺县村民委员会换届选举工作实施意见》。2002 年，对依法选举产生的村（居）委会正副主任，县民政局给予发证认可，建立档案。2003 年，镇党委、政府组织力量进行宣传贯彻省民政厅《关于村民委员会换届选举工作若干意见》和省人大常委会《浙江省村民委员会选举办法》。

2005 年，对新当选的村干部采取集中培训和外出考察相结合的办法实行培训。2008 年，采取乡镇分别设点方式，举办村两委（中共村支部委员会、村委会）主要干部岗位培训班。

2010 年，采取多种途径培训选举工作人员，对当选村委会主任、副主任、委员给予发证认可。

1990—2015年，镇内进行过8届直接民主选举村民委员会。

2.村务民主管理

1991年始全面推行村务公开和民主管理。根据村委会组织法要求，村委会均订立村民自治章程和村规民约，建立村民代表会议制度，规定重大村务必须通过村民大会或村民代表大会同意；实行村务财务公开，村民民主权利得到发挥。同年，评选出治保先进集体、调解工作先进集体、治保先进工作者、调解先进工作者、治保工作积极分子、调解工作积极分子。县委、县人民政府对以上人员及时进行表彰。1994年，在司前畲族镇榅垟村进行"村民自治示范村活动"调查试点工作，事后将该村做法和经验加以总结，在全县推广，并在市民政局召开的基层组织建设座谈会上作经验介绍。1995年，认真贯彻落实中共中央《关于加强农村基层组织建设的通知》和市政府办《关于开展全优乡镇和先进村(居)委会竞赛活动的通知》精神，积极组织开展争先创优活动。1999年，村(居)委会普遍实行村务公开、民主理财，建立健全村民代表会议等制度。2000年，村(居)委会全部建立村务公开栏，或以表格、会议公布等形式对村务进行公开。2001年，县人民政府颁发《关于认真做好村民自治模范达标单位申报考核工作的通知》，组织人员对一些乡镇部分建制村村民自治状况进行抽查。当年12月，黄桥乡被市人民政府命名为"温州市村民自治模范乡镇"。

2003年，按县政府有关文件规定，本镇10个行政村(居委会)投资三插溪杨辽等电站共计182万元，从而壮大各村(居)集体经济，逐步消灭空壳村。

2006年，乡镇成立村务公开和民主管理工作领导小组，乡镇党政"一把手"定为村务公开和民主管理工作直接责任人，负责抓好各项任务落实；县委、县人民政府出台《关于进一步深化村务公开和民主管理工作的意见》，指导各乡镇开展规范化建设和争创示范工作。通过积极努力，司前畲族镇被省村务公开和民主管理工作领导小组授予"浙江省村务公开民主管理示范乡镇"称号。2008年，全面推进村务监督委员会达到规范化要求。

2009年，认真编制村务公开目录，经过多次深入农村调研和征求相关部门意见后，几易其稿，印发《村务公开目录》。新目录包含财务、事务公开等内容，新增党务公开内容。2010年始，开展村务财务公开大检查活动和村务短信公开试点工作，全面推进村务监督委员会建设。村(居)委会普遍实行村务公开、民主理财、建立健全村民代表会议等制度。2011—2015年小村并大村后，原行政村资产没有实行大统，按原行政村设立资产管理小组管理集体资产。

3.集体经济收益分配

1957年成立高级社以后，实行集体化管理。高级社设管理委员会，进行统一核算。1958年人民公社化，“一大二公”，没有经济核算制度。1962年贯彻“六十条”，队（生产队）为基础核算，三级所有。生产队为主要核算单位，社员参加集体劳动，记工分，参加年终分配。生产队全年收入，扣除生产成本17.5%左右，提留公益金1.4%，公积金1.7%上交，剩余的按工分平均分配。社员全年劳动工分还要剔除“乡统筹村提留”和“两工”（义务工和劳动积累工），剩余工分才能参加分配。这种制度一直实行至1983年人民公社制度终结。

实行家庭联产承包责任制以后，农民除依法纳税、完成国家规定粮食等主要农产品定购任务外，还要承担“乡统筹村提留”和“两工”（即1983年前人民公社遗留下来的义务工和劳动积累工），按承包土地结合劳动力计算承担。

集体资产以村为单位负责管理。20世纪80年代后半期，改革合作经济农业生产的经营方式，收益分配由集体统一分配方式改变为包干分配。统计范围按经营方式分为乡镇级、村级集体和农民家庭经营等。

4.集体财务管理

1996年前，全面实施《浙江省村合作经济组织会计制度（试行）》，主要是改“钱物收付记账法”为“借贷记账法”。1996年始，县制定《农村集体资产产权登记工作方案》，至1998年，全面完成农村集体资产产权登记，逐步建立产权明晰、权责明确、民主监督、科学管理的集体资产管理体制和运行机制。

1997—2004年，实施《村合作经济组织财务制度（试行）》《村合作经济组织会计制度（试行）》，使用统一设计、印制的村合作经济组织会计账册、凭证、报表。1997年10月底前完成村清财任务并建立新账，村实行“村财乡管、乡管村用”规范化管理制度，实行统一记账方法、记账时间、现金管理制度、账目公布、票据管理、档案管理、财务人员管理的“六统一”制度。基本消除无账无据、有账无据、有据无账等混乱财务管理状况，当年通过市清财领导小组的检查验收。2001年，县委制定《关于加强村集体财务规范化管理的意见》《村集体财务管理实施细则》。2002年，中共浙江省委办公厅、省政府办公厅颁发《关于全面推行村级会计委托代理制，切实加强村级财务管理的意见》，实行“村账乡代管”，建立镇村级会计核算中心，加强农村资金管理。2003年，实行农村会计持证上岗制度，推进电算化管理。2004年，村规模调整之后，村及自然村实行“村（组）账乡代管”。2005年始，全面实施《村集体经济组织会计制度》。2006—2007年，县人民政府建成县、乡镇、社区（村）三级财务计算机监管网络（简称三级财务网),并为村资产管理小组建立会计核算账套。2006 年,成立县农村财务规范化建设领导小组,设计村级会计核算服务中心工作流程。村全部实行会计委托代理,乡镇、村实行会计电算化核算。2010 年始,全县农村财务核算全部实现电算化。

5.账务财务公开

1998—2005 年,设立村务公开栏。由司前畲族镇纪委、农经站牵头,定时组织村财务人员到镇记账室统一做账,杜绝用钱乱、账目乱、管理乱等“三乱”现象。2006 年,县委办出台《关于进一步深化村务公开和民主管理工作的意见》,印发《泰顺县推行村务监督委员会制度试点实施方案》。是年,司前畲族镇被授予“省级村务公开民主管理示范乡镇”;2007 年,村集体财务实行按季公开或按月公开。2008 年,县委作出《关于进一步规范村务监督委员会工作的意见》,加强规范村务监督。

2014 年 11 月,司前畲族镇党委、镇人民政府制定《司前畲族镇村级财务管理制度》。对村级财务作出十方面规定:(1)村级财务管理机构及职责,村集体财务收支会计核算委托由镇政府与县农业局经管部门审定的中介代理中心代理核算。村党支部是村级财务管理机构的领导机构,村务监督委员会是村级财务管理的监督机构。村财务负责人全面主持本村财务工作,其主要岗位职责 5 条,村设报账员,具体负责本村财务工作,其主要岗位职责 6 条,并规定报账员人选的回避制度和其待遇。(2)村级财务审批制度。(3)村级财务公开制度。(4)村级财务预决算制度。(5)分类支出管理制度。(6)资产与债权债务管理制度。(7)货币资金管理制度。(8)财务监督审计制度。(9)村务监督委员会制度。(10)村财务审批报销流程。

6.农业扶植政策

减轻农民负担　1999 年始,根据《中华人民共和国农业法》《农民承担费用和劳务管理条例》和《浙江省农民承担费用和劳务管理实施办法》,调整县农民负担监督管理领导小组及其办公室。实行乡统筹与村提留双向限额控制,即相对数控制在上年农民人均纯收入的 5%以内(乡统筹占 2%,村提留占 3%),绝对数不得超过 1997 年预算额,其中“农村教育事业附加费”不准超过上年农民纯收入的 1.4%。实行农民合理负担,一旦制定保持三年不变的制度,治理面向农民的乱收费、乱集资、乱罚款和各种摊派。清理、废止县人民政府及其工作部门涉农的规范性文件 174 个,停止执行涉农文件收费、基金 29 个。对全县共 739 项审批收费项目进行自查和清理,核准取消 272 项,占原收费项目的

39.8%。县人民政府与乡镇和部门签订《泰顺县1999年度农民负担目标管理责任书》。开展农民负担大检查活动。重点对农民建房、结婚登记、计划生育、农村中小学生就学、农村电价、报刊摊派等问题进行专项治理；共清查不合理收费项目17个；取消不合理收费项目15项；精减乡村干部、教职员工。2000年9月，贯彻减轻农民负担"八个禁止、三项治理"精神。取消第二课堂费和学生假日活动费，纠正以人民教育基金为名变相收取捐助款，处理向在校中小学生收取农村教育事业费附加的不当行为。取消土地部门以出让方式取得国有土地使用权转让收益金、集体土地使用权收益金、土地权属调查测绘与注册登记费、规划建设部门的市政基础设施配套费（村庄部分）、房管部门的白蚁防治费，清理退还违规收取150元以外的农网改造材料费、乡镇为农民开证明盖章收取30元有偿服务费。不再收取拖拉机贴农金、农村电网建设改造中电表保证金与电能表的表损或座底度等费用。2001年，乡镇分管主要领导参加市农民负担政策培训班，建立乡镇农民负担监测点。实施向村级组织收费审核制，公费订阅报刊限额制，向农民收费申报制、通报制。2006—2009年，强化农民负担管理"四项制度"的落实，即涉农税收、收费和价格公示制，农村义务教育收费"一费制"，农村订阅报刊"限额制"，涉及农民负担案（事）件责任追究制。每年开展2次农民负担明察暗访活动，开展涉农价格收费专项检查。

农村税费改革　20世纪80年代至90年代，农民除依法纳税、完成国家规定粮食等主要农产品定购任务外，还要承担"乡统筹村提留"和"两工"（1983年前人民公社遗留下来的义务工和劳动积累工）。1997年，全县人均分别6.93个和9.93个，为历史最高水平。2001年开始，中央试点推广农村税费制度改革。2002年7月，成立泰顺县农村税费改革领导小组；10月，县委发出《关于切实做好我县农村税费改革工作的通知》，县委办印发《我县农村税费改革10个配套文件的通知》。2003年，保留农业税和村提留，取消屠宰税，在农业税计税土地上生产的农特产品只征农业税，不再征农林特产税。取消统筹费（农村教育事业附加费、计划生育、国防义务费、五保统筹费）和面向农民征收的政府性收费和集资费。全县农民年人均税费负担由改革前87.26元下降至40.16元，降幅53.98%。2004年1月1日起，取消农村"两工"，村内兴办集体生产公益事业所需劳务实行"一事一议"筹劳筹资制度（自愿以资代劳）。2004—2005年，免征农业税。《中华人民共和国农业税条例》自2006年1月1日起废止。

农业补贴　2007年始，落实"多予少取"，实行粮食直补、综合补贴、良种补贴、农机补贴、困难群众住房救助、村“一事一议”公益事业建设财政奖补。

农业保险 2007年始开办农业政策性保险。是年首次开展“能繁母猪”保险险种。2008年，扩展到奶牛、油菜、水稻、蔬菜(瓜果)大棚、生猪、柑橘树、淡水鱼8个险种。人民政府对参加政策性农业保险的农户给予一定保费补贴，水稻保费补贴75%，蔬菜大棚、生猪、柑橘树、淡水鱼保费补贴45%，能繁母猪保费补贴80%；奶牛、油菜保费补贴按国家政策执行。2010年，确定水稻、母猪等5个参保险种。

三、政策法规

1991年以前，泰顺县人民政府建立民族科，归口县委统战部。县财政每年安排2万—3万元资金，用于全县少数民族地区基本设施建设与困难群众生活照顾。

为加强少数民族地区社会经济发展，落实中共中央、国务院少数民族政策，1991—2015年泰顺县委、县人民政府专门颁发5个文件，要求各乡(镇)、部门认真贯彻执行。

(一)《关于落实少数民族优惠政策的决定》

1991年9月14日，泰顺县人民政府发出《关于落实少数民族优惠政策的决定》，要求各区公所，镇、乡人民政府和县人民政府各工作部门进一步提高对少数民族工作重要性的认识，增强执行党的民族政策的自觉性，认真做好民族工作，促进民族团结、进步和繁荣；要重视对少数民族的扶贫工作，切实落实各项扶持、优惠政策；集中力量打好温饱攻坚战，努力帮助少数民族群众发展经济、文化和卫生事业，实现各民族的共同富裕和繁荣。并决定对少数民族实行优惠政策：在安排财政预算时，应给予一定的机动财力，乡财政超收部分应全部留给当地，分配各项专项资金时，应给予适当照顾；减轻少数民族群众的负担，增强其内部活力，对民族乡内年人均收入300元以下的少数民族贫困户，给予减免农业税的照顾。同时可享受减免教育事业费附加、国防基金费和酌情减免国库券认购任务的照顾；改善民族乡和民族村的交通、水利条件；各级政府和有关部门在分配农业生产资料时，给予民族乡适当照顾，关心少数民族群众的生活，对那些长期缺粮贫困户和贫困村，民政、粮食、民族工作等部门要重点研究解决；坚持以种养业为基础，积极开发本地资源，各部门要在资金、技术上给少数民族地区照顾；积极认真地办好民族乡和民族村的基础教育，在师资配备、教学设备、校舍修建等方面，教育行政部门要给予重视和照顾；在初中、高中招收新生时，应划出一定名额给予适当录取的照顾；对少数民族学生生活有特殊困难者，学校要在学杂费方面酌情减免，对长期坚持在少数民族地区任教的民办教师，在民师转正方面在同等条件下给予适当照顾；提高少数民族群众身体素质，增强卫生观念，努力办好民族乡的卫生事业，提高服务质量；抓紧解决饮水卫生问题，开展传染性疾病防治普查工作，提高少数民族地区的卫生水平；高度重视培养使用少数民族干部，特别是要注意在职干部的培养和使用；积极发展民族乡村文化事业，加强精神文明建设。同时指出少数民族群众要克服“等、靠、要”依赖思想，发扬自力更生艰苦奋斗的创业精神，树立信心，振奋精神，努力为改变本地区的落后面貌而奋斗。

（二）《关于进一步加强少数民族工作的通知》

2000年1月19日中共泰顺县委、泰顺县人民政府发出《关于进一步加强少数民族工作的通知》（简称《通知》），强调认真落实国家《民族乡行政工作条例》及省、市有关文件精神，将少数民族人口占全村总人口30%以上的行政村定为民族村。

《通知》共八条，强调进一步加强少数民族工作，继续安排少数民族补助专项资金，向民族村和少数民族人口较集中的自然村倾斜。少数民族专项补助资金要统一调配，专款专用；继续做好少数民族贫困村和贫困户的扶贫工作，特别要关心少数民族受灾户、特困户。对年人均收入在500元（按1990年不变价计算，下同）以下的少数民族贫困户按规定程序报批后，给予减免农业税，对年人均收入300元以下的少数民族特困户按规定程序报批后，除给予减免农业税以外，还可享受减免教育费附加、兵役义务费、五保统筹金等；鼓励少数民族下山脱贫，对少数民族下山扶贫点基础设施建设，县扶贫老区办等有关部门应继续给予倾斜照顾。继续做好少数民族贫困村和贫困户的挂钩扶持工作，确定一些经济强村与少数民族贫困村挂钩结对，组织一批致富带头人与少数民族贫困户挂钩结对，加快少数民族和少数民族贫困村脱贫步伐，实现各民族共同富裕；积极支持和帮助少数民族和民族乡（镇）、村发展经济，在民族乡镇由少数民族新创办的企业，两年内营业税地方所得部分先征后返，账证健全的可在三年内减免企业所得税和免收工商管理费。对于在民族乡镇的少数民族困难老企业，按规定纳税有困难的，经批准可给予减征或免征当年企业所得税。对县内少数民族新从业的个体工商户，免收两年工商管理费；优先发展民族教育事业，对少数民族学生升学应实行适当降分，照顾录取。要按少数民族人口比例招收少数民族高中新生。要切实执行省人民政府关于少数民族小学生免交学杂费的规定，并对生活有困难的少数民族初、高中学生酌情减免学杂费。学校所减免的学杂费数额，经核准后由县财政补给；加快发展少数民族和民族乡(镇)、村文化事业，文化等部门要重视和支持少数民族传统文化活动，丰富少数民族群众的文化生活，传承和弘扬具有民族特色的优秀文化；积极发展民族乡(镇)、村医疗卫生保健事业，对民族乡(镇)、村的改水、改厕经费应给予照顾，积极帮助少数民族培养医务人员，提高他们的医疗技术水平；重视少数民族干部培养、选拔和使用工作，要认真贯彻落实1994年省委组织部、统战部、民宗委《关于全省培养选拔少数民族干部工作座谈会纪要》精神，把少数民族干部培养、选拔、使用工作列入重要议事日程。民族工作部门要积极配合组织、人事部门制定少数民族干部培养、选拔、使用计划，并积极物色、推荐优秀少数民族干部；凡经人事、组织部门同意，选送至民族院校脱产培训进修，并取得大专以上学历的少数民族干部，毕业后可按照公务员录用办法吸收到党政机关工作。组织、人事部门录用公务员时，留出部分名额在参加考试的少数民族考生中录取；要按照《民族乡行政工作条例》规定配备好民族乡、镇少数民族干部。少数民族人口1000人以上的乡、镇党政领导班子中应配备少数民族干部；少数民族人口500人以上的乡、镇及与少数民族生产、生活密切相关的县直属部门应配备少数民族干部；民族村党支部和村委会中应配备少数民族干部；切实加强对少数民族工作的领导，把民族工作列入重要议事日程。县委、县人民政府将继续确定一名县领导分管民族工作，每年至少要有一次研究民族工作，一般每三年召开一次全县民族工作会议或民族团结进步表彰会议，及时总结民族工作经验，表彰民族团结进步先进单位和个人，妥善解决民族工作中出现的困难和问题。县人大、政协民族工作专委要切实加强对民族政策落实情况的监督，共同协助做好民族工作。

(三)《关于进一步加强民族工作，加快少数民族和民族地区经济社会发展的实施意见》

2006年9月15日，中共泰顺县委 泰顺县人民政府发出《关于进一步加强民族工作，加快少数民族和民族地区经济社会发展的实施意见》。意见共四条二十款，再次强调加强对民族工作的领导，要求各有关乡镇和县有关部门，要关心、支持民族工作部门开展工作，及时研究解决民族工作的具体问题和困难，认真抓好民族工作各项措施的落实，加大扶持少数民族乡村经济发展力度。从2006年度起，县财政预算每年安排不少于25万元的少数民族发展专项资金，由县民宗局和县财政局掌握，并视地方财政增长情况逐年适当增加，主要用于少数民族和民族地区经济社会发展；加大对民族乡镇的政策倾斜，司前、竹里两个民族乡镇来源于本地企业的财政收入超收部分和财政支出节余部分，给予100%返还；由县民宗局牵头，县扶贫办、国土资源局、规划建设局和有关乡、镇配合制定2006—2010年少数民族公民下山异地脱贫规划和实施方案，并每年安排一定的土地指标和相应配套扶持资金，引导扶持少数民族公民自力更生，实现异地脱贫；帮助解决少数民族贫困人口的生活保障问题，对符合低保条件的少数民族贫困人口，县民政部门要优先安排，做到应保尽保；加大民族乡村基础设施建设步伐，对列入乡村“康庄工程”建设、涉及15个民族村的建设项目，要优先安排，并在资金扶持上给予适当倾斜；各有关乡、镇要尽力帮助民族村解决部分自筹资金。对地处偏僻的少数民族人口比例在30%以上的自然村，经批准，在“十一五”期间实施下山脱贫整村迁移的，可享受省交通厅规定的“下山脱贫整村迁移”新安置点交通基础设施建设补助政策；加大对民族乡村科技扶贫力度，县科技扶贫部门在安排科技、扶贫等专项经费和人才时，应对民族乡村给予适当倾斜；县农业、林业、水利、科技等部门要支持少数民族乡村发展效益农业、建立科技示范基地、开展实用技术指导和劳动力转移技能培训；落实财政税收、工商管理优惠政策。对民族乡镇、民族村兴办的企业、少数民族投资主体投资额占50%以上或少数民族职工占30%以上的企业，落实税费减免等政策，倾斜扶持企业发展生产；大力发展少数民族地区社会各项事业，进一步落实少数民族学生就学的优惠政策。对民族考生实行降分录取，重点高中（泰顺一中），按规定录取分数线下降10分录取少数民族学生；普通高中、职业高中，按规定录取分数线下降30分录取。继续扶持办好县民族中学，改善办学条件，进一步提高教育质量；根据少数民族地区经济社会发展的需要，把培养、选拔少数民族干部纳入干部队伍和领导班子建设的总体规划。县组织部门在确定各级后备干部人选时，要安排一定比例的少数民族干部。同时，各部门要重视少数民族中层干部的培养，把少数民族干部培训列入计划，安排少数民族干部参加各个层次学历班、进修班、中青班培训；在公开考试录用事业单位工作人员时，对少数民族公民采取总成绩加2分的办法给予照顾；加强民族村两委班子建设，民族村配备村支部书记和安排村主任候选人时，至少要有一名少数民族公民；村“两委”班子成员候选人中，少数民族公民所占比例不得低于少数民族人口占该村总人口比例。

（四）《关于加大扶持力度加快少数民族和民族乡村经济社会发展的若干意见》

2008年8月20日，中共泰顺县委、泰顺县人民政府发出泰委〔2008〕10号文件《关于加大扶持力度加快少数民族和民族乡村经济社会发展的若干意见》,共四方面:加强对民族工作的领导;进一步加大对少数民族和民族乡村的扶持力度;进一步保护和挖掘畲族文化;进一步加强少数民族干部培养、选拔工作。

强调进一步加大对少数民族和民族乡村的扶持力度。从2008年起,县财政预算每年安排不少于80万元的少数民族发展专项资金,并视地方财政增长情况逐步增加,主要用于少数民族乡村的基础设施建设和教育卫生等社会事业发展;司前、竹里两个民族乡镇来源于本地企业的财政收入超收部分,100%给予返还;扶持发展民族乡村"农家乐",大力推进民族乡镇生态旅游业发展,促进少数民族群众增收。再次强调对民族乡镇、民族村兴办的企业、少数民族投资主体投资额占50%以上或少数民族职工占30%以上的企业,按照国家有关规定落实税费减免政策,倾斜扶持上述企业发展生产;继续做好少数民族下山异地脱贫工作,引导扶持少数民族实现异地脱贫;用好、用足、用活国家的民族政策,县交通部门对人口在100人以上未列入乡村"康庄工程"建设计划的少数民族自然村的道路建设,要积极向上级有关部门争取列入乡村"康庄工程"建设计划;在安排省级扶贫挂钩时,优先考虑民族乡镇;安排市级扶贫挂钩时,优先考虑民族村;安排县级扶贫挂钩时,优先考虑人口在100人以上的少数民族自然村;扶持民族乡镇中心幼儿园的建设,改善县民族中学办学条件,办好民族班;对少数民族考生实行降分录取优惠政策,重点高中(泰顺一中)按规定录取分数线下降15分录取少数民族学生;普通高中、职业高中按规定录取分数线下降30分录取少数民族学生;县民宗局可从少数民族发展专项资金中安排部分资金,用于农村60岁以上少数民族老人的医疗保险补助;对少数民族贫困人口,适当放宽低保条件;教育广大干部群众尊重少数民族的风俗习惯。少数民族干部、职工参加本民族的重大节日活动,有关单位应当按照国家规定给予带薪假期;进一步保护和挖掘畲族文化,县委宣传部、统战部每年要定期召开会议研究民族文化保护工作;县文化部门要从农村文化发展资金中安排一定资金,用于保护、挖掘、整理少数民族优秀传统文化,开展少数民族文化、体育活动,培养少数民族文艺、体育人才;继续办好"畲族三月三风情节"。县财政每年安排一定资金,专门用于民族中学增设的特色课程(民族传统体育项目、畲族歌舞、畲语)教育;进一步加强少数民族干部培养、选拔工作,把培养、选拔少数民族干部纳入干部队伍和领导班子建设的总体规划,积极做好少数民族干部的选配工作,对少数民族在人员录用方面给予政策性倾斜。

（五）《关于进一步加快少数民族和民族乡村经济社会发展的若干意见》

2014年8月25日，中共泰顺县委、泰顺县人民政府发出泰委发〔2014〕65号《关于进一步加快少数民族和民族乡村经济社会发展的若干意见》，对泰委〔2008〕10号文件进行修订，原泰委〔2008〕10号文件停止执行。

文件继续强调高度重视民族工作，充分认识做好民族工作的重要性，进一步增强使命感、责任感和紧迫感，自觉贯彻党的民族政策，维护民族大团结，切实保障少数民族权益，更加巩固和发展平等、团结、互助、和谐的社会主义民族关系。

完善民族工作机制，加强民族工作部门建设，加强全县民族重点工作协调，强化民族工作部门管理职能，加强乡镇民宗所的规范化建设，为民族工作开展提供必要的保障。

加大资金扶持，县财政每年按上年度地方财政收入的3‰预算安排本年度的少数民族发展专项资金，用于扶持少数民族经济和社会事业发展；县部门各有关单位不能因少数民族有专项补助而削减其他扶持资金的安排。各乡、镇财政也要安排一定数量的资金用于扶持少数民族发展生产和解决生活上的特殊困难；加大项目扶持，在前期工作做到位的前提下，安排省市重点项目时，优先安排民族乡镇和民族工作重点镇的项目；在安排县级重点项目及相关部门的项目时，优先安排民族村的项目建设。

完善挂钩结对帮扶制度，建立县、乡镇领导挂钩联系民族乡镇、民族村制度，协调、指导、帮助民族地区加快发展；县委、县人民政府主要领导联系民族乡、镇，县领导及有关重点部门挂钩联系民族村工作；安排省市扶持挂钩单位，“三年特扶”项目及省、市农村指导员、科技特派员时，在同等条件下优先将民族乡镇、民族村列入重点帮扶对象，帮助少数民族低收入农户创业增收，切实改善民族地区发展环境。同时，鼓励社会各界以各种方式帮助少数民族和民族地区发展经济和社会各项事业；加大少数民族农房集聚建设力度，统筹基础设施配套方面要给予政策倾斜；加大少数民族特色村寨建设力度，要加强对民族村创建美丽乡村精品村或特色村工作的支持和指导。

加大民族特色产业发展扶持，各部门要重点支持民族乡、镇、民族村的猕猴桃、葡萄、茶叶、毛竹等示范基地建设，推进民族特色优势产业标准化、集约化经营，促进产业快速发展；要在少数民族农产品的产销对接、农产品流通建设项目上给予政策、资金支持，帮助少数民族群众持续增收。同时，县风景旅游局、县公安消防局要为民族乡、镇、民族村发展生态休闲特色旅游，打造民居民宿和发展农家乐提供支持。

加大少数民族教育扶持力度。各乡镇、县部门各有关单位要高度重视民族教育事业的发展，加快普及学前3年至高中段15年教育工作，扶持民族乡镇中心幼儿园建设，进一步落实少数民族学生就学实行降分录取优惠政策，重点高中(泰顺中学)按规定录取分数线下降15分，普通高中、职业学校按规定录取分数线下降30分录取。在泰顺高中就读的少数民族学生，按公办学校标准每人每学期学杂费减半收取，所减免部分费用由县财政给予补足。

进一步繁荣少数民族文化、体育等事业。县部门各有关单位要加大对民族地区文化、体育事业建设的资金投入，加强民族文化和民族传统体育项目的抢救、保护和开发工作，大力发展民族文化、体育事业和民族文体产业。县财政在每年的文化专项资金中安排一定比例，用于保护、挖掘、整理少数民族优秀传统文化；加强对少数民族文艺、体育人才的挖掘和培养，县体育局要积极配合、指导开展少数民族传统体育运动；推动少数民族文化展示馆、“乡村戏台”和农村书屋建设。特别是要加大对民族乡、镇、民族村开展“三月三”等重大传统民族节庆活动的策划和资金支持，大力扶持和帮助组建民族文化艺术团体，培养少数民族文艺人才。

进一步加强少数民族干部和人才队伍建设，积极做好少数民族干部的选配工作；加强社区、民族村“两委”班子建设。以社区为依托，建立社区民族工作组织网络，推进民族工作社会化管理。民族村“两委”换届时，当地党委、政府要引导党员、群众选举1名少数民族公民担任村党支部书记或村委会主任；推荐村“两委”班子成员候选人时，少数民族公民所占比例不得低于少数民族人口占该村总人口的比例；高度重视少数民族的政治待遇。各级党代表、人大代表、政协委员、劳动模范及工、青、妇等群团组织代表中，应安排一定比例的少数民族公民。

第四章　经　济

司前畲族镇境内考古发现，早在3000多年前就有先民在沿溪一带从事原始农耕生产活动。至唐代移民迁入时，就已有粮田可耕种。境内群山盘结，历来以农林为主的自然经济，结构单一，交通不便，生产水平低下，经济发展缓慢。明清至民国，乡村商店寥寥。农民生活非常艰苦，山地多贫瘠，稍肥沃的又租重。遇上灾荒战乱，生活更加艰难困苦。抗日战争时期，曾有国立英士大学迁入司前办学。带来旺盛人气，消费增加，司前一带曾热闹一段。随着抗日战争胜利，英士大学迁走以后，又萧条如故。

中华人民共和国成立后，进行土地改革，耕者有其田，激发了农民的生产积极性，生产不断发展。20世纪50年代后半期始，农业生产资料实行集体所有制。1978年中共十一届三中全会后，改革开放，农村实行生产责任制，农业经营体制进行改革，生产力大幅度提升。继而以山区资源优势为特点的加工业、水电业兴起，经济结构调整，经济得以长足发展。

21世纪始，国家实行一系列扶贫攻坚、加强民族经济发展等政策。至2015年，境内工农业总产值达到37585.22万元，比1992年的司前畲族镇、黄桥乡、峰门乡之和1253万元增长28.99倍，年均增长16.72%。经济发展，税源增加。2015年全镇财政收入增至6122.2万元，比1991年增长1545倍，年均增长15.36%。居民收入不断增加，信用社储蓄规模不断扩大，社会经济实力不断增强。司前信用社储蓄存款从1958年的上千元，增加到2015年的3.92亿元。

第一节　农　业

清代泰顺地方志《分疆录》明确断言，“泰顺至唐始有山民烧畲辟壤”，数百年来无人怀疑过。但是20世纪末的考古发现，在新石器时代，先民就在泰顺西北部溯江而上，刀耕火种，垦山狩猎，从事狩猎和原始的农业生产活动。随着生产力的发展，先民垦山造田，开始种植水稻。但是镇境内多山区，其工程浩大，砌高坎，筑水渠，靠智慧，付出艰辛的劳动，至今留下诸多的梯田。明末清初，引进番薯、马铃薯旱地作物，适宜山坡旱地种植，播种面积逐步扩大，粮食产量随之增加。但是靠传统的锄头、扁担劳作，山高路远，劳动仍然非常艰辛，生产力水平低下，生活十分艰辛。直到民国，都没有改变这种现状。

中华人民共和国成立后，人民政府领导农民兴修水利，逐步改善生产条件，推广良种，生产力逐步发展。20 世纪 60 年代始，逐步引进部分手扶拖拉机、抽水机，代替部分农耕劳作，但多数山区村庄仍然无法实现。1958 年开始人民公社化，农村生产资料归集体所有，农民在生产队里记工分，凭工分参与收获分配长达 25 年。1978 年中共十一届三中全会后，逐步开始推行家庭联产承包责任制，农民提高生产积极性，调整产业结构，种、养、加联动发展，专业化商品性生产占有农村一席之地。大力推广种植杂交水稻，产量大幅度提高，山区农民也全部吃上白米饭，结束“番薯丝吃到老”的日子。1984 年始，农业生产水平迅速提升。1989 年，司前、里光 2 个乡粮食播种面积、粮食总产量达到最高水平，分别比 1981 年增长 30.36%、18.50%。1990 年遭受特大洪灾，两乡粮食总产量比 1989 年减少 955 吨，农业产值下降。1992 年，里光乡并入，成立司前畲族镇，粮食播种面积增加至 687 公顷，粮食总产量 2935 吨。此后，农村多业发展，青壮年劳动力外出务工，粮食播种面积、粮食总产量逐年减少。2015 年，粮食播种面积 473 公顷，粮食总产量 2551 吨，分别比 1992 年减少 214 公顷、384 吨。1992 年，司前畲族镇生猪饲养量 5898 头，生猪出栏 3044 头。2012 年开始环境整治，全面禁养禽、畜，2015 年生猪饲养量仅 363 头，出栏仅222 头。

21 世纪始，政府采取一系列扶贫措施，增加林业投入，开辟林间道路，方便毛竹树木产出，提高经济收入。2012 年，黄桥、峰门乡并入，全镇农业总产值达到 6046 万元。2015 年农业总产值 5417 万元。比 1992 年司前畲族镇、黄桥乡、峰门乡之和 1403 万元增长 2.86 倍，年均增长 6.33%。

一、原始农耕

(一)刀耕火种

历史上，先民刀耕火种，选缓坡，砍伐薪柴，待晒干后，选晴日，从坡顶点火往下烧，叫“下山火”，以免大火旺烧整片山林。同时，数人手把柴火，见火势蔓延即扑灭。如此待全部砍伐的薪柴烧尽，才可撤回。下过雨之后，即可边锄地边下种子。至20世纪60年代，还有部分山民持这种方式，种植旱地作物。

泰顺有记载的历史始自唐代，司前境内有先民开始"烧山辟畲"。清代泰顺地方志《分疆录》明确断言，"泰顺至唐始有山民烧畲辟壤"，数百年来无人怀疑过。但是20世纪末的考古发现，推翻了这种观点。考古工作者从飞云江上游的司前狮子岗、司前柴林岗、司前溪口宫头垟等八处古文化遗址，采集到了一批石器和陶片标本，经考古鉴定，均为新石器中晚期文化遗址。其主要特征是普遍出现精制的石箭镞和有孔石矛、石刀、石斧、石钺等。陶器以泥质陶为主，并出现彩陶；彩陶为黑彩，纹饰上出现几何印纹，有平直条纹、交叉直条纹、圆点纹等，器物种类有釜、罐、壶、钵等。在器物口沿画有YYY、YYYY形符号。这些特征可以表明先民已脱离"原始拓荒生存"阶段，过渡到以种植、狩猎为生的定居生活，特别是石器打制精磨和穿孔等特征的出现，标志着瓯越先民的生产力已达到相当高的水平，已进入新器时代的鼎盛阶段。

（二）狩猎护稼

走出茹毛饮血，进入原始粗放耕作方式"刀耕火种"的原始人类，狩猎是辅业。深山老林，野兽出没，为增加经济收入，也为消除兽害。从考古发现的石箭镞和有孔石矛，可看出先民们的狩猎技术高超、技艺精湛。清代至民国，境内山区一带，畲民和汉民都有兼业狩猎，设圈扣、陷阱、猎炮等工具捕获，或用猎枪、尖刀、铁棒、猎叉等武器进行夜猎或日游猎。

中华人民共和国成立之初，境内养有猎犬并备有猎枪的较专业者，经常约同伴上山狩猎。狩猎期间，有一些约定俗成的规矩。集体围猎时，打"头铳"者分兽头，之后按份分肉，猎犬也算股份。出发前，先拜请"打猎仙师"，祈祷"保佑弟子坐山安全，铳头走火，枪尾生财"；拜毕，将三炷香插入香炉中央；狩猎路上忌说秽语；抵达狩猎地点后，狩猎人员分为"赶山"与"守道"两拨，各司其职。"赶山"者用猎狗把野兽驱赶到道口，"守道"者负责将野兽击中。狩猎结束，必先用猎物祭谢"打猎仙师"，燃香鸣枪，庆贺丰收，然后分配猎物。

二十世纪六七十年代，野猪较多，近山村民庄稼受损严重，常出资请猎人组成打猎队为其打猎。20世纪90年代，国家将野猪和一部分珍稀动物列为一、二级保护动物，禁止猎杀。自设立乌岩岭自然保护区始，境内猎枪全部登记上交。

（三）垦山筑田

境内多高山，坡度大，垦山筑田，工程浩大，梯田几十丘才一亩，有的一丘仅几平方米。且田坎高，用石块砌筑，有的高山水源距离远，需要开山挖渠；靠溪边的里光至溪口水田，原是溪滩地，需用黏土填底，才能不漏水；山坑洪水容易冲垮田埂，需要构筑牢固的防洪大堤。先民们前赴后继，历数千年，将山坡地改造成粮田。较迟的左溪两边的水田，是司前陶家建桥时，沿溪边筑的路，之后开成水田。最深的有上地村的一丘田叫深丘，一亩多地，原来是齐腰深的沼泽地，先民开田时用松树铺底，有的地方深到大腿。耕耘需要借助畜力，牛是农民的宝贝。养牛成本大，一般农户都养不起。有的只能租牛，有的只能用人工换牛工。

二、土地制度

(一)所有制变革

1.封建土地所有制

民国时期，耕地绝大部分属地主及“公堂”所有，后者包括祠堂田、祭坟田、学田、庙宇田、寺院田、教堂田、乡田、义仓田等。

1952 年 2 月土地改革前，司前区 4 个乡(司前、里光、燕溪、晓园乡)，22 个行政村，149 个自然村。4 个乡总人口 3180 户 11151 人，其中地主 167 户 693 人，占 6.21%；贫农 1604 户 5204 人，占 46.67%；雇农 123 户 164 人，占 1.47%。土地改革前共有土地 8853 亩，其中地主占有 2606 亩，占 29.44%，户均 15.60 亩，人均 3.76 亩；贫农雇农 1727 户 5368 人，占地 1099 亩，占 12.41%，户均 0.64 亩，人均 0.20 亩；地主人均占有土地是贫雇农的 18.8 倍。

属于私人所有的田地均可自由买卖、典当和出租。田地买卖有绝卖和活卖之分。绝卖钱、契两交，永无回赎。活卖，定有活卖期限、期满回赎；逾期不赎，自动转为绝卖。典当，则定典期，典期满回赎；如无能力回赎，可按时价找贴，转为绝卖。出租，有长租(一年或数年以上)、临时租(季节性或一年以内)两种。纳租，有定租、分租之别。定租制的租额固定，一般每亩水田缴租水谷 4 担，折合干谷约为市斤 200 斤；如遇灾歉，面议酌减。分租制是每年收割时在田头现分“田面谷”，多为三、七或四、六分成，地主占大头。

2.土地改革

中华人民共和国成立后，1950 年 9 月成立县土地改革委员会，10 月制订《实行土地改革初步规划》，11 月调集 220 名干部在泗溪、南坪两乡进行土地改革试点。1951 年 2 月在仙稔、三魁、大安、西风翔四乡及罗阳镇开展首批乡、镇的土地改革。8 月又在鹤巢乡开展土地改革试点工作。后土地改革运动在全县全面展开。1952 年 1 月 18 日，省、市、县联合组成 195 人的土地改革工作队，深入基层检查、验收、扫尾，至1952年4月20日宣布结束。在土地改革中，执行“依靠贫、雇农，团结中农，中立富农，有步骤地、有分别地消灭封建剥削制度，发展农业生产”的总路线。整个运动经历发动群众，划分阶级，清查田地，没收征收，统一分配，复查总结，确权发证与整顿、健全乡村政权等阶段。首先在群众中开展“谁养活谁”的讨论，以典型实例揭露地主剥削农民的事实，使农民群众深刻认识地主剥削是造成贫困的根源。在此基础上整顿、发展农会、民兵、青年团、妇女会等群众组织。

县第二土地改革中队负责司前区土地改革。第二土地改革中队于1952年1月22日进驻司前区开始工作，1952年4月7日结束，历时75天。1952年2月统计，司前区组织农代会会员2085人，妇女会会员1175人，民兵882人，青年团25人。开斗争会85次，被斗争对象153人，被判刑者127人，其中缓刑65人。经过清算斗争、土地清查登记，随即依法没收地主阶级的土地、耕畜、农具和多余的粮食与房屋；征收祠堂田、祭祀田、学校田等团体土地。再以村为单位，按人口统一合理分配，并以各户原耕地为基础，进行抽补调整。土地改革前占有耕地590.2公顷，土地改革后占有耕地743.6公顷；原自耕农人均分得土地0.05公顷，无地或少地农民分得耕地0.046公顷。雇农123户164人，分得29.73公顷；贫农1584户5154人，分得219.8公顷；中农657户2773人，分得101.86公顷；其他15户33人，分得2.44公顷；地主167户693人，分得38.73公顷。土地改革后各阶级占有土地：地主38.73公顷（167户693人，户均0.23公顷，人均0.056公顷）；富农28.8公顷（79户420人，户均0.36公顷，人均0.068公顷）；中农318.2公顷（1109户4426人，户均0.28公顷，人均0.072公顷，户均增0.091公顷）；贫农292.4公顷（1604户5204人，户均0.18公顷，人均0.056公顷，户均增0.13公顷）；雇农30.4公顷（123户164人，户均0.24公顷，人均0.18公顷，户均增0.24公顷）。

土地改革中，共没收家具5201件；农具3852件；房屋460间；粮食59461千克。分配给2537户7945人。其中，雇农123户164人，分得家具431件，农具369件，耕牛7头，房屋41间，粮食2413千克；贫农1603户2770人，分得家具3829件，农具2534件，耕牛109头，房屋308间，粮食56223千克；中农703户2770人，分得家具396件，农具325件，耕牛5头，房屋3.5间，粮食122.5公斤。其他人15户33人，分得家具169件，农具54件，耕牛1头，房屋26间。

经过县土地改革总队复查总结，县人民政府于1952年3月对分得土地、房屋的农民颁发了土地房产所有证。农民世代企求“耕者有其田”的愿望终于实现。

3.农业互助合作

互助组　土地改革后，一般贫农、部分下中农由于资金与劳力畜力不足，工具缺乏，技术经验较差，生产、生活困难，个别乡村出现出卖田地、房屋现象。为克服农民在分散经营中的困难，1951年冬，中共泰顺县委根据中共中央《关于农业生产互助合作的决议(草案)》，开始引导农民组织互助组。司前乡1952年6月先后组织17个互助组，都是临时性互助，没有记账，原因是没有贯彻三大原则。通过宣传，全乡从17个扩大到36个，至1953年2月全乡50%以上农户参加了互助组。1954年互助组上升一倍，临时性占60%。

初级社　1953年春，中共泰顺县委在鹤巢乡深坪村试办县内第一个初级农业生产合作社。次年，在鹤巢乡上交垟、大安乡大丘坪、金溪乡南溪等地扩大试办。1954年11月，司前溪口贫农9户，中农4户，合计13户组成初级农业生产合作社。1955年，由于管理跟不上，全县部分社员思想有顾虑，生产出现混乱。基础较差的初级社停办。1955年冬，上榅乡办初级社12个，145户，占总农户(439户)的37.59%；左溪乡3个，36户，占总农户(352户)的10.23%；里光乡12个，244户，占总农户(585户)的41.7%；峰门乡4个，49户，占总农户(169户)的28.99%；司前乡12个，229户，占总农户(373户)的61.39%，黄桥乡6个，78户，占总农户(430户)的18.14%。

高级社　1955年冬，中共泰顺县委根据中共七届六中全会《关于农业合作化问题的决议》和浙江省山区工作会议精神，批判"坚决收缩"方针和山区唯条件论、合作化慢慢来的思想，制订《关于分期分批发展农、林业高级生产合作社方案》，规定凡社员自愿、90%社员能增收、领导班子较强的低级社可转为高级社。

1956年7月，司前乡办3个高级社：1个401—500户，2个101—200户；里光乡4个高级社：1个501—600户，1个301—400户，2个101—200户；黄桥乡没有高级社。1957年11月，司前乡高级社3个，1个201—300户，1个101—200户，1个50—100户；里光乡高级社8个，1个201—300户，3个101—200户，4个51—100户；黄桥乡高级社4个，2个51—100户，2个50户以下。占总农户的91.85%参加高级社。高级社建立后，取消土地分红，所有山林、耕牛、农具一律折价入社，生产资料归高级社集体所有。

4.人民公社

1958年9月，中共中央《关于在农村建立人民公社的决议》下达后，县委、县人民委员会迅速制订《在全县范围内建立人民公社的发展规划》。9月20日，罗阳红旗人民公社建立。此后七天，全县相继建立8个人民公社。同年12月实行“政社合一”体制。司前人民公社相当区规模，司前、里光、黄桥、黄坑4个乡分别改为生产大队，原村级改为生产队。次年2月，生产大队改称管理区，原相当于行政村规模的生产队改称生产大队，生产大队以下设生产队。

实现人民公社化后，全县所有劳动力按军事化要求，编成班、排、连、团，实行统一调度，大兵营作战。以村或自然村设立公共食堂，农民各自集中到当地食堂吃饭。提倡“放开肚皮吃饭，鼓足干劲生产”。男女劳动力卷入“大烧木炭”“大办钢铁”运动，遍地粮食无人收，公社办的畜牧场少人管，牲畜瘦骨嶙峋。由于“浮夸风”“平调风”“共产风”，加上高指标、高征购，生产力受到极大破坏。1960年夏，公共食堂即出现断炊，农村中普遍发生病（浮肿）、饿、流（外逃）、荒（土地荒芜）与非正常死亡现象。

1961年1月，中共八届九中全会决定对整个国民经济实行“调整、巩固、充实、提高”八字方针，人民公社的规模改为一乡一社。1964年开展“农业学大寨”。司前、里光、黄桥管理区改为人民公社，峰门管理区与百丈管理区合并建立百丈人民公社。同年3月中共中央农村工作会议又制定了《农村人民公社工作条例（修正草案）》，确定以生产队为基本核算单位，人民公社以下设生产大队，生产大队以下设生产队，形成队为基础，三级所有体制。是年底，大公社兴办的企业撤并或解散，精简农民工回乡务农，重划自留地、饲料地，放宽政策，允许私人种百斤粮，饲养鸡、鸭、牛、羊，农业产量开始回升。1983年冬，着手改革政社合一体制，政社分开，次年5月恢复乡人民政府。

5.农村土地集体所有制

长达25年的人民公社体制，土地所有制已经稳定，即除了国家所有的土地以外，农村土地属生产大队集体所有，生产队为基本核算单位。1984年5月，恢复乡建制，生产大队恢复为村，集体土地为村集体所有，村以下以村民小组为基本核算单位。

（二）经营体制改革

1.家庭联产责任制

1980年冬，基层自发推行联产承包制。至1983年底，司前公社84个生产队，1068户，里光公社95个生产队，1363户，黄桥公社34个生产队，585户全面实行联产承包责任制（大包干）。1984年，继续稳定和完善联产承包责任制，土地承包期一包15年不变，山地承包期适当延长。联产承包责任制再度调动了农民生产积极性,涌现一批重点户、专业户。1987年起,着手建立乡、村经济合作社。

2.承包经营

1984年始,人民公社改为乡(镇),行政村设村民委员会,实行联产承包责任制为主的双层经营体制,即村民委员会作为村集体土地所有者,是土地发包方;村民作为承包者,只在原生产队范围内实行土地调剂,原生产队建立村民小组。至1990年司前乡1226户、黄桥乡646户、里光乡1573户、峰门乡697户全部实行土地承包。

1997年,第一轮土地承包期限(15年)到期。1998年,开展延长土地承包期、核发土地承包权证工作,第二轮土地承包再延长30年,总原则是"大稳定、小调整",承包期内实行"增人不增地、减人不减地"。至2004年,基本完善二轮土地承包工作。

3.村集体经济合作社

1992年,《浙江省村经济合作社组织条例》颁发。1993年始,行政村成立经济合作社,"村委会主任兼社长",在农村双层经营体制下,实行集体所有,合作经营、民主管理、服务社员。

4.土地使用权流转

1990年始,农村劳动力转移,出现离乡离土、离乡不离土、离土不离乡三种状况。"可以不种田,不可没有田"观念盛行,客观上形成"家家都有田,户户少种田"状况。委托代为种植模式应运而生,即"自发转接包",其特点是口头约定、临时性,时间短,租金重,"户户分田、家家种粮"的家庭土地承包格局被打破。土地市场自发兴起种养重点户和专业户。

1995年,县人民政府出台74号文件,设立30万元扶持基金,对土地规模经营大户进行政策扶持,土地规模经营势头迅猛。2009年,加快推进农村土地承包经营权流转,县成立领导小组。2010年,县机构编制委员会办公室批准,设立县农村土地承包经营权流转服务中心。乡镇成立土地流转服务站,与乡镇农村经营管理站合署办公,全县统一土地流转承包合同。2014年上半年,全镇土地流转597亩,占上年全部家庭承包土地5922亩的10.08%,每宗20亩以上。

5.农民专业合作社

2002年8月7日,全省首家司前区域专业合作社联合社挂牌成立。2003年始,本镇从农业产业化和农民组织化入手,大力发展种养业和加工业,积极发展蔬菜、景观绿化苗木等"订单"产业,种植面积达200余公顷;扶持山羊、生猪、淡水鱼养殖大户 15 家，从而推动农业逐步实现规模化生产、区域化布局和产业化经营。几年来，先后成立了景观绿化苗木合作社等 7 家专业合作社，入社农户达到 380 多户。专业合作社组织的建立，提高了农业生产组织化程度，降低农业市场风险，使本镇剩余劳动力向集镇转移，有效促进农业增效、农民增收。是年，司前经济合作社联合社被评为省级示范性农村专业合作组织。

2004 年，司前专业合作社联合社被评为县人民政府示范农村专业合作社。2005 年台边林恩毛竹专业合作社被认定为市级农民专业合作社示范社；2008 年，里光红月亮葡萄专业合作社被认定为市级农民专业合作社示范社；同年溪口宫头洋农家鸡专业合作社被认定为市级农民专业合作社示范社。

至 2015 年，司前畲族镇有各类农民专业合作社 44 家，其中种植业 23 家、养殖业 21 家，社员 349 人。

6.农村“三分三改”

2010 年始推进温州市农村体制“三分三改”。“三分”：政经分开，村“两委”（村党支部委员会、村民委员会）属政治组织，其干部误工补贴由政府负担；村级集体经济组织是企业，其经济收益应属于社员，二者分开，确保二次分配的公平；资地分开，把土地资产与非土地资产分开，使得非土地资产能够正常自由流动；户产分开，把户口与产权关系分开，使村民户口迁移也可享有村集体经济产权。“三改”：股改，对村级集体经济中的非土地资产进行股份制改革；地改，农用地在权属性质不变、用途不变、量质不变的前提下进行流转，宅基地的土地所有权归集体所有，但用益物权可以变现，用来帮助农民进镇入城，集体建设用地进入市场；户改，户籍制度改革，户口以实有人口、实有住所为依据，按居住地登记，剥离依附在户口制度上的身份、职业、公共服务等附属功能，还原户口本来的社会管理功能。

2015 年，13 个行政村完成股改并建立股份制经济合作社，在地改中采取“定量不定位”确权，加快组建土地合作社。村股份制经济合作社董事会，内设董事长、副董事长、董事会成员。村党支部书记、村委会主任交叉兼职。干部误工补贴由政府负担。2015 年，全镇核定补助人员 74 人，其中村两委主要干部 26 人，补助资金 53.04 万元；村监督委员会主任 13 人，补助资金 18.56 万元；其他干部 35 人，补助资金 19.95 万元。合计 91.55 万元。2004 年行政村实行小村并大村之后，原行政村设立资产管理小组，在行政村股份制经济合作社董事会领导下管理原小村的集体资产。根据换届选举结果，2014 年 3 月 12 日，中共司前畲族镇委员会公布司前畲族镇各村股份经济合作社董事会董事长、行政村监察委员会(简称村监会)、村股份经济合作社董事会监事会(简称监事会)主任等名单。

各村股份经济合作社董事长、监事会主任一览表

表 7–4–1–1

村　名	职　　务	姓　名
司前村	股份经济合作社董事会董事长	王尤林
	村监会(监事会)　主 任	陶瑜南
叶山村	股份经济合作社董事会董事长	陈尚忠
	村监会(监事会)　主 任	李爱娇
溪口村	股份经济合作社董事会董事长	张周根
	村监会(监事会)　主 任	方广冻
左溪村	股份经济合作社董事会董事长	陈绍禹
	村监会(监事会)　主 任	陶育双
大住村	股份经济合作社董事会董事长	张实勇
	付监会(监事会)　主 任	张碎东
新北村	股份经济合作社董事会董事长	徐雪梅
	村监会(监事会)　主 任	陈道超
榅垟村	股份经济合作社董事会董事长	吴大荣
	村监会(监事会)　主 任	林碎其
里光村	股份经济合作社董事会董事长	高立明
	村监会(监事会)　主 任	罗祖表
台边村	股份经济合作社董事会董事长	陈尚松
	村监会(监事会)　主 任	郑国进
上地村	股份经济合作社董事会董事长	陈道财
	村监会(监事会)　主 任	金景海
峰门村	股份经济合作社董事会董事长	邓敏良
	村监会(监事会)　主 任	夏兆山
徐宅村	股份经济合作社董事会董事长	严立深
	村监会(监事会)　主 任	郑贤付
黄桥村	股份经济合作社董事会董事长	梅　魁
	村监会(监事会)　主 任	叶应东

三、生产条件

(一)耕 地

1.面 积

明嘉靖、隆庆年间,县衙先后派员到各保"履亩清丈",但有赋无田或有田无赋现象终难根除。民国18年(1929年),县政府办理土地陈报,后因农民奋力反抗中辍。民国34年,县政府设地政科,但未进行地籍整理,无可供参考资料。

中华人民共和国成立之初,各户拥有田亩采取自报办法。1952年土地改革前,司前、里光、燕溪、晓园四乡有耕地590.2公顷。土地改革时经重新登记,耕地有744公顷。四乡共有人口11151人,人均耕地0.06公顷。1970年,司前、里光、黄桥3个公社的人口增至10269人,耕地424.66公顷,人均0.04公顷;1992年,司前畲族镇、黄桥乡,人口增至13846人,人均耕地仅0.03公顷。2000年司前开荒19.46公顷,其他增加1.87公顷,共增加21.33公顷。

进入21世纪后,基本建设用地剧增,2000年司前境内建设公路占地7.33公顷,水库淹没73.33公顷。同年,开荒19.46公顷和其他增加1.87公顷,共增加21.33公顷,相抵减少59.33公顷;2001年减少14.33公顷,其中建设占地0.06公顷,农村建房0.06公顷,退耕还林14.2公顷,开荒1.73公顷,土地整理6.66公顷,合计增加8.4公顷,相抵净减5.93公顷;2002年国家基建0.06公顷,农村建房0.88公顷,乡镇企业用地0.1公顷,合计1.04公顷;2003年国家基建占地0.42公顷,农村建房0.06公顷,减少0.42公顷。土地整理增加3.03公顷,相抵增加2.6公顷;2005年乡村建房0.38公顷,其他增加1公顷,相抵增加0.62公顷。2009年,司前畲族镇、黄桥、峰门乡耕地面积413公顷,人口17812人,人均耕地0.02公顷(合0.3亩)。

1965—1983年司前、里光、黄桥公社部分年份粮地面积一览表

表7-4-1-2　　单位:公顷

年份	司前公社粮地面积	里光公社粮地面积	黄桥公社粮地面积
1965	186.20	184.00	75.73
1970	171.00	177.00	76.70
1971	178.06	178.46	71.60
1972	177.80	176.13	74.70

续表 7-4-1-2

年份	司前公社粮地面积	里光公社粮地面积	黄桥公社粮地面积
1973	177.73	176.13	74.53
1974	177.13	176.13	73.27
1975	177.20	176.13	73.27
1976	176.93	176.13	73.67
1977	176.37	176.13	73.73
1978	176.27	175.87	71.47
1979	176.13	174.86	71.33
1980	175.87	174.86	71.33
1981	175.06	169.33	69.47
1982	175.60	169.33	69.27
1983	189.06	183.07	75.40

1984—1990 年司前畲族镇里光乡黄桥乡耕地面积一览表

表 7-4-1-3　　单位:公顷

年份	司前畲族镇耕地面积	里光乡耕地面积	黄桥乡耕地面积
1984	189.06	183.07	75.40
1986	189.06	183.07	75.40
1987	182.27	183.20	75.20
1988	188.87	183.07	76.93
1989	188.80	183.07	76.93
1990	189.47	177.60	73.13

1992—2009 年司前畲族镇黄桥乡峰门乡耕地面积一览表

表 7-4-1-4　　单位:公顷

年份	司前畲族镇					黄桥乡					峰门乡		
	增加数	减少数	本年年末数			增加数	减少数	本年年末数			本年年末数		
			合计	水田	旱地			合计	水田	旱地	合计	水田	旱地
1992	—	0.20	347	328	19	—	—	74	68	6	90	83	7
1993	—	0.20	347	382	19	—	—	74	68	6	94	87	7

续表 7-4-1-4

年份	司前畲族镇					黄桥乡					峰门乡		
	增加数	减少数	本年年末数			增加数	减少数	本年年末数			本年年末数		
			合计	水田	旱地			合计	水田	旱地	合计	水田	旱地
1994	0.80	0.13	347	328	19	—	—	86	80	6	95	88	7
1995	—	0.53	347	328	19	—	0.80	73	65	8	90	87	3
1996	—	6.40	347	328	19	0.13	9.40	65	58	7	87	84	3
1997	0.13	0.07	340	321	19	—	—	—	—	—	87	84	3
1998	—	0.33	340	318	22	—	—	68	58	10	87	84	3
1999	—	—	349	318	31	—	1.67	68	58	10	87	84	3
2000	21.33	80.73	289	246	43	—	—	68	58	10	91	84	7
2001	8.40	14.33	283	228	55	—	6.27	62	58	4	77	75	2
2002	—	1.04	275	230	45	—	0.13	62	58	4	77	75	2
2003	3.07	0.43	278	231	47	—	—	62	55	7	77	75	2
2004	—	—	278	231	47	—	—	62	55	7	77	75	2
2005	1.00	0.38	278	231	47	—	0.27	62	55	7	77	75	2
2006	—	—	—	—	—	—	—	—	—	—	—	—	—
2007	—	0.25	277	230	47	—	0.13	62	55	7	77	75	2
2008	—	—	277	230	47	—	—	59	52	7	83	75	8
2009	—	—	277	230	47	—	—	59	52	7	83	75	8

2.立地条件

境内多山区，梯田多数在海拔 400 米以上，最高的原黄桥乡上燕梯田，海拔 1200 米。农田灌溉条件差，山田交错，耕地零星分布且坡度较大，80%面积属于山垄梯田、山垄小畈、“望天田”、“冷浸田”，土层薄，肥力差。境内能旱涝保收的丰产田仅有 1600 多亩，占 26%。有些田则成“烂糊田”，水温低，存在大量低产田，严重制约农业生产水平的提高。

中华人民共和国成立后，人民政府发动群众兴修水利，建翻水站，改良土壤,帮助改造低产田,成效显著。但是,至1998年,境内仍有大量低产田,多达126.66公顷,占31%。这些低产田有3种类型:第一,高坡梯田,缺水,引水渠道长。修建以后,过冬又被冻坏,来年又要重修。第二,田坎高,丘数多,普遍每亩10多丘以上,最多的几十丘。夏天遇洪水易坍塌,需常年修补不止。第三,“冷浸田”,山高水冷,水稻不长棵分蘖。如上燕梯田,插秧几根,收割时还是几根。

20世纪60年代始,县人民政府采取多种措施,指导改造低产田。1996年3月,县人民政府印发《泰顺县“粮食自给工程”建设实施意见》,要求开发荒地(园)、造田、改造中低产田、旱地改制、高产田培育维护、优化开发旱地;采取补助资金,帮助修建山塘、堰坎、三面光渠道等措施,至2010年,司前畲族镇有效灌溉面积达到51%,峰门乡达到43%。为了克服这些难题,部分村民趁近年来人口向集镇靠拢的时机,将一些较难改造的低产田退耕还林,或种经济作物,开辟农业新出路。

(二)农业气候

司前畲族镇境内是纯山区,林地广袤,生物物种丰富,温度适中,雨量充沛,生态环境优越。但积温偏低,山多地少,大多稍雨则汛,稍旱则涸,耕作条件差。长期以来,种植模式粗放,耕作效率低下,生产效益差。中华人民共和国成立以来,人民政府采取一系列措施,投入大量人力、物力、财力,改善农业生产条件,逐步提高农业综合生产能力。

20世纪90年代至2015年,境内年均温度16.4℃,年降水日数(降水量≥0.1毫米)219—243天,年均降雨量2038.7毫米。气温适中,雨日、雾日、雷暴日偏多,日照、高温日数偏少,又因山多、树木遮阴等因素,日照百分率仅39%,年均日照1626.1小时,属低值区。日平均气温≥10℃积温范围4207.5℃—5633.9℃,积温偏少、光能不足。境内大部分地区适合种植单季稻、茶叶。海拔600米以上地区日平均气温≥10℃年持续期231天,活动积温4635.7℃;10℃—22℃积温2300℃—2665.4℃,适合番薯、高山蔬菜生长。海拔400—600米地区≥10℃年持续期243天,活动积温4999.7℃,10℃—22℃积温3334℃—3750℃,适合大小麦、油菜、番薯生长,是“麦稻(或薯)”“油稻(或薯)”两熟制和茶叶重点产区。海拔400米以下地区≥10℃年持续期250天,活动积温5315.4℃;10℃—22积温3523℃—4660℃,适合早稻、连作稻、柑橘、蚕桑、甘蔗等作物生长,是“麦稻稻”三熟制产区。

灾害性天气主要有干旱(伏旱、秋旱、夏秋旱、冬旱)、寒潮(倒春寒、降春雪、五月寒、秋寒)、冰雹(4—8 月)、雷电(4—7 月)、高温热浪(7—8 月)、热带气旋(7—9 月台风)、暴雨洪涝(5—7 月)等,易造成农作物受害减产。

(三)农业劳动力

1991—2010 年 20 年间,全镇人口向低出生、低死亡、低增长型构成转化。负担少年儿童系数减少,负担老人系数增加。1990 年年龄中位数 24.38 岁,2000 年 26.83 岁,2010 年达 39.68 岁,人口由年轻型转向成年型。劳动型人口 2010 年与 1990 年相比,基本持平。0—14 岁劳动力替补人口仅减少 7.08%。因此劳动力充裕。但随着升学率提高、劳动力素质提高,离乡或离土比率也在提高,农业劳动力呈下降趋势。

1990 年、2000 年、2010 年司前畲族镇三次人口普查劳动人口比例一览表

表 7-4-1-5

年 龄	分 类	1990 年第 4 次普查		2000 年第 5 次普查		2010 年第 6 次普查	
		人口数(人)	占比(%)	人口数(人)	占比(%)	人口数(人)	占比(%)
0—14 岁	少龄儿童	3102	27.26	2131	19.12	2113	20.18
15—64 岁	劳动人口	7544	66.30	7828	70.24	7048	67.31

(四)农用工具

自 20 世纪 60 年代开始使用农业机械,以手动的机具为多。20 世纪 70 年代后半期始,柴油机具普遍使用。80 年代后半期始,允许和鼓励个体购买大中型农机具和农村电网普及,农机具增多。以下数据是从《泰顺统计年鉴》中摘录的,统计不全面,且 21 世纪以后很少统计数据。

1.传统农具

20 世纪 50 年代前,农民使用的主要农具分为铁制、木制、竹制和混合材料制作的四大类。金属农具以铁木结构为主的有犁、耙、耖、锄、双齿耙、四齿耙、柴刀、草刀、镰刀、铁锤、钢钎等,用于田间耕作和收割;木制农具有风车、粪桶、稻桶、稻梯、风扇、谷笼、戽水桶等,用于提水、灌溉、运输和脱粒等;竹制农具有扁担、畚斗、箩筐、灰箕、簟、稻桶簟、谷筛、米筛等,劳动生产率低下。

铁耖

耙田用的耙

平整土地的田跶

木犁

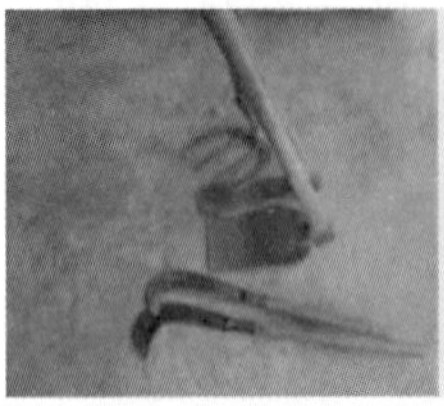
锄、耙、刀

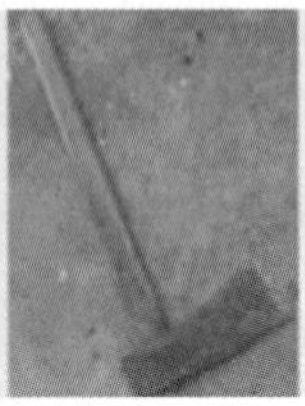
斧

棕衣

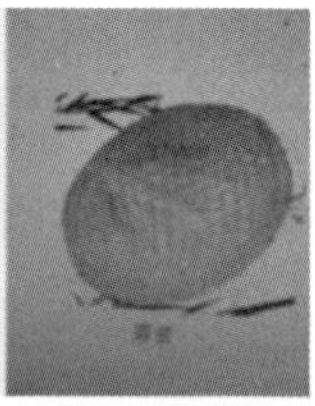
笠帽

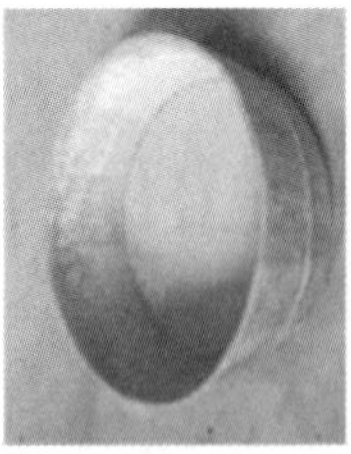
插秧用的秧盂

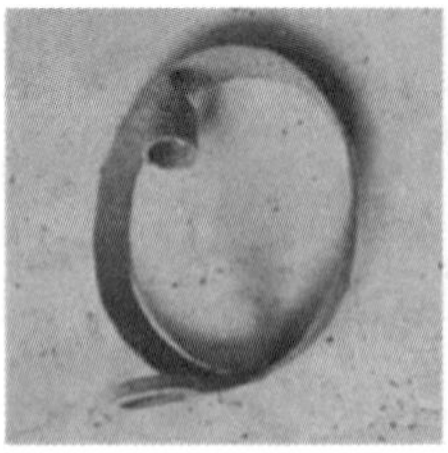
耘田钏

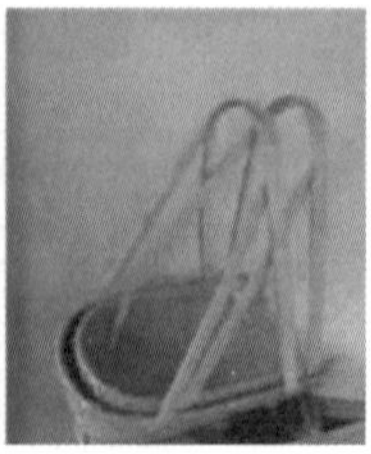
挑肥料用筲箕

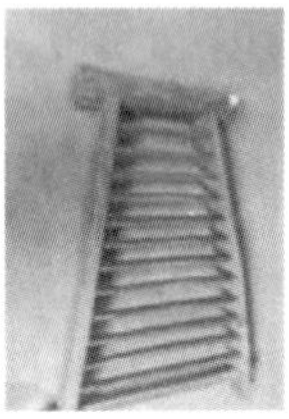
打稻的稻梯

稻桶

晒谷簟

番薯丝帘

谷箩

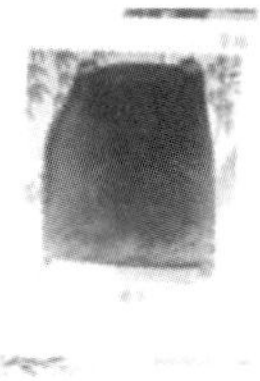
畚斗

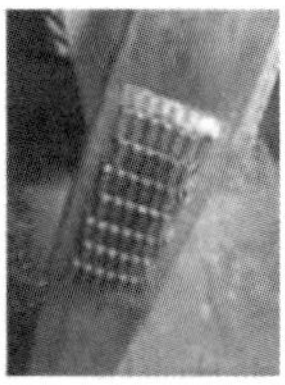
番薯刨

风扇

部分传统农业生产工具 （包才德 2015 年摄）

2.农机具

2002 年司前畲族镇有手扶拖拉机 68 台（套），总动力 538 千瓦，机耕作业面积 0.5 万亩；黄桥乡 2001 年有手扶拖拉机 8 台（套），总动力 71 千瓦 ；峰门乡 2001 年有手扶拖拉机 6 台(套),总动力 46 千瓦。

排灌机械 2001 年司前畲族镇有农业水泵 15 台(套),总动力 33 千瓦。

植保机具 司前畲族镇 1996 年有人力喷雾器 932 架;黄桥乡 1996 年有人力喷雾器 180 架;峰门乡 1996 年有人力喷雾器 118 架。

收获机具 司前畲族镇 1999 年有人力打稻机 200 架,2001 年有机动打稻机 15 台套,动力 33 千瓦;黄桥乡 1996 年有人力打稻机 160 架;峰门乡 1996 年有人力打稻机 115 架。

加工机械 司前畲族镇 1993 年有饲料粉碎机 6 台,榨油机 4 台,茶叶加工机械 32 台,1996 年有磨粉机 54 台,碾米机 116 台;黄桥乡 1993 年有榨油机 1 台,茶叶加工机械 4 台,1996 年有磨粉机 8 台,碾米机 22 台;峰门乡 1993 年有茶叶加工机械 6 台,1996 年有磨粉机 11 台,碾米机 33 台。

运输机具 1958 年引进胶轮手拉车。1980 年后,允许和鼓励个体农民购买大中型农机具,至 2002 年司前畲族镇有运输车 12 辆,总动力 722 千瓦;黄桥乡 2001 年有运输车 4 辆,总动力 35 千瓦;峰门乡 2001 年有运输车 12 辆,总动力 106 千瓦。

农机管理与服务 1984 年设立区农技站,包含农机管理服务。1992 年撤区并乡后,建立畲族镇,农技站人员分流,农机管理转为有偿服务。

四、种植业

(一)耕作制度

种植业历来以粮食为主,春粮为小麦、大麦、豌豆、马铃薯、蚕豆;夏粮为早稻、早中稻、连作早稻;秋粮为单季中晚稻、连作晚稻、夏秋番薯、秋大豆、杂粮等。

中华人民共和国成立前,种植制度以一年一熟为主,一年两熟为次。1950 年后,耕作制度经历 3 个阶段:1950—1957 年,种植制度变动不大。1958 年,提倡“消灭冬闲田”,要求高山地带种大小麦;1963 年引种冬绿肥紫云英成功,为推广连作稻开辟了有机肥源。1971—1978 年,推广绿肥,扩大连作稻面积。1971 年,根据山区农业立体气候特点,划分低山(海拔 400 米以下)、中山(海拔 400—600 米)、高山(海拔 600 米以上)三个不同类型农业种植区。在不同农区对水稻种植进行单季改双季、间作改连作、大苗改小苗、高秆改矮秆的“四改”,矮秆早中稻和晚稻优良品种基本取代了高秆低产品种。1976 年杂交水稻试种获得成功,1977 年全面推广。1980 年始,低山耕作制度演变为绿肥—稻,麦(或油菜)—稻,或稻—冬闲的方式。高山普遍是双季不如单季产量高,中高山只种单季,冬季种植春粮、蔬菜类。1993 年后,粮食播种面积和粮地复种指数在浮动中呈下降趋势,但蔬菜、茶叶等经济作物有较大发展。农作物因受种植结构调整、土地经营方式、技术推广力度、气候灾害、农产品价格等因素影响,年度之间播种面积、产量波动较大。

(二)种植业区划

司前境内峰峦叠嶂,绵亘起伏,地形地貌复杂,形成气候、土壤、植被明显的垂直分布。1985年,根据自然条件的相似性、农业基本特征、农业发展方向和主要措施的相对共同性,在保持乡村行政界线完整性基础上,全县划分为3个种植业区,司前有2个种植区。

1.粮、茶、果种植区

处于县境边缘品字形散布。范围包括黄桥、里光等乡村,海拔较高,雨量充沛,常年多雾,气候较冷凉,山多田少,地势不平。水利设施与耕作条件较差。农业发展宜粮食、经济作物并举,提高粮食单产,经济作物重点抓好茶叶生产,同时开发适合土质的水果品种。

2.粮、果、桑种植区

处县境东北丘陵地带。范围包括司前、里光等乡(镇)的行政村。多数耕地处沿溪两岸,地势较低,耕作条件较好,水利设施尚好,种植作物以粮食作物为主,是连作稻重点种植区。麦类、柑橘、甘蔗、蚕桑及喜温蔬菜等也多集中于此。农业发展着重提高粮食产量,开发经济作物及水果的商品生产。

1991年始,作物布局以一年一熟为主,一年两熟为次。根据《泰顺县种植业区划》调整粮食作物布局,划分低山粮茶杂类区、东北部丘陵粮果桑区、中南部丘陵低山茶粮油菜区。低海拔400米以下水田以绿肥—连作稻为主,搭配部分春花—连作稻和春花—单季杂交稻为主;旱地以春粮—番薯(玉米)为主,番薯园套种大豆、玉米等为辅。中海拔400—600米,水田向春花—单季杂交稻方向发展,适当恢复绿肥—连作稻;旱地以春花—番薯(玉米)为主,番薯园间作套种大豆、旱杂粮等为辅。高海拔600米以上,水田以绿肥—单季杂交稻为主,搭配一部分马铃薯—单季杂交稻;旱地发展马铃薯—番薯。种植结构向粮食与经济作物结合、水旱轮作及种养结合的优质、高产、高效种植模式发展,主要有蔬菜—晚稻、马铃薯—晚稻、春玉米(春大豆)—晚稻、小麦(油菜)—晚稻、绿肥—晚稻等种植模式。

(三)粮食作物

粮食生产受平原面积小、山垄梯田水利条件差以及肥料不足的制约,历史以来复种指数低,耐旱与短期早熟的作物比例大,加上品种缺乏更新,单产及总产均较低。粮食作物种类有水稻、旱稜(旱稻、山稜)、番薯、马铃薯、小麦、大麦、玉米、高粱、小米(本地叫粟)、黄黍、豆类等。20 世纪 50 年代至 20 世纪 70 年代,境内缺粮严重,种植产量高的番薯为主。1965 年,司前公社粮食总产量 784 吨,里光公社粮食总产量 788 吨,黄桥公社粮食总产量 365 吨。人均粮食:司前公社 229 千克,里光公社 203 千克,黄桥公社 219 千克。1981 年播种面积为:司前公社 290 公顷,里光公社 202 公顷,黄桥公社 74 公顷。复种指数分别为 166%、120%、107%。总产为 1418 吨、1351 吨、455 吨。每公顷平均产量为:4.89 吨、6.69 吨、6.15 吨。1990 年,因特大洪灾,司前畲族乡、里光乡、黄桥乡粮食减产至 2593 吨,比 1989 年减少 1047 吨。灾后展开生产自救,强化农业基础和农技推广服务,1991 年起逐步恢复粮食生产能力。1993 年,全省放开粮食购销市场,境内积极发展“一优两高”农业。受市场经济刺激,“户户分田,家家种粮”经营格局被打破,蔬菜、茶叶等经济作物的耕作生产有较大发展,而粮食播种面积和粮地复种指数呈下降趋势。对此境内采取“决不放松粮食生产,积极发展多种经营”农业生产方针,1997 年,粮食生产恢复,司前畲族镇达到 2985 吨,黄桥乡达到 718 吨,峰门乡达到 680 吨,创历史最高水平。

1997 年,种植结构是水稻占 68.99%、番薯占 16.89%、豆类占 9.94%、其他占 4.17%。产量结构是水稻占 75.46%、番薯占 21.40%、豆类占 2.17%、其他占 1%。是年,司前畲族镇粮食总产量比 1965 年增长 89.88%,比 1981 年增长 7.80%;黄桥乡粮食总产量比 1965 年增长 96.71%,比 1981 年增长 57.80%。同年,人均粮食司前畲族镇 270 千克、黄桥乡 260 千克、峰门乡 241 千克。分别比 1965 年增长 25%、18.72%。人均耕地减少,粮食总产量提高,增产因数首先是水稻的单产提高了,司前畲族镇比 1965 年提高 11.73%,黄桥乡提高 33.18%。其中,杂交稻成了重要的当家品种;利用冬闲田扩大种植春粮面积,提高了复种指数;番薯换用新品种也起了重大的增产作用。从 20 世纪 80 年代始,稻谷比重提高,吃番薯丝历史结束。

21 世纪始,大量农村劳动力外出经商务工,农村种地劳动力减少;珊溪水库和公路等建设,境内粮地减少 60 多公顷;粮食生产受种植业结构调整和市场价格的双重压力等几个因素影响,粮食播种面积、总产量呈下滑趋势。2006 年,县人民政府下发《关于做好 2006 年粮食生产工作的意见》,但收效甚微。2007 年,司前畲族镇粮食播种面积 344 公顷,粮食总产降至 1689 吨;黄桥乡播种面积 65 公顷,粮食总产量 280 吨;峰门乡粮食播种面积 91 公顷,总产量 499 吨,是实行家庭联产承包责任制后的最低水平。2008—2010 年,县人民政府连续 3 年下达粮食生产通知,通过落实良种、种粮、农资综合、农机补贴,加快农技成果推广应用等一系列强农惠农政策。2015年,三乡合并后的司前畲族镇,粮食播种面积473公顷,总产量2549吨,分别是1997年一镇二乡总和的53.57%、58.25%。

1980年前若干年份粮地面积粮食产量一览表

表7-4-1-6

年份	司前公社			里光公社			黄桥公社		
	粮地面积(公顷)	公顷产量(吨)	总产量(吨)	粮地面积(公顷)	公顷产量(吨)	总产量(吨)	粮地面积(公顷)	公顷产量(吨)	总产量(吨)
1965	186.20	4.21	784	184.00	4.28	788	75.73	4.82	365
1970	171.00	4.91	840	177.00	4.95	876	76.70	5.79	444
1971	178.06	6.22	1108	178.46	5.83	1040	71.60	7.8	559
1972	177.80	7.17	1275	176.13	6.32	1113	74.73	6.24	466
1973	177.73	6.08	1081	176.13	5.37	946	74.53	5.88	438
1974	177.13	5.92	1049	176.13	5.32	937	73.27	5.90	432
1975	177.20	5.28	936	176.13	5.15	907	73.27	5.93	435
1976	176.93	5.46	966	176.13	5.39	949	73.67	5.78	426
1977	176.67	6.08	1074	176.13	6.08	1071	73.73	6.91	510
1978	176.27	6.36	1121	175.87	6.59	1159	71.47	6.97	498
1979	176.13	7.46	1314	174.86	6.78	1186	71.33	6.86	489
1980	175.87	7.62	1340	174.86	6.99	1222	71.33	5.835	416

1981—1983年司前、里光、黄桥公社播种面积、产量一览表

表7-4-1-7

年份	司前公社				里光公社				黄桥公社			
	耕地面积(公顷)	播种面积(公顷)	公顷产量(吨)	总产量(吨)	耕地面积(公顷)	播种面积(公顷)	公顷产量(吨)	总产量(吨)	耕地面积(公顷)	播种面积(公顷)	公顷产量(吨)	总产量(吨)
1981	175	290	4.89	1418	169	202	6.69	1351	69	74	6.15	455
1982	176	289	3.48	1006	169	234	5.4	1264	69	72	6.44	464
1983	189	311	4.96	1543	183	247	7.34	1813	75	79	6.35	502

1984—1990 年司前畲族乡、里光乡、黄桥乡播种面积、产量一览表

表 7-4-1-8

年份	司前畲族乡				里光乡				黄桥乡			
	耕地面积（公顷）	播种面积（公顷）	公顷产量（吨）	总产量（吨）	耕地面积（公顷）	播种面积（公顷）	公顷产量（吨）	总产量（吨）	耕地面积（公顷）	播种面积（公顷）	公顷产量（吨）	总产量（吨）
1984	189	311	4.96	1543	183	247	7.34	1813	75	79	6.35	502
1986	189	322	5.00	1610	183	298	5.43	1618	75	85	5.27	448
1987	182	344	5.13	1765	183	312	5.51	1719	75	87	5.69	495
1988	188	332	4.80	1594	183	288	5.24	1509	77	97	4.09	397
1989	189	328	5.35	1755	183	316	4.84	1529	77	93	3.83	356
1990	165	302	3.83	1157	177	344	3.42	1177	73	97	2.67	259

1992—2010 年司前畲族镇、黄桥乡、峰门乡播种面积、产量一览表

表 7-4-1-9

年份	司前畲族镇				黄桥乡				峰门乡			
	总播种面积（公顷）	粮食作物			总播种面积（公顷）	粮食作物			总播种面积（公顷）	粮食作物		
		播种面积（公顷）	公顷产量（吨）	总产量（吨）		播种面积（公顷）	公顷产量（吨）	总产量（吨）		播种面积（公顷）	公顷产量（吨）	总产量（吨）
1992	—	687	4.28	2940	—	100	4.17	417	—	135	3.96	535
1993	—	501	4.29	2149	—	100	4.23	423	—	82	4.89	401
1994	—	601	4.52	2717	—	103	3.57	368	—	117	5.60	655
1995	—	514	4.86	2498	—	117	4.43	518	—	140	4.56	638
1996	—	552	4.88	2694	—	112	4.64	520	—	117	5.66	662
1997	790	631	4.73	2985	148	126	5.7	718	148	126	5.4	680
1998	736	590	4.92	2903	170	138	4.86	671	186	131	4.76	624
1999	733	576	5.12	2949	165	128	4.88	625	189	132	4.55	601
2000	656	497	5.06	2515	185	146	3.51	512	166	118	4.71	556
2001	633	442	5.12	2263	191	121	4.14	501	229	144	3.24	467
2002	571	396	5.15	2039	146	113	3.78	427	204	119	3.77	449
2003	550	410	4.96	2034	144	97	3.78	367	176	100	2.93	293
2004	590	420	5.28	2218	135	91	4.49	409	190	104	2.49	259
2005	667	416	5.23	2176	132	91	4.38	399	186	108	2.19	237

续表 7-4-1-9

年份	司前畲族镇				黄桥乡				峰门乡			
	总播种面积(公顷)	粮食作物			总播种面积(公顷)	粮食作物			总播种面积(公顷)	粮食作物		
		播种面积(公顷)	公顷产量(吨)	总产量(吨)		播种面积(公顷)	公顷产量(吨)	总产量(吨)		播种面积(公顷)	公顷产量(吨)	总产量(吨)
2006	623	417	4.91	2047	138	90	4.26	383	198	104	4.70	489
2007	623	344	4.91	1689	106	65	4.31	280	162	91	5.48	499
2008	589	374	5.30	1982	119	91	5.07	461	211	117	5.16	604
2009	570	376	5.52	2076	115	88	5.14	452	154	111	5.15	572
2010	599	393	5.10	2004	114	88	5.39	474	153	109	5.12	558

2011—2015 年司前畲族镇播种面积粮食总产量一览表

表 7-4-1-10

年 份	总播种面积(公顷)	粮 食 作 物		
		播种面积(公顷)	公顷产量(吨)	总产量(吨)
2011	836	558	5.47	3052
2012	842	563	5.47	3080
2013	837	572	5.44	3112
2014	494	313	6.34	1984
2015	725	473	5.39	2549

1.水 稻

水稻种植历史较长,品种多。按气候生态型分有籼稻、粳稻、糯稻;按季节分有早稻、中稻和晚稻。清代水稻有籼、糯、粳三种。籼稻品种有金成、赤芒、白谷、马稻、草鞋籼、晏白、香晚、黄稻、白花秋、柳叶精、齐黄。糯稻有赤糯、松花糯、早瓣、大糯、赤芒糯、草鞋糯。粳稻有早粳、香粳、大冬粳。民国时期,水稻品种以中籼为主,其次是晚籼、晚糯、晚粳。籼稻有早义信、旧谷、四一青、平阳白、花秋、罗起京。糯稻新引进大冬糯、酒糟糯,粳稻除沿种大冬粳外,又新引进红须粳、乌芒晚、三百粒、猪毛簇、野猪粳等。

中华人民共和国成立后,开始引进推广水稻良种。20 世纪 50 年代中期引进中、高秆早稻,有 503、南特号、陆财号、矮南早、莲塘早、南特 16、卫国、北京粳等 13 个品种。20 世纪 60 年代到 1977 年引进推广的早、中稻良种有矮脚南特、广场矮，以及圭陆矮、珍汕、龙革、二九南品系等 29 个品种。晚稻良种有农垦 58、京引 15、沪选、飞老虹糯、台中糯等 13 个品种。早晚稻基本实现矮秆良种化。1978 年后，单季晚稻老品种被杂交稻良种所取代。杂交组合有汕优、协优、威优、白优等 12 个品种。常规水稻良种中，早稻有竹科 2 号、二九丰、科辐红、湘早汕 1 号、湘早汕 3 号、花培 9—6、中 156、浙 582、辐 8—1、农丰早等 14 个品种；早稻杂交良种有汕优 64、威优 64、献优 35 等；晚稻有浙丽 1 号、桂朝 2 号、浙粳 66、矮粳 23、浙农大 40、双糯 40、姬糯、荆糯、秀水 11、秀水 48 等 14 个品种。杂交稻成为单季晚稻当家主要品种后，水稻亩产量大幅度提高。1983 年后，低山稻谷单产每公顷超过 7.5 吨（亩产千斤）。2015 年境内仅有单季稻播种面积 298 公顷，公顷产量 5.87 吨，总产量 1749.26 吨。

2.番 薯

明末清初从福建引入。刨丝晒干一直是农民的主粮。直到 20 世纪 80 年代大面积种植杂交水稻后，才失去主粮地位。品种按表皮颜色分为红、黄、白三种。民国时期有台湾红、台湾黄、琉球、大番红、大番白、红皮白心六十日、白皮红心六十日、金瓜番、五瓜龙等。20 世纪 50 年代以来，先后推广胜利百号、北京 284、广东白、新种花、红红一号、浙薯 2 号、瑞薯 1 号等 18 个新品种，老品种渐次淘汰。2015 年，境内有播种 70 公顷，公顷产量 6.23 吨，总产量 1749.26 吨。

3.杂 粮

玉米、荞麦、薏米、高粱、粟、黍、旱稜（旱稻），一般多在田边地角小面积种植或园地上套种。20 世纪 80 年代后种植面积逐年扩大，并以玉米（俗称苞萝）居多。推广旱地三熟制后，薯园套种春玉米。2015 年境内玉米播种面积 20 公顷，公顷单产 3.75 吨，总产量 260 吨。推广品种有甜 2 号、丹玉 6 号、丹玉 13 号、苏玉 1 号、中单 206、掖单 12 等。

1991—2015 年司前畲族镇主要粮食作物一览表

表 7-4-1-11

年份	粮食作物		稻谷		豆类		番薯		油料			
									油菜籽		花生	
	播种面积（公顷）	总产（吨）	面积（公顷）	总产（吨）	面积（公顷）	总产（吨）	面积（公顷）	总产（吨）	面积（公顷）	总产（吨）	面积（公顷）	总产（吨）
1991	662	2972	—	—	—	—	79	474	—	—	—	—
1992	687	2940	—	—	—	—	77	522	—	—	—	—

续表 7-4-1-11

年份	粮食作物		稻谷		豆类		番薯		油料			
									油菜籽		花生	
	播种面积(公顷)	总产(吨)	面积(公顷)	总产(吨)	面积(公顷)	总产(吨)	面积(公顷)	总产(吨)	面积(公顷)	总产(吨)	面积(公顷)	总产(吨)
1993	501	2149	—	—	—	—	—	—	—	—	—	—
1994	601	2717	—	—	—	—	—	—	—	—	—	—
1995	514	2498	—	—	—	—	—	—	—	—	—	—
1996	552	2694	—	—	—	—	—	—	—	—	—	—
1997	631	2985	347	2017	50	58	85	572	15	16	6	10
1998	590	2903	333	2101	47	55	88	485	13	15	10	17
1999	576	2949	321	2208	47	54	91	434	13	14	10	15
2000	497	2515	263	1770	44	58	90	455	13	16	10	15
2001	442	2263	255	1734	43	65	87	461	13	20	8	10
2002	396	2039	240	1548	47	49	80	408	6	8.5	8	9
2003	410	2034	264	1362	41	46	73	319	13	20	10	9
2004	420	2218	285	1797	44	46	71	371	7	10	7	10
2005	416	2176	272	1714	46	85	81	423	10	15	—	—
2006	417	2047	263	1635	53	103	81	427	10	15	10	15
2007	344	1689	223	1271	56	102	60	360	5	8	—	—
2008	374	1982	219	1382	53	105	92	454	10	17	—	—
2009	376	2076	220	1478	53	105	93	456	10	15	—	—
2010	393	2004	219	1462	52	99	92	355	20	29	—	—
2011	558	3052	310	2048	78	156	158	797	10	14	—	—
2012	563	3080	306	2037	79	155	164	734	30	57	—	—
2013	572	3112	310	2041	79	154	168	863	10	15	—	—
2014	313	1984	195	1208	—	—	—	—	—	—	—	—
2015	473	2549	318	1828	40	94	70	436	8	11	15	31

说明:番薯产量折合番薯丝干

1991—2010 年黄桥乡主要粮食作物一览表

表 7-4-1-12

年份	粮食作物		稻谷		豆类		番薯	
	播种面积(公顷)	总产量(吨)	播种面积(公顷)	总产量(吨)	播种面积(公顷)	总产量(吨)	播种面积(公顷)	总产量(吨)
1991	100	304	—	—	—	—	—	—

续表 7-4-1-12

年 份	粮食作物		稻 谷		豆 类		番 薯	
	播种面积（公顷）	总产量（吨）	播种面积（公顷）	总产量（吨）	播种面积（公顷）	总产量（吨）	播种面积（公顷）	总产量（吨）
1992	100	417	—	—	—	—	—	—
1993	100	423	—	—	—	—	—	—
1994	103	368	—	—	—	—	—	—
1995	117	518	—	—	—	—	—	—
1996	112	520	—	—	—	—	—	—
1997	126	718	69	417	12	12	19	98
1998	138	671	39	478	13	14	17	95
1999	128	625	58	399	14	22	17	98
2000	146	512	58	252	15	17	20	120
2001	121	501	58	349	24	18	21	110
2002	113	427	58	284	17	19	20	102
2003	97	367	56	248	18	20	21	97
2004	91	409	55	295	15	15	20	96
2005	91	399	56	285	14	13	21	98
2006	90	383	55	270	14	11	21	100
2007	65	280	39	196	12	12	6	32
2008	91	461	49	298	14	29	28	132
2009	88	452	44	277	13	29	31	148
2010	88	474	43	279	13	34	32	161

说明:番薯产量折合番薯丝干

1991—2010 年峰门乡主要粮食作物一览表

表 7-4-1-13

年 份	粮食作物		稻 谷		豆 类		番 薯	
	播种面积（公顷）	总产量（吨）	播种面积（公顷）	总产量（吨）	播种面积（公顷）	总产量（吨）	播种面积（公顷）	总产量（吨）
1991	132	519	—	—	—	—	—	—
1992	135	535	—	—	—	—	—	—
1993	82	401	—	—	—	—	—	—
1994	117	655	—	—	—	—	—	—
1995	140	638	—	—	—	—	—	—

续表 7-4-1-13

年份	粮食作物		稻谷		豆类		番薯	
	播种面积（公顷）	总产量（吨）	播种面积（公顷）	总产量（吨）	播种面积（公顷）	总产量（吨）	播种面积（公顷）	总产量（吨）
1996	117	662	—	—	—	—	—	—
1997	126	680	73	528	11	12	15	92
1998	131	624	73	524	12	12	15	47
1999	132	601	62	451	14	12	26	103
2000	118	556	63	451	13	11	42	94
2001	144	467	63	385	18	16	49	67
2002	119	449	59	356	17	14	42	76
2003	100	293	57	215	14	13	27	62
2004	104	259	60	186	16	14	27	58
2005	108	237	60	185	17	15	28	31
2006	104	489	60	270	13	12	27	200
2007	91	499	55	291	13	16	91	530
2008	117	604	55	311	14	21	46	268
2009	111	572	49	291	13	20	49	259
2010	109	558	50	279	11	17	46	253

说明：番薯产量折合番薯丝干

（四）经济作物

茶叶　司前境内历史上农户零星种植，自采自用。1958 年人民公社化，各生产大队开辟集体茶园，设专业队伍种植管理。年产量 3—5 吨不等。溪口、林山、左溪 3 个村为重点产区。1977 年茶叶产量：司前公社 5.36 吨，里光公社 1.50 吨，峰门公社 6.86 吨。1984 年以后，落实生产责任制，专业队伍解散，茶园分户经营，疏于管理，产量减少。1991 年司前畲族镇面积 104 公顷，产量 17 吨。多为零星面积和产量。1997 年后，产量减至 4 吨以下。1998 年重新改造茶园 6 公顷。2010 年，左溪、溪口 2 村重新创建名优茶基地 13.33 公顷，种植安吉白茶等 4 个品种。2015 年，境内茶园总面积 43.33 公顷，其中当年新增面积 1.33 公顷；采摘面积 30 公顷，总产量 23 吨。其中，春茶、夏茶各 8 吨，秋茶 7 吨。

油菜　民国时期种植面积不多，农民榨油自给食用。境内主要品种有本地油白菜。20 世纪 50 年代中后期引入胜利油菜、东胜 14 号、川油 2 号、480、秀油7号、丰收4号、浙油7号、92油菜、92-13系、92-58系、丽油1号、青军1号。2015年境内播种面积8公顷，总产量11吨。

花 生 境内品种有三粒夹、进六十白、大红袍、粤油551、小京生、四粒红等。小京生花生产量为83.3千克/亩，比本地早、迟熟品种分别低59.2%和65.6%，但产值分别高12%和50%。2015年境内播种面积15公顷，产量31吨。

苎 麻 多年生经济作物，年可收三次（三季）。清代、民国期间，农民用于纺线、织布，制作夏衣、蚊帐、麻布袋。种植面积零星，至今极少数农户栽种。

米 椒 1983年引进种植，主要销往日本等国。现境内很少种植。

烟 草 20世纪70年代有少数农户种植自用。

其 他 如向日葵、芝麻、棉花等，虽有种植，但产量少。

（五）蔬 菜

农村栽种蔬菜以自食为主，很少销售。2000年，继莒江乡大棚蔬菜基地淹没之后，左溪、司前、潭边等村，秋季安排发展种植大棚蔬菜。县人民政府规定，蔬菜种植每亩给予150元低息贷款，用乙烯薄膜大棚种植的，贷款额翻一番，先后贷出资金60多万元。潭边村种植大户第一批蔬菜茄子等，于2月春节期间上市，卖到了好价钱。之后，司前河谷地带大棚蔬菜基地规模逐步扩大，被列入市级蔬菜后备基地。2006年，市农科院研究成果"脱毒生姜苗"在司前基地试点栽培成功。至2015年司前畲族镇蔬菜播种面积151公顷，年总产量2421吨。

叶茎菜类 大白菜、小白菜、油冬菜、山东乌、油菜薹、芥菜、雪里蕻、球茎甘蓝（球菜）、榨菜、叶用甜菜、苋菜、芹菜、菠菜、菊花菜、马蹄菜、空心菜（蕹菜）、莴苣笋（莴苣）、苦荬、香菜（芫荽）。

花菜类 花菜（花椰菜）、黄花菜（金针菜）。

根菜类 萝卜（菜头）、胡萝卜（红萝卜）、盘菜、大头菜、姜。

豆 类 蚕豆、豌豆、四季豆、豇豆、白扁豆、白银豆（鸡豆仔）、饭豆（粒子升）、赤豆、绿豆、御豆（大盈指）、皂荚豆、泥鳅豆、刀豆。

瓜 类 南瓜、冬瓜、黄瓜、瓠瓜（蒲瓜）、丝瓜（天罗瓜）、苦瓜、佛手瓜。

茄果类 茄子、西红柿（番茄）、辣椒、番椒、甜椒。

薯芋类 毛芋（芋艿分水、旱两种）、槟榔芋、薯蓣（山药，俗称薯）、菊芋（日头花芋）、马铃薯。

葱蒜类 葱、洋葱、大蒜、韭菜。

食用菌 蘑菇、香菇、白木耳、黑木耳。

水生类 藕、茭白（茭笋）。

笋　类　毛竹笋、花壳笋、乌笋、麦笋、四方笋、百孝笋等 10 多个品种。

野菜类　酸菜、荠菜、苦菜、蕨类、马齿苋、豆腐柴等。

(六)果 品

20 世纪 80 年代，水果从自给性生产转化为商品生产，果品成为农民创收来源之一。1991—2000 年，受天气、市场等多因素影响，水果种植品种、产量变动幅度均很大。2004 年始，司前畲族镇人民政府积极发展蔬菜、景观绿化苗木等“订单”产业，种植面积 200 多公顷；以司前供销社为依托，先后成立了景观绿化苗木合作社等 7 家专业合作社，入社农户达 380 多户；2011 年改造提升白鹤渡农业观光园 10 公顷；2012 年围绕水果、畜禽等三大产业，建成市级农业标准化基地 2 个，新建葡萄、樱桃、猕猴桃等水果标准化基地 61 公顷；2013 年引导和扶持种养大户扩大基地规模，建成猕猴桃、油茶、茶叶、葡萄、杨梅、瓯柑等“七大特色农业基地”；2015 年新增葡萄、杨梅、瓯柑等精品水果基地 68 公顷；发展铁皮石斛、香榧、太子参等中药材种植基地 33 公顷，建成立体生态农业实验场 3 家。至 2015 年完成“畲乡明珠”葡萄观光园、“筱条人家”生态农业园、峰门高山农业园、黄桥毛竹科技示范园及溪口花卉培育基地等“四园一基地”建设，建有葡萄、猕猴桃、杨梅等七大特色基地 187 公顷，创成省重点商标 2 个。是年，境内水果种植面积 323 公顷，总产量 1817 吨。

杨　梅　境内杨梅栽培从 1991 年 3 公顷开始起步。种植品种多为本地种杨梅、东魁杨梅和荸荠种杨梅。本地品种长势强健，适应性强，寿命长，果大，丰产稳产，迟熟，品质上等，果实紫红色，圆形，果顶微凹，大小均匀，果形端正，肉柱长锥形，先端尖，肉质稍粗，甜稍酸，风味浓。因境内气候土壤等适宜杨梅种植，且对场地要求不高，房前屋后只要有空地就可种植，经济效益较佳。

1991 年之后的 20 多年间，杨梅种植面积、产量均提高好几倍，提高了农户的收入。2015 年，全镇杨梅种植面积 107 公顷，产量 323 吨。

椪　柑　1985 年开始引种。椪柑树冠高大、丰产、稳产、优质，11 月下旬成熟，果实耐贮藏，适合山地栽培，但海拔 400 米以上山地易受冻害。在海拔 350 米以下山地表现良好。21 世纪始，因气候、市场、管理等原因，椪柑面积逐年减少，到 2015 年仅余 26 公顷，产量 27 吨。是年开始重新改造建设基地。

猕猴桃　境内野生资源丰富，仅乌岩岭自然保护区就有 7 种。其中，中华猕猴桃(县内野生的均属软毛变种)经济价值较高，最大单果重达 87 克。1983 年乌岩岭自然保护区又从黄岩引种了 3 个中华猕猴桃品种，栽培获得成功。1987 年在省农科院园艺所协助下，又引种了中华猕猴桃硬毛品种海沃德、布鲁诺等，在境内种植，结果性能良好，最大单果重180克。2003年，县林业部门对全县280公顷猕猴桃基地进行引种与选育，形成早、中、晚熟品种相搭配的结构。其中“华特”猕猴桃外观奇特，呈蚕茧状，表面密集灰白色长绒毛，氨基酸含量是传统品种的11倍，维生素含量是传统品种的7倍，采摘后可直接食用，且更耐贮藏，常温下可贮藏2个月。澳大利亚的猕猴桃专家赞誉其为世界上最好的猕猴桃品种。

1988年春，叶山村陈维利，在县林业局等单位支持下，开垦一片27亩多山地，种植猕猴桃。从省农科院引进新西兰“米良1号”和“布鲁特”猕猴桃良种，经3年精心经营抚育，1990年，开始挂果，当年产果150千克，10年间最高年产量7.50吨，最低年产量1吨左右。经省有关单位品评，认为果形大，味道好，为果中珍品，形成叶山品牌畅销沪杭。1999年元月，陈维利被浙江省科学技术协会评为年度省级农村科技示范户，4月，温州市人民政府授予劳动模范称号。1999年，叶洋村在县下派干部的帮助下，发展猕猴桃基地15公顷，并与县龙头企业“山友”公司建立了长期供销关系。根据山友公司的要求，按“绿色食品”标准种植生产。是年开始挂果，产量3.40吨，产值8500元，种植户人均增收182元。至2015年全镇猕猴桃种植面积59公顷，产量465吨。

葡萄 泰顺山野长有野生葡萄，果粒小，味酸。20世纪80年代后期，陆续引进巨峰、红富士等葡萄品种。2009年司前左溪、里光发展大棚种植葡萄11.67公顷。2011年投入268万元，将左溪、台边的葡萄草莓基地规模扩大至21公顷，改良2.6公顷葡萄基地。至2015年全镇葡萄种植面积48公顷，总产量754吨。

梨 历有零星种植。20世纪80年代曾大量引种蒲瓜梨，因管理和品种原因，逐步被淘汰。2001—2003年进行“优质早熟梨引种试验”，选出适合本地种植的翠冠、翠绿、清香等5个优质早熟梨品种。2015年，全镇种植面积77公顷，总产量26吨。

桃 有零星种植。1992年境内有2公顷，产量2吨。2015年，全镇种植面积27公顷，总产量119吨。

李 历有零星种植，现存品种有油柰、花柰、天目蜜李、美国黑李类等品种。2015年，境内种植面积2公顷，产量7吨。

西瓜 20世纪80年代引进。2010年，种植面积8.60公顷，公顷产量4.77吨，总产量41吨。

其他水果 2006年黄桥乡黄山村8位农民以股份制形式成立泰顺县三插溪甜柿合作社，投资3.5万元，开发甜柿基地26.67公顷，1万多株。2009年乡政府投资12万元，引导农民参加甜柿合作社，甜柿种植基地面积增加到34公顷，带动低收入农户 102 户。2010 年，投资 8 万元抚育甜柿基地 8 公顷。是年，左溪村青年蓝积亮在山坡地上种植 10 公顷 2000 株“黑珍珠”樱桃树，打造全县第一个樱桃园。2015 年柿采摘面积 37 公顷，产量 27 吨。

1992—2015 年司前畲族镇经济作物生产情况一览表

表 7-4-1-14

年份	茶叶		水果合计		柑橘		桃		杨梅		猕猴桃	
	面积(公顷)	产量(吨)	面积(公顷)	产量(吨)	面积(公顷)	产量(吨)	面积(公顷)	产量(吨)	面积(公顷)	产量(吨)	面积(公顷)	产量(吨)
1992	104	17	109	28	83	15	2	2	3	—	—	—
1993	104	4	108	207	83	175	2	15	1	4	—	—
1994	117	13	99	248	83	200	3	14	1	—	—	—
1995	117	13	102	283	85	230	3	19	1	—	—	—
1996	117	16	104	280	85	205	3	15	1	—	—	—
1997	53	4	99	336	89	234	2	15	2	35	—	—
1998	8	4	54	92	20	56	2	7	23	11	—	—
1999	8	5	74	203	25	30	3	8	18	74	—	—
2000	8	5	60	183	25	30	2	8	20	70	—	—
2001	23	1	62	188	20	5	3	8	20	70	22	14
2002	—	—	68	254	10	—	3	10	20	90	28	10
2003	11	2	65	345	10	8	—	—	20	130	28	5
2004	11	2	65	324	—	—	8	35	20	138	28	10
2005	11	2	65	298	—	—	8	35	20	138	28	10
2006	11	2	65	286	—	—	8	35	20	138	28	10
2007	15	10	65	275	—	—	8	35	20	138	28	10
2008	18	15	67	291	—	—	—	—	20	138	28	10
2009	14	11	97	280	—	—	—	—	40	138	15	10
2010	39	30	146	397	—	—	—	—	60	100	16	29
2011	49	44	213	456	—	—	—	—	67	117	18	32
2012	49	44	212	457	—	—	—	—	67	117	18	32
2013	35	11	292	1322	17	30	27	119	91	371	59	176
2014	42	19	319	—	24	—	27	—	107	—	59	—
2015	43	23	323	1817	26	27	7	119	107	323	59	465

(七)其 他

白 术 2004年峰门乡以徐坑村和峰门村为重点，利用各类荒山坪、园地，引导农户开发种植中草药。共投入资金8万元，全乡共种植白术13公顷，与县农业局做好挂钩工作，打开销路，全乡12户白术种植户年创收6万元，户均增加收入5000元。

饲料草 1995年司前畲族镇播种黑麦草、紫云英134公顷。2015年种植67公顷。

五、养殖业

(一)家 畜

1.猪

农家历来有养猪习惯。由于饲料缺乏，农户一年仅养一头猪。猪饲料为番薯藤叶和野草，缺乏精饲料，一头猪饲养一年仅50多千克，效益不高。1950年后，随着粮食产量的提高，生猪饲养量逐年增长。1959—1961年粮食减产，生猪饲养量下降。1962年后落实自留地和饲料地政策，母猪实行饲料粮奖售和生猪收购奖售政策，调动农民养猪积极性。1966—1970年，生猪饲养规模较小。1971年开始回升。20世纪80年代始，农村落实和完善家庭联产承包责任制，粮食产量大幅度提高，养殖业发展加快，规模养殖开始形成。2007年规模大户20多家，其中一户养猪大户达到800头的规模。

2011年完成灵狐生态农业实验场、新民生猪养殖场共1500平方米标准化猪舍建设。2012年建设规范化生猪养殖场2个，新建猪舍3500平方米。

20世纪50年代，引进优良种猪有中约克、盘克夏、金华两头乌、长白、苏白、温白、杜洛克、大约克等品种，并进行杂交改良。1979年建立县家畜良种推广站，向农户提供家畜良种，实现公猪良种化，母猪本地良种化，肉猪杂交一代化。1992年镇境内饲养母猪80头，仔猪基本自给。“雅阳猪”为地方优良品种，体型外貌独特，全身皮毛黑色。体形大，四肢粗壮，体质坚实，头大额宽多皱纹，两眼间呈“八”“X”字形，耳有大耳和小耳两型均下垂，鼻梁平直，嘴呈“鳗鱼头”形。公猪口腔齿旁有一粉红色“肉垂”外露悬挂于两侧；母猪腹大，后部发达，臀部丰满，尾长挂至飞节下端。耐粗饲性强，生产性能较好，易育肥，屠宰率高，肉质好，属肉脂兼用型。雅阳种猪经济杂交优势显著，经与引进良种温白等公猪杂交后代饲养对比，平均日增重488—518克，比本地种增高38—68克。

司前镇境内 1992 年生猪存栏 2854 头，出栏 3044 头，全年饲养量 5898 头，户均 1.97 头；1997 年存栏 2088 头，出栏 1145 头，全年饲养量 3263 头，户均 1.27 头。之后，劳动力出外经商、务工、办企业，饲养量减少。2013 年人口基本集聚集镇，出栏 4545 头，存栏仅 193 头，全年饲养量 4738 头，常住农户户均 1.19 头。是年开始环境治理，禁养猪、禽类。至 2015 年饲养量只有 363 头，出栏 222 头，存栏 141 头。

黄桥乡 1992 年生猪存栏 1252 头，出栏 999 头；全年饲养量 2251 头，户均 3.87 头。1996 年以后，农村居民逐渐向集镇集中，饲养量减少至 500 头以下。2001—2003 年，乡境内先后在横路、炉西、桥头岗、半东坑等地创办了规模养殖场，引进优质猪种，进行生猪养殖，投入资金 1000 余万元。其中，梅振宽、苏孝秦两户生猪饲养规模分别在 500 头以上，是当年乡内有名的养殖大户。2004 年始，人口基本集聚集镇，饲养量减少。2010 年后，黄桥乡人口大量的外迁，养殖业逐渐淡出，全年仅出栏生猪 1437 头。

峰门乡 1992 年出栏 823 头，存栏 730 头，全年饲养量 1553 头，户均 2.21 头。2002 年始全年饲养量降为 1000 头以下。2007 年全年饲养量 334 头；2010 年人口基本集中集镇，出栏 64 头，存栏 74 头。

2.牛

民国时期只少数富裕农民有条件饲养耕牛。1951 年以后，县人民政府重视耕牛饲养，制定“保护耕畜、奖励繁殖”政策，严禁滥宰牲畜。1974 年被列为省耕牛基地县。县人民政府每年拨给 3 万元扶持养牛业，制定母黄牛繁殖小牛奖售饲料粮政策。镇境内只有少量农户养牛。20 世纪 90 年代始，耕田基本不用牛，仅高坡梯田无法机耕，才用牛。1992 年镇内存栏 658 头，平均 4.54 户 1 头牛。1998 年始减为 300 头以下。2001 年始，多数高坡梯田退耕还林，养牛降至 200 头以下。2015 年仅存栏 37 头。水牛，属温州水牛。体躯大，毛呈灰色，四肢强壮结实，力大耐深土田使役。适应于气候温暖、地形平缓的农村饲养。20 世纪 50 年代后期至 70 年代初期，水牛饲养徘徊不前。20 世纪 70 年代至 80 年代水牛饲养逐年增多。黄牛，体形矮小，毛色为黄、褐两色。农村农民自繁自养，由于近亲交配繁殖，黄牛后代逐渐退化，被称为“小狗牛”。饲养生长慢、周期长、经济效益低。1979 年引进西门塔尔乳肉兼用牛，与本地优良母黄牛进行杂交改良和采用冷冻精液人工授精，杂交第一代小牛生长具增重快、体形大、耐粗饲好、耕作早、拉力大、泌乳量高等特点，农民称为“大号牛”。1958 年，司前大公社在黄桥上燕兴办乳品厂，利用黄牛、水牛挤奶。效益不高，未几解散。

3.羊

羊有本地山羊和奶山羊。本地山羊毛色分为白、黑、褐色。分布在丘陵山地和低中山一带,司前境内饲养较多。20 世纪 50 年代中后期,县人民政府制定实行"公有户养"政策繁殖小羊"四六"分成,调动农民养羊积极性。1964 年后开展造林绿化、封山育林而限制饲养。

黄桥乡 山地资源丰富,1992 年出栏 650 只,存栏 804 只。2003 年大力发展市场热销的山羊养殖,当年山羊存栏 200 多只。2004 年,山羊存栏 1874 只,出栏 1326 只,农民增加收入 32.12 万元,并确定 70 户山羊养殖户,筛选两户为山羊养殖科技示范户。2004 年,由于养殖户文化水平低,在饲养中不重视品种改良,防疫意识淡薄,造成家畜病多、死亡率高、品种严重退化。为此,乡人民政府多次组织培训,并印发技术资料 500 份,以提高养殖户科学知识水平。2005 年,引入种山羊 108 头,创造产值 48.07 万元,每个示范户平均增加 4500 元纯收入。2006 年,投入 20 万元资金,建立黄桥养殖业发展基金,确定部分素质好、积极性高、有潜力、资金周转困难的养殖户,委托信用社放贷方式,给予 5 万—10 万元的低息贷款进行扶持,解决养殖大户资金的困难,并且成立养殖业服务队伍,帮助联系购销渠道和技术指导。

峰门乡 山区资源丰富,1994 年始羊出栏都在 200 只以上。2003 年传统产业加快发展,投入 16 万元资金,引进了波尔山羊 600 只,在全乡推广养殖。2004 年存栏 1200 多只,出栏 500 多只,38 户养殖户户均增加收入 5000 多元。2005 年,投入 15 万元,引进良种山羊 600 只,帮助 20 户养殖大户充实了基础。同时,乡农技站做好技术服务指导并建立销售渠道。2006 年,全乡山羊存栏量超过 2000 只。2006 年组织成立山羊养殖专业合作社,制订详细的养殖规划,邀请专家和乡农技服务站人员实地指导,传授先进养殖技术,加大资金投入,加强服务。2010 年发挥 4 个专业合作社的龙头作用,巩固山羊养殖示范基地 3 个,种羊基地 1 个,培育山羊养殖示范户 6 户,山羊出栏 2000 只。

司前畲族乡 1987 年引进永嘉四奶头山羊,由司前林场饲养。司前畲族镇 2001 年山羊出栏 3875 只,存栏 2855 只。2005 年后存栏减少至 2000 只以下。2007 年出栏 6289 只,达到高峰。

4.兔

农民家庭向有饲养家兔习惯。20 世纪 70 年代后,养兔生产发展较快,其中长毛兔占 1/4。1959 年引进安哥拉长毛兔,1978 年引进余杭种兔,1979 年引进日本大耳兔,1980 年后引进联邦德国兔,1985 年引进新西兰兔,到 1987 年繁殖发展良种兔,农户饲养的长毛兔,大多数为联邦德国兔繁殖的后裔。但20世纪90年代始兔毛价格下跌,长毛兔饲养量减少,转养肉兔。

黄桥乡　2003年在县人民政府扶持下,建立石街肉兔养殖场,并向园桥村辐射,当年存栏数达2000只,产品供不应求。2004年,肉兔养殖有较大发展,石街村成了乡域养殖专业村。是年,乡里成立了养殖业服务队伍,帮助联系购销渠道和技术指导,与大安兔业有限公司、山友食品有限公司等农业龙头企业挂钩,解决产品销售问题,使之形成市场—基地—农户的养殖产业格局,推动规模养殖业的快速兴起。2010年,出栏1322只,存栏916只。

峰门乡　2009年肉兔存栏2000多只,2010发展野兔养殖500多只,肉兔出栏3450只。司前畲族镇1998年肉兔出栏3389只,2008年出栏5833只。两乡并入后的2015年肉兔出栏5990只。

1992—2015年司前畲族镇畜牧业生产一览表(一)

表7-4-1-15

年份	猪(头)				牛(头)		羊(只)		兔(只)	
	存栏	母猪	出栏	年饲养量	存栏	出栏	存栏	出栏	存栏	出栏
1992	2854	80	3044	5898	658	—	1034	1200	1180	—
1993	2785	81	3047	—	576	—	1145	450	1171	—
1994	2481	68	3001	—	506	—	853	411	6593	—
1995	2422	62	3064	—	576	—	877	436	6515	—
1996	2536	75	3219	—	837	—	2228	1520	2302	—
1997	2088	43	1145	3263	460	45	2150	—	—	—
1998	1951	41	1470	3421	281	78	1304	600	2178	3389
1999	1471	40	1931	3402	231	69	2551	1173	—	3099
2000	1854	36	2748	4602	184	81	3562	1635	—	3027
2001	1953	—	2002	3955	186	132	2855	3875	3461	3822
2002	1570	49	2368	3938	143	117	2712	3481	3161	6030
2003	1425	—	1793	—	102	57	1890	2546	2545	3475
2004	1482	39	3095	4577	119	94	2038	3538	2726	2990
2005	1422	27	2658	4080	97	85	1701	3276	2095	4618
2006	1389	18	2817	4206	103	111	1746	3298	2527	—
2007	1572	—	2515	4087	106	116	1677	6289	2648	10039
2008	1470	—	3227	—	99	89	1215	3137	1689	5833

续表 7-4-1-15

年份	猪(头)				牛(头)		羊(只)		兔(只)	
	存栏	母猪	出栏	年饲养量	存栏	出栏	存栏	出栏	存栏	出栏
2009	1427	—	2788	—	96	82	1174	2672	1483	5715
2010	1548	—	1982	—	150	105	998	1771	2211	4395
2011	4099	—	4535	—	183	177	3194	3777	5117	7089
2012	3002	—	6001	—	155	101	2600	3052	5210	9870
2013	193	8	4545	4738	61	123	1521	2416	4305	2364
2014	149	8	113	262	49	19	1384	1477	4188	3512
2015	141	8	222	363	37	47	1269	2025	4164	5990

(二)家 禽

家禽主要有鸡、鸭、鹅。司前境内历史上饲养量不多。因为雏禽需要精饲料，普通人家经济困难、粮食紧张，养不起；部分人家饲养几只，也是供自家作“补食”。20 世纪 80 年代起饲养量逐渐增多，也有销售。镇内 1992 年出栏 12670 羽，存栏 10760 羽。2001—2004 年达到高峰，年出栏鸭 8 万多羽，鸡 3 万多羽，鹅 100 多羽。2005 年始，劳动力外出，饲养量逐年减少，至 2015 年出栏不到 3 万羽。黄桥乡 1992 年有出栏 7000 多羽，2010 年仅 900 多羽；峰门乡 1992 年有出栏 2000 多羽，2006 年达 2 万多羽，2010 年减少至 7000 多羽。

1.鸡

本地“余家鸡”大小形色各异，成年鸡体重 1—2 千克，母鸡年产蛋 150 枚，蛋重约 42 克。1980 年始，先后引进新浦东、罗斯、星杂 579、红宝、海佩斯、宝星、迪卡、伊莎、海曼、罗曼、艾维茵、丝毛乌骨鸡等良种。苗鸡未能自给。多数靠苍南、平阳两县贩运供应农民家庭饲养。其间，部分农户在竹林放养山鸡。

2.鸭

农家主要饲养麻鸭，俗称田鸭，兼北京鸭、狄高鸭、樱桃谷鸭、番鸭(有全番、半番之分)、法国番鸭。成年麻鸭一般体重 1.5 千克，年产蛋 180 枚，蛋重 62 克。番鸭属肉用鸭，成年鸭体重为 2.5—3.5 千克。1980 年后，随着农村商品经济发展，饲养群鸭专业户日益增多。

3.鹅

有本地鹅、灰鹅、狮头鹅，仅有少数农户零星饲养。成年鹅体重 4—6 千克。

小鹅饲养6个月就能产蛋，年产蛋60多枚，蛋重150克左右。此外有少数农家饲养吐绶鸡(俗称火鸡)、珍珠鸡、肉鸽、鹌鹑等家禽。

1992—2015年司前畲族镇畜牧业生产一览表(二)

表7-4-1-16

年份	年末活禽存栏(羽)	全年活禽出栏(羽)			肉类(吨)						蛋(吨)
		鸡	鹅	鸭	合计	猪肉	牛肉	羊肉	禽肉	兔肉	
1992	10760	合计 12670			254	228	6	9	10	—	6
1993	11480	9125			—	—	—	—	—	—	—
1994	25600	12600			—	—	—	—	—	—	—
1995	32000	16000			—	—	—	—	—	—	—
1996	49104	25564			—	—	—	—	—	—	—
1997	—	—			—	—	—	—	—	—	—
1998	26071	28407			169	117	7	6	36	3	—
1999	31223	41673			228	15	7	12	50	5	20
2000	59773	69777			344	220	11	25	84	5	34
2001	57867	37901	25	81205	401	160	15	58	162	6	26
2002	54351	35670	46	79109	428	192	15	49	163	9	28
2003	32500	41484	48	82036	550	400	6	45	95	4	32
2004	31860	38856	120	81015	—	—	—	—	—	—	—
2005	26721	34652	117	52891	370	265	9	23	69	4	15
2006	13215	14821	272	34582	383	257	13	36	68	9	16
2007	12503	合计 72463			359	215	—	—	—	—	—
2008	11913	合计 43725			413	281	—	—	—	—	—
2009	12215	合计 39533			368	248	—	—	—	—	—
2010	18062	合计 40465			298	179	—	—	—	—	—
2011	19856	合计 32191			514	384	—	—	—	—	—
2012	17500	合计 42520			—	—	—	—	—	—	—
2013	16354	15587	936	13951	571	464	12	36	56	3	9
2014	16634	13026	1648	6195	68	9	2	22	29	6	4
2015	16404	21036		9871	110	18	6	30	46	10	

（三）其他养殖业

1.养 蜂

往昔有少数农户养蜂。一般在房前后置挂土制蜂桶。蜂种为土蜂，少量为中蜂。1949 年以后，饲养户有所增加，同时逐步改用蜂桶，并引进意大利蜂种。司前境内有 10 多户。2001 年 16 箱；2005 年 58 箱；2010—2013 年各 159 箱，年产蜂蜜 7 吨；2015 年 2800 箱，产蜂蜜 81 吨。由于本地蜜源不足，从初春到初冬均转地，从南到北，远至广东、新疆、山西、黑龙江等地放养。

2.养 蚕

民国 7 年（1918 年），在知县黄丽中提倡下，养蚕成为司前等地农家一项重要副业。民国后期趋于衰落。1958 年桑园恢复。1990 年溪口垟桑园被洪水冲毁，饲养量减少至 42 张（种），产茧 1 吨。1995 年产茧 1.4 吨。

3.养 鱼

2010 年，司前镇内溪口村建成大时垅生态围塘养殖基地。黄桥乡投入 7.2 万元，发展淡水养殖，扩大三插溪水库和黄桥电站库区淡水鱼养殖规模。2012 年建成了飞云源省级渔业精品园。境内部分农户还养田螺，亩产 57.3 千克。

4.养蛇 鸵鸟

20 世纪 70 年代，乌岩岭林场有养蛇，制蛇酒。2000 年，司前畲族镇台边村开办鸵鸟养殖场，存栏 45 只。因气候原因，一年后关停。

1992—2010 年峰门乡畜牧业生产一览表（一）

表 7-4-1-17

年份	猪（头）				牛（头）		羊（只）		活禽出栏（羽）			
	存栏	母猪	出栏	年饲养量	存栏	出栏	存栏	出栏	合计	鸡	鹅	鸭
1992	730	44	823	1553	119	—	133	55	2100	—	—	—
1993	580	21	470	—	103	—	310	20	2180	—	—	—
1994	590	23	490	—	106	—	320	200	2380	—	—	—
1995	615	18	465	—	104	—	350	215	2846	—	—	—
1996	932	29	620	—	91	—	259	121	2510	—	—	—
1997	657	18	490	1147	131	4	422	—	—	—	—	—
1998	657	18	490	1147	109	—	280	210	6954	—	—	—
1999	564	18	744	1308	139	—	277	294	13801	—	—	—
2000	555	17	677	1232	126	7	251	258	10180	—	—	—

续表 7-4-1-17

年份	猪(头)				牛(头)		羊(只)		活禽出栏(羽)			
	存栏	母猪	出栏	年饲养量	存栏	出栏	存栏	出栏	合计	鸡	鹅	鸭
2001	477	18	528	—	122	—	302	381	12503	6140	20	6343
2002	434	10	459	893	74	33	228	437	11056	4256	113	6687
2003	448	—	530	978	72	30	251	570	12609	6100	29	6480
2004	472	10	463	935	54	11	409	484	11795	4305	210	7280
2005	394	9	450	844	45	15	348	394	9700	4450	50	5200
2006	279	4	445	724	37	30	303	507	18690	7720	125	10845
2007	—	—	189	334	29	8	752	1077	21889	11850	—	—
2008	112	—	281	—	22	9	1574	1581	17265	—	—	—
2009	59	—	120	—	22	—	1105	1877	6587	—	—	—
2010	74	—	64	—	18	3	1505	1317	7126	—	—	—

1992—2010 年峰门乡畜牧业生产一览表(二)

表 7-4-1-18

年份	禽存栏(羽)	兔(只)		养蜂(箱)	肉类(吨)						蛋(吨)
		存栏	出栏		合计	猪肉	牛肉	羊肉	禽肉	兔肉	
1992	2100	566	—	—	69	66	—	1	2	—	—
1993	2839	340	—	—	—	—	—	—	—	—	—
1994	2897	370	—	—	—	—	—	—	—	—	—
1995	3124	415	—	—	—	—	—	—	—	—	—
1996	5870	369	—	—	—	—	—	—	—	—	—
1997	—	—	—	—	—	—	—	—	—	—	—
1998	7169	—	1670	—	43.6	34.4	0.9	2.1	4.9	1.3	1.4
1999	6771	—	1702	—	78.1	59.5	0.4	2.9	13.8	1.5	7.4
2000	6232	—	1682	—	76.9	54.2	0.9	4.4	15.2	2.2	23.7
2001	—	1690	1216	16	66	42.2	3	6.5	12.2	1.8	2.1
2002	5377	2000	2032	—	59	35.2	4	5	12.2	2.6	6.3
2003	5670	750	2189	—	72	42	5	7	15	3	6

续表 7-4-1-18

年份	禽存栏(羽)	兔(只)		养蜂(箱)	肉 类(吨)						蛋(吨)
		存栏	出栏		合计	猪肉	牛肉	羊肉	禽肉	兔肉	
2004	9378	652	1247	—	—	—	—	—	—	—	—
2005	8850	320	320	58	39	20	2	6	10	1	2
2006	7296	485	1320	—	69	36	3	7	22	1	7
2007	7395	2435	3694	—	68.3	20.4	—	—	—	—	—
2008	4979	2084	4285	—	81.5	28.6	—	—	—	—	—
2009	3550	1558	2160	—	46.1	10.8	—	—	—	—	—
2010	4625	2820	3450	159	46.3	6	—	—	—	—	—

1992—2010 年黄桥乡畜牧业部分年份生产一览表

表 7-4-1-19

年份	生猪(头)			牛(头)		羊(只)		家禽(只)	
	存栏	肥猪出栏	全年饲养量	存栏	出栏	存栏	出栏	存栏	出栏
1992	1252	999	2251	144	—	804	650	7314	7382
1993	1234	1220	—	127	—	236	67	4290	6540
1994	1320	1255	—	144	—	868	658	6853	6082
1995	1302	1255	—	177	—	868	383	6853	6082
1996	322	191	—	93	—	475	256	7147	4300
1997	309	—	511	145	12	449	—	—	—
1998	282	—	422	111	—	212	—	—	—
2001	500	480	980	80	10	700	601	7500	5000
2002	492	454	946	60	10	614	255	5990	4460
2003	826	428	754	96	46	477	235	4586	6373
2004	164	156	320	71	2	465	148	8201	1552
2005	178	138	316	73	6	482	185	7348	4310
2010	1219	1437	—	71	23	242	143	1860	916

六、农业技术

民国时期，农业耕作与养殖技术水平低于沿海平原地区。1952 年泰顺县良种场先后引进与繁育了大量良种，向基层推广。1979 年建立县良种推广站。1987 年先后成立县农业技术推广服务中心和家畜家禽防疫检疫站。杂交水稻制种与繁种、水稻施用稀土技术、冷水烂浸田垄畦法栽培、旱地秋玉米套种等试验研究项目取得成果，向全县推广科学种田提高耕作技术，在大幅度增产粮食、引进与推广畜禽良种、防治畜禽疫病等方面起了重要作用。

(一)栽培技术

1.水 稻

历史上多采用水育秧，成苗率低。1956 年改进育秧技术，播种前先做好种子晒、筛、选(用盐水或泥水)、消毒、催芽工作。提倡改水秧田为半旱秧田。1970 年推广塑料薄膜育秧。1983 年改用地膜育秧，成苗率及苗质均有提高。播种季节由低海拔到高海拔地区顺次推迟，早稻在春分前后，单季稻在谷雨前后，连作晚稻在芒种前后。每亩秧田常规稻播种量 50—75 千克，杂交稻播种量 10—15 千克。秧龄，早稻一般在 30 天左右，单季稻 35—40 天，连作晚稻视品种生育期长短调节秧龄天数，并推广两段育秧法(中间经寄秧阶段)，防止因秧龄过长而拔节败苗。高秆品种大株稀植，行株距 45 厘米×35 厘米，丛插 10—12 株，亩插 5000 丛。1955 年推广小株密植，早稻行株距 23 厘米×13 厘米，丛插 8—10 株，亩插 2 万丛；单季稻行株距 23 厘米×20 厘米，丛插 8—9 株，亩插 1.3 万—1.5 万丛；连作晚稻介于早稻与单季稻之间。20 世纪 80 年代杂交稻推广种植后，行株距 23 厘米×20 厘米或 26 厘米×23 厘米，丛插有 4—5 株分蘖苗的一粒谷种，亩插 1.1 万—1.4 万丛。20 世纪 80 年代中后期推广稀、少、平栽培和高产栽培模式，冷水烂浸田实行垄畦法栽培，对提高单产有明显效果。因水源不足，水利设施条件差而不配套，农民沿用漫灌、串灌方法。低山双季稻地区用栏肥(厩肥)、碳酸氢铵、过磷酸钙作基肥，或灰肥撮秧兜、磷肥蘸秧根。高山单季稻地区用碳酸氢铵、过磷酸钙作基肥或灰肥撮秧兜磷肥蘸秧根。追肥，结合耘田一般用尿素或氯化铵。

2.番 薯

明末清初刚引进时，经验不足，播种面积、产量曾一度减少。农民在逐步总结经验的基础上，逐步走上大面积种植。立冬前后未下霜前择晴天挖薯，选用无病虫害、大小适中的夏薯或秋薯，在向阳避风干燥的山边挖设壁洞贮藏种薯。西北部高山地区则将薯种藏于木箱内，秋凉后存放生火取暖的“火炉间”越冬。春分至清明间选晴暖天气，做好苗床，干番薯叶藤铺底保暖，施足基肥再下种。20 世纪 70 年代后推广塑料薄膜育苗。农民习惯于晴天将地整成深沟高垄，施入栏肥作基肥，然后插植。高山一般在小满开插，芒种旺插，夏至扫尾。芒种插植生根快，耐旱。低山稍早。插植一般斜插，1958 年曾推广水平压，后废。插苗后及时查苗补缺，中耕除草 1—2 次，结合追肥，立秋到白露做好基藤理蔓 1—2 次，霜降至立冬间择晴朗天气收获，并刨丝晒干贮藏。

3.大小麦

历史上农民习惯做畦点播。20 世纪 50 年代中后期推广宽幅条播或散播。20 世纪 80 年代推广免耕法（俗称“稻板麦”）。小麦在立冬至小雪间播种，大麦在大雪前后播种。点播亩用种量 2.5 千克，散播亩用种量 8—10 千克。立夏至小满间收获。

4.马铃薯

收挖时选无病虫害、重 25—50 克的块茎作种薯，摊放在阴凉通风无阳光照射处越夏，让其自然萌芽，于立春前后播种。采用畦种或垄种方式，施好基肥播种薯后覆土 2—3 厘米厚。畦种亩播 2500—3000 穴，垄种亩播 2000穴左右。出苗后及时中耕除草，做好追肥培土和清沟排水，小满到芒种间收获。

（二）中耕除草

1.手工除草

水田除草多在秧苗转青后，采用耘田工具松土锄草，或弯腰在水稻行间用手摸田除草 2—3 次；旱地除草一般在苗期或作物封行前，用锄头等工具削草，如麦田在年前、年后各削草 1 次，达到松土和除草双重效果，但人工除草效率不高且效果也不好。

2.农业除草

一是水旱轮作，改变生态环境，创造不利于杂草生长的条件；二是精选种子，汰除混入杂草草籽；三是培育壮秧，合理密植，提高秧苗的竞争力。

3.化学除草

农作物种植过程逐步应用除草剂。

（三）肥料施用

农民用肥，相沿依靠自积。民国时期，化肥硫酸铵始有施用。中华人民共和国成立后，化肥种类与用量大增，并开始施用菌肥与稀土微肥等。20 世纪 80 年代后期，农家肥用量渐减。

1.农家肥

农家肥主要是指人粪尿、栏肥(厩肥)、草木灰、焦泥灰、饼肥、绿肥。绿肥有种、养、野生三种。种植绿肥有紫云英(草籽)、田菁、苕籽(蓝花草籽)、大荚箭舌豌豆、大绿豆(印尼绿豆)。养用绿肥有红萍、细绿萍等。野生绿肥系用嫩竹叶和嫩橡子(苦槠)叶压青踏田。1963 年推广紫云英试种成功,20 世纪 70 年代面积逐年扩大。绿萍,60 年代在中稻田放养,压青作肥料;另有细绿萍,1979 年引入推广,用作水稻和番薯基肥,亦可作猪、牛、兔饲料。田菁于 20 世纪 70 年代初期引进套种于早稻田,割取茎叶作连作晚稻田基肥。苕子,20 世纪 70 年代中期引入旱地种植,作番薯基肥。焦泥灰系将垃圾等有机物堆垛,上覆草皮,点燃有机物熏土而成。境内农民习惯将焦泥灰与人粪尿拌和使用,边拌边使用,人粪尿中氮素散失少,放置时间太长,人粪尿中氮素散失多。饼肥有菜籽饼、油菜籽饼、桐籽饼。

2.化学肥料

20 世纪 50 年代以后推广的化肥品种,氮肥有硫酸铵、氨水、碳酸氢铵、氯化铵、尿素等;磷肥有过磷酸钙、重过磷酸钙、钙镁磷肥、磷矿粉等;钾肥有硫酸钾、氯化钾等;微肥有硼砂、钼酸铵、稀土微肥等。1983 年全县平均每亩耕地施用标准氮肥 68 千克,磷肥 35.8 千克,钾肥 1.2 千克。化肥(尤其是单一氮素的硫酸铵等氮肥)用量猛增,农家肥用量相对减少,土壤氮、磷、钾养分失调,影响结构与肥力,农业成本增加,效益下降。1986 年起推广配方施肥技术,提高化肥利用率,收到增产、节支、增收的效果。

(四)病虫害防治

水稻病害主要有稻瘟病、纹枯病、白叶枯病、矮缩病。虫害以二化螟、三化螟、稻飞虱、白翅叶蝉危害为重,次为稻纵卷叶螟、稻苞虫、稻秆潜蝇、负泥虫、稻蝽象、稻蓟马。番薯病害主要有番薯瘟、黑斑病、疮痂病、软腐病、蔓割病、丛枝病、紫纹羽病。虫害有金龟子、华叶虫、小象甲虫、白蚁。麦类病害主要是赤霉病、黑穗病、白粉病和锈病。虫害有蚜虫、黏虫和白蚁。马铃薯病害主要是晚疫病、青枯病、腐烂病。虫害有二十八星瓢虫、块茎蛾。

稻纵卷叶螟　也叫稻纵卷叶虫、刮青虫、卷呈虫,为迁飞性害虫。2007 年属重发年,严重田块矮化。2008 年,由于世代重叠现象,个别农户漏治或错过防治关键时期,导致部分田块残虫量较大。

稻秆潜蝇　俗名稻秆蝇、钻心虫、稻尾虫,属双翅目黄潜蝇科。1995 年、1997 年、1999 年、2001 年属中发年。1998 年、2000 年、2002 年、2003 年、2007 年属轻发年,其中秧田期发生较重,严重田块株为害达70%左右;平均穗害率在1.1%—3.15%。

稻飞虱 俗称“蚰虫”,系迁飞性害虫,随风经南方海空入境。该虫刺食稻秆,引起毁秆倒伏,危害较大。1995年为特大发生年。2007年属重发偏轻年,前期以白背稻飞虱为主,二代白背迁入期比往年早、多,三、四代危害较严重,后期以稻飞虱为主,部分乡镇少数田块未及时防治,损失严重。防治一般采取“狠治5代,控制6代”,在大发生年份,取采“治4压5控6”策略;对单季稻采取“狠治3、4代”;对早稻采取“狠治二代,挑治三代”。

稻瘟病 也称稻热病,常年均有发生。因受病部位不同可分为苗瘟、叶瘟、叶枕瘟、节瘟、颈瘟、枝梗瘟和谷粒瘟。2007年,属轻发偏轻年份。2010年,为近20年来稻瘟病发生最重、损失最大的一年。

稻白叶枯病 俗称“茅草瘟”。1991年后零星发生。该瘟属间歇性病害,大都发生在台风暴雨、洪涝年份。

稻纹枯病 俗称“烂脚瘟”,是虫害范围广,常年普发的一种病害,高温湿润季节的水稻分蘖期危害最甚。2008年后,由于单季稻种植密度越来越稀,发病较轻。

水稻缺素病 发生因素:缺锌、缺镁。

麦类赤霉病 又称“烂麦头”“红麦头”,是麦类病害最主要的一种,不仅影响麦的产量和质量,人畜食用还会中毒。

番薯瘟 是甘薯生产的一种毁灭性病害,病区农民说“头年不知道,二年一大片,三年叫皇天”。甘薯“五改一防”技术应用后,该病得到有效控制,但仍有零星发生。

美洲斑潜蝇 1995—1996年,境内普遍发生美洲斑潜蝇病害。危害作物以丝瓜最为严重,其次是白扁豆、白银豆和番茄等。

马铃薯青枯病 俗称“洋芋瘟”,是一种细菌性病害,病原细菌可在土壤和病残物中越冬存活。1996年以来,马铃薯青枯病蔓延迅速,危害严重。1997—1998年,指导农户选择上年病地种植无病(产生抗体)种薯,减轻损失。试验病地须实行3年以上改种,病田改种水稻1年,方可再种马铃薯。

(五)病虫害历史记录

清光绪三年(1877年)秋,虫蚀稻,近城一带尤甚,晚稻歉收。

1971年水稻白叶枯病发生。

1978年,稻纵卷叶螟暴发,泰顺全县3万亩杂交水稻普遍受害,亩虫量达30—50万条。丛害率100%,叶害率80%以上,稻叶发白干枯,一般减产一至二成。

1982年6月下旬至7月上旬,稻瘟病,全县2万多亩早稻发病,病穗率

80%以上。

1986年7月,稻飞虱为害,亩虫量达200万—500万只,全县1.5万亩水稻受害严重,减产200万千克。是年,稻秆潜蝇为害。至1989年,受害面积计8.5万亩,平均株害率13.54%,减产170万千克。

(六)农田鼠害防治

20世纪80年代始,农田鼠害日益严重。据普查,田鼠危害以褐家鼠、黄胸鼠为主,小家鼠、黑绒姬鼠为次。粮食损失严重。1986年以后,政府每年拨款,在当年11月和次年3月发动群众开展灭鼠运动,减轻了鼠害。

(七)防治措施

1963年泰顺县农业局病虫预测预报站、各区农技站在代表性农区设立病虫测报点,按时发布病虫害情报,指导防治。20世纪50年代发动群众性治螟运动,采取方法有摘虫卵、点灯诱蛾,拔除枯心苗、挖光稻根桩、铲光田岸和拔光田坎杂草等。同时选育稻麦抗病高产良种,并用冷浸日晒法防治麦类黑穗病。

1.药剂防治

民国时期农民用烟茎秆浸液除螟虫,桐油滴田防治蚰虫,油茶籽饼防治蛴螬等地下害虫。20世纪50年代番薯虫害主要靠人工捕捉。水稻虫害主要用桐油、煤油滴水人工打杀。还用雷公藤煮水喷杀。后期用六六六粉、滴滴涕和西力生、赛力散防治病虫。70年代推广有机氯、有机汞、有机磷、有机锌类农药。80年代推广高效低毒有机氮和杂环类拟除虫菊酯类农药。

2.农田杂草防治

农民传统用田圈耘田除草,用锄头铲草。1971年推广除草醚。1986年推广禾大壮、杀草丹。1988年推广丁草胺、丁西、草甘膦、绿麦隆、盖草能、敌杀得农药,防治水田、旱地杂草。一般效果达70%—90%。

3.畜禽疫病防治

民国时期,县内设有畜牧兽医技术人员,指导乡村防治。20世纪50年代以来,县指导开展畜禽防疫工作。1956年区农技站配备畜牧兽医1人,指导乡村防治。1975年建立区级集体畜牧兽医站。1990年始,区级集体畜牧兽医站配畜牧兽医人员2人,下配村级兽医防疫员及民间阉割员。区畜牧兽医站技术干部每人配备一套常用诊疗器械。基层兽医员每人配备1只背式疫苗冷藏箱。

1953年开始对猪丹毒进行预防注射。1956年、1959年先后对牛炭疽病、猪瘟进行预防注射。20世纪60年代之后,逐步推行应用10种疫病的疫(菌)苗注射防治。1980年后,建立和健全季报制度,设立司前交通检疫站,对过境的畜禽及其产品进行严格检疫。配备兽医卫生监督员和兽医卫生检疫员，开展产地检疫和农贸市场白肉检疫工作。组织屠商屠工学习《家畜家禽防疫条例》和肉品卫生知识，并进行登记发证，加强管理工作。

七、生态农业

1997 年 2 月，泰顺县被列入全国 102 个生态示范区建设试点之一。2010 年 4 月，被省委、省人民政府命名为省级生态县。是年 8 月，县委通过《关于推进生态文明建设的决定》，深入实施“生态立县、绿色崛起”发展总战略，编制《泰顺国家级生态县建设规划》，全面推进国家级生态县创建工作。

1998 年 3 月开始，乡镇坚持污染防治与生态保护并重，全面开展生态乡镇建设。包括提倡生态农业、生态工业、生态文化、生态旅游、生态环境治理等诸多方面内容和措施。2007 年，黄桥乡被评为省级生态乡；2009 年，峰门乡被评为省级生态乡；2010 年，司前畲族镇被评为省级生态镇。

2009 年泰顺县省级生态县建设指标完成情况一览表

表 7-4-1-20

指标项目	指标要求	完成情况
主要农、水产品中有机、绿色及无公害产品种植（养殖）面积的比重	≥40%	44.2
森林覆盖率	≥72%	75.6
废弃矿山生态环境治理率	≥90%	100
“三沿五区”坟墓治理率；生态葬法行政村覆盖率	≥90% ≥90%	95.4 100
辖区内环境质量（地表水、空气、噪声）	达到国家有关功能区标准，过境河流水质不降低	达到
化学需氧量（COD）排放强度（地区生产总值）	<4.5 千克/万元且不超过省总量控制指标	4.4
城镇生活污水集中处理率；工业用水重复利用率	≥60% ≥60%	74.2 60.1
城镇生活垃圾无害化处理率；工业固体废物处置利用率且无危险废物排放	≥90% ≥90%	100 99.1
城镇人均公共绿地面积	≥12 平方米	25.3
规模化畜禽养殖场粪便综合利用率	≥90%	94.8
城镇集中式饮用水源水质达标率	100%	100

(一)生态公益林

1999 年,泰顺县被列入生态公益林一级试点单位。之后,司前畲族镇全面实施国家重点生态公益林保护,划定并严守生态保护红线,加大生态补偿力度。至 2009 年,省级重点生态公益林、沿海防护林建设任务超额完成。至 2015 年全镇生态公益林 10517 公顷,占总土地面积的 50.37%。国家每年拨付生态效益补偿金 26 元/亩。

2015 年度生态效益补偿金分村一览表

表 7-4-1-21

单位	总面积(亩)	2015 年调整面积			2015 年拨村委会资金				合计金额(元)
		调出面积(亩)	调入(亩)	乌岩岭租赁(亩)	集体(国有)		个人部分		
					面积(亩)	金额(元)	面积(亩)	金额(元)	
新北村	2149	0	0	0	2149	55874	0	0	55874
叶山村	4142	0	0	4124	0	0	0	0	0
上地村	3870	38	0	3870	0	0	0	0	0
里光村	3346	0	0	0	3346	86996	0	0	86996
榅垟村	13093	0	0	0	13093	340418	0	0	340418
司前村	7043	0	0	0	5972	155272	1071	7846	183118
台边村	1578	0	0	0	998	25935	580	15093	41028
左溪村	7477	0	0	0	7477	194402	0	0	194402
大住村	14860	246	0	0	12145	315770	2469	64194	379964
溪口村	8429	11	136	0	8565	222690	0	0	222690
鸡荒山林场	1381	0	0	0	1381	35906	0	0	35906
溪口联营场	803	0	0	0	803	20878	0	0	20878
罗溪源林场	622	0	0	0	622	16172	0	0	16172
黄桥村	51558	9	0	20919	21915	569790	8724	226824	796614
朱塆村	3951	0	0	0	3028	79738	923	23988	102726
峰门村	19496	0	110	0	19606	609756	0	0	509756
乡林场	2948	0	0	0	2948	76648	0	0	76648
全镇合计	157762	304	246	28913	124144	3227741	14705	382333	3610074

（二）退耕还林

20世纪80年代始，杂交水稻大面积种植，产量提高，粮食充裕。主要劳动力外出创业，粮食播种面积减少，镇境山坡地多抛荒。在家劳动力适时将山坡空闲地退耕还林。

新北村（原和庄、上升、新桥）大力发展毛竹林，毛竹林从1977年的214公顷，增加到2015年的600多公顷。

2007年黄桥乡的黄山自然村8位农民以股份制形式成立泰顺县三插溪甜柿合作社，开发甜柿基地27公顷，栽植甜柿1万多株。2008年投入资金2.5万元，对基地进行全垦和施有机肥3吨。2009年，乡政府投资12万元，引导农民组建甜柿合作社，发展甜柿种33.8公顷，带动低收入农户102户。

至2015年，按照“一村一策”的产业扶持对策，全镇每年整合投入扶持资金1000万元以上，通过能人引领、合作社示范，建成葡萄、猕猴桃、瓯柑、杨梅、茶叶等七大特色农业，基地面积1200多公顷，建成立体综合开发模式的生态农业实验场3家，组建了一批以技术能人和专业大户为骨干的专业合作社联合社，走“合作社+基地+农户”的产业化发展之路，带动农民4000多人。

（三）立体养殖

蜜蜂授粉是农业可持续发展的一个关键环节，也是生态农业的一个组成部分，具有显著的生态效益。蜜蜂授粉完全是在不破坏资源、不造成污染的情况下，充分利用来自植物的再生资源，延长大农业的生态链。蜜蜂授粉在保持物种的多样性、维护生态平衡方面起到巨大的作用。它通过促进植物物种的繁荣和稳定，间接影响动物的生存。另外，蜜蜂授粉在保持水土、改造沙漠等生态工程上，也有重大贡献。

峰门人严立超，男，汉族，1978年出生，于2001年从事养蜂行业，主要从事中华蜂饲养改良，为了使泰顺养蜂市场走向规模化、标准化，帮助养殖户发展优势农产品生产，提高农业生产效益，增加农民经济收入。于2009年成立泰顺县百花蜜蜂专业合作社，注册资金100万元，社员115人，严立超被推选为合作社理事长。合作社注册了“联农”商标，企业产品已通过QS认证，实行无公害生产化，开展合作社+基地+农户的发展模式，签订统一收购协议，并实行产品统一包装，统一销售。至2013年合作社总产值高达920万元，年度盈余220万元，成员年均收入10500元，带动农户513户，并辐射周边省、市、县，为合作社注入了强劲的动力。2015年蜂蜜产量21吨。企业被推选为“泰顺县农民专业合作社联合会常务理事单位”“泰顺县青年就业创业会常务理事单位”；

合作社先后获得科技示范基地、残疾人扶贫示范基地、县规范化农民专业合作社、县示范性合作社、县农业标准化示范单位、浙江省示范性农民专业合作社等称号。个人取得全国无公害内检员证书。2011年严立超被评为泰顺县第二届“乡土人才”;2012年被评为全省农民专业合作社优秀理事长;2014年荣获温州第三届农村青年创业创新项目竞赛一等奖。

(四)绿色种植

种植业严格控制化肥使用量,禁用高毒、高残留农药;提倡使用农家肥、有机肥和生物防治病虫害,生产绿色农产品。

境内的泰顺县丰润农业专业合作社联合社 ,是以23家农民专业合作社、107名成员为股份成员单位,以农民专业合作社为基本单位,以生产专业合作、农产品供销、农资供应合作、资金信用合作为内容的“三位一体”合作经济组织。联合社种植以猕猴桃为主的水果,同时种植蔬菜、中药材以及从事农产品初级加工销售等。常年种植猕猴桃面积2300多亩,7个品种,年产量1000多吨。

但是,以前各专业合作社生产各自为政,各行其是。以猕猴桃生产为例,有的为了增加产量,在果树上使用“膨大剂”,致使果实烂心,不能存放;有的春季在果园里使用除草剂,破坏果园生态平衡,致使病毒细菌上果树,果实菌斑累累;有的过多施用氮肥,致使果实缺钾,未到霜降节气就掉果;有的过早封园,致使“秋旺热”时期引发果园霉病等。不规范、不科学生产规程,严重影响产量和产品质量,致使本地区猕猴桃产品声誉严重受损,价格低廉,果农亏本,利益受损。

为了保护农民利益,既能增产又能增收,2014年,联合社制定“五统一、六禁止”制度,即统一生产技术指导、统一农药化肥调配、统一商标、统一包装设计、统一销售,严禁使用高毒农药、严禁使用大果灵、严禁过早采摘、严禁次果品上市、严禁以劣充优、严禁外来果品入社。

1.统一指导服务

联合社统一组织技术培训,并通过典型示范,由经验丰富的果农现身说法,引导果农掌握关键生产技术:果园要人工除草,保护益生菌,保护害虫天敌,以保持果园生态平衡;自制生态草药除虫剂,治虫宜早不宜迟,清明节前消灭小叶蝉;喷施农药时,要喷在草丛上,而不能喷在果树上;消灭成虫金龟子一定要人工捕捉;消灭小叶蛾一定要在晚上用强光手电筒捕捉,而不能用捕虫灯,以免招来大自然害虫,使果园雪上加霜;果园施肥使用草木灰和沤肥，增强果梗强度，不易掉果；果园要保湿防晒；秋后封园一定要避过“秋老虎”等。

2.统一技术标准

按照有机产品质量要求，统一制定、实施生产技术规程，建立和完善产品质量安全追溯、检测、监督等制度。实行管理人员服务责任制，规定因指导、管理不到位而造成损失的，由技术负责人赔偿。以保证农产品无公害质量，产品销售渠道畅通。

（五）生态系统

为了保护“温州水缸”——飞云湖的水质，1997 年，司前境内的高污染企业泰顺县造纸厂停产转产。21 世纪始，全面开展库周垃圾、生活污水处理和畜禽整治。2006 年启动里光、台边、新北等行政村村庄整治工作，村镇面貌明显改观，里光村顺利通过上级达标验收。2007 年左溪村市级整治村创建顺利通过上级达标验收。完成里光省级整治村、大住市级整治村建设。以司前村、溪口村“千百工程建设”为契机，对捌柒路、振兴路、回澜路沿街进行整治。拆除违章街面棚、违章建筑棚、清理卫生死角，顺利通过市级生态示范镇验收。

2008 年投入 95 万元建成左溪、溪口、下库 3 个污水处理系统；投入 160 万元建成司前村、左溪村、溪口村生态公厕 4 座。2009 年，完成总投资约 700 万元的司前镇污水处理主体工程及管网建设；投入 34 万元，建设里光、大住 2 个村的污水处理系统；投入 65 万元，全面完善完成镇中心垃圾中转站建设。投入 93 万元，创建新北、左溪、溪口 3 个生态示范村。顺利通过省级生态镇检查考核组验收。2010 年建成总投资 1130 万元、日处理生活污水 1000 吨的司前建成区生活污水处理系统主体工程，招聘 2 名管理人员并完成技术培训和霉菌培养，委托编制建成区生活污水处理系统管网改造设计；做好全长 240 米的新北村垟头内侧排水排污工程；做好司前、新北、溪口等建成区生活污水处理系统支管网改造申报前期工作。聘任环卫工作人员 21 名，更新了一辆载重 8 吨的垃圾运输车，完善了生活垃圾“户集、村收、乡镇中转、片区统一处理”机制，实现建成区垃圾处理正常化。完成里光省级整治村、大住市级整治村建设。2014 年开展以“三边三化”、库周环境整治等为主要内容的环境综合整治，全镇公路边、河道、库周和山边等影响环境的“脏乱差”问题得到全面整治，“三边三化”工作考核居全县第二。至 2015 年完成 9 个村的农村生活污水治理工程建设，拆除猪栏面积 2.6 万平方米；全面禁养生猪、禽类。完成镇内 3 条溪流的综合治理，加固堤防设施，建设亲水步道，完成镇域沙场整治。全年投入资金

2000多万元,集中实施农村生活污水治理工程、生态河道建设工程、滨水文化公园、沿溪景观改造工程等项目。完成“三改”建筑面积33.2万平方米,依法处置存量违法建筑1.99万平方米。泰商严立淼带头为家乡“五水共治”捐资100万元,实施全流域禁渔,保护原石不外运和河道原生性,打造“会呼吸”的河道,切实做好温州“大水缸”珊溪水库水质保护,完成“国家级生态乡镇”的初步规划和申报。

八、农业产值

司前畲族镇、黄桥乡、峰门乡的2010年农业总产值比1992年撤区并乡时分别增长2.68倍、2.51倍、2.81倍,分别年均增长7%、7%、8%。剔除物价指数,年均增长3%—4%。其中,2010年司前畲族镇农业总产值中的种植业、林业、牧业产值比是41.15:39.55:17.27;黄桥乡农业总产值中种植业、林业、牧业产值比是13.56:59.81:26.63;峰门乡农业总产值中种植业、林业、牧业产值比是43.86:28.73:17.77。2011年,3个乡合并以后,当年农业总产值比上年的3个乡合计农业总产值减少233万元。2012年,牧业产值增加,农业总产值有所回升,2015年,牧业产值减少,农业总产值又回落至5517万元。总体上,城镇化进程增快,农业呈衰退趋势。其中,种植业受劳动力转行影响而下行,牧业受环境保护政策影响退出,仅林业保持一定优势。

2010年司前、黄桥、峰门三乡镇农、林、牧、渔生产总产值分类一览表

表7-4-1-22　　单位:万元

乡镇名称	合计	农业	林业	牧业	渔业
司前畲族镇	3451	1420	1365	596	70
黄桥乡	1187	161	710	316	0
峰门乡	529	232	152	94	51
合　计	5167	1813	2227	1006	121

说明:2003—2006年指标为农村经济总收入,2007年以后为农林牧渔总产值

2011—2015年司前畲族镇农业总产值一览表

表7-4-1-23　　单位:万元

年份	合计	农业产值	林业产值	牧业产值	渔业产值	农林牧渔服务业
2011	4934	—	—	—	—	—
2012	6046	1676	2581	1664	103	22

续表 7-4-1-23

年 份	合计	农业产值	林业产值	牧业产值	渔业产值	农林牧渔服务业
2013	5561	1996	2495	952	91	27
2014	4473	2039	2122	195	82	35
2015	5517	2661	2146	643	30	37

1991—2010 司前、黄桥、峰门三乡镇农业总产值一览表

表 7-4-1-24　　单位：万元

年份	农业总产值		
	司前畲族镇	黄桥乡	峰门乡
1991	395	344	126
1992	939	338	139
1993	1056	271	136
1994	847	240	100
1995	847	246	100
1996	867	261	82
1997	913	281	90
1998	698	353	69
1999	871	507	150
2000	1099	549	278
2001	1243	715	238
2002	958	620	770
2003	6478	441	780
2004	6181	799	785
2005	11173	660	732
2006	11969	1221	496
2007	2515	551	550
2008	2596	1259	599
2009	2683	775	513
2010	3451	1187	529

1992—2010年司前、黄桥、峰门三乡镇农民人均纯收入一览表

表7-4-1-25　　单位：万元

年份	司前畲族镇	黄桥乡	峰门乡	年份	司前畲族镇	黄桥乡	峰门乡	年份	司前畲族镇	黄桥乡	峰门乡
1992	468	273	244	1998	1487	1217	1298	2005	4300	3074	2420
1993	330	313	263	2000	2090	1910	1770	2006	5262	3730	2959
1994	357	382	362	2001	2330	1984	1876	2007	6014	4323	4373
1995	632	493	433	2002	2682	2112	1973	2008	5056	4885	5052
1996	1320	1226	799	2003	3495	2814	1516	2009	5657	5328	5095
1997	1412	1276	1208	2004	3556	2609	2938	2010	6112	5850	5690

第二节　林　业

司前畲族镇是泰顺县重点林区。镇境适宜林木生长，明清时期仍是森林茂密之地。民国时期，人口骤增，商品材外运频繁，而造林少，森林面积开始锐减。中华人民共和国成立后相当长时间里，森林保护未能引起充分重视。1958年，农村大办公共食堂、大炼钢铁、毁林烧炭，森林资源受到严重破坏。“文化大革命”期间，山林权属受到冲击，乱砍滥伐成风，林木蓄积量剧降，近熟林少，过熟林殆尽。

植树造林以1972年开展林业基地建设为转折点。司前、里光、黄桥3个公社至1976年基地造林567公顷，面上造林657公顷，“四旁”植树13425株；1977—1980年，基地造林322公顷，补植44公顷，“四旁”植树10210株。

1981年开始实施林业“三定”政策(稳定山权林权、划定社员自留山、落实林业生产经营责任制)，林农造林积极性高涨，年均造林42公顷(含飞播)、四旁植树6400株。2009年林业普查时，司前畲族镇林地活立木蓄积量333469立方米。其中有林地333361立方米，疏林108立方米。另有四旁树1066立方米，散生树646立方米。总计335181立方米。比1977年司前、里光两公社活立木总蓄积107774立方米增长209.31%。森林覆盖率87.35%，林木绿化率87.42%；黄桥乡活立木蓄积量145710立方米，比1977增长61.48%。森林覆盖率87.96%，林木绿化率88.04%；峰门乡活立木蓄积量118179立方米，比1977

年增长805.27%。森林覆盖率84.40%,林木绿化率91.99%。其中,2009年司前畲族镇、黄桥乡森林覆盖率分别比1994年增加5.45、4.76个百分点。

据2009年全县林业普查统计,镇境内林木结构以乔木为主,龄组幼、中龄林占优势,林种以用材林为多,树种以松杉为普遍,人工林比重大,林种齐全。镇内集体土地面积19829公顷,占全镇总面积的94.95%。林业用地面积17691公顷,占集体总土地总面积的89.22%,林木总蓄积量59.55万立方米。

植树造林,治理环境,为涵养水源、治理大气污染作出了贡献,也为农民增加收入来源提供了保障。

一、森林资源

(一)面 积

1977年,司前公社有林地3423公顷,其中较多的大住大队1000公顷,溪口大队900公顷;里光公社3958公顷,其中较多的榅垟大队1200多公顷,叶山大队700多公顷,上地大队500多公顷;黄桥公社3041公顷,其中较多的新增大队900多公顷,园桥大队800多公顷,联盟大队600多公顷,苍展大队500多公顷;峰门大队900多公顷,徐坑大队500多公顷。2009年,司前畲族镇有林地10505公顷,比1977年司前、里光2个公社有林地之和多3124公顷,增长42.32%;黄桥乡3537公顷,比1977年有林地多496公顷,增长16.31%;峰门乡3116公顷,比1977年4个大队有林地之和多944公顷,增长43.46%。

2009年司前畲族镇、黄桥乡、峰门乡林地面积一览表

表7-4-2-1

乡镇名	森林类别	土地总面积(公顷)	林业用地(公顷)							非林地(公顷)	森林覆盖率(%)	林木绿化率(%)
			合计	有林地					其他林地			
				小计	乔木林地			竹林				
					小计	纯林	混交林					
合 计	—	19829	17691	17157	13821	11515	2306	3336	534	2138	86.54	89.22
司前畲族镇	合 计	12115	10733	10505	8326	6408	1918	2179	228	1382	87.35	87.42
	生态林	—	4032	4021	3886	3172	714	135	11	—	—	—
	商品林	—	6701	6484	4440	3236	1204	2044	217	—	—	—

续表 7-4-2-1

乡镇名	森林类别	土地总面积(公顷)	林业用地(公顷)							非林地(公顷)	森林覆盖率(%)	林木绿化率(%)
			合计	有林地					其他林地			
				小计	乔木林地			竹林				
					小计	纯林	混交林					
黄桥乡	合计	4020	3539	3537	2623	2489	134	914	2	481	87.96	88.04
	生态林	—	2874	2872	2584	2450	134	288	2	—	—	—
	商品林	—	665	665	39	39	—	626	—	—	—	—
峰门乡	合计	3694	3419	3115	2872	2618	254	243	304	275	84.40	91.99
	生态林	—	819	538	500	487	13	38	281	—	—	—
	商品林	—	2600	2577	2372	2131	241	205	23	—	—	—

(二)林种分布

清代,民间栽插松、杉和柳杉比较普遍,毛竹林盛于清代。但处于自然状态的阔叶林仍占绝大部分面积。民国初期,县知事黄丽中重视林业,设立苗圃,提倡营造经济林,司前桑树收效颇大。中华人民共和国成立后,因地制宜,积极营造多种林木,林种分布趋于合理。

用材林　2009 年,全镇松林面积占 43.58%。其中,杉木、柳杉占 14.49%,主要分布在西北部的原里光乡、乌岩岭林场和峰门乡一带。阔叶林占 18.78%,一般分布在原司前、黄桥、里光等地。

竹　林　据 2009 年县林业局调查,司前畲族镇、黄桥乡、峰门乡合计竹林 3336 公顷,占集体林面积 24.15%。其中,毛竹占 97.39%,杂竹占 2.61%。司前畲族镇面积 2179 公顷,主要分布在榅垟、叶山、上地、上升村;黄桥乡 914 公顷,联盟、园桥、新增村为多;峰门乡 243 公顷。2009 年立竹量:司前畲族镇 418.14 万支,其中榅垟村 126 万支、叶山村 106 万支、上地村 49 万支、上升村 41 万支;黄桥乡 231.60 万支,其中联盟村 91 万支、园桥村 63 万支、新增村 56 万支。峰门乡立竹量 42.22 万支。

薪炭林　以杂木为主。2009 年,司前畲族镇有 51 公顷,活立木量 741 立方米。

防护林　2009 年,司前畲族镇有 2177 公顷,黄桥乡 18 公顷,峰门乡 538 公顷。

特用林　2009 年,司前畲族镇 1844 公顷,黄桥乡 2856 公顷。

1977年司前、里光、黄桥三公社各大队及峰门各大队森林分树种面积一览表

表7-4-2-2 单位：公顷

大队	合计	松树	杉树	硬阔	毛竹	杂竹	油茶	茶	板栗	山苍	灌木	桑
司前公社	3423	2114	98	778	145	6	174	70	—	—	20	18
大住大队	1067	429	6	516	88	1	7		—	—	20	—
溪口大队	930	687	15	134	10	1	56	11	—	—	—	16
司前大队	300	248	13	—	5	1	19	13	—	—	—	1
左溪大队	693	515	40	84	7	2	20	25	—	—	—	—
林山大队	102	27	5	1	5	—	54	10	—	—	—	—
筱条大队	195	164	11	—	7	—	7	5	—	—	—	1
叶垟大队	136	44	8	43	23	1	11	6	—	—	—	—
里光公社	3958	826	465	1358	1175	15	34	32	5	1	47	—
林　场	157	24	108	25	—	—	—	—	—	—	—	—
榅垟大队	1288	119	93	671	401	—	1	3	—	—	—	—
上地大队	571	149	71	157	156	11	1	9	4	—	13	—
和庄大队	80	32	5	9	33	—	—	1	—	—	—	—
上升大队	307	90	34	48	131	1	1	2	—	—	—	—
新桥大队	184	24	31	76	50	3	—	—	—	—	—	—
叶山大队	735	66	41	290	337	—	—	—	1	—	—	—
里光大队	419	189	40	82	59	—	9	5	—	1	34	—
台边大队	217	133	42	—	8	—	22	12	—	—	—	—
黄桥公社	3041	541	209	1676	606	—	—	7	—	—	2	—
联盟大队	669	151	106	171	239	—	—	—	—	—	2	—
园桥大队	888	123	21	573	167	—	—	4	—	—	—	—
新增大队	921	91	62	619	146	—	—	3	—	—	—	—
苍展大队	563	176	20	313	54	—	—	—	—	—	—	—
峰　门	2172	774	24	1174	92	2	12	36	—	—	58	—
峰门大队	965	160	4	722	45	1	—	19	—	—	14	—
徐坑大队	515	248	14	214	17	—	10	12	—	—	—	—
下宅大队	378	284	6	55	21	—	1	3	—	—	8	—
朱塆大队	314	82	—	183	9	1	1	2	—	—	36	—
合　计	12594	4255	796	4986	2018	23	220	145	5	1	127	18

2009年司前畲族镇、黄桥乡、峰门乡林种一览表

表7-4-2-3

大队	林种	亚林种	活立木总蓄积量(立方米)	有林地				
				小计	乔木林		竹林	
				面积(公顷)	面积(公顷)	蓄积(立方米)	面积(公顷)	支数(百支)
司前畲族镇	防护林	水涵林	59101	2171	2121	59101	50	898
		水保林	216	6	6	216	—	—
	特用林	自保林	69987	1844	1759	69987	85	4123
	用材林	用材林	203156	6270	4272	203048	1998	36793
	薪炭林	薪炭林	741	51	51	741	—	—
	经济林	果树林	259	114	114	259	—	—
		食用林	—	46	—	—	46	—
		药用林	9	4	4	9		—
	合计		333469	10506	8327	333361	2179	41814
黄桥乡	防护林	水涵林	83	18	4	83	14	399
	特用林	自保林	143213	2856	2580	143213	276	6079
	用材林	用材林	1543	661	37	1543	624	16682
	经济林	果树林	71	2	2	71	—	—
	合计		144910	3537	2623	144910	914	23160
峰门乡	防护林	水涵林	24367	538	500	24367	38	616
	防护林	水保林	—	1	1	—	—	—
	用材林	用材林	92668	2550	2349	92668	201	3606
	经济林	果树林	44	23	23	44	—	—
		食用林	—	4	—	—	4	—
	合计		117079	3116	2873	117079	243	4222

(三)蓄 积

1977年活立木总蓄积量:司前公社59955立方米,其中:松杉木45206立方米,占总蓄积量的75.40%;硬阔14749立方米,占24.60%。里光公社

47819 立方米，其中：松杉木 18215 立方米，占总蓄积量的 38.09%；硬阔 29604 立方米，占 61.91%。黄桥公社 90233 立方米，其中：松杉木 28702 立方米，占总蓄积量的 31.81%。硬阔 61531 立方米，占 68.19%。峰门 4 个大队 12933 立方米，其中，松杉木 12010 立方米，占总蓄积量的 92.86%；硬阔 923 立方米，占 7.14%。

2009 年，司前畲族镇活立木总蓄积量 333469 立方米，其中：用材林 203156 立方米，占总蓄积量的 60.92%；特用林 69987 立方米，占总蓄积量的 20.99%。黄桥乡活立木总蓄积量 144910 立方米，其中：用材林 1543 立方米，占总蓄积量的 1.06%；特用林 143213 立方米，占总蓄积量的 98.83%。峰门乡活立木总蓄积量 117079 立方米，其中：用材林 92668 立方米，占总蓄积量的 79.15%；防护林 24367 立方米，占总蓄积量的 20.81%。司前畲族镇、黄桥乡、峰门乡活立木总蓄积量之比是 56:24:20。

1977 年各公社生产大队分树种活立木蓄积量一览表

表 7-4-2-4 单位：立方米

公社生产大队名称	活立木蓄积量			
	合 计	松 木	杉木、柳杉	硬 阔
司前公社	59955	44747	459	14749
大住大队	28752	17020	185	11547
溪口大队	12486	12234	9	243
司前大队	4490	4422	15	53
林山大队	3421	3330	16	75
筱条大队	1475	1411	22	42
左溪大队	8198	5526	176	2496
叶垟大队	1133	804	36	293
里光公社	47819	14603	3612	29604
林 场	953	23	—	930
榅垟大队	20703	1746	521	18436
上地大队	4755	1816	475	2464
和庄大队	757	387	67	303
上升大队	3001	2509	295	197

续表 7-4-2-4

公社生产大队名称	活立木蓄积量			
	合计	松木	杉木、柳杉	硬阔
新桥大队	1707	685	693	329
叶山大队	9479	1844	1293	6342
里光大队	4983	4146	268	569
台边大队	1481	1447	—	34
黄桥公社	90233	22623	6079	61531
联盟大队	11709	4653	668	6388
园桥大队	27188	5077	498	21613
新增大队	28286	3246	3476	21564
苍展大队	23050	9647	1437	11966
峰门四大队	12933	11906	104	923
峰门大队	4272	3549	82	641
徐坑大队	2140	1924	15	201
下宅大队	3276	3250	—	26
朱塆大队	3245	3183	7	55
合计	210940	93879	10254	106807

2009年司前畲族镇乔木林面积蓄积按龄组一览表

表 7-4-2-5

起源	优势树种	乔木林	小计		幼龄林		中龄林		近熟林		成熟林		过熟林	
			面积(公顷)	蓄积(立方米)	面积(公顷)	蓄积(立方米)	面积(公顷)	蓄积(立方米)	面积(公顷)	蓄积(立方米)	面积(公顷)	蓄积(立方米)	面积(公顷)	蓄积(立方米)
合计	合计	合计	8325	333361	3607	71949	2830	118340	659	34268	1216	107194	13	1610
	马尾松	合计	3232	102085	1067	10058	1627	65452	394	17902	144	8673	—	—
	杉木	合计	1520	119215	117	228	89	4331	237	15316	1064	97730	13	1610
	柳杉	合计	5	697	—	—	—	—	—	16	5	681	—	—
	栎类	合计	3441	111035	2310	61528	1106	48378	24	1032	1	97	—	—
	枫香	合计	4	2	4	2	—	—	—	—	—	—	—	—
	泡桐	合计	3	56	3	56	—	—	—	—	—	—	—	—
	软阔类	合计	—	1	—	—	—	—	—	1	—	—	—	—

续表 7-4-2-5

起源	优势树种	乔木林	小 计		幼龄林		中龄林		近熟林		成熟林		过熟林	
			面积(公顷)	蓄积(立方米)	面积(公顷)	蓄积(立方米)	面积(公顷)	蓄积(立方米)	面积(公顷)	蓄积(立方米)	面积(公顷)	蓄积(立方米)	面积(公顷)	蓄积(立方米)
合计	板栗	合计	99	256	96	77	3	179	—	—	—	—	—	—
	杨梅	合计	15	5	8	—	1	—	4	1	2	4	—	—
	桃	合计	2	—	2	—	—	—	—	—	—	—	—	—
	厚朴	合计	4	9	—	—	4	—	—	—	—	9	—	—
其中天然	合计	合计	5572	191502	2811	71133	2622	112349	137	7837	2	183	—	—
	合计	纯林	4858	173897	2419	65310	2314	101285	123	7119	2	183	—	—
	合计	混交林	715	17605	392	5823	308	11064	15	718	—	—	—	—
	马尾松	合计	2130	80404	501	9603	1516	63971	113	6805	—	25	—	—
	杉木	合计	—	61	—	—	—	—	—	—	—	61	—	—
	栎类	合计	3441	111035	2310	61528	1106	48378	24	1032	1	97	—	—
	枫香	合计	—	2	—	2	—	—	—				—	—
其中人工	合计	合计	2227	141543	276	500	202	5991	522	26431	1214	107011	13	1610
	合计	纯林	1520	92161	216	500	192	5647	320	17752	779	66652	13	1610
	合计	混交林	695	49382	48	—	10	344	202	8679	435	40359	—	—
	马尾松	合计	575	21365	45	139	105	1481	281	11097	144	8648	—	—
	杉木	合计	1477	119154	117	228	89	4331	237	15316	1021	97669	13	1610
	柳杉	合计	5	697	—	—	—	—	—	16	5	681	—	—
	枫香	合计	4	—	4	—	—	—	—	—	—	—	—	—
	泡桐	合计	4	56	4	56	—	—	—	—	—	—	—	—
	软阔类	合计	—	1	—	—	—	—	—	—	1	—		
	板栗	合计	—	256	—	77	—	179	—	—	—	—	—	—
	杨梅	合计	1	26	—	—	—	—	—	—	1	26	—	—
	厚朴	合计	—	9	—	—	—	—	—	—	—	—	—	—
其中飞播	合计	合计	526	316	520	316	6	—	—	—	—	—	—	—
	合计	纯林	82	76	76	76	6	—	—	—	—	—	—	—
	合计	混交林	240	240	240	240	—	—	—	—	—	—	—	—
	马尾松	合计	322	316	316	316	6	—	—	—	—	—	—	—

2009年黄桥乡乔木林面积按林组统计一览表

表7-4-2-6

起源	优势树种	乔木林	小计		幼龄林		中龄林		近熟林		成熟林		过熟林	
			面积(公顷)	蓄积(立方米)	面积(公顷)	蓄积(立方米)	面积(公顷)	蓄积(立方米)	面积(公顷)	蓄积(立方米)	面积(公顷)	蓄积(立方米)	面积(公顷)	蓄积(立方米)
合计	合计	合计	2623	144910	440	14665	995	52870	840	50904	347	26357	1	114
	合计	纯林	2489	135214	436	14483	964	50919	818	49506	270	20192	1	114
	合计	混交林	134	9696	4	182	31	1951	22	1398	77	6165	—	—
	马尾松	合计	409.3	23220	50	30	59	2606	191	12463	109	8081	0.3	40
	黄山松	合计	4	264	—	—	—	—	4	264	—	—	—	—
	杉木	合计	415	30375	—	9	124	8319	69	4857	221	17116	1	74
	柳杉	合计	17	1211	—	—	—	—	2	160	15	1051	—	—
	栎类	合计	1772	89738	386	14625	812	41954	574	33159	—	—	—	—
	木荷	合计	1	40	—	—	—	—	—	—	1	40	—	—
	板栗	合计	2	1	—	—	—	—	—	—	—	—	—	—
	杨梅	合计	4	70	—	—	—	—	2	1	2	69	—	—
	柿	合计	3	—	3	—	—	—	—	—	—	—	—	—
其中天然	合计	合计	1952	101363	394	14636	853	43912	670	39592	35	3223	—	—
	马尾松	合计	179	11594	8	11	41	1967	96	6433	34	3183	—	—
	栎类	合计	1772	89738	386	14625	812	41945	574	33159	—	—	—	—
	木荷	合计	1	40	—	—	—	—	—	—	1	40	—	—
其中人工	合计	合计	671	43547	46	29	141	8958	170	11312	312	23134	1	114
	马尾松	合计	229.3	11626	43	19	17	639	95	6030	74	4898	0.3	40
	黄山松	合计	4	264	—	—	—	—	4	264	—	—	—	—
	杉木	合计	415.1	30375	0.1	9	124	8319	69	4857	221	17116	1	74
	柳杉	合计	17	1211	—	—	—	—	2	160	15	1051	—	—
	板栗	合计	0.1	1	0.1	1	—	—	—	—	—	—	—	—
	杨梅	合计	2.1	70	—	—	—	—	0.1	1	2	69	—	—
	柿	合计	3	—	3	—	—	—	—	—	—	—	—	—

2009年峰门乡乔木林面积按林组统计一览表

表7-4-2-7

起源	优势树种	乔木林	小计		幼龄林		中龄林		近熟林		成熟林	
			面积（公顷）	蓄积（立方米）	面积（公顷）	蓄积（立方米）	面积（公顷）	蓄积（立方米）	面积（公顷）	蓄积（立方米）	面积（公顷）	蓄积（立方米）
合计	合计	合计	2872	117079	685	22205	1686	73345	469	19568	32	1961
	合计	纯林	2618	109344	652	21834	1465	66017	469	19568	32	1925
	合计	混交	254	7735	33	371	221	7328	—		—	36
	马尾松	林	2335	98694	200	6542	1674	73080	461	19019	—	53
	黄山松	合计	43	—	43	—	—	—	—	—	—	—
	杉木	合计	43	2552	—	—	5	217	8	549	30	1786
	柳杉	合计	1	137	—	—	—	15	—	—	1	122
	栎类	合计	416	15652	410	15619	6	33	—	—	—	—
	板栗	合计	23	44	23	44	—	—	—	—	—	—
	杨梅	合计	10	—	10	—	—	—	—	—	—	—
其中天然	合计	合计	2339	98133	597	22161	1637	71444	104	4495	1	33
	马尾松	合计	1927	82407	187	6542	1637	71444	103	4421	—	—
	杉木	合计	2	107	—	—	—	—	1	74	1	33
	栎类	合计	410	15619	410	15619	—	—	—	—	—	—
其中人工	合计	合计	534	18946	88	44	49	1901	366	15073	31	1928
	合计	合计	528	18877	88	44	43	1868	366	15073	31	1892
	合计	纯林	6	69	—	—	6	33	—	—	—	36
	马尾松	混交	409	16287	13	—	38	1636	358	14598	—	53
	黄山松	林	43	—	43	—	—	—	—	—	—	—
	杉木	合计	42	2445	—	—	5	217	7	475	30	1753
	柳杉	合计	1	137	—	—	—	15	—	—	1	122
	栎类	合计	6	33	—	—	6	33	—	—	—	—
	板栗	合计	23	44	23	44	—	—	—	—	—	—
	杨梅	合计	11	—	10	—	—	—	1	—	—	—

（四）立竹量

1977年，司前公社立竹量344700支，密度为2387支/公顷；里光公社立竹量2467100，支密度为2097支/公顷；黄桥公社立竹量1293900支，密度为 2135 支/公顷；峰门 4 个大队立竹量 136900 支，密度为 1488 支/公顷。

2009 年，司前畲族镇立竹量 4181400 支，密度为 1919 支/公顷，总立竹量比 1977 年司前、里光 2 个公社之和增加 48.70%，密度比 1977 年减小 16.57%；黄桥乡立竹量 2316000 支，密度为 2533 支/公顷，总立竹量比 1977 年增加 78.99%，密度比 1977 年增加 18.64%；峰门乡立竹量 422200 支，密度为 1737 支/公顷。密度比 1977 年增加 249 支/公顷。

1977 年司前、里光、黄桥、峰门公社毛竹立竹量一览表

表 7-4-2-8

公社名	大队名	毛竹林面积(公顷)	毛竹立竹量(百支)
司前公社	大住大队	92.60	2195
	溪口大队	2.57	61
	司前大队	3.19	76
	林山大队	3.20	76
	筱条大队	5.20	123
	左溪大队	20.97	497
	叶垟大队	16.67	419
	合计	144.40	3447
里光公社	林　场	0.27	3
	榅垟大队	401.00	9595
	上地大队	156.00	3994
	和庄大队	34.00	730
	上升大队	131.00	2904
	新桥大队	50.00	1265
	叶山大队	337.00	5476
	里光大队	59.00	599
	台边大队	8.00	105
	合计	1176.27	24671
黄桥公社	联盟大队	239.00	5644
	园桥大队	167.00	3085

续表 7-4-2-8

公社名	大队名	毛竹林面积（公顷）	毛竹立竹量（百支）
黄桥公社	新增大队	146.00	3067
	苍展大队	54.00	1143
	合计	606.00	12939
峰门公社	峰门大队	45.00	757
	徐坑大队	17.00	273
	下宅大队	21.00	215
	朱塆大队	9.00	124
	合计	92.00	1369
总　计		2018.67	42426

2009 年司前畲族镇、黄桥乡、峰门乡竹林统计一览表

表 7-4-2-9

镇乡名	林　种	亚林种	竹　林	
			面积（公顷）	支数（百支）
司前畲族镇	防护林	水涵林	50	898
	特用林	自保林	85	4123
	用材林	用材林	1998	36793
	经济林		46	—
	合　计		2179	41814
黄桥乡	防护林	水涵林	14	399
	特用林	合　计	276	6079
	用材林	用材林	624	16682
	合　计		914	23160
峰门乡	防护林	水涵林	38	616
	用材林	用材林	201	3606
	经济林	食用林	4	—
	合　计		243	4222
总　计			3336	69196

(五)湿 地

2013年,泰顺县公布第一批县级湿地名录,其中司前畲族镇内三插溪水库湿地面积98.5公顷,土地权属国有,管理机构为三插溪水电公司,主管单位为浙江宇丰水电集团有限公司。

二、山地绿化

中华人民共和国成立之初司前就重视绿化造林,尤其在20世纪70年代后,司前加大林业投入力度,广泛开展人工造林、封山育林。

1954—1990年,境内造林3958公顷。其中,飞播造林526公顷。人工造林:司前畲族镇2227公顷,黄桥乡671公顷,峰门乡534公顷。1991—2015年境内四旁植树16万株,迹地更新造林1066.67公顷,新栽毛竹、杂竹147公顷。

(一)造 林

1.采种育苗

中华人民共和国成立前,很少采种育苗。民国8年(1919年),泰顺县知事黄丽中到湖州采购桑苗1.2万株,分发农户栽种,司前农户有栽种。

中华人民共和国成立初期,造林树苗靠外地调入。随着造林事业的发展,开始采种育苗。1956年3月15日,召开全县育苗工作会议,贯彻“三自”(自采、自育、自造)育苗方针,并作育苗技术辅导。1960年1月,乌岩岭国营林场在台边、上地建立专用苗圃地。至1976年,司前、里光、黄桥3个公社育杉木苗2亩、柳杉苗1亩、短叶松苗1亩。至1980年,司前、里光、黄桥3个乡共育各种树苗2亩。县政府对符合苗圃标准的骨干苗圃,每亩补助100元,原粮25千克,化肥25千克。随着经济发展,育苗专业户不断出现,除培育用材林,经济林外,还培育花卉盆景等观赏性苗木。

2.植树造林

乡民向有植树造林传统,常在寺庙、房屋、坟墓、路旁营造风景林、防风林、护荫林。

中华人民共和国成立后,遵循中共中央“普遍护林、重点造林”的方针和“社造社有、队造队有、谁造谁有”的林业基本政策,广泛开展植树造林活动。按照适地适树原则,县政府经调查规划,西北部中低山为用材林、防护林区,北部低山为丘陵防护林、经济林区，东北部为中低山用材林、竹林区。今司前畲族镇境内属该三大林区。

(1)人工造林

据1957年省林勘队普查，1950—1957年，县内有人工造林，保存率60%。1958—1962年，乌岩岭林场在境内雇民工大量造林。受“大跃进”浮夸风影响，造林质量差，抚育管理跟不上，实则保存无几。当时的“一平二调”和“共产风”挫伤林农造林、护林积极性。1962年贯彻“三级所有、队为基础”(人民公社、生产大队、生产队三级，以生产队为核算单位)方针，“四固定”(劳动力、土地、耕畜、农具固定到生产队)以后，生产队造林积极性提高，造林抚育生产走上正轨。1966年“文化大革命”，制度受冲击，山林遭破坏，打击了社员群众造林抚育的积极性。1972年后，造林工作转入以林业基地建设为中心。1973年春，成立司前大片用材林基地建设指挥部。是年冬，司前、里光、黄桥3个公社发动群众展开大规模造林运动。里光公社干部带领群众集中罗溪源林场，冒雪吃住在山里，腊月二十八才下山过春节。至1976年，司前公社建设基地53公顷，里光公社建设基地474公顷，黄桥公社建设基地40公顷。面上造林：司前公社7公顷，里光公社67公顷，黄桥公社16公顷。里光公社四旁植树13425株。同期，里光公社榅垟大队建设基地200多公顷，上地大队建设基地200多公顷。至1980年，司前公社造林73公顷，补植44公顷；里光公社造林1公顷，补植37公顷；黄桥公社造林247公顷。1972—1980年，里光公社合计造林超1000公顷。

1997年司前畲族镇造林25公顷，栽插苗木11.1万株，新栽毛竹14公顷，成活率90%。1998年，黄桥乡新栽毛竹13公顷，乌竹3公顷，成活率95%；峰门乡新栽毛竹2公顷，成活率达92%。2000年黄桥乡新造松林6公顷，新栽毛竹15公顷，成活率90%，小竹15公顷，成活率95%；2001年黄桥乡新栽毛竹57公顷，小竹61公顷。2002年黄桥乡新造松木林6公顷，新栽毛竹13公顷，小竹15公顷，成活率95%。2009年司前畲族镇完成罗溪源林场、左溪畲族村迹地更新造林53公顷。2010年司前畲族镇迹地更新造林113公顷。2011年司前畲族镇新建毛竹基地10公顷，2012年司前畲族镇迹地更新造林23公顷。

1991—2015年境内“四旁”植树16万株，迹地更新造林1066.67公顷，新栽毛竹、杂竹147公顷。据2009年普查，司前畲族镇有人工林2227公顷；黄桥乡有人工林671公顷；峰门乡有人工林534公顷。合计3432公顷。

1976年司前、里光、黄桥公社绿化造林面积一览表

表7-4-2-10

人民公社名称	绿化造林（公顷）							四旁植树（株）	林木育苗（亩）			
	总计	面 上			基 地				总计	杉木	柳杉	短叶松
		小计	松木	杉木	小计	杉木	柳杉					
司前	60	7	7	—	53	53	—	—	0.76	0.50	0.20	0.06
里光	541	67	67	—	474	441	33	13425	2.33	1.20	0.60	0.53
黄桥	56	16	13	3	40	33	7	—	0.97	0.50	0.20	0.27
合计	657	90	87	3	567	527	40	13425	4. 06	2.20	1.00	0.86

1980年司前、里光、黄桥公社绿化造林面积一览表

表7-4-2-11

人民公社名 称	造林面积（公顷）				补植面积（亩）	四旁植树（株）	育苗面积（亩）
	合 计	用材林	经济林	其他林			
司前	73	33	—	40	10	10000	2
里光	1	1	—	—	37	210	—
黄桥	247	202	45	—	—	—	0.5
合计	321	236	45	40	47	10210	2. 5

(2)飞播造林

20世纪70年代初，全县荒山大部分分布在高山、深山地区。1971年3月20—21日，国家民航局派飞机首次完成5个公社18个大队3万亩飞播造林任务。至1990年共飞播8次、播区54个。涉及6个区、44个公社（乡）、60个大队（村）。1985年调查成效率在55%左右。

至2009年，司前畲族镇飞播成林面积526公顷，其中幼龄林520公顷，蓄积316立方米，中龄林6公顷。

泰顺县历次飞播造林情况一览表

表 7-4-2-12

时间	播区(个)	面积(万亩)	涉及范围
1971	3	3.00(2000 公顷)	5 个公社 18 个大队
1972	13	8.00(5333 公顷)	
1980	2	4.10(2733 公顷)	2 个公社
1983	5	4.10(2733 公顷)	13 个公社 27 个大队
1984	4	5.07(3380 公顷)	
1986	5	2.53(1687 公顷)	6 个乡
1987	5	2.64(1760 公顷)	6 个区
1990	17	7.47(4980 公顷)	18 个乡 54 个行政村
合　计		36.91(24606 公顷)	

(二)抚 育

1958—1981 年人民公社化期间,林木抚育以生产大队和生产队为单位组织实施。1982 年始,山林落实生产责任制,林木抚育由农户实施。

1975 年始,省林业厅和县革命委员会对林木抚育实行优惠政策。1980 年 5 月,省林业厅规定,一个大队或公社林场一年抚育林木 100 亩以上的,每亩补助原粮 12.5 千克。8 月,县革命委员会决定,重点公社林木抚育,除省林业厅补助的标准外,每亩再补助原粮 5 千克。抚育方式以劈山为主。

20 世纪 90 年代始,林木抚育仍以劈山、补苗为主。待幼苗成林幽闭时不需抚育。毛竹则以劈山为主,建立丰产林,则以垦地、施肥等方式进行。虽然投入资金较大,但能使竹林出笋率增高、笋条逐年增大,丰产丰收明显。2007 年林木抚育 67 公顷。2010 年海防林木抚育 17 公顷、海防林封山育林改造 407 公顷。2012 年成林抚育 107 公顷。

1991—2015 年,司前畲族镇境内毛竹低产林改造 2879 公顷,幼林抚育800 公顷。

1980 年司前、里光、黄桥公社林木抚育面积一览表

表 7-4-2-13

人民公社名称	林木抚育实际面积(公顷)				封山育林	社办林场		队办林场	
	合计	杉木	毛竹	油茶		个数(个)	人数(人)	个数(个)	人数(人)
司前	367	210	150	7	907	1	13	6	56
里光	575	324	251	—	452	1	15	8	79
黄桥	559	374	185	—	8	1	6	3	—
合计	1501	908	586	7	1367	3	34	17	135

三、毛竹产业

(一)资 源

竹林的固土能力是杉木林的 100 倍;调节空气能力极强,竹林的负氧离子高达 15 万—20 万/立方厘米, 一般森林仅 10 万—15 万/立方厘米, 是地球之肺;涵养水分能力达到立竹体积的 5 倍;毛竹 2 年一度出笋,2—3 度可砍伐,是理想的可再生资源,且经济效益显著。

竹林是镇境内主要资源。全镇毛竹园从 1977 年 2019 公顷,增加到 2009 年 3336 公顷,占全镇总面积的 16.78%。全镇毛竹立竹量从 1977 年 425 万支,增加到 2009 年 690 万支。至 2015 年全镇每年可采伐毛竹 120 万支以上,销售价值 1500 万元以上。经加工增加值可达 5—6 倍。

(二)低产林改造

里光、黄桥一带平均海拔 600 多米,雨量充沛,土壤深厚肥沃,适宜毛竹生长。毛竹的种植、加工,历来是这一带的传统产业,也是经济支柱。由于信息滞后,交通不便,经营粗放,毛竹产业效益低下,长期徘徊不前。

中华人民共和国成立以来,竹资源的利用价值逐年提高,为了促进竹资源的发展、增加广大竹农的经济收入,20 世纪 80 年代始,政府引导、扶持竹农从各方面采取措施,对毛竹林进行低产改造。90 年代始,低产林改造技术提升、力度加大。

1997 年 7 月,黄桥乡党委、人民政府带领科技骨干、村干部到安吉县递铺镇参观学习毛竹技改的经验和方法。扶贫挂钩单位省委组织部、广东发展银行杭州支行帮助加大资金投入,采用竹园全垦、去“三头”(树头、石头、竹头)、深翻、施肥、水雾滴灌等新技术,实施竹园技改。提高出笋率、生长率和毛竹质量。到 2000 年,共投入技改资金 225 万元。2002 年,继续投入扶贫资金 60 多万元，低改毛竹 225 公顷。

2003 年，受省委组织部、省科技厅派遣，浙江林学院教师邵志鹏到黄桥乡挂职。其在乡领导的配合下，深入各村考察、调研毛竹资源和竹类、笋类综合加工销售情况。在充分调研的基础上，制订出一套适合黄桥毛竹产业发展的低产改高产规划。投入支农资金 45 万元，改造毛竹低产林 568 公顷。建立 133.33 公顷笋竹两用林高产示范园区、100 公顷浙江省毛竹低改示范基地、133.33 公顷温州市现代农业示范园区。示范区内，每公顷立竹量由原来的 1725 株增加到 3300 株；平均立竹眉围由原来的 33 厘米（10 寸）增加到 43 厘米（13 寸）；平均竹材单株重量由 26 千克增加到 43 千克。每公顷立竹量由原来的 1545 株增加到 3000 株，年可采伐量从每公顷 285 株增加到 450 株，年公顷产竹量由 7410 千克提高到 19350 千克；鲜笋产量由原来的每公顷 4500 千克，增加到 9000千克。

2005 年低改抚育竹林 153 公顷，建成鞭笋滴灌基地 33 公顷。2006 年投入扶贫资金 25 万元，低改抚育竹林 167 公顷。2007 年投入专项及扶贫资金 40 万元，低改抚育竹林 213 公顷，建设鞭笋试验基地 10 公顷。2008 年投入专项扶贫资金 37.3 万元，完成 333 公顷的浙江省竹子现代示范园区建设，低产改造毛竹基地 532 公顷，其中乡级验收 124 公顷，县级验收 53 公顷，改造集体毛竹基地 17 公顷。

同时，面上改造的毛竹低产林 360 公顷，每公顷立竹量由原来的 1050 株增至 2025 株，平均眉围由 27 厘米（8 寸）增至 33 厘米（10 寸），平均单株竹材重量由 16.5 千克增至 26 千克。年可采伐量由每公顷 225 株增加至 420 株，年公顷产竹材从 3712.5 千克增至 10920 千克。每公顷产鲜笋由 2250 千克增至 3750 千克。

2009 年，黄桥乡持有绿色食品生产合格证书的竹农 143 人，专业大户 17 户。同时，还与泰顺县山友食品公司、泰顺县农友笋竹专业合作社、景宁大自然食品有限公司等企业建立稳固的合作关系，市场网络完善。

峰门乡 2006 年毛竹低改 53 公顷。2009 年毛竹低改 3.33 公顷。2010 年毛竹低改 10 公顷。

司前畲族镇 2007 年完成毛竹低改 40 公顷，2008 年投入资金 30 万元，在榅垟、上地、叶山、左溪、大住、新北等村（居）实施毛竹低改 133 公顷。2009 年完成毛竹低产林改造 53 公顷。2010 年毛竹低改 67 公顷。2011 年，毛竹低产林改造 192 公顷，培育精品毛竹低改示范基地 1 个。2012 年新建、改造毛竹基地 143 公顷。

1991—2015 年，司前畲族镇境内毛竹低产林改造 2879 公顷。

(三)竹笋加工

竹笋进行加工是境内农民的传统,流传于明清时期。每逢竹笋大年(两年一轮),几乎家家户户都会进行竹笋加工。农户都将田头路边或竹林内一些将会枯死或生长密集的竹笋挖回家,加工成各式各样的菜肴。其中,主要用于制作笋干、小笋干和咸笋。

除了毛笋之外,高山还有石笋、乌笋、金笋、斑笋等多个品种。出笋时间不同。以农历时间估算,雷竹在正月,乌紫竹在农历二月,农历三、四月为毛竹出笋期,农历五月为斑竹和乌竹出笋期(其中乌竹要稍早15—20天),农历六、七月为金竹(俗称六月茅),农历八、九月为方竹,农历十月开始冬笋又开挖了。因此,境内山区一年四季基本鲜笋不断。

2002年,黄桥的叶祥富成立了一家集春笋加工和冬笋销售于一体的专业生产合作社。其生产的黄桥"小笋干"和黄桥烂笋糖,由于口味好,价格适中,产品供不应求。为了将竹笋加工产业做强做大,邵志鹏博士到黄桥乡指导竹笋加工开发,解决了乡域村竹农竹笋附加值不高和销售难的问题。

(四)竹加工

家 用 竹子用途相当广泛。竹子制作的家具和农具历来为农家必备。20世纪50年代及以前,山区还用竹爿盖房子。用这种方法遮盖的房子,使用期一般10年左右要更新一次,但比起盖茅草来要耐用得多。20世纪60年代中期开始,随着农民生活水平的提高,逐步改为瓦片盖房。

制 纸 清初引进的花笺纸制作,作为境内主产业,兴盛200余年。20世纪70年代改为机制纸,90年代末,为保护环境,关闭造纸厂。

筏 竹 竹筏是水上运输工具。每年立秋之后,选用两年生、胸径12厘米以上新竹,砍伐削皮,晾干后即可出售。筏竹的规格要求高,出售的价格也比较高,20世纪80年代每株20多元,至2011年价格升到70—80元。大多由瑞安高楼一带客商直接到现场指导加工并验收。

雨伞骨 20世纪60年代后期始,在县土产部门的牵引下,平阳、瑞安一带的竹器社、纸伞厂纷纷抽调职工到乡域内一些产竹量较大的自然村,对所需的竹制产品材料进行粗加工,经晒干打捆包扎后运回原厂进行细加工。

竹 筷 竹筷是家庭副业,仅此一项,为每个家庭年增加收入几千元。20世纪70年代前由土产公司收购出运。改革开放以后由私人经销。90年代由本地加工厂精加工外销。竹筷初加工逐步改为半机械化。

综合产品 20世纪80年代后半期,竹制品加工企业兴起,竹制工艺品、竹压板、竹凉席、竹筷精加工、其他竹制餐具工具、竹雕工艺品等，形成镇内主要工业加工行业。至2015年竹制品销售产值占镇内工业销售产值50%以上，约1.5亿元。污水、粉尘排放处理达到国家标准。

泰顺飞龙竹类雕刻工艺厂　1996年，竹雕技师罗祖华在黄桥乡石街创办了泰顺飞龙竹类雕刻工艺厂，生产竹木雕刻工艺品。1999年，竹雕工艺技术在县内已享有盛名，工艺种类有名家字画、浮雕、线刻、浅刻、竹排烫画、竹筒、切割、镂空、木雕、竹根雕刻等五大系列120多个品种。代表作品有竹筒浮雕《五百罗汉》、留青雕《百鸡图》、竹筒浮雕《九龙柱》、竹刻《老子道德经》和《兰亭序》等作品。曾在杭州、上海、北京、广州等城市分别获得金奖、银奖。罗祖华被评为全国20位金雕手之一、温州市十佳青年。2008年后，该厂迁移到竹里畲族乡竹里村，建立一处面积3000多平方米的竹展览馆，也称竹里馆。馆内设有竹雕工艺品展览厅，竹筷、竹制生活用品展厅，历代纯手工竹编工艺品展厅，现代竹炭产品厅，字画展览厅以及产品销售区。该馆采用仿古式建筑风格，与本土民族文化相互融合，加强当地民情与竹文化的交流。

四、森林保护

（一）封山育林

封山育林是利用森林的更新能力，在自然条件适宜的山区，实行定期封山，禁止垦荒、放牧、砍柴等人为的破坏活动，以恢复森林植被的一种育林方式。各乡、村都严格执行定期封山育林。1983年12月，泰顺县政府与省林业厅签订1984—1987年封山育林1.66万公顷的合同。省林业厅于1989年4—6月组织检查了泰顺定点封育地段。1991—2015年，司前畲族镇境内封山育林5666.67公顷。2015年，在封山林6666.7公顷。

（二）计划采伐

中华人民共和国成立前，司前境内木、竹，历由其所有者自主采伐。中华人民共和国成立后，政府为确保森林资源，将木竹采伐逐步纳入国家计划调控范围。1955年，按国家规定，木材、毛竹由供销部门统一购销。农民自用竹木由当地政府审批采伐。1960年，在司前设立木材收购站。

1957年，初级农林业合作社逐渐转入高级农林业合作社，因群众有怕归公、怕吃亏思想，出现大量采伐竹木现象，1958—1965年人民公社化、“大跃进”运动时期，大量砍伐木材、毛竹。“文化大革命”后，特别是1967—1970年间，机关陷于瘫痪，社会混乱。计划采伐被冲破，乱砍滥伐成风。邻县每天有近千人涌入林区收购木材。

1980 年，由于集体林区开放，乱砍滥伐之风重新抬头。1983 年 2 月，县政府颁行木材采伐管理办法，规定凡砍伐胸径 6 厘米以上林木，须事前报批，凭许可证采伐，乱砍滥伐现象有所减少。1985 年，实行限额采伐。此后，采伐量保持平稳态势，木材消耗量低于生产量。2015 年司前畲族镇采伐木材 1300 立方米，毛竹 85.9 万支。1980—1981 年收购计划经集体讨论，榅垟加 2000 支，共计 56000 支，叶山加 2000 支，共计 57000 支，其他无变动。

1979、1980 年度里光、司前公社毛竹收购计划一览表

表 7-4-2-14　　　　单位：支

单位名称	1979—1980 年		1980—1981 年	
	县计划	社队计划	县计划	社队计划
全　县	350000	—	380000	—
百丈区	278000	—	293000	—
里光公社	143000	—	153000	—
里光大队	13000	—	15000	—
叶山大队	51000	—	55000	57000
榅垟大队	51000	—	54000	56000
上地大队	16000	—	17000	—
上升大队	7000	—	7000	—
新桥大队	3000	—	3000	—
和庄大队	2000	—	2000	—
叶垟大队	1000	—	1000	—
司前公社	8000	—	10000	—

1986 年和 1989 年司前、黄桥、里光乡林木采伐限额一览表

表 7-4-2-15　　　　单位：立方米

单位名称	1986 年下半年采伐计划		1989 年木材采伐计划	
	采伐立木蓄	折合原木材	采伐立木蓄	折合原木材
全　县	14480	7240	27305	13653
司前区	—	—	6637	3318
司前畲族乡	1000	500	1420	710
黄桥乡	1300	650	1482	741
里光乡	820	410	1400	700

说明：司前区木材占全县的 24.31%，毛竹占 49.80%

2007年司前畲族镇各村林木砍伐限额指标一览表

表7-4-2-16

行政村	林木限额指标（立方米）					毛竹（万支）
	合计	主伐	抚育采伐	低产林改造	其他	
合计	10610	2040	3976	4194	400	30.00
榅垟	2320	390	750	1180	—	7.50
叶山	1130	380	516	234	—	7.00
上地	1280	70	600	610	—	2.00
里光	1110	170	420	520	—	1.50
台边	200	15	100	85	—	0.50
新北	1120	300	500	320	—	4.00
司前	190	—	80	110	—	1.00
溪口	200	5	100	95	—	1.00
大住	710	110	300	300	—	3.50
左溪	1280	170	510	600	—	2.00
罗溪源	670	430	100	140	—	—

2014—2015年度司前畲族镇各村森林采伐限额分配一览表

表7-4-2-17

行政村	木　材（立方米）			毛　竹（万支）
	合计	公益林	商品林	
合计	15566	2271	13295	74.00
榅垟	3397	208	3189	8.00
叶山	500	100	400	6.00
上地	850	100	750	8.00
里光	600	100	500	4.00
台边	200	50	150	1.00
新北	800	100	700	8.00
司前	200	50	150	2.20
左溪	900	50	850	3.00
溪口	500	50	450	1.80
大住	450	50	400	6.50

(三)森林防火

中华人民共和国成立后,护林防火得到普遍开展。1952 年 5 月 6 日,中共泰顺县委颁发护林防火告示,县人民政府亦发出严防山林火灾布告,要求区、乡、村建立和健全护林组织,加强护林防火。1955 年 12 月,县护林防火指挥部成立。“文化大革命”期间,护林防火组织涣散,制度松懈,山林火灾时有发生。

1978 年后,森林防火再度引起高度重视。县、乡、村各级护林防火组织和防火制度得到恢复。司前片是重点林区,各时期乡镇政府都十分重视封山育林。通过广播、告示等形式,宣传封山育林。各大队、村历来重视制订村规民约,禁止、规范野外用火,违者重罚。1987 年 7 月,县成立护林防火委员会。10 月,颁布实施《泰顺县森林防火野外用火管理制度》。1988 年 12 月 2 日,定每年 11 月至次年 4 月为全县森林火险期, 要求各区乡日夜派人值班,每月 25 日向县详细汇报辖区内护林防火情况。到 1990 年底,村级普遍建立护林组织、配护林员,国营、乡、村林场开辟防火线,林区设有电话,乌岩岭国营林场配备手持无线电对讲机和 MT 式无线电基地台,并在白云尖、天关山设立瞭望台。1991 年始,通过广播电视台、新闻报纸、泰顺政务网等媒体进行防火宣传。1997 年始,围绕“森林防火”主题,落实省人民政府布置的“五个一”森林防火宣传教育活动,即开展上一堂知识课、出一期黑板报、写一篇作文、制作一张宣传卡、向家长写一封信活动。在 52 省道两侧竖立大型永久性广告宣传牌;在集村居民点、入山要道路口、旅游风景名胜地、游廊健身步道旁设立石制、木制、铁制防火警示牌。各村委会都分工并由专人负责护林防火,还建立举报制度等。

(四)病虫害防治

1.县级防治机构

中华人民共和国成立前,本县未设森林病虫害防治机构,病虫害的发生与防治缺乏稽考资料。1953 年 8 月,柳杉毛虫害,县人民政府发动群众进行人工捕捉和烧杀。1979 年县森林病虫害防治站成立。1984 年县森林植物检疫站成立。2004 年合并为县森林病虫防治检疫站,主要承担有关森林病虫害防治,行政执法,预测预报森林病虫害发生,开展森林植物检疫,组织森林病虫害防治的科学研究和技术推广, 从事森林病虫害防治技术指导和服务工作。

2.县内主要病虫害

马尾松：金龟子、松梢螟、松毛虫、松褐天牛、白蚁；杉木：双条杉天牛、桉袋蛾、苗木立枯病、杉木叶枯病；柳杉：柳杉毛虫、柳杉小卷蛾、柳杉赤枯病、黄化病；油桐：叶枯病、蚜虫；油茶：软腐病、炭疽病、煤污病；毛竹：叶枯病、枯梢病。由于县内天敌较多，受自然及气候因素的制约，森林病虫尚未发生大面积毁灭性危害。

3.镇境内重大灾情

1991 年乌岩岭林场，1993 年上地村各发生柳杉毛虫虫害 2 公顷。

（五）木竹运输管理

司前境内传统木竹外销通过司前溪过百丈水运出境。1965 年司前通公路以后，木材及制品经百丈水运的逐渐减少，运输转为陆运为主。1974 年 10 月，司前设木材检查站，对出运木材进行控制。1978 年 1 月，根据国务院《森林保护条例》，县内木材、毛竹及其制品实行凭证运输。1985 年 1 月，县林业局增设木竹检查站，下设司前等 4 个分站。

五、古树名木

1998 年和 2002 年，泰顺县内分别开展古树名木调查摸底和设立标志工作，并予以建档。2003 年 6—10 月，省、市林业主管部门统一部署，对全县百年以上古树名木逐株测量冠幅、树高、胸径围，用经纬度标明地理位置，再将生长籍地、中文名、学名、科、属等因子录入电脑予以建档，对古树群设立石碑，对古树名木挂搪瓷标牌，以属地管辖落实管护责任，使古树名木的保护和管理逐步规范化和法治化。2005 年，按照《全国古树名木普查建档技术规定》和《浙江省古树名木普查建档技术操作细则》要求，采用全球卫星定位仪（GPS）实地定位与逐株、逐片每木检尺调查的方法，首次对全县古树名木资源进行全面系统调查。2012 年重新编号。2018 年，再次核对确认造册存档。经确认，司前畲族镇内 100 年以上古树名木 1034 株。其中，一级 500 年以上 27 株，二级 300—499 年的 131 株，100—299 年的 895 株。古树群 15 群。

司前畲族镇古树名木一级保护名录一览表

表 7-4-2-18

古树编号	中名	拉丁学名	科	属	村	小地名	等级	海拔(米)	树龄(年)	树高(米)	胸围(厘米)	胸径(厘米)	平均冠幅(米)
032910500589	檵木	Loropetalum chinense (R.Br.) Oliv.	金缕梅科	檵木属	左溪	洋下古道	一级	441	500	5	122	39	4
032910500642	南方红豆杉	Taxus wallichiana Zucc. var. mairei (Lemee et Levl.) L. K. Fu et Nan Li	红豆杉科	红豆杉属	左溪	叶洋余坑头	一级	614	580	16	390	124	8
032910500644	南方红豆杉	Taxus wallichiana Zucc. var. mairei (Lemee et Levl.) L. K. Fu et Nan Li	红豆杉科	红豆杉属	左溪	叶洋	一级	666	510	19	348	111	18
032910500852	苦槠	Castanopsis sclerophylla (Lindl.) Schott.	壳斗科	栲属	新北	横石村	一级	600	500	14	650	207	19
032910500678	苦槠	Castanopsis sclerophylla (Lindl.) Schott.	壳斗科	栲属	大住	村边	一级	171	500	16	490	156	13.5
032910500677	樟树	Cinnamomum camphora (Linn.) Presl	樟科	樟属	大住	村边	一级	179	565	20	603	192	32.5
032910500008	苦槠	Castanopsis sclerophylla (Lindl.) Schott.	壳斗科	栲属	榅垟	外厝边	一级	662	520	16	490	156	12
032910500423	茅栗	Castanea seguinii Dode	壳斗科	栗属	榅垟	恩坑宫后	一级	483	500	14	600	191	10
032910500431	苦槠	Castanopsis sclerophylla (Lindl.) Schott.	壳斗科	栲属	榅垟	外厝边	一级	661	520	16	375	119	11
032910500432	苦槠	Castanopsis sclerophylla (Lindl.) Schott.	壳斗科	栲属	榅垟	外厝厝下	一级	647	500	18	630	201	19
032910500433	银杏	Ginkgo biloba Linn.	银杏科	银杏属	榅垟	坑头厝边	一级	668	515	25	408	130	13
032910800011	圆柏	Sabina chinensis (Linn.) Ant.	柏科	圆柏属	峰门	夏氏宗祠	一级	613	500	20	271	86	9
032910800091	苦槠	Castanopsis sclerophylla (Lindl.) Schott.	壳斗科	栲属	徐宅	村后	一级	391	510	16	480	153	11
032910800035	南方红豆杉	Taxus wallichiana Zucc. var. mairei (Lemee et Levl.) L. K. Fu et Nan Li	红豆杉科	红豆杉属	徐宅	严庄垟	一级	377	510	20	351	112	7

续表 7-4-2-18

古树编号	中名	拉丁学名	科	属	村	小地名	等级	海拔（米）	树龄（年）	树高（米）	胸围（厘米）	胸径（厘米）	平均冠幅（米）
032910500230	檵木	Loropetalum chinense (R.Br.) Oliv.	金缕梅科	檵木属	叶山	亭下	一级	354	500	10	160	51	6
032910700098	粗榧	Cephalotaxus sinensis (Rehd. et Wils.) Li	三尖杉科	三尖杉属	黄桥	陈吴坑	一级	650	700	21	620	197	16
032910700108	粗榧	Cephalotaxus sinensis (Rehd. et Wils.) Li	三尖杉科	三尖杉属	黄桥	陈吴坑	一级	627	600	21	470	150	12.5
032910700094	钩栗	Castanopsis tibetana Hance	壳斗科	栲属	黄桥	黄山厝边	一级	625	500	17	554	176	17.5
032910700062	檵木	Loropetalum chinense (R.Br.) Oliv.	金缕梅科	檵木属	黄桥	墨斗柱厝边	一级	508	500	8	130	41	4
032910700057	米槠	Castanopsis carlesii (Hemsl.) Hayata	壳斗科	栲属	黄桥	石街后山	一级	403	500	18	550	175	25
032910700079	南方红豆杉	Taxus wallichiana Zucc. var. mairei (Lemee et Levl.) L. K. Fu et Nan Li	红豆杉科	红豆杉属	黄桥	黄山厝边	一级	603	600	19	505	161	15.5
032910700095	南方红豆杉	Taxus wallichiana Zucc. var. mairei (Lemee et Levl.) L. K. Fu et Nan Li	红豆杉科	红豆杉属	黄桥	陈吴坑	一级	635	550	16	380	121	11
032910700162	南方红豆杉	Taxus wallichiana Zucc. var. mairei (Lemee et Levl.) L. K. Fu et Nan Li	红豆杉科	红豆杉属	黄桥	晓燕水口	一级	844	525	17	480	153	12.5
032910700169	南方红豆杉	Taxus wallichiana Zucc. var. mairei (Lemee et Levl.) L. K. Fu et Nan Li	红豆杉科	红豆杉属	黄桥	晓燕水口	一级	842	525	20	280	89	9
032910700046	南酸枣	Choerospondias axiliaris (Roxb.) Burtt et Hill	漆树科	南酸枣属	黄桥	木岱山	一级	600	500	21	567	180	22
032910700093	银杏	Ginkgo biloba Linn.	银杏科	银杏属	黄桥	黄山路边	一级	626	550	18	495	158	12.5
032910700035	紫藤	Wisteria sinensis (Sims) Sweet	豆科	紫藤属	黄桥	园桥水口	一级	364	500	16	100	32	19

司前畲族镇古树名木二级保护分布一览表

表 7-4-2-19　　单位:株

古树名木所在地		古树名木名称及株数																							
		南方红豆杉	枫香	苦槠	甜槠	银杏	马尾松	杉木	细柄蕈树	缺萼枫香	刨花楠	茅栗	檫木	木荷	皂荚	南酸枣	闽楠	钩栗	青檀	木犀	椤木石楠	罗浮栲	栲树	粗榧	乳源木莲
新北	龙角坑	—	1	—	—	—	—	—	—	—	—	—	—	—	—	—	—	—	—	—	—	—	—	—	—
	纺车岭	—	9	1	—	—	—	—	—	—	—	—	—	—	—	—	—	—	—	—	—	—	—	—	—
	上升岭	—	—	1	—	—	—	—	—	—	—	—	—	—	—	—	—	—	—	—	1	—	—	—	—
	和 庄	—	—	3	—	—	—	—	—	—	—	—	—	—	—	—	—	—	—	—	—	—	—	—	—
左溪	垟 下	—	—	1	—	—	—	—	—	—	—	—	—	—	—	—	—	1	—	—	—	—	—	—	—
	水碓坑	—	—	1	—	—	—	—	—	—	—	—	—	—	—	—	—	—	—	—	—	—	—	—	—
	梨树丘	—	—	2	—	—	—	—	3	—	—	—	—	—	—	—	1	—	—	—	—	—	—	—	—
	叶 垟	—	—	—	—	—	—	—	—	—	—	—	—	—	1	1	—	—	—	—	—	—	—	—	—
大住	村 边	—	—	1	—	—	—	—	1	—	—	—	—	—	—	—	—	—	—	—	—	—	—	—	—
	晓 园	—	1	—	—	—	—	—	—	—	—	—	—	—	—	—	—	—	—	—	—	—	—	—	—
	章 庄	—	—	—	—	—	—	—	1	—	—	—	—	—	—	—	—	—	—	—	—	—	—	—	—
叶山	亭 面	—	—	—	—	—	—	—	1	—	—	—	—	—	—	—	—	—	—	—	—	—	—	—	—
	坆岗底	—	—	—	—	—	—	—	—	—	—	—	—	1	—	—	—	—	—	—	—	—	—	—	—
榅垟	外 厝	—	3	1	—	1	—	—	—	—	—	2	—	—	—	—	—	—	—	—	—	—	—	—	—
	坑 头	1	—	—	5	—	—	—	—	1	1	—	1	—	—	—	—	—	—	—	—	—	—	—	1
	徐半天	—	1	—	1	—	—	—	—	—	—	—	—	—	—	—	—	—	—	—	—	—	—	—	—
	恩 坑	—	—	—	—	—	—	—	—	—	—	4	—	—	—	—	—	—	—	—	—	—	—	—	—
	杨 寮	—	1	—	—	—	—	—	—	—	—	—	—	—	—	—	—	—	—	—	—	—	—	—	—
上地	牛角垭	—	—	1	—	—	—	—	—	—	—	—	—	—	—	—	—	—	—	—	—	—	—	—	—
	茶堂坳	—	2	3	—	—	—	—	—	—	—	—	—	—	—	—	—	—	—	—	—	—	—	—	—

续表 7-4-2-19

古树名木所在地		古树名木名称及株数																							
		南方红豆杉	枫香	苦槠	甜槠	银杏	马尾松	杉木	细柄蕈树	缺萼枫香	刨花楠	茅栗	檫木	木荷	皂荚	南酸枣	闽楠	钩栗	青檀	木犀	椤木石楠	罗浮栲	栲树	粗榧	乳源木莲
黄桥	陈吴坑	1	4	—	—	—	—	—	—	—	—	—	—	—	—	—	—	—	—	—	—	—	—	4	—
	墨斗具	1	3	2	—	—	1	—	—	—	—	—	—	—	—	—	—	—	—	—	—	—	—	—	—
	木岱山	—	1	—	—	—	—	—	—	—	—	—	—	—	—	—	—	—	—	—	—	—	—	—	—
	苍展	—	1	—	—	—	—	—	—	—	—	—	—	—	—	—	—	—	—	—	—	—	2	—	—
	石街	—	1	—	—	—	—	—	—	—	—	—	—	—	—	—	—	—	—	—	—	—	—	—	—
	黄山	—	7	—	—	—	—	—	—	1	—	—	—	—	—	—	—	1	—	—	1	1	—	—	—
	墨斗岗	—	1	—	—	—	—	—	—	—	—	—	—	—	—	—	—	—	—	—	—	—	—	—	—
	横路	—	1	—	—	—	—	—	—	—	—	—	—	—	—	—	—	—	—	—	—	—	—	—	—
	石章坑	—	—	—	—	—	—	—	—	—	—	—	—	—	—	—	—	—	—	—	—	—	1	—	—
	园桥	—	—	1	—	—	—	—	—	—	—	—	—	—	—	—	—	—	—	1	—	—	—	—	—
	晓燕	—	—	—	1	—	—	—	—	—	—	—	—	—	—	—	—	—	1	—	—	—	—	—	—
	炉西	—	—	—	—	—	1	1	—	—	—	—	—	—	—	—	—	—	—	—	—	—	—	—	—
	杨山后	—	—	2	—	—	—	—	—	—	—	—	—	—	—	—	—	—	—	—	—	—	—	—	—
	杨园后	—	—	2	—	—	—	—	—	—	—	—	—	—	—	—	—	—	—	—	—	—	—	—	—
峰门田边		3	—	—	—	—	—	—	—	—	—	—	—	—	—	—	—	—	—	—	—	—	—	—	—
徐宅路边		—	—	—	—	—	—	—	2	—	—	—	—	—	—	—	—	—	—	—	—	—	—	—	—
溪口黄山头		—	—	3	—	—	—	—	—	—	—	—	—	—	—	—	—	—	—	—	—	—	—	—	—

司前畲族镇古树名木三级保护分布一览表

表 7-4-2-20　　　　单位：株

古树名木所在地		南方红豆杉	枫香	苦槠	甜槠	香叶树	马尾松	米槠	细柄蕈树	青刚乐	刨花楠	茅栗	继木	木荷	樟树	短梗冬青	杨梅	南岭栲	青檀	柿	椤木石楠	乌桕	栲树	红皮树	蓝果树
左溪	梨树丘	—	—	3	5	—	—	—	35		4	—	—	—	1	3	—	—	—	—	—	—	—	—	—
	余坑	—	1	7	—	—	1	—	—	2	—	—	—	—	2	—	—	—	—	—	—	—	—	—	—
	左溪古道	—	12	2	—	—	—	—	—	—	—	—	—	—	—	—	—	—	—	—	—	—	—	—	—
	红枫古道	5	13	—	1	—	—	—	—	—	—	—	—	—	—	—	—	—	—	1	—	—	—	—	1
	叶垟	—	4	—	—	—	—	—	—	—	—	—	—	—	—	—	—	—	—	—	—	—	—	—	—
	下垟	—	1	—	—	—	—	—	—	—	—	—	—	—	—	—	—	—	—	—	—	—	—	—	—
	垟下古道	—	4	2	—	—	—	—	—	3	—	—	1	—	—	—	—	—	—	—	1	—	—	1	—
	赤潭	—	1	2	—	—	—	—	—	—	—	—	—	—	—	—	—	—	—	—	—	—	—	—	—
	阳斜	1	2	1	—	—	—	—	—	—	—	—	—	—	—	—	—	—	—	—	—	—	—	—	—
	关边	—	2	—	—	—	—	—	—	—	—	—	—	—	—	—	—	—	—	—	—	—	—	—	—
	水碓坑	—	1	1	1	—	—	—	—	2	2	—	1	2	—	—	—	—	—	—	2	—	—	—	1
	石竹笼	—	—	—	—	—	—	—	—	—	—	—	—	—	—	—	—	—	—	—	—	—	1	—	—
	国公堂	—	—	7	—	—	—	—	—	1	—	—	—	—	—	—	1	—	—	—	3	—	—	—	—
	筱条	—	—	4	—	—	1	—	—	—	—	—	—	—	—	—	—	—	—	—	—	1	—	—	—
溪口	龙头寺	—	—	4	—	—	—	—	—	1	—	—	—	—	—	—	—	—	—	—	—	—	—	—	—
	净水池边	—	4	2	—	—	—	—	—	—	—	—	—	—	—	—	—	—	—	—	—	—	—	—	—
大住	钓钩岭	—	3	2	—	—	—	4	7	—	—	—	1	6	—	1	—	5	—	—	—	—	—	—	—
	章庄	—	3	2	—	1	—	—	3	1	—	—	—	—	—	—	2	—	—	—	—	—	—	—	1
	枫山	—	—	—	7	—	—	—	3	—	—	—	—	1	—	—	—	—	—	—	—	—	—	—	—
	白沙岱	—	—	1	—	—	—	—	—	1	—	—	—	1	—	—	—	1	—	—	—	—	1	—	—
	徐岸	—	—	—	2	—	—	—	4	—	—	—	—	—	—	—	—	—	—	—	—	—	—	—	—
	章庄古道	—	—	—	—	—	—	—	15	—	—	—	—	—	—	—	—	—	—	—	—	—	—	—	—

续表 7-4-2-20

古树名木所在地		古树名木名称及株数																							
		南方红豆杉	枫香	苦槠	甜槠	香叶树	马尾松	米槠	细柄蕈树	青刚乐	刨花楠	茅栗	继木	木荷	樟树	榕叶冬青	缺萼枫香	钩栗	钩藤	沈水樟	椤木石楠	紫藤	栲树	柳杉	杜英
叶山	亭面	—	—	—	10	—	—	1	52	3	—	14	1	6	—	—	—	3	3	2	—	—	—	—	—
	亭下	1	—	—	1	1	1	—	14	9	—	14	2	1	—	1	—	—	—	5	—	—	5	1	1
	叶山	—	—	—	—	—	—	—	8	—	—	2	—	1	1	—	—	—	—	—	—	—	—	—	—
	玟底岗	—	—	—	5	—	—	—	15	—	—	2	—	2	—	—	—	—	—	—	—	—	—	1	—
	垟心	—	—	—	—	—	—	—	—	—	—	—	—	—	—	—	1	—	—	—	—	—	—	—	—
台边	赤岩亭岭	—	26	—	36	—	—	2	25	—	—	—	—	—	—	—	—	—	—	—	—	—	—	—	—
	台边村	—	1	—	—	—	—	—	—	—	—	—	—	—	—	—	—	—	—	—	—	—	—	—	—
里光	吴道岭	—	15	—	—	—	—	—	—		—	—		—	—	—	—	—	—	—			—		—
	纺车岭	—	—	1	—	—	—	—	—	—	—	—	—	—	—	—	3	—	—	—	—	—	—	—	—
上地	陈柏树	—	—	1	—	—	—	—	—	—	—	—	—	—	—	—	—	—	—	—	—	—	—	—	—
	下 村	—	1		—	—	—	—	—	—	—	1	—	—	—	—	—	—	—	—	—	—	—	—	—
	牛角丘	—	—	2	—	—	—	—	—	—	—	—	—	—	—	—	—	—	—	—			—	—	—
	九曲岭	—	2	—	—	—	—	—	—	—	—	—	—	—	—	—	—	—	—	—	—	—	—	—	—
榅垟	杨寮屋后	1	1	—	—	—	—	—	—		—	—	—	—	—	—	—	—	—	—	1	1	—	—	—
	徐半天	—	3	—	2	—	—	—	—	—	—	—	—	1	1	—	—	—	—	—	—	—	—	—	—
	恩 坑	—	—	—	—	—	—	—	—		—	—	—	—	1	—	—	—	—	—	—	—	—	—	—
黄桥	园桥亭下	—	3	2	—	—	—	—	—	—	—	—	—	—	—	—	—	—	—	1	—	—	—	—	—
	墨斗具	—	16	5	2	—	3	—	—	1	—	—	—	—	—	—	—	—	—	—	—	—	—	—	
	黄 山	—	—	—	—	—	—	—	—	—	1	—	—	—	—	—	—	—	—	—	—	—		—	1
	苦竹井	—	1	—	—	—	—	4	—		—	—	—	—	—	—	—	—	—	—	—	—	1	—	—
	九曲岭	—	5	—	—	—	—	—	—	—	—	—	—	—	—	—	—	—	—	—	—	—	—	—	—

续表 7-4-2-20

古树名木所在地		古树名木名称及株数																							
		南方红豆杉	枫香	苦槠	甜槠	园柏	马尾松	米槠	细柄蕈树	青刚乐	石楠	茅栗	红楠	木荷	樟树	水青岗	杉木	钩栗	榉树	柳杉	椤木石楠	乌柏	栲树	红皮树	蓝果树
黄桥	苍头岭	—	2	—	—	—	—	—	—	—	—	—	—	—	—	—	—	—	—	—	—	—	—	—	—
	石 街	—	4	5	—	—	1	2	—	—	—	—	—	7	—	—	—	—	—	—	—	—	—	—	—
	陈吴坑	—	1	—	—	1	—	—	—	—	1	—	—	—	—	1	—	—	—	—	—	—	—	—	—
	大 路	—	4	1	—	—	—	—	—	1	—	—	—	—	—	—	—	—	—	—	—	—	—	—	—
	北山岭	—	5	—	—	—	—	—	—	—	—	—	—	—	—	—	—	—	—	—	—	—	—	—	—
	半东坑	—	1	—	—	—	—	—	—	—	—	—	—	—	—	—	—	—	—	—	—	—	—	—	—
	炉 西	—	3	4	—	—	—	2	—	—	—	—	—	1	—	—	1	—	—	—	—	—	—	—	—
	横 路	2	1	—	—	—	—	—	—	—	—	—	—	—	—	—	—	1	1	1	—	—	—	—	—
	石章坑	—	2	—	—	—	—	—	—	—	—	—	—	—	—	—	—	—	—	—	—	—	—	—	—
	晓 燕	1	—	—	3	—	—	—	—	—	—	—	—	1	—	—	—	—	—	3	—	—	—	—	—
	黄 山	—	—	—	—	1	—	—	—	—	—	—	—	—	—	—	—	—	—	—	1	—	—	—	—
	桥头岗	—	—	—	—	—	3	—	—	—	—	—	—	—	—	—	—	—	—	—	—	—	—	—	—
	杨园后	—	—	—	1	—	—	—	—		—	—	—	—	—	—	—	—	—	—	—	—	—	—	—
	阳山后	—	—	—	—	—	—	—	—	—	—	—	—	—	—	—	—	—	—	3	—	—	—	—	—
峰门	车路边	—	1	—	1	—	—	1	—		—	1	—	—	—	—	—	—	—	—	—	—	—	—	—
	朱 埼	—	1	5	—	—	3	—	—	1	—	—	—	—	1	—	—	—	—	—	—	—	—	—	—
	垟 头	—	—	—	—	—	4	—	—	—	—	—	1	—	—	—	—	—	—	—	—	—	—	—	—
	田 边	2	—	—	—	—	—	—	—		—	—	—	—	—	—	—	—	—	—	3	—	—	—	—
	夏氏宗祠	—	—	—	—	4	—	—	—	—	—	—	—	—	—	—	—	—	—	—	—	—	—	—	—
徐宅	车路边	—	—	—	—	—	—	—	5		—	—	—	—	—	—	—	—	—	—	—	—	—	—	—
	上 垟	—	2	—	—	—	33	—	—	—	—	—	—	—	—	—	—	—	—	—	—	—	—	—	—
	何宅坑	—	1	—	—	—	1	—	—	—	—	1	—	—	—	—	—	—	—	—	—	—	—	—	—

续表 7-4-2-20

古树名木所在地		古树名木名称及株数																							
		南方红豆杉	枫香	苦槠	甜槠	香叶树	马尾松	米槠	细柄蕈树	缺萼枫香	刨花楠	茅栗	继木	木荷	樟树	大叶冬青	沉水樟	钩栗	石栎	三尖杉	椤木石楠	紫薇	栲树	红楠	蓝果树
徐宅	村后	—	1	—	—	—	—	—	—	—	—	—	—	—	—	—	—	—	—	—	—	—	—	—	—
	徐坑	—	—	—	—	—	—	—	7	—	—	—	—	—	1	—	—	—	—	—	1	—	—	—	—
	外垟	—	—	—	—	—	—	—	2	—	—	—	—	1	1	—	—	—	—	—	—	—	—	—	—
	何宅	—	—	—	—	—	—	—	—	1	—	—	—	—	—	—	—	—	—	—	—	—	—	—	—
	呈坑坑边	1	—	—	—	—	—	—	—	—	—	—	—	—	—	—	—	—	—	—	—	—	—	—	—
黄桥	园桥	—	—	—	—	—	—	—	—	—	—	—	—	—	—	—	1	—	—	—	—	—	—	1	—
	墨斗具	—	—	—	—	—	—	—	—	—	—	—	—	—	—	1	—	—	3	—	—	—	—	1	—
	九曲岭	—	—	—	—	—	—	—	—	—	—	—	—	—	—	—	—	—	—	—	—	—	—	1	—
司前	尖坪	—	1	—	—	—	—	—	—	2	1	—	—	—	—	—	—	—	—	—	—	—	—	—	—
	中学边	—	—	—	—	—	—	—	—	—	—	—	—	—	1	—	—	—	—	—	—	—	—	—	—
	塔田边	—	—	—	—	—	—	—	—	—	—	—	—	—	—	—	—	—	—	—	—	1	—	—	—
	高塔	—	1	—	—	—	—	—	—	—	—	—	—	—	—	—	—	—	—	—	—		—	—	—
	仙池	—	2	—	—	—	—	—	—	—	—	—	—	—	—	—	—	—	—	—	—	—	—	—	—
	金鸡赛	—	1	1	—	—	—	—	—	—	—	—	—	—	—	—	—	—	—	—	—	—	—	—	—
左溪	叶垟厝下	—	—	—	—	—	—	—	—	—	—	—	—	—	—	—	—	—	—	2	—	—	—	—	—
	横石厝边	—	—	1	—	—	—	—	—	—	—	—	—	—	—	—	—	—	—	—	—	—		—	—
	—	—	—	—	—	—	—	—	—	—	—	—	—	—	—	—	—	—	—	—	—	—	—	—	—
	—	—	—	—	—	—	—	—	—	—	—	—	—	—	—	—	—	—	—	—	—	—	—	—	—
	—	—	—	—	—	—	—	—	—	—	—	—	—	—	—	—	—	—	—	—	—	—	—	—	—
	—	—	—	—	—	—	—	—	—	—	—	—	—	—	—	—	—	—	—	—	—	—	—	—	—

六、林 场

(一)国营乌岩岭林场

国营乌岩岭林场建于1958年9月,经营面积2733公顷。1962年并归罗阳林场,列为一林区,1964年恢复,经营面积减至2007公顷。“文化大革命”期间曾一度改称武夷岭林场。1975年省革命委员会批准建立自然保护区,两块牌子、一套人马。1990年经营面积1400公顷(含绝对保护区面积,但不含联营面积),设乌岩岭、金刚厂、芳香坪、上芳香4个林区,职工104人。

1959年开始育苗、造林。1963年因职工下放,疏于看管,新造幼林全部毁于山火。1964年重新开始造林。到1990年共造林(含补植)1093公顷,抚育4787公顷。据1989年森林资源复查,全场林业用地773公顷(不含绝对保护区649公顷),其中有林地700公顷,林木蓄积量16.05万立方米,立竹量5.7万株,森林覆盖率86.8%。1990年,林木资产达134万元。

建场之初即办有畜牧场、炭窑。1979年冬创办综合厂,生产算盘、家具、刀柄、象棋等。1985年,创办蛇园,酿制蛇酒,并建立花卉、盆景生产基地。1980年、1988年,分别与碑排乡马子坑村、黄桥乡合办联营林场,联营面积2467公顷。

1979年,国营乌岩岭林场共有干部职工25名,年总收入8000元,耗尽事业费,倒欠3700元。20世纪80年代初,林场改革分配制度,调整产业结构,实行生产承包责任制,开展多种经营,取得成功。1991年,林场经济再次陷入困境,虽编制《乌岩岭林场森林经营方案》,但未实施。1992年4月至2002年12月,林场职工失业保险金曾两度中断提缴。

2001年,林场体制改革,出台《关于对乌岩岭林场实行体制改革的决定》,提出“解散林场,彻底改制”的方案。47名林场职工下岗安置,11名职工办理内退手续,10名职工选调到保护区工作,林场不再进行生产经营性活动,林木采伐基本停止,为乌岩岭保护区步入规范化管理之轨道奠定基础。方案出台后,10人通过公开选拔到保护区工作,10人提前内退,13人按改制方案领取工龄补偿金和安置费,终止劳动关系,另35人因不接受改制方案未办理相关手续。

2003年10月,乌岩岭管理局做出林场改制的补充规定:凡工龄满20年以上的原固定职工,与林场终止劳动合同关系后,如本人愿意将“三费”,即工龄补偿费、安置费及生活补助费留在林场用于统筹养老保险的,将继续按事业性质给予统筹养老保险至退休年龄。

2004年4月,有24人与乌岩岭管理局签订协议,一次性领取按工龄计算每年500元的医疗保险金,以后医保由本人自理。是年7月,乌岩岭管理局、乌岩岭林场与县人事劳动社会保障局签订乌岩岭林场改制退休人员参加医疗保险协议书。改制善后工作基本完成。2007 年，县人民政府办公室就林场改制下岗职工事业编制身份、养老保险等进行相关政策落实和标准调整。

(二)乡村(社队)林场

罗溪源林场 原名里光公社林场，建于 1974 年，面积 336 公顷。1972 年，学习湖南大办林业基地经验，统一规划，大队、生产队无力绿化造林的大片荒山，由公社林场管理，在农闲季节集中全社劳力突击整地造林，造好一片林，留下一批人，形成基地办林场，林场管基地的新格局。由里光公社(里光乡)管理，场部 3—5 人。

1992 年里光乡并入司前畲族镇，林场也划入镇人民政府管理。年收入镇政府留成 10%，剩余交由原里光乡各村，由各村经济合作社社员讨论分成方案：有的村提成一部分按原来参与投劳的劳动力分成，其余按人口分成；有的村全部按原来参与投劳的劳动力分成；有的村全部按现人口分成。至 2015 年，林场全部划为封山育林区，由原里光乡 8 个村轮流管理。

鸡荒山林场 原名司前公社林场，建于 1973 年，面积 37 公顷。2010 年，因山林火灾被毁，现已无实际管理。

榅垟村林场 建于 1973 年，面积 872 公顷，设有场部，有专人管理。收成由村经济合作社社员讨论决定分红。

上地村统管山 1973 年造林，面积 258 公顷，由村经济合作社管理。收成由社员讨论决定分红。

左溪联营场 20 世纪 90 年代与县营林公司联营，21 世纪初县营林公司解散，联营协议终止。

2009 年乌岩岭林场各类土地面积一览表

表 7-4-2-21

统计单位	林地所有权	森林类别	土地总面积(公顷)	林业用地(公顷)						森林覆盖率(%)	林木绿化率(%)
				合计	有林地						
					小计	乔木林地			竹林		
						小计	纯林	混交林			
乌岩岭林场	国有	生态林	1440	1440	1436	1404	1360	44	32	—	—
	国有	商品林	2	2	—	—	—	—	—	—	—
	合计		1442	1442	1436	1404	1360	44	32	99.33	99.33

2009年乌岩岭林场森林面积林木蓄积一览表

表7-4-2-22

统计单位	林木所有权	活立木总蓄积量(立方米)	林地									散生木	
			面积合计(公顷)	乔木林地						竹林			
				小计		纯林		混交林					
				面积(公顷)	蓄积(立方米)	面积(公顷)	蓄积(立方米)	面积(公顷)	蓄积(立方米)	面积(公顷)	支数(百支)	株数(百支)	蓄积(立方米)
乌岩岭林场	国有	138475	1734	1404	138444	1360	134479	44	3965	32	485	2	31

七、林业体制沿革

(一)山林集体化

土地改革以后，山林按土地证分户经营管理。1954年逐步建立初级农林生产合作社(初级社)，山林仍然分户经营管理。1957年逐步建立高级农林生产合作社(高级社)，山林折价入社，全部由高级社统一经营管理。高级社财力不足，山林价款没有及时兑付。1958年人民公社化以后，山林价款一直没有兑付。1961年中共中央发布《农村人民公社工作条例》以后，贯彻执行“三级所有、队为基础”方针，山林由大队、生产队经营管理。1963年实行“四固定”(劳动力、山林土地、农具、耕牛)，部分山林归大队统一管理，部分由生产队管理。

“四固定”过程中，山林多的干部主持大队工作，强调按原土地改革时的土地证“随户到队”，落实生产队山林权属；山林少的干部主持大队工作，则强调全大队统一划片调配。所以，当时各大队山林“四固定”就各行其是。至1981年山林定权发证时，也按当时生产队经营范围确定。之后多次发证延长山林承包期，也一直未有作调整，存在许多不合理现象也不能得到纠正。

(二)完善山林责任制

中共十一届三中全会后，调整了农村各项政策。司前境内林业进入了一个新的历史变革时期。为贯彻落实中共中央精神和省林业工作部署，中共泰顺县委于1981年6月开始进行林业“三定”工作试点，在试点工作基础上，1981年10月，县委制定了《关于稳定山权林权和落实林业生产责任制若干问题的决定》，推动了林业"三定"（稳定山权林权、划定自留山和确定林业生产责任制）工作的开展。

林业"三定"工作分三阶段进行：第一阶段是试点阶段。1981 年 6 月，由县委常委带队，抽调林业及有关部门负责人组成工作组，在市林业局的配合下，深入重点林区里光公社进行林业"三定"试点。主要是摸索经验，如何落实林业政策，完成林业"三定"工作。第二阶段是全面贯彻落实阶段。在取得试点经验的基础上，以区为单位，组织社队干部分期分批逐步展开。第三阶段补课验收，发证建档。林业"三定"从 1981 年 6 月开始到 1985 年，全面颁发林权证书。由于"林业三定"工作人员是从各部门单位抽调组成的，时间紧，任务重，并且资料收集、保存和应用以纸质文档等传统方式为主，山林四至没有落实到地形图上，发证面积与实际山林面积不大相符，对管理林权造成一定影响。

（三）推行林业股份制

1991 年，泰顺全县开展"灭荒"造林运动。林业部门以"灭荒运动"为契机，针对林业"三定"后的荒山零星分散、村级集体经济相对薄弱等特点，在稳定山权林权，落实林业生产责任制的基础上，县委、县人民政府又引导农民开展多种形式合作造林，创办联营林场，实施单位、企业与乡、村、户联合办林场造基地，形成国家、集体、个体三级力量促林业的新局面。境内创办乌岩岭国营林场与马子坑联营林场、乌岩岭国营林场与黄桥乡联营林场、左溪村与县营林公司联营。

（四）山林流转机制

2006 年 8 月中旬，司前镇在开展试点工作的基础上，全面铺开延长山林承包工作，采集第一手资料，重新到实地将各山头地块的四至划界落实到地形图上。制定新的操作规程，建立数据库和林业信息系统，实现林权信息的数字化和网络化管理。

2008 年，开始以明晰产权为目标的林权主体改革，泰顺县成立林权管理办公室，专门负责林权证的动态管理，并专设林农服务窗口。同时，制定了《泰顺县森林资源流转管理办法》《集体林权制度改革工作实施意见》以及有关的办事流程，探索林权变更及林权证抵押贷款后的林权动态管理方面工作，规范流程，巩固主体改革工作成果，开展森林资源流转、抵押贷款探索。是年，司前境内的县农友专业合作社以 164 亩雷笋基地为抵押，经浙江省信林评估公司评估价值为1790万元，由浙江信林担保有限公司担保，向市农业发展银行申请贷款500万元。

2009年，根据《泰顺县森林资产抵押管理办法(试行)》和《泰顺县森林资源林权登记办法(试行)》，司前境内农友笋竹专业合作社和农鑫果业专业合作社以林权抵押的方式获得贷款458万元。

2015年，通过全面实施集体林权制度改革，初步具备开展林权抵押贷款的基本条件，在此基础上，启动森林资源流转、抵押贷款试点等工作，进一步盘活森林资源资产，推动林业产业发展。是年，司前畲族镇全镇签订山林延包合同3215份，明确了经营主体，自留山、责任山签订责任合同，核发中华人民共和国林权证，将山林承包期由原来的30年延长至50年，实现林权信息化管理。启动村级集体所有权勘界工作。

第三节 工 业

清初，司前境内制纸业兴起。民国时期，境内有铸锅(铁)、榨油、酿造等手工业作坊。中华人民共和国成立后，1954年，部分手工业者经社会主义改造，走上集体化道路。与此同时，一些新兴行业相继崛起。1958年始，建立国有、集体工业企业。因山区交通落后、信息难通，这些企业于20世纪70年代逐步衰落。1978年中共十一届三中全会后，境内办起竹木加工、小水电等小企业。90年代又因兴建珊溪水库，境内为保护环境，只能兴办资源型加工环保企业，工业发展道路受到限制。

至2015年，以竹制品、木制玩具、电力等行业为主体的资源型工业格局形成。镇境内工业企业66家，其中国营工业企业1家、集体工业企业1家、非公有制工业企业64家。集体、非公有制工业企业共有职工2000多人，工业总产值32158.22万元(按现行价计算)，占全镇工农业总产值的83.22%，占全县工业总产值的7.80%(国有工业产值不计在镇内)。

一、发展历程

清代至中华人民共和国成立前，司前境内有制纸、铸锅(铁)、酿造、竹、木、铁器小农具和家用小器具等手工业作坊，以及从事制砖瓦和纺织、服装、食品、棕草加工等手工业。多由私人投资兴办或个体经营。

1954年，人民政府对分散经营的个体手工业者进行社会主义改造，根据自愿互利的原则，按行业组成生产合作社走上集体化道路。1956年组建里光造纸社。1958年畲族乡成立后，9月实行司前大公社体制，大部分生产合作社(组)经过组合，转为社办工业。土法上马，建起农机修造厂、竹制品加工厂等工业企业。因设备简陋、技术落后，1961年司前竹器厂并入司前造纸厂。1971年，司前农械厂转办司前竹编厂。1972年7月，司前竹编厂派员赴新昌学习竹编工艺技术，次年8月正式投产。制作过程是先将毛竹劈成篾片和篾丝，经漂白、防蛀、染色等工序后，按预先设计的各种动物形体，编成造型优美又富有实用价值的果盘、提篮、花瓶等工艺品投放市场。1973—1988年，累计生产3.9万件，创产值45万余元。1989年因产品滞销，转产车木制品。1992年解散，原在职职工100多人，解散后，在职职工50人，其他职工调至其他单位或另谋出路，当年退休20人。至2003年原厂房已全部拍卖，拍卖所得资金用于职工养老保险，企业改制完成。

1971年，里光公社创办综合厂，从业人员100多人，主要产品有榔头柄、竹帘等竹木制品，主要销往河北省一带。因技术含量低，产品销路不畅，逐步停产。

1958—1983年的人民公社化期间，私人不准办企业，司前境内无私人企业。1979年贯彻中共十一届三中全会精神后，个体工业和集体企业起步发展。至1991年境内发展加工业22家，分散于司前、里光、黄桥乡。其中，乡、村集体办竹木制品企业9家：司前区竹材厂、司前竹制餐具厂、司前木器厂、司前民政福利厂、黄桥民政福利厂、司前校办木器厂、黄桥竹木加工厂、新增竹木加工厂。年产值最高75.70万元，最低1.69万元。之后，逐步转为非公有制工业企业，仅保留白鹤渡水电站一家为乡镇工业。

1999年以后，大多数工业企业都转为私营工业企业或股份制工业企业。

1991年司前、里光、黄桥乡社队办竹木制品企业8家，年产值最高75.70万元，最低1.69万元。个体农产品加工企业12家，年产值42万元。小水电只有白鹤渡水电站。1995年发展加工业39家，其中有竹木制品企业11家，个体加工业22家，小水电6家（司前白鹤渡电站、桥楼电站、杨辽一级站、杨辽二级站、恩坑电站、五斗桥电站）。是年度工业产值2135万元，比1991年增长 6.97 倍。

2000 年,在原基础上增加竹木制品业 3 家:泰顺县雷诺玩具厂、司前园林木制品厂、辉煌竹材有限公司。个体加工业增加 8 家。小水电增加 3 家:包焦湾、龙角、叶山水电站。年度工业产值 2805 万元,比 1995 年增长 31.38%,年均增长 7.06%。

2005 年竹木制品加工业比 2000 年减少 3 家:辉煌竹材有限公司、司前民政福利厂、校办农具厂。个体加工业比 2000 年减少 1 家,电站增加 1 家,即高际水电站。年度工业产值 5882 万元,比 2000 年增长 1.10 倍,年均增长 20.34%。

2010 年竹木制品加工业减少 1 家:泰顺县竹材厂实行破产清算。个体加工业 29 家,与 2005 年平行。小水电增加 1 家:鸿源水电站。年度工业产值 13544 万元,比 2005 年增长 1.30 倍,年均增长 23.21%。

2015 年黄桥乡、峰门乡并入。镇境内工业企业 66 家,其中国营工业企业 1 家,集体工业企业 1 家,非公有制工业企业 64 家。竹木制品工业企业 27 家,竹制品、木制玩具、电力等行业为主体的资源型工业格局形成。其中,个体加工业 20 家、小水电企业 13 家、采沙场 4 个,合计 64 个(家)。集体、非公有制工业企业共有职工 2000 人,工业产值 32168 万元(按现行价计算)(三插溪电站属国有工业企业,产值不计在镇内),占全镇工农业总产值的 83.22%,占全县工业总产值的 7.80%。比 2010 年增长 1.38 倍,年均增长 24.12%。比 1991 年增长 119.03 倍,年均增长 22.08%。

1991—2015 年司前畲族镇择年工业企业情况一览表

表 7-4-3-1　　单位:万元

序号	项 目	1991 年	1995 年	2000 年	2005 年	2010 年	2015 年
竹木制品企业	企业个数	9	11	14	11	10	27
	从业人数	258	565	573	514	599	
	工业产值	212	1825	2109	2882	6907	23107
个体加工业	企业个数	12	22	30	29	29	20
	从业人数	41	134	132	192	229	
	工业产值	42	206	209	531	1719	3835

续表 7-4-3-1

序号	项 目	1991 年	1995 年	2000 年	2005 年	2010 年	2015 年
小水电生产业	企业个数	1	6	9	10	11	13
	从业人数	16	48	55	127	73	
	工业产值	14	104	487	2469	3326	3664
采沙场企业	企业个数	—	—	—	—	5	4
	从业人数	—	—	—	—	42	
	工业产值	—	—	—	—	1592	1562
合计	企业个数	22	39	53	50	55	64
	从业人数	315	747	760	833	943	3000
	工业产值	268	2135	2805	5882	13544	32168

2015 年司前畲族镇规模以上工业企业产值一览表

表 7-4-3-2　　单位：万元

年主营业务收入 2000 万元以上规模企业	2015 年实际（当年价）		
	总产值	销售产值	出口交货值
合　　计	14190	13811	3783
利众竹木有限公司	6021	5659	3783
泰丰竹业有限公司	4245	4234	—
司前竹木日用品厂	3924	3918	—

说明：2011 年起，规模以上企业为主营业务收入 2000 万元以上的工业企业。

二、手工业

司前历史源远流长，境内能工巧匠，人才辈出，为人们的衣食住行提供了方便，为农耕生产发展立下汗马功劳，创造了许多优秀的非物质文化遗产。中华人民共和国成立以前，称“百工之人”，受人歧视。中华人民共和国成立后，成为手工业工人。1955 年组织司前手工业社，手工业工人成为手工业社社员。社员可在社内服务，出外服务时，须交积累金。农业集体化之后，手工业工人家属在生产队分粮，也须向生产队交积累金，记工分才能分粮。

1954年司前片手工业情况一览表

表 7-4-3-3　　单位：人

乡名	个体专业手工业工人						农业兼营手工业	
	合　计	竹木铁	缝纫	做纸	建筑	其他	合计	其中：做纸
司前	41	11	5		8	17	16	3
里光	63	23	3	21	8	8	16	12
左溪	50	14	7	4	11	14	233	7
上榅	36	9	—	—	—	27	138	—
黄桥	46	4	1	—	1	40	9	—
峰门	3	2	1	—	—	—	156	—
合计	239	63	17	25	28	106	568	22

(一)编 织

1.裁 缝

传统的裁缝师傅全靠手工工艺，地位较高，富家需缝纫绫罗绸缎，还要能绣花，在三十六行业中排位第三。缝纫机传到镇境内已是20世纪60年代。境内裁缝师傅(也称成衣师傅)都以个体形式服务，或在家，或开门店，或受邀请上门服务。80年代始，大多出外开门店或为厂商打工。

2.竹 编

竹编，民间称作篾，将竹子削成篾丝，编织成各式农具、家具。专业性较强，要将刚硬的竹子削成细丝，编织起来挥洒自如，一般需要从小拜师学艺，经3—5年刻苦学习和磨炼。技艺精湛的师傅编织的竹篮能打水，编织的工具、农具经久耐用，编织的动物模型形象逼真。山村农民缺不得做篾师傅。20世纪70年代，司前竹编厂集中一批技术熟练的师傅，带徒授艺编织各种动物形体和各种造型优美又有实用价值的果篮、提篮、花瓶等工艺品投放市场。

篾工工具

3.棕 编

用棕榈树(常绿乔木)外皮棕片抽丝制作绳子和各种用具。棕衣，传统的雨衣，农民雨天上山、下地常用。分上下两片，上衣如鸟翅，下衣如裙子。棕衣制作也是专业手艺。先将棕片拉成丝，捻搓成棕线，用较粗的铁针将棕片缝纫起来。可将棕片缝纫成席子，作床垫，还可在木框内用棕绳编织成棕板床。

（二）木 匠

大 木 造屋木工一般称大木师傅。一般的大木师傅只能凿孔、刨板、竖柱、穿梁、钉板壁、搭楼坪。精工师傅能雕梁画栋，手艺精湛。

细 木 传统制作家具木匠，手艺精湛者能精雕细刻，制作屏风、斗床等精美家具。

园 木 制作圆桶类家具，传统的木质面盆、脚桶、锅盖、水桶等，精明木匠制作的圆木家具不漏水、不变形，经久耐用。

木匠工具

车 木 用脚踏车轮带动木杆，人手握车刀依托车架削木杆。车成的圆木杆可作铁锹柄、拼制车子床、制作玩具等。20 世纪 60 年代里光曾办综合厂，制作榔头柄等外销。80 年代始基本做木制玩具配件。

（三）土石工匠

1.打石工匠

一般指从开山取石料，造石拱桥，到打制石板及各种石雕、石刻全部工艺。工艺复杂、技术难度较高。要成为合格的石匠，也需要从小拜师学艺，经过 3—5 年的学习锻炼。只是因为该活是笨重的体力劳动，常有人学习半途而废。

石 磨

2.泥水工匠

泥水工匠包括砌墙基、筑泥墙、砌岩墈、砌砖、粉刷、浇水泥等工艺。是笨重体力活，但也是技术工，也需要经过几年的学习锻炼才能成师傅。筑泥墙，往昔的农村是经常需要干的工作，这粗活也是要讲究技术的。泥墙筑得正，历经风雨不会倒塌，筑歪了，马上就会倒塌。砌岩墈，精工老司的手艺，几百年牢固不塌。现代盖砖房，更需要精明的建筑师。

3.制砖瓦工

司前镇境内砖瓦业历史较早。据黄桥乡民发掘考证，700 多年前乡境内就有人从事砖瓦加工。境内山区村落分散，历史以来乡民生活贫困，中华人民共和国成立前,大部分人房子都采用本地盛产的老毛竹、树皮当盖。且多数筑泥墙,砖的用量很少。一般百姓人家仅在葬坟墓或砌锅灶时用一点砖。20世纪60年代后期,各自然村都砌筑了瓦窑,请制瓦师傅制瓦片,农家自制砖坯,自烧自用。

制瓦要经过专门学习,其工艺包括挑选收缩率较小的黏土作原料,砌瓦窑、制瓦坯、烧窑等技术。首先要用牛踩踏瓦泥,将经过整理切片的泥片拉上转盆、抹均匀,再提出平放在地上,内撤瓦桶,晾干以后要收拢叠放,然后进窑,这叫作"桶瓦"。这些工艺都是要经过学习才能准确无误。做"踏瓦"较简单,只要将瓦泥踏在模型上,再用铁丝割下来,按模型叠放就可以。踏瓦易做,缺点是易渗水,所以多数用户都要桶瓦。

制砖用劲将泥压在砖模型上,两面用铁丝切平,在平地上堆放即可。一般工人都会。20世纪70年代始,用制砖机,不用练泥,直接将泥放进制砖机,出来就是砖坯,晾干就可进窑。

瓦片一定要进竖窑烧制,竖窑即圆桶形上加拱顶窑,内壁用泥土砖砌制。进窑时底层放砖,上层堆瓦片。经用柴火三天三夜大火烧,看火候适时闭窑。闭窑以后,在窑顶喷水,出来的砖瓦青色,不喷水,出来的是红砖瓦。20世纪始,瓦片需求量减少,改烧"煤渣砖",即将煤粉混入泥土,用制砖机成型,堆方形窑烧制,节省人力,减少资源消耗。21世纪始,改用水泥砖。

(四)雕 塑

1.石 刻

石刻是造型艺术中的一个重要门类,在中国有着悠久的历史。石刻属于雕塑艺术,是运用雕刻的技法在石质材料上创造出具有实在体积的各类艺术品。

司前匠师们广泛地运用圆雕、浮雕、透雕、减地平雕、线刻等各种技法创造出众多风格各异、生动多姿的石刻艺术品。

石碑刻　运用线刻技法在平面石板上雕刻文字和图案,分阳刻、阴刻。墓碑上阴刻楹联和碑文,路碑上阴刻碑记。匠师们不经意间留下宝贵的书法艺术,一般不记名。

石 塑　在坟墓、桥梁栏杆上,运用浮雕、透雕技法,塑造各种模型。司前村回澜桥桥面两侧石栏杆柱头分塑狮子、荷花、蟠桃等饰物,造型逼真,技法精湛。

2.木 雕

木雕是在木板或木头上，采用不同的刻刀，通过刻、切、铲、凿、划等手段来表现形象的。

房梁雕 园洲古民居的栋、檐、廊、柱、壁、窗、檽等，采用圆雕、浮雕、透雕等技法，工艺精湛，具有相当的观赏和研究价值。司前溪口进士屋的雕梁画栋与百鸟阁(现存县文博馆)技艺精湛。

家具雕 多在斗床上，采用浮雕、透雕等技法，雕刻形象；“八仙桌椅”上的“八仙”浮雕，都非常精致。

3.木偶头制作

采用圆雕技法，雕刻人物头像，再配颜色，加油漆。配制木雕的手、脚和衣饰，各种人物或动物栩栩如生。

泰顺木偶的头、手、足雕刻和整个木偶的艺术造型，生、旦、净、丑等戏剧行当的名称、服装、道具等诸方面都与古老的昆剧、徽戏大致相同。与其并存的其他民间艺术形式，民间壁画、木刻、石雕，如司前回澜桥栏杆上的石浮雕；以及近年来出现的车木玩具、匾额浮雕等艺术品的发展道路，与古老的木偶戏存在着割不断的血缘关系。2014 年“泰顺县木偶头雕刻”入选第四批国家级非物质文化遗产项目。

4.泥 塑

泥塑一般只塑菩萨类人物塑像。塑匠一般用草类作芯，外包泥浆塑成泥胎，再描绘颜色。技艺精湛的匠师雕塑的人物也非常逼真。

(五)手工业作坊

1.榨油坊

司前本地植物油主要原料有油茶籽、桐子、油菜籽和茶叶籽。清咸丰年间(1851—1861 年)，左溪村民刘立章的祖辈就在三亩岭脚开办榨油作坊，占地面积 300 多平方米，以水为动力，渠道 300 多米长，为本村及邻村一带村民榨油，其水碓兼大米加工。年加工茶籽 200—300 吨。其油车榨油的基本原理是：晒干原料，磨粉。送榨油作坊以后，篜熟原料。在圆形包装桶内放铁圈稻草，倒入原料裹上稻草，用脚踩紧成油包，然后放入油车，以杠杆压榨出油。稍后，村民雷如坤亦在库坑岭脚建油坊。

1952 年村民雷根永到司前平桥头办水碓作坊。设联动齿轮，水碓轮转动，同时带动水磨及联动粉筛，能同时碓米、磨粉、筛粉，还置油车，是综合性作坊。其油车是整条椴木凿空留两端，横放，上敞口。在一端底部钻空接导管。

油包放入后，往有导管端压紧，另一端压厚石片或木片，再不断加木楔，上用石锤不断敲打木楔，以挤压油包，这样热油就从油嘴流出。最后，油车里只剩干茶饼。

2.铸锅作坊

用小高炉熔化铁水，注入模型，制作铁锅、犁头等用具、农具。20世纪40年代至50年代，司前村小平桥头有胡云贵(永康人)设作坊从事该行业，1958年并入铁器社。

3.铸 铜

用小坩埚熔化铜水，注入模型制作小铜锅、锅铲、面盆类家具，常走村串户，上门服务。有些铜质器皿须用熟铜打制，如铜茶壶之类，铸铜匠也可以完成。

4.打 铁

铁器用途广泛，农具、家具、冷兵器等多数是铁器。打铁用熟铁。打铁铺修筑1米多高铁炉，置炭火、拉风箱加热铁件，然后放1米多高铁墩上，师傅左手握铁钳右手抡小锤、助手抡大锤协调敲打。铁匠传统服务方式是沿村设置铁炉，按用户约定制作。20世纪50年代中期始，进手工业社，对外预定服务。60年代始恢复传统服务方式。司前境内有多位铁匠，均是从文成县迁入定居，传艺带徒继承工艺。

铁匠铺

5.打 锡

锡器制作如铸铜工艺，用小坩埚熔化锡水，注入模型制作锡器零部件，按不同锡器要求进行敲打成型，再逐件安装、焊接成器。用这种工艺流程，制作酒壶、锡茶瓶、插蜡烛台等锡器。也是走村串户上门服务。20世纪60年代后，铁制品、铝制品增多，锡器逐步退出市场。

6.金银饰物

如打锡工艺，用小坩埚熔化金、银，注入模型制作零部件，然后打制各种零部件。但金、银贵重，不能有损失，小坩埚是用酒精灯加温的。传统服务方式也是上门服务，制作妇女、儿童头饰、耳环、手镯之类饰物。20世纪50年代始，不流行头饰，主要制作耳环、手镯、金项链之类饰物。80年代始，开门店坐店服务。

(六)其他技艺

1.弹 棉

惯称弹棉师傅。传统手工弹棉,工具有木弓(牛筋为弦)、木棰、铲头、磨盘等。弹时用木槌频频击弦,使板上棉花渐趋疏松,然后将棉絮两面用纱纵横布成网状,以固定棉絮后用磨盘压磨,使之平贴,坚固。

2.理 发

俗称剃头师傅。旧时不讲究理发美容,清代才兴起剪发。20 世纪 60 年代,男士曾兴三七、四六、中分等发型。70 年代,由理发师挨家挨户上门理发,农村实行包年制,未成年人不收钱,一人派饭一次。常有人年终付不起理发工钱。80 年代开始改为坐店理发,按次数及发型收费。

三、造纸业

(一)花笺纸制作工匠

花笺纸作坊多处在毛竹资源丰富,能提供充足原材料的竹乡,因地处偏僻,工场亦十分简陋。花笺纸相比其他竹纸质地优良,因为它工艺复杂、技术精湛,要求工人付出繁重的体力劳动和多年的技术积累。

花笺纸主要工艺 生产花笺纸主要经过 10 道工序:

削 竹 要在小满左右,嫩竹嫩枝没有开始长叶时砍下,砍成 1.5 米左右竹段,削去青皮,破成竹片,称为削竹。

腌 竹 将准备好的嫩竹片浸在白玉灰(也叫砺灰,用贝壳煅烧而成,主要成分氧化钙,加水以后成二氧化钙,是一种碱)水里一个月。

洗 竹 将碱水浸泡过的竹片捞出来,清洗干净,堆在干池塘里发酵,上面盖草料,经常浇水,不能受干。

花笺纸制作工场

踩 料 拿发酵好的纸料放特制的料槽里,用脚踩。这是制作花笺纸的特殊工艺。地处偏僻的深山不可能有机械工具,最主要是凭工人脚板感觉,将纸料中的杂质、未完全发酵的粗纤维剔除,选取最精良的短纤维,保持花笺纸的质地柔软细腻。

拌纸浆 将踩好的纸料倒入纸槽,加入胶水(用猕猴桃枝条浸泡的水),拌成稀薄的水浆,用一把由几根竹签编织的爪子,捞净长纤维。

捞纸片　操纸工拿竹丝纸帘的木框，在稀薄纸浆里捞几次，然后斜拿木框，拿出水面，将纸帘反扣在厚木板上，待叠到一定高度后用一块厚木板压住，最后用长木杆挤压一天，挤干水分。

分　纸　用削尖的小竹夹在湿纸的一角一张一张剥开。

焙　纸　焙纸工一手轻轻撕下湿纸，一手拿长刷子托住，然后往焙笼上贴，刷平。

收　纸　待一批纸干了，撕下来，换一批。然后将干纸平叠，打捆。

焙　笼　内胆用土砖砌成长龙，内烧木柴，后面接排烟管。外壳用竹片编成2米高，两个平面，第一次用泥浆粉刷，表面用白玉装修，光滑。

20世纪初，新发明造纸术对花笺纸市场造成冲击。中华人民共和国成立后，造纸新技术推广。20世纪60年代始，现代的造纸厂大量生产各种用途的纸张，花笺纸逐渐失去市场，山村的花笺纸作坊已消亡。

(二)花笺纸发展历程

清康熙二十一年(1682年)，汀州人罗元森到里光，开创手工制纸。之后竹农效仿在深山搭棚建厂，削竹腌浆，手工制作花笺纸。直至中华人民共和国成立前、后，手工生产花笺纸相当兴盛。境内里光一带建有纸厂20余家，黄桥乡境内10余家。至今境内仍随处可见当年制纸废弃留下的“纸塘”、厂址。花笺纸(40厘米×37厘米、每担176刀，每刀88张)、毛边纸(全张规格比花笺纸大一倍)、大纸(长1.5米×50厘米)。1952年，省手工业改进所温州办事处，派人来泰顺指导改产新闻纸(大纸)，并向纸农发放腌纸原料和贷款。至1956年仅剩造纸厂5—6家。

1956年组建碑排、里光造纸社。同时，花笺纸销售量逐步减少，私人纸厂改做纸浆。1969年12月成立地方国营泰顺造纸厂。1970年，生产有光纸、牛皮纸，日产量1.5吨。1980年始，生产起落波动大。1990年年产量212吨。1998年停产。

(三)地方国营泰顺造纸厂

地方国营泰顺造纸厂位于司前回澜桥西侧。1958年合并碑排、里光造纸社，建立地方国营造纸厂一厂，厂址司前。1961年司前竹木器厂并入，改称竹木纸厂。1970年6月因产品滞销停产。 1963年6月恢复生产，主产花笺纸，并改厂名为地方国营花笺纸厂，年可产花笺纸200担。1966年省、县拨款6.6万元，扩充纸厂规模，改进产品结构，并于1969年12月改厂名为地方国营泰顺造纸厂，产品有50克牛皮纸、80克纸袋纸、28克糖果纸和

32 克白有光纸等。1980 年省二轻工业厅投资 16 万元，设备得到更新，当年创产值 72.5 万元，利润 11.33 万元。1985—1987 年由于经营管理不善，产值连年下降，至 1987 年末，年产值仅 34. 94 万元，企业亏损 3.59 万元。1988 年开始实行承包责任制，产值有所回升。1990 年有职工 64 人，年产量 212 吨，完成产值 109 万元，利润 21.82 万元，税金 12.92 万元，企业留利 23.02 万元。1999 年，建设珊溪水库需要治理水源污染，县造纸厂实行整体转产，创办水电站。

四、竹木制品业

(一)产业发展

司前境内竹木资源丰富，种类繁多，是泰顺县重点竹产区。中华人民共和国成立前至 20 世纪 50 年代初期，从事竹制品加工的工匠，多以师带徒形式，走家串户，为用户服务。1958 年人民公社化后，司前大公社办起司前竹器社，生产泥箕、簟、箩等农具；司前农械厂，生产木犁、木耙、木桶、桌、凳、厨、箱等农具、家具等。1971 年农械厂改为司前竹编厂。是年，里光、黄桥公社先后创办综合加工厂，生产弯料、脚椅、榔头柄等产品。农户则从事筷子、雨伞骨、伞柄、篾缆绳等成品、半成品生产，由司前、台边土产站收购外销。

1972 年 7 月，司前竹编厂派员赴新昌学习竹编工艺技术，次年 8 月正式投产。制作过程是先将毛竹劈成篾片和篾丝，经漂白、防蛀、染色等工序后，按预先设计的各种动物形体，编成造型优美又富有实用价值的果盘、提篮、花瓶等工艺品投放市场。1973—1988 年，累计生产 3.9 万件，创产值 45 万余元。1989 年因产品滞销，转产车木制品。

1981 年建司前竹制品厂，厂址设司前公社垟头阉，主产毛竹制品，兼营杂木加工。1989 年出产哈咪咪竹地毯和木球，销往日本、美国、苏联、韩国、东南亚各国及中国香港等 10 多个国家和地区。1990 年，厂区占地 2640 平方米，建筑面积 1390 平方米，职工 84 人。固定资产 7.62 万元，有钻洞机 30 台、冲头机 6 台和切头机、钻边机、刨光机各 1 台。年产值 74.72 万元，利润 3 万元、税金 12 万元。

1988 年 3 月创建泰顺县竹制餐具厂，属乡办集体企业，厂址里光乡台边村，生产竹制餐具等。1990 年该厂仅有固定资产 5 万元，年产值 70 万元，利润 2 万元，税金 5 万元，是个未上规模的小厂，但当地原料丰富，品多质优。

1990年司前区创办泰顺县竹材厂，是以竹代木、代钢的重建项目，占地面积8100平方米，第一期总投资105万元，初始招工30多人，于1991年投产，当年产值27.76万元。

1991年，境内竹制品生产从萌芽状态进入起步阶段，境内竹木制品加工企业9家，从业258人，产值212万元。1995年境内竹木加工企业增加到11家，从业565人，产值1825万元，比1991年增长7.61倍，年均增长71.29%。

20世纪90年代后期，竹木制品企业的规模普遍较小，产品档次不高、自主研发能力弱，产品更新换代慢，新产品抢占市场少，科技创新型企业少，企业品牌效应和市场竞争力较弱，加上场地狭小，加工制造装备落后，加工经营水平粗放等，使竹木资源潜力未得到合理开发利用，一批原材料加工户先后停产，生产能力下降，生产规模和产量徘徊不前。2000年，竹木制品加工企业14家，从业573人，年产值2109万元，比1995年增长15.56%，年均增长3.68%。

21世纪始，浙江利众竹木有限公司积极引进国内外先进技术和装备，提高工艺技术水平，逐步解决竹制品企业的低、小、散状态。以泰顺县泰森木业有限公司为骨干的园林用品生产加工企业，带动园林用品的半成品材料加工个体户若干家，木制品产业规模不断扩大。2003年始，采取扶优扶强措施，积极引导企业扩大规模，改造技术，提高效益。2005年始，有计划依托资源，有重点地抓好行业集聚，引导和鼓励竹木企业向精、深、细加工，先后出台了一系列行之有效的扶优扶强新举措，加大传统产业技改力度，企业获得技术改造、技术创新、管理创新、品牌建设的政策倾斜和财政奖励，培育壮大企业实力，提升竹制品档次，做活市场，打响竹制品知名度。全镇竹制品加工企业规模从小到大，技术从低到高，质量从粗到精，效益从差到好，逐步从作坊式的分散经营向集约化、规模化转变，产业基础初具规模，先后涌现出泰顺县司前民族工艺厂、司前日用竹木制品厂等规范型企业，规模不断扩大，产值逐年稳步增长。

2005年，浙江利众竹木有限公司完成工艺竹筷自动成型生产线技改扩建项目；引进竹木制品加工企业2家，投资50多万元的云浩竹木有限公司及投资550多万元的园林木工艺厂。生产的产品主要有餐具、玩具、家具、园林制品和建材等五大类200多个品种，产品远销东南亚各国、欧美和中国香港等10多个国家和地区。是年，企业减少3家，从业514人，年产值

2882万元，比2000年增长36.65%，年均增长8.12%；2007从景宁县畲族自治县引入园林制品企业1家。2010年，企业10家，从业599人，年产值6907万元，比2005年增长1.40倍，年均增长24.42%；2013年27户个体户转为私营企业，产业规模不断扩大。2014年，全镇完成技改项目5个。2015年，竹木制品制造工业企业17家，个体户10户，年创产值23106.90万元，比2010年增长2.35倍，年均增长35.24%。其中，年销售收入2000万元以上的规模企业3家，年产值14190万元。占全镇竹木制品制造业产值的61.41%。

（二）主要产品

竹编胶合板　泰顺竹材厂生产。制作方法是先将毛竹剖开，通过高温软化，组坯成型，再经高温热压而成。有强度高、不变形、耐温等特点。广泛用作墙壁及天花板。1999年停产。

哈咪咪竹地毯　司前竹制品厂生产，将优质毛竹加工成小块（条），经磨光、蒸煮后，再用特制尼龙绳将小块穿成各种规格的地毯。产品具有无毒、防蛀、防霉、增白等优点。主要用于房间客厅铺设和各种汽车坐垫，亦可供夏季旅游、居家或野外乘凉铺席，产品远销日本、韩国、中国香港等国家和地区。

竹制餐具系列　浙江利众竹木有限公司生产。利用当地优质毛竹为原料，经化学漂白、精制而成。主要产品有竹菜箸、角箸、圆箸、中华箸、煲金筷、烙花筷、五言筷、红套竹筷、茶杯垫、竹勺子等40余种。分有漆、无漆、半方、圆和有系线、无系线六大类型，10多种规格。产品具有无毒、卫生、雅致、使用方便等优点，远销日本、美国、新加坡等国家和中国台湾、香港地区，备受国内外用户欢迎。

玩　具　游戏棒、数字架、积木、儿童车、国际象棋等儿童玩具。

家居产品　竹砧板、竹勺、宜家家居产品部件生产五大生产基地。

园林用品　木桶等园林用品及户外用品。

竹雕工艺品　竹雕工艺技术在县内已享有盛名，工艺种类有名家字画、浮雕、线刻、浅刻、竹排烫画、竹简、切割、镂空、木雕、竹根雕刻等五大系列120多个品种。

（三）主要加工企业

1.浙江利众竹木有限公司

浙江利众竹木有限公司创建于1988年，坐落于司前镇境内，注册资金

528万元。1996年成立泰顺县司前竹制餐具厂,2009年更用现名,2015年净资产2728万元。主产:竹筷、竹砧板、竹制小餐具、其他竹木制品。厂址司前大坪山。占地80多亩,设有1个总厂、1个新厂区及2个分厂,厂房面积3.5万平方米,员工220多人,是家立足本地竹木资源,集技术开发,产品研制、生产和销售为一体的国家高新技术企业,主要产品为“利众”牌竹制餐具、竹制厨房用具等13个系列1800多种,畅销国内50多个大中城市和中国港、澳、台地区,出口20多个国家,拥有发明专利3项、实用新型和外观设计专利12项,“利众”牌竹制餐具为浙江名牌产品,“利众”商标为浙江省著名商标、省知名商号等。先后被认定为省农业科技示范企业,省级骨干农业龙头企业、温州市企业技术中心、泰顺县科技型企业、泰顺县综合评价优秀企业等。2015年创产值6021.10万元。

董事长严汉荣,男,原籍峰门严庄垟。出身篾匠,后努力学习竹类加工技术,发展加工企业,为境内毛竹加工增值、农民增收作出重要贡献。

2.泰顺县雷诺玩具厂

泰顺县雷诺玩具厂成立于1999年11月,厂址司前镇林坪岗,厂长雷本环,2015年从业人员30人,注册资金500万元,净资产650万元,主产品竹木玩具。

3.浙江华顺竹木制品有限公司

浙江华顺竹木制品有限公司(泰顺县华源竹木制品厂),创建于2008年8月,2014年10月改名。厂长钟和华,厂址司前镇高楼坪,2016年从业人员20人,注册资金1000万元,主产品为游戏棒、数字架、积木、儿童车、国际象棋等儿童玩具。

4.温州泰丰竹业有限公司

温州泰丰竹业有限公司(泰顺县司前民族工艺厂),初创于1994年7月,2012年3月更用现名,总经理蓝家恩,厂址司前镇台边村,2015年从业人员200人,注册资金100万元,净资产2800万元。主要产品为竹制工艺品。2015年投入技改资金1200万元,新产品竹制餐具类5000万元。2006年 市级林业龙头企业、2007年 省级林业龙头企业。温州泰丰竹业有限公司前身是创建于1994年的泰顺县司前民族工艺厂,是一家专业生产竹制产品的传统企业。公司有员工180人,厂房占地面积5000平方米,租用厂房5000多平方米,设有毛竹生产、竹砧板生产、竹勺生产、宜家家居产品部件生产五大生产基地。“宇丰”品牌竹砧板在东北市场有很大知名度。2015年被评为IKEA宜家家居优质供应商。2015年公司联合泰顺县竹里村委会、茶石村委会、黄桥村委会(竹农)获得FSC(森林管理委员会)认证。

5.泰顺县喜来福竹木制品有限公司

泰顺县喜来福竹木制品有限公司成立于2006年11月,总经理徐雪梅,厂址司前高楼坪工业园区，注册资金28万元,2016年从业人员50人，净资产870万元,主产品为竹木工艺筷。2015年投入资金86万元,改进筷子生产流程自动化,新产品500万元。2007年获评市级林业重点龙头企业,2009年获评省级林业龙头企业。

6.泰森木业有限公司

泰森木业有限公司(泰顺县司前园林木制品厂),初创于1996年,更名于2005年,经理金爱英,厂址司前镇高楼坪工业园,2016年从业人员10人,注册资金10万元,净资产300万元,主产品园林用品及户外用品。2015年投入技改资金15万元,实现新产品产值280万元。2009年获评县级农业龙头企业,2006年获评省级林业龙头企业。

7.泰顺飞龙竹类雕刻工艺厂

1996年，竹雕技师罗祖华在黄桥石街创办了泰顺飞龙竹类雕刻工艺厂,生产竹木雕刻工艺品。1999年,竹雕工艺技术在县内已享有盛名,工艺种类有名家字画、浮雕、线刻、浅刻、竹排烫画、竹筒、切割、镂空、木雕、竹根雕刻等五大系列120多个品种。代表作品有竹筒浮雕《五百罗汉》、留青雕《百鸡图》、竹筒浮雕《九龙柱》、竹刻《老子道德经》和《兰亭序》等作品。曾在杭州、上海、北京、广州等城市分别获得金奖、银奖。罗祖华被评为全国20位金雕手之一、温州市十佳青年。2008年后,该厂迁移到竹里畲族乡竹里村,建立一处面积3000多平方米的竹展览馆,也称竹里馆。馆内设有竹雕工艺品展览厅,竹筷、竹制生活用品展厅,历代纯手工竹编工艺品展厅,现代竹炭产品厅,字画展览厅以及产品销售区。该馆采用仿古式建筑风格,与本土民族文化相互融合,加强当地民情与竹文化的交流。

2015年司前畲族镇竹木制品业工业产值一览表

表7-4-3-4　　单位:万元

企业分类	产品名称	工业产值	销售产值
(一)竹制品合计		16629.10	16124.90
利众竹木有限公司	竹木制品	6021.10	5658.90

续表 7-4-3-4

企业分类	产品名称	工业产值	销售产值
泰丰竹业有限公司	竹木制品	4245.00	4234.00
司前竹木日用品厂	竹木制品	3924.00	3819.00
竹制品加工点(户)	竹制品	2439.00	2413.00
(二)木制品合计		6477.80	6395.70
雷诺玩具厂	木制玩具	925.00	899.80
中宇竹木科技有限公司	木制玩具	977.80	969.30
泰森木业有限公司	圆木制品	1129.60	1127.30
华顺竹木制品有限公司	木制品	941.40	943.30
(三)其他加工厂(户)	木制品	2504.00	2456.00
竹木制品业合计		25610.90	24976.60
全镇工业产值总计		32168.22	31434.92

(四)来料加工

为提高就业率,增加居民收入,从 21 世纪开始,大力发展来料加工。至 2015 年,司前境内有来料加工点 5 个,年来料加工产品 48 万件,加工费收入 400 万元。

(五)产业科技进步

1.技术改造

1991 年始,持续对传统产业和产品进行工艺和设备改造,在技术上吐故纳新,提高技术水平,增强产品的市场竞争能力。1993 年,司前造纸厂完成长纤维引线纸项目改造。1999 年前司前镇竹制品,曾出现效益滑坡。为挽回颓势,曾派员到安吉、建阳取经,改变以往家庭手工业作坊为主局面。2000 年,邀请南京林科院专家到厂共同研制汽车坐垫、逍遥椅、沙发、花盆等 5 类 18 个新产品,畅销长春一汽、南京一汽及日本、东南亚、欧美等国家和地区。是年浙江利众竹木有限公司又投资 110 万元,引进日本、中国台湾地区等技术、设备和先进人才合力开发竹制餐具。2000 年 9 月,运用“聚热转化印刷”技术的新型竹筷产品问世。成功地开发出 100 多种花色竹筷产品,进入大批量生产。同年,创办起司前园林木制品厂,研制出 18 种各式木制花筒,由于产品质量好,样式新颖,远销日本、新加坡等国家。2003 年,5 家企业通过征地技改,扩大规模,增强发展实力,2006 年始, 浙江利众竹木有限公司工艺竹筷自动成型生产线技改扩建项目完成。2011 年浙江利众竹木有限公司被评为国家高新技术企业。

2014 年通过国家高新技术企业复审。

2.名牌培育

2003 年 11 月，泰顺县质监局根据省、市名牌产品管理办法，编制泰顺县 2004—2006 年省名牌产品和温州名牌产品培育计划，2004 年 5 月，县人民政府召开“打造产业品牌动员表彰大会”，总结 10 年来质量工作经验和取得的成效，对 2003 年获得温州名牌产品的企业分别给予 5 万元的奖金，鼓励企业积极创名牌。2006 年 3 月，县委、县政府建立品牌战略联席会议制度。同时县质监局印发《泰顺县 2006—2010 年名牌产品培育发展计划》。同年 8 月，温州市政府召开实施名牌培育质量提升工程动员大会，11 月，县政府印发《泰顺县名牌培育质量提升工程实施方案》。2007 年 3 月，县质监局实施“名牌培育质量提升工程”示范制度，同年 4 月，县委、县政府印发《关于实施质量与品牌战略的若干意见》，提出 2007—2010 年近期目标和 2011—2015 年中期目标，并在技改、用地、资金等各方面为创名牌企业提供更加优惠的政策。同年 8 月，建立质监干部与名牌培育企业结对联系制度。11 月，县质监局成立“打假保名优”协作网。2008 年 3 月，对获得国家级名牌的企业奖励 30 万元，获得地理标志产品保护奖励 10 万元，浙江名牌产品奖励 5 万元，温州名牌产品奖励 2 万元。2010 年，县政府印发了《泰顺县县长质量奖评审管理办法》，引导企业全面推进绩效管理，引导企业申报政府质量奖。

3.名牌认定

2003 年，泰顺司前利众牌竹制工艺筷子被评为温州市名牌产品，获奖 5 万元；2005 年，泰顺利众竹木制品有限公司生产的“利众牌”竹制餐具首批被评为年度浙江名牌产品，获奖 10 万元。2010 年泰顺县司前竹木日用品厂的产品被评为温州市名牌产品，获奖 2 万元。

产品品牌评定一览表

表 7-4-3-5

荣 誉	评定单位
2010 年 11 月利众牌工艺筷被授予第三届中国义乌国际森林产品博览会金奖	第三届中国义乌国际森林产品博览会组委会
“利众”牌精致安全筷被授予第四届中国（温州）特色农业博览会金奖	第四届中国（温州）特色农业博览会组委会
第三、四、五届中国竹业博览会金奖	中国竹产业协会
2014 年通过国家高新技术企业复审	全国高新技术企业认定管理工作领导小组

4.著名商标

20世纪90年代始，县工商局开展推选培育市级知名、省级著名、国家驰名商标注册登记工作。2001年5月，浙江利众竹木有限公司的筷子和竹木餐具“利众”商标被评为省级著名商标。2008年续认。

“利众”商标

五、水力发电

（一）国有企业

三插溪水电站　站址石章坑村，国有企业。1993年12月动工兴建，1994年3月被列入省重点工程建设项目。1998年5月水库工程通过蓄水验收，8月机组启动通过验收，并入华东电网运行。2000年12月通过竣工验收，被评为浙江省建设工程“钱江杯”优质工程。装机2台，总容量4.4万千瓦，设计年发电量10570万千瓦时。工程总投资3.14亿元，是全县规模最大、投资最多水电站。其发电量、产值不归司前畲族镇统计。

（二）集体企业

白鹤渡水电站　1969年百丈区创建投产，装机200千瓦，2012年扩建为500千瓦，2015年发电量21.55万千瓦时。现归司前畲族镇政府管理，属集体所有资产。

（三）产量产值

1974年始创建杨寮水电站，至2015年司前畲族镇境内有水电站15座。其中国有1座，集体1座，非公有制水电站13座。集体及非公有制水电站14座，总装机19720千瓦。2015年发电量6891.61万千瓦时，总产值3664.62万元（国有三插溪水电站装机、产量、产值不在镇境内统计）。

（四）主要非公有制企业选介

三插溪二级水电站　站址溪口村。1999年7月动工，是全县首座招商引资非公股份制水电站。2001年3月通过机组启动验收，并入华东电网运行。2007年4月竣工验收，总投资5500万元。装机2台，总容量8000千瓦，设计年发电量2250万千瓦时。2015年发电量2480.90万千瓦时。

龙角坑水电站　位于里光村龙角坑自然村，非公股份制企业。1999年4月建成投产，装机950千瓦，2015年发电量311.80万千瓦时。

杨寮水电站　位于榅垟村杨寮自然村，非公股份制企业。原由里光公社创建于1974年，经过改建。2002年投资1700多万元，重建为榅垟水电站和杨寮水电站，装机分别为 1000 千瓦、2520 千瓦。2015 年发电量 974.91 万千瓦时。

榅垟水电站　位于榅垟自然村，非公股份制企业。2002 年改建，装机 1000 千瓦。2015 年发电量 387.00 万千瓦时。

鸿源水电站　位于叶山村黄石溪，非公股份制企业。1999 年创建，装机 1200 千瓦。2001 年改建，扩容至 2500 千瓦。2015 年发电量 600.61 万千瓦时。

高际水电站　位于左溪村境内联山坑，非公股份制企业。2006 年建成投产，装机 2100 千瓦，2015 年发电量 880.70 万千瓦时。

恩坑水电站　位于榅垟村恩坑自然村，非公股份制企业。1995 年建成投产，装机 250 千瓦，2011 年增容为 1000 千瓦，2015 年发电量 378.38 万千瓦时。

黄桥水电站　位于黄桥杨山后山脚，建于 1997 年，是乡人民政府与黄桥乡各行政村共同投资的股份制水电站。总投资 355 万元。集雨面积 10.3 平方千米，水库总库容 30 万立方米，电站装机 640 千瓦，年发电量 178.97 万千瓦时。

峰门水电站　位于原峰门乡，非公股份制企业。1999 年建成投产，装机 1260 千瓦，2015 年发电量 179.73 万千瓦时。

2015 年司前畲族镇水电站发电量、产值一览表

表 7-4-3-6

企业名称	电站地址	投产时间	装机容量（千瓦）	2015 年发电量（千瓦时）	产值（万元）	销售产值（万元）
（一）集体电站合计				21.55	11.05	11.05
白鹤渡电站	司前村	1969年1月	200	21.55	11.05	11.05
（二）非公有制电站合计				6870.06	3753.57	3753.57
三插溪二级站	溪口村	2001年3月	8000	2480.90	1282.30	1282.30
黄桥水电站	黄桥村	1999年4月	640	178.97	93.86	93.86
桥楼水电站	上地村	1989年1月	200	150.70	78.05	78.05
包焦湾水电站	左溪村	1997年2月	500	190.12	93.13	93.13
五斗桥水电站	叶山村	1994年2月	250	78.58	37.61	37.61
龙角坑水电站	里光村	1999年4月	950	311.80	156.57	156.57
叶山水电站	叶山村	1999年1月	200	80.66	35.96	35.96
榅垟水电站	榅垟村	1997年6月	1000	387.00	211.46	211.46
杨寮水电站	杨　寮	1974年5月	2520	974.91	632.69	632.69
鸿源水电站	叶山村	1999年4月	1500	600.61	383.74	383.74
高际水电站	左溪村	2006年2月	2100	880.70	448.86	448.86

续表 7-4-3-6

企业名称	电站地址	投产时间	装机容量（千瓦）	2015 年发电量（千瓦时）	产值（万元）	销售产值（万元）
恩坑水电站	榅垟村	1995年2月	1250	378.38	188.51	188.51
峰门水电站	峰门村	1999年1月	1260	176.73	110.83	110.83
水力发电合计			19720	6891.61	3764.62	3764.62

六、工业管理

2003 年 司前畲族镇坚持“扩大总量，提高技术，加强管理”的方针发展资源型工业。其中，利众竹木制品有限公司、雷诺玩具厂、园林木制品厂分别被评为市、县级农业龙头企业。同时，本镇紧紧抓住经济转型期的历史机遇，采取扶优扶强措施，积极引导企业扩大规模，改造技术，提高效益。是年全镇共 5 家企业通过征地技改，扩大规模，增强发展实力。

2005 年始，有计划依托资源，有重点地抓好行业集聚，引导和鼓励竹木企业向精、深、细加工，贯彻执行县人民政府《关于扶持工业基础发展的若干规定》《关于大力推进个体私营企业经济发展的若干规定》等一系列行之有效的扶优扶强新举措，加大传统产业技改力度，企业获得技术改造、技术创新、管理创新、品牌建设的政策倾斜和财政奖励，培育壮大企业实力，提升竹制品档次，做活市场，打响竹制品知名度。竹制品加工企业规模从小到大，技术从低到高，质量从粗到精，效益从差到好，逐步从作坊式的分散经营向集约化、规模化转变，产业基础初具规模，先后涌现出泰顺县司前民族工艺厂、司前日用竹木制品厂等规范型企业，规模不断扩大，产值逐年稳步增长。2008 年，全力协助利众竹木有限公司和华源木制品厂、竹木日用制品厂的标准厂房建设，其中利众竹木有限公司大坪山标准厂房总占地面积 35 亩，建筑面积达 2.2 万平方米，总投入 2480 万元。2012—2015 年，安排扶贫资金建设来料加工场地、配套设施，扩大来料加工项目。

2005 年，建立泰顺县司前竹木产业园，位于云寿线 228 省道两侧的司前村、台边村。产业园规划总面积 480 亩，其中一期原司前工业园 180 亩（入驻企业 8 家），二期何弄洋区块 130 亩（一期建设 30 亩入驻企业 1 家），三期何弄洋、高楼坪区块 170 亩。建设内容包括园区给排水、排污、供电、通信、市政道路、绿化、垃圾处理等基础配套设施，部分标准产房和管理用房，预计可容纳小微型企业60家。园区总投资5.43亿元，资金主要来源为产业园自筹和上级补助。2016年2月，司前竹木产业园管委会撤销。

第四节 商 贸

泰顺旧志记载，商在昔时惟靛、炭最多，常达苏杭。近几十年其业极少有远出者。明清时期，交通不便，经济落后，商业起步迟缓、商店寥寥。民国时期，自然经济仍居优势。山多田少，粮食产量低，粮食商店少，乡民吃粮向来困难。林农副产品主要通过水上外运，顺道贩回一些日用必需品。民国时期，抗日战争全面爆发后，英士大学迁入，消费需求增大，商品也随之趋盛。抗日战争胜利到中华人民共和国成立前夕，衰落如故。

中华人民共和国成立后，公私合营、供销合作社商业依次建立。业务相应开展，粮食系统专管粮油购销。乡民吃粮逐步得到满足。随着人口大增和农民大量流入城镇，粮食购销逆差连续扩大。改革开放始，个体和私营商业发展迅速。购销两旺、市场繁荣昌盛。

一、业 态

(一)门 店

清末至民国时期，只有司前村“老振丰”等私营商户和部分村几家经营食盐、小百货等的个体商店，多小本小规模，无大批发商。1937年抗日战争全面爆发，英士大学迁入，客商往来频繁，商店增加，一度出现小繁荣景象。1949年6月县城解放后，原县商会报载：“近年货币贬值，资金枯竭，民众无力购买，100斤柴仅换食盐1斤或米2斤。”可见其间市场萧条如旧。

中华人民共和国成立后，1954年私营工商业进行社会主义改造，实行公私合营。1956年实现私营商业向集体、合作化转变，所有私营个体商业户，全部纳入国(营)合(供销社)单一管理渠道，百丈的合作商店往司前、台边、里光、峰门派遣商户。当地未纳入合作商店的个体户被整顿取消。1962年调整国民经济时，恢复少数个体商业户。1972年，对合作商店(组)进行整顿，精简人员，保留部分合作商店，并按购、销、营区别定名，统称，“三代(购、销、营)店”，归国营合作商业管理。

1978年改革开放，商业服务业蓬勃发展。1983年对集体商业放宽政策，1991年，司前境内个体经营户106户。2000年，批发业4户，零售业124户(其中农资2户,粮油3户),旅馆和餐饮业8户,药店诊所1户,合计137户。

司前,离百丈水运埠头近,历史上非物资集散地。21世纪始,商业发展较快,批发、零售进行分工。至2010年,批发零售商业服务业472户,其中批发业12户,零售业407户(包括农资4户、粮油15户、旅馆4户、餐饮业21户、药店诊所9户)。

2013年全县经济普查抽查显示,司前境内批发户2户,从业5人,零售店18家,从业64人。个体工商户479户,其中:有工商、民政证照登记382户,已办理税务登记的334户。从业人员1176人,有工商或民政证照的989人,已办理税务登记的876人。

(二)市 场

20世纪50年代,政府为繁荣市场,司前设市日,称“会市”,沿路设摊,农产品、禽畜类入市交流。60年代停止。1997年司前村委会建中心市场,占地1500平方米,48个摊位。2015年改建为司前大楼,底层为市场。

(三)连锁店

司前境内有全县农业生产资料连锁门店4间。

(四)网络商城

20世纪80年代,虽然放开市场,允许大小加工企业、个体户生产加工竹木制品,但多数无确定销售渠道,生产乱象,加工企业经济效益不佳。90年代始,经过不断淘汰,企业和个体经营户逐步走上以销定产的发展道路。

2015年,引进注册资金2000万元的浙江万村电子商务有限公司,设立农村电商服务站和服务点,配备物流、仓储等功能,万村网络商城“上架”商品涉及竹木制品、农特产品等20多类,2015年实现销售额3000多万元。

1991—2010年司前工商所注册登记企业、个体户一览表

表7-4-4-1　　单位:户

年度	经济户口总数	企业	个体
1991	106	4	102
1992	108	5	103
1993	115	7	108
1994	118	10	108
1995	122	13	109

续表 7-4-4-1

年度	经济户口总数	企业	个体
1996	125	16	109
1997	130	19	101
1998	136	30	106
1999	218	64	154
2000	259	70	189
2001	313	83	230
2002	355	98	257
2003	442	107	335
2004	545	131	414
2005	636	156	480
2006	700	196	504
2007	989	218	771
2008	829	240	589
2009	907	286	621
2010	981	318	663

二、供销合作社

（一）群众入股兴办

1952 年 4 月土地改革后，政府倡导，群众参与入股兴办供销合作社。司前境内有上榅、台边、司前供销社。1956 年上榅供销社随乡撤销，黄桥设立供销社销售点。20 世纪 90 年代，台边供销社随乡撤销。黄桥供销社销售点相继被撤销。

供销社成立初，为群众提供日用消费品，并给供销社社员提供年终利润分配，如食盐、火柴等小商品。1956 年县供销社成立县土产公司，1960 年以后，司前、台边设土产站，开展农副产品收购业务，实行收购、供应一条龙服务，在农村经济生活中的地位日显重要。1958 年在人民公社化运动中，基层供销社一度并入公社并更名为供销部或分部。

（二）服务三农

司前山区，交通闭塞，仅一条水路可通。中华人民共和国成立之初，群众日用品供应，山区的竹、木、柴、炭销售艰难。供销社成立后，逐步建立广泛的购销渠道，保障群众日用品需求。设立台边、司前土产站以后，将群众生产的农副产品收购外运销售，促进农业生产迅速恢复、发展。直至 20 世纪 70 年代，供销社都是司前片农民的得力帮手。1961 年国家三年困难时期后，也是供销社受委托从事猪肉计划收购、供应，保证猪肉生产、供应渠道畅通，价格稳定，直到 80 年代取消猪肉计划购销。

同时，供销社还组织资金，帮助农户造林育林。县供销社还投资兴建原来台边至黄桥的公路。

“文化大革命”开始，县供销合作社联合社（简称县社）及各基层社成立革命委员会，取代原领导班子。

1978 年 1 月后，撤销革命委员会，基层社、供销分社（站）归属县供销合作社领导和管理。

(三)体制改革

1991 年，基层供销社实行独立核算、自负盈亏，并全面推行“经营承包责任制”，实行柜台个体大包干及租赁经营。

1994 年，司前供销社开展试点，推行“社有个营”（集体所有，个人经营）责任制。实行领导班子聘任制，定基数超利分成企业经营责任制，以“三自一保”（自筹资金、自主经营、自负盈亏、保证按时足额上交承包费）为主要方式的租赁承包责任制。1995 年，全面推开基层供销社抵押承包（交押金）、抽资承包（抽回原商品铺底资金）、定基数超利分成等形式的经营机制，规范企业与职工的责、权、利关系。

1995 年 2 月，中共中央、国务院《关于深化供销合作社改革的决定》，要求把供销合作社真正办成农民的合作经济组织，即农民集体所有制性质。

1998 年，司前供销社，通过明标竞投、明标暗投、认标等各种不同形式，顺利地完成了第二期经营承包。2000 年，泰顺县出台《泰顺县供销社企业改制实施方案》，按照“三保一低”（保人才，保资产，保牌子，低成本）办法，推进基层供销社改革改制。司前供销社通过盘活资产，依据工龄每年 1000 元补偿金和安置费 5000 元标准，两项合计不超 3.5 万元，支付部分职工工龄补偿金后解除劳动合同关系。

至 2015 年，司前供销社以出租柜台方式保留牌子，属县供销社领导管理。

三、农副产品购销

司前境内农副产品资源丰富，品种繁多。可供收购的农副产品有 308 种，先后列入国家计划收购的有茶叶、木材、毛竹、蚕茧、烟叶、兔毛、黄麻、兰麻、龙须草、土纸、竹浆、松脂、木炭、棕片、山棉皮、山苍子、生猪、山羊、牛皮、山羊皮毛、猪鬃毛、猪肠衣、纸筋、笋干、柿饼、板栗等46种。凡国家有计划任务的派购,执行奖售办法,收购任务主要由供销社系统承担。

(一)毛 竹

司前镇境为温州市重点产竹区,里光、黄桥乡主产毛竹,资源丰富。民国时期,多为私商经营。

中华人民共和国成立始,毛竹自由销售。1952年,供销社在百丈、洪口、江口设收购点。1956年增设大住、黄桥、石角坑、台边、司前等收购点。1959年一度出现乱砍滥伐。由于资源受到严重破坏,而后收购量逐年下降。1981年,调高收购价格,并在晓燕、杨寮增设收购点。1986年起实行多渠道经营后产品分流,加上塑料制品兴起,用竹量减少,供求平缓。1990年始毛竹立竹量增加,外运减少,停止收购。转由加工企业收购、加工。

20世纪80年代中期始,毛竹价格随行就市,1990年前后6—8元/50千克,1995年前后8—11元/50千克,21世纪始,从15元,逐步提高,2010年前后曾涨至35元/50千克左右,2015年前后又回落至25元/50千克左右。其中,海边渔民种紫菜用的大规格紫菜竹(胸围1.1尺以上)50元/支。

1961—1984年台边土产站毛竹收购价格一览表

表7-4-4-2

年 度	按10千米路程补贴标准计算			
	尺寸(尺)	价格(元/支)	尺寸(尺)	价格(元/支)
1961—1970	1	0.57	1.1	0.67
1971—1980	1	1.10	1.1	1.30
1981—1984	1	1.50	1.1	1.70

说明:①规格尺寸,指毛竹材从根部往上1.5米处量的外圆周长度(称胸围),规格市尺,3市尺=1米;②1尺规格毛竹约58斤(29千克),按此计算,约1元/50千克;③收购价格按路程远近补贴合并计算

台边土产站 1955年由公私合营组成,原归属县供销社名下的百丈土产站,1969年划归新成立的县土产公司。主营国家计划的竹、木、柴、炭、茶叶、蚕茧收购、销售,兼营其他农副产品。原租用台边紫花潭边民房,1968年在紫花潭后山上设场地,占地约1公顷,建筑面积300平方米。职工5—6人。1986年

起，多渠道经营，土产站停业，原场地出租。黄桥收购点为代购点，其业务与台边土产站结算。

司前土产站　坐落于司前回澜桥头，建筑面积1000平方米，职工2人。

(二)木材

司前木材收购站　1960年成立，位于司前东村箭坪，掌控国家计划收购、调拨，职工4—5人，占地2000平方米。1983年回并县木材公司。“文化大革命”期间，木材计划价格与市场价格悬殊，国家牌价收购、调拨60—80元/立方米，加奖售粮票。市场价格一般在700—800元/立方米，一等材(段木小头直径26厘米以上)1000余元/立方米，与国家牌价相差10多倍，木材站成为社会关注的焦点。

1983年始，林农严格按计划采伐，允许市场销售。

柴爿　旧时系城镇居民生活用燃料。一般为径宽7—10厘米、长40厘米的松、杂木劈成数片的木爿，用篾圈扎成重25千克的“柴箍”，运销瑞安一带。历来多属私商经营。1954年，开始在台边土产站收购，以杂柴为主，规格：简装每捆，长50厘米、直径40厘米，重25千克，干燥度90%。1962年，为支援军队特需，采取奖售措施。20世纪70年代始，城市家庭燃料逐渐为煤球取代，柴爿收购停止。

(三)木炭

旧时，所有木炭均由私商收购，运销瑞安、温州一带。1954年，供销社在百丈口、江口设点收购。1958年初，运输业多以木炭代汽油，木炭市场缺货，境内收购量上调。是年适值“大跃进”，全县掀起木炭大生产运动，县土产收购站和林业局组织726人到乌岩岭林区建炭窑46条，到年底生产木炭1673吨。1962年后，汽车、排灌用炭减少，销售量下降，改计划收购为议价收购。1986年起实行多渠道经营，停止收购。

(四)蚕茧

旧志载，早在明代以前，司前境内即有种桑养蚕而自缫自织自用的习惯，唯数量不多。1958年供销社开始收购蚕茧。司前区溪口、高塔、下库、台边等一些村庄，养蚕售茧成为一项新增副业。是年，司前、陈庄两收购点收茧0.35吨。1959年升为2.1吨。1973年达12.45吨，为解放后最高年份。1981年，桑园管理放松，桑叶产量下降。1990年溪口垟被洪水冲毁，仅少量农户养蚕。据统计1995年还有产量1.4吨。之后无数据。

(五)茶叶

1958年茶叶定为国家统一收购的二类农产品，由供销社统一收购。境内非茶叶主产区，仅有农户零星种植，采摘加工，送供销社收购。20 世纪 60 年代农业学大寨期间，各生产大队开辟一些茶园，管理不善予以废弃。1985 年始，市场全面放开，茶叶多渠道经营。21 世纪始重新开辟茶园。据统计 2015 年境内茶叶产量 23 吨，农户自用参半。

（六）花笺纸

清初始产花笺纸，作为文化用纸，常远销沪杭一带。20 世纪三四十年代兴盛时，里光、黄桥一带建有 30 多家纸厂。1956 年始，逐步滞销，只有少数厂生产。多数林农改产纸浆销售。

民国时期，上地茶堂岙王姓老板在温州小南门设立纸行，从本地运销土纸。20 世纪 40 年代被日本侵略军杀害。中华人民共和国成立后，土产站曾收购土纸。

（七）其他农副产品收购

司前境内历来信息闭塞，其他农副产品销售渠道不畅。1956 年始，土产站除了收购计划内农产品以外，还多渠道联系其他农产品收购，如竹筷、篾缆绳（系船舶用）、雨伞骨、竹扫把，以及笋壳、棕片、厚朴、山药材等。

四、粮油购销

（一）粮油征购

明末清初，司前引进番薯、马铃薯，以番薯丝为主粮。农民种稻，除去租赋，仅敷逢年过节或招待客人食用。若遇荒年，唯仗官仓储粜或民间慈善团体施粥度荒。但杯水车薪，无济于事。

明清时期田赋实行银米分征（地丁征银、漕粮征米）。民国开始仍承清制。至民国 20 年（1931 年）废银米制，改征银圆。

民国 29 年（1940 年）冬，县长李文恺不顾虫、水成灾、粮食歉收，以替公务人员征购食谷为借口，以仅及市价几成的低价格，向乡民强行收购稻谷 30 余万斤，从中牟取暴利。次年青黄不接之际，饥民告籴无门，赖树皮草根充饥，多有活活饿死者。同年冬，田赋改征实物，按赋额每元征收稻谷 3 市斗（1 市斗合 10.8 市斤，2 市斤=1 千克）。民国 34 年又随赋额加收省、县级公粮 1 市斗，征借粮 1.5 市斗。次年国赋减半征收，却又随赋加征积谷 3 升，带征乡镇自治教育经费 1.5 升。

1949 年 5 月，泰顺县人民政府接管原粮食机构，并于 1950 年 11 月成立县粮食局，按《新解放区农业税暂行条例》，以农业人口人均粮食收入累进计征公粮。1952 年为调剂民食,除征公粮外,还委托县供销合作社代购稻谷。

1954 年,对农村生产粮食的余粮户,实行计划收购(统购)。1955 年,农村中落实“三定”(定产、定购、定销)政策,在正常年景下,定购指标连续三年不变。1958 年夏,境内和庄社(现属新北村)在反革命分子蛊惑下,以稻草面上铺粮食制造“余粮充足”假象,召开全县现场会。继而仕阳将军炉效仿制造粮食“万斤户”假典型,引发全县大刮“浮夸风”。当年粮食征购翻一番,购了过头粮。1959—1960 年,继续大刮“浮夸风”,粮食继续出现高指标、高收购,再次向农民购了过头粮,造成人为的饥荒局面。1961 年解散农村集体食堂,允许农民利用边角地种“百斤粮”,调高粮食收购价格,降低粮食征购任务。1963 年贯彻“国家、集体、个人三兼顾”政策,执行粮食议价收购,经受三年饥荒煎熬的农民,此时又重新振作起来。

1966 年后,受“文化大革命”的破坏,粮食收购量每况愈下。1970 年收购任务仅完成 17%。次年,粮食部门采取提高粮价和奖售等办法,始扭转了粮食收购难的被动局面,1979 年为使农民休养生息,收购任务减少。1981 年农村推行家庭联产承包责任制后,农民长期受到挫伤的生产积极性得到充分发挥,当年粮食总产跃升,亩产首次超千斤。人均口粮 229 千克,其中稻谷比重占 70%,基本改变了“番薯丝啃到老”的局面。

1982 年始花生以粮换购改为议价收购。1984 年始非食用油料改为自由收购。

1985 年始,国家粮油销售点遍及各地,价格一直保持稳定。是年省人民政府豁免泰顺合同代购任务,除议购外不再征购。由于大批农民不断流向城镇,粮食销售量逐年递增,购销逆差越来越大,每年从外地调进粮食。1990 年始,油茶籽改统购为议购。农业税改交代金。2005 年 12 月 29 日,第十届全国人大常委会第十九次会议决定,2006 年 1 月 1 日起废止《中华人民共和国农业税条例》。由此,国家不再针对农业单独征税,一个在中国存在两千多年的古老税种宣告终结。

(二)粮油供应

1.非农业人口供应

中华人民共和国成立后,国家粮食部门为稳定粮价,安定民心,直接参与市场调节。1952 年,中粮公司温州地区分公司曾委托县供销合作社代销稻谷,每百千克售价为 11.24 元(新币)。1953 年 11 月起,按照粮食统销的规定,粮食由国家粮食部门独家

1961—1984 年使用的粮票

经营，私商分别予以转业或停业。同时对城镇和农村的缺粮户及不产粮的人口，实行按核定计划供应。1955 年又实行城镇居民按口定量售粮。1961 粮食困难时期始发粮票、油票，凭票供应。1985 年粮、油供应改为随行就市。1992 年 12 月 31 日始停止使用粮票、油票。粮价随行就市。

2.农村粮食供应

1955 年实行粮食“三定”政策，缺粮者供应返销粮食。1958 年，农村办公共食堂，吃饭不要钱，粮食浪费现象极为普遍，严重挫伤了农民的产粮积极性。1960 年，继前两年高征购后，又购了过头粮，农村缺粮十分严重。1961 年撤销食堂后，80%农户吃粮靠国家返销。

1978 年中共十一届三中全会后，随着农业科技的推广、农村经济体制的变化和杂交稻的推广，粮食产量提高，境内农民缺粮情况逐步得到改善。遇灾年歉收，县粮食局拨出原粮救济灾民。为鼓励农民发展农副产品，1961 年始，对投售粮油、林产品等农民奖售粮食。1964 年，奖售粮食的农产品增加到 61 个品种。1968 年后，逐步缩小奖售范围和标准。1985 年始，全部取消奖售。

1963 年 9 月，粮食开始限价议销，作为调节社会供求的补充。1983 年起，允许多渠道经营，粮食部门积极开展议销业务。1985 年由议购限价供应改为随行就市。

3.粮油供应窗口

1953 年，司前区设立司前粮管所，行使粮油收购、供应的政策性管理职能。1993 年实行粮食流通体制改革。1996 年设立泰顺县粮食结算中心。1998 年撤销泰顺县粮食结算中心，实行粮食储备与经营分开。把百丈粮管所就近并到司前粮管所。司前设立泰顺县粮食收储有限公司分公司，根据两线运行机制要求，粮管所不再行使政策性管理职能。

司前粮管所，占地 0.67 公顷，建筑面积 1200 平方米。2015 年末粮管所主要承担粮食经营和国有资产的管理工作。

(三)粮油储运

1.仓 储

1949 年中华人民共和国成立后，县人民政府接管了原仓库，鉴于粮食入库逐年递增，旧有仓库已远不能满足实际需要，于 1952 年征借一些祠堂庙宇和民宅作为临时仓库，但仍未能彻底解决储粮问题。1956 年后，县粮食局淘汰和改造了一部分简陋仓库，并在司前等公路沿线新建各种不同类型的仓库。

司前古井坑粮食仓库，坐落于左溪村境内的228省道公路旁。1964年建立，国防粮库，占地6666.67平方米，仓容1500吨。

2.调 运

民国时期，调运粮食都由民夫肩挑。民国33年(1944年)至34年(1945年)，从泰顺运至景宁东坑的征借谷达1294吨，民国35—36年，共派民夫21353人次，挑运稻谷854.12吨。

1949年后粮油调拨，按上级调运计划执行。1965年公路通后，一律改用汽车运输。1970年始，司前境内大米、稻谷之类不但无外调任务，每年还要从外地调入。

五、物资供应

(一)生产资料

农业生产资料主要为农具、化肥、农药、农膜四大类。县级归农资公司专营，各基层供销社和分销社(站)设生产资料门市部负责供应。

1984年以前，农业生产资料属国家重点支农物资，全部纳入渠道，按国家定价亏损供应，政策亏损由财政弥补。1985年，政策放宽，化肥计划比例有所缩小，计划外议价化肥比重增大。1991年，农业生产资料由供销社专营。1993年，农业生产资料专营转变为多渠道放开经营。1998年，县农业生产资料公司面对农村市场实行进货、价格、管理三统一的经营方式，稳定价格，保护农民利益。2004年1月，县农业生产资料公司牵头成立县农业生产资料流通协会，发展农资连锁销售网点，组织储备货源供应市场，继续发挥农资流通主渠道作用。

农 具 1952年贯彻“以修为主，修造并举”的方针，供销社系统配合手工业生产合作社(组)组织工人下乡登门为农民修补各式农具。1953年起，中、小农具由手工业生产合作社(组)生产，供销社与之签订合同，负责收购供应。“文化大革命”期间一度停顿，1974年恢复供应。

化 肥 1952年，供销社开始供应化肥。农民顾虑“拔肥瘦田”销量有限。经宣传推广，次年销售量逐步上升，施肥增产显著，1953年销售量猛增。1958年“大跃进”，扩大并组织供应。1960—1962年货源减少，销量下降，1963年回升。1966年先增后降。1970年才走出低谷渐趋回升。但计划内、外差价较大。

农用薄膜 1969年开始推广，用以覆盖秧田，防止春寒烂种死苗，效果良好，次年扩大使用于其他农作物育苗。销售量增加，1971年应用于蔬菜种植，对提高土温，增加产量，提早上市的效益显著。

农 药 1953 年供销社开始供应农药。但受数量限制，供应量少。1965 年，分配农药用以重点防治水稻螟虫及春花、香薯的害虫。1989 年，农业生产资料货源增加，供应及时，价格合理，服务周到，农资部门派出干部，从 10 多个省市购进农药，保障供应。

2010 年，泰顺全县建立连锁门店，组织供应农业生产资料。2015 年司前畲族镇有 4 户农业生产资料销售连锁门店。

（二）副食品

司前镇境内民众历来粗茶淡饭，日常食品只有食盐依赖市场。1952 年土地改革后，农民生活改善，国营合作商业经营的副食品品种和销量也不断增加。1959—1961 年，国家三年困难时期，物资紧缺，食品供应出现两个市场、两种价格。为保障供给，全县遂对食盐、肉类、水产、食糖等重要副食品，根据货源按户发放购货证，定量供应。1963 年后，国民经济逐步好转，副食品供应量日趋增多，市场价格随之回落。1964 年起，猪肉恢复平价供应，其他副食品也陆续取消票证，敞开供应。“文化大革命”期间，市场供应又显紧张，猪肉、卷烟、食糖、食盐等再度实行凭票定量供应。1979 年后，市场供应逐步好转，凭票供应的品类相应减少，1986 年起，取消票证敞开供应。至 2015 年，除卷烟实行专卖以外，其他商品货源充足，价格稳定。

生 猪 原由屠商经营或是农户自产自销。1953 年由屠商经营生猪。1954 年，生猪纳入国家计划渠道，由税务部门管理屠工、屠商。1957 年 8 月生猪列入国家二类管理物资，由国营商业经营，农村委托供销社代购代销。1960 年市场肉类供求趋紧，列入计划供应。猪肉计划平价供应 1.28 元/千克，司前境内集市贸易价高达 10—14 元/千克，一般相差 8—10 倍。1963 年生猪收购与物资补贴相结合，统一由供销社经营，猪肉恢复平价供应 1.28 元/千克。1973 年 11 月实行派购奖励政策，限制自由上市。为活跃市场，1979 年对收购价格作了调整。猪肉供应价格调为 1.92 元/千克。1981 年后取消计划派购，改为多渠道购销，市场自由调节。2002 年 11 月，全县首个乡镇生猪定点屠宰场——司前生猪定点屠宰场建成并投入使用。2015 年，多由外乡镇调入，平均统货猪肉价 30—40 元/千克，货源充足，购销两旺，价格稳定。

食 盐 1951 年前，私人商店经销。1962 年，省轻工业厅、省商业厅在泰顺县储存移储盐，分存各处。“文化大革命”开始，交通中断。为保障生活，动用战略储备，后于 1970 年补足。1995 年 3 月泰顺成立盐业有限公司，实行食盐专卖，负责全县食盐供应。不该加碘的，强迫其食用加碘盐，价格虚高，限制异地流通,严重损害群众健康、利益。2015年已取消专卖。

酒 类 黄酒为本地传统饮料,农民以家酿土黄酒(红酒)自给为主,司前境内素有制曲工匠。民国时期政府为防粮荒均禁止制造,但禁而难绝。1954年起,国家对制酒厂(坊)下达原粮计划调控生产。产品归国营商业包销。20世纪60年代困难时期曾凭票供应。80年代始,粮食产量提高,农家均家酿黄酒。21世纪始还自加工白酒,置办酒席时,白酒、啤酒、饮料销量较大。

水产品 中华人民共和国成立前,在百丈有专营批发商多家,多属干制品。司前境内也设"南北货行",供应咸鱼等水产。中华人民共和国成立初仍由私营商业经营。1957年均纳入供销社经营。随着交通条件改善,市场鲜、干水产品增多,价格稳定。1960年纳入计划供应。1980年后,计划缩减,增加议价供应。1985年后取消计划供应,转为市场自由购销。2015年,虽价格不断上扬,但销势不减,货源充足。本地多销售景宁、丽水进入的水库淡水鱼,价格较便宜。

烟 1952年前后,农家自产烟叶,就地加工黄烟丝。1954年后,卷烟市场扩大,烟叶产量渐减。经济不宽裕者仍吸土烟。1960—1980年卷烟均凭计划供应。1981年以后,逐步取消计划,建立烟草公司专卖制度。

食 糖 20世纪50年代销量有限,并以土红糖为主。1962年以后随着粮食紧张,食糖供需矛盾突出。遂实行计划定量(城乡不同)供应。并曾短期采取高价供应特需者,工业及饮食业用糖则核定数额,列入计划供应。1986年以后,机制白糖取代红糖,市场供求平衡。

(三)棉 布

民国及民国以前,乡民多穿自织土布,经济条件较好者也不外乎厂布、八丈标、白兰粗布、线呢一类,细纱布、花布、衬绸的销路甚少。民国时,货源来自平阳、温州和福建等地。1950年境内有1家经营。1954年始,由新建立的供销合作社经营布匹,私营布商逐步退出。供销社棉织品种类增多,销售量递增。棉毛衫裤、卫生衫裤、毛线等销路也开始走俏。是年,棉花、棉布开始实行统购统销。1960年8月起,以人定量,凭票供应;卫生衫裤、棉毛衫裤、床单、线毯等针棉织品也一律凭票供应。1982年6月起,出口转内销的各种化纤、棉织品、副次针织内衣免收布票。1983年以前,城乡居民的供应量,棉花丰收年人均定量15—20市尺(3市尺=1米),减产年减为5—8市尺。1983年8月起停发布票,棉布敞开供应,但随着化学合成纤维织品的兴起,销售量减少。

(四)日用百货

中华人民共和国成立前,司前境内有生产花笺纸、草席、铁锅以及其他竹、木、铁质制品,其余均需从外地输入。1952 年,供销社开始供应火柴、肥皂等日用品,销量逐年上升。1954 年贯彻“大力推销工业品”方针,实行送货下乡,便利农民购用。

(五)燃 油

农用柴油由农资公司委托代销,后改个体。大户可由县石油公司直接运送。

六、产品外销

清末《分疆录》始记:“商在昔时,惟靛、炭最多,常远达苏杭”,“铁、油、竹、木、茶、纸……鲜有远出者”。至 1986 年,司前竹制品厂产品销往 10 多个国家及中国港澳台地区。

1997 年,年创汇 20 多万美元。

2014 年利众竹木有限公司出口交货值 4961 万元,2015 年 3783 万元。

七、司前籍在外企业选介

司前多山区,耕地资源贫乏,土地产出有限。历史上农民传统观念严重,闭关自守,走出去的人较少。改革开放后,年轻人思想解放,学会走南闯北,从事经商贸易办企业,闯出新的就业渠道,为家乡脱贫致富作出贡献。

20 世纪 90 年代始,沿海开放城市经济快速发展,劳务输出成为泰顺人增收的主要途径。很多人完成原始积累后,开始更高层次创业。从个体经营到创办公司,从营销商到创办自己的品牌,从租店经营到创办市场,从单一行业到多元化经营。至 2015 年,泰顺人在外创业团体形成多层次的发展格局,企业分布省内外多地。

(一)天津亿联控股集团

2003 年,严立淼联合浙、沪 5 家泰顺籍实力企业,成立天津亿联置业有限公司,建立天津国际轻工商贸城。2008 年,亿联控股集团总部从上海搬到天津。至 2010 年,亿联控股集团在全国各地开发项目达 19 个,投资总额达 1000 多亿元,年销售额达到 100 多亿元。2009 年,亿联控股集团被评为中国最具核心竞争力商业地产价值运营商。2010 年,亿联控股集团发展成为以专业市场、城市综合地产、休闲地产、工业地产四大领域的投资、开发、经营、管理为主营业务的综合性地产企业。

集团先后当选为全国工商联五金机电商会常务副会长单位、中国建材家居交易市场协会常务副理事长单位、中国商业联合会商品交易市场专业委员会副主任单位、天津市温州商会特邀会长单位,连续四年上榜中国民营企业500强、中国民营企业服务业100强。严立淼个人获得全国工商联执委、中国商业联合会副会长、全国工商联五金机电商会会长、天津市政协委员、天津市东丽区政协常委、天津市东丽区政协经济建设委员会主任、天津市优秀中国特色社会主义事业建设者、中国市场领军人物等职务和荣誉。

2015年8月25日,全国工商联揭晓"2015中国民营企业500强",五洲国际、天津亿联、港龙控股3家在外泰顺企业入围。天津亿联投资控股集团有限公司以138亿元营收列榜单324位。①

亿联控股集团创始人严立淼,男,汉族,司前畲族镇人,中共党员,毕业于浙江大学,现为经济学博士,天津大学研究生创业导师,亿联控股集团董事长。

2015年,严立淼带头为家乡司前畲族镇"五水共治"捐资100万元。

2018年1月28日,县政府与天津亿联投资控股集团有限公司正式签约(泰顺)华东大峡谷国际旅游度假区项目建设,项目总投资166亿元。

(二)浙江中宇建设集团股份有限公司

中宇控股的下属核心企业,是国家房屋建筑总承包一级企业,2010年注册资本金3亿元,总资产12亿元。先后获"中国建筑业500强企业""建筑业优秀企业""县地税纳税大户"称号。2009—2010年,获评"县重点骨干建筑企业"。

1996年,高立存以包工头的身份,带领一帮能工巧匠闯荡杭州建筑市场。1998年,他承揽的建筑工程获得2个"西湖杯"和1个"钱江杯"奖项。2002年,高立存合并县内5家小型建筑企业,成立中宇建设集团有限责任公司,并取得国家二级建筑施工资质。2004年,改建为中宇创业联合控股有限公司,拥有房屋建筑工程施工总承包、矿山工程施工总承包、建筑装修装饰工程专业承包等国家一级资质,业务范围拓展至全国多个省市,每年带出外出务工的农民1万多人。2010年,形成以中宇控股为中心,下属中宇置业、中宇建设、中宇矿建、中宇竹业、中宇能源、中宇股份等六大板块公司,总资产达32亿元,营业额突破41亿元。

2010年,中宇企业总部回迁司前畲族镇。投资司前工业园、司前中宇大厦等。高立存当选为司前村新一届村支部书记,其个人捐赠60万元用于社会主义新农村建设。

---

① 原载《泰顺年鉴》2016版第314页。

第五节 旅游业

泰顺是国家级生态示范区、省级生态县。司前畲族镇境内的乌岩岭国家级自然保护区，拥有“中国黄腹角雉之乡”称号。境内幽谷、峭壁、奇洞、怪石、美湖、秀溪、飞瀑、深潭、温泉、古树，形成独特的自然景观。县内推出“探秘乌岩岭、观光飞云湖”等旅游品牌。至2015年境内继续投入200多万元，组织参与及编制《泰顺县北部特色旅游产业环发展规划》《镇游总体规划》《特色小镇规划》及部分村庄旅游规划等；完成投资3.2亿元，实施“六园两区一寨一书院”旅游项目建设；建设云湖天地养老养生园、畲族风情园、国立英士大学文化园、徐氏状元故里文化园、园洲古建大观网、狮子岗新石器遗址公园、司前竹文化博览网；创建乌岩岭AAAA级景区，提升白鹤山庄景区，建设左溪民族特色村寨，引进文礼书院，构建“山水乐园、养生天堂、文化名镇”的旅游发展模式。全镇连续举办12届“三月三”畲族风情节，接待游客40多万人次，发展壮大特色农家乐10余家。

一、资源开发

司前畲族镇以生态示范县建设为契机，充分利用区位优势和资源优势，不断完善配套设施建设，加强自然生态环境保护和“软”环境建设，旅游业从无到有，并呈现蓬勃发展势头。

1998年，省旅游局公布司前畲族镇为“温州市十九个旅游乡镇之一”。境内的泰顺县瑞龙生态旅游有限公司刚创办就取得了良好的经营效益。2001年水上漂流项目吸引游客达5000多人次。该公司通过群众集资形式建立的休闲度假山庄——白鹤山庄投入营运，山庄内建有全省跨度最大的钢丝索拉桥和农业观光园等设施。镇内加强对里光和台边园洲古民居、古建筑的保护，以充分挖掘镇域旅游资源，增添景观文化底蕴。旅游业成为镇域经济发展的新亮点。

2006年始，司前畲族镇连续举办“三月三”畲族风情节，打响民族文化节庆旅游品牌，年接待游客3万多人次；电影《儿子同志》《我的唐朝兄弟》曾在园洲古村落取景拍摄，文化氛围浓厚；依托秀丽山水、畲族传统、风味饮食的资源特色，承接“乌岩岭——飞云湖”旅游板块，按照“游在司前、吃在司前、玩在司前”的旅游发展定位，整合景区景点，构建自然风光游、乡土文化游、畲族风情游、农业基地观光游品牌，发展旅游经济。初具“山水乐园、养生天堂、文化名镇”的旅游发展模式。

2006年，泰顺县人民政府印发《关于加快发展生态旅游业的若干意见》，全县每年统筹专项资金1000万元，优化生态旅游产业结构，促进生态旅游产业发展。于是给乌岩岭景区建设带来良好的发展机遇，2007年始，县人民政府提出把旅游业培育为重要经济增长点，每年统筹资金不少于1000万元，用于旅游资源开发。乌岩岭自然保护区于20世纪80年代，建有白云宾馆和餐厅、武陵山庄、黄腹角雉饲养场、野生动物救护中心以及白云尖上瞭望台等设施。

至2010年，原黄腹角雉饲养场改建黄腹角雉繁育中心，建筑规模为笼舍400平方米和管理用房100平方米；原林场职工宿舍改建白云山庄，建筑面积736平方米；为纪念全省在境内首次发现金斑喙凤蝶而建成凤蝶桥；为纪念毁于1990年特大洪水的南浦潘垟村漈下桥（全县唯一有三层楼阁的古廊桥）而建成福漈桥，其以复（谐音福）制漈下桥取名。还建有供人们饮茶休息的饮翠轩（茶楼）、俯瞰乌岩翠岭全景的“半圆亭”、建在“万斤窑”遗址旁的万斤桥以及门票房（哨卡）和生态停车场3个等。

2011年，建成7.5千米森林游步道，其沿线包括亭台楼阁、廊桥、公厕、游憩设施以及解说系统等。同年，动工建设游人服务中心，概算投资为1400多万元，建筑面积为6826.41平方米。

司前全镇至2015年培育葡萄、瓯柑、杨梅、猕猴桃等七大特色农业，新增葡萄、杨梅、瓯柑等精品水果基地1020亩；发展铁皮石斛、香榧、太子参等中药材种植基地500亩，建成立体生态农业实验场3家。以打造生态型小微企业园为目标，投入300万元，完成园区政策处理、供电供水、排水排污和道路建设。依托“乌岩岭——飞云湖”旅游板块，整合提升白鹤渡等景区景点，打造左溪畲族乡第一村，成功举办浙江省首届“三月三”畲族风情文化节、温州首张畲语专辑发布会、首届十月红曲酒酿制节等系列活动；发展壮大特色农家乐10余家，“畲家菜”餐饮品牌初步打响，乡村休闲旅游逐渐兴起。2015年农村常住居民人均可支配收入同比增长12%，增速和增量均居全县第一。

二、风景名胜

（一）乌岩岭国家级自然保护区

国家级自然保护区，位于司前畲族镇境内，以生态博物为特色，具雄、奇、秀、幽等自然特征，由乌岩岭（双坑口）、黄桥、垟溪3个景区组成，总面积

188.62 平方千米，距县城客运东站公路里程 48 千米（乌岩岭宾馆至泰顺东站）。1994 年 4 月被定为国家级自然保护区。根据省林科院专家对景区的负氧离子状况进行监测研究证明，乌岩岭景区负氧离子含量高达每立方厘米 19000 个以上。2006 年被定为省级生态环境教育示范基地，2007 年被评为“温州十大避暑胜地”，2009 年被列为温州市未成年人生态道德教育基地，2010 年被授予“中国黄腹角雉之乡”称号。2015 年，乌岩岭景区获国家 AAAA 级旅游景区称号。年接待游客 1.25 万人。

1.自然景观

保护区境内有海拔千米以上山峰 57 座。以复杂的地形地貌、完整的自然植被、丰富的生态资源，构成青山秀涧、飞瀑碧潭、莽林壁松、春花秋叶、珍兽鸣禽等自然景观。动植物中属国家二级以上重点保护野生植物 24 种、国家二级以上重点保护野生动物有 44 种，誉称“国鸟”黄腹角雉、“国蝶”金斑喙凤蝶均产于乌岩岭，享有的天然“生物基因库”和绿色“生态博物馆”美誉。主要自然旅游景点（景观）有温州第一高峰白云尖、飞云江源九折瀑、五月杜鹃、万亩竹海等。还有游步道、白云漈、龙井潭、白水漈、米筛潭、里光流漈 等。

2.人文景观

1983 年始，乌岩岭自然保护区成为全国唯一的黄腹角雉科研和保种基地，境内不仅建有黄腹角雉半野生饲养场，还留下科学家们长达 20 多年跟踪观测和系统研究的黄腹角雉科研旧址。1985 年，建立自然保护区资源馆，陈列着 1400 多份植物标本和 1200 多份动物标本。还有革命胜迹红军洞和诸多“大跃进”时期伐木烧炭、大炼钢铁的炭窑（夸称一窑出炭万斤，得名“万斤窑”）遗址等。景区周围有国家重点文物保护单位三条桥和司前回澜桥、里光水尾亭、园洲古村落、狮子岗商代遗址、徐履墓、王氏家族古墓群等。

2015 年乌岩岭国家级自然保护区各景区主要景点一览表

表 7-4-5-1

景　区	自然景点	人文景点
百丈飞云景区	白云尖、虎踞山、黄狗盘窟、饭蒸石、瞿门峡、木湾峡谷、章岙谷、百新岛、飞云岛、琵琶岛、周公岛、留茗岛、金坑岛、桃花岛、大垟蛇岛、鹭栖屿、斗勺猴岛、天师坪、龙潭、长流仔沙滩、葛溪九瀑、水砌宫三折瀑、桥下瀑、滴水瀑、白岩瀑、雪坪瀑、阳山瀑、半岭瀑、三十六洞	玉屏山灵芝寺、沓石庵、金坑桥、朱湾大桥、洪口桥、窑背古窑遗址、吴坑底古窑址、蕃茹厂古窑址

续表 7-4-5-1

景　区	自然景点	人文景点
三插溪景区	石柱峰、双烛红峰、西天将军、三颗绿珠、三插溪峡谷、大住坑围崖垅谷、方山台地、章庄台地、百步滴岩、佛祖坐岩、狮子岩、石鼓奇观、插溪玉笋、石龟拱壁、弥勒造化、大住崖壁、三插溪长壁、龙椅石壁、白云崖翠、山寨城堡、张坑瀑布、蛇塘瀑布、双坑瀑布、九曲河湾、三插溪水库、园桥曦枫	—
白鹤飞渡景区	司前湖、白鹤岛、白鹤瀑、黄石瀑、三级瀑、五斗瀑、高桥瀑、红岩双漈、坑边银杏	回澜桥、里光水尾亭、园洲古民居、钢索桥

(二)飞云湖风景区

国家级风景名胜区,位于县域西北部,以秀湖幽谷为特色,由南浦溪市级风景名胜区、百丈飞云和司前境内的三插溪、白鹤飞渡 4 个景区组成。2000 年 5 月,珊溪水库下闸蓄水,形成浙南最大湖泊飞云湖,水域面积 54.8 平方千米,属泰顺境内水域面积 35.4 平方千米,距县城公路里程 32 千米(百丈镇政府至泰顺客运东站)。境内飞云湖于 2000 年 7 月被列为县级风景名胜区,2004 年 3 月成为百丈祭——飞云湖国家级风景名胜区的重要组成部分。2010 年始,年接待游客 1.5 万人次。

景区自然风光得天独厚,荟萃各具形态飞瀑、惟妙惟肖潭石,如一击发出鼓声的石鼓奇观、双水飞流直下的红岩双漈、“柳暗花明又一村”的瞿门峡、“七曲六滩十三湾”的九曲河湾等。景区以百丈湖、莒江湖、洪口湖连成一片的高峡平湖为主体,湖面雾霭氤氲,帆船掠影,蓝天白云,远山近岛;湖周群山环拱,峰峦巍巍,湖湾盘陀,逶迤通幽;两岸层峦叠嶂,峭崖壁立,移步换景,素有“十里画廊”之称。

景区不仅有山水之美,还有诸多古民居、古亭、古桥、古碇步、古寺庙、古窑址等人文之秀。如两宋时期窑背古窑址、吴坑底古窑遗址、蕃茹厂古窑址,悬空跨度 358 米钢索桥等。仅新浦古村落就有吴畦墓、世英门、清阴井、双心路、三友洞、锦绣谷、广渡寺遗址、白岩庵等人文景点,遗留丰富人文古迹:“老翁尖下瑞峰前,旗鼓排衙在两边。锦绣谷旁三友洞,书斋坪畔百花岩。世英门建楼门石,清阴井开水井坛。闸有将军捍水口,库村奕代毓文贤。”

2015年飞云湖风景区各景区主要景点一览表

表 7-4-5-2

景　区	自然景点	人文景点
乌岩岭（双坑口）景区	白云尖、八戒巡山、卧虎洞、豹跳峡、垒玉滩、听静谷（木石前盟）、半亭揽绿、飞云江源、飞云江源九折瀑、飞来瀑、瀑外瀑、合欢瀑、彩虹瀑、鸳鸯潭、龙井潭、猴王潭、金针湖	黄腹角雉半野生饲养场、资源馆、黄腹角雉科研旧址、万斤窑遗址、雷大库纪念碑、畲族民居“寮屋”、福漈桥、凤蝶桥、万斤桥
黄桥景区	万亩竹海、高山湿地、古树群、千年苦槠、海狮石、乌龟石、双坑瀑、三插溪大峡谷、狮子峰、仙人击鼓	—

三、旅游内容

（一）游览方式

1.徒步游览

在山体、林地之中，为徒步旅游者和自行车旅游爱好者设置的旅游线路。开展回归自然的乡村旅游、生态旅游、野外体验旅游。在不同的景观风貌区设置不同特色的步行游览道路，有沿溪游览步道、山林游览步道、保护区生态观光游览步道等。

2.水上游览

有河道漂流线和游船水上游览线路，以绿色环境和溪水为线索，串联文化、自然景观印记，构筑生态脉络及当地文脉，经过改造后河流上游设置休闲漂流、木筏游船旅游项目。在园洲古村落、畲族风情园、白鹤山庄、三插溪景区、黄桥保护区等重要节点设置多个游船码头。

3.乡村休闲

20世纪90年代，部分乡镇建有农家乐餐馆。进入21世纪，逐渐兴起“吃农家饭、住农家屋、赏农家景、学农家活”的乡村休闲游，在司前畲族镇、竹里畲族乡等处建有农家乐旅游点。2006年，白鹤渡观光园被认定市级农家乐示范点。2007年，县委、县人民政府印发《关于加快发展“农家乐”休闲旅游业的若干意见》，明确发展农家乐休闲旅游业指导思想和发展目标，完善管理和认定办法，并落实各项优惠政策。至2015年，全镇已有三星级农家乐6家。

4.观光采摘

2005年始,司前境内推出夏(6月中旬至10月)采杨梅、葡萄、提子、桃子,秋(10月中旬至11月)采猕猴桃、板栗等采摘休闲专线游线路。每逢瓜果飘香季节,大都市游客纷至沓来,体会农家丰收之乐,感受乡村田园生活。

司前畲族镇主要采摘休闲基地一览表

表7-4-5-3

基地名称	基本情况
司前畲族镇全镇范围	猕猴桃
司前畲族镇溪口村	柑橘
司前畲族镇里光村	荷花莲藕、葡萄
司前畲族镇左溪村葡萄基地	引进美国红提、醉金香等葡萄品种,基地面积约10公顷,成为畲族文化与休闲观光融为一体的旅游热点

5.白鹤渡休闲旅游观光园

白鹤渡休闲旅游观光园位于司前畲族镇境内飞云湖畔,以悬空跨度358米钢索桥连接对岸白鹤山庄。开发雷竹基地69.47公顷,种植柑橘、四季柚等果树3.33公顷。建有垂钓、竹笋、果园、野炊、餐饮等休闲功能区,集垂钓、掘笋、采果、野炊、漂流、森林探险、吃农家饭于一体的休闲观光园。2008年1月,被评为浙江省农家乐特色点。

(二)旅游节庆

畲族"三月三"旅游风情节。2006年3月31日(农历三月初三),在司前畲族镇和竹里畲族乡举办泰顺首个畲族风情节。清早开始,来自罗阳、雅阳、彭溪、柳峰等乡镇畲民歌手,身着少数民族节日盛装,云集在竹里畲族乡对唱畲族山歌,到晚上,在司前畲族镇畲族风情篝火晚会上继续对唱。2009年3月28日,在司前、竹里等乡镇,结合泰顺特色农家乐、百家宴等形式,同步举办"畲族三月三"旅游风情节。有来自省、市、县统战、民宗、文化、旅游等部门和市内各畲族乡(镇)领导,以及各地游客和县内群众参加节庆,约2.3万人。2010年4月16日,在司前畲族镇举行首届瓯越"三月三"畲族风情节开幕式,活动内容有畲族传统婚嫁表演、竹杠舞、山歌对唱、民族工艺品展示、吃乌饭宴、篝火晚会和燃放烟花等节目,开幕式结束后,泰顺与文成举行风情节承办交接仪式。来自省、市领导,文成、平阳、苍南等地畲族同胞和四方游客等2万多人,摆设"乌饭宴"1900多桌,成为泰顺历年以来规模最大的一次畲族风情节活动。截至2015年4月21日，司前畲族镇连续举办12届“三月三”畲族风情节，由中共泰顺县委宣传部、中共泰顺县委统战部主办，在司前畲族镇、竹里畲族乡举办。此次活动，以“弘扬民族文化、领略畲乡风情”为主题，会演腰鼓、舞龙、舞狮、木偶戏等民俗表演以及山歌、畲族婚嫁习俗表演、竹竿舞等畲族传统风俗表演。主办方还设置畲族特色展区，集中展示畲族服装、编织品、草鞋、斗笠等静态物品。

四、旅游线路

(一)域内线路

1998年12月，乌岩岭国家级自然保护区与温州森林旅行社联手开辟乌岩岭动植物王国探秘游线路。2001年，泰顺全县确立“沐浴氡泉水、探秘乌岩岭、重走红军路、观光飞云湖、梦圆古廊桥”旅游品牌5个。2004年，被列为浙江省精品旅游线路的有廊桥—古民居、摄影、自驾车专线游3条。2005年，推出域内常规线路有一日游3条、二日游8条、三日游1条，专线游2条。2007年，随着新58省道开通以及景区专线公路发展，境内旅游知名度不断提升，2009年5月，廊桥—畲乡农情文化游，被评为浙江省休闲观光农业精品线路和优秀线路。2010年，常规线路调整为一日游2条、二日游2条、三日游1条，专线游5条。

2015年泰顺县县域内旅游线路一览表

表7-4-5-4

<table>
<tr><th colspan="3">线　路</th><th>主要景区(点)及相关项目</th></tr>
<tr><td rowspan="4">常规线路</td><td rowspan="2">一日游</td><td>A线</td><td>廊桥文化园—氡泉旅游度假区</td></tr>
<tr><td>B线</td><td>乌岩岭景区—飞云湖景区•白鹤山庄</td></tr>
<tr><td rowspan="2">二日游</td><td>A线</td><td>乌岩岭景区—园洲古村—县城—廊桥文化园—氡泉景区，住县城</td></tr>
<tr><td>B线</td><td>廊桥文化园—胡氏大院—仕水碇步—氡泉景区，住氡泉景区</td></tr>
<tr><td rowspan="7">专线游</td><td rowspan="2">民俗风情之旅</td><td>A线</td><td>元宵百家宴民俗旅游节(农历正月十五日)</td></tr>
<tr><td>B线</td><td>三月三畲族风情节(农历三月三日)</td></tr>
<tr><td rowspan="3">快乐乡村之旅</td><td>A线</td><td>仙稔、百丈杨梅采摘节(夏季)</td></tr>
<tr><td>B线</td><td>司前葡萄、提子采摘节(6月中旬至10月)</td></tr>
<tr><td>C线</td><td>碑排猕猴桃采摘节(10月中旬至11月)</td></tr>
<tr><td rowspan="2">古道徒步之旅</td><td>A线</td><td>三滩红枫古道徒步游</td></tr>
<tr><td>B线</td><td>天关古道徒步游</td></tr>
</table>

(二)跨域线路

2005年，全县开始推出跨区域旅游线路，跨越文成、苍南、平阳、瑞安县(市)共3条，均为二日游。2006年，《华东旅游报》推出泰顺二日游线路，第一日上海启程到泰顺、游览氡泉景区，第二日游览泗溪姐妹桥、包氏宗祠、仕水碇步、胡氏大院。2008年7月，温州南部瑞安、平阳、苍南、文成、泰顺四县一市成立"温州·瓯之南区域旅游合作组织"，并签署《温州·瓯之南区域旅游合作协议书》，氡泉、古廊桥、乌岩岭列为"寻古探幽，生态环境"为主题精选旅游线路之一。2010年，对接乐清雁荡山、景宁畲乡风情、福建太姥山，推出"游名山、看廊桥、泡温泉"区域合作常规旅游线路4条。

2005—2010年泰顺县跨域旅游线路一览表

表7-4-5-5

线路		主要景区(点)及相关项目
2005年开始推出线路	A线	第一天：文成1日游，第二天：飞云湖—乌岩岭
	B线	第一天：苍南1日游，第二天：廊桥文化园—氡泉景区
	C线	文成—泰顺—苍南—平阳—瑞安
2010年开始合作线路	A线	景宁畲乡风情—飞云湖景区(白鹤山庄)—廊桥文化园—氡泉旅游度假区
	B线	景宁畲乡风情—乌岩岭景区—廊桥文化园—氡泉旅游度假区
	C线	乐清雁荡山—廊桥文化园—氡泉旅游度假区
	D线	福建太姥山—廊桥文化园—氡泉旅游度假区

五、旅游服务

(一)住宿餐饮

中华人民共和国成立前，客商往来寥寥，饮食业素不发达。境内来往的都是"脚客"(挑夫)，习惯自带饭团。故回澜桥亭边小摊摆一些米糕、米粽之类，供行人急需时购买，没有饮食店。只有回澜桥西边桥亭设店，可供住宿。

1958年，司前大公社在平桥头开设旅社，兼住宿。1962年随大公社撤销。1965年，老车站建成后，百丈商贩会在对面开设旅社兼饮食店。20世纪70年代，增设私营饮食店。80年代，垟头阉开始开发，新建房屋装修成宾馆。至1995年，已有宾馆1家、饮食店15家。2010年旅馆4家，餐饮业21家。2015年增加农家乐10余家，其中三星级6家。

司前畲族镇三星级农家乐一览表

表 7-4-5-6

农家乐名称	坐落地址	评定时间
阳光假日酒店	司前畲族镇振兴路 16 号	2007 年 5 月
山城酒店	司前畲族镇新北村八七路 43 号	2007 年 5 月
阿秀酒店	司前畲族镇市场路 40 号	2007 年 5 月
白鹤山庄	司前畲族镇溪口村	2009 年 12 月
山里人家珍果观光园	司前畲族镇左溪村大段	2009 年 12 月
黄桥人家农家乐酒店	黄桥乡黄桥村炉西	2010 年 12 月

(二)特色饮食

名 菜 司前境域是纯山区,土特产非常丰富。且地处吴语系丽水话区域与吴语系东瓯语区的交汇地带,饮食文化独具特色,名菜小吃远近闻名。

2007 年 12 月 18 日下午,新 58 省道开通之际,为弘扬泰顺饮食文化,在县文化广场举行泰顺十大特色名菜品评大赛。司前大酒店药膳羊肉名列其中。

小 吃 司前境内自然条件优越,山野适合五谷、百草生长。传统风味小吃是十足绿色生态菜肴,多取自粮食作物和山中野草,制作有蒸、煮、焖、炒等方式,调味浓淡相兼,口感偏重。

司前传统小吃选介一览表

表 7-4-5-7

名称	特点	制 法
绿豆腐	晶莹如璞 清凉爽口	将豆腐柴叶子洗净、捣糊、取汁,加适量清水稀释,再加少许清凉牙膏搅匀,加盖冷冻,呈绿色。凉拌、煮汤均可
豆腐娘	清香可口 原汁原味	鲜黄豆浸泡磨浆和渣文火煮透,配以肉类、鱼类高汤,保持黄豆鲜美口味和原汁原味营养
米面层	清香滑顺 余味无穷	将米浸软磨成米浆,舀取少许于蒸屉中,置平底锅或竹编蒸屉蒸煮几十秒熟后取出,剥下、摊平,加入预先所配馅料,卷起,即食
九层糕	层匀美观 乳香甜润	将一层米面层蒸熟后,不剥离不加馅再加一层蒸熟,类此继续加至所需厚度,取出食用
土豆饼	色泽鲜黄 松软香糯	将土豆整个煮熟凉后,拍成厚约 1 厘米的饼状。放入热油锅,两面翻煎至黄色,加入调料起锅即成
地瓜粉	糯而不烂 嚼劲十足	将搅拌均匀的地瓜粉汤炊成薄薄一整片,切成阔面状,烩同鸭内脏或猪内脏、青菜、豆芽、姜末等佐料一起煮或炒

表 7-4-5-7

名称	特点	制法
樱花饼	外酥里嫩 甜香软糯	将洗净的金樱子花瓣与米水汤拌匀，舀少许入锅似煎蛋式两面煎炸，取出即食
薄饼	质纯脆香 油而不腻	将米浸软磨成米浆，煎成厚薄均匀饼皮，一层饼皮加一层碎精肉、香菇、花生、芝麻、蛋丝、葱白等馅料，反复数遍后卷成长条，压扁，置于平底锅上红火煎烤至黄色，切段食用
药膳	油而不腻 祛湿滋补	取牛奶珠、豆腐柴、老虎刺等散风祛湿草药根煎汤，煮猪蹄、羊肉、排骨等
糯米糍	醇香筋道 营养丰富	糯米浸泡蒸饭，放石臼捣碎，裹黄豆、麦粉或浇鸡肉等高汤食用，是山民，特别是畲族民众常用来招待贵客的主食

第六节　财税金融

民国时期，财政收入以田赋为大宗，乡镇收入上缴县政府。支出以党务、保安警察等开支为多，往往占60%以上，经济建设所占比例极低。

中华人民共和国成立后，财政收入取之于民，用之于民。中共十一届三中全会后，经济发展步伐加快，经济总量增加，税源丰富。1991 年全镇财政收入 3.96 万元，2015 年达到 6122.2 万元，比 1991 年增长 1545 倍，年均增长 15.36%。1991 年始，人民政府实行取少予多惠民政策，逐步取消农林特产税、农业税，实行多项农业补贴，拨款开展大规模的新农村建设，体现中国特色社会主义制度优越性。

境内居民收入不断增加，信用社储蓄规模不断扩大，社会经济实力不断增强。司前信用社储蓄从 1958 年的上千元，增加到 2015 年的 3.92 亿元。

一、财 税

(一)民国及民国以前的税赋

1.机 构

民国时期，乡设“乡代附”，协助乡长管理内务、税收。

2.田 赋

明清及民国时期县财政的主要收入，银米并征。明崇祯年间(1628—1644 年)，泰顺有官民田地 90037 亩，5015 丁口，年共科米 1130 石，科银 5554 两。朝廷优免银 647 两，实应征银 4907 两。清雍正六年(1728 年)，实行摊丁入地，应征赋额7812两，豁免2335两，实应征银5477两。民国初期，银米并征，额征正税银57 86两，米801石。由于币制改革，正税每两折征银元1.8元，征银称地丁，征米称漕南抵补金。民国20年（1931年），抵补金米每石改征银元3.3元。30年田赋征实，税率按正税每元征稻谷3市斗（谷每市斗10.8市斤，2市斤=1千克）。民国31年，增加征借稻谷，正税每元1.5市斗，随赋带征公粮，每元带征1市斗。征实分成，正税中央政府3成，省2成，县级5成，征借全部归中央，公粮省、县各半。民国34年，抗日战争胜利，豁免赋一年，已缴纳粮户准抵下年田赋征额。民国35年恢复征实，为兼顾民困，赋额以五折计征。民国36年，以泰顺交通不便，产粮不多，允许田赋征实改按时价折征法币。

3.税捐种类

国 税 所得税、利得税、遗产税、印花税、营业税、货物税、烟酒税、货物统税、盐税。

县 税 房捐、警捐、山地收益捐、营业牌照税、使用牌照税、筵席税和娱乐税。

杂捐杂税 民国时期，县内开征的有置产捐、自治户捐、屠宰附捐、保安户捐、壮训户捐、党务附捐、警察特捐、自卫经费、救济经费、献机经费、食盐基金、绥靖经费、殷富捐、义务劳动代役金、冬防乐捐等几十种。

（二）中华人民共和国成立后

1.乡镇财税制度

机 构 1949年5月，人民解放军占领泰顺全境，建立人民政权，即在百丈区设税务所，管理司前税收。6月设立司前财政助理员、干事至1950年4月。1958年6月，设司前财政管理所。1961年改称百丈区财政所，司前财政管理所并入。1984年12月恢复司前财税所。1994年税务局分列为国税局与地税局，先后更名为司前征管站、司前征管分局，2015年称司前税务分局。

财政结报制度 1953年，区级机关分别由直属系统汇总结报，乡镇政府、小学由区公所汇总结报。1956年，区公所、区卫生所与主管部门或同性质系统建立领款关系。1959年，根据“统一领导，分级管理”原则，改分单位管理为分系统管理。1980年后，划一级全额管理单位、二级全额管理单位、差额管理单位。

财政体制改革 1993年全县乡镇机构撤区并乡后，县财政与乡镇财政体制管理形式为超收分成和增收分成。1996年始，根据当地实际，县财政对乡镇财政实行“核定基数、确保收入、超收分成、挂钩奖励”办法。县乡财政关系进一步理顺，乡镇财政收入逐步增长，为实现财政连续增收发挥积极作用。2002年，出台乡镇财政增收奖励办法。在兼顾县级财政支出的同时，体现乡镇财政收入,以改善乡镇财政薄弱状况。2007年,以上办法重新修订继续完善。以乡镇前五年财政收入平均数为基数,将全县乡镇划分为六类,按分类实行增收奖励。司前畲族镇划为二类,基数100万元,增收计提奖40%以内。2010年,浙江省财政厅下发《关于印发切实加强乡镇财政资金监管工作的实施意见的通知》,通过建立公开公示、档案管理、抽查巡查等制度,完善乡镇财政资金监管程序制度,促进乡镇财政建设健康发展。2015年前,按县人民政府出台的规定管理司前畲族镇的财政。

农村税费改革　二十世纪八九十年代,农民除依法纳税、完成国家规定粮食等主要农产品定购任务外,还要承担"乡统筹村提留"和"两工"(农村义务工、劳动积累工)。2001年始,中央试点推广农村税费制度改革。2002年7月,县成立农村税费改革领导小组;10月,县委发出《关于切实做好我县农村税费改革工作的通知》,县委办印发《我县农村税费改革10个配套文件的通知》。2003年,保留农业税和村提留,取消屠宰税,在农业税计税土地上生产的农特产品只征农业税,不再征农林特产税。取消统筹费(农村教育事业附加费、计划生育、国防义务费、五保统筹费)和面向农民征收的政府性收费和集资。全县农民年人均税费负担由改革前87.26元下降至40.16元,降幅53.98%。2004年1月1日起,取消农村"两工",村内兴办集体生产公益事业所需劳务,实行"一事一议"筹劳筹资制度(自愿以资代劳)。

农业补贴　2007年始,落实"多予少取",实行粮食直补、综合补贴、良种补贴、农机补贴、困难群众住房救助、村"一事一议"公益事业建设财政奖补等。

2.税收种类

(1)农业税

沿　革　中华人民共和国农业税是农业收入税,收入所得者缴纳。1949—1951年大多采取自报评定的办法征收。1952年,经过全面查田定产和复查调产后,执行起征点24个税级的累进制。1953年,以24个税级中的18个税级的累进制计征。1954年,对茶叶、林木、桐油、茶油、桕籽并征农林特产税,1955年实行定产、定口粮、定任务的"三定"政策;农业合作化后,按全社常年产量与平均税率计征。1958年,废除全额累进税制,实行地区差别比例税制,农业税改由人民公社缴纳。1961年开始纠正高征购,调低常年产量和计征任务,农业税改由生产队缴纳。1963年后的10余年内,按照"增产不增收、稳定负担"政策,坚持以1961年调整后的常年产量为基础,稳定计征任务。其间,1967年、1968年两年受"文化大革命"影响,未完成计征任务。1970—1982年,对人均156.74元以下、口粮不足200千克的生产队，实行起征点以下免征政策。1980年推行“实物征收、货币结算”制度。1982年冬停止实行起征点，恢复比例税制。1985年始，国家大幅度减免泰顺贫困县的农业税。

2005年12月29日，第十届全国人大常委会第十九次会议决定，2006年1月1日起废止《中华人民共和国农业税条例》。由此，国家不再针对农业单独征税，一个在中国存在两千多年的古老税种宣告终结。

减　免　1951—1990年，减免占农业税计征数的34.06%。1985年泰顺列入贫困县后，农业税平均减免幅度达50%。①灾歉减免。根据“轻灾少减，重灾多减，特灾全减”原则，占减免总数的15.04%。②鼓励发展生产减免。凡开垦荒地、恢复荒芜油茶、繁殖耕畜等给予减免。占减免总数的51.05%。③社会减免。减免对象为老革命根据地、少数民族地区、缺少劳动力的烈军属、残废军人、五保户、纳税确有困难的农户，占减免总数的33.43%。

(2)耕地占用税

1987年开征，耕地占用者缴纳。泰顺属第四类型地区，县城和建制镇每亩纳税4000元，乡村每亩3000元。1988年起建制镇居民每平方米6元，农民3元。

(3)工商税

1949年10月，遵照中共中央“废除苛杂，暂时沿用旧税制，在执行中逐步整改”原则，开征营利事业所得税、营业税、屠宰税。1950年，统一税政，调整税收，建立新税制，开征货物税、工商业税、利息所得税、印花税、屠宰税、车船使用牌照税、房地产税、盐税等8个税种。次年4月开征棉纱统销税。1953年，修正税制，征收货物税、商品流通税、牲畜交易税、文化娱乐税等10个税种。1958年，简化原来“多税种、多次征”税制，开征工商统一税、工商所得税。1966年后，试征国营企业商税、国营企业综合税、行业税。1973年，简并税制，实行单一型税制，对国营企业只征一种工商税，对集体企业只征工商税和工商所得税，车船使用牌照税、屠宰税仍对个人征收。1978年后，进行一系列改革，颁行若干新税种。1983年1月，对国营企业实行“利改税”的第一步改革。1984年10月，进行国营企业“利改税”第二步改革和工商税制全面改革。工商税按性质划为产品税、增值税、营业税、盐税4种。1990年，县内在征的有产品税、增值税、营业税、国营企业所得税、集体企业所得税、城乡个体工商户所得税、个人收入调节税、国营企业奖金税、集体企业奖金税；事业单位奖金税、城市维护建设税、房产税、建筑税、车船税、印花税、屠宰税、牲畜交易税、城镇土地使用税、盐税等20个和不属于税收范围的国家能源交通重点建设基金等6种代集基金。

1991年始征收的税种科目有增值税、营业税、城市维护建设税、个人所得税、资源税、城镇土地使用税、耕地占用税、房产税、城市房地产税、车船税、印花税、契税、屠宰税、农业税、牧业税及其附加等19种。随着经济社会的发展,税种和费金的种类不断变化。2003年,县境全面停征农业特产税。2010年,县地方税务系统负责征收管理的项目有营业税、企业所得税、个人所得税、资源税、城镇土地使用税、城市维护建设税、印花税、土地增值税、房产税、车船税、契税、耕地占用税等12种。

(4)国 税

1997年国税局析出,主要征收税种6种。

增值税　中央与地方人民政府共享税。1994年实行生产型增值税,2009年转为消费型增值税。税率为3档:基本税率17%、低税率13%和出口零税率。1994年1月,小规模纳税人增值税征收率为6%,1998年7月部分行业调整为4%,2009年1月始,统一调整为3%。

消费税　1993年12月,国务院发布《中华人民共和国消费税暂行条例》,1994年1月起施行。县域征收消费税物品主要为酒类(包括黄酒)和金银首饰等。其中白酒从价税率20%,外加从量征收每斤0.5元;黄酒每吨240元;金银首饰从价税率5%。

企业所得税　1994年,保留内资、外资企业所得税两套税法。内资企业所得税税率为33%,外商投资企业和外国企业所得税税率为30%,另征收3%地方所得税,享受多种优惠政策。2008年内资、外资企业所得税法合并,税率统一调整为25%。

金融保险业营业税　1994年税制改革,金融保险业营业税税率5%。1994年提高到8%,其中5%由地方税务征收,3%由国税征收。2004年开始,国税部门停征金融保险业营业税。

车辆购置税　简称车购税。2001年,国家对车辆购置附加费实行"费改税",原由交通稽征部门收取,划归国税征收,税率10%。

储蓄利息存款个人所得税　1999年11月恢复征收,税率20%。2007年8月起,税率调减为5%。2008年10月起,暂免征收。

3.乡镇税收管理

实行税务登记、纳税鉴定、纳税辅导、纳税申报、发票管理、纳税检查与货运管理等管理制度。根据行政区划,划片管理,各税统管。征管机制实行征收、管理、检查三分离或征收管理与检查两分离。征收方式主要有四:查账征收,以账务实际收入为依据；民主评议，对象是账务不健全，收支难定的个体户；定期定额，对象是纳税额不大，分布面广的个体户，由税务部门核定营业额，业户按月纳税；代缴代扣，对分布零散、不便自收的税源，由税务部门委托有关单位代收。

1997 年，推行“以申报纳税和优化服务为基础，以计算机网络为依托，集中征收，重点稽查”的新征管模式。结束上门收税的传统方式，改变为纳税人自行申报纳税为主的现代化征管方式，建立符合县域特色税收征管模式。1999 年，在基层税务所推行邮寄申报，实现县级集中征收。2001 年底，国税大楼落成。次年 3 月，建立以市为单位的信息数据集中处理，税款集中征收，稽查相对集中，人、财、物集中统一管理的新型税收征管和行政管理体系。2005 年，省局集中处理征管信息数据，对企业和个体实行专业化管理。2007 年 10 月，推行税源一体化管理，落实税收征、退衔接制度，建立税源管理、税收分析、纳税评估与税务稽查联动机制。

司前财税所财税收入由 1991 年的 3.96 万元增至 2015 年的 6122.20 万元。

1991—2015 年司前财税入库情况一览表

表 7-4-6-1 单位：元

年份	项目名称	入库数	年份	项目名称	入库数
1991	总计	39600.00	1999	总计	14496.00
	非税收入合计	39600.00		非税收入合计	14496.00
1992	总计	27000.00	2000	总计	12640.00
	非税收入合计	27000.00		非税收入合计	12640.00
1993	总计	27000.00	2001	总计	12150.00
	非税收入合计	27000.00		非税收入合计	12150.00
1994	总计	27000.00	2002	总计	910518.28
	非税收入合计	27000.00		税收入合计	629359.36
1995	总计	27000.00		非税收入合计	281158.92
	非税收入合计	27000.00	2003	总计	4157479.17
1996	总计	33904.80		税收入合计	3422984.64
	非税收入合计	33904.80		非税收入合计	734494.53
1997	总计	10800.00	2004	总计	4432816.48
	非税收入合计	10800.00		税收入合计	3752855.66
1998	—	—		非税收入合计	679960.82
	—	—			

表 7-4-6-1

年份	项目名称	入库数	年份	项目名称	入库数
2005	总计	10106518.45	2009	总计	15292937.49
	税收入合计	8843545.63		税收入合计	11213799.72
	非税收入合计	1262972.82		非税收入合计	4079137.77
2006	总计	16543084.01	2010	总计	21632320.11
	税收入合计	13772092.23		税收入合计	16680716.53
	非税收入合计	2770991.78		非税收入合计	4951603.58
2007	总计	15798562.76	2011	总计	42406084.59
	税收入合计	12217149.80		税收入合计	36478860.11
	非税收入合计	3581412.96		非税收入合计	5927224.48
2008	总计	13959344.72	2012	地方财政收入	1293.00 万元
	税收入合计	10163340.40	2013	地方财政收入	2000.00 万元
	非税收入合计	3796004.32	2014	地方财政收入	3150.00 万元
			2015	地方财政收入	6122.20 万元

二、农村金融

(一)货币历史

1.民国以前使用的货币

金属币　明、清代市场皆使用金属(银、铜)币。民国初期至20世纪30年代,金属币与纸币并用,中外货币混通。

铜　钱　薄片圆形,中有方孔,大小不一。不同年代铸造的钱,皆有朝代年号。民国20年代一般3000钱=1银元。为便于使用,将每1000钱用绳子串在一起,叫"一贯"或"一缗"。

铜　元　俗称"铜板""铜片",比钱大,无孔,币面铸有凸龙纹。铜元1枚=铜钱10枚。

银　两　有银锭和银饼两种。清代,银锭主要有宝银(元宝)、中锭、锞子、福珠四种(一两以下的碎银统称福珠、滴珠,作辅币)。清光绪年间(1875—1908年)废止银两,改用银元。

银　圆　俗称"洋钱""洋钿""大洋"。主要有墨西哥的"鹰洋"、日本的"七钱三"(俗称"柱棒洋""鬼子番")、中国的龙洋(光绪年间铸)、袁洋(俗称"大头”，币面有袁世凯头像）、孙洋（俗称小头，币面有孙中山头像）、船洋等。县人民银行于1949年12月和1950年4月两次宣布禁止银元流通。1953年，银圆在市场上基本绝迹。

法币、金圆券 民国24年（1935年）11月4日，国民政府实行法币政策，发行纸币，代替银圆。主币面额有1元、5元、10元及辅币1角、2角、5角等6种。后面额不断增大（最高达500万元），法币迅速贬值。1937年8月19日，发布《财政经济紧急处分令》及《金圆券发行办法》和《人民所有金银处理办法》，标榜金圆券的发行准备金每元的黄金含量为0.22217克。金圆券1元收兑法币300万元，即日停止使用法币和关金券，并以纯金1市两兑金圆券200元、纯银1两兑3元、银元1元兑2元、美钞1元兑4元的比例收兑。泰顺县于同年11月20日前将法币收兑完毕。金圆券开始发行时，面额最高为10元，至1949年4月，随着国民党政权临近总崩溃，物价飞涨，币值惨跌，最高面额竟达100万元之巨，贬值为1个银元可兑换金圆券24万元。

2.中华人民共和国成立后使用的人民币

人民币是中华人民共和国流通的统一货币。分旧币、新币两种。旧币1949年开始通用。1955年3月1日起，发行第二套人民币，以10000元比1元收兑旧币。1955年5月15日起第一套人民币（旧币）停止流通。1962年4月20日发行第三套人民币。1987年4月27日起，中国人民银行分次发行第四套人民币。1998年12月31日，第二套人民币停止流通，退出市场。1999年10月1日起，中国人民银行分4次发行第五套人民币。2000年1月1日至6月30日，辖内开始兑换收回第三套人民币，是年7月1日起停止流通。第三套人民币在泰顺发行流通历时38年，是发行间隔和流通使用时间最长的一套人民币。2005年8月31日，中国人民银行发行2005年版第五套人民币。

（二）乡镇金融机构

司前营业所 1965年1月中国人民银行泰顺县支行与中国农业银行泰顺支行合署办公，下设司前营业所。12月，中国农业银行泰顺支行被撤销。1979年12月恢复建立中国农业银行泰顺支行，办理农村信贷业务，管理农村信用社。原司前营业所划归复设的中国农业银行泰顺支行。1998年撤销县农行司前营业所。

农村信用社 1956年全县建立信用社，一乡一社，即司前、左溪、里光、上榀、燕石、峰门6个乡都建立农村信用社。是年4月随乡合并为3个，即司前、里光、黄桥乡信用社。1959年1月设司前公社信用部和司前、里光、黄桥管理区信用分部，取代信用社。1961年8月取消司前大公社信用部，恢复3个信用社。1992年12月，里光信用社随乡并入司前信用社。黄桥信用社被撤销。2015年，司前信用社营业地址为司前畲族镇振兴路66号，下辖百丈分社和竹里服务点。

浙江泰顺温银村镇银行司前支行 2013年筹建，2014年3月29日开业。

中国农业银行泰顺县支行司前惠农金融服务点 2015年增设，配备农金员、信息员，服务“三农”。

(三)乡镇金融业务

1.农村储蓄

泰顺最早开办的农村储蓄是1951年8月推行的保本保值定额储蓄。1954年开办农村私人储蓄存款。1958年开办社队和社队企业存款。1980年始，农村信用社利用点多面广的优势，先后举办定额有奖、有奖贴花、实物有奖、有奖有息等有奖储蓄，并开办职工工资储蓄、大额可转让存单、特种定期储蓄、存贷结合结算储蓄、三年以上保值储蓄等。自1985年1月1日起实行浮动利率，农村储蓄存款大幅度增加。1985年12月起，又对农村商业企业实行存贷分户管。1991年始，除开办活期储蓄存款、整存整取定期储蓄存款、定活两便储蓄存款等传统储蓄存款品种以外，还推出个人多种储蓄存款新品种。1997年开办个人通知存款。1999年开办教育储蓄存款。2005年始，农村信用社体制改革后，充分发挥经营灵活的优越性，推出一系列新业务、新品种和配套服务项目，存款加速增长，还有单位存款、农业存款等。司前信用社存款：2014年3.24亿元，2015年3.92亿元。

2.农村贷款

农户贷款 20世纪90年代中期之前，县信用联社农户贷款主要以农户小额信用贷款为主，之后，相继推出了农户个人保证贷款、农户联保贷款、农户最高额循环保证贷款等新品种，并从传统的种植业、养殖业和农产品加工业，逐步扩展到商业、服务业、房地产业和个人消费领域，不断扩大农户贷款总量。2008年始，采取抵押、个人担保、联保、“农民专业合作社+农户”等模式，努力为农户解决融资难，大力支持“三农”经济发展。农户贷款包括：小额贷款，是基于农户的信誉和资产等情况，在核定额度内向农户发放的不需抵押担保的小额生产和生活贷款。其特点是：一次核定，随用随贷，余额控制，周转使用。1999年8月，央行颁布《农村信用社农户小额信用贷款管理暂行办法》，2002年，县联社对前两年小额信用贷款试行工作进行经验总结，并出台《泰顺县农村信用社农户小额信用贷款管理办法》，同时下达指标任务，要求各网点对信用记录良好的农户3000元以下(2005年提高至1万元)的农业贷款实行信用形式发放。此后几年平稳发展。2006年后，市场需求逐渐下降，贷款总量有所减少。农户联保贷款，是为解决农户贷款难、担保难而设立的一种贷款品种，由5—10户农户自愿组成联保小组，相互承担连带保证责任。贷款实行个人申请、多户联保、周转使用、责任连带、分期还款的管理办法。由于联保户之间经常发生经济纠纷，无法继续开展。之后逐年减少。“一户一策一干部”贷款，2004年开办，对低收入农户实行优惠利率信贷帮扶。帮扶对象是上一年度家庭人均纯收入在1500元以下且有劳动能力和发展潜力的贫困户，由各乡镇确定列入年度帮扶计划贫困农户，每户落实一名帮扶联系干部，帮助贫困户确定一个可行的发展项目。同时县、乡两级财政筹集资金，在当地信用社开设专户，建立“一户一策一干部”帮扶活动基金，在帮扶基金担保和联系干部作为保证人的基础上，信用社向帮扶对象发放贷款。贷款额度以每户1000元为指导性标准，同时根据贫困户发展项目的内容、规模等情况，具体确定贷款额度。2008年始，该贷款停止发放。

农户消费贷款　为适应现代农业发展和农业产业结构调整，农户从事的行业向多元化发展的贷款需求而设立。2010年，农户消费信贷需求上升，但传统用途的农户贷款占比由10年前的80%以上下降至15%以下，大额贷款需求快速上升。司前信用社贷款余额：2014年1.99亿元，2015年2.49亿元。

3.银行卡

全县农村信用社银行卡业务始于2005年4月，发放首张丰收借记卡，至2015年，信用社银行卡可全国通兑。

(四)民间金融活动

1.民国及民国以前农村金融活动

常平仓借贷　俗称“官仓”。仓谷一部分由田亩分派，与官税一并交纳，一部分由官府出钱购置。遇岁荒由富户担保借领以济灾民，秋成纳还。清咸丰三年(1853年)三月，县内屡发地震，县开仓出借度荒。光绪二年(1876年)遇洪歉收，次年，仓谷出借。中华人民共和国成立后，这种借贷形式消失。

社仓借贷　明万历年间，县内设有社仓(也称“义仓”)。社仓储谷，丰收之秋，取之富户，凶荒之岁，借给饥民，转借有息，岁入有增。明末，社仓渐废。清咸丰三年(1853年)，经邑人林鹗倡导重建，此后南院、岭北、仕阳、龟岩、罗阳等地均设社仓。南院社仓设圳下垟土堡，每遇青黄不接或荒年日，择日开仓出借,俟秋成加利收回,大熟年收利三分,中等年收利二分,下等年收利一分,大歉年免收利息。

高利借贷　民国前中期,高利贷活动较少,只有殷户有部分货币出借,利率约为月息一分八厘至两分。民国末期,农村高利贷活动猖狂,青黄不接时,许多农民受高利贷盘剥。如“卖青苗”,春借3万元(法币),折合稻谷50余斤,秋还稻谷100斤,利息将近一倍。

2.中华人民共和国成立后的民间金融活动

自由借贷　中华人民共和国成立后,人民政府在金融法规中明文制止高利贷,加上信用合作的发展和农贷的大量投入,高利借贷得到遏制,利率也大幅度回落。20世纪60年代初的困难时期,民间暗下仍有高利贷活动,月息高达8分,并出现“利滚利”方式。1964年经济好转,高利贷活动开始减少。1979年后,社会对资金需求量大增,高利借贷又暗下抬头。年中利率一般为月息5分,年末利率高达10分。然以高利为饵诱取巨款,而后赖债以致远逃他乡之事例,亦非少见。80年代,随着经济发展和生活水平提高,借贷形式、范围、金额都发生了较大变化。借贷形式从实物转向货币,范围扩大到一般熟人之间,借贷金额几百元、几千元已不鲜见。用途也从维持生计转到婚丧事、建房及农业、工商业等生产投资上。随借用时间短长一般是无息或低息(月息3分以下)。90年代,随着生活水平提高,借贷形式、范围、金额都发生了很大变化。几千元、几万元已很平常。用途也从日常生活到婚嫁丧事、建房买房、生产经营直到盈利投资。亲朋好友、兄弟姐妹之间,用于家庭事务的借贷,讲究情缘关系,一般不计利息。盈利投资的借贷都计利息。90年代初,由于银行贷款从紧,民间借贷利息很高,月利5%,部分有情缘关系的关系户之间借贷,利息较低,月息2%—3%。90年代末,民间借贷利息逐渐放缓,一般在1.5%—3%。借贷金额也逐渐上升,几万元、几十万元都有。虽然绝大多数能守信用,但诉讼案件时有发生,主要发生在五类人身上:第一类人为个人经商办企业而借贷,利息年积月累,不堪重负,加上经营不善,亏本而成为被告。第二类人则参与赌博等违法行为产生借贷债务而成为被告。第三类人是借贷用于投资,投资项目的利率高于个人借贷利率,从中赚取利差。21世纪以来,一些暴利企业,如房地产项目,为了大量筹集资金而不惜用4%—5%甚至更高的利率诱惑大量民间资金。企业盈利,中间人能赚取大笔利润。一旦企业资金链断裂,中间人就欠下巨额债务,同时累及第一债权人。因为个人之间借贷非常盲目,大多数没有采取借贷抵押手段,因此累及债权人。21世纪以来,这种案例非常多,引发严重的社会问题。第四类人为了追求享受而债台高筑，最后远走他乡，赖账不还。第五类人则趁火打劫，仿效别人，而有钱也不还，如此恶性循环，民间借贷风气受严重影响。

非法集资 21世纪始，国内商品经济不断发育成熟，市场竞争日趋激烈，国家政策不断完善，集资风险不断加大。一些能力差、实力不强的企业就被迫退出。有的企业主债台高筑，最终犯罪入狱，有的甚至自杀，累及其债权人家庭破产。

（五）农村政策性保险

中国人民保险公司泰顺县支公司于1991年始开展政策性保险，包括乡村干部综合保险、能繁母猪保险、水稻保险等。农村住房保险2007年首次开办。2006年11月，省人民政府印发《关于开展政策性农村住房保险工作的通知》，要求以提高参保农户灾后重建家园、恢复基本生活的能力为目标，按照“农户自愿参保、政府补助推动、保险公司市场运作”的原则，在全省全面开展政策性农村住房保险。是年12月，泰顺县人民政府印发《关于开展政策性农村住房保险工作的实施意见》，明确政策性农村住房保险主体为全县范围内具有泰顺籍农业户籍的所有农户，保险对象为农村居民自有的生活住所（不包括附属建筑物）。泰顺县作为省定一类风险区域，每户农户每年保费15元，其中农户交费5元，省、县财政补贴10元。按照“低保障、低保费、广覆盖”原则，其中每间最高赔付3600元，每户保险额为1.8万元，最高赔付1.8万元。2007—2015年农村政策性住房保险参保3442户，参保率100%。

农业种植保险与能繁母猪保险于2008年开办，以种植、养殖大户为单位进行集中投保，是年保费收入分别为25.3万元和18.2万元。

政策性林木保险、小额农村意外保险等于2010年相继开办。

第五章　社会事业

自唐代以来,司前畲族镇境内先人耕读传家,在不同的历史发展阶段,人脉香火延续不断,民间各项事业传承发展。中华人民共和国成立后,各项事业不断向前发展。20 世纪 80 年代始,基础设施日臻完善,村镇建设力度不断加大,畲族村寨面貌日新月异;畲族教育等各项事业兴旺发达;畲族悠久文化传统得以发扬光大,现代文明承接繁荣。

21 世纪始,司前畲族镇紧跟全国部署,实施一系列扶贫脱贫措施,首创"一镇带三乡"下山扶贫脱贫模式,黄桥、峰门及周边山区农民搬迁下山,全镇城镇化率达到 80%。基础配套设施完善,加快产业集聚,二次产业发展,带动三次产业攀升,下山农民就业机会增加。2015 年,第二、三产业全部就业人数约 3000 人,下山农民能迁得下、稳得住、富得起。是年,全镇农民年人均纯收入 13513 元。比 1992 年司前畲族镇、黄桥、峰门乡平均农民年人均纯收入的 282 元增长 46.92 倍,年均增长 19.23%。镇境内社会安定,环境优美,人民群众身心健康,衣食丰足,正在不断为奔小康生活而努力奋斗。

2015 年,司前畲族镇获"全国扶贫工作先进集体""国家级生态镇""浙江省十大春意小镇"等称号。

第一节　基础设施

司前镇境内民众历来重视水利建设。中华人民共和国成立后,人民政府重视广泛发动群众兴修水利。1957 年冬,各乡人民政府发动群众义务投劳,修建山塘水库。20 世纪 90 年代始,人民政府和民间共同投资建设水利,修筑山塘水库、防洪堤坝、饮水渠道,有的兼发电和人畜饮水。21 世纪始,以综合治理为主要目标,水利设施日臻完善。

境内历史上是贫困山区,照明用火篾、松明。20 世纪 60 年代始,镇境内建成白鹤渡电站，居民用上电灯。至2015年，各山村全部通高压用电线路，工业、居民用电电源充足、价格稳定。

境内多高山峻岭，交通落后。1965年始有泰（顺）景（宁）公路从县城通至司前。20世纪80年代始，贯彻民办公助方针，公路建设发展加快。至2015年，境内形成以镇区为中心，内连乡、村，外通省、市、县的公路运输网络，随之而来的移动电信、宽带网络村村通。

一、交 通

（一）发展历程

司前境内多高山峻岭，交通落后。进出境货物主要靠肩挑背驮，木材、毛竹可在台边扎成排筏过水路出运百丈口。1965年始有泰（顺）景（宁）公路从县城通至司前。20世纪80年代始，贯彻民办公助方针，公路建设发展较快。至2015年底，境内省道云寿线过境公路20千米，县道公路119.94千米，康庄道路93.46千米。全镇13个村全部通公路。每平方千米有公路2.2千米。形成以镇区为中心，内联乡、村，外通省、市、县的公路运输网络。但公路路面窄、急弯多、坡度大、等级低，尚有待改建。

（二）设 施

1.古 道

唐宋时代，始有先人迁居境内各地居住，建有乡间古道。明代中叶建县后，从县城通往邻县的古道有6条，用石块铺砌，宽1米左右，俗称官马大路。司前通往各村的路多上岭，各以目的地为名。

纺车岭古道　为官马大道，清代为驿道。县城未通公路以前，是泰顺通往景宁县至丽水、杭州陆路通衢。出县城北行，经三滩、司前、台边，从赤岩亭经纺车岭、水窟、茶堂坳、上地、鸡荒岗、蚊虫磊，过黄桥乡的上燕，至景宁县东坑，全程50千米。原路面石块铺设，宽1米左右。在与景宁县交界处，有清朝建筑的关隘遗址，俗称长毛亭。1958年泰景公路挖路基时，部分路段曾遭损坏：纺车岭中段2000米和水窟至上地村尾石拱桥3.5千米，上地村陈柏树至廖坑2.5千米路面改机耕路，北段14千米路面完好，大部分路段都在海拔1000米山坡上，最高处上燕海拔1200米。这一路段原为荒草山，20世纪70年代上地村荒山造林，现为茂密森林覆盖。

筱条岭古道　司前经左溪、筱条、垟坑头，下大岗岭，经三滩、百步驯、茅垟亭至罗阳20千米。

九曲岭　石佛岭古道　从上地茶堂坳往左分路，下九曲岭，经恩坑、杨辽，左往乌岩岭，右上石佛岭，往童岭头，通往龙泉、庆元、闽北蒲城一带。全程15千米，原全路段路面小石块铺设，宽1米左右。20世纪50年代未通公路以前，乌岩岭、榅垟、景宁县景南一带的木材、毛竹从这条路背至赤岩亭改水运。是西北向通往外县的陆路要冲。

叶山岭古道　起于里光水尾亭，止于榅垟村，途经望林亭、叶山古村落、乌岩岭自然保护区、榅垟古树落等。叶山陈氏于南宋时迁入，之前有叶姓居住，始开辟此路。清康熙年间（1662—1722年）民间集资修建为块石路面，平均道宽1.2米，均用不规则原始块石砌筑而成。最高处海拔678米，最低处海拔350米。

板岱岭头古道　位于左溪村至罗阳镇底板岱头村，途经五里亭、外板岱头村。东北西南走向，全程约5千米，宽1.2米，始建于清光绪年间（1875—1908年），现仍保存完好，道侧古木参天，四周植被茂盛。该古道由司前陶化龙捐建。

大住岭古道　大住村至百丈镇东岸村。途经大住古村落、大住亭、陈子垟亭、双坑源亭、严公垟亭等。北南走向，始建于清初，由大住村张姓祖先集资建造。全程约15千米，宽1.1米，保存完好，两侧有少量古松、杂木，树体高大，苍翠葱茏。

馒头石古道　百丈口历为商埠，是司前西北向通往商埠的陆路通衢。从司前经馒头石、兆下坑、朱岭头，全程10千米，块石路面。

2.凉　亭

泰顺山高岭峻，道路难行，为方便行人休息，多建有凉亭。主要道路一般五六里设一亭，通衢路亭还施设茶水，供行人解渴。1987年，司前境内尚有25座凉亭，里光水尾亭较为著名。从县城罗阳至景宁大道，有茅垟亭、百步岭亭、三滩亭、大岗岭亭、垟坑头亭、左溪亭、司前回澜桥亭、台边夏弄垟亭、赤岩亭、纺车岭亭、水窟亭（在水窟至文林中间）、茶堂岙亭、上地村尾廊桥代亭。上地往上燕途中，在蚊虫岭（也叫鸡荒岗，因为此处有人学鸡叫）设老亭，民国时移址改建，叫新亭，两亭相距100余米。上燕至东坑交界设亭，叫长茅亭。50千米地设15凉亭。

九曲岭无亭，岭脚有恩坑亭，石佛岭有一座，就叫石佛岭亭。

从司前往百丈口，有馒头石亭、尖大垟亭（在老路分尖大垟岔口处）、兆下坑亭、朱岭头亭、半岭亭。10千米地设5亭。

园桥往小燕有库竹岭亭，经炉西往石隆有半岭亭、千秋门亭。

峰门乡有左窟岭亭、石角口亭、枫树斗亭、潭头亭、徐坑亭、何宅坑亭、松树根亭等。至2015年，大多数倒塌。

3.公 路

省道泰景路过境段 原自县城经仙居、下稔、陈岱岭头、花坪、台石、叶山寮、水碓坑、司前、台边、里光、三支岗、杨寮、金竹坑至景宁交界地童岭头，长68.72千米。1958年11月动工，1960年11月修通至花坪24千米，1965年4月修通至司前，共42千米。1968年8月续修至童岭头。随后部分路段遭水毁，1970年4月重修完成。全长68.72千米。其中，司前至童岭头27千米。路基宽6.5米，路面宽5.5米，泥结碎石路面，最大纵坡8%，最小平曲线半径18米，按国防公路标准修建。投工126万个，国家投资115万元。新云寿线通车后，泰景路改为“童东线(童岭头—福建省界东溪头)”。其中，司前畲族镇过境段约37千米。

省道云寿公路过境段 1995年9月20日，县人民政府成立“泰顺县云寿公路改建工程指挥部”，1996年，省交通厅批复立项改建云寿公路。

云寿公路改建工程，是省交通扶贫建设重点工程之一。泰顺段自龙井隧道景宁县交界起，经红石坑、黄步具、台边、司前、三滩、县城罗阳，接闽寿宁县交界友谊桥。按交通部颁行《公路工程技术标准》，山岭重丘二级公路标准设计：路基宽度8.5米，路面宽度7米，其中县城、三滩、司前过境段，路基宽12米，路面宽9米。

罗阳至司前左溪桥头段，15.95千米。工程自1997年2月正式动工，2000年8月完工。开挖土石60万立方米，填方57万立方米；涵洞102道计1800米，中小桥4座计118.84延米，开通红岩隧道2510延米。

左溪桥至景宁县交界龙井隧道段17.52千米。2001年3月12日开工，2003年11月全面完工。路基开挖土石148.21立方米，浆砌挡土墙64348立方米，隧道4座2190延米，大、中桥4座633延米。

全线竣工里程35.3千米。其中，水泥路20.93千米，沥青路14.37千米；隧道4.5座计4700延米，大、中桥5座702延米。总投资2.1亿元。全线拆迁房屋48户83间，建筑面积7590平方米。

云寿公路原编号为浙52省道云寿线，2001年，统一编号改称省道228云寿线。改建工程完成后，2009年，省交通厅对省道228云寿公路走向进行调整，泰顺段起点为龙井隧道景宁畲族自治县交界，经司前、县城罗阳至寿宁县交界友谊桥为终点，均为山岭重丘二级，全长36.17千米，镇过境段约

20 千米。

县道飞云湖库区公路复建　珊溪水库蓄水后，原百丈、莒江等地公路、桥梁被淹。1999 年 1 月 10 日开工复建，2006 年 10 月 26 日竣工。复建工程分两期建设。按山岭重丘四级公路标准设计实施。一期工程：1999 年 1 月 29 日开工，1999 年 12 月 20 日完工，全长 18 千米。总投资 969 万元。其中司百线（司前至百丈新镇）里程 11.5 千米，路基宽度 6.5 米，路面泥结碎石宽 5 米；司峰线（司百线的馒头石至严庄垟）里程 6.5 千米，路基宽度 4.5 米，路面泥结碎石宽 3.5 米。二期工程中，司前至白鹤渡 4 千米。

县道连接线　乌岩岭自然保护区公路自老泰景公路的金竹坑村，经犁头厝、坑头、乌岩岭林场总部。路基宽度 4.5 米，全长 5.7 千米，1980 年 8 月建成。金竹坑至乌岩岭总场段拓宽改建工程，全长 5.21 千米，按山岭重丘四级公路标准设计：路基宽度 6.5 米，路面宽度 6 米。2009 年 12 月 25 日动工，2011 年 8 月 15 日竣工，总投资 752.17 万元。

2015 年司前畲族镇省、县道过境公路表

表 7-5-1-1　　单位：千米

路线名称	级别	全长里程	司前畲族镇境内里程	按路面类型		绿化里程	建设年份
				水泥	沥青		
云寿线(228 省道)	省道	36.17	20	23.91	12.26	36.17	2003
童岭头—东溪头	县道	72.91	37	11.40	61.51	72.91	1970
司前—筱村		29.09	10	16.76	13.24	29.09	2006
司前—峰门		16.38	16.38	16.38		16.38	1999
台边—三插溪大坝		38.82	38.82	38.82		38.82	2000
金竹坑—芳香坪		17.74	17.74	12.42	5.32	17.74	1988
合　计		211.11	139.94	119.69	92.33	211.11	

1991—2015 年康庄道路建设一览表

表 7-5-1-2　　单位：千米

康庄道路名	里程	康庄道路名	里程
石街—苍展	2.79	库竹井—垟山后	1.59
大坝—新增	7.35	北山—陈炉坑林间路	5.25
台黄线——联盟	3.22	司前—朱家潭	5.23
司三线—墨斗柱	2.03	左溪—阳斜	6.61

续表 7-5-1-2

康庄道路名	里程	康庄道路名	里程
52 省道—左溪	0.63	大住—樟庄	2.75
大坪—国公堂	3.07	叶山寮—岩下	1.63
三支岗—叶山	3.39	大住—徐岸	1.67
司前村委会—司筱线	1.10	榅垟—龙井隧道	4.94
排头—恩坑	2.87	大厝基—卓山林间路	2.20
排头—上地	3.91	严庄垟—百丈水库	4.67
黄步具—上地路口	6.76	峰门—石柱	0.70
52 省道—上地互通	2.73	翁垟亭—石郎	2.01
黄步具—单竹垟	1.42	仰山垟尾—黄山底	2.28
大段坳—筱条村	0.97	垟头—左窟	3.20
赤沙湾—水涧坳	1.63	外垟—朱岭	2.10
梨树垢—林山	3.77	合　计	94.47

村　道　1997 年，根据省委和温州市委《关于“九五”扶贫工作和山区开发的若干规定》精神，县人民政府于 4 月 30 日颁布施行《泰顺县通村简易公路建设管理暂行办法》。新一轮通村简易公路建设开始实施。2003 年 7 月 31 日，康庄工程建设开始实施。至 2015 年，通村率已达 100%。

2015 年司前畲族镇行政村之间联网道路一览表

表 7-5-1-3　　单位：千米

村名	地址	里程	备注
左溪	叶垟至碑排恩坑	6.00	跨乡互通
溪口	溪口至竹里乡何宅垟	3.50	跨乡互通
大住	大住至竹里乡茶坪（途经章庄）	10.00	跨乡互通
叶山	叶山至五斗村	8.50	跨乡互通
上地	上地至上岱（途经寮山）	9.50	跨乡互通
里光	里光至上升（途经单竹垟）	7.00	跨乡互通
合计	—	44.50	—

2015年司前畲族镇行政村至自然村交通联网一览表

表7-5-1-4　　单位:千米

村名	起止点	里程	备注
榅垟	榅垟至垟边	1.50	
上地	上地至石门	1.10	
新北	上升至桌山	2.50	
左溪	叶垟至岩下	2.50	
司前	司前至下库	1.50	
司前	司前至高塔	1.10	
左溪	左溪至国公堂	9.50	
左溪	左溪新村至52省道	0.50	
左溪	童东线至筱条	1.80	
左溪	左溪至余坑	0.60	
溪口	司黄线至黄山头	2.50	
大住	大住至徐岸	0.80	
台边	台边至园洲	0.90	
里光	里光至上八寮	3.50	
里光	里光至石坑源	4.00	
叶山	叶山至三支岗	6.05	路面提升改造
榅垟	榅垟至52省道	8.00	途经徐半天

三插溪电站公路　自司前畲族镇回澜桥桥头,沿溪经溪口、白鹤渡、大住、罗干、坑口至黄桥水库大坝,全程19.14千米。山岭重丘四级,路基宽度6米,沙石路面。工程于1994年1月动工,2000年春完工。总投资3381.6万元。2005年,沙石路改水泥砼路面,由县康庄工程建设实施。总投资596万元,其中省补助396万元,水电公司自筹资金200万元。

4.桥　梁

跨径15米以上民间桥　至2015年,司前镇境内拥有公路桥梁11座,计1027.6延米。2002年竣工的云寿公路左溪大桥,为境内最长公路桥,共343米。

木拱桥　乌岩岭桥,位于乌岩岭自然保护区的旅游景区内,建于2009年8月。桥长26米(净跨18米),高16米,宽5米。桥屋11间,中央通道3米,按宫殿式二层三重檐设计。一层桥面为行道,通幽走曲;二层设茶室,水静茗香。廊桥飞檐翘角于两岸崇山峻岭间，与飞瀑流泉、深潭峭岩、森森古树融为一体，景致甚为幽静。木匠曾家快。

2015 年司前畲族镇境内跨境 15 米以上民间桥梁一览表

表 7-5-1-5

桥 名	类型	地点	长（米）	宽（米）	高（米）	跨径（米）/孔数	修建时间
回澜桥	石拱	司前	85.00	5.55	12.80	50.00/4	清光绪六年
左溪桥	石平	左溪	33.30	1.60	3.30	25.20/7	1960 年 10 月
袭庆桥	石平	司前	33.30	1.60	3.30	26.00/9	—
永庆桥	石拱	司前	48.00	4.44	4.30	31.10/3	1987 年
叶山桥	石拱	叶山	33.00	5.00	10.00	26.10	1984 年
永乐桥	石拱	叶山	33.00	4.50	8.80	16.10	1960 年 10 月
乌岩岭桥	石平	乌岩岭	16.30	0.60	2.50	15.20	1980 年 4 月
园洲绳桥	钢缆	台边	42.20	1.10	3.40	32.40	1965 年
梧溪桥	石拱	黄桥	46.80	5.00	14.40	28.50	1987 年

钢索桥　白鹤桥，位于司前畲族镇司前村白鹤山庄。桥长 358 米，宽 1.4 米，离水面高 48 米，为全国同类桥之最。该桥以两山之巅为桥台，两端用桥塔固定；桥身由 17 条不等的钢索和若干钢丝网、角铁、螺丝帽构成；桥面拉力 530 吨，承压力 87 吨，桥身自重 41.6 吨；桥面采用钢丝网，可以直观桥下湖面。正常气候条件下可容纳 100 人同时通行。钢索桥由上海同济大学桥梁系教授、高级工程师林长川设计，县瑞龙生态旅游有限公司董事长张仰瑞投资建造，投资 53 万元，2002 年 5 月建成。

2015 年司前畲族镇境内公路大中桥梁一览表

表 7-5-1-6

桥梁名称	路线名称	中心桩号（千米）	桥宽（米）	桥高（米）	建成年份	全长（米）	跨径总长（米）	单孔跨径（米）
驮山桥	省道云寿线	72.46	8.50	20.00	2002	66.00	60.00	20.00
竹里桥	省道云寿线	75.30	8.50	11.00	2001	66.00	60.00	20.00
司前桥	省道云寿线	78.37	11.00	8.50	2001	158.00	140.00	20.00
左溪桥	省道云寿线	80.32	8.50	28.00	2002	343.00	331.00	35.00

续表 7-5-1-6

桥梁名称	路线名称	中心桩号（千米）	桥宽（米）	桥高（米）	建成年份	全长（米）	跨径总长（米）	单孔跨径（米）
司前桥	童东线	29.23	5.20	12.80	1876	85.00	56.40	12.50
左溪桥	司前—筱村	0.62	6.00	4.00	2005	45.00	39.00	13.00
朱湾大桥	司前—峰门	1.71	4.50	45.00	2001	120.00	111.00	49.00
坑口桥	三插溪电站	12.17	4.50	16.00	1995	58.00	50.00	50.00
三八妇女桥	左溪	0.10	8.30	6.00	2005	33.00	31.40	6.28
三支岗桥	三支岗叶山	0.03	5.00	8.00	1991	24.00	22.80	22.8
叶山桥	叶山桥五斗	0.01	4.00	5.00	1992	30.00	23.00	23.00

5.隧 道

至 2015 年，司前全镇隧道共 7 座，计 5906 延米，其中最早为三插溪隧道，两座 198 延米，1995 年 1 月建成；最长红岩隧道，2510 延米，2006 年建成。

司前畲族镇境内公路隧道一览表

表 7-5-1-7　　单位：米

隧道名称	路线名称	净宽	净高	人行道宽	长度	建成时间
三插溪隧道 1	司前—黄桥水库	7.00	5		100	1995 年 1 月
三插溪隧道 2	司前—黄桥水库	7.00	5		98	1995 年 1 月
红岩隧道	省道云寿线	8.50	5	0.75	2510	2000 年 8 月
上升岭隧道	省道云寿线	8.50	5	0.75	765	2002 年 1 月
水窟隧道	省道云寿线	8.50	5	0.75	100	2002 年 1 月
排头隧道	省道云寿线	8.50	5	0.75	450	2002 年 11 月
龙井隧道	省道云寿线	8.50	5	0.75	1883	2002 年 12 月

6.碇 步

境内 10 齿以上 100 齿以下碇步：司前 1 条，里光 3 条。

7.航 道

古航道　司前畲族镇境内原航道有 2 条：台边至百丈口航道，起自台边，经司前、溪口至百丈口，长 14 千米，最宽处 85 米，最狭处 50 米，主要水源来自里光溪、左溪、三插溪。河道流浅石多，只通排筏，不能行舟；坑口至溪口航道，系飞云江源流三插溪中一段，长7千米，水流平缓，可放排筏经司前出百丈口，直达瑞安。

新航道 2000年飞云湖蓄水以后新航道有3条，属飞云江水系，均分布于飞云湖航区，准七级设计。其中珊司航道，起于文成的珊溪码头，经过包垟、百丈至泰顺司前。航道全长32.3千米，宽100米以上。

8.渡 口

渡口分布在飞云江较大支流上，设于深潭处，多用船渡。境内有白鹤渡、黄步山渡、园桥渡、石章坑渡。2002年1月至2004年8月，白鹤渡、黄步山渡50吨级客货运码头建成，并于2005年3月1日通过温州市交通工程质量监督站验收。新码头建成后，飞云湖水域的钢质渡船每艘每年由温州市移民办拨款补助1.2万元，用于支付渡工工资、渡船燃料、日常维修保养。

2007年6月，泰顺县人民政府对全县渡口重新审批，并公布全县21个渡口名称。2012—2015年，泰顺县人民政府补助资金150万元，黄步山渡、石章坑渡改桥撤渡。

2007年司前镇渡口情况一览表

表7-5-1-8

渡口名称	所在村	渡船编号	渡船性质	船体尺寸(米)	载客人数	建船时间
黄步山渡	司前	泰库渡6号	钢质机动船	7.56×2.60×0.70	20	2001年7月
白鹤渡	司前	泰库渡6号	钢质机动船	7.56×2.60×0.70	20	2001年7月
园桥渡	黄桥	泰顺渡2号	木质非机动	—	—	2003年7月
石章坑渡	黄桥	泰顺渡3号	木质非机动	—	—	2003年7月

(三)运 输

1.工 具

扁 担 泰顺常见的陆运工具。担有多种，长途货运以楮木担为常见，前端翘，或两端皆翘。解放后随着公路和车辆增多，除偏远乡村外，长途货运的专用扁担已少见。

轿 有过山轿、小轿、大轿(花轿)3种。过山轿竹制，也叫篾棚轿，供通常乘用。小轿、大轿皆木制，前者用于接送菩萨，后者专供姑娘出嫁乘用。泰顺这三种轿历来不多，现已基本绝迹。

手拉车 俗称板车或车仔，两个钢圈胶轮，车厢用竹木制成，用于短途搬运。1958年始使用。

竹 筏　是用长约8米的毛竹10—12根，削去青皮组合成张，竹筏分筏娘、筏儿，头部弯翘称筏娘，载货时常与筏儿连接在一起，以增运量，可载400—500千克，为浅水运载工具。境内航道短、浅，不通舟船，仅溪口白鹤渡或水库内使用竹筏。

自行车　首辆见于民国26年(1937年)。时无车道，供观赏而已。20世纪70年代前，自行车价格高昂，且供不应求，普通人家望而不可即。20世纪80年代后期普及。

人力三轮车　用于载客的，通常叫黄包车，1990年始兴，21世纪普及司前村。

拖拉机　分手扶和有方向盘两种，除极少数在农忙季节用于耕作外，绝大多数投入市场营运。

摩托车　多属各单位执行公务之用，也有私人购置。20世纪90年代普及。

简易三轮机动车(三轮卡)　1985年开始出现。20世纪90年代普及电瓶车。

简易四轮机动车　原用于货运，有的将车斗改成车厢，用于运客。20世纪90年代普及。

汽 车　1958年开始进入泰顺。2015年全县住户抽样调查显示，农村住户每百户拥有家用汽车15.60辆。

2.客 运

客运有轿运和车运两种。泰顺轿运历来不多，乘轿者只有极少数达官贵人(少数小脚女人或病人亦偶有乘坐)，群众出门全靠步行。乡间向无专业轿夫。1965年通车始，司前始建车站，至县城日班车，单程2小时。1971年始，有景宁日班车经过。往省城需在景宁或云和县过夜，全程2天共16小时。1991年始，有泰顺至上海班车经过。1998年始，社会车辆参与县城至司前客运，与县城来往2小时，较方便。2000年红岩隧道开通，至县城半小时车程，半小时一班车。

3.货 运

陆 路　在未有公路前，陆路货运专靠人力肩挑。挑担者都是贫苦农民，少数人专为商店挑货谋生，多数在农忙时种田，农闲时挑运。近程跋涉于县内区乡，远程则赴邻县，一趟历时少则六七天，多则十来天，备尝艰辛。1965年泰景公路通至司前，货运逐步改汽车。未通公路的乡村仍靠人力肩挑。

水 路　未通公路前，百丈口水路可通文成、瑞安。境内竹木，在台边赤岩亭可结成“竹筏”“树排”，放运出百丈口，抵文成、瑞安销售。黄桥木材出运，须选丰水期，放流三插溪至白鹤渡扎排，或直接放流百丈口扎排，风险很大。

4.交通养护

人行道　原通景宁驿道管护，无专人。民间乡绅捐资维修。沿途村庄负责路边草木修理。北段由上地、晓燕村民设“路会”，每年6月春草旺盛时辟路一次，各村一半，约5千米，景宁段由东坑负责。中段主要由水窟村负责。其他通村道路，各负其责。

公　路　分专业养护和农工养护两种。

专业养护以省道干线为主，兼管部分县乡道，由县公路段负责。自泰景公路通车始，设石佛岭、三支岗2个道班。1992年改养护管理站。2003年，云寿线通车后迁司前。

农工养护专管县乡道，原由公路段管养的县乡道，1982年起改归县交通局公路养护所负责。养护经费，除省交通厅拨给补助外，主要靠征收拖拉机养路费。专用公路由使用单位自养。2007年，农村公路管理养护体制改革全面实施。农村公路（指乡道、村道）的养护管理职责划归乡镇人民政府，县公路管理段只履行监督、检查、考核等工作职能。是年底，乡镇成立农村公路养护管理站，配备专职人员，负责本辖区内农村公路的养护管理工作。至2015年，司前站，职工8人，管理31.25千米公路养护；黄桥站，职工3人，管理13.68千米公路养护。

绿　化　自古道路沿途植树均由热心人资助。据传，纺车岭、九曲岭树荫是景宁东塘村及周边群众自发种植。因为他们背木材、从百丈挑盐都从这岭经过。

1965年公路通车始，公路两边植树由养路段负责，成效很低。1982年，浙江省县乡公路会议规定“县乡公路绿化，谁种谁有，砍伐批准权归县人民政府”。随后，县人民政府颁发了林木所有权证，干线林木证发给公路段，支线林木证发给集体或个人。从此公路行道树种植养护情况有所好转。至2015年，树木种植以道路两旁为主，间以花坛、草坪，穿山过村，一路绿色；所种树木有海桐、红叶李、香樟、银杏、桧柏、桂花、水杉、杜英、龟甲冬青、玉兰等，搭配合理，四季常青。

航　道　司前境内溪流由于洪水裹挟着沙石，常使航道淤塞，影响航行。解放前，由船工自行组织进行小规模清理，收效甚微。1960—1980年航管部门先后共7次组织力量，对百丈口至银珠坑口主航道和5条支线（包括司前支线），进行较大规模疏浚，计投11900余工，炸毁礁石3700多立方米，清除沙石19400多立方米，航道基本畅通。

二、水 电

(一)灌溉防洪工程

水利是农业的命脉。历史上司前境内民众筑堤坝防洪,保护农田,修渠道引水浇地。但没有兴建水库。中华人民共和国成立后,多由人民政府拨款兴修水利。1957年冬,各乡政府发动群众义务投劳,修建山塘水库。现在有很多还在发挥作用。

司前村1957年冬,发动群众义务投劳,先后建设了上连水塘、大坪水塘,库容分别为3000和2500立方米。20世纪60年代初,从台边村修建引水渠道1200米,200亩粮田受益。从左溪村尾筑渠道1200米长,引水到园门楼蓄水塘,带动小水轮机加工大米、粉干等。20世纪70年代,先后组织群众修筑3处防洪大堤共2000余米,共获县有关部门资助5万余元。1990年,遭受"庚午水难"的袭击,司前成为全县重灾区之一。村中多人房屋被冲毁,永庆桥、袭庆桥被冲垮,防洪堤被冲垮860米,沙石淤塞沿溪稻田200余亩。全村经济损失达120余万元。大灾面前,村党支部、村委会带领群众重建家园。筹措资金20余万元,重建西村、高塔、油田洋等处大堤1200米;修复民房、厂房等800平方米;并新建了村中的钢筋水泥平板桥。

左溪阳斜村畲族群众自力更生,于1986年修通2000多米长的饮水渠道。20世纪60年代始,左溪村兴建了余坑至左溪宫沿3米高防洪大堤1000米。1990年"庚午水难"后,又投入4万余元,修复左溪村尾大堤400余米。1993年争取到省水利厅水利经费5万元,建设赤坦至左溪洋断面50厘米×40厘米,长800余米的三面光渠道和50米长的拦河坝。村民们投劳1680工,可灌溉农田16公顷。上地村从1952年始就修建料坑至石门引水渠道,每年维修一次,保障20公顷农田灌溉;1957年群众义务投劳修建寮基口水塘,库容3000余立方米。

20世纪90年代始,人民政府和民间共同投资建设水利,修筑一批山塘、水库、防洪堤坝、饮水渠道,有的兼发电和人畜饮水。

21世纪始,以综合治理为主要目标。2012年始至2015年,完成司前左溪小流域水土流失综合治理。 加快防洪保安工程建设,开工建设洪口溪司前段河道综合治理;三插溪司前、竹里段项目完成初设等前期工作进入招投标程序。水库山塘除险加固完成投资430万元,开工建设黄桥小型水库除险加固工程。续建完成司前左溪小流域水土流失综合治理。建立河道保洁、堤防养护、绿化维护、水域保护、河道疏浚"五位一体"河道长效管理机制,公布域内乡级河道的督察长、河长名单，县、乡镇两级对河道管理责任主体进行常态化督查考评。推进位于境内峰门村境内的泰顺抽水蓄能电站项目有关论证和审批程序。

2013 年完成里光溪、大住溪和左溪等小流域治理，有效控制水土流失，促进水源涵养。2014 年新建亲水步道 5 千米。规划三插溪留田洋段生态河道综合治理、白鹤渡生态调节坝。启动城镇饮用水水源提升工程规划选址，完成 17 个自然村饮用水改造提升工程，解决偏远群众的饮水安全问题。2015 年完成镇内 3 条溪流河道 17 千米综合治理，加固堤防设施。

1.蓄水工程

民国前，镇境内无水库。中华人民共和国成立后，中共泰顺县委、县人民政府针对山区稻田易旱特点，广泛发动群众兴修水利。一批中、小型水库和塘库，除少数纯灌溉外，多为发电、灌溉兼用。

三插溪水库 位于石章坑村三插溪河道，属三插溪电站水库。1993 年 12 月动工，1998 年 5 月下闸蓄水。水库集雨面积 267.5 平方千米，设计防洪标准为 50 年一遇，校核防洪标准为 1000 年一遇。大坝为砼面板堆石坝，坝顶高 88.8 米、宽 6 米、长 186 米。溢洪道设四扇 10 米×9.5 米弧形闸门。2006 年 10 月安全鉴定为一类坝。

白鹤渡水库 位于徐坑村。1965 年 1 月动工兴建，1969 年 4 月完成第一期工程。大坝为均质土坝，高 17.5 米，1979 年 12 月加高至 18 米，次年 1 2 月进行除险加固，将坝身增至 18. 54 米。顶宽 4 米，长 127 米。防洪标准按 30 年一遇设计，300 年一遇校核，溢洪道采取实用溢流堰。上游集雨面积 4.4 平方千米，受益农田 52 亩，并调节白鹤渡电站发电水源。水库养殖水面面积 78 亩，工程总投工 8.2 万个，完成土方 6.5 万立方米，石方 0.26 万立方米，投资 6. 63 万元，其中自筹 0.5 万元。

2015 年司前畲族镇小(1)型水库一览表

表 7-5-1-9

水库名称	所在村	建成时间	集雨面积（平方千米）	受益	
				灌溉（公顷）	发电
白鹤渡	溪口	1969 年 4 月	4.4	3.47	√
三插溪二级	黄桥	2001 年 3 月	300.1	—	√

2015 年司前畲族镇小(2)型水库一览表

表 7-5-1-10

水库名称	所在村	建成年份	坝型	坝高（米）	总库容量（万立方米）	正常容量（万立方米）
严公垟	峰门	1978	均质土坝	18.0	20.0	16.5
鸿　源	叶山	1999	连 拱 坝	19.0	15.0	8.5
黄　桥	黄桥	1999	连 拱 坝	20.0	30.0	26.0
峰　门	峰门	2001	双曲拱坝	26.8	44.0	38.0
岩　峰	峰门	2003	双曲拱坝	22.5	34.2	29.0
榅　垟	榅垟	2004	双曲拱坝	21.4	14.5	8.1
杨　寮	榅垟	2004	双曲拱坝	37.2	94.5	66.8

2015 年司前畲族镇年蓄水量 1 万—5 万立方米山塘一览表

表 7-5-1-11

水库名称	所在村	建成年份	集雨面积（平方千米）	蓄水量（万立方米）	受益	
					灌溉（公顷）	发电
龙头寺	溪口	1959	1.5	1.5	6.00	—
桥　楼	上地	1995	3.4	1.5	—	√

2015 年司前畲族镇年蓄水量 5 万立方米以上山塘一览表

表 7-5-1-12

水库名称	所在村	建成年份	集雨面积（平方千米）	蓄水量（万立方米）	受益	
					灌溉（公顷）	发电
龙头寺	溪口	1959	1.5	1.5	6.00	—
桥　楼	上地	1995	3.4	1.5	—	√

2.防洪堤

昔有溪口堰、里庄堰、潭边堰、池村堰、左溪堰，围溪灌田。

司前防洪堤　位于里光溪下游司前村北侧，清光绪七年(1881 年)由村人陶鸿年和王氏家族合资兴建。全堤采用毛块石干砌，长970米，底宽5米，顶宽2米，高4.5米，20世纪50年代又加建龙头寺至溪口段。全长1500米，保护司前至溪口23.33公顷农田和解放后新建的司前造纸厂。

园洲堰 在台边村园洲里光溪中，堰坝长45米，高1.2米，灌溉面积20公顷。

高塔埠头堰 在司前村高塔垟头里光溪，堰坝长70米，高2米，灌溉面积4公顷。

司前堰 在司前村左溪水尾，堰长50米，高2.5米，灌溉面积3.33公顷。

溪口堰 在溪口司前溪中，堰长50米，高3米，灌溉面积5.33公顷。

左溪堰 在左溪村左溪中，堰长50米，高1.5米，灌溉面积1.33公顷。

2003年，新北防洪堤建成。位于新北村里光溪西岸，总长394米，平均高度8米，总投资达120万元。2007年投资35万元建成全长385米的大柱防洪堤。2008年，投入46.5万元完成司前村沿溪防洪堤改造及护栏杆建设；投入90万元完成台边园洲防洪堤建设和赤岩亭、子发潭2条拦水堰坝建设。

2009年上半年完成司前镇滨江、黄桥乡整乡搬迁工程司前留田垟防洪堤工程建设。同期投入357万元，先后建成新北景观防洪堤二期工程、平桥至顺安桥段防洪堤、左溪村水尾防洪堤。2010年建成顺安至平桥头长405米防洪堤，启动左溪右岸（平桥头至回澜桥）防洪堤、平桥头到翻水站防洪堤，完成了里光溪防洪堤工程的年度任务。2012—2015年，投入1100万元，建设里光溪生态河道建设工程。

1991—2010年司前畲族镇新建四级砌石防洪堤一览表

表7-5-1-13

堤防名称	所在村	所在河流	建成年份	堤防长度（米）	堤防高度（米）	
					最大值	最小值
司前西村	司前	里光溪	2009	1000	5.8	3.9
平桥头—翻水站	司前	里光溪	2010	445	6.8	4.2
司前溪口	溪口	里光溪	2010	200	7.0	6.0

1991—2010年司前畲族镇新建五级砌石防洪堤一览表

表 7-5-1-14

堤防名称	所在村	所在河流	建成年份	堤防长度(米)	堤防高度(米)	
					最大值	最小值
台边	台边	里光溪	2008	1000	3.2	2.4
大住	台边	里光溪	2009	520	7.4	5.2
园州	台边	里光溪	2010	902	5.8	4.1

3.引水渠　喷微灌示范工程

左溪2001年完成大段1千米引水渠道，投资3.1万元，受益耕地面积15.33公顷。1999—2010年，在地表漫灌基础上，推广喷灌、微灌、滴灌农田节水灌溉新技术。

4.翻水站

1990年有司前村村头翻水站总扬程40米，装机动力13千瓦，灌溉面积5.33公顷；台边村翻水站总扬程20.3米，装机动力7.5千瓦，灌溉面积6.67公顷。

2010年司前畲族镇喷微灌示范工程情况一览表

表 7-5-1-15

所在村	所灌溉作物	总面积(公顷)	滴灌面积(公顷)	省财政补助(万元)
左溪	葡萄	6.67	6.67	7.2
里光	葡萄	4.67	4.67	4.8

(二)饮用水工程

左溪村民为自来水工程建设花费了心血和财力。从1986年开始，村里就积极进行水改工作，引来清洁的山泉水供人畜饮用。如垟畲村，投资5.8万元，苦战几个月，建成2040米长的“垟畲水渠”引来国公山脚对坑垟之水，解决全村饮用水困难，同时还浇灌全村120亩山坡地。至1995年底，全行政村有13个自然村进行水改，加上传统的毛竹筒等引水方式，全村已有1080人，占总人口的90%，饮用清洁的山泉水。

左溪村水改情况一览表

表 7-5-1-16

村名	建造时间	受益人口	造价	工程负责人	备　注
大段	1990 年	110 人	1 万元	雷圣真　蓝乾斌	—
垟畲	1992 年	150 人	6 万元	钟仲臣　钟思隆	—
赤坦	1993 年 8 月	98 人	2 万元	雷顺贤　雷顺华	—
左溪	1991 年	202 人	4 万元	雷训贤　村委会	—
民族新村	1996 年	200 人	8 万元	村委会	沿途村民都饮用
合计	—	760 人	21 万元	—	—

2003 年罕见的持续干旱天气，泰顺县城关及人口较为集聚的司前等乡镇居民饮用水频频告急，引起了县委、县政府高度重视，并将乡镇居民饮用水问题摆上了议事日程。农水局启动了 8 个乡镇的农民饮用水工程建设，司前等 3 个乡镇被列入 2003 年省计划，并率先在司前等 3 个乡镇启动“千万农民饮用水工程”建设。2005—2006 年对司前畲族镇自来水厂进行改制，并汇集社会资金 413 万多元，开工建设自来水厂。2008—2009 年投入资金 121 万元完成里光、台边饮水工程，解决了 2 个村 2200 人的饮水难问题。2010 年完成左溪、榅垟、叶山等 5 个农民饮用水工程项目，受益人口达到 2924 人。

2015 年，投入 3500 万元建设双坑口水库，改造镇区饮用水水源提升工程。

2015 年司前畲族镇农村饮用水工程一览表

表 7-5-1-17

饮用水工程项目名称	年　度	受益范围	受益人口（人）	新增供水（吨/日）	工程投资（万元）	备　注
里光	2009	里光村	1078	52	118.90	
台边	2009	台边村	1052			
和庄	2009	和庄村	72	2	4.30	
大住	2009	大住村	561	11	18.00	
左溪	2009	阳斜村	200	4	10.00	
左溪	2010	左溪村	1164	23	87.00	中央项目
上地	2010	上地村	900	18	45.00	市项目
叶山	2011	叶山村	648	13	40.00	中央项目

续表 7-5-1-17

饮用水工程项目名称	年 度	受益范围	受益人口（人）	新增供水（吨/日）	工程投资（万元）	备 注
榅垟	2011	榅垟村	1198	24	74.00	中央项目
左溪	2011	大 段	80	2	18.00	市项目
左溪	2011	梨树丘	130	3	14.00	市项目
黄桥	2011	黄桥村	1260	25	35.00	中央项目
左溪	2012	梨树丘	200	4	17.00	市项目
司前镇	2013	桥头岗等	2230	23	87.49	中央项目
溪口	2013	溪 口	216	43	23.98	中央项目
峰门	2013	花 田	174	3	17.78	中央项目
司前镇	2013	左窟等村	1139	23	119.32	中央项目
镇双坑口水源提升工程	2015	镇建成区	18000	—	3500.00	—

(三)供用电

1. 输变电设施

司前变电所位于司前牛栏塆，1989 年 2 月 19 日兴建，同年 11 月竣工，投资 123.1 万元(含 35 千伏线路)。主变压器容量 2000 千伏安，10 千伏馈线 5 回，35 千伏进出线 1 回。该所通过 35 千伏线路与罗阳变电所连接，担负百丈、司前 2 个区 12 个乡及司前造纸厂的供电任务，供电范围为水电站 3 座、机组 4 台、装机容量 1040 千瓦。

2001 年 6 月，建成百丈严公垟水电站，装机容量 630 千瓦，年均发电量 182 万千瓦时，并网于司前变电所。2004 年，投入资金 626 万元，完成 35 千伏司前变电所输变电工程扩建和改造工作。电网设备运行可靠性进一步提高，为安全生产奠定了基础。

2015 年司前畲族镇境内 110 千伏线路一览表

表 7-5-1-18

线路名称	起点—终点	投运年月	导线型号	长度(千米)
泰三 1962 线	泰顺变—三插溪电站	1998 年 9 月	LGJ-240	24.50

2015 年司前畲族镇境内 35 千伏安变电站一览表

表 7-5-1-19

变电站名称	坐落地	数量（台）	编号	容量（千伏安）	投运年月
35 千伏变电站	司前村	2	1	8000	1998 年 4 月
			2	8000	2004 年 3 月

2015 年司前畲族镇境内 35 千伏线路一览表

表 7-5-1-20　　单位：千米

线路名称	起点—终点	导线型号	长度
泰司 3596 线	泰顺变—司前变	LGJ-70	14.49
司寮 3996 线	司前变—榅寮电站	LGJ-95、150	14.50
司寮 3996 线高际支线	高际 T 接—高际电站	LGJ-95	2.16
司寮 3996 线杨三支线	杨三 T 接点—杨寮三级电站	LGJ-95	0.67
司寮 3996 线黄鸿支线	杨三 T 接点—黄石、鸿源三级电站	LGJ-95	2.04

2. 用　电

司前镇境内从 1969 年白鹤渡电站投产后，部分村庄才开始通电。1974 年杨寮电站投产，在镇域内联网供电，但供电量不足。1988 年全县并入华东网运行。1989 年 11 月司前供电所建成供电，供电量得到保障。随之各村逐步完成布网供电。但以村合并计算用电量，线耗大，用户分摊线耗，电价虚高。2002 年 6 月始，农村居民一户一表，城乡同网同价，减轻农村居民负担。

司前供电所 2011 年供电量 1305.62 万千瓦时；2012 年供电量 1487.29 万千瓦时，比上年增长 13.91%；2013 年供电量 1632.63 万千瓦时；2015 年供电量 1955.63 万千瓦时。供电可靠率 99.98%，电压合格率 99.51%，线损率（累计）9.59%。

2015 年泰顺县电网销售电价一览表

表 7-5-1-21　　单位：元/千瓦时

用电分类	电压等级		电价	分时电价		
				尖峰	高峰	低谷
居民生活用电	不满 1 千伏“一户一表”居民用户	月用电 50 千瓦时及以下部分	0.538	—	0.568	0.288
		月用电 51—200 千瓦时部分	0.568	—	0.598	0.318
		月用电 201 千瓦时及以上部分	0.638	—	0.668	0.388

续表 7-5-1-21

用电分类	电压等级		电价	分时电价		
				尖峰	高峰	低谷
居民生活用电	不满 1 千伏合表用户		0.558	—	—	—
	1—10 千伏及以上合表用户		0.538	—	—	—
	农村 1—10 千伏		0.508	—	—	—
一般工商业用电	不满 1 千伏		0.904	1.418	1.113	0.590
	1—10 千伏		0.866	1.368	1.070	0.558
	20 千伏		0.846	1.342	1.047	0.541
	35 千伏及以上		0.836	1.329	1.036	0.533
	其中：中小化肥用电	不满 1 千伏	0.382	—	—	—
		1—10 千伏	0.344	—	—	—
		20 千伏	0.324	—	—	—
		35 千伏及以上	0.314	—	—	—
非工业用电	不满 1 千伏		0.919	—	—	—
	1—10 千伏		0.881	—	—	—
	20 千伏		0.861	—	—	—
	35 千伏及以上		0.851	—	—	—
农业生产用电	不满 1 千伏		0.686	—	—	—
	1—10 千伏		0.648	—	—	—
	20 千伏		0.628	—	—	—
	35 千伏及以上		0.618	—	—	—
	其中：农业排灌、脱粒用电	不满 1 千伏	—	—	—	—
		1—10 千伏	—	—	—	—
		20 千伏	0.377	—	—	—
		35 千伏及以上	0.367	—	—	—
	其中：贫困县农业排灌用电	不满 1 千伏	0.168	—	—	—
		1—10 千伏	0.130	—	—	—

三、邮 电

(一)邮 政

清宣统二年(1910 年)设有司前邮政代办所，民国 21 年(1932 年)升为三等邮局。民国 27 年增设电话支局。但设施简陋，业务少。中华人民共和国成立后，邮电事业发展迅速，县设邮电局，区设支局，乡通电话，村通邮路，县城使用全国长途电话自动交换网。1993 年 11 月，浙西南长途光缆温州至泰顺段开通，次年，司前等 5 个乡镇也先后架通光缆。1998 年始架设移动电话基站，2007 年始移动信号村村通。2008 年开通农村信息网。2015 年移动信号、宽带网络村村通。

1.铺 舍

清乾隆二十一年（1756 年）总铺设县前鼓楼西，司兵 4 名，驿道分东北、东南、西北三路。北路自县前总铺过司前北行 100 里至景宁界。中路无铺舍。光绪四年（1878 年）改用雨阳差役传递公文。宣统二年（1910 年）九月驿站裁撤。

2.邮 局

民国 27 年（1938 年），司前开设丁类邮柜，1953 年 12 月设代办所，1957 年 5 月改为邮电所，1960 年 5 月升设邮电支局。次年 10 月因业务量下降改为邮电营业处，1963 年 12 月改为邮电所，1988 年 8 月升为邮电支局。1990 年，下辖黄桥、里光、碑排、竹垟 4 个乡办邮电所、12 个代售处，服务人口 2 万多人。

3.邮 路

县际邮路　民国 30 年（1941 年）3 月始，有泰顺至景宁邮路经过司前，均为隔日步班邮路，每班邮差 1 人，限挑 40 斤。20 世纪 50 年代初期，县际步班邮路经过司前至景宁，邮班驻上地，邮差 3 人，步行至景宁交界的鸡荒岗交接邮件，日班单程 40 千米。1956 年 1 月撤销该邮路。1958 年 7 月 1 日分泰公路全线通车，进出口邮件委托泰顺汽车站运输。

县内邮路　1953 年底，县内自办邮路有台边至上榅、小燕至黄桥邮路。1957 年 11 月 30 日，开辟县城至司前邮路，双方每天在垟坑头交换邮件。1958 年 7 月分泰公路全线通车后，多数公社（管理区）设“到社投递员”，邮件直接投递到公社、大队、小队。1961 年“到社投递员”大部分被撤销，自办乡邮员只投递到公社（管理区）为止。1976 年又开办县城至百丈镇、司前两条委办汽车邮路。1978 年后，县内邮路有较大发展，至 1990 年底，县内邮路和投递路线共有 93 条，村通邮率在 98.8%以上。

农村邮路　1990 年泰顺—司前，汽车，委办，单程 40 千米，逐日班；司前—镇车站，步行，自办，0.4 千米，逐日班。1991 年，县内邮路和投递路线共有 93 条，单程 2171.3 千米。其中，汽车邮路有泰顺（县城）分别至百丈、司前等 5 条，单程 236 千米。均是委托当地货车代办运递。1997 年 1 月，投入两辆邮车，开通自办汽车邮路,结束邮件委托代办历史。邮路从泰顺(县城)经司前、百丈、筱村至泗溪,再由泗溪经筱村返回县城。每天一个邮运班次,单程191千米。2010年,汽车邮路调整为泰顺(县城)启程,经泗溪、三魁、仕阳到雅阳,再从雅阳经彭溪、筱村、百丈、司前回泰顺县城,逐日班,单程241千米。摩托车邮路单程880千米,自行车邮路单程113千米,步行邮路单程81千米。

2015年司前畲族镇境内邮路一览表

表7-5-1-22　　单位:千米

邮路起止点	运营方式	单程	班期	邮路起止点	运营方式	单程	班期
百丈—司前	汽车	15	逐日班	司前—黄桥	摩托车	62	周三
司前—泰顺	汽车	24		百丈—峰门	步　行	42	—
司前—乌岩岭	摩托车	61	周三班	—	—	—	—

4.邮政编码

1986年6月,省邮电管理局核定泰顺县邮政编码为325500,2010年,仍沿用。2015年,全县投递区编码:司前325501。

(二)电　信

1.电话电报

长途电话　民国22年(1933年)12月泰顺开办长途电话业务。次年1月架通至景宁长途线路,全长90千米。1938年5月,电话线路因战乱遭破坏。1951年架通泰顺至瑞安线路。1993年11月21日,开通浙西南温州至泰顺段长途光缆,长途通信实现数字化。2001年5月18日开始,城乡电话号码均升至8位。

农村电话　民国23年(1934年)始有农村电话,架通泰顺至司前双铁线及司前至百丈双铁线。民国28年,通话的乡镇有司前、里光。解放战争期间,上述线路被破坏。1951年重新开始建设,1952年又架通县城至司前线路。至1958年,全县所有乡镇和125个村通电话。1963—1974年对农话线路进行大修,改单线为双线。1977年,县城至百丈、司前原单路载波改为三路载波。1987年,县城至司前三路载波改为十二路载波。

1990年电话中继线表:泰顺—司前,附架长途线杆,30对千米;百丈—司前,8千米,水泥杆,8对千米;百丈—司前(二),8对千米;司前—黄桥,17千米,水泥杆,21对千米;司前—黄桥,附架长途线杆10对千米;司前—里光,6千米水泥杆,6对千米;司前—碑排,9千米水泥杆,9对千米;司前—竹里,5对千米。

1993年12月，县城至司前改为光缆传输。1996年初，各镇均开通程控电话，同年6月18日，实现程控电话“乡乡通”，全县形成交换程控化，传输数字化，城乡一体化的农村通信格局。1998年全县实现程控电话“村村通”。2015年，全镇1880户拥有固定电话。

电 报 1957年开始，在农村开办电报业务。至2000年，电报业务结束。

2.无线通信

无线寻呼 1992年10月，开通人工寻呼台，覆盖司前等乡镇。1995年，开通县城“997”自动寻呼台，相继增加司前等5个发射基站。2001年，寻呼机完全退出通信市场。

无线电话 2001年7月，开通无线接入电话(俗称小灵通)，覆盖司前等乡镇。至2007年，先后对小灵通基站进行扩容优化、补点增建，共有基站512个，覆盖全县36个乡镇的85%行政村，2010年，CDMA增加到148个(其中3G宏基站52个)，覆盖全县各个行政村，C网用户2.23万户。

移动电话 1993年12月，在县城建成第一座移动通信基站。2007年，在全市率先实现移动信号“村村通”。2010年，共有移动通信基站324个，WLAN热点40个，综合接入点125个，主要公路干线以及红岩景区、乌岩岭等主要景区移动信号覆盖率99%以上，每百户拥有移动电话(手机)258部。

1998—2015年部分年份境内新建移动基站一览表

表7-5-1-23　单位：个

年份	全县新建基站数	基站名称	年份	全县新建基站数	基站名称
1998	3	司前	2007	80	司前叶山
2003	11	上地	2008	33	红岩景区
2005	18	司前上地	2015	18	乌岩岭二、司前二

3.数据通信

宽带开通 2001年10月20日，在县城率先受理宽带ADSL业务。2002年，司前支局开通宽带VDSL业务。2006年8月，全县295个行政村实现“宽带村村通”。2010年，开通光纤宽带到户业务。

网络建设 2002年6月，开通温州市行政中心政务内网专线，实现市县两级公文信息内网安全交换；2003年5月，开通各乡镇农村三级财务系统政务专网，即农经专线、计生专线、财政专线，实现部分部门与乡镇的专线贯通；

2006年2月，明确要求党政机关局域网接入统一行政数据专线，实行集中管理、费用共担；2008年11月，县政务信息中心按照浙江省电子政务安全规范和技术要求，开通100M统一互联网出口，配置防火墙、网络版杀毒软件、VPN拨号服务器、审计日志等设备，制定完备的安全策略和完善的安全措施，加强安全技术和手段的应用，同时将泰顺党政网从互联网迁至政务专网，非政务专网用户不能直接访问，进一步提高对网络攻击、病毒入侵、系统故障等风险的安全防范和应急处置能力。至此，上联省、市，下联各乡镇，横向与县各部门单位互联互通的全县统一政务专网全面建成。

办公信息化　2003年7月，开始实施党政办公自动化项目。2004年8月，泰顺党政网及电子邮箱系统上线运行，提供公文管理、会议管理、简报管理、资料管理、督察督办管理、工资管理、电子邮件收发等实用功能，构筑了全县集成协同办公的主框架，实现了县、乡镇、部门之间的公文交换电子化，大大节约了办公成本、提高办公效率。

农民电子信箱　2005年11月，县人民政府办公室印发《关于全面实施百万农民信箱工程的意见》，成立县农民信箱工程领导小组，负责农产品网上推销、采购、联系等工作。2008年3月，成立县农业信息中心，开通农业信息网，设立网上农博会。2015年司前畲族镇引进注册资金2000万元的浙江万村电子商务有限公司，设立农村电商服务站和服务点，配备物流、仓储等功能，万村网络商城"上架"商品涉及竹木制品、农特产品等20多类，2015年实现销售额3000多万元。

四、镇村建设

昔日司前境内建筑以宗祠、庙宇、民宅、桥亭为主。民宅规模结构，随时代及经济条件而异，明代皆为木结构瓦檐平房、木磉子。清代多木结构楼房(二层)、石磉子，间有砖木结构。民国沿清俗。历代都有极贫户住泥墙茅屋草寮。乡间道路一般以石砌为多，村庄道路则多属溪径泥路。桥以石质为多，亭以石块、泥墙构砌为众，木构架为少。

中华人民共和国成立后，至20世纪80年代，房屋造型结构仍较简陋。80年代以后，随着人民生活的改善，新房与日俱增。20世纪90年代始4—6层建筑已非鲜见，多以砖混结构，装饰也日趋讲究。供水、供电、道路等基础设施实行配套建设，旧貌得到改观。21世纪始，镇区街道、小区环境绿化美观，房屋内外装修考究、气派，给排水、环卫设施俱全。

(一)古民居

1.司前古村落

司前古村落坐落在司前村西村。清代始,司前陶姓遂成旺族。至民国时期,司前民居建筑已颇具规模,在县内有"司前厝,筱村曲"美誉。

民国29年(1940年),全村包括朱文山、金钟山、高塔等自然村人口在内,仅500余人。具有代表性的古民居大多集中在西村一带。当年较有名的民居有柏树底、园门楼、陶氏第三房、陶松平古宅(抗日战争时期为英士大学南迁校址)等。以上古民居现仅园门楼基本保存原貌,陶松平古宅已于2015年修建为英士大学纪念馆,恢复原形;柏树底古民居已在20世纪末拆除重新规划重建,最大的古民居群落,属陶氏第三房,20世纪80年代拆除建造司前小学。其他零星民居在20世纪初城镇化建设中逐步拆建成现代楼房。

园门楼古宅(包才德　2015年摄)

2.园洲古村落

园洲古村落坐落在司前畲族镇台边村,距镇区约1.5千米。园洲后有靠山,前有案山,左右为护砂,中间部分堂局分明,地势宽敞,且有"玉带水"、曲流环抱,形成前方略显开敞而又相对封闭的环境。作为一个村落,园洲曾经繁荣一时。现存古民居4座、宗祠1座。古建筑总体品位较高。现存四座古民居分别叫垟头厝、老厝、第三份、外厝。四座民居均为合院式,二重门楼,围墙高筑,或木,或石,或砖结构。从总体布局、风格、结构到部件,包括栋、檐、廊、柱、壁、窗棂等,工艺精湛,具有相当的观赏和研究价值。园洲古村落为县级文物保护单位。

清初,先后有黄姓和吴氏入居园洲。园洲黄氏先祖黄博十,原籍江西南昌府丰城县斗溪,于清康熙年间(1662—1722年)定居园洲。其"夙娴文艺,为明末绅士,而尤精堪舆之业","挟青囊以遨游,为避乱之计"入浙进瓯长留泰顺。据传说,早年里光溪流经园洲山脚,形成"半月沉江"地形。当时江西一带"风水学”兴盛，黄博十“精通堪舆之业”(风水学)，故游历至此，选中这块风水宝地，决定长留定居。之后发达致富，故造坟建屋，大兴土木。

吴姓先祖吴君岳于清康熙十九年(1680年)从罗阳垟心街迁入。据吴氏宗谱记载：“吴氏宗祠初建祠于园洲垟尾，规模粗立，百余年来栋桷朽腐，相地者以为不吉。乙丑春聚族人而谋焉……量家计之厚薄捐钱之多寡……又将垟尾祠基易钱若干，改建宗祠于本村黄氏垟头厝的右边，四围筑墙。规模不大，仅二进。一进为门楼，牌楼式，悬山顶。阔三间，深二间。二进寝堂，梁架上悬挂一匾额，中书‘洛中遗老’四字，系泰顺县儒学署正堂事吴若庚为生员吴正口、耆宾吴君岳立，年代为康熙四十年(1701年)。”寝堂木构梁架为抬梁与穿斗混合结构，屋架九檩。吴氏宗祠构作非常简单。

3.叶山古村落

叶山古村距司前镇20多千米，形成于南宋。几十座清一色的古民居散列在三面环山的山坳里，蛮石铺成的麻石古道依山而建，将各家各户连在一起，形成一个错落有致的山间村落。清代学者端木国瑚(1773—1837年)游叶山时，曾留下一诗：“枯林卷叶北风鸣，客到柴门雪欲成；荒犬吠人深不见，残鸦归树疚无声。村多薷酒甘还饱，屋燕松灯暖倍明；淅沥茅檐吹又断，明朝村路野梅晴。”其中，有一座三层十一榴木结构的古民居，位于叶山村2千米外，始祖建于南宋乾道三年(1167年)并隐居于此，至今已有800多年。陈氏宗祠位于垟心自然村，建于清康熙十七年(1678年)，占地1333.33平方米。坐西朝东，三堂直出，宗祠大堂之上悬挂着当时浙江提刑按察司使分司巡温处道台佟耀年赠送的一块匾额，上书“百世高风”四个大字。

4.坑底古民居

坑底古民居位于里光村。现存三座古民居，为陈氏所建。民居屋檐高低错落，丰富多彩。建筑群与自然山水和谐融合，院落漏墙精美。

5.畲族古村落

左溪畲族村形成于清代。2000年始，坚持“民族特色建村，旅游兴村”目标，突出畲族风情建设主题，形成“一带五区多点”的建设布局。先后投入资金6000万元，完成130间农房外立面改造，建成左溪北岸畲族风情街、畲乡田园民宿群、1500平方米的畲族民俗展示馆和1600平方米的畲族文化广场；开发0.35平方千米的葡萄种植园区；完成村内2000米的河道整治；建设村庄门楼、畲族文化长廊和服务驿站；村内设山里人家、畲寨农庄、田园人家等5家特色农家乐餐馆，形成观光、休闲畲族风情村。

畲乡小院坐落在司前畲族镇左溪村，总投资 3300 万元，建筑面积 1.5 万平方米。为了恢复“依山傍水”的乡村建筑格局，并兼具农村住宅的乡村性、实用性和可持续性，2015 年村里对该区块进行统一规划、统一拆除、统一建设。

(二)现代集镇建设

1.初期开发　20 世纪 80 年代中期，改革开放的新形势带来了村镇建设的大发展。1984 年复设司前区公所。之后，县人民政府有关部门派出机构，如财税所、土管所、规划所等办事机构逐步设立，司前村开始起步发展。1987 年开始规划，首先开发村北的垟头淹。泰景路边垟头淹，总面积 18.66 公顷，原是一片沙滩茅草地。年初由司前村委会筹资 10 余万元，构筑高 4 米、宽 3.5 米、长 800 米的防洪大堤。1987 年始，吸引本村及邻村村民建房办厂。1988 年以来，全县扶贫项目——泰顺压塑板厂开办，占地 15 亩，总投资 80 万元，生产竹材板，年产值达 400 余万元。司前竹制品厂等也相继占地建设。尔后，铺设街道，在村中央大道设“捌柒路”，以资纪念。1991 年始重新规划，至 21 世纪初，“垟头淹”已建成新北新村。在东村拓宽了民族路，路两旁拆旧房改建新房。新开辟回澜桥头至农机站，全长 600 米，建成“东村中路”。在西村桥头兴建农贸市场，并划地开发西北桥头居民住宅 48 榴。之后又在西村村头划地 40 亩，安排地基 185 榴，供三插溪库区移民建房。并开通至西北桥头宽 13 米，长 1000 米的“振兴路”。沿溪边到村头用块石砌坎，修筑 8 米宽、长 800 米的“沿溪路”。这样东起与左溪交界的西村村头（石门），西至垟头淹开发区，长达 1.5 千米的狭长地带，住房建设逐成规模。这时期开发建设的民宅，为榴式 4 至 5 层，砖混结构，现代装修，内卫系统健全。

2000 年开始转入“一镇带三乡”下山脱贫工程建设。

1991—2015 年集镇插花移民建房一览表

表 7-5-1-24　　单位：平方米

建房位置	建筑面积	道路面积	绿化面积	1991 年前建房
司前东村	57000	10374	2730	35 间
司前西村	53000	9646	150	49 间
新 北 村	120528	27248	3722	30 间
合　计	230528	47268	6602	114 间

2015年司前畲族镇街道榴式房间数一览表

表 7-5-1-25

街道名称	榴式房排数(排)	最高层数(层)	街道名称	榴式房排数(排)	最高层次(层)
回澜路小区	270	5	民族南路	168	5
其中,套房	185 套	6	振兴路	233	5
司百路	80	5	沿溪东路	129	5
回澜路东路	141	5	安居路	49	5
回澜路南路	168	5	滨江西路	35	5
回澜路北路	270	5	金鹤路	59	5
中东路	90	5	电网路	35	5
民族路	64	5	八七路	167	5
民中路	18	5	广场路	24	5
常青路	10	5	人民路	20	5
滨江路	86	5	溪口路	106	5
小计	1382		小计	1205	

2.配套工程

199l—2010年,司前畲族镇完成l8条通村康庄大道建设,总长50. 06千米,实现村村通水泥路面公路。全镇境内居民新建房屋40多万平方米,同期完成污水处理设施建设。清理三插溪、里光溪、左溪三支过境溪床43. 97千米;建设新北、园洲、溪口、大住、台边等防洪堤10处,总长7325米。建设农村饮用水工程9处,总投资584. 92万元,供水规模2300吨/日,受益人口16230人。建设塘坝15处,总容积24.2万立方米,灌溉水田0. 49平方千米;修建"三面光"水渠28条,总长16.8千米,受益农田1.31平方千米。镇区修建沿溪护栏杆4.16千米。

2010年来,先后完成左溪民族特色村寨、畲族风情园、英士大学纪念馆、滨江慢生活街区、溪口乡愁记忆街区等五大示范街区建设。完成风情街、景观溪、农特产品交易中心等"八个一"标志性配置建设项目。以"土墙青瓦蓝腰带"为改造思路,完成左溪民族风情街131间立面改造,启动滨江两岸房屋外立面改造,打造彰显畲乡特色的"凤凰厝"。实施生态河道治理,建设亲水步道、滨水文化公园。2011年始,集中拆违20多次,共3万多平方米。坚持"拆改用"并举,对镇区违法建筑拆除后进行及时清理,规划新建山哈健身广场、新北畲族广场等休闲广场3处，新增狮山森林公园、狮子岗遗址公园；新增下库、回澜、留田洋等绿化美化点8个，绿化面积1.5万平方米。

2013年始，深化英士大学文化、徐奭状元故里等历史文脉研究，启动狮子岗新石器遗址、园洲、里光古村落修缮及回澜古桥等历史遗迹的保护和开发，连片打造里光、大住、台边等历史文化村“五朵金花”，建成美丽小城镇。

2014年，完成镇区街道建设和街边绿化；硬化农村联网公路路基；完成农村危旧房改造129户，其中改造42户、修缮87户；扩大基层卫生服务网络；加强农村基层文体设施建设，建成镇体育健身广场、远教广场和5个村级农家书屋；建成农村文化礼堂5个；完成市级新农村电气化镇、电气化村创建验收。加强司前便民服务中心建设，在原来“1+3”便民服务中心运行模式基础上，开展四级联网审批工作运行，落实好19个部门下放镇、社区300余项事项的承接工作，进驻中心部门办事窗口增加到13个。

2015年，实施“五大工程”项目，完成里光溪、大住溪和左溪等小流域治理，有效控制水土流失。投入5500多万元，完成回澜桥至溪口桥公路、广场路等路段的道路修缮、污水管网建设及市场路、振兴路、民族路人行道改造，改善道路路面。

自来水供给　2005—2006年对司前畲族镇自来水厂进行改制，并筹集社会资金413万元，开工建设自来水厂，2014年完成城镇饮用水工程水源选址、方案确定等前期工作，完成各村饮用水管道铺设和旧管道改造；续建司前中心村及溪口村饮用水工程，完成管道铺设2000米，旧管道改造1500米。2015年提升司前畲族镇山泉自来水公司供水能力，建成容量1000立方米净水池，铺设300毫米管径外管网8千米，160毫米管径内管网15千米。日供水能力1200吨。是年立项司前镇双坑口饮用水水源提升工程，规划投资3500万元。

排污排水　至2015年建成日处理1000立方米污水处理厂1座；安装雨污分离管道2650米，污水处理池3个。新建污水排放管网2500米；续建污水管网配套工程，建成污分流管网1500米和司前污水厂技术功能的提升。

垃圾清运　至2015年完善生活垃圾、污水处理等生态设施，建成太阳能垃圾处理设施2座，完善垃圾中转站功能，购置垃圾箱300个，配置环卫工人20人。

公　厕　至2015年，建成公厕8座：狮子岗1座、新北村2座、下库1座、东村2座、大平山居民区1座、峰门村1座;每座30平方米。

3.街 道

1965年泰景路通车前,司前村内道路仅有四条:第一条从第三份(现司前畲族镇中心小学)至左溪大路,块石路面,长约1千米,宽约1.5米;第二条从回澜桥头沿左溪至东村村头,块石路面,长约1千米,宽约1.5米;第三条从水碓楼往东接百丈大路(过后来的粮管所),块石路,长约500米,宽约1.5米;第四条从回澜桥头往百丈口大路,块石路面,长约500米,宽约1.5米。

至2015年,镇区内已建成街道25条,总长11.50千米。最宽24米,最窄的8米。全部水泥路面或沥青路面。

回澜北路 位于司前族镇新北村,以处回澜桥北命名。东起回澜桥,西至寿泰线。混凝土路面,建于1992年。

回澜南路 位于司前村,以处回澜桥南命名。南起顺安平桥头,北至回澜桥。混凝土路面。2001年命名。

新北路 位于新北村,以处新北村得名。南起司前广场,北至回澜北路。混凝土路面。建于1992年。

人民路 位于新北村。因系各地村民集资建房时建路,故名。南起滨江路,北至回澜北路,混凝土路面。建于1992年。

捌柒路 位于新北村。系1987年建设,故名。东起回澜北路,西至云寿线,长980米,宽12米,混凝土路面。1993年改建。

滨江路 位于新北村,以附近滨江小区命名。东起振兴路,西至云寿线。混凝土路面。建于2006年。

常青路 位于新北村,以路边芳草四季常青命名。东起回澜北路,西至滨江西路。混凝土路面。建于1995年。

滨江西路 位于司前村,以处里光溪西面命名。东起振兴路,西至云寿线。混凝土路面。改建于2010年。

振兴路 位于新北村及司前村。寓意司前从此振兴发达。南起沿溪南路,北至回澜北路。建于1993年。

市场路 位于司前村。因道路通往农贸市场,故名。南起民族路,北至里光溪。混凝土路面。1993年建成。

沿溪南路 位于司前村。沿左溪而建,处于溪南,故名。南起司筱线,北至民族路,混凝土路面。改建于2009年。

安居路 位于司前村,寓意群众安居乐业。南起振兴路,北至沿溪南路接口，混凝土路面。建于 1995 年。

民族路　位于司前村。周边多为畲族同胞居住，故名。东起振兴路，西至回澜南路。混凝土路面。1993 年建成。

民中路　位于司前村，以通往泰顺民族中学（简称“民中”）而得名。南起民族路，北至县民族中学，混凝土路面。建于 2010 年。

中东路　位于司前村，以位于回澜南路和民中路的中间而得名。南起回澜南路，北至泰顺县民族中学，混凝土路面。改建于 1993 年。

电网路　位于司前村，靠近下库方向。该路通往司前畲族镇电网站，故名。东起山边，西至电网站，混凝土路面。1987 年建电网站时建成。

电网二弄　位于司前村东，靠近下库方向。道路较小，系通往司前族镇电网站的第二条路，故名。南起山岭，北至电网路，混凝土路面。建于 2005 年，是林山下山移民点中的新建道路。

2015 年司前畲族镇建成区街道一览表

表 7-5-1-26　　　　单位：米

街道名	长	宽	走向	街道名	长	宽	走向
安居路	218	10	南北	民族路	336	12	东西
回澜北路	1115	16	东西	常青路	245	10	东西
回澜小区路	392	16	东西	滨江路	690	18	东西
回澜东路	550	24	南北	广场路	381	14	南北
回澜南路	728	10	南北	人民路	94	10	南北
沿溪东路	810	8	南北	溪口路	300	12	南北
滨江西路	350	20	东西	电网路	136	10	东西
民族南路	426	16	南北	民中路	366	12	南北
中东路	432	10	南北	捌柒路	893	12	东西
振兴路	871	12	南北	司百路	272	10	东西
市场路	158	12	南北	金鹤路	154	10	东西
沿溪南路	700	8	南北	民族新路	1243	14	南北
新北路	122	7	南北	—	—	—	—

司百路　位于司前村东，为司前至百丈公路的一段，故名。东起金鹤路，西至回澜南路，混凝土路面。1998 年因道路两边建屋，改称司百路。

金鹤路　位于司前村东下库，因路北金鸡赛和白鹤山庄得名。自司百路向东延伸。混凝土路面。建于 2000 年，是下库下山移民点中的新建道路。

民族新路　滨江西路口至左溪大桥头(沿228省道)。

4.公共建筑

至民国末,司前村内除了私人援建的桥梁、堰坝外,其他公共建筑仅有马仙庙和戏台,小学办在借用的陶家宗祠。至2015年,司前畲族镇区内已建成单位公共建筑13处,公办幼儿园、小学、中学各一所,建筑面积14238平方米,其他公共活动场所6处,村属公共建筑7处,全部现代砖混结构。

2015年司前畲族镇镇区公共建筑一览表

表7-5-1-27

建筑名称及附属设施	坐落地址	建成时间	占地面积(平方米)	建筑面积(平方米)	幢数(幢)	结构	最高层(层)	绿化面积(平方米)
司前畲族镇人民政府	捌柒路49号	1987年	468	1295	4	砖混	3	100
泰顺县民族中学	民中路5号	1987年	7805	7058	5	砖混	5	1500
司前畲族镇中心小学	振兴路	2005年	10320	4958	4	砖混	4	1220
司前畲族镇幼儿园	狮子岗	2012年	7053	2222	1	砖混	3	1813
司前畲族镇中心卫生院	振兴路95—97	20世纪90年代	633	1619	2	砖混	5	50
公安局司前派出所	振兴路110号	20世纪80年代	350	550	1	砖混	3	无
县税务局司前税务所	捌柒路44号	1985年	600	300	1	砖混	3	无
市场监督管理局司前所	回澜北路1号	1986年	158	477	1	砖混	3	无
国立英士大学纪念馆	回澜南路	2014年	4300	4250	3	砖木	3	500
司前畲族镇综合文化站	狮子岗	2016年	2660	2366	3	砖混	6	400
镇文化广场舞台	捌柒路	2017年	7345	360	—	—	—	1770
司前供销社	民族路39号	20世纪80年代	420	840	9	砖混	2	无
司前畲族镇敬老院	民族路101号	2005年	810	700	2	砖混	3	无
新北广场长廊	捌柒路	2014年	5000	253	—	—	—	412
司前供电所	黄桥小区	2017年	306	900	1	砖混	3	1798
司前广电站	回澜南路101号	1992年	88	396	1	砖混	4.5	无
泰顺农商银行司前支行	振兴路66号	1998年	240	1012	1	砖混	5	无
司前电信支局	捌柒路90号	2003年	432	4310	1	砖混	2	100
司前邮政支局	民族路35号	20世纪80年代	200	800	1	砖混	4	无
司前公路养护站	滨江西路口	2006年	20000	1313	8	砖混	4	100

续表 7-5-1-27

建筑名称及附属设施		坐落地址	建成时间	占地面积(平方米)	建筑面积(平方米)	幢数(幢)	结构	最高层(层)	绿化面积(平方米)
运动场及15环形跑道		民中路5号	—	3120	—	—	—	—	—
运动场及环形跑道		振兴路	—	7000	长60米	—	塑胶	—	—
村级公用设施	峰门社区服务中心	峰门新村	2014年	400	800	1	砖混	3	40
	司前村村民中心	民族路37号	2009年	486	3000	1	砖混	5	无
	司前村文化礼堂	回澜南路	2004年	602	602	1	砖混	1	50
	司前村下库广场	司前村下库	2003年	350	350	—	—	—	100
	新北村村民中心	捌柒路3—7号	2006年	108	450	1	砖混	4.5	无
	溪口村村民中心	溪口村	2013年	310	1200	1	砖混	3	100
	黄桥村村民中心	留田洋	2012年	250	500	1	砖混	2	100

5.市容市貌

绿 化　区内住宅区绿化总面积52836平方米，占新建住宅区总建筑面积520600平方米的10.15%。

路灯和景观灯　至2015年区各街道全部组装路灯。其中，80%为LED节能灯。同时实施228省道及滨江路等沿线的畲族特色亮化工程，设置特色灯光带2000米，增设民族特色路灯100盏。

环境整治　至2015年全镇公路边、河道、库周和山边等影响环境的“脏乱差”问题得到全面整治，“三边三化”工作考核居全县第二。

（三）农村住宅建设

民国时期及以前民房多为纯木或土木结构，瓦顶平房或楼房，一般三五开间，中间为厅，较宽，便放置农具和办红白喜事活动等。但门窗矮小，光线不足，建造粗陋，且禽畜舍、厕所毗连。农村较富有者才能盖瓦房，一般贫民住泥屋、草寮。大多农户居住局促，无房者住祠庙，或以竹篱茅舍勉强栖身。

中华人民共和国成立后，部分农民在土改中分得住宅。1952—1956年，农村新建房子大部分是土木结构。“大跃进”后的三年困难时期建房甚少。1966—1976年“文化大革命”期间，森林管控不严，生产队内安排供给部分社员木材建房。1978年后，农村建房增多。初为泥木、石木结构。有的农户自烧砖瓦，逐步向砖木、钢筋混凝土结构转变。二至五层，屋顶多为中式木架瓦檐，少数建钢筋混凝土平顶，可晒谷物。有阳台或挑廊，窗户大，层高，明亮透风。

20世纪90年代垟头淹开发始，各村农民跟风，民房装修逐步开始讲究。内设卫生设施，铝合金门窗，橱柜齐全。厨房瓷砖贴饰。但外装修不是很讲究。2010年始开发套房，一般农户都跟风，装修考究。是年始，村庄住房建设转至司前、台边、左溪村，其他村庄住户减少，仅有少量建房。

1985年农村私人建房情况一览表

表7-5-1-28

项目名称			合计	司前	黄桥	里光
竣工房屋间数(间)	合计		126	28	58	40
	其中	砖木结构	126	28	58	40
		钢筋混凝土结构	—	—	—	—
竣工房屋面积(平方米)	合计		7580	1680	3500	2400
	其中	砖木结构	7580	1680	3500	2400
		钢筋混凝土结构	—	—	—	—
竣工房屋投资(万元)	合计		9.15	4.3	1.85	3
	其中	砖木结构	9.15	4.3	1.85	3
		钢筋混凝土结构	—	—	—	—

说明：其间农村住户建房地基，一般控制在5人以下，每户120平方米，5人以上每户160平方米。

1991—2010年司前畲族镇境内农村私人建房一览表

表7-5-1-29　　单位：户

年份	户数	年份	户数	年份	户数	年份	户数	年份	户数
1991	65	1995	90	1999	18	2003	40	2007	69
1992	80	1996	149	2000	39	2004	72	2008	68
1993	94	1997	100	2001	50	2005	126	2009	176
1994	91	1998	18	2002	12	2006	68	2010	27
合计									1452

说明：该数据按审批户数统计。

(四)镇村建设规划

1987年司前畲族镇由原县规划建设办公室承编的《司前集镇总体规划》，1991年经县人民政府批复同意实施。规划年限近期至1995年，中期至2000年，远期至2010年。集镇突出村镇体系布局，加强集镇基础设施建设，逐步引导周边农村迁移并点，为调整与建立新型村镇体系奠定基础。

2000 年始，周边乡村人口不断向镇区集聚，镇域面积不断扩展，司前畲族镇已由原来小集镇发展成泰顺北部的中心镇。

2003 年始，县委、县人民政府先后决定对以上两乡逐步实行整体迁移，异地脱贫，修编了《司前畲族镇总体规划(2003—2020)》。该规划建成区范围扩大到南至左溪，西至台边，北至溪口，比原规划扩大了 5 倍。2010 年镇域总面积已达 208.8 平方千米，总人口 1.83 万人，下辖 12 个行政村、1 个居委会。镇区建设用地 100.52 公顷。

2004 年 10 月，进行新一轮总体规划修编，经县人民政府审批，建成区面积拓展至 3 平方千米。

2006 年始，人口规模已突破《泰顺县域总体规划(2006—2020)》和《司前畲族镇城镇总体规划(2003—2020)》的阶段控制规模，亟须制定能统筹全镇空间发展的整体规划。2010 年始，在原《司前畲族镇总体规划》和《泰顺县域总体规划(2006—2020)》的基础上修编《司前畲族镇总体规划(2011—2030)》。

1.镇区规划(2011—2030 年)原则

规划范围期限　司前畲族镇行政区划范围（包括区划调整前的黄桥乡和峰门乡)，总面积 208.8 平方千米；镇域规划划定范围，总面积 255.84 平方千米，将竹里畲族乡(面积 47.04 平方千米)纳入规划范围。从区域统筹方针和建设目标，村镇体系职能结构、等级规模及空间结构，基础设施、社会服务设施、区域环境整治和保护等内容进行统筹规划。

城镇规划区为司前、新北两个行政村地域范围和台边、溪口、左溪行政村等几个部分地域组成，总面积 971.36 公顷。

总体规划期限的确定与《泰顺县域总体规划》衔接，适当向远景展望。规划期限为 2011—2030 年。其中，近期：2011—2015 年；中期：2016—2020 年；远期：2021—2030 年。

发展目标　城镇生活与自然环境共生的“生态城镇”；经济发达、配套完善、环境优美的县域“现代城镇”；温州市重要旅游、休闲目的地；兼有自然风景与畲族风情的“旅游城镇”；城乡统筹综合改革的“示范城镇”；生态资源与特色产业联动发展的“竹木产业强镇”。本次规划镇域人口规模至 2015 年为 1.9 万人，2020 年为 2.1 万人，2030 年为 2.8 万人。确定城市化发展水平目标为 2015 年城镇化率达 65%，2020 年城镇化率达 71.5%，2030 年城镇化率达到 82%。

镇区由传统的“农业小镇”提升为区域性的“综合性中心城镇”，建设一个配套完善、环境优美的宜居城镇。

2.公共设施

学前教育 在政府办好示范幼儿园的同时，鼓励民办幼儿园发展，推动乡、村办园改革。加快乡镇中心幼儿园建设。

学校布局 完成小学布局调整，形成以中学、镇中心小学为主。根据人口规模测算与规划布局要求，小学调整为2所，共30个班左右，约1400名学生。初中学校1所，18个班，约800名学生。

医疗卫生设施 建立“中心城区医院—城镇卫生院（社区卫生服务中心）—社区卫生服务站（村级卫生保健站）”的城乡医疗设施体系。规划司前畲族镇设置社区医疗卫生服务中心1所，社区医疗卫生站4所；在竹里畲族乡设置1个急救点。

文化体育设施 设置一处综合性文化站，容纳图书阅览、文艺表演、小型室内体育运动等文化活动；在竹里畲族乡设置文化服务点，以文化知识、农业科普、老年活动等为主的文化宣传设施。根据有关规定，规划全镇共设置社区全民健身活动中心1个，社区室外活动场地2处。

交 通 规划区内形成明确的网络，加环路的城市道路系统，城市主干道、次干道以及支路体系明朗，交通便捷。

主干道 主干路与52省道共同承担南北向主要交通，规划多条主干路，红线宽度15—24米，双向2—4车道。

次干路 次干路主要承担交通量的分流，并兼顾生活功能。规划多条次干路，红线宽度10—20米，双向2—4车道。

支 路 支路主要承担地块与城市道路的衔接作用。规划多条支路，红线宽度7—15米，双向2车道。

商业步行街 司前畲族风情园东区，结合居住层，打造具有畲族风情体验功能的民俗风情一条街。

绿色步行街 沿主要水系设置滨水步行线路，沿司前溪打造滨水线性公园。以木板为主要铺装。

给排水与饮用水 司前镇最高日用水总量为1.50万米^3/日。

污水排放 按雨污分流排水体制完善城市污水系统，高标准建设污水处理厂和管网，提高污水处理厂出水标准，实施污水资源化，逐步改善水生态环境，实现水体的良性循环。本片区采用雨污分流制排水体制。

3.旅游业规划

资源开发　司前畲族镇旅游资源丰富，生态旅游框架初步建立。开发景区少，档次低，吸引力不强。旅游内容略显单一，选择面较窄，仍以观光游览为主，缺乏功能的突破，旅游消费中“吃、住、行”占有明显优势，“游、购、娱”处于明显的劣势。作为温州短期出行旅游目的地之一，应对旅游市场的转变进行适当调整建设，与时俱进，向多元化的旅游城镇转变。

规划目标　充分利用境内乌岩岭国家级自然保护区和浙江省第二大人工湖、紧邻飞云湖的区位优势，依托畲族文化、山水资源、饮食风味等特色资源，通过规划建设以溪口村（含白鹤山庄）为核心的生态休闲旅游区、建设以园洲乡村生态休闲为核心的园洲古村落休闲旅游区、建设畲族特色商贸休闲街、定期举办泰顺“三月三”畲族风情节，打造地方特色的餐饮品牌，发展生态休闲农业及“农家乐”，引导“红月亮葡萄园”及“白鹤渡雷竹园”等农业基地深层次开发，吸引游客，大力发展生态休闲旅游业，优化旅游产品体系和基础设施，全面提升旅游竞争力，使旅游业发展成为镇域经济的支柱产业，打造全国知名旅游强镇。

空间结构规划　司前畲族镇旅游空间结构可概括为“一心两片、四环二点”。“一心”：以中心镇区旅游服务为中心，形成镇域旅游服务的集散地。“两片”：乌岩岭国家级自然保护区和飞云湖风景名胜区片区，两个片区基本上覆盖司前畲族镇域。“四环”：以车行景观路为依托，在镇域范围内形成四个景观环线，从中心镇区出发，分别连通各个主要景区。“二点”：镇区外主要两个风景点，分别为三插溪景观点、乌岩岭景观点，这两个景观节点和中心镇区共同构架镇域旅游体系。

镇域近期建设与《泰顺县司前畲族镇“十二五”经济发展规划》相衔接。

“十二五”司前畲族镇旅游重点工程项目一览表

表 7-5-1-30

序号	工程名称	主要建设内容	实施时间
1	农业观光基地建设	建设白鹤渡雷竹观光基地、山里人家葡萄观光基地、台边葡萄观光基地等	2011—2015 年
2	乌岩岭景区	乌岩岭 AAAA 级景区提升、乌岩岭至 52 省道改扩建工程	2011—2015 年
3	畲乡风情旅游建设	畲乡特色风情小镇建设，建设司前旅游集散中心；园洲古村落修缮；建设泰顺畲族风情园	2011—2015 年

续表 7-5-1-30

序号	工程名称	主要建设内容	实施时间
4	白鹤飞渡景区建设	飞云湖游客接待中心，白鹤游艇监理部；白鹤渡一司前景区道路提升工程	2011—2015年
5	黄桥景区建设	三插溪漂流路线优化；黄桥水库、三插溪水库旅游设施建设；台黄线景区主干道提升；修建铜铃山—黄桥公路，在黄桥建设泰顺首个自驾车营地；景区服务	2011—2015年
6	峰门尖户外野营基地	峰门尖户外野营基地规划编制；整合峰门尖周边旅游资源；野营基地基础设施建设，CS活动基地、游步道建设；筹建峰门旅游服务接待点	2011—2015年
7	生态农业观光园建设	园洲农业观光基地、里光红月亮农业观光基地、左溪葡萄观光基地、白鹤渡农业观光基地、山里人家农业观光基地建设；开展以观光采摘、农事民俗体验为主的“生态、绿色”农业休闲旅游，建设星级“农家乐”	2011—2015年
8	人口聚居区建设及整治	结合下山移民工程，完成辖区旧村改造，实现街道整洁，镇容卫生，建设有序，符合绿色人居要求	2011—2015年
9	生态公益林建设和管理	扩建生态公益林；积极种植珍贵树种；加强森林火灾和森林病虫害的综合治理工作	2011—2015年

司前畲族镇旅游种类一览表

表 7-5-1-31

自然景观	天景	云海、日出、晚霞、冰瀑等
	地景	三插溪峡谷、石龟拱壁、峰门尖、石笋峰、乌龟爬壁、瞿门峡、石龟戏水、将军甲、锦绣谷、狮子岩、石鼓奇观、乌岩岭等
	水景	三插溪水库、飞云湖水库、龙井潭、红岩瀑布等
	生景	黄桥竹海、罗汉松、宝林翠竹、樟树、红豆杉、溪柳杉、双胞树、古银杏、古松、古枫树、古柏、黄腹角雉、短尾猴、毛冠鹿等
人文景观	建筑	三月三广场、晓燕梨花村、园洲古民居、叶山古村落、回澜桥、里光古村、白鹤飞渡、白鹤山庄、里光水尾亭、何宅垟民居、英士大学旧址
	胜迹	白鹤古渡、狮子岗遗址、文珠山古遗址等
	风情	畲族民风民情

4.村庄规划

20世纪80年代，村庄出现重复建设的情况。1987—1989年编制司前乡村庄建设规划。1993年，“八七”扶贫政策投入实施，乡村建设进入高峰期。

1999年，泰顺全县根据经济和社会发展的需要，结合乡镇产业发展的特点，按照生态旅游型、工业商贸型、产品加工型、效益农业型等产业特点，在原集镇和村庄规划的基础上，对各乡镇的建设规划进行完善和修编。2000年底，完成全县25个乡的总体规划修编。规划期限为1998—2010年。2001年始，以优化乡村人口布局为目的，逐步修编完善以中心村为主的村庄布局规划，按照“一乡一品牌、一村一特色、一路一风景”要求，结合农村危房改造、宅基地复垦、移民新村建设，高标准规划新农村建设。

2004年，按照社会主义新农村建设要求，结合“千村整治、百村示范”的“千百工程”；根据“改造城中村、建设中心村、合并弱小村、培育特色村”的要求，下山扶贫与抗灾避险相结合的原则，以下山扶贫为重点，引导高山、远山及地质灾区群众向集镇、中心村集中，对全县208个中心村和保留村的建设规划进行新一轮编制。围绕“生态、和谐、小康”建设目标，创建精品村和特色村。至2010年，新一轮的村庄建设规划大部分顺利实施。

1997—2010年司前镇黄桥乡峰门乡村庄规划修编情况一览表

表7-5-1-32

乡镇名	村庄规划	下山扶贫规划	灾后重建	其他专项规划
司前畲族镇	园洲、左溪、里光	西村、下库、狮子岗、大平山	新北灾民安置点	大平山竹木工业园 司前民族特色村
峰门乡	峰门整乡搬迁	—	—	峰门村整治
黄桥乡	园桥	黄桥整乡搬迁	陈吴坑灾后重建	石街村下山扶贫

第二节 教 育

司前畲族镇内重视教育的优良传统源远流长。唐代徐氏定居，设馆蒙童，培养子弟，诗礼传家，致科举文脉赓续不断。至宋代人才辈出，名震瓯越大地。元代文风一度低迷。明、清教育始苏。里光林氏、司前陶氏等兴办书塾、学馆。教育之风延续不断。

中华人民共和国成立始，人民政府重视教育，率先在少数民族山村兴办小学，引领民间教育之风兴盛，学校遍布山村。1986年，率先实现普及初等义务教育。1997年，通过普及九年义务教育评估验收，按照省定要求提前三年实现

“两基”(基本普及九年义务教育，基本扫除青壮年文盲)目标。

20世纪80年代始，教育质量不断提升，大中专学校录取人数一路攀升。至2015年，黄桥村每6.5人中就有1名大中专毕业生。2008年，司前畲族镇、黄桥乡通过“市级教育强镇”评估验收。司前畲族镇小学通过市级“示范学校”验收。成为全县首个中、小学校均达到市级示范性学校的教育强镇。

镇内科技活动历来由百丈区农技站指导。1984年后由司前区农技站指导。1992年畲族镇成立后，镇成立农技站，负责组织境内科技推广，指导民众开展科学技术学习、实验活动。

一、学 塾

学塾包括社学、义塾、书塾等。社学是一种官办或姓族公款筹办的启蒙教育组织机构，又称乡学，明、清时泰顺县内广为设立。各社学由官聘塾师执教。社学教学内容，元代教以人伦，依法训导；明代社学教学内容较为广泛，以《百家姓》《千字文》为首，继以经史算历之学，还包括《御制大诰》，律令及冠婚丧祭之礼及洒扫应对日常规范。清康熙年间(1662—1722年)泰顺县内共有15所社学，其中一都有小岘社学(今黄桥晓燕)、魏洋社学2所。自清代至民国19年(1930年)，全县有书塾40多所。

清末废科举，创新学，境内开始淘汰和改良学塾(私塾)。清光绪二十八年(1902年)，《钦定学堂章程》规定，教育机构分为三类：蒙学堂、初等小学堂(亦称“寻常小学堂”)、高等小学堂。宣统二年(1910年)，学部行文规定：“已办小学，一里半之内不得再设私塾。”民国2年(1913年)，泰顺县署严令各地初等小学堂应急开办，但各地仍阳奉阴违，虚应故事。民国2年登记，全县小学35所，学生1307人，其中多数学堂为私塾改名，只不过调换校牌而已。嗣后，县署对此类学校和私塾采取代办购买国定课本、派督学深入检查、举办塾师讲习所、学生学业统考等措施，成绩显著者，给予经济补助，凡基本符合初等小学教学要求的可升格为代用或正式小学堂，全县私塾逐渐淘汰。

清至民国时期司前主要书塾一览表

表7-5-2-1

名 称	地 址	办学时间	创办人
隆文书塾	里光	清乾隆时期(1736—1795年)	林绍昌
陶学学馆	司前	清道光年间(1821—1850年)	陶化龙

续表 7-5-2-1

名 称	地 址	办学时间	创办人
杨寮书塾	杨寮	清光绪十六年(1890 年)	林观荣
洋望私塾	台边	民国 21 年(1932 年)	吴跃卿
马仙宫私塾	里光	民国 23 年(1934 年)	王敏卿

二、学校教育

(一)幼儿教育

1958 年幼儿教育被列入泰顺县文教工作“十大普及”之一，要求“社有幼儿园，队队有托儿所”，境内有几个村也办了幼儿园。困难时期解散。

1978 年后，司前小学附设幼儿园。2005 年私人合股创办司前镇幼儿园。2015 年，8 个班 300 人，教师 16 人。

2011 年，镇政府投入 600 万元，创办司前畲族镇中心幼儿园，占地 7 亩。2015 年，9 个班，300 名儿童入学，教师 27 人。

(二)小 学

1.校 网

民国 30 年(1941 年)，黄桥，私塾基本覆盖了乡境内稍大的村庄。晓燕、黄山、苍头等自然村都有了私塾。是年，各乡设中心学校一所，负责辅导各保国民小学。

民国 33 年(1944 年)7 月，泰顺县国民政府成立强迫入学委员会，采取强迫教育，督促学龄儿童入学。司前、里光较大的村庄原办学校都转办小学。

1949 年 5 月，县人民政府接管原小学。1952 年，转为公办学校。秋，司前小学设为百丈区第二中心小学，辅导片区 19 所小学：司前的司前、溪口、大住和新办的左溪、垟斜、筱条 6 所小学；里光的里光、台边、上地、杨辽、叶山 5 所小学；黄桥的园桥、晓燕、横路、炉西、黄山 5 所；竹垟的竹里、何宅垟、上岱 3 所小学。至 1955 年 7 月，全辅导区 24 个班，教师 24 人，学生 438 人，其中女 117 人，少数民族学生 91 人，占 20.78%。秋一级 166 人，秋二级 106 人，秋三级 106 人，秋四级 34 人，五年级 22 人，六年级 17 人。四年级以下为初级小学，五、六年级为高级小学，全部集中在司前中心小学就读。

1958 年秋，人民公社化运动开始后，小学生全部大并校，分别集中在园桥、里光、司前 3 所学校，过集体生活。1959 年盲目提出“苦战十天，基本普及小学教育”的口号，学生全部分散回队，司前、里光、黄桥 3 个管理区兴办 30 多所小学或耕读小学。1960年,为了充分发挥人民公社举办教育事业的主动性和积极性,便于公社对该范围内小学的领导,区中心小学辅导区改为以公社范围划分,设立公社中心小学,对本公社内各小学实行辅导、管理工作。

1962年困难时期,精简编制,叶山、大住、横路、晓燕4所小学下放为民办。保留司前5所、里光4所、黄桥3所公办小学。各公社中心小学归百丈区中心小学管辖。

1970年,主张“把学校办到家门口”,应当地群众要求,各自然村基本上都设小学。司前、里光、黄桥3公社设38所小学。高年级集中各公社中心校。并把学校下放大队办,由贫下中农管理学校。

1978年,撤销贫下中农管理学校小组。1984年恢复建立司前中心小学。

1991年,将司前乡章庄并入大住小学,垟斜小学并入左溪小学;里光的恩坑小学并入杨寮小学;黄桥的陈吴坑小学、石章坑小学并入乡中心校。全部小学还有33所。

1998年始,黄桥乡先后撤并了杨山后、横路、桥头岗、平滩、石章坑等民办小学。司前畲族镇部分村小学也因生源逐步减少而撤销。2005年,黄桥乡仅保留一所中心校,成为全县唯一一所一乡一校办学模式的学校。其间,4个班,学生17人,教师10人。2012年,随着黄桥、峰门整乡搬迁计划的实施,乡中心校全部撤销并入司前中心校。

1990年司前片各学校情况一览表

表7-5-2-2

乡镇名	校　名	班级数（个）	学生数（人）	教职工数（人）	占地面积（平方米）	建筑面积（平方米）
司前	司前	9	337	21	2666	1195
	左溪	3	75	3	376	214.2
	溪口	4	123	4	1169	769.3
	筱条	2	45	2	585	183.5
	大住	1	21	1	139	139
	林山	1	18	1	110	48
	黄步	1	14	1	116	60
	章庄	1	10	1	165	97
	垟斜	1	8	1	215	50
	芭蕉塆	1	10	1	44	48

续表 7-5-2-2

乡镇名	校　名	班级数（个）	学生数（人）	教职工数（人）	占地面积（平方米）	建筑面积（平方米）
里光	台边	4	129	15	866	1227
	上地	3	99	4	195	368
	坑头	2	43	2	120	200
	和庄	2	45	2	193	225
	叶山	2	47	2	163	163
	路头	1	17	1	102	184
	杨寮	1	20	1	64	122
	上升	1	28	1	200	400
	新桥	1	16	1	37	37
	垟心	1	27	1	49	89
	恩坑	1	11	1	45	45
	徐半天	1	7	1	100	200
峰门乡	峰门乡小	4	110	6	288	
	朱玲	1	9	1	133	80
	花田	1	7	1	133	80
	石郎	1	11	1	133	125
	石柱	1	14	1	133	60
	峰门	1	5	1	133	77
	垟头	4	72	4	999	410
	方山	1	12	1	133	60
	呈坑	1	13	1	67	60
	左窟	1	10	1	133	40
	严庄垟	1	20	1	133	90
	何宅坑	1	19	1	133	55
	黄山底	1	11	1	133	62
	叶山寮	1	19	1	132	60
黄桥乡	黄桥中心校	5	142	9	1130	529
	炉西小学	1	17	1	157	80
	晓燕小学	2	34	2	272	105
	横路小学	1	8	1	65	40
	黄山小学	1	25	1	254	96
	陈吴坑小学	1	9	1	65	32

续表 7-5-2-2

乡镇名	校　名	班级数（个）	学生数（人）	教职工数（人）	占地面积（平方米）	建筑面积（平方米）
黄桥乡	桥头岗小学	1	11	1	40	40
	石章坑小学	1	6	1	130	80
	苍头小学	1	17	1	80	80
	墨斗住小学	1	7	1	—	—

2.民族小学教育

校 点　1950年下半年，左溪、筱条、垟斜少数民族地区创办初级小学。1956年在和庄少数民族地区创办初级小学。

小学生补助费　1999年泰顺县人民政府减免少数民族小学生学杂费，每生70元。2003年少数民族小学生学杂费全额减免。2004年少数民族小学生每生补助70元，其中司前畲族镇小学补助对象290人，补助金额20300元，黄桥乡小学补助对象1人70元。

3.师 资

中华人民共和国成立初期，校网布局有限，师资质量较具实力。选拔教师，除了本地的知识分子外，上级还从县城、百丈等地选调了一批教师，充实到乡境内各小学。1954年，司前辅导区教师24人，文化程度最高普师毕业，最低泰顺简师2年学历。教龄最长的19年，最短的半年。大多数身体健康，2位年长者体弱多病。1958年掀起办学高潮，由于中华人民共和国成立后培养的人才有限，师资力量无法适应新形势要求。只得聘请民办教师、代课教师。当时缺乏业务培训，教师业务素质相对较差。20世纪80年代前，以每班1:1.3的比例配备教师；有些学校不足一个班，也按一个班计算，按1:1配备；还有2:1教师巡回教学。21世纪，随着人口逐步向集镇集中，村小生源逐步减少，里光中心校学生数与教师相等，最后只有一两个学生。

20世纪80年代后，教育主管部门普遍重视教师的业务培训，县里有专门的教师进修校，一些师范类学校有专门在职教师业务进修，还有优秀民办教师学历进修和函授学习。在职教师业务水平逐步提高，大多数教师取得了中专、大专或本科学历，并通过教师资格考试认证。

4.校 舍

民国时期，直至中华人民共和国成立初期，均借用地方公用建筑、祠堂和民居。司前小学借用陶氏宗祠，杨寮小学借用林氏宗祠，里光、台边、上地借用马仙宫，并加建教室。叶山、筱条、左溪、垟斜等则借用民居。

20 世纪 70 年代始，县教育部门划出部分基建费，补助积极性高，积极要求建校的大队、生产队、村。境内群众办学热情高，在生活不很宽裕的年代，也积极筹备建校舍。榅垟村 5 个自然村 5 所小学，都先后建成简易学校。和庄村是个非常贫困的少数民族地区村，也千方百计建成简易校舍。黄桥乡每个自然村都办学校，都新建校舍。尽管他们的校舍非常简陋，但能遮风挡雨，教师也可以住宿；尽管国家补贴比例很有限，但境内各村群众都为下一代学习文化，为普及教育，作出力所能及的贡献。

1998 年，省交通厅与黄桥乡小学结对扶贫。浙江交通工程建设集团公司捐资 30 万元，乡政府也从多方面筹资 8 万元，投入新校舍建设。学校占地面积达 1100 平方米，其中包括占地面积 320 平方米的教学楼及 600 多平方米的塑胶操场，达到普通乡级中心校的标准。在黄桥乡挂钩扶贫单位省委组织部的关心支持下，教学辅助设施不断健全。同年台边建成“乐清希望小学”[①]。

2001 年，司前畲族镇党委、镇人民政府倡议全镇党员干部和广大群众“省吃一口饭，支持办教育”。镇领导和学校领导带头捐出一个月工资，其他干部和教师捐出 10 天以上工资，共筹资 10 多万元。是年，镇政府决定扩建镇中心小学，规划用地 24 亩。加上上级补助，投资 200 多万元，2003 年完成建筑面积 2100 平方米的镇中心小学综合大楼。24 个教室、餐厅和学生宿舍，办学条件得到根本改善。

5.畲族传统教育

21 世纪以来，司前畲族镇小学以传承畲族特色文化为抓手，以少年宫为平台，以课堂为载体，大力开展民族文化进校园活动，积极将传统民族文化融汇到教育体系中，融入教育教学之中，激发教育发展新活力。

学校将优秀的传统民族音乐、舞蹈、服饰、体育等民间文化纳入教学计划，音乐课让学生学会唱畲歌、跳畲舞，感受畲歌的韵律美、畲舞的舞姿舞步，丰富音乐课内容，活跃课堂气氛，激发学生学习音乐的兴趣。

美术课让学生欣赏畲族的服饰之美，体会剪纸艺术之精巧，感受畲族工艺品的精湛，描绘畲族图画，出畲文化手抄报等，对学生进行美的熏陶。

体育课让学生学会一些畲族的体育项目，如摇锅、三人行、陀螺等，既继承了畲族民间的传统体育项目，又增强了学生的体质。

---

① 乐清市援建。

社会实践课让学生走访畲乡，了解畲族风俗、畲族源流，拓宽学生的知识面。

通过编写《我爱畲乡》系列校本课程教材，既丰富和完善了学校的课程体系，也为畲族文化在学校内的传承和发展提供了有力的资源保障。课程细分为《畲族风情》《畲歌雅集》《畲族体育》《畲语古韵》四个方面。让优秀传统文化得以走进校园和课堂。同时，根据学生不同爱好组建了畲歌队、竹竿舞蹈队、手工艺制作兴趣小组等，并定期邀请蓝永潇、蓝晓露等畲族文化传承人开展面对面教学。

此外，司前畲族镇小学还定期在每年11月举办具有民族特色的体育节，让学生们在体验竞技比赛趣味性的同时，进一步激起热爱、传承民族文化的热情。

6.司前畲族镇中心小学

民国6年(1917年)，司前村陶荣先创办司前初级小学，校址设陶氏宗祠。办学经费来源于陶氏族田400担田租，学生大部分是陶族子弟。民国12年，小学易名为司前普育初级小学，学制4年，学生70余人。

1950年春，人民政府接管学校，司前初级小学改为民办公助五年制小学。学校办学经费除人民政府拨给部分补助经费外，主要来源仍是“学田”，学生免费上学。1952年，学校改为公办。设为百丈区第二中心小学，辅导司前片区19所小学。1962年始，并入百丈区小辅导区。1966年，“文化大革命”开始，教育教学秩序受到严重的冲击。1970年秋，学校成立“贫下中农管理小组”。1971年教师“回队任教”，实行工分加补贴工资制，接受贫下中农再教育。

1978年中共十一届三中全会后，司前乡中心小学校风、学风、教风大有改观，教学质量逐步提高。1990年，学校担负全乡9所村小的辅导任务。

1992年始，周边的部分村校先后撤并到司前镇小。2004—2006年，竹里乡小、峰门乡小先后并到司前镇小。学校承担“一镇两乡”的小学阶段的义务教育任务，形成“片区集中办学，共享教育资源”的办学模式。针对学校所处的特殊地理位置，在全体学生中开展“保护温州大水缸——飞云湖”为主题的系列环境教育和实践活动。1993—2012年，投入400多万元进行硬件建设，校园环境焕然一新，办学设备日趋完备。

2015年，学校占地10320平方米，建筑面积4958平方米，22个班级，在校学生958人，其中少数民族学生272人，占28.3%，在岗教职员工65人，其中畲族教师17人，占教师总数26.2%。学校专任教师63人，具有小学高级职称23人。专任教师学历合格率为100%，大专及以上学历的教师52人，占专任教师的82.3%。市教坛新秀2人、县名教师1人、县教坛新秀1人、市县学科骨干教师4人。学校先后获得市示范小学、市绿色学校、市教育信息化工作先进单位、市青少年思想道德教育先集体等30多项荣誉称号。

民国6年(1917年)至2015年司前畲族镇中心小学历任校长(负责人)一览表

表7-5-2-3

姓名	性别	民族	职务	任职时间
陶荣先	男	汉	校长	民国6年至民国9年(1917.9—1920.8)
陶　沅	男	汉	校长	民国9年至民国22年(1920.9—1933.8)
饶　璋	男	汉	校长	民国22年至民国30年(1933.9—1941.8)
陶耀晨	男	汉	校长	民国30年至民国35年(1941.9—1946.7)
陶仲武	男	汉	校长	民国35年至民国38年(1946.8—1949.9)
陶仲武	男	汉	校长	1949.10—1949.12
陶毓挺	男	汉	校长	1950.1—1950.6
陶毓健	男	汉	校长	1950.7—1950.12
高启元	男	汉	校长	1951.1—1951.6
高世彬	男	汉	校长	1951.7—1954.12
夏宝勤	男	汉	校长	1955.1—1956.6
周　民	男	汉	校长	1956.7—1957.12
夏立发	男	汉	校长	1958.1—1958.12
翁哲平	男	汉	校长	1959.1—1963.12
林成奎	男	汉	校长	1964.1—1966.7
赖兆余	男	汉	校负责人	1966.8—1967.12
赖兆夏	男	汉	校负责人	1968.1—1968.7
赵汉局	男	汉	校负责人	1968.8—1972.12
徐克胜	男	汉	校负责人	1973.1—1974.8
赵汉局	男	汉	校负责人	1974.9—1976.10
徐克胜	男	汉	校负责人	1976.11—1977.7
夏继业	男	汉	校长	1977.7—1979.8
林成奎	男	汉	校长	1979.9—1984.6
毛宗龄	男	汉	校长	1985.2—1986.6
陈惟足	男	汉	校长	1986.7—1987.8
罗式景	男	汉	校长	1987.9—1988.8

续表 7-5-2-3

姓名	性别	民族	职务	任职时间
雷声泰	男	畲	校长	1988.9—1990.1
夏兆摘	男	汉	校长	1990.2—1992.8
夏克巧	男	汉	校长	1992.8—1994.8
刘化钰	男	汉	校长	1994.8—1997.8
夏克巧	男	汉	校长	1997.9—2003.8
陶　新	男	汉	校长	2003.9—2006.8
高启罗	男	汉	校长	2006.9—2011.8
陈修远	男	汉	校长	2011.9—

(三)中 学

1.小学附设初中班

1958年，司前小学附设初中1个班50人。1959年9月并入莒江初级中学。1960年9月,司前附设初中班复办。1961年贯彻“调整、巩固、充实、提高”方针,司前附设初中班再次并入莒江中学。

1970年,“文化大革命”时期,各乡结束动乱,开始复课。又要求各乡中心小学附设初中班。春,司前小学改名“五七”学校,开设初中班。

是年春,黄桥乡中心小学附设初中班,春季招生,学制2年,由小学教师兼课,办学至1979年7月。同年春,台边增派2名中学教师,开办台边五七学校,由小学教师兼课,春季招生40人,学制2年,办学至1981年。

2.泰顺县民族中学

泰顺县民族中学坐落于司前畲族镇民中路5号。前身是1970年春开办的司前“五七”学校附设初中班,1979年独立为司前初级中学。1986年改名为泰顺县民族中学。是温州市两所民族中学之一。

1970年1月,县革委会颁发《关于农村中学下放公社办的几点意见》,决定在司前小学开办七年一贯制的司前“五七”学校。是年,招收1个春季初中班,学生30人,学制2年 。1976年春,司前“五七”学校招收高中2个班,学制2年。1977年秋,恢复高中升学考,司前“五七”学校招收高中2个班,分文、理班,各50人。其间,基础设施极其贫乏,师资严重不足。1979年秋,小学段分离,搬迁到“大跃进”期间创办的农业中学旧址。1980年,县人民政府批准单独创办司前初级中学,设5个班,学生260人,教职工18人。是年,县拨款6万元新建师生宿舍620平方米。

司前乡是畲族聚居地，畲族学生的占全校学生的四分之一，1984 年恢复司前民族乡。1986 年，温州市委副书记、市长卢声亮视察司前初级中学，题写“泰顺县民族中学”校名，并从市长办公资金中批拨 4 万元资助民族中学建造师生宿舍楼。是年秋，县人民政府报省人民政府批准后，改司前初级中学为泰顺县民族中学。同年，省民族事务局副局长李绍英视察民族中学，并拨款 8 万元援助学校基础建设。县财政拨款 25 万元，为学校建造教室、宿舍。当地群众自觉拆除校内两座陶氏宗祠，修缮校舍，进一步改善办学条件。2003 年，设立民族班，招收少数民族学生 50 人，每位学生每学年补助学杂费 500 元。是年，百丈中心校初中班并入泰顺县民族中学。2004 年少数民族初中学生每生补助 100 元。其中，司前民族中学补助对象 168 人，补助金额 20160 元。2005 年少数民族初中学生每生补助 120 元。

2010 年，举办司前民族中学 40 周年校庆。其间，严立妙、高立存等企业界知名人士捐资 430 万元，设立司前畲族镇教育基金会。

2015 年，学校占地面积 7805平方米，建筑面积 7058 平方米，拥有教学楼三幢，行政办公楼、学生生活综合楼、教师宿舍楼各 1 幢，还有四跑道 150 米环形塑胶运动场，拥有校园网络中心和电脑、音乐、舞蹈、美术、多媒体等专用教室和科学实验室、民族文化馆、校史室、美术室、多功能会议室等。设 12 个教学班，在校学生 418 人，其中畲族学生占 27%。专任教师 43 人。其中，具有高级职称 9 人，中级职称 22 人，本科学历占 88.5%；市、县级以上名师及培养对象、教坛新秀、教学骨干 20 多人次；市、县级以上优秀教师、优秀班主任、先进教育工作者 20 多人次；获市、县级以上优质课一、二等奖 20 多人次。获县级以上教研成果 50 多人次。

学校先后被评为省民族教育先进集体、市标准化学校、市示范初中、民族团结进步模范集体、市行规达标学校、市首批寄宿制达标学校等。

1970—2015 年泰顺县民族中学历任校长一览表

表 7-5-2-4

姓名	性别	民族	职务	任职时间
赵汉局	男	汉	校负责人	1970.1—1973.2
徐克胜	男	汉	校负责人	1973.3—1974.8
赵汉局	男	汉	校负责人	1974.9—1976.10
徐克胜	男	汉	校负责人	1976.11—1977.7

续表 7-5-2-4

姓名	性别	民族	职务	任职时间
夏继业	男	汉	副校长(主持)	1977.8—1979.7
杨炳楚	男	汉	副校长(主持)	1979.8—1982.7
郭健华	男	汉	教导主任(主持)	1982.8—1983.7
翁小平	男	汉	副校长(主持)	1983.8—1984.7
罗邦武	男	汉	副校长(主持)	1984.7—0986.7
吴立辉	男	汉	副校长(主持)	1986.8—1988.7
吴立辉	男	汉	校 长	1988.8—1992.7
吴大敏	男	汉	副校长(主持)	1992.7—1993.7
吴大敏	男	汉	校 长	1993.8—1995.7
夏立明	男	汉	副校长(主持)	1995.8—1996.7
夏立明	男	汉	校 长	1996.8—1999.7
吴国忠	男	汉	副校长(主持)	1999.8—2000.7
吴国忠	男	汉	校 长	2000.8—2004.7
吴碎锡	男	汉	副校长(主持)	2004.8—2005.7
吴碎锡	男	汉	校 长	2005.8—2008.7
邱成亮	男	汉	副校长(主持)	2008.8—2009.7
邱成亮	男	汉	校 长	2009.8—

(四)普及义务教育

1986 年 9 月,温州市委、市人民政府制定《温州市实行九年义务教育规划和实施意见》,把实施义务教育的措施归纳为七条。12 月,泰顺全县组织验收,司前畲族乡被列为第一批基本普及初等义务教育乡。

1992 年,泰顺县人民政府加大义务教育法的宣传力度,全面实施《泰顺县八年义务教育规划》,社会、学校、家庭逐步明确实施义务教育的法律责任,各级人民政府和有关部门加大普及教育的力度。

1995 年,县委、县人民政府制定和部署全县"两基"(基本普及九年义务教育,基本扫除青壮年文盲)工作,相继出台了一系列文件。4 月,召开全县教育工作会议,向全县人民发出"全党动员,全民发动,苦战三年,为振兴泰顺教育事业而奋斗"的号召。

1997 年 10 月,泰顺县普及九年义务教育(简称"普九",境内实际是八年义务教育,小学 5 年,初中 3 年)工作通过省"普九"评估验收组验收,按照省定要求提前三年实现“两基”目标。

2005 年 6 月，泰顺县教育局按照省人民政府部署，开始全面实施“农村中小学家庭经济困难学生资助扩面工程”“农村中小学爱心营养餐工程”“农村中小学食宿改造工程”“农村中小学教师素质提升工程”(简称“四项工程”)。秋，市教育局、财政局、发展改革委联合下发《关于加强温州市义务教育中小学生免除学杂费管理工作的通知》，接通知，秋季开始，县内义务教育阶段中小学学生学杂费全部免除。

2008 年，县委、县人民政府作出《关于坚持教育优先发展争创教育强县的决定》《泰顺县创建教育强县实施意见》。是年，司前畲族镇、黄桥乡通过“市级教育强镇”评估验收。司前畲族镇小学通过市级“示范学校”验收。成为全县首个中、小学校均达到市级示范性学校的教育强镇。基本普及九年义务教育，基本扫除青壮年文盲。

2012 年始，农村学校低、小、散布局状况得到有效改善，镇域教育资源得到优化重组，撤并黄桥中心小学，司前畲族镇只设一所中心小学。

三、其他教育

(一)扫除文盲

民国 36 年(1947 年)，中共地下党组织在乡村组织秘密识字小组。中华人民共和国成立后，1951 年，县教育部门部署扫除文盲工作。农村叫“冬学”，即利用冬天农闲季节学习文化。1954 年，各村在冬学的基础上组织民校。1956 年黄桥乡炉西村被评为浙江省第一个无盲村。1959 年统计表明，黄桥青壮年入学率 68%，脱盲率 55%。三年困难时期，扫盲工作停顿。

(二)农民业余教育

1963 年始，稍大村庄陆续恢复农民业余教育。具体工作由人民公社中心校负责。1966 年，“文化大革命”开始后停止。1980 年恢复。公社(乡)中心校配备扫盲干部，专管农民业余教育。1987 年，全县考核，黄桥乡成为无盲乡。

21 世纪始，开展以科技培训为主要内容的农民业余教育，以提高农民科技知识水平。

四、科 技

(一)机构

20 世纪 60 年代始，百丈区分别设农技、农机、农经、畜牧兽医站。分管司前片工作。1984年，司前区依例设置。1992年畲族镇成立始，在专业站的基础上，建立镇农业技术综合服务站，实行农业技术推广，农业物资经营相结合的综合服务。

1999年11月，镇农业技术综合服务站通过省“五有”(有服务队伍、有工作场所、有服务设施、有服务实体、有实验示范基地)农技站验收。

(二)科研活动

1.科技设施

2003年，在司前镇林山村金鸡赛自然村建立泰顺数字地震观测台，总投资16万元。2004年6月3日，通过由温州市科技局组织的省地震局、市地震台和县属有关部门的工程竣工验收，进入正常运行。

2009年9月，建立司前中尺度气象自动站，自动采集项目主要有温度、湿度、气压、风向风速、降水、地面温度等。

2.“星火计划”

国家批准实施的依靠科技进步振兴农村经济，带动农民致富的一个指导性计划。在国家“八五”计划期间，“星火计划”在全县发展迅速。

1991年司前畲族乡的竹制餐具厂被确定为星火示范企业，依靠2万元星火资金起家，开发出竹制餐具系列产品并列入温州市“星火计划”项目。

1995年司前畲族镇被确定为省级科技星火示范镇。黄桥乡被确定为市级科技星火示范乡。

1998年、2001年，先后有叶山村陈维利、司前村王尤鹏被评为省科技示范户，左溪村蓝学许被评为农业科技示范户。

1999年，由泰顺县科学技术委员会、泰顺县黄桥乡人民政府等主持完成的《泰顺县黄桥乡星火示范基地(万亩笋竹两用林基地)建设》获1999年度浙江省星火三等奖、温州市星火二等奖。

3.脱毒生姜

2006年4月，市农科院“脱毒生姜苗”科研项目在司前蔬菜基地试培成功。

4.雪胆人工种植

浙江雪胆属葫芦科雪胆属植物，多年生攀缘草本，浙江特有种，目前仅发现于乌岩岭自然保护区。其块茎具有清热解毒、消肿止痛功效。1985年，杭州大学生物学系教授郑朝宗对浙江雪胆作了研究，在《植物分类学报》发表《浙江雪胆属一新种》一文。2008年，温州市科技局下达“珍稀药用植物——浙江雪胆人工种植技术研究”项目。这一项目以司前畲族镇白云园艺种苗场为完成单位，以乌岩岭国家级自然保护区管理局、温州科技职业学院、温州医学院附属医院为协作单位。历时3年，项目组调查了浙江雪胆野生群落生境、生物学特性，分析了其野生种群萎缩的原因，对浙江雪胆的组织培养、块茎繁殖、有性繁殖技术进行对比研究，从而掌握了浙江雪胆的组织培养技术、块茎繁殖技术和有性繁育技术。先后发表了《浙江雪胆几种金属元素分布及其与土壤养分之间的关系》《浙江雪胆种群萎缩的生物原因》《不同植物生长调节物质和培养基对浙江雪胆组织培苗繁育系数的影响》等论文。2011年5月，项目成果通过评审。

5.专利技术

2010年，浙江利众竹木有限公司实用新型专利授权：筷子烤印机、筷子磨光机；外观设计专利授权：砧板、筷子；发明专利申请：筷子烤印机、筷子磨光机；实用新型专利申请：一种筷子、筷子烤印机与磨光机、立式菜板。奖金4.3万元。

（三）科技推广

1.农技科普

2003年，建立镇农民知识化培训学校。2004年7月20日，浙江林学院园林设计院院长范义荣教授到司前畲族镇作题为“园林绿化，环境美化”的专题讲座，对绿化苗木的发展前景作了具体分析，还深入田头为种植大户实地辅导。

2004年8月，浙江农科院蔬菜研究所何圣米研究员赴司前畲族镇、峰门乡等乡镇作“蔬菜病虫害发病规律及其无公害防治技术”讲座，采用多媒体教学方式，全面介绍了蔬菜无公害生产技术及农药化肥的控制方法。

2005年6月29日，浙江省林业厅、科学研究所等8家省市单位到司前畲族镇联合开展送科技下乡活动，进行现场林业技术咨询指导，向农民朋友赠送科技读本和资料，帮助解决疑难问题。

2008年黄桥乡举办农民知识化第四期培训班，邀请国家林科院专家，为当地以及司前、竹里等乡镇的毛竹种植大户和林业干部进行毛竹栽培技术培训，为竹农送来了丰盛的“科技营养餐”。

2009年2月27日，温州市科协组织医疗服务小组和农业科普小组专程到司前镇开展“科普服务三农”专家送科技下乡活动，开展专家医疗义诊、科普大篷车进校园活动、科普讲座、农技咨询服务等。活动共免费为农民发放科普图书5000多册，蔬菜优良品种1000多包，义诊农民300多人次，发放药品价值4000多元。10月,县妇女素质培训讲师团为女性村民培训630多人。是年县科技局投入经费6万元在司前畲族镇等4个乡镇建立农村科技信息网点,定期向民众传播科技信息和科技成果,为企业发布技术难题。

2010年6月联合县教育局、消防大队在司前畲族镇举办防震减灾科普培训会和中小学生地震逃生演练系列活动,普及防震避震、自救互救和农村民居防震保安知识的宣传。11月,县规划建设局邀请浙江大学罗安程等专家教授在司前畲族镇进行全县城镇污水处理操作授课培训。是年,争取到省重点项目扶持资金60万元,扶持司前畲族镇左溪民族村葡萄基地资金30万元。并在左溪、竹里等地举办少数民族农村实用技术培训班3期,受训400多人次。

2004—2010年,邀请中国林业科学研究院、浙江农科院、省地震局、浙江大学、浙江林学院专家教授和县农林部门技术人员,共举办"园林绿化,环境美化""蔬菜病虫害发病规律及其无公害防治技术""毛竹栽培技术""防震减灾""城镇污水处理操作"等授课讲座16场次,授课农民3520多人次。

2.科技培训

2007年,司前畲族镇、竹里畲族乡和一些民族工作重点乡镇,立足"下得来、稳得住、富得快"的目标,结合县委的"农民知识化"工程,有计划、有针对性地对少数民族下山移民,开展实用农业技术知识培训和初级劳动技能培训,鼓励少数民族农民向发展效益农业和劳务输出要收入。深入实施"农民知识化"工程,加大农民就业谋生能力培训。经过培训,完成"专业农民"农业技能培训95人,"转业农民"就业技能培训225人,"义工农民"岗位技能培训202人。

第三节　文　化

司前畲族镇境内历史上信息闭塞,畲汉民众在艰难的生存条件下,发挥聪明才智,运用各种形式,丰富文化生活。

中华人民共和国成立后,人民政府重视发展农村文化事业,文化生活丰富多彩,但传统的生活方式被逐渐淡忘,许多过去人们喜闻乐见的文化娱乐活动和形式濒临消失,亟待保护。

一、文化设施

(一)传统设施

宗　祠　宗祠是宗族活动场所。用作寄存祖宗牌位、中元(农历七月十五日）烧冥钱纸包和宗族重大事件处置场所，不对外姓开放。

宫　庙　宫庙是地方民众信俗的活动场所。境内较大宫庙一般都在正殿对面建戏台，是正月的迎神节、求雨和演戏等群众活动场所。因此，戏台板是活动的，可拆卸，供正门菩萨大轿出入，边门是行人出入通道。自民国提倡办学以后，多数宫庙改建成学校，与娱乐场所同用。

人民大会堂　村人民大会堂是1960年以后生产大队出资与社员投劳修建，场内建有舞台，供社员集会、演戏等活动。司前、溪口、上地、台边、里光、园桥、左溪、峰门等村都建有一座。20世纪90年代后，有的改建成文化礼堂。

（二）文化礼堂

2013年始，司前畲族镇人民政府结合当地实际，启动畲乡农村文化礼堂建设。建设中围绕"精神家园、群众舞台、魅力畲乡"三个主题进行布局。至2015年已建成文化礼堂6个，组成文体队伍15支。

1.建设精神家园

文化礼堂与农耕文化相结合，展示本村的历史沿革，包括自然、经济、政治、文化史等内容。溪口村在村委会综合楼一楼建设特色展示室，收集展示锄、犁、耙等农用工具和瓢、壶、盆、篓等农民往昔生活用具，以及特色竹木工艺品等，展示溪口村历史悠久的农耕文化。

与民间传统文化相结合。根据当地实际，注重挖掘村庄历史传统文化和先贤故事，将当前的新农村建设、美丽乡村风貌、村庄发展成果等相结合展现村风村貌。溪口村结合温州第一位状元徐奭、省试第一的徐履等历史名人和该村养蚕织纱的历史，司前村结合乐善好施的秀才陶化龙一家三代卖家产募资金建回澜桥的真实故事。

与中国梦相结合。以"人民幸福"为主题，建设"三生融合幸福社区、生态宜居美丽乡村"，将"中国梦"融入文化礼堂建设中。在溪口村文化礼堂"成就廊"中镶嵌着大量的云湖天地养生园图片，展示着一个集居家养老社区、酒店养老院、社会福利养老院、综合医疗护理服务中心及农场的社会福利养老机构、健身房、娱乐场所等养老设施，承载着溪口村民"老有所养"的梦想。

2.构建群众舞台

司前村利用老戏台修缮成为文化礼堂，保留着过去建成的文体活动中心，如农家书屋、戏台等文化设施，不定期地组织民间文艺、文化爱好人士，为群众送上丰富多彩的文艺表演。

"农村文化礼堂"已不是单纯的文化活动场所，而是一个"心灵栖息的场所”。镇人民政府将它作为农村“精神文化地标”的定位来建设，其最大特点就是把中华传统的忠孝礼义信等优秀文化元素与时代先进文化相融合。在溪口村文化礼堂的壁画中，就绘出了中国二十四孝道图，如涤亲溺器、哭竹生笋、怀橘遗亲、卖身葬父等故事。

3.建设魅力畲乡

溪口村位于司前畲族镇东部，面向飞云湖，南临三江口，西接回澜桥，北靠狮子岗，自然景观得天独厚，生态环境优美，建有358米长的人行悬索桥的白鹤山庄、竹木龙头企业利众竹木有限公司等人文景观。依托山水资源，充分利用“生态、旅游”两张牌，形成了旅游、农业观光等产业。

镇人民政府把“畲族文化”融入司前、溪口村文化礼堂建设中，以彰显畲族镇的畲族文化魅力和浓郁的畲乡风情，培育畲族文化品牌。司前村突出畲族文化的传承和保护，将已建有的畲族文化民俗馆纳入农村文化礼堂中，并在戏台修缮，廊、墙的建设过程中融入畲族图案、花纹等元素，还利用原有的畲族民俗馆，集中收集展示畲族歌本、古籍、特色器具、“凤凰装”等服饰、遗迹等。

(三)图书馆

司前畲族镇有村民中心兼图书馆7个，分别是司前村村民中心村图书室、左溪村村民中心村图书室、台边村村民中心村图书室、溪口村民中心村图书室、新北村民中心村图书室、上地村民中心村图书室、峰门村民中心村图书室。

二、文化事业

(一)电 影

中华人民共和国成立后，至20世纪60年代前，县电影放映队每年到乡、村巡回放映一次。60年代初，根据县电影站领导的要求，首先在黄桥公社培训几名电影放映员，配备8.5毫米的放映机、发电机、幻灯机等放映设备，在山村巡回放映。之后各公社配备放映队，设备由公社配备，放映队由个人承包。放映机逐步改16毫米、35毫米，由黑白片逐步到彩色，画面越来越清晰。90年代后期电视普及，电影仍然是农村现代化的娱乐方式。

(二)广播 电视

司前境内地区分散，20世纪50年代中期，全县各地乡村基本普及广播，但山村仍然迟迟未到位。1956年始，广播线路逐步通到行政村。1958年，随着各行各业“大跃进”的掀起，为充分利用各项宣传工具配合中心工作，广播先后普及一些较大的村庄。1965年，公社建立了广播站，配备专职人员，分别负责机房、线路维修及转播工作。此后，随着电影、电视的普及，广播逐渐淡出，但仍然发挥其不可替代的作用。乡村分散，政府与各村的沟通十分不便。有了广播，临时发个通知，特别是遇到紧急情况，可在广播里通知。

20世纪90年代，电视普及率达70%。1998年，实施广播电视“村村通”和市县、县乡两级光缆联网。全县光缆联网率达38.9%。2000年，黄桥等村开通电视，完成电视“村村通”扫尾工作。2003年，全县实现“乡乡通光缆”，光缆联网率达100%。2008年，实施新一轮“村村通”工程，20户以上的自然村开通有线电视信号。2010年，村通电视率达100%。

1992年，乡镇撤扩并后，司前设立广播电视中转站，归口县广播电视局管理。司前畲族镇单独设立广播电视站，广播员行政隶属乡镇政府领导，业务接受广播电视中转站指导。1998年，县广播电视台职能重组，设司前广播电视管理站。2005年，文化广电新闻出版体制改革，重新设立司前广播电视中心站，作为县广播电视台派出机构。

三、文化活动

（一）畲族文化活动

1.畲族音乐舞蹈

畲族民间常见的乐器，在丧事中有龙角、龙刀、锣鼓、击木等。在舞狮子闹元宵中有锣、鼓，婚嫁时有人吹唢呐、笛子、拉二胡。赶野猪有人敲梆，小孩玩会剥柳枝皮或桐子皮作箫，树枝夹木叶作口琴。

畲族的曲调只有各县一种的喜歌调和各地统一一种的哀歌调，以及做功德，学师传师中的一些曲调，其他的曲调都是学习兄弟民族的。

畲族群众性的舞蹈比较少见，在做功德背老者、拔伤、打王、学师传师、祭祖等活动中才有舞蹈，舞姿是劳动中的动作，如登山、扛木头、打猎等。在道具的吹、摇击、碰声乐烘托气氛中，舞步刚柔结合，讲究对称，粗犷而朴实。有独人舞、二人舞、四人舞、集体舞，《做功德》《学师传师》舞已被编入《中国民间舞蹈集成·浙江卷》。

2.“三月三”畲族风情节

2006年，泰顺县委宣传部、司前畲族镇、竹里畲族乡联合举办泰顺县首届畲族风情节。

2010年4月16日举办首届瓯越“三月三”畲族风情旅游节。省民宗委副主任陈智慧,温州市委常委、统战部部长陈作荣,市人大常委会副主任钱成良,市政协副主席戴祝水,以及县委、县人民政府等领导参加风情节。还有来自泰顺及周边县市的畲族同胞、游客云集畲乡,共庆节日,共同感受瓯越浓郁的畲乡风情和独特的民族文化。此次瓯越"三月三"畲族风情节融入了畲族传统的婚嫁表演、竹杠舞、山歌对唱、民族工艺品展示、吃乌饭宴、篝火晚会和燃放烟花等民俗内容。此次风情节的游客达2万多人,举办1900多桌的"乌饭宴",是泰顺县历年来规模最大的一次畲族风情节活动。

2014年4月2日浙江省首届畲族风情旅游文化节暨温州市第五届瓯越"三月三"畲族风情旅游节在司前畲族镇隆重开幕,国家民委文化宣传司巡视员李建辉,省民宗委党组副书记、副主任吴彩星,省旅游局副局长许澎,温州市委常委、统战部部长陈浩,副市长郑朝阳,市政协副主席戴祝水参加。开幕式结束后,来自乐清、苍南、泰顺等地的艺术团体,表演以"中国梦、山哈情"为主题的畲族风情节目,分《最美畲乡韵》《更浓山哈情》两个篇章。来自全国各地的游客2万多人。

至2015年,司前畲族镇连续举办10届"三月三"畲族风情节,接待游客30多万人次。

(二)山 歌

不拘形式、场合。可以边劳动,边唱山歌,随意、放松。可以是耘田歌、放牛歌、跶料歌。众人背木头,也可以哼节奏整齐的背柴歌。工余居家,可以2人或几人,轻声哼唱,轮流接腔,相互欣赏。内容丰富多彩,司前境内有爱情长篇《高机和吴山春》,有喜剧《方青姑娘》等,《西厢记》也可以改编吟唱。

中华人民共和国成立以后,农村多教唱歌曲,田边地头经常可听到欢快的作业歌声。

(三)说白话①

说故事　畲族、汉族群众工余农闲,随便凑一起,能者自报家门,随便说几段。水平高一点的可连续说,或说连续故事。

说　传　农村流传的手抄本或印刷本《三侠五义》《说唐全传》《杨家将》《薛刚反唐》《三国演义》等,有点文化者能看,有的也能说。或自荐,或大家推荐。冬天空余,特别是春节期间。农民习惯说"正月鞋",即穿鞋休息。在家可听说传,听故事,借以娱乐。

---

① 司前话,"说白话""说古"即讲故事或说神话。

（四）扭秧歌

民国 37 年（1948 年）始，中共地下党泰北区委在乡境内恢复和发展党组织的同时，也在黄桥等老区农村组织一些简单的文化娱乐活动，以配合党的政治宣传工作。主要是教唱一些革命歌曲，如《朱大嫂送鸡蛋》《解放区的天》等歌曲，教群众学会简单的秧歌舞。六七十岁的老太婆也加入了秧歌队。这是乡境内最早的群众文化活动。中华人民共和国成立初期，秧歌舞曾兴盛一时。

（五）业余演出

中华人民共和国成立后，特别是 1952 年土地改革始，县文化馆在全县范围内组织开展群众文化活动。农民分到了田地，精神面貌焕然一新。村民自制道具，自导自演，排练群众喜闻乐见的折子戏。如《薛平贵回窑》《四郎探母》《斩龙袍》等。还有配合抗美援朝宣传的活报剧《打倒美国佬》。黄桥乡组织了 3 个业余剧团，在县文化馆指导扶持下，还到附近的景宁章坑、徐砻和东坑镇等村庄演出。直到 1958 年“大跃进”开始才停止活动。

（六）俱乐部

1963 年，农村度过了三年困难时期，农村经济逐步恢复。农村俱乐部取代过去的业余剧团。活动的内容包括建立图书室、学唱革命歌曲，春节期间也排练一些短小精悍的相声、快板、三句半、顺口溜及歌咏等节目。黄桥晓燕村俱乐部组织群众活学活用毛主席著作，办得很有特色。“文化大革命”期间，举国上下学唱革命样板戏，境内俱乐部积极响应、参与。

（七）鼓 词

鼓词艺术形式很简单，而又深受农村中老年人喜爱。行头简单：一面小牛皮鼓、板、牛筋十三弦琴。表演者自说自唱，鼓板、弦琴协调配合，引人入胜。在农村文艺形式缺少的年代，中老年人为之入迷。

表演内容大多是民间故事、传，可以演节子场，也可以连台本戏。艺人十分讲究分寸，说到高潮处，戛然停止，听众意犹未尽，盼望下场再来。艺人薪酬支出，由听众拼凑。山村听众少，薪酬自然不多。20 世纪 50 年代，百丈、莒江有 2 位盲人，经常游历在司前、里光、黄桥一带。其中，一位叫周贤巧的，自幼残疾，苦练技艺，二胡、京胡、板胡、笛子、唢呐都精通，可参与“弹唱班”正吹，可以唱鼓词，还可以算命。

学鼓词的，基本是盲人。因为其大脑中直观印象少，产生功能代偿，大脑记忆功能增强，学鼓词就比视力正常人更容易。另有一些盲人，戴行头挨家挨户唱,叫“门头唱”,山里晒笋干时,可以收村民的笋干作为报酬。

(八)木偶戏

泰顺木偶戏是古老的民间艺术,历来具有广泛的群众基础,历600余年经久不衰。在浙西南、闽东北均有较大影响。境内多数村有民乐班子,且杨寮村有人擅长木偶制作,故随便凑一下,就是一个木偶戏班子。自古山村少文艺活动,木偶戏是适合山村的一种机动灵活的“轻骑兵 ”。21世纪,电视全面普及,仍然还有许多中老年人喜欢木偶戏,节日,特别是春节期间,镇上还演上10多场,直到元宵。至2015年,司前畲族镇、竹里畲族乡有10多名艺人,经常相互搭配组合,出席殡葬场合弹唱演奏和出演木偶戏。

木偶

1.木偶班的组合与分工

木偶班的组合,一般以4—6人组成一个班子,其中1人提线(称前台),其余3—5人为音乐组(称后台),提线者常是这个班的班主。班子以班主的姓名为名,其余人称作搭班。他们的收入常以股份制分配。一般以提线者为高 ,木偶担子是个人私有的,也作股份参加分配。

演出时,提线者面对观众(但由于前面的眉幕遮挡,观众是看不见他的)操作小屏风前的木偶,戏中主要角色的说、唱一般也由此人担任。台右边为出将(出台),左边为入相(进台口)。后台班子中指挥1人(称鼓板师傅),坐在舞台左侧前方,既能看到前台的活动,又能指挥整个音乐组。他除了掌握鼓、旦皮、板(三粒)之外,有时还要敲小锣、梆子等。指挥左侧一人称“正吹”,是后台班子的二号人物,他要吹奏笛子、唢呐,拉主胡(京胡和板胡),他不兼戏中各种人物的说、唱。后台班子的“三把手”是敲大锣的,他还兼击钹子、拉京胡或二胡。以上为4人组成小戏班。如果是五六人组成的, 在后台增加二胡或弹拨乐器(如小三弦、月琴之类)。后台中除了“正吹”之外,其余人员均要担任剧中一些角色的说白与唱腔。

2.一般演出活动规律

每年农历正月、二月为旺季,在上年底,班主就要为来年的活动搭好班子,排好演出线路(称为戏路),正月初二、三在什么地方集中开始演出(叫开台)。开台前班主常要搞拜祖师爷活动,烧香许愿,年终还选黄道吉日还愿。

无论是白天或晚上,在演出之前要打个“头通”(亦称开场锣鼓或闹场),以吸引或召集观众。接着先演个“折子戏”(叫插曲),有时根据具体情况还要打个“八仙”(有祝福、庆寿之意)，稍后即开始演出“正本”戏了。每场演出结束时要吹奏一支曲牌作为尾声，观众才会徐徐散去。假如一个台基要演出数天的，在最后一场演出结束时，一般有“关公”提刀单独出场舞上一番(叫作扫台)，以示送走鬼神，永葆平安。

在一个台基演出将要结束时，如果班主还有演出任务不能离开，他要指派一位具有社会活动能力的人，作演出安排(称作戏股)。有时候下一个演出点相隔较远，经过某一村庄，按规矩演出一天，叫作“过台基”，当地虽没打算演出，但也会同意。这种木偶班子的演出，一般都在乡村的小戏台上进行。有时也在大房子的厅头或村内空旷地搭台演出。

3.道具与行头

木偶戏的行头比较简单，只有一担木头箱(称戏箱或戏笼)，一捆小竹子(称戏把)。把所有的木偶与小道具装在两只箱子里，只用一人挑走。“戏把”就是一捆搭台用的20余支小竹竿，一人可背走。每到一个新台基，大家动手，只要一两个小时就能搭好台架，围好大小幕布和幕帘，并挂上几十个木偶，等待演出。

4.木偶戏的唱腔与音乐

木偶戏，艺人们自称“小班”(以人做演员的称大班戏)。在早期以乱弹、和调、昆曲、高腔四个剧种曲调演唱，而现在“高腔”已自然消失，“昆曲”在“八仙”中还时有用到，保留下来的只是“乱弹”与“和调”两大剧种曲调，司前一带仅有“乱弹”。乱弹与和调各自有一套完整而相对独立的唱腔。在配乐曲(曲牌)及锣鼓方面也常有各自独特的风格，属于“共有”的唢呐曲牌、丝弦曲牌与民间锣鼓非常丰富。其中，“头通”(亦称头场锣鼓、闹台)的曲目就有什锦、文打、西皮台、梆子头通、福建头通、五更、闹剪、一封书(分乱弹与和调两种)、加二水(已失传)等10支之多，这是别处少见的。

5.泰顺木偶戏的艺术特色

数百年来，泰顺木偶戏之所以能有这么强的生命力，这与它自身独有的艺术特色是分不开的。其特色归结起来有三个方面：一是班子小。道具与行头简单，不受演出场地限制，演出费用不高。一个几户人家的小山村也能演出。大户人家祝寿等大喜场面会包场。二是程式固定。提线操作和表演程式相对固定，唱词与说白也有相对稳定的内容，演出时只要有一定的人物和故事情节，不需要经过复杂的排练便可演出。这种演出形式人们称为“路头戏”，很适合以本传和民间传说作连台本戏的演出，丰富演出内容,满足群众的广泛要求。三是大众化。木偶戏除了大人物说的是京白之外,小人物,尤其是丑角,说的是当地的方言,不拘一格、老少皆宜,朴实风趣、幽默生动。

6.泰顺木偶戏的剧目及内容

由于木偶戏的演出基本上是"路头戏",只要有一定的人物形象与故事情节便可演出,故可演出的剧目非常多,其中以历史人物传奇和民间故事为主,常作为连台本戏演出,如征东、征西等。以音乐、表演程式见长的"折子戏",如:徐策跑城、水漫金山、小放牛等。有时在"正本"演出之间常常要打个"八仙",以示祝福、图个吉利。据查这种"八仙"就有同春、四锅(赐福)、十福、五子夺魁等20余支。

7.一条担子两个班

泰顺木偶艺术最主要的是"一条担子两个班"。一条担子即是木偶担子(木偶班),两个班,则是弹唱班与吹打班。这两种班的人员组成和活动地区也是相对稳定的。实际上就是木偶班的成员。因此,在演木偶戏时与两个班的情况是不能截然分开的,无论木偶戏或弹喝班、吹打班都以男性为主,在旺季则搭成木偶戏班子出门演出,平时每逢红白喜事又成为弹唱班或吹打班为之服务。但就其活动内容与形式,则又是截然不同的两大体系。

弹唱班,它的活动区域与木偶戏中的乱弹班相同,以筱村、百丈、司前为主。他们常常要在大厅前、走廊右侧摆一张大方桌子、四条凳子。有时用门板搭个简易的台,吃饭、饮酒也就在此桌上进行。喜庆场合,在宴席开始时,主人要指派一两个人为主持人,根据席位的大小安排入座位,这叫作"点位"。这时,弹唱班要为之演奏丝竹乐"小开门"……在音乐声中,宾主们又是拉又是请,又是推辞又是谦让。在大厅之外的花坛里又放起鞭炮,气氛热闹非凡,别具一格。在宴席进行中,弹唱班常常放下筷子为之唱奏一番,一则为众多的宾客助兴,二则也增添喜庆的热烈气氛。筵席过半,弹唱班中常要派一人手端小锣到席上(特别是靠近厅头壁的两张桌子)去讨"吉利钱"。大位、二位(一般是此次宴席的主宾)的宾客是知道这风俗的,常要拿出事先已准备好的"红包",以示阔气,弹唱班的这种举动,称之为"打香",以增加收入。

弹唱班在约定弹唱活动期间,开场音乐是打个"什锦头通"(这是较好的班子),或其他"头通"。在每日早起或晚收场,或最后一天结束之前,都要吹奏一番唢呐曲牌,还要唱几曲戏。在整个活动中又是弹奏曲牌、又是唱戏,故称之为弹唱班。20世纪六七十年代之前，红白喜事（葬坟、高寿老人逝世称白喜事）都请弹唱班。20世纪80年代始恢复，但结婚酒、新屋落成已不请弹唱班，至今葬坟、高寿老人逝世的白喜事仍请弹唱班，有的还兼请军乐队。

8.泰顺木偶与其他民间艺术的关系

木偶的头、手、足雕刻和整个木偶的艺术造型，生、旦、净、丑等戏剧行当的名称、服装、道具等诸方面都与古老的昆剧、徽戏大致相同。与其并存的其他民间艺术形式，如民间木刻[“八仙桌椅”上的“八仙”浮雕，司前溪口进士屋的雕梁画栋与百鸟阁（现存县文博馆）]民间石雕（司前回澜桥栏杆上的石浮雕）、民间壁画以及近年来出现的车木玩具、匾额浮雕等艺术品的发展道路，与古老的木偶戏存在着割不断的血缘关系。

9.器　乐

民国时期，因婚丧礼仪、传统节日、迎神赛会、祈愿祭祀等多方面的需要，境内吹打器乐得到不断的发展。

1952年始，吹打乐的乐器种类可分为四大类30多个品种：第一类为吹管乐器，分别为笛子、唢呐；第二类为拉弦乐器，分别为京胡、板胡、二胡；第三类为弹弦乐器，分别为三弦、月琴；第四类为打击乐器，分别为大锣、小锣、撑锣、吊锣、大鼓、板鼓、大钹、小钹、木鱼、碰铃、磬等。这一时期，弹唱班所采用的曲种主要是乱弹。有流水、反流水，伴奏乐器主要为笛子、板胡、二胡等丝弦乐器。

四、非物质文化遗产

（一）畲族非物质文化遗产

泰顺是浙江省畲族民族工作的重点县。畲族文化遗产被列入浙江省非物质文化遗产生态保护区试点单位；畲族民歌被列入国家级非物质文化遗产保护名录。同时被列入省级非物质文化遗产保护名录的有畲族婚俗、畲族三月三、畲族民歌等3项；市级非遗保护名录有畲族谚语、畲族刺绣、畲族彩带编织、畲族医药等4项。

泰顺畲族非物质文化遗产丰富多彩。涵盖了国家非物质文化遗产项目的十大门类。泰顺畲族语言、畲族舞蹈、畲族民歌中的叙事歌和仪式歌、服饰刺绣和剪纸以及涉及畲族的生产、生活、社会组织、人生礼仪、信仰、岁时节日等民俗正在逐渐淡化或逐步趋向消亡，亟待拯救。

2015年泰顺县暨司前畲族镇畲族非物质文化遗产保护名录一览表

表7-5-3-1

项目名称	县级	市级	省级	国家级	类别
畲族民歌	√	√	√	√	传统音乐
畲族三月三	√	√	√		民 俗
畲族婚俗	√	√	√		民 俗
畲族刺绣	√	√			传统美术
畲族服饰	√	√			传统美术
车木造型工艺	√	√			传统美术
畲族钉鞋舞	√	√			传统舞蹈
畲族尼簧	√				民间文学
畲族语言	√				民间文学
畲族谚语	√	√			民间文学
畲族医药	√	√			医 药

(二)非物质文化遗产传承基地

非物质文化遗产传承基地是通过交流、展示、传习、培训等方式开展非物质文化遗产保护、传承、利用的活动场所和空间。传承基地涵盖并包括非物质文化遗产保护项目区域性生态保护区、生态博物馆、专题博物馆、传习所、展示中心、活动中心、曲堂等形态。2011年,司前畲族镇被列为县级畲族文化遗产生态区、县级文化传承基地。

(三)非物质文化遗产选录

1.畲族民歌

畲族民歌属传统音乐类别。主要形式以“对歌”(俗称“盘歌”)应景。每逢婚嫁喜庆,或有客自远方来,畲民们就聚拢在灶房或厅堂对歌,以歌对话,以歌会友,以歌传情。歌曲题材多式多样,见物唱物,见人唱人,即兴编唱。类型可分传统民歌、革命山歌和新民歌三类。其中,传统民歌具有原真性,传承性较好,有长篇叙事歌、小说歌和杂歌三类。长篇叙事歌有歌颂祖先的《盘瓠歌》《麟豹王歌》,有揭露旧社会统治阶级罪恶的《末朝歌》等;小说歌大都由汉族章回小说和评话本改编而成,如《梁山伯与祝英台》《白蛇传》等;杂歌内容广泛,形式活泼,包括十条起、散条、叙事杂歌、字歌、分字歌、谜歌、嫁女歌、小令等多种。2009年,被列入第三批省级非物质文化遗产名录。2012年被列入国家级非物质文化遗产名录。

2.提线木偶戏

提线木偶戏属传统戏剧类别，始于南宋。时因战乱，京城临安大批艺人来境内避难带来此技艺。提线木偶戏在长期流传过程中，不断吸收浙北及泉州两大派系艺术特色，在头像雕刻、人物造型、服饰装扮等方面均独具一格。泰顺木偶戏班明清时期全县有108班，清末多达120班。木偶戏题材十分丰富，有传统剧、现代戏与儿童剧，演出风格多样，提线水平精湛，表演细腻逼真，勾、挑、提、拉，双手并用，吹、拉、弹、唱，一并俱佳。唱腔以乱弹为主，兼唱昆剧、和调（京剧）与高腔。木偶戏与民俗活动紧密结合，每逢春节元宵“做春福”或秋后迎神、赛会等民俗活动，都有表演。2007年，被列入第二批省级非物质文化遗产名录。

3.木偶头雕刻

木偶头雕刻属传统美术类别。南宋末年自杭州传入。木偶头用樟木或纹质细腻的杂木雕刻而成，其造型特点是在头像比例基础上加以夸张和变形，形象天然俊美，生、旦、净、末、丑，忠、奸、贤、愚各具个性，雕刻精细简练，开相文静秀美，脸谱描绘简洁朴素，粉彩工艺细致多姿，其造型和雕刻技法，明清时已达到相当高的水平。中华人民共和国成立后，泰顺木偶头造型从传统15种增加到180多种，脸谱近300种，在继承传统基础上不断发展，形成独具地方特色的造型艺术，为国内木偶戏研究提供了宝贵实例，具有深厚历史文化内涵、收藏价值和审美价值，曾被浙江、广东等省级博物馆收藏，并应邀赴中国台湾、中国澳门和美国、日本、俄罗斯等国家和地区展示。2009年，被列入省级非物质文化遗产名录。境内榅垟村畲族村民雷献亮木偶头像雕刻技艺高超，能制作木偶戏全副戏担。

2014年11月11日，“泰顺县木偶头雕刻”入选第四批国家级非物质文化遗产项目。

4.乌衣红曲制作技艺

乌衣红曲制作技艺属传统技艺类别。技艺自宋末传入，距今约800年历史。明万历《泰顺县志》载：“然至十月，则家无不酿，谓之大冬酒，故有极陈美酒。”乌衣红曲是境内酿造红酒的一种曲种，以大米为原料，经接种曲母培养多次发酵而成，外观呈乌黑色，主要含有红曲霉、黑曲霉和酵母等微生物。用乌衣红曲酿造的红酒颜色亮红，略带甜味，口感香醇，是传统佳酿饮品和菜肴佐料。

2014 年 10 月 29 日，司前畲族镇隆重举办首届红曲酒酿制节，溪口村和峰门村共 200 多缸红曲酒同时酿制，现场还有畲族风情表演及“糯米饭宴”等特色活动，吸引众多游客前来参观品尝。

5.车木玩具制作技艺

车木玩具制作技艺属传统美术类别。源于宋末泰顺木偶造型。将木偶、车木、彩绘和装饰技法等巧妙地结合在一起，形成一种具有地域特色的“车木玩具”，成为境内传统工艺的典型代表。产品曾多次参加全国工艺美术和玩具展览会展出，曾选送赴美国、日本、加拿大、比利时等国家展出，并多次获得国家级奖励。该制作技艺主要流传于罗阳、百丈、司前、三魁等地。

与司前畲族镇相关的泰顺县非物质文化遗产保护名录摘录一览表

表 7–5–3–2

项目名称	县 级	市 级	省级	类 别	最高级别时间
泰顺婆饼制作技艺	√	√		传统技艺	2008 年
泰顺竹编	√	√		传统技艺	2008 年
温州造纸技艺(泰顺花笺纸)	√	√		传统技艺	2008 年
乌衣红曲制作技艺	√	√		传统技艺	2009 年
风药酒酿制技艺	√			传统技艺	2009 年
九层糕炊制技艺	√			传统技艺	2009 年
豆腐娘制作技艺	√			传统技艺	2009 年
烂笋坛腌制技艺	√			传统技艺	2009 年
木偶头雕刻	√	√	√	传统美术	2009 年
车木造型工艺	√	√		传统美术	2007 年
泰顺山歌	√			传统音乐	2008 年
泰顺什锦头通	√	√		传统音乐	2010 年
罗隐传说	√			民间文学	2008 年
汤夫人传说	√			民间文学	2008 年
江西阴阳传说	√			民间文学	2008 年
泰顺民间故事	√			民间文学	2009 年
铁技	√	√		民俗	2009 年
谷俗	√			民俗	2009 年
上梁习俗	√			民俗	2009 年
修谱习俗	√	√		民俗	2009 年

第四节 卫生与体育

司前境内多山民，历史上全靠中草药资源治病疗伤。明万历年间(1573—1620年)境内就已有中药店。中华人民共和国成立后，乡间逐渐形成医疗网络，医疗队伍不断壮大，医疗水平显著提高，居民防病治病便利，身心健康得到保障。2015年，镇中心卫生院医务人员22人，开设检验系统、急救中心、全科门诊、妇幼保健、预防接种等科室。新型农村合作医疗制度全面建立，参加面全覆盖。

司前境内居民注重健身，学校开展特色体育活动，竞技体育成绩显著。民间多以象棋等室内活动为主。近年中老年人开始注重跳舞、太极拳、爬山等野外体育活动。2012建成镇体育健身广场和健身苑点52个。组建文体队伍15支，完成省级体育强镇创建。

从20世纪80年代始至2015年新型农村合作医疗制度逐步完善，镇内参加新农合制度人数18827人。除无须参加对象外，应参合人数达到全覆盖。

一、民间医药

(一)中草药医疗

司前畲族镇境内中医、草药医历史悠久。早在明万历二十五年(1597)徐坑人徐彬就办起“徐益寿”中药店。后裔相沿12世，历时400余年。其七世孙徐道备(1853—1934)，博览众家医书，精研药材炮制，自制“退膜散”“拨云丹”眼药闻名遐迩。境内各村研习中医、草药者能人辈出。左溪的雷如俊开设“益生堂”，经营中草药，也很有名气。20世纪60年代，提倡中医、中药，培养农村“赤脚医生”，境内相继涌现不少中医、中草药方面医生，遍布各村落。

20世纪60年代始，司前、台边村陶育淼、夏念龙、陶笑玉、柳建峰、纪向东、蓝李珍、陶海信、赵庆先、徐永象等人都曾开设个体诊所、中药店，至2015年还有部分继续从业。

清光绪三十年(1904年)至2015年司前畲族镇中药店一览表

表7-5-4-1

店名	经营者	开业时间	开业地点	人员	变化情况	经营范围
益生堂	雷如俊	清光绪三十年(1904年)	左溪村	1人	1966年停业	中草药
	陶荣乡	民国20年(1931年)	司前村	1人	1956年并入诊所	中药

续表 7-5-4-1

店名	经营者	开业时间	开业地点	人员	变化情况	经营范围
	夏克砼	民国初	司前村	1人	1950年停业	中药
	黄森昌	民国初	台边村	1人	民国37年停业	中药
	夏荣光	民国初	台边村	1人	1956年并入诊所	中药
徐益寿	徐彬后裔	1957年	徐坑村	3人	2015年继续	中草药
徐益寿	徐英杰	民国初	百丈镇	1人	1956年公私合营	中西药

(二)司前畲族镇常用草药选介

境内天然植物群落保持完好,中草药资源丰富,取材容易。长期实践证明,草药不仅可以就地取材,对防病、治病、疗伤有很好的功效,对一些疑难杂症也可进行有效治疗。药食同源,境内居民常作药膳、制药酒,用以健身、防病。①

石松　石松科,俗名老虎垫坐、伸筋草,全草入药,味甘,性温,舒筋活血,祛风通络。

江南卷柏　卷柏科,俗名岩柏,全草入药,味微甘,性平,清热利湿,和血止血。

卷柏　卷柏科,俗名铁拳头,全草入药,味辛,性平,生用祛瘀,炒用止血。

阴地蕨　阴地蕨科,中药名小春花,味淡,性平,清肺化痰,解毒。

乌韭　鳞始蕨科,俗名雉鸡尾,全草入药,味苦,性寒,清热利湿,止血解毒。

凤尾草　凤尾蕨科,俗名乌脚鸡,全草入药,味淡,性凉,清热利湿。

槲蕨　水龙骨科,俗名岩姜,中药名骨碎补,味苦,性温,祛瘀活血,补肾。

苹　苹科,俗名水铜钱,全草入药,味甘,性寒,清热解毒,利水消肿。

银杏　银杏科,种仁中药名白果,味甘苦涩,性平、有微毒,益肺气、定喘咳,缩小便,止带浊。

侧柏　柏科,俗名扁柏,种仁、叶入药,味甘苦涩,性寒止血,镇咳,降压。

三白草　三白草科,俗名插田白,全草入药,味甘、淡,性寒,清热,利湿。

蕺菜　三白草科,俗名牛不食、鱼腥草,全草入药,味苦,微辛、臭,微寒,祛湿利尿,消肿解毒。

桑　桑科,俗名桑树,叶:味苦、甘,性寒,祛风清热,凉血明目。枝:味苦,性平,祛风湿,利关节,透疹。根(白皮):味甘,性寒,泻肺,平肝,行水。椹:味甘、

① 选录自温州地区卫生局《浙南本草新编》,温州地区浙南印刷厂1975年6月版印刷。文中"俗称"指镇境内通俗称法。

酸，性温，滋补肝肾，养血明目。

天仙果 桑科，俗名大叶牛奶珠，果、根入药，味甘、微辛，性温，补脾肾，祛风湿，通筋络。

葨芝 桑科，中药名穿破石，根、果入药，味微甘、酸、涩，性微温，舒筋活血，祛风湿。

葎草 桑科，俗名大叶五爪金龙，全草入药，叶甘、苦，性寒，清热解毒，利尿散结。

毛赤车 荨麻科，俗名坑冷，全草入药，味苦辛，性温、有微毒，活血祛瘀，消肿解毒。

苎麻 荨麻科，俗名野苎，根、叶入药，味微苦、涩，性寒。根，清热安胎，凉血止血，外用消肿。叶，外用止血。

江南细辛 马兜铃科，俗名马蹄香，全草入药，味辛，性温、有微毒，祛寒开窍，行气止痛。

蛇菰 蛇菰科，俗名蛇箭草，全草入药，味苦、涩，性温，暖胃，止痛。

虎杖 蓼科，俗名酸杖，根茎入药，味酸，性凉，清热、止咳、活血、通便，外用收敛。

野荞麦 蓼科，俗名天花麦，全草入药，味甘、涩、微苦，性凉，清热解毒，排脓消肿，益肾。

鸡冠花 苋科，花序及种子入药，味甘，性凉，清利湿热，凉血、止血。

牛膝 苋科，俗名土牛膝，根入药，味苦、涩，性凉，清热解毒，利咽喉，散瘀血，补肝肾，强筋骨。

紫茉莉 紫茉莉科，俗名白胭脂，全草入药，味甘、辛，性寒，有微毒，祛湿利尿，活血消肿。

天葵 毛茛科，俗名老鼠屎，根或全草入药，味苦、甘，性寒，清热解毒，化痰散结。

威灵仙 毛茛科，俗名九里火，根茎叶入药，味辛苦、咸，性温，祛风湿，消瘀肿，通经络。

单叶铁线莲 毛茛科，俗名雪里开，块根入药，味甘、辛，性微温，化瘀镇惊，祛瘀散结。

大血藤 木通科，俗名黄省藤，主茎及根入药，微苦、涩，性平，活血行气，消肿散结。

八角莲 小檗科，俗名八角金盘，根、茎入药，味甘、微辛，性温，有微毒，化痰镇惊,祛瘀散结。

阔叶十大功劳　小檗科,土黄柏根茎入药,味苦,性寒清热,利湿,解毒。

石蟾蜍　防己科,中药名粉防己,根入药,味苦、辛,性微寒,祛风利湿,行气镇痛。

山木蟹　木兰科,俗名骨底搜,味苦、辛,性温,有大毒,祛风除湿,散瘀止痛。

南五味子　木兰科,俗名山饭藤,根及皮茎果入药,味苦、微辛、涩,性温,有香气,行气散瘀,和胃消积。果补心肾。

小花黄堇　罂粟科,俗名粪桶草,全草入药,味微苦,有臭味,性凉,清利湿热,止血。

荠菜　十字花科,俗名清明草、鸡摩步,全草入药,味微苦,性平,平肝,利尿,凉血止血。

檵木　金缕梅科,俗名石榴楸,根、花入药,味甘、涩,性微温,花味甘、涩,性平。根,行血,止血,止泻;花,止血。

枇杷　蔷薇科,俗名枇杷,叶入药,味微苦,性平,清肺止咳,和胃降气。

金樱子　蔷薇科,俗名长鸡陀,根、果入药,味酸、涩,性平,固精涩肠,缩尿止泻。

龙芽草　蔷薇科,中药名仙鹤草,全草入药,味苦、涩,性平,补肾,止泻,止血,驱虫。

掌叶覆盆子　蔷薇科,俗名大号角公,果入药,味甘、酸,性微温,补肾固精。

高粱泡　俗名寒苗,味酸、涩,性温,祛风活血,散瘀调经。

香花崖豆藤　豆科,俗名红血藤、风藤,根入药,味苦、微甘,性温,舒筋活络,补血行血。

截叶铁扫帚　豆科,俗名大号关门草,全草入药,味淡,性平,健脾补肾,平肝明目,止咳。

鸡眼草　豆科,俗名小关门,全草入药,味淡,性微寒,利湿健脾。

野葛　豆科,俗名葛绳根,根、花入药,味甘、辛,性平,根解肌退热,生津止渴,诱发斑疹。

酢浆草　酢浆草科,俗名节儿酸,全草入药,味酸,性微温,散瘀消肿,化痰,利尿,治气管炎、黄疸性肝炎、肾炎、水肿。

竹叶椒　芸香科,俗名白蒲叶桃,根、果壳、叶入药,味辛,性温、有微毒。行气,止痛,散寒,健胃。

冬青　冬青科,俗名冬青树,叶、皮入药,味微苦、涩,性寒,凉血止血,收敛生肌。

扶芳藤　卫矛科，俗名白墙络,茎、叶入药，味微苦，性温,补肾止泻，祛风湿，强筋骨。

凤仙花　凤仙花科，俗名指甲花，全草与籽入药，味苦、甘、辛，性温，有微毒，花味甘，性温，全草活血消肿，祛风通络，花活血止痛，籽软坚消积，通经行瘀。

多花勾儿茶　鼠李科，俗名画眉柴，根入药，味微甘、涩，性温，祛风利湿，活血止痛。

蛇葡萄　葡萄科，俗名山葡萄，根入药，味甘、辛，性微温，根祛风湿，活血消肿，叶止血。

三叶青　葡萄科，俗名金线吊葫芦，块根入药，味微辛，性凉，清肺化痰，解毒消肿，治蛇伤、病毒性脑膜炎。

乌蔹莓　葡萄科，俗名五爪龙藤，全草入药，味酸、苦，性寒，叶清热解毒，根凉血消肿。

野山楂　蔷薇科，中药名山楂，味酸、甘，性微温，消食化积，祛瘀通经。

木芙蓉　锦葵科，俗名芙蓉花，花、叶、根皮入药，味微辛，性平，清热解毒，排脓消肿。

木　槿　锦葵科，俗名千年篱花。花，味甘，性凉；皮，味甘，性凉；花，凉血，润燥，除湿，清热；皮，清热，杀虫。

猕猴桃　猕猴桃科，俗名藤梨，根、茎入药，味酸、甘，性寒，健胃活血，利尿解毒，治腹水、跌打损伤，抗癌等。

茶　山茶科，俗名茶叶树，叶，味微甘、涩，性凉；根，味苦，涩，性寒；叶，提神，解渴，利尿，止泻；根强心。

地耳草　藤黄科，俗名四方草、七层塔，全草入药，味苦、甘，性平，消肿解毒，活血破瘀。

戟叶堇菜　堇菜科，俗名犁头草、紫花地丁，全草入药，味苦，性寒，清热消肿，凉血解毒。

仙人掌　仙人掌科，全草入药，味淡，性寒，清热解毒，消肿止痛。

喜　树　珙垌科，俗名旱莲木，果、根皮入药，味苦，性寒，有毒，化积、止痒。

八角枫　八角枫科，俗名八角柴，根入药，味辛、苦，性微温、有毒，散瘀止痛。

桉　桃金娘科，俗名三年背，叶入药，味微苦，辛，性平，清热解毒，杀虫。

赤 楠 桃金娘科,俗名石铃柴,果、根入药,根味涩、微苦,果味甘、微酸,性平,补中气,益肝肾。

楤 木 五加科,俗名白老虎刺、百鸟不歇树,根、茎、皮入药,味微辛,性平,有小毒,花苦、涩,性平,祛风除湿,行气活血,花止血。

忍 冬 忍冬科,俗名金银花,中药名:忍冬藤,花、藤入药,味甘,性寒,清热解毒。

豆腐柴 马鞭草科,又称腐婢(《浙江民间常用草药》),根、茎、叶入药,味苦、涩,性寒,清热解毒。

野海棠 野牡丹科,俗名叶下红,全草入药,味甘、酸,性温,益肾调经,补血活血。

五 加 五加科,俗名五加皮(根皮的中药名),味辛、苦,性温,祛风湿,强筋骨。

天胡荽 伞形科,俗名遍地锦,全草入药,味辛、苦,性温,祛风湿,强筋骨。

积雪草 伞形科,俗名老鸦碗,全草入药,味辛、苦,性微温,疏肝行气,活血消肿。

刺毛杜鹃 杜鹃花科,俗名牛舌柴,根、茎入药,味涩,性温,祛风解表,止痛。

朱砂根 紫金牛科,俗名高脚铜盘,根入药,味苦、涩,性温,活血祛瘀,解毒消肿。

紫金牛 紫金牛科,俗名矮茶,全草入药,味辛、苦、涩,性温,止咳化痰,活血止痛。

过路黄 报春花科,俗名白过路蜈蚣,全草入药,味苦、酸,性凉,清利湿热,解毒通淋。

龙 胆 龙胆科,俗名高脚鲤鱼胆,根入药,味苦,性寒。泻肝胆实火,清下焦湿热。

五岭龙胆 龙胆科,俗名矮脚鲤鱼胆,全草入药,味苦,性寒,常用于急性结膜炎、急性咽炎、扁桃体炎。

牛皮消 萝摩科,俗名山番薯,根入药,味微苦、涩,性平,有小毒,行气健胃,解毒消肿。

马蹄金 旋花科,俗名螺厣草、田螺魇,全草入药,味淡,性微寒,清热利湿。

马鞭草 马鞭草科,全草入药,味苦,性微寒,凉血、破血,利尿,杀虫。

筋骨草 唇形科,俗名苦草,全草入药,味苦,性寒,清热解毒,凉血,止咳。

山藿香 唇形科，俗名血见愁，全草入药，味微辛，性凉，清热解毒，止痒。

活血丹 唇形科，俗名金钱薄荷，全草入药，味微苦、辛，性微温，行气活血，利尿通淋。

夏枯草 唇形科，全草入药，味苦、辛，性寒，清热散结，平肝明目。

益母草 唇形科，全草入药，味辛、微苦，性微寒，活血祛瘀，利尿消肿。茺蔚子（益母草干燥成熟的果实）味辛、甘，性微温，活血调经，明目，利尿。

丹 参 唇形科，俗名紫丹参，根入药，味苦，性微寒，活血调经，养心安神。

紫 苏 唇形科，叶表散寒，行气和胃，解鱼蟹毒；梗调气安胎；籽下气消痰。

白 英 茄科，俗名白毛藤、毛尖菜，茎、叶入药，味微辛，性平，疏风止痛，清热解毒。

白毛鹿茸草 玄参科，俗名千年霜，全草入药，味微苦，性寒，清热凉血。

石吊兰 苦苣苔科，俗名石杨梅，全草入药，味苦、涩，性微温，祛风止痛，活血消肿。

穿心莲 爵床科，全草或叶入药，味苦，性寒，清热解毒。

爵 床 爵床科，俗名小青，全草入药，味微苦，性微寒，清热解毒，利尿。

马 蓝 爵床科，俗名板蓝根，根、叶入药，味微甘，性寒，清热解毒，凉血消肿。

车 前 车前科，俗名蛙蟆衣，全草及籽入药，味甘、淡，性寒，清热利尿，止咳化痰。

钩 藤 茜草科，俗名金钩吊，带钩嫩枝及根入药，味甘，性寒，熄风止痉，清热平肝。

栀 子 茜草科，俗名黄栀，果实及根入药，味苦，性寒，清热泻火，除烦，凉血止血。

茜 草 茜草科，俗名染卵草，根入药，味苦，性寒，凉血止血，行瘀通经。

奇 蒿 菊科，俗名六月雪，全草入药，味苦，性温，破血，通经，止痛。

栝 楼 葫芦科，俗名吊瓜、瓜蒌，味甘，性寒。花（中药天花粉）味微苦、甘，性寒；果实（全瓜蒌），开胸化痰，润肠通便，清热生津，散结；果皮（中药瓜蒌皮）、种子（中药瓜蒌仁）。

羊 乳 桔梗科，俗名山菜头，根入药，味甘，性平，清肺养阴，健脾通乳，排脓解毒。

半边莲 桔梗科，俗名奶充草，全草入药，味辛，性平，清热解毒，利尿消肿。

一枝黄花 菊科，俗名黄花仔，全草或根入药，草味苦、辛，根辛，性温。草疏风解表，解毒；根祛瘀消肿，利气开窍。

大 青　马鞭草科,俗称青风刺,根名地骨皮,叶名大青叶(皆为中药名),味微苦,性寒,清热、凉血、解毒。

败 酱　败酱科,俗名苦菜,茎叶入药,味微苦,性寒,清热解毒,排脓消肿。

苍 耳　菊科,俗名琴苏,籽及茎叶入药,味甘、微苦涩,性温,小毒,祛风湿,通鼻。

野 菊　菊科,俗名野菊花,花及全草入药,味苦辛,性凉,清热解毒,疏风平肝。

石胡荽　菊科,俗名地胡椒,鹅不食草(中药名),味辛,性温,祛风,化痰,散瘀,通鼻窍。

千里光　菊科,俗名黄茄菜,全草(去根)入药,味苦,性寒,小毒,清热解毒,利湿止痒。

蒲公英　菊科,俗名奶草,全草入药,味苦、甘,性寒,清热解毒,消肿散结。

淡竹叶　禾本科,俗名竹叶、竹米,全草入药,微甘,性寒,清热除烦,利尿。

白 茅　禾本科,俗名禾木草,白茅根(根茎的中药名),根入药,味甘,性凉,清热凉血,润燥,利尿。

细叶艾　菊科,俗名野艾,根、茎、叶入药。叶微苦、微辛,性温,温经暖宫,安宫,止血;根茎味微辛,性温,利水。

滴水珠　天南星科,俗名红岩芋,块茎入药,味辛,性温,有毒,解毒消肿,祛瘀止痛。

百 部　百部科,俗名牛虱股,根入药,味甘、苦,性微温,润肺止咳,杀虫。

菝 葜　百合科,俗名金刚刺,根、叶入药。块茎味涩,性平,清热散结,排脓消肿。

七叶一枝花　百合科,俗名金烛台,根茎入药,草河车(根茎的中药名),味苦、辛,性微温,止咳化痰,解毒散结,解蛇毒、疖痈。

(三)民间诊疗方法

在长期与疾病斗争过程中,因地制宜形成了独特的疾病诊疗方法,并在畲族人群中得到了广泛应用,为畲族人民的健康保障起到重要的作用。至2015年,仍有畲族、汉族能人在家或在街坊设摊从业。

1.痧症诊治

畲族诊治痧症历史悠久,至今仍被广为运用。畲医对痧症确定有数十个种类,涉及内科、外科、儿科、妇科,且都有形象的病名、发病部位、症状或特征、治法。有些与现代医学病症相类似。

(1)诊断方法

畲医认为痧症诊断不难,但有些痧症也易与其他病症混淆,如分辨不清,轻易按痧症治疗可能造成误治,故强调认真分析症状,加以区别。常见诊断方法有五种:

划痕试验 施术者用右食指屈曲的第二关节顶端,在患者第2—5胁肋之间由上而下,稍微用力,划5厘米左右的一道痕,如皮下明显隆起,并很快呈现紫红色或暗红色者,称为痧筋;或左手抓住患者手腕,让患者手掌向上,用右食指在患者前臂手三里穴处向内稍微用力划痕,如出现痧筋隆起,即可诊为痧症。

试搓天突穴 在患者天突穴处搓几下,若患者感到舒适、不痛,且很快出现皮下紫红斑的痧痕,即可诊之为痧症。

验痧筋 在患者臂弯、腿弯处浅表静脉观测有无红紫色或深青色,再用四手指并拢轻拍臂、腿弯处,使之出现红紫块斑,针刺放血,血呈紫黑色且血流缓慢,可诊为痧症。畲医认为痧筋浅现者说明痧在气分,痧筋乍隐乍现者痧在血分,痧筋伏而不现者痧毒已攻入脏腑,属于重症。

切 脉 少数畲医认为痧症有独特脉象,如头痛壮热者脉应洪、实,但痧症者反而微迟;厥冷不语者脉应沉细,而痧症者脉反而滑数;认为伤食之痧脉多坚实,伤血之痧脉花且滑,伤暑之痧脉多洪滑且数,伤风之痧脉多沉细等。

查痧点 用菜籽油、豆油、花生油等植物油点灯,用灯芯草或粗纸捻成灯芯,右手持灯,左手掌遮住火光,在额头、耳前后、颈部、胸前、腹部两侧、臂弯、腿弯等处照验,找痧点,若见皮内有乍隐乍现的蚊迹状红点即为痧点,可诊断为痧症。

(2)治 疗

治痧方法,主要有以下几种:

针灸 多用银针,最多不超过十次(呼吸十次),刺激较强,得"气"后即出针,一般针3—5穴;灸多采用隔姜、隔盐灸,自制艾绒,一次一个部位只有灸一壮,点艾绒要求用香。面积较大者用自制艾条熏烘,至局部红热为度。

挑针与挑病珠 挑针在治痧中常用,尤其对儿童、孕妇、年老体弱者,部位除脸部,臀部外,各处均可挑,病情轻者用轻挑、症重用重挑,有些畲医重挑后还用盐搓。挑病珠(挑斑珠)是重挑之一种,不仅要挑痧斑或痧珠,还要挑断斑或珠间的连线,且要一次挑完,挑后患者顿感舒适。

放血与拔火罐 用针刺破浅表静脉后放出少许血液,放血部位及数量视痧症而定,称为"刺络""刺痧筋",即将痧毒、瘀血放出,有泻火解毒、散淤消肿、退热止痛、醒脑开窍、祛邪利湿等功效，起到疏经通络，气血贯通的作用。拔火罐在治痧中仅用于寒痧，热痧禁用。

刮 痧 应用较为普遍，选准欲刮的部位，抹上清水、茶水、米醋、酒或油作滑润剂，施术者根据经验而定，一般认为热痧用清水、茶水、米醋，寒痧用酒或油。用掌刀、铜钱、瓷汤匙、小酒杯、小瓷碗等边缘光滑之物，施术者手抓用具，匀力从上往下刮(不能上下连刮)，用力要适当，过轻达不到治疗目的，过重易使皮肤破损，直刮至皮下呈现紫红色痧痕为止。

撮 痧 也称抓痧、捏痧、挟痧、拧痧等，是群众最常用之法。施术者五指屈曲，用食、中指的第二节对准要撮的部位，把皮肤用力撮起，突然松开，发出“啪”的一声，连续撮5—8下，多则“十余下”，至局部皮下出现紫红色痧痕为止。撮的部位与数量由施术者根据经验与病情而定，绝大多数一次显效。

搓 痧 取鲜紫苏叶50—100克，橘叶7—14片，葱2株，姜3片，乱头发一撮，放在小钵内，滴上七滴油(陈年油更佳)，加盖后置锅内蒸15分钟，患者赤上身俯卧床上，施术者趁温热取出钵内药物，在患者背腰部自上而下搓揉，搓揉数下后再蘸小钵内液体继续搓揉，直至背腰部呈现痧斑。

(3)草药治痧

用中草药配合治痧，单独使用极少，常用的有山鸡椒、积雪草、蕺菜、耳草、鬼针草、天青地白、一枝黄花、奇蒿、秋鼠曲草、兰花参、半边莲、车前草、爵床、益母草、马鞭草、牡荆、马齿苋、银线草、海金沙，等等，有的单用，有的复方，有的作为夏秋防暑痧的凉茶。中药以雷击散、雷公救疫丹、卧龙丹等为主，一般都能收到良好效果。

2.正骨技术

正骨技术医源无考，传说是畲族祖先得到“高人”传授而世代承传，又传说是畲族祖先在山上种植的作物屡遭猴群践踏，忍无可忍之下打断猴首腿脚，过些时日猴群又活蹦乱跳再来践踏，又将猴腿打断，尾随其后观察，发现猴子采摘草药由其他猴子捏搓断腿后敷上，不久复原，经数次跟随观察而得药，后用在人体上，收到良效，世代相传至今。

正骨多数仅在局部喷洒清水或米醋、酒，继之拔伸牵引，捏搓推拿，提按端挤，旋转展伸，因势利导，资以整复。手法复位后外用小竹片或杉树皮固定，竹片自行设计加工制造，厚薄、宽窄、长短各异，适用于各种不同骨折固定，然后在夹片间上药，再用宽2—3寸(1寸≈3.33厘米)的青布包扎，3—7天调整夹片一次，继续上药。

3.治伤技术

民间对伤的治疗有特色，多采用内服与外敷相结合，有些畲医配合针刺放血、自制药酒等方法，强调要区分新旧伤与轻重伤，还要按时辰处方辨证治疗。对于难以确认新旧伤，或穴伤、气伤、血伤等情况者，只有能采用治伤通用方，如用白瑞香、白山苎、铁假杯、雷柏柴、赤柴的鲜根各15克，白酸丝草（带叶根）20克，卷柏15克，老松节30克，毛竹节60克（毛竹根部节劈成碎片，用老酒炒三次，抢地气三次后用），老酒500克炖服等方药；对于难以确定哪个时辰受伤者，可采用十二时辰通用方，如用青蛙碗头（车前草头）30克，七层塔（七叶一枝花）20克，地胡椒（石胡荽）30克，杜三娘（星宿草）20克，小号雷米草（黄疸草）30克，蛇舌仔（半边莲）30克，酸丝草（酢浆草）30克，叶下白（天青地白）20克，六月干（凤尾草）20克，瓜子金（阿利藤）30克，冰糖120克，老酒1000克，炖服（上药均为鲜品，黄酒当水炖，分早晚服，酒量差者可用水酒各半炖）等方药。畲医根据十二时辰不同，受伤种类不同而采用不同方药治伤。每个时辰又分内伤、血伤、穴伤处方，原来都用青草药，后因受青草药季节性强、采集困难，有些药源紧缺，给治疗带来不便，逐渐被中药替代，保留下来的青草药都用畲语传授，有些难以译成汉字，一时又难以找到标本，故保留原文，待深入考证。

4.食物疗法

畲族食物疗法历史悠久，药食同源，简便易行，疗效可靠，流传广泛。对症选用草药品种不等，配肉类或其他食材煮同食。镇境内畲汉民众常用这种方法治病保健。

二、现代医疗

（一）司前畲族镇中心卫生院

司前畲族镇中心卫生院兼司前社区卫生服务中心。1958年11月，成立司前公社中心医院，有简易病床6张，人员6人。1959年2月，中心医院下辖5个管理区医院：里光管理区医院、黄坑管理区医院、黄桥管理区医院、竹垟管理区医院、司前管理区医院。

1961年7月，司前公社和百丈公社合并为百丈区，司前公社中心医院撤销，改设司前卫生站，人员减为3人。1979年，卫生技术人员增至8人，床位4张。

1984年11月，司前恢复区建制，恢复司前区卫生院。区卫生院下辖黄桥乡卫生院、竹垟乡卫生院、里光乡卫生院、司前乡卫生院、碑牌乡卫生院。是年,司前区卫生院占地面积为1402平方米。

1991年,司前区卫生院设有内科、外科门诊及妇产科、护理等科室,病床10张。全院职工13人,其中主治医师1名、医士4名、护师1名、护士2名、助产士1名、妇幼保健师1名、检验师1名、财务后勤3名。

1992年9月,撤销司前区卫生院,设立司前中心卫生院,下辖乡卫生院相同,里光乡卫生院改为司前镇卫生院里光分院。是年,中心卫生院人员增加至19人。

1998年6月,司前中心预防保健站设立,牌子挂在司前中心卫生院。司前中心卫生院所辖的黄桥乡卫生院、竹里乡卫生院、碑排乡卫生院,在其原防保组的基础上分别建立预防保健站,与乡卫生院合署办公,对外挂乡预防保健站牌子。同月,司前镇卫生院并入司前中心卫生院。原镇卫生院的房屋、器械装备以及其他一切集体资金均由中心卫生院管理使用。12月,司前中心卫生院新院区竣工,位于振兴路,建筑面积1004平方米,设10张床位。

2001年3月,司前区卫生办公室撤销。此后,司前中心卫生院作为片区卫生管理机构,分别对片区内乡卫生院和乡防保站的业务、财务及上级指令性任务实行直接管理和指导。

2006年,司前中心卫生院被列入第二批温州农村示范卫生院建设项目单位名单。2008年,司前中心卫生院获得市50强卫生院称号。

2009年,司前中心卫生院增挂司前社区卫生服务中心牌子,人员编制27人。

2010年,司前中心卫生院设立“120”急救点。

2011年,泰顺全县行政区域调整,司前中心卫生院改称司前畲族镇中心卫生院,碑排社区卫生服务站(碑排卫生院)划归司前社区卫生服务中心(司前畲族镇中心卫生院)管辖。是年,司前畲族镇中心卫生院(司前社区卫生服务中心)被定为公益一类事业单位。

2012年,全院干部职工28人,其中卫生技术人员22名。开设全科门诊、B超、心电图、护理室、检验室、预防接种、妇幼室等科室。

20世纪90年代初期,司前中心卫生院医疗设施简陋,贵重仪器几乎空白。1995年,配备B超、胃镜、尿液分析仪等较先进仪器,之后逐年添加。至2015年,配备“120”急救车及“120”车载医疗设备一套,主要的医疗设备有心电图机、单心道心电图机、中频治疗仪、数字式六道心电图机、LOGCQ 180 B超、超声诊断仪、血球分析仪、尿液分析仪、半自动生化分析仪、X光机、多参数母胎心电监护仪、洗胃机等。

(二)村卫生室 私人诊所

司前境内历来有私人经营中药、草药。1965年,中共中央主席毛泽东发出“把医疗卫生工作的重点放到农村去”的指示,一些医务人员主动深入农村,成为半医半农的“赤脚医生”。1970年农村合作医疗开始实施,农村医务人员通称“赤脚医生”。由于集体经济薄弱,合作医疗站逐步被个体诊所代替。1978年改革开放后,对农村卫生室实行准入制度,通过规定程序,符合条件的卫生室由主管部门发给开业许可证,凭证对外营业。至2015年,司前片区设有榅垟卫生室、叶山卫生室、左溪卫生室、峰门卫生室、司前东村卫生室。

三、卫生防疫

(一)公共卫生

1.环境整治

1952年,响应开展“大规模爱国卫生运动,反对美帝细菌战”号召,全面开展爱国卫生运动。1953年、1958年响应以“除四害”为中心的爱国卫生运动,开展“除四害”运动。1982年,提倡“五讲四美三热爱”,开展以治脏为主的爱国卫生运动。1988年,响应县爱卫会开展卫生与健康宣传教育活动,在农村开展创建卫生先进个人及集体活动,树立先进典型,借以推动农村爱国卫生工作。

21世纪始,农村进行综合整治,开展生态环境建设,创建社会主义文明新农村。2006年,投入160万元建成司前村、左溪村、溪口村生态公厕4座。2007年始,部署集约化畜禽养殖场排泄物的综合治理工作。2008年投入95万元建成左溪、溪口、下库3个污水处理系统。规划投资800万元的垃圾填埋场落实场址,并申请立项。建成镇中心垃圾中转站。是年开展捌柒路、振兴路、回澜路镇容镇貌整治,拆除违章街面棚、违章建筑棚、清理卫生死角,顺利通过市级生态示范镇验收。

2009年,完成总投资700万元的司前镇污水处理主体工程及管网建设。投入34万元,建设里光、大住2个村的污水处理系统;投入65万元,全面完成完善镇中心垃圾中转站建设。2010建成总投资1130万元、日处理生活污水1000吨的司前建成区生活污水处理系统主体工程,招聘2名管理人员并完成技术培训和霉菌培养,进入正常系统管理。顺利通过了省级生态镇检查考核组验收。

2011年开展珊溪水库库周环境综合整治，实施农村环境连片整治项目，投入760万元建成新北片排污支管网工程8.9千米，提高生活污水截污纳管率。投入20万元安装在线监控监测设备，确保污水处理厂正常运转，健全日常管理等制度。2012年，完成9个村的农村生活污水治理工程，拆除畜禽养殖栏舍2.4万平方米。2014年开展以"三边三化"、库周环境整治等为主要内容的环境综合整治，全镇公路边、河道、库周和山边等影响环境的"脏乱差"问题得到全面整治，"三边三化"工作考核居全县第二。

至2015年，司前畲族镇建成区总投资1200万元的生活垃圾处理系统和污水管网工程系统全面建成。同时完成周边5个村农村生活污水治理工程和镇内3条溪流17千米河道综合治理。

2.饮水卫生

历史上，农村居民用竹筒从山上引水。溪边居民则饮用大溪水。20世纪50年代前，大溪水受山上造纸厂污染，饮用溪水后，得疟疾。50年代后，山上纸厂退出，加上卫生部门积极治疗，疟疾逐步消除。60年代始，农药过度使用，大溪水再度污染。从90年代开始，政府逐步投入资金帮助农村改水，农村积极响应配合。至2000年，农村仍有30%居民需要解决饮用水困难问题。特别是21世纪后，山上居民下山增多，饮水问题更显迫切。

2008年，台边、里光农民饮用水工程被列入省农民饮用水工程建设项目。2009年投入资金121万元，里光、台边饮水工程建设完成，解决了2个村2200人的饮水难问题。2013年，完成城镇饮用水工程水源选址、方案确定等前期工作，续建司前中心村及溪口村饮用水工程，完成管道铺设2000米，旧管道改造1500米；至2015年，完成17个自然村饮用水改造提升工程，全面解决偏远群众的饮水安全问题。

(二)妇幼保健

1.妇女保健

旧时妇女分娩沿用土法接生，无安全保障。中华人民共和国成立始，逐步创造条件，为妇女、儿童体检，查治疾病，保障妇女、儿童身体健康。

1952年始在逐步改进技术的同时，培训新法接生员。1956年村新法接生员达23%。1958年公社设中心产院。1964年采取区卫生院、人民公社医院、大队接生员3级接生制。1970年，司前卫生院设妇产科医生，人民公社医院设助产士。1981年达到普及标准。1985年乡卫生院具备接生条件。1993年妇女新法接生率98%，住院接生率41%。1994年开展宫颈癌、乳腺癌普查。2002年，孕产妇系统管理率90.1%，产妇住院分娩率93%，孕产妇死亡率为0，高危筛选率为19.8%。2008年，妇女病普查任务落实到定点体检单位。定点体检单位结合农村合作医疗体检开展工作，一些威胁妇女健康的常见病、多发病得到有效防治。2010年1月1日起，凡符合国家计划生育政策的农村户籍产妇，在取得有资质的助产医疗机构内住院分娩，按照相关程序予以500元/人补助。同时，在孕前、孕后3个月内免费增补叶酸，发放渠道主要通过婚检医师、社区责任医生、乡镇卫生院责任医生等。孕产妇系统管理率达96.18%，高危产妇住院分娩率100%，高危孕妇筛选率100%。

2.儿童保健

1952年各区卫生院对7岁以下儿童进行体检。1952年始，少年儿童种牛痘。1966—1976年“文化大革命”期间儿童体检停顿。1979年恢复儿童体检。1995年儿童系统管理率39.30%，儿童建卡率37.20%。1999年0—2岁儿童管理率达到76.74%。2005年7岁以下儿童保健覆盖率86.72%。0—3岁儿童系统管理率86.17%。2012年3岁以下儿童系统管理率96.75%。7岁以下儿童保健覆盖率96.75%。2015年，镇中心卫生院妇幼保健室硬件设备配套率提高，孕产妇、儿童门诊规范化建设水平提高，改善妇女、儿童保健就医条件。

（三）疫病预防

明成化二十年（1484年）、正德八年（1513年）、清道光十四年（1834年），县内皆流行过瘟疫，死亡人数甚众。民国时期，境内有伤寒、白喉、流脑、天花、疟疾、梅毒、淋病、肺结核等传染病10余种。

中华人民共和国成立后，人民政府采取“预防为主，防治结合”的方针，积极进行传染病防治。

1952年，开展注射鼠疫疫苗、接种痘苗。翌年起注射霍乱、伤寒、副伤寒混合菌苗、白喉类毒素。1957年，增加注射百日咳菌苗、霍乱伤寒混合菌苗、百白二联疫苗、百白破混合苗、流脑疫苗、卡介苗、乙脑菌苗等10余种，并给儿童服用脊髓灰质炎糖丸。1971年，接种破伤风类毒素。1978年注射7种菌（疫）苗。

20世纪80年代初，对14岁以下儿童建卡造册，推广计划免疫。1985年开展儿童18月龄的基础免疫工作，实行按月接种。1987年后未见白喉、百日咳、脊灰炎与破伤风病例。

（四）疫病治疗

1.传染病

麻　疹　中华人民共和国成立前，每年都有麻疹流行，病孩死亡较多。

1950 年发病达到高峰。因地区分散,防治人员过少,疫苗不足,抢救不及时,死亡率较高。1951 年冬麻疹又流行,省防疫队先后派两批医务人员协同温州医师共 21 人,分赴疫情较为严重的司前等地区治疗。1952 年 3 月,百丈区设防疫站,日夜出诊,抢救治疗。4 月后疫情渐告平息。1953 年始发病率有所增长,1966 年发病率较高,由于医疗技术与群众防护知识的提高,死亡人较少。1970 年后,每年接种疫苗,1980 年开展计划免疫,麻疹基本得到控制,1990 年后无死亡。

梅 毒 民国时期,司前一带边远乡村与少数民族地区梅毒病较严重。1952—1963 年,省卫生队和县医疗队 5 次赴发病率较高的司前、竹垟、左溪 3 个乡查治梅毒。经多次查治,发病率明显下降。1983 年,对全县 6 个区 28 个人民公社 73 个生产大队进行普查,血检 7489 人,梅毒患者 94 人,患病率 1.26%。其中以百丈区为多。1990 年始境内未发现梅毒病例。

疟 疾 境内俗称"发寒病"或"打半日"。20 世纪 50 年代,被列为县内四大传染病之一,予以免费治疗。1953 年、1954 年,疟疾流行猖獗。1963 年县内实施《防治疟疾方案》,先后 3 次进行抗复发治疗。1964 年省发伯氨奎啉、环氯胍,要求根治疟疾。至 60 年代末,疟疾发病率下降至 100 例以下。70 年代初期,发病率一度呈上升趋势,1985 年以后降至 10 例以下。1990 年,省确认泰顺为"基本消灭疟疾县"。

2.地方病

丝虫病 民国时期,丝虫病在竹垟、司前一带流行,俗称"橡皮腿"。1952 年始,经省、县医疗队多次下乡查治,患者逐渐减少。1984 年,对百丈、司前等 7 个乡镇的 10 个村 1 周岁以上儿童 7208 人进行血检,未发现微丝蚴阳性。1985 年,省卫生厅确认泰顺"基本消灭丝虫病县"。

钩虫病 历次省、市、县防疫队下乡均予查治。1956 年,调查罗阳、司前、柳峰等 5 个乡镇的 22 个村,钩虫感染率为 20%。1959 年,普查 27.54 万人,患者 3.39 万人,感染率 12.30%。20 世纪 70 年代发病率渐趋下降,1990 年始无病例发现。

四、新型农村合作医疗

(一)制度创建

泰顺县农村合作医疗最早始于 1958 年,当时的形式较为低级,提倡的口号是"一把草药、一根针"。

1970 年，开始正式实行合作医疗制度。翌年，大队建立合作医疗站，医务人员统称“赤脚医生”。赤脚医生须经 2—3 个月专业培训方可上岗，其劳务报酬享受本队相当劳力的工分，另按服务数量、质量评定奖励工分。有的按赤脚医生基本工分另加农业劳动的实际工分；有的则享受大队干部、会计人员待遇。

合作医疗站承担常见病治疗、爱国卫生、预防保健和计划生育任务。组织形式有大队办、大队联办、公社办三种，由社队领导、财会人员、赤脚医生、社员代表组成管理委员会，负责集资和管理工作。合作医疗资金由社员个人、生产队和大队三者筹集，个人交纳比例按各队集体资金多寡确定。

1979 年，有 95%的大队普及合作医疗。由于农村集体经济薄弱，有些赤脚医生报酬得不到落实，致使部分合作医疗有名无实。1980 年，经济政策放宽，医政药政管理跟不上，未经卫生主管部门批准的个体开业行医大量出现，影响合作医疗和打击赤脚医生的积极性，部分赤脚医生自谋出路，部分成为个体开业医生，合作医疗普及率大幅度下降，以致纷纷解体。

20 世纪 90 年代初期，开始实施农村初保工作，农村合作医疗制度重新被提到议事日程。泰顺县是国家级贫困县，经济发展滞后。一方面县、乡两级地方财政困难，村级集体经济积累不足，无力在经济上支持合作医疗。同时农民家庭收入偏低，且很不衡，相当数量的群众生活在贫困线下，造成合作医疗筹资困难。另一方面，三级卫生医疗保健网不健全，乡镇卫生院设备简陋，人员素质低，整体功能差，医药市场混乱，非法行医、非法经营等因素剧烈冲击着三级卫生服务网络。严重制约农村合作医疗工作的顺利实施。

1997 年，根据国家五部委下达的《关于发展和完善农村合作医疗的若干意见》，县委、县人民政府把加强农村合作医疗，防止农民因病致贫、因病返贫列为县重点调研课题，同时派员参加市农村合作医疗考察组，考察浙北、苏州一带的农村合作医疗。此后开始筹备实施县农村合作医疗工作。

1999 年 1 月，县人民政府常务会议通过《泰顺县农村合作医疗实施方案(防保福利大病住院救助型)》，提出到 2000 年全县建立起有山区特色的防保福利大病住院医疗救助型农村合作医疗制度。防保福利、县乡两级大病救助基金由县财政按农村人口年人均 2 元标准补助，乡镇按年人均 12 元标准统筹，县财政补助资金全部用于县级大病住院医疗救助。以乡镇为单位按农村人口人均 12 元标准统筹资金的 40%上交县合作医疗管理委员会统筹，用于县级大病住院医疗救助；60%留在乡镇，由乡镇合作医疗管委会专户储存管理，其中的 20%用于预防保健补偿，40%用于乡镇一级大病住院医疗救助。最低生活保障对象、五保户、农村优抚对象的合作医疗经费由民政部门、乡(镇)、村从最低生活保障金、五保统筹金、统筹优抚金中提取。县乡两级大病住院医疗的医药费补偿实行分段确定标准率,采取报销时分段结算,累计相加的办法。乡镇级大病住院医药费补偿部分为1000—4000元,分段结算的百分比:1000—2000元部分按10%报销,2001—4000元部分按15%报销。县级大病住院医药费补偿部分为4001—30000元,分段结算的百分比:4001—10000元部分按25%报销,10001—30000元部分按30%撤销。1000元以下、30000元以上部分不予补偿。高危住院、分娩医药费被列入大病住院补偿范围,起报点不予限制。

1999年,依照"先试点,后推广,再普及"的合作医疗发展总路子,确定试点。但由于政府方面投入不足,加上操作管理方面存在问题,农村合作医疗制度停滞不前,未在全县普及。

2005年8月1日,在调研的基础上,泰顺县委、县人民政府制定下发《关于建立新农合制度的实施意见》。同时,县人民政府制定下发《泰顺县新型农村合作医疗管理办法(试行)》(简称新农合制度),并成立县新农合管理委员会。11月,出台《泰顺县新型农村合作医疗定点医疗机构管理办法(试行)》,对合作医疗定点医疗单位的审批与管理作出明确规定:参保人员因病在定点医疗机构产生的住院医疗费用、特殊病种门诊治疗剔除自理部分后的医疗费用,年累计总额在500元内的自理;501—5000元部分,按20%报销;5000—20000元部分,按30%报销;20000元以上部分按40%报销。每人全年累计报销额最高不超过2万元。对连续参加新型合作医疗的农户,当年住院医疗费用未达到起报标准的,可跨年度累计报销,当累计住院费用总额超过500元的,应及时办理报销手续,累计年限不能超过三年。

2006年3月,县机构编制委员会批复同意县新农合管理委员会办公室内设综合科。2007年,新农合经办机构人员完成基本配备,县卫生局专职管理人员3人,社保结报窗口4人,各乡镇兼职人员45人。是年开始资金筹集,筹资标准为每人每年40元,其中农民个人20元,省财政和县财政各补助每人每年10元。

2007年,将筹资标准提高到每人60元,推行"大病住院统筹为主,兼顾小病门诊统筹"的补偿机制。是年,全县参保人员达到应参合数的99.92%,村居覆盖面100%。是年,对新农合政策进行调整:(1)扩大参保面。参保对象从农村居民扩大到没有参加城镇职工基本医疗保险的城镇居民。(2)增加报销病种。特殊病种门诊报销从原来的 3 种扩大到 6 种，并把肾移植改为器官移植；(3)切实让农民受益。参保人员在享受合作医疗待遇时间，从次月开始改为次日开始；对县内定点医疗机构住院医疗费用报销比例上浮 5 个百分点。同时规定当年住院医疗费用未达到 2000 元的，可跨年度累计报销，累计年限为三年，实报金额在 30 元以下的，给予支付 30 元。

2008 年，将筹资标准提高到每人 100 元。全县参保达到占应参合人数的 99.95%，村(居)覆盖面达 100%。进一步调整补偿标准，门诊报销比例 20%，社区卫生服务机构住院报销比例 50%，县级医院住院报销比例 40%，县外定点医疗机构住院报销比例 30%。

2009 年，将筹资标准提高到每人 140 元，其中各级财政补助每人 110 元，农民个人缴费 30 元。全县参合率达到 94%。是年，全县住院定点医疗机构、普通门诊定点医疗机构均正常运行新农合实时结报系统。该年规定，在县内各中心卫生院(包括县二医)等基层定点医院住院治疗或特殊病种门诊产生的医疗费用，剔除自理部分后按 65%报销。在县人民医院、县中医院住院治疗或特殊病种门诊产生的医疗费用，剔除自理部分后按 50%报销。在县外定点医院住院治疗或特殊病种门诊产生的医疗费用，剔除自理部分后按 40%报销。是年 1 月 1 日起，城镇居民医疗保险并入新农合保险，建立城乡居民合作医疗制度，按照新农合的政策运行。2010 年，城乡居民合作医疗人均筹资标准提高到 185 元，受益面和参合覆盖面扩大，实现了全覆盖。

2011 年城乡居民合作医疗人均筹资 340 元，参合率达 100%。统筹区域内政策范围内住院费用补偿提高到 80%，最高封顶线提高到每人每年 10 万/元。政策范围内住院受益 14653 人次，次均补偿金额 3092 元，新农合信息化建设基本实现全覆盖，居民健康档案实现实时更新。2012 年始，城乡居民合作医疗人均筹资标准提高到 400 元，其中各级财政补助 320 元，参合人员个人缴费 80 元。参合人员每人全年住院(包括特殊病种门诊)累计报销额最高不超过 10 万元，普通门诊累计最高报销 500 元。在县内各级定点医疗机构住院治疗或特殊病种门诊产生的医疗费用剔除自理部分后按 80%报销；在县外定点医疗机构住院治疗或特殊病种门诊产生的医疗费用 3 万元以下的，剔除自理部分后按 60%报销，3 万元以上的剔除自理部分后按 70%报销；普通门诊定点医疗机构门诊费用补偿标准为剔除自理部分后按 40%报销，其中国家基本药物目录药物按 45%报销，中草药、中医诊疗项目补偿比例按 60%报销。

(二)参合人数

2005年,司前畲族镇参加新农合制度157人。2007年,参加新农合制度10367人,参合率89.5%。2008年,参加新农合制度11032人,参合率达94%。2010年,参加新农合制度11682人,参合率达95%。2011年,参加新农合制度14716人,参合率达97.95%。

2015年,参加新农合制度人数18827人。除无须参加对象外,应参合人数达到全覆盖。

五、体 育

(一)学校体育

中华人民共和国成立后,初中和小学高、中年级普设体育课。1951年起推行广播体操。1954年推行少年广播体操。同年,中学推行准备劳动与卫国体育制度(简称"劳卫制")。1978年贯彻《国家体育锻炼标准》,开展以"达标"(达到《国家体育锻炼标准》)、"防近"(预防近视眼)为重点的"两课"(每周两节体育课)、"两操"(课间操、眼保健操)、"两活动"(晨间活动、课间活动)。

1991年始,中小学实施《国家学校体育工作条例》,中学实施《中学生体育合格标准》,"两课两操"(体育课和综合体育活动课、课间操和眼保健操)写入课程表。学生每周有3次以上课外体育活动和每天1小时以上综合体育活动时间(含体育课)。1994年,高中招生开始增加体育考试,以30分计入总分。2002年起,高中招生须经体育达标检测,不达标者不予录取。2015年,初中升学考试,体育及格率100%。

2006年,泰顺县民族中学7名学生代表市参加省第三届少数民族运动会,获1枚金牌、5枚银牌、2枚铜牌。

(二)畲族传统体育活动

畲族传统体育项目内涵丰富,形式多样,既有竞技性、娱乐性,又有交融性和观赏性,而且具有强身健体和进行思想教育的丰富内涵;能明显增强人们的民族自尊心和自信心;增强对民族传统文化的热爱;增强对现代体育起源的了解。截至2015年,流传和挖掘的畲族体育项目有畲族武术、打尺寸、赶野猪、稳凳、摇锅、抄杠、蹴石磉、畲族健身操等。

1.畲族武术

畲族武术历时远古,源远流长。产生于战争。人们为了提高格斗、械斗的技能和技巧,寻找一些方法进行操练。这种操练的方法和形式,畲族人民称之为畲拳。畲拳乃畲族独创，已有300多年的历史。创编者号雷乌龙，人们尊称他为“乌龙公”。畲拳的主要动作有冲、扭、搁、削、托、拨、踢、扫、跳等。进攻时多用拳肘。防守时常用前臂和掌，讲究以肘护肋，步伐稳健，运作紧凑，进退灵活，具有“下如铁钉，上如车轮，手如碾盘，眼如铜铃”的特点。上自古稀老人，下至学龄儿童，不论男女都有练拳习武的爱好。畲族武术注重内外兼修，注重调息行气和意念活动，经常练习不但能收到壮内强外的效果，而且对治疗多种慢性冷热病和调节人体内环境平衡均有良好的医疗保健作用。

2.打尺寸

相传是纪念畲族英雄蓝奉高在反抗唐王朝的武装斗争中，以断弓（尺）将敌箭（寸）拨返敌阵的技艺演变而成，并广泛流传，激励畲族人民团结奋进，自强不息。该运动对人体的反应速度、力量、灵巧、耐力等都有着良好的促进作用，是一项极具推广价值的体育游戏项目，常在劳动休息时举行。参加者至少两人，多则五六人。在活动场地上画一个圆圈，一人手持木棍站在圈内，木棍击竹条飞向前方，其他人在前场奔接，接到者可定“尺寸”。未接住的竹条被就地拉起后向圆圈投去，持棍者可用手接，也可用棍击出。若竹条投中圈内未被接住或未被击出，则投者得胜，持棍者换人。如竹条投落圈外，或被击出，若落点经丈量后，根据距离远近给予持棍者一定“尺寸”。在规定的时间内先得到规定“尺寸”或得尺寸多者为胜。

3.赶野猪

赶野猪又称打篾球，是景宁畲族人民传统的体育游戏。早期的畲族居民住在山中，以务农为生，主要种植水稻、番薯、大豆以及玉米等农作物。但大山里野兽较多，其中野猪破坏农作物最厉害，畲民们的农作物经常被野猪破坏得颗粒无收。于是畲民们经常一起赶野猪。赶野猪需要方式、方法，畲民们空暇时候就在家中演练赶野猪。经过慢慢发展，逐渐演变成现在的畲族传统体育项目赶野猪。赶野猪比赛每场比赛20—30分钟，由两个队参加，每队出场3—5人，各队人数相等，每人手握赶猪铳，运用赶、传、接、运、击等技术，避开对方防守，将野猪赶入猪笼为得分，并用抢断等防守技术，阻止对方得分，以得分多队为胜。

4.稳 凳

稳凳是畲族人民喜爱的民间传统体育项目，起源于畲族早期的宗教祭祀活动，随着人类社会的发展进步而逐渐演变成为民间体育活动。稳凳以蹬、转、翻、旋、翘、摇、摆等为基本动作，并结合难度较大的插旗、套圈等形式进行竞赛或表演。经常参加稳凳运动能有效地发展灵敏、力量、柔韧、耐力等身体素质,提高平衡能力和提高大脑中枢神经系统的功能,对晕车、头昏、食欲不振等症状有着明显的改善作用。

稳凳表演开始先由两名畲族少女翻身上凳,她们在不断快速地转、翘过程中,将抛接的10个小圈逐个套向离凳4米处的旗杆,最后以套中多者为胜。然后是两名男运动员飞身上凳,他们的动作难度要比女运动员表演时大得多,他们要在非常快速地转、翘中,将地上的小圈捡起,并挺身或后屈身直接将圈套向旗杆,最后以套中多者为胜。

5.摇 锅

摇锅是畲族的传统体育项目。它源自畲族古时的强身健体活动。相传很久以前,每到传统节日端午节,畲民都要包粽子,为了能让粽子口味更香甜、颜色更漂亮、存放时间更长,畲民们到山上砍来毛竹叶、株树枝、枯巨树等,然后用一个大铁锅放在屋外,大铁锅里放入事先准备好的材料,把山上砍来的材料烧成灰,烧完冷却后,畲民们一人或多人将一整口大锅搬(摇)回家中,在多年的操作中,畲民们得出了摇锅需要的方式、方法,要注重人与人、人与锅的密切配合。久而久之,畲民们又发现了摇锅具有娱乐性强、兼具强身健体的功效。摇锅由起初的人站在锅边,端着锅摇,逐渐发展把锅放在地上,人站、半蹲或坐在锅里等不同方式进行表演活动来锻炼身体。畲民们很是喜欢这一创新的活动,后来经过漫长的发展演变过程,形成现代的畲族传统体育项目。

6.抄 杠

抄杠是畲族的传统体育项目。它源自畲族古时的自卫强身活动。从前,畲民大多深居山中,扁担、拄棒是他们的日常生产工具,也是他们自卫防身的武器。空闲时他们经常聚集一起,用柱棒、扁担、竹杠、木棍等物对顶、对拉、对推、对拧以此提高自身上下肢和腰腹力量,增强自卫能力。久而久之,这种活动便成为畲民喜爱的传统体育活动。抄杠运动是一项集健身、竞技、娱乐、观赏于一体的体育活动。

7.蹴石磉

蹴石磉又称滚石块,原为景宁大均、云和赤石、龙泉八都三处汉族李姓在正月于街上以人脚推石块的活动。后被畲族民众仿效发展为体育运动。运动所用石块,底部光滑,大小不等,大的数百斤,小的几十斤,以人力大小而定。蹴石磉的比赛主要有竞速和对抗。蹴石磉运动,技术简单易学、活动形式丰富多样,不受年龄、性别限制,具有较强的竞技性和趣味性,适合在各级各类和不同地域的学校及其他群体中开展教学和竞赛。经常参加蹴石磉活动,能有效地发展力量、速度、灵敏等身体素质，对提高人体平衡能力和协调性均有显著效果。

(三)群众体育

1.活动场所

2002年，白鹤山庄水上漂流项目建成。2007年，镇文化活动中心和老年人体育活动中心建成。2009年，镇大坪山安置点380平方米的综合健身场所建成投入使用。同年投入15万元，完成溪口、左溪2个农村体育健身苑点建设。2012年，建成镇体育健身广场。至2015年，建成健身苑点52个，组建文体队伍15支，完成省级体育强镇创建。

2.体育赛事

1978年，泰顺全县农民篮球赛在台边五七学校举办。1998年10月1日至3日，司前畲族镇举行篮球邀请赛，5支代表队50多名运动员参赛。1999年，司前畲族镇举行“三插杯”乒乓球比赛。

2004年6月，在溪口村鱼塘举行全县第八届钓鱼比赛。2007年5月17日，全县“全民健身与奥运同行”职工登山比赛在司前举办，来自全县机关乡镇和企事业等17个单位130多名运动员参加了比赛。司前竹筷厂代表队包揽男女团体第一名。2009年11月8日，由县人民政府与市体育局、捷安特(中国)有限公司联合主办，县委宣传部、县体育局、县旅游局承办的“县首届生态之旅自行车赛”在司前畲族镇举行，来自厦门、宁波、丽水、义乌等地23支参赛队伍202人参加比赛。这次活动也是廊桥文化旅游节的活动内容之一。

2013年4月18日，由温州市、泰顺县人民政府，温州市林业局，温州市、泰顺县体育局，浙江乌岩岭国家级自然保护区管理区联合主办的2013年中国(温州)森林旅游节系列活动——中国乌岩岭·温州之巅山地竞速赛在乌岩岭国家级自然保护区内的榅垟村开赛。来自温州各地30支代表队，111名运动员参赛。此次比赛赛程总长6.5千米，海拔最低点680米，落差930多米。是年7月20日，2013中国浙江自行车系列公开赛——泰顺“生态杯”山地车爬坡赛在司前畲族镇开幕，全国各地160多名选手参赛。此次比赛于4月6日在台州三门县举办首场比赛，先后在8个城市举办8场比赛，11月下旬进行总决赛。泰顺县举办的“生态杯”山地车爬坡赛是系列公开赛的第三站。此次比赛设山地车男子、女子公开组和男子体验组三个组别，男子赛程28千米，女子赛程17千米。经过比赛，泰顺县的女选手蔡春华、男选手张昌旺以优异的成绩进入总决赛。

3.全民健身运动

20 世纪 90 年代始,“健康第一”观念日益成为人们的共识,体育健身逐渐成为大多数人的自觉行动。跳舞、登山、打球、钓鱼、下棋、练剑、打拳的人络绎不绝。随着镇内各健身苑点的建设和完善,参加体育健身运动的中老年人迅速增多。他们参与做健身操、跳广场舞等体育运动。晚间各主要健身场所,做健身操、跳广场舞者随处可见,十分热闹。

山区人自古以步当车,21 世纪始, 徒步走逐渐成为人们锻炼身体的主要方式。

(四)民间传统体育项目

踢毽子　在司前境内有很长历史。清代时毽子叫“鸡球”,用破布料或皮革裹小铜钱插上鸡毛而制成。踢毽子可用内脚面踢,也可用外脚面踢,还能以膝盖、腹部、头部弹顶;可以在固定的地方踢,或边跑边踢;一个人单独踢,或两三人、更多的人一起踢。踢毽子比赛形式有单人、双人,比赛以不落地次数多者为胜,也有比踢毽子花式的。技术高超的,可以踢出怀中抱月、空中拐鱼、二龙吐珠等多种花样。初学踢毽子者,常用一根细绳子拴住毽子,一手提着踢,待熟练后再拿掉绳子,这既可以迅速掌握技术,又可以提高信心。踢的技巧在于脚板的角度和力度适中,有节奏性,最重要的是在长期锻炼中培养感觉。

踢毽子不受场地限制,室外室内均可进行,且强度适中、安全,毽子制作方法简单,携带方便,很受大家欢迎。很长一段时间踢毽子是儿童的一项主要体育活动项目,以女孩居多。

放风筝　又叫放纸鹞, 历史悠久。活动大多在清明节前后春暖花开时进行。春风和煦,阳光明媚,孩子们三五成群,追逐嬉闹,比赛风筝的高低。家长对孩子放风筝大多非常支持,有的还会帮忙做风筝,亲自参与。

风筝制作多用细竹条根据不同造型做好骨架,糊以纸绢,有的还要画上美女、蝴蝶、老鹰之类,再用纸条糊住尾巴,调准提线,系以长线,即告完成。放飞时,操作者手拽住拴着风筝的线团向前奔跑,利用空气或风的阻力让风筝飞离地面,随着风筝的升高,逐渐将线团松开。有时,风筝断了线,大家会拼命追赶,热闹有趣。

20 世纪 90 年代始, 商店出售的风筝大多用塑料纸制作, 并印有各种图案,美丽耐用,深受儿童欢迎。

舞 龙　龙是中国古代传说中的神异动物,身体长,有鳞、有角、有脚,能走、能飞,能升天入海、呼风唤雨。龙是中华民族的图腾,也是民间的吉祥物。

境内舞龙历史悠久，尤其元宵佳节几乎每村都有舞龙活动。《泰顺分疆录》记载，上元“好事者为滚龙、竹马、鱼兽诸灯，沿门庆贺，旬日乃止”。

很长历史时间内，司前境内使用的都是“布龙”。以竹篾扎出龙头、龙身、龙尾，以9节至15节居多。每节用竹篾编成桂圆孔的篓形，节中安木柄，节之间用布连接称虚节，布上画有龙鳞云彩，篾笼长六七十厘米，直径约半米，内燃蜡烛，21世纪起用电池灯。虚节之间约3米。龙头姿态威严，下颚装机关，龙嘴可以开合，龙尾向上翘竖。舞龙时，在龙珠引导下，龙使出龙打滚、盘龙梢、双龙戏珠等招数。

舞狮 狮子是百兽之王，泰顺民间和其他地方一样，常将舞狮活动作为驱邪祛恶、消灾纳吉的一种手段，以祈一方平安。久而久之，舞狮成为农村群众喜爱的一项传统体育活动。每逢重大庆典、佳节，以舞狮、滚龙等活动来加以庆贺，以象征吉祥如意、太平兴盛。泰顺民俗，从正月初一至十五都有舞狮活动，尤以元宵节为最热闹，家家结灯，狮队走村过巷，锣鼓喧天，嘹亮的唢呐声倍添节日的气氛。每家都事先准备好红包，等待登门的狮队到来拜年道喜时发放，并且鸣放鞭炮予以迎送。

“狮子”由两名身强力壮、有舞狮经验的男青年组成，前者钻到“狮子”腹中，掌握狮头，并做出各种动作，后者弯着腰做“狮子”屁股，用一手摇着“狮子”的尾巴，并随着狮头的各种动作做出反应，使狮子更加形象生动。除了乐队之外，还有一人在狮子前挥动一球，指逗着狮子，让狮子做出蹦、跳、卧、跃、蹲、搔痒、打滚等动作。舞术高超者还能表演狮子腾空、打滚等高难度动作。

扳手劲 司前境内民间非常喜欢的一项体育活动。这项活动既能衡量一个人手腕力量的大小，又能健身提升臂力，富有特殊的吸引力。扳手劲有悬扳、定扳和双手扳三种。悬扳要求双方相互握住手，肘关节处不得依托任何物体或借助其他力量，待双方准备就绪时，同时扳动，直至一方被另一方扳倒为止。

定扳是双方从容握住对方的手，肘关节放在桌椅、石板上，等双方准备好时，一齐开始扳动，定扳要求双方只靠手腕和小臂的力量，不准借用大臂之力，也不准肘关节在所依托的物体移动，否则判负。双方力量悬殊时，力大者可轻易扳倒对方；如双方势均力敌，相互用尽全力亦须相持一段时间。有时眼看一方将被扳倒，但又被竭力扳回。三局两胜后，如对方不服，可换手再扳，直至心悦诚服为止。

双手扳是双方都用两只手扳手腕或一方用双手另一方用单手的一种扳法，要求和规则与上述两种扳法相似。三种扳法中，以定扳最为普遍。

骑马打仗　是模仿古代骑士在马上进行搏斗的一项体育活动，农村非常风行。比赛时以两人为一组，一人当“骑手”，一人当“马”，“骑手”骑在另一人肩膀上，两条腿须被当“马”者紧紧抱在胸前。同时，“骑手”头上要戴帽子或头巾。比赛开始，双方“骑手”催“马”前进，“骑手”一方面要保护自己的帽子和头巾不被对方捡去，同时又要抢夺对方的帽子或头巾，谁先抢到帽子或头巾即为胜利。

跳绳　是一项民间传统体育活动，参加这项活动的儿童非常普遍。20世纪末兴起跳绳减肥，许多爱美成人也踊跃参加。

跳绳不受场地限制，操场、庭院随处可进行。跳绳工具非常简单，只要一根绳子。至20世纪70年代，农村孩子跳的绳子大多用稻草搓成。绳子可分长短两种，短的供单人跳，大约2米长，跳绳者两手握绳子两端，使绳子由头上回转于脚下，边转边踩。多人合作跳的，绳子一般要3米以上，由其他两人各执绳子一端，左甩或右甩，跳的人单脚跳或双脚跳。也可以两人同时跳或多人一起跳，但必须配合默契。

跳绳能增强人体心血管、呼吸和神经系统的功能，增进人体器官发育，使人动作灵敏、行动快捷。有益于身心健康，强壮身体。跳绳的减肥作用十分显著，它能消除臀部和大腿上的多余脂肪，使肌肉更加结实，形体更加健美。

跳橡皮筋　是经典的儿童游戏之一，20世纪60年代至80年代间极为流行，尤其深得女孩子喜爱。进入21世纪后，随着经济发展和娱乐方式的增多，跳橡皮筋这种体育活动逐渐淡出人们视野。

跳橡皮筋以跳跃为主，穿插点、迈、勾、挑、跨、碰、压、踢、绊、搅、绕、盘、踩、掏、摆、顶、转等十几种基本动作，在两脚交替跑、跳中完成各种动作。同时，跳橡皮筋以各种技巧动作编排成组合动作，配合歌谣，跳出各种花式图案。

跳橡皮筋方式主要有单脚跳和双脚跳两种，由两人拉着三四米长的橡皮筋两端或将两端固定在物体上，跳者即可在皮筋中间单人跳或多人依次轮流跳。皮筋的高度一般与参与者的技术有关，慢慢从脚腕向上升高。

跳橡皮筋可以令参加者全身肌肉得到运动，是一种较为健康的运动方式，深得孩子、家长和学校的喜欢。

跳方　又称跳房子、跳格、跳人，是儿童喜欢的一项体育游戏活动，20世纪非常盛行。跳方参加人数不限，形式有两人轮换跳，几个人轮流跳，多人分成两组轮换跳等。

跳之前，先在地上用石块画出连在一起的方格，有正方形、长方形，有长方形与半圆形相结合的，也有画成人体形状或飞机形状的。跳时先将一片小石块或用一串蛤壳丢在第一方格内，跳者全神贯注，用一只脚将石块轻轻踢进第二格内，然后单脚跳进第二格，再将第二格的物件单脚踢进第三格……直至将石块踢过全部方格为止。跳方还有其他形式，有的中途(规定的格内)可以双脚下地，累了可以在规定的方格内休息片刻。如果有人在踢的过程中出现脚踏线、石块压线、出格或石块连进两格的现象，算失败一次，下一轮重新从第一格跳起。先到达终点，完成全套动作者为胜，负者要接受胜者的处罚。

跳方是一种较传统的户外游戏类型，其精粹在于跳跃。此项活动能保持身体平衡，增强肢体肌肉关节机能，锻炼身体的灵活性和协调性，培养机智、果断的意志品质。

打陀螺 是境司前内一项传统体育游戏，20 世纪 50—60 年代盛行。陀螺为木制圆锥形，上大下尖。打时，用手旋力将陀螺抛出，使其尖头着地旋转，再用鞭子连续抽击陀螺，使之不停地转。当发现陀螺缓慢下来时，再用绳子抽打使其加速，让其继续旋转，谁的陀螺转得最久即为赢家。

母鸡孵蛋 是以 3 颗小石子代“蛋”放在一个较为平整的地方上，一人做“鸡”屈体俯身，四肢着地，用脚弹、踢、扫等动作护“蛋”。其他若干人，跑动抢蛋，直至把“蛋”抢完为胜。倘有抢“蛋”者的身体被“鸡”踢着，则互换角色，活动又重新开始。民国直至 20 世纪 50 年代，农村男青少年大都有参加过这种活动，但由于这种四肢着地的运动不卫生，20 世纪末起逐渐消失。

滚铁环 是一种传统的民间儿童体育活动，20 世纪 60—70 年代十分流行。铁环通常用一根粗铁丝，弯成一个直径约 50 厘米的圆圈，然后用一根略粗的铁丝做手柄，手柄的一头绕个圆的钩套在铁环上，操作时手持铁柄推动铁环滚动，速度快慢均可，但太慢会倒下去。单独一个人可尽情玩；比赛时，两个人或几个人滚着铁环拼命往前跑，最快到达目的地者胜。

滚铁环的动作有一定难度，需要一定的技巧。以铁钩控制其方向，可直走、拐弯，运行自如。技术好的孩子能把铁环从家里一路滚到学校，除了上台阶，只要是人能行走的路，就能滚铁环。

滚铁环是一项有益于身心健康的民族传统体育运动项目，自娱性强，还可以锻炼人的协调能力和平衡能力，深受少年儿童的喜爱。

老虎抓猪仔 是一项儿童集体体育游戏活动。此项游戏活动一般利用庭院、晒谷场等场地进行，人数要稍多，推一人当“老虎”，一人当“猪”，其他人围

成一圈相互拉手做栏,虎在外,猪在内,做围栏者左右移步,双手上下升降,象征栏门启闭以拦虎护猪。

游戏时,虎乘机窜栏抓猪,猪则机警逃避,有时亦可逃出栏外。场上虎追猪逃,栏门快速启闭,猪被虎抓到,则一场结束,重新换人做虎猪。

此项活动气氛热烈,可培养游戏之人勇敢机智及团队协作配合的能力。

老鹰抓小鸡 此项活动有两种玩法。第一种与老虎抓猪类似,但老虎抓猪是游戏者手拉手围成一圈做围栏,虎在外,猪在内;老鹰抓小鸡则是小鸡与保护者排成一字形的人墙,老鹰在人墙前面,小鸡在人墙背后。游戏时,老鹰乘机窜栏抓小鸡,小鸡则机警逃避,做栏者左右移步,双手上下升降,象征栏门启闭以护鸡拦鹰。小鸡被老鹰抓到,则一轮结束,轮换他人做老鹰和小鸡。

第二种玩法:一人为鹰,一人为小鸡保护者,演小鸡者抓住保护着的衣服后襟,后面小鸡一个一个串联着;保护者张开双臂拦住老鹰,老鹰向左,保护者向右;老鹰向右,保护者向左,不让老鹰跑到身后抓小鸡。保护者身后的队伍时左时右,十分紧张而有趣。如果小鸡被抓住,当老鹰者入伍当小鸡,被抓小鸡换当老鹰。

公鸡相斗 也称独脚打架,是一项简单、安全、不受场地限制、儿童非常喜欢的体育运动。游戏时,两人为一对单斗,也可多人寻机而斗,也可分成敌我两方,己方成员危险时可以救助。游戏时一脚向身后翘起,形似"鸡尾巴",另脚独立,两手可合掌当作"鸡喙"与对方相斗,也可用肘部或膝盖与对方顶撞,促使对方站不稳摔倒或双脚落地,保持单脚独立者为胜。游戏可以培养儿童的平衡能力。

打水漂 是在水边玩耍的游戏活动。玩耍时须选平坦且比较开阔的水面,手持瓦片或扁薄的石片按小角度向水面使劲甩出,如果角度得当,甩得有力,瓦片在碰到水面后,还来不及下沉就被余力驱使,继续在水面上一边旋转一边跳着前进,在水面上画出一个比一个小的水波圈。打得好时可打出十几个小水波圈。想打出理想的效果应有几个条件:1.瓦片要偏薄,不要过厚;2.瓦片要尽量圆些,这样阻力相对小些,能漂得更远;3.甩出手时,大拇指与中指轻按瓦片,食指发力,尽量使瓦片旋转;4.落水的角度要掌握好,坡度越平越好;5.臂、肘、食指同时发力,前四点做到了,力气越大,水波圈越多、越远。

坐竹轿 此游戏要数人一起配合。选取较坚韧的毛竹,由一人爬上竹竿,让毛竹尾部往下弯，直到爬竿的人双脚能自然蹬地。这时，数伙伴将竹尾部按住，把竹枝编成篮状，人坐篮中，然后放开毛竹，坐在篮中的人用自身之力，让毛竹在半空上下、左右运行摇动，就像坐轿子一样。伙伴们可轮流玩，也可以每人做一个独自玩，玩够后，坐“轿”者自行设法或由伙伴帮助下地。

（五）获奖体育项目简介

1.珍珠球

来源生产劳动——采珍珠，是满族人民传统的体育项目，现为全国少数民族传统体育运动会竞赛项目。珍珠球是在有水区、限制区、封锁区和得分区的场地内，双方运动员各 7 名的体育比赛，珍珠球比赛不仅要求水区内的 4 名队员具有良好的个人技术和良好的配合意识，还要求水区运动员与抄网队员默契配合，珍珠球比赛具有很高的观赏价值。

2015 年 8 月 17 日，为期 9 天的第十届全国少数民族传统体育运动会在内蒙古自治区鄂尔多斯市落下帷幕，司前畲族镇左溪村团支部书记钟宇秀等 4 人代表浙江参加了本次运动会，并在珍珠球项目中取得团体二等奖。

钟宇秀，畲族，左溪村人，毕业于丽水学院，毕业后积极投身于家乡建设，现为左溪村团支部书记。近年来，作为一名少数民族青年团干部，积极参与左溪民族村寨建设和畲族文化弘扬。在他的带领下，司前青年篮球队在参加市、县联赛中均获得优异成绩，成功引领了司前群众的看球风潮，用体育精神谱写青春活力诗篇。

2.举重冠军

2015 年 12 月 30 日，由中国大学生体育协会、国家体育总局举重摔跤柔道运动管理中心主办的 2014 年“体彩杯”全国大学生举重锦标赛在重庆落下帷幕，浙江泰顺司前畲族镇籍运动员林祖福夺得 56 公斤级举重比赛冠军，并被授予优秀运动员称号。

林祖福，1992 年出生，司前畲族镇峰门新村人。2015 年就读于成都体育学院一年级。初中毕业于罗阳二中。2007 年 2 月获市青少年比赛男子甲组举重 48 公斤级第一名。同年 7 月获华东 8 城市举重比赛 48 公斤级比赛第二名。2008 年参加浙江省青少年举重锦标赛获男子甲组举重 48 公斤级第一名。2010 年在浙江省第十四届运动会上，获男子甲组举重 48 公斤级第一名，并破省运动会男子举重 48 公斤级最高纪录。是泰顺县首个在省运会举重比赛中获得金牌的运动员。2013 年 10 月，在全国男子举重冠军赛中获得第 5 名。

司前畲族镇籍社会体育指导员一览表

表 7-5-4-2

姓名	性别	工作单位	发证单位	发证年份	级别
包长达	男	司前畲族镇老年人体育协会	浙江省体育局	2006	一级
毛显森	男	司前畲族镇人民政府	温州市体育局	2009	二级

第五节　社会保障

中华人民共和国成立初，鳏寡孤独和残疾人由政府救济。集体化以后由大队(村)“五保”(保吃、住、穿、医、葬)。1978 年始，五保户实行集体供给和国家救助相结合。1986 年温州市人民政府发布《温州市农村五保户供养工作条例》，五保户经费由乡镇统筹，分级管理。

1986 年，泰顺县被列入全国贫困县以后，从国家到地方各级党委、人民政府制定一系列方针、政策，采取各种措施进行扶贫，以发展贫困乡镇经济，提高人民生活水平。

1996 年始，泰顺县人民政府颁发《泰顺县最低生活保障暂行办法》，对符合条件的贫困户实行最低生活保障。至 2015 年，城乡居民社会养老保险制度全面建立，实现参保人员全覆盖。

一、五保与低保

(一)集中供养五保

1992 年司前畲族镇创办全县第一所镇敬老院，占地面积 200 平方米，建筑面积 150 平方米，安置 8 位五保老人集中供养。2004 年，镇敬老院改建为五保供养中心，实现全镇全部五保对象 16 人集中供养。2010 年，接纳竹里畲族乡委托五保对象 11 人集中供养。2015 年镇五保供养中心供养对象 32 人，做到了“应保尽保”。

(二)确定低保对象

1996 年，县委提出要逐步建立农村最低生活保障线制度，确保五保户、特困户的基本生活水准。1997 年 12 月，县政府颁发《泰顺县最低生活保障暂行办法》。确定最低生活保障线标准为：一类乡镇每人每年 700 元，二类乡镇每人每年 600 元，三类乡镇每人每年 500 元，此后每年最低生活保障标准根据社会平均生活水平和物价指数调整。以上办法 1998 年 6 月 1 日开始实施。2000 年 12 月 19 日，县政府出台《泰顺县最低生活保障实施细则》，规定有下列情形之一的可以申请最低生活保障：(1)无劳动能力、生活来源又无法定赡养、扶养、抚养义务人的。(2)无劳动能力、无生活来源，虽有法定赡养、扶养、抚养义务人，但法定赡养、扶养、抚养义务人无赡养、扶养、抚养义务能力的。(3)领取失业救济金期间仍未能重新就业，家庭月人均收入低于最低保障标准的。是年 12 月 29 日，县人民政府印发的《关于 2000 年最低生活保障方案调整的通知》，规定，根据上年度经济发展的水平和城乡村(居)民、职工基本生活必需品的物价指数及财政承受能力，全县分为三种类别：一类乡镇最低生活保障线为 1000 元；二类乡镇最低生活保障线为 900 元；三类乡镇最低生活保障线为 800 元；城镇居民最低生活保障线为 1200 元。县财政给予每人每月补助分别为 32 元、30 元、28 元和 50 元。对低保人员在就学、住房、电网改造等给予配套优惠政策。同时规定，各乡镇应严格落实低保政策，实行民主评议，集体研究，张榜公布，接受群众的监督。

2001 年 4 月 1 日起，全县最低生活保障标准在原有的基础上提高 15%，即一类城镇最低生活保障线由原来的 1000 元调整到 1150 元；二类乡镇最低生活保障线由原来的 900 元调整到 1040 元；三类乡镇最低生活保障线由原来的 800 元调整到 920 元；城镇居民最低生活保障线由原来的 1200 元调整到 1380 元。最低生活保障金补助标准作相应调整，所需增加的资金按县财政负担 60%，乡镇财政负担 40%的渠道解决。2002 年，根据《泰顺县最低生活保障实施办法》，镇内享受农村最低生活保障(以下简称农村低保)526 人。2005 年 2 月，市、县慈善总会联合举办“2005 迎新春慈善年夜饭”活动，县委、县人民政府领导给司前畲族镇“五保”户和 42 位农村低保户代表发送过年红包，同吃团圆饭，共饮分岁酒。是年，全镇享受农村低保 875 人。

2006 年秋季开始，对低保家庭全面实行免除学杂费义务教育。司前畲族镇调整确定农村低保户 215 户 423 人。2007 年调整确定农村低保户 208 户。2008 年，县政府决定调整城乡最低生活保障标准线，农村、城镇低保标准由上年的每人每月 130 元、216 元，分别提高到每人每月 149 元、248 元，调整后的最低生活保障标准从是年 4 月 1 日起执行，所需资金按原渠道列支。是年全镇调整确定农村低保户 321 户。2009 年，遭受“莫拉克”台风袭击，国家和省红十字会随即给司前畲族镇“五保”供养中心下拨棉被、大米、饼干、食用油等救灾物资。并从是年 4 月开始，将城镇、农村居民的低保标准线从 2008 年的每人每月248元、149元分别提高到每人每月276元、166元。是年全镇低保户337户。

2010年泰顺县委、县人民政府要求乡镇政府根据城乡特困家庭的不同情况,按照"分类施保、分档救助"的原则,采取全额补助和差额补差两种办法,切实保障收入低于最低保障标准线的困难家庭的基本生活,确保应保尽保。是年,全镇确定农村低保355户。2015年,全镇农村低保383户628人,全年支付低保补助221775元。

二、农村养老保险

(一)基本规定

1.农村社会养老保险

1997年3月,《泰顺县农村社会养老保险试行办法》施行。凡属本县常住户口或暂住户口的公民,除已参加一体化企业职工社会养老保险外,均可参加农村社会养老保险。养老保险费基数有25%、50%、75%、100%四档。参保人可根据实际选择缴纳方式:或按月交纳(每月10元起档),或分若干次缴纳,或一次性缴纳。

参保人年满60周岁后,根据其个人账户总额确定养老金,按月向社保经办机构领取。未满60周岁死亡或出国定居的,由其法定继承人(或指定受益人)领取。

参保对象迁往外地者,若迁入地尚未建立农村社会养老保险制度,可将其个人交纳全部本息退给本人;因招工、提干、考学等农转非,可将保险关系(含资金)转入新的保险轨道,或将个人交纳全部本息退还本人。

投保人领取养老金,保证期为十年。领取养老金不足十年身亡者,保证期内的养老金余额可以继承。无继承人或指定受益人者,按农村社会养老保险管理机构的有关规定支付丧葬费用。领取者超过十年,支付养老金直至寿终。

2.城乡居民社会养老保险

2010年1月,《泰顺县城乡居民社会养老保险实施办法》施行。凡属本县户籍,年满16周岁,且非国家机关、事业单位、社会团体工作人员和未参加职工基本养老保险的城乡居民(全日制学校在校学生除外),均可在户籍地参加城乡居民社会养老保险。

按照"保基本、广覆盖、有弹性、可持续"的基本原则,以个人缴费为主，财政予以补贴，集体经济适当补助，实行个人账户与社会统筹相结合的模式。

参保人员可按每年100元、200元、300元、400元、500元5个档次标准选择缴费，县财政分别对100—300元、400—500元两档予以30元、40元补贴。对持最低生活保障证、残疾人特困证或二级以上残疾人证的参保人员，其个人缴费部分（按最低档次缴费标准）由县财政给予全额补贴。距领取养老金年龄（60周岁）不足15年的人员，允许其按年补缴，但累计缴费年限不得超过15年；距领取养老金年龄超过15年（含15年）的人员，按年缴费，累计缴费年限不得少于15年。个人缴费和各类资助或补贴，全部记入个人账户。

城乡居民养老保险待遇由基础养老金、个人账户养老金和缴费年限养老金三部分组成。基础养老金月标准为每人每月60元。个人账户养老金月标准按参保人员个人账户全部储存额除以139计发。缴费年限养老金月标准，按缴费年限分段计发：缴费5年（含5年）以下的，按1元/年计发；缴费6—10年（含10年）以下的，从第6年起按2元/年计发；缴费11年（含11年）以上的，从第11年起按3元/年计发。1949年12月31日前出生，未享受国家机关、事业单位、社会团体工作人员离休、退休、退职待遇或职工基本养老金待遇的本县户籍城乡居民，不用缴费，可按月领取基础养老金；但其符合参保条件的子女应当参保缴费。对参保的复员退伍军人（含1949年12月31日前出生的人员），军龄视同缴费，并加发优待养老金。

参保人员死亡后，其个人账户储存额本息余额扣除政府补贴外，可依法继承或者遗赠，并一次性支付给其法定继承人或指定受益人。参保人员出国定居的，经本人向社会保险经办机构申请，可一次性退还除政府补贴外的个人账户储存额本息余额，同时终止城乡居民社会养老保险关系，其政府补贴部分划入统筹基金。已领取养老金待遇的参保人员死亡时，可享受死亡当月基础养老金的20个月的一次性丧葬补助费。城乡居民社会保险制度同时还可以与其他相关制度进行衔接。

（二）参保人数

司前畲族镇2005年基本养老保险人数117人。2010年参加社会养老保险2074人，2011年司前畲族镇社会养老保险参保率达99.8%。2015年新参加331人，实现全覆盖。

三、被征地农民社会保障

2007 年 1 月，开始施行被征地人员（年满 16 周岁及以上）基本生活保障制度。被征地农民基本生活保障实行缴费标准与保障水平相挂钩。未满 60（含）周岁，基本生活保障缴费标准分为三档：一档 28500 元、二档 24000 元、三档 19500 元；年满 60 周岁以上的，按标准一次性缴纳基本生活保障费后（缴费金额随年龄增加按月依次递减），从次月起享受生活保障待遇，待遇分三个档次。具体为：选择享受月生活保障待遇 190 元档次的，年龄在 60—67 周岁 6 个月的，缴费标准为 28500—11400 元；160 元档次的，年龄在 60—67 周岁 6 个月的，缴费标准为 24000—9600 元；130 元档次的，年龄在 60—67 周岁 6 个月的，缴费标准为 19500—7800 元；67 周岁 7 个月以上的，均按 67 周岁 6 个月的标准缴纳。缴费金额随年龄增加按月依次递减。参保人员可自行选择缴费档次，确定后不能再作变动。缴费资金由政府、村集体、个人按 3:4:3的比例共同筹集。

基本生活保障金待遇根据参保时确定的缴费档次，按一档 190 元/月、二档 160 元/月、三档 130 元/月的标准，由县社会保险机构按月发放。

参保人员出国或户籍迁出本县的，可一次性退还其基本生活保障个人专户余额；参保人员死亡后，可由法定继承人或指定受益人继承，并一次性予以支领，同时终止其基本生活保障关系；基本生活保障的给付权益不得转让、抵押，不得归还（欠、贷）款。

第六节　扶贫脱贫

泰顺县 1985 年被列入全省 5 个贫困县之一，1986 年被列入全国贫困县之一。1994 年国家调整国定贫困线标准，泰顺县再次被确定为全国 592 个贫困县之一。是年 3 月，国务院制定实施“八七”扶贫攻坚计划（1994—2000 年），1997 年泰顺全县农民年均纯收入达 1303 元，提前三年脱掉国家级贫困县“帽子”。但还是低水平的脱贫，且全县不平衡。针对脱贫基础脆弱、返贫现象严重的问题，2000 年始，启动“百乡”扶贫攻坚计划（2000—2002 年）。2003年始实施欠发达乡镇奔小康工程（2003—2007 年），重新规划集镇建设，首创“一镇带三乡”农民异地搬迁扶贫模式。2008 年，省委、省人民政府部署实施“全面小康六大行动计划”，其中一项是“低收入群众增收行动计划”。2011 年 7 月，司前畲族镇获国务院扶贫开发领导小组办公室“全国扶贫开发先进集体”

称号。是年始司前畲族镇紧跟全县步伐，实施“三年特扶”行动。

至 2015 年，共安置下山移民 3180 户 9540 人，集镇建成区拓展 1.8 平方千米；常住人口从 6000 人增加到 15540 人，城镇化率从 38%增加到 80%；第二、三产业全部就业人数约 3000 人；下山农民能迁得下、稳得住、富得起，当年全镇农民年人均纯收入 13513 元。

是年，司前畲族镇获“全国扶贫工作先进集体”称号。

一、“八七”扶贫攻坚

（一）紧密部署

司前畲族镇是集“革命老区、少数民族聚居区、边远山区”于一体的经济欠发达乡镇。1979 年，司前、里光、黄桥三乡（峰门未建乡）农民人均年收入分别是 61 元、67 元、83 元。1991 年，司前、里光、黄桥、峰门 4 个乡农民人均年收入分别是 290 元、279 元、246 元、230 元。

1993 年，司前畲族镇、黄桥、峰门三个乡镇农民人均年收入分别是 468 元、313 元、263 元。全国贫困线是 350 元，黄桥、峰门两个乡被列入贫困乡。

1994 年，泰顺县委、县人民政府根据国务院规定，制定并实施《泰顺县“八七”扶贫攻坚计划》，计划在国家“八五”计划（1990—1995 年）实施期间，着重扶持特别贫困的黄桥、峰门等 10 个老区乡，“九五”计划期间转向其余贫困乡。

自 1994 年“八七”扶贫攻坚实施以来，司前、峰门、黄桥乡镇党委、人民政府紧紧抓住机遇，把扶贫置于各项工作的重点，大力发展经济，增加农民收入，不断扩大扶贫成果，实现全面脱贫。

1997 年，贯彻中共中央、国务院《关于尽快解决农村贫困人口温饱问题的决定》，开展“思想大解放、观念大转变、经济大发展、社会大整治”活动，继续采取政策、财政、金融、结对、挂钩、救助、下山、产业、社会、人才等扶贫手段，全县提前 3 年摘掉全国贫困县“帽子”。黄桥、峰门两乡也提前 3 年实现脱贫。

1998 年，制定《泰顺县“扶村帮户”活动总体方案》，出台《泰顺县最低生活保障暂行办法》，确定保障对象。制定最低生活保障线标准，并从当年 5 月份起发放生活保障金。

1999 年，泰顺县委、县人民政府印发《关于进一步加强扶贫工作的通知》，要求当年完成一批贫困村、一批贫困户脱贫任务。省、市、县 200 多个挂钩单位 1000 多人次到村入户访贫问苦，落实扶贫资金和扶持项目。

2000 年，县委、县人民政府制定《县级单位实施“泰顺县农业和农村现代化建设纲要”的主要任务》《泰顺县农业和农村现代化建设纲要2000年实施意见》《关于加强发展效益农业的若干意见》《关于调整贫困村、贫困户挂钩结对方案》,实施“粮食自给工程”,发展茶叶、毛竹、板栗、高山蔬菜等生态农业和小水电、竹木制品、矿产、绿色食品加工等资源型工业,农村人口温饱问题基本得到解决,实现县级基本脱贫。

(二)落实措施

司前畲族镇1999年7月至2001年7月,接收上级拨给各类扶贫资金208.37万元,其中无偿158.65万元。其间,资源型加工业达到39个,从业人员747人,工业产值2135万元;完成简易公路、防洪堤、下山脱贫点、中小学扩建、河流治理、自来水等大小建设项目22个。推进农业综合开发,使用扶贫资金建成雷笋基地412亩,猕猴桃基地220亩,毛竹低改2000余亩,各类养殖基地5个,为农民增收开拓了新的途径。早在1994年,在司前畲族镇左溪村安排3.5亩土地建房42间,安置周围15个自然村村民下山脱贫。2001年,建成西村和下库下山脱贫点。

黄桥乡于1997年受省委组织部挂钩扶贫。省委组织部派出科技特派员劳泓挂职乡党委副书记。1999—2001年投入农业综合开发资金250万元,改造毛竹低产林8700亩,新造毛竹林850亩、小竹林920亩,建成2000亩的笋竹两用林,填补了温州市竹类现代农业示范园区的空白。经过改造,笋竹两用林亩产从低改前的242元/亩·度[①],提高到1007元/亩·度,竹业经济收入占农民收入的40%。同时引进笋竹加工企业4家,2001年工业总产值338万元,实现全乡工业经济零的突破。投入资金100万元,开通新增行政村简易机耕路;投入资金10万元,新建、修复水利设施5处,其中水渠23千米;投入资金74.4万元,使全乡闭路电视、通村程控电话覆盖率分别达50%和100%,全部完成农电改造。其间,还投入35万元建设可供31户102人建房居住的园桥、石阶2个下山脱贫点。

峰门乡实施“八七”扶贫攻坚,至2001年投入扶贫资金近1000万元,完成通乡、通行政村公路及主要自然村机耕路建设,新建学校、医院,安装了闭路电视,新建和修建各村的水利设施等项目,改善基础环境条件,为脱贫打下了坚实基础。兴办开发性扶贫项目,重点放在开发性农业。至2002年,开发种植板栗基地500亩、中药材基地200亩、毛竹低改2000亩、竹笋两用林基地1000亩,并开发山羊、家禽养殖基地,增加农民收入。2001年,司前畲族镇、黄桥乡、

① 2年为一度,即毛竹2年出笋,分大、小年,称为度。

峰门乡农民人均收入分别达 2330 元、1984 元、1875 元。

各年份司前畲族镇、黄桥乡、峰门乡农民人均收入一览表

表 7-5-6-1　　单位：元

年份	人均收入			年份	人均收入		
	司前	黄桥	峰门		司前	黄桥	峰门
1991	290	246	230	2007	6014	4323	4373
1997	1487	1217	1298	2011	7509		
2002	2682	2112	1973	2013	9416		
2003	3495	2814	1516	2015	13513		

（三）“百乡”扶贫攻坚（2000—2002 年）

1.扶　村

2000 年，泰顺县委召开十届六次全体（扩大）会议，提出“抓落实、求突破、促发展，全面加快脱贫奔小康进程”。4 月，省委、省人民政府制定《关于进一步加快扶贫开发工作加快欠发达地区经济社会发展的意见》，将峰门、黄桥等 10 个贫困乡列入省级重点结对帮扶对象，分别由省水利厅等 6 个单位和萧山市、乐清市挂钩帮扶。力争到 2002 年人均纯收入达到 1500 元（1995 年不变价）以上，农民人均纯收入增幅不低于全省平均水平，基本消除人均纯收入 1000 元以下、村级集体经济年可支配收入人均达 20 元。

2002 年，黄桥、峰门乡农民人均纯收入分别达到 2112 元、1973 元，完成全省“百乡扶贫攻坚计划”。

司前畲族镇 17 个行政村集体经济实力不均衡，其中 8 个行政村年收入在万元以下。2002 年，司前畲族镇在县扶贫办支持下，5 家企业通过征地减租方式新建厂房。启动杨寮水电站（村办）扩建项目，电站装机容量从 250 千瓦扩容至 2000 千瓦。同时，在三插溪电站安排各村投资，电站投产之后，每村可得到分成。至 2014 年，全镇每年收入 98 万元，各村每年分成达到 5 万元。因此，各村集体经济年收入均超过预期人均 20 元的目标。

峰门乡 4 个行政村的集体经济非常薄弱，除峰门村水电站收入外，其他的行政村是几乎没有集体经济收入的“空壳村”。为此，加强农村集体经济实力，调配好各村班子成员，派驻能力较强的干部任支部第一书记和指导员，帮助寻找脱贫致富之路，联系结对单位，帮助落实扶贫项目。2002 年，完成了峰门电站的改建工作，为各村争取了一定的扶贫资金投入电站股份，使 4 个行政村告

别集体经济空壳村。

黄桥乡投入335万元建成装机容量640千瓦黄桥水电站,4个行政村均达到年均集体经济收入2.5万元。

2.帮 户

农民的生活水平相对低下，部分仍处于贫困之中。对贫困户区别不同情况,制定不同的措施,不断加大对贫困的帮扶力度。将年老体弱、孤、寡、残等原因丧失劳动力而致贫的农民列入五保户或最低生活保障户，每月给予一定生活补助,保障其基本生活;对于由于家庭人口多、基础差、无致富门路而致贫的农户,开展“一对一”结对帮扶,落实扶贫资金,开展技术服务等措施以达到脱贫。司前畲族镇1999—2002年对人均收入1500元以下的贫困户1472户进行了资金、技术扶持,实现了84户318人脱贫,其中224户465人被列入低保对象。峰门乡人均收入1500元以下的贫困户有194户607人,其中54户70人被列入低保对象。

(四)奋斗小康

2003年始,实施浙江省欠发达乡镇奔小康工程和温州市“139”富民攻坚计划(2003—2007年)。其间,司前畲族镇投资20万元建成江滨防洪堤,开发江滨住宅区；组建景观绿化苗木等农民专业合作社7家，入社农户达到380多户;发展种养业大户15家;白鹤山庄正式营业,吸引了县内外大量游客;弘扬光大畲族文化,开发旅游业;扶持龙头企业,坚持“扩大总量,提高技术,加强管理”的方针发展资源型工业,并且招商引资,引进加工企业3家,扩大生产规模,增加农民就业总量。投资350多万元建成民族中学学生生活用房和司前小学教学综合楼4300平方米。投资1000多万元开工建设康庄公路7条29千米,90%行政村通村道路得到硬化；全部行政村通等级公路。继续完善城镇道路建设,全面完成城镇主干道硬化。以中心村建设为龙头,围绕道路硬化、溪流净化、村庄绿化、环境美化等目标,因村制宜,启动了里光、台边、司前、新北、左溪等5个行政村整治改制,村镇面貌逐步改观。调整确定农村低保户215户423人。开展农民知识化培训工程,完成“专业农民”农业技能培训95人,“转业农民”就业技能培训225人,“务工农民”岗位技能培训202人,转移培训254人,提高农民就业能力。2007年，农民人均纯收入达6014元，比2002年增长124%，年均增长17.53%。其中,年收入1000元的以下农户2003年有314户713人,到2006年全部提高到1000元以上;1000—1500元农户由2003年的404户1042人减少至2007年的377户536人。

在此基础上，司前畲族镇“一镇带三乡”(峰门、黄桥、竹里乡)整体推进，成为下山搬迁新亮点，实现“迁下山头求致富，走出山门谋发展”，为全省深化下山异地脱贫、提高基础设施利用率和实现资源共享，推进山区城镇化提供了新模式。峰门乡人均0.4分耕地、19亩山地，百姓无可奈何，认为“只有搬到山下去，才能实现安居乐业”。2002年，峰门乡党委提出群众的最大愿望“全乡迁移，异地脱贫”的扶贫工作思路，由政府引导、农民自愿、政策推动、资金扶贫，将全乡750户2500多农民分期分批迁移到司前畲族镇。2004年，峰门村党支部书记邓敏良和其他222户800多村民成为首批下山移民。峰门乡整乡搬迁共分为三期，至2007年底，峰门、黄桥两乡整乡搬迁安置农户403户1470人。司前“一镇带三乡”“生态大搬迁”系列工程计划进展顺利。

2004年司前畲族镇扶贫点一览表

表7-5-6-2

扶贫点名称	坐落地点	户数(户)	人数(人)	建房间数(间)	迁出地点
左溪民族新村	左溪村	67	320	72	左溪各自然村
里光下山扶贫点	里光新村	26	118	26	石坑源上八寮
榅垟下山扶贫点	榅垟林场	10	54	12	下赶漈自然村
和庄村扶贫点	云寿线排头隧道口	22	104	22	茶堂坳台头自然村
下库扶贫点	司前村下库	68	335	78	林山及竹里等邻村
合　计	—	193	931	210	—

2004年司前畲族镇少数民族村基本情况一览表

表7-5-6-3

民族村	村民		人均收入(元)	大中专毕业生(人)	贫困户		基础设施占比(%)			已下山数		要求下山	
	户数(户)	人数(人)			户数(户)	人数(人)	饮水	三通	通路	户数(户)	人数(人)	户数(户)	人数(人)
左溪	275	918	3010	34	34	90	80	80	100	110	441	85	340
林山	91	308	1600	2	16	48	100	100	100	34	160	6	25
筱条	83	239	1850	19	28	78	100	100	50	—	—	35	140
和庄	42	143	1950	1	20	75	70	50	30	8	35	3	15
上升	22	75	2040	0	9	36	0	0	0	0	0	10	38

表 7-5-6-3

民族村	村民		人均收入(元)	大中专毕业生(人)	贫困户		基础设施占比(%)			已下山数		要求下山	
	户数(户)	人数(人)			户数(户)	人数(人)	饮水	三通	通路	户数(户)	人数(人)	户数(户)	人数(人)
里光	65	170	2550	4	9	33	50	40	30	26	118	10	35
合计	578	1853	—	60	116	360	—	—	—	178	754	149	693

2004 年司前畲族镇少数民族下山扶贫点基本情况一览表

表 7-5-6-4

村名	下山搬迁情况					下山搬迁后奔小康情况						安排下山能迁入	
	户数(户)	人数(人)	建房间数(间)	人均收入(元)	从何迁入	种植业		养殖业		劳务输出		户数(户)	人数(人)
						户数(户)	人均增收(元)	户数(户)	人均增收	户数(户)	人均增收(元)		
左溪	110	441	115	3010	山上	54	500	4	600	50	1000	—	—
下库	34	160	36	1600	林山	12	500	3	600	19	1000	6	25
和庄	8	35	8	1950	山上	6	300	2	400	—	—	—	—
里光	26	118	26	2550	山上	26	200	—	—	—	—	—	—

2003—2007 年司前畲族镇贫困状况和扶贫成效一览表

表 7-5-6-5

	时间		2003年	2004年	2005年	2006年	2007年
	项目	单位					
基本情况	自然村	个	199	199	199	199	199
	居住在高山、深山、远山	户	98	92	92	87	85
		人	215	203	203	193	188
	村级集体年可支配收入	万元	91	55	—	185	205
	农民年人均纯收入	元	3495	3556	4300	5262	6014
	其中农业收入	元	591	2037	2132	1790	1850
	劳务输出总收入	万元	896	903	927	952	957
欠发达情况	人均纯收入 1000 元以下	户	314	275	222	—	—
		人	713	701	467	—	—

续表 7-5-6-5

	时间 项目	单位	2003年	2004年	2005年	2006年	2007年
欠发达情况	人均纯收入 1000—1500 元以下	户	404	411	120	215	377
		人	1042	1074	408	432	536
	人均纯收入 1500 元以下村	个	—	—	—	—	—
	其中 1000 元以下村	个	—	—	—	—	—
	缺粮户	户	—	—	—	—	—
	居住危房、简易房	户	5	5	5	63	160
	文盲率	%	3.30	3.10	3.10	2.30	2.00
	中小学生辍学	人	7	6	5	3	0
	年末尚未解决饮水困难	人	186	167	639	839	0
	当年受灾户	户	2146	75	1189	—	1046
	当年返贫	人	142	121	—	—	92
	当年享受低保	人	713	733	418	423	344
资金来源与投向	当年扶贫资金总额(含上年结转)	万元	66.15	36.37	49.10	57.60	63.50
	当年省市县财政扶持	万元	15.80	34.70	20.60	30.50	30.95
	当年帮扶单位资金	万元	13.50	8.00	18.50	11.30	16.55
	当年社会捐赠资金	万元	37.00	10.00	—	—	—
	投向农业开发	万元	4.30	8.90	10.00	16.50	17.00
	投向农业公益设施建设	万元	3.50	6.00	7.00	3.80	22.50
	投向学校及设施等	万元	41.00	6.00	1.60	6.00	—
	投向下山移民	万元	6.00	—	—	—	—
扶贫成效	当年新实施扶贫项目	个	5	5	—	6	14
	当年实施扶贫项目的村	个	5	5	10	5	10
	当年扶贫项目直接覆盖的农户	户	613	1274	1134	410	739
	当年得到扶贫资金物资的农户	户	426	313	1251	835	65
	劳务输出人数	人	2637	2656	4320	4345	4353
	年末下山迁移户	户	24	24	24	24	24
	年末下山迁移人口	人	75	75	75	75	75
	年末累计下山移民小区	个	3	4	4	4	—
	年末累计下山移民点	个	1	1	1	1	—
	新建及改扩建道路	千米	6	19	—	0.3	2.45

续表 7-5-6-5

	时间		2003年	2004年	2005年	2006年	2007年
	项目	单位					
	当年退耕还林还草	亩	150	136	—	—	—
	新建或修建学校	所	1	1	—	—	—
	当年解决饮水困难	人	113	—	—	—	—
	当年举办农技和职业培训	期	6	3	12	16	11

(五)低收入农户扶贫

2008年,省委、省人民政府部署实施“全面小康六大行动计划”,其中一项是“低收入群众增收行动计划”,由“低收入农户奔小康工程”和“城镇低收入家庭增收工程”两部分组成。按照全省统一扶贫标准,以2007年农户家庭人均纯收入为基准,人均纯收入低于2500元的,均定为低收入农户,并作为今后五年扶助对象,力争使低收入农户(“低保”农户除外)70%以上家庭人均纯收入超过4000元;有劳动力的低收入农户至少有1人实现非农就业或从事产业化经营的特色农业;符合最低生活保障条件的低收入农户全面纳入最低生活保障,所有县(市、区)农村最低生活保障标准提高到2500元,基本消除绝对贫困现象;教育救助全面覆盖低收入农户,医疗救助全面覆盖家庭人均收入低于当地农村“低保”标准1.5倍的低收入农户,住房救助全面覆盖低收入农户中的困难群众。低收入农户人均教育、医疗消费支出占生活消费支出的比重基本达到当地农村居民平均水平。泰顺县委发出《关于全面推进低收入农户奔小康工程的实施意见》《关于引导带动增收致富优惠政策的通知》等一系列政策措施,确定低收入农户集中村和家庭人均收入低于2500元低收入农户,开展产业开发帮扶、培训就业帮扶、下山搬迁帮扶、基础设施建设、社会救助覆盖、区域协作促进、金融服务支持、社会援助关爱等八大举措。2015年完成“4600元以下”低收入农户的消除工作,全力攻坚“5500元以下”农户(2010户6000人)的消除工作;经过特别帮扶,至2015年,全镇还有低保户383户628人,其中重残户36户78人。

2008 年省定低收入农户集中村情况一览表

表 7-5-6-6

乡镇	行政村	户数（户）	人口（人）	土地面积（平方米）				2008 年人均纯收入（元）
				合计	耕地	园地	林地	
司前畲族镇	叶山	159	471	12515	296	438	11771	3996
	左溪	583	1950	28026	941	1627	25369	4669
	司前	1122	3120	11439	378	2324	8640	5719
	溪口	188	559	14236	314	467	13275	4919
	台边	337	1019	5379	485	860	3854	4723
	榅垟	369	1165	24335	349	1001	22940	4650
黄桥	黄桥	675	2168	61300	700	530	54000	4158
峰门	峰门	491	1258	28004	470	40	27500	5028
	徐宅	652	1732	28860	690	60	28100	5016

说明：低收入农户集中村是指：村内 2007 年农民人均纯收入低于 2500 元的户数比重和人数比重同时高于 40%

（六）特扶行动

1.泰顺全县特扶行动规模

2011 年启动实施“三年特扶”（2011—2013 年）计划项目。全县计划实施扶贫开发、产业发展、公共服务三大类特扶项目总投资 10.72 亿元。2011 年是实施“三年特扶”计划项目启动年，全年实施特别扶持计划项目共三大类 31 个小项，总投资 5.59 亿元；2012 年，实施特扶项目共三大类 34 项，总投资 4.2 亿元；2013 年度项目投资 1.85 亿元。从产业扶贫 、发展来料加工业 、下山移民等方面着手，采取金融扶贫、整村推进、结对帮扶、派驻农村工作指导员等措施跟进。

2.司前畲族镇措施

镇内部分项目　其间，安排司前畲族镇重点项目司前文化站、竹木产业园、畲族文化特色村建设、城镇道路等配套设施建设、乌岩岭景区至 228 省道公路等 5 个项目资金 3500 余万元。2009—2015 年，通过县民宗局下达司前畲族镇的扶贫、扶持项目 131 个，资金 594.4 万元，其中省级 217 万元、市级 196 万元、县级 125.4 万元、特扶 56 万元。2013 年，安排台边、峰门、黄桥村安置和畲族风情园等补助资金 166 万元。

加快城镇化建设　2011 年，撤销黄桥、峰门乡并入司前畲族镇后，加快下山搬迁脱贫步伐，先后建成左溪新村和峰门村、江滨、留田垟黄桥村、溪口大坪村、畲族风情园、狮子岗小区等下山脱贫小区（点)。累计下山移民1118户，近4250人，司前建城区人口增加到1.1万人，其中峰门、黄桥“整乡搬迁”二期工程，改变榴式建房模式，建成套房180套，土地节约率达33%，建房成本降低30%。

二、一镇带三乡

（一）开发住宅区

1992年撤区并乡建镇，司前畲族镇所在地人口2000多人，建成区面积约0.85平方千米。镇人民政府应各村山上和周边乡村农户要求，1998年开始筹划打破地域界限(包括黄桥、峰门、竹里三乡)，开展异地搬迁，将镇域范围周边人口规模小，发展条件差的上升、和庄、新桥3个村实行整体搬迁。1999年，将里光溪滨的滩地进行防洪堤砌筑，扩展建设用地16000多平方米，建成新北移民村。至2001年，基本完成以上3个村19个自然村900多人口异地搬迁。

2002年，下山移民力度进一步加大，对镇域范围居住偏僻、交通闭塞的行政村实施大规模下山搬迁。

2003年，重新规划集镇建设，首创“一镇带三乡”农民异地搬迁扶贫模式。2005年峰门、黄桥新村建设工程动工。其间，在省委组织部、省交通厅的支持下，黄桥、峰门两乡启动整乡搬迁工程，先后在滨江、狮子岗、大坪山、留田垟、下库、西村、炮台岗及52省道两侧建设下山移民点11处。

2010年，投入建设的畲族风情园占地13.47万平方米，概算投资3.2亿元，一期工程共建畲族特色民居9幢208套，建筑面积3万平方米，优惠供应下山脱贫户入居。至年底，共接纳镇域周边及峰门、黄桥、竹里三乡异地脱贫人口5800多人，镇区常住人口增至8000多人，城镇化水平达75%，建成区面积达1.5平方千米。这首创的“一镇带三乡”异地下山搬迁脱贫工作，受到温州市领导的好评和新闻媒体的报道推广。

2011年，投入5775万元完成狮子岗农房集聚小区(一期)202间(套)房屋主体工程建设，并启动二期的图纸设计、政策处理等工作；完成峰门搬迁续建工程(三期)农房改造集聚小区E地块排污管网设计和土石方平整，启动D地块土石方挖填；完成黄桥搬迁续建工程(三期)农房改造集聚小区90套房屋图纸设计及审查；完成畲族风情园(一期)地块的政策处理、供地和土石方招标等工作，并启动土石方开挖。完成司前村沿溪南路、新北区间路道硬化700米，对民族路老建筑进行拆除，拓宽路面。

2012年，全年重点抓好农房改造集聚、畲族风情园、司前竹木产业园等23个固定资产投资项目，新开工项目20个，全年完成固定资产投资31651万元。重点推进4个农房改造集聚点建设，全年共开工1190户、结顶298户、搬迁603户。完成了回澜小区（一期）房屋主体工程和投资800万元的市政配套工程，部分农户已搬迁入住；畲族风情园民族特色小区完成土石方平整，启动主体工程建设；峰门小区（三期）和黄桥小区（三期）主体工程动工建设；农民廉租房（80套）完成政策处理、土石方平整，并动工建设。司前大厦完成控规编制、土地报批等工作；中宇大厦完成控规编制、土地利用规划调整等前期工作，畲族风情商业街与司前籍在外创业人士达成招商协议；司前供电大楼、信用社大楼项目完成控规编制报批等前期工作。

2013年，重点实施农房改造集聚、通景公路建设等23个固定资产投资项目，其中新开工项目20个，全年完成固定资产投资5.07亿元。完成回澜小区、畲族风情园一期、峰门小区续建工程、留田垟小区三期等四大小区（共372套、90榴）主体工程建设，城镇发展框架基本形成，城镇化率70%。镇文化综合大楼工程完成主体建设，司前大厦、竹木产业园完成“三通一平”启动建设。云湖天地（养生养老服务中心）、畲族风情商业街、司前供电大楼、信用社大楼、加油站等项目推进。

2014年，峰门、黄桥、竹里等周边的农户继续向建成区集聚搬迁。全年投入2.05亿元，集中推进畲族风情园、回澜小区、峰门小区、留田垟等6个农房集聚点建设，新建房屋650间（套）。其中，畲族风情园一期工程（9幢282套），峰门小区三期D地块工程（10幢200套），完成土石方开挖及建房分配，进场施工建设；回澜小区一期续建、峰门小区三期E地块、留田垟小区二期、农民廉租房80套等陆续建成。

2015年，全年投入3.5亿元，推进回澜小区，峰门新村、黄桥滨江小区，畲族风情园等九大区块开发。完成峰门村一至三期、黄桥一至三期榴式和部分套房，畲族风情园一至三期全部套房建设，总面积520307平方米。外立面装修和内卫系统装修齐全。畲族风情园外立面装修具畲族风情特色。园区绿化和小广场配套，环境舒适恬静。

至2015年共安置下山移民3180户9540人，集镇建成区拓展1.8平方千米。常住人口从6000人增加到15540人，城镇化率从38%增加到80%。司前“以镇带乡”模式成为温州市破解城乡二元体制障碍、实现统筹城乡发展经典范例之一，得到国务院扶贫办主任范小建赞扬。

至2015年共投资6000余万元，建设左溪民族特色村寨，打造浙江“畲族第一村”；投资3300万元，实施畲乡小院建设，引入“乡村院落式”的建房模式；投入资金900多万元，完成畲族风情街外立面改造。

2015年司前畲族镇集镇住宅小区建设一览表

表7-5-6-7

工程名称	地址	最高层数(层)	建筑面积(平方米)	建筑占地面积(平方米)	建设用地面积(平方米)	道路面积(平方米)	绿化面积(平方米)
峰门一期	228省道	5	55750			11150	2150
峰门二期	228省道	5	34100	—	—	7300	1722
峰门三期E地块	228省道	5	9450	—	—	—	1750
峰门三期D地块	228省道	6	31954	1601	9448	—	6391
黄桥一期	滨江路	5	23000	6658	21303	13000	3887
黄桥	狮子岗山脚	5	4500	—	—	800	—
黄桥二期	留田垟	6	9800	—	—	840	1350
黄桥三期	留田垟	6	13427	—	—	—	1988
黄桥灾民安置点	石门炮台岗	5	10000	2208	8521	800	—
黄桥三插溪移民	顺安小区	5	22750	—	—	5460	—
司前林山移民	下库小区	5	39500	—	—	8216	1741
司前镇下山移民	回澜小区	5	37752	—	—	21883	6916
司前下山移民续	回澜小区	5	5616	—	—	—	1284
司前台边	下弄小区	5	31740	993	3669	1823	—
司前左溪新村	左溪村	5	29750	—	—	3762	1550
溪口移民	大坪山小区	5	91785	—	—	13967	475
合 计			450874	—	—	88731	31204

说明：表中峰门三期D地块、黄桥二期、黄桥三期有套房，最高为6层，其余为5层

2015年司前畲族镇畲族风情园建设情况一览表

表7-5-6-8　　单位：平方米

小区名称	地址	开工年度	竣工年度	最高层数(层)	建筑面积(平方米)	建筑占地面积(平方米)	建设用地面积(平方米)	绿化面积(平方米)
畲族风情园一期	228省道	2007	2008	6	33105	6375	24154	6849
畲族风情园二期	228省道	2010	2012	6	26365	5474	20349	5089

续表 7-5-6-8

小区名称	地址	开工年度	竣工年度	最高层数（层）	建筑面积（平方米）	建筑占地面积（平方米）	建设用地面积（平方米）	绿化面积（平方米）
畲族风情园三期	228 省道	2012	2015	6	9963	1559	10314	3094
合　计	—	—	—	—	69433	13408	54817	15032

1991—2015 年司前畲族镇集镇“插花移民”入住情况一览表

表 7-5-6-9

村　名	入住户数（户）	入住人口（人）
司前东村	285	1140
司前西村	265	1060
新 北 村	524	2096
合　计	1074	4296

2015 年司前畲族镇集镇住宅小区入住人口一览表

表 7-5-6-10

工程名称	地址	开工年度	竣工年度	入住户数（户）	入住人口（人）	其中套房（套）
峰门一期	228 省道	2005	2008	223	892	—
峰门二期	228 省道	2008	2011	146	584	24
峰门三期 E 地块	228 省道	2012	2013	170	897	—
峰门三期 D 地块	228 省道	2013	2015	52	200	全部
黄桥一期	滨江路	2005	2007	92	368	—
黄桥	狮子岗山脚	2005	2007	18	72	—
黄桥二期	留田垟	2008	2010	70	280	70
黄桥三期	留田垟	2012	2013	90	310	全部
黄桥灾民安置点	石门炮台岗	2008	2011	40	160	—
黄桥三插溪移民	顺安小区	1994	1997	91	364	—
司前林山移民	下库小区	1996	1997	158	632	—
司前镇下山移民	回澜小区	2012	2013	237	948	—
司前下山移民续	回澜小区	2008	2009	35	135	—

续表 7-5-6-10

工程名称	地址	开工年度	竣工年度	入住户数（户）	入住人口（人）	其中套房（套）
司前台边	下弄小区	2010	2012	138	552	—
司前左溪新村	左溪村	1995	1997	119	476	—
溪口移民	大坪山小区	1999	2000	231	1285	—
合　计				1810	8155	—

2015 年司前畲族镇畲族风情园入住户数一览表

表 7-5-6-11

小区名称	地址	开工年度	竣工年度	最高（层）	套房	入住户数（户）
畲族风情园一期	228 省道	2007	2008	6	全部	282
畲族风情园二期	228 省道	2010	2012	6	全部	160
畲族风情园三期	228 省道	2012	2015	6	全部	60
合　计						502

(二)加快产业集聚

积极筹建“四大县级功能区”之一的竹木产业园；全力引导竹木加工企业技改和标准厂房建设，建成了利众公司研发中心，引进先进生产线，改进生产工艺，促进产业提升；大力引进具有实力的外来竹木加工企业；2015 年发展来料加工点 5 个，来料加工产品 48 万件，收入加工费 400 万元。是年全镇工业产值 32168 万元。

(三)优化服务职能

加强司前便民服务中心建设，在原来“1+3”便民服务中心运行模式基础上，开展四级联网审批工作运行，落实好 19 个部门下放镇、社区 300 余事项的承接工作。

二次产业（工业、建筑业）的发展，带动三次产业攀升，下山农民就业机会增加。至 2015 年，第二、三产业全部就业人数约 3000 人。下山农民能迁得下、稳得住、富得起，全镇农民年人均纯收入 13513 元。

第六章 语言与口传文学

畲族是中国多民族大家庭中的一员。由于畲族没有自己的文字,其民族文化与习俗的传承主要靠中文记载和畲族歌言口传身授。

畲族有其民族自己的习俗和语言。畲语属汉藏语系。司前畲族镇境内的畲族民众通用双语。畲族之间交流用畲话,与汉族交际说司前话。由于长期与当地汉民融汇交流,其语言发生一些变异,即说畲话带司前话腔调,说司前话带畲话腔。有的畲、汉通婚后,其中部分后代子女认同属于畲族,但不会说畲话。

唱山歌是畲族人民文化生活中的一种主要活动形式。山歌是畲族民众传授历史、文化、生产、生活等各种社会知识和进行文化娱乐活动的重要手段和工具。唱山歌成为畲族人民文化生活中不可或缺的内容,不论男女老少大多善歌,并形成了一些独特的民族歌俗歌会。

司前话属吴语系,以司前村及周边话为基本腔调。黄桥腔近景宁话,峰门腔近莒江话。

司前畲族镇纯属山区乡镇,农耕条件与交通设施极不发达,历史上教育不能普及。所以普通畲、汉族民众也运用编神话、讲故事、唱山歌、做游戏等方式,开展娱乐活动,进行文化传承。

第一节 语 言

畲族保留的"自己话",也称畲族话、少姓话,属汉藏语系。畲族人语言上使用双语制,畲族之间使用本民族语言,同汉族同胞间交流则使用汉语方言,无论迁徙到哪里,在没有本民族文字的情况下,畲族语言,代代相传。

司前畲话,其语言声母比较单纯,音节多,在声、韵、调诸方面都保留景宁畲话特点。

一、畲话

(一)语音

畲语声母单纯，韵母发达，声调复杂，变调现象较普遍，音节多，发音清晰，在声韵、调方面都有它的特色。

1.声 母

畲语注音的声母采用汉语拼音中 b、p、m、f、d、t、n、l、g、k、h、j、q、x、z、c、s、y、w 等 19 个声母，舍弃 r、zh、ch、sh 等 4 个，新增了 gi、ki、hi、ni、ŋə、ŋ、m 等 7 个声母，共 26 个声母。本节中在新增声母下加“_”(短横)，以示与原汉语拼音声母区别。畲语中部分新增声母的例词如下：

gi: 几、鹿、局、锯、饥、箕、记、计、他、级、桔、脚、鸡、久、救、球、冠、惊、景、宫、弓、紧、哭、急、斤、姜、间、镜等。

ki: 气、汽、站(站着)、旧、舅、求、茄、桥、扛、轿、撬、穷、轻、糊、柿(蜘蛛)等。

hi: 喜、起、戏、后、晓、翘、丘、兴、狠、很、凶、黑、熏等。

ni: 你、义、人、认、韧、银、忍、耳、艾(艾草)、眼、妈、猫、绕、软、原、愿、娘、看、女等。

ŋə: 牛、瓦、呆、饿、我、硬等。

ŋ: 五、午、误、嗯等。

m: 不、舞、武、唔等。

畲语中没有普通话的翘舌音 zh(ts)、ch(ts′)、sh(s)、r(c)四声母。凡普通话中的翘舌音，都说成舌面音或舌尖音，但仍保留古汉语中的鼻音声母耷(疑母)。

2.韵 母

畲语注音的韵母采用汉语拼音中：a、o、e、i、u、ü、ai、ei、ui、ao、ou、iu、ie、üe、an、en、in、un、ün、ang、eng、ing、ong、ia、ian、iang、iao、iong、ua、uai、uan、uang、uo、üan34 个韵母的基础上，又新增了：oi、eo、en、ea、io、oai、ŋ、m 等 8 个韵母，共 42 个韵母。本节中在新增韵母下加“_”(短横)，以示与原汉语韵母区别。

畲语中带有新增韵母的例词有：

oi: 子、崽、爱、哀、才、材、菜、摧、对、戴、碓、推、腿、来、雷、擂(滚)、赔、陪、杯、背(脊背)、妹、粥、会、罪、开、块、嘴、说、吹、炊、端等。

eo: 丫、砂、沙、纱、痧、茶、搽、查、叉、家、瓜、挂、掛、加、把、下、虾、牙、花、巴、疤、耙、语、画、骂、麻等。

en: 恩、本、尊、鳟、损、扳、近、团、管、官、论、乱、贪、碗等。

ea：晚、按、饭、兰、蓝、烂、算、酸、伞、栏、干、汗、罕、断、甘、犯、懒、散、淡、炭、弯（糍粑）、反、满、短、毯、暖（稻草）、蛋、卵等。

io：郎、翁、羊、洋、垟、场、长、厂、抢、杖、涨、奖、桨、酱、浆、将、唱、昌、当、党、量、梁、帮、邦、养、忙、仓、霜、汤、丧、讲（玩）、想、凉、方、堂、糖、塘、唐、床、藏、黄、王、娘、囊、爽等。

oai：我、个、带、簸箕、筛、雪、割、杀、晚、袜、抹、法、发、钵、吸、泼、呵斥（阶）等。

ŋ：嗯、不、互、误、吴等。

m：舞、武、唔等。

韵母当中，由 a、i 发展的韵母很发达，开合元音，齐齿元音多，入声韵较多。

声调与连读音变

声调有 6 个调类，与汉语古声调比较是：1.阴平；2.阳平；3.上声；4.去声；5.阴入；6.阳入。

一声（阴平）“-”。如：你、我、算、酸、懒、干、妹、爱、花等（发音偏短）；

二声（阳平）“ ˊ ”。如：蚁、蛋、老、耳、蛙、崽、硫等；

三声（上声）“ˇ”（畲语中只读前半部分，省略后半部分）。如：在、亮、论、罪、擂、沙、浪、饭、轿等；

四声（去声）“ ˋ ”（畲语中发音较短）。如：吓、客、黑、劈、格、法、铁、日、失、杀、脱、雪等；

上扬声（较轻）畲语发音短而上扬“^”。如：好好的、长长的、老师、打针、手表、享福等；

中平声（介于一声与二声之间，音较长）“~”。如：犁田、麻烦、锄头、番薯、牛栏、煤油、铜锣、油条、狐狸、皮球、棉、泥、房、门、盆、壶、蛇、柴、墙、长、船、年、楼、林、眠、瓶、床、油、文、琴、杭、前、游、尝等。

轻声不标声调，声调与汉语拼音轻声相同，一般用于词尾。如：妈的、不会的、长长的、短短的等

平扬声：（发声轻轻而后上扬）“>”。如：猫、柿、家、羊等。玩笑、我家、学业、旁边、轻轻的、弯弯的、圆圆的、黄黄的、酸酸的、暖暖等。

畲语的变调现象较普遍，有连读变调、连续变声、连续变韵和合音 4 个问题。

连续变调　上声调“3”字作为第一音节与各调字连读时，第一音节的上声

调值变为┓55。例如:

虎尾 $hu^{35(55)}_{(3)}mi^{44}_{(1)}$ ① 虎舌 $hu^{35(55)}_{(3)}ts'et^{2}_{(8)}$

连读变声

例如:

(1) $kiam^{44}_{(1)}pu^{44}_{(11)}$ → $kiam^{44}_{(1)}mu^{14}_{(1)}$

今 脯 (今天)

(2) $tau^{35}_{(3)}tsoi^{55}_{(3)}$ → $tau^{35(55)}_{(3)}oi^{35}_{(3)}$

鸟 仔 (小鸟)

连读变韵 连读变韵都是两音节连读时第一音节的韵母变化。

例如:

(1) $tau^{35}_{(3)}tɕi^{35}_{(3)}$ → $ti^{35(55)}_{(3)}tɕi^{35}_{(3)}$

肚 屎(肚子)

(2) $tɔŋ^{44}_{(1)}ɔŋ^{44}_{(1)}$ → $tɔ^{44}_{(1)}ɔŋ^{44}_{(1)}$

中 央(中间)

合 音 合音是连读时两个音节变成一个音节。

例如:

(1) $ki^{44}_{(1)}kaʔ^{5}_{(7)}$ → $kiaʔ^{5}_{(7)}$

记 得

(2) $hieu^{35}_{(3)}taʔ^{5}_{(7)}$ → $hiaʔ^{5}_{(7)}$ → $ciaʔ^{5}_{(7)}$

晓 得 (知道)

(3) $ŋi^{21}_{6}tɕ'ip^{2}_{(8)}ŋi^{21}_{6}$ → $ŋip^{2}_{(8)}ŋi^{21}_{(8)}$

二 十 二

3.音 节

畲话共有音节640个,比现行汉语拼音多200余个,三分之二的音节为汉语所没有。

畲话声韵配合能度甚高,尤以p(35个)、p′(34个)、t(39个)、t′(32个)、l(46个)、k(53个)、k′(49个),只有f最低11个。发音清晰、响亮。有些词用法与汉语同义,而读音有别。

---

① 音节右上角加括号的数字是变调值,括号前的数字是原调值。

同义多音现象较普遍。如形容很黑，就有“乌冷冷（ləŋ^{23}）”“乌臭臭（tɕiu^{33}）”“乌洞洞（toŋ^{33}）”“乌漆漆（kiʔ^{21}）”，许多动词也是这样。

多音多义现象也较普遍。如“公”：一读 koŋ^{33}（公私），一读 koŋ^{55}（阿公），一读 koŋ^{23}（帝公，即外祖父），一读 koŋ^{31}（鸡公，即公鸡）。

保留了相当的中古音。儿〔ȵi^{55}〕（娘母）、主〔tɕy^{35}〕、五〔ŋ̍^{35}〕（疑母）等。

畲话中也吸收了少量吴语、赣语、粤语、壮语、闽语等方言词。这种状况与畲民自中原南迁的历史有关，这是畲族历史发展在语言上留下的痕迹。

（二）词 汇

1.构 词

（1）名 词

畲话	国标音标	普通话	畲话	国标音标	普通话
猪娘	tɕy$^{44}_{(1)}$ŋyɕŋ$^{22}_{(2)}$	母猪	寮	ian$^{22}_{(2)}$	房屋
柴疕	ts′ai$^{22}_{(1)}$p′i$^{35}_{(3)}$	木屑	龙瀑	lioŋ^{22} p′wʔ^{21}	冰雹
攋	lɔʔ^{2} sɔt^{5}	垃圾	细侖仔	sai$^{11}_{(1)}$lin$^{44}_{(1)}$tsɔi$^{35}_{(3)}$	小孩
阿白	a$^{11}_{(1)}$p′aʔ$^{2}_{(8)}$	曾祖母	石牯卵	tɕ′iaʔ$^{2}_{(8)}$ ku$^{55}_{(3)}$lɔn$^{55}_{(3)}$	
镬(伞)	uoʔ$^{2}_{(8)}$san$^{35}_{(3)}$	锅刷	泥粉	nai^{22} pun^{35}	灰尘
雾露	məŋ$^{22}_{(2)}$lu$^{22}_{(5)}$	雾	雷公水	lai$^{22}_{(2)}$kuŋ$^{44}_{(1)}$tɕ′y$^{55}_{(3)}$	雷阵雨
白蚊	p′aʔ$^{2}_{(8)}$mun$^{22}_{(2)}$	苍蝇	天狗食热	t′an^{44}kɔu^{35}ɕiʔ^{2}ȵiet^{2}	日食
狗虱	kɔu^{55}sɕʔ^{53}	跳蚤	（湖溜）	xu^{22} liu^{33}	泥鳅
黄(蛇)	woŋ^{22} nɕ^{55}	蜻蜓	日头柏	niɕ^{21}t′ an^{22}k′ iu^{31}	向日葵
手节	ɕion^{55} stoʔ^{23}	戒指	屎窟	ɕi^{35} fueʔ^{23}	肛门
歙刀	ɕiɕʔ^{34} tɔu^{23}	翅膀	鹞	ien$^{21}_{(6)}$	老鹰
蛰(顾)	ku$^{44}_{(1)}$ts′ɔʔ$^{5}_{(7)}$	蟑螂	面(庞)	men$^{44}_{(1)}$ p′an$^{55}_{(3)}$	洗脸中
饭箸	p′uan$^{21}_{(5)}$ tɕ′y$^{21}_{(5)}$	筷子	大肶	t′ɔi^{31} pi^{35}	大腿
沸水	pui$^{44}_{(1)}$ tɕ′y$^{55}_{(3)}$	开水	孙(婷)	suəu^{23}p′ iu^{23}	媳妇
岩	ŋɔm^{33}	墈	拨尼崽	pueʔ^{53} ni^{55} tswi^{55}	小姑娘
坑	haŋ^{44}				

(2)动 词

畲话	国标音标	普通话	畲话	国标音标	普通话
睇	t′ai$^{35}_{(3)}$	看	满	muaŋ$^{35}_{(3)}$	拔
掌	tɕyŋ$^{35}_{(3)}$	玩	转寮	tsyen$^{55}_{(3)}$lan$^{22}_{(2)}$	回家
(迦)	kia^{22}	扑	淋	liãn^{22}	浇
□	k′əŋ$^{22}_{(2)}$	提	(喝)	uo$^{35}_{(3)}$	叫
食	ɕiʔ^{2}	吃	戮	lɔʔ^{2}	杀(宰)
敨	t′ieu^{35}	解开			

(3)形容词

畲话	国标音标	普通话	畲话	国标音标	普通话
好	hau$^{21}_{(6)}$	亮	(壮)	tsɔŋ$^{44}_{(1)}$	胖
阔	huot$^{5}_{(7)}$	宽	清气	tɕ′iŋ$^{11}_{(1)}$k′i$^{11}_{(1)}$	干净
逡	k′yɕn^{23}	近	睁	tsaŋ^{44}	瘦

(4)量 词

畲话	国标音标	普通话	畲话	国标音标	普通话
爿	pan^{22}	只	野	ya^{22}	把
桁	xnŋ^{22}	条、根	蔸	ten^{44}	株
粒	lip^{2}	块			

(5)代词

畲话	国标音标	普通话	畲话	国标音标	普通话
	ŋɔi^{44}	我	佢	ki^{44}	他、她
你人	ȵi^{55}nan^{22}	你们	佢人	ki^{44}nan^{22}	他们
个地	kɔi^{22}ti^{23}	这里	奚奈	ɕi^{22}nɔ^{53}	什么
大利	t′ɔi^{21}li^{23}	大家	什乇	ɕi^{44}nɔʔ^{5}	什么

(6)副词

畲话	国标音标	普通话	畲话	国标音标	普通话
唔	ŋi²²	不	毛该	mɔu²²kai⁵⁵	非常
正	tɕiaŋ³³	才、刚刚	靠	k′an³³	更

(7)介词

畲话	国标音标	普通话	畲话	国标音标	普通话
分	puan³²	被、给	(侬)	noŋ²²	和、同一与
的	ti³²	对			

(8)连词

畲话	国标音标	普通话	畲话	国标音标	普通话
是	nai²²ɕi²³	如果	爱就	oi³²tɕiou²³	要么

2.词法特点

(1)单音节词多。如:没有——冇(mau²²)　大米——米(mai³⁵)　稻草——秆(kɔn³⁵)　解开——敨(t′ien³⁵)　瓦片——瓦(ŋɔ³⁵)　牙齿——牙(ŋɔ²²)

(2)保留部分古汉语词汇。如:砍——斫(tɕio⁵³)　稻——禾(wo²²)　不要——莫(mo²¹)

(3)有些词的变义用法,犹如古汉语的词类活用。如:喔(wo³³),汉语原义是鸡叫声,畲语含义是"叫喊"(喔人开会),象声词作动词用。

(4)有许多词由活用形式发展为词义的转借和引申,有些词变为畲语的专义,如:畲语"掌(tsyɕŋ³⁵)"含义"住"("掌"在右调高山头),畲语"仰(ŋiay⁴⁴)"含义"看"(一日三时"仰"其大)。

(5)还存在偏义复词。如:"饭箸",词面含义是饭和筷,畲语偏义指筷子。"雾露",词面含义是雾和露水,畲语指雾。

(6)许多构词还带有古代语素的痕迹。如:猪囚(tɕ′iu²²)——猪圈;牙痕(xɔn²²)——牙印;鸡栖(tsi³³)——鸡窝。

(7)有些词带有明显的象形、指意色彩。如:很扁——扁夹夹(kau²¹);痰——吥(唾)来水(唾出来的水沫);火烟——火云(因火而生了云状物)。

(8)一词多义,有些也是因为引申和比喻形成。例如:"蒂"(ȵɕ³³)本是花蒂，因花生果，果在蒂上，畲语把刚怀孕比喻为“什蒂”，又如，分——分开(分家)，给(分我)，被(分人打)，享有(有分)，辨清(分清)，星度(分寸)。

(9)把修饰、限制的偏词放在主词之后。如：

公鸡——鸡公(kiai^{33}koŋ^{31})；客人——人客(niəu^{22}xaʔ^{53})。

(10)几种词尾构成。如用“牯”“娘”“仔”等构成。

①“牯”表示动物的雄性，如：“猪牯”(公猪)、“牛牯”(公牛)、“羊牯”(公羊)、“狗牯”(公狗)、“猫牯”(公猫)、“鸭牯”(公鸭)等。

②“娘”表示动物雌性。如：“猪娘”(母猪)、“牛娘”(母牛)、“羊娘”(母羊)、“猫娘”(母猫)、“鸡娘”(母鸡)、“鸭娘”(母鸭)等。

③“仔”表示“小”的意思。它可以表示动物的“小”，也可以表示人的“小”，还可以表示事物的“小”。如“猪仔”(小猪)、“牛仔”(小牛)、“鸡仔”(小鸡)、“哺女仔”(小女孩)、“碟仔”(小碟子)等。

畲语通汉文，但不能全部表达约定俗成的畲语词义，是一种畲族自造字的意象，常见于畲族书面语，主要在畲族民歌抄写本中。如“伓”(ŋ^{11} 唔)表示否定词“不”“？”(tong^{55} 侬)表示介词“同”“对”和连词“与”“同”“跟”。

(三)语 法

畲语的语法结构，与汉语相差不大，但也具有民族性、稳固性和一致性等特点。

常用反问式来表示肯定与否定。如：

难怪啊唔？(难怪，果然是这样)

你食老？(不一定就吃过了)

就是佢顶好啦？(不一定就是他顶好)

词序与现代汉语不同。如：

饭食了来啊？(吃饭没有)宾语前置

烂手爪啊！(手烂起来了)谓语前置

佢寮牛买了，壮壮咯。(他家买来一头肥壮的牛)定语、状语后置

我寮猪要好食甚(我家的猪要吃得很好)。补语前置

省略句子成分。如：

(他)真正去啦？(省主语)

你也真是(太客气了)！(省谓语)

真个鬼捻着(你)啦！(省宾语)

帮(把)我(的)书拿来。(省助词)

管佢（就像）管（自己的）子女（一）样。（多种成分省略）

使动、意动和被动的用法。如：

莫吃亏佢（不要使他吃亏）（使动）

懒意人[（我）觉得（身体）不舒服]。（意动）

莫打水[不要被雨打（湿）]。（被动）

借助语词加强陈述、感叹或反诘的力量，常用变音重语气词。如：

我真唔去啰喔！（我真的不去啦！）

体面甚啦啊！（很体面啦！）

（四）标音举例

1.语法例句

（1）树上有三只鸟

tai$^{55}_{(5)}$ çy$^{42}_{(4)}$ ho$^{44}_{(1)}$ sɔm$^{44}_{(1)}$ kɔi$^{44}_{(1)}$ tau$^{35}_{(3)}$

□ 树 □ 三 个 鸟。

（树 上）（有） （只） （司前、竹里等）

（2）房屋后面有一座山

lau$^{22}_{(2)}$ çi$^{55}_{(5)}$ tieu$^{22}_{(2)}$ ho$^{44}_{(1)}$ it$^{5}_{(7)}$ ko$^{44}_{(1)}$ san$^{44}_{(1)}$

寮 屎 头 □ 一 个 山。（司前、竹里等）

2.诗歌标音

《封金山》借托高辛皇当年曾封给畲族一座金山，全歌描述了畲族“理想国”的生活。

haŋ$^{44}_{(1)}$ kim$^{44}_{(1)}$ san$^{44}_{(1)}$ sytçŋ$^{21}_{(6)}$ hou$^{35}_{(3)}$ ts′e$^{44}_{(1)}$ kai$^{44}_{(1)}$
封 金 山 上 好 世 界，

lɔn$^{22}_{(2)}$ lei$^{22}_{(2)}$ tçyŋ$^{44}_{(1)}$ saŋ$^{44}_{(1)}$ ŋin$^{22}_{(2)}$ tiŋ$^{44}_{(1)}$ ts′al^{22}
蓝 雷 钟 姓 人 丁 齐，

tçyçŋ$^{35}_{(3)}$ lɔʔ$^{2}_{(8)}$ kim$^{44}_{(1)}$ san$^{44}_{(1)}$ hoi$^{44}_{(1)}$ t′an$^{22}_{(2)}$ t′i$^{21}_{(6)}$
（住） 落 金 山 开 田 地，

hoi$^{44}_{(1)}$ tç′yt$^{5}_{(7)}$ t′an$^{22}_{(2)}$ t′i$^{55}_{(3)}$ tso$^{44}_{(1)}$ ts′e$^{44}_{(1)}$ kai$^{44}_{(1)}$
开 出 田 地 做 世 界，

huŋ$^{44}_{(1)}$ kim$^{41}_{(1)}$ san$^{44}_{(1)}$ syçŋ$^{21}_{(6)}$ hou$^{35}_{(3)}$ t′an$^{22}_{(2)}$ t′çyçŋ$^{22}_{(2)}$
封 金 山 上 好 田 场，

sɔm$^{44}_{(1)}$	uan$^{21}_{(6)}$	tɕ′it$^{5}_{(7)}$	ts′an$^{44}_{(1)}$	k′one$^{44}_{(1)}$	cim$^{44}_{(1)}$	yɵŋ$^{22}_{(2)}$
三	万	七	千	串	心	洋，
tɕ′ip$^{2}_{(8)}$	tɕ′i$^{21}_{(6)}$	lu$^{21}_{(6)}$	heu$^{35}_{(3)}$	tso$^{44}_{(1)}$	kim$^{44}_{(1)}$	ten$^{21}_{(6)}$
十	字	路	口	做	金	殿，
tos$^{44}_{(1)}$	tɕ′yt$^{5}_{(7)}$	kim$^{44}_{(1)}$	ten$^{21}_{(6)}$	kiu$^{35}_{(3)}$	tɕ′yŋ$^{22}_{(2)}$	tɕ′yɵŋ$^{22}_{(2)}$
做	出	金	殿	九	重	墙，
huŋ$^{44}_{(1)}$	kim$^{44}_{(1)}$	san$^{44}_{(1)}$	syɵŋ$^{21}_{(6)}$	hou^{35}	t′an$^{22}_{(2)}$	tɕ′yɵŋ$^{22}_{(2)}$
封	金	山	上	好	田	场，
sɔm$^{44}_{(1)}$	uan$^{21}_{(6)}$	tɕ′it$^{55}_{(7)}$	ts′an$^{44}_{(1)}$	k′oen$^{44}_{(1)}$	cim$^{44}_{(1)}$	yɵŋ$^{22}_{(2)}$
三	万	七	千	串	心	洋；
cin$^{44}_{(1)}$	hoi$^{44}_{(1)}$	t′an$^{22}_{(2)}$	t′i$^{21}_{(6)}$	mɔŋ$^{22}_{(2)}$	mɔŋ$^{22}_{(2)}$	hut$^{5}_{(7)}$
新	开	田	地	茫	茫	阔，
tuŋ$^{44}_{(1)}$	loi$^{22}_{(2)}$	xiu$^{44}_{(1)}$	tsoen$^{35}_{(3)}$	kuʔ$^{5}_{(7)}$	muan$^{35}_{(3)}$	ts′ɔŋ$^{44}_{(1)}$
冬	来	收	转	存	满	仓，
huŋ$^{44}_{(1)}$	kim$^{44}_{(1)}$	san$^{44}_{(1)}$	syeŋ$^{21}_{(6)}$	xi$^{44}_{(1)}$	pou$^{35}_{(3)}$	san$^{44}_{(1)}$
封	金	山	上	是	宝	山，
tɕ′ip$^{2}_{(8)}$	li$^{35}_{(3)}$	k′oen$^{44}_{(1)}$	cim$^{44}_{(1)}$	uan$^{21}_{(6)}$	li$^{35}_{(3)}$	xiaŋ$^{22}_{(2)}$
十	里	串	心	万	里	城，
hɔŋ$^{44}_{(1)}$	hɔŋ$^{44}_{(1)}$	yeŋ$^{35}_{(3)}$	uan$^{21}_{(6)}$	tɕ′iţ$^{5}_{(7)}$	ts′an	li$^{35}_{(3)}$
方	方	两	万	七	千	里，
sān$^{44}_{(1)}$	haʔ$^{5}_{(7)}$	tsoi$^{35}_{(3)}$	cun$^{44}_{(1)}$	tɕ′yɵŋ$^{35}_{(3)}$	uan$^{21}_{(6)}$	nan$^{22}_{(2)}$
山	哈	子	孙	（住）	万	年。

3.对歌标音

对歌是把现实生活中熟悉的事物结成对子联成句。如：

kou$^{35}_{(3)}$	toi$^{44}_{(1)}$	tɕ′y$^{44}_{(1)}$
狗	对	猪，

kuon$^{44}_{(1)}$	hu$^{35}_{(3)}$	ŋa$^{22}_{(2)}$	men$^{22}_{(2)}$	mɔ$^{44}_{(1)}$	toi$^{44}_{(1)}$	loe$^{22}_{(2)}$
官	府	衙	门	马	对	驴；
p′uan$^{44}_{(1)}$	kuon$^{44}_{(1)}$	men$^{44}_{(1)}$	toi$^{44}_{(1)}$	u$^{44}_{(1)}$	ca$^{44}_{(1)}$	mou$^{21}_{(6)}$
判	官	面	对	乌	纱	帽，
kuon$^{44}_{(1)}$	toŋ$^{22}_{(2)}$	t′ɔi$^{21}_{(6)}$	p′en$^{35}_{(3)}$	toi$^{44}_{(1)}$	k′ɵeŋ$^{22}_{(2)}$	hu$^{44}_{(1)}$
官	堂	大	板	对	穷	夫。

ŋou$^{22}_{(2)}$ tio$^{44}_{(1)}$ mɔ$^{44}_{(1)}$
牛 对 马，

tso$^{44}_{(1)}$ t′an$^{22}_{(2)}$ ŋou$^{22}_{(2)}$ ku$^{35}_{(3)}$ toi$^{44}_{(1)}$ lai$^{22}_{(2)}$ pɔ$^{22}_{(2)}$
做 田 牛 轱 对 犁 耙，

tso$^{44}_{(1)}$ t′an$^{22}_{(2)}$ lɔŋ$^{22}_{(2)}$ tɕi$^{35}_{(3)}$ toi$^{44}_{(1)}$ t′an$^{22}_{(2)}$ t′u$^{35}_{(3)}$
做 田 郎 姐 对 田 土，

t′an$^{22}_{(2)}$ tɔŋ$^{44}_{(1)}$ uo$^{22}_{(2)}$ miu$^{22}_{(2)}$ toi$^{44}_{(1)}$ uo$^{22}_{(2)}$ huo$^{44}_{(1)}$
田 中 禾 苗 对 禾 花。

4.故事标音(神话故事)

t′ɕip$^{5}_{(7)}$ kuai$^{44}_{(1)}$ ŋit$^{2}_{(8)}$ t′en$^{22}_{(2)}$
十 个 日 头

ku$^{35}_{(3)}$ ɕi$^{22}_{(2)}$ heu$^{21}_{(6)}$ t′an$^{44}_{(1)}$ cyɵŋ$^{21}_{(6)}$ ho$^{44}_{(1)}$ tɕ′ip$^{2}_{(8)}$ kuai$^{44}_{(1)}$ ŋit$^{2}_{(8)}$ t′en$^{22}_{(2)}$
古 时 候， 天 上 有 十 个 日 头，

mou$^{22}_{(2)}$ ŋit$^{2}_{(8)}$ mou$^{22}_{(2)}$ ia$^{21}_{(6)}$ e cai$^{44}_{(1)}$ t′i$^{21}_{(6)}$ cai$^{44}_{(1)}$ tsau$^{44}_{(1)}$ tɕ′y$^{35}_{(3)}$
（没） 日 没 夜 （地） 晒， 地 晒 焦， 水

t′ɔn$^{21}_{(6)}$ liu$^{22}_{(2)}$ paʔ$^{5}_{(7)}$ hou$^{44}_{(1)}$ cai$^{44}_{(1)}$ ci$^{35}_{(3)}$ ŋin$^{22}_{(2)}$ tu$^{44}_{(1)}$ teu$^{44}_{(1)}$ t′ɔi$^{21}_{(6)}$
断 流， 百 花 晒 死， 人 都 到 大

tɕ′y$^{21}_{(6)}$ hɔ$^{21}_{(6)}$ hy$^{44}_{(1)}$ men$^{22}_{(2)}$ t′an tai$^{44}_{(1)}$ tɕ′i$^{44}_{(1)}$ taʔ$^{5}_{(7)}$ huan$^{22}_{(2)}$ kan$^{44}_{(1)}$
树 下 去 眠。 天 帝 （晓 得） 凡 间

ke$^{22}_{(2)}$ ŋin$^{22}_{(2)}$ cin$^{21}_{(6)}$ ku$^{35}_{(3)}$ ciu$^{21}_{(6)}$ nɔn$^{21}_{(6)}$ tɕiu$^{21}_{(6)}$ p′ai$^{44}_{(1)}$ t′an$^{44}_{(1)}$
（的） 人 受 苦 受 难， 就 派 天

cin$^{22}_{(2)}$ hy$^{44}_{(1)}$ tɕ′ia$_{(6)}$ ŋit$_{(8)}$ t′eu$_{(2)}$ t′an$^{44}_{(1)}$ cin$^{22}_{(2)}$ ki$^{44}_{(1)}$ ŋi$^{35}_{(3)}$ un$^{22}_{(2)}$
神 去 射 日 头。 天 神 （站 在） 云

t′en$^{22}_{(2)}$ len$^{22}_{(2)}$ tɕ′ia$^{21}_{(6)}$ pat$^{2}_{(8)}$ tsan$^{44}_{(1)}$ tɕ′ia$^{2}_{(6)}$ tuŋ$^{44}_{(1)}$ pat$^{2}_{(8)}$ kua$^{44}_{(1)}$ ŋit$^{2}_{(8)}$
头， 连 射 八 箭， 射 中 八 个 日

t′en$^{22}_{(2)}$ lɔʔ$^{2}_{(8)}$ t′i$^{21}_{(6)}$ t′i$^{21}_{(6)}$ kiu$^{35}_{(3)}$ kuai$^{44}_{(1)}$ ŋit$^{2}_{(8)}$ t′en$^{22}_{(2)}$ tɕiaŋ$^{44}_{(1)}$ oi$^{44}_{(1)}$
头 落 地， 第 九 个 日 头 正 要

tsoen$^{35}_{(3)}$ cin$^{44}_{(1)}$ tson$^{35}_{(3)}$ hy$^{44}_{(1)}$ t′an$^{44}_{(1)}$ cin$^{22}_{(2)}$ ke$^{22}_{(2)}$ t′i$^{21}_{(6)}$ kiu$^{35}_{(3)}$ tsan$^{44}_{(1)}$
转 身 （逃） 去， 天 神 （的） 第 九 箭

i$^{35}_{(3)}$ tɕ′ia$^{21}_{(6)}$ tɕ′yt$^{5}_{(7)}$ hy$^{44}_{(1)}$ tɕ′ia$^{21}_{(6)}$ tuŋ$^{44}_{(1)}$ ky$^{44}_{(1)}$ tɕi$^{35}_{(3)}$ pa$^{22}_{(2)}$ lai$^{35}_{(3)}$
早 已 射 出 去， 射 中 它 （背 后），（这

kuai$^{35}_{(3)}$ heʔ$^{5}_{(7)}$ kuai$^{35}_{(3)}$ kuai$^{44}_{(1)}$ ŋit$^{2}_{(8)}$ t′en$^{22}_{(2)}$ tɕiu$^{21}_{(6)}$ pen$^{44}_{(1)}$ ciaŋ$^{22}_{(2)}$ ŋoet$^{2}_{(8)}$ lo$^{22}_{(2)}$
样），这 个 日 头 就 变 成 （月 亮） 了。

ŋit$^{2}_{(8)}$ t′en$^{22}_{(2)}$ tɕ′yt$^{5}_{(7)}$ loi$^{22}_{(2)}$ tɕiu$^{21}_{(6)}$ ci$^{44}_{(1)}$ ŋit$^{2}_{(8)}$ li$^{35}_{(3)}$
日 头 出 来 就 是 （白 天），

ŋoet$^{2}_{(8)}$ tɕ′yt$^{5}_{(7)}$ loi tɕiu$^{21}_{(6)}$ ci$^{44}_{(1)}$ am$^{44}_{(1)}$ pu$^{44}_{(1)}$ t′en$^{22}_{(2)}$ tsuŋ$^{22}_{(2)}$ kuai$^{35}_{(3)}$
（月 亮） 出 来 就 是 （晚 上）。从 这

ci$^{22}_{(2)}$ hi$^{35}_{(3)}$ tse$^{22}_{(2)}$ ŋin$^{22}_{(2)}$ ŋit$^{2}_{(8)}$ li$^{35}_{(3)}$ tso$^{44}_{(1)}$ kuŋ$^{44}_{(1)}$ it$^{5}_{(7)}$ kuŋ$^{44}_{(1)}$
时 起，（大 家） （白 天） 做 工 一 天，

am$^{44}_{(1)}$ pu$^{44}_{(1)}$ t′en$^{22}_{(2)}$ tɕiu$^{21}_{(6)}$ hai$^{44}_{(1)}$ hou$^{35}_{(3)}$ hou$^{35}_{(3)}$ ke$^{22}_{(2)}$ men$^{22}_{(2)}$ it$^{5}_{(7)}$ ia$^{21}_{(5)}$
（晚 上） 就 会 好 好 （地） 眠 一 夜。

5.谚语标音

畲族谚语是畲族人民在长期的生产斗争和生活经验中总结出来的艺术语言的结晶，内容非常丰富，能启迪智慧，激发人们奋进，富有教育意义。这里仅选一部分具有语言特色的畲族谚语。

ŋin$^{22}_{(2)}$ cim$^{44}_{(1)}$ ts′ai$^{22}_{(2)}$ tɕ′iaʔ$^{2}_{(8)}$ ku$^{35}_{(3)}$ pen$^{44}_{(1)}$ ciaŋ$^{22}_{(2)}$ nai$^{22}_{(2)}$
人 心 齐， 石 轱 变 成 泥。

ho$^{44}_{(1)}$ tɕ′iʔ$^{2}_{(8)}$ mou$^{22}_{(2)}$ tɕ′iʔ$^{2}_{(8)}$ tai$^{21}_{(6)}$ ŋin$^{22}_{(2)}$ tɕ′iaŋ$^{44}_{(1)}$ tɕ′iʔ$^{2}_{(8)}$
（有） 食 （没） 食， 待 人 正 直。

tɕy$^{35}_{(3)}$ p′uan$^{21}_{(6)}$ oi$^{44}_{(1)}$ mai$^{35}_{(3)}$ kɔŋ$^{35}_{(3)}$ uo$^{21}_{(6)}$ oi$^{44}_{(1)}$ li$^{35}_{(3)}$
煮 饭 （要） 米， 讲 话 （要） 理。

t′an$^{22}_{(2)}$ huoŋ$^{44}_{(1)}$ it$^{5}_{(7)}$ ke$^{44}_{(1)}$ ŋin$^{22}_{(2)}$ pen$^{44}_{(1)}$ it$^{5}_{(7)}$ ts′e$^{44}_{(1)}$
田 荒 一 季， 人 变 一 世。

po$^{35}_{(3)}$ cim$^{44}_{(1)}$ mai$^{44}_{(1)}$ t′aŋ$^{21}_{(6)}$ cuŋ$^{44}_{(1)}$ ŋi$^{44}_{(1)}$ lou$^{35}_{(3)}$ miaŋ$^{21}_{(6)}$
把 心 勿会 定， 送 你 老 命。

ŋin$^{22}_{(2)}$ cim$^{44}_{(1)}$ mai$^{44}_{(1)}$ tsuʔ$^{5}_{(7)}$ hoi$^{35}_{(3)}$ tɕ′y$^{35}_{(3)}$ nai$^{22}_{(2)}$ lyɵŋ$^{22}_{(2)}$
人 心 勿会 足， 海 水 难 量。

ŋin$^{22}_{(2)}$ kan$^{44}_{(1)}$ mou$^{22}_{(2)}$ p′uan$^{21}_{(6)}$ tɕ′iʔ$^{2}_{(8)}$ kou$^{35}_{(3)}$ kan$^{44}_{(1)}$ mou$^{22}_{(2)}$
人 奸 （没） 饭 食， 狗 奸 （没）

ci$^{35}_{(3)}$ tɕ′iʔ$^{2}_{(8)}$
屎 食。

二、方 言

（一）司前话

司前处飞云江上游，水路交通便利，开发较早，古方言在此早已形成。虽然自宋代开始，温州话与丽水话明显相分别，但司前，北面景宁、丽水方向来人与溯江而上的温州方向人群交往频繁，两种话难以明显相区分。至明代，丽水方向来泰顺的开矿人员增多，所以司前话逐步以丽水方言为主调，形成独特的司前话，兼具两种话的特色。明代泰顺立县以后，县治罗阳聚集丽水方向来人较多，受丽水方言影响较大。且官宦人家爱打“官腔”，百姓也以城里人自居，学讲“官话”，逐步形成罗阳话，称“城里话”，与司前话持不同腔调。但内部较统一，同属吴语系丽水方言。司前话、罗阳话是吴语系丽水话的最南端，再往东、南几公里就是闽语区。

现在泰顺境内讲罗阳话、司前话近 5 万人，其中讲司前话近 2 万人。包括碑排乡（今属罗阳镇）、黄坑乡（今属百丈镇）和竹里畲族乡。黄桥村与景宁靠得更近的几个自然村，持景宁腔调，与文成县靠近的几个自然村，持文成腔调；峰门、徐宅两村靠近百丈镇，持莒江话腔调。榅垟、上地、台边等村，有一些文成方向移民，他们第一代讲祖籍母语，第二代只能讲几句变调的祖籍母语，第三代完全讲当地话。本节以司前村方言为准。

司前话的基本特点有：(1)浊声母已清化，阳调类仍保留，如“爬”读[po^{53}]，“十”读[saiʔ^{2}]。(2)蟹开四的精组和见组与止开三的精组和见组字的声母区别罗阳话的舌尖音，为舌面音。如“其”读[ʨi^{22}]，“妻”读[ʨi^{213}]，“希”读[ɕi^{213}]。古字组部分字与罗阳话相同，保留舌头的读法，如“猪”[ti^{213}]、“张”读[tɨa^{213}]、“桌”读[tyoʔ^{5}]。(3)“打”读[nai^{344}]。(4)有较丰富的鼻化韵，如“朗”读[lõ^{53}]，“三”读[sã^{213}]，“重”读[ʨyõ^{31}]。(5)只有一个入声塞韵尾[-ʔ]。

（二）语 音

1.声 母

包括零声母之内，共有 21 个声母：

p 比边必	p′普抛匹	m 磨冒麦	f 花火发	v 犯碗物
t 单度督	t′ 通炭脱	n 奴难纳	l 拦郎落	
ʦ 资只汁	ʦ′此插七		s 三杀死	
ʨ 贵住足	ʨ′欺吹妻	ȵ 年女弱	ɕ 先晓术	
k 关根括	k′开康客	ŋ 雅硬额	h 喊慌喝	
o 衣药移				

说明:①声母[v]只作阴调声母。②[ʨʨʻɕȵ]是[ʦʦʻsn]的变体,前者只能与齐撮两呼相拼。为阅读方便,本篇不合并。

2.韵 母

包括[m̩][n̩]两个自成音节的辅音在内,共有51个韵母:

(1)开口呼韵母:ɤ 布土苦　e 半拨层　œ 吞钻轮　o 罗所初

ɔ 磨家牙　a 摆派届　ɛu 凑愁斗　ai 背赛菜　au 包跑小

Eŋ 冰品病　oŋ 宋总孔　aŋ 新针喷　õ 望爽庄　ã 反生彭

eʔ 北合贼　æʔ 突刷掇　oʔ 托速作　ɔʔ 八压插　aʔ 摘百获

ɛuʔ 读毒独　aiʔ 质物失

(2)齐口呼韵母:i 其皮批　ie 尖仙歉　iou 有丑受　iau 表票邀

Ieŋ 星阴应　iã 电香唱　iʔ 值壁立　ieʔ 接歇叶 iouʔ 筑竹粥

(3)合口呼韵母:u 武舞古　ue 干赶竿　uɔ 科过课　ua 怪快拐

uai 规轨灰　uaŋ 昆困棍　uã 宽款关　uʔ 哭谷复　ueʔ 国骨窟

uɔʔ 阔　uaʔ 括

(4)撮口呼韵母:y 女水嘴　yoe 县院宣　yɔ 茄斜野　yoŋ 准笋韵

yõ 重凶用　yoe 蕨雪月 yoʔ 桌曲足　yoʔ 药弱箬

(5)辅音自成音节:m̩呒母　n̩ □(不要)

说明:①合口呼韵母在实际拼读中,介音[u](包括韵母[u]读唇齿音[v],如“虎”读[fv344],“舞读”[vv344],“关”读[kvã213],“哭”读[kʻvʔ2]。②圆唇韵母圆唇度一般都不很大。

3.声 调

单字调有8个。

调 类	阴 平	阳 平	阴 上	阳 上	阴 去	阳 去	阴 入	阳 入
调 值	˨˩˧ 213	˥˧ 53	˧˦˦ 344	˧˩ 31	˧˥ 35	˨˨ 22	˥ 5	˨ 2
例 字	诗苏低	时词题	死使底	士是第	试四帝	事视地	识惜滴	石席笛

说明:①新派阳上调有归阳去调的趋势。②极少数字如“囡”[nai33](女孩子)、“星[ɕieŋ33](男孩子)”只能读其变体调[33]

二字连读 ①后字一律不变调。②前字除阴上和阳入外,其余一般变调。③前字是阴平、阳上和阴去的,连续时前字一般读[33],但前字是阴平,后字是去声的,或前字是阴上,后字是阴去的,前字读[31]。④前字是阳平、阳去,连续时前字一般读[31],但前字是阳平,后字是去声的,前字读[53]。⑤前字是阴入的,连续时调值降低,读[3]。具体见二字变调表。

司前话二字连续变调表

表 7-6-1-1

后字 前字	阴平 213	阳平 53	阴上 344	阳上 31	阴去 35	阳去 22	阴入 5	阳入 2
阴平 213	33 –	33 –	33 –	33 –	31 –	31 –	33 –	33 –
阳平 53	31 –	31 –	31 –	31 –	53 –	53 –	31 –	31 –
阴上 344	33 –	33 –	33 –	33 –	31 –	33 –	33 –	33 –
阳上 31	– –	– –	– –	– –	– –	– –	– –	– –
阴去 35	33 –	33 –	33 –	33 –	33 –	33 –	33 –	33 –
阳去 22	31 –	31 –	31 –	31 –	31 –	33 –	31 –	31 –
阴入 5	3 –	3 –	3 –	3 –	3 –	3 –	3 –	3
阳入 2	– –	– –	– –	– –	– –	– –	– –	– –

下面几种情况连续时后字均不变调：①主谓结构的，如“心急”读[saŋ^{213}tsaiʔ^{5}]，“手软”读[ɕiou^{344}ȵyoe^{344}]，“课少”读[kuɔ^{35}ɕiau^{344}]。②后字轻读的，如：“晓得”读[ɕiau^{344}•tiʔ]，“快来”读[kua^{35}•li]。③前字数词或量词的，如“三十”读[sã^{213}saiʔ^{2}]，“九点”读[tɕiou^{344} tiã^{344}]。不过，如是速写形式就变调，如“千四”(一千四百)读[tɕiã^{31}ɕi^{35}]。

(三)词汇举例

司前话常用词汇一览表

表 7-6-1-2

音调	词义	音调	词义
草 ts´a^{213}		男子能 ne^{31}tsi^{33}ne^{53}	丈夫，已婚男子
柴 sa^{35}	乔木灌木统称	妇道能 vY^{31}ta^{31}ne^{53}	妻子，已婚女子
竹 tiou^{2}		你 ȵi^{344}	
鸡 tɕi^{53}		我 ŋɔ^{35}	
猪 ti^{53}		他 ki^{31}	
黄(虫宪)õ ^{31}fe^{344}	蚯蚓	他们 ki^{31}ne^{53}	
菜头 ts´ai^{33}tɛu^{53}	白萝卜	日头 neʔ^{2}tɛu^{35}	太阳
络茄 lo^{31}tɕyo^{53}	茄子	月光 ȵyəʔ^{2}kõ^{213}	月亮
隑 ke^{31}	站立	黄昏 õ^{31}fe^{33}	晚上
掏 to^{53}	拿	明朝日 me^{31}tɕiau^{213}neʔ^{2}	明天
掼 ku ã^{31}	提	今日 tsaŋ^{53} neʔ^{2}	今天
搭 ko^{35}	捉捕	吃天光 tɕ´iʔ^{3}t´i^{53}kõ^{213}	早饭
缴 tɕiau^{344}	擦	吃日午 tɕ´iʔ^{3}neʔ^{2}ŋY^{35}	中饭

续表 7-6-1-2

音调	词义	音调	词义
界西 ka^{31}ɕi^{213}	什么	藤雨 taŋ^{31}y^{344}	下雨
采堆 ts´e^{31}tai^{33}	哪里	天晴 t´iã^{33}ɕIeŋ^{31}	晴
阿旁 apõ^{33}	那里	吃饭 tɕ´iʔ^{2}vuã^{33}	
嬉 ɕi^{213}	玩或休息	做息 tso^{33}ɕi^{3}	干活
阿□atao^{5}	爷爷	冷 ts´uaŋ^{2}	
阿婆 apY^{33}	奶奶	山 suã^{22}	
阿奶 a na^{31}	母亲	溪 ts´i^{53}	
阿爸 apa^{31}	父亲	水 ɕy^{35}	
伯爷 paʔ^{3}ayo^{33}	伯父	碗 vuã^{344}	
婶奶 saŋ^{33}na^{31}	伯母	炭 t´ã^{35}	
妗娘 tsaŋ^{31}ŋiã^{33}	舅母	米 mi^{33}	
舅爷 tɕiou^{31}yo^{31}	舅父	吊 tiau^{213}	鸟
星能 ɕieŋ^{33}ne^{31}	男孩	桌 tyoʔ^{5}	
囡能 nã^{33}ne^{31}	女孩	锅 oʔ^{5}	
有ṃ	没有	哥 ko^{344}	
一 ie^{31}		六 lau^{31}	
二 n^{24}		七 tsai^{33}	
三 sã^{33}		八 po^{33}	
四 ɕi^{24}		九 tɕiou^{33}	
五 ŋyə^{33}		十 saiʔ^{5}	

(四)语法举例

你等我饭吃底先去嬉。(你等我吃过饭一起去玩。)

ȵi^{53}tueŋ^{5}ŋo^{53}vuã^{53}ti^{22}ɕiã^{5}k´i^{22}ɕi^{22}。

□□二日□采堆过不。(他这几天去哪里了。)

ki^{31}k´i^{5}lai^{35}neʔ^{2}k´i^{22} ts´e^{31}tai^{33} kuɔ^{31}po^{2}。

家底还有菜吗?(家里还有菜吗?)

Kɔ^{2}ti^{33}va^{53}oiou^{33}tsai^{33}mɔ^{5}。

我□二日敖菜竹,忙洗。(我这几天要砍竹,很忙。)

ȵɔ^{35}k´i^{22}lai^{35}ȵau^{31}ts´ai^{5}tiou^{5},mõ^{213}ɕie^{33}。

□件衣裳忒碎,换件过。(这件衣服太小,调换一件。

k´i^{35}tɕie^{53}oi^{31}ɕia^{31}t´e^{2}sai^{5},Vuã^{53}tɕie^{33}kuɔ^{2}。

坐阿旁□，莫就堆夹。（坐那边去，别在这里挤。）

$So^{31}apõ^{53}k'i^{35}$，$mo^{2}tɕiouʔtai^{33}kɔ^{33}$。

你能敢时上课。（你们什么时候上课。）

$Ni^{2}ne^{2}ke^{3}tsiã^{31}k'uɔ^{31}$。

你□个字认着忽?（这个字你认得吗?）

$ȵi^{344}k'i^{35}$ •$kai^{33}si^{22}ȵieŋ^{22}tɕia^{2}$ •fuʔ

你坐我代嬉二日先。（你在我家再玩几天。）

$ȵi^{344}so^{2}ŋɔ^{33}ko^{22}ɕi^{33}lai^{35}ȵau^{31}ɕiã^{5}$。

我星搭囡各人喀我一万钱。（我儿子和女儿各人给我一万元钱。）

$ŋɔ^{33}ɕieŋ^{33}$ $tɔ^{2}nã^{33}ko^{5}$ $ŋɔ^{33}ka^{53}ŋɔ^{33}oie^{31}muã^{53}tie^{2}$。

（五）司前话、黄桥话、峰门话对照

司前、黄桥、峰门话对照一览表

表 7-6-1-3

词别	司前话	黄桥话	峰门话	词别	司前话	黄桥话	峰门话
妈妈	阿 na^{344}	阿 na^{344}	阿 $tɕa^{213}$	妻	妇道人	媛主客	老人客
舅舅	舅爷	娘舅	舅爷	爷爷	$atau^{22}$	阿公	阿公
舅妈	妗娘	娘妗	妗娘	岳母	亲娘	丈母	亲娘
喉咙	霊喉	霊喉	霊喉衮	乳房	嬷嬷	奶珠	奶奶
蚯蚓	黄婚 fe^{344}	黄罕 he^{344}	康选	麻雀	吃谷姜	吃谷吊	罗谷姜
臭虫	茭虱	茭虱	茭虱	河豚	乌狼	乌狼	乌狼
冷	寝 $ts'uaŋ^{5}$	寝	寒	喂猪	饲猪	饲猪	养猪
鸡	鸡	鸡	吃谷鸡	猪	猪 ti^{35}	猪 ti^{35}	$Noe^{2}Noe^{22}tɕi^{31}$

（六）司前话与普通话的差别

1.分别用不同的词来表达相同的对象或概念。如，普通话里的太阳、时候、藏、摆放，在司前话里就是用日头、时节、闶、墩来表示。

2.词语的文学形式相同，但表达的意义不相同或不完全相同，即有些词写出来的文字形体是一样的，但所表示的对象或概念有区别。如白话一词，普通话指白话文的白话，司前话的白话指说故事或说谎；巴结一词在普通话里指趋炎附势、讨好奉承的意思，司前话里指节省、节约的意思，“此人治家很巴结”；吃，在普通话里指把食物放到嘴里经过咀嚼后咽下去，如“吃饭”“吃菜”等。而司前话里除吃食物外，还说“吃茶”“吃酒”“吃香烟”等。

3.有些复合词的文字形式和表示意义是一样的,但词素排列的次序不一样。如普通话里有"监牢""客人""热闹"等,司前话就说"牢监""人客""闹热"。

4.有些复合词表达的意义一样,而形式上只是局部相同(其中一个词素相同,其余词素不同)。如普通话里说的"鼻子""自行车""脚盆""去年",司前话里就说"鼻头""脚踏车""脚盂",黄桥话里就说"旧年"。

5.有些字或词可以用汉语同音字代替,如尾丢[mai^{33}tiou^{31}](尾巴)、荡雨[taŋ^{31}y^{344}](下雨)等。还有些字、词无法用方块字记载,如鸡□[tsi^{31}çiã^{33}](未生蛋的雌鸡)、□堆[ki^{35}tai^{33}](这里)、阿□[atau^{22}](爷爷)等。

6.有一些古汉语里的字,现在已不再使用或发生变义,如隑 [ke^{31}](站立)、温暾[vuaŋ^{31}tuaŋ^{31}](不冷不热的意思)、丁到[tiŋ^{53}ta^{31}](颠倒的意思)等。

第二节　口传文学

口传文学包括民歌、神话传说和民间故事。畲歌是畲族文化的重要部分。畲族只有语言而无文字,常借用汉字记录畲语音法手抄许多歌本。在历史长河中,特别是进入阶级社会后,畲族民众没有地位,接受文化教育的机会少,把学歌唱歌作为一种重要文化生活。常以歌代言,沟通感情;以歌论事,扬善惩恶;以歌传知,斗睿斗智,形成一套上山劳动、接待来客、婚丧喜事的对歌习俗。

一、民 歌

(一)畲 歌

畲族群众特别喜欢山歌。其演唱形式与山歌内容和汉族有些区别。经常喜欢在对歌和群体活动时,特别是婚嫁喜庆日子里,以歌代言。随时随地指物作诗、吟唱山歌,畲族人的聪明才智,发挥得尽善尽美。

畲民的山歌内容,以爱情色彩见长,以歌颂大自然万物为多。抒发畲族人民对大自然热爱,对美好爱情的向往。

20 世纪 60 年代以前,畲族民歌普及率较高。上山劳动,单人时往往以歌驱赶寂寞,远处有人听到,听出是年龄相仿的异性,就往往接上,发展成谈情说爱的对唱。山上常有人对歌,所以有人称畲乡是歌的海洋,故也有人把畲歌称为山歌。农闲时,村上来了客人,村上年龄相仿的异性就活跃起来,天一黑,众歌手到客主家门口放一鞭炮,涌入中堂起歌头。如果客人是歌手,会很快对上,如果客人不是歌手,则以歌骂得他回去以后非学起来不可。若客人来了，村上无人对歌，也会被人视为此村无能。找客人对歌，村上上场唱者必须是年龄相仿的异性，客人必须是非本村出嫁者；主家如是三年丧服期内或造房竖柱时，不对歌，要对也要到别人家去对。来客对歌，主要是唱情歌，已婚者双方也不拘束，完全可假戏真演，双方都未婚则求之不得，往往唱来一个终身伴侣。

畲族唱歌民族特色鲜明，形式多种多样，内容丰富多彩。以歌为乐，以歌为媒，以歌为贺，以歌代言。丧葬以歌代哭，祭祀以歌代辞。结婚喜庆之日，一般对歌一整夜。畲族民歌是宝贵的文化遗产。2006 年 5 月 20 日，畲族民歌经国务院批准被列入第一批国家级非物质文化遗产名录。

至 2015 年司前畲族镇左溪民族村建成温州全市首个畲族文化主题小区——畲族风情园，制作发行全省首张畲歌专辑，畲歌队首次走进中央广播电视网站、北京的水立方舞台，首次代表国家参加中韩文化交流会，成功把畲歌唱出国门。投入 500 万元，建设左溪畲族民俗展示馆（文化大礼堂）；投入 100 万元，成立全市首个畲歌队伍培育基地，签约“畲歌王子”蓝永潇作为基地培训导师，坚持每周 4 天的培训，发展涵盖“老中青少”学员 50 余名。

1.种　类

畲歌的内容非常丰富。据有关学者研究认为，传统的文学作品，有追述本民族来源、迁徙和历史大事的长篇叙事诗歌，有富有艺术魅力的歌颂劳动和爱情的杂歌，有取材于汉族民间神话故事、章回小说、评话唱本等编成的小说歌。尤其是有关历史传说的山歌，更是家喻户晓，人人会唱。浙江畲歌按歌词内容分为：

长篇叙事歌　歌词篇幅较长，有《高皇歌》《麟豹王歌》《来朝歌》《元朝十八帝》《盘古歌》《长毛歌》等，其中以《高皇歌》流传最广。

杂　歌　形式自由，可长可短，数量极多，内容丰富，富有艺术魅力，多是畲族人民即兴创作的。

小说歌　又称“全连本”或“戏出”，畲民叫作“大段”，约有 100 种。多取材于民间的神话故事、传说、章回小说、评话唱本等编成。

风俗歌　主要有《嫁女歌》和《哭丧歌》。

嫁女歌　在畲族婚姻嫁娶中，无论是嫁女或入赘，都要长夜盘歌。男方请来好歌手“赤郎”和“行郎”（抬花轿的），与女方歌手通宵达旦地对歌，通过对唱《敬酒歌》《对盏歌》《度亲歌》《撬蛙歌》《嫁女歌》彼此考察对方的唱歌能力。各地情歌的曲调和唱腔都不尽相同，泰顺较富代表性的唱腔曲调大致有司前调、雅阳调、仕阳调等 3 种。

哭丧歌 主要追诉亡人生前生活场景及其生平业绩等，倾诉生者十分思念的悲伤情结，即为“长歌当哭”。

功德歌 又称祭祀歌，做功德分“做阴”“做阳”两种，死人丧事追荐亡魂的叫“做阴”，平时祈福禳灾的叫“做阳”。

2.内容曲调

畲族歌曲曲调形态大致可分为山歌调和师公调两大类。师公调包括念诵调和配合做公德动作的歌唱。山歌调在浙江就有六种，即丽水调、景宁调、平阳调、泰顺调、龙泉调、文成调(其中两种与闽共有)。司前畲族镇境内畲族迁入有21个分支，分别迁自福建、景宁、平阳各地，各分支与原迁出地有联系，故境内民歌调又受原迁出地的曲调影响，形成混合的民歌曲调形式。

畲族民歌一般以四言、七言体韵文为一条，四句为一首，也有少数歌词第一句为三个字或五个字，讲究押韵，第三句末字须仄声。歌唱形式有独唱、对唱、齐唱等。其中，无伴奏的山歌是畲族人民最喜爱的一种音乐形式。

畲族民歌讲究畲语押韵，不少人能即兴编唱，有的歌手对唱一两夜而不重复。唱时用夹有“哩、罗、啊、依、勒”等音的“假声”唱，平时学歌时不夹假音唱叫“平唱”。唱喜歌每个县有一种曲调，唱哀歌全民族统一一个曲调。

畲族民歌按首数多少可分为短歌和长联歌，独立一首为短歌，平时多唱短歌；几首、几十首甚至上百首为一个整体内容的民歌称长联歌(或叙事歌)，如《高皇歌》《封金山》《时辰歌》等。

茶　歌

茶米[①]栽在海龙背，仙女采茶凡间来。
茶米蒙[②]小量是大，未曾提酒茶端来。

茶米栽在海龙山，仙女采茶凡闻来。
茶米蒙小量是大，未曾吃饭茶在先。

好吃茶米在高山，三月茶来芽冲冲。
茶米泡茶这好吃[③]，人情全在碗当中。

---

① 茶米：茶叶。
② 蒙：借音字，意虽。
③ 这好吃：相当于“这么好吃”。

好茶栽在高山背，三月出茶叶盖盖[1]。
茶米泡茶这好吃，人情全在碗中来。

女大嫁到茶米园[2]，茶米绿绿望不到。
日间采茶夜间炒，唱起山歌传山头。

女大嫁到茶米园，茶米林林望不穿。
日间采茶夜间炒，炒好茶米名声传。

成双歌

日月成双在半天，禾苗成双在稻田；
雨水调匀禾苗壮，唱破喉咙庆丰年。
鱼儿成双塘中游，人儿成双在田间；
治穷致富靠双手，青天碧水映双脸。

闹新房

行入间里闹新房，看见新郎与新娘；
今日洞房花烛夜，恭喜姻缘万年长。
蜡烛灯光亮朗朗，新娘间里好嫁妆；
今日夫妻来相会，恩爱夫妻福寿长。
新床新被新蚊帐，新郎新娘好福相；
寿比南山松柏树，福比东海水流长。

蓝雷钟姓一家亲[3]

万样世事难又难，祖公历代掌[4]半山；
一路搬来都一样，官府欺侮掌人难。
官府财主没好意，歌源唱来各人记；
有话莫去通官府，官府之间互通气。

---

① 盖盖：茂盛貌。
② 茶米园：盛产茶叶之乡。
③ 讲唱者：李光宗，浙江泰顺人，畲族，农民；记录者：雷朝跑，泰顺司前畲族镇人，畲族，公务员。
④ 掌：居住。

蓝雷钟姓一家亲，都是广东一路人[1]；
今下各人掌各县，何[2]事照顾莫退身。
蓝雷钟姓出广东，广东原是掌祖宗；
今下人人各府掌，歌源唱来都相同。
蓝雷钟姓莫相骂，广东原是祖宗家；
歌是当初古人礼，唱出歌源是不差。
蓝雷钟姓一路人，莫来相争欺祖人；
出源祖歌唱过了，万古流传子孙记。
蓝雷钟姓一路郎，亲热和气何商量；
歌是畲族传家宝，万古流芳子孙传。

想想将来歌更多

畲家人人爱唱歌，唱尽泪歌泪成河；
一声春雷乌云散，男女老小乐呵呵。
民族政策无限好，欢乐歌声满山坡；
看看眼前唱不尽，想想将来歌更多。

情歌8首[3]

一

九里青山九个崖，攀着石崖爬上来，
少娘好似灵芝草，虽在离崖也采来。

二

娘织带子心何意？送郎面前表心意，
带子织坏娘毛用！请你夫郎莫嫌弃。

三

连就连，我俩连情不连钱。
钱是朱门暂死鬼，害死几多青少年！
比就比，我俩比情莫比财。

① 都是广东一路人：据传，畲族由黄河流域南迁广东，后又自广东北上至浙闽。
② 何：有。
③ 原载《泰顺文史资料》第三辑 畲族专辑，政协浙江省泰顺县委员会文史资料研究委员会编，1994年12月。

只有情义永存在，莫见钱财忘了情！

四

青山大树不怕风，海面大船不怕颠。
你哪真想结同伴，放大胆子走过山。

五

劝郎勤劳莫偷懒，借米过顿难娶娘，
借盐煮菜菜不香，借人被子盖不长。

六

郎劝娘，劝娘莫要变心肠，
劝娘莫听别人话，有事慢慢来商量。

七

行得正来坐得正，不怕闲话乱纷纷，
地哪涌上郎来踏，天若塌下郎来撑。

八

妹有心来郎有情，双双对天发誓盟：
妹做铜铃郎做槌，槌打铜铜响叮当。

3.传 承

畲歌是畲族人民的口头文学，虽然也有一些手抄本可以相传，但多数是口传形式传承，更有的没有具体内容传承，仅相传即兴创作的技巧。随着社会发展，能唱畲歌的大多是年长者，年轻一代的畲家子弟有的甚至连畲话都不会说，会唱畲歌的就更少了，许多流传民间的畲歌根本无人问津。为了挖掘和培养畲歌新苗，2014 年 8 月，左溪村举办畲歌培训班，聘请平阳著名畲族歌手蓝永潇，作指导老师。是年，年逾花甲的原村党支部书记蓝玉聪大妈也毅然加入司前畲族镇左溪凤凰畲歌队，担任老师，对畲歌爱好者进行专门教唱原生态畲歌。2015 年受邀担任县文化馆畲歌指导老师，授课内容包括畲族语音训练、畲歌演唱训练等，希望能培养新的畲歌传承人，也能让原生态畲歌传承下去，让更多的人了解畲歌、喜欢畲歌、传唱畲歌。蓝玉聪，司前畲族镇左溪村的一名畲歌传承者，参加了浙江省民歌大赛、温州市村歌大赛、泰顺县第二届畲歌大赛等比赛，获得小组唱银奖、铜奖等奖项。走进畲乡，听她唱一曲畲歌，定能体会到最原汁原味的畲族文化。

（二）汉族山歌

山歌是劳动人民在长期生活中积累起来的口传文化。人们在劳作之余哼哼小曲,既可充实生活,也可鼓舞生活信心,提升生活勇气。也是人类生存的精神支柱。这种精神内涵在无形中起到了潜移默化的作用。乡境由于地处偏僻,文化生活枯燥,各村落青年就逐渐形成唱山歌的习俗。

山歌在境内流行面广,有劳动歌、时政歌、仪式歌、情歌、生活歌、历史传说歌、儿歌、杂歌8种。因自然环境、语言的差异,各族唱山歌的方式与场合不同。司前境内汉族人唱山歌不拘形式,多在田间、山上或放牧时进行,更有在山间寮屋,如纸厂、炭窑等处寂寞、孤独时唱山歌,以解心宽。在有同伴时,两三人互相接唱,但没有像畲族人的对歌形式。

境内歌谣丰富,内容广泛,涉及生产劳动、爱情婚姻等社会生活方方面面,还有不少歌颂革命与针砭时弊之作。更有一些长篇叙事故事,如《高机与吴三春》等一些爱情题材手抄本传世,曾广为流传,但现已找不到样本。下列山歌唱司前一带土话。

长工四季歌

春季里来雨绵绵,带着锄头去耕田;
天光做到天黑暗,东家吃米我吃糠。
夏季里来热难当,车水耘田忙又忙;
一身皮肉乌墨黑,长工活像牛马样。
秋季里来秋风凉。金黄谷子搬上场;
满身骨头扭酸痛,夜间嫌短日嫌长。
冬季里来大雪飞,辛辛苦苦忙一年;
两手空空回家转,还要受冻过新年。

四季歌

春季桃花颜色红,莺啼鸟语满园中;
对对蝴蝶花间舞,双双燕子衔飞虫。
夏季荷花阵阵香,姐姐妹妹乘风凉;
大家拿着芭蕉扇,捉得飞虫瓶里藏。
秋季风仙颜色浓,女孩看见乐融融;
采得花儿染指甲,十指甲儿点点红。
冬季梅花雪里开,三朋四友上楼来;
远望蜡梅白如雪,画幅图来该不该。

谢　豹[1]

一更杜鹃叫一声，青山百鸟招歌听；
青山也有百样鸟，为何叫得这好听。

二更杜鹃叫二声，杜鹃谢豹结弟兄；
杜鹃本是白州客，谢豹家住扬州城。

三更杜鹃叫三声，谢豹盐场打死人；
有好对头告一状，提入牢城受苦刑。

四更杜鹃叫四声，杜鹃送饭看弟兄；
杜鹃哥啊杜鹃哥，代我三天牢监坐；
等我剃头洗身体，待日回来报你恩。
五更杜鹃叫五声，谢豹洗身还未回；
杜鹃替生无替死，太阳下山等你来。

六更杜鹃叫六声，谢豹逃出扬州城；
做了南山钻地鼠，不见天地不见人。

七更杜鹃叫七声，官爷审事审不明；
三百罪人都放了，剩我杜鹃一个人。

八更杜鹃叫八声，百二枷锁架我身；
百二[2]枷锁尤则可，十指埋针血淋淋。

九更杜鹃叫九声，杜鹃推出来斩头；
杜鹃未做亏心事，为了弟兄斩了头。

---

① 谢豹：清雍正《泰顺县志》注："以声名之，即杜鹃，亦名子规。"杜鹃花亦名映山红，民间传言为谢豹的化身。

② 百二：120 斤，即 60 公斤。

十更杜鹃叫十声,前人做事后人传;
弟兄虽好情款待,切莫真心待别人。

十穷十富

第一穷,闲散放荡不经营,渐渐穷。
第二穷,不惜钱财手头松,糟蹋穷。
第三穷,朝朝睡到日头红,邋遢穷。
第四穷,家有田地不务农,懒惰穷。
第五穷,结识豪富作亲朋,攀高穷。
第六穷,好打官司逞英雄,斗气穷。
第七穷,借债送礼装门风,自弄穷。
第八穷,妻儿懒惰不用功,该当穷。
第九穷,子孙相交无赖朋,骗局穷。
第十穷,好酒贪花赌骨牌,彻底穷。
第一富,不怕辛苦干活路,勤俭富。
第二富,买卖公平多主顾,忠厚富。
第三富,听得鸡啼离床铺,自然富。
第四富,手脚不停理家务,终久富。
第五富,常防火盗入门户,谨慎富。
第六富,不做坏事犯法度,安分富。
第七富,合家大小相帮助,同心富。
第八富,妻儿贤惠无欺妒,帮家富。
第九富,教训子孙立门户,代代富。
第十富,存心积德天赐富,为善富。

泰顺(旧时)三件宝

泰顺三件宝,蕃丝吃到老,火笼当棉袄,火篾当灯草。

长年歌

时不凑来运不通,切莫帮人做长工;辛苦三百六十日,赤手空拳返家中。
年关过后正开春,主人背伞寻长工;街头寻到街尾转;恰恰碰见老长工。
“老长工,老长工,今年帮我做长工;年头给你三匹布,年尾给你三担粮。

三匹布，三担粮，只怕东翁景不长；一到东家就起工，半碗猪肉半碗葱。”

清明一到要犁田，肩头背具破犁爿；旁人夸我犁有田，东家骂我犁无田。
犁无田，犁无田，黄牛摆尾走犁前；口嘴喝喝不走去，柴箭打打躺落田。

时值小满要插秧，雄鸡喔喔催天亮；前门开出挑担水，后门开出拔担秧。
插秧插到日头斜，不见点心不见茶；拔把黄秧颠倒插，明年夏至不发芽。

夏至之时正耘田，铁打田圈做头前；垄头耘起垄尾转，垄尾大丘耘半爿。
旁人夸我耘有田，东家骂我耘无田；耘呒田，耘呒田，穷人性命不值钱。

烈日夏至大晒天，长工车水灌旱田；肩头背起水车板，脚踏水车无停闲。
立秋过后七月半，家家户户判兰盆；生人建立兰盆会，死人得把纸钱灰。

中秋准备收大冬，东家兜饭蓬隆松；苍蝇飞来打斛斗，萤火飞来当灯笼。
霜降以前九重阳，重阳美酒菊花香；唯我东家不做酒，邻居送酒给我尝。

十月时节是立冬，日夜担谷高仓中；双肩磨得皮破损，腰酸背痛双脚肿。
北风呼啸雪花飞，东家叫我砍柴枝；旁人夸我砍大担，东家骂我无两枝。
十二月廿四是扫尘，手拿扫帚扫奔奔；屋里屋外都扫遍，酒客花间满灰尘。
年冬算盘刮啦摇，东家要我旧账交，上老下幼分年到，合家痛哭心如绞。

耘田耘到杨梅红

耘田耘到杨梅垄哎嗨，十株杨梅九株红；
主人叫他多吃个哦嗬，不晓得明年还红不红。
耘田耘到杨梅坑哎嗨，十株杨梅九株生。
主人叫他多吃个哦嗬，不晓得明年还生不生。
耘田耘到杨梅墩哎嗨，十株杨梅九株酸；
主人叫他多吃个哦嗬，不晓得明年还酸不酸。

做柴歌

正月做柴去暗溪，别了父母别了妻，别了父母尤则可，别了妻子好苦凄。

二月做柴二月二,做柴阿哥正当来,有讲有笑快过日,冇讲冇笑难过时。
三月做柴三月三,手驮斧头到深山,手挥斧头汗如水,担柴过日也艰难。
四月做柴正插田,爹奶寄信催插田,早转三月插粳糯,迟转三月满烊青。
五月做柴五梅花,柴山冇菜吃苦瓜,手捏黄金买冇米,连吃三天眼昏花。
六月做柴热难当,太阳如火水如汤,十件衣衫九件破,有人缝补向谁讲。
七月做柴七月半,手驮角尺量一量,大柴取起做栋柱,小柴取起做椽条。
八月做柴正中秋,家家买饼过中秋,大男小女吃月饼,做柴郎子哪里有?
九月做柴过重阳,家家户户做衣裳,大家都有新衣着,做柴郎子身冻僵。
十月做柴是大冬,爹奶寄信催收冬,早转三天割粳糯,迟转三夫满垟空。
十一月做柴是年边,做柴郎子思过年,今年弟兄合得好,明年弟兄合年添。
十二月做柴是全年,爹奶寄信转过年,有钱冇钱都得转,莫做葛藤绕路边。

人心不足

终日忙忙只为饥,有得食来又思衣;衣食二字都丰足,又想房中美貌妻。
娶得三房并四房,又想儿子接宗支;生得三男并四女,又想田地作根基。
买得良田千百顷,出入又想高马骑;就养驴马几十匹,又想无官被人欺。
五品六品官嫌小,三品四品还嫌低;当朝一品官宰相,又想君王做一时。
天下百姓由我管,又想云头太白仙;想得人心来满足,就着天地来对齐。

媳妇难

米筛筛米米弹弹,做人媳妇实在难;长刀切菜又叫短,短刀切菜又叫长。
有盐烧菜又叫淡,冇盐煮咸菜又叫;热水洗脚又叫凉,凉水洗脚又叫烫。
甜瓜煮好又叫苦,苦瓜煮好又叫甜;杀鸡杀鸭我有份,劈柴砻米我在前。

独自人①歌

第一一等独自人,街坊荡荡豪爽人;左手捏把清凉扇,右手香烟抽不停。
第二一等独自人,省吃俭用正录银;录起铜钱办衣着,从头到尾样样新。
第三一等独自人,未到三十筑寿坟;床上被服懒得洗,一间新屋如凉亭。
第四一等独自人,三餐鱼肉好口份;吃肉吃酒亲友多,落难之中断个人。
第五一等独自人,称条黄鱼十几斤;中心切起自己吃,头尾切起送别人。

① 独自人:单身汉。

第六一等独自人，坐下打赌斗输赢；铜钱赢来七八百，有因有儿有靠身。
第七一等独自人，正是一个懒惰人；三餐煮饭懒得煮，整日只想靠别人。
第八一等独自人，樽头洗脸暖纷纷；打掉樽头未粉碎，脚头蹬蹬怨别人。
第九一等独自人，身穿衣衫挂零落；门前结起蜈蚣结，后半结起豇豆筋。
第十一等独自人，临老讨饭度光阴；草席一条庙中困，后悔后生不录银。

番薯丝

世上万物有根源，平番英雄唐赛英，兵困空城缺粮草，杀马充饥安军心。
英赛祷告于天地，天赐番薯救万兵，中原传来做种子，只等季节落土生。
清明种落番薯种，上面浇粪又盖土，防止霜冻烂芽笋，谷雨立下苗儿壮。
小满剪藤上山插，男女老幼忙不停，老藤插落随手起，嫩藤插落还怕晴。
芒种夏至插完毕，又要插稻忙不停，小暑大暑铲薯草，立秋处暑当翻藤。
白露施肥三次透，秋分寒露正落头，霜降番薯藤叶落，抓紧挖出免腐烂。
到冬番薯放入洞，里面稻草外加封，各种作物留种子，唯有番薯留身尸。

摘花歌

正月摘花摘山茶，从小吃菜是释迦。文官修行包文拯，武官修行是关爷。
二月摘花摘杜鹃，姜女打扮送寒衣。哭倒长城八百里，超度丈夫会佳期。
三月摘花摘牡丹，伯虎磨镜金珠簪。因为秋香去磨镜，改名换姓李华安。
四月摘花摘石榴，刘氏千金爱风流。弹琴唱曲王廷桂，毒死亲夫吊南楼。
五月摘花摘菖蒲，德龙奸官借乌袍。因为乌袍不肯借，害得父子坐监牢。
六月摘花摘荷莲，三郎思想是凤莲。范郎心思孟姜女，吕布思想是貂蝉。
七月摘花摘木樨，陈山五洋好夫妻。没好小姑害兄嫂，半夜逃走好孤凄。
八月摘花摘棉球，黄龙公子满街游。月英小姐投橄榄，橄榄误丢彭柳修。
九月摘花摘鸡冠，洞宾插剑来凡间。铁板桥头假买药，一心调戏白牡丹。
十月摘花摘芙蓉，青蛇白蛇两个侬。去到江边借雨伞，匹配丈夫许汉文。
十一月摘花摘紫金，天下游行唐元卿。一心思想王小姐，影花楼上结成亲。
十二月摘花梅花开，史文公子梦月台。史文公子月台梦，梦见石鼓两边开。

小方卿

正月里来正月正，河南出个小方卿。方卿本是贫穷汉，苦了家中老母亲。
二月里来杨柳青，方卿无厝住凉亭。凉亭本是观音庙，手捏金钗变铜钉。

三月里来三月三，方卿一心去小洋。去到小洋湖广路，不知姑娘在何方。
四月里来立夏天，方卿去到姑娘边。姑娘骂他穷鬼到，好的姑爷好良心。
五月里来石榴红，表妹绣花在楼东。楼中绣起珍珠塔，珍珠好宝绣鸳鸯。
六月里来莲花开，姑爷赶到凉亭来。黄金万两都不要，只要表妹能相爱。
七月里来秋风凉，方卿走到大路旁。路旁遇见读书友，书友教他读文章。
八月里来桂花香，方卿起身上考场。三篇文章做得好，万岁封他状元郎。
九月里来菊花黄，方卿中了状元郎。文武百官来参拜，回到湖广见爷娘。
十月里来小阳春，方卿打扮讨饭人。手拿长筒开口唱，句句唱到姑娘身。
十一月里来雪花飞，绫罗绸缎交表妹。绫罗绸缎中堂挂，表妹心里乐开花。
十二月里来北风吹，前街后巷说方卿。本来姑娘[1]要办罪，好的表妹保太平。

二、神话传说

神话传说就是百姓说白话[2]的内容，山区一带百姓口口相传，代代继承。虽数量不多，但广为流传。畲族流传的故事，长期以来与汉族交流，相传的故事颇为相同。这些传说故事，充满幻想，运用丰富的想象力和夸张的手法，传递着人民的智慧，寄托着人们改造社会、战天斗地的强烈欲望。

雷法招成神的传说[3]

身 世　司前畲族镇台头村(现属新北村和庄自然村)是个神奇的地方，虽然山高涧深，九山半水，人口不多，历史悠久，经济落后，但是，顶级的造化却不少。在这样一个山区的平民百姓中，竟然还有人得道成神。

很久很久以前，一个畲民从景宁来到这里的山上采药，经过一个地方，地势平缓，土地肥厚，周边林茂竹翠。他想，这里土地肥厚好开田，林茂竹翠好建房，是个作食的好地方。回家后不久，就带着老婆孩子来到那个地方建房安居，开基创业。从此这里有了雷姓畲民，这一家畲民把那里看作理想的乐土，安居乐业，繁衍生息。夫妻俩开荒辟地，山园开了一块又一块，水田造了一丘又一丘，自产自给，过上了安乐的生活。后来那地方被叫作“台头”。

几年后，畲民的妻子生下了个男孩。那刚出生的男孩，身体黝黑，满脸赤红，哭声响亮，模样很是可爱。他就是民间传说中的雷法招。

---

① 姑娘，黄桥方言指姑妈。
② 说白话：司前话，即讲故事、编神话等。
③ 选自《泰顺畲族文化研究论文集》，雷法招传说的调查，作者雷凤远、蓝忠其、吴晓燕、李晓艳。

闾山学法　小法招很乖巧，长到六七岁就是个懂事的孩子，经常帮父母做事。在法招七岁那年的一天，懂事的孩子帮父母去放鸭。他把一群鸭子赶到叫木角丘的田里放养。那田很大，田的中央还有一块巨大的石头，是畲民造田时无法搬走留下的，石头经过雨水的冲刷，光滑得像是被打磨了一般。鸭子到了田里，如鱼得水，欢快地在田里游来游去。看见鸭子在田里戏水觅食，法招也下田爬到那个大石头上玩，不一会儿，他就不知不觉地躺在大石头上睡着了。到了中午，他妈已经做好了午饭，正等着小法招回家吃饭。可是，等啊等，却不见法招回家。他妈以为是儿子不放心鸭子不回家，就盛了一碗饭，夹了几条红酒糟烧泥鳅，送去给儿子吃。走到田头，他妈被眼前的情景吓呆了，只见一股泉水哗哗哗地从田中央的石头边上喷射而出，田水在不断地上涨，四周的田岸也随着水位的上升而升高，同时，那田中央的石头好像在下沉，儿子法招就躺在那石头上睡觉，什么都不知道。他妈高声喊叫着儿子的名字也叫不醒他。眼看田水就要淹没了儿子，她妈来不及思考，急忙跑进田里向大石头奔去，眼前的情景使她惊慌失措，着急的心情反使她欲速而不达，慌乱之中又摔倒在田里，弄得身体全湿，手里的饭菜也倒到了田里。当她立起身来，要把饭菜抓起时，那碗里饭却消失了，那煮熟的泥鳅也摇摇尾巴游走了。她妈来不及多想，跑到大石头上抱起孩子就走，可一路上怎么叫也叫不醒，到家里法招仍处于沉睡之中。

到了第七天，小法招终于醒来了，可是仿佛变了个人。只见他嘴里念念有词，还手舞足蹈的，弄得家人莫名其妙。他说他不是睡觉，是被闾山法师招去学法了，本来要学完十部法书，因被惊动，只学了七部就要回来了。之后，他就常帮村邻捉妖驱邪，祈福除魔，保人平安，保风调雨顺。一传十，十传百，雷法招闾山学法、法术高明的事传遍了远近的乡村。

闾山法是东晋许逊所创。许逊，字敬之，拜南昌的吴猛为师，在西晋太康元年（280 年）任旌阳县令，号旌阳，创造了《太上灵宝净明法》，在东晋宁康二年（374 年）举家在江西西山飞升成仙，被后人尊为闾山法主。闾山法术主要有翻天覆地法、平路起云法、牵云遮日法、水面旱罡法、封岩破洞法、水面屯兵法、催生落运法、故骨炼人法、九州兵马法、无刀斩妖法、促天缩地法、驱砂填海法、逐云化雨法、指茅成剑法、移山倒海法等。闾山洞极少开启，平时无人知道洞府所在，只有特殊的人物，比如天上星宿下凡投胎的人，才能进闾山洞府学法，像陈十四娘娘。而学到了闾山法就不再是凡人了。

捉妖求雨　有户人家的女儿长得很漂亮，可不知怎么，突然神魂颠倒，有时疯疯癫癫，有时卧床不起，求医吃药都不见好转，父母万分焦急，不知所措。

一天，雷法招外出，正好路过他家，见其家人进进出出，神情慌张，又一脸哀伤。便问其缘故，有人告诉他，那户人家有个女儿，年方十八，长得花容月貌，突然得病，神魂颠倒，有时疯疯癫癫，有时卧床不起，许多医生都看不出有什么病，又总是不好，吃了很多药都不见效。

雷法招出于同情，便进去探望。只见床上躺着个年轻女子，昏昏迷迷，脸色苍白，边上坐着一男一女。渐渐地，雷法招觉得房里有股妖气，就开始警觉起来，再看那坐在床边的一男一女，发现那男的是个妖狐化身，便知道了女子病之所在。但他怕惊动妖狐，不动声色地退出房间，询问他人，那一男一女是谁。其家人告诉他，女的是那生病女儿的妈妈，男的是她舅舅。原来，那女子是狐妖缠身，还化成她舅舅在她家里。雷法招告诉女子的父亲，那男的不是他的妻舅，而是狐妖的化身，自己可以为女子除妖治病。他半信半疑，但姑娘病重，也只能试试看。雷法招开始念咒作法，运用“九州兵马法”“无刀斩妖法”，请天兵神将来捉妖，那狐妖顿时头晕目眩起来，见势不妙，立刻摇身一变，化作一丝烟雾从人们的眼前消失了。可是狐妖已经来不及逃了，早被雷法招请来的天兵神将围住无处可逃。狐妖见房屋的一角放着个猪桶，桶里放着许多杂物，便一溜烟钻进了猪桶里。

雷法招见狐妖钻进了猪桶里，心里暗自高兴，一边做法把狐妖困在桶里，一边叫主人烧几锅开水。凡人看不到天兵天将，也看不到狐妖，只见雷法招在比画念咒。围观的人按雷法招的指教赶紧分头去烧开水。一会儿，几锅开水都烧好了。雷法招教他们把开水都往猪桶里倒，随着开水的倒下，桶里响起了叽叽叽的叫声，那狐妖现出了原形死了。之后，那年轻姑娘的病很快就好了，又恢复了健康和美丽，一家人终于消除了忧愁。

九楼求雨　泰顺是山区，九山半水，平均海拔在500米，虽说高山有好水，这只是说有些甜美的山泉，但山区的农业还是要靠天吃饭的。山高涧深是泰顺山区的特点，溪流都是在低处，人居在高处，田园又在山上，天不下雨就无法耕耘，连续干旱禾苗就会枯死。长旱无雨是泰顺山区常有的事，每当此时，泰顺山民就要请法师吊九楼求雨。求雨一般都是以村为单位，村民集资自发组织。而干旱是区域性的，大多涉及多个村庄。雷法招是闾山法真传弟子，具有逐云化雨的法术，每求必下雨。他立起神坛，用九张桌子直叠而上，没有加固措施，称为九楼。他戴起法帽、穿着法衣、握着龙角等法器，在九张桌子间级级翻行，身轻如燕，在九楼上，他吹起龙角，念起法诀，本来晴朗的天空，顿时乌云密布，骤降大雨。他坚持闾山道教法旨，为民祈福除害，从不以此谋利，不收费用，很受人们的尊敬。

竹篮装水　俗话说，竹篮打水一场空，雷法招却不会。雷法招年纪小，个子不高，不知道他的人不相信他有高明的法术，请他做法事时，总有人会戏弄他，以刺探他的法力。一天，景宁东坑某村民中邪久病不愈，请雷法招去做法。法事开始前，法师都要先洗手洗脸，方能请得天兵天将下凡捉拿妖魔鬼怪，以示对天兵天将的尊重。当地来看热闹的人中，有见雷法招身材小，还是个小孩子，不像听说得那么厉害，就想试探他。把能装水的器具都藏起来，只留个竹篮给他。雷法招见此情景，知道有人小看他，不相信他，就不动声色地拿起竹篮，去装了满满一竹篮的水，放在板凳上洗起脸来，那竹篮就像是一个脸盆，没有漏出一滴水。人们见了都不敢作声，打心底里佩服和惊奇。法事过后，那人的病人很快就好了。

有时，雷法招也会善意地教育一些不三不四的人。一次，他在榅垟村作法事，有人总拿他寻开心，他觉得那样的人，不给他点厉害看看，就不知天高地厚。于是，就暗中念起一个法诀，那人就莫名其妙地在众人面前转起圈圈来，而且每走一步，嘴巴都轮流向一边歪一下，逗得众人开怀大笑。

得道成神　像陈十四娘娘一样，不知是听错师训未遵师嘱，还是天命注定，雷法招年事不高就逝世了。听说他也升天了，还把他的法器丢在一个山崖上，那山崖有时会响起锣鼓声，但一旦传来锣鼓声，便是发生灾害的预兆。

雷法招小小年纪就行法除害求福，为人们驱邪除妖保丰收，深受人们的敬爱。得道升天后，人们怀念他，崇敬他，相信他虽然肉身不在，但神灵仍存。也希望继续得到他的保护。人们为他塑了像，建了庙，和土地神等一起供奉在宫庙里，供香膜拜，直至今日，还有多处宫庙供奉着他的神像。

在花坪岙村南面的山坡上，一座小宫庙静静地坐落在丛林间，一株古老的苦楮树像一团绿色的祥云飘浮在宫庙前，使小宫庙变得神秘而肃穆。一条整齐的石阶向山上延伸，沿着石阶拾级而上，到达转折处，一座小宫庙就映入了眼帘。再走同样的一段石阶，就到了小巧玲珑宫庙前。这是一座很简单的建筑，这座小宫庙里供奉着七尊神圣，左端第一位神像下，摆放着一个石制大香炉，炉正面赫然刻着“雷法招”三个大字，楷体浮雕，非常醒目。炉上插满焚过的香秆，形成了半圆，看去像是佛光四射的光芒。神台上，雷法招正身端坐，高约1米，身穿黄袍，头戴花冠，左手握灵刀，右手握龙角，目光凝视。像是正在调集天兵天将，发号施令，扫清一切牛鬼蛇神和妖魔鬼怪。

在他的出生地和庄村（中华人民共和国成立后，1956年高级社时改名和庄村),一座小宫庙坐落在山涧的边上,面水而建。宫前围墙的藤蔓和小路上光滑的石头告诉我们,这里年代久远,宫里的神台上已经没有了神像,大概是在“文化大革命”中被毁了,但仍有十几个香炉一字形整齐地摆在神台上,宫墙上挂满了“有求必应”的旗幡,其中有多面旗幡上写着对雷法招先生的赞颂语。

同样是在闾山学法后斩杀蛇妖的陈十四娘娘,大家都耳熟能详,到处建宫庙供奉她,写传记传颂她,排戏演唱她,成为一尊得道升天的生育之神,驱邪除疫之神。雷法招是陈十四娘娘的同门师弟,也已经是位神。

吭锣吭鼓打柴爿

“吭锣吭鼓打柴爿”,是一句畲族人的口头话,这句口头话的来历是这样的。盘瓠王在凤凰山,日日游山打猎。一日,他从山顶上跌下来跌死在半山腰。这地方上不能上,下不能下,畲族人只好围在附近远远守卫着他的尸身。夜间,大家取火照明,闲着无事就一边跳舞,一边唱山歌。畲族人唱山歌就是从那时节开始的。唱山歌时,吭锣吭鼓,他们靠打柴爿代替乐话,“吭锣吭鼓打柴爿”就成了畲族人的一句口头语。盘瓠王的尸体在半山腰,有许多鸟飞来啄食,畲族人一边打柴爿一边喊叫,鸟放下骨头飞走了。后来盘瓠王的尸体掉下来,大家把他的尸骨安葬在凤凰山。至今,盘瓠王的坟墓还在哩!

白鹤山庄

传说亘古时代,飞云江上游有一龙潭,潭内久居着一条小黑龙。不知哪一年,突然来了一条小青龙,与小黑龙争抢龙潭,每天午时三刻,黑青二龙都在潭里争斗。多少年过去了,二龙互不相让,闹得沿江两岸常年发大水,百姓苦不堪言。一天,太白金星云游天下路经飞云江上空,突然有一群飞禽围着他坐的白鹤四周盘旋,叫声凄惨,久久不肯离去。他觉得奇怪,往下一看,只见脚下浊浪滔天,汪洋似海,飞云江两岸洪荒一片。他顿时明白了这些飞禽是因为找不到栖身歇脚的地方,有求于他。

太白金星动了恻隐之心,急忙上奏玉帝。玉帝传来东海龙王很快查清了真相,并要东海龙王在半小时之内,退水九百九十九尺,永远不满百丈(司前一带,古名百丈)。

东海龙王不敢怠慢,即刻驾云来到飞云江龙潭上空,收服了小青龙,退水九百九十九尺。

小青龙因犯天条,被贬禁莒江苦役三年,做一条百级碇步,以服罪过。大水退后，飞云江两岸又露出了美丽的山川，飞禽也有了乐园。但溪口与峡门两溪交汇的地方仍然是白茫茫的一片，行人不能渡。后人为纪念太白金星，取名白鹤渡。如今有人在渡口的南北两岸架起了铁索桥，盖起别墅，成为人们休闲的好去处。

凤凰仙女

有个后生，名叫砍柴德，跟他娘住在一个深山里，靠砍柴卖钱过日子。一次，砍柴德上山砍柴，看见一棵很特别的树，把它挖回来，栽在厝门前当风水树。奇怪，这棵树栽下三四年了，还未见发芽开花。

一日，一个采宝客路过砍柴德家门前，发现这株宝树，就问砍柴德娘："东家，这树卖否?"砍柴德未回来，她无胆做主。采宝客说，若是肯卖他愿出两锭银子。砍柴德娘心想，这种树山上有，今日卖了，明日叫儿子上山再挖一棵回来栽，也是一样，就同意卖了。

采宝客买走风水树，走到半路，被砍柴德碰上了。砍柴德说："客人，你怎么偷我的风水树呢？"采宝客说："不是，这是我用银子买来的，你若嫌少，我再给你两锭银子。"砍柴德见这人这样肯花钱，心想必定有缘故，就说："人客，这是我家的风水树，你就是出两千锭银子，我也不卖的呵！"

采宝客摇摇头，将树还给砍柴德，说："宝随有缘人，我是无福享受了，我看你是个老实人，实话对你说，这株树是宝树，你拿它到凤凰山脚娶凤凰仙女去吧！"说完，又教砍柴德娶仙女的法子，砍柴德听后，谢过采宝客，背起宝树赶回家了。

第二日，砍柴德带着宝树去寻凤凰仙女了。他走呵走呵，走了七七四十九日，过九九八十一冈，走到凤凰山脚，他把宝树劈成两爿，只听"轰"一声，呀！面前山冈顿裂成两半啦！中央出现一个金光闪闪的洞。他赶紧钻了进去！

这洞很深，一间接着一间，到了第六间，一个仙女笑眯眯迎出来，说："砍柴德，你来了！"原来，她就是凤凰仙女。从此，砍柴德在仙洞里住下了。

一日，砍柴德来到了第七间。这里住着土地公，土地说："砍柴德呀，你晓得吗?你在这里住了这些日子，人已过去五六年了。你的娘现在两只眼睛都瞎了，你若再不去，她会活活饿死呢！"砍柴德一听，好比晴天打雷，眼泪一下流了出来。他跪在地上求土地公："老公公，我想回去看看娘，又舍不下仙女，叫我怎么办啊？"土地公说："难得你这么孝顺大人，也难得你这么爱凤凰仙女。"说完，教给砍柴德一个办法。

吃午饭时，凤凰仙女给砍柴德盛饭，砍柴德趁他不备，一把抱起她，跑出了山洞。这时,背后的山又像从前一样合起来,凤凰仙女再也回不去了,只好随砍柴德回家去。

回到家里,凤凰仙女用仙法治好了砍柴德娘的眼睛,和砍柴德成了亲。从此,砍柴德种地,仙女织布,娘儿新媳三人日子过得清闲自在。

有一日,凤凰仙女对砍柴德说:“我在人间已蛮长久了,你给我寻个酒缸来,我想去天堂嬉。”砍柴德找来酒缸,凤凰仙女对他说:“你在缸边守着,小心莫把缸打破了,否则,我就不回来了!”说完,跳进缸里不见了。直到日头落山,她才从缸中钻出来,一连三日都是这样。

第四日天光早,砍柴德想,别人说天堂好嬉,我也去嬉看。他溜下床,学着妻子的样子,跳进缸里去了。凤凰仙女醒来后,不见了砍柴德,捋指一算,才晓得丈夫在天上偷仙桃,被天兵天将捉牢,就要按天规用火烧死。她赶紧喊出婆婆,交代一番,就去救丈夫了。

她来到南天门,画出一片大海洋,自己撑着一只小船,边摇边唱歌。那些天兵天将,仙姑仙女都围拢来听。她唱了几支小曲后,对天兵天将说:“我一个人唱不算好听,你们边上那位穿淡蓝色衣裳的仙姑陪我唱,那才好听呢!”天兵天将想歌听,就叫仙姑陪她唱。凤凰仙女和仙姑唱了几曲后,又对天兵天将说:“这还不算好听,若叫那位缚在柴架上的凡间男人来合唱,那才算天下绝唱呢!”天将说:“这个人是罪犯,不能随便放。”凤凰仙女说:“你把他缚在我的船上唱,还怕他逃了吗?”天兵天将想想觉得也是,就答应了。等砍柴德一到船上,海洋、小船、3个人统统无影无踪啦!

原来,天意已定,凤凰仙女和砍柴德只有120日的夫妻缘分,期限已满,凤凰仙女就去天上接一位仙姑来给砍柴德生儿育女,做真正的夫妻。

牛和草

天地初分时,牛是天上管草籽的神,叫牛神。

有一次,牛神不小心把草籽倒掉一筐,草籽纷纷落到凡间,当年凡间到处长满了杂草,田里的草比稻苗还高,通天下粮食歉收,百姓饿死无数。

天上玉皇大帝见凡间白骨成堆,青草遍地,觉得奇怪,就派弥勒佛下凡查访。

弥勒佛来到凡间一查就查出了原因,他回去奏上玉皇大帝。玉皇大帝大发雷霆,把牛神贬到凡间去做牛,罚他每日吃两担草,将功赎罪。

两名天将把牛神抱到南天门,牛神觉得委屈,不肯到凡间去受苦,两名天将一掌把它推下来,牛神跌落了上牙,随即变成牛。所以,牛至今是没上牙的。

牛想，每日吃两担草，慢吞细嚼是吃不完的，不如白日先把草囫囵吞下去，等到夜里闲时吐出来重新细嚼。因此，牛一到夜里就反刍。

黄牛和水牛

原早，黄牛穿的是灰衣裳，水牛穿的是黄衣裳。

一次，玉皇大帝设宴会，请天下百兽群鸟参加。水牛和黄牛接到请帖，都非常快活。它们嫌自己身体肮脏，就到一个大水塘里去洗澡。

到了塘边，黄牛和水牛都脱下衣裳，水牛跑到塘里洗；黄牛水性不好，就在塘边擦擦身体，黄牛擦好身体，正要穿衣时，看见水牛的衣裳又干净又好看，心想，若穿上水牛这件衣裳，多体面。它转身看看水牛，水牛还在塘里洗，就不声不响穿上水牛的衣裳走了。

水牛洗好身体上来一看，啊！衣裳不见了。它东寻西寻，只见黄牛那件又短又小的衣裳放在地上，没办法，只好穿上去参加宴会。

从此，黄牛穿上了水牛宽大的衣裳，显得很不合身；至今，一些多余的部分还挂在脖子下面。水牛穿了黄牛的衣裳，太小，很难受，好像身体要把衣裳胀破一样。

鹁鸪啼晴哭雨

鹁鸪是一种奇怪的鸟，天晴了，它“咕咕咕，咕咕咕”地叫，天要下雨了，它又“咕咕咕，咕咕咕”地叫。这是什么缘故呢？

古时节，山林里有一只老鹁鸪，孵了一窠小鹁鸪，真快活哩。

老鹁鸪对小鹁鸪真爱，它每天在山林里东飞西飞，寻东西给小鹁鸪吃。有一日，老鹁鸪飞啊寻啊，不小心碰着蜘蛛精的大网，被捉住了。蜘蛛精哈哈大笑了一阵，就张牙舞爪要来吃老鹁鸪。老鹁鸪拼命挣扎，总算逃脱了，但头部被咬伤，一飞到家就死啦。

老鹁鸪死了，小鹁鸪伤心呵！它们日日夜夜地啼啊哭啊，哭得老山仙也流眼泪啦！他对小鹁鸪说：“不要伤心，我给你老娘换个泥头，就能起死回生啦。”老山仙说着，拿了个泥团团，捏了个鹁鸪头，给老鹁鸪换了泥头，真的就活起来哩！

从此，老鹁鸪的头又怕日头晒，也怕雨水淋。晒了，就会裂了，淋了就会散了；老鹁鸪还是活不了。因此，天晴，鹁鸪要啼，天雨，鹁鸪要哭，它们啼着哭着，叫老天爷不要把它们老祖宗的头晒坏淋坏呢！

三、民间故事

天罗瓜[①]花饮酒表表情

古时,甲乙秀才是好朋友。一天,甲走访乙。乙家贫如洗,古时读书人都这样。乙嘱妻子去店家赊一壶酒,然后如是这般吩咐。饮酒席间,仅一盆菜,二人谈论四书五经,十分得体。可,日已西斜,乙嘱妻子上饭,不得。因锅中番薯丝,不能待客。乙咒妻子不贤。甲回,乙送。路上,乙说,吾书呆子,不善持家,故家贫如洗,唯一菜,天罗瓜花(天罗瓜,即丝瓜,开花旺盛,结瓜少)。甲谓:天罗瓜花饮酒表表情。意思是,家穷礼不周,只能表达情义。日后,甲带乙谋差事,仍是好友。

朱元璋错杀刘伯温

明朝开国皇帝朱元璋的国师名叫刘伯温。

一次,刘伯温带着太子出去嬉,路上碰见一群小猪,太子问他是什么东西,他说"猪儿",太子又问他猪儿养大有什么用,他说:"养大了杀。"

太子回到皇宫,皇帝问他:"你今日出去有没有看见奇怪的东西?"太子说:"只看见一群猪儿。""先生怎样说呀?""先生说猪儿养大了杀。"皇帝听后想,我姓"朱",国师说"杀猪"这不是杀我吗,怀疑刘伯温想夺江山,就准备杀他。

正宫娘娘晓得这事,想救刘伯温,暗暗派人给刘伯温送去一盆枣,一盆桃。刘伯温看后晓得皇帝要杀他,马娘娘暗示他"早逃"。他就连夜逃出京城。刘伯温逃过长江后,江水突然涨了一日一夜,皇帝派来追赶他的御林军无法过江,刘伯温回到家里晓得自己逃不走,吞金死了。他在吞金前吩咐家人,死后将他身尸靠在栋柱上。

第二日,御林军赶到刘伯温的家,将尸首砍下,带回京城,马娘娘看见国师已死,就问御林军是怎样死的,御林军说是靠柱死的,娘娘说:"生靠主,死靠栋,是忠臣。"皇帝听后晓得错杀,就下一道圣旨,做了1个金头、35个银头为国师陪葬。皇帝怕金头被人偷去,又派人做36口棺材、砌36座坟墓,分别埋在36个地方。

---

① 天罗瓜:司前话,即农作物:丝瓜

临葬墓时，刘伯温的女儿扑在装有金头的那口棺材上哭。她哭着哭着，趁人没注意，在棺材头上咬了一口做记号，后来那个金头就被她偷走了。

攻一攻，浙江钱粮减三分

有一年，浙江大旱，粮食歉收，百姓日子没法过，官府还来催钱粮。这件事传到朝廷张阁老耳朵里。张阁老，名张聪，官拜阁老，是温州人，就想出一个办法。

这日，张阁老去陪嘉靖皇帝下棋。他一边下棋，一边反复念道："攻一攻，浙江钱粮减三分。"

皇帝专心下棋，无意中也跟着念了一句："攻一攻，浙江钱粮减三分。"

皇帝一念完，张阁老随即跪下谢恩。皇帝觉得奇怪，问张阁老为什么，张阁老说："皇上减免浙江钱粮三分，我代百姓谢恩。"

皇帝这才晓得上了张阁老的当。皇帝圣旨口，说了要算数，只好下圣旨，浙江钱粮减免三分。

杉树和榅树

杉树和榅树争着做栋梁。杉树力大，榅树力小，栋梁被杉树争去做。榅树不甘愿，说："栋梁你做，棺材也给你做算了！"

杉树见榅树出口呒好言，就说："榅树，你说这样的话，心肝太黑了！"

后来，做栋梁、做棺材都用杉树，榅树十根有九根黑心，只能锯板片，做一般木料。

烟　草

很早以前，有一对夫妻，十分恩爱，有一年，妻子得重病死了，丈夫很悲伤，日日到妻子的坟前流泪叹气。

有一日，他坐在妻子坟前流了一阵眼泪，疲倦了，躺在那里迷迷糊糊睡去。梦中，看见妻子从坟里走出来，坐在他身边，对他说："我坟前有一株草，你剥几片草叶带回去，晒干后切成丝，待到你愁闷时节，把它放到竹筒头，用火点起来吸几口，就能解闷了。"

这人醒过来时，妻子不见了。他见坟头真的有一株草，就剥了几片叶子带回去，晒干切成丝，愁闷时节放在竹筒头上用火点起来抽几口，当真精神好多了。以后，他天天这样，渐渐忘了悲伤。

那株草开花结籽后，这个人把种子分给大家种，取名叫烟草。烟草就这样传下来了。

马铃薯

很早以前，有一年闹饥荒，百姓四处逃难。

西林寺有个小和尚，自幼丧双亲，七岁时被姑母带去削发出家，他熟读经文，什么《普陀经》《观音经》《金刚经》等，背出来一字不差，平时又肯吃苦，和尚们都很喜欢他，小和尚俗家只有一个老祖母和小叔，他不知这饥荒年头老祖母和小叔是死是活，就告别了寺里的和尚，回家看看祖母和小叔。

小和尚爬山过岭，整整走了七七四十九日，这日夜里，他迷了路，又饥又渴，躺在一堆草丛里迷迷糊糊睡去。半夜时节，梦中好像听见流水的声音，他急忙爬起来，顺着声音走去，真的看见水。他喝了很多水，肚子还是饿。

下半夜，越来越冷，小和尚再也睡不着了，寻来干柴，烧火取暖，心想："这石蛋若能吃该多好啊！"想到这里，把几十个石蛋放在火里烤，没过多久，火堆里冒出香喷喷的气味，小和尚起来一看，原来是石蛋被烧熟了，他快活极了，几十个石蛋一下就被他吃个精光。

第二日，小和尚又烤了许多石蛋吃个饱，还带了些回来。小和尚又走了九九八十一日，回到家里，把石蛋种到地里，浇水又施肥，这东西很快长大了。他把种子分给大家，这东西可当粮食，又省油省盐，大家都喜欢种。

和尚姓马名铃，人们为了纪念他，就把这东西叫马铃薯。

冬 笋

古时，世界上只有春笋没有冬笋，后来，是怎样才有冬笋的呢？

有个人名叫孟宗，家里只有娘儿两个，孟宗娘年纪大了，身体不好，时常生病。孟宗非常孝顺娘，娘每次生病，他都把药煎好，送到床边给娘吃，自己坐在一旁照顾。

一年冬天，孟宗娘病得很重，孟宗今日买药，明日请先生。药吃了一帖又一帖，先生请了一个又一个，娘的病一点也没好，还一日比一日加重。

孟宗娘心想她的病没法治了，对孟宗说："老人总要死的。我死了，你不必难过。"孟宗听了娘的话，非常悲伤。

一日，他听人说鲜笋能治好娘的病，也不想想这冬天时节竹林里没有笋，拿起锄头就上后门山竹林去寻。整个竹林都寻了，半条笋也没有，孟宗想起娘的病再也没去治了，心里说不出有多难过。他双手拼命摇着竹，大声喊着。“皇天，救救我娘啊！”话音刚停，日头一下子就被云盖掉，雨“哗哗”下来了。过了一会儿，雨停了，孟宗睁眼一看，地上长出一条笋来。他想想这下子娘的命有救了，十分快活，随即把笋挖了回来。

孟宗娘吃了鲜笋，病当真好了。大家晓得后，都说是孟宗的孝心感动了苍天，才长出笋来。冬天出笋，别人就叫它冬笋。《二十四孝》上有孟宗哭竹冬出笋的故事。

不孝笋

黄桥、上地一带的山上有这样一种小笋，笋脑嫩，笋尾老，历来叫它“不孝笋”，说起“不孝笋”，还有一个传说呢。

从前，有一对夫妻，只生了一个儿子。他们把儿子当宝贝养，家里有好吃的东西，都给他先吃，他们家后山有一片小竹林，每年出很多笋，到了吃笋时节，夫妻总是把笋尾留给儿子吃，自己吃笋脑。

冬去春来，十几年过去，儿子长成后生。小的照样吃笋尾，老的照样吃笋脑。一日，一家人正在吃饭，来了一个过路老人。他对后生说：“你年纪轻轻吃笋尾，却叫两个老人吃笋脑，你也太不孝了。”后生一听火了：“这是我家的规矩，别人管不着！”两个老人听了眼泪只往肚里流。

过路老人又问后生：“这样的吃法，你不后悔？”后生说：“我都吃了这么大了，当然不后悔！”过路老人叹了口气，走到后山那片小竹林里，摘来一根小笋，掉转头，重新插到原来的地方。一转眼，过路老人就不见了。

第二日，他们一家人再吃笋时，奇怪的事出来了，笋尾变得又老又硬，笋脑变得又嫩又甜。原来，这个老人是个神仙，他是特地来教训教训这个不孝儿子的。

后来，这个后生也晓得自己的过错，变得非常孝顺大人，还成了家立了业呢！村里人为了让后代记住这件事，就把这笋取名叫“不孝笋”。

番薯和大麦

番薯是从番邦来泰顺的。在泰顺，人们切它、刨它，番薯感到很痛苦。一日，它收拾起行李，打算回番邦去，

路上，番薯碰见大麦。大麦问：“番薯老弟，你要到哪里去？”

番薯说：“回番邦去。”

“为什么？”

“在泰顺太苦了,被人切,被人刨,我怎苦得到老呢?”

“老弟,你错了,我们在泰顺,给人们当食粮,老百姓养我们,爱我们,我们受一点苦有什么要紧呢!”大麦捋了捋半尺来长的白胡须说:“要说苦,我比你还苦,你说被人切,被人刨,我长到这么大年纪了,还要被人磨得粉身碎骨呢!”

听了大麦一番话,番薯觉得有道理,又从原路回来了。

以后,番薯就安心在泰顺,再也没有回番邦去。

第三节 谚语 歇后语

谚语、歇后语是先人生活体验和战天斗地的经验总结,充满哲理。境内先民流传口语历史悠久,积淀丰富,内容广泛,涉及多个方面,仅此摘录一二。

昔人云:风雅之述志,著于文字;谣谚之述志,发于语言。长期以来,山乡劳动人民见仁见智,积一得之言,记于心,流于口,历代相传,增益纯化,乃有谚语。这种超微型文学作品,源远流长,包罗万象,言简意赅,韵味隽永,是民间文学艺苑中一株迎风摇曳的山茶,有自然淡雅之美,无雕琢斧凿之痕,为生活增添了智慧的亮色,让人们品尝到艺术的芬芳。以下入选者,多数为中华人民共和国成立前后,司前镇域内各村流传较多的民间谚语、歇后语。大多健康有益,许多是给人们带来启迪和力量的箴言,只要记住其中一两条,就将终生受用不浅。“天光书,夜间猪”六个字,已概括了读书和养猪的经验;“若要穷,天光睡到日头红”又是从另一角度勉励我们要勤勤恳恳,不懈不怠,扬起生活的风帆。

一、谚 语

(一)气候类

春雾雨,夏雾晴,秋雾台风,冬雾霜雪。

春寒落雨,夏寒断流。

清明断雪,谷雨断霜。

雷响惊蛰前,四十九日不见天。

吃了端午粽,破棉破袄好相送。

雷打秋,对半收。

云遮中秋月,雨打元宵灯。

冬节晴，年边烂。

日晕三日晴，月晕不过暝（夜）。

天光霞，大水满树丫，黄昏霞，晒死老乌鸦。

雨夹雪，下不歇。

正月寒，二月寒，三月清明寒，四月插田寒；五月杨梅冻，六月雷雨寒；七月秋风转，八月仍旧寒。

三九晴，不如十月初一一日晴，晴到明年大清明。

（二）社会类

相公好做，村人难做。

不听大人言，临老站门沿；不听老人言，吃亏在眼前。

后生不挣钱，临老站门沿。

好吃懒做，坐吃山空。

在生不孝，死了莫叫（司前话哭称叫）。

饲猪无巧，栏干肚饱。

好儿要好娘，好种多打粮。

穷在街坊没人问，富在深山有远亲。

亲为亲，邻为邻，黄狗为自阵（群）。

未过八十八，莫笑人脚瘸眼瞎。

十年水流西，十年水流东。

蜈蚣十八脚，只走一条路。

杀头生意有人做，亏本生意没人做。

六月的日头，后娘的拳头。

朝中没人莫做官。

蛮妻拗子无药可治。

人家可添斗，不可添口。

强中还有强中手，辣蓼还有辣蓼虫。

人面难求，土面好求。

春间一锄头，冬间一碗头。

忍一忍，吃不尽。

出门不带伞，下雨遮稻秆。

肥是人肉，土是人骨，水是人血，草是人虱。

(三)事理类

歪理千条,真理一条,横人道理“直”。

一样饭,千样人,一条草,一点露。

眼看千遍,不如手做一遍。

一跌一大,三跌做爸爸。

阿爸会撑船,儿子会摇橹。

岩头下有扁蟹无死蟹。

(四)修养类

留得青山在,不怕没柴烧。

好儿不要大人业。

好马不吃回头草,好女不穿嫁时衣。

三十不豪,四十不富,五十寻死路。

心好不用斋。

田要质好,人要心好;

好心好自己,坏心坏自己。

手头未拿刀,心头宽拉拉。

小孩不读书,黄牛也是猪。

补漏趁天晴,学习趁年轻。

痴呆手上黄金变火炭,浪子回头金不换。

磨刀铣锯,功夫有余。

日头天上过,功夫手上过。

小心无蚀本。

硬柴就有硬虫蛀。

忍一忍,吃不尽。

有势莫用尽,有菜莫吃蕈。

(五)社交类

单爿墙,做不牢。

篱笆要三条挡,好汉须三人帮。

蜈蚣十八足,只能走一条路。

穷家莫穷路。

入门三分相。

借人牛,还人马,

问客倒茶，看菜吃饭。

冬瓜虽大一碗菜。

跟老虎吃肉，跟黄犬吃粪。

无灰莫种麦，无酒莫请客。

亲眷只能共天下，不能共厝下。

长话难说，长索难搓。

口舌无骨，由人所说(xue，司前话)，

伤人一语，利如刀割。

头发割去会再出，恶语伤人难消烊(熔化消失)。

口水下地、话语出口都难收回。

好言好语解人金腰带，恶言恶语触人屎(wu)肚破(pa)。

种田靠雨水，出门靠张嘴。

骂牛是骂马，骂你是骂我。

后生讲话没落着，老人讲话当得药。

真人面前莫说假，假人面前莫说真。

日间莫说人，夜间莫说鬼，

怀头莫说儿，栏头莫说猪。

闲人莫多嘴，破鞋莫过水。

生莫近王，死莫近纲(江)。

(六)家庭类

掌上有一老，是个无价宝。

孝顺孝顺，好孝难顺。

孝顺田头割有谷，孝顺栏头猪有肉，孝顺父母自有福。

兄弟一条心，黄土变成金。

打虎亲兄弟，出战父子兵。

邻里不和叔伯欺。

后生无儿天上仙，临老无儿苦黄连。

一男一女一枝花，多男多女是冤家。

不痴不聋，难做阿公阿婆。

媳妇不随阿妈意，白粥也是鼻涕。

出懒汉，家里败，靠水水流，靠山山倒。

一代亲，二代表，三代忘了了。

千杠万杠望轿底(里)一杠(媳妇)。
喜欢不怕烂菜干,中意不怕流鼻涕。
有心上树不怕风,有心嫁人不怕穷。
嫁鸡随鸡走,嫁鸟随鸟飞。
十个好儿子,不如一个破老公。
三十讨亲还未迟,四十讨亲全家来。
小时偷针,大起偷金。
龙生龙,凤生凤,老鼠生子打地洞。

(七)生活类

田怕秋来旱,人怕老来穷。
先苦后甜,甜如蜜,先甜后苦如黄连。
男也嬉,女也嬉,临老盖棕衣。
男也勤,女也勤,床头暖芬氛。
床头留有三箩谷,不怕死后无人哭。
越做越赶,越嬉越懒,越吃越口淡。
若要穷,天光睡到日头红。
大富由命,小富由勤。
易填万丈坑,难塞鼻下横。
走不着,只一脚,吃不着(对)只一夹。
有菜莫吃菇,有路莫行船。
在家千日好,出外半日难;
出门不带伞,回来披稻秆。
柴怕扭,人怕忧。
祸从口出,病从口入。
穷人无补食,倒床养养力。
若要小儿安,常带三分饥与寒。
夜饭少吃餐(口),命长九十三。
饭要一口一口吃,路要一步一步走。
人要衣衫,佛要金镶,三分人貌七分扮。
爬得高,跌得煞。贪便宜,失便宜。
交情莫交财,交财情义绝。
路头栽花莫栽刺。

闲事少管，饭吃三碗。
行船走马三分命。
枪打出头鸟，雨打出头椽。
和尚连山管，走后无饭碗。
闲箩莫放灰，闲嘴莫做媒。
抬轿管抬轿，莫管新娘拉尿不拉尿。
宁给灵人提包袱，莫为呆骨做军师。
人不可貌相，水不可斗量。
人心难测，海水难量。
山上雉鸟不是鸡，别人老婆不是妻。
只可吃朋友的鸡，不可交朋友的妻。
青面岩头你莫走，街面妇女你莫搂。

（八）自然类

正月蚊虫，二月火笼。
二三八九乱穿衣。
二月二，蕨驮地；三日三蕨满山。
吃了端午粽，破衣破被好相送。
五月不晒，五谷不结，六月不晒，无谷还债。
春行冬令，不死也病；清明断雪，谷雨断霜。
初一拜年，初二还礼。
初一下雨初二散，初三下雨到十四，十四逿一逿，下到十七八。
落一莫落二，初三落雨到十二。
长晴长雨不过廿四五，四六开天一日晴。
六月初三雨，七十二长霞(雷雨)。
八月大，菜园不用栅，八月小，菜园青苗苗。
六月东云鬼，七月东云作大水。
六月挂虹给虹害，七月挂虹逃不迭。
七晴不过九，七活八死九大水，七死八活儿大晴。
七月七挂虹，今年烂冬。
九月九虾蟹见娘舅。
九月初九晴，不值十月初一一日晴。
十月初三见月，不烂年底也烂正月。

十月二十晴,东海搭鱼坪。

十一月初三见月,初四见雪。

春天看山头,冬天看海头。

春东风,雨祖宗;夏东风,燥烘烘。

春甲子雨,麦烂蚕死;夏甲子雨,地裂千里,

秋甲子雨,龙风大水,冬甲子雨,牛羊冻死。

雷打秋,对半收。

甲寅问甲子,你雨我也雨;甲子问甲寅,你晴我也晴。

雷响惊蛰前,四十九日不见天。

雨打立夏,无水洗犁耙。

立夏晴,棕衣挂田坪;立夏雨,坝头当碇步

芒种下雨火烧溪,夏至下雨烂了鞋。

冬至一日暖,半天孵雪蛋,冬至一日寒,百鸟都平安。

冬至碰月头,掏扇上高楼;冬至在月中,既霜雪又无风;冬至碰月尾,驮柴烧火堆。

冬天寒树木,春天寒人肉。

雷下高山顶,天气要转晴。

黄昏吹东风,日神主旱龙。

日落胭脂红,有雨也落空。

雨打天五更,雨伞不用撑。

出门见雨饭前雨,关门见雨一夜雨。

雷声绕围转,雷雨不长远。

久晴大雾阴,久雨大雾晴。

天上钩钩云,地上雨淋淋。天上鱼鳞斑,谷子不用翻;

乌云接日头,半夜雨稠稠。虹低日头高,明朝晒断腰。

早霞不出门,晚霞走千里。

月亮生毛,有雨在明朝。

麻雀起早叫喳喳,洗衣晒谷大晴天。

蚯蚓滚沙,雷雨到家。蚂蚁搬家庭,大雨要来临。

鸡在高处飞,雨止天要晴。

盐出卤,天要雨。

（九）经济类

生意命，种田定。背背挑挑剩条命。

人面难求，土面好求。养猪种田，养羊栽姜。

春天一锄头，冬天一碗头。春天不下土，一年饿肚子。

千棕百桐，家中不穷。

富人靠书，穷人靠猪。

人斛劳碌，猪斛有肉。

牛瘦角在，马瘦毛长。

买牛容易割草难。

箩米喂斤鸡，斤鸡换斗米。

豆栽芽，茄栽花。

蒲夹瓜，不开花。

上岭茄，落岭秧。

大晒油麻水慌芋。

七葱八蒜九蓼藠。

爬篮栽橘，拄杖栽桃。

清明种姜，谷雨掏枪。

芋艿种立夏，一个儿子一个爸。

姜辣有味，番椒辣眼泪。

做别人息，学自己艺。

二、歇后语

黄鼠狼给鸡拜年——没安好心。

金漆桌，下不了斧头——难下手。

菜篮担水——一场空。

哑巴吃饼——心中有数。

黄肿人磨豆腐——慢慢吞吞。

尿桶底红枣——不是好东西。

秀才碰着兵——有理讲不清。

粪桶底岩头——又臭又硬。

哑巴吃黄连——有苦说不得。

小葱拌豆腐——一清二白。

老王卖瓜——自卖自夸。

脚踏两只船——三心二意。

鸡卵底挑骨头——吹毛求疵。

犬咬吕洞宾——不识好人心。

大水冲了龙王庙——自家人不认自家人。

第七章 民间文献

司前畲族镇民间文献主要有宗谱、契约文书、中医书籍、匾额、碑刻及白话小说手抄本、山歌手抄本等，记录了境内的人文历史。

20 世纪 90 年代前，宗谱均为手抄本或刻字、活字印刷本。之后逐步转为电脑排版印刷本。旧时，宗谱需择日阅读，不得随意示人，21 世纪始逐步开放。匾额均为木制，由名人书写，悬挂在大屋厅堂，用于表彰事迹突出的人物或祝寿之类。碑刻多在古道、古井、坟墓上出现，用于记载建造过程及禁止事项。历史上契约文书均为手抄本，80 年代始均为铅字本或电脑版，再由当事人签字、按指模。古代乡规民约均用毛笔写于纸上张贴在村中心，或刻于石碑之上立于路口、井口等人流过往较多处，以引起人们重视。现代乡规民约有用毛笔写于纸上张贴在村中心，也有用电脑打字印刷，再分发各家各户。

第一节 书　籍

由于司前境内地处偏僻，文化相对落后，遗存民间的古代书籍，除各姓宗谱外留存较少。

一、宗 谱

司前各姓、各族宗谱数量相对较多，保存也较完整。21 世纪后，司前新北钟传枝修家谱 70 余部，遍及闽浙 20 多个乡镇。

2015 年司前畲族镇民间宗谱存目一览表

表 7-7-1-1

名称	时间	编者
梨树丘陶氏族谱	明嘉靖四十年（1561 年）	陶长卿首修

续表 7-7-1-1

名　称	时　　间	编　　者
梨树丘陶氏族谱	清乾隆九年(1744 年)二修	
梨树丘陶氏族谱	清乾隆四十二年(1777 年)三修	
梨树丘陶氏族谱	清道光二十二年(1842 年)四修	黄桥潘国高
梨树丘陶氏族谱	清光绪六年(1880 年)五修二本	黄桥潘国高
梨树丘陶氏族谱	清宣统二年(1910 年)六修	上乐吴绍彰
梨树丘陶氏族谱	民国 36 年(1947 年)七修	里光陈巨卿
梨树丘陶氏族谱	1980 年八修	上稔徐祐萍
梨树丘陶氏族谱	2006 年九修二本	陶育淼、钟传枝
司前陶氏族谱	清乾隆五十八年	陶朝彦
司前陶氏族谱	清咸丰七年(1857 年)	
司前陶氏族谱	1987 年三修	陶育康
司前陶氏族谱	2006 年四修	陶育健
叶山陈氏宗谱	南宋建炎元年(1127 年)	
叶山陈氏宗谱	清嘉庆二十四年	
叶山陈氏宗谱	清光绪二十四年	
叶山陈氏宗谱	民国 19 年	
叶山陈氏联谱	2014 年四修	司前蓝承枝、蓝义远
榅垟金氏宗谱	明成化十三年(1477 年)再修	
榅垟金氏宗谱	清乾隆五十一年重修	松洋源叶藻
榅垟金氏宗谱	清同治五年(1866 年)重修	景宁梅嘉章
上地金氏宗谱	清康熙十四年(1675 年)	民国三年(1914 年)重修
上地金氏宗谱	1995 年再修	茶坪金石坚
左窟方氏宗谱	清光绪十年重修	南园林树滋
左窟方氏宗谱	2016 年 5 月再修	洲滨(今属罗阳镇)吴用佐
里光济南林氏家乘	清宣统三年重修	
里光济南林氏家谱	民国 23 年重修	林传伍
里光罗氏家谱	民国 12 年重修	潘鸿庚
里光罗氏支族家谱	2009 年重修	司前钟传枝
台边园洲黄氏宗谱	民国 32 年重修	
严庄垟严氏联谱	清光绪重修,2012 年、2020 年再修	
台边园洲黄氏支族宗谱	2013 年重修	司前钟传枝

续表 7-7-1-1

名　称	时　　间	编　　者
台边吴氏支族家谱	2014 年重修	司前钟传枝
上地何氏家谱	清嘉庆十九年(1814 年)重修	
上地何氏支族家谱	2012 年重修	司前钟传枝
上地徐氏家谱	元元统元年(1333 年)修	
徐坑徐氏家谱	民国 32 年重修	吴松龙
徐坑徐氏家谱	1982 年重修	徐志炎
徐坑徐氏联谱	2018 年修	
和庄葛藤岭雷氏家谱	清道光十三年(1833 年)	里光罗居康
和庄葛藤岭雷氏家谱	2006 年重修	司前钟传枝
杨寮陈氏家谱	2007 年重修	司前钟传枝
杨寮官氏支族家谱	1998 年重修	司前钟传枝
左溪包坑钟氏支族家谱	2012 年重修	司前钟传枝
黄山头钟氏支族家谱	2015 年重修	司前钟传枝
上八寮蓝氏支族家谱	2017 年重修	司前钟传枝
横路蓝氏支族家谱	2004 年重修	司前钟传枝
岩岭蓝氏支族家谱	2002 年重修	司前钟传枝
国公堂蓝氏支族家谱	2011 年重修	司前钟传枝
红岩际蓝氏支族家谱	2011 年重修	司前钟传枝
太阳坳蓝氏支族家谱	2011 年重修	司前钟传枝
水圳头蓝氏支族家谱	2011 年重修	司前钟传枝
黄桥炉西梅氏支族家谱	2015 年重修	司前钟传枝
筱条冯翊雷氏族谱	2004 年重修	司前钟传枝

二、契约文书

司前境内文书遗存不多，能征集到的更少。早年契约文书均为毛笔字手抄本，主要用于房屋、土地买卖、继嗣、借款、典当等。因为纸质，境内早年契约文书传世的很少。现代契约多为电脑打字，也有手书。清代，民间买卖契约经政府税务部门验证、交税，契约合法。

民间契约书写规范，出卖物无纠葛，双方自愿交易，买卖双方、公证人三方在场，签字画押，在今天仍有借鉴作用。

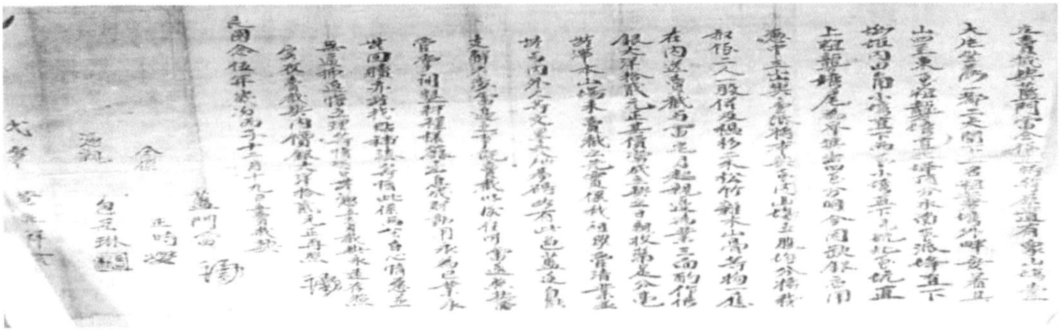

民国 25 年(1936 年),里光蓝门雷买山林契约,新北雷国超保存

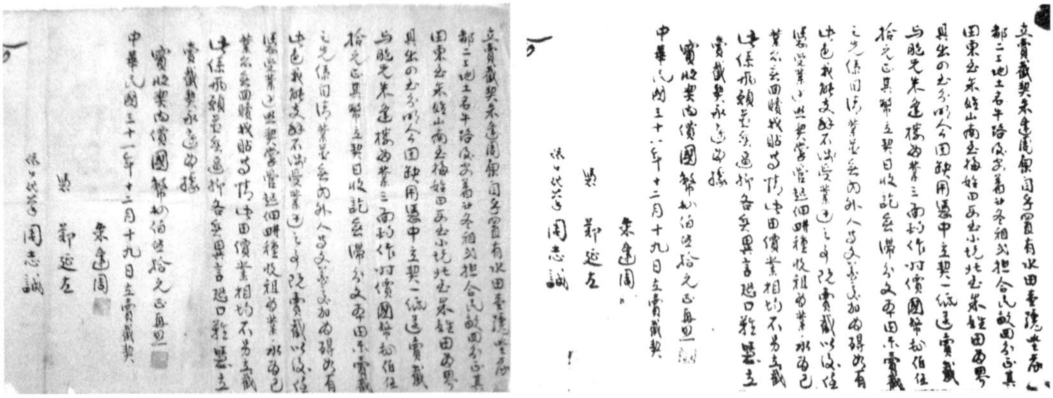

民国 31 年(1942 年),上地朱逢周截卖契,上地朱加云保存

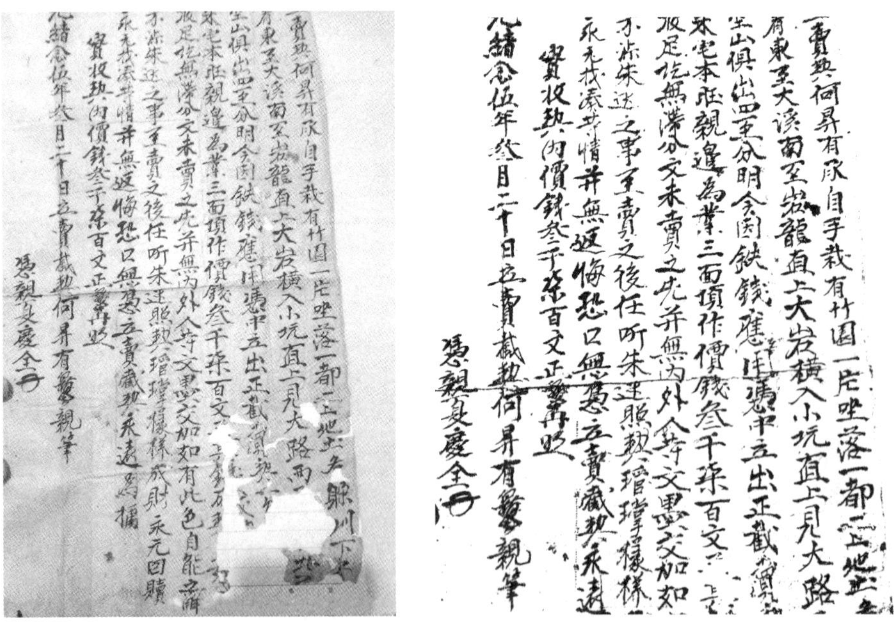

清光绪二十五年(1899 年),上地何昇有截卖契,上地朱加云保存

第二节　铭　刻

司前境内铭刻数量不多，匾额均为木制，由名人书写，悬挂在大屋厅堂。碑刻多在古井、古道、坟墓上出现。一些古屋还存有一些装饰石刻、砖雕、木雕之类。

一、匾额

(一)“乡评推重”匾

即陆景华赠严庄垟严立增匾。匾中题字内容：“乡评推重”“赐进士出身文林郎温州府学[1]教授，加五级陆景华，为乡饮宾严齐增立，道光三年岁次癸未(1823年)冬月吉旦”。

严庄垟严立增匾

(二)“医贯中西”匾

景宁县知事赠送给徐坑(现司前畲族镇徐宅村)医生徐志仁的匾额。

景宁县知事赠徐志仁匾额

叶山村陈氏宗祠大堂匾额

① 温州府学：唐太宗时建文庙于华盖山麓，北宋真宗在今府学巷改建为温州府学和孔庙。中华人民共和国成立后，改建为温州市工人文化宫、人民大会堂。

(三)叶山陈氏宗祠匾额

叶山村陈氏宗祠(地点在叶山村垟心自然村)大堂之上悬挂清康熙四十二年(1703年)四月,浙江提刑按察司使分司巡温处道台佟耀年赠送的一块匾额,上书"百世高风"四个大字。至今已312年。

二、碑刻

回澜桥碑[①]

清·林鹗[②]

泰顺县北四十里有要津,曰池村司,明初置巡简司焉,今废,犹曰司前。其地通衢,上接括苍,下达瓯郡,南入邑城。两水合流为大界,行者非舟不达。流驶而险,每春夏涨,舟不得渡,两涯相望而已。居民池氏既微,继起者为陶氏。陶以世德起家,至府知事,封翁跃云先生益多义举,与仲兄武德骑尉日以利人为事,每临流浩叹,欲为石梁罍行旅。群谓非万金不办,迁延未果。道光甲申岁,邑绅迁文庙于邑下,流阅十余年,砖甓未完所敛,重资无得书名者。翁则悯校士无所,即旧庙址建试院。既完,有备忌者挟嫌丑正多方阻扰,诸乡绅力剖莫曰事碍。邑长竟颟顸取息而止。翁因指渡叹曰:"嗟呼,世风其如斯乎,江河日下矣!而狂澜益骄,共罍岂复,有人乎?吾将独力兴此役,可名之曰回澜桥。"时邑人林生鹗与翁世戚,以公义兴闻其事。岁茂申鹗赴成均翁方于桥之上流,捐金九百余两,建石桥名袭庆桥。庚戌鹗游西粤。是秋翁考终易箦,以桥嘱其子知事,及鹗官兰溪知事。造桥既成,遣之书曰:"先人遗命,今勉成之矣,不可无志,其故者莫如君,请详述以明初志。"鹗夙重翁之孝义,又深嘉知事善承先志并足垂采不朽也。因为书额纪其实如此。翁讳化龙,邑庠生知事名琳。其桥横阔二丈,长二十丈零,费金八千两 有奇。止月日书诸阴。

皇清咸丰七年岁次丁巳律中林钟之月上浣吉旦
钦加州判衔现任金华府兰溪县儒学训导林鹗撰

重建回澜桥碑记[③]

清·陶鸿年

从来前人有未完之志,必赖后人力为继之;此固分所当为,非可以言劳也。

---

① 录自回澜桥头碑。
② 林鹗(1793—1874年):清光绪《泰顺分疆录》作者,里光人,清道光二十二年(1842)岁贡,后为兰溪训导。
③ 录自回澜桥头碑。

至于变故猝加，事艰责专，有惟恐不胜其任者，若余于重建迴澜桥，既成，窃不禁悲喜交集，不能无言以纪实焉。

池村百念渡，旧名君子潭，道通瓯括，要津病涉。先大父悦耘府君，尝欲梁之而未果。咸丰乙卯，先君果堂府君上承先志，捐资伐石，经营三载而桥成。竣工甫数月，而遽圮于水。识者谓桥非其所，且砌造亦未如法。先君于是仍拟重兴，特鉴前车，踌躇持重，亦复赍志捐馆。仲弟鹤年，读书知大体，谓事不可终已，遂引为己任。同治壬申春，冒雪亲赴缙云、金华相度成式，归即循溪担沙砾于旧桥下深十余丈，得纯石底可因为址，遂移建焉。讵知鸠工未半，而吾弟遽殁，呜呼！吾弟体素强壮，盖自兴工以来，朝思夕虑，蒙犯风雨，遂不觉疾中膏肓，致遭此变。如余多疾，年未六十，精力已衰，又岂能当此重任哉！惟念吾弟之志，犹是先人之志，诚不能以中道止。于是，勉起肩之，命儿骐、侄家树，分任其劳，余特严为监督，一如吾弟成法。桥之下，为柱者三，为洞者四；桥之上，长三十六丈有奇，广二丈一尺，两旁缭以石栏。凡石长短宽厚皆有尺度。兼构亭于两涯以为施茶憩息所。碑仍泐先大人父名，承先君志也。

经始于壬申仲春，落成于丙子孟冬。共费己资计缗钱一万四千五百贯零，而后乃今钜工告竣。

回忆吾祖若父于邑倡建试院，于乡首建社宫，于族独建家庙，美举彰彰。余小子无状，不能肖其万一，则是役之成，固吾祖吾父之灵默相于冥冥中，不啻亲鉴督之，阴指挥之也！独慨吾祖若父既不及见其事，吾弟复不获竟厥功，如余碌碌，庶几藉此以告慰九泉，此所为悲喜交集而不能已于言也，爰纪巅末，用泐诸石。

清光绪二年

袭庆桥记①

陶　琳

古昔成江成梁系于王政，后世幅员广，庶事繁，势有不逮，乡遂人士辄体其意为之，由来久矣！吾邑在万山中，溪涧相错，每山水暴注，不啻江河之险，故虽至浅可涉，而桥尤不可废。予家世居池村，村之左有溪焉，原由西南深山绕出村前，到君子潭与右溪合，溪两岸民居相望，自昔以浅，故往来祇由石步，然遇大雨水涨，即病涉时有灭顶之虞。先君悦耘府君常慨然欲为之桥，以试院，

① 录自2008年5月《瓯闽陶氏史记》。

社庙，祖祠诸务交乘，势未遑及，遽焉弃养，人咸惜之。咸丰辛亥，琳于流之上溪三里许，建双阮桥成，因念先人夙志未逮，实琳服劳之责有所未尽也。用是鸠工庀材，卜吉告于先君以营之，经始于是年仲春，六阅月而工竣，计费金九百两有奇。桥既成，爰为碑额之曰袭庆，仍以先君名系焉。在先君岂必慕乎古人而求合于济人之惠哉?诚以自击习坎之焉，不忍之念时动于怀，故致老犹惓惓也，而今而后庶几默慰于九泉欤，是为记。

飞云江源头碑记①

当今盛世修志，温州首次编纂《飞云江志》。据《辞海》与《辞源》载：飞云江源出泰顺县境。今《浙江分县简志》记载：发源于景宁北溪敕木山。乃于一九八七年十月中旬，温州、丽水两地水利、科协、地方志的负责人及专家组成探源考察，从景宁白鹤步行溯源。翌年秋复查验证，飞云江源出泰顺、景宁交界白云尖的西北坡，地属景宁县境。涓涓涧水沿涤坑蜿蜒而下注入东塘溪，流经景宁、泰顺、文成、瑞安等县(市)境，在瑞安市上望镇新村入东海。河长一百九十八千米，流域面积三千七百十三平方千米，今查证事实正名源头，刻石志之。

第三节　诗词　文选

司前镇境内古今名人不少，诗词等著作应该也不少，然而，除了林鹗编著的《泰顺分疆录》，记载境内历史的文字、著述并不很多。现能收集到的诗词更少，仅有宋代以来的十一首。为了便于了解境内各时期的历史风貌，特选录有关学者、专家和见证者撰写的关联司前畲族镇境内历史的文章以及诗词，权作纪念。

一、诗　词

赐宴后会同年作

宋·徐奭②

盛筵喜复列蓬莱，领宴群仙愧乏才。五百人中龙虎惧，九霄天际凤麟来。
花香雨露膺纱帽，雷动笙歌送酒台。异姓于今联兄弟，相期图报尽涓埃。

---

①《飞云江志》编纂委员会，1992年10月。

② 作者徐奭(968—？)，瑞安睦源(今司前畲族镇)人，北宋进士。

诗

徐履[1]

千里名驹伯乐贤，赤壁周郎显才能。
若使皇榜颠倒挂，徐履依旧是状元。

九日登天关山示儿鹗诗

清•林逢春[2]

桂花秋后菊花秋，又向西郊约胜俦。
九日风光浑似昨，十年景物忆重游。
青山有分贫非病，浊酒无多醉便休。
我但诗书贻子弟，含情终日望竿头。

登白云最高顶诗

清•林鹗

西风飘飒鬓毛秋，剑气轩腾决壮游。
瓯括雄关临绝顶，东南海国见源头。
云生足下群峰涌，日近天心万象收。
我把新诗扣琼阙，乖龙痴虎不胜愁。

登龟峰[3]绝顶

陶策贤[4]

高临绝顶接遥峰，无数村庄一览中，
自愧惊人无绝句，归来搔首问天公。

君子潭[5]

陶策贤

狂澜到此势曾回，恰似当门一槛开。
愧煞居人应不少，修名谁与共将来。

---

① 作者徐履（1121—1198），瑞安木棉（今司前畲族镇）村人，南宋进士。
② 作者林逢春（1772—1814），字培之，司前里光人，《泰顺分疆录》作者林鹗之父。
③ 龟峰即现朱坟山。
④ 作者陶策贤（1874—1913），字次良，司前村人，岁贡生。
⑤ 君子潭，原回澜桥下有深潭，俗称大桥潭，深数米。

下库塞[1]

陶 骏[2]

小小峰峦似削成,相传顶上驻乡兵。
前朝故垒留遗址,此日偏氓记旧名。
万树扶疏同木棚,四山险峻当金城。
迩来荆棘谁过问,幸际清时久太平。

石 门[3]

清·陶 骏

对峙巉岩石作门,依稀辟合象乾坤。
往来只有渔樵侣,出入曾无车马喧。
似划鸿沟分内外,休劳鱼钥掌晨昏。
襄阳米老如过此,袍笏应先拜弟昆。

古梅残雪

方天葆

长将瘦骨倚墙边,闲守名园半是仙。
魂断雪余抛玉珮,梦惊雨过落珠钿。
林昏有雾笼纱帐,月净无尘染素娟。
此地寂寥君莫怨,耐寒谁复占春光。

乌岩岭

吴久籁[4]

白云连洞宫,高耸入穹窿。
茂密森林翠,欢欣鸟兽丰。
听泉观秀瀑,闻草沐香风。
欲说桃源好,何如此山中。

---

① 下库塞,即下库后山顶上,古有乡人筑的土堡,用以抵御外寇。
② 作者陶骏(1893—1900),字声甫,司前村人。
③ 石门,即现村头两扇石门高大,相互对峙如门,原步行道从中穿过,门内是左溪村。
④《泰顺县志(1991—2010)》主编。

回澜桥

饶尚俊[①]

池村津渡昔难通，飞驾回澜贯彩虹。
四代独营铭史册，千秋业绩颂陶公。

游白云尖

陈克足

山峦叠嶂云居伴，古道逶迤绕陡崖。
深谷流泉牵旧梦，绝峰览胜忘尘怀。

里光荷花节

陈克足

廊香九曲亭风爽，夏日乡间别样新。
映碧莲池观自醉，著花笑我最痴人。

二、书 法

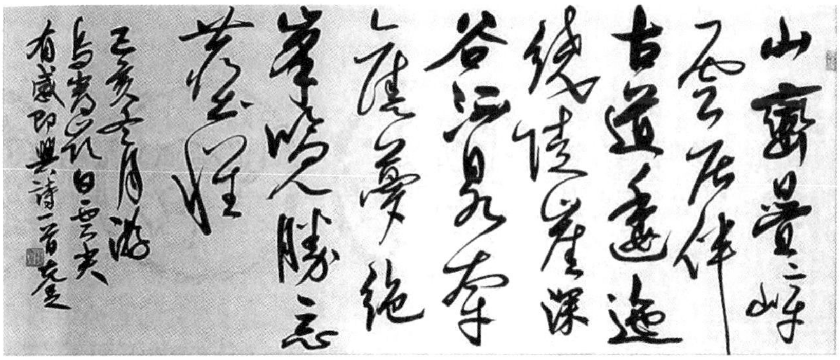

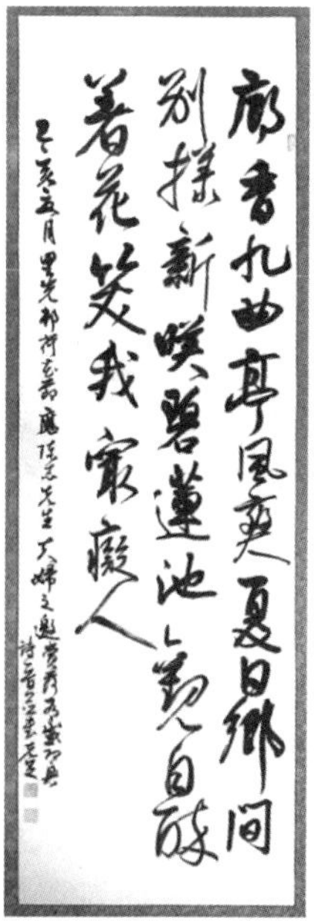

榅垟村陈克足书法

① 作者叶山村垟心人，曾任县政协常委。此诗作于 1986 年仲秋，转自 2008 年 5 月《殴闽陶氏史记》。

三、文 选

我当司前畲族乡乡长

雷训贤①

1958 年 4 月，我正在百丈区副区长任上。一天，县委组织部部长占振跃同志把我叫到他办公室里说："据上级文件精神，县委决定成立司前畲族乡，准备让你去担任畲族乡乡长，先通知你，让你心中有个数，"并说有什么困难和要求可以提出来。我答："成立畲族乡，少数民族翻身当家作主，是一件政治大喜事，我服从组织决定。" 5 月 2 日，召开乡人代会，到会的畲、汉两族的人民代表，一致选举我为乡长，蒋考岩、钟正反（农村半脱产干部）为副乡长，组成司前畲族乡人民委员会。就这样，泰顺县第一个民族乡——司前畲族乡挂牌诞生了。司前畲族乡辖司前、左溪、筱条、林山、溪口 5 个行政村，共899 户 3166 人，其中畲族 330 户 1337 人，占全乡总人数的 42.2%。乡党委书记为周士金、副书记林良维，妇女干部邱碎兮，少数民族还有文书蓝贵卿等人。

乡党委、政府一班人，带领全乡干部群众贯彻党的民族政策，紧抓粮食生产，积极发展林业、畜牧业，共走社会主义道路。从 1958 年 5 月到人民公社化的 1958 年 10 月，仅历时半年，司前畲族乡人民委员会，就被司前人民公社所取代。回想我在当第一任司前畲族乡乡长的日子里，所做过的主要 3 件事，至今记忆犹新。

一是大力宣传党的民族政策，树立群众的民族自尊心，加强民族团结。在司前一带，由于历史造成的原因，在部分汉族群众中，还有歧视少数民族的现象。如当地一些富户、大户人家家里死了人，就要叫些为人老实、生活条件困难的少数民族去给死人做洗身体、换衣服等事。司前上寮村少数民族妇女蓝某某（已病故），忠厚老实，干这类差事最多，平日满腹怨言。我上任后不久，就召集各村中经常要干这种苦差的少数民族群众，讲党的民族平等政策，少数民族在政治上已翻身，不应当自己再看不起自己，要树立民族自尊心，不要去做这样的苦差事。同时又对那些大户人家进行思想教育，要他们尊重少数民族，畲、汉两族只有互敬互爱，才能共同发展。经耐心教育宣传，

① 作者系司前畲族乡第一任乡长（畲族）。本文摘自《泰顺文史资料》第三辑，1994 年 12 月泰顺县政协文史资料研究委员会编。

从此以后再也没有发生让老实的少数民族群众干这类事情了，从而也促进了畲、汉两族人民的团结。

二是重视民族教育事业，协助办好左溪、筱条两所学校。这两村都是畲族聚居村，学校时办时停，群众意见纷纷。我上任后，多次到二村召开干部会，说明办好学校的重要性。督促、帮助两村修整好校舍，并和司前中心校校长商量安排教学质量较好、责任心强的蓝永升、徐志恒到校任教，并帮助解决教师的教学和工资等困难，使得两村适龄儿童都一一上学。

三是积极培养使用少数民族干部。司前村村民钟正反被选为半脱产的副乡长后，我就放手让他负责抓全乡林业和办畜牧业试验场工作，支持他，尊重他，充分发挥他的才能，同时还积极培养与支持村干部做好工作，左溪村书记雷益亲、林山村书记雷成奎、筱条村书记雷必存、司前村书记雷必安等，在工作中经受锻炼，都成为乡里过硬的少数民族干部，从而推进了民族乡的干部队伍建设。

1944年盟军飞机坠毁泰顺事件始末①

夏守亦

一

据司前村民雷时农老人回忆说，1944年农历二月二十日下午，他给干儿子送“周岁饭”的路上，忽听一阵由远及近的“轰隆隆”声，他知道又是飞机来了，对于飞机的马达声，他并不陌生，几乎每隔两天就有飞机从头上飞过，最多时竟看过80余架飞机黑压压地飞过。但这次飞机的马达声特别刺耳。不一会儿，他就看见两架飞机并排低低地自东向西飞去，其中一架的机翼还一摇一摆的，当飞到司前乡政府所在地上空时，忽然从机舱里飘出一个弯月状的白色物。随即那架飞机急速下坠，没过几秒钟，传出“轰”的碰撞巨响。

二

当时，为避战乱，国立英士大学移至泰顺司前办学。是日下午，这声巨响，惊醒了正在寝室休息的学生。他们纷纷跑出寝室。当听说飞机上有东西掉到后山，就猜出一定是飞行员遇险弃机跳了。在还不能确定飞机是哪里来的情况

① 原载于1997年8月15日的《温州日报》，中共泰顺县委党史研究室、泰顺县人民政府地方志办公室主办《泰顺文史》第四期转载。

下,学生同附近的村民约200人就奔向后山。一位机灵的学生还带着一面中国旗帜。

据司前镇人斐宝存,当年曾在该校当杂工。回忆当时的情景,仍记忆犹新。"走了约半个小时的路程,我们果真看见远处的一棵杉树上挂着一个白色的降落伞。"正当他们议论纷纷时,一个高大的洋人出现在前面的三岔路口。这个人红发、高鼻梁,黄色的军装上满是油渍,右手拿着枪,左手持旗。当他看到学生手中的旗帜时,用生硬的汉语叫起来:"我是美国人!你们是中国人?"学生一听是盟军美国飞行员,立即挥手向他致敬,当看到飞行员被杉树枝划破的右胳膊时,其中两位同学便扶着他缓缓下山。

事后,人们才知飞机一头栽进司前镇赤坦村附近芭蕉湾前面的溪涧里,并迅速起火。爆炸的冲击波把几块带火的残片甩到25米宽的河对面,把那里上百平方米的竹园烧个精光。直至今天,经当时目击人钟丙利老人指点,记者还可清楚看到当年飞机撞出的大坑洞被当地村民称为"飞机潭",那块编号为102-4818 D85D的飞机残片就是在这里找到的。

三

据已双目失明的张超老人回忆说,当时他在英士大学当杂工。他看到学生把飞行员接到学校行政人员办事处。校长一听是盟军的飞行员,一边吩咐学生做好值班保护工作,一边派人上报此事。

通过一位姓邵的先生翻译得知,这是一名美国飞行员,名叫奎英隶,他驾驶这架轰炸机,赴日本执行轰炸任务返回途中,不幸被日军机枪击中油箱,以致燃料不足弃机跳伞。这位三十出头的飞行员曾有两次飞机遇险而被迫跳伞的经历,这已是第三次。

稍稍坐定后,热情的师生又为这位大块头飞行员找衣服,但找不到合适的,结果还是到农家找布,赶制了两套。

由于飞行员的饮食要求比较高,于是,师生每天给他供应村民家中当天产的鸡蛋,部分教师与学生平时储备的一些奶粉,这时也全部贡献给国际友人。

当泰顺县政府官员接到盟军美国飞行员在自己辖区内跳伞的报告后,于次日上午赶到司前。当天下午,在英士大学前面的庭院里召开欢迎暨慰问大会,与会者不下400人。是当地有史以来人数最多的一次会议。会后,有关官员又发电报请示当时迁到云和县的浙江省政府。但从这一天起,热情的村民一概被拒之门外。

四

张超和斐宝存老人继续回忆说，美国飞行员就这样在学校生活近四天时间，除了在房间里休息，就是在庭院里活动筋骨做俯卧撑，因缺少锻炼器材，他就用一个约60斤重的石墩子做举重练习。飞行员爱清洁，每隔两天就用冷水洗一次澡，尽管天气还凉。

五

年已81岁的知情者陈恒老人透露，接到当时中央政府命令，省政府派员到泰顺司前接飞行员。由于当时温州市区已是沦陷区，盟军飞行员肯定过不去。泰顺到外界最便利的交通方式就是航运，于是那天一大早，美国飞行员坐着由四位村民抬的竹轿离开了泰顺司前，被驻扎在文成的国民党军队七名士兵接走。半个月后。飞机的主要残骸也转移到当时浙江省政府驻地云和县。

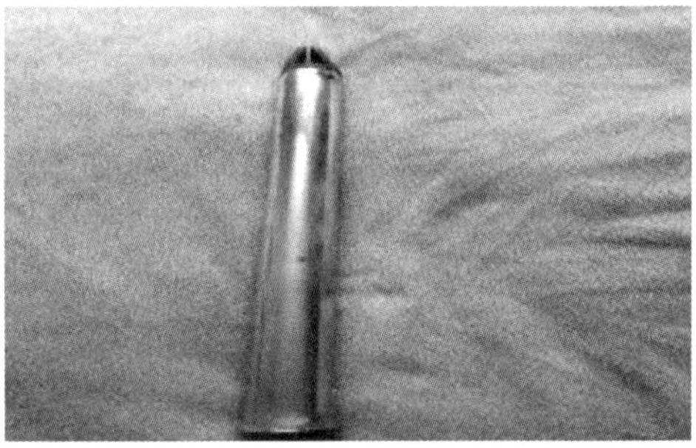
美国飞机掉落的零件(原由左溪村居民收藏，后被百丈一位担小笼的小贩收得)

飞云江中上游文化遗址考古纪实

夏碎香

飞云江是浙南主要水系之一，发源于泰顺县西北边界白云尖的西北坡，流经泰顺、文成、瑞安三县(市)注入东海。一直以来，人们认为泰顺有记载的历史始自唐朝，清代泰顺地方志《分疆录》明确断言，“泰顺至唐始有山民烧畲辟壤”，数百年来无人怀疑过。但是20世纪末的考古发现，推翻了这种观点。

1987年11月上旬，在莒江乡交溪洋村下湖墩首次发现一处新石器时代遗址，揭开了泰顺远古文化遗址考古的序幕，也揭开了泰顺境内远古历史之谜。

1988年5月，温州市、泰顺县文物(文化)部门组成一支考古调查组，对泰顺境内飞云江上游的百丈、莒江、南浦、新山、司前、里光、竹里及乌岩岭自然保护区等地部分乡村进行了二十天的考古调查，共发现了莒江下湖墩、司前狮子岗、新山锦边山、新山牛角岙、莒江山头垟、莒江龙珠山、司前柴林岗、司前溪口宫头垟等八处古文化遗址，采集到了一批石器和陶片标本，经考古鉴定，均为新石器中晚期文化遗址。1990年3月18日，为配合珊溪水利枢纽工程水库淹没区地下考古发掘工作，浙江省考古研究所所长刘军率研究员任世龙、王明达、王海明和温州市文物处副处长金柏东一行到达泰顺，对已发现八处古文化遗址进行一一复查，并在百丈镇下革村牛头岗又发现一处古文化遗址。

1997年10月8日，由浙江省考古研究所、温州市考古研究所、温州市博物馆、泰顺县文化局联合组成考古工作队，分别对百丈镇下革村牛头岗遗址、司前镇司前村狮子岗遗址进行为期两个月的考古发掘，出土数百件石器和上千件陶片标本。2001年11月13日，在司前镇白鹤山庄工地又出土6件石器。本文就该十处古文化遗址的考古调查发掘及其结果作一综合性介绍。

狮子岗遗址

位于司前镇司前村回澜桥西北300米的狮子岗山顶。山顶平坦，高约50米。1988年5月，温州市文物专题调查时发现。1997年10月，省、市、县文物部门配合珊溪水利枢纽工程建设对该遗址进行考古发掘，在山顶斜坡上破土，第一层为耕土层，第二层即露遗物，文化层厚0.3—0.6米不等，遗址分布面积8000平方米，内涵丰富。出土石器、陶片600余件，石器有石箭镞、石斧、石锛、石镰、石凿及尖状器等，石质为页岩、泥岩、辉绿岩。器物通体精磨制成，形制小巧，其中一件石箭镞，呈柳叶状，有挺，顶尖残，器长3.5厘米。石斧由页岩精磨而成，长12.5厘米。有孔石斧2件，穿孔规整，孔径分别为0.8厘米，0.5厘米。石锛最长的12.8厘米，最短的4.3厘米。出土器物中以石刀数量居多，呈半月弧形，两面斜削精磨而成。

该遗址土陶片丰富，有黑陶、邱纹陶、夹沙陶及彩陶等。可辨器物有折腹盆、敛口钵和罐等。纹饰有席纹、篮纹、斜方格纹、凸棱纹和云雷纹等。在遗物中有2件敞口折腹釜和罐的陶片，口沿刻有YYY、YYYY符号。彩陶底色为紫黑色，饰平行直条纹、交叉直线纹、条纹及圆点纹等。该遗址出土器物的特征与福建省昙石山文化相似。

柴林岗遗址

位于司前溪和竹垟溪交汇处，属溪谷地，距司前镇溪口村约500米，遗址距河面高约30米，南北长约200米，东西宽150米。采集的标本有石器和陶片，石器有石锛3件，石刀2件，岩质为页岩、泥岩、辉绿岩，石器系打制后精磨而成。陶器有夹沙黄陶、泥质灰硬陶、泥质灰黄陶，较多为印纹硬陶，质地坚硬，内外壁涂灰黑色浆液。其中有一件束颈鼓腹罐，胎外灰黄，内壁灰黑，胎质较薄，纹饰有云雷纹、条纹、网纹。几何印纹硬陶片胎质灰黄，质地坚硬，饰纹有篮纹、方格纹、云雷纹等，因残片较小，无法辨认器物。

1988 年 5 月温州市文物专题调查时发现，现已淹没于水库底。

宫头垟遗址

位于司前镇溪口村宫头垟，与柴林岗遗址隔溪距离 200 米，遗址东北长 200 米，东西宽 50 米，已被垦为耕作地，地表遗物较少。采集到石器 2 件，其中石刀 1 件、石锛 1 件，由泥岩磨制而成。陶器分泥质夹沙黄陶、灰硬陶二种。夹沙黄陶质地疏松，表面粗糙无纹饰。无光亮泥质灰硬陶质地坚硬，纹饰有云雷纹、蓝纹、条纹等。可辨器物有罐、钵等。

1988 年 5 月温州市文物专题调查时发现已淹没于水库底。

白鹤山庄金钟覆地遗址①

白鹤山庄位于司前镇溪口村金钟覆地山顶。2001 年 11 月 13 日，白鹤山庄修建铁索桥时，在山顶发掘出土 6 件石器。其中：石钺 1 件，由辉绿岩磨制而成，高 8.3 厘米，上径 7.2 厘米，底径 7.9 厘米；有孔，孔径 1.95 厘米。石矛 3 件，由青石磨制而成，长 16.3 厘米，宽 12.8 厘米，高 10.5 厘米。石锄 1 件，青石质，长 10.5 厘米。石锛 1 件，高 4.9 厘米，宽 4.6 厘米，辉绿岩磨制而成。实地未采集到陶片标本。

飞云江水系仅泰顺境内支流就有百余条，我们仅发现了其中一部分古文化遗址。这些已发现的古文化遗址(遗存)可以证明，远古时代泰顺境内已有人类活动。这些遗址基本分布在沿江两岸的溪谷地，或支流汇合处坡度平缓的小山坡上，山高在 15—100 米不等，大都背山面水，视野开阔，朝向以东南向居多；遗址所在地土质疏松，一般是黏性较重的香灰土和红(黄)土壤，气候温和，宜于人类生产生活。

1997 年 10 月，浙江省考古研究所、温州市考古研究所、泰顺县博物馆联合组织的考古工作队，对百丈下革牛头岗遗址、司前狮子岗遗址进行考古发掘，其余各处仅采集石器和陶片标本。经专家鉴定分析，这些古文化遗址具有新

① 作者为县文博馆原馆长，省考古学会、省博物馆学会会员，本县资深文物专家。本文转载于《泰顺史志》创刊号 2013.10，中共泰顺县委党史研究室、泰顺县人民政府地方志办公室主办。转载时有删节。

石器中晚期特征，在古文化分期上,属于新石器中晚期向商周过渡时期。

已发现的十处遗址可分为以下三种类型。

第一类：以莒江下湖墩遗址为代表。石器有打制的和先打制后磨光的二种,器体粗糙厚重,具体器具有石杵、呈长方形或梯形的石锛和石斧,还有尖状器等种类。这些器物形制简易,外表粗糙,刃部粗磨,与飞云江中游的文成县珊溪鲤鱼山遗址、瑞安市北龙大坪遗址的同类器物相似。陶器以夹沙黄陶、灰陶和黑皮陶为主,多手制,器物质地疏松,胎壁厚薄不匀。少量器表拍印弦纹、方格纹、网纹,纹饰松散紊乱甚至重叠。其中,早一阶段遗存与福建省闽江流域的昙石山文化比较接近,应属于新石器中晚期。

第二类:以百丈下革牛头岗、司前狮子岗及莒江山头垟、莒江龙珠山、新山锦边山等遗址为代表。主要特征是普遍出现精制的石箭镞和有孔石矛、石刀、石斧、石钺等。陶器以泥质陶为主,并出现彩陶;彩陶为黑彩,纹饰上出现几何印纹,有平直条纹、交叉直条纹、圆点纹等,器物种类有釜、罐、壶、钵等。这类器物与瑞安市山前山遗址相似。另外在器物口沿刻有 YYY、YYYY 形符号,这在浙南尚属首见,而与福建昙石山文化遗址中陶器的刻画纹饰相似。这些特征可以表明先民已脱离“原始生荒生存”阶段,过渡到以种植、狩猎为生的定居生活,特别是石器打制精磨和穿孔等特征的出现,标志着瓯越先民的生产力已达到相当水平,已进入新器时代的鼎盛阶段。从时代划分上应属于新石器晚期。

第三类:以司前柴林岗遗址和溪口宫头垟为代表。从采集到的陶片标本看,几何印纹陶占 80%以上。这些陶片质地细腻坚硬,以灰胎和红黄胎居多,火候较高,制坯工艺以轮制为主。几何印纹图案是陶坯未干前,用印模拍印纹饰,主要纹饰有蓝纹、绳纹。器型有罐、钵等。相当于商周时期的产物。

由于条件限制,泰顺其他区域尚未发现古文化遗址,有待后人发现研究。

泰顺新石器时代文明探究①

陶汉心

泰顺境内有人类活动的历史,始于新石器时代中晚期。距今三千多年前或者更早的时候，瓯越先民已在飞云江中上游地区生息繁衍，进行早期生产开发。汉武帝年间,由于东瓯国和东越国的军民先后被迁往江淮地区安置,瓯越

① 本文转载中共泰顺县委党史研究室、泰顺县人民政府地方志办公室主办《泰顺史志》第五期,作者陶汉心,中共泰顺县委党史研究室副主任。

先民创造的史前文明一度被打断。但是，历史的血脉总是难以被割断，泰顺境内的瓯越文明就像落日长河，光芒万丈，渊源深远，对后来历史发展还是产生了不小的影响。

一、泰顺的历史到底有多长

历史是时光老人动用了众多的人物与事件构筑起来的一座巨塔，这座塔的每一层都代表着一个朝代或者一个时代，而塔顶无疑是代表最遥远的时代。

泰顺的历史也像这样一座塔。泰顺是温州市下辖的五个古县[①]之一，明朝景泰三年（1452 年）建县。当然，它有人类活动的历史并不等同于建县以来的历史，要比建县以来的历史长得多。那么，泰顺境域有人类活动的历史到底有多长呢？泰顺历史的“塔顶”在哪儿呢？

长期以来，学界普遍认为泰顺的历史始于唐代。比如清代泰顺学者林鹗就坚持这种观点。他编纂的泰顺地方志书《分疆录》就这样写道：“唐以前，（泰顺）僻在荒服中，多老林，供郡国材用而已，实闽、括间瓯脱也。至唐始有山民烧畲辟壤，渐兴赋役。”意思是说：在唐朝之前，泰顺渺无人烟，原始森林遍布，是介于福建与括州（丽水）两地之间的一块蛮荒之地，仅向温州等地区供应木材而已。到了唐朝，始有山民入境垦荒，种植农作物，政府才向这一区域征收田赋和摊派徭役，并进行户籍管理与行政统治。

林鹗之所以坚持上述观点，认为泰顺的历史始于唐代，这是基于他了解到的陈、包、徐、夏、吴、陶、董、周等大姓入迁泰顺的历史。因为这些姓氏在人口数量上占绝对优势，是泰顺县内有名望的大姓，他们的始祖“入山著籍”的时间基本上是在唐朝中后期。加上林鹗生活的清代后期，泰顺境内发现了唐初贞观年间的一些历史文物。自然而然的，他就推断出泰顺“至唐始有山民烧畲辟壤”的结论。

《分疆录》书影

那么，这是否意味着唐代以前泰顺境域无人定居，真是一块蛮荒之地？答案自然是否定的。有一本编写于南朝刘宋时期（420—479 年）的地方志，书名《永嘉郡记》，它记载了安固县深山区生活着一种“山鬼”，形状体貌很像

① 即永嘉、乐清、瑞安、平阳、泰顺。

人,而脚比较短,只有一尺多长,嗜好吃盐,也不大怕人。伐木工人带进深山的食盐,常常被这种“山鬼”偷去吃掉。这种“山鬼”还常常到山涧中捉石蟹,等到伐木工人睡觉或休息时,就成群结队地围着火堆,垂腿坐在大石头上,吃起烤蟹来。

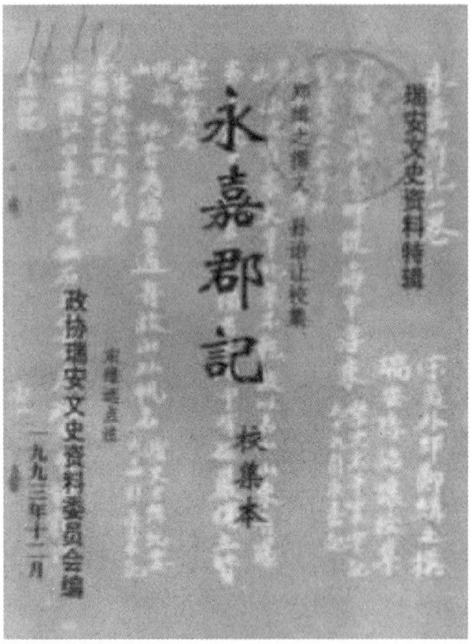

《永嘉郡记》封面

南朝刘宋时期的安固县,辖境相当今于瑞安市全境以及泰顺、文成两县大部分区域。《永嘉郡记》记载的安固县深山区大致在今泰顺、文成两县境内,记载的“山鬼”当然不是鬼,更不是野兽,应该是原始人类。书中还记载道,有一次,伐木工人故意将“山鬼”吃烤蟹时坐的岩石事先烧得滚烫,“山鬼”不知情,一入座,屁股被烫伤,即跳梁呼号,大声叫骂而去。伐木工人的恶作剧,灼伤了“山鬼”,也给他自己带来麻烦。一天,“山鬼”结伙前来报仇,将伐木工人的房子烧毁。从上述记载来看,“山鬼”会偷吃食盐,用火烧烤食物,纵火烧掉房子,并且有情感,懂得协作,分明属于有智慧的人类。或许,这些“山鬼”就是浙南山区包括泰顺境域的土著先民,至于下肢异常短小,或许是因为食盐摄入量不足而导致发育不良。

以上是根据古籍记载并推测唐朝以前泰顺境内已有人类活动。除古籍记载外,更重要的证据还有考古发现。20 世纪后期泰顺境内发现了多个古文化遗址,这些遗址的发现,充分证明了泰顺在唐朝之前就有人类活动,它的历史早在新石器时代已经开始。

1988 年、1990 年、1997 年, 考古工作者三次对飞云江流域泰顺境内开展考古活动,相继发现了一批东瓯或东越古文化遗址。①这些古文化遗址遍布于除乌岩岭原始森林以外各河流沿岸,共有十处,分别是江口下湖墩遗址、莒江山头垟遗址、莒江龙珠山遗址、司前狮子岗遗址、溪口宫头垟遗址、溪口柴林岗遗址、新山漈头锦边山遗址、新山牛角岙遗址、百丈下革牛头岗遗址、白鹤山庄

① 1988 年 5 月,温州、泰顺两级文物部门组成一个考古调查组,对泰顺境内飞云江中上游地区进行考古调查,发现江口下湖墩、司前狮子岗、新山漈头锦边山等 8 处新石器时代的文化遗址。1990 年 3 月,浙江省考古研究所和温州市文物处对上述 8 处古文化遗址进行复查,并在百丈镇下革村牛头岗新发现一处古文化遗址。

金钟覆地遗址①。经考古专家鉴定，这些古文化遗址具有新石器时代中晚期特征，在时间断代上，属于新石器时代中晚期向商周时期过渡的文化遗址。按文化归类来看，它们不同于浙江的河姆渡文化遗址、马家浜文化遗址，而是接近于东瓯古文化和福建省闽江流域早期昙石山古文化。这十处遗址可分为三种类型。

泰顺县新石器时代文化遗址分布图

第一类以江口下湖墩遗址为代表。石器粗糙厚重，形制简易，与文成县珊溪鲤鱼山遗址、瑞安市北龙大坪遗址的同类器物相似。陶器质地疏松，胎壁厚薄不匀。其早一阶段遗址与福建闽江流域的昙石山古文化比较接近，属于新石器时代中晚期。

江口下湖墩新石器时代文化遗址

① 1997 年 10 月，由浙江省考古研究所、温州市考古研究所和博物馆、泰顺县文化局联合组成考古工作队，分别对下革村牛头岗遗址、司前狮子岗遗址进行考古发掘，出土数百件石器和上千件陶器标本。金钟覆地文化遗址是 2001 年 11 月辟建司前白鹤山庄时发现的。

第二类以百丈下革牛头岗、司前狮子岗、莒江山头垟、莒江龙珠山、新山漈头锦边山等遗址为代表。石器打磨精致,使用穿孔技术;器物口沿刻有符号,与福建昙石山古文化遗址中刻画示意文字相似。这些遗址属新石器时代晚期。

第三类以溪口柴林岗遗址和宫头垟遗址为代表。采集到的陶片标本中,几何印纹陶占80%以上。陶片质地细腻坚硬,烧制火候较高,其制坯工艺以轮制为主,相当于商周时期的产物。①

这些古文化遗址的发现,填补了泰顺史前文化的空白,把泰顺的历史从唐朝往前起码推进了两千多年。这些古文化遗址像耀眼的闪光,照耀时空隧道,让我们从中辨认出泰顺的历史源头:早在3000多年前或者更早的时候②,当中原先进文化的光芒尚未普照浙闽山区的时候,已有原始先民在飞云江中上游地区生息繁衍。它们的早期生产开发,揭开了泰顺人文历史的序幕。

二、瓯越先民对泰顺境域的初始开发

泰顺位居瓯、闽、括三地交界。自古以来,独特的地缘关系决定了泰顺地域文化必然深受瓯越文化、闽越文化的影响。早在先秦时期,中原华夏文化尚未全面影响浙南、闽北地区。相应地,瓯越文化、闽越文化作为本土文化,它们对泰顺的影响必定更直接,更深入。因此,我们推测当时泰顺区域正是在这两种文化的影响下,出现最早的原始居民,产生早期文明,留下新石器时代文化遗址。另外,从考古发现来看,泰顺境内的新石器时代文化遗址恰恰见证了这两种文化的存在及其影响,也印证了史书关于古东瓯国、闽越国(东越国)的相关记载。

东瓯圣王庙

据史书记载,距今2500年前左右,时值春秋战国后期,位于浙江中部宁绍平原一带的越国开始兴起。公元前473年,越国灭掉了浙北苏南一带的吴国,成为"春秋五霸"最后一霸。越国除了北上争霸,还向南方的"百越"地区开拓疆土,相继将王族子弟分封到新开拓的南方各地。其中,在浙南瓯江、灵江和飞云江一带分

① 本书关于新石器时代文化遗址的写作,其参考资料是夏碎香的《飞云江中上游文化遗址考古纪实》、泰顺文博馆编印的《泰顺文物》、何平主编的《浙南山城泰顺》、莒江乡志编纂委员会编纂的《莒江乡志》以及瓯越文化丛书《温州名胜古迹》等。

② 根据考古专家鉴定,泰顺境内的古文化遗址年代上限一般在商代,距今3000多年,个别遗址如江口下湖墩遗址年代更早(属温州境内最早的古文化遗址之一),但遗址准确年代未测定。

封建国的是东瓯国，其国都一种说法是在楠溪江下游，另一种说法在瓯江南岸；在闽地分封建国的有闽越国，国都在东冶（今福建省福州市一带）。

公元前 306 年，楚国征服了越国。东瓯、闽越二国归附楚国。秦朝统一中国，废国为郡，在闽越故地设立闽中郡，原东瓯国辖地大体上划入闽中郡。秦亡以后，西汉政府重新分封东瓯、闽越二国，中央政府继续采取羁縻政策，对它们进行笼络与控制。

其时，东瓯与闽越虽属西汉中央政府的分封国，但实质是处于半独立状态的部落政权，而且二者互为依存，互争族长。①

西汉建元三年（前 138 年），闽越国发兵攻打东瓯国，东瓯国被围，弹尽粮绝，于是派人告急汉朝天子。汉武帝派兵救东瓯，闽越国撤兵而去。之后，东瓯国迫于闽越国的威胁，向汉朝请求举国北迁。汉朝中央政府表示同意，东瓯王率领部属四万余人北迁，被安置在庐江郡，即今江淮一带。不久，在闽越国北部与东瓯国旧地产生了一个新的封国——东越国。西汉元封元年（前 110 年），西汉政府打败反复无常的东越国，又将其国内军民迁往江淮地区安置。

根据史书记载和泰顺境内考古发现，结合地缘特征，可以得出这样一种结论：先秦时期，浙南的东瓯国和福建的闽越国都是半独立的封国（或部族），它们的势力范围交互错杂，二者之间时和时斗，互有消长。而泰顺地域介于东瓯国、闽越国之间，同时受到这两个部族的控制或影响，境内最早的原始居民理应是瓯越人②的一部分。关于他们的生存和发展历程，不妨可作如下历史还原：

泰顺新石器时代文物

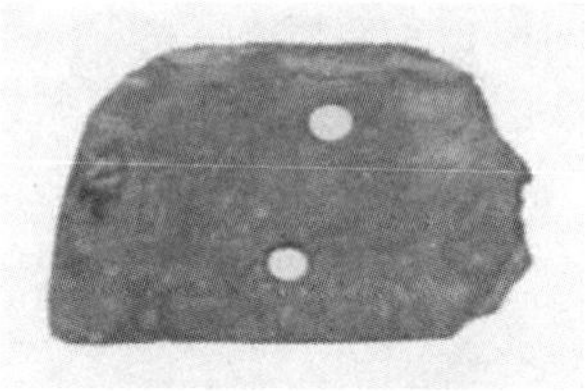

单孔石钺（出土于金钟覆地）

双孔石斧（出土于狮子岗）

① 转引自历史学家夏鼐《浙江新石器时代文化图录》序言。
② 瓯越人，学术界习惯称法。即古东瓯先民、闽越先民的合称。

大约在三千年前或者更早的时候,处于新石器时代文化中晚期的部分瓯越先民已在泰顺境内生存。江口下湖墩,地处飞云江中游,山坡低缓,视野开阔,莒江溪与百丈溪在此汇合,它是泰顺原始先民生活的家园。在艰苦的条件下,下湖墩原始先民打磨出长方形和梯形的石斧、石锛,用这些石器去伐木,或从事生产。他们用勤劳的双手做出黄色、灰色和黑皮的陶罐坯,并在上面拍打出网状、方格状的花纹。虽然黄陶中夹着不少的黄沙,器物口沿比较粗糙,拍打的纹路歪歪斜斜,显得蓬乱松散,但正是这些陶器,折射出早期人类的智慧光芒,反映了泰顺早期原始先民艰难生存的客观事实。

当然,最关键的还是他们在不断进步。上古的东瓯国、闽越国(东越国)延续了 360 多年[1],当然其部族的历史远比这长久。在春秋战国之前,这两个部族作为南方"百越"民族的一部分,早已存在。它们的存在,为泰顺早期原始先民走向进步提供了强大的动力。泰顺早期原始先民在积累了比较丰富的生存技能之后,开始不断向飞云江上游(支流)或下游拓展生存空间。这一点,可以从考古发掘中得到印证。在百丈下革牛头岗遗址中,考古人员发现他们狩猎时用的青铜箭镞、精制打磨并钻孔的石器,这说明他们的生产能力已提高。考古人员在遗址中还发现了装饰用的玉器,这说明他们的生活条件开始改善,美的意识已形成。

司前狮子岗新石器时代文化遗址出土的几何印纹陶片

温州远古时代生产的瓯器

进步的力量是没有止境的。泰顺原始先民继续溯河而上,拓展更大的发展空间。当他们生活在司前狮子岗、溪口柴林岗和宫头垟时,进步就更明显了,所造的陶器质地更细腻坚实,烧制的火候明显提高,纹饰亦精美多样。值得一提

① 公元前 473 年,越国灭吴国。嗣后,越王勾践大封子弟为王为君。据《越绝书》记载,勾践所封诸侯有瓯王、摇王、干王等,所封之地大略为瓯地、闽地、吴地。其中东瓯立国于周元王四年(前 473 年)。以此推测,东瓯国、闽越国大约建立于公元前 470 年,到公元前 110 年东越国灭国为止,前后大约历时 360 年。

的是，他们在司前狮子岗烧制的陶器，其吻部往往清晰地刻出“～～、‖ ‖、丅”等符号[①]，一些学者认为这些符号就是中国“南方地区古民族的文字”，是“文字的原始阶段”，这充分说明当时泰顺境内的原始先民已经具备比较发达的抽象意识，距离文明时代的“门槛”很接近了；同时表明当时物质条件已相对充裕，人们开始过上以种植、狩猎为生的定居生活[②]。

以上所作的历史还原是粗浅的，必定有疏漏，甚至存在错误。由于条件限制，泰顺境内发现瓯越古文化遗址的总数量不是很多，除飞云江中上游地区外，其他区域尚未发现该类古文化遗址，因而瓯越先民在泰顺留下的历史“盲点”与谜团还不少，这有待于后人去进一步发现与研究。比如，温州简称“瓯”，据说是因为远古时期温州一带大量生产“瓯”这种器物。[③] 这又引起人们的猜测，远古时期的飞云江中上游地区是否就是大量生产“瓯”的地方。首先，这里广泛存在香灰土、红壤黄土和黄壤土，土质疏松细腻，富有黏性酸性，不像下游或沿海地区土壤含沙多，含盐分多。其次，泰顺瓯越古文化遗址多分布在沿江溪谷地带，或者在支流汇合处，或者在坡度平缓的小山坡上，海拔都在300米以下，背山临水，多面朝东南，日照时间长。这种地方确实是大规模生产陶器的理想场地，在此设立制陶工场，至少向外运输就很方便。如后来的宋元时期，百丈、洪口等地曾经大量生产瓷器，其产业优势就是本地丰富的高岭土资源与便利的交通。这是有力的证据。最后，从遗址采掘来看，如司前狮子岗遗址的陶器遗物非常丰富，遗物分布范围八千多平方米，这说明当地确实大规模生产过陶器。

还有一个问题。飞云江中上游的古文化遗址，其下迄年代只到春秋战国。在此之后，由秦汉到唐朝之前还有八百余年的时间。在飞云江中上游地区很少见到这时期的古文化遗址——至少当年考古调查中，没有发现这时期的古文化遗址。对于这段历史空白，人们自然会产生疑问，泰顺的瓯越先民都去哪儿了？这个问题的答案其实已隐含在上面讲过的内容之中。公元前2世纪东瓯国、东越国军民相继被西汉王朝迁往江淮一带安置，“东越地遂虚”，飞云江流域人口数量不多的瓯越先民，当时大部分已被迁走；或者是地势低平地带的人口被迁走后，生存在较高海拔地带的人口又相继被吸引到海拔较低的地方去；还有一种可能，擅长制陶和伐木的泰顺瓯越先民，在东瓯国、东越国军民大量

---

① 司前狮子岗古文化遗址中发现两件属于敞口折腹釜和陶罐的口沿残片，上刻符号，在浙南尚属首见。

② 夏碎香：《飞云江中上游文化遗址考古纪实》，《泰顺史志》第1期第16—20页。

③ 瓯越文化丛书第1册《瓯越文化史》第2页，蔡克骄著，作家出版社，1998年版。

迁走后，失去产品需求与产业支撑后，他们选择撤离山区，迁徙到地势低平的地方去。当然，以上各种猜测都有可能是对的，或者各种因素都在起作用。因为大家知道，真实的历史往往是错综复杂的，我们的推测难免会带着偏见。

三、泰顺古瓯越文化的地位、特性及影响

历史长河浩浩荡荡。公元前 2 世纪，瓯越先民多数人口迁离了泰顺境域。但是，他们创造的历史，像大漠孤烟，像长河落日。虽洪蒙而悠远，然光芒四射，辉扬垂泽，影响千古。他们的历史，除了对泰顺本区域造成重大影响之外，更为重要的是，对温州南部区域的历史发展，同样也有着起源与推动作用。关于这一点，首先得从古代地理环境说起。《山海经》说“瓯居海中”。飞云江流域存在新石器文明的时候，温州沿海地区并不存在广阔的平原，相反主要是由低山丘陵、河湾构成。那时，飞云江的河流长度比现在短得多，泰顺距离海岸也没有现在这么远。大约距今五六千年前的时候，由于第四纪海侵的影响，飞云江、鳌江的河口形状“类似今天的杭州湾，属于溺海谷型海湾，海水一直涨到平阳县城和水头镇一带，大罗山成为海中孤岛”。[①]大约距今三四千年前，海侵达到高潮后退去。“直到东晋南朝时期，今温州沿海平原的大部分还未成陆，大罗山以南直到今天平阳县城以北的地区，海岸线仍在今温瑞塘河——瑞平塘河一线以东不远。”[②]在人类早期，鉴于洪水、台风、海侵的威胁，瓯越先民一般不会在温州沿海的低洼地带生存。恰恰相反，离海有一定距离、海拔有一定的高程的地方(如泰顺一带)成为他们选择居住的地方。其次，从考古发现来看，飞云江中上游地区古文化遗址，如泰顺江口下湖墩遗址和司前狮子岗遗址、文成珊溪鲤鱼山遗址，普遍比下游地区的古文化遗址要原始，其年代较早。这或许证明：远古时代人类活动是从飞云江中游向上游与下游推进的，而不是从下游向上游推进。当然这种推进是阶段性的，当第四纪海侵退去，沿海平原开始形成以及

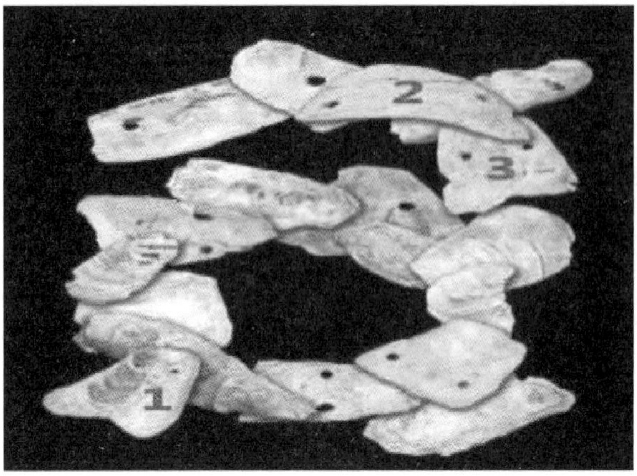

昙石山文化遗址中发现的人字形石锄(图中 1、2、3 号)

① 据吴松弟教授接受《温州都市报》访问时的说法。

② 吴松弟：《温州沿海平原的成陆过程和主要海塘、塘河形成》，《中国历史地理论丛》2007 年第 2 期第 5—13 页。

越国势力南进以后，这种推进逐渐停止下来。大约到了战国初期，东瓯国、闽越国建立以后，文明推进的方向逐步逆转。到两晋南朝期间，汉嗣南进，飞云江上游地区适合人类生存的条件优势彻底丧失，文明的传播方向完全转向下游向上游传播。

三千年前后，生活在泰顺境内的原始先民，属于南方百越民族的一部分。他们留下来的文化遗址，从类型来看，比较接近于福建闽江流域的昙石山古文化遗址。如江口下湖墩文化遗址中的早期阶段与早期昙石山文化比较接近，司前狮子岗文化遗址和昙石山文化第四层相当。值得一提的还有泰顺出土的文物与闽地出土的文物很相像。如新山漈头锦边山文化遗址中发现一件人字形石锄（锛），这种石锄（锛）有着典型的闽地文化特征，主要出土于闽南、粤东、闽北，昙石山文化遗址中也有发现，但不见于其他地方。另外，泰顺的古文化遗址甚至整个温州地区的古文化遗址又自成体系，具有东瓯特性，文化类别明显不同浙江中部和北部。由此可以得出这样的结论，泰顺的史前文化很早就烙上“闽”的印迹，尤其是年代较早的文化遗址这一特征更明显。大约到了春秋战国之际，东瓯、闽越两个部族政权兴起，瓯、闽两地文化逐渐分化并区别开来，泰顺史前古文化因此又带上“东瓯”的特征。泰顺地域接壤于福建，其南部区域的河流大致由北往南流入福建。在当时，这一带区域可能是闽越国（部族）影响或控制下的地方。而东瓯国（部族）西部、南部疆域大概分别到达飞云江上游、鳌江流域一带，泰顺北部一带可能是东瓯国（部族）影响或控制下的地方。由于受两个不同部族的控制与影响，泰顺南部、北部在文化、习俗、方言方面差异大概在这时候就开始萌生。

历史像巨大黑洞，不断吞噬着生命与岁月。今天只能凭借着考古发现和零星的历史记载，推测公元前 2 世纪，瓯越先民大部分已迁离泰顺境域。但是，人类的文明代代因袭传承，历史的血脉往往难以彻底被割断。泰顺境内的早期瓯越文明，其发展进程即便被打断过，但对泰顺后世的影响还是蛮大的。即使到唐朝五代时期，在中原文化与吴越文化的共同影响下，泰顺境内大部分地区陆续得到开发，但飞云江中上游地区仍是泰顺境内开发程度较高、经济文化较发达的地方。飞云江中上游地区这种先发优势的获得与古瓯越先民早期开发是分不开的。

至于泰顺的方言民俗，受东瓯、闽越遗风的影响更是深远。迄今为止，泰顺方言仍然保留着古东瓯或东越方言的痕迹，而民间习俗也接近闽东北。

如泰顺话与温州话都把“玩”说成“嬉”，“吃早饭”说成“吃天光”，“舒服”说成"好过",将"瀑布"称为"漈"。把"再打一点水"说成"舀厘儿水添";"先坐一会儿"说成"坐一下先"……这或许就是受古瓯越人语言表达习惯影响吧!汉语"厝"字有安葬、棺木停放待葬的意思,泰顺话"厝"字为什么用来指房屋?这或许是受闽东北(东越)文化影响所致吧!

又比如,在古东瓯国、东越国所辖的浙南与闽东北山区曾流行悬棺葬俗。三国时代吴国人沈莹写的《临海水土志》对此有过比较详细的记载。该书记载:"(临海郡南部)安家之民悉依深山,架立屋舍于栈格上,似楼状……父母死亡,杀犬祭之,作四方函以盛之尸,饮酒歌舞毕,仍悬在高山岩石之间,不埋土中作冢墩也。男女无履,今安阳、罗江县民是其子孙也。"

三国时期的临海郡管辖浙南和闽东北一些地区,安阳县、罗江县所辖区域大约包括今瑞安、文成、平阳、苍南、泰顺等县及闽东北沿海部分地区。以《临海水土志》记载内容来看,汉朝以前的瓯、闽山区曾流行着悬棺葬俗。汉魏之后,这种葬俗虽失传,但其遗迹并未消失。直到今天,永嘉楠溪江两岸的高山、悬崖峭壁之间,还能够找到不少悬棺遗迹,如四海山"吊船崖"尚存系悬棺用的铁环,只不过永嘉当地人却把这种遗迹误称作"吊船崖"。[1]在泰顺莒江白云山靠近山顶处、百丈镇台石村也有被称作"系船岩"的遗迹。台石村系船岩[2]两侧凿有孔洞,嵌有铁环,崇祯《泰顺县志·舆地》记载:"其岩中两面有窍,谚传昔为沧海今为桑田。"明末清初泰顺学者夏大辉《莒江十八咏·第一峰》诗云"船系云中石,鹿眠洞里径",写的就是莒江白云山的系船岩[3]。

莒江白云山系船岩

以此推测,这很可能就是瓯越先民在泰顺境内留下的悬棺遗迹。在崇山峻岭、千尺万仞的悬崖峭壁安置一具具悬棺,这是古代瓯越先民崇拜祖先和信仰鬼神的体现。他们相信人死后为鬼,耸入云霄的高山是神灵栖息的地方,或者是通向天堂的捷径。正是在这种神秘观念的驱使下,瓯越先民才不惜人力代价,做出虔诚举动,让后人赞叹不已。

① 瓯越文化丛书第1册《瓯越文化史》第16—17页。
② 台石村系船岩遗址在台石行政村周山自然村对面山上,现已崩塌。
③ 白云山系船岩在今包垟乡白云庵(禅师庵)附近。

抗日战争时期中高等院校搬迁泰顺办学[①]

陶汉心

抗日战争时期，浙南山区泰顺县成为抗战后方，相继有英士大学、北洋工学院、温州师范学校、温州中学入迁办学。上述学校在烽火战乱中，弦歌不断，坚持办学，在现代教育史上写下了光辉的一页。

一、英士大学搬迁司前和里光村办学

抗日战争全面爆发后，原设在浙江的国立浙江大学、国立杭州艺术专科学校、省立医药专科学校和私立之江文理学院相继内迁。浙江省内高中毕业生继续教育成为难题。鉴此，省政府于1938年夏决定筹建“浙江省立战时大学”。考虑到蒋介石有设立大学纪念辛亥革命先驱陈其美（字英士）的想法，1939年5月，浙江省政府决定将大学改名为“浙江省立英士大学”。

1939年10月下旬，省立英士大学正式开学，学校设农学院、工学院、医学院。因无教学场所，学校暂借丽水卢镗街的省立处州中学闲置校舍上课。1940年秋，英士大学扩大招生规模，原处州中学校舍不敷使用，故在丽水三岩寺、囿山和松阳县白龙圳增设分部。1942年5月，日寇发动浙赣战役，自金华南进，直逼丽水县城，6月24日，丽水城内英士大学本部及工学院、医学院的大部分师生员工率先撤离，教学器材、文卷资料装入200多只木箱，雇用挑夫100余人，随后出发。师生上午离城，下午城区沦陷。教务长陈荩民率领部分师生，向云和县进发，先经沈村，后转至景宁县。原想在景宁县落脚，但当时省教育厅、警察厅已迁驻景宁，碍于景宁地小、难以开展办学，师生便翻山越岭南下，最后到达泰顺司前。8月2日，松阳县沦陷。在松阳县的英士大学农学院师生分头撤离，部分辗转到泰顺司前。9月，迁校工作基本结束，英士大学复课。学校本部、医学院、农学院设在司前村，工学院设在司前村北五千米外的里光村。司前是泰顺县北部大乡村，办学条件较好。当地陶姓大宅院工考究，非常宽敞，仅一处大宅院就能容纳一个医学院。

1942年12月29日，国民政府行政院决定，将东南联合大学并入英士大学，改省立英士大学为国立英士大学；工学院从英士大学划出，成立国立北洋工学院。1943年5月，东南联合大学文学院院长杜佐周受命担任国立英士大学校长。6月，东南联合大学法学院并入国立英士大学。9月中旬，杜佐周率领英士大学龙泉小顺分部及云和办事处的师生到达泰顺司前、里光，与先期抵达

① 本文转载中共泰顺县委党史研究室、泰顺县人民政府地方志办公室主办《泰顺史志》第四期。

该地的农学院、医学院师生会合。10月2日，学校开学上课。经过调整，英士大学法学院、艺术专修科、合作专修科和农学院、医学院一年级设在里光村，农学院、医学院二年级以上年段仍设在司前村。杜佐周到任后，亲自撰写《国立英士大学校歌》。校歌歌词为:“音徽不远，迹象犹新。步亦步，趋亦趋，后起踪前程。作业于斯，游息于斯;奇共赏，疑共析，学海味津津。聚东南之才智，亲其师，乐其友。英士，英士，珍惜此佳名。菜根有余甘，敝絮有余温。因而学之，毋负吴先民。”

英士大学工学院、法学院设在里光村时，教室主要借用罗、林、陈三姓宅院以及祠堂、马仙宫等。师生将祠堂和庙宇内的殿堂廊庑用芦苇隔成大小不等的教室，讲课声音此起彼伏，颇为壮观。师生们租住在村民家中，村民主动让出最好的房间给教师居住，将闲置的房间腾空，让给学生当宿舍。学生人数增多时，村民将二楼中堂改造成学生集体宿舍。马仙宫旁边有一块空地被改造为操场，是师生打球的场地。

英士大学的学生，多数来自上海、江苏、浙江、福建等省(市)。少数来自江西、安徽两省。1943年暑假，英士大学122名首届本科生毕业。接着，学校在云和、于潜、永嘉、安徽屯溪和福建建阳等地招收新生370名。1944年夏季，在浙江、福建、江西三省招收本科新生356名，招收合作、艺术专修科新生73名。10月，附设的行政、财政、会计专修科招收新生157名。英士大学不少学生来自大城市，家乡沦陷后，他们与家人失去联系，经济来源断绝，仅靠着微薄的政府救济金，顽强坚持学业。一些学生冬天只有一件破棉袄，连棉絮也露在外面。尽管山区的物质条件匮乏，但是师生的精神却很富有，他们时常在小溪边漫步，在树荫下看书，在竹林中练唱，在田野里绘画，到处都是一派生机勃勃的景象。

1944学年第一学期，在司前、里光两村的英士大学有教员90名，职员66名，合计156名;学生数方面，法学院有256名，农学院127名，医学院189名，艺术专修科21名，合作专修科23名，总计616名，其中男生563名，女生53名。加上教职员工的家属，英士大学总人数超过800人。

1945年下半年，是英士大学发生巨大变化的时期。7月初，医学院和艺术专修科、合作专修科已停办，医学院部分学生寄读于省立医药专科学校。7月，原从英士大学分离出去的国立北洋工学院重新并入英士大学。8月，日本无条件投降。10月，行政、财政、会计三个专修科迁移至杭州办学。10月上中旬，英士大学迁离泰顺。11月，英士大学在温州城区复课。

1946年上半年，英士大学移址金华。1949年，英士大学被撤销，并入浙江大学。

英士大学从建校到被撤并，历时十年三个月，办学时间很短，但它却是民国时期36所国立大学之一。教师队伍中不乏博学鸿儒、知名专家。知名的教师除校长杜佐周、教务长兼法学院院长孙怀仁、医学院院长姚善涛、农学院院长徐季丹外，还有潘天寿、谢海燕、王佶、彭起、殷良弼、郑体华、陈椽、黄农、倪贻德、罗君惕、何正礼、叶常丰、姜亮夫、闻诗、戴家祥、葛绥成、许德瑗、卓如、漆竹生、查猛济、吴兆莘、俞启人、叶作舟、董太和、何正森、许植方等。中华人民共和国成立后，他们大多成为华东各大学学科带头人。

英士大学在泰顺办学期间，因山区经济条件落后，学生养成刻苦钻研、勇于探索的优良学风。他们学有所成，有的在解放前投身革命，成了军政干部，有的成长为各条战线的业务骨干。1987年秋，英士大学金华校友会统计，在已取得联系的近700名校友中，具有正副教授、研究员和高级工程师等职称的就有200余人。

二、北洋工学院搬迁百丈口办学

抗日战争时期，原在天津的北洋工学院最后内迁四川广元，其间曾屡次被撤并，师生强烈要求复校。考虑到英士大学有一批知名教授，如陈荩民、朱重光、闻诗等都是天津北洋工学院的毕业生。1942年底，国民政府决定将英士大学工学院另行划出，成立国立北洋工学院。1943年8月，因东南联合大学法学院并入英士大学，里光村无法容纳更多院系，北洋工学院转迁百丈口东岸（现已淹没）。1943年至1945年间的北洋工学院，由于校名继承了天津的北洋工学院（原北洋大学），而办学地点在泰顺，故史学界习惯称之为“泰顺北洋工学院”。

三、温州师范学校和温州中学搬迁莒江、江口村办学

1942年7月11日，温州城区第二次沦陷，日军一度占领瑞安县城。其间，设在平阳县郑楼的省立温州师范学校，在校长王德懋的组织下，把教学仪器、图书、单人课桌搬至泰顺县莒江村（现已淹没）。是年秋，温州师范学校在莒江村复课，同时招收新生100余名，全校学生数达600多名。莒江村是飞云江上游地区泰顺境内的大村落，村内宗祠和庙宇很多，有400米长的小学操场跑道，办学条件较好。温州师范学校入迁莒江后，校本部和图书室、理化教室设在莒江中心小学（校址在夏氏大宗祠），普师部6个班级设在村东的东西扇宗祠，简师部8个班级设在五显殿和庄济王庙内；手工劳作和图画教室安排在灵芝寺内。温州师范学校在莒江办学三年间共招新生641名，其中普师招收新生287名，简师招收新生354名。当时，省内大中专学校的一批著名教师，如徐桂芳（著名数学家，温州市区人）、刘质平（著名音乐家，李叔同的高足）、李鸿梁

(著名画家,李叔同的高足)、高仲化(泰顺人,浙江省首批一级中学教师)都曾到校任教。

刘质平先生矢志音乐教育,李叔同与他情同父子,1937年日寇攻占海宁县时,刘质平放弃个人文稿书籍,悉心保护李叔同的墨宝,使之丝毫无损。1944年秋,刘质平在莒江温州师范学校举办了弘一法师(李叔同出家后的法号)墨宝展览会,三进的夏氏大宗祠板壁挂满法师的字幅,让全校师生大开眼界。英士大学、北洋工学院、温州中学的不少师生分别从司前、百丈口、江口赶来参观,盛况空前。

1944年9月9日,温州城区第三次沦陷,形势再度紧张。是月,温州中学搬迁泰顺县莒江乡江口村(现已淹没)办学。翌年8月,日本侵略军投降。温州中学、温州师范学校分别迁回温州城区、平阳县郑楼。

四、中高等院校入迁泰顺的重大意义

一方面抗日战争期间,泰顺是温州地区唯一没有遭到日本战机空袭的一个县。当时全县面积1933平方千米,除东南部个别村庄曾遭到日军侵略,受到战争破坏外,绝大部分地区没有直接受到战争破坏,社会相对安定,这为入迁的中高等院校提供了办学条件与场所。英士大学在泰顺司前、里光办学三年多,教学与人事相对稳定,从省立大学升为国立大学。杜佐周担任校长期间,提出要让英士大学在全国大学中"辟一新境界,开一树美丽花果",他注重聘用人才,提倡学术研究,扩大院系,使得英士大学得到较快发展。至1945年年中,学校规模发展到四学院五专科,即工学院、农学院、医学院、法学院、合作专修科、艺术专修科、行政专修科、财政专修科、会计专修科,师生人数超过1000人。

另一方面,入迁的中高等院校为泰顺山区培养了不少人才。仅温州师范学校在泰顺办学期间,就招收泰顺籍学生128名,其中普师招22名,简师招106名。就简师而言,泰顺籍招生人数就占全部简师招生人数的30%。这100余名泰顺籍温州师范毕业生,其中有的成为大学教授、作家、美术家,有的离开教育和文化工作岗位,成为其他战线与行业的骨干力量。此外,温州师范学校利用1943年暑期,举办短期师资培训班,泰顺有60多名知识青年参加培训,这次培训为造就泰顺师资人才奠定了一定的基础。

中高等院校的入迁,引起大批知识精英进入泰顺,这对开阔山区老百姓的眼界、提高民众觉悟以及普及科学文化知识都起到积极作用。温州师范学校入迁莒江期间,设立民众教育馆,在一定程度上打破了泰顺山区文化沉寂状态,顺应了群众文化生活需求。温州师范学校附设医务室,用西医治疗疾病。1943

年，莒江发生流行性脑膜炎疫情，本地医生即采用医务室提供的西医治疗方法，救治病人，遏止疫情蔓延。

抗日战争时期中高等院校等机构入迁泰顺，导致民间消费需求增加，泰顺山区客商往来频繁，一度出现小繁荣景象。如县内百丈口成为这期间浙闽交界地带的重要商埠。

忆垟斜小学①

高中平

1951 年 3 月 1 日，畲族人民梦寐以求的垟斜小学开学了！2 2 名畲家儿童身着崭新民族服装，在各自家长陪同下，身背书包，高高兴兴跨进校门，村干部和学生家长纷纷燃放响铳和鞭炮表示庆祝。我是该校的首任教师，熟悉筹办过程，并有幸参与畲族第一所小学的开学典礼。时隔 40 余年，仍记忆犹新。

垟斜自然村隶属司前畲族镇左溪行政村，与直斜、芭蕉塆、国公堂、岭脚等 4 个自然村毗邻，其中以垟斜面积最大，人口也较多，几乎占 5 个村人口总数的 50%，且地点居中，学校就办在这个自然村里。

1949 年 5 月全县解放，垟斜畲胞亦与全国各族同胞一起翻身做了主人。政治上，是翻身了，但文化教育落后的状况并未同时随着改变，周围 5 个自然村 200 多人口，仅有 3 人在旧社会念过几天私塾，粗识几个文字。如何改变文化落后的面貌，已成为垟斜畲胞共同关心的问题。1950 年 6 月，村干部钟宗回心急火燎地找来几位干部，讨论开办小学之事，由于经费和师资问题无法解决而搁置。

随着社会经济的发展，垟斜人渴望学习文化知识的心情越来越迫切。1951 年 1 月，群众又纷纷向干部提出办学要求，并表示愿意筹集办学经费。村民们的办学热情使村干部大受感动。次日，村干部钟宗回亲自跑到司前中心校找陶育键校长，要求帮助解决师资问题，陶校长一面答应村干部“一定给予支持”，一面就给我写信，让我去垟斜当第一任教师。我欣然回信表示同意。

同年 2 月 21 日，我在陶校长陪同下来到了垟斜村。该村东西长 600 米，南北宽 300 米，北坡山麓错落着七八座泥木结构房屋，住着 30 多户，约百来口畲胞。当晚就借该村底塆一户人家的大厅召开群众大会。不一会，饱经风霜、

① 本文转载于泰顺县政协文史资料研究委员会编《泰顺文史资料》第三辑（畲族专辑），1994 年 12月（57—59 页）。

勤劳朴素的畲胞就带着自己的小孩来到会场，本来就不太宽敞的厅堂，很快就挤满了。他们说本民族的语言，谈笑风生，至于说什么，我如坠入五里雾中，一句也听不懂。当时我很担心是否会因语言上的障碍而影响教学。

村干部宣布开会目的，提出需大家共同解决的问题：一是老师工资；二是校舍；三是学生课桌凳和教学用具。大家你一言我一语，讨论非常热烈，有的还朝我这个陌人用手比画着。我虽听不懂，可也猜得出他们是在评论我。果然就有人提出："教师会不会教歌？"我听后二话没说，立即站起来放开歌喉，唱了《东方红》和《团结就是力量》，他们听后都拍手叫好，欢迎我去当教师。接着大家纷纷自报捐助稻谷（当时全县都以稻谷代工资）数目，有几十斤的，有上百斤的，最多有 200 斤，一下子便凑足了 2000 斤稻谷。那时教师年俸是 1920 斤稻谷，足够一年的工资数了。最后推选热心办学的村干部钟宗回同志兼任校长，教师住宿和教室也都借用钟校长的住宅。第二天当即请来木匠动工做课桌凳，黑板则决定暂向司前中心校借用。

木匠忙着制作课桌凳，我就和校长同到邻近的几个自然村登记学龄儿童，共有 22 名学生报名，编成一、二两个年级，进行复式教学。

当时，教师的工作是非常辛苦的，白天上课，晚上还要到各自然村去巡回办夜校搞扫盲。当看到群众不怕严寒酷暑都擎儿携女点着豆大的油灯来上课，内心有说不出的喜悦。今天回忆起来，在垟斜小学从教数年，虽然生活很清苦，却也苦中有乐。

旧事漫记三则

梅 忠 祝[①]

琐记日寇犯鳌江

吾生不逢时，历见两朝。民国中叶，泰顺红军起事，吾年方垂髫，随先父避乱寓居平阳鳌江风山。时日寇犯鳌江，曾目睹其事，至今记忆犹新。

记得吾方八九岁虚龄，常有日机飞临鳌江，状如群隼，先俯冲，后颉颃，辄投弹轰炸矣。闾里谓之"飞机生卵"。弹声轰响，震彻霄宇，民居摇撼，吾所居地名风山，即今务洋种玉也，距鳌江集镇五里，门窗玻璃亦被炸弹震落。敌弹亦有

① 作者梅忠祝（1934—2013），泰顺司前上地村人，童年随父母亲寓居平阳鳌江。1949 年底肄业于温州崇贞中学。1952 年土改后，在家务农至老。本文转载于中共泰顺县委党史研究室、泰顺县人民政府地方志办公室主办《泰顺史志》第四期。

落入田垟中，弹坑大可容身。吾放学途中，无处躲闪，即奔避于坑中。弹毕，即有军号奏起，意谓彼国获胜。或有枪弹自机舱上扫出，作咯咯响，声如牝鸡产卵所鸣。一次，敌弹横扫而过，吾竟慌入稻田，避于谷穗之中。敌机过处，即投下传单，言其唯国军是战，不伤我中国无辜子民。无何，人民皆不敢着黄裝，唯恐类似国军者，遭敌机误炸。敌机亦间或投霰弹，顷刻火起，满城祝融，唯汉奸王陈波之屋得免。民愤陈波，有好事者编快板讽咏之。其词曰："狗汉奸，王陈波；做生意，钞票多，云云。"至今吾犹记之。

其初凡敌机将至，当局者唯恐市民奔避乱窜，局势难叙，辄势严把交通衢要与机关门楗，不让市民奔遁。其间，炸弹、火烧、墙圮一时迸作，市民皆无从避身，伤亡甚多。公共要地或机关大屋，常髑骨垒然，认领难辨。民无奈，遂于错乱间掇得骨骼数枚，草草窆之，是为治丧耳。嗣后，每当局者变其策略，凡警报机鸣起，军警则令市民悉数出逃。然民多无序，男妇老小、挑篚负筐者、挈妇将雏者夺路竞奔，置为倾轧，老弱挤入河者甚伙，无遑救及，令其自沉。无何，唯篮麓浮泛河面，人已丧于河底！

吾村有妇，名不详，原籍瑞安平阳坑，后嫁吾村恭坑赵某。尝言：日军寇其地，飞机掷弹，炸及一新厝棺椁。棺破尸碎，骨肉四溢，腑脏横飞。有肠数串，匝绕电线上，其惨状甚怖，乡民途经是处，不敢跙足，亦不敢仰视。

南京丐避难泰顺

民国26年夏，京畿沦陷，民人流离，有流落泰顺者，邑人谓之"南京丐"。其时民生艰难，流民结伙成群，蓬头垢面，衣不蔽体。政府下令，摊派各保，轮流就食。有不能果腹者，入村进户，睹及可食之物，即凡豕犬饲料，或晾晒之薯米、糟糠，即攫丽食之。民国31年，日寇犯平阳鳌江，吾随母避乱，旋归泰顺，初居莒江，后重归祖地上地村。其时，东坑至司前为要道，常觏南京丐途经吾村上地，挈妇将雏，一路逶迤而来，其状甚惨。及至民国34年，日倭服厥辜，南京光复，其迹渐绝。

押壮丁过姐妹牌

泰景边界地有名长毛亭者，旧称瓯西第一关，为前清御长毛①之守隘处也。此往景宁东坑者，原有石路三条，殊途同归，上下二路早废，路基犹在；独存中

① 长毛，实为太平天国的太平军，清政府贬称为长毛。

路，景泰公路未通前，为一方要道。相传，曩有姊妹仨，家殷富，长姊修上路，次妹修中路，三妹修下路。客过上路赠芒鞋一双；过下路赠鸡子一枚。过中路不赠予，顾中路势夷，行者伙，故不废。民国年间，日寇犯浙省，英士大学内徙司前，南京丐颠沛至境，悉赖此"羊肠"哉！而可慨叹者，莫过抓壮丁一事也。吾邑各乡所抓壮丁，多集结于罗阳圣人庙（盖学宫墙高故），而押解出城，则多北上集训于景、云两县，再辗转各省战场。故壮丁北上，三姐妹牌为必经之路。因地僻路险，三十里荒无人烟，壮丁多在此逃逸，故多有毙死者。民国十二年，岁大饥，民无食，有人沿路两厢采薇劚柢就食，屡见白骨累累，想必先前在此毙命者着实多矣。

其时壮丁甚苦，双手反缚于背后，六人一绑相连，列队前行，官长首尾间隔。途上防备稍弛，壮丁即逃逸。后稍改，以短绠缚壮丁两手，令其荷担行军，亦有逃逸。末后再改。又制一索圈附于担上，以圈锁牢壮丁之项部，令其荷担行军，遂不得弃担逃脱。其惨景种种，吾皆亲见之，盖后人未尝闻也，姑记之。

第八章 习俗与信仰

司前山区，风土温和，民风质朴。然五里不同风，十里不同俗，各地民情风俗略有差异，亦必随时事变化而变化。时代变革和社会进步，山乡风俗于传承中有所更迭。部分陋俗已被革除，社会主义新风尚日渐形成。

中华人民共和国成立后，畲族和汉族同处耕作区域，长期相处，秋收冬藏习惯相同。畲族与汉族关系日渐密切，政治、经济、文化、生活渐趋融洽，民风习俗日趋同化，但很大程度上仍保留着鲜明的民族特色。

第一节 习 俗

畲族是很具特色的民族，畲族男女共同上山下地，妇女忙完农活还要养猪烧饭、喂养子女，备受艰辛。20 世纪 80 年代始，畲族妇女也逐步转为专事家务、相夫教子。在岁时习俗方面，畲族与汉族有些不同，例如畲族将农历“三月三”定为重要节日。再如往昔畲族和汉族男女极少通婚，但中华人民共和国成立后，特别是 20 世纪 80 年代后畲族和汉族通婚逐渐增多。汉族男招赘受歧视，畲族则没有这种习俗；畲族可通过对歌，男女恋爱结连理，而汉族则主张“三媒六聘”才是正当婚姻，否则被视为伤风败俗；畲族结婚仪式以歌代言，而汉族习惯“拜堂”仪式。

司前畲族镇内畲族群众有十个方面独特的风俗，区别于司前畲族镇汉族群众的风俗习惯。除本章所特列镇境内畲族习俗外，镇境内其余风俗习惯，畲族和汉族相同。

一、畲族习俗

（一）生活习俗

1.民族工艺织绣编

织彩带，绣花衣，草编、竹编是畲族普遍的民间工艺。畲族人爱美，在经济落后和封闭的生存状态下，就善于利用生物织丝线、做染料，制作五彩缤纷的服装，从头上的冠到脚下的鞋，都讲究色彩和图案。所以织锦、刺绣技艺就成了畲族女性必须具备的基本技能，世代传承。

2.风味食品和畲药膳

畲民有许多有特色的日常食品和保健食品，如乌饭、糯米糍、豆腐娘、莲香饭、莲香酒、六和茶、山苍鸭，等等，这些食品和药膳，味道可口，生态保健。莲香饭、莲香酒还带有动人的故事传说，有味、有益又有趣。畲民的这些保健食品如今也颇受人们的喜爱，都具有很好的开发禀赋。

3.五彩服饰凤凰装

畲族有自己独特的服饰形式，以其女式凤凰装为代表，冠、衣服、彩带、鞋都有其特定的款式，讲究色彩、图案，隐含着丰富的民族历史信息。

妇女头上戴“笄”(ji)，是妇女结婚、回娘家、走亲戚、过节日必戴之物。日常所穿衣服是大襟长衫衣和蓝褂衫。男人为蓝白色，女人为青蓝色。彩带又叫字带，用丝线手工织成，是畲族妇女的传统工艺。花鞋，有句俗语：“旧布底，青布面，蓝布里，红须前头飞。”男人花鞋较简单，女人花鞋工艺精细。精致花鞋平常不穿，只在喜庆日子与头“笄”相配套。中华人民共和国成立后，泰顺畲胞平常穿戴与当地汉族无异。

(二)礼仪习俗

1.浪漫的婚嫁风情

畲族有其独特的婚姻礼制，特别是举行婚礼的过程有一系列礼仪、对歌和趣味活动，从男方去女方家接新娘开始，从轿夫到伴郎，要经过喝宝塔茶、借炊具、戏赤朗、照石蜷、对歌、分风水、背新娘等一系列趣味活动。各个环节环环紧扣，通宵达旦，别有风情，气氛热烈而喜悦。整个婚礼过程是一台集知识、才艺、文学、娱乐于一体的风情戏。

21世纪始，部分畲族青年也按现代礼仪举办婚礼。

2.口头文学歌代言

以歌代言是畲民情感交流的主要方式，也是畲族的文化特色之一，在生产、生活和人际交往中常以歌代言、以歌叙事、以歌言情、以歌示礼，除了祖宗歌、劝孝歌、哭灵歌、祭祖歌等内容基本固定外，一般都是即兴而唱。唱腔多为原声和假声。其歌虽然没有藏歌的奔放，没有蒙古族歌曲的深沉，没有信天游的高亢，但以歌代言的情感交流方式也不缺乏丰富的文化内涵和浓郁的文化禀赋。

3.接待礼仪三部曲

一是三道茶，畲家人很重视茶俗，管茶叶叫“茶米”，三道茶是畲家人深有情趣的接待习俗，每道茶都有不同的含义。二是问亲疏，若接待的是本族同胞，还要讲隐语问亲疏。三是做糍粑，如果来客被确定是本族同胞，便视作贵宾，做糍粑接待客人，这是畲家人接待客人的最高礼节。

4.赛歌节日三月三

畲族是一个热爱歌唱的民族，在生产生活中都伴随着歌唱，形式有自唱和对唱，盘歌是畲族歌手的大合唱，除了平时以歌代言外，一年中还有几个赛歌节，三月三是畲族的主要赛歌节。这一天，畲族群众自发地从四面八方聚集到一个地方，进行盘歌，歌唱内容丰富，歌声此起彼伏，大多为即兴对唱。此外还有七月七、九月九也都是畲族群众的盘歌节。

（三）畲族信俗

1.拜祖先

畲族各户都有一个代表历代祖先的香炉。在流离迁徙过程中，其他用品能丢，唯香炉不能丢。定居时要在住房中堂二楼设香龛安放香炉，称香火。左边供奉土地神（福德正神）。逢年过节家族长辈组织成员备办牲礼祭祀祖宗，凡家有嫁娶、出生、寿辰等喜事也要备礼祭祀，同时每逢初一、十五，要在香炉敬香，表示礼德不忘。人死后做功德要请历代祖先接受祭祀，功德礼仪后，就把死者香炉并入祖先总香炉，节日同样祭祀。

2.拜祖神

畲族笃信盘瓠传说，以龙麒和凤凰作为本民族的图腾。畲族的图腾崇拜文化很突出，认为自己民族的祖先是由龙麒化身而来，以祖先为神灵，并形成了自己的宗教信仰和崇拜礼仪。

凡有嫁娶、出生、寿辰等都要举行相应活动歌功颂祖。畲族人的迁移都带着“祖公担”和“祖杖”，畲族人成年要进行“传师学师”，春节、端午、中元三个节日要进行祭祖活动，且祭品用生食而不用熟食。畲族的宗教活动，不同于一般的佛教、道教，教义是感恩祖先，歌颂祖先的功德，是畲族道德思想教育的重要形式。

3.传师学师

畲族有进行成年教育的传统，凡年满16岁的畲族男子，都要举行仪式，进行“度身”“入录”，这个仪式叫“传师学师”，是畲族人的成年礼仪式。仪式过程要三天三夜，由8—12个传师者主导（经过“传师学师”的人）和众人参与来完成，畲民认为只有经过这个仪式的人，才能成为“忠勇王”的传人，其生与死都享受与未经“传师学师”者不同的待遇，畲民都以此为荣。而仪式的整个过程和内容，是对青年进行畲族历史和传统的教育，通过一系列的歌舞来启发和诱导，生动形象地教育畲族青年，牢记祖先，牢记传统，立志成才。畲族的“传师学师”过程有祭祖舞、安祖舞、学师舞、功德舞等舞蹈，舞蹈以踏步蹲、独脚立、做手势、抖肩、翻滚、旋转为基本动作，是集中表现畲族歌舞艺术的民俗活动，趣味性、观赏性、民族性都很强。

20世纪60年代始，此俗已逐步简化。90年代始，传统教育逐步转为学校系统教育。

4.祖 图

畲族祖图是用连环画的形式，绘制在绢帛上，表现畲族始祖衍生、英雄业绩、迁徙的畲族历史画卷，故事从远古时期的高辛(帝喾)当朝开始。共分30余幅画面，人物400多个。画卷历史性、故事性、艺术性十分突出，平时存放在族长家里，每年祭祖活动时挂在宗祠接受朝拜。

(四)畲族众俗

1.立宗祠、修家谱

畲族迁入镇内历史不很长，从宗谱上看，未见镇内畲族宗族管理特异之处，基本相似汉族，除要尊祖图、祖训之外，没有建立组织。司前境内畲族各支族人口规模不大，财力有限，未能在境内修建宗祠，都筹集资金，回到原迁出地参加修建宗祠活动。

2.族众团结、言行谨慎

中华人民共和国成立以前，为了生存，畲族族众非常团结。在长期的生产生活中，较有能力和威望的头人自然形成。大小事务都由头人主张。凡遇陌生外人来访，一般族人不回答问题，只能视族内头人指示行动。对来访的畲族族人，则先通过特定的畲族语言对证，证实确是畲族人，再以本民族礼仪款待。否则，以另外礼节谨慎应对。中华人民共和国成立始，民族平等。特别是走上农业集体化道路以后，共同劳动，共同参与分配，各民族水乳交融。畲族对外族的戒备心理放松，但良好的家风、族俗仍保留传承。

3.宗族教育

畲族民众很注重民族传统教育，也很重视文化知识教育。中华人民共和国成立始，左溪、筱条、垟斜等村就自备桌椅，聘请教师开办小学。

新北和庄葛藤岭雷氏裔孙雷期进［生卒不详，清嘉庆年间(1796—1820

年)生]，清咸丰恩赐乡钦大宾，例授九品迪功郎。于咸丰九年(1859 年)授温州府儒学正堂，赐进士出身文林郎。钦加同知，例晋奉政大夫，充陕甘乡内考官。享年 93 岁。

民国时期，雷期进曾孙聘请秀才回家设馆蒙童，培养其儿子雷光宝就读诗书 13 年，成为远近闻名的教书先生，被尊称“阿光先生”，在乡里及邻县乡村一带开馆蒙童，学生遍布乡里。其家族是境内少数民族重视族内文化教育的典范。其子孙都具有一定文化知识，裔孙雷国超曾任中共和庄村支部书记。

二、汉族习俗

司前畲族镇境内大部分地区属山区，历来交通不便，经济收入低，民众衣、食、住、行都非常困难。为了生存，穷苦百姓发挥聪明才智，穷日子穷过，妥善安排日常生活。历经沧桑，积累丰富的生活经验，形成了一套约定俗成的习惯、风俗。畲族迁入与汉族交往，习俗逐步效仿，形成多元的风俗习惯。

(一)节庆举隅

1.传统节日

春　节　俗称过年。从腊月下旬起即开始准备。二十四日打扫厨房烟尘，清除庭院垃圾，洗涤被服橱柜等，称“扫尘”。制年糕，宰鸡兔，杀猪“还愿”，送家神“上天”过年。二十九日，备羹饭祭祖。当晚，阖家团聚，共享一年来最好的酒食，称小过年。除夕子夜再吃一次酒肴，俗称“消夜”或“守岁酒”。但在旧社会，有些负债贫困户，户主为躲避债主逼债，往往隐匿他处，直到除夕后半夜才敢回家，俗称“秧豆芽”。除夕晚上，用一块干柴脑(树根)埋于灰池塘生火。俗称“年猪”，兆能养大猪，实为藏火种。还要煮年饭，即把大米煮成半熟，用笊篱捞入饭甑，以便初一蒸炊。

正月初一第一件大事是于自家门口燃放爆竹，俗称“开门炮”，象征这一年万事顺利。“开门炮”，一般是先放“百子炮”,再放双声大爆竹，只放三发，要求三发都响，声音洪亮清脆，最为吉祥。正月初一必须在神灵前烧第一炷香,为头炷香。百姓人家，老年人和当家人天未亮便已沐浴更衣，竞先赶到社庙烧头香，有的索性除夕不睡，交子时(23 时至次日 1 时，基准子时为 0 时)，赶紧点上香灯，祈祷新年吉利，全家平安。有求发财的，也有求农业丰收的，有求读书出息的，有求婚姻美满的，总之，求个心安。正月初一老幼早起，穿干净衣服或新衣，讲吉祥话语。持斋一日(或只早餐)。早餐菜肴要具祥瑞象征。如面条，象征长命，菜头(萝卜)象征“彩头”，糖煮年糕，以寓生活甘甜。现在青年人，多已不拘此俗。

初一这天不做生意不干活，不动铁器，不吵嘴，不扫地。初二早上扫地时也要到门口往里扫，堆垃圾在桌下，口里还念:“扫金扫银往里扫。”初二晚上再把垃圾送到屋外。初一这天一般不去别人家串门，否则不吉利。初二，嫁出去的女儿带着丈夫和孩子回娘家拜年，带贺礼，新女婿到丈人家送“上门饼”。初三，去丈夫娘舅家拜年。长辈给小孩压岁钱。初四，备“三牲”供品接回“上天”过年的家神。民间业余文娱队伍，常在春节期间出乡举办舞龙、舞狮等活动，筹集兴办公益事业的部分基金。初五到初十都可去亲友家拜年，亲友“回桶”，即回礼。旧俗若新年不去亲戚家拜年，是断亲的意思。春节期间，亲友邻居互相请客。春节贴春联、挂年画、中堂悬挂祖宗遗像祭拜。亲友相遇于道，作揖贺吉。

元　宵　正月十五为元宵节。也称上元节。群众普遍备年糕(多为过年留下的)酒菜过节。昔日县城街巷有悬灯结彩和灯舞活动，现逐渐少见。

清　明　清明扫墓是缅怀先人，不忘祖先葬所的传统风俗。家家挑着牲礼或羹饭到墓地，铲除坟上杂草，压上几叠纸条，陈列祭品，焚香点烛，鸣炮祭祖。有的乡村，一边扫墓，一边另备羹饭在家中或送去祠堂祭祖。有祭田的还办坟酒，由轮耕祭田的坟首主办。民国26年(1937年)以后，大部分祭田收归办学经费，坟酒风俗于是停止。20世纪50年代，清明祭祖之俗仍然盛行。90年代后，外出人员均不忘清明节回乡祭祖。清明正当棉曲(为菊科植物鼠曲草)盛长时期，人们采棉曲和粳米做麻糍，叫棉曲糍，色黑有清香。有的加工较精，做成馒头状，内包肉(或糖)馅，别具滋味，又叫燕糍。

端　午　俗称五月五、重五、端午，家家裹粽子。粽子有的用笋壳包裹，有的用箬叶；有的用糯米加柴灰碱(柴禾烧灰冲水)，或拌豌豆、红豆等；有的用粳米加肉、咸菜、蛋黄等。形状各异，有的长条，有的四个角，还有的长尾巴。谚云:“五月五，菖蒲挂门户。”家家户户把菖蒲、艾枝等用线扎成一束挂在门上。菖蒲象征利剑，意为斩鬼驱魔。喝雄黄酒(微量)，小孩的额与脸还抹上雄黄，以为可防蛇蝎之毒。小孩的腕和胫部缚上一圈红绳，俗称“记节”。到七夕，把红绳子剪下抛到檐上，说是“让喜鹊衔去为牛郎织女搭桥”。有的孩子还挂上香袋。还有的用红线织成网袋，装上咸蛋，让小孩玩耍。凡有女儿出嫁未满三年的，都要给女儿送节。头年还裹两个“喜粽”，即在大粽中装个小粽子，用红线标识，特供女儿吃。亲戚家有老人逝世，要送“孝粽”，同时送咸蛋、白鱼等。

七月半　七月半又称中元节。是常年“四祭”中的主要祀祖日，农村家家炊九重糕或粳米麻糍，备羹饭祭祖先。昔日有的乡村还有做兰盆之举，由头人主持在祖祠设祭，祈祷一日或一宵，祠下各户送束纸烧冥钱。这天晚餐酒食颇丰，进食时间特早，并戒小孩晚上外出。

中　秋　中秋吃饼赏月和蒸九重糕过节，是民间的普遍习俗。中秋月圆，摆上犁、橙供果和月饼祭拜月亮。全家人集聚吃团圆饭。近年，因平时出外工作，借机会家人团聚，此俗得以传承、发扬。

重阳节　九月九，九是阳数，九月初九双阳相重，为重阳节。此时，秋高气爽，五谷登场，丰收在握，农人都喜气盈盈，总要登高庆贺，吃重阳糕、饮菊花酒。农家有九月九蒸九层糕吃的习俗，把大米用灰碱浸后，用石磨磨成浆，浇一层蒸熟，再浇一层，如此浇成一笼九层糕，蒸熟晾凉后勒成方块，一层层揭着吃，寓意“步步高升”。

冬　节　冬至日是数九寒天的第一天，过去俗谚“冬至交九”，极为寒冷。种植全面停止，阳气开始逐渐旺盛，农人多数时间在家休息，把代表着一年之始的冬至称“冬节”，用糯米捣成“糯米糍”过冬节。连私塾、学堂也在冬节前放假让学生休息，先生归家不吃主家的汤圆，所谓“先生不吃冬节丸”。吃糯米糍或汤圆是冬节的主要习俗，延续至今。20 世纪 90 年代实行火葬之前，收拾亡人尸骨入“金瓶”也选在冬至日。

二月二　农历二月二，一般为立春之后，芥菜是时令蔬菜，俗称“二月二，芥菜市”。相传芥菜清凉解毒，故农家多有吃芥菜粥（或饭）之俗，部分乡村还备酒菜过节。芥菜冬种春收，除鲜食外，还能做成咸菜、菜干，全年皆可食用。史上遇荒年，芥菜还可充饥度灾荒。《千字文》里说“果珍李柰，菜重芥姜”。农民把芥菜当作当家菜。

三月三　农历三月三是黄帝诞辰，称上巳节。汉族喜欢三月三踏青游春。畲族吃“乌饭”（用一种树煎汁浸米），表示纪念先祖，同时赛歌跳舞，热闹非凡。

2.法定节日

民国时期，国庆节是双十节，国民党员和上层人物做“纪念周”。中华人民共和国成立始，国家法定节日是元旦、“三八”妇女节、“五一”劳动节、“五四”青年节、“七一”建党节、“十一”国庆节等，机关单位悬挂、张贴标语，组织活动。

（二）生产习俗

1.备　耕

编草鞋　传统生活多穿草鞋走路、爬山。正月休闲时节抓紧打草鞋以备用。草鞋平面如船形，两边置四只耳朵，前后两尖上弯，用绳子穿耳朵，交叉绑

编草鞋工具

脚上。编草鞋须制作“草鞋杷”,在横木料上钉11枚木钉,木料横面穿一个树杈,便于钩在木凳上;选一根弓形木杆系在腰部,人坐横凳子的另一头,草鞋的一头钩“草鞋杷”,另一头系在腰上的弓形木杆上。草的纬编几度以后,再用一木片做成五手指状,插在经之间,把纬撬结实。草鞋的经用麻类,纬用稻草。农家常自编自用。

编草帽　用晒干的麦秆,三根交叉编成宽2厘米的扁长条,盘旋成帽子。挡风遮雨,十分受用。

驯　牛　牛犊长到3齿龄时,即训教牛学耕田。首先用牛桊簪将牛鼻子中膈穿孔,拴上缰绳,称上“牛鼻桊”。牛鼻子是牛最怕疼之处,桊上后,一拉缰绳就听使唤。初生牛犊很犟,桊牛须讲究技巧。有经验者悄悄靠近,用左手慢慢摸住鼻子,右手迅速穿过即成。此举如失手,必须用大麻绳绑牛角,往高处挂起来,然后才可以桊鼻子。牛鼻子桊好后,就由一人拉缰绳,由有经验的老农扶犁、耖进行耕田实习。不断吆喝、鞭打,驱赶牛向前走。两三天后置缰绳于牛背,不拉动,这样再过两三天,牛就会形成“动力定型”,以后耕田就不用拉缰绳。驯牛须选在傍晚,驯到日落归家,使牛习惯于晚归。司前一带,经驯后的牛犁田不用缰绳,就是这样训教而成的。

立夏羹　立夏标志春耕大忙季节到来,故有立夏日做立夏饼、立夏羹的习俗。是日炒春笋等蔬菜混入米浆,或做饼或调成糊,全家同吃。

播　种　一般清明前后播种,高山气温低,须谷雨前播种。播种前须将上年挑选好的谷种翻晒,以保证发芽率。然后放箩筐用温水催芽。牙胚长出时即可播种。播种前须将平整完成的秧田放水,保持1—2厘米底水。撒种时间选在潮水平时进行,以免谷种漂浮而引起秧苗疏密不匀和不同品种谷种掺杂。播种完成后,须将田水重新放满至5—6厘米,以保温。

2.其　他

牛　节　牛是农家的宝贝,所以山区又将立夏日定为牛节。认为是日牛耕地会损伤牛的体力,所以农家让耕牛也过节休息,给牛吃鲜嫩的草料、喂卵酒(鸡蛋炖黄酒)、吃牛人参——可治劳累伤损的草药珍珠莲,以期增强牛体力。

畲族将农历四月初八定为牛歇节。一方面尊重耕牛的艰辛劳动,另一方面,非机械化时代,牛是农民的宝贝,备受爱护。汉族则在尝新时,给牛喂米饭、新鲜稻草，与畲族民众共同敬牛、爱牛。

耘田歌　耘田多雇工帮忙，全部稻田在定期内耘完。耘田时青年们喜欢唱山歌，内容为“长年诗”之类，由一人领唱，众声随和，歌声嘹亮，响彻田野。曲调只用 1、3、5、i 数音组成旋律，反复循环，淳厚朴素。耘田唱山歌流传悠久，惜解放后失传。

开秧门　拔秧是插秧的重要环节。拔好秧，插秧速度才快，插下的稻苗转青早，禾苗生产才有良好开端。开秧门是拔秧的序曲，要由户主预选日期。是日早饭要比平时丰盛。秧田离家路远要吃过饭再去，秧田离家路近的先开秧门后吃饭。到田头挽裤腿下田，双手往前泼水，再拿笋壳条放身边，口念：“上天保佑，今年好收成”，然后手指贴近泥皮，防止秧根拔断，整齐地拔一把秧后轻轻用笋壳条缚好，将秧叶上污泥清洗干净放入秧夹。

立稻草人　金秋十月稻穗成熟收割前，为减少麻雀损害，祖先发明了“稻草人”。扎稻草人前，带着稻草来到田间，不能出声，更不能说“要扎稻草人了”，以防被麻雀听见。然后先做两只手臂，再做头、身体、两脚，用墨汁点上眼睛，在右臂斜插上一根小棍，披好蓑衣，戴上斗笠。

盖谷印　收割后晒谷时，往往几家在一个晒场上，容易差错，故晚上谷子收成堆以后在谷堆上盖谷印，同时预防偷盗。谷印有长方、四方、圆、椭圆，形状不一，大小尺寸也各不相同。印正面只阴刻一个字，有“谷”“丰”“天”“地”“财”“恩”“公”“满”等字样，背面刻有各种图案，有把手。20 世纪 60—70 年代生产队集体收割集体存放稻谷，为便于监督，一人把钥匙，一人盖谷印，使社员放心。

3.烧　炭

乌　炭　用薪柴烧制后，浇水灭火储存，作山民取暖过冬和打铁、烘烤物品燃料等用途。烧乌炭技术简单，上山找薪柴丰富地方，选一个近水源的几平方米的小平地，先将砍下的树枝连叶围成 5 米见方的圆圈，要叶朝外围，累至 2 米高时，将树干堆上层，内置少量干柴即可点火。这样由内往外烧，既可以防止山火蔓延又可防止炭火很快风化。待树干完全燃烧，再将树枝推进燃烧，边烧边取水浇向外围炭火。完全燃烧时，再适量浇水至完全浇灭。

一般 300—400 千克薪柴能烧制一担（60—70 千克）乌炭。20 世纪 80 年代始，为保护森林禁止烧乌炭。

刚　炭　主要外运作城镇居民家庭或工业用途，政府每年分配收购指标。20 世纪 60 年代始取消收购指标，只由林业部门安排适当砍伐指标作烧炭，供特需用途。烧制刚炭也讲究技术。先在山林资源丰富处选一小平地，挖坑筑窑，内空5—10平方米不等，顶高80—90厘米不等，留门50—60厘米宽，用黏土筑弓形顶。树（一般用杂木）段长应适合顶高，竖直进窑，点火后封门闷烧5—10天，视炭窑大小决定时间长短。出窑后用泥沙掩埋熄火。然后装篓。炭篓用竹篾制作，圆形，一般高80厘米，径50厘米左右，每篓装25千克。

(三)生活习俗

1.服 饰

织　布　明清时期农民种棉、麻，自备纺车、织机，纺纱织布。以苎麻织成麻布，制作衣服。民国3年（1914年），县城曾创办第一平民习艺所，设有木制织布机、纺纱机，传授织布技艺。因此纺纱、织布，农村巧妇都会。一般布机须大户人家才能制备，邻里相互借用，有的代劳，付工钱。巧妇织出的粗布，还可经染坊贴花染制成“夹花被”，厚实耐用。织麻布，须用苎麻掰成麻丝，用手指捻搓，结成长丝，才能上机织布。

纺车

织机

麻布

流行时装　清代男留发辫，女裹“金莲”。服式一般为大襟纽扣，袖口裤脚宽大。男的冬日多数穿长衫，夏着短服，戴纱帽，少数老人戴风兜。秀才举人有“蓝衫顶戴”作礼服。女衣长过膝，有的襟边袖口饰以带状纱织花边，俗称“栏杆”。衣料均为手工纺织麻、棉布料。贫民大众以自织自制苎麻布衣衫蔽体御寒。未婚女梳辫子，已婚女梳发髻，中老年妇女则系包头或绉纱。咸丰初年,洋布开始进入泰顺。清末有售常熟改布、宜山改布等。辛亥革命后，男去发辫，剃光头或留短发。女解缠足，青年妇女渐兴“短发”。废除官服，穿着较自由。男性公教人员穿中山装（小翻领，上下各两个明袋）。学生多穿学生装（无翻领，左胸与腰两侧各一暗袋）。还有军便装，工人装，也为广大青年普遍衣着。富家妇女多穿旗袍。布料有斜纹、线呢、哔叽等。贫民衣饰沿旧无大变化，多穿偏襟、布纽布服。旧时温饱人家只备一件较整齐长衫，出门或见客时穿，平时只穿粗布衣裳。贫民冬无棉、夏无单，难保一套完整衣裳，有的只能夜晚睡觉时换洗，烘干了第二天继续穿。

20世纪50年代后期，男女多穿直襟短褂，大襟逐渐退出历史舞台。中青年妇女曾一度风行列宁装，大翻领、双排扣、腰两侧斜插袋，并束布腰带。便服衣料有咔叽、士林蓝、十六磅等。60年代，中山装兴起。初期遇困难时期，衣饰较为简朴。中后期，受"红卫兵"穿着影响，普遍穿绿军装。70年代，穿尼龙布、的确良为时尚。男女衣裳多为蓝黑色，男为中山装，女穿前开襟翻领衫。男青年流行喇叭裤，长头发。80年代改革开放后，衣着讲究美观、舒适，款式繁多，变化快。白领阶层流行西装领带，后又流行牛仔裤。以往注重服饰厚实耐穿，嬗变为追求新颖雅观。盛行夹克衫、羽绒衣、连衣裙、吊带裙、超短裙等，各种服饰琳琅满目。价格高、中、低档有序，贴近大众生活。部分高收入阶层的妇女衣着华丽，黄金项链、脚手镯，以致袒胸露肩的上衣和超短裙，成为部分妇女的时髦穿着。

高山地带妇女腰系自织苎麻布围裙，裙腰上嵌小条红布。低山妇女则系自织花布围裙，裙带织有各种花纹图案，显示织工心灵手巧。

结婚礼服　清宣统三年（1911年）辛亥革命后至20世纪50年代，新娘服饰绣花衣裤、绣花鞋，头戴花冠，新郎穿长袍、戴学士帽。60年代始，新娘、新郎皆穿较考究衣裳。80年代始，新娘长裙婚纱、新郎西装革履。

2.居　住

择　基　境内唐代始有人定居，传统居住条件简陋，泥墙盖茅草，或盖竹片、树皮，只盖一层，称"寮屋"。富家建木结构瓦房。晚清、民国以来自有树木者，始建木结构瓦房。多数只建泥木结构草房或瓦房。1952年土地改革时，无房户分到房子。当时私有制，买地基不易。集体化以后，地基审批很严。60年代始，逐步改建瓦房。

传统建房先经风水先生勘测，择定朝向，挖填地基后，再"定磉"（柱础），确定柱脚位置。房屋朝向必选坐北朝南，最好偏东南15度。

选　梁　栋梁是房屋最主要构件。昔日造屋，甚重栋梁挑选，梁材必须是林中分蘖多的杉树，意兆子孙兴旺，不用路边树，以防有人说过"那树好造棺材"，不吉利。砍梁木须择吉日，并给山主红包。山主则给梁木挂红抬回。

砍伐梁木时，不能破坏周边小杉木，伐倒时的方向要朝南，不能触地，用事先预备好的架子撑住。待量好尺寸，去其树枝，取尾巴，系红布，选父母双全两人抬回，一路鸣放鞭炮。抬"梁木"者要走露天道，不能经过房子屋檐下，若遇上路亭，要避开，更不能在亭内歇息。到家后，露天放置木杈桩上，不能触地。

中间挂红纸,上书“紫薇銮驾”四字。

定　磉　预选地基后,请风水师用罗盘校正方向,确定朝向。挖好地基后,择定吉日吉时“定磉”。磉即柱础,定磉即选定柱础位置。木结构房子由许多柱子组成,柱础确定以后,房子的朝向、结构也就确定了。

上　梁　上梁是造屋最主要日子,须“黄道吉日”。梁上系松柏枝,九龙水。抬梁木者要父母双全的好命人。木匠在安装梁木时念吉祥话,祝新屋兴发,并向四周抛撒糖果、米花,以示好彩头。然后挂上大红布、梁米(红布袋装大米)。是日,亲朋好友要送彩礼红包、“五谷彩袋”(大红袋,内装几十千克稻谷),另送一匹“彩红”(大红布)。当日设宴酬谢宾客与赠工的亲友。20 世纪 80 年代以来,房屋多为钢混结构,无须栋梁。但象征性习俗仍在沿袭传承,封顶时,也要挑选吉日,挂梁米,放鞭炮,甚至还安排放电影、放录像等娱乐节目,增添热闹气氛。

砌　灶　传统观念对砌镬灶十分重视,有一定习俗。建新房必须砌新灶,兄弟分家也要另起镬灶。新房砌镬灶,通常在上梁酒后,首先请择日先生定吉日良辰,主家联系好砌灶师傅,同时准备砖块、砖刀、灰等材料。吉日到,东家先选第一块打灶砖,打灶师傅拿此砖称起手,起手必须涨潮时辰,以示财源广进,家庭生活蒸蒸日上。待镬灶高度打到三分之一时,打灶师傅手执装有神砂、口念“丁财兴旺,家庭清洁,养猪大似骆驼”等吉利话。镬灶打成后,要贴灶神像,用新灶第一次开火,叫“婆灶”,起火炒花生、爆米花、烧汤圆请亲戚邻居品尝,人越多越示兴旺。此俗至今仍相传不衰。

住房结构　草房或泥墙屋结构简单,2—3 间,一层居多。建瓦房颇有讲究。明清时,三开间以上两层楼房,中厅之上不置楼板,似官厅。清末至民国时期始置楼板,一层高 2.8—3 米,二层高 2.5—2.8 米。三开间中厅 4.2 米,五开间中厅 4.5 米,供举办酒席。两厢房间宽:高山 2.85 米,低山 3.1—3.3 米。进深 10 米,前后檐各 1.5 米。一层高 2.8—3 米,底层置楼板。二层高 2.5—2.8 米。高山居民喜居一层,将前后隔为 3 间,后间为厨房,前间为堂前间(餐厅),中间为卧室,卧室无门,挂一布帘相隔。低山居民厨房设外厢,中厅两边置长凳。两厢房为餐厅。一般居住二层,也有居住一层。

堂前间　高山地带冬天寒冷,居民在中厅两厢设堂前间,既是餐厅又是客厅。置四方餐桌,三张四尺凳一张琴凳。琴凳面宽 0.35 米,柜式,柜内贮存番薯种越冬。餐桌之下置火炉,吊一茶壶。秋、冬、春炭火昼夜不断,用于取暖和烧开水。邻舍互相串门,取暖聊天。主妇则取出各种各样的咸菜,炒南瓜子、葵花子、黄豆、赤豆，喝茶，闲聊，有时还会热上家酿的糯米酒。有时还可听说书、听故事。这里喝茶很方便，桌下面就是茶壶，随时加水。

乔　迁　迁新居时，先选吉日良辰，太阳初上，鸣放爆竹、鞭炮，以兆新居早发。新屋前竖起毛竹竿(称作“旺”)，并缠上红布，挂剪刀、尺、镜子、苎麻线，寓意兴旺发达。男主人牵着黄牛，挑着一担稻谷，女主人一手提猪食桶，一手拿米筛，小孩子身上缠红，肩背书包，手拿算盘，从右轩间出来，绕新屋走一圈，示意五谷丰登，吉星高照，后代必出状元郎。新屋的正中间摆上祭品，点燃香烛，祭土地公、财神爷。亲戚送礼品，朋友送红包，庆贺主家迁新居。主家在新屋里摆贺喜酒，宴请亲朋好友、左邻右舍和工匠师傅。此俗今较简化，但摆酒之风愈演愈烈，起码几十桌。

照　明　山区传统居家用火篾照明，晚上出行用火篾把或松明照路。松明制作是取松树富含松脂部分劈成小块晒干。火篾制作是将毛竹劈成小条，切为0.6米长，晒干后浸水再晒干。房间内照明时，有专用铁夹，插在一个木槽上，点燃的火篾夹在铁夹内，燃尽的竹炭放在木槽内。一支点完再换。出外则手持火篾把。公众场合照明靠松明。铁丝制成小铁笼，加长柄，松明放在小铁笼内燃烧。低山农家多用蜡烛、菜油灯。20世纪50年代始，普通农家也有用蜡烛、菜油灯、煤油灯。菜油灯是在陶制小碟内放油脂加灯芯，点燃灯芯照明。煤油灯款式多种，最简陋的用小瓶加盖，插棉纱直接点燃照明。加玻璃罩的无烟较卫生。还有铁盒加玻璃罩的手提风雨灯。40年代始有汽灯。汽灯用小铁盒内装煤油，打气加压，煤油气喷在小石棉袋内燃烧发光照明。山区公众场合偶尔用汽灯。70年代逐步有电灯。80年代后期村村通电。

床上用品　编草席　农家传统睡草席。席草(龙须草)直径0.3毫米左右，最长1.5米左右。长在山野岩壁上，采集后用柴灰处理晒干，性柔韧、光滑。将其捣软搓成绳子为经，直接以席草作纬编草席。编草席如织布，工具不一样。编草席须制一方框，将席经绕方框，经穿席扣，用一竹条钩席草穿过席经，席扣上下摆动，同时上下拉动，扣实纬草。每穿一条，席草两头绕一圈作席边。编满2米后，剪经修两头边，草席即成。编草席也是专门手艺，一般由女性操业。20世纪70年代始，冬天床垫改为布，夏天用篾席，草席仅少数农家使用。

被　套　20世纪60年代前，多数农家睡夹花被，用棉织白土布交染坊印染成白花纹，缝两层，套棉被。60年代中期，经济逐步向好，多数农家积累“布票”，买机织布做被套，或做包被，即被面与被里分开，用针包棉被，称“包被”，方便拆洗。

3.出 行

交通工具　公路未通之前，靠步行，山高路陡，出门就爬坡。旧时百姓出行，穿草鞋，雨天穿笋壳鞋(用竹笋长成毛竹时脱下的外皮制作)，有的赤足。条件稍好人家穿布鞋。20 世纪 50 年代后期始，部分穿解放鞋。70 年代始，部分人家有自行车代步，部分人家用手扶拖拉机代步。未通车山区仍靠步行。80 年代始，坐公交车。90 年代始，村村通公路或机耕路，摩托车或面包车代步。公交车也较多，出行较方便。21 世纪始，少部分人家有小汽车，近年起较多人家有小汽车。

历史上女子出嫁做新娘要坐轿。新娘轿分大轿、小轿。富贵人家闺女乘大轿，贫穷人家女子乘小轿。乡绅、财主偶坐小轿。山区大轿用四人抬。小轿则用两根竹竿夹竹趟椅，上面用竹篾编的席子围住，两人抬。20 世纪 50 年代始，很少有人坐轿。21 世纪始，新娘坐小汽车，富家车队成长龙。

行道礼仪　传统出门行路，十分讲究礼仪，同行时让辈分高或年长者在前。迎面相遇，伸右手让对方走左边，在山岭，让对方走内沿，把安全让给对方。20 世纪 50 年代始，仅部分年长者仍沿袭此俗。

路线速度　步行山路速度一般每小时 5 千米，老人或挑担、抬轿者稍慢。司前至县城罗阳山路 20 千米，需半天。至景宁东坑山路 30 千米，需 6—7 小时。至水运埠头百丈口山路 10 千米，需 2 小时。

(四)餐饮习俗

1.主食加工

碾　米　中华人民共和国成立初期，稻谷加工仍是“泥砻去壳、踏(水)碓舂米”。水碓多属私人经营，碓米百斤，交加工费 2 角或大米 1 公斤。僻居深山的单门独户，都自备踏碓、木杵、石臼等工具。踏碓舂米，水碓碓米，均须一次次用米筛筛米，米筛上面的还含有谷子，要重新放入石臼。这样能避免碎米太多，影响出米率。

踏碓

水碓

捣年糕石臼

谷砻

炊　饭　米或番薯丝分别先煮，捞上来放饭甑炊。留下米汤烧汤菜。20 世纪 80 年代始，仅有少数家庭用此方法。食堂、酒宴场合常用。

焖　饭　番薯、番薯丝、米加水入锅煮，稀饭则适量多加水。有时单独煮，有时番薯加米或番薯丝加米，也有番薯丝加马铃薯或米加马铃薯，也做米加芥菜、加山药、加豆类等蔬菜的菜饭。

番薯丝馍　鲜番薯刨成丝晒干储存，但天气是晒番薯丝的制约。如两天内下雨，还未干的番薯丝必变味，很难入口。而番薯丝是当时农民的活命依靠，多一斤就少一天挨饿。因此把这些变味的番薯丝晒干磨成粉，作成馍或制成番薯丝面，勉强当主粮糊口活命。

捣年糕　用优质粳米泡透篜熟，放石臼里捣细成团，再用手搓成各种形状。清明节，在年糕里加棉曲（一种野草），成灰色年糕，可做成圆形包子，内馅菜肴、豆沙等，称“清明果”。在年糕里加柴碱水（用薪柴烧灰泡水），做成黄年糕，特别有韧性。高山一带民众过春节时喜欢做这种年糕。传统捣年糕用踏碓（木杆夹石条，用脚踏）或直接用木杆捣。20 世纪 80 年代始有机器，民间还喜爱手工操作，有乐趣，且捣成的年糕可口。

做麻糍　用优质糯米泡透篜熟，放石臼里捣细成团，掰成小块，粘豆粉、芝麻等，可手拿食用，也可泡汤食用。畲族民众常用这种麻糍招待贵客。

九层糕　大米泡透磨浆，上蒸笼蒸熟，一层层加，因多层称九层糕。在米浆里加柴碱水，米糕有韧性，且显金黄色。加香草，米糕清香可口。

炊米面　米面，本地民间称“麻糍干”。大米泡透磨浆，舀小勺放平底篾盂，摊均匀，放锅内贴沸水加盖炊。1—2 分钟起锅，翻转篾盂用手掰下。这样一层内包菜肴卷着吃，称米面层，本地称“麻糍干重”。这样一层层晒半干切小条，再晒干，称米面，本地称“麻糍干”。主要工具平底篾盂，篾制圆形，直径 30—40 厘米不等，底部竹篾编织，不漏水，边唇竹片嵌夹，高 2 厘米。也有用薄铁皮制作,形状相同。

汤圆粉　元宵,本地称汤圆。用优质糯米泡透磨浆,用薄布包裹压干水分,即可直接做汤圆。晒干可存储。

制粉丝　马铃薯、番薯磨浆,用纱布滤去粗渣,沉淀后可得淀粉。晒干可存储。也可直接仿照制“九层糕”方法,制成淀粉饼,置阴凉处 1—2 天,用粉丝刨刨成粉丝。

做索面　索面是一种以麦粉为原料用手工拉丝晾干的素面。因是面类中最修长的面,俗称“长寿面”,索面有两种:宽、厚约 5.1 毫米扁面;直径不到 1 毫米含适量食盐呈线状细面,也称线面。索面也要讲究技术,要看加食盐分量。天气冷多点,天气热少点,这样才能使面粉充分发酵变柔韧,便于拉细。

粉　干　大米浸泡磨浆装袋压干，做成团状蒸八分熟，挤压过铁粉筛出条,再蒸熟晒干即可。关键技术是选用黏性较少的籼米,第一次上笼蒸糕团时注意火候。这样做出来的粉干韧性强、有筋道。

2.副食烹调

(1)食材种类

肉类、豆类、瓜类、蔬菜,低山有鱼、虾,高山有竹笋、野生菌、蕨类,及其他野菜,种类繁多。除辨别有毒物质以外,食用无禁忌。20 世纪 90 年代以前,部分家庭自养牲畜、家禽、蛋供自用,少数出售。家庭养猪,宰杀后部分出售,部分腌制自用。春节前安排杀“年猪”,互相请吃猪肉、猪血,热闹非凡。部分家庭也交供销社收购或出售。

(2)厨　艺

油　炸　豆腐、鱼虾、排骨等食材裹淀粉放油锅爆炸。

爆　炒　牛肉、猪肉、青菜切片热锅爆炒。

红　烧　肉类、鱼虾拌酱油、料酒置锅内大火小火焖。

煨　肉类装陶罐或铁锅置炭火上焖烧。

蒸　鱼虾、蛋类装蒸笼以水蒸、气焖。

煮　食材放锅内加水烧。

凉　拌　黄瓜、西红柿、海带丝之类加醋、白糖凉拌生吃。

无油或少油厨艺　传统山区食油珍贵,巧媳妇自有安排生活手艺。

笋　类　刚采的新鲜笋类食材,去壳洗净切片,随清水下锅,煮 1 小时,加盐、酸菜,继续烧半小时。

叶类青菜　多数须经沸水煮,漂洗沥干,加水、盐,并加米汤。烧南瓜不加油，马铃薯剥皮与番薯丝或大米一起煮，马铃薯剥皮与酸菜烧汤，都美味。符合现代人少油的健康理念。

(3)炊　具

传统炊具是铁锅、铜锅、陶罐、砂锅，饭甑（古时用陶制，后用木桶，底有孔）。20 世纪 70 年代始有铝锅、高压锅。高山有“小风炉”，可摆桌面，上放小锅。传统用铜锅，后用铁锅、铝锅。炉内置炭火热菜。

(4)锅　灶

传统锅灶用泥筑，烧柴火。20 世纪 60 年代始，普遍砖砌锅灶，筑烟囱。90 年代始，锅灶面贴瓷砖，并逐步使用煤气灶。

3.副食品加工储存

山区交通不便，农民副食品、蔬菜类多自采、自种食用，需要采取多种方法加工成食材或储存。

豆　腐　制豆腐是历史传统。将干黄豆浸泡 10 个小时后，以 1:5 的豆水比例一起经石磨磨成浆，再用纱布包过滤豆渣成豆浆。煮沸后再降温至 80℃时，慢慢点入卤水。用勺子顺一个方向搅拌，至出现絮状沉淀物，即形成豆腐花。又用纱布裹好豆腐花把水压出，就成豆腐。

豆腐架

笋　干　各种笋都可以晒干。以毛竹、乌竹、石竹笋产量高为最多。制法为先将笋煮熟，直接晒干称乌笋干。加碱压实，待压干水分后再晒，称白笋干。先切片加咸盐再晒干，称烧笋干。

蕨菜干　蕨菜喜生于浅山区向阳地块，多分布于稀疏针阔混交林；其食用部分是未展开的幼嫩叶芽，经处理的蕨菜口感清香滑润，再拌以佐料，清凉爽口，是难得的上乘下酒菜。还可以炒吃、加工成干菜、做馅、腌渍成罐头等，在餐桌上受到欢迎。近年来，国内外的科学家发现蕨菜有一定的致癌作用，而它之所以会致癌，是因为其中含有一种叫作“原蕨苷”的物质。据了解，国际癌症研究组织已经将蕨菜归类为“对人类是可能致癌的植物”。不过合适的烹饪手段可以降低风险。蕨菜对健康有正面的作用，也有负面的作用，但目前国内外专家的看法是，如果你并不是很喜欢吃蕨菜，那就没必要去尝鲜了，如果你很喜欢这种食物，偶尔吃一下，只要不是特别频繁，对健康的危害并不大。只要吃得适量，就没什么问题。只要采取合适的烹饪方法，就可以减少蕨菜中“原蕨苷”的含量，降低其致癌风险。“原蕨苷”是易于溶于水的。如果在烹饪之前把蕨菜在水中充分浸透且换几次清水的话,蕨菜中的“原蕨苷”含量就会降低。此外,“原蕨苷”在常温下容易挥发,在酸或碱的环境下也不稳定,因此如果能用较高的温度烹饪,或是在烹饪过程中加一点醋,就能破坏其中的“原蕨苷”,降低蕨菜的致癌风险。所以,蕨菜虽然能致癌,但是只要吃得不特别频繁,做前在水中浸泡透,高温烹饪,在烹饪的过程中加一点醋,也是不错的美味。如果煮熟经漂洗晒干再吃,更加安全。

海芦干　有人称犁头菜,是野菜,三角形如犁头,巴掌大,故山里人称犁头菜。叶汁苦味,故须先煮熟,经反复漂洗才能吃。多分布于稀疏针阔混交林。原为穷苦人家采食。现代人贪其生长山野少污染,作为美味上餐桌。如经漂洗晒干,常掺加马铃薯或排骨汤。

菜头干　白萝卜产量高,易种植,但难保存。因此农家常刨丝或切片晒干贮存;切条晾干,加盐揉软压实贮存,称菜头渍;切小块晾干,篜熟再晾干,拌豆腐乳,叫菜头腌。菜头叶晒干,营养丰富,农家常以喂猪,猪不长肥。用水煮熟晒干,可作菜肴。

苋菜干　过沸水晒干,耐贮存,可作汤。

苦马菜干　过沸水晒干,耐贮存,可作汤。

西葫芦干　本地名蒲瓜,产量高,难贮存,切片或炭火煨,挤干水分晒干,耐贮存。

南瓜干　本地名金瓜,高产。刨丝、切片晒干,耐贮存,加米面丝煮食。

野菇干　长于山野,少污染,注意鉴别有毒野菇,一般脚有裙子者有毒。晒干耐贮存,炒、煮美味。其含成分与肉类相当,称“素肉”。

马铃薯干　煮熟切片晒干,耐贮存。

番薯干　蒸熟切片晒干再篜,可作零食。

番薯叶干　营养丰富,煮过晒干,加米汤烧。

发　菜　别名芥菜咸,生晒干,加盐揉软压实贮存,作佐料。

烧　笋　笋加盐烧熟压实贮存。尤以“百孝笋”、笋枝(嫩毛竹枝未出叶时)的笋肉烧得最美味。

笋　糖　毛竹笋肉煮熟,晾干。加泡菜水、盐煮三天三夜,趁热贮存。

菜头糖　白萝卜洗净晾干。加泡菜水、盐煮一天。

山菜头糖　中草药,名“羊乳”,泰顺名通乳草。根入药,含皂苷、糖类、维生素 B_1 和 B_2、蛋白质等。功能:清肺养阴,健脾通乳,排脓解毒。其根块茎去皮,加盐烧熟贮存。

豆腐乳 民间自制方法为豆腐切小块，稍晾干皮，成堆发酵 3—4 天，现黄皮时即加盐、红曲粉末、茴香等拌匀贮存。

豆 豉 民间自制方法为：黄豆煮熟，晾干皮，成堆发酵 3—4 天，现黄皮时即加入盐、凉开水置阳光下晒 8—10 天即可贮存食用。

麦 酱 大麦磨粉，烧熟，同豆豉制法。

姜 豆 黄豆煮熟，晾干皮，发酵备用。生姜洗净，晾干皮，捣碎，加发酵黄豆拌盐，密封贮存。

蕨 菜 过沸水，晾半干，拌盐揉软，压实密封贮存。

咸菜储存 山里人用毛竹筒，一般人家用陶罐。

4.饮 料

制 曲 乡民喜自制红曲酿酒。选用优质大米蒸到透心，冷却至 20℃左右拌同醋糟配制红曲霉。经 40℃左右温室发酵 9—14 天，出房均匀暴晒或晾干。乌衣红曲既是酿酒曲种之一，也是调味及色素品。

酿 酒 因用红曲制作黄酒惯称红酒。历来，家庭烹饪佐料、节庆待客，分娩养身不缺红酒，几乎家家户户能酿酒。酿酒工艺不复杂，但讲究经验。用大米就可以，糯米酒更优质。米饭要硬一点，选用山水。先将饭放进水里，降为 25℃时再加红曲。注意避开潮水涨潮时。一天后充分发酵时即可用搅拌器压几下。停止发酵后即可封缸。

5.茶 俗

采 茶 高山与低山采茶季节不同，要求也不同。低山讲究春茶早、名贵，叫“明前茶”（清明以前）。一般在 3 月底采摘，采二叶绿茶尖。高山春来迟，在海拔 600 米以上的茶树，比低山迟 2 个季节发芽成长。故采头茶要在立夏前（4月底），采 6—8 叶以上的嫩茶枝。

制 茶 虽然高山、低山两地茶叶同样富含多种微量元素，营养价值高，但嫩茶味清香、爽口，现代价格每斤高达数千元。可制成条形、扁平型，一般手工制作，也可机制。高山茶香味浓郁、清纯，经多次冲泡香味经久不衰。因茶青多叶，含茶梗，制作过程比嫩茶要复杂。杀青时可手工制作，也可机制。烘干以后洄茶（再炒一次）时，必须细心将茶梗揉碎，既注意外观形状美，更要保持内在茶味香醇。有的还加入“茶椿（含香味的小草）”，香气扑鼻。

储 茶 采制的茶叶要用一年，保管茶叶要讲究艺术。为使茶叶不霉变，山区人储存茶叶一般用陶罐、铁箱密封，漏气的器具容易变味。平时用茶有小茶罐、小茶瓶。用时尽量减少打开次数，以免打开次数多了漏气。储茶的器物不能靠近其他气味浓的物质，如汽油之类，以免茶叶沾染不良气味。

泡　茶　低山茶名贵，多为出售、送人情。高山茶多为自用，所以高山茶讲究“头碗茶，二碗味”，一次茶叶经多次冲泡之后仍然味道香醇，叫“吃茶吃出味道来了”。有的主妇家里预先泡好浓茶汁，客人来时，再加沸水，使来客进门就能喝出高山茶的清香茶味。

高山家庭妇女泡茶很讲究礼仪。泡茶前应先洗手、洗茶杯，倒干茶杯中剩水，然后用清洁布擦干手，才可以取茶叶。取茶叶时不可用手抓，要直接将茶瓶内的茶叶抖入茶杯，然后冲开水。冲水前要先试暖水瓶或茶壶里的水温，水温太低时要重新加热。过夜水要倒掉重新烧。冲水时不能太满，“有心泡茶泡八分”，茶水溢出视为不敬。客人杯中茶水过半时注意加水，一般要加水 2 次以上。一般来一位客人泡两杯茶，只泡一杯茶，叫“单身茶”，不合礼仪。两位客人泡三杯茶。茶的杯数多于客人的个数，多出来的茶供主人自己陪饮。

敬　茶　一般要右手拿杯左手托杯边，防止自己手被烫，可保持适度距离，并注意对方行动。千万不能把茶水洒到别人衣服上。敬茶要从年长者或长辈开始，循序进行，一律同等对待。客人注意敬茶时，可以不言表，客人没有注意敬茶时，一定要直呼称谓“请喝茶”。

品　茶　茶水是中华民族最喜爱的饮料，社会各阶层都有各自独特的品茶趣味。山乡农民干活累了，喝大杯凉茶，补充体液，恢复体力。故夏季时节，居家妇女事先用茶罐泡好茶，便于劳动者归家就能喝上凉茶。农民忙完农活得有闲暇，左邻右舍一起喝茶聊天；农妇们忙完家务，坐下来喝茶、吃咸菜，理论家长里短；农闲、节日亲戚朋友聚集“堂前间”，桌上摆糖果、咸菜之类，喝茶、讲故事、说戏文。这种闲情逸致，给农民带来无限乐趣。茶水是农民沟通思想、联络感情的桥梁。

茶俗的延伸　由于人们对茶的喜爱，还开发了许多中草药汤饮。头疼脑热时喝几杯，暑天心烦时喝几杯。人们以为自己喜欢茶水，总是在祭奠祖宗、供奉神灵时不忘摆上酒、茶。没有茶水，就用茶叶，没有干茶，就用茶青。居民聚会，总少不了茶。或大桶装，小碗盛，女士们热情洋溢地一碗碗送上前。靠大路边居住的农妇，经常用茶壶储备茶水，便于路过行人方便饮用。有心人还特意到凉亭、路口备茶水招待行人。

(五)礼仪习俗

1.生　育

分　娩　旧传统分娩都在家里，有的请接生婆，有的由亲戚接生，有的自己接生。婴儿落地以后，在离婴儿肚皮 1 厘米处，用苎麻丝绑紧脐带剪断，并用普通旧布包裹。全部使用普通剪刀，多数没有消毒。然后简单擦洗婴儿全身，用普通布或旧衣服包裹。中华人民共和国成立后，对农村部分接生婆进行培训，但她们没有文化知识，不太讲究卫生。20 世纪 70 年代，建立乡卫生院，有助产士，但山区分散，其服务范围有限，多数仍然由接生婆接生。80 年代始，才逐步送乡或镇卫生院接生。90 年代始大多数送县医院接生。

做月里　接着给娘家及其他嫡亲送猪脚或猪肉，俗称"送酒"，生女则没有。产妇一般休养一个月，不出房门。一日三餐二点心。菜肴主要是蛋酒（自家特酿的红酒）和鸡肉，吃米饭，不吃粗粮。月里期间，亲友先后赠送"月里"羹——鸡、兔、蛋或加婴儿衣裙等。

贫困农户则没有这些礼仪，甚至得不到休息，不可能增加营养，能有饭吃已是最高优待。据传，过去境内有畲族妇女，围产期还上山砍柴，结果在途中诞生婴儿。20 世纪 60 年代始，这些现象有所改观。70 年代始，产妇待遇得到保障。

开喉奶　即孩子出生后要吃的第一口奶。婴儿生下一昼夜后，先向邻家讨奶吃，叫开喉奶。之后产妇才自己给孩子喂奶。吃开喉奶时颇有讲究，生男要讨生女的邻居，生女要讨生男的邻居。

三　旦　昔日农村产妇产后第三日，要给婴儿沐浴，用活血丹、瓜子芬、杉树梢、石菖蒲等几样土草药，并放入鸡蛋数个一同煎煮，然后以药液浴婴和揩洗产妇乳头，叫"洗三旦"，同时把熟蛋分给邻居儿童。若生男孩，必送一蛋给邻居未育妇女。同时会集亲友为婴儿祝吉，即"洗三"：一是祝吉；二是洗涤污秽，消灾免难；三是祈祥求福，图个吉利。为大吉之礼。洗姆娘来为婴儿洗浴，检视脐带剪痕，脱去利市衣，更换外婆家"洗三礼"送来的新衣。摆酒席，以请洗姆娘为主，其他请供给开喉奶，赐利市衣以及临褥时帮忙的人。大都是女客，叫"解襁酒"。

满　月　婴儿满月，招来剃头匠，剃去婴儿胎发，叫作"打光光"，囟门必须留足方一寸多的发，叫作"孝顺发"。所剃胎发，用红布包裹，送去悬在保生娘娘宫神座旁边，意思是保长生。也有人放进葱管里，然后夹在书本里，祈求以后聪明。过去有些讲究的家庭，为孩子打光光的理发师，要先手握鸡蛋在小孩头上晃着，口说"卵光卵光"的彩头话。剃头后，主人家以鸡蛋和酒招待理发师，并奉上"红包"表示酬谢。如果满月时不剃头，就得再等满百日，剃了第一次利市头，以后就不拘时间，可随时给小孩理发。

取　名　婴儿未取名字前,先叫娒、宝,一般只让父母哥姐称呼。出生满三月,开始取名。有的请本族长辈给小孩取名,有的请阴阳先生、老秀才给取名,有的父母给起名。取名要文雅、亲切。有的据五行取名,先请阴阳先生推算"八字""五行",假如某人命中五行缺少某一行或二行,那就得用缺行之字,或用缺行作偏旁的字取名补救。如取海(缺水)、取鑫(缺金)、泉(缺木水)、坤(缺土)等。名字第一个字按辈分排列取名。有的据孩子出生时的节令与花卉取名。如秋、冬、梅、云等,常见于女性。也有父母连连产下女婴,盼子心切,则会取名根(跟)弟、玲(领)弟、招弟、盼弟等有趣名字。过去读书人、士绅有名有字还有号,号有自号、别号、雅号,如某某居士、散人等。文人还有学名、笔名。"

开　荤　开荤前,婴儿是不能接触油腻的,目的是保持婴儿口腔卫生。四个月后,婴儿可以开荤。但开荤不能用自己屋里食品,必须到人多的人家做喜事的地方,乞取鱼类开荤。如果碰不上,有的在对周酒席客人没吃之前,先给孩子开荤。主人家准备一个大碗汤,用筷子蘸一点放在孩子嘴边,让他尝尝鲜。此后,婴儿可以不忌荤腥。

做对周　婴儿一周岁称为对周,要摆对周酒,即做对周。外婆家送:银脚镯一对,项圈一个,并送玩具、衣服、童车,其他亲戚送肉、糕、素面等庆祝孩子健康、吉祥和顺利。主家宴请外婆家等四亲六眷喜酒,亲眷每户给孩子送红包。主家给亲友、邻居、同事分送寿桃。小孩过周岁,家里人这天高高兴兴摆酒请亲朋戚友来喝周岁酒。小孩子这天打扮得漂漂亮亮。穿新衣服、戴项链、脚镯,额头上点红代表着吉祥。新衣服、项链、脚镯、手镯由小孩子外婆家送来。外婆家还做状元糕、糖年糕、红鸡蛋等东西挑往小孩家。小孩过周岁舅舅最大,一定得到。舅舅来代表外婆那边对小孩的重视。亲朋好友来喝周岁酒,吃长寿面、蛋糕来祝贺小孩周岁。

缠足是中国古代一种陋习。关于缠足的起源,从明清时期起便众说纷纭。据现代学者考证,缠足开始于北宋而兴起于南宋。元代的缠足继续向纤小的方向发展。明代的缠足之风进入兴盛时期,出现了"三寸金莲"之说,要求脚不但要小至三寸,而且还要弓弯,清代的缠足之风蔓延至社会各阶层的女子,不论贫富贵贱,都纷纷缠足,但不缠足者也不在少数。缠足给妇女带来无尽的痛苦。

2.婚 嫁

联姻制度　畲族山歌中有"同房至亲不婚嫁,同族五代结姻缘"的诗句,畲族、汉族都规定直系亲属五代内不通婚，旁系亲属三代内不通婚。直系亲属五代后通婚的很少，旁系亲属三代内通婚较多，姑表亲、姨表亲等。但是畲族人民通婚的范围狭小，一般只限于畲族内通婚，畲族和汉族通婚，在旧社会很少见。《中华人民共和国婚姻法》颁布实施后，异族通婚逐渐增多。

旧社会司前境内娶妾现象时有发生，但较少。封建社会，女丧夫要守寡，还有"皇封贞节妇"，立"节孝"牌坊。中华人民共和国成立始，丧夫者可招上门郎，也可改嫁，极少守寡。一夫多妻、妇女守寡陋习废除。

形　式　畲族、汉族女嫁男、男嫁女都有，但女嫁男为多。中华人民共和国成立始，童养媳现象已少见，姑换嫂现象还存在，招婿为子被视为正常现象。有的还允许其子女分别取父母姓。畲族、汉族通婚时，子女可根据自愿分别认同不同民族。也有招婿几年后可允许返家。

媒　妁　昔日婚嫁，由父母作主，听媒妁之言，讲门户相对。媒人把闺女生庚（出生的年、月、日、时辰）送与男家，放置七日，如果都吉祥如意，并经算命先生推算双方八字无冲克，即行议婚。媒妁居间洽妥礼金、嫁妆、盂担诸项。从议婚到成婚，历许多繁文缛节。中华人民共和国成立后，逐步主张婚姻自主、恋爱自由，但还履行一套繁文缛节。

察　定　即小定。男方备猪脚、鱼鲞、麻糍、线面、红蛋、绒线、衣服等，拼成四盂（盂为直径约 40 厘米的盘状木制盛器），定金银币数元，或银耳坠、银戒指一对。用红布袋挑到女家，女家设小宴款待，收下主要礼品，以布裤、袜底回礼。20 世纪 80 年代始，定亲首饰，步步升级，由原来的银质改为金质。

大　定　男方一般送礼品八盂，公鸡两只。盂担中具帖盒，内放以柏枝扎结的红枣、花生、桂圆、莲子等果品，寓意"早生贵子"。富家大定礼物用"扛盛"（为长方形的木制盛器，有盖）扛抬，器内摆金银首饰、服装鞋袜、高级菜料及糕饼等。殷户和书香门第，在帖盒中还有书启和礼单。女家收下部分礼物，作相应回礼回启。公鸡收一只，换上一只新雌鸡，用红线连接两鸡脚，俗称"红线绕鸡脚"，以兆良缘永固。礼金一般在大定前付清。

送日子　结婚日期择定后，男家即备简单礼品数盂，雇人与媒人一起送到女家。也有与大定同时进行的。

轿前盂　迎娶前夕，男方一般要给女家备送办酒菜料十至十二盂。还加猪肉百余斤，中华人民共和国成立后，贯彻《中华人民共和国婚姻法》时，礼金及大、小定等旧俗一度有所废除。尔后，大、小定礼物及轿前盂多折现金支付，但大、小定时，礼节性的盂担如猪脚等，仍不能少。

迎　娶　男家备花轿、请乐班，于迎娶前一天下午到女家。抬嫁妆的轿夫要用红布袋抬去“轿夫米”。女家一见轿到，或听到唢呐声，母女即号啕大哭。当晚设宴请客，俗称出嫁酒。次日，闺女打扮得花枝招展，由兄长背上轿，男方请来的“接姑”牵新娘上轿。闺女上轿前，须向母舅跪拜告别，母舅则给红包。接着，闺女站米筛(筛下置米斗)上掷两把筷子，一朝前掷，一往后抛。新娘带火笼，要到兴旺的人家取火，由“接姑”提火笼向人家取火，以红蛋、彩豆及小红包作酬谢。花轿过溪(桥)和抬到男家厅堂时，新娘要抛下红蛋和彩豆，意为“制煞”。新娘刚抬到时，新郎与翁姑暂回避见面，以防招致不吉利。

大轿

中华人民共和国成立后，花轿、乐班渐废，新娘由女友伴送，步行到男家。20 世纪 70 年代始，凡通公路的乡村，新娘一般用车迎娶。近年迎娶，奢侈之风滋长，用小轿车数辆，有的还讲究名牌轿车。

嫁妆的多少，由婚嫁形式——俗谓“扛”“邀”“邀邀扛”(半扛)而定。扛，即嫁妆多。床被帐、橱柜、桌台及大小脚盂、马桶等齐备，一般为十几杠(两人抬一件或数件称“一杠”)，富者多达数十杠。或用牛开路，嫁妆长达“十里红妆”。“邀”则无嫁妆；“邀邀扛”有部分嫁妆。昔日嫁妆均为木制，重彩画与雕刻。20 世纪 70 年代始，嫁妆款式日趋新颖，床从原来的“斗床”，渐演变为车木床、板床、“席梦思”等，橱、柜、台等则发展为组合家具。80 年代，陪嫁品中已有收录机、洗衣机、电风扇、电视机、电冰箱等家用电器。被褥多的达十几条，高级羽绒被、毛毯已不鲜见。90 年代始，不讲嫁妆，家具多由男家置办。

傧　相　男家需请男傧相二人，俗称“暖房头”或“床头把”，专为新郎服务。女傧相二人，俗称“老接”“接姑”(前者必须伉俪成双而有子女者，后者必须父母双全)，专为陪伴新娘。

新娘由老接牵出轿。开轿门时，老接先用手帕对新娘拂三下，称“刹面风”。意在防止新娘到夫家后耍脾气，然后先由男女四傧相分站在花轿四边，把挂在秤钩上的米筛、谷印、铜镜、锁等传递一周，之后，五物随新娘送入新房。一般都在新房摆一箩谷，谷中插一把挂着谷印的秤，新房桌子上设斗灯，斗中装满米，斗的后内边插剪、尺、镜，沿斗边置十个贴着喜字的生蛋，插十双用红线连着的筷子。也有用五蛋五筷，每蛋贴一字，联成“五子喜登科”之句。斗灯昼夜不熄，点到七日止。此俗今已废，但山村仍存，当日中午宴席称“相照酒”，媒人坐主位，晚上大宴称“贺喜酒”，娘舅坐主位。

拜 堂　一般在午后（亦有在次日）进行，四傧相分别领新郎、新娘到厅堂行婚礼，鸣炮奏乐。一拜天地，二拜高堂，三拜媒人或亲戚长辈。受拜亲戚要给红包，但一般皆不受拜。最后新郎、新娘互相行礼。此俗中华人民共和国成立后逐渐废除。

洞房酒与闹洞房　洞房酒一般在吉日当晚 10 时左右举办，俗称“暖房酒”（有的与晚宴同时举行）。席摆厅堂正中，红烛交辉，新郎居首席，两男傧相分坐左右，各把一壶斟酒，与新郎正对面坐的必须挑父母双全的青少年。席间乐班频频奏乐唱曲，此宴酒肴特丰，每每吃到凌晨方罢。宴毕，大放鞭炮，二傧相执喜烛，乐班奏唢呐，送新郎入洞房。闹房时，众说戏谑之言，逗笑新娘。20 世纪 70 年代始，洞房酒的人数无定额，凡新郎的相好亲友，皆可参加。

送六日　昔日闺女出嫁六日，娘家即备盂担（含衣服）到女儿家，叫“送六日”。六日晨，岳父送物件给女儿，当晚婿家设宴请岳父，酬谢相帮人。

做年婿　旧时婚后次年正月，新婿备盂担到岳父家做客，叫“做年婿”。所带礼品分送岳家嫡系亲属，对岳父母行跪拜礼。受礼各家先后宴请年婿，岳父一一作陪，最后岳家再宴嫡属各户，称“回杯”。

中华人民共和国成立以前，有童养媳、“姑换嫂”、“上门”、“典妻”等风俗。“上门”是因夫亡不愿再嫁而招入大龄的男人为夫。“典妻”则是因极度贫困或兼久病，无法供养妻儿，把妻出典给另一男人，立据期满回归。中华人民共和国成立后，童养媳、“典妻”陋俗已消失，其他几种也已减少。

3.酒 宴

祝 寿　凡准备办寿酒的寿主，其女儿及嫡亲在上年腊月下旬先送猪脚或猪肉，至办寿酒日，再送寿面、糠糍、寿字或对联及衣服鞋帽等。邻里弟兄多是数人合送一件礼物，如被单、毛毯、玻璃匾额之类。旧时，对富贵而寿高者，女婿或亲友常送金字匾额（俗称牌匾）、金字联板，有的还为寿者撰寿序。花甲、古稀、耄耋之寿，则为人们所重视。有的寿星还坐在堂上，让儿孙亲友一一叩拜，并大办寿宴，从晚上吃到通宵，称“暖寿”，有的还在酒席上再加一道特殊的“菜”——在盘子里放上香烟和压岁钱（少则十元，多则三四十元），均每人一包。穷家则不可能有许多讲究。

现今，此俗简化，请亲属或自家子孙搞聚餐，以示庆贺。

筵席　婚嫁、寿诞、乔迁、丧葬等红白喜事，历来都办酒请客。昔日酒宴，但求饭饱、酒醉、肉足。菜肴一般20样左右，农家蔬菜占多数，亲戚朋友赴宴会随带鸡、鸭、干鲜菜等。20世纪80年代始一般只送现金。

宴会上首道菜随不同类别的酒宴而异。如上梁、乔迁、葬坟，头碗为汤圆，庆寿必先面条。20世纪80年代始，菜肴渐趋丰盛。宴有大宴、小宴(菜肴略为简单)之分。婚嫁、葬坟有三餐大宴，其余酒宴多为二餐。场面的大小，则视主家的经济条件与社会地位而定，一般十几桌，多的几十桌甚至上百桌。传统用家酿红酒，现代啤酒、红酒、白酒齐备。宴间主人对宾客一一敬酒、敬烟。寿宴时，除主人外，与宴的侄辈及甥婿(含侄婿)必要备卷烟敬客。支派蕃衍的主家，敬烟者达数十人。

叶山、黄桥等地酒筵有“退筵吃”之俗。即一餐分两段吃，先吃饱，暂散席，复席后再慢慢饮酒。

旧时，农家办酒席须请同村邻居帮助借桌、凳、盆、碗等用具。21世纪始都向店家租用。之前办酒席都借用邻居家房间，21世纪始均在公共场地搭置临时帐篷。

4.丧葬

送终　老人寿终正寝，俗称“归去”或“归世”。临终前，举家大小站在老人床前，目送老人断气，叫“送终”。

浴尸更衣理发　浴水由孝子到多溪汇合的溪涧烧香纸呼天“购买”“九龙水”。浴尸为象征性，“前三后四”，即胸前揩三把，背部拭四下。死者所穿衣服，先全部挂在秤钩上(不带秤锤)，由孝子执秤，站在露天的凳上，三呼皇天后，再说“上下七件，一秤溜尾”，然后穿着。男死请理发师理发，女死则由女儿或媳妇梳头。

设灵堂吊孝　在正厅挂帏幕设灵堂，死者卧于用两条凳子支撑的木板(俗称“尺凳”)上，并用带子缚尸体一圈于凳，横卧正厅“正经”下。口含小红包，俗称“衔牙”。胸部置桃枝、鸡蛋、灰粽。头边摆香灯一盏，饭一碗。饭在殓后倒入谷仓，谓之“留子孙饭”。子女及媳妇穿麻衣，腰束稻草绳，男的头戴三梁冠(用笋壳制成)，脚穿草鞋，侄孙辈等穿普通白衣。停尸期间，亲友邻里纷纷送香纸和现金凭吊。

20世纪70年代始，亲戚吊唁除送香烛等外，还加送花圈，且攀比之风日甚，花圈多的达一二百个。21世纪始花圈减少，有的谢绝花圈。

做道场　道场有“做羹饭”“开路”“竖灯”等多种形式，比较普遍，其中以做羹饭最简单。开路时间为小半天,竖灯三五昼夜不等。后二者都要设立“三宝”坛界,动锣鼓。有的兼请和尚念经。子孙旺盛的所谓好命人家,道场中还有“绕丧”,子孙及嫡系小辈各执一尺多长的丧棒,俯首弯腰,在厅堂死者周围绕行数周。谚曰:“命好看绕丧,冬好看谷仓。”中华人民共和国成立后,渐废做道场习俗。

殡 殓　入殓时,子女跪伏棺边啼哭,棺盖用四枚竹钉钉紧,当钉到最后一钉时,一孝子要以指扶钉,并喊:“师傅留钉!留钉!”意即人丁兴旺。死者子女向殡殓师傅送红包(包纸黄或蓝色),有的还行跪礼。生辰八字相克者此时须回避。21世纪始实行火葬,此俗已废。但有的人家还举行象征性礼仪。

出 殡　送殡时,主家发给各亲友一块白布,俗称“头白”。一人在前,沿途撒放纸钱为死者“买路”,幡幛或遗像首列,孝子扶柩,亲友持花圈相随。乐班在后演奏,沿途鸣放爆竹。送殡者为亲友、邻居、同乡以及死者生前友好等数十人,甚至数百人。从21世纪实行火葬后,此俗改为孝子扶灵车,众亲友小车相送至火葬场,直至坟山。丧家当日宴请参吊亲友。还有出殡后“做七”习俗。即死后第六天,丧家都备羹饭祭奠,之后每七天一次,到七七止。

寿 衣　昔时老人过50岁,子女提前为其做“殓衣”,俗称“寿衣”或“百岁衣”,含衣裤鞋帽,俗称“压寿”。缝制寿衣时,要选择亲邻中少妇或少女动手,意为借她们的年轻活力,将有助于老人长寿。还要挑选闰月,也有添寿之意。为父母做寿衣,已出嫁的女儿也要承担义务。至今,该俗仅在少数人家遗存。

孝 服　此习俗是为家族、亲族制度服务的严格制度化了的服饰习俗。为亲人送丧,服饰有特别讲究,样式、颜色有规定,显示了尊卑亲疏差异。死者的儿子披麻戴孝,即穿白麻衣,戴三梁冠(稻草索成三股一圈箍住白头巾、高山用笋壳扎三梁冠),左手腕系小麻丝,腰系稻草绳。死者的女婿也披麻戴孝,戴两梁冠。死者的女儿着麻衣戴孝巾,出殡时孝巾盖脸。死者的外甥、义子头戴白布拖地。死者的侄辈戴白帽即可,孙辈戴白帽手臂绕红绒线,曾孙辈戴红帽,曾孙下辈戴绿帽或青帽。

整个丧事过程,殡殓、做道场、鼓乐老司均要红包,抬棺木者,是亲友资助的不收红包,其他都要红包。其他参与帮忙者不收红包。

21世纪火葬开始后,灵车均要付红包。家庭困难者丧事从简。

安 葬　境内人类活动历史悠久。山野中时有发现紫色陶罐,高20多厘米,胸径20多厘米。可能是宋以前先民的骨灰瓶。近年,山村居民发现深山中岩洞里一对陶罐,高30厘米,胸径10多厘米。据专家说,此类瓶子全县发现较多，是宋代人类骨灰瓶。据此推论，宋代以前境内贫民主张火化。

明清以来传统一般都先入土，即临时在山上打个土洞入棺封埋。待三年后的冬至日或清明日，开棺拾骨。用“金瓶”(陶质大瓮)装盛。有的则暂搭小厝，停柩其中，待三年后的冬至日或清明日，开棺拾骨或待日后造墓安葬。称“二次葬”。

也有的亡故后直接入坟墓，或停灵数年入坟墓。家庭豪富者陪葬品甚丰。

壮者死亡，则从速埋葬，一般无治丧仪式。客死异地或不是自然死亡者，尸体不能入屋。

耶稣教徒去世，请众教友凭吊、祷告后殓葬，仪式简单，气氛则庄重肃穆。僧尼死后，用薪柴火化。

寿 枋　人到老年，先备办后事，昔时一般五十岁要预制棺材叫“打寿枋”。先购置木料，请木匠制作，再请油漆师傅来髹漆。男棺写“福”字，女棺写“寿”字，放在祠堂里或自家楼阁上，叫“陈香木”。倘若父母“打寿枋”，已出嫁女儿要送红布和红烛。一般富裕人家早做寿枋，据说可压寿延寿，表示吉祥。推行火葬习俗后，此俗消失，原有的也都销毁。

寿 坟　富裕人家为活人做坟墓，称“做寿坟”，有的30多岁就做寿坟。破土动工时叫开山，要点香烛、烧纸钱、燃放爆竹等。打好地基浇上三合土后进行“分金”，即确定朝向。做好后，坟穴封门留口，写“寿”字。寿坟置石碑铭志，昔日多刻上“故考”“故妣”及某某处士暨元配、继配某氏安人或孺人，有的冠以功名。后来一般写某公某某暨元配某氏之寿圹，下署子孙名字、建造年月。后逐渐简化，做好坟后，竖一块碑，上写“某地某某公、某某夫人之墓”等字。如丈夫先去世，妻子还活着，其墓碑上死者名讳用黑字，活着的则用红字，以示区别。

葬 墓　墓穴须经风水先生踏看，择吉日建造。以砖块拱圹，坟面视经济条件而异，一般只用泥土堆成椅子坟样。富裕人家则全坟嵌砌整齐花岗石，少数还雕琢精美的香亭和石狮。有的在生时即造好坟墓，称寿墓或寿圹、寿域。

葬墓时，嫡系亲戚有的挑酒菜祭品，张筵祭奠，有的还请礼生赞礼，孝子孝孙着孝服依次叩拜。

送葬与回龙　送葬时，二人在前鸣锣(古式大锣)开道，子孙及亲友等送葬队伍皆披麻戴孝如同出殡。沿途奏鼓乐、放爆竹。棺抵坟地进圹后，先请“龙神”，然后按良辰封圹，并以预先置圹中的烛火点燃灯笼中蜡烛，由两人提灯归家，置于楼上，点灯七天。表示吉穴的“来龙风水”带回荣荫子孙。子孙均挂红而归，俗称回龙。

点　主　请有名望的人作点主官。搭台设立孔夫子神位，由点主官把原先在木牍上写好“……某某公(妣)神王”的“王”字用朱笔加上一点而成“主”字，再用墨笔在红点上盖上墨，使“神王”成为“神主”，为简便节省，点主一般都在坟上由做坟师傅代行。神主一般归祠安位。

没有能力买棺木的，用草帘包裹直接土埋。鳏寡孤独者亡故，邻里乡亲义务帮助掩埋。

第二节　民间信俗

在长期的生产、生活过程中，先民期盼祖先和神的力量庇护，获得谷米丰收，生活美满，故崇拜祖先，信奉神仙、菩萨。境内留有唐、宋、清代的寺院遗址5处。建于清代的大小宫庙有10余座，分布于各自然村，大多数尚存，有的进行过重修。相当一部分人相信神佛保佑的习俗，有相信道教神仙、佛教的菩萨、自然界的精灵，而更多的则是民间的神祇。

一、自然崇拜

(一)崇拜古树、巨石

古树、巨石下面设神龛建小庙随处可见。神龛有的精致，有的简单。精致的用雕刻过的青石或花岗岩拼接，两侧通常有对联；简单的只用三块蛮石垒成。信众上香多选农历初一、十五。小孩生病经常认古树、巨石为“义父”。烧一碗米饭，上面放一个蛋饼，点一把香，跪拜祈祷一番，就确立了“父子关系”。之所以认古树、巨石为义父，一是认为古树、巨石有精灵，会保平安；二是认为贵者多孱弱，贱者多康健，古树、巨石都比较“贱”，有顽强的生命力，在恶劣的自然环境中仍然生机勃勃、屹立不倒，希望从古树、巨石那里沾点“贱”气，以保健康。

(二)崇拜谷神

照谷仓　每年农历正月初八是祭祀稻谷的日子，传说这一天是谷神的“生日”。就是指这一天天下万物数它最大，最受人敬重，因此这一天家家都打开谷仓门，点香、点灯、挂灯笼照谷子。此举用灯火映照谷子，颗颗金灿灿似黄金，主人一手提着灯，一手翻着谷子，口中不停地念着“金谷满仓、金谷满仓……”既讨吉利,祈盼来年丰收,又为谷仓通通风,翻动谷子,防止昆虫滋生和稻谷腐败变质。照完谷子,又在谷仓门上方钉一叠"五色布",以示五谷丰登。农历正月初七晚上要做好第二天的米饭,因为初八是谷子的"本命日",任何人不许动谷米,不做新米饭。

尝新　稻谷初熟,视为喜事,择吉日"尝新"。即是先割下几十斤稻谷,舂米做饭,再配些酒菜,合家畅吃一顿,有的还邀请亲友同贺,俗称"尝新"。有民谣道,"秋风吹起催稻黄,九月大冬正好尝,头碗舀起供天地,二碗舀起敬爹娘",以祭天地之恩赐,敬爹娘之劬劳。尝新前家人不得先吃,要摆"三礼",供谷神。"三礼"是指熟肉、熟鱼、熟蛋一类食品,如今大多数人为了图方便,改用水果代替。首先盛两碗米饭,放在竹或木制的茶盘上,再泡上两杯清茶,放在饭前(有茶哥米弟之说),然后将它置于厅前露天之下,或是房屋正厅的瓦背上,再点上三支清香,以示祭拜天地,答谢上苍赐予好收成。祭完天地,供灶神,用同样礼仪,置于灶公灶婆神龛前,或是灶头上,一炉香燃完为止。供完灶神再喂牛饭,传说牛是上天派来为凡间百姓劳耕的牛神郎化身,它一年辛辛苦苦耕耘,为农家的丰收立下功劳,所以主人在供完神之后也不忘给牛喂一碗米饭,有的地方是将做饭时淘下来的米汤加上青叶喂牛。做完以上几项祭祀之后,全家人才可以开始"尝新饭"。大户人家"尝新饭"的地方大都放在正厅或偏房堂前,厅堂上还挂有"食德堂""珍食堂"等一类的匾额。所谓的"食德堂""珍食堂"就是指长辈对小辈说教的地方,祖祖辈辈在此一代传一代教育小辈要尊敬老人,尊敬长辈,爱惜谷米,珍惜粮食。之后,当家的主人要将第一碗米饭盛给家中辈分最长者先尝,然后再按辈分依次下来,直到儿媳孙媳最小一辈。并先夹几粒饭放在桌上,吃饱时碗中留下一口饭(如已吃完,要再盛一些放着),俗称"余仓",寓意谷米吃不完。

中华人民共和国成立后,有的翻身农民还盛一碗供毛主席像前,以示不忘毛泽东的恩德。20世纪80年代始,大米成为多数农民主食,稻谷丰收已非鲜事,此俗渐渐消失。仅有少数人把首次收获的稻谷畚取一斗,以备供奉天地之用。

百家饭　就是从不同姓氏的百户人家那里讨来谷米(称"赦米"或"火香米")做成的饭叫"百家饭"。吃"百家饭"的大都是一些小孩子体弱多病,或是淘气,再者就是有人遇上晦气的事,主人就去村中讨来百家米做饭(每户人家一小酒杯或一小把即可),以此驱晦气,求吉利,保平安。大户人家在讨百家米时，还有一个特制的木壶，叫百米壶，用来装米。其壶形似茶壶，手可提，小巧玲珑，周边画有花鸟一类图文，并涂上油漆，壶边还特设一个小孔专供插香火用，做工十分精细，普通人家则用竹制的篾篮子。讨来百家米后，当日要拿到村头十字路口，放在用三个石头临时砌起的露天石灶上烧。若是为小孩子讨"百家饭"的，饭熟后，主人要先满满盛一碗，带上小孩子到村外或是邻村山上找一个大石头(有人称岩佛爷)认它做"干爹"，还要摆上"三礼"，点上香，供上米饭，让小孩子叩头，祈求"岩佛爷"保佑，同时还把小孩的名字刻在石头上。一炷香过后，主人把供在"岩佛爷"前这碗"百家饭"带回家给小孩子吃，寓意小孩子从此无灾无病，健康长大。直至今日这种习俗在农村还广为流传，不过现在大多数人为了方便省事，百家被改为十家，一些仪式也只是象征性走走过场而已。

年 糕 不仅可作主食，形状各异的年糕还可作为礼品、供品等。祭祀用的，大都是做成大大小小的圆塔形或菱形，俗称"冥斋尖"。送亲戚朋友的，均用"阴阳印"，有长方形、圆形，还有的像鸽子形状，等等。百姓十分爱惜大米，珍惜粮食，至今仍有许多人，特别是上了年纪的老人，一旦见到大米撒在地上，或是用餐时不小心把米饭掉在桌上，都要亲手一颗一粒把它捡起来。平时若看见小孩子故意在糟蹋大米(饭)会很不高兴，有的甚至会发脾气，说是这辈子不珍惜粮食，下辈子一定会饿肚子。有的还说，糟蹋大米就是糟蹋上苍恩赐的"宝贝"，天上雷公看见了会劈死人，等等。可见大米在百姓心目中的地位是何等神圣。

二、世俗崇拜

马 仙 马仙生于唐末，住景宁县十三都鸬鹚村，姐妹九人，排行第七，称马七娘。马七娘擅长用银针和草药替人治病，手到病除，人称活神仙。一天，七娘与母亲在狮子岩采药，忽然彩云翔集，仙乐缭绕，七娘登岩飞升。后来，人们尊称她为马仙、马天仙、马夫人、马仙娘娘，并在鸬鹚村立马仙宫。宫内终年香火不断，有求必应。之后逐渐传至各地。今镇境内信众甚多，有大小宫庙10余座。

清代景宁人潘可藻的《马孝仙传》记载：马仙生于后晋开运元年(944年)，小名马七娘，原籍秀州华亭(今上海松江)，姐妹三人因避兵乱，随父母舅氏远走瑞安，辗转罗阳、百丈、仙居等地。仙居(今属罗阳镇)，就是因她在此避乱而得名。后转徙景宁鸬鹚村，遇异人指点，服食丹药，遂得道成仙。

陈夫人　陈夫人即陈靖姑，有些地方称陈十四，是信众最多的神祇之一。传说，陈夫人曾到闾山学法，学成后教主送她法书、龙角、雷尺等法宝下山。一路上，她除灭了红毛猴、长坑鬼、篾缆精、蜘蛛精、铁头和尚、白蛇精、南蛇精等妖怪和恶人，并从事治病、求雨、护婴等善事，归天后有“护国夫人”“顺天圣母”“临水夫人”等封号。陈夫人传说家喻户晓，大家都把她看作除妖、治病、扶危、解厄、救产、保胎、送子的女神。除了宫庙，信众还在多地廊桥和家里塑像供奉。《临水平妖传》是司前境内木偶戏班的重头戏，上演的就是陈夫人除妖灭怪的故事。民间每当盛大节日或举办求雨求太平等活动，多表演这本戏。

杨府爷　杨府爷原名杨精义，祖籍浙江临海，唐贞观十八年(644年)出生于瑞安陶山苌芬西村，唐总章二年(669年)考中二甲武进士，仪凤二年(677年)官封都督大元帅。杨精义10个儿子中，三子考中二甲武进士，官封垟湖都督;四子、八子、九子俱封为元帅。杨精义65岁辞职还乡后，建造一寺供奉诸佛，自己在北山静坐修道。传说杨精义108岁飞升，飞升后精光不散，人们祈祷多有应验。唐代宗广德元年(763年)，被封为太老仙翁正直真君、苌芬地主，夫人葛氏封为大郡夫人，十个儿子封为十洞尊王。时人有“父子一家皆得道，兄弟十洞锡(赐)封侯”之美称。杨精义飞升后被尊称为杨府爷，信众甚多，凡经商、养殖六畜、下海捕鱼、种植庄稼以及家里人有什么毛病等都祈求庇佑。司前境内曾有过数座庙宇，20世纪50年代后期逐步废弃。

大帝爷　大帝爷又称五显大帝、五通大帝、华光菩萨，等等，传说是玉皇大帝所封，受万民景仰，求男生男，求女得女，能庇佑读书者金榜题名，经商者外出获利，农耕者五谷丰登。境内最大的宫庙是司前下库的大帝爷宫，后被火烧毁。

汤夫人　汤夫人原名汤妙玄，宋代景宁县东坑镇汤坑村人。据说，汤妙玄温良清纯，事亲至孝，十六岁白日飞升。飞升后，当地没有水旱灾害，大家都说是她显灵，尊称为“汤夫人”，并建宫庙供奉。除景宁外，浙西南闽东北许多地方也信奉汤夫人。境内汤夫人宫有数座，最大的在司前畲族镇司前村。20世纪50年代，凡遇久旱天气，抬汤夫人塑像出游，以求雨。

何八公　何八公，名璘，南宋景宁雁溪人，排行第八，后人称何八公。据传，何八公自幼勤读诗书，应试未能如愿，上茅山学法。茅山真君见其志向高远，授以五雷正法。学法回来，遇大旱，皇榜诏示找寻祈雨之人。何八公应召立坛焚符，顷刻天降大雨。宋高宗遂封其为四十八洲提点使、都监大使通天平水天师、博济侯。其弟名瑞行，人称何九公，见兄长有高明法术济世，心生惭愧，立志闾山学法，闾山真君亦授以真传。何九公回来，与何八公一起救灾，专为百姓解困。景宁多山，常有猛虎当道，砍柴人、行路人十分恐惧。有司贴出告示，悬赏招募捕兽之人。八公应招，施法平了虎患，人人感激。八公去世后，被封为降虎穿山福德正神，立庙祭祀。元明战乱，宫庙毁坏，清乾隆十五年（1750 年）在景宁雁溪重立宫庙，香火旺盛，有求必应。何八公忠君爱民、扶危济困之事在民间广为流传。

路头神　旧时司前境内经济落后，不少人要到外地谋生。外出者最希望路途顺利平安。春节前后，常有人请路头神。请路头神地点选三岔路口，供品相对简便，冥斋、茶酒等统统放在一个竹匾内，摆在路上，三条分岔路都插几根香。为避免干扰，请路头神均在夜深人静时进行。行人经过时，则尽量绕道回避。此俗今已废。

三、灵物崇拜

龙　被认为是纳福迎祥的神兽。境内带“龙”字地名随处可见，如飞龙山、龙潭、龙井坑，等等。民间灯舞中，最受欢迎的是龙舞。建筑或饰物用龙头装饰十分普遍。如：宫庙柱子上雕龙、胡琴和拐杖弯头雕刻龙头，等等。雄伟的山脉称龙脉，又称来龙。老百姓认为，坟茔龙脉有气势，才会瓜瓞绵绵，世代荣昌，故造坟首先要看龙脉，“三龙口”“五龙抢珠”等都是公认吉穴。

凤　被认为是龙的配偶，既吉祥又美丽。亭台屋顶经常绘上凤凰，以显气派。很多地名带“凤”字。一些古民居有凤凰雕刻，庭院地面排列小卵石，也常用凤凰作图案。

狮 子　被认为是镇宅辟邪的神兽。民间灯舞中，狮舞颇受欢迎。建筑物前面经常摆一对雄伟的石雕大狮子镇邪。遇到有道路直指住宅或店面，被认为有路煞，说是门前放一对石狮子就可趋吉避凶。

鱼　境内老屋多是木结构。无论悬山顶或歇山顶，两端暴露的悬挑檩头都挂封板，以阻挡雨水冲刷，两块封板中缝用一块头上尾下鱼状木板压盖，称悬鱼。屋顶有鱼，意谓有水，水能克火，可避火灾。有的边上加莲花，象征连年有余；有的加牡丹，象征富贵有余。

龟 蛇　凡村庄周围同时有形似龟、蛇的小山，皆称龟蛇相会。龟长寿，蛇精灵。龟蛇相会被认为是风水宝地，此类景点不胜枚举。

四、宫 庙

中华人民共和国成立前，司前境内规模较大的有大小宫庙10余座，庙内建有戏台。黄桥村的晓燕、炉西、园桥的宫庙规模比较大，占地面积都在667平方米以上。至2015年，只剩下晓燕村一处宫庙，经叶氏族人历年整修保留下来，20世纪90年代重修。园桥村宫庙原来规模也较大，内设戏台，除了供奉祭祀活动外，可供演戏或村民聚会。1952年始，该庙被改成小学。80年代被拆除重建成小学。之后村民集资，在该村宫坳新建一座较大的宫庙。炉西村宫坳也有一处历史悠久的宫庙，1966年“文化大革命”期间被生产队作为牛舍。

里光有建于清代的马仙宫，后改为小学。20世纪90年代小学撤并后，重修。台边马仙宫建于清代，民国时期改为小学，70年代小学新建后被拆。司前村下库有大帝爷宫，1958年曾在此设竹木加工厂。2012年下库开发而拆建于百子滩，造价113万元。2014年9月15日上午9时，因信众烧纸钱引发大火被毁。

司前村原有一座社庙，位于民族中学边。为村民文化娱乐场所，占地300平方米。整座建筑分三进：一进戏台(演出台)，二进两侧走廊，中间天井，三进看台。戏台正面两支辉绿岩圆柱上书：莫作闲看，确是人间榜样；并非幻境，实为世上箴规。20世纪80年代修建民族中学时拆除。

上地村马仙宫，建于清代，原与司前社庙规模相当，民国时期扩建规模，兼作学校。1952年土地改革后，撤除泥菩萨，专作学校和文化活动场所。2013年由私人出资重建，仍保留原样，重塑泥菩萨。戏台供地方演戏，作群众娱乐场所。

2015年司前畲族镇境内宫庙一览表

表7-8-2-1

宫庙名称	坐落地点	占地面积(平方米)	建筑年代	重修时间
马氏仙宫	上地村	600	民国27年重建	2007年再重建
马氏仙宫	晓燕自然村	600	清代	20世纪90年代
马氏仙宫	园桥自然村	150	20世纪90年代	—
马氏仙宫	新增自然村村	150	20世纪90年代	—
张六公宫	榅垟外厝	90	清初	2003年
马氏仙宫	榅垟犁头厝	12	清初	1992年
马氏仙宫	榅垟杨寮	14	清初	1989年

续表 7-8-2-1

宫庙名称	坐落地点	占地面积（平方米）	建筑年代	重修时间
马氏仙宫	榅垟恩坑	60	民国	2003 年
何八公庙	榅垟徐半天	120	清初	1988 年
马仙宫	台边会堂边	100	清同治四年（1865 年）	1998 年
马氏仙宫	新北和庄廟弄	100	清代	—
马氏仙宫	新北上升宫坪	200	明代	已废
五香廟	严庄垟	20	—	21 世纪初

第三节 宗　族

汉族各宗族都有自己的习俗，立宗祠、修宗谱、订族规。境内较大的宗族都立有宗祠。人口较少的姓氏则回迁出地参与立宗祠、修宗谱。

祠堂是安放祖宗牌位和祭祀的场所，也是族众议事之地。司前境内较大的宗族都修建祠堂。1952 年土地改革，有些祠堂被政府改作学校、仓库，有的缺乏管理，倒塌。1980 年后，族众重新重视祠堂管理，进行重修或改建。

一、宗谱

宗谱又称家谱，是宗族的档案，每个家族都非常重视，并有一至多部宗谱。境内宗谱大多采用苏欧格式，即兼具苏（苏洵）式和欧（欧阳修）式的特点。宗谱主要内容有宗族源流和世系表。宗族源流包括姓氏发端、迁徙过程及先人艰辛创业经过等。此外，还有族规家训、名人事略、寿序选录、宗祠田产以及当地风景、艺文等。根据世系范围，家谱有总谱、房谱、支谱和交联谱之别。

启　谱　宗谱一般 25—30 年续修一次。由族人酝酿，建立理事会，选出首事，物色修谱先生并议定筹资方案。对修谱先生的要求很高，须办事仔细谨慎、文化底蕴深厚且社会经验丰富。择定吉日，开箱捧出旧谱，交给修谱先生，称启谱，旧时启谱会设供宴祭祀祖先，有的还请道士做法事。

修　谱　修谱先生通观旧谱，掌握旧谱脉络结构，如有数本旧谱，则须将内容综合归并，然后将相关资料导入新谱。此外，理事会安排人员配合修谱先生逐家逐户搜集资料，称抄谱单或抄家状。资料搜集齐全后，开始整理世系表。据说，先人会在修谱时站在一旁观看。故而整理世系表要求严格，不能有差错。

圆 谱　宗谱编修完毕，择日举办竣工仪式，称圆谱。圆谱时，众人集中祠堂，请道士祭祀祖先，然后每个辈分选出一人，依次排列，修谱先生将家谱用红布包好，逐辈传递一遍，意为代代相传。

封 谱　宗谱保管人由理事会推选，或一人保管，或两人共管。宗谱封存后，除非有要事查阅，一般不轻易开启。

二、族 规

中华人民共和国成立以前的宗法社会，汉族族规是严厉的。但在司前镇内未见有宗祠内行使私法的记载。

中华人民共和国成立始，社会主义法制逐步完善，人民群众依法行事，社会团结安定，族规殆失。

三、祭祀祖先

家 祭　为表达对先人的孝敬，约定每年四季各有一日备办供宴请其回来享用，形成四季家祭风俗，时间是清明节、端午节、农历七月半和十二月二十九日。从 20 世纪 60 年代始，部分村民已不兴此俗。21 世纪始，人口向镇集中，大多数时候已无人回村进行此活动。

墓 祭　旧时，宗族有族田、坟田轮流耕种，收入用于祭祀开支。1991 年后，墓祭费用大多在活动开始前，由族人临时捐款或将预算平均分配到家族的成年男性头上。上坟祭祀，族人聚餐，称"呷坟酒"，时间多在清明节前后。由于各个世祖的坟茔并不总在一处，有时还要多处祭祀。有的宗族墓祭按地区分年份轮流进行。此俗至 2015 年仍然兴盛。有的外出经商、打工，都一定会在清明节前后回村扫墓。

祠 祭　祠祭即一个祠堂派下的子孙集体祭祀，大多在清明节、七月半和冬至日进行。

联 祭　联祭是各同宗村族一起举办的大型祭祀。联祭时间一般每年一次，联祭地点或轮流抓阄或由各村族自愿报名，承办村族要付出大量人力和财力。人口多的姓氏，联祭规模自然较大。境内林、陈、张等姓每年都举行大型联祭，参加者除县境内，还有邻县同宗，故每次联祭参与人数均较多。至 2015 年，此俗已无。

四、宗　祠

（一）溯 源

中华人民共和国成立之前，司前境内文化设施仅祠堂、宫庙。祠堂是宗族神圣的场所，借以存放祖先牌位、族人聚会和中元（农历七月十五日）祭拜烧冥包。镇境内畲族各支派都没有在境内建祠堂，参与原迁出地共同建祠和活动。镇境内陈、徐、陶、罗、林、苏、严、夏、吴等人口多的姓氏族众都建有祠堂。尚存并经过维修的祠堂 14 座。

（二）选 介

园桥苏氏宗祠　园桥苏氏宗祠位于三插溪边的朱步庵，建于明代，历时 300 余年。1998 年三插溪电站水库蓄水被淹没。2012 年重建于塔后岗，投资 60 余万元。

炉西梅氏宗祠　炉西梅氏宗祠位于傍山路后，坐北朝南，前对球形的金钟墩，后依形似雄狮的傍龙岗，木结构建筑。建于清咸丰四年（1854 年）。为方便梅氏子孙求学，民国元年（1912 年）增建下堂，兼作学校。上堂长约 13 米，宽约 7 米，分为 3 间，中间为大堂，两旁边角为花坛，右边角种植芭蕉。整个建筑约 170 平方米。民国 32 年从深坑庵移到炉西梅氏宗祠的私塾，后被改为国民小学，为民国时期晓园乡唯一的一所公办小学；外村子弟纷纷寄宿该校就读，直至解放。1966 年“文化大革命”开始后被拆除。

司前陶氏宗祠　原司前陶氏宗祠于民国时期改作学校。20 世纪 80 年代改建为司前泰顺民族中学。2015 年重建于司前下库。

林氏宗祠　里光林氏宗祠初建于清嘉庆十二年（1807 年），坐落于里光村，2011 年重修。

陈氏宗祠　叶山陈氏宗祠位于垟心自然村，建于清康熙十七年（1678 年），占地 1333.33 平方米。坐西朝东，三堂直出，宗祠大堂之上悬挂着当时温州府布政司董延年赠送的一块匾额，上书“百世高风”四个大字。2006 年重修。

2015 年司前畲族镇境内部分宗祠一览表

表 7-8-3-1

名　称	坐落地点	占地面积（平方米）	初建时间	重修年份
林氏宗祠	里光	180	清嘉庆十二年（1807 年）	2011
林氏宗祠	榅垟杨寮	180	清初	1998

续表 7-8-3-1

名　称	坐落地点	占地面积(平方米)	初建时间	重修年份
陈氏宗祠	叶山垟心	480	清康熙年间(1622—1722年)	2006
陈氏宗祠	里光村	1550	清乾隆年间(1736—1795年)	2013
罗氏宗祠	里光村	1300	清乾隆年间(1736—1795年)	2011
林氏宗祠	里光村	750	清乾隆年间(1736—1795年)	2010
徐氏宗祠	峰门徐坑	120	清光绪三十年(1904年)	2015
吴氏宗祠	台边园洲	1200	清同治四年(1865年)	2014
严氏宗祠	严庄垟	500	不详	
陶氏宗祠	司前下库	600	不详	2015
方氏宗祠	峰门左窟	150	清乾隆年间(1736—1795年)	2015
金氏宗祠	榅垟坑头	80	清初	2015

第九章　人　　物

唐末，越、闽志士避乱徙入，司前境内人文渐兴。两宋时期，境内进士辈出，或以文著，或以武显。元代人文沦替，自明景泰建县至清代，复趋兴盛。

民国时期，乡人抗外侮，抵内勘，求生存，谋幸福，前仆后继，不怕牺牲，有革命烈士 19 人。社会主义建设时期，老区人民战天斗地，治贫穷，兴经济，谱写两个文明建设新篇章，英模业绩昭著，世代流芳。本章立传略人物有畲族开基祖 20 人；汉族部分开基祖 47 人；知名人士 20 人。一般以生年次序排列，本籍为主，兼收长期在司前工作的客籍人物。列有省派科技特派员、镇域部分人员简介及科举、高中级职称获得者、文艺工作者、人民功臣、县级以上先进工作者、大中专毕业生等名表。

第一节　人物传略

唐代始，各时期迁居乡境内肇基始祖，资料来源于各姓氏族谱，鉴于历史久远，生卒缺失，部分生卒为大概年代。因资料征集不全，汉族始祖仅一部分，且部分人物传较为简短。本节立传人物 87 人，其中畲族入迁始祖 20 人、汉族入迁始祖 47 人、知名人物 20 人。

一、畲族入迁始祖

蓝启昌（生卒年限失考，其家谱无记载）　左溪洪岩际支系始祖，于明景泰二年（1451 年）二月初十由景宁驮马庵迁入左溪洪岩际定居，迄今已有 559 年历史。是蓝姓畲民最早迁入司前畲族镇的支系。

蓝一凰（生卒年限失考，其家谱无记载）　鳌岭支系始祖，于清康熙年间（1662—1722 年），由景宁驮马庵迁来竹里石孟坑暂住，不久转迁司前鳌岭定居，迄今已有 340 多年历史。派下分布仕阳翁地、石竹后、芭蕉垅、江家山、左溪、三滩、周山、司前等地。

蓝子龙(生卒年月失考,其家谱无记载) 系泰顺仕阳沙库始祖蓝敬祝五世裔孙。蓝敬祝于清康熙年间(1662—1722 年),由平阳黄山头迁来泰顺仕阳沙库居住。蓝子龙约于道光二年(1822 年)至民国 21 年(1932 年)间由沙库移住里光陈坑源。至 2015 年,里光陈坑源蓝姓后裔 3 户 18 人,全部移住里光村。蓝子龙五世孙蓝盛荀由陈坑源迁至司前大平山结庐居住。因当地王姓、陶姓要在该地建房,蓝盛荀迁往下库,租地结庐定居(地基每年租金 200 斤稻谷=100 千克)。至 2015 年后裔分居左溪,共 200 人。

蓝玉于(生卒年月失考,其家谱无记载) 系左溪横路支系始祖,清嘉庆初,由景宁驮马庵迁来泰顺阳斜横路暂住,不久后移入左溪横路定居,迄今有 210 多年历史。

蓝月福(生卒年月失考,其家谱无记载) 系左溪水圳头支系始祖,于清乾隆年间(1736—1795 年),由景宁驮马庵迁来泰顺太阳岙暂居,不久迁移左溪水圳头定居,迄今已 270 多年历史。兄弟蓝月生同迁。

蓝起旺(生卒年月失考,其家谱无记载) 系左溪国公圹支系始祖,于清康熙年间(1662—1722 年),由景宁四格迁来泰顺左溪余坑、小段、洪岩际等地住过。后又于乾隆年间(1736—1795 年)移到台边过路垟住,至清嘉庆五年二月初五,最后移入国公圹定居,迄今 210 余年历史。兄弟蓝起振同迁。

蓝春旺(生卒年月失考,其家谱无记载) 系里光上八寮支系始祖,于清康熙年间,由云和县温溪迁入景宁四格暂居,后移转石排西山、东坑林山居住,衍至春旺七世孙蓝春金于清同治年间(1862—1874 年),由景宁林山迁泰顺里光上八寮定居,迄今 150 多年历史。

蓝进有(生卒年月失考,其家谱无记载) 系上升下丹垢(今属新北村)支系始祖,于清康熙初年,由景宁四格迁来泰顺竹里碇步头(梅花洋)暂居,后移居金山垅岙定住。生三子,第三子元进分居上升下丹垢(今属新北村),迄今有 350 多年历史。

雷春茂(生卒年月失考,其家谱无记载) 系左溪直斜支系始祖,于清康熙年间(1662—1722 年),由景宁五殿源迁入司前左溪直斜定居,至今已有 340 多年历史。

雷兆高(生卒年月失考,其家谱无记载) 系司前林山支系始祖,于清康熙年间(1662—1722 年),由景宁三都鹤溪迁来泰顺司前林山定居,至今已有 350

多年历史。

雷光久(生卒年月失考,其家谱无记载)　系筱条支系始祖,于清康熙十三年(1674 年),由平阳县十一都章山迁来左溪筱条定居,至今已有 350 年历史。

雷起峰(生卒年月失考,其家谱无记载)　系里光和庄葛藤岭支系(今属新北村)始祖,于清康熙五十一年(1712 年)七月初六日,由景宁叶山头迁来泰顺里光旁山垟居住,不久转迁岱头葛藤岭定居,至今已有 310 年历史。

雷春余(生卒年月失考,其家谱无记载)　系司前上寮支系始祖,于清康熙年间(1662—1722 年),由景宁五殿源迁入泰顺司前上寮定居,至今已 350 余年历史。

钟国斌(生卒年月失考,其家谱无记载)　系司前阳斜支系始祖,于清雍正三年(1725 年),由青田培头迁来泰顺下稔洋头居住,不久转迁司前阳斜定居,至今已有 280 多年历史。兄弟钟国庆同迁。

钟日显(生卒年月失考,其家谱无记载)　系左溪包坑支系始祖,由景宁山外迁来泰顺大安南田岗居住,不久转迁左溪包坑定居,至今已有380 多年历史。

钟法行(生卒年月失考,其家谱无记载)　系溪口坑东支系始祖,于清康熙年间(1662—1722 年),由宣平县十三都张家弄迁入泰顺司前溪口坑东定住,至今已有 350 多年历史。兄弟钟法坠同迁。

钟春昌(生卒年月失考,其家谱无记载)　系里光岱头(今属新北村)支系始祖,于清康熙年间(1662—1722 年),由宣平县十三都张家弄迁入泰顺岱头居住,至今已有 350 多年历史。

钟永昌(生卒年月失考,其家谱无记载)　又名叶发,系黄桥松树脚支系始祖,于清嘉庆年间(1796—1820 年),由景宁东坑蛤蟆垟迁入泰顺黄桥石章坑居住,不久移松树脚定居,至今已有 190 多年历史。

李子春(生卒年月失考,其家谱无记载)　系左溪筱条李姓始祖。李姓先祖李廷玉于明景泰四年(1453 年)迁至福州汤岭,入赘蓝色艳家,子女继承畲族语言、习俗,成为畲族李姓始祖。传至六世万十三郎,于明嘉靖十五年(1536 年),配雷氏育六男。其中射房念三郎之长子七世孙李子春于清雍正年间(1723—1735 年)从苍南牛角湾迁竹里畲族乡石街。乾隆初年分迁司前筱条。现 10 余人。

李承杨(生卒年月失考,其家谱无记载)　系台边畲族李姓始祖,原籍平阳,清嘉庆年间(1796—1820 年)迁入过路垟定居。

二、汉族入迁始祖

徐 相(生卒年不详) 泰顺徐氏始祖,祖籍婺州(今金华市),唐代进士,曾任工部侍郎,境内早期开发始祖之一。唐末,为避战乱,迁居江南。先暂居平阳县沙岗,不久徙瑞安青林。后又携家眷和仆人乘舟逆流而上,至安固义翔乡五十九都小洪垟(现百丈洪口,已被珊溪水库淹没)定居。后因小洪垟地方狭窄,不利发展,迁至义翔乡六十都睦源(今司前溪口村)定居。徐相墓在今竹里畲族乡何宅垟村。

吴 恒 生于北宋开宝年间(968—976 年),卒北宋天禧元年(1017 年)系黄桥陈吴坑自然村吴姓始祖。原籍泰顺库村,北宋咸平三年(1000 年)迁入陈吴坑自然村,至 2015 年已繁衍 30 多代。

徐 达(生卒年不详) 徐坑村徐氏始祖,徐氏鼻祖徐相七世孙,北宋元祐七年(1092 年)从仙居(今属罗阳镇)迁峰门乡徐坑村(今属司前畲族镇徐宅村)。

方十五(生卒年不详) 于南宋咸淳二年(1266 年),从莒江(今属百丈镇)方山迁入峰门方山,系方山始祖。配夏氏,生七子。至 2015 年,派下 692 人,祖地方山 130 多人,其余分居温州、罗阳、司前等地。

陈百五十(生卒年不详) 系叶山陈氏始祖,分别于南宋(1127—1279 年)从百丈陈庄迁入。其后裔迁碑排,继迁里光。

金百世 榅垟坑头金姓始祖,于南宋乾道四年(1168 年)从处州(今丽水市)遂昌县前来瑞安县五十八都小榅垟坑头(今司前畲族镇榅垟村)经营货殖,淳熙十二年(1185 年)定居于此。

苏万一(生卒年不详) 系黄桥苍头自然村苏姓始祖。生于南宋绍兴年间(1131—1162 年),卒南宋嘉定年间(1208—1224 年)原籍青田塘头(今文成黄坦),南宋淳熙十年(1183 年)迁入苍头自然村。至 2015 年已 831 年,繁衍 31 代,为黄桥乡境内大族。

徐用中(生卒年不详) 上地徐姓始祖,于元元统元年(1333 年)从溪口村迁入,今 17 人。

林敬衍(生卒年不详) 杨寮林姓始祖,于明洪武十一年(1378 年)从景宁东塘迁入。

陈 七(生卒年不详) 榅垟外厝陈氏始祖,于明洪武三十一年(1398 年)

自景宁县东坑迁入。分居垟边、犁头厝等自然村。

吴显六 生于明洪武年间（1368—1398 年），卒于永乐年间（1403—1424 年），系黄桥村晓燕自然村吴姓始祖，原籍景宁上标，明初迁入乡境内晓岘（燕）。至乾隆丙辰年（1736 年）繁衍 12 代，后迁潭边园洲。

严孟昂（生卒年不详） 为严庄垟严氏始祖，明初从百丈东岸迁居峰门严庄垟。后裔分居黄山垟底、朱塆、荷宅等地。

吴存诚（生卒年不详） 榅垟徐半天吴姓始祖，于明正德十年（1515 年）从景宁东坑迁入。

梅正福 生于清顺治年间（1644—1661 年），卒康熙年间（1662—1722 年），系黄桥村炉西自然村梅姓始祖，清顺治十五年（1658 年）由景宁县黄桐迁入炉西，至 2015 年已繁衍 15 代。

罗元森（生卒年不详） 里光罗姓始祖，于清康熙年间（1662—1722 年），率兄弟从闽连城县郭坑上村迁入里光定居。不久，元植迁石角坑，千四郎转迁高岱（原属碑排乡）。

吴君岳 台边园洲吴姓始祖，系库村吴氏鼻祖吴畦后裔，于明初从景宁上标吴家洞迁居黄桥晓燕村。清康熙十九年（1680 年），吴君岳兄弟从黄桥晓燕迁罗阳，吴君岳继迁台边园洲。

金承珠（生卒年不详） 榅垟始祖第十三代，于清康熙十四年（1675 年）从榅垟村迁入上地村，有 133 人。

叶茂献 生于清康熙年间（1662—1722 年），卒于雍正元年（1723 年），系黄桥村横路自然村叶姓始祖。原籍景宁石梯，清康熙年间迁入横路，至 2015 年已繁衍 12 代。

陶永员（生卒年不详） 系司前陶氏始祖。泰顺陶氏 16 世裔孙，于明景泰五年（1454 年）从连山（今罗阳镇马连村）迁梨树丘（今属左溪村）。清乾隆元年（1736 年）梨树丘陶氏 25 世裔孙陶守成迁居池村（今司前村）。同年，其叔陶友嘉同迁池村。因陶守成、陶友嘉同为陶氏 20 世祖陶永员派下，司前尊陶永员为始迁祖。

王立功（生卒年不详） 清康熙年间（1662—1722 年），迁溪山，为溪口始祖。

王焕登（生卒年不详） 台边街尾王姓始祖，于清嘉庆年间（1796—1820 年）自温州永强迁入。

林联富（生卒年不详） 黄桥桥头岗林姓始祖，于清乾隆年间（1736—1795 年），由平阳山门水门头迁入黄桥乡桥头岗，后由于人口渐增，遂向外扩散，先后徙居石章坑、北山等村,现总人口约200人。

林作丰(生卒年不详) 黄桥横路林姓始祖,由平阳迁至青田八都一源依仁(今文成县黄坦),清同治年间(1862—1874年)林作丰由依仁分迁黄桥乡北山,后于光绪年间(1875—1908年)迁横路。

何守祯(生卒年不详) 上地何姓始祖,于清康熙年间(1662—1722年)从景宁雁溪迁入,居陈柏树。

黄博十(生卒年不详) 台边园洲黄姓始祖,于清康熙年间(1662—1722年)从江西南昌丰城迁入。黄博十原籍江西南昌府丰城县斗溪,其"夙娴文艺,为明末绅士,而尤精堪舆之业","挟青囊以遨游,为避乱之计"入浙进瓯长留泰顺。据传说,早年里光溪流经园洲山脚,形成"半月沉江"地形。当时江西一带"风水学"兴盛,黄博十"精通堪舆之业"(风水学),故游历至此,选中这块风水宝地,决定长留定居。之后发达致富,故造坟建屋,大兴土木。

林绍昌(1693—1774) 字开岐,号恕亭,里光林氏始祖。岁贡,官至湖州府学训导,候选直隶州判。

叶春旭 生于清乾隆年间(1736—1795年),卒于嘉庆二十年(1815年),系黄桥村晓燕自然村叶姓始祖,原籍景宁石梯,乾隆年间(1736—1795年)迁入晓岘(晓燕),截至2011年已繁衍13代,

林天彩(1710—1777) 系黄桥村桥头岗自然村林姓始祖。原籍平阳山门水门头,约于乾隆二十四年(1759年)迁入桥头岗。至2011年繁衍2 1代。

陈孙兵(1765—1815) 系黄桥村墨斗具自然村陈姓始祖,原籍福建莆田,清乾隆四年(1739年)迁入平滩,清乾隆四十六年复迁墨斗具,2015年已繁衍l2代。

李明阜(1785—1835) 系黄桥村石章坑自然村李姓始祖。原籍文成涂渎,嘉庆年间(1796—1820)迁入石章坑,至2015年已繁衍9代。

吴绩简 生于清嘉庆年间(1796—1820年),系黄桥村苦竹井自然村吴姓始祖,卒于咸丰年间(1851—1861年)。原籍庆元县合湖三堆村,道光年间(1821—1850年)迁入苦竹井,至2015年繁衍8代。

吴希详(1802—1862) 系黄桥村横路自然村吴姓始祖。原籍龙泉后岙,清咸丰三年(1853年)迁入横路,至2015年已繁衍7代。

陈邦癝(生卒年不详) 台边陈姓始祖,原籍文成樟岭,清光绪年间(1875—1908年),其三子在司前一带行医、弹棉被等,后定居开药铺、木炭行等。

郭大显(生卒年不详)　榅垟外厝始祖,于清道光十一年(1831年)从五十四(今文成)迁入。

周瑞兰(生卒年不详)　上地塔山周姓始祖,于清道光二十四年(1844年)左右从文成入迁,现有75人。

饶　肇(生卒年不详)　叶山垟心饶姓始祖,原籍泰顺罗阳垟心街,清咸丰年间(1851—1861年)迁入。

柳奕生(生卒年不详)　榅垟坑头始祖,清光绪元年(1875年)自五十四叶山(今文成)迁入。

郑应瑗(生卒年不详)　黄桥石街郑氏始祖,系文成县李方山郑姓十五世裔孙,于清咸丰年间(1851—1861年)迁入,现有人口38人。

郑绍亦(生卒年不详)　黄桥黄坦寮始祖,为文成大岀李方山第十六世裔孙,于清同治年间(1862—1874年)迁入,约有20人。

李世禄(生卒年不详)　台边何弄李姓始祖,原籍瑞安,于清康熙年间(1662—1722年)迁入何弄自然村。

刘允祯(生卒年不详)　台边街尾刘姓始祖,原籍闽汀州宁化,于清乾隆年间(1736—1795年)在司前一带加工烟叶,于嘉庆十一年(1806年)定居。

邓光钱(生卒年不详)　台边海燕湖邓姓始祖,原籍文成县东湾坑,于清光绪年间(1875—1908年)在司前一带经营油桐籽生意,后定居。

夏衍仪(生卒年不详)　台边村夏姓始祖,原籍文成珊溪花作岭,于清同治年间(1862—1874年)迁入。

郑　善(生卒年不详)　榅垟恩坑郑姓始祖,于清光绪二十四年(1898年)从李山(今属文成)迁入,分居犁头厝等地。

朱本旺(生卒年不详)　上地陈柏树朱姓始祖,于清光绪二十五年(1899年)左右迁入,分迁恩坑、黄垟等地。

郑作余(生卒年不详)　苍头郑姓始祖,系文成李方山第十六世裔孙,于清光绪年间(1875—1908年)迁入,有30来人散居于桥头岗、占排。

潘宗乡(生卒年不详)　台边海燕湖潘姓始祖,原籍文成五十四正湾。其子在司前一带贩运木材等营生,于民国年间定居。

三、知名人物

徐　暹(935—1014)　徐相四世孙,20多岁任文渊阁大学士。北宋开宝五年(972),徐暹在今罗阳购买"水月庵"地基建寺,该寺后改称"三峰寺"。次年,又在三滩村建造灵峰寺(今三滩小学校址)。北宋雍熙四年(987年),徐暹携家带口,从睦源迁往仙居,率众开荒、筑堤造田,逐步建起前宅、后宅、东园、西园和书院(址在今仙居书院村),将仙居开发成为一个文风颇盛的风水宝地。享年七十九岁。其四世孙徐达于北宋元祐七年(1092年)迁往徐坑村(现属司前畲族镇徐宅村)。

徐　奭(968—?)　字武卿,宋徽宗赐号冲晦先生,瑞安睦源(今溪口村)人。因自幼随父旅居瓯宁,故时人称其为瓯宁人。智质聪颖,博学多闻。北宋大中祥符五年(1012年),殿试作《铸鼎象物赋》,举进士第一。首任兴化知府(原辖境相当于今福建莆田、仙游二县地)。祥符八年升任直隶侍郎。天圣元年(1023年),改任两浙转运使。时苏州多水患,徐奭筑石堤,架桥梁,民乐其便。诏书褒美,后召知开封府。《玉壶野史》(又名《玉壶清话》),宋钱塘僧人文莹撰载"奭以翰林学士卒"。归葬故里。

徐　履(1121—1198)　步名驹儿,字子云,号少初,南宋瑞安木棉村(今泰顺县司前畲族镇溪口村)人。聪颖好学,博览经文史籍,阔傥有大志。南宋绍兴十八年(1148年),中省试第一。秦桧羡其才,欲招为婿,及殿试,屡装疯卖傻,不答一字,被置榜末,婚议遂罢。同科考生深为惋惜,徐履笑答:"千里名驹伯乐贤,赤壁周郎显才能;若使皇榜颠倒挂,徐履依旧是状元。"时人敬重,视为天下志士。《泰顺分疆录》载,徐履廷试对策,指斥时事,力主抗金,朝臣愕然,高宗不忍弃去,特置榜末。

历官安溪主簿、国子博士、信州通判、沿海制置司参议,终朝请郎归隐。著有《徐子云集》。

徐宏中(生卒年不详)　瑞安义翔(今溪口村)人,南宋绍兴三十年(1160年),武科进士,官武翼朗、黄坡及如皋知县、武经大夫。

池虞卿(生卒年不详)　瑞安义翔(今司前村)人,字舜臣,南宋绍兴三十年(1160年),武科进士,与徐宏中同科,官校尉。

林增志(1593—1667)　字任先,一字可任,号让庵,自署此山道人,明代瑞安县人。年轻时事母甚孝,闻名于乡。明崇祯元年(1628年)会试夺魁,高中进士,初任湖北蒲圻县县令。此后,仕途顺利,历任翰林院编修、东宫讲读经筵讲官、会试同考官、右春坊兼侍讲学士、詹事府少詹事等职。崇祯死后,清兵入关,林增志到南京与史可法佐南明福王共图抗清。后又随南明堂王隆武帝,任文渊阁大学士、礼部尚书等。隆武帝死后,他削发剃度,法号让庵,九死一生,颠沛流离。晚年避难泰顺,辟建香林寺,圆寂后墓葬寺前对面山。①

陶化龙(1775—1850)　名朝泽,字跃云,邑庠生,司前人。一生颇多善举,常以利人为己任。科举时代,凡县治所在地都设有专供考生歇息的校士馆,但泰顺自明建县迄至清嘉庆年间,尚付缺如。化龙顾念考生不能无所,乃为首倡议择文庙旧址筹建,当于清道光二年(1822 年)集匠兴工,历时 6 个月告成。新建校士馆有阅卷所、授卷处、候考厂等,结构严整,规模宏大,此馆之设,有助于泰顺文教之兴盛。

县北司前村地处泰(顺)景(宁)通衢,又当左溪及里光溪交汇之处,每逢春夏水涨,舟不能渡,两岸交通中断,化龙见此情景,心急如焚,矢志要在渡口建造石桥,以利行旅。或谓造桥非万金莫办,龙自忖财力有限,一面向亲友商借,一面将自有大片竹木出售,以充造桥之需。清道光二十八年(1848 年)与诸儿辈勘选百念渡(一名君子潭)为桥址。又从左溪芭蕉湾石仓沿溪至桥址开辟一条大道,还在大道过溪处架起石平桥(即今袭庆桥),以便石料运输。讵知前期工程筹备就绪,大桥正在全面施工之际,化龙不幸逝世。弥留之际,他一再嘱咐子孙:“一定要把大桥建成,一代不成就二代,二代不成就三代……”其子孙陶琳、陶鹤年等继承遗志,历尽艰辛险阻,终于光绪二年(1876 年)建就一座长 85 米四孔石拱桥,遵嘱取名“回澜”,现为县级文物保护单位。

林　鹗(1793—1874)　少名颉云,字太冲,号愚谷,其祖从里光迁南院。出身书香门第,自幼勤奋好学,博览群书。为人磊落耿直,刚正不阿,有“奇士”“正士”之誉。二十岁进秀才,清道光二十二年(1842 年)岁贡。后屡试不第,遂弃功名,出任粤西学使孙铿鸣幕僚,后为兰溪训导。告老还乡后,仍热心地方公益事业,于同治三年(1864 年)倡办南院社仓,并亲自制定《社仓章程》,确保赈济事功。独家修纂《泰顺分疆录》,认真考证,悉心订正旧志疏漏与舛误。对泰顺地理环境,亲历考察十余年,足迹遍及全县山山水水,订正了旧志疆界之谬误,对全县溪流源头,流经乡村,出口入海等亦一一补记。同治十三年逝世,享年八十二。未及著述的少数卷文,由其子林用霖续辑完成。

① 2015 年 1 月上旬,在人迹罕至的香林寺旧址旁发现南明大臣林增志墓冢。林增志作为瑞安籍高官和温州历史名人,作为坚贞不屈的抗清义士,一直备受后人景仰。温州地方志记载了林增志出家为僧后“不知所终”的身世之谜。英雄无奈山河碎,遁向空门伴青灯。历代温州府志及瑞安县志,都未曾记载到林增志晚年避难泰顺的史实。泰顺地方古籍记载:林增志晚年避难泰顺,辟建香林寺,圆寂后墓葬寺前对面山。是月 12 日,泰顺县文物部门对该坟进行详细察看,通过对照文献,结合碑文记载等,肯定了笔者上述判定,将请上级文物专家对其文物价值作出最后确定。

林鹗以逾古稀之年纂辑《泰顺分疆录》,父死子继,历经十八春秋,纂成泰顺建县五百多年来难得的史籍。除《泰顺分疆录》外,其著作尚有《望山堂文集》《花木棚》《借刊录》《阳符》及《琴学全书》(二卷)等。

雷期进(生卒不详) 畲族,系新北村和庄葛藤岭始祖第17代裔孙。清咸丰恩赐乡钦大宾,例授九品迪功郎。于咸丰九年(1859年)温州府儒学正堂,赐进士出身文林郎。钦加同知,例晋奉政大夫,充陕甘乡内考官。享年93岁。

徐 彬(生卒不详) 峰门徐坑人,于明万历二十五年(1597年)以祖传草药为本开办"徐益寿"药店。之后几十年以草药济世为任,精详辨别金石草木之形状、气味、功能。善外科,好施舍。其子孙历代继承祖业,第七世孙道备,擅长眼、儿科,闻名遐迩。"徐益寿"药店传承400年不息,历代从医经药誉满县内外,可谓全县首屈一指。

徐志仁(1853—1934) 名道备,峰门徐坑人。其曾祖徐彬、徐昌烹,父徐承端,均以医为业,医名颇盛。徐氏少年好学,继承家训,潜心钻研《审视瑶函》《秘传眼科龙木》《幼幼集成》等医籍,对《中西医汇通》亦加研究。擅长眼、儿科。民国某年,景宁天花流行,他应邀至景宁治疗,求诊者旋踵。凡有所请莫不徒步往诊,不辞劳苦。景宁严品端校长(清廪贡生)赠"医贯中西"匾额,以示钦佩。晚年将医术先后传给三个儿子,学生数人,以后继有人为欣慰。留有手稿《新方八阵解》,条分缕析,逐条附列歌韵。自制眼科"退解散""拨云丹",方便群众。

方天葆(生卒不详) 三都左窟人(今属峰门村),侨居永嘉。清乾隆三十年(1765年)选贡,朝考一等,选云南南宁知县,升石屏州知州。慈惠爱民。遇旱荒乏食。请赈,不许。请开常平仓贷民,道府沮之,饥民哗,将激变。天葆召父老慰谕,身率之诣郡力争,不得。乃佯许父老,使先归。俟开仓,因缴印。复争,遭斥,遂自经于郡寓,大吏悯之,始允开仓,民得食无事,感恩,尸祝。

方介堪(1901—1987) 名严,字介堪、原名文榘。祖籍泰顺峰门。祖父养卿进府学,始著籍永嘉。介堪幼年进蒙塾学习,15岁在鼎源钱庄做学徒。两年后设摊刻字,心灵手巧,崭露头角。民国15年(1926年),赴沪,师事鄞县赵叔孺,结识经亨颐、柳亚子、何香凝等名人,以刻玉印驰名上海滩,加入西泠印社。受聘上海美专任教篆刻,续在文艺学院(艺专)兼课。与郑曼青、黄宾虹、张大千、马孟容等共事,与张大千成为莫逆之交。民国24年,至南京,寓居刻印1年。民国26年,受张大千之邀赴北平,在故宫博物院博物馆工作,作品参加中山公园金石书画联展。抗日战争全面爆发后回温州谋生。民国35年，复应张大千之邀前往上海。次年，所刻"中兴元首"石章获第二届全国美展一等奖，成为上海美术家协会会员。中华人民共和国成立后，在丽田造纸厂工作。1952年，任温州地区文物管理委员会副主任。1956年，加入国民党革命委员会。历年征集故家遗藏，抢救出土文物，保护珍品，策划展览陈列，筹设温州博物馆，成绩卓著。"文化大革命"中受冲击，家被抄多次，印稿书籍毁失大半。中共十一届三中全会以后，历任中国书法家协会名誉理事，西泠印社副社长，温州市文联副主席、市人大代表、省政协委员、市书协和美协名誉主席、教育部二次全国美展会审查委员。著有《玺印》《文综》《两汉官印》《古印辨伪》《秦汉对识拾遗》《介堪论印》等书。擅长金石，先后治印2万余方，郭沫若评其印章"炉火纯青"，堪称篆刻大师。1987年8月25日病逝于温州。

陈维飞(1922—2009)　男，汉族，里光村人，中共党员。出生于贫苦农民家庭。幼年失怙，7岁即为他人放牛，14岁始为地主做长工。从小练就坚韧不拔、吃苦耐劳精神，与劳动人民结缘。民国31年(1942年)20岁参军，编入国军40师119团二机连任班长，驰骋在抗日战场。解放战争时期，反对内战，积极追求进步。民国37年11月21日辽沈战役期间起义，参加人民解放军。后经整编归入华东野战军第四纵队第10师203团二机连任排长，随部队参加淮海战役。民国38年2月，华东野战军改编为第三野战军，升任23军69师203团二机连副连长。是年4月21日始，随军参加人民解放军渡江战役先遣敢死队，翌日攻破国民党长江防线。之后又参加解放上海、解放杭州、解放舟山战役。同年7月7日，舟山群岛全境解放，23军在舟山驻守、休整待命。一系列战斗中，其不怕牺牲、不畏艰难，屡建军功。

1950年10月，又随中国人民志愿军赴朝参加抗美援朝保家卫国战争。任第9兵团加强连连长，作为第二批入朝参战部队，参加第一阶段的第二次战役(1950年11月7日至12月24日)。战役中，志愿军在朝鲜人民军配合下，将联合国敌军诱至预定战场，突然发起反击。敌军溃败，被迫放弃平壤、元山，退至"三八线"以南。1951年4月22日，志愿军调集三个兵团兵力发起第五次战役，至6月10日胜利完成任务，将敌军从"三八线"附近地区击退到汉江南岸。此后，他随部队参加上甘岭争夺战、金城战役等。1953年，停战协议达成。1958年，升任副营级干部，随军回国。在革命战争的诸多战役中，舍生忘死、英勇奋战，立二等功4次、三等功3次，获"军部队模范"荣誉称号。

1960年转业到华东石油勘查局工作，任大队长(相当正营级)。1962年调回家乡泰顺，任筱村区人武部部长、百丈区人武部部长，获“专职人武干部标兵”荣誉称号。1973年1月，任泰顺第一中学党支部书记、副校长(校长由县革命委员会主任兼任)，为教育事业鞠躬尽瘁。1977年，调任泰顺县劳动人事局党组书记、局长。1983年满60周岁时，以正县级待遇离职休养。2009年病逝，享寿88岁。

雷必隆(1928—2017) 男，畲族，初中文化，司前村人，中共党员。7岁放羊，9岁牧牛。14岁去舅父家帮助照顾表弟。一年后，舅父因参加共产党活动被国民党杀害。转帮人作长工。其间，参加中国共产党地下党活动和民兵组织。1951年冬参加当地土改运动。1952年春土改结束后，被选为左溪乡乡长。是年9月，被选为温州第一个少数民族代表，进京参加国庆观礼。回温州后，参加中共温州地委少数民族工作组，并任组长，赴各县传达国庆观礼情况，宣传党的民族政策。半年后返泰，即1953年3月，提任为百丈区副区长。其间，积极工作，努力进取。1954年被选送温州地委干部文化补习学校学习一年。从文盲提高到高小文化程度。当年6月还被批准加中国共产党。1956年12月至1969年连任县第二、三、四、五、六届人民委员会副县长。后下派到台黄公路指挥部工作。1977年12月至1984年12月先后任泰顺县革命委员会副主任兼计划委员会副主任，中共泰顺县第四、五届委员会常委，县人大常委会主任，党组书记。1984年12月当选为首届县政协主席。浙江省第二届各界人民代表会议协商委员会委员，省第一、二届人民代表大会代表。温州市第六、第八届人大代表。于1989年12月退休。是一位从牧童、长工成长为县长的畲族领导干部。

李　柽(1938—1982) 又名李志钧，男，畲族，司前筱条村人，生前爱好书法、美术。1958年9月，他和雷声泰、钟传清一同考上浙江省少数民族师范学校普师班(丽水少师)，毕业后在林山畲村小学任教，一年以后转到左溪的垟畲和芭蕉弯两个自然村的小学间轮流授课。从1965年9月起，连续在垟畲小学执教近20余年。爱校胜过家，怜生赛似子。生活节俭清苦，积劳成疾。1982年9月24日殉职在阳畲小学的讲台上，作业本上还搁着一支未套上笔帽的红水笔。《浙南大众报》社派记者专程赴阳畲采访，并在该报头版以《不熄的烛光》为题介绍李柽事迹。勤谨教学，成绩斐然，曾先后被省、市、县人民政府授予“五讲四美为人师表的优秀教师”“劳动模范”“先进教育工作者”等光荣称号。

陶松坪(1894—1951)　字秀墩,生于清光绪二十年(1894年),男,汉族,司前村人,国民党党员。民国20年(1931年)任浙江省议会议员,省公署咨议官,后任泰顺县参议长。民国38年5月,在国民党县长已逃跑时,陶松坪协同国民党县大队副大队长赖柏如、罗阳镇长魏运增等向中共泰北区委发出报告,要求中共青景丽县委派部队前来接收。1951年被错判极刑。1987年县有关部门纠正错案,并按起义投诚人员对待。

饶尚俊(1939—1999)　男,汉族,司前畲族镇叶山村垟心人。曾任县良种推广站站长,高级畜牧师。1959年金华农校畜牧兽医专业毕业,长期在雅阳区农业技术推广站、县良种繁育场从事猪饲养繁育和人工授精工作。主持完成的《母猪瞎乳头形态学及其解剖学特征鉴别技术研究和应用》参加全国养猪学术讨论会,在国家学术权威期刊《畜牧兽医学报》上发表,并获市科技进步二等奖。主持选育《雅阳猪》被列入《浙江省畜禽品种志》。1997年荣获市劳动模范称号。1999年12月因公殉职,温州市市长助理章时趋代表市政府敬挽花圈。

邵志鹏(1971—2003)　男,汉族,浙江林学院教师、博士。2003年4月由浙江林学院(现为浙江农林大学)派驻黄桥乡科技特派员。同年12月31日前往景宁县考察竹笋加工返程途中不幸遇车祸,因公殉职,年仅32岁。他生前建立的泰顺县黄桥乡竹笋绿色食品加工基地,为当地农民科技致富打下坚实基础,起到很好的引领示范作用。2013年被追授为泰顺县功勋科技特派员。①

第二节　人物名录

本节记录历代科举人物22人;革命烈士27人(其中畲族1人),人民功臣1人(畲族);劳动模范6人(包括全国劳动模范1人,市级劳动模范5人,其中畲族市级劳模1人);省部级先进人物1人;优秀共产党员136人,其中畲族30人(包括省级优秀共产党员2人,均为畲族,市级优秀共产党员4人,其中畲族3人,县级优秀共产党员130人,其中畲族25人);县级杰出人才1人;副县团级、副高级职称及以上人物42人,其中畲族5人;营级、科级(包括副科)及中级职称185人,其中畲族22人;大中专毕业生903人,其中畲族200人,占22.15%(包括部分在读)。

---

① 在丛录加邵志鹏专记。

一、科 举

明景泰三年(1452年)泰顺建县时随原居地划属泰顺司前籍进士一览表

表7-9-2-1

姓名	表字	籍贯	科举时间	宦业	备注
陶乔	迁于	瑞安义翔	唐长庆元年	中军都督封上柱国	原籍婺州
陶史	用文	瑞安义翔	唐	国子监祭酒	
徐奭	武卿	瑞安义翔	北宋大中祥符五年	知府、直隶侍郎、两浙转运使	状元
徐履	子云	瑞安义翔	南宋绍兴十八年	国子博士,信州通判沿海制置司参议,朝请郎	著有《徐子云集》
徐宏中	舜臣	瑞安义翔	南宋绍兴三十年	武翼郎、黄坡及如皋知县、武经大夫	武科
池虞卿		瑞安义翔	南宋绍兴二十七年	校尉	武科

清代司前科举名录一览表

表7-9-2-2

姓名	表字	科举年间	官 职	备注
陶友增	君宗	清雍正三年(1725年)	题授八品冠带	
陶振纲	子乾	清道光二十九年(1849年)		附贡 榜名曦
陶振雅	永之	清道光三十年		廪贡榜名鹤年鹄年之兄
陶朝波	道甑	清咸丰四年(1854年)	捐授卫守备	化龙之兄 铸太学出身
陶振颂	引之	清咸丰七年		例贡 榜名鹄年
吴明鉴	照之	清同治八年(1869年)	钦授巡政厅候缺补县左堂	贡生 榅垟村徐半天自然村
陶振霄	延之	清同治十三年	奉政大夫	恩贡 榜名鸿年
陶朝泽	跃云	清同治十三年	赠奉政大夫	榜名化龙
陶廷试	辑瑞	清同治十三年	诰赠奉政大夫	化龙之子琳
陶家楷	昂千	清光绪二年(1876年)		榜名驹 鹤年长子
陶秀魁	次良	清宣统元年(1909年)	直隶州州判	拔贡榜名策贤骏之四子

续表 7-9-2-2

姓名	表字	科举年间	官职	备注
陶秀造	汝芬	清宣统二年(1910 年)		恩贡 榜名清 骏之次子
林绍昌	开岐	清雍正年间	湖州府学训导	岁贡 里光林氏始祖
陶廷瑜	纶如		九品衔	
陶廷撰	典修		九品衔	廷瑜之兄
陶振齐	表东		九品衔	廷撰次子
陶家豫	汝安		例授九品衔	
陶振籓	襄臣		例授府知事	榜名翼 增生出身
陶廷诰	凤章	清光绪间	九品登仕郎	册名凝
陶家槐	位卿	清光绪间	例授府经历	册名骢 鹄年长子
陶家相	仲宅	清末	例授千总衔	册名骐 鸿年次子

二、革命烈士

司前畲族镇革命烈士一览表

表 7-9-2-3

姓名	籍贯	出生年代	入伍年代	部队或单位	职务	牺牲时间	牺牲地点
金垂聪	榅垟	清光绪三十二年(1906 年)	民国 24 年(1935年)	闽东独立团 2 支队	队员	民国 24 年(1935年)	坑头
苏宗元	园桥	民国 5 年(1916 年)	民国 24 年(1935 年)	上北区游击队	队员	民国 25 年(1936 年)	瑞泰边境
张紫森	榅垟	民国元年(1912年)	民国 25 年(1936年)	闽东独立团 2 支队	队员	民国 25 年(1936 年)	景宁县
陈梦金	榅垟	清光绪二十一年(1895 年)	民国 23 年(1934 年)	闽东独立团 2 支队	交通员	民国 25 年(1936 年)	景宁县
郭廷绘	榅垟	清光绪三十二年(1906 年)	民国 23 年(1934 年)	闽东独立团 2 支队	联络员	民国 25 年(1936 年)	景宁县
朱积庚	上升	清光绪二十八年(1902 年)	民国 25 年(1936 年)	闽东独立团 2 支队	队员	民国 26 年(1937年)	岱头村
刘碎友	榅垟	清光绪二十四年(1898 年)	民国 24 年(1935年)	闽东独立团 2 支队	班长	民国26 年(1937 年)	滴水岩
吴法顺	上升	清光绪二十八年(1902年)	民国 24 年(1935 年)	闽东独立团 2 支队	队员	民国 26年(1937 年)	横石村

续表 7-9-2-3

姓名	籍贯	出生年代	入伍时间	部队或单位	职务	牺牲年月	牺牲地点
陈黄岩	和庄	清光绪二十八年(1902年)	民国24年(1935年)	闽东独立团2支队	队员	民国26年(1937年)	岱头村
周遇连	上地	清光绪三十年(1904年)	民国25年(1936年)	上北区上地贫农团	文书	民国26年(1937年)	上地村
胡地奎	上升	清光绪二十三年(1897年)	民国26年(1937年)	闽东独立团2支队	队员	民国27年(1938年)	浙闽交界铁岭头
孙宗胞	台边	民国9年(1920年)	民国25年(1936年)	新四军特务营	排长	民国30年(1941年)	皖南
方金显	峰门	清光绪三十二年(1906年)	民国31年(1942年)	峰门村党支部	粮食员	民国37年(1948年)	瑞泰边境
陈志荣	园桥	民国26年(1937年)	民国35年(1946年)	黄桥乡人民政府	通讯员	1949年9月	黄桥墨斗住
陈存飞	园桥	清光绪二十二年(1996年)	民国25年(1936年)	黄桥乡人民政府	乡长	1949年9月	黄桥墨斗住
何帮良	园桥	民国17年(1928年)	民国36年(1947年)	青景丽武工队	队员	1949年月	福建寿宁县
邱阿花	溪口	民国9年(1920年)	民国36年(1947年)	燕溪乡溪口党支部	通讯员	1950年6月	溪口村
陈延庚	榅垟	清光绪三十四年(1908年)	1949年	里光乡榅垟村农会	宣传员	1950年6月	榅垟村
夏荣财	司前	民国11年(1922年)	民国36年(1947年)	司前村基干民兵连	民兵	1950年6月	司前桥头
夏荣库	司前	民国10年(1921年)	民国36年(1947年)	司前村党支部	书记	1950年6月	司前桥头
郭瑞有	榅垟	民国16年(1927年)	民国37年(1948年)	榅垟村民兵队	班长	1950年7月	榅垟村
郭廷余	榅垟	清光绪三十三年(1907年)	民国37年(1948年)	里光乡榅垟村农会	主任	1950年10月	垟边
程体银	大住	民国19年(1930年)	民国36年(1947年)	人民解放军104师海防大队2中队	分队长	1951年7月	玉环县
王寿聪	里光	民国18年(1929年)	1951年	华东3野307团1营1连	战士	1952年8月	平阳县
陈子瞬	台边	民国25年(1936年)	1949年	人民解放军第215师544团	班长	1955年1月	广西玉林县
纪相柳	朱塆	民国20年(1931年)	1957年	百丈公社	干部	1967年10月	百丈镇下革村
雷宗竹	林山	1960年				2000年	救火牺牲

说明:按卒年为序,无卒年的按生年为序,生卒年相同的按姓氏笔画为序

三、人民功臣　劳动模范

人民功臣名录一览表

表 7-9-2-4

姓名	民族	出生地	工作单位	荣誉名称
蓝锡禹	畲族	左溪村	泰顺县能源办公室副主任	战斗功臣　人民功臣
事迹	1984—1985 年参加中越边境自卫还击作战，任侦察班班长，深入敌阵火力网侦察敌人重要目标，为中国人民解放军胜利前进起了重要作用，被评为“战地模范党员”。获中国人民解放军政治部记一等功，被浙江省人民政府授予“人民功臣”称号。			

司前畲族镇籍全国劳模名录一览表

表 7-9-2-5

姓名	民族	性别	工作单位	获奖类别	授予年份
曹吴芬	汉	女	泰顺县人民医院	全国劳动模范	1995 年

司前畲族镇籍全国民族团结进步模范名录一览表

表 7-9-2-6

姓名	民族	性别	所在单位	荣誉称号	授予年份
蓝月聪	畲	女	左溪村	全国妇女团结进步模范	1990 年
蓝月聪	畲	女	左溪村	全国民族团结进步模范	1999 年
蓝学许	畲	男	左溪村	全国民族团结进步模范	2014 年

司前畲族镇籍省、部级以上先进人物名录一览表

表 7-9-2-7

姓名	民族	性别	所在单位	荣誉称号	授予时间	授予单位
罗承庚	汉	男	里光乡政府	计划生育先进工作者	1990 年	浙江省人民政府

司前畲族镇籍市级劳动模范名录一览表

表 7-9-2-8

姓名	民族	性别	所在单位	荣誉称号	授予时间	授予单位
严永村	汉	男	县水电局勘察设计室	劳动模范	1993—1994 年度	温州市人民政府
蓝玉聪	畲	女	左溪村委会副主任	劳动模范	1993—1994 年度	温州市人民政府
饶尚俊	汉	男	县家畜良种推广站	劳动模范	1995—1996 年度	温州市人民政府
柳齐元	汉	男	榅垟村委会主任	劳动模范	1995—1996 年度	温州市人民政府
陈惟利	汉	男	叶山村农民助理技师	劳动模范	1997—1998 年度	温州市人民政府

四、优秀共产党员与杰出人才

(一)优秀共产党员

1.中共浙江省委表彰的浙江省优秀共产党员

2000 年度:蓝玉聪(畲族,女) 中共司前畲族镇左溪村党支部书记

2011 年度:中共司前畲族镇左溪村党支部书记 蓝学许(畲族)

2.中共温州市委表彰的优秀共产党员

2000 年度:蓝玉聪(畲族,女)

2002 年度:蓝玉聪(畲族,女)

叶应东 中共黄桥乡园桥村支部书记

2007 年度:蓝学许(畲族)

3.中共泰顺县委表彰的优秀共产党员

1988 年度:陶汉光 张瑞森 黄秀本

1989 年度:柳齐坦 陶汉光 徐尚鸿 朱岳丁

1990 年度:雷大友(畲族) 吴一根 陈俊兴 陶瑜坷 陈昌发

1992 年度:陈俊兴 雷祖村(畲族) 陶瑜柯 陈国满 叶建松

1993 年度:王家胜 蓝玉聪(畲族,女) 陈俊兴 朱岳丁 陈国平 叶建松 何齐松

1994 年度:毛克呈 钟岳林(畲族) 陶汉光 陈俊兴 蓝成引(畲族) 朱岳丁 陶以产 雷大友(畲族)

1995 年度:蓝玉聪(畲族,女) 周贵尔 夏盛楼 张林兰 曹岩木 罗向军 朱岳丁

1996 年度:蓝玉聪(畲族,女) 王运由 罗德平 林程海

1997 年度:夏立明 蓝礼汤(畲族) 金择林 蓝礼忠(畲族) 郑昌鉴

1998 年度:陶瑜柯 蓝玉聪(畲族,女) 柳齐坦 金择林 蓝永斌(畲族) 叶应东

1999 年度:蓝玉聪(畲族,女) 林斯羽 陈其丰 钟德忠(畲族) 郑昌梅

2000 年度:苏德岳 陶瑜珂 蓝礼忠(畲族) 叶祥富

2001 年度:苏德岳 郑昌珍 潘青来 罗小玲 蓝礼忠(畲族) 叶应东

2002 年度:陈俊兴 蓝松水(畲族) 徐清水 郑昌梅 罗德丰

2003 年度:陶汉光 罗祖友 陈永进 徐明文 吴箐昊 董如淼 吴国真 陈少春

2004 年度:苏德岳　潘少华　林永禄

2005 年度:罗小玲　潘少华　陶文智　陈永进　陶瑜珂　夏邦键

2005 年度:张周根　蒋少乾　陈存松　雷圣利(畲族)　朱义忠　梅晓青

2008 年度:杨世银　邱成亮　苏德岳　林观武　刘惠东　夏邦键

2009 年度:潘陈红　高启罗　陈永进　陈晓荣　陈少春

2010 年度:高立存　蓝学许(畲族)　林观武　毛王丰　雷蕾(畲族)

2011 年度:陈文跃　邱成亮　高立存　雷茂贤(畲族)　张日益

2015 年度:蓝学许(畲族)　陈绍禹　罗祖友　蔡海波　毛王丰　叶　晔

(二)县级杰出人才

陶汉心,男,汉族,司前畲族镇左溪村岩下自然村人,县委党史研究室、县志研究室副主任。2015 年,被泰顺县委评定为泰顺县杰出人才。

第三节　人物简介

记述至 2015 年司前畲族镇人物简介 18 人，其中省派科技特派员 12 人，镇内人物简介 6 人。

一、历任驻司前畲族镇省科技、扶贫特派员简介

浙江省从 2003 年 3 月开展科技特派员制度试点,2005 年全面推开并不断完善深化。10 年来,广大科技特派员深入农村基层,积极开展科技创新创业和服务,取得了显著成效,为加快农村经济发展、农业增效和农民增收做出了贡献。受到了当地人民群众的普遍欢迎和高度赞扬,得到了各级领导的充分肯定,浙江还被联合国列为科技扶贫试点省,为全国创造和积累了经验。

刘宏远　2003 年由浙江工业大学派驻泰顺县峰门乡。通过实施峰门乡迁移工程污水处理工艺方案性研究项目,为当地农民科技致富起到了较好的示范作用。

励立庆　2004 年由浙江工业大学派驻泰顺县峰门乡。通过实施峰门乡异地无公害蔬菜生产示范基地建设项目,为当地农民科技致富起到了较好的示范作用。

冯　鸣　2005 年由浙江工业大学派驻泰顺县峰门乡。通过实施峰门高山养羊示范基地建设项目,为当地农民科技致富起到了较好的示范作用。

辛晓天　2006 年由浙江工业大学派驻泰顺县峰门乡。通过实施峰门高山养羊示范基地建设项目,为当地农民科技致富起到了较好的示范作用。

张夕飞　2007—2011 年由浙江工业大学派驻泰顺县峰门乡。通过实施高

山养羊示范基地扩大建设、无公害淡水养鱼技术研究与应用、无公害高山茶栽培研究和茶园建设、高山山羊新品种引进与改良、山区立体生态种养模式推广应用等项目,为当地农民科技致富起到了很好的引领作用。2010 年获浙江省优秀科技特派员称号。

杨海清　2012—2013 年由浙江工业大学派驻泰顺县峰门乡。通过实施竹筷上漆自动控制系统的研发、山区果园水肥灌溉远程调控系统研发和示范等项目,为当地竹木产业发展、农民科技致富起到了很好的技术示范作用。2011—2012 年度获温州市优秀科技特派员称号。

何志平　2004—2005 年由浙江林学院派驻泰顺县黄桥乡。通过实施黄桥乡笋用林基地建设及笋制品加工等项目,为当地农民科技致富起到了较好的示范作用。

高前欣　2006—2007 年由浙江林学院派驻泰顺县黄桥乡。通过实施毛竹笋系列产品加工技术推广、毛竹笋食品加工示范点的建设与技术推广及市级项目"毛竹鞭笋丰产技术研究及推广示范",为当地笋竹产业应用科技带动农民致富起到了很好的示范作用。2007 年获浙江省优秀科技特派员称号。

蔡碧凡　2008 年由浙江林学院派驻泰顺县黄桥乡。通过实施山区农家乐休闲旅游业的开发技术示范项目,为当地农民科技致富起到了较好的示范作用。

郑国全　2009—2012 年由浙江农林大学派驻泰顺县黄桥乡。通过实施浙西南乡村生态旅游经济提升与技术示范、泰顺县乡村休闲旅游农家乐技术集成与示范、泰顺县生态甲鱼养殖休闲农业技术集成与示范、浙南山区香榧油茶套种关键技术集成与示范研究等项目,为当地生态旅游经济的发展、提高农民收入提供了强有力的技术支撑。2011 年获浙江省优秀科技特派员称号,2010—2011 年获温州市优秀科技特派员称号,2013 年获泰顺县突出贡献科技特派员称号。

邵果园　女,硕士研究生,浙江农林大学教师。2013 年 5 月受浙江省科技厅派遣,赴司前畲族镇黄桥社区任科技特派员。对社区的农情、民情、旅游资源进行深入细致的了解,撰写《黄桥社区旅游资源调查报告》。就产业结构调整、农村劳动力转岗转业等问题提出具体方案。任职以来,利用食品专业技术,为猕猴桃加工技术服务。

劳　泓　省委组织部《时代先锋》杂志主任干事,1997 年 3 月至 1998 年 3 月,受省委组织部指派下派挂职锻炼,任黄桥乡党委副书记。任职期间撰写了近 3 万字的专题调查报告。在充分调查的基础上,制定《黄桥乡党建工作三年规划》《黄桥乡九七脱贫工作计划》《黄桥乡2000年经济发展规划》3个专题报告。提出建"一类乡镇党委"、建设"生态科技型小康乡"的奋斗目标。为顺利实施各项扶贫项目，他上杭城、跑县城，多方奔走，共帮助落实扶贫资金271万元，为项目顺利实施提供资金保证。以自己的言行、作风，树立了扶贫特派员典范。

二、部分离休人员、劳模、运动员简介

郑延福　生于民国11年（1922年），男，汉族，中共党员，黄桥村人。1948年淮海战役中随军起义，编入中国人民解放军。1950年参加中国人民志愿军，随军入朝作战。在部队期间先后立三等功1次，四等功4次。1955年复员回乡，先后担任中共黄桥乡支部书记、黄坑管理区书记、公社主任等职。1984年离休。

胡克富（1925—1997）　男，汉族，中共党员，上地村人。民国36年（1947年）被抽征兵，加入国民党军队。1948年4月在辽沈战役中随军起义，编入中国人民解放军东北野战军第一纵队第2师341团2营5连，任班长、代理排长等职。立战斗大功、工作大功各一次。1949年4月参加渡江战役。是年9月4日随部队驻军湖南省常德市，由唐礼、于德胜介绍被批准为中国共产党预备党员，1950年3月4日转为正式党员。

1950年11月转业担任晓园乡乡长，积极配合中国人民解放军剿匪工作，抓捕土匪13名，缴获长枪、短枪各1支，获县人民政府奖旗1面和征粮模范称号。1951年7月至1952年5月，先后参加浙江省玉环县和泰顺县联云乡土地改革工作。1952年4月，因收缴地主财物一事被错误处理回乡务农。后经调查澄清事实，于1954年4月调任中共上榅乡党支部书记、乡长。1956年调任里光乡乡长。1958年5月审干时，以其当过国民党兵为由，以"兵痞"名义被开除公职，保留党籍，转任榅垟村党支部书记。1970年始担任里光乡综合厂供销员。1981年县革命委员会受理其申诉，作出纠正错误处理恢复公职决定。1984年改为享受离休待遇。1997年病逝。

蓝玉聪　女，畲族，生于1950年10月，中共党员，中共左溪民族村党支部原书记。她的经历颇具传奇色彩——从浙南山村农妇到浙江省党代表，她在生活中处处展现了中华妇女的传统美德。自从1984年参加村"两委"工作以来，蓝玉聪处处以党员的标准严格要求自己，恪守职责，以身作则，工作勤奋踏实，任劳任怨，为改变左溪村的落后面貌和建设文明富裕的社会主义新农村作出了贡献。先后在村里多个岗位上奋斗了18个春秋。她不计名利，无私奉献，情系群众。在她的带领下，左溪村修建了移民新村、阳畲公路，新农村建设各项

工作走在了全市的前列,获得的荣誉奖牌挂满了一面墙。出色的成绩,赢得了上级的肯定,蓝玉聪先后当选为温州市第八届党代表,泰顺县第十届、十一届、十二届人大代表,浙江省第八次和第十次党代会代表。1993年被评为全国各族妇女团结进步模范个人,1994年被评为温州市劳动模范,1999年被评为全国各民族团结进步模范个人。

蓝学许　男,畲族,出生于1975年7月,高中学历,2004年3月加入中国共产党,泰顺县司前畲族镇左溪村党支部书记、泰顺县山里人家农家乐经理、泰顺县左溪葡萄专业合作社理事长、浙江省十二届人大代表、温州市十届党代表、温州市十届温州青联常委、温州农村青年致富带头人协会副会长。他立足农村投身农业开发,先后创办葡萄种植专业合作社和农家乐,还带领畲乡同胞们一起发展致富,建成一个830多亩的葡萄种植休闲观光园区,30多户农民经过他的指导,专门从事葡萄种植,年收入达到了800多万元。2014年9月26日,蓝学许作为全省、全市畲族同胞代表(全省共9名,温州市2名)前往北京参加中华人民共和国成立65周年系列活动。在京期间,作为全国民族团结进步先进个人的他参加了中央民族工作会议暨第六次全国民族团结进步表彰大会、中央民族工作会议二次会议,代表全国畲族同胞参加"国宴"并应邀参加在天安门广场举行的国庆节升旗仪式。2014年获浙江新农村建设带头人"金牛奖",成为2014年度温州地区唯一的"金牛奖"获得者。

2015年7月24日,中华全国青年联合会第十二届委员会全体会议和中华全国学生联合会第二十六次代表大会正式会议在人民大会堂开幕。蓝学许通过民主推荐和全国青联的层层考核,成为泰顺县唯一的全国青联委员赴京参加全国青联十二届全委会。

林祖福　男,汉族,出生于1992年,司前畲族镇峰门新村人。初中毕业于罗阳二中。2007年2月获市青少年比赛男子甲组举重48公斤级第一名。同年7月获华东8城市举重比赛48公斤级比赛第二名。2008年参加浙江省青少年举重锦标赛获男子甲组举重48公斤级第一名。2010年在浙江省第十四届运动会上,获男子甲子举重48公斤级第一名,并破省运动会男子举重48公斤级最高纪录。是泰顺县首个在省运会举重比赛中获得金牌的运动员。2013年10月,在全国男子举重冠军赛中获得第5名。

2015年就读于成都体育学院。是年12月30日,由中国大学生体育协会、国家体育总局举重摔跤柔道运动管理中心主办的2014年"体彩杯"全国大学生举重锦标赛在重庆落下帷幕,浙江泰顺籍运动员林祖福夺得56公斤级举重比赛冠军，并被授予优秀运动员称号。

梅定松　男，民国15年(1926年)出生于司前上地。民国34年(1945年)1月考入陆军军官学校(黄埔军校)第21期，民国36年(1947年)12月毕业。民国38年(1949年)春随国民党军队赴中国台湾，服役40年。指挥职务初任少尉排长，终任少将师长，参谋职务曾任师参谋长、军团副参谋长等。1984年退休，定居台中市。

三、副科级以上职务与中级以上职称人员名录

2015年副县、团级以上及高级专业技术职称人员一览表

表7-9-2-9

村名	姓名	性别	民族	工作单位、职务	职称及级别	备注
里光	陈惟飞	男	汉族	泰顺县劳动人事局局长(离休)	正县级	
上地	梅成武	男	汉族	邮电部设计院	教授级高工	
溪口	饶尚达	男	汉族	玉环县人民医院院长	主任医师	
黄桥	严振红	男	汉族	中国东方航空公司信息部党委书记	正处级	
司前	雷必隆	男	畲族	泰顺县人大常委会主任	正县级	
	钟岳林	男	畲族	泰顺县人民政府	副县长	
左溪	陈志清	男	汉族	泰顺县人大常委会副主任	副县级	
叶山	陈根宝	男	汉族	温州市公安局	副处级	博士
	陈道庆	男	汉族	浙江大学规划设计院		
黄桥	吴立辉	男	汉族	泰顺县职教中心	中学高级	
	林李珍	男	汉族	司前畲族镇中心小学	中学高级	
	吴玉芳	女	汉族	杭州市采荷二小	中学高级	
	郑乃新	男	汉族	瑞安市飞云中学	中学高级	
	梅丽翠	女	汉族	泰顺实验小学	中学高级	
	叶梅芬	女	汉族	泰顺县育才中学	中学高级	
	吴尚培	男	汉族	泰顺县住建局	高级工程师	
	苏志利	男	汉族	泰顺县住建局	高级工程师	
	苏孝锋	男	汉族	温州万洋集团	一级建造师	
	梅　伟	男	汉族	温州万洋集团	一级建造师	
	徐伟玲	男	汉族	温州万洋集团	一级建造师	
司前	蓝海萍	女	畲族	泰顺县中医院麻醉科	副主任医师	
	雷祖培	男	畲族	泰顺县乌岩岭管理局	七级专技	

续表 7-9-2-9

村名	姓名	性别	民族	工作单位、职务	职称及级别	备注
左溪	曹吴芬	女	汉族	泰顺县人民医院	副主任医师	
	李光华	男	畲族	杭州启正中学	中教高级	
叶山	陈向阳	男	汉族	泰顺职业高中	中教高级	
	陈惟寿	男	汉族	泰顺中学	中教高级	
里光	陈　志	男	汉族	泰顺中学	中教高级	
	罗德羽	男	汉族	泰顺县交通局	高级工程师	
台边	吴国阳	男	汉族	泰顺罗阳二中	中学高级	
上地	邱成亮	男	汉族	泰顺民族中学	中教高级	
	包永平	男	汉族	温州瓯海实验中学	中教高级	
	翁满红	男	汉族	泰顺县委党校	高级讲师	
	蔡素芳	男	汉族	温州龙湾职高	中教高级	
	朱健琳	男	汉族	丽水学院附设高中	中教高级	
	周小玲	男	汉族	泰顺县教师发展中心	中教高级	
	梅容源	男	汉族	杭州	注册审计师	
榅垟	郭克柳	男	汉族	泰顺县农村经济服务管理站	高级经济师	
	林继和	男	汉族	泰顺县科技局	高级兽医师	
新北	王孔正	男	汉族	浙江公路工程建设公司	高级工程师	
	夏兆光	男	汉族		高级工程师	
大住	张瑞森	男	汉族	泰顺县政协专委主任	享受副县级	
榅垟	陈克长	男	汉族	浙江旭柠环保科技有限公司	高级标准化工程师	

2015年司前畲族镇籍正、副科级人员一览表

表 7-9-2-10

村名	姓名	性别	民族	工作单位、职务	职称及级别	备注
黄桥	吴元华	男	汉族	县建设局办公室主任	主任科员	
	林士鑫	男	汉族	筱村镇副镇长	主任科员	
	郑贤安	男	汉族	黄桥乡党委委员	副科级	
	陈平玉	女	汉族	县食品药品监督管理局主管药师	副主任科员	
	吴尚洋	男	汉族	下洪乡副乡长	副科级	

续表 7-9-2-10

村名	姓名	性别	民族	工作单位、职务	职称及级别	备 注
黄桥	叶友灵	男	汉族	县交警中队长	副主任科员	
	林晓洪	男	汉族	景宁畲族自治县商贸局副局长	副科级	
	吴　纬	男	汉族	泰顺县交警大队车管所副所长	副主任科员	
	梅晓青	男	汉族	县水利局党委委员	副科级	
	梅德魁	男	汉族	原丽水地区交通局处长	正科级	
	朱慧智	男	汉族	竹里畲族乡人大主席	正科级	
	吴尚鹏	男	汉族	县安全管理局	副主任科员	
	吴夏莲	女	汉族	中共泰顺县委党校工会主席	主任科员	
	叶应贤	男	汉族	泰顺县财政局纪委书记	正科级	
	梅明辉	男	汉族	泰顺县人民法院副院长	正科级	
	林基周	男	汉族	县水利局局长	正科级	
	林邦沐	男	汉族	县交通局党委副书记	正科级	
	林晓洪	男	汉族	景宁畲族自治县商贸局党组书记	正科级	
	郑玉红	女	汉族	县气象局局长	正科级	
	吴国芳	男	汉族	县国家税务局副局长	正科级	
	吴国乾	男	汉族	县人民法院副院长	正科级	
	梅振儒	男	汉族	海口市粮食局基建处副处长	正科级	
	吴国真	男	汉族	县移民安置办副主任	主任科员	
	梅品枝	男	汉族	温州市安全生产监督局稽查大队长	正科级	
	张小华	男	汉族	雅阳镇党委书记	正科级	
	苏志利	男	汉族	仕阳镇镇长	正科级	
	林正平	男	汉族	浙江武警总队直属支队组织股股长	正营级	
	雷　蕾	女	畲族	竹里畲族乡人大主席	正科级	
叶山	陈国华	男	汉族	泰顺县水利局	主任科员	
	陈尚珠	男	汉族	中共峰门乡委员会(1999 年)书记	正科级	
	蓝正宗	男	畲族	泰顺县政协常委会专委主任	正科级	
	陈　建	男	汉族	县农业局扶贫办(事业管理八级副)	相当副科	
台边	徐海铭	男	汉族	浙江省人民医院行政科	科长	
	柳齐坦	男	汉族	司前畲族镇人大主席	正科级	
	王定中	男	汉族	司前畲族镇人民政府	主任科员	
	吴立成	男	汉族	县人大常委会农经工委主任	正科级	

续表 7-9-2-10

村名	姓名	性别	民族	工作单位、职务	职称及级别	备注
台边	陈增华	男	汉族	罗阳镇人民政府	主任科员	
	吴立富	男	汉族	中共彭溪镇书记	正科级	
上地	朱详正	男	汉族	省技术监督局科长	正科级	
	包才德	男	汉族	县政协常委专委主任	正科级	
	梅湘东	男	汉族	中共景宁畲族自治县工商联党组书记	正科级	
	梅秋萍	男	汉族	景宁畲族自治县国税局	主任科员	
里光	陈秀珍	男	汉族	泰顺县人大常委会法工委主任	正科级	
	林思才	男	汉族	乌岩岭管理局副局长	正科级	
	罗德羽	男	汉族	县交通运输局副局长	副科级	
	王由连	男	汉族	县委考绩委员会办公室副主任	副科级	
司前	张岩珠	男	汉族	县公安局政委	正科级	
	方张锋	男	汉族	市公安局基层基础支队支队长	正科级	
	雷顺阳	男	畲族	县二轻乡镇工业局长	正科级	
	高世悦	男	汉族	县人民法院副院长	正科级	
	严爱珍	男	汉族	县政协常委会专委主任	正科级	
	高立竹	男	汉族	中共泰顺县委党校常务副校长	正科级	
	严永光	男	汉族	司前畲族镇人大副主席	主任科员	
	陶小华	男	汉族	中共泰顺红十字会党组书记	正科级	
	陶育吾	男	汉族	景宁畲族自治县文教局局长	正科级	
	蓝永德	男	畲族	泰顺县民宗局县民族科长	主任科员	
	雷秀莲	女	畲族	泰顺县政协	主任科员	
	钟德忠	男	畲族	中共百丈镇委统战委员	主任科员	
	陶英荣	男	汉族	县水利局副局长	副科级	
	陶祖新	男	汉族	县市场监督管理局副局长	副科级	
	徐春奇	男	汉族	包垟乡乡长	正科级	
	陶国华	男	汉族	司前畲族镇副镇长	副科级	
	夏建华	女	汉族	司前畲族镇副镇长	副科级	
	蔡四森	男	汉族	景宁畲族自治县东坑区区长	正科级	

续表 7-9-2-10

村名	姓名	性别	民族	工作单位、职务	职称及级别	备注
大住	张周延	男	汉族	县人民政府办公室纪检组组长	副科级	
新北	董如淼	男	汉族	县纪委党风廉政室主任	副科级	
左溪	雷顺岩	男	畲族	县水利局科长(转业营级)	主任科员	
	雷顺催	男	畲族	司前畲族镇人武部部长	主任科员	
	雷顺横	男	畲族	司前镇人大副主席	主任科员	
	雷朝跑	男	畲族	县民宗局局长	正科级	
	严立淼	男	汉族	中共龟湖镇书记	正科级	
	陶汉心	男	汉族	县委党史研究室副主任	副科级	
	陶碎勇	男	汉族	县发改局副局长	副科级	
	孙成忠	男	汉族	县人口和计划生育局纪检组组长	副科级	
	雷必松	男	畲族	丽水市房地产管理处	主任科员	
	雷晓慧	女	畲族	泰顺县泗溪镇人大副主席	副科级	
	雷朝东	男	畲族	县国土局征地事务所	副主任科员	

2015年司前畲族镇籍中级专业技术职称人员一览表

表 7-9-2-11

村名	姓名	性别	民族	工作单位、职务	职称及级别	备注
黄桥	叶尚定	男	汉族	泰顺县教育局	小学高级	
	苏银花	女	汉族	泰顺县黄桥小学	小学高级	
	叶有俭	男	汉族	泰顺县司前畲族镇中心小学	小学高级	
	叶应高	男	汉族	泰顺县黄桥完全小学	小学高级	
	吴　洁	女	汉族	乐清柳市镇第二小学	小学高级	
	吴　霞	女	汉族	温州市龙湾区海滨镇第三小学	中学一级	
	吴月华	女	汉族	平阳县实验小学	小学高级	
	吴苏珍	女	汉族	景宁畲族自治县实验小学	小学高级	
	陈燕燕	女	汉族	泰顺县罗阳镇第二小学	小学高级	
	梅振发	男	汉族	泰顺县城关中学	中学一级	
	吴苏霞	女	汉族	泰顺县司前畲族镇中心小学	小学高级	

续表 7-9-2-11

村名	姓名	性别	民族	工作单位、职务	职称及级别	备 注
黄桥	林慧玲	女	汉族	泰顺县城关中学	中学一级	
	梅振会	男	汉族	泰顺县百丈镇小学	小学高级	
	吴秋兰	女	汉族	泰顺县司前畲族镇中心小学	小学高级	
	吴爱华	女	汉族	泰顺县百丈镇小学	小学高级	
	吴植芝	女	汉族	泰顺县司前畲族镇中心小学	小学高级	
	严立飞	男	汉族	泰顺县职业教育中心	中学一级	
	苏德连	男	汉族	泰顺县黄桥小学	小学高级	
	陈振全	男	汉族	泰顺县罗阳镇第二小学	小学高级	
	林　敏	男	汉族	泰顺职业教育中心	中学一级	
	林开亲	男	汉族	泰顺县司前畲族镇中心小学	小学高级	
	林郁玉	女	汉族	泰顺县成人教育中心	小学高级	
	郑叶香	女	汉族	泰顺县司前畲族镇中心小学	小学高级	
	梅慧玲	女	汉族	泰顺县司前畲族镇中心小学	小学高级	
	徐有灵	男	汉族	泰顺柳峰乡中心小学	中教一级	
	梅　霞	女	汉族	泰顺县第二中学	中教一级	
	梅叶青	女	汉族	泰顺县实验小学	小学高级	
	谢光达	男	汉族	泰顺县育才小学	小学高级	
	叶林美	女	汉族	泰顺县罗阳镇第二小学	小学高级	
	梅丽华	女	汉族	泰顺县三魁镇中心小学	小学高级	
	叶梅娇	女	汉族	泰顺县泗溪镇中心小学	小学高级	
	叶　晔	女	汉族	泰顺县民族中学	中学一级	
	吴秋月	女	汉族	泰顺县培智学校	小学高级	
	汤月英	女	汉族	泰顺县司前畲族镇台边小学	小学高级	
	梅丽丽	女	汉族	泰顺县下洪乡中心校	中学一级	
	雷燕燕	女	畲族	泰顺县司前畲族镇中心小学	小学高级	
	林淑金	女	汉族	泰顺县司前畲族镇中心小学	小学高级	
	叶雪芬	女	汉族	丽水师专附属小学	小学高级	
	雷必霖	女	畲族	泰顺县黄桥乡完全心小学	小学高级	
	陈江艳	女	汉族	泰顺县住房和城乡建设局	工程师	

续表 7-9-2-11

村名	姓名	性别	民族	工作单位、职务	职称及级别	备 注
黄桥	翁仕亮	男	汉族	泰顺县人民医院	主治医师	
	陈平玉	女	汉族	泰顺县药品食品检验检测局	主管药师	
	梅晓青	女	汉族	泰顺县水利局	农艺师	
	吴尚敏	男	汉族	泰顺县水利局	农艺师	
	梅盛齐	男	汉族	泰顺县农业局	农艺师	
	梅盛苗	男	汉族	泰顺县农业局	农艺师	
	吴国芳	男	汉族	泰顺县国家税务局	经济师	
	叶素芳	女	汉族	平阳县人民医院	检验师	
	吴少芳	女	汉族	泰顺县公共资源交易中心	工程师	
	章克煜	男	汉族	泰顺县农业局	农艺师	
	梅德魁	男	汉族	丽水市交通工程处	工程师	
	林开宗	男	汉族	温州万洋集团	工程师	
	林开足	男	汉族	温州万洋集团	工程师	
	林基周	男	汉族	泰顺县水利局	工程师	
	罗小平	男	汉族	泰顺县农业局	农业经济师	
	梅盛凑	男		司前卫生防疫站	职员八级	
司前	陶煜禾	女	汉族	县实验小学	小学高级	
	蓝如海	男	畲族	县社保局	主治医师	
	陶英满	男	汉族	县民族中学	中教一级	
	舒志华	女	汉族	泰顺县教师培训中心	职员八级	
	陶丽华	女	汉族	泰顺县交通局	经济师	
	陶慧娇	女	汉族	泰顺县国土资源局	管理八级	
左溪	雷祖震	男	畲族	司前小学	小教高级	
	雷子恩	男	畲族	司前小学	小教高级	
	雷顺震	男	畲族	民族中学	中教一级	
	李一平	男	畲族	司前小学	小教高级	
	雷国红	女	畲族	司前小学	小教高级	
	李碎森	男	畲族	泰顺六中教师	中教一级	
	苏　威	男	汉族	泰顺六中教师	中教一级	
	雷顺超	男	畲族	司前医院	主治医师	

续表 7-9-2-11

村名	姓名	性别	民族	工作单位、职务	职称及级别	备 注
叶山	陈向东	男	汉族	温州市农业银行	会计师	
	陈丽霞	女	汉族	泰顺县人民医院	护师	
	陈惟足	男	汉族	罗阳镇小	小学高级	
	夏春兰	女	汉族	罗阳沙堤小学	小学高级	
里光	吴善兴	男	汉族	庆元县林业局	工程师	
	林永禄	男	汉族	司前畲族镇	工程师	
	罗德丰	男	汉族	竹里畲族乡	畜牧兽医师	
	陈景轩	男	汉族	司前小学	小学高级	
台边	吴国英	女	汉族	泰顺县人民医院	主管护师	
	吴国花	女	汉族	瓯海新桥小学	小学高级	
	吴国萍	女	汉族	龙湾海滨卫生院	主治医师	
	王家胜	男	汉族	罗阳镇中心校	中教一级	
	刘化玉	男	汉族	泰顺县教育局	小教高级	
	李吴梅	女	汉族	罗阳沙堤小学	小教高级	
	陈晓烨	女	汉族	罗阳镇小	小教高级	
	刘美英	女	汉族	罗阳镇小	小教高级	
	吴恒金	男	汉族	县中医院	主治医师	
	潘守泼	男	汉族		工程师	
	陈　玲	男	汉族	浙江省人民医院	药检师	
	吴立友	男	汉族	县中医院	主治医师	
榅垟	蓝久林	男	畲族	县民族中学	中教一级	
	陈传敏	男	汉族	乐清市育英学校	小学高级	
	林继贤	男	汉族	泰顺育才学校	中学一级	
新北	郑晓珍	女	汉族	司前镇小	小教高级	
	夏克巧	男	汉族	县教育局	小教高级	
上地	包美娟	女	汉族	县统计局	统计师	
	包海娟	女	汉族	景宁民族中学	中教一级	
	朱建敏	男	汉族	景宁畲族自治县农发行	经济师	
	刘卫英	女	汉族	云和县人民医院	会计师	

续表 7-9-2-11

村名	姓名	性别	民族	工作单位、职务	职称及级别	备注
上地	朱利玲	女	汉族	云和县二中	中教一级	
	梅碧芳	女	汉族	景宁广播电视局	职员四级	

四、司前籍部分大中专学生名录

左溪村大中专毕业生一览表

表 7-9-2-12

姓名	性别	民族	出生年份	毕业年份	毕业学校	学历	任单位职
曹吴芬	女	汉族	1940	1960	金华卫生学校	中专	县人民医院医师
雷必松	男	畲族	1946	1976	杭州大学	大专	丽水市房地产管理处
雷成和	男	畲族	1940	1962	丽水林业学校	中专	司前林业站长
雷祖震	男	畲族	1949	1968	浙江少数民族师范学校	中专	司前中心校
雷志恩	男	畲族	1949	1968	浙江少数民族师范学校	中专	司前中心校
雷必玲	男	畲族	1956	1974	浙江少数民族师范学校	中专	黄桥乡中心校
陶益奇	男	汉族	1944	1974	浙江大学	中专	县计经委
雷顺震	男	畲族	1966	1985	浙江少数民族师范学校	中专	民族中学
李光华	男	畲族	1967	1988	浙江少数民族师范学校	中专	民族中学
钟德忠	男	畲族	1967	1989	丽水师范专科学校	大专	包洋乡政府
陈志清	男	汉族	1967	1990	杭州大学	大学	县农机站
雷世龙	男	畲族	1971	1990	浙江少数民族师范学校	中专	台边中心校
雷顺娟	女	畲族	1971	1990	温州卫生学校	中专	县中医院
蓝惠玉	女	畲族	1971	1990	温州卫生学校	中专	司前医院
钟希平	男	畲族	1973	1992	温州卫生学校	中专	泗溪镇医院
雷祖龙	男	畲族	1973	1992	中南民族学院	大专	县农经委副科长
雷祖招	男	畲族	1973	1992	浙江公安高等专科学校	中专	小村派出所
蓝惠香	女	畲族	1974	1993	温州卫生学校	中专	三魁医院
陈志平	男	畲族	1974	1993	浙江金华粮食学校	中专	雅阳粮管所
曹衍良	男	畲族	1974	1993	浙江金华粮食学校	中专	司前粮站

续表 7-9-2-12

姓名	性别	民族	出生年份	毕业年份	毕业学校	学历	任单位职
钟希雄	男	畲族	1975	1994	平阳师范学校	中专	司前镇中心校
蓝德新	男	畲族	1975	1994	温州卫生学校	中专	三魁医院
雷爱娇	女	畲族	1975	1994	温州卫生学校	中专	仁阳医院
雷碎娥	女	畲族	1975	1994	温州卫生学校	中专	司前医院
雷祖培	男	畲族	1975	1994	浙江林业学校	中专	乌岩岭林场
陶建通	男	汉族	1970	1991	温州师范专科学校	中专	民族中学
蓝宗足	男	畲族	1976	1995	温州农业学校	中专	
雷晋星	男	畲族	1976	1995	浙江少数民族师范学校	中专	司前镇中心校
雷慧珍	女	畲族	1976	1996	浙江林业学校	中专	
雷朝兴	男	畲族	1976	1998	温州农业学校	中专	
蓝祖明	男	畲族	1976	1998	泰顺县党校干部班	中专	
蓝晓翠	女	畲族	1976	1998	温州农业学校	中专	
蓝爱苏	女	畲族	1976	1998	浙江少数民族师范学校	中专	
雷顺锋	男	畲族	1940	1963	浙江少数民族师范学校	中专	司前小学
雷　果	男	畲族	1992	2015	浙江交通职业技术学院	大专	村民中心
李志杰	男	畲族	1955	1992	温州教育学院	中专	司前镇小
李　柽	男	畲族	1938	1962	浙江少数民族师范学校	中专	司前阳斜小学
李谦莉	女	畲族	1994	2014	湖北大学	大学	柳峰东梧小学
雷朝明	男	畲族	1993	2015	泰顺职业技术学校	中专	
雷晓慧	女	畲族	1974		泰顺县党校大专班	大专	泗溪镇人大
雷晶晶	女	畲族	1994	2014	杭州纺织服装职业技术学院	大专	
雷正皓	男	畲族	1983	2016	自考	大专	县污水处理公司
雷芳芳	女	畲族	1985	2006	西安外国语学院	大专	
雷　蕾	女	畲族	1989		金华职业技术学院	大专	杭州新华医院
雷朝东	男	畲族	1970	2002	华中科技大学(函授)	大专	县国土局征地所
雷日成	男	畲族	1994		台州职业技术学院	大专	
雷日凯	男	畲族	1998		温州职业技术学院	大专	

司前片大中专毕业生一览表

表 7-9-2-13

村名	姓名	性别	民族	毕业年份	毕业学校	学历	所学专业或任职单位
司前	陶松平	男	汉	民国	日本早稻田大学	—	—
	包春娥	女	汉	1960	金华卫生学校	中专	乐清中草药医师
	陶英满	男	汉	1975	杭州师范学校	中专	民族中学教师
	陶毓淼	男	汉	1968	杭州大学(函授)	大专	县卫生个协副主任
	包长达	男	汉	1975	杭州大学	本科	司前乡政府
	周一生	女	汉	1978	平阳师范学校	中专	民族中学
	毛一新	男	汉	1976	温州师范学校	中专	县进修学校
	陶陈玉	女	汉	1974	温州医学院	大专	县医院医师
	陶春春	女	汉	1984	金华供销学校	中专	罗阳供销社
	李忠培	男	畲	1982	浙江少数民族师范学校	中专	司前小学
	雷舒莲	女	畲	1982	浙江少数民族师范学校	中专	司前小学
	吴仙新	男	汉	1982	浙江丝绸工学院	大专	温州印刷机械厂
	蓝忠堂	男	畲	1983	浙江少数民族师范学校	中专	司前民族中学
	陶棉达	男	汉	1985	浙江会计学校	中专	县工商行会计
	陶旭东	男	汉	1985	浙江省电视中等学校	中专	县建陶厂工程师
	钟笑玲	女	畲	1988	浙江少数民族师范学校	中专	司前镇小教师
	蓝晓聪	女	畲	1989	浙江少数民族师范学校	中专	司前镇小
	陶国华	男	汉	1988	中央农业广播电视大学	中专	司前镇政府
	吴佩华	女	汉	1985	浙江金华粮食学校	中专	司前粮管所
	陶雪玲	女	汉	1984	温州医学院	大专	三魁医院
	陶巧玲	女	汉	1984	丽水商业校	中专	杭州市区
	钟笑月	女	畲	1990	浙江少数民族师范学校	中专	司前镇小
	陶小成	男	汉	1987	浙江邮电学校	中专	县邮电局
	陶汉蕉	男	汉	1984	杭州警察学校	中专	县公安局
	夏建华	女	汉	1989	温州师范学校	中专	司前镇政府
	陶英平	男	汉	1990	南宁环保学校	中专	仕阳规划所
	陶水芬	女	汉	1992	杭州大学	大专	司前中学
	陶　平	男	汉	1990	中共浙江省委党校	大专	司前镇政府
	陶文智	男	汉	1990	温州师范专科学校	大专	民族中学

续表 7-9-2-13

村名	姓名	性别	民族	毕业年份	毕业学校	学历	所学专业或任职单位
司前	邱美翠	女	汉	1990	丽水师范专科学校	大专	民族中学
	陶新	男	汉	1991	平阳师范学校	中专	司前镇小
	陶英荣	男	汉	1991	温州大学	大专	下洪乡政府
	包罗蜂	男	汉	1992	金华商业学校	中专	县烟糖公司
	陶水飞	女	汉	1992	杭州大学	大专	大安中学
	苏锦鑫	男	汉	1993	杭州交通学校	中专	县车站
	陈济良	男	汉	1993	浙江金华粮食学校	中专	小村粮管所
	陶萍萍	女	汉	1995	浙江农机学校	中专	司前镇政府
	陶祖新	男	汉		宁波财政学校	中专	
	钟海滨	男	畲		浙江少数民族师范学校	中专	
	何海波	男	汉		浙江邮电学校	中专	
	蓝永娇	男	畲		浙江少数民族师范学校	中专	
	夏美荷	女	汉		泰顺卫生学校	中专	
	陶钟志	男	汉		温州少年体育学校	中专	
	陶佩荷	女	汉	1982	丽水师范专科学校	中专	景宁县实小
	陶小波	男	汉	1991	中师函授	中专	溪口小学
	陶丽华	女	汉	2000	浙江大学(函授)	大专	泰顺县交通局
	陶慧娇	女	汉	1996	中共浙江省委党校函授学院	大专	泰顺县国土资源局
	蓝晓飞	女	畲		温州大学教育学院	大专	
	雷乾灵	男	畲		温州机电技师学院	大专	
	蓝忠候	男	畲		杭州外国语学院	大专	
	蓝敏敏	女	畲		杭州师范大学	大专	
	钟成杰	男	畲		浙江农业广播电视学院	大专	
	蓝苏淼	男	畲		哈尔滨农业大学	大专	泰顺社保局
	蓝健文	男	畲		温州大学	大专	新山工商所
	雷星星	女	畲		宁波城市职业技术学院	大专	中宇集团
	雷乾刚	男	畲		杭州医学院	大专	县人民医院实习
	蓝永娇	男	畲		丽水学院	大专	民族小学
	蓝永强	男	畲		武汉大学	大专	深圳电子公司
	蓝丽丽	女	畲		丽水学院	大专	
	蓝永龙	男	畲		宁波工程学院	大专	温州建筑公司

续表 7-9-2-13

村名	姓名	性别	民族	毕业年份	毕业学校	学历	所学专业或任职单位
司前	雷顺多	女	畲	1977	浙江少数民族师范学校	中专	县土产公司
	雷文芳	女	畲	1967	浙江省农村金融中等专业学校	中专	自由职业
	雷　敏	男	畲	1969	泰顺县广播电视大学(函授)	大专	县农行
	仇秀伟	女	汉	1969	泰顺县党校(函授)	大专	县工商局
	雷乾刚	男	畲	2013	浙江医学高等专科学校	大专	
	雷婷婷	女	畲	2014	宁波大红鹰职业技术学院	大学	计算机
	雷靓婷	女	畲	2014	温州大学瓯江学院	大专	中国语言文学类
	雷乾森	男	畲	2014	应天职业技术学院	大专	广告设计制作
	雷梦婷	女	畲	2014	温州大学	大专	学前教育
	蓝慧敏	女	畲	2014	平阳县职业教育中心	大专	学前教育
	雷乐韵	女	畲	2005	浙江理工大学	本科	本科双学位
	雷　燕	女	畲	2015	浙江农林大学	本科	2013 年入学本科
	雷顺青	男	畲	2002	温州农业学校	中专	中专三年
	雷朝易	男	畲	2011	浙江同济科技职业学院	中专	中专三年
	雷朝伟	男	畲	2014	江西现代技术学院	中专	中专三年
	雷宗旺	男	畲		绍兴文理学院	大专	
林山	蓝礼忠	男	畲		中共浙江省委党校	大专	
溪口	蓝圣存	男	畲	2015	丽水学院	大专	旅游管理本科
	钟娇娇	女	畲	2015	四川大学锦江学院	大专	财务管理本科
	钟雪茜	女	畲	2013	江苏警官学院	本科	本科
	高业炯	男	汉	2008	温州医科大学	本科	泰顺县中医院
	张银俊	男	汉	2016	天津职业大学	大专	在校
	张陈莲	女	汉	2017	台州学院	本科	在校

里光片大中专毕业生一览表

表 7-9-2-14

村名	姓名	性别	民族	毕业年份	毕业学校	最高学历	现供职单位
里光	王伟锋	男	汉	2003	杭州电子工业学院	本科	县社保局

续表 7-9-2-14

村名	姓名	性别	民族	毕业年份	毕业学校	最高学历	现供职单位
叶山	陈列群	男	汉	1986	温州师范学院	大专	泰顺县委党校
	陈寿旺	男	汉	1992	杭州大学	大专	原泰顺化工厂
	陈寿财	男	汉	1996	东北交通大学	本科	原国企公司员工
	陈献雄	男	汉	1996	浙江大学	本科	杭州国有企业
	陈照	男	汉	2000	南昌大学	本科	杭州国有企业
	饶道耀	男	汉	2007	厦门大学	本科	温州市府接待办
	陈道伟	男	汉	1998	温州农业学校	中专	泰顺信用联社
台边	陈子良	男	汉	民国	复旦大学	本科	《泰顺教育志》
	胡巧斌	女	汉	2006	西安国际商务进修学院	大专	泰顺青年旅行社
	陈万翀	男	汉	1989	复旦大学(函授)	大专	瑞安市工商局
	陈锦萼	男	汉		山东大学	大专	泰顺县公安局
	熊仁江	男	汉	2003	西安国际商务进修学院	大专	磐安大盘山温泉
	高峰	男	汉	1992	浙江医科大学	大专	泰顺县公安局
	陈锦齐	男	汉		浙江林学院	大专	经商
	陈贤敏	男	汉	1997	温州大学	大专	县工商联
	夏莹莹	女	汉		上海大学	大专	
	李德华	男	汉	2006	浙江工业大学	大专	招商证券公司
	吴芳芳	男	汉	2009	台州职业技术学院	大专	温州瑞邦制药公司
	吴建南	男	汉	2009	温州建筑工程技术学校	大专	温州中海建设公司
	吴建浦	男	汉	2009	温州建筑工程技术学校	大专	浙江广安建设公司
上地	郑经伟	男	汉	2009		本科	罗阳镇医院
	雷圣南	女	畲	2007	宁波大学	本科	主管护师
	周琼瑶	女	汉	2015	中央广播电视大学	本科	自考
	雷昌朝	男	畲		江苏大学	硕士研究生	硕士研究生
	周何庆	女	汉	2013	温州大学	本科	湘永州房产公司
	周绍杭	男	汉		美国密歇根州立大学	本科	在读
	邱雨婷	女	汉		浙江大学	本科	在读
	邱一凡	女	汉		山东大学	本科	在读
	郑文丽	女	汉	2014	浙江理工大学	本科	
	郑露露	女	汉		台州学院	本科	
	郑杭妃	女	汉		重庆航空职业学院	大专	

续表 7-9-2-14

村名	姓　名	性别	民族	毕业年份	毕业学校	最高学历	现供职单位
上地	朱常锟	男	汉	2010	华中师范大学(自考)	本科	司前公安派出所
	朱雪莲	女	汉	2016	杭州医学院	本科	县人民医院
	何丽丽	女	汉	2017	杭州电子科技大学	本科	泰顺县税务局
	何　羽	女	汉		杭州万向职业技术学院	大专	
	陈海霞	女	汉		泰顺县广播电视大学	大专	
	陈道凤	男	汉		平阳师范学校	大专	
	陈道斌	男	汉		温州冶金技校	中专	
	包广莉	女	汉	2008	杭州电子科技大学	本科	
	包晓晓	女	汉		嘉兴学院	本科	
	包广书	男	汉		温州医科大学	本科	
	包谊新	男	汉		温州师范学院	本科	温州市政府办公室
榅垟	张作明	男	汉		温州师范学院	硕士	温州龙湾中学
	张大洪	男	汉		吉林农业大学	本科	自己发展
	张慧芳	女	汉	1999	湖北中医学院	硕士	杭州东方医院
	林继贤	男	汉		温州大学(函授)	本科	县育才中学
	林晓禄	女	汉	1989	杭州大学	本科	县城建办
	罗笑雪	女	汉		金华职业技术学院	大专	翁山小学
新北上升	夏兆光	男	汉	1998	浙江水利水电学院		高工
	王碎玲	男	汉	1994	中国人民解放军陆军步兵学院		厦门卫生局
	曹新生	男	汉		浙江大学		博士研究生
	曹德旺	男	汉		丽水卫生学校		医生
	吴文宪	男	汉	2012	湖南信息职业技术学院	大专	宁波工作
	曹晓晓	女	汉		台州学院		在校
	曹光伟	男	汉		杭州科技学院		在校
	林　棍	男	汉	2007	宜春学院		县检察院
	林型杰	男	汉	2009	宁波工程学院		西旸乡政府
	林丽丽	女	汉	2005	浙江经济职业技术学院		
	林型羽		汉	2005	绍兴文理学院		扬州经商
	林国毅	男	汉		浙江工业大学		在校
	林　浩	男	汉		温州大学瓯江学院		在校

续表 7-9-2-14

村名	姓 名	性别	民族	毕业年份	毕业学校	最高学历	现供职单位
新北上升	蓝秀惢	女	汉		温州科技职业学院		在校
	曹攀攀	女	汉	2015	浙江工商大学杭州商学院		司前村镇银行
	黄　静	女	汉		宁波大学		在校
	胡立财	男	汉		江西应用科技学院		在校
	蓝爱娇	女	畲	2013	丽水卫生学校		牙科医生
新北和庄	蓝东敏	女	畲	2013	浙江工业大学		司前民政办
	蓝芳芳	女	畲		浙江师范大学		在校
	黄飞飞	女	汉	2008	郑州航空工业管理学院		外贸部门工作
	王晶晶	女	汉	2013	浙江广厦建设职业技术学院		温州交通工程建设公司监理
	雷正杰	男	畲		上海科技大学		在校
	雷国锋	男	畲	2011	浙江工业职业技术学院		医药公司工作
	雷爱芳	女	畲	2014	丽水学院幼儿师范学院		西旸幼儿园
	蓝丽丽	女	畲	2012	丽水卫生学校		丽水人民医院
	雷志良	男	畲		丽水师范专科学校		司前镇小
	高立云	男	汉	2008	九江学院		经商
新北新桥	董希平	男	汉	2015	浙江工业大学		罗阳镇政府
	林祖福	男	汉		四川大学体育学院		在读研究生
	林祖钱	男	汉		浙江科技学院		在读
	周玉琴	女	汉	2010	宁波大学		杭州外贸部门
	周可建	男	汉	2010	湖南大学		经商
	周志平	男	汉	2009	泸州医学院		泰顺人民医院
	林祖森	男	汉	2011	绍兴文理学院		泗溪中心卫生院
	林微微	男	汉	2014	宁波大红鹰学院		县综治办
	周慧明	男	汉	2011	华南师范大学		县看守所民警
	周少慧	女	汉	2005	浙江师范大学行知学院	大专	经商
	林海燕	男	汉	2009	浙江工业大学	大学	县交警大队
	林雅婷	女	汉		丽水职业技术学院	大专	在读

黄桥村大中专毕业生一览表

表 7-9-2-15

村名	姓名	性别	民族	毕业学校	专业	学历	供职单位
炉西	章　雯	女	汉	厦门大学	汉语言文学	硕士	上海世贸股份公司
	梅建国	男	汉	华东理工大学	电气工程自动化	本科	
	郑雯婷	女	汉	陕西师范大学	地理	本科	
	梅　慧	女	汉	广州医学院	计算机科学技术	本科	乐清市工商局
	梅　尉	男	汉	宁波大学	建筑设计	本科	三峡建筑设计院舟山
	梅明康	男	汉	浙江工业大学之江学院	建筑工程	本科	在校生
	梅秀娟	女	汉	温州大学	法学	本科	温州市鹿城区检察院
	梅朝旭	男	汉	浙江工商大学杭州商学院	法学	本科	温州市公用集团
	梅杰辉	男	汉	天津医科大学	眼视光	本科	在校生
	梅振儒	男	汉	浙江工学院	工民建	大专	海口市粮食局
	梅海敏	男	汉	南京航空航天大学	机械	本科	南京自主创业
	梅振发	男	汉	西南科技大学	计算机科学	本科	泰顺城关中学
	梅　霞	女	汉	温州师范学院	英语	大专	泰顺第二中学
	梅振会	男	汉	贵阳师范学院		大专	泰顺百丈小学
	梅丛冰	女	汉	海南师范学院		本科	仕阳镇人民政府
	梅叶青	男	汉	江苏省丹阳师范学校	美术	大专	泰顺县实验小学
	郑满红	女	汉	浙江科技学院	计算机科学技	大专	泰顺县农业局
	毛彩珍	女	汉	台州学院	财会	大专	县扶贫办
	梅丽彩	女	汉	平阳师范学校		大专	县实验小学
	梅丽华	女	汉	瑞安师范学校		大专	三魁小学
	杨彩红	女	汉	平阳师范学校		大专	文成县实验小学
	梅盛苗	男	汉	台州农业学校	农业技术	中专	县农业局
	章克煜	男	汉	台州农业学校	农业技术	中专	县农业局
	梅盛齐	男	汉	浙江林业学校	营林	中专	县林业局
	梅明辉	男	汉	浙江省委党校	法律	本科	县人民法院
	梅振健	男	汉	温州师范专科学校	教育	大专	县司法局
	梅小青	男	汉	中国农业大学	农业经济	本科	县水利局
	胡世增	男	汉	湖北职业技术学院	工业与民用建筑	大专	泰顺宏飞建筑公司
	鞠　娜	女	汉	湖北职业技术学院	汉语言文学	大专	泰顺宏飞建筑公司

续表 7-9-2-15

村名	姓名	性别	民族	毕业学校	专业	学历	供职单位
炉西	梅伟	男	汉	浙江工业大学	土木工程	本科	万洋华府置业公司
	梅德魁	男	汉	铁道兵工程学院	铁道工程	大专	丽龙高速公路
	叶雪芬	女	汉	丽水师范专科学校	小学教育	大专	丽水师范附属小学
	汤月英	女	汉	瑞安师范学校	小学教育	大专	司前小学
	雷燕燕	女	畲	浙江少数民族师范学校	小学教育	大专	司前小学
	梅鹏	男	汉	浙江建设职业技术学院	建筑工程	大专	县水利局
	梅邦劝	男	汉	浙江冶金技工学校	冶炼	中专	温州自主创业
	梅建华	男	汉	温州职业技术学院	土木工程	大专	温州自主创业
	梅林焱	男	汉	宁波卫生职业技术学院	护理	大专	宁波李惠利医院
	梅游英	女	汉	宁波天一职业技术学院	护理	大专	温州中西医医院
	梅轩铭	男	汉	江西交通职业技术学院	交通工程	大专	在校生
	梅明锋	男	汉	金华职业技术学院	水电建筑	大专	在校生
	梅杰	男	汉	浙江建设职业技术学校	工程造价	大专	在校生
	梅海波	男	汉	浙江商业职业技术学院	国际贸易	大专	宁波国际外贸公司
	徐克驹	男	汉	浙江水电技工学校	水电建筑	中专	上海自主创业
	徐彩云	女	汉	武汉理工大学	法学	大专	上海自主创业
	梅明勇	男	汉	杭州技师学院	楼宇智能	大专	在校生
	赵汉德	男	汉	浙江冶金技工学校	金属冶炼	中专	汽车教练
	梅美蓉	女	汉	浙江师范大学	学前教育	大专	少儿艺术培训学校
	梅盛凑	男	汉	中国乡村医生函授学校	临床医学	中专	司前中心卫生院
	梅放	男	汉	浙江农林大学	地理信息	本科	在校生
	梅明萌	女	汉	浙江师范大学	生物科学	本科	在校生
	梅丛飞	男	汉	浙江工商大学杭州商学院	经济学	本科	在校生
	毛敏敏	男	汉	绍兴文理学院	外贸英语	本科	在校生
	徐丽丽	女	汉	温州职业技术学院	服装表演	大专	在校生
	梅建平	男	汉	浙江工贸职业技术学院	服装设计	大专	在校生
	徐安琪	女	汉	温州科技职业学院	农业技术	大专	在校生
晓燕	叶慧青	女	汉	宁波大学	建筑设计	本科	县罗阳中心功能区
	叶胜男	女	汉	西安理工大学	平面设计	本科	在校生
	叶彬	男	汉	兰州理工大学	机械设计	本科	上海东方航空公司
	林敏	男	汉	温州大学	计算机科学技术	本科	县职业教育中心

续表 7-9-2-15

村名	姓　名	性别	民族	毕业学校	专　业	学历	供职单位
晓燕	叶小辉	男	汉	台州学院	给水排水工程	本科	在校生
	叶祥辉	男	汉	郑州大学	计算机科学技术	本科	县消防局
	林芳芳	女	汉	华南师范大学	英语	本科	筱村镇枫林小学
	叶晔晔	女	汉	温州师范学院	英语	本科	泰顺县民族中学
	梅　云	男	汉	西南科技大学	工程管理	本科	县人民医院
	梅　斌	男	汉	西南科技大学	会计学	本科	县人民医院
	叶应贤	男	汉	浙江广播电视大学	行政管理	大专	县财政局
	叶晶晶	女	汉	浙江广厦建设职业技术学院	园林设计	大专	杭州市园林公司
	叶有俭	男	汉	温州师范学院	小学教育	大专	司前畲族镇小学
	叶有灵	男	汉	武汉理工大学	法学	大专	泰顺县公安局
	叶小灵	男	汉	温州大学	教育	大专	泰顺县民族中学
	叶素芳	女	汉	宁波卫生学校	检验	中专	平阳县人民医院
	叶凤英	女	汉	温州卫生学校	护理	中专	温州市康宁医院
	叶梅芳	女	汉	温州大学	教育	大专	泰顺育才初级中学
	叶梅娇	女	汉	温州大学	教育	大专	泗溪中心校
	梅丽丽	女	汉	浙江师范大学	教育	本科	下洪中心校
	林青苗	男	汉	浙江科技学院	建筑工程	大专	温州众恒机电公司
	叶　敏	男	汉	丽水职业技术学院	艺术设计	大专	在校生
	沈尚培	男	汉	台州职业技术学院	园林设计	大专	杭州自主创业
	叶彩丽	女	汉	丽水职业技术学院	艺术设计	大专	在校生
	林李珍	女	汉	浙江师范大学	数学	大专	司前畲族镇中心小学
	吴文斌	男	汉	丽水职业技术学院	计算机信息	大专	杭州资傲科技公司
	叶李敏	女	汉	西南科技大学	经济管理	大专	在校生
	叶敏敏	女	汉	西南科技大学	经济管理	大专	在校生
	叶发贤	男	汉	浙江树人大学	室内装饰设计	大专	自主创业
	包秀凤	女	汉	温州师范学院	生物	大专	泰顺民族中学
	邱章慧	女	汉	杭州广播电视大学	数学	大专	泰顺育才中学
	叶薇薇	女	汉	浙江万里学院	工商管理	本科	在校生
	叶　翔	男	汉	浙江广厦职业技术学院	交通工程	大专	县交通局
	叶淑雅	女	汉	浙江建设职业技术学院	造价管理	大专	在校生
	叶锦锦	女	汉	杭州万向职业技术学院	国际贸易	大专	在校生

续表 7-9-2-15

村名	姓名	性别	民族	毕业学校	专业	学历	供职单位
晓燕	叶小佳	女	汉	温州大学	生物	本科	缙云仙都中学
横路	吴孔圣	男	汉	哈尔滨工业大学	电机驱动	硕士	杭州东元总合科技
	吴国芳	男	汉	杭州大学	计算机科学	本科	县国税局
	吴国乾	男	汉	东北财经大学	法学	本科	县人民法院
	吴国真	男	汉	浙江大学	农学	本科	县移民办
	周小平	女	汉	东北财经大学	会计学	本科	县国税局
	吴玉芳	女	汉	东北财经大学	法学	本科	杭州市采荷二小
	吴少芳	女	汉	华中科技大学	会计学	本科	县公共资源交易中心
	吴孔球	男	汉	西南科技大学	经济管理	大专	温州冶炼厂
	吴孔玺	男	汉	浙江建设职业技术学院	建筑工程	大专	泰顺宏飞建筑公司
	吴俏俏	女	汉	浙江树人大学	城市规划	本科	筱村镇政府
	吴文鋆	男	汉	浙江树人大学	环境工程	本科	浙江建投环保公司
	吴　静	女	汉	浙江医学高等专科学校	护理	大专	县中医院
	吴珊珊	女	汉	宁波天一职业技术学院	医学检验	大专	县疾控中心
	吴双南	女	汉	上海济光职业技术学院	会计学	大专	杭州市下城区国税局
	吴丽芳	女	汉	华南师范大学	学前教育	大专	司前镇中心幼儿园
	吴烨恬	女	汉	温州市幼儿中等师范学校	学前教育	大专	在校生
	吴莉敏	女	汉	浙江省轻工业学校	食品加工	中专	杭州自主创业
	吴孔辉	男	汉	浙江建筑安装技术学校	建筑施工	大专	在校生
	吴力钧	男	汉	浙江建筑安装技术学校	建筑施工	大专	在校生
	林帮金	男	汉	中国地质大学	建筑工程	大专	三插溪水库管理处
	林　洁	女	汉	南宁大学	广告设计	本科	县住建局
	林帮沐	男	汉	中央党校函授学院	行政管理	大专	县交通局
	林春绿	女	汉	西南科技大学	工程管理	本科	县行政审批中心
	林帮春	男	汉	西南科技大学	建筑施工	大专	县交通局
	叶慧莲	女	汉	浙江科技学院	计算机信息	大专	县机构编制委员会
	叶尚贵	男	汉	浙江供销学校	营销	中专	县物资总公司
	叶　茂	男	汉	东北财经大学	工程管理	大专	自主创业
	叶林美	女	汉	温州师范学院	小学教育	大专	罗阳镇二小
	叶光月	女	汉	温州师范学院	小学教育	大专	凤垟中心校
	叶光凑	男	汉	西南科技大学	工程管理	大专	宏飞建筑工程公司

续表 7-9-2-15

村名	姓 名	性别	民族	毕业学校	专 业	学历	供职单位
横路	叶光钰	男	汉	温州职业技术学院	土木工程	大专	浙江正昊建设公司
	李笑莲	女	汉	嘉兴学院	临床医学	大专	雅阳中心医院
	叶晓娟	女	汉	衢州职业技术学院	医学护理	大专	县中医院
	叶　斌	男	汉	南昌理工学院	建筑工程	本科	在校生
	梅苏娇	女	汉	温州师范学院	小学教育	大专	筱村镇东垟小学
	梅邦国	男	汉	湖北十堰职业技术学院	小学教育	大专	温州自主创业
	梅明龙	男	汉	上海港湾学校	航道管理	中专	上海自主创业
	陈叶香	女	汉	温州机械学校	会计	中专	温州新桥机械电器厂
	叶祥旺	男	汉	华东师范大学	经济学	大专	上海舒语贸易公司
	叶萍萍	女	汉	浙江财经大学东方学院	财会	本科	在校生
	林　栖	女	汉	绍兴文理学院	平面设计	大专	在校生
	叶雯雯	女	汉	浙江树人大学	老年服务管理	大专	在校生
园桥	翁仕亮	男	汉	温州医学院	临床医学	大专	县人民医院
	翁一芳	女	汉	同济大学	法学	硕士	温州经济开发区公安局
	翁菲莉	女	汉	武汉理工学院	法学	大专	司前畲族镇政府
	陈平玉	女	汉	上海中医学院	药学	大专	县药监局
	苏淑娇	女	汉	浙江工商大学	会计学	本科	县会计核算中心
	苏淑燕	女	汉	温州大学	学前教育	大专	泰顺机关幼儿园
	苏建国	男	汉	东北财经大学	工程管理	本科	县住房规划建设局
	吴一帆	女	汉	武汉科技学院	计算机科学技术	本科	县人民法院
	苏海霞	女	汉	嘉兴学院	护理	大专	县人民医院
	苏薇薇	女	汉	西南科技大学	会计学	本科	县物资总公司
	苏志灵	男	汉	浙江传媒学院	广告制作	本科	温州自主创业
	苏志利	男	汉	东北财经大学	工程管理	本科	仕阳镇人民政府
	陈江艳	女	汉	东北财经大学	工程管理	本科	县住房规划建设局
	苏志补	男	汉	浙江轻工业学校	房地产	中专	泰顺居得利装饰公司
	苏银花	女	汉	温州大学	小学教育	大专	黄桥小学
	林正荣	男	汉	中央政法学院	法律	大专	杭州自主创业
	庄小青	女	汉	东北财经大学	会计学	大专	杭州自主创业
	苏晓萍	女	汉	浙江水利水电学校	水电建筑	中专	江苏自主创业
	雷必玲	男	畲	温州大学	小学教育	大专	黄桥小学

续表 7-9-2-15

村名	姓名	性别	民族	毕业学校	专业	学历	供职单位
园桥	郑继伟	男	汉	襄阳科技职业学院	临床医学	大专	罗阳镇社区医院
	雷胜男	女	畲	宁波职业技术学院	护理	大专	县人民医院
	郑飞鹏	男	汉	浙江同济科技职业学院	平面设计	大专	自主创业
	苏孝秦	男	汉	武汉理工大学	法律	大专	县广播电视局
	苏锦宏	男	汉	杭州师范大学	音乐	本科	泰顺移动公司
	雷芳芳	女	畲	丽水学院	国际贸易	本科	司前信用联社
	钟秉武	男	畲	浙江师范大学	法律	大专	杭州(司法所)
	洪晓荣	女	汉	湖北三峡职业技术学院	综合	大专	在校生
	苏念荣	男	汉	杭州技师学院	建筑工程	大专	在校生
	孙小华	男	汉	温州师范学院	会计	大专	战州信用社
	苏忠良	男	汉	浙江建设职业技术学院	建筑设备	大专	在校生
	苏一鸣	男	汉	浙江科技学院	建筑工程	大专	在校生
	何炜灵	男	汉	洛阳理工学院	机电工程系	本科	在校生
	雷　宝	女	畲	浙江师范大学行知学院	旅游管理	本科	百丈镇人民政府
	苏志安	男	汉	浙江工商行政管理学校	工商管理	大专	筱村工商所
	钟秀兰	女	畲	浙江农林大学	汉语言文学	本科	省农业厅宣教中心
	苏志靖	男	汉	浙江法商学院	企业管理	本科	苏州贵和管理咨询公司
	严立飞	男	汉	浙江水利水电专科学校	水电工程	本科	泰顺职业教育中心
山头	徐雪萍	女	汉	浙江农林大学	农学	本科	县国土资源局
	夏朝淼	男	汉	浙江医科大学	临床医学	大专	县疾病控制中心
	胡冬翠	女	汉	西南科技大学	传媒策划与管理	本科	县电视台
	钟丽静	女	汉	西南交通大学	法学	本科	县人民政府办公室
	徐玲玲	女	汉	浙江医学高等专科学校	护理	大专	县中医院
	徐丽丽	女	汉	温州大学	学前教育	大专	西旸镇幼儿园
	徐建森	男	汉	衢州职业技术学院	工程管理	大专	瑞安华峰集团
	徐晓萍	女	汉	东北财经大学	工程管理	本科	庆元住房规划建设局
	钟林鹏	男	畲	温州大学	小学教育	大专	松垟乡中心校
	胡林平	男	汉	天津农学院	水文与水资源	大专	县公安局刑警大队
	徐　伟	男	汉	武昌首义学院	金融	本科	在校生
平滩	潘启秦	男	汉	浙江科技学院	建筑工程	本科	中宇建设集团公司
	潘启袍	男	汉	襄阳职业技术学院	临床医学	大专	泗溪中心卫生院

续表 7-9-2-15

村名	姓 名	性别	民族	毕业学校	专 业	学历	供职单位
平滩	潘秀丽	女	汉	西南交通大学	工程管理	本科	中宇建设集团公司
	潘露露	女	汉	衢州职业技术学院	供电用电技术	大专	在校生
石门楼	张少华	男	汉	中央党校函授学院	行政管理	本科	雅阳镇党委
	陈学超	女	汉	西南科技大学	会计学	本科	万洋华府置业公司
	何家考	男	汉	浙江警察学校	刑警	大专	县公安局
	罗小平	女	汉	浙江农业学校	农技	大专	县委农办
	张月中	男	汉	同济大学	建筑设计	本科	杭州同仁建筑设计
	何小红	女	汉	东北财经大学	行政管理	本科	百丈镇政府
	梅盛吴	男	汉	南京大学	古生物	本科	南京古生物研究所
	陶雪生	女	汉	温州广播电视大学	会计	大专	杭州自主创业
	林正平	男	汉	中国人民武装警察部队指挥学院	不详	大专	浙江武警直属中队
	林正东	男	汉	西南交通大学	工程管理	本科	罗阳镇政府
	梅振飞	男	汉	西南科技大学	土木工程	本科	江苏淮安商城
	何俊苗	男	汉	温州大学	英语	本科	司前畲族中心小学
	林淑金	女	汉	温州大学	音乐	本科	司前畲族中心小学
	何俊兵	男	汉	西南科技大学	工程管理	本科	三魁镇人民政府
	林正有	男	汉	浙江建设职业技术学院	土木工程	大专	杭州自主创业
	黄彩虹	女	汉	浙江树人大学	市场营销	大专	杭州自主创业
	林正凑	男	汉	华南师范大学	会计	大专	顺溪嘉园售楼部
	林巧云	女	汉	华南师范大学	会计	大专	县城自主创业
	何雪红	女	汉	嘉兴职业技术学院	护理	大专	泰顺县人民医院
	张吴珍	女	汉	浙江科技学院	计算机信息	大专	浙江三友食品公司
	朱尚斌	男	汉	浙江广厦建设职业技术学院	公路桥梁	大专	在校生
	何 臻	男	汉	清华大学	数学	本科	在校生
库竹井	梅品枝	男	汉	浙江工业大学	化工	本科	温州市安全生产监督局
	谢光达	男	汉	温州大学	小学教育	本科	泰顺县育才小学
	吴 纬	男	汉	武汉理工大学	法学	大专	县公安局
	吴海红	女	汉	温州大学	中学教育	本科	温州市中国人民银行
	吴伟伟	男	汉	东北财经大学	法学	本科	县社保局
	吴向荣	女	汉	温州卫生学校	护理学	中专	县人民医院

续表 7-9-2-15

村名	姓 名	性别	民族	毕业学校	专 业	学历	供职单位
库竹井	吴欢欢	女	汉	浙江大学	妇幼保健	大专	县妇幼保健站
	吴学清	男	汉	济南医学院	临床医学	大专	司前镇诊所
	吴海芳	女	汉	温州大学	学前教育	大专	司前镇幼儿园
	谢莉莉	女	汉	西南科技大学	法学	本科	杭州自主创业
	林芳芳	女	汉	丽水职业技术学院	护理学	大专	县人民医院
	吴 凌	男	汉	浙大宁波理工学院	电气工程自动化	本科	在校生
	林晶晶	女	汉	福州外语外贸学院	会计学	本科	在校生
	林莹莹	女	汉	衢州学院	科学管理	本科	在校生
杨山后	徐加伟	男	汉	浙江科技学院	计算机信息	大专	县国税局
	徐有灵	男	汉	杭州师范学院	小学教育	大专	泰顺柳峰小学
	徐有东	男	汉	浙江冶金技工学校	金属冶炼	中专	温州自主创业
	徐有斌	男	汉	浙江冶金技工学校	金属冶炼	中专	温州冶炼厂
	徐伟林	男	汉	台州职业技术学院	土木工程	大专	泰顺正昊工程公司
	徐薇薇	女	汉	浙江树人大学	韩语	大专	温州宏正拍卖公司
	徐梅芳	女	汉	成都职业技术学院	工程造价	大专	上海自主创业
	林 影	女	汉	杭州师范大学	数学	本科	县职业教育中心
	徐家忠	男	汉	福建建筑工程专科学校	建筑工程	大专	福州烟草专卖局
	徐家强	男	汉	福建宁德工业学校	工程造价	大专	福鼎工程建设公司
陈吴坑	吴立辉	男	汉	杭州大学(自考)	汉语言文学法律	本科	县职业教育中心
	林郁玉	女	汉	温州师范学院	小学教育	大专	泰顺教师进修校
	吴尚培	男	汉	西南科技大学	工程管理	本科	县住房城乡建设局
	吴庆立	男	汉	湖州师范学院	口腔医学	大专	县妇幼保健所
	吴尚敏	男	汉	中央党校	法律	本科	县水利局
	吴苏珍	女	汉	浙江师范大学	小学教育	本科	景宁县实验一小
	吴徐兮	女	汉	温州师范学校	小学教育	本科	司前畲族镇中心小学
	吴尚洋	男	汉	温州农业学校	农技	大专	司前畲族镇政府
	吴尚标	男	汉	浙江林业学校	营林	中专	县燃料公司
	吴尚录	女	汉	温州师范学院	数学	大专	温州市龙湾小学
	吴秋兰	女	汉	温州师范学院	小学教育	大专	司前畲族镇中心小学
	吴苏霞	女	汉	温州师范学院	小学教育	大专	司前畲族镇中心小学
	吴慧敏	男	汉	浙江理工大学	计算机科学	本科	杭州自主创业

续表 7-9-2-15

村名	姓　名	性别	民族	毕业学校	专　业	学历	供职单位
陈吴坑	吴晓红	女	汉	浙江省政法干部管理学院浙江法律学校	法律	大专	县府法制办
	吴海玲	女	汉	温州卫生学校	卫生	中专	雅阳镇中心医院
	吴尚智	男	汉	嘉兴学院	临床医学	大专	竹里畲族乡人民政府
	吴光慧	男	汉	西南科技大学	会计学	本科	温州村镇银行
	吴俏俏	女	汉	浙江外国语学院	英语	大专	瑞安瑞祥新区幼儿园
	吴　鑫	男	汉	浙大宁波理工学院	计算机信息	本科	温州村镇银行
	吴婷婷	女	汉	黄冈职业技术学院	工民建	大专	杭州室内装潢公司
	吴尚鹏	男	汉	西南科技大学	经管	大专	县安全生产监督局
	张丽娅	女	汉	济南民政学校	民政	大专	县教育局
	吴光锡	男	汉	西南科技大学	工程管理	本科	县行政执法局
	林毅毅	女	汉	东北财经大学	会计学	本科	县国税局
	吴光训	男	汉	东北财经大学	法学	本科	县食品药品监督管理局
	吴江河	男	汉	北海艺术设计学院	环境艺术设计	大专	温州一登装饰公司
	吴光定	男	汉	浙江工商大学	电子商务	大专	杭州市物流企业
	吴夏莲	女	汉	中共中央党校	行政管理	本科	泰顺县委党校
	吴　洁	女	汉	浙江师范大学	小学教育	本科	乐清柳市第一小学
	吴月华	女	汉	浙江师范大学	小学教育	本科	平阳鳌江实验小学
	吴艾华	女	汉	中共浙江省委党校	行政管理	本科	百丈小学
	吴　涛	男	汉	西南大学	法学	本科	温州市龙湾区公安局
	吴光飞	男	汉	西北政法大学	法学	硕士	县社保局
	张燕燕	女	汉	金华职业技术学院	护理	大专	县人民医院
	吴尚富	男	汉	西南科技大学	经管	大专	泰顺飞云水务集团
	吴娅君	女	汉	浙江东方职业技术学院	计算机	大专	在校生
	吴伟龙	男	汉	浙江建设职业技术学院	建筑施工	大专	杭州自主创业
	吴昊南	男	汉	华中科技大学	电子信息工程	本科	在校生
	吴　霞	女	汉	吉利北京学院	美术	本科	在校生
	郑圣永	男	汉	西南大学	汉语言文学	本科	上海人民集团公司
	陈燕燕	女	汉	温州师范学院	小学教育	本科	罗阳镇第二小学
	王碧玲	女	汉	浙江传媒学院	音乐表演	本科	泰顺县供电局
	张　蕾	女	汉	湖州师范学院	护理	大专	杭州邵逸夫医院

续表 7-9-2-15

村名	姓　名	性别	民族	毕业学校	专　业	学历	供职单位
陈吴坑	王月辉	女	汉	华东师范大学	特殊教育	本科	自主创业
黄山	严振红	男	汉	南京航空航天大学	民航运输	硕士	上海东方航空公司
	苏孝锋	男	汉	温州大学	工业与民用建筑	本科	温州万洋建设公司
	林来琛	男	汉	东北财经大学	会计学	本科	县信用合作联社
	严国安	男	汉	浙江科技学院	计算机信息	大专	县国土资源局
	苏志岳	男	汉	中国计量学院	法学	本科	县公安局筱村派出所
	苏德涛	男	汉	温州职业技术学院	建筑工程	大专	司前供电所
	苏　静	男	汉	嘉兴学院	临床医学	本科	瑞安市人民医院
	苏义清	男	汉	西南科技大学	建筑施工	大专	万洋华府置业公司
	苏德连	男	汉	温州师范学院	小学教育	大专	黄桥小学
	苏志桥	男	汉	丽水商业学校	装潢设计	中专	永康雄鹰广告公司
	苏林花	女	汉	温州职业技术学院	建筑工程	大专	宁波自主创业
	苏志锋	男	汉	温州职业技术学院	建筑工程	大专	在校生
	苏镇南	男	汉	泉州职业技术大学	工程造价	大专	在校生
北山筱玐源	林开亲	男	汉	温州师范学院	小学教育	大专	黄桥小学
	林来飞	男	汉	浙江科技学院	建筑工程	本科	浙江中设工程设计公司
	林定伟	女	汉	浙江建筑安装技术学校	工程造价	大专	杭州自主创业
	郑彩珠	女	汉	浙江科技学院	计算机信息	本科	中国移动泰顺分公司
	林城城	女	汉	泉州华光职业学院	护理	大专	在校生
	郑玉红	女	汉	东北财经大学	行政管理	本科	县气象局
	郑彩红	女	汉	温州卫生学校	护理	大专	县人民医院
桥头岗	林来苗	男	汉	嘉兴学院	临床医学	大专	县卫生局
	林　静	女	汉	嘉兴学院	金融	本科	在校生
	林开宗	男	汉	天津大学	建筑工程	本科	华府置业有限公司
	龚如依	女	汉	温州职业技术学院	会计	大专	华府置业有限公司
	林双双	女	汉	丽水职业技术学院	学前教育	大专	丽水市小荧星艺术学校
	林丽丽	女	汉	浙江医学高等专科学校	护理	大专	司前镇人民政府
	林小菲	女	汉	西南科技大学	经济管理	大专	华府置业有限公司
	林开足	男	汉	西南科技大学	建筑施工	大专	华府置业有限公司
	林来森	男	汉	青岛理工大学	工程设计	本科	杭州意融装饰设计

续表 7-9-2-15

村名	姓 名	性别	民族	毕业学校	专 业	学历	供职单位
桥头岗	林慧敏	女	汉	温州大学	学前教育	大专	杭州下城区安华幼儿园
	林亚男	女	汉	金山职业技术学院	计算机应用	大专	在校生
	林开富	男	汉	华中科技大学	计算机信息	大专	三插溪水库管理处
	汤运涛	男	汉	浙江师范大学钱江学院	艺术	本科	在校生
石章坑	林基周	男	汉	浙江大学	水电建筑	本科	县水利局
	吴玲芬	女	汉	东北财经大学	会计学	本科	县财政局
	林臻毅	男	汉	美国迈阿密大学	经算	本科	在校生
	林开雍	男	汉	浙大宁波理工学院	行政管理	本科	中共鹿城区委组织部
	林开滨	男	汉	浙江水利水电学院	水电建筑	本科	在校生
	林基煜	男	汉	中央广播电视大学	法学	大专	宇丰集团有限公司
	林慧玲	女	汉	浙江师范大学	数学	本科	泰顺城关中学
	林道友	男	汉	华东理工大学	建筑工程	大专	自主创业
	林蓉蓉	女	汉	上海电力学院	供电	本科	县水利局
	李雄伟	男	汉	上海杉达学院	法学	本科	县公安局
	罗智力	女	汉	浙江警察学校	法学	大专	县公安局交警大队
苍头	郑乃迁	男	汉	浙江勘察工程学校	电子技术应用	大专	县禁毒委员会办公室
	吴秋月	女	汉	瑞安师范学校	小学教育	中专	泰顺县培智学校
	郑乃新	男	汉	温州师范学院	数学教育	本科	瑞安市飞云中学
	郑智斌	男	汉	重庆师范大学涉外商贸学院	室外设计	本科	县公安局特警大队
	郑鑫鑫	女	汉	温州大学	学前教育	本科	在校生
	叶婷婷	女	汉	陨阳师范学校	语文教育	大专	在校生
	叶　琪	男	汉	浙江外国语学院	西班牙语	大专	在校生
	叶瑞豪	男	汉	温州科技职业技术学院	园林技术	高职	在校生
	郑晓敏	男	汉	华南师范大学	会计学	大专	自谋职业
	郑琪琪	女	汉	杭州技师学院	园林	大专	县人民法院
墨斗	陈　晟	男	汉	山东师范大学	政治思想教育	本科	县委保密局
	陈齐裕	男	汉	温州医科大学	遗传学	硕士	县公安局
	陈家稳	男	汉	浙江理工大学	信息科学与技术	本科	杭州数据科技公司
	陈　鹏	男	汉	浙江工业大学健行学院	土木工程	本科	在校生
	陈晓珍	女	汉	丽水职业技术学院	音乐表演	大专	温州早培第七幼儿园
	陈家鹏	男	汉	温州技师学院	产品造型	大专	在校生

续表 7-9-2-15

村名	姓 名	性别	民族	毕业学校	专 业	学历	供职单位
墨斗	陈齐荣	男	汉	西南科技大学	电气工程自动化	本科	泰顺银泰电力公司
	陈克清	女	汉	浙江教育学院	学前教育	大专	在校生
	陈振全	男	汉	福建师范大学	小学教育	本科	罗阳镇第二小学
石街	苏志雨	男	汉	浙江万里学院	法学	本科	在校生
	郑丽春	女	汉	中国人民解放军国防科技大学国际关系学院	国际英语	本科	福州福兴医药公司
	苏晓晓	女	汉	浙江工商职业技术学院	模具设计	大专	县公路运输管理局
	苏东利	男	汉	嘉兴学院	工程管理	本科	在校生
	郑丽敏	女	汉	嘉兴学院	护理学	专科	杭州厉峰商贸公司
	郑叶香	女	汉	温州师范学院	学前教育	专科	司前畲族镇幼儿园
	梅慧玲	女	汉	温州师范学院	学前教育	专科	司前畲族镇中心小学
	苏丽双	女	汉	湖北职业技术学院	药学	大专	仕阳镇卫生院
	苏海燕	女	汉	浙江国际海运职业技术学院	财会	大专	在校生
	苏志锋	男	汉	西南科技大学	法学	大专	县安全局
	丁晓坤	男	汉	中国地质大学	化工	硕士	福州大学副教授
	苏轶群	男	汉	福建师范大学	环境艺术设计	本科	在校生
半东坑水碓坑	郑书荣	男	汉	温州医科大学	临床医学	硕士	温州一医
	郑书敏	男	汉	嘉兴学院	临床医学	专科	县人民医院
	郑智利	男	汉	浙江大学	经济法	本科	杭州易盟律师事务所
	毛定跃	男	汉	华东理工大学	精细化工	专科	萧山灯塔油漆公司
	董晓玲	女	汉	温州大学	学前教育	专科	雅阳镇中心小学
	郑嵘嵘	女	汉	华东地质学院	英语	本科	自谋职业
	潘小足	男	汉	浙江建设职业技术学院	建筑施工	专科	欧政测绘有限公司

注：至 2015 年，黄桥村具有大中专以上学历 376 人(其中“远程网络教育”100 人)，其中畲族 6 人

2010—2015 年司前畲族镇大学入学新生一览表

表 7-9-2-16

村	姓 名	性别	民族	年度	录取学校	专 业	学历
左溪	雷春燕	女	畲	2010	四川大学	服装设计与工程	本科
	雷 宝	女	畲	2010	浙江师范大学行知学院	旅游管理	本科
	钟秀兰	女	畲	2010	浙江农林大学	汉语言文学	本科

续表 7-9-2-16

村	姓　名	性别	民族	年度	录取学校	专　业	学历
左溪	蓝爱娇	女	畲	2010	丽水学院	护理(口腔专门化)	高职
	雷爱丽	女	畲	2010	杭州师范大学钱江分院	汉语言文学	本科
	李潇莉	女	畲	2011	咸宁职业技术学院	语文教育	大专
	蓝李娇	女	畲	2011	嘉兴学院	文秘	大专
	兰晓晓	女	畲	2011	衢州学院	学前教育	大专
	雷朝伟		畲	2011	江西现代职业技术学院	建筑工程技术	大专
	蓝雅倩	女	畲	2011	北海艺术设计职业学院	雕塑艺术设计	大专
	蓝美叶	女	畲	2011	湖南科技职业学院	国际商务	大专
	钟晶晶	女	畲	2011	宁波教育学院	计算机应用技术	大专
	雷星星	女	畲	2011	宁波城市职业技术学院	电子商务	大专
	钟旭丽	女	畲	2011	嘉兴职业技术学院	服装设计	大专
	雷雨田	女	畲	2011	浙江理工大学	电子商务	本科
	雷晶晶	女	畲	2011	浙江纺织服装职业技术学院	表演艺术	大专
	雷婷婷	女	畲	2011	浙江理工大学	电子商务	本科
	蓝浩强	男	畲	2013	上海杉达学院		本科
	雷　鸣	男	畲	2013	中央民族大学		本科
	雷启阳	男	畲	2013	浙江农林大学		本科
	雷日成	男	畲	2013	台州职业技术学院		大专
	蓝晓萍	女	畲	2013	嘉兴职业技术学院		大专
	钟思平	男	畲	2014	绍兴文理学院元培学院	电子信息	本科
	蓝荣培	男	畲	2014	绍兴文理学院	服装与服饰设计	本科
	雷倩倩	女	畲	2014	温州城市大学	学前教育	大专
	钟旭敏	女	畲	2015	华中科技大学	日语	本科
	雷朝廷	男	畲	2015	金华职业技术学院	软件技术	大专
	蓝礼瑞	男	畲	2015	湖南工程职业技术学院	动漫设计与制作	大专
司前	雷　丽	女	畲	2013	宁波大红鹰学院		本科
	雷梦婷	女	畲	2014	温州大学	学前教育	大专
	蓝慧敏	女	畲	2014	平阳县职业教育中心	学前教育	大专
	蓝云霄	女	畲	2013	杭州科技职业技术学院		大专
	蓝永龙	男	畲	2013	宁波城市职业技术学院		大专
	蓝德杰	男	畲	2013	浙江水利水电学院		大专

续表 7-9-2-16

村	姓 名	性别	民族	年度	录取学校	专 业	学历
司前	雷乾刚	男	畲	2013	浙江医学高等专科学校		大专
	雷婷婷	女	畲	2014	宁波大红鹰学院	计算机科学技术	本科
	雷靓婷	女	畲	2014	温州大学瓯江学院	中国语言文学类	本科
	雷乾森	男	畲	2014	应天职业技术学院	广告设计与制作	大专
溪口	蓝圣存	男	畲	2015	丽水学院	旅游管理	本科
	钟雪茜	女	畲	2013	江苏警官学院		本科
	钟娇娇	女	畲	2015	四川大学锦江学院	财务管理	本科
新北	钟冬雪	女	畲	2012	浙江东方职业技术学院	投资与理财	大专
	雷淑洁	女	畲	2012	杭州师范大学	英语	本科
	雷正杰	男	畲	2014	上海科学技术职业学院	应用电子技术	大专
	雷海霞	女	畲	2012	中南民族大学	社会学类	本科
	雷晓慧	女	畲	2014	福州海峡职业技术学院	工程管理类	大专
里光	雷昌朝	男	畲	2014	江苏大学	农业工程(研究生)	硕士
	雷国杰	男	畲	2015	温州医科大学仁济学院	临床医学	本科
何弄	蓝宗宇	男	畲	2015	南昌工学院(民族班)	少数民族预科班	本科
温洋	蓝玉燕	女	畲	2012	金华职业技术学院	英语教育	大专
圆桥	钟秉武	男	畲	2010	金华职业技术学院	物理教育	大专

榅垟村大专毕业生(含在校)一览表

表 7-9-2-17

村名	姓 名	性别	民族	入学年度	学校	学历
榅垟	周成奎	男	汉	2015	浙江师范大学	本科
	金俊凯	男	汉	2015	浙大宁波理工学院	本科
	金晓杰	男	汉	2012	台州学院	本科
	郭茜茜	女	汉	2014	杭州医学院	大专
	郭杨杨	女	汉	2014	上海立信会计金融学院	本科
	郭晶晶	女	汉	2012	浙江农业商贸职业学院	大专
	郭海峰	男	汉	2015	绍兴职业技术学院	本科
	陈复月	女	汉	1998	浙江师范大学	本科
	董慧娟	女	汉	2008	湖南师范大学	大专

续表 7-9-2-17

村名	姓　名	性别	民族	入学年度	学校	学历
榅垟	周小刚	男	汉		江西理工大学	本科
	蓝永月	女	畲		绍兴文理学院	本科
	郑士剑	男	汉	1999	浙江艺术职业学院	大专
	刘　金	女	汉	2014	温州大学	本科
	陈倩倩	女	汉	2011	浙江越秀外国语学院	本科
	刘岩林	男	汉	2011	西南建筑工程学院	大专
	陈淑殊	女	汉	2007	中国计量学院	大专
	胡永景	男	汉	2007	鄂州职业大学建筑工程学院	大专
	郭瑞总	男	汉	2004	宁波职业技术学院	大专
	刘文涛	男	汉	2013	浙江财经大学	本科
	蓝玉燕	女	畲	2011	金华教育学院	本科
	郭秀丽	女	汉	2006	温州职业技术学院	本科
	郭晓伟	男	汉	2004	浙江水利水电学院	本科
	雷晓华	女	畲	2008	无锡商业职业技术学院	本科
	金慧红	女	汉	1998	浙江大学	本科
	林海华	男	汉	2005	嘉兴职业技术学院	大专
	陈超炎	男	汉	2012	萧山广播电视大学	大专
	郭海滨	男	汉	2004	浙江工业大学	本科
	陈　琛	女	汉	2014	浙江师范大学行知学院	大专
	林继华	男	汉	1988	浙江农业大学	本科
	陈传敏	男	汉	1992	温州师范学院	本科
	陈昭贤	男	汉	2014	常州大学	大专
	赖王凯	男	汉	2014	浙江大学	本科
	陈克力	男	汉	2012	南京大学	本科
	金彩彩	女	汉	2007	浙江工商大学	本科
	陈　航	女	汉	2013	浙江财经大学东方学院	本科
	郭慧雪	女	汉	2015	浙江工商大学	本科
	陈林枫	女	汉	2008	温州大学	本科
	郭坊坊	女	汉	2011	宁波教育学院	大专
	林绍武	男	汉	2015	浙江树人大学	本科
	胡永胜	男	汉	2015	浙江理工大学	本科

续表 7-9-2-17

村名	姓名	性别	民族	入学年度	学校	学历
榅垟	陈乃密	男	汉	2008	秦皇岛职业技术学院	大专
	何　新	女	汉	2008	秦皇岛职业技术学院	本科
	蓝久林	男	汉	1994	浙江教育学院	大专
	郭克猛	男	汉	2015	丽水职业技术学院	大专
	郭欢欢	女	汉	2008	浙江理工大学	本科
	吴文意		汉	2012	宁波财经大学	本科
	吴欢欢	女	汉	2012	浙江广厦建设职业技术学院	大专
	林　玲	女	汉	2005	武汉理工大学	大专
	林　利	女	汉	1987	温州师范学院	本科
	林　娴	女	汉	2010	浙江科技学院	本科
	郭柳枝	男	汉	1991	黄山医科大学	大专
	张大烘	男	汉	2002	北华大学	本科
	张晓星	男	汉	0227	温州大学	本科

丛　录

一、行政文件

民族乡行政工作条例

（一九九三年九月十五日，由国家民族事务委员会发布）

第一条　为了促进民族乡经济、文化等项事业的发展，保障少数民族的合法权益，增强民族团结，根据宪法和法律的有关规定，制定本条例。

第二条　民族乡是在少数民族聚居的地方建立的乡级行政区域。

少数民族人口占全乡总人口百分之三十以上的乡，可以按照规定申请设立民族乡；特殊情况的，可以略低于这个比例。

第三条　民族乡的建立，由省、自治区、直辖市人民政府决定。

民族乡的名称，除特殊情况外，按照以地方名称加民族名称确定。

第四条　民族乡人民政府配备工作人员，应当尽量配备建乡的民族和其他少数民族人员。

第五条　民族乡人民政府在执行职务的时候，使用当地通用的语言文字。

第六条　民族乡人民政府依照法律、法规和国家有关规定，结合本乡的具体情况和民族特点，因地制宜地发展经济、教育、科技、文化、卫生等项事业。

第七条　民族乡人民政府在本行政区域各族人民中进行爱国主义、社会主义和民族政策、民族团结的教育，不断巩固和发展平等、团结、互助的社会主义民族关系。

第八条　民族乡财政由各省、自治区、直辖市人民政府按照优待民族乡的原则确定。

民族乡的上一级人民政府在编制财政预算时，应当给民族乡安排一定的机动财力，乡财政收入的超收部分和财政支出的节余部分，应当全部留给民族乡周转使用。

第九条　信贷部门应当根据法律、法规和国家其他有关规定,对经济发展水平较低的民族乡用于生产建设、资源开发和少数民族用品生产方面的贷款给予照顾。

第十条　县级以上地方各级人民政府依照税收法律、法规的规定及税收管理权限,可以采取减税、免税措施,扶持民族乡经济的发展。

第十一条　县级以上地方各级人民政府在分配支援经济不发达地区专项资金及其他固定或者临时专项资金时,对经济发展水平较低的民族乡给予照顾。

县级以上地方各级人民政府在分配扶贫专项物资时,应当照顾贫困民族乡的需要。

第十二条　民族乡依照法律、法规和国家其他有关规定,管理和保护本乡的自然资源,并对可以由本乡开发的自然资源优先合理开发利用。

在民族乡依法开发资源、兴办企业,应当照顾民族乡的利益和当地人民群众的生产、生活,在配套加工产品的生产和招收当地少数民族人员方面做出合理安排。

第十三条　县级以上地方各级人民政府应当帮助民族乡加强农业、林业、牧业、副业、渔业和水利、电力等基础设施的建设,扶持民族乡发展交通事业。

第十四条　县级以上地方各级人民政府应当在师资、经费、教学设施等方面采取优惠政策,帮助民族乡发展教育事业,提高教育质量。

民族乡根据实际情况,可以兴办小学、中学和初级职业学校;牧区、山区以及经济困难的民族乡,在上级人民政府的帮助和指导下,可以设立以寄宿制和助学金为主的学校。

民族乡的中小学可以使用当地少数民族通用的语言文字教学,同时推广全国通用的普通话。使用民族语言文字教学的中小学,其教育行政经费、教职工编制可以高于普通学校。

民族乡在上级人民政府的帮助和指导下,积极开展扫盲工作。

县级以上地方各级人民政府可以根据当地实际情况,在有关大中专院校和中学中设立民族班,尽可能使民族乡有一定数量的学生入学。

第十五条　县级以上地方各级人民政府应当帮助民族乡开展科学技术知识的普及工作,组织和促进科学技术的交流和协作。

第十六条　县级以上地方各级人民政府应当积极帮助民族乡创办广播站、文化馆(站)等文化设施,丰富各族人民的文化生活,保护和继承具有民族特点的优秀文化遗产。

第十七条　县级以上地方各级人民政府应当积极帮助民族乡发展医药卫生事业，扶持民族乡办好卫生院（所），培养和使用少数民族医疗保健人员，加强对地方病、多发病、常见病的防治，积极开展妇幼保健工作。

第十八条　民族乡应当积极做好计划生育工作，搞好优生优育优教，提高人口素质。

第十九条　民族乡应当在上级人民政府的帮助和指导下，采取各种措施，加强对少数民族干部的培养和使用。

第二十条　民族乡应当采取多种形式和提供优惠待遇，引进人才参加本乡的社会主义建设事业。

县级以上地方各级人民政府应当采取调派、聘任、轮换等办法，组织教师、医生、科技人员等到民族乡工作。

县级以上地方各级人民政府对长期在边远地区的民族乡工作的教师、医生和科技人员，应当给予优惠待遇。

第二十一条　少数民族聚居镇的行政工作，可以参照本条例执行。

第二十二条　辖有民族乡的省、自治区、直辖市人民政府可以根据本条例制定实施办法。

第二十三条　本条例由国家民族事务委员会负责解释。

第二十四条　本条例自发布之日起施行。

浙江省少数民族权益保障条例

2002 年 12 月 20 日浙江省第九届人民代表大会常务委员会第四十次会议通过；2002 年 12 月 20 日浙江省第九届人民代表大会常务委员会公告第八十一号公布；自 2003 年 2 月 1 日起施行。

第一条　为保障少数民族的合法权益，维护和发展平等、团结、互助的社会主义民族关系，促进本省少数民族和民族地区经济、社会事业的发展，根据有关法律、法规，结合本省实际，制定本条例。

第二条　少数民族公民享有宪法和法律规定的权利，履行宪法和法律规定的义务。

少数民族公民的合法权益受法律保护，任何组织和个人不得侵犯。禁止民族歧视和破坏民族团结、损害民族关系的行为。

第三条　各级人民政府应当加强少数民族权益保障工作，在制订本行政区域国民经济和社会发展计划时，应当充分考虑少数民族的特点和发展需要。

县级以上人民政府民族事务行政主管部门负责本行政区域内少数民族工作;其他有关部门按照各自职责，做好少数民族工作。

第四条　国家机关、企业事业单位、社会团体应当加强民族政策和民族团结进步的宣传、教育。

报刊、广播、电视等传播媒介应当依照国家和省的有关规定，做好少数民族权益保障、民族团结进步的宣传工作。

第五条　国家机关、事业单位和社会团体应当重视和加强少数民族干部和专业技术人才的培养、选拔和使用。

国家机关录用公务员，事业单位、社会团体聘用工作人员，在同等条件下应当优先录用、聘用少数民族公民，不得以生活习俗等理由拒绝录用、聘用少数民族公民。

人事行政部门应当根据需要，安排一定数量的公务员考试录用名额用于少数民族公民。

第六条　少数民族人口较多的市、县(市、区)人民代表大会常务委员会组成人员的候选人和县(市、区)、乡(镇)人民政府领导人员的候选人中，应当有少数民族公民。

少数民族人口较多的市人民政府组成人员中，应当配备少数民族干部。

第七条　自治县的人民代表大会常务委员会中应当有实行区域自治的民族的公民担任主任或者副主任。

自治县县长由实行区域自治的民族的公民担任。

自治县的人民政府的其他组成人员和自治县的自治机关所属工作部门的干部中，应当合理配备实行区域自治的民族和其他少数民族公民。

第八条　民族乡的乡长，由建立民族乡的少数民族公民担任。

民族乡人民政府的工作人员中，应当有一定比例的少数民族公民。

第九条　少数民族人口占全村总人口百分之三十以上的村，可以经村民会议讨论通过，并经所在乡(镇)人民政府同意后，报县(市、区)人民政府认定为民族村，并报省、市民族事务行政主管部门备案。

第十条　各级人民政府应当根据本地区少数民族经济、社会事业发展的需要和特点以及民族平等、共同发展的原则，合理安排少数民族发展专项资金。

少数民族发展专项资金应当随着经济的发展和财政收入的增加而相应增加。其他渠道的扶持资金应当照常安排，不得削减。各级财政应当加大对民族地区的财政转移支付力度。

第十一条　民族乡的上一级人民政府在编制财政预算、安排机动财力时，应当向民族乡倾斜；民族乡财政收入的超收部分和财政支出的节余部分，应当全部留给民族乡使用。

对低于所在县（市、区）农村居民人均纯收入水平的民族乡、民族村，各级人民政府应当采取措施，给予重点扶持和帮助。

第十二条　各级人民政府和财政、税务、工商行政管理、国土资源等部门应当按照国家有关规定采取措施，帮助和扶持下列企业发展生产：

（一）民族乡、民族村办的企业；

（二）少数民族职工占百分之三十以上的企业；

（三）少数民族投资主体投资额占百分之五十以上的企业；

（四）以少数民族为主要服务对象的民族用品生产、贸易企业及食品、饮食服务企业；

（五）少数民族扶贫经济开发区内开办的企业。

具体措施由省民族事务行政主管部门会同省财政、税务、工商行政管理、国土资源等部门制订，报省人民政府批准后执行。

第十三条　对于少数民族贫困户，各级人民政府及有关部门应当在资金、技术、人才、物资、信息等方面给予重点帮助。

对居住在偏僻山区等生产生活条件恶劣地方的少数民族居民，当地人民政府应当在群众自愿的基础上，有计划地帮助其搬迁，并在资金、建房用地、物资等方面给予重点帮助和扶持。

第十四条　各级人民政府及有关部门、单位按照统筹安排和帮扶原则，与民族乡、民族村开展经济技术协作和对口支援，帮助和促进民族乡、民族村有关事业的发展。

具体规划由省民族事务行政主管部门会同有关部门制订，报省人民政府批准后执行。

鼓励社会各界帮助少数民族和民族地区发展经济和社会事业。鼓励少数民族和民族地区自力更生、艰苦创业，提高自我发展能力。

第十五条　县级以上人民政府应当设立民族教育专项资金，制定和落实有关优惠政策，扶持民族教育的发展。

各级财政、教育部门在安排教育经费时，应当向民族地区倾斜。

第十六条 高等院校应当按照有关规定，举办民族班或者民族预科班。

高等院校、中等专业学校、高中和中等职业学校招收新生，应当按照有关规定，对少数民族考生适当放宽录取标准和条件。具体办法由教育行政部门会同同级民族事务行政主管部门制定。

第十七条 少数民族小学生和初中学生免交杂费，家庭经济困难的少数民族高中学生酌情减免学杂费。

减免的费用由学校所在地市、县(市、区)财政解决。

第十八条 各级人民政府及有关部门应当扶持发展少数民族文化、体育事业，保护、发掘、整理少数民族优秀文化遗产，培养少数民族文艺、体育人才。

第十九条 各级人民政府及有关部门应当促进少数民族和民族地区的医疗卫生事业发展，帮助和扶持医疗卫生设施的建设，发展民族传统医药，提高妇幼卫生保健水平，加强对民族地区地方病、多发病的预防治疗工作。

第二十条 各级人民政府及有关部门按照人口与计划生育法律、法规的规定，开展本行政区域内少数民族人口与计划生育工作，促进家庭幸福、民族繁荣与社会进步。

各级人民政府应当在资金、技术、人员培训等方面对民族地区开展人口与计划生育工作给予重点扶持。

泰顺县人民政府文件

关于司前乡恢复为民族乡的通知

各区公所，罗阳镇人民政府，各乡人民政府，县府直属各单位，地名委员会：

根据浙江省人民政府办公厅，浙政办发〔1984〕19号文件通知："凡过去建立过民族乡，现在管理范围没有变动，少数民族的人口占全社会总人口比例在百分之三十以上的公社，可由县(市)人民政府批准恢复为民族乡，并报省人大常委会，省人民政府，及省有关部门备案"的精神，经研究决定，将我县司前乡恢复为民族乡。特此通知。

泰顺县人民政府(印)

一九八四年五月廿六日

温州市人民政府（通知）

关于泰顺县撤区扩镇并乡方案的通知

各县（市、区）人民政府、市政府各工作部门：

省民政厅浙民基字〔1992〕427号文件批复同意泰顺县撤区扩镇并乡方案。现通知如下：

一、撤销罗阳、司前、百丈、筱村、泗溪、彭溪、雅阳、仕阳、三魁等九个区公所。

二、鹤巢乡、南山乡并入罗阳镇；南溪乡并入泗溪镇；黄坑乡并入百丈镇；戬洲乡、夏卢乡并入三魁镇；东安乡并入雅阳镇；章成乡、章坑乡并入仕阳镇；富垟乡、五里牌乡、彭溪乡合并，建立彭溪镇；玉溪乡、葛垟乡、筱村乡合并，建立筱村镇；里光乡、司前畲族乡合并，建立司前畲族镇；九峰乡并入玉西乡，称九峰乡；岩上乡并入包垟乡；南浦乡并入新山乡，并更名新浦乡；东岭乡并入柳峰乡；秀涧乡并入松垟乡；积库乡并入东溪乡；雪临乡并入雪溪乡；后章乡并入龟湖乡。同时撤销被并或因改镇的二十五个乡建制。

三、泰顺县原辖六十个乡镇，其中六个镇，五十二个乡，二个畲族乡。扩镇并乡后调整为三十八个乡镇，其中八个镇、一个畲族镇、二十八个乡、一个畲族乡，实行乡镇管村体制。

司前畲族镇，辖十四个村，镇政府驻司前村；（其他乡镇略）

温州市人民政府（印）

一九九二年五月二十二日

浙江省人民政府文件

浙政函〔2011〕163号

浙江省人民政府关于泰顺县行政区划调整的批复

温州市人民政府：

你市《关于要求调整泰顺县乡镇行政区划的请示》（温政〔2011〕48号）悉，

现批复如下：

一、同意撤销岭北乡、仙稔乡、南院乡、碑排乡、下洪乡、洲岭乡建制，其行政区划并入罗阳镇。调整后，罗阳镇辖10个社区、64个行政村，镇政府驻地不变（西大街）。

二、同意撤销黄桥乡、峰门乡建制，其行政区划并入司前畲族镇。调整后，司前畲族镇辖1个居民区、12个行政村，镇政府驻地不变（司前村）。

三、同意撤销包垟乡建制，其行政区划并入百丈镇。调整后，百丈镇辖1个居民区、19个行政村，镇政府驻地江园路92号。

四、同意撤销新浦乡、联云乡、翁山乡建制，其行政区划并入筱村镇。调整后，筱村镇辖34个行政村，镇政府驻万楼亭1号。

五、同意撤销凤垟乡、横坑乡、九峰乡、东溪乡建制，其行政区划并入泗溪镇。调整后，泗溪镇政府辖1个居民区、41个行政村，镇政府驻地不变（白粉墙村）。

六、同意撤销峰文乡、月湖乡建制，其行政区划并入彭溪镇。调整后，彭溪镇辖18个行政村，镇政府驻地不变(彭溪村)。

七、同意撤销柳峰乡、松垟乡建制，其行政区划并入雅阳镇。调整后，雅阳镇辖1个社区、27个行政村，镇政府驻地不变(中村)。

八、同意撤销雪溪乡、万排乡、龟湖镇建制，其行政区划并入仕阳镇。调整后，仕阳镇辖1个居民区、38个行政村，镇政府驻地不变(溪东村)。

九、同意撤销大安乡、西旸镇、垟溪乡建制，其行政区划并入三魁镇。调整后，三魁镇辖2个居民区、39个行政村，镇政府驻张宅村。

调整后，泰顺县辖罗阳、司前畲族、百丈、筱村、泗溪、彭溪、雅阳、仕阳、三魁9个镇和竹里畲族1个乡，

你市和泰顺县政府要切实加强领导，严格按照国家有关法律、法规规定和“精简、效能”的机构设置原则，周密组织实施，认真做好各项工作。要高度重视和妥善处理行政区划调整过程中出现的矛盾和问题，确保行政区划调整工作顺利进行和社会安定，促进当地经济社会的发展。

浙江省人民政府（印）

二〇一一年四月二十五日

泰顺县人民政府(决定)

关于落实少数民族优惠政策的决定

泰委〔1991〕133号

各区公所、镇、乡人民政府,县府各工作部门:

省府办公厅于1990年7月20日发了《关于进一步做好我省少数民族工作有关问题的通知》,要求各级人民政府都要认真执行。

我县是全省少数民族工作重点县之一。全县有畲、回、满、黎、壮、苗、朝鲜族、蒙古、侗族等九个少数民族。计16385人,占全县总人口的5.4%。党的十一届三中全会以来,我县认真贯彻落实了党的少数民族政策,采取了一些优惠措施扶持少数民族,使少数民族在政治、经济、文化教育和卫生等方面都有了很大发展,生活和生产条件明显改善,各民族间平等、团结、互助、共同繁荣的社会主义新型民族关系日益巩固和发展。但是,我县少数民族大多居住在偏僻的山坳山坡,自然条件极差,交通不便,信息不灵,文化教育落后。经济发展缓慢,还有部分群众温饱尚未解决生活比较困难。

根据中共中央〔1979〕74号、中发〔1989〕13号和省政府办公厅〔1990〕17号文件精神,结合我县实际,现就进一步做好我县少数民族工作作如下决定:

一、进一步提高对少数民族工作重要性的认识

我国是一个多民族的社会主义国家,民族平等、民族团结和各民族共同繁荣,是关系到国家长治久安的重大问题。我们要从稳定大局这个战略高度,充分认识民族问题的重要性和紧迫性,各级政府和有关部门要把民族工作列入重要议事日程,组织广大干部、群众认真学习马列主义民族理论和党的民族政策,牢固地树立马列主义民族观,增强执行党的民族政策的自觉性,认真做好民族工作,促进民族团结、进步和繁荣。

二、积极扶持少数民族发展经济和文化教育事业

积极扶持少数民族发展经济,使他们尽快地脱贫致富,逐步实现各民族共同繁荣,是我们党在民族政策上的根本立场,是社会主义制度优越性的具体体现,是新时期民族工作的中心任务。各级政府和有关部门要重视对少数民族的扶贫工作,切实落实各项扶持、优惠政策;集中力量打好温饱攻坚战,努力帮助

少数民族群众发展经济、文化和卫生事业，实现各民族的共同富裕和繁荣。现根据我县实际，决定对我县少数民族实行下列优惠政策：

（一）民族乡是不同于一般乡的基层政权，政府和有关部门要充分注意他们的特殊性，帮助和扶持他们发展经济、文化教育事业。在安排财政预算时，应给予一定的机动财力，乡财政超收部分应全部留给当地，分配各项专项资金时，应给予适当照顾。

（二）为了减轻少数民族群众的负担，增强其内部活力，对民族乡内年人均收入300元以下的少数民族贫困户，给予减免农业税的照顾。同时可享受减免教育事业费附加、国防基金费和酌情减免国库券认购任务的照顾。

（三）改善民族乡和民族村的交通，兴修水利，这是促进少数民族地区经济发展，摆脱贫困的重要措施之一，交通和农机部门在安排农村机耕路经费时，对少数民族乡和民族聚居村要给予重点照顾。水利部门要认真帮助民族乡和聚居村搞好水利规划，并在经费和材料供应上给予适当支持、帮助实施。

（四）各级政府和有关部门在分配化肥、农膜、农药、物资等农业生产资料时，对民族乡应给予适当照顾。关心少数民族群众的生活，对那些长期缺粮贫困户和贫困村，民政、粮食、民族工作等部门要重点研究解决。有关部门要帮助他们找门路、订措施，尽量帮助他们从根本上解决困难。

（五）坚持以种养业为基础，积极开发本地资源。少数民族地区要充分发挥山的优势，大力提倡改造老茶园为密植茶园，茶叶局要给予经费上和技术上的帮助；每年要种好一批良种板栗，搞好植树造林，林业部门与民政部门具体落实；发展一批良种母猪，畜牧办与民族科配合落实；同时要发展山羊、牛、长毛兔等食草动物。科技部门要为每户农户有一主要劳力掌握一至二门生产技术作出规划和具体实施。要真正做到科技兴农，科技脱贫，科技致富。

（六）要积极认真地办好民族乡和民族村的基础教育，在师资配备，教学设备，校舍修建等方面，教育行政部门要给予重视和照顾；在初中、高中招收新生时，应划出一定名额给予适当录取的照顾。对少数民族学生生活有特殊困难者，学校要在学杂费方面酌情减免，对长期坚持在少数民族地区任教的民办教师，在民师转正方面在同等条件下给予适当照顾。

（七）提高少数民族群众身体素质，增强卫生观念，要努力办好民族乡的卫生事业，提高服务质量；要抓紧解决饮水卫生问题，开展传染性疾病防治普查工作，提高少数民族地区的卫生水平。

（八）要高度重视培养使用少数民族干部，特别是要注意在职干部的培养和使用，举办少数民族干部培训班，并挑选一定数量的村级干部参加。各区和少数民族较多的乡镇，要有一位副区长、副乡长和副镇长分管民族工作。

（九）要积极发展民族乡村文化事业，配备好文化干部。办好文化站、俱乐部，办好广播、电视，丰富群众文化生活，加强精神文明建设。

三、全县少数民族群众要克服“等、靠、要”单纯依赖国家的思想，发扬自力更生艰苦奋斗的创业精神。树立信心，振奋精神，启动内在活力，充分利用丰富的劳动力资源和自然资源，进行开发式的生产建设，努力为改变本地区的落后面貌而奋斗。

一九九一年九月二十四日

中共泰顺县委　泰顺县人民政府
关于进一步加强少数民族工作的通知

泰委〔2000〕1 号

各乡镇党委、人民政府，县直属各单位：

我县是全省民族工作重点县之一，共有畲、回等 6 个少数民族，少数民族人口 2.3 万人，占全县总人口的 6.8%。现设有司前、竹里两个民族乡（镇）；少数民族人口千人以上的民族工作重点乡镇有仙稔、罗阳、仕阳、筱村、雅阳、彭溪等 6 个乡（镇）；少数民族人口占全村总人口 30%以上的行政村（即民族村）有 40 个（具体名单附后）。

多年来，我县各级党委、政府十分重视少数民族工作，认真贯彻落实少数民族优惠政策，极大地促进了少数民族和少数民族聚居地区经济和社会事业的发展。但是、我县部分少数民族乡（镇）、村由于历史和地理等方面原因，经济和社会发展相对缓慢，与全县整体发展水平仍存在一定差距。为了进一步全面贯彻落实党的民族政策，促进我县少数民族经济和社会事业的快速协调发展，根据《民族乡行政工作条例》及省、市有关文件精神，结合我县实际，现就进一步加强少数民族工作的有关问题通知如下：

一、继续安排少数民族专项资金

县财政每年继续安排一定的少数民族补助专项资金，并视财力情况，逐年酌情增加。各有关乡镇也应安排一定的资金，帮助少数民族发展经济和基础设施建设，各有关部门在水、电、路、通讯等基础设施项目和资金安排上，要向民族村和少数民族人口较集中的自然村倾斜。少数民族专项补助资金要统一调配，专款专用。

二、继续做好少数民族贫困村和贫困户的扶贫工作

继续做好少数民族扶贫工作，特别要关心少数民族受灾户、特困户。对年人均收入在500元(按1990年不变价计算下同)以下的少数民族贫困户按规定程序报批后，给予减免农业税，对年人均收入300元以下的少数民族特困户按规定程序报批后，除给予减免农业税以外，还可享受减免教育费附加、兵役义务费、五保统筹金等，减免的税费额，由县财政部门核定。

鼓励少数民族下山脱贫，对少数民族下山扶贫点基础设施建设，县扶贫老区办等有关部门应继续给予倾斜照顾。继续做好少数民族贫困村和贫困户的挂钩扶持工作，确定一些经济强村与少数民族贫困村挂钩结对，组织一批致富带头人与少数民族贫困户挂钩结对，加快少数民族和少数民族贫困村脱贫步伐，实现各民族共同富裕。

三、积极支持和帮助少数民族和民族乡(镇)、村发展经济

在民族乡镇由少数民族新创办的企业，两年内营业税地方所得部分先征后返，账证健全的可在三年内减免企业所得税和免收工商管理费。对于在民族乡镇的少数民族困难老企业，按规定纳税有困难的，经批准可给予减征或免征当年企业所得税。对县内少数民族新从业的个体工商户，免收两年工商管理费。

积极鼓励民族乡(镇)、村和少数民族农户进行农业综合开发。县、乡(镇)有关部门在安排农业综合开发项目和资金时，应优先扶持少数民族发展种植业，养殖业和农产品加工业，科技部门要组织科技干部深入民族乡镇和民族村，帮助发展科技项目，举办科技培训班，推广实用技术，使少数民族群众依靠科技，加快经济发展。

四、优先发展民族教育事业

各级党委、政府和教育等有关部门要重视发展少数民族教育事业，支持民族学校改善办学条件，努力提高教学质量。在师资配备、校舍修建、教学设备添置等方面应优先照顾民族学校的需要。对少数民族学生升学应实行适当降分，照顾录取。要按少数民族人口比例招收少数民族高中新生。要切实执行省

政府关于少数民族小学生免交学杂费的规定，并对生活有困难的少数民族初、高中学生酌情减免学杂费。学校所减免的学杂费数额，经核准后由县财政补给。对长期坚持在民族村小学从事教育工作，成绩显著的教育工作者，县委、县政府给予表彰奖励。

五、加快发展少数民族和民族乡（镇）、村文化事业

广播电视、邮政电信等部门要切实帮助民族乡（镇）、村建设好广播站、卫星电视接收站和邮政、电信通信设施，提高广播入户率、电视收视率，改善邮政、电信通信条件。体育部门要加强少数民族体育人才培养，组织开展群众性体育活动，增强少数民族人民的身体素质。文化等部门要重视和支持少数民族传统文化活动，丰富少数民族群众的文化生活，传承和弘扬具有民族特色的优秀文化。

六、积极发展民族乡（镇）、村医疗卫生保健事业

各级政府及有关部门要积极改善民族乡（镇）、村饮水和环境卫生条件，对民族乡（镇）、村的改水、改厕经费应给予照顾。卫生部门要不定期组织医疗队到民族乡（镇）、村开展地方病、常见病普查、巡诊，解决少数民族群众看病难问题；确定 2 家县级医院分别与司前、竹里民族乡（镇）卫生院实行挂钩支援，帮助办好民族乡镇卫生院；积极帮助少数民族培养医务人员，提高他们的医疗技术水平。

七、重视少数民族干部培养、选拔和使用工作

要认真贯彻落实 1994 年省委组织部、统战部，民宗委《关于全省培养选拔少数民族干部工作座谈会纪要》精神，把少数民族干部培养、选拔、使用工作列入重要议事日程。民族工作部门要积极配合组织、人事部门制定少数民族干部培养、选拔、使用计划，并积极物色、推荐优秀少数民族干部。

凡经人事、组织部门同意，选送至民族院校脱产培训进修，并取得大专以上学历的少数民族干部，毕业后可按照公务员录用办法吸收到党政机关工作。组织，人事部门录用公务员时，留出部分名额在参加考试的少数民族中录取。

要按照《民族乡行政工作条例》规定配备好民族乡镇少数民族干部。少数民族人口 1000 人以上的乡镇党政领导班子中应配备少数民族干部；少数民族人口 500 人以上的乡镇及与少数民族生产、生活密切相关的县直属部门应配备少数民族干部；民族村党支部和村委会中应配备少数民族干部。

八、切实加强对少数民族工作的领导

民族工作是关系到我县经济发展和社会稳定的大事。各级党委、政府和有关部门要充分认识新时期民族工作的重要性和特殊性，切实重视和加强对民族

工作的领导,把民族工作列入重要议事日程。县委、县政府将继续确定一名县领导分管民族工作,每年至少要有一次研究民族工作,一般每三年召开一次全县民族工作会议或民族团结进步表彰会议,及时总结民族工作经验,表彰民族团结进步先进单位和个人,妥善解决民族工作中出现的困难和问题。县人大、政协民族工作专委要切实加强对民族政策落实情况的监督,共同协助做好民族工作。

要进一步健全民族工作机构,关心、支持民族工作部门开展工作,按编制配足民族工作干部,改善工作条件,强化工作手段,促进民族工作的深入开展。

中共泰顺县委
泰顺县人民政府
2000年1月19日

中共泰顺县委　泰顺县人民政府
关于进一步加强民族工作加快少数民族和民族地区
经济社会发展的实施意见

县委〔2006〕9号

为贯彻落实《浙江省少数民族权益保障条例》、《中共浙江省委、浙江省人民政府关于进一步加强民族工作加快少数民族和民族地区经济社会发展的意见》(浙委〔2005〕21号)、《中共温州市委、温州市人民政府关于进一步加快少数民族和民族地区经济社会发展的若干意见》(温委发〔2006〕28号)精神,切实加强我县民族工作,扎实推进少数民族和少数民族乡镇、村经济社会发展,现结合我县实际,提出如下实施意见:

一、加强对民族工作的领导

(一)加强对民族工作重要性的认识。我县现有少数民族人口20586人,列全省第4位,是省民族工作重点县。进一步做好全县民族工作,加快少数民族和民族地区经济社会发展,是加强民族团结、保持社会稳定,加快全面建设生态小康县的必然要求。各乡镇、各部门要从国家长治久安和振兴中华民族的高度,充分认识做好民族工作的重要性,正确把握新形势下民族工作特点和规律，自觉贯彻落实党的民族工作政策，不断加快少数民族和民族地区的经济社会发展，努力促进各民族团结奋斗、共同繁荣发展。

（二）把民族工作摆上重要议事日程。各有关乡镇和县有关部门，要关心、支持民族工作部门开展工作，及时研究解决民族工作的具体问题和困难，认真抓好民族工作各项措施的落实。

二、加大扶持少数民族乡村经济发展力度

（一）加大财政扶持力度。从 2006 年度起，县财政预算每年安排不少于 25 万元的少数民族发展专项资金，由县民宗局和县财政局掌握，并视地方财政增长情况逐年适当增加，主要用于少数民族和民族地区经济社会发展。其他各种扶持资金继续按照有关规定予以落实，不得削减。各有关部门要高度重视民族乡镇、民族村的发展，在安排扶贫、支农和基础设施等专项资金时给予适当倾斜，尽力扶持少数民族发展生产和解决生活上的特殊困难。

（二）加大对民族乡镇的政策倾斜。司前、竹里两个民族乡镇来源于本地企业的财政收入超收部分和财政支出节余部分，给予 100%返还。

（三）继续做好少数民族公民下山异地脱贫工作。对居住在生产生活条件恶劣地区的少数民族公民，要有计划分阶段实施搬迁，逐步改善他们的生产生活条件。由县民宗局牵头，县扶贫办、国土资源局、规划建设局和有关乡镇配合制定 2006 年至 2010 年少数民族公民下山异地脱贫规划和实施方案，并每年安排一定的土地指标和相应配套扶持资金，引导扶持少数民族公民自力更生，实现异地脱贫。

（四）帮助解决少数民族贫困人口的生活保障问题。各乡镇、各部门要重视少数民族乡村困难群众的生产生活，各司其职、密切配合、通力合作，帮助解决少数民族贫困人口的生活保障问题，对符合低保条件的少数民族贫困人口，县民政部门要优先安排，做到应保尽保。

（五）加大民族乡村基础设施建设步伐。县供电、水利、电信等部门在安排建设项目时，要优先考虑民族乡村；县交通部门要增加对民族乡村交通基础设施建设的投入，对列入乡村“康庄工程”建设、涉及 15 个民族村的建设项目，要优先安排，并在资金扶持上给予适当倾斜；各有关乡镇要尽力帮助民族村解决部分自筹资金。对地处偏僻的少数民族人口比例在 30%以上的自然村，经批准，在“十一五”期间实施下山脱贫整村迁移的，可享受省交通厅规定的“下山脱贫整村迁移”新安置点交通基础设施建设补助政策。

(六)加大对民族乡村科技扶贫力度。县科技扶贫部门在安排科技、扶贫等专项经费和人才时,应对民族乡村给予适当倾斜;县农业、林业、水利、科技等部门要支持少数民族乡村发展效益农业、建立科技示范基地、开展实用技术指导和劳动力转移技能培训。

(七)加强完善对民族乡镇、村的挂钩帮扶制度。鼓励社会各界以各种方式帮助少数民族乡村发展经济。各有关乡镇在安排扶贫挂钩村时,在同等条件下,优先安排少数民族村。

(八)落实财政税收、工商管理优惠政策。对民族乡镇、民族村兴办的企业、少数民族投资主体投资额占50%以上或少数民族职工占30%以上的企业,县财政、税务、工商行政管理、国土资源等部门按照国家有关规定,落实税费减免等政策,倾斜扶持上述企业发展生产。

三、大力发展少数民族地区社会各项事业

(一)加大少数民族地区教育扶持力度。各乡镇、各部门要高度重视发展民族教育事业,积极扶持民族乡镇中心幼儿园建设,加快普及学前3年至高中段15年教育工作。从2006年开始,县财政原预算安排用于少数民族减免学杂费的专项经费转为民族教育专项资金,并随着经济的发展和财政收入的增加而相应增加,专用于扶持民族教育事业和少数民族特困学生的救助,对入低保家庭经济困难的农村少数民族学生在义务教育阶段,免交课本费、作业本费、住宿费,在高中阶段减免学费和代管费,义务教育阶段减免的经费在"农村小学家庭经济困难学生资助扩面工程"专项经费中统筹解决,高中阶段减免的经费在民族教育专项资金中解决。

(二)进一步落实少数民族学生就学的优惠政策。对民族考生实行降分录取优惠政策,重点高中(泰顺一中),按规定录取分数线下降10分录取少数民族学生;普通高中、职业高中,按规定录取分数线下降30分录取。继续扶持办好县民族中学,改善办学条件,进一步提高教育质量。

(三)促进少数民族和民族乡村医疗卫生事业发展。县卫生局要在人力、财力上优先扶持民族乡镇卫生院,尽快向社区卫生服务转变,实施好农民健康工程,提高少数民族农村居民参加合作医疗的概率,确保少数民族群众享受到公共卫生服务和农民健康免费体检,不断提高健康保障水平。县民宗局可从少数民族发展专项资金中安排部分资金,用于少数民族低保家庭医疗补助。县爱卫办要对少数民族乡村改水、改厕等给予倾斜扶持。

(四)进一步繁荣少数民族地区文化、体育、广播电视等事业。由县委宣传部牵头每年定期召开会议研究民族文化保护工作。县有关部门要各尽所能，积极扶持发展少数民族文化、体育等事业，县文化部门要从农村文化发展经费中安排一定资金，用于保护、挖掘、整理少数民族优秀传统文化，开展少数民族文化、体育活动，培养少数民族文艺、体育人才。县广播电视台在实施“广播电视村村通”工程时，要优先扶持民族村开通广播电视。

（五）保障少数民族的合法权益。各乡镇和有关部门要加大民族政策的宣传力度，教育广大干部群众尊重少数民族的风俗习惯。

四、加强少数民族干部培养、选拔工作

（六）根据少数民族地区经济社会发展的需要，把培养、选拔少数民族干部纳入干部队伍和领导班子建设的总体规划。县组织部门在确定各级后备干部人选时，要安排一定比例的少数民族干部。同时，各部门要重视少数民族中层干部的培养，把少数民族干部培训列入计划，安排少数民族干部参加各个层次学历班、进修班、中青班培训。

（七）积极做好少数民族干部的选配工作。少数民族乡镇党政领导班子，要按照有关文件规定配备少数民族干部；少数民族人口在1000人以上的乡镇，乡镇或乡镇领导班子候选人中应有少数民族干部；其他少数民族人口较多的乡镇应根据实际情况配备少数民族干部；县属党政机关各部门也应配备一定数量的少数民族干部。

（八）加强少数民族干部的挂职交流。定期组织一批具有大专以上学历、素质较高的少数民族干部到经济发达乡镇和县级机关交流锻炼。

（九）对少数民族在人员录用方面给予倾斜。县组织人事部门应根据国家、省市相关政策规定，向上级组织人事部门争取一定数量的公务员考试录用名额用于少数民族公民；在公开考试录用事业单位工作人员时，对少数民族公民采取总成绩加2分的办法给予照顾。

（十）加强民族村村两委班子建设。民族村配备村支部书记和安排村主任候选人时，至少要有一名少数民族公民；村两委班子成员候选人中，少数民族公民所占比例不得低于少数民族人口占该村总人口比例。

中共泰顺县委
泰顺县人民政府
2006年9月15日

中共泰顺县委 泰顺县人民政府
关于加大扶持力度加快少数民族和民族乡村
经济社会发展的若干意见

泰委〔2008〕10 号

为深入贯彻落实中央、省、市民族工作会议精神和《国务院办公厅关于严格执行党和国家民族政策有关问题的通知》(国办发〔2008〕33 号)精神,进一步做好新时期民族工作,加快我县少数民族乡村经济社会全面发展,现提出如下意见:

一、加强对民族工作的领导

1.各乡镇、各部门要从国家长治久安和振兴中华民族的战略高度,充分认识做好民族工作的重要性,进一步增强使命感、责任感和紧迫感,自觉贯彻党的民族政策,维护民族大团结,切实保障少数民族权益,巩固和发展平等、团结、互助的社会主义新型民族关系。

2.成立县民族工作领导小组,每年至少召开一次会议研究民族工作。各有关乡镇和县有关部门要关心支持民族工作部门开展工作, 及时研究解决民族工作的具体问题和困难,认真抓好民族工作各项措施的落实。

二、进一步加大对少数民族和民族乡村的扶持力度

1.加大财政扶持力度。从 2008 年起,县财政预算每年安排不少于 80 万元的少数民族发展专项资金,并视地方财政增长情况逐步增加,主要用于少数民族乡村的基础设施建设和教育卫生等社会事业发展。其他各种扶持资金继续按照有关规定予以落实,不得削减。司前、竹里两个民族乡镇来源于本地企业的财政收入超收部分,100%给予返还。各有关部门要高度重视民族乡镇、民族村的发展,在安排扶贫、支农和基础设施等专项资金时给予适当倾斜,尽力扶持少数民族发展生产和解决生活上的特殊困难。

2.加大产业扶持力度。立足民族乡村资源优势,加大特色优势产业培育扶持力度,力求少数民族地区经济发展实现新突破;利用独特的民族文化和民族风情,整合乌岩岭国家级自然保护区、飞云湖等旅游景点,扶持发展民族乡村“农家乐”,大力推进民族乡镇生态旅游业发展,促进少数民族群众增收。对民族乡镇、民族村兴办的企业、少数民族投资主体投资额占 50%以上或少数民

族职工占30%以上的企业，县财政、税务、工商、国土资源等部门按照国家有关规定落实税费减免政策，倾斜扶持上述企业发展生产。

3.继续做好少数民族下山异地脱贫工作。对居住在生产生活条件恶劣偏远山区的少数民族，要有计划分阶段实施搬迁，逐步改善他们的生产生活条件。由县民宗局牵头，县扶贫办、县国土资源局、县规划建设局和有关乡镇配合，制定2008年至2010年少数民族下山异地脱贫规划和实施方案，并安排一定的土地指标，同时积极向上级争取配套扶持资金，引导扶持少数民族实现异地脱贫。

4.加大民族乡村基础设施建设步伐。用好、用足、用活国家的民族政策，县交通部门对人口在100人以上未列入乡村“康庄工程”建设计划的少数民族自然村的道路建设，要积极向上级有关部门争取列入乡村“康庄工程”建设计划；各有关乡镇要尽力帮助解决“康庄工程”建设部分自筹资金，对地处偏僻的少数民族人口比例在30%以上的自然村，积极争取交通部门基础设施建设补助政策。

5.完善对民族乡镇、村的挂钩帮扶制度。鼓励社会各界以各种方式帮助少数民族乡村发展经济。在安排省级扶贫挂钩时，优先考虑民族乡镇；安排市级扶贫挂钩时，优先考虑民族村；安排县级扶贫挂钩时，优先考虑人口在100人以上的少数民族自然村。

6.加快发展民族教育事业。各乡镇、各部门要高度重视民族教育事业的发展，加快普及学前3年至高中段15年教育工作，扶持民族乡镇中心幼儿园的建设，改善县民族中学办学条件，办好民族班，进一步提高教育教学质量。对少数民族考生实行降分录取优惠政策，重点高中（泰顺一中）按规定录取分数线下降15分录取少数民族学生；普通高中、职业高中按规定录取分数线下降30分录取少数民族学生。

7.积极发展民族乡镇医疗卫生保健事业。要优先安排民族乡镇卫生院的基础设施建设和常规医疗设备装备。县卫生部门要采取切实措施，加大民族地区医疗卫生人才培养力度，提高医技水平。健全并巩固民族乡镇、村初级卫生保健体系，提高少数民族农村居民参加合作医疗的比例，县民宗局可从少数民族发展专项资金中安排部分资金，用于农村60岁以上少数民族老人的医疗保险补助。

8.提高少数民族群众社会保障水平。完善养老、失业、医疗、工伤、生育保险等制度，帮助解决少数民族贫困人口的生活保障问题，对少数民族贫困人口，适当放宽低保条件。

9.尊重民族风俗习惯，保障少数民族的合法权益。各乡镇和有关部门要加大民族政策的宣传力度，教育广大干部群众尊重少数民族的风俗习惯。少数民族干部、职工参加本民族的重大节日活动，有关单位应当按照国家规定给予带薪假期。

三、进一步保护和挖掘畲族文化

1.以我县被确定为浙江省畲族文化遗产生态保护试点县为契机，加大畲族文化保护力度。县委宣传部、统战部每年要定期召开会议研究民族文化保护工作；县文化部门要从农村文化发展资金中安排一定资金，用于保护、挖掘、整理少数民族优秀传统文化，开展少数民族文化、体育活动，培养少数民族文艺、体育人才；县其他有关部门要各尽其责，积极扶持发展少数民族文化、体育等事业。

2.认真做好《泰顺畲族志》编纂工作，继续办好“畲族三月三风情节”。县财政每年安排一定资金，专门用于民族中学增设的特色课程（民族传统体育项目、畲族歌舞、畲语）教育。

四、进一步加强少数民族干部培养、选拔工作

1.把培养、选拔少数民族干部纳入干部队伍和领导班子建设的总体规划。县组织部门在确定各级后备干部人选时，要安排一定比例的少数民族干部。同时，各部门要重视少数民族中层干部的培养，把少数民族干部培训列入计划，安排少数民族干部参加各种进修班、中青班培训。

2.积极做好少数民族干部的选配工作。民族乡镇党政领导班子，要按照有关文件规定配备少数民族干部；少数民族人口在1000人以上的乡镇，乡镇领导班子候选人中应有少数民族干部；其他少数民族人口较多的乡镇应根据实际情况配备少数民族干部；县直属党政机关涉及少数民族群众权益较多的部门也应配备一定数量的少数民族干部。

3.加强少数民族干部的挂职交流。定期组织一批具有大专以上学历、素质较高的少数民族干部到经济发达地区乡镇或县级机关交流锻炼。

4.对少数民族在人员录用方面给予倾斜。县组织人事部门应根据国家、省市相关政策规定，在申报公务员招考录用计划时，向上级组织人事部门争取一定数量的公务员考试录用名额用于少数民族公民；在公开考试录用事业单位工作人员时，对少数民族公民采取总成绩加2分的办法给予照顾，同等条件优先录用。

5.加强民族村村两委班子建设。在配备民族村党支部书记和安排村委会主任候选人时，至少要有一名少数民族公民；村两委班子成员候选人中，少数民族公民所占比例不得低于少数民族人口占该村总人口比例。

2008年8月20日发

中共泰顺县委　泰顺县人民政府 关于进一步加快少数民族和民族乡村经济社会发展的若干意见

泰委发〔2014〕65号

为贯彻落实《关于进一步加强民族工作加快少数民族和民族地区经济社会发展的决定》(中发〔2005〕10号)、《关于进一步加强民族工作加快少数民族和民族地区经济社会发展的意见》(浙委〔2005〕21号)、《关于进一步加快民族乡(镇)经济社会发展的意见》(浙政办函〔2013〕98号)和《关于进一步加快少数民族和民族地区经济社会发展的补充意见》(温委办发〔2011〕117号)等精神,切实加强民族工作,加快推进少数民族和民族地区全面发展,结合我县实际,现提出如下意见。

一、加强对民族工作的领导

(一)高度重视民族工作。各乡镇、县部门各单位要从国家长治久安和振兴中华民族的战略高度,充分认识做好民族工作的重要性,进一步增强使命感、责任感和紧迫感,自觉贯彻党的民族政策,维护民族大团结,切实保障少数民族权益,更加巩固和发展平等、团结、互助、和谐的社会主义民族关系。

(二)完善民族工作机制。健全县民族工作领导小组,每年召开1次以上民族工作会议,听取民族工作汇报;每五年召开1次全县民族团结进步表彰大会,针对民族工作中的薄弱环节和出现的新情况、新问题,研究制定相应的政策措施,及时、妥善解决民族工作中出现的困难和问题,促进少数民族和民族地区经济社会全面发展。

(三)加强民族工作部门建设。加强全县民族重点工作协调,重视支持民族部门工作,强化民族工作部门管理职能,加强乡镇民宗所的规范化建设,为民族工作开展提供必要的保障。县编委办要配足民族工作部门人员编制,县财政安排必要的民族事务专项经费,确保民族工作正常运转。

二、加大少数民族经济扶持力度

(一)加大资金扶持。县财政每年按上年度地方财政收入的3‰预算安排本年度的少数民族发展专项资金，用于扶持少数民族经济和社会事业发展。县财政局向省、市争取项目资金时，要向民族乡镇倾斜，支持民族地区基础设施建设。县部门各有关单位不能因少数民族有专项补助而削减其他扶持资金的安排。各乡镇财政也要安排一定数量的资金用于扶持少数民族发展生产和解决生活上的特殊困难。

(二)加大项目扶持。在前期工作到位的前提下，安排省市重点项目时，优先安排民族乡镇和民族工作重点镇的项目；在安排县级重点项目及相关部门的项目时，优先安排民族村的项目建设。县住建、交通运输、水利、供电等部门单位在安排建设项目时，要优先考虑民族地区，在资金、物质、技术等方面给予重点倾斜；县住建局要积极帮助民族乡镇、村做好建设规划编制工作；县国土资源局、县住建局等对在民族乡镇、村创办企业和少数民族村民建房收取有关规费时，要按有关政策报批减免；县交通运输局要支持民族地区道路设施建设，尤其是对少数民族人口在100人以上的民族自然村道路建设要给予重点政策倾斜；县林业局要支持民族乡镇、村的林区作业道路建设；县水利局要支持民族村和少数民族集聚点的治水项目建设；各有关乡镇与县文明办、县委农办(县农业局、县扶贫办)、县环保局等部门要积极创造条件，优先安排民族村列入文明村、美丽乡村、生态村等创建范围，提升村庄整治建设水平，并适当放宽条件，提高资金补助标准。

(三)完善挂钩结对帮扶制度。建立县、乡镇领导挂钩联系民族乡镇、民族村制度，协调、指导、帮助民族地区加快发展。

县委、县政府主要领导联系民族乡镇，县领导及有关重点部门挂钩联系民族村工作。安排省市扶持挂钩单位，“三年特扶”项目及省市农村指导员、科技特派员时，在同等条件下优先将民族乡镇、民族村列入重点帮扶对象，帮助少数民族低收入农户创业增收，切实改善民族地区发展环境。同时，鼓励社会各界以各种方式帮助少数民族和民族地区发展经济和社会各项事宜。

(四)加大少数民族农房集聚建设力度。各乡镇和县部门各有关单位要将居住在生产生活条件艰苦的山区少数民族列入农房集聚建设总体规划，对少数民族农房集聚安置点所需用地指标给予优先安排；县住建局和各乡镇要按照城乡规划要求编制规划和做好相关建设项目的审批工作。对于下山搬迁移民的少数民族建房户，县委农办(县农业局，县扶贫办)在统筹基础设施配套方面要给予政策倾斜。

(五)加大少数民族特色村寨建设力度。县委农办要加强对民族村创建美丽乡村精品村或特色村工作的支持和指导。县民宗局要会同有关部门加强对少数民族特色村寨建设的规划和政策指导。在“十二五”到“十三五”期间，确保全县建成3—5个少数民族特色村寨。县国土局、住建、交通运输、农办、林业、水利、文化广电新闻出版、卫生、环保等部门要参照美丽乡村建设的有关优惠政策，支持少数民族特色村寨加快发展。

（六）加大民族特色产业发展扶持。我县少数民族特色产业基地建设已初具雏形，县委农办（县农业局、县扶贫办）、县林业局等部门要重点支持民族乡镇、民族村的猕猴桃、葡萄、茶叶、毛竹等示范基地建设，推进民族特色优势产业标准化、集约化经营，促进产业快速发展；县科协、县科技局、县农知办等部门单位要加强对少数民族群众的劳动技能、职业技能提升和产业致富带头人的培训，特别是要加大对猕猴桃、葡萄、茶叶、毛竹等产业先进适用技术推广，提高农产品附加值；县市场监管局、县质监局要大力支持民族乡镇、民族村农产品和服务业的名牌产品、知名商标创建工作；县经信局要在少数民族农产品的产销对接、农产品流通建设项目上给予政策、资金支持，帮助少数民族群众持续增收。同时，县风景旅游局、县公安消防局要为民族乡镇、民族村发展生态休闲特色旅游，打造民居民宿和发展农家乐提供支持。

三、加大对社会事业发展的支持

（一）加大少数民族教育扶持力度。各乡镇、县部门各有关单位要高度重视民族教育事业的发展，加快普及学前3年至高中段15年教育工作，扶持民族乡镇中心幼儿园建设。县教育局要安排一定资金扶持民族地区学校改善办学条件，努力提高教学质量。县组织人事、教育部门在每年的教师招考录用计划中，应安排一定比例的少数民族教师名额。进一步落实少数民族学生就学实行降分录取优惠政策，重点高中（泰顺中学）按规定录取分数 线下降15分，普通高中、职业学校按规定录取分数线下降30分录取。在泰顺高中就读的少数民族学生，按公办学校标准每人每学期学杂费减半收取，所减免部分费用由县财政给予补足。

（二）进一步繁荣少数民族文化、体育等事业。县部门各有关单位要加大对民族地区文化、体育事业建设的资金投入，加强民族文化和民族传统体育项目的抢救、保护和开发工作，大力发展民族文化、体育事业和民族文体产业。县财政在每年的文化专项资金中安排一定比例，用于保护、挖掘、整理少数民族优秀传统文化；加强对少数民族文艺、体育人才的挖掘和培养，县体育局要积极配合、指导开展少数民族传统体育运动；县文广新局、县体育局要加强民族乡镇文体机构建设,推动建成符合省级规定建设标准和功能的综合文化礼堂,推动少数民族文化展示馆、“乡村戏台”和农村书屋建设。特别是要加大对民族乡镇、民族村开展“三月三”等重大传统民族节庆活动的策划和资金支持,大力扶持和帮助组建民族文化艺术团体,培养少数民族文艺人才。

(三)加大少数民族医疗卫生、社会保障扶持力度。县卫生局要重视民族乡镇卫生院和民族村卫生室的建设,力争实现民族乡镇卫生院和民族村卫生室房屋、设备、人员、技术“四配套”,不断完善医疗设备,组织县级医疗单位开展对口支援。县组织人事、卫生部门在每年的医技人员、社区医生等招考录用计划中,应安排一定比例的少数民族医务人员名额。县民政、财政、人力社保等部门要进一步完善养老、失业、医疗、工伤、生育保险和城乡居民最低生活保障等制度,帮助解决少数民族贫困人口的生活保障问题。对符合低保条件的少数民族贫困人口,县民政局要做到应保尽保。

四、加强少数民族干部和人才队伍建设

(一)把培养选拔少数民族干部纳入总体规划。县委组织部在确定后备干部人选时,要安排一定数量的少数民族干部;要把少数民族干部培训列入全县干部培训计划,并安排少数民族干部参加各层次的培训学习;县机关单位和各乡镇要重视并加强少数民族中层干部的培养和使用。县组织人事部门要有计划组织安排有发展潜力的少数民族干部到经济发达乡镇、县级机关及县级以上综合部门交流锻炼,并重视做好少数民族干部在县各职能部门的轮岗交流工作。县统战、民族工作部门要主动向组织人事部门反映情况,提出建议,推荐优秀少数民族干部和各类专业人才,积极参与做好培养选拔少数民族干部工作。加大对民族地区乡土人才和技能人才的培训力度,鼓励、支持和吸引各类人才到民族地区创业。

(二)积极做好少数民族干部的选配工作。县人大或政协常委会组成人员的候选人中要安排少数民族人选,县级党政机关部门也应配备一定数量的少数民族干部。民族乡镇党政领导班子中,要按照有关文件规定配备少数民族干部;少数民族人口在1500人以上的民族工作重点乡镇,乡镇领导班子中至少要配备1名少数民族干部,其他少数民族人口较多的乡镇应根据实际情况配备少数民族干部。与少数民族民生、民俗有密切联系的县级职能部门的领导班子中,也要适当配备少数民族干部。县组织人事部门在每年的公务员招考录用中要有少数民族名额;事业单位(教育、卫生系统除外)招考聘用没有专业要求的岗位时,应安排适当的少数民族名额。

（三）加强社区、民族村两委班子建设。以社区为依托，建立社区民族工作组织网络，推进民族工作社会化管理。民族村两委换届时，当地党委、政府要引导党员、群众选举 1 名少数民族公民担任村党支部书记或村委会主任；推荐村两委班子成员候选人时，少数民族公民所占比例不得低于少数民族人口占该村总人口的比例。

（四）高度重视少数民族的政治待遇。各级党代表、人大代表、政协委员、劳动模范及工、青、妇等群团组织代表中，应安排一定比例的少数民族公民。

本意见自发文之日起执行。原泰委〔2008〕10 号文件停止执行。2014 年 8 月 25 日发。

中共泰顺县委文件

里光公社山林定权发证试点工作情况的通知

各区、公社党委，各部、委，办、局党组，各工作队：

下半年的农村工作，按照党的十一届六中全会精神和中央〔80〕75 号、〔81〕12、13 号文件以及省委对下半年农村工作的要求联系我县工作实际，县委在最近召开的全县三级干部大会上已作了部署。从现在起，要扎扎实实把《决议》学习抓好，以《决议》为基准，统一全党思想，以《决议》作为一切工作的动力，作为振奋精神的武器要抓好三个文件的贯彻和落实，这是工作的重点，其他工作都要围绕这个重点进行。

县委决定在上半年里光公社山林定权发证试点取得初步经验的基础上，现在再扩大一批，由县和区主要领导同志带领一批干部组成工作队搞六个公社，其余四十七个公社由公社主要领导同志带领工作组各搞一个大队，这样全县再经二至三批，能够争取在明春基本完成林业“三定”即稳定山林权、划定自留山、确定林业责任制工作，同时将农业责任制完善起来，更好地发挥各自优势，把多种经营抓出成绩来。工作队和工作组要切实改进作风狠抓落实，改变过去的布置多检查少、工作效率低的状况，振作革命精神，扎扎实实在下半年办好这件事。

现将各工作队领导成员名单和里光公社山林定权发证试点工作情况印发给你们,望努力组织实施。

中共泰顺县委

一九八一年八月廿六日

关于里光公社山林定权发证试点工作的情况(节选)

根据省委,省府关于贯彻中央〔81〕1 2 号文件搞好山林定权发证试点工作的部署,由地、县、区、公社统一组成工作组 54 人,于五月下旬进入里光公社开展试点工作。

里光公社八个大队,九十六个生产队,一千四百三十五户,五千六百五十九人,一千六百五十二个劳动力。全社总面积九万四千七百七十五亩,其中耕地二千七百五十七亩,宜林山地八万零八百四十一亩。人均四分九厘耕地,十四亩宜林山地。是一个田少,山多、林多、竹多的基地公社。根据森林资源普查:全社森林资源四万七千一百三十一亩,其中用材林八千三百二十七亩,毛竹林一万八千四百二十一亩,薪炭林一万九千八百五十一亩,经济林一千零九十一亩,林木蓄积量四万三千立方米,毛竹立竹量二百七十八万株,每年为国家提供商品材三百五十立方米,木柴一百多万斤,毛竹十二万株,毛竹收购量占全县三分之一。

里光公社从七四年开始搞林业基地建设,几年来共营造杉木林一万四千二百四十八亩,培育大毛竹基地一千二百二十二亩,毛竹丰产基地一千五百一十亩。七六年就成为温州地区第一个万亩林业基地公社。现有社办林场一个,队办林场六个,林业专业队二个。社办罗溪源林场有四千零三十八亩基地林,平均高度四米多,胸径达 12 公分,长势良好,六个队办林场也办得比较好。其中榅垟大队林场和上地大队林场基地在二千四百亩以上都是一派葱茏, 长势喜人。三中全会以来,该社农业生产也有了较大的发展,1980 年社员人均口粮达到 411 斤,经济收入人均 105 元。

工作队进村以后,根据里光的实际情况,山林定权发证试点工作,大体分为四步进行:第一步,发动群众,学习文件,提高认识,统一思想;第二步,调查研究,摸清情况,学习文件,提高认识;第三落实有关林业政策,确定山林权属,划分自留山,填发“三证”;第四步,建立林业生产责任制,制订林业发展规划,健全林业管理机构，修订护林公约，处理破坏山林案件。经过六十多天的工作，基本上达到试点工作的预定要求。主要解决了以下四个问题：

一、解决历史遗留问题，确定山林权属。

工作队进村后，一面组织广大干部、群众学习中央〔81〕12 号文件，一面调查研究，摸清情况。通过调查，发现山林权属矛盾很多，山界不清，山林纠纷多；有的长期以土地证管理山林，不承认生产队所有制；有的队办林场，山权动荡不定；有的社员未经批准，在集体山场造林，没有定权属；插花山多，管理不便。

针对上述矛盾，我们根据中央〔81〕12 号文件精神和有关林业政策规定，统一思想认识。坚持以“四固定”为根据，现行管理为基础，维护过去的政府处理决定，继续执行双方的协议，采取分级负责的办法。通过“五查”(即查土地改革、合作化的有关资料；查近几年来的变化；查四至，查面积，查纠纷的根源”和深入现场勘察，弄明情况后，本着有利团结，有利生产，有利经营管理的原则，反复协商。划定权属。主要解决十个问题：

(1)权属不清的有争议的问题。

里光公社共有山林纠纷七十一起，四千一百六十四亩,其中，与国有林场有争议的二起，九百五十亩，大队之间的三十六起，二千二百二十四亩，其中与外公社 4 起，生产队之间的三十三起，一千九百四十亩。近年来，为争山林闹事的共九次，打伤五人，破坏山林。解决这类权属问题，与外公社外大队以土地改革为依据，并参考合作化前后有关资料，本公社范围内，大队与大队，生产与生产队之间的以“四固定”为依据，参考合作化有关资料，通过协商，予以确定。这次我们共解决了六十七起，面积三千九百多亩。如国营乌岩岭林场与榅垟大队的第三、四、十七三个生产队，有九百亩山林，因办场时手续不完备，界址不清而引起争议。这次县、区、社组织有关双方，按照党的政策原则，反复协商，划定界址，确定权属、签订协议。国有林场、大队、生产队都很满意。

(2)少数土地改革、“四固定”时没有落实的山林权属问题。

全公社有五片，四千三百多亩“无主山”。如罗溪源二千亩荒山，解放后一直是“野火烧不尽，春风吹又生”的放牧地。七四年以来，公社林场虽然已经造上林，山权仍然没有定下来。我们这次根据现在谁经营谁所有的政策原则，定给公社林场所有，把山权林权统一起来，便于经营管理。新桥大队桐园排岗有一百多亩山，解放前是宗族山，土地改革和“四固定”时都未落实。为有利于生产发展和经营管理，经社员讨论同意，现在分别把山权落给就近的第一、四、五三个生产队。

(3)部分社队林场的山林权属没有确定的问题。

公社和大队林场共有一万四千二百四十八亩杉木林基地，其中还有七百七十八亩没有落实山权。过去建场时只讨论通过一、二、七分成(即山权一、积累二、劳力七)，没有办正式手续的还有四个场。如里光大队林场有八十多亩毛竹林，原是六个生产队所有，七百二十株毛竹。75年按每株7角钱折价归场。但山权没有定论。近几年毛竹已增加到2000多株。这次6个生产队有意见。经过讨论。同意他们的意见，以纯收入百分之十的收益作为山权报酬。上升大队林场720亩林木。建场时有四百五十二亩是全大队劳力统一负担工分，以生产队为单位划片造林的，林权本应是林场所有。但生产队认为是他们造的，山又是他们的，山权林权都应该是生产队的。这次把山权定给生产队，林是过去统一负担工分造的，林权定给大队林场。并把这八片四百五十二亩林木，分别包给八个生产队管理，收益采取比例分成。

在大队杉木林基地上，有一些零星的用材林，原来是生产队的，采取两种办法解决：一是登记造册，林权仍归生产队所有；二是折价归大队。有经济条件的队，以这种办法处理不留尾巴。

(4)社员未经批准在集体山场上造林的问题。

各大队都有社员在集体山场上造林。除屋前屋后没有计算外，全公社私人造林共计二十四万八千七百六十一株，毛竹一千二百七十一株。合计二十五万零三十二株。有的社员个人造林数量很多，范围很广。如榅垟大队社员个人造林有十万株，平均每户四百一十株；上升大队社员个人造林三万七千八百七十四株，平均每户三百一十六株，这两个大队百分之九十以上的社员都有栽树。榅垟大队第十四队施吉松共栽下杉木、柳杉四千五百六十株。大的胸径有7—8寸，一般的也有4—5寸。解决这个问题，通过多次讨论，权衡利弊，采取二种办法处理：一是对那些毁林造林的应给以批评教育，山权林权都归集体所有；林木收益采取五比五分成。二是荒山上造林。山权队有，林权共有，谁种谁管。收益一般为二比八分成(集体二，个人八)。

(5)一些生产队自动分队。山林权没有确定的问题。

里光、上升两个大队有六个生产队，“四固定”以后，未经批准一分为二，但长期没有承认，因此山林都合在一起，大家争相砍伐竹木，破坏十分严重。由于这些队居住分散，生产十分不便，经讨论上报予以认可，山林也给以划分落实。

(6)部分社员以土地证管理山林问题。

全社有新桥、和庄、上升三个大队和其他四个大队的12个生产队，共计

34 个生产队有六千七百多亩的用材林都是以土地证管理的（其中 12 个队毛竹是集体管理的）。合作化时，这些山林已折过价，有的价款已结算部分，宣布为集体所有。但只因价款没有算清，“四固定”又是随户带队，加上这些大队、生产队集体基础差，领导力量薄弱等原因，大家就以土地证管理山林。这次讨论确定两种处理办法：一起山权林权统归集体，对林木采取以责任制的形式谁造谁管，收益比例分成；二是山权属于集体，林权共有，连造谁管，比例分成。比例有 1:9，2:8 两种（集体一或二，社员九或八）。有的已付给社员价款的，社员的比例分成部分稍低一些。

（7）调整插花山问题。

这个公社山林，在“四固定”时很多队是“随户带队”的，因此插花山很多，有的山插在外公社，外大队，相距几十里，调整比较困难。但部分集体经济比较巩固的大队，把生产队与生产队之间的插花山，在自愿互利，共同协商的基础上，把面积相差不大，林木悬殊不多的，给以调换。榅垟大队，调整六十五小片，计四百一十亩。

（8）对社员迁出户的山林权属问题。

由于一些队的山林没有集体经营，迁出户长期到原居住的生产队管理私人的山林。如新桥大队有 14 户迁出去，这次定权时，他们不仅要山林权证，而且还要划自留山。对这些迁出户规定：山权一律定给原迁出的生产队，自留山都不划。鉴于这些队条件特殊，迁出户的山林，有的是新造或者是管理成林的。因此采取三种处理办法：一是林权定为共有，一般采取二八分成（即迁出户八，原生产队二），如迁入队山林是集体的，户有的林木分成部分应归集体。二是经济条件较好的生产队采取折价归队，分期还款。

（9）关于山林折价入社的价款问题。

这个公社合作化时期山林折价款的归还有三种情况：基本上还清的两个大队，归还大部分的四个大队，归还少部分或基本上没有归还的两个大队。这次讨论采取两种不同办法处理：第一种办法，如台边大队山林价款未还的只有一千九百零四元，采取多种办法归还林主报酬。有的生产队把现有的林木按市价计算折价给原来还款的户，作抵交折价款；有的生产队在林木收益中提取一部分归还林主，归还期限定为三至五年。第二种办法，如上升大队，原山林价款已归还 60%，计二万五千一百七十元，可是“文革”中，绝大部分社员都上山砍过林木，76 年进行清理结果，除扣清原折价款外，社员还要给集体一万二千一百八十六元，这样一结算，林主报酬不仅不要再还，而且偿还过头了。

(10)买卖山林问题。

一些以土地证管理山林的队，近几年来出现了社员买卖山林。上升、和庄二大队就有四户，买卖竹园65亩，计价款九百五十元，经过讨论决定：买卖山林是非法的，应严肃批评教育，宣布一律无效，山林权收归集体所有，不填发个人山林权证。

二、从群众的需要出发，按照政策划分好自留山。

划分自留山，绝大多数人积极拥护，要求迫切。但也有少数生产队的干部、社员认为，“反正山林都是自己的，无需再划自留山”针对这些思想，我们再次组织学习中央12号文件，批判按土地证“分山管林”是错误的。进一步提高广大干部、社员的思想认识，使划分自留山成为他们的迫切要求的基础上，组织干部社员讨论，确定地点范围，划出面积，上山划定四至到队，在此范围内由社员自行划分。全社96个生产队，5416人(农业户)，都划了自留山，计六千九百七十九亩，其中自留竹一千二百三十七亩；荒山四千五百五十九亩；疏林山和 残次山一千一百八十二亩，自留山占宜林地面积8.6%，平均每户5.47亩。

我们根据中央〔81〕12号文件精神，结合该公社实际情况，讨论了几条具体办法：

(1)自留山是社会主义经济的补充部分，其山权属集体所有，划归社员长期使用。社员在自留山上种树种草，永远归社员所有，允许继承；自留山划定以后长期不变，生不补，死不收。并且不准出卖，出租，不得转让。

(2)为了方便社员经营自留山，有条件的可划村前村后的近山、好山，尽可能适当集中。社员在自留山上可以造林栽竹，可以种茶，栽水果等经济特产林，但不准开荒种粮，以免水土流失，并明确规定，划给社员的自留山，三年内不绿化造林，应收回集体。

(3)自留山主要划荒山，数量多少，从各大队、生产队的实际出发，搞“一刀切”，面积一般掌握在宜林地的5%—15%，荒山多的，划多一点，荒山少的划少一点。掌握在户均3—5亩。划分结果，全社人均1.29亩，最少的生产队人均半亩，最多的生产队人均二亩一，有的生产队荒山比较少，可划一部分疏林山或残次山作为自留山。里光公社是毛竹的主要产区，社员迫切要求划点竹园，我们从这里的实际出发，决定划一点零星的疏竹林给社员，划多少，根据各生产队的具体情况而定。

(4)划给社员自留山上的现有林木，要进行政策处理，幼林一般就不作处理。凡是成材都要清点株数和丈量寸口登记造册，由经营户代管，待采伐时，按比例分成，其收益应以集体为主，各大队情况不一，不作统一规定。

(5) 凡是户粮关系在大队和生产队的(包括定销户)都要划给自留山。另外根据有关政策规定有四种情况不划：户口暂时不落实的不划；无户口的不划；为划自留山而破户的照顾部分不划；1980 年 4 月 1 日以后出生的超生子女不划。划分标准：一人一户划一分半到二分，二人一户的划二分半到三分，三人以上的按人口实际比例划分，已领到独生子女证的可增划一人自留山。

(6) 一些生产队由于林业基地建设划去山地过多，而现在没有山地可划自留山，社员意见很大，为解决这个问题，我们视不同情况灵活解决。如上地大队水尾生产队，因村前的荒山都被大队开作茶园，没有地方划自留山，经干部、社员讨论同意把大队的疏林山划出 20 亩，给该队划自留山。

(7) 在划分自留山中，结合确定四旁植树地段。山区的四旁主要是房前屋后，而确定房前屋后的范围，一般都有自然形成的地盘，而且是群众公认的。但有的社员把四旁范围任意扩大，甚至延伸到一岗半截，干部和群众都不同意。这次把居住在山边社员房前屋后的一些荒山和疏林地连同四旁林地一起划作自留山，这样的好处是社员经营管理方便，集体与个人界址分明。

三、认真落实林业生产责任制

在确定山林权，划分自留山后，根据林业生产特点，建立和健全多种形式的林业生产责任制，搞好林木管理确是一项十分紧迫而复杂细致的工作。因此根据中央〔80〕75 号文件精神和各队的实际情况，从方便生产，有利经营出发，把国家、集体和个人利益紧密联系起来，做到权、责、利相结合。通过讨论初步建立和健全以下几种林业生产责任制：

第一，专业承包联产计酬，定产奖励。根据林木成片或分散，数量多少等实际情况，从有利经营、方便生产出发，把林木分别包到场(队)包到组，包到劳力(人)，联系造林营林成果，合理计酬，超产奖励。这种形式在基础较好的队普遍推广。如榅垟、上地、上升等大队和一些生产队。把集中连片的竹园包到组，零星分散的包种、垦、抚育管理到砍伐一包到底，收益比例分成。又如榅垟大队把造林抚育任务分别包给林场(专业组)或包到劳力，合理计酬，一包五年，幼林郁闭后收归大队或生产队管理。经验收寸口达三寸以上的每达二百株，奖励二十元。有的采用“固定报酬，专人管理”(专业工)。有的专管基地，有的专管一个大队或几个生产队的竹木林，其职责是管理林木，不被偷砍，不被牲畜糟蹋，竹笋留养好。他们的报酬有的记工分，有的付现金。叶山、榅垟、上地三个大队确定六个人管大队或生产队的竹木，每年工资每人600元。如里光大队第二生产队，在远离20里以外黄石有一片竹园350亩，包给单身社员专管，每年定给工分1800分，七年如一日，毛竹年年增加，生产队年年都给物质奖励。也有的“固定报酬，专人兼管”。由于山林不连片，管理不便，因此把一些分散的林木毛竹，固定报酬包给社员管理。他们除护林以外，还兼务农活，如里光大队，把一片妇女林32亩，大毛竹80亩，松杉木林，分别包给2人看管，每人每年报酬72元。前几年有的队已经这样管，但没有奖赔，今后要加以完善。

第二，推行“小段包工，四定一奖”护林责任制。目前采取这种方式较多，如榅垟大队多数生产队把毛竹、幼林的铲山抚育统一划片，责任到组、到人，实行“四定一奖”(即定面积、定质量、定任务、定报酬)护林责任制，坚持实地验收，对完成任务好质量高的集体或个人给予奖励，完成任务不好质量差的，扣除报酬。

四、调整落实林业发展规划，抓好林木抚育生产。

里光公社是省定我县五个用材林基地重点公社之一。几年来，由于广大干部和社员的共同努力，大部分宜林地已营造了杉木林。去年夏季，经省林业厅基地规队的实地调查，已营造14000多亩杉林生长较好，除一千多亩松木外，其中属一、二类林的有5593亩，三类的有7329亩，报废的仅29亩。通过实地调查，全社仍有荒山5300多亩(这些荒山这次绝大部分被划作自留山)。其中还有适宜栽植杉木为主的用材林基地1974亩。公社党委和各大队党支部，根据省用材林基地调查规划，决心在1982—1983年内完成基地造林1974亩。7329亩三类林，计划在二年内全垦深挖抚育一次，以促速生丰产。今年计划投放劳力16000工，平均每个劳动力10工，完成林木抚育任务5000亩。当前正值抚育林木的大好时机，各大队都在发动社员上山开展林木抚育。榅垟、上地、上升三个大队和社办罗溪源林场都已全面开展林木抚育工作。

为了保护现有森林，在定权发证工作中，普遍整顿和健全各级林业管理机构，把那些铁面无私，工作积极，热爱林业的积极分子充实到林业管理机构中来，并发动群众，民主讨论，修订了护林公约，制定护林制度，切实解决偷窃破坏竹木现象。

(中共温州)地(委)、(中共泰顺)县委里光山林定权发证试点工作队

1981年8月24日

二、人物专记

（一）省派驻黄桥乡科技特派员邵志鹏

邵志鹏，2003 年 4 月由浙江林学院（现为浙江农林大学）派驻黄桥乡，同年 12 月 31 日前往景宁县考察竹笋加工返程途中不幸遇车祸，因公殉职，年仅 32 岁。他生前建立的泰顺县黄桥乡竹笋绿色食品加工基地，为当地农民科技致富打下坚实基础起到了很好的引领示范作用。2013 年被追授为泰顺县功勋科技特派员。

他来泰顺工作不到 9 个月，为了让当地农民早日脱贫致富，兢兢业业、不辱使命，把全部精力投入科技扶贫工作，其精神境界受到当地干部群众的高度赞扬。

我是来泰顺打工的

虽然是省科技特派员、博士，但邵志鹏一点“架子”都没有。对此，黄桥的干部群众深有感触。

刚来那会儿，有人还不认识他，见他学识渊博，就向当时的乡干部打听他的身份。邵志鹏连忙接过话茬说:“我是来泰顺打工的！”后来，乡干部才得知，他是怕强调自己是省科技特派员会跟当地的群众有距离感。

在黄桥流传着这么一个小故事:有一次邵志鹏坐车从黄桥到司前去，恰巧跟一位认识他的村民在同一辆车上。村民见他站着比较累，就起身给他让座。邵志鹏却死活不肯，说:“我比你年轻，站一会儿没关系！”村民听后特别感动。

时任黄桥乡党委书记毛少甫说:“邵博士在这里一点都不搞特殊，生活也比较朴素。”

蹲点期间，邵志鹏跟黄桥乡里的干部同吃同住、同甘共苦。在乡政府的四楼，有一间专门为他安排的卧室，里面只有一张床和一张书桌，设施简陋，他却毫无怨言。

黄桥的干部告诉记者，虽然邵志鹏不怎么爱说话，但有时也跟大家开开玩笑，活跃一下气氛。他很少拍照，偶尔拍一次，都是把大家叫去一块合影，很少单独留影。

每天早上洗漱完毕,邵志鹏还跟两位乡干部一块跑步,锻炼身体。“我是来泰顺打工的。”邵志鹏经常这样说。

只要能帮农民脱贫致富,我就算没白来

黄桥乡位于泰顺县西北部,盛产毛竹,现有竹林1.8万亩,是全县笋竹主要产区之一。但由于缺乏加工技术和产品销售渠道,丰富的笋竹资源一直没有得到合理开发和利用,农民经济收入增长缓慢。

时任黄桥乡乡长林美珠说:“2002年,黄桥乡人均年收入为2100多元,低于全县平均水平,去年比前年同比增长仅6%。”黄桥乡因此也被列为全省“百乡扶贫”乡镇。

“偏僻贫瘠的山村最渴望的是科技和人才!”

邵志鹏一到黄桥,就得到当地干部群众的热烈欢迎。大家知道,有了邵博士这个“活财神”,以后发家致富的好点子就多了。

泰顺县委组织部副部长、黄桥乡前党委书记齐圣阳说:“邵博士话不多,但做事很认真,所以刚接触就能感觉到他是一个非常可靠务实的人。”

初到黄桥,邵志鹏就马不停蹄地走村入户,深入调查研究。4月10日,邵志鹏来到园桥村与村里的干部群众座谈。刚到村里,他就被村民团团包围。有的村民问如何养鱼,有的村民问大棚蔬菜如何栽培,但问得最多的还是有关竹笋加工方面的问题。邵志鹏都不厌其烦地一一予以解答。由于邵志鹏最擅长的是竹笋加工,有村民就亲切地称他是“笋博士”。竹农们看他回答起问题如数家珍,打心眼里佩服他,说:“有了‘笋博士’,以后就不怕碰到科技难题了!”

当时,乡干部劝他先休息两天再开展工作,邵志鹏说:“我要首先了解贫困山区的农民想的是什么,缺的是什么,然后‘对症下药’,帮他们尽快脱贫。只要能帮农民脱贫致富,我就算没有白来!”

在联盟村,邵志鹏参观了生产烂笋糖的雾之恋食品加工厂。他对工厂的负责人叶尚富说,笋加工要符合生态要求,高定位、标准化生产才能打开市场。他还建议将烂笋糖推向超市。“听君一席话,胜读十年书。”叶尚富茅塞顿开。

短短几天,邵志鹏几乎走遍了黄桥40.86平方千米的土地,黄桥所辖的联盟村、园桥村、苍展村和新增村都出现过他忙碌的身影。

除了黄桥,他还经常到邻近的司前镇。时任泰顺县科技局局长的林得意说,邵志鹏虽然被下派到黄桥乡,但他认为自己对全县的脱贫致富责无旁贷,所以他的活动范围远远不只在黄桥的区域范围内。司前镇就是他去得比较多的一个乡镇。

据了解,泰顺境内80%的竹子都分布在以司前镇为中心的周边区域内。如果在司前将竹笋加工搞成功,就能带动一大片的经济发展。换句话说,搞好了司前,黄桥也能受益。

就这样,邵志鹏也成了司前的常客。下乡挂职,邵志鹏想的就是扎扎实实地干几件实事。

从2003年4月8日到12月31日,在挂职不到9个月时间里,邵志鹏在黄桥和司前主要搞了三个当地群众至今念念不忘的项目。

一个是解决了淡水鱼的捕捞难题。2003年4月10日,邵志鹏在园桥村跟村民座谈期间,他了解到村里一个属于集体经济项目的三插溪淡水养殖场,由于缺乏捕捞技术和汛期泄洪防鱼冲走方面的技术,影响了经济效益,村里的干部群众只能望“鱼”兴叹。

由于淡水养殖不是邵志鹏的专业,他不好当场给村民一个解决的办法。但他却把村民的困难记在心里,并想方设法加以解决。

时任园桥村党支部书记叶应东说,为了解决这些难题,邵志鹏通过网上查询、翻阅资料、电话咨询等手段寻找解决办法,他还顶着烈日实地进行勘察,有时别人都吃过晚饭了,他却还在水库边继续钻研。他还与下派到泰顺的其他12位省科技特派员联系,交流经验,互通信息,邀请他们来黄桥讲课。后来,这个难题终于顺利解决。

另一个就是带领农民推广种植甜玉米。由于邵志鹏在挂职期间,还担任着学校里的科研任务,是学校食品科学和工程学科负责人,这就有许多优势可用。

邵志鹏发现,黄桥比较适合种植甜玉米,他立刻带领村民推广种植。回到学校后,他又和青年教师以及学生们一起,夜以继日地开展甜玉米深加工、无菌包装等方面的科技攻关,并取得一系列成果。

邵志鹏本来打算过了年再让农民继续种植甜玉米,只可惜一切都因这场飞来的横祸而化为泡影。

再一个项目就是前面提到的竹笋加工,这也是邵志鹏到泰顺以来搞得最大的一个项目。

本来这个项目也将会成功的。不料天妒英才,难遂人愿。

把学的东西用出来,帮农民脱贫

对黄桥的情况熟悉后,邵志鹏就来回奔走于泰顺和浙江林学院之间,一边搞项目,一边搞科研。

邵志鹏读的是浙江大学农业生物环境与能源工程专业。搞科研,出成果,是他的强项。2002年7月,他和他的导师苗香雯合著的《不同草类栽培系统净化水产养殖废水适应性和效果研究》《多草稻牧草轮种轮收净化富营养废水的研究》两篇论文,在美国召开的国际性学术年会上获得了专家们的一致好评。苗香雯说,这已向农业农村部申报科技成果转化项目的论文,是邵志鹏做了三年试验的结果。2002年毕业后,他来到浙江林学院从事教学科研工作。作为“食品科学与工程”学科的负责人,他投入了大量的时间与精力。食品学科在该校还是一个新建学科和专业,他深知实验室建设的重要性。在他的带领下,仅用了一年左右的时间就使“食品科学与工程”实验室建设初具规模,完成了100多万元的果蔬加工、焙烤实验室建设,以及食品营养、食品微生物、食品分析等实验室的设备采购。同事们说,在实验室的建设中,从实验计划、设备采购一直到安装、调试、验收,他都直接参与,事无巨细都一丝不苟。

然而,邵志鹏不仅在搞理论研究,而且经常与食品企业联系,帮助企业解决食品加工工艺、保存等方面的难题。2003年4月,省委省政府向欠发达乡镇下派一批省科技扶贫特派员时,他毫不犹豫地报名参加了,邵志鹏的未婚妻小陆说,邵志鹏当了特派科技员以后,他不是在泰顺,就是待在实验室和图书馆里搞科研、查资料。

当年“非典”期间,他被“扣”在学校里,他也利用这个时间抓紧搞科研。“非典”一过,他立即奔赴泰顺。他对小陆说,泰顺的农村真的不够发达,要把自己学的东西用出来,帮农民尽快脱贫。

小陆回忆说,每次从泰顺回来,他总会带回一些问题,然后就一头扎进实验室,做实验一做就是到晚上十一二点,有时上网查资料做笔记,或泡在图书馆,也是废寝忘食。

在农村碰到的一些技术问题,如果不是他专业范畴之内的,比如工厂的设计等,他回到学校便会向其他的行家请教,下次回到乡里后给农民一个答案。

盛产竹笋是黄桥和司前最大的资源,也是农民致富奔小康真正的希望所在。如何发挥优势,充分利用资源成为邵志鹏考虑最多的问题。因为他知道,如果能把竹笋加工项目搞成功，农民增收难的问题就可迎刃而解。

搞竹笋加工，邵志鹏踌躇满志。为此，他也倾注了大量心血。对邵志鹏来说，搞竹笋加工，困难的不是技术，而是缺少资金。因为在他回学校里搞科研时，已经与学校里的其他教师一起开发出了罐头笋、无菌包装多味笋等系列产品，只要资金和设备到位，在来年竹笋丰收时，就能立刻进行生产加工。2003 年 7 月，泰顺县召开全县科技特派员座谈会。座谈会上，邵志鹏就向时任县科技局局长林得意提出，他有一个竹笋加工项目，可行性很强，但需要 50 万元的资金，问县里能不能帮助解决。但由于县财政支出困难，林得意局长表示爱莫能助。

过后，邵志鹏又与泰顺农产品龙头企业山友天然食品有限公司联系合作事宜，但由于种种原因，也没有成功。

后来，邵志鹏了解到司前镇供销社主任陈宪利有创办竹笋加工厂的意图，就跟他联系。

走得太突然

2003 年 12 月 28 日，浙江林学院的领导曾到黄桥考察，邵志鹏向他们介绍了黄桥竹笋加工的情况。学院领导走后，邵志鹏留在司前，继续与陈宪利等人筹备加工厂。

对刚度过 32 岁生日的邵志鹏来说，2003 年 12 月 31 日不仅是该年度的最后一天，也是他短暂生命中的最后时光。

那一天，作为科技特派员的他，早早来到司前粮食管理所内一个被闲置的仓库里。司前畲族镇是泰顺县所辖的一个镇，距邵志鹏挂职的黄桥仅有 18 千米的路程。陪同他一块去的还有司前粮管所所长翁仕明。

作为下派干部、年轻的博士生，泰顺给他的向往不仅仅是美丽的廊桥，更多的是脱贫致富的憧憬。

邵志鹏想搞一个竹笋加工厂，以解决当地农民竹笋附加值不高和销售难的问题，但一直苦于没有场地和资金。几个月前，他联系到了有创办竹笋加工厂意向的司前镇新北居委会主任王尤鹏和司前镇供销社主任陈宪利。通过陈宪利，邵志鹏又认识了翁仕明。

四个人对竹笋加工的想法一拍即合。经协商，邵志鹏免费提供产品开发和技术指导，其他三人负责资金和场地。于是，有着 154 万千克稻谷容量的司前粮管所仓库就成了进行竹笋加工的理想场地。2003 年 12 月，邵志鹏已将竹笋加工的产品配方研究完毕,购买机器等事宜也联系妥当。他甚至还专门为如何在厂房内安装机器画了一张内容详细的图纸。12 月 31 日,按事先约定,四人要到离司前镇有 40 多千米路程的景宁畲族自治县大自然食品有限公司实地考察。当日早上,邵志鹏因要补充、核实图纸上的数据,来到司前粮管所仓库进行测量,一直忙到中午。下午 1 时,四人吃完午饭离开司前奔赴景宁。

但这一去,这位浙江省林学院教师、博士邵志鹏就再也没能回来。

是日,邵志鹏等四人从景宁考察完已是晚上 9 时 20 分。当车行驶至景宁马头岭隧道出口时,车子急速撞向停靠在路旁的一辆大货车。

事故发生后,路过的行人奋起相助,立即将四人送到景宁县人民医院抢救。坐在车子副驾驶座上的邵志鹏和后座左侧的王尤鹏经抢救无效,不幸遇难,司机陈宪利受重伤,翁仕明也受了轻伤。

当天晚上 10 时 30 分许,黄桥的党委、政府接到景宁县交警部门的通知后,立即将情况报告泰顺县委、县政府。时任泰顺县委书记周维亮于当晚 11 时组织县委组织部、县交警队、县科技局负责人赴景宁处理有关事宜,并及时与浙江省林学院及邵志鹏的家属联系,又上报到温州市委、市政府。温州市委、市政府高度重视,指示泰顺县委县政府尽快妥善处理这起事故。

2004 年元旦,时任泰顺县委副书记夏志笔等县领导前往景宁,协调处理邵志鹏同志的善后工作。市委组织部、浙江省林学院、市科技局有关领导及邵志鹏同志的未婚妻、妹妹先后赶到景宁。1 月 2 日,时任泰顺县委书记周维亮再次前往景宁处理善后工作。省委组织部、省科技厅有关领导,邵志鹏同志的父母、弟弟和同学陆续赶到景宁。1 月 3 日上午 10 时 30 分许,经征求邵志鹏同志家属意见并取得同意后,对邵志鹏同志的遗体进行火化。11 时许,骨灰由邵志鹏同志的家属带回临安。70 岁高龄的导师苗香雯惊闻噩耗后,泣不成声:“我有很多优秀的学生,而他又是优秀学生中最突出的一个。这么好的一个学生,这么刻苦的一个学生,这么一个活蹦乱跳的孩子,怎么说走就走了呢?”

时任浙江林学院工程学院书记胡建平说:“小邵这人非常憨厚,言语也不多。其实,那时学校要安排科技特派员时,并没考虑他,由于一名同事有事,学校征求他的意见,他就非常愉快地答应了。他是个实实在在的人,是个很让人托付得起的人。”

自古多情伤离别,更何况这是生离死别啊。小陆说,因为他们本打算春节期间回湖北老家摆喜酒完婚，妹妹早就想好了为哥哥点一首《好人一生平安》，因为哥哥心地善良，最希望好人平安。

邵志鹏60多岁的父母更是伤心欲绝，他的父亲说：“志鹏可是我们家的顶梁柱！是这个家的希望啊！”青山默哀，绿水悲泣。邵志鹏，你虽然走了，但你的理想、你的情怀，将永远与泰顺的山山水水同在！

2014年1月5日，泰顺县召开“纪念邵志鹏同志因公殉职十周年暨科技特派员创业孵化园创建工作座谈会”，省科技厅、市科技局、浙江农林大学等有关人员及驻泰省、市科技特派员等参加会议。

(二)深山里制作“木偶”的畲族老人

木偶戏是用木偶来表演故事的戏剧。汉族传统艺术之一，在中国古代又称傀儡戏，“源于汉，兴于唐”。中国木偶艺术，是中国艺苑中一枝独秀的奇葩。历史悠久源远流长、品种繁多、技艺精湛，人以木偶为媒介，“以歌舞演故事”。然而木偶戏的表演离不开木偶雕刻，木偶雕刻是直接服务于木偶戏的一门传统技艺。

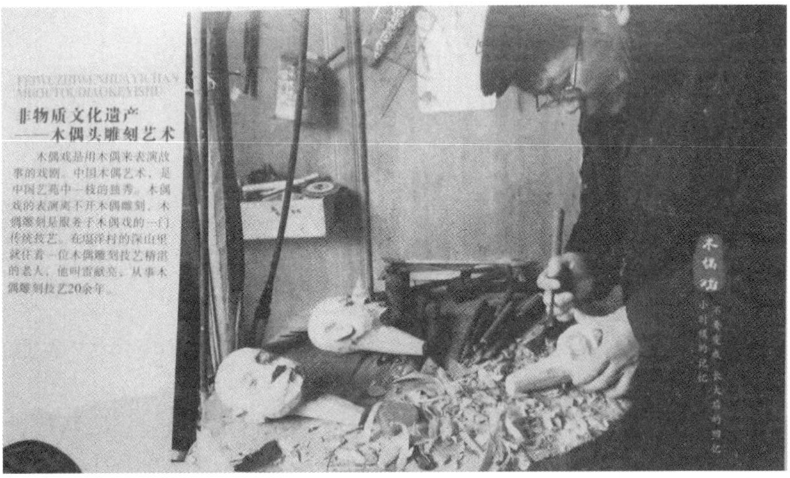

在司前畲族镇榅垟村的深山里就住着一位木偶雕刻技艺精湛的老人，他叫雷献谅，老人性格温和朴素，从事木偶雕刻技艺20余年。讲起自己与木偶的情缘，老人最自豪的是自己的木偶制作之路大多是靠自己摸索出来的，从制作材料到制作成品的每一个程序都倾注了老人的情感。特别是对木偶头的雕刻，木偶头的表情雕刻直接影响到人物的性格色彩，老人对木偶的生、旦、净、末、丑等角色都雕刻得栩栩如生。兴趣是最大的动力，老人就靠着自己对木偶独有的热情坚持到了现在，他说“我还要继续做，只要我能做”。现在

他的徒弟在传承师父传统技艺的同时也对传统技艺进行了开发和研究，力争在原有基础的技艺上开发出新的市场。当他拿出“光头强”的木偶时，在场的我们都跃跃欲试。传统与现代碰撞出的火花，我想必将开辟出一个新天地。

三、其他资料

里光乡上榅高级农业生产合作社山林入社政策处理总结

1957年泰顺县林业局组成工作组，深入里光乡上榅高级农业生产合作社，进行山林入社政策处理工作试点。在此摘录《里光乡上榅高级农业生产合作社山林入社政策处理总结》

一、基本情况：该社是田少山多的全山区，以粮食生产为主，农林并重。土地肥沃，气候温和，雨量充沛，山地大部分适应林木生长。目前，毛竹、杉木多，经济林少。农民生活一般较好。干部力量较强，合作社较巩固。全社128户，466人，男285人。男劳力177人，半劳力58人，女半劳力49人。划为11个田间生产队。

经营面积：农田258.3亩，山园38968株，包产水稻79516斤，番薯丝56400斤，山园番薯丝37516斤，春花7806斤。现有毛竹61627株，用材林（松、杉、榅木）1140.4926立方米。

经济收入：（1956年实际收入）农业19742元，林业副业（竹浆、木炭、炭篓、草席、养鸭等）集中项目17946元，占总收入40%。社员个人经营葛藤5500斤，440元，甜梨藤3500斤，175元，山棉皮300斤，90元，山粉6400斤，533元，还有冬笋、山药、蛇类等约计1500元，每户收入近300元。

政治状况：共产党员3人，共青团员20人，积极分子17人。

二、工作过程（略）

三、几个具体政策处理

（一）确定几种入社与不入社的树木

1.入社：毛竹、用材林、松杉榅幼苗林、薪炭林、荒山等六种。

2.暂不入社：茶叶、油茶、油桐等经济作物，其出售部分，可由社统一收购加工出售。

3.不入社：房前屋后、田边、路边的果树；棕榈树、零星几株贵重树木；以及年满五六十岁老人留作造寿木的少数杉木；祖坟头留养的或其他风景林等。

（二）处理原则和计算办法

1.毛竹数量：根据自报，参考土地改革、腌纸浆以及上年申报等资料评议确定材积，再按路途远近，山势地形，费工程度确定等级，计算比例折价入社。

2.纸浆：根据1956年砍伐嫩竹，参考入社毛竹材积比例，以及砍竹挖笋消耗程度，扣除自留竹部分，评定入社产量，计算林主报酬，以确定规定比例为13%，按年产量每报实价分益。

3.用材林：按现有数量通过评议确定材积，以路途远近，花工多少分等定价，作价入社。偿还林主应得报酬，在林木收益时，按每户折价入社股份，按比例给付，年限以付清价款为止。壮年林评增幅度为10%—15%。

4.薪炭林：评产定价，在收益时偿还价款。计算方法是按群众判山习惯，社委会审查通过，每担炭林主山价0.20元。

5.荒山：不评产定价，参看具体山场状况社委会研究提出意见，通过社员，再与山主协商决定。

6.幼苗林：新栽树，未先登记株数的，所花实际工本，待过三年后，视成活率评定偿还工本1.5元；三年以上杉榅木四寸以下，松木六寸以下幼苗每百株报酬：杉木2元、榅树1.6元、松树1元。飞籽成林的参考松木比例给付。还款年限为1958年、1959年两年付清。

（三）入社价格

1.毛竹：以司前国家收购价每一尺（鲁班尺）0.264元，扣除放运费（赤岩亭至司前0.03元），背运工资(山至赤岩亭）0.12元，砍伐工资0.05元，出售工资和管理费0.01元，共0.21元，占79.55%，净0.054元，占20.45%。其他，以路途近远，以此标准推算。

2.木材：⑴杉木，百丈木材收购价格二级原条每立方米18.10元，扣除砍伐工18.94%，背运工45.45%，放水出售及管理费15.16%，净20.45%，计3.70元，为林主入社价款分益比例。⑵松木，收购价格二类原条15.90元，扣除费用79.55%，净20.45%，为林主分益比例。⑶榅木收购牌价为每立方米14.20元，杂木21.90元，以此类推。全社分为八个等级，林主应得报酬比例和报酬如下表：

1957年上榅高级社山林入社林主报酬比例表

等级	林主应得报酬比例(%)	其中				
		毛竹(尺)	杉木(米)	松木(米)	榅木(米)	杂木(米)
一	20.45	0.0540	3.700	3.250	2.900	4.380
二	18.41	0.0486	3.330	2.925	2.614	3.924
三	16.36	0.0432	2.960	2.600	2.323	3.504
四	14.32	0.0378	2.590	2.275	2.033	3.066
五	12.27	0.0324	2.220	1.950	1.742	2.628
六	10.23	0.0270	1.850	1.625	1.452	2.190
七	8.18	0.0216	1.480	1.300	1.162	1.752
八	5.17	0.01350	0.9250	0.813	1.726	1.095

(四)确定自留毛竹原则

家庭人口少相对多留,家庭人口多相对少留。一人户留30支;二人户留45支;三人户留53支;四人户留60支;五人户留75支;六人户留90支;七人户留97支;八人户留105支;九人户留112支;十人户留120支。

(五)确定入社登记和分益办理手续。为了给林主林木、毛竹入社留下证据,以巩固政策处理效能和保证林主合法权益,便于财务计算分益,办理预支等手续,特确定颁发"山林入社股份票",一户一本,内容包括入社记载的用材林、毛竹、幼林、荒山、纸浆、薪炭林等项目的株数、材积全部折合股份(十元为一股)和自留用竹株数的证明;其次,经过林主报酬及预支所记载的付款日期,归还项目全部和经手人盖章(样式附表),同时说明此证使用是凭证,核定入社的财产,以证领酬,不得买卖,遗失不补,有效时间是价款付清,权属取消。

(六)全社折价入社项目、材积、报酬全额:毛竹共计54901株,返还林主报酬1896元。用材林共计21398株,(包括松、杉、榅、杂木),计材积1140.4296立方米。林主报酬为2899.58元。竹浆:定产比例数为6506.9斤,幼苗林工本168.19元,薪炭林山价为52元,自留毛竹,全部11队,入社户数105户,人口435人,共留6726株。

四、经营管理(略)

1957 年上榅高级社山林入社林主报酬比例表

队长姓名	入社		自留竹（株）	入社毛竹（株）	用材林株数（株）	折算材积（立方米）	折算金额（元）	57 年实产纸浆（元）	评定（元）	薪炭林		幼林	
	户数（户）	人口（人）								重量（50 千克）	金额（元）	株数（株）	金额（元）
何克明	5	24	378	4149	341	17.11	30.90	66.42	728.00	100	2.00		
何世根	9	31	548	4409	1469	77.75	178.60	103.20	653.90	100	2.00	1497	27.42
朱玉顺	10	37	624	13152	3662	240.06	538.90	62.65	1118.00	200	4.00	660	12.00
陈尚汉	11	36	601	13079	2480	197.10	399.00	105.27	1423.50	1500	30.00	2000	40.00
邓得章	8	30	497	1095	294	10.03	19.21	50.82	442.00	100	2.00		
王福全	11	54	824	2857	3369	60.76	152.70	21.33	270.00			1639	25.10
梅朋青	13	58	841	1387	1334	78.92	231.80	103.75	175.50	100	2.00	1875	39.05
张士星	13	48	738	5883	4364	236.84	625.10	76.26	611.00	500	10.00	250	2.50
徐文位	10	44	613	3067	1961	92.78	307.20	35.97	461.50			420	7.00
郑国征	4	26	391	1860	455	31.31	90.46	22.27	227.00			100	1.60
包延寿	11	47	750	4023	1719	98.33	325.50	41.10	396.50			900	13.70
合计	105	435	6726	54901	21448	1140.92		689.04	6506.90	2600	52.00	9341	168.19

《飞云江志》摘录

飞云江，三国吴时名罗阳江、安阳江，晋代称安固江，唐初名瑞安江。当时横渡瑞安江的渡口叫飞云渡，唐天复三年（903 年）易名飞云江，相沿至今。

飞云江是浙江省八条主要水系之一，河长 198.7 千米。流域总面积 3713 平方千米。全流域行政区划分属温州市和丽水地区的瑞安、平阳、文成、泰顺、景宁 5 个县（市）。1990 年流域人口 165 .58 万人。

飞云江属壮年期山溪性河流，流域内多为高山、丘陵，因受地质构造控制，地形发育成阶梯状台地，河谷为洪积、洪冲积小平原，河口为海积及冲积平原，人工河网纵横，土地肥沃。流域内土地、海涂、森林、矿藏、水和水力资源丰富，具有开发利用的优越条件，对发展温州经济占有举足轻重的地位。

……

一、河源考订

飞云江源头，历史文献记载不一。明嘉靖《瑞安县志》与《浙江通志》、清乾隆《温州府志》、民国《瑞安县志》所记载飞云江源头有二：一曰源出福建省政和县东北之温垟；一曰源出浙江省青田东南木凳岭。

《辞海》(1979年出版修订本)《辞源》(1988年出版修订本)所载[飞云江]词条谓飞云江在浙江省东南部，源出泰顺县境。

《浙江省地图册》(1981年出版)《浙江分县简志》(1984年出版)均记载飞云江源出景宁北溪敕木山。

1987年，编纂《飞云江志》，为了查清源头，由温州市和丽水地区水电局、温州市科协、飞云江志领导小组组成河源考察小组，温州市水电局局长贾茂和率同瑞安、平阳、文成、泰顺、景宁等县水利、科协、方志办的负责人、工程师、专家等18人，专程到实地进行考察查勘。1987年10月17日，从飞云江上游的景宁畲族自治县的白鹤村出发，沿大白坑而上，至景南乡东塘溪合口处，又分东塘溪和忠溪二支，从水量、河道断面目测比较，东塘溪比忠溪的面积大、水量大。从而再沿东塘溪上溯探源，在海拔1450米处山谷中(白云尖下坳口)找到了源头，白云尖海拔1611米。

第二天(10月18日)从白鹤村出发，沿北溪而上，踏勘敕木山源头处。然后根据两条溪流踏勘资料，参照浙江省测绘局1971年版航测地图及有关文献资料，进行计算分析，对比结果：白云尖下东塘溪来水量大于敕木山下北溪来水量2倍以上；东塘溪一般河床宽度36.7米，北溪一般河床宽度21.2米；白云尖源头至白鹤村河长18.6千米，流域面积81平方千米，敕木山源头至白鹤村河长13.7千米，流域面积45.6平方千米。1988年5月，又请景宁县水电局组织力量，再次进行测量复勘源头，验证了勘定河源在白云尖西北坡的可靠性。

再与泰顺县里光溪进行调查比较：泰顺县境里光溪发源于白云尖东南坡，海拔1200米处，河源下行至溪口筼筜汇合口与景宁来水汇合。泰顺县境主流长25.3千米，流域面积154.08平方千米；景宁县境来水主流长57千米，流域面积264.23平方千米。由此判明，飞云江源头在景宁畲族自治县景南乡东塘行政村白云尖西北坡漈坑，正名无误。

二、源头立碑

1990年6月2日，飞云江志领导小组对《飞云江源头碑记》文稿，根据征求意见再次复查核实。1992年10月最后修改定稿，温州市水利电力局以水电字〔1992〕159号文件报送省、市、县人民政府及有关部门备案，并委托泰顺县水电局搞好碑记刻石，委托景宁县水电局在源头附近择地建基立碑。

1993年7月10日，在源头举行揭碑仪式，参加代表有温州市政府副市长狄乃云、丽水地区水电局副局长吴丽松、温州市水电局局长程德风以及景宁、文成、泰顺、平阳、瑞安等有关县市政府、水电局负责人和温州市及各县水利志主编等40余人。副市长狄乃云揭碑剪彩，瑞安市水电局局长陈邦焕宣读《飞云江源头碑记》，同时揭示特由浙江省政协副主席吴又新、原温州地（市）委副书记吴骏祥书写的“飞云江源头”题词碑刻。同年9月27日，景宁畲族自治县人民政府以景政〔1993〕第52号文，批准飞云江源头碑为县级文物保护单位。

（资料来源：浙江省飞云江志编纂委员会编：《飞云江志》，中华书局2000年第一版。）

司前畲族镇经济发展促进会

为加强与外出司前人沟通联络，司前畲族镇建立经济发展促进会，会员企业100个，30%是在外企业。在外会员企业经营范围涉及建筑、房地产、电子、竹木等多个行业，许多会员当选为当地人大、政协委员等职务。

促进会择年召开新春茶话会、理事会，讨论司前畲乡的经济发展。通过建立交流信息平台，协助会员企业与政府之间的政策咨询、法律服务，适时为会员提供信息，以利抓住商机，发展经济；加强沟通，联络乡情，增强凝聚力。会员企业邀请镇领导走访会员企业，倾听会员企业意见和建议，开展多方面互动。

2018年3月初，促进会会长陈道义回家乡进行招商项目对接工作，寻求政商合作与交流的契机，商讨多方面深层次合作意向，促进畲乡司前经济发展。5月份，促进会组织会员到湖南永州浙南竹木有限公司、埌地广场、江西靖安县远南竹材集团有限公司考察学习，交流经验；9月份，组织成员到杭州会员企业参观考察。同月，促进会众多成员参加泰顺县民族中学教育基金会第五届表彰大会，助教奖学，助力家乡教育发展。本着“致富思源、乐善好施、回报社会”准则，会员共为司前畲族镇捐资1500万元，其中投入司前教育基金的有350万元，还走访慰问了司前敬老院，资助峰门村开展木偶戏活动等公益活动。

60个日夜，华东大峡谷项目
从一个华丽概念到掷地有声落地有果
优化营商　温州再出发

今年以来.全市把“营商环境提升年”行动作为关系温州地位、温州形象、温州未来的“头号事”来抓。华东大峡谷项目在众多重大盯引项目中被确定为温州市“152”工程市县长项目，由市长亲自联系牵头主抓，其快速审批落地展示了温州营商环境在不断优化提升，达到新的高度和水平。

今年1月，华东大峡谷项目作为“泰商回归”项目在泰顺县正式签约。项目规划总用地面积约5600亩，是一个集旅游观光、休闲度假、探秘探险和医疗康养于一体的综合旅游休闲度假项目。华东大峡谷项目建成后预计带动当地5000人就业。不仅仅是项目本身带来的产值和就业，华东大峡谷项目的落地将大大推进当地交通水电等相关配套设施的建设进度，加快推进雅阳镇城镇化进程，如此体量的大项目，要在今年年底开工，压力不言而喻。

作为项目落地最为关键的土地问题，规划空间不够，计划指标不足，如何充分利用山区坡地优势，谋深谋细节约集约用地这篇文章显得尤为重要。一方面与企业反复研究和探讨项目落地的最佳规模和位置，提出了点、块、线相结合的项目布局思路；另一方面和省市上级部门单位反复汇报沟通争取支持。①

泰顺现代儒商代表人物严立淼，中共党员，经济学博士，天津大学研究生创业导师，亿联控股集团董事长。他厚积薄发、艰辛创业的历程，就是泰商践行儒家文化的最好诠释。2003年他弃政从商，以敏锐的市场眼光和高尚的人格魅力，带领志同道合的一帮人创立了亿联控股集团。经过十多年的打拼，亿联控股集团逐步发展成涉及专业市场、城市地产、休闲地产、工业地产、电商产业五大领域的综合性企业，投资总额达1000多亿元。集团先后当选为全国工商联五金机电商会常务副会长单位、中国建材家居交易市场协会常务副理事长单位、中国商业联合会商品交易市场专业委员会副主任单位、天津市温州商会特邀会长单位，连续四年上榜中国民营企业500强、中国民营企业服务业100强。亿联集团董事长严立淼经常讲：“活在家乡有幸福感，住在家乡有安全

① 原载《温州都市报》，2018.11.8.第4版。

感，干在家乡有成就感，走出家乡有自豪感。”2018 年 1 月 28 日，县政府与天津亿联投资控股集团有限公司正式签约（泰顺）华东大峡谷国际旅游度假区项目建设，项目总投资高达 166 亿元。县委书记董旭斌表示：（泰顺）华东大峡谷国际旅游度假区项目是泰顺截至目前最大的招商引资项目，它的正式签约是泰顺经济社会发展中一件具有重要意义和长远影响的大喜事，必将为泰顺实施“生态立县、旅游兴县”战略添上浓墨重彩的一笔。①

浙江中宇建设集团股份有限公司

由原浙江建工集团泰顺公司与泰顺县建筑工程公司、泰顺县井巷工程公司等五家始创于 20 世纪 50 年代初期、颇具丰富施工经验和技术力量的建筑企业组建而成。公司注册资本 3 亿元，总资产近 12 亿元，具有国家房屋建筑施工总承包壹级资质，矿山施工总承包一级资质、市政公用工程施工总承包贰级资质，钢结构工程、园林古建工程、机电设备安装工程专业承包贰级资质，水利水电工程施工总承包和地基基础工程专业承包叁级资质和对外承包工程经营权。

2006—2007 年，公司综合实力位居中国建筑企业 500 强行列。2012 年度，公司新签合同总额达 20 亿元，累计在建项目 97 个，总建筑面积 1908146 平方米，完成产值 20.35 亿元，其中竣工工程 57 个，竣工工程产值约 99895.14 万元，上缴税收 569 万元。历年来，公司创“钱江杯”“西湖杯”“瓯江杯”“鼓浪杯”“黄鹤杯”等省、市级优质工程奖数十项。

十几年来，公司以“弘扬建筑文化，建设美好家园”为使命，坚持“以人为本、诚实守信、质量第一、开拓创新”的宗旨，弘扬“敬业、拼搏、乐群、超越”的中宇精神，着力内强素质、外树形象、打造“中宇”品牌，捍卫社会声誉。新的历史时期，公司坚持以科学发展观为指导，立志存德，以人为本，努力构筑人才高地，创新经营理念，强化法律意识，完善制度建设，力争做强、做精、做久，为构建和谐社会添砖加瓦，推动社会进步做出应有贡献。

至 2018 年 11 月共计在建项目 215 个，其中建设项目 42 个，中宇实业 173 个。总产值 535595.4335 万元，县内上缴地方税务 14860.4335 万元；县外上缴税收 17573 万元。②

---

① 原载《泰顺史志》2018 年第五期：林永锋：《泰顺商帮的历史文化渊源》，第 21 页。

② 原载《泰顺住建志》。

泰顺生物多样化价值评估公布绿水青山估价达 334 亿元

11 月 27 日,我县召开泰顺生物多样化性保护与经济发展国际研讨会,会上,中国环境科学研究院公布了 2012 年的泰顺生物多样化价值评估,青山绿水价值达 334 亿元,是当年泰顺县 GDP 的 6 倍。

泰顺生物多样化性保护与经济发展国际研讨会由中国环境科学研究院、泰顺县人民政府主办,邀请了挪威环境局、美国肯恩大学、澳大利亚阿德莱德大学等外国专家,环境保护部、中环境科学院等部门的国内专家和云南、甘肃等地的相关专家一同参与。研讨会上,挪威环境局副局长 Berit Lein 分享了挪威在国家公园建设和管理中的经验。她提到与保护区理念相符合的旅游业能带给游客最大的体验并且让当地社区附加值最大化。

此外,中国环境科学研究院研究员张风春在现场公布了 2012 年泰顺生物多样化评估情况,泰顺的绿水青山价值达 334 亿,是当年泰顺县 GDP 的 6 倍。

334 亿元是由泰顺生态系统包含的三项服务价值求和而来, 三项服务分别是生态系统的供给服务、调节服务和文化价值服务。张风春解释,在供给服务中,例如泰顺的森林生态系统能提供木材、植被等,就是生态系统的供给服务。而调节服务,例如生态系统具备调节气候、防洪抗旱能力。有的地区生态系统遭破坏,导致洪涝灾害频发,这样一来,该地区生态系统的调节服务能力较差,其价值大打折扣。另外,泰顺具有优越的生态旅游资源,丰富的文化遗产,在文化服务价值方面是加分项。

这三项价值中,调节服务价值最珍贵,占 334 亿元总价值的 91.31%。调节功能强大,为泰顺保障了清新空气,舒适气候。

(《今日泰顺》报,2017 年 11 月 29 日,第一版记者周晓叶)

编 后 记

《浙江省民族乡(镇)志第七卷·司前畲族镇志》(以下简称《司前畲族镇志》)编写工作曾经启动过两次。第一次是2012年,泰顺县启动《泰顺县志(1991—2010)》编写工作,要求各乡镇同时启动编写县志内关于各乡(镇)的分志部分和各乡(镇)志。当时,司前畲族镇也曾经聘请人员负责该项工作,因各种原因,未完成任务。

2015年3月18日,浙江省民族宗教事务委员会启动《浙江省民族乡(镇)志》编纂工作,承担项目的丽水学院于3月底组织全省18个乡(镇)干部及编纂人员进行培训。其间,《浙江通志·少数民族志》《浙江省民族乡(镇)志》编辑部多次派人到司前检查和辅导。为了更好地落实志书编纂工作,2016年9月,成立《司前畲族镇志》编纂委员会,镇党委书记任编纂委员会主任;2017年8月,《司前畲族镇志》成立编辑部,包才德任主编,从而使《司前畲族镇志》编纂工作走向正轨。

编辑部接手任务以后,首先是完成《泰顺县志(1991—2010)》司前畲族镇分志的编写;其次是完成《浙江通志·少数民族志》有关司前畲族镇概述编纂。而要编写《司前畲族镇志》,我们深感任务重、难度大。虽然司前境内人类活动历史悠久,历史资料浩如烟海,大小事件数不胜数,但自建置至2015年从未编写过史或志,没有资料可以借鉴。同时,镇境域面积200多平方千米近2万人口,历史上政区沿革纷繁复杂,至2010年仍有2个乡、1个镇,之后才撤并成一个镇。另外,由于时间跨度大,又涉及4个乡,等于要编写4个乡的乡志,而且各乡(镇)的历史档案残缺不全,专门依靠本乡(镇)馆藏档案查找原始资料十分困难,这无形为编纂工作增加了难度。

为此,镇分管领导十分重视,再次发动镇机关各部门和各村全力提供资料。并安排退二线的镇领导干部和有关部门的负责人具体参加编辑部工作。在此基础上,编辑部编纂人员一方面前往县档案馆、图书馆、县机关有关部门与企事业单位查找文献资料;另一方面,编纂人员克服困难,千方百计、竭尽全力地利用各种关系、各种途径深入村庄、农户调查收集第一手资料,为编纂工作打下坚实的基础。

面对纷繁复杂的文献资料,编纂部工作人员根据志书编纂纲目要求,对文献资料分门别类进行认真梳理,根据编纂规范编写《资料长编》,对文献资料进行科学甄别、删繁就简、去伪存真,并在编写过程中不断地对《资料长编》进行修正完善。

在资料的甄别过程中,遇到与镇境关系比较大的3件事。第一件是关于司前镇的历史源头记载。以往,县内许多文献都将司前的人类活动记述为始于唐代。本志采纳许多专家学者的研究成果,将境内人类活动的轨迹向前推了3000多年。第二件是《泰顺县志》(浙江人民出版社1998年12月出版)有关司前地名来源的记载。司前地名从池村转为司前,源于明代的巡检司。《泰顺县志》记载池村巡检司设立时间有两处,一处在明清地方武装目记载:池村巡检司为明正德年间(1506—1521年),知府何文渊奏设,初编弓兵100名,减至38名;另一处是在大事记记载:明宣德八年(1433年)设池村巡检司。两处明显矛盾。经我们考证并请教专家,确认池村巡检司设于明宣德八年(1433年)。第三件是关于司前畲族乡的成立时间。《泰顺县志》记载,1956年建立司前畲族乡。之后,我们从县档案馆找到1958年3月11日中共泰顺县委发的文件(县委发总号字第0049号),确认司前民族乡成立于1958年。

根据《浙江省民族乡(镇)志》编纂进展,《司前畲族镇志》编辑部全体编纂人员,放弃休息时间,夜以继日工作,2019年7月提交《司前畲族镇志》初审稿,根据《浙江省民族乡(镇)志》编辑部意见,经反复修改后,于翌年4月第二次提交初审稿。由于各种原因,《司前畲族镇志》初审稿评审会延迟至2020年10月召开。《司前畲族镇志》编辑部全体编纂人员,根据初审稿评审专家所提出的修改意见进行认真梳理与落实,进一步完善《司前畲族镇志》志稿编纂工作。2021年6月召开《浙江省民族乡(镇)志》复审稿评审会,《司前畲族镇志》复审稿顺利通过复审。之后又一次按照专家要求进行修改,于是年11月提交终审稿。从上交初稿起至出版社出版,整部志稿上下往返10余次,部分章节、文字、图、表交流数百次,于2023年10月23日最后上交校对稿,历时6年,可谓道路曲折、历尽艰辛。记得泰顺县内几位领导反复说过,修志、编史,须时间服从质量。在这6年多时间,《司前畲族镇志》经反复雕琢打磨,时间看似漫长,但保障了本志的质量。

本志资料较多，看似冗杂。我们以为方志是资料性文献，资料得之不易，去之不舍。记得一些知情人士说起，《泰顺分疆录》中的一处记载，为泰顺县顺利解决一处县界纠纷起到关键作用，称赞该志编者林鹗为泰顺作出重要贡献。联想到本志编写，我们对一些资料的去留持十分谨慎的态度。

诚然，尽管我们花了九牛二虎之力，由于各种原因，未必能全部反映司前镇历史长河中的人和事，只能深表歉意！

在本志编写过程中，遇到了一个难题，要编写畲族语言与司前话。我们千方百计地找到泰顺县职业技术学校党支部书记、中学高级教师钟金芳同志为本志编写畲族语言部分，在此表示衷心的感谢！但是，司前话区域，处吴语系南边界末端，范围不大，至今未找到有关专著。无奈之下，我们东拼西凑作此司前话小节，聊以抛砖引玉，期望取得有关专家、学者的评判，盼望能有司前话的专著问世。

在本志编纂过程中编纂人员十分艰辛，有时愿望是美好的，但现实很骨感，难免遇到各种困难。幸好得到泰顺县委党史研究室、县民宗局、县档案局、县志编辑部、县农业局、县统计局、县教育局、县文旅广电局等单位有关领导和同志们的鼓励和大力支持与帮助，我们终于坚持下来，在此一并致以衷心的感谢!

由于全体编纂人员经验与水平有限，在编写过程中难免出现遗漏与差错，诚望修志界同人、历史学家及民族文化专家、学者与广大读者提出宝贵意见。

《司前畲族镇志》编辑部

2023 年 5 月